X.Systems.press

Springer-Verlag
Berlin Heidelberg
GmbH

Jürgen Gulbins studierte Informatik an der TU Karlsruhe. Nach einer Tätigkeit an der Universität ist er seit 1983 in der Industrie als Entwicklungsleiter für Unix, Produktmanager und Berater tätig. Nach dem Aufbau des IXOS Competence-Centers in Walldorf arbeitete er als DMS-Berater, danach im Bereich der Produktdefinition und Architektur. Nach zwei Jahren bei einem Internet-Startup, zuständig für IT-Security und die interne IT, ist er seit Anfang 2002 selbstständiger Berater für DMS und Sicherheitsfragen – und freier Autor. Das Spektrum seiner Bücher reicht von Unix/Linux bis zu FrameMaker, Typographie und DMS.

jg@gulbins.de

Karl Obermayr studierte in München Sprach- und Literaturwissenschaften. Er arbeitete in namhaften IT-Unternehmen als Software-Entwickler und als Dozent und Autor für Unix- und FrameMaker-Schulungen. Er ist Autor und Übersetzer mehrerer Bücher zu Unix, AIX, Windows, FrameMaker und Internet und baute tech.doc, das Büro für Text-Dienstleistung auf. Heute ist er für Marketing und Vertrieb der Münchner PDFlib GmbH zuständig.

Karl@Obermayr.de

Snoopy studierte in London Computer Science und Computer Information Systems. Er arbeitete in diversen Unternehmen als Systemadministrator, davon 12 Jahre bei der IXOS Software AG. Danach sammelte er Erfahrungen in der Computer-Spiele-Branche und arbeitet zur Zeit als freier Consultant und Autor.

Snoopy@snoopix.de

Jürgen Gulbins   Karl Obermayr   Snoopy

Linux

Konzepte, Kommandos, Oberflächen

Mit 65 Abbildungen und 34 Tabellen

Springer

Jürgen Gulbins
Kapellenstraße 15, 75210 Keltern
E-Mail: *jg@gulbins.de*

Karl Obermayr
Am Mühlthalerfeld 2, 85567 Grafing bei München
E-Mail: *karl@obermayr.de*

Snoopy
Am Rain 16, 85622 Weißenfeld
E-Mail: *snoopy@snoopix.de*

Bibliographische Information der Deutschen Bibliographischen Bibliothek
Die Deutsche Bibliothek verzeichnet diese Publikation in der deutschen National-
bibliographie; detailliertere bibliographische Daten sind im Internet über
http://dnb.ddb.de abrufbar.

ISSN 1611-8618
ISBN 978-3-642-62464-3   ISBN 978-3-642-55474-2 (eBook)
DOI 10.1007/978-3-642-55474-2

Springer-Verlag Berlin Heidelberg New York
ein Unternehmen der BertelsmannSpringer Science+Business Media GmbH
http://www.springer.de

Umschlaggestaltung: KünkelLopka, Heidelberg
Satzerstellung durch die Autoren mit FrameMaker
Druck und Einband: Strauss Offsetdruck, Mörlenbach
Gedruckt auf säurefreiem Papier   33/3142 PS 5 4 3 2 1 0

Inhaltsverzeichnis

6 Die Shell als Benutzeroberfläche

Der Benutzer kann, soll und will in der Regel nicht direkt mit der Hardware des Rechners oder der unmittelbar darüber liegenden Schicht kommunizieren, da diese Schnittstellen nur aus Programmen über Systemaufrufe zugänglich sind.

Der Zugang zu diesen Ebenen und damit die Bedienung eines Systems erfolgt auf Unix/Linux-Systemen über eine oder mehrere abstrakte Schichten, welche die Benutzeranweisungen (Kommandos) interpretieren und in Betriebssystemaufrufe umsetzen sowie die Rückmeldungen des Systems überprüfen und im Fehlerfall in Fehlermeldungen umsetzen. Die wichtigsten Systemzugänge (Benutzeroberflächen) moderner Unix/Linux-Systeme sind:

- ▸ Kommandozeile (shell) – klassische Systembedienung: In einem Fenster oder am Vollbildschirm werden über Tastatur zeilenweise Kommandos ein- und Systemmeldungen ausgegeben.
- ▸ Grafische Oberfläche (X Window, KDE, GNOME) – moderne Systembedienung: In einzelnen Applikationen in Fenstern werden über Tastatur und Maus Anweisungen an das System gegeben. Systemmeldungen werden in eigenen Fenstern ausgegeben.

Die klassische und von erfahrenen Anwendern aufgrund ihrer Flexibilität und Schnelligkeit bevorzugte Methode ist die Bedienung des Systems über die Kommandozeile.

Diese Schicht trägt unter Unix/Linux den Namen **Shell**, weil sie sich wie eine Schale (oder Muschel) um den Betriebssystemkern legt. Im Gegensatz zu anderen Systemen, in denen diese Schicht auch als *Monitor* bezeichnet wird, ist die Shell kein Bestandteil des Betriebssystemkerns, sondern den Benutzerprogrammen gleichgestellt und daher leicht austauschbar. Sie genießt also als Programm keine speziellen Privilegien. Die Shell, so wie sie mit Unix/Linux ausgeliefert wird, ist ein ausgesprochen mächtiges, vielseitiges und flexibles Programm, in der Art seiner Bedienung und Kommandosprache aber primär auf die Bedürfnisse des geübten Benutzers und der Programmentwicklung ausgerichtet.

Eine Shell trägt als interaktive Kommandosprache oder als Programmiersprache eine zentrale Rolle in einem Unix/Linux-System. Große Teile der Systemsteuerung und

Konfiguration werden über die Shell und damit erstellte Prozeduren (*scripts*) abgewickelt, und ihre flexible Einsatzmöglichkeit in Konfigurationsdateien macht sie zum wichtigsten Werkzeug für Systemverwalter.

6.1 Muscheln zum Aussuchen – die zahlreichen Shellvarianten

Da die Shell als Programm einfach austauschbar und durch eine andere Shell ersetzbar ist, findet man hier, ähnlich wie es bei Editoren der Fall ist, eine Reihe von Varianten, die unterschiedlichen Gewohnheiten und Bedürfnissen der Benutzer angepasst sind, unterschiedliche Einsatzzwecke erfüllen oder einen unterschiedlichen Grad an Komfort, aber auch Komplexität bieten.

Die beiden Hauptlinien, in die die vielen Unix/Linux-Shells eingeteilt werden können, sind dabei die aus der ursprünglichen UNIX-Entwicklung (AT&T/USL) stammende **Bourne-Shell (sh)** (benannt nach dem Entwickler S. R. Bourne) sowie die aus dem später dazugekommenen Berkeley-Unix-System stammende **C-Shell (csh)** – ihre Syntax entspricht stärker als die der Bourne-Shell der Sprache C. An die grundlegende Bedienphilosophie dieser beiden Shells lehnen sich die meisten nachfolgend entwickelten und heute üblichen Shells an und sind jeweils zu den ihnen zugrunde liegenden Shells kompatibel. Die Bourne-Shell ist auf Linux-Systemen nicht direkt verfügbar und wird dort von der **bash** vollständig ersetzt. Ein Aufruf der Bourne-Shell mit dem Kommando **sh** führt unter Linux immer zu einem Aufruf der **bash**.

Korn-Shell (ksh): Die Korn-Shell (**ksh**) ist eine Erweiterung der Bourne-Shell um wichtige interaktive Merkmale, auch mit Anleihen bei der C-Shell. Die erste Implementierung stammt von David Korn (damals AT&T). Sie ist seit UNIX V.4 Bestandteil des Standard-UNIX-Systems, war aber nicht frei verfügbar und daher auf Linux-Systemen nicht enthalten. Alles, was hier über die Bourne-Shell gesagt wird, gilt auch für die Korn-Shell. Unter Linux wurde sie praktisch vollständig durch die **bash** ersetzt. Inzwischen ist im Internet auch eine freie Nachimplementierung der **ksh** zu finden und Teil einiger Linux-Distributionen.

Bourne-Again-Shell (bash): Dies ist die frei verfügbare Nach-Implementierung der Bourne- und Korn-Shell mit voller Kompatibilität zu dieser. Sie ist heute die wichtigste Shell und Standard-Shell auf Linux-Systemen.

TC-Shell (tcsh): Dies ist eine verbesserte und von Fehlern bereinigte Version der C-Shell mit voller Kompatibilität zu dieser. Eine der Erweiterungen ist die interaktive automatische Eingabevervollständigung (*completion*).[1]

Z-Shell (zsh): Hier wurde die Funktionalität der Bourne-, Korn- und bash durch Paul Falstad nochmals erweitert. Das Problem der **zsh** wird dabei aber, dass die Funktionsfülle kaum noch überschaubar ist und damit für den Anwender teilweise ihre Sinnhaftigkeit verliert.

---

1. Die Eingabe-Vervollständigung erfolgt im Stil des (heute nicht mehr anzutreffenden) Betriebssystems TENEX, daher auch das ›T‹ im Namen.

A Shell (ash): Hierbei handelt es sich um eine weitere Nachimplementierung der Bourne-Shell durch Kenneth Almquist mit einigen Erweiterungen.[1] Was sie auszeichnet, ist der Umstand, dass hier eine ganze Reihe von viel benutzten Unix/Linux-Kommandos bereits direkt in die **ash** eingebaut sind, so dass man z.B. auf einer Notfall-CD mit der **ash** darauf weitgehend auf die separaten Linux-Kommandos (z.B. **ls**) verzichten kann. Auch für abgeschottete Umgebungen (z.B. mit **chroot**) kommt man sehr weit, wenn die **ash** im lokalen Zugriff ist.

Restricted Shell (rbash, rzsh): Dies sind Inkarnationen der **bash** oder der **zsh**, bei denen der Benutzer in seinen Rechten und Möglichkeiten deutlich eingeschränkt werden kann. Diese Einschränkung kann dabei vom Systemverwalter benutzerspezifisch gesetzt werden, was insbesondere bei Fremdzugriff von außen wichtig sein kann!

Keine *Shell* im oben beschriebenen Sinne (als interaktive Kommandozeilen-Schnittstelle zum Linux-System) sind, obwohl sie die Bezeichnung *Shell* im Namen tragen, die folgenden Kommandos:

Remote Shell (rsh):   Das **rsh**-Kommando erlaubt auf anderen, über Netz angebundenen Linux-Systemen (*remote*) Kommandos auszuführen.[2]

Secure Shell (ssh):   Die **ssh** ist eine sichere Version der **rsh**. Die Sicherheit wird über erweiterte Authentifizierungsverfahren erreicht und insbesondere dadurch, dass sowohl die Passwörter für das Login (soweit kein anderes Verfahren benutzt wird), als auch alle weiteren Daten verschlüsselt übertragen werden, so dass ein Abhören der Kommunikation nicht möglich ist. Durch die Secure Shell hindurch lassen sich auch andere Kommandos zur chiffrierten Datenübertragung durchführen. Auf dem gleichen Sicherungsmechanismus und den gleichen Authentifizierungsverfahren setzt auch das *secure copy command* **scp** und der *secure file transfer* **sftp** auf.

Die *Bourne-Again-Shell* **bash** wird als Standard-Shell in diesem Kapitel detailliert beschrieben – sie ist auch immer dann gemeint, wenn allgemein von *Shell* die Rede ist. In *Die TC-Shell – tcsh* auf Seite 598 sind darüber hinaus die wesentlichen Eigenschaften der **tcsh** beschrieben.

Grafische Oberflächen wie KDE oder GNOME ermöglichen es, die wichtigsten Aktionen der täglichen Arbeit, die mit der Shell vorgenommen werden können (Dateimanagement, Programmaufrufe), intuitiv und mit der Maus in einer Fensterumgebung wie unter MS-Windows oder Macintosh auszuführen. Auch aufwändige grafische Oberflächen ersetzen die Shell jedoch nicht, sondern basieren auf ihr, werden von dieser gestartet, gesteuert und konfiguriert.

Geübte Linux-Anwender und insbesondere Administratoren werden kaum auf den Shell-Zugang zum System verzichten, sondern die grafische Oberfläche in erster Linie dazu verwenden, möglichst viele Shell-Fenster (**xterm**) gleichzeitig und nebeneinander im Blick und Zugriff zu haben.

---

1. Für die A-Shell ist auch die Bezeichnung ›Adventure Shell‹ zu finden.
2. Auf einigen älteren UNIX-Systemen führt rsh allerdings nicht zu einer Remote Shell, sondern zu einer Restricted Shell.

6.2   Die bash als Kommandointerpreter

Dieses Kapitel beschreibt die Arbeit mit der *Linux-Standard-Shell*, der **Bourne-Again-Shell** – kurz **bash**.[1] Sie ist das Programm, mit dem der Benutzer in der Regel zu tun hat, wenn er mit der alphanumerischen Kommandozeilen-Oberfläche von Unix/Linux arbeitet, d.h. Kommandos und Benutzerprogramme über Tastatur aufruft.

Neben der einfachen Kommandoausführung stellt sie eine ganze Reihe weiterer, sehr mächtiger Konzepte zur Verfügung. Hierzu gehören eine komplette Programmiersprache mit Variablen, Ablaufstrukturen wie *Bedingte Ausführungen, Schleifen, unterprogrammähnliche Aufrufe* und *Ausnahmebehandlungen*. Sie ist jedoch in ihrer vollen Mächtigkeit nicht einfach zu erlernen. Die ersten Schritte (Stufen) sind leicht, den vollen Umfang zu beherrschen bedarf es einiger Zeit und Mühe.

Die Shell ist ein Programm, welches z.B. nach einer Benutzeranmeldung (**login**) standardmäßig gestartet wird und solange Eingaben von der Tastatur liest, bis sie ein *<dateiende>*-Zeichen sieht (meist Strg - D). Danach wird sie terminiert, das Betriebssystem meldet dies dem übergeordneten Prozess. Dieser startet erneut das Login-Programm, nimmt ggf. die Benutzeranmeldung entgegen und setzt eine neue Shell mit der Umgebung des neuen Benutzers auf.

Die Eingabe, welche die Shell liest, wird von ihr analysiert und danach entweder von ihr selbst ausgeführt oder als Programm gewertet und dieses gestartet. Hierbei untersucht die Shell zuvor noch die auf der Kommandozeile angegebenen Parameter des Programms und expandiert diese, soweit notwendig, nach ihren eingebauten Regeln.

Moderne Shells wie die **bash** bieten vielerlei Hilfen für die interaktive Arbeit, etwa die Möglichkeit, zuletzt eingegebene Kommandos zu wiederholen bzw. diese auf der Kommandozeile zu editieren und in geänderter Form erneut auszuführen oder nach nur teilweiser Eingabe von Dateinamen diese automatisch zu expandieren.

Zudem können alle interaktiv auf der Kommandozeile ausführbaren Shell-Anweisungen ohne Änderung auch in eine Datei (Prozedur, *script*) geschrieben und mit zusätzlichen Kontrollstrukturen versehen als Programm ausgeführt werden – eine Möglichkeit, die die Shell zu einem höchst mächtigen Systemverwaltungswerkzeug macht.

---

1. Die aktuelle Version der **bash** zum Zeitpunkt der Entstehung dieses Textes ist 2.05b.0.

Aufrufdateien

Die Shell durchläuft nach ihrem Start und noch bevor sie die erste Benutzereingabe annimmt, eine Reihe von Konfigurationsdateien, in denen ihr Verhalten detailliert eingestellt, Voreinstellungen vorgenommen und die Benutzerumgebung individuell konfiguriert werden kann. Da eine Shell sowohl interaktiv sein kann, also Benutzereingaben von der Kommandozeile liest und ausführt, oder zur Abarbeitung einer Kommandoprozedur gestartet wird und zudem als Login-Shell (wird für den Benutzer als erstes nach seiner Anmeldung gestartet) oder als zusätzliche Shell gestartet werden kann, und für alle diese Formen unterschiedliche Initialisierungen erforderlich sein können, durchläuft die Shell für jeden Modus unterschiedliche Konfigurationsdateien, sofern diese vorhanden sind. Dies sind – in der Reihenfolge ihrer Abarbeitung – die folgenden Dateien:

Tabelle 6.1: Initialisierungsdateien der bash

/etc/profile	wird von jeder *interaktiven* Login-Shell abgearbeitet – setzt systemweit gültige Einstellungen; vom normalen Benutzer nicht editierbar; aus dieser Datei heraus werden ggf. weitere Initialisierungsdateien aufgerufen.
.bash_profile	lokale, benutzerindividuelle Konfigurationsdatei für eine interaktive Login-Shell
.bash_login	lokale, benutzerindividuelle Konfigurationsdatei für eine interaktive Login-Shell (falls *.bash_profile* nicht existiert, ansonsten danach)
.profile	lokale, benutzerindividuelle Konfigurationsdatei für eine interaktive Login-Shell; wird die **bash** mit dem Namen **sh** (also als Bourne-Shell) aufgerufen, so wird nach */etc/profile* nur noch diese Datei durchlaufen.
.bashrc	jede interaktive Shell, die nicht Login-Shell ist
.alias	wird (bei Suse-Linux) aus *.bashrc* aufgerufen und kann ebenfalls persönliche Einstellungen, typischerweise Alias-Definitionen, aufnehmen.
$BASH_ENV	Die Datei, deren Name in dieser Variablen angegeben ist, wird von jeder nichtinteraktiven Shell (und damit vor Ausführung eines Shell-Skripts) zusätzlich abgearbeitet.
.bash_logout	wird von jeder Login-Shell bei der Beendigung bzw. beim Abmelden durchlaufen und kann daher für Aufräumungsarbeiten genutzt werden

Zu diesen Shell-Initialisierungsdateien können auf unterschiedlichen Linux-Systemen und abhängig von der individuellen Konfiguration noch weitere Dateien kommen, die dann aber typischerweise aus einer der Standarddateien heraus aufgerufen werden.

Eine Shell gilt als *interaktive Shell,* wenn ihre Standardeingabe von einer Tastatur (und nicht einer Datei) kommt, sie also am Bildschirm bedient wird.

6.2.1   Kommandosyntax

Ein Kommando ist eine Anweisung an die Shell (und wird dann von dieser selbst ausgeführt) oder ein Aufruf eines Programms (einer ausführbaren Programmdatei) aus dem Linux-System. Der Unterschied wird für den Anwender in der Regel nicht sichtbar.

Allgemein ist jedes Kommando und damit die Kommandozeile nach folgender allgemeiner Syntax aufgebaut:

(Prompt)   **kommando-name**   *option(en)*   *argument(e)*   *umlenkung*

parameter

Dabei ist *kommando_name* der Bezeichner eines Shell-internen Kommandos (z. B. **cd**) oder der Dateiname eines auszuführenden Programms (z. B. **cpio**). Anzahl, Aufbau und Bedeutung der Parameter (Optionen und Argumente) sind natürlich kommando- bzw. programmabhängig. Optionen sind Angaben, die die Ausführungsweise des Kommandos modifizieren; Argumente sind Namen (etwa von Dateien oder Verzeichnissen), die an das Kommando zur Bearbeitung übergeben werden. Nicht eingegeben wird das *Prompt-Zeichen* – es wird von der Shell als Eingabeaufforderung ausgegeben. Die einzelnen Parameter werden normalerweise durch Leerzeichen als Separatorzeichen getrennt.[1]

Die Parametersequenz auf der Kommandozeile wird als erstes von der Shell auf Metazeichen (*, ?, [...]), auf Steuerzeichen (&, &&, |, ||, >, >>, <, <<, (), {}, ;) und zu ersetzende Shell-Variablen (eingeleitet durch **\$**) durchsucht und soweit notwendig expandiert, bevor die (intern geänderte) Kommandozeile als Programmparameter an das aufgerufene Programm weitergereicht wird.

Bei der Expandierung der Sonderzeichen versucht die Shell, alle genannten Sonderzeichen durch (Datei-)Namen des angegebenen oder aktuellen Verzeichnisses zu ersetzen. Eine Kommandozeile darf dabei beliebig viele Sonderzeichen enthalten. Die Auswertung geschieht wie folgt:

1.   Ersetzung von Shell-Variablen (**\$**xxx) durch ihren Wert
2.   Generierung einer Liste von Dateinamen, wobei die Metazeichen *, ?, [...] wie folgt interpretiert werden:

   *   steht für ›*Eine beliebige Zeichenfolge*‹ (auch die leere), jedoch nicht ›.‹ als erstes Zeichen eines Dateinamens.

   ?   steht für ›*Ein beliebiges einzelnes Zeichen*‹.

   [...]   steht für ›*Eines der in den Klammern angegebenen Zeichen*‹.
            Bereiche können in den Klammern angegeben werden durch
            [<von> - <bis>]   oder   [a-en-x ...].

---

1. Normalerweise sind die gültigen Trennzeichen *white spaces*, d. h. das Leerzeichen, das Tabulatorzeichen (<tab>) und das Zeilenende (<neue zeile > = <new line>). Sie können jedoch mit Hilfe der Shell-Variablen IFS neu definiert werden.

[! ...] steht für ›*Keines der in den Klammern angegebenen Zeichen*‹.
Bereiche können in den Klammern angegeben werden durch:
[!<von> – <bis>]   oder   [a–x ...].

Soll ein Parameter nicht expandiert werden, so ist er entweder komplett mit (einfachen) Apostroph-Zeichen zu klammern ('*parameter*') oder jedem Zeichen, das von der Shell interpretiert werden könnte, das Zeichen ›\‹ voranzustellen. Die Sonderzeichen sind dann für die Shell unsichtbar bzw. verlieren ihre Sonderbedeutung.

✎   ein ›\?‹ auf der Kommandozeile wird als einfaches ›?‹ weitergereicht.

Der Parameter *kommando_name* gibt den Namen des auszuführenden Programms an, soweit es sich nicht um ein Shell-internes Kommando (*built-in*) handelt. Dies kann der Name eines kompilierten Programms, einer Kommandoprozedur (*Shell-Script*) oder eines Programms einer Skriptsprache wie PHP, Perl, Python, awk, etc. sein, ohne dass der Benutzer dabei überhaupt einen Unterschied merkt. Bei einer Kommandoprozedur wird intern automatisch eine neue Shell gestartet, welche die Abarbeitung der Prozedur übernimmt. Ist *kommando_name* ein relativer Dateiname (ohne ›/‹ am Anfang), so sucht die Shell nach einem Programm dieses Namens in den Verzeichnissen, die in der Shell-Variablen $PATH angegeben sind. Die dort aufgeführten Verzeichnisse werden der Reihe nach durchsucht,[1] bis eine entsprechende Programmdatei gefunden wird. Diese wird dann ausgeführt. Ist die Suche ergebnislos, so meldet die Shell:

     ›–bash: *xxx*: command not found‹   – eventuell auch mit deutschem Text

Für die Beispiele dieses Kapitels wird nun eine Situation vorgegeben, auf welcher die Beispiele aufbauen. Diese Situation sei:

Das aktuelle Verzeichnis ist */home/oskar*; es gibt darin folgende Dateien:

.profile	*.profile1*				
a	*a1*	*ab?*	*abc*	*abc1*	*append*
ball	*bold*	*buch* (Verzeichnis, leer)			

cad_buch (Verzeichnis) mit folgenden Dateien darin:

kapitel.1	*kapitel.2*	*kapitel.3*	*kapitel.n*

unix_buch (Verzeichnis)

In dieser Umgebung liefern die angeführten Beispiele folgende Resultate:

Kommando: Wirkung:

cat abc   gibt die Datei */home/oskar/abc* aus. Im Gegensatz zu den anderen Erweiterungen wird jedoch nicht der um das Standardverzeichnis erweiterte Namen an das Programm gegeben. Das Voransetzen des Zugriffspfades beim Eröffnen der Datei findet im Programm selbst statt und wird vom System vorgenommen.

---

1. Die Shell merkt sich die Position (im Gesamtdateibaum) der gefundenen Datei, um sie beim nächsten Aufruf schneller erreichen zu können. Diese interne Suchliste kann durch das Kommando **hash –r** gelöscht und somit ein Neuaufbau veranlasst werden.

ls a*   liefert alle Namen der Dateien des betreffenden Verzeichnisses, welche
mit dem Buchstaben *a* beginnen. Diese wären beim obigen Beispiel:
a   a1   ab?   abc   abc1   append

ls ab?   liefert alle Namen, die mit *ab* beginnen und ein weiteres Zeichen haben
(also ›*ab?   abc*‹), während ›**ls ab\?**‹ nur ›*ab?*‹ ergibt.

ls cad_buch/kapitel.[1-9]
liefert die Dateinamen
cad_buch/kapitel.1   cad_buch/kapitel.2   cad_buch/kapitel.3

ls *   Hierbei werden alle oben angeführten Namen außer *.profile* und
.profile1 ausgegeben. (Dateien mit einem Punkt als erstem Zeichen gelten als versteckte Dateien, die normalerweise nicht angezeigt werden.)

ls .*   liefert ›.‹   ›..‹   *.profile* und *.profile1*.
Der Name ›.‹ ist dabei das aktuelle Verzeichnis und ›..‹ das übergeordnete Verzeichnis. Der Inhalt dieser Verzeichnisse wird ebenfalls ausgegeben.

ls x*   liefert *x** (und damit eine Fehlermeldung des ls-Kommandos), da keine
mit x beginnenden Dateinamen im aktuellen Verzeichnis existieren.

cp [!u]* /tmp kopiert alle Dateien, deren Namen nicht mit *u* beginnen in das Verzeichnis */tmp*.
Dies wären alle Dateien außer *.profile .profile1 unix_buch*.

ls –ls *buch* gibt Dateiinformationen zu allen Dateien des aktuellen Verzeichnisses
aus, in denen die Folge ›buch‹ vorkommt. Dies wäre hier:
buch   cad_buch   unix_buch.

Folgende Kommandos sind in der angegebenen Umgebung äquivalent:
›**cat 'ab?'**‹, ›**cat ab'?'**‹, ›**cat ab\?**‹ und ›**cat "ab?"**‹.

6.2.2   Bereitschaftszeichen

Ist eine Shell bereit, eine Eingabe vom Benutzer anzunehmen, so zeigt sie dies durch ein
Promptzeichen am Beginn der Kommandozeile an. In der Standardeinstellung bedeuten:

Standardprompt für den Super-User (Benutzername *root*)

$ Standardprompt für einen normalen Benutzer,
einstellbar durch die Shell-Variable **PS1**

>   Eine Eingabe auf der Kommandozeile ist noch nicht abgeschlossen,
z.B. weil als letztes Zeichen ein ›\‹ eingegeben wurde
einstellbar durch die Shell-Variable **PS2**.

Das Promptzeichen kann relativ einfach geändert (Belegung der Shell-Variablen **PS1**
und **PS2**) und auch so eingerichtet werden, dass es sich dynamisch bei jeder Ausgabe
ändert und dabei z.B. einen Kommandozähler oder den Pfad des aktuellen Verzeichnis-

ses ausgibt (siehe dazu Tabelle A.10 auf Seite 861). Ist die Shell nicht *interaktiv*, d. h. führt sie eine Kommandoprozedur (*Shell-Script*) aus, so werden die Standard-Eingabeaufforderungen natürlich nicht ausgegeben.

Die **bash** kennt zusätzlich die Prompt-Zeichen **PS3** und **PS4**. Sie spielen bei der interaktiven Nutzung der Shell keine Rolle:

PS3 ist die Anzeige der **bash** für eine Benutzer-auswahl-Abfrage per **select** aus einem Shell-Skript.

PS4 dient als Bereitzeichen in der Ablaufverfolgung (*tracing*) zur Fehlersuche in einer Kommandoprozedur (z. B. mit ›**set** –**x**‹, siehe Seite 578).

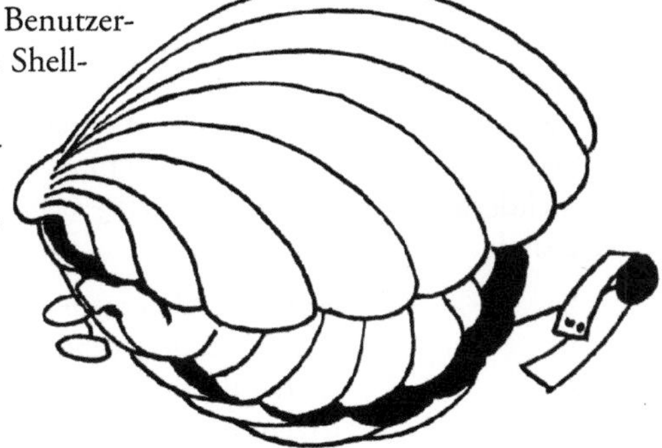

6.2.3   Interaktive Nutzung der Shell

Wir das Linux-System nicht über die grafische Oberfläche bedient, ist die interaktive Shell (die **bash**) die bevorzugte und typische Schnittstelle zum Benutzer, über die dieser Kommandos eingibt, Programme starte und Ausgaben entgegennimmt.

Die **bash** bietet – anders als die ursprüngliche, in dieser Hinsicht recht schlicht ausgestattete Bourne-Shell – mit vielen Funktionen eine höchst komfortable Unterstützung der interaktiven Kommandozeilen-Bedienung.[1] Die meisten Funktionen zielen dabei darauf ab, die Eingabe von Kommandos auf möglichst wenige Tastendrucke zu reduzieren und die Schreibarbeit zu vereinfachen. Die wichtigsten Komfortmerkmale[2] der interaktiven **bash** sind dabei:

▸ Wiederholung bereits eingegebener Kommandos (*command history*)

▸ Editieren der Kommandozeile (*command line editing*)

▸ automatische Vervollständigung der Kommandozeile (*command line completion*)

▸ Tastaturbindungen (*key binding*)

▸ Shell-Funktionen und Alias

---

1. Die Konzepte dieser Komfortfunktionen entstammen der C-Shell und der Korn-Shell, wurden aber von den Entwicklern der bash weiter verfeinert und bis und Unüberschaubarkeit erweitert.

2. Viele dieser Funktionen – insbesondere das Wiederholen und Editieren bereits eingegebener Kommandos – bringen in der Tat eine deutliche Komfort- und Produktivitätssteigerung. Bei einigen Funktionen ist jedoch der Aufwand, sie tatsächlich und schnell zu nutzen, größer als der mögliche Gewinn an Schnelligkeit. Kurz: Dauert die Anwendung einer Komfortfunktion länger als die (unkomfortable) Eingabe eines Kommandos, kann durchaus auch auf die Komfortfunktion verzichtet werden.

6.2.3.1 **Kommandowiederholung (command history)**

Die **bash** führt intern eine Liste der zuletzt eingegebenen Kommandos. Mit dem *Kommando-history* kann diese Liste angezeigt und ausgegeben werden. Der Name und die Größe dieser History-Datei lässt sich über die Variablen $HISTFILE, $HISTFILESIZE und $HISTSIZE näher definieren (siehe dazu Seite 554). In dieser History-Liste erhält jedes ausgeführte Kommando eine laufende Nummer und kann über diese Nummer dann auch angesprochen werden.

Eine Reihe von Kürzeln, eingeleitet durch das Ausrufezeichen ›!‹, erlaubt den direkten Zugriff auf ein Kommando in dieser List und dessen sofortige erneute Ausführung. Die wichtigsten Befehle (die sog. ›*Bang-Commands*‹; *bang*, engl. für Ausrufezeichen) hierzu sind:

!!	letzten Befehl erneut ausführen
!*n*	Befehl mit der Nummer *n* erneut ausführen.
!*text*	letzten Befehl, der mit *text* beginnt, erneut ausführen
!!*text*	letzten Befehl erneut ausführen und *text* anhängen

Weitere Befehle zur erneuten und veränderten Ausführung eines Kommandos aus der Kommandoliste sind mit dem Problem behaftet, dass ihre Eingabe selten mit weniger Aufwand verbunden ist als das erneute Eingeben des Kommandos bzw. das interaktive Editieren eines alten Kommandos, wie es im folgenden Abschnitt beschrieben ist. Einige der weiteren Befehle sind:

!-*n*	um *n* Positionen zurückliegenden Befehl erneut ausführen
!?*text***?**	letzten Befehl, der mit *text* enthält, erneut ausführen
!!:s/*text1***/***text2***/**	letzten Befehl wiederholen und dabei *text1* durch *text2* ersetzen
^*text1***^***text2***^**	wie oben: letzten Befehl wiederholen und dabei *text1* durch *text2* ersetzen

Bei den Befehlen zur Kommandowiederholung wird häufig ein älteres Kommando über dessen Kommandonummer (Eintragsnummer in der Historyliste) ausgewählt, etwa bei dem sehr nützlichen Befehl ›!*n*‹, um das Kommando mit der Nummer *n* zu wiederholen. Da besonders häufig die erst kurz zurückliegenden Kommandos wiederholt werden und diese meist auch noch am Bildschirm sichtbar sind, ist es zweckmäßig, auch die Nummer des Kommandos am Bildschirm zu sehen und nicht immer wieder die Liste aller Kommandos mit *history* ausgeben zu müssen.

Die **bash** sieht eine Möglichkeit vor, die Nummer eines Kommandos in der Shell-Eingabeaufforderung (im *Prompt*) mit auszugeben. Dafür muss im Prompt, definiert durch die Variable PS1, die Zeichenfolge ›\!‹ eingetragen sein, etwa wie folgt:

✎ $ PS1="[\!]$ "
      [17]$
      → die Variable PS1 wird neu definiert und mit der Kommandonummer und
      dem Standardzeichen ›$‹ neu belegt. In der nächsten Zeile ist dieser Befehl
      gültig und zeigt, dass das nächste Kommando die Nummer 17 erhält.

Zur aussagekräftigeren Gestaltung des Prompts bietet die Shell noch eine Vielzahl weiterer Variablen, mit denen etwa der aktuelle Benutzername, die aktuelle Uhrzeit oder das aktuelle Verzeichnis ausgegeben werden kann (siehe dazu auch Tabelle A.10 auf Seite 861). Eine häufig anzutreffende Vorbelegung sieht wie folgt aus:

> $
> $ PS1="\u@\h:\w> "
> karlo@zwei:~/Dateien> PS1="[\!] \u@\h:\w> "
> [19] karlo@zwei:~/Dateien>
> → zunächst ist ›$‹ das Standard-Promptzeichen;
> es wird dann belegt mit dem Benutzernamen ›\u‹ und dem Rechnernamen ›\h‹, gefolgt vom letzten Teil des aktuellen relativen Pfadnamens ›\w‹. Schließlich folgt noch die aktuelle Kommandonummer durch ›\!‹.

Eine solche Definition trägt man vorzugsweise in eine Definitionsdatei für die lokale Arbeitsumgebung ein, z.B. in die Datei *.profile*, *.bash_profile*, *.bash_login* oder *.bashrc*. Sie steht dann nach jedem Login zur Verfügung.

6.2.3.2   Editieren der Kommandozeile (command line editing)

Soll ein Kommando aus der Liste der bereits eingegebenen Kommandos in veränderter Form erneut verwendet werden, so kann es hierzu sehr flexibel auf der Kommandozeile editiert werden – was genau genommen einem Editieren der Historyliste entspricht. Ist man im Umgang mit dem Editor geübt, so ist das interaktive Editieren eines Kommandos auf der Kommandozeile meist schneller als die oben gezeigte Kommandoersetzung im Rahmen der Kommandowiederholung.

Für das Editieren von alten oder aktuellen Kommandos stehen in der **bash** zwei Modi zur Verfügung, die in ihrer Bedienung den am häufigsten genutzten Texteditoren und Linux entsprechen: der **vi**-Modus und der **emacs**-Modus. Alle (sinnvollen) aus diesen Editoren bekannten Kommandos lassen sich nutzen, um die Historyliste bzw. die aktuelle Kommandozeile zu editieren.

Diese Editiermodi werden wie folgt eingeschaltet:

▶ mit dem Kommando **set –o vi** oder **set –o emacs** an der Kommandozeile oder (besser) in einer Anlaufdatei der Shell

▶ durch Belegen der Variablen **$FCEDIT** oder **$EDITOR** mit dem Wert ›vi‹ oder ›emacs‹ in einer Anlaufdatei der Shell

▶ mit der Option **–o vi** beim Aufruf der Shell.

Ist der Editiermodus auf diese Weise festgelegt, so kann eine Kommandozeile mit allen Kommandos dieses Editors bearbeitet werden.

Wurde der **vi**-Modus gewählt (durch **set –o vi**), so wird nun durch Drücken der ⎡Esc⎦-Taste der Kommandomodus dieses Editors für die aktuelle Kommandozeile aktiviert. Dabei bleibt zunächst die Positionierung auf die Kommandozeile erhalten, d.h. es sind nur die Editor-Kommandos sinnvoll, die innerhalb einer Zeile benutzt werden können (wie z.B.: *Wort löschen, Wort einfügen, Wörter anhängen*). Ist eine Kommandozeile den Vorstellungen entsprechend geändert, wird sie wie üblich durch die ⎡↵⎦-Taste an das System übergeben und ausgeführt.

▸ Um alte Kommandos, wie sie in der Liste der bereits eingegebenen Kommandos stehen, erneut auf die Kommandozeile zu holen und sie unverändert oder nach Änderungen erneut auszuführen, blättert man mit vi-Kommandos in der Kommandoliste nach oben, gibt also ein `k` (nach Drücken der `Esc`-Taste) ein oder – noch einfacher – blättert mit den Cursortasten nach oben oder unten.

▸ Um an das Kommando, das bereits auf der Kommandozeile steht, Text am Ende anzuhängen, drückt man **A**, um nach der aktuellen Position anzuhängen: **a**.

▸ Um ein Wort aus dem aktuell angezeigten Kommando zu löschen: **dw**.

Insbesondere bei Kommandos, die über die Länge einer Bildschirmzeile hinausgehen oder sogar aus mehreren Zeilen oder hintereinander gehängten Kommandos bestehen, ist es oft wünschenswert, diese mit voller Bildschirmdarstellung über mehrere Zeilen hinweg editieren zu können. Hierzu reicht – im **vi**-Modus – ein Drücken der Taste `v`. Damit wird die aktuelle Kommandozeile über eine temporäre Datei mit voller Bildschirmdarstellung in den Editor **vi** geladen. Nach Speichern und Verlassen der temporären Datei führt die **ksh** das Kommando sofort aus.[1]

Innerhalb der Kommandozeile werden folgende Editierkommandos in den beiden Editor-Modi häufig benötigt. Alle Kommandos zur Positionierung des Cursors auf der Zeile und zum Blättern in der Historyliste können auch durch die Pfeiltasten der Tastatur ersetzt werden:

Funktion:	vi-Modus:	emacs-Modus:
1 Zeichen nach links	h	`Strg`-`B`
1 Zeichen nach rechts	l	`Strg`-`F`
1 Wort nach links	b	`Esc` `B`
1 Wort nach rechts	w	`Esc` `W`
an der Cursorposition einfügen	i	
nach rechts zum Zeichen x	fx	`Strg`-`]` `X`
zum Zeilenanfang	^	`Strg`-`A`
zum Zeilenende / am Zeilenende anhängen	$ / A	`Strg`-`E`
1 Zeichen löschen	x	`Strg`-`D`
Wort löschen	dw	`Esc` `D`

Bei eingeübter Fingerfertigkeit in einem der typischen Linux-Editoren wird auf diese Weise die Arbeit auf der Kommandozeile sehr einfach und auch bei langen, komplexen Kommandos sehr schnell. Alleine schon die Möglichkeit des Kommandozeilen-Editierens kann oft die Effektivität der Arbeit auf Shell-Ebene deutlich erhöhen.

---

1. Die Bedienung des **vi**, wie sie auch für das Editieren der Kommandozeile im **vi**-Modus gilt, ist im Kapitel 5.2 auf Seite 461 beschrieben.

6.2.3.3 Kommandozeilenvervollständigung (command line completion)

Deutlich zur Steigerung der Arbeitseffektivität auf der Kommandozeile trägt die automatische Vervollständigung von Teileingaben auf der Kommandozeile bei. Wichtigste Taste hierfür ist die Tabulator-Taste `Tab`.

Damit reicht es aus, eindeutige Bruchstücke von Kommando-, Datei- oder Pfadnamen einzugeben und sie von der Shell durch Drücken von `Tab` automatisch vervollständigen zu lassen.

> ✎ $ ls /h`Tab`
> → wird auf der Kommandozeile ersetzt durch
> $ ls /home/
> → kann mit `↵` abgeschlossen oder durch weitere Eingaben, ebenfalls unterstützt von `Tab`, ergänzt werden.

Diese Funktion kann mehrfach in jeder Eingabezeile eingesetzt werden; ist das Ergebnis nicht eindeutig, so werden die gefundenen Datei- oder Kommandonamen angezeigt. Es reicht dann, weitere Zeichen bis zur Eindeutigkeit einzugeben.

6.2.3.4 Alias und Shell-Funktionen

Die Shell bietet einen einfachen Alias-Mechanismus, der es erlaubt, längere und häufig benutzte Kommandos mit Kurzformen zu belegen.

Alias-Definitionen werden normalerweise in der Initialisierungsdatei eines Benutzers oder interaktiv auf der Kommandozeile definiert mit:

> ✎   **alias** *name* = *kommando*
> → Gibt man nach dieser Definition *name* an der ersten Position der Kommandozeile (Kommandoposition) ein, so wird *kommando* ausgeführt.
> *kommando* kann dabei eine längere Folge von Anweisungen enthalten (die dann mit ›"‹ umgeben sein müssen) und auch mit Parametern und Argumenten versehen sein.

Auf ähnliche Weise, jedoch mit deutlich erweiterten Möglichkeiten, funktionieren Shell-Funktionen, denen – außer bei sehr kurzen Kommandos – der Vorzug gegeben werden sollte.

Eine Shell-Funktion ist eine Folge von Shell-Kommandos und damit vergleichbar mit einer Kommandoprozedur, liegt allerdings nicht als Datei vor, sondern wird aus einer Initialisierungsdatei der Shell in den Laufzeitspeicher geladen. Shell-Funktionen können jedoch auch interaktiv auf der Kommandozeile eingegeben werden. Sie lassem sich in Kommandoprozeduren, vergleichbar einem Unterprogramm, definieren und anwenden. Eine Shell-Funktion wird definiert über die Syntax:

> *name* () { *kommando_folge* ; }

Hierdurch wird der Funktion *name* die in {...} geklammerte Kommandofolge zugeordnet. Detaillierter beschrieben werden Funktionen auf Seite 564.

6.2.3.5   Tastaturbindungen (key bindings)

Eine mächtige Funktion der **bash** für die interaktive Anwendung ist die Möglichkeit, Tasten selbst zu definieren bzw. Tasten mit bestimmten Funktionen zu belegen.

Dazu werden über die Funktionsbibliothek ›Readline‹ eine Vielzahl von Funktionen und Funktionsbezeichnungen vorgegeben, die an bestimmte Tastenfolgen *angebunden* werden können. Dies geschieht über das Kommando **bind**.

> $ **bind** *taste*: *readlinefunktion*
> → bindet die Funktion *readlinefunktion* an die Tastenfolge *taste*.

✎ > $ **bind "\M-\C-[A"**: **previous-history**
> → bindet die Taste ›Pfeil nach oben‹ an die Funktion ›Einen Befehl nach oben in der Historyliste‹

Normalerweise ist es nicht erforderlich, diese Funktion selbst anzuwenden oder Änderungen vorzunehmen, da die Standarddefinitionen bereits eingerichtet und für die meisten Anwendungsfälle ausreichend sind. Die Standarddefinitionen erhält man angezeigt per:

> $ **bind –p**   listet alle Tastaturbindungs-Einstellungen
>
> *oder*
>
> $ **bind –P**   listet alle Tastaturbindungs-Einstellungen in einer Form, in der sie für die eigene Konfigurationsdatei ˜/.*inputrc* verwendet werden können. Aus .*inputrc* (oder /*etc*/*inputrc*) liest die Funktionsbibliothek ›Readline‹ ihre Voreinstellungen. Einzelne Definitionen können aber auch in einer der Shell-Initialisierungsdateien eingetragen werden.

6.2.3.6   Das Heimatverzeichnis ›~‹

Eine deutliche Vereinfachung, insbesondere bei der Eingabe von Pfadnamen, bildet die Sonderbedeutung des Tildezeichens ›~‹ in der **bash**. Die **bash** setzt anstelle der Tilde automatisch das HOME-Verzeichnis ($HOME) des aktuellen oder des angegebenen Benutzers ein.

▸ folgt auf die Tilde der Name eines gültigen Benutzers, so wird für die Tilde dessen Login-Verzeichnis eingesetzt. Ist der angegebene Namen kein gültiger Benutzername (nicht in /*etc*/*passwd* vorhanden), so findet keine Substitution der Tilde statt!

▸ folgt der Tilde kein Benutzername (sondern z. B. eine Pfadangabe), so wird für die Tilde das HOME-Verzeichnis des aktuellen Benutzers eingesetzt (der aktuelle Wert von $HOME);

✎ > cd ~/myfiles
> → wechselt in das Unterverzeichnis *myfiles* des aktuellen Benutzers.

✎ > cd ~linus/myfiles
> → wechselt in das Verzeichnis *myfiles* im Login-Verzeichnis des Benutzers *linus* und bringt eine Fehlermeldung, falls *linus* kein gültiger Benutzer im lokalen System ist.

6.2.4   Ein-/Ausgabeumlenkung

Vor der Ausführung eines Kommandos können dessen Standardeingabe (Dateideskriptor 0, bei interaktiven Shells zumeist die Tastatur), seine Standardausgabe (Dateideskriptor 1, normalerweise der Bildschirm) und die Standardfehlerausgabe (Dateideskriptor 2, normalerweise der Bildschirm) umgelenkt werden. Die Umlenkung erfolgt durch die Interpretation der Umlenkungsanweisung durch die Shell. Das aufgerufene Programm erfährt davon nichts.[1]

> *aus_datei*   Die Standardausgabe soll die Datei *aus_datei* sein. Existiert die genannte Datei bereits, so wird sie zuvor auf die Länge 0 gesetzt.[2] Soll die alte Datei erhalten und die neue Ausgabe an deren Ende angehängt werden, so erfolgt dies durch >> *aus_datei* .

>| *aus_datei*   Die Datei *aus_datei* wird in jedem Fall neu angelegt (erzwungen), auch wenn dies mit **noclobber** eigentlich verhindert werden sollte.

>> *aus_datei*   Die Standardausgabe wird an die Datei *aus_datei* angehängt. Existiert die Datei noch nicht, so wird sie neu angelegt.

2> *fehler_datei*   Die Standardfehlerausgabe (Dateideskriptor 2) soll in die Datei *fehler_datei* umgelenkt werden.

>&*n*   Die Standardausgabe geht auf die mit dem Dateideskriptor *n* verbundene Datei. Verwendung findet dies vor allem, um mit der Konstruktion 2>&1 die Standardfehlerausgabe (Dateideskriptor 2) und die Standardausgabe (Dateideskriptor 1) zu einem Ausgabekanal zusammenzuhängen, der dann wiederum in eine Datei umgeleitet werden kann.

&> *aus_datei*   Standardausgabe (Dateideskriptor 1) und Standardfehlerausgabe (Dateideskriptor 2) werden zu einem Ausgabekanal zusammengeschlossen und in *aus_datei* gelenkt.

>&–   Die Standardausgabedatei wird geschlossen.

< *ein_datei*   Statt der Tastatur soll die Datei *ein_datei* als Standardeingabe (Deskriptor 0) verwendet werden.

<> *datei*   Die Datei *datei* wird als Standardeingabe und als Standardausgabe verwendet.

<< *wort*   Anstatt von der Standardeingabe werden direkt die nachfolgenden Zeilen der Kommandoprozedur (oder der Tastatur) gelesen. Diese *In*

---

1. Die Umlenkung ist damit auch nicht mehr in der Argumenteliste enthalten, welche die Shell dem aufgerufenen Programm bzw. Kommando übergibt.
   Die Umlenkung darf an beliebiger Position auf der Kommandozeile stehen (d.h. vor, innerhalb oder nach der Parameterliste). Aus Gründen der Übersichtlichkeit wird jedoch die Umlenkungsangabe als letzte Angabe eines Kommandos empfohlen.

2. Wurde die Shell-Option **noclobber** (oder die Aufrufoption –C) gesetzt, so wird die Datei nicht überschrieben.

Line-Eingabedatei wird durch eine Zeile beendet, die nur aus *wort* besteht. Das erste und das letzte Auftreten von *wort* dient als eine Klammerung für den Eingabetext. Diese letzte Zeile zählt nicht mehr zur Eingabe und entspricht einem *<dateiende>* bzw. *<eof>*.

Kommt in der Angabe von *wort* eine Maskierung (\, "..." oder '...') vor, so werden die eingelesenen Zeilen nur entsprechend der Maskierung expandiert (bei '...' gar nicht). Ohne eine solche Maskierung führt die Shell eine Parametersubstitution und Kommandoauswertung durch. Diese Art von Eingabe wird *Here Document* genannt.

<&n   Die Standardeingabe liest aus der im Deskriptor *n* angegebenen Datei.

<&–   Die Standardeingabedatei wird geschlossen.

Steht vor einem der obigen Kommandos eine Zahl (wie z.B. bei **2>**), so gilt die Umlenkung nicht für die Standardein- oder ausgabe sondern für den Dateideskriptor mit der angegebenen Nummer:

> *kommando parameter* 2> fehler
> → sorgt dafür, dass die Standardfehlerausgabe (Dateideskriptor 2) auf die Datei *fehler* erfolgt.

Steht hinter dem Kommando ein **&** (damit wird ein Kommando als eigenständiger Prozess im Hintergrund gestartet), so wird, wenn nicht anders angegeben, die leere Datei (das Gerät */dev/null*) als Standardeingabe eingestellt.[1]

> cat
> → erwartet sein Ergebnis von der Standardeingabe, liest diese bis zu einem <dateiende> und gibt die Zeilen auf dem Bildschirm aus.

> cat > ergeb
> → liest vom Bildschirm und legt das Ergebnis in der Datei *ergeb* ab. Dies ist die einfachste Art, eine Datei zu erstellen.

> wc < liste > ergebnis
> → liest aus der Datei *liste* und schreibt das Resultat in die Datei *ergebnis*.

> cat >> neu <<!
> Linux-System $name
> Neue Strasse 23
> !
> → schreibt die Zeilen ›Linux-System ...‹ und ›Neue ...‹ ans Ende der Datei *neu*. Dabei wird *$name* durch den Wert der Shell-Variablen ersetzt. In der Regel wird man eine solche Konstruktion in Kommandoprozeduren einsetzen.

> file * > typen 2>&1
> → ruft das Programm **file** auf, um die Dateiart aller Dateien im aktuellen Verzeichnis zu ermitteln und nach *typen* zu schreiben. Fehlermeldungen wer-

---

1. Hintergrundprozesse können damit nicht von der Tastatur lesen, was sehr wichtig ist, um Verwechslungen bei der Eingabe zu verhindern.

den mit diesem Aufruf ebenfalls nach *typen* geschrieben, da Standardausgabe und Standardfehlerausgabe mit **2>&1** zusammengehängt werden.

→ Im Dateinamen innerhalb einer Ausgabeumlenkung findet **keine** Namensexpansion statt! So schreibt z. B. ›ls > *.c‹ sein Ergebnis in die Datei mit dem unpraktischen Namen *.c*.

6.2.5 Mehrere Kommandos und Kommandoverkettung

Die Shell führt die ihr übergebenen Kommandos normalerweise sequenziell (der Reihe nach) aus. Ein Zeichen *<neue zeile>* zeigt das Ende eines Kommandos an. Dabei wird – außer bei Shell-internen Kommandos – für jedes Kommando ein eigener, selbstständiger Prozess gebildet, auf dessen Ende die Shell vor der Ausgabe des Promptzeichens und damit auch vor Ausführung des nächsten Kommandos wartet.

Ist ein Kommandotext länger als eine Zeile, so kann das Zeilenende durch das Fluchtsymbol ›\‹ maskiert werden, d. h. durch ›\‹ wird das nachfolgende *<neue zeile>* ignoriert. Die Syntax sieht dann aus wie folgt:

> `$ kommando_1 [parameter1] [parameter2] \<neue zeile>`
> `> [parameter3] [parameter4] <neue zeile>`

Zu Beginn der zweiten Zeile wird das Zusatz-Promptzeichen $PS2 ausgegeben.

Das Semikolon ›;‹ hingegen erfüllt die gleiche Funktion wie <neue zeile>. Auf diese Weise können mehrere Kommandos hintereinander in einer Zeile übergeben werden. Die Syntax lautet:

> `kommando_1 [parameter] ; kommando_2 [...] ... ; kommando_n`

Es besteht in diesem Fall keine Verbindung zwischen den einzelnen Programmen. Von der Shell werden sie behandelt, als wären sie einzeln – Zeile für Zeile und Kommando für Kommando – eingegeben worden; somit ist die Semikolon-Trennung gleichbedeutend mit der Schreibung auf einzelnen Zeilen.

Jedes Programm (Kommando) liefert einen (normalerweise unsichtbaren) Funktionswert an den Aufrufer zurück – den *Endestatus* (englisch: *exit status*) oder *Returncode*. Per Konvention ist dieser 0, falls das Programm fehlerfrei ablief; er hat einen Wert ungleich 0 in allen anderen Fällen. Der Endestatus wird in der Variablen $? abgelegt und kann darüber auch abgefragt werden. Bei einer Kommandosequenz ergibt sich der Endestatus aus dem zuletzt ausgeführten Kommando. Dieser Statuswert lässt sich in den Shell-Konstrukten wie z. B. **if ... then ... else ... fi** zur bedingten Steuerung nutzen.

➡ Ist eines der Kommandos der Kommandosequenz ein Shell-internes Kommando, so wird beim Auftreten eines Fehlers die ganze Sequenz abgebrochen.

6.2.6   Fließbandverarbeitung (Pipe)

Soll in einer Kommandosequenz die Ausgabe eines Kommandos als Eingabe eines folgenden Kommandos benutzt, d.h. die Standardausgabe zur Standardeingabe werden, so gibt man dies durch das **Pipe**-Symbol ›|‹ an.

Wie zuvor beim Semikolon-Zeichen werden auch beim Pipe-Zeichen mehrere Kommandos hintereinander auf der Kommandozeile angegeben. Beim Pipe-Zeichen arbeiten diese Kommandos jedoch nicht mehr unabhängig voneinander, sondern verknüpfen jeweils Aus- und Eingabe miteinander. Die Schreibweise hierzu lautet:

kommando_1 [*parameter*] | *kommando_2* [*parameter*] [| ...]

ls –l | wc –l
→ gibt die Anzahl der Dateien im aktuellen Verzeichnis aus.

ls -l listet die Dateien zeilenweise auf, und **wc** liest diese Ausgabe, zählt die Zeilen darin (Option –l) und gibt die Anzahl am Bildschirm aus.

Wird eines der Kommandos einer Pipe-Kette abgebrochen, so terminieren in der Regel auch die anderen Programme der Kette auf Grund eines Lese- oder Schreibfehlers bei Operationen auf die Pipe.

6.2.7 Hintergrundprozesse

Beim Abschluss eines Kommandos durch *<neue zeile>* oder Semikolon (;) startet die Shell das Kommando als eigenständigen Prozess und wartet auf dessen Beendigung, bevor sie die nächste Eingabe bearbeitet.

Der Prozess kann jedoch auch durch die Kennzeichnung mit & als *Hintergrundprozess* gestartet werden. Dabei gibt die Shell sofort nach Kommandostart durch *<neue zeile>* sowohl die *Job-Nummer* (oder JID für *Job Identification*) sowie die Prozessnummer (oder **PID** für *Process Identification*) des Hintergrundprozesses aus und ist danach sogleich für die nächste Eingabe bereit, was sie durch die Ausgabe des Bereitschaftszeichens anzeigt. Um in Kommandos Job- und Prozessnummer unterscheiden zu können, setzt man der Jobnummer ein % voran.

Die Kommandozeile zum Aufsetzen eines Hintergrundprozesses sieht aus wie folgt:

kommando [*parameter*] &

Der Hintergrundprozess ist von der Standardeingabe abgekoppelt und damit über Tastatur nicht mehr direkt erreichbar.[1] Normalerweise werden damit länger laufende Prozesse gestartet oder Prozesse, die, unabhängig vom aufrufenden Prozess, Ausgaben in einem eigenen Fenster an der grafischen Oberfläche (X-Window) ausführen.

```
$ xclock &
[1] 11133
$
```

→ startet das X-Window-Programm **xclock** von der Shell-Kommandozeile aus; in der Folgezeile werden die Jobnummer des Hintergrundprozesses ›[1]‹ und dessen Prozessnummer PID ›11133‹ ausgegeben. Die Shell steht sofort wieder für neue Eingaben zur Verfügung. ›xclock‹ läuft in einem eigenen Fenster, bis es beendet wird (siehe nächsten Abschnitt).

Die Steuerung von Hintergrundprozessen (job control)

Während ein im Vordergrund laufendes Programm durch das Unterbrechungszeichen *<unterbrechung>* oder das Zeichen *<abbruch>* terminiert werden kann (soweit das Programm dies nicht explizit abfängt), muss ein im Hintergrund laufendes Programm anders gesteuert werden, da es nicht mehr direkt von der Tastatur als Standardeingabe liest. Folgende Kommandos stehen zur Steuerung von Hintergrundprozessen zur Verfügung:[2]

---

1. Für einen Hintergrundprozess ist ohne explizite Umlenkung nicht die Tastatur, sondern */dev/null* die Standardeingabe. Damit wird verhindert, dass der im Hintergrund laufende Prozess dem im Vordergrund laufenden Prozess Eingaben wegnimmt.
2. Prozesse werden in der Fachsprache auch als *jobs* bezeichnet; bei der Steuerung von Hintergrundprozessen spricht man daher auch von *job control.*
   In der ursprünglichen Bourne-Shell gab es keine *job control.* Diese wurde erst mit der C-Shell eingeführt, ist seither aber in allen modernen Shells in ähnlicher Form enthalten.
   Standardmäßig ist die Prozessverwaltung (*job control*) der bash aktiviert. Sollte das nicht der Fall sein, kann sie mittels ›set -m‹ oder ›set -o monitor‹ eingeschaltet werden.

jobs [–lnprs] listet die Hintergrundprozesse, die von der aktuellen Shell aus gestartet wurden. Mit der Option ›–l‹ wird nicht nur die Jobnummer des Hintergrundprozesses, sondern auch seine Prozess-ID mit ausgegeben; weitere Optionen beziehen sich auf den Status der Jobs.

<prozess anhalten> (*Suspend,* zumeist ⎡Strg⎤-⎡Z⎤, hält einen aktuell im Vordergrund laufenden Prozess an (der Prozess wird nicht abgebrochen) und gibt die Tastaturkontrolle an den Benutzer zurück. Der Benutzer kann dann mittels der folgenden Kommandos den Prozess weiter steuern.

bg [*proz*] führt den (im Vordergrund) gestoppten Prozess als Hintergrund-Prozess weiter – so, als sei ›n‹ gleich beim Aufruf ein ›&‹ angehängt worden.

fg [*proz*] bringt einen Hintergrundprozess (wieder) in den Vordergrund und macht ihn zum *aktuellen Prozess.*

wait *proz* wartet im aktuellen Prozess auf das Ende eines anderen (Hintergrund-)Prozesses.

stop *proz* hält einen aktuell laufenden (Hintergrund-)Prozess an. Dieser kann dann durch **bg** oder **fg** weiter gesteuert werden.

kill *proz* beendet einen (Hintergrund-)Prozess.

Wird bei **bg** oder **fg** kein Parameter angegeben, so ist immer der zuletzt aktivierte Prozess gemeint. Über den Parameter *proz* kann der Hintergrundprozess zudem entweder über die (systemweit eindeutige) Prozess-ID angesprochen werden oder durch die Jobnummer[1], welche die Shell vergibt und mit [...] markiert ausgibt, die den Hintergrundprozess startet. Beide Parameter werden beim Start eines Hintergrundprozesses oder über das Kommando **jobs** ausgegeben. Zudem kann man sich in folgender Weise auf den Job beziehen und die Angaben als Parameter für die Kommandos **bg** oder **fg** einsetzen:

%*n* meint den Job mit der Nummer *n.*

%*xxx* meint den Job, dessen Name mit *xxx* beginnt.

%?*xxx* meint den Job, in dessen Name *xxx* vorkommt.

%+ meint den *aktuellen* (zuletzt gestarteten) Job.

%% meint den *aktuellen* (zuletzt gestarteten) Job; entspricht ›%%‹.

%– meint den zuvor gestarteten Job.

Informationen über eine Statusänderung eines Hintergrundprozesses gibt die **bash** nicht sofort und ggf. während eines laufenden Kommandos aus, sondern erst bei der nächstfolgenden Ausgabe des Prompt-Zeichens.

---

1. Die Jobnummer ist nicht systemweit eindeutig, sondern wird von der jeweils startenden Shell vergeben und hochgezählt.

6.2.8 Kommando-Gruppierung

Bei einer längeren Reihe von – durch Semikolon getrennten –
Anweisungen auf der Kommandozeile gilt das (einen
Hintergrundprozess einleitende) ›&‹ nur für das zuletzt
stehende Kommando. Soll eine ganze Kommandofolge gemeinsam angesprochen werden, so können die
entsprechenden Kommandos mit einfachen runden
Klammern gruppiert und dann, mittels ›&‹, auch gemeinsam als Hintergrundprozess gestartet werden.
Diese Kommandogruppierung wird nicht nur bei
Hintergrundprozessen, sondern häufig auch dann verwendet, wenn die Ausgabe mehrerer Prozesse in einer Pipe
weiterverarbeitet werden soll. Die Angabe sieht aus wie folgt:

$$(\ kommando\_1 \ ; \ kommando\_2 \ ; \ kommando\_3 \ ) \ \&$$

$$(\ kommando\_1 \ ; \ kommando\_2 \ ; \ kommando\_3 \ ) \ | \ kommando$$

Die Kommandogruppierung mittels runder Klammern führt genau genommen dazu,
dass die geklammerten Kommandos in einer neuen Shell ausgeführt werden. Die gesamte Ausgabe dieser neuen Shell wird auf die Standardausgabe (z.B. in eine Pipe) geschrieben oder die gesamte Shell und die von ihr gestarteten Kommandos laufen als
Hintergrundprozesse.

Möchte man vermeiden, dass die gruppierten Kommandos in einer Unter-Shell (Sub-
Shell) ausgeführt werden, so benutzt man statt der runden Klammern *geschweifte Klammern*. Die gesamte Kommandogruppierung wird dann in der aktuell laufenden Shell
ausgeführt; Umlenkungen (hinter der Klammer) gelten dann für alle Prozesse darin.

6.2.9 Kommandoersetzung

Die Shell bietet mit der Funktion der rechtsgerichteten Apostrophe ` *kommando* ` eine
Möglichkeit, ein Kommando *kommando* auszuführen und sein Ergebnis an der gleichen Stelle der Kommandozeile wieder einzutragen, etwa um es einer Variablen zuzuweisen. Gleichbedeutend mit dieser Funktion ist in der **bash** die Syntax, das Kommando in runde Klammern mit voranstehendem **$**-Zeichen einzutragen.

Dabei wird zunächst *kommando* ausgeführt und dessen Ausgabe an der Stelle dieser
Konstruktion eingesetzt.

✎ **datum**=$(date)
    → weist der Variablen *datum* das aktuelle Datum bzw. die Ausgabe des
    Kommandos **date** zu.

✎ **nummer**=$(< telefon)
    → weist der Variablen *nummer* den Inhalt der Datei *telefon* zu und ent-
    spricht damit **nummer**=$(cat telefon) bzw. **read nummer < telefon** oder al-
    ternativ **nummer**=`cat telefon` der Bourne-Shell.

6.3   Shellprozeduren (shell scripts)

Die Shell bietet die sehr schöne Möglichkeit, häufig benutzte Kommandofolgen in eine Datei zu schreiben und diese Datei dann der Shell statt der direkten Eingabe per Tastatur zu übergeben. Dies geschieht mit dem Kommando:

bash [*shell-optionen*] *kommando_datei* [*parameter*]

Gleichbedeutend damit ist das Kommando:[1]

sh [*shell-optionen*] *kommando_datei* [*parameter*]

Solche Dateien werden auch als *Kommandodateien, Shellprozeduren* oder *Shellskripten* (englisch: *command files* oder *shell scripts*) bezeichnet. Shellprozeduren dürfen ihrerseits weitere Shellprozeduren aufrufen. Auch Rekursionen sind zulässig. Als Shell-Optionen werden akzeptiert (weitere Optionen sind beim Shell-internen Kommando **set** auf Seite 578 beschrieben):

–c *wort*   Die Kommandos werden aus dem angegebenen Wort gelesen. *wort* darf auch eine Shell-Variable sein.

–i   Die Option deklariert die Shell als *interaktiv*. Hierbei wird das Signal SIG-TERM ignoriert und das Signal SIGINT abgefangen und ignoriert (um **wait** unterbrechbar zu machen). Ebenso wird das Signal SIGQUIT von der Shell nicht beachtet (zu Signalen bzw. Traps siehe Abschnitt 6.3.11, S. 591).

–l   Die neu gestartete Shell verhält sich wie eine *Login-Shell*.

–r   Die Shell soll eingeschränkt sein. Dies entspricht dem Aufruf von **rbash**.

–s   Bleiben keine Argumente mehr übrig, so werden die Kommandos von der Standardeingabe gelesen und die Ausgabe geht auf die mit Dateideskriptor 2 spezifizierte Datei (Standardfehlerausgabe).

–v   (*verbose*) Die Shell gibt die Kommandozeile vor Ausführung des Kommandos am Bildschirm aus.

–x   (*execute*) Die Kommandos mit ihren eingesetzten Parametern (Argumenten) werden bei der Kommandoausführung ausgegeben. Diese Schalterstellung bietet eine große Hilfe bei der Fehlersuche in Shellprozeduren.

–p   Die effektive Benutzer- und Gruppen-ID wird auf die tatsächliche Benutzer- und Gruppen-ID eines Benutzers gesetzt.

––   zeigt das Ende der Eingabe-Optionen an. Alle nachfolgenden Parameter werden nicht mehr als Aufrufoption interpretiert. Damit wird z.B. die Übergabe eines Dateinamens ›-l‹ möglich, der nicht als Aufrufoption missverstanden wird.

---

1. Das Kommando **sh** ist intern ein Aufruf der **bash**, führt aber dazu, dass diese sich weitegehend wie die alte Bourne-Shell verhält. Dies ist für die fehlerfreie Abarbeitung älterer oder von UNIX stammender Kommandoprozeduren nützlich.

6.3.1 Direkte Ausführung von Kommandoprozeduren

Hat die Skriptdatei das Attribut *executable* (ausführbar), so kann sie auch direkt wie ein Kommando aufgerufen werden durch:

kommando_datei [*parameter*]

Eine Datei erhält das *x*-Attribut (*executable*) durch die Anweisung:

chmod +x *kommando_datei*

Damit braucht dann statt:

bash *kommando_datei*

nur noch eingegeben werden:

kommando_datei

In den nachfolgenden Beispielen sei stets angenommen, dass die Kommandoprozedur dieses Ausführungsattribut x gesetzt habe.

Sollen sehr kurze Prozeduren genutzt werden, etwa um in einer interaktiven Shell ein häufig benötigtes Kommando mit vielen Optionen abzukürzen, so wird dies günstiger mit den in der Shell eingebauten Möglichkeiten der **Shell-Funktion** (siehe S. 564) oder des **Alias** erreicht. Diese können zentral in einer Initialisierungsdatei vorgegeben werden und müssen nicht bei jedem Aufruf als eigener Prozess von Platte gelesen und gestartet werden. Shell-Funktionen können darüber hinaus sehr gut in längeren Skripten als Unterprogramme eingesetzt werden.

6.3.2 Die Variablen der Shell

Die Kommandosprache der Shell erlaubt neben den bisher aufgeführten Sprachelementen auch Variablen, deren Werte Zeichenketten (englisch: *strings*) sind. Von einigen Kommandos kann eine Zeichenkette jedoch auch als numerischer oder logischer Wert interpretiert werden (z.B. von **let**, **test** und **expr**).

Die Bezeichner (Namen) der Shell-Variablen bestehen aus einem Buchstaben, gefolgt von Buchstaben, Ziffern und dem Unterstrich (_). Mittels

name = *wert*

kann der Variablen *name* in der Shell ein Wert (Inhalt) *wert* zugewiesen werden, wobei diese Zuweisung ohne Leerzeichen geschrieben werden muss. Kommen in der zuzuweisenden Zeichenkette Trennzeichen (Leerzeichen, Tabulatorzeichen) vor, so ist die Zeichenkette mit Apostrophzeichen zu klammern. Also

name="..."
oder
name='...'

Soll in einer Anweisung der Wert einer Variablen angesprochen werden, d.h. die Variable expandiert und deren Inhalt eingesetzt werden, so wird dem Variablennamen dazu ein **$** vorangestellt.

Das Kommando

> **echo $***name*
>
> *oder*
>
> **printf $***name*

gibt den Wert (Inhalt) der Variablen *name* am Bildschirm aus.

➡ Diese Variablen werden von der Shell expandiert, nicht etwa von einzelnen Kommandos. Wann immer auf der Kommandozeile ein Wort mit vorangestelltem **$** auftritt, versucht die Shell dieses Wort als Variable zu interpretieren und zu expandieren. Das aufgerufene Programm sieht nur noch den Inhalt der Variablen.

Das Kommando **set** ohne Parameter gibt die in der aktuellen Umgebung definierten Shell-Variablen aus. Die Definition einer Shell-Variablen kann durch das **unset**-Kommando wieder aufgehoben werden.

✎ pas="pc –o t t.p"
→ weist der (damit neu definierten) Shell-Variablen *pas* die Zeichenkette "pc –o t t.p" zu.
$pas⌷cr⌷
→ hat nun die gleiche Wirkung wie die Eingabe von ›pc –o t t.p⌷cr⌷‹.

✎ o=/home/oskar/cad_buch/kapitel
→ weist der Variablen *o* die Zeichenkette */home/oskar/cad_buch/kapitel* zu.
pr $o.1
→ entspricht dann ›pr /home/oskar/cad_buch/kapitel.1‹.

➡ Sollen der einzusetzenden Variablen (Parameter) unmittelbar ein oder mehrere Zeichen folgen, so ist der Variablenname mit {...} zu klammern. So bedeutet ›${ab}c‹ z.B.: ›Der Wert der Variablen *ab* direkt gefolgt von c‹, während mit ›$abc‹ der Wert der Variablen *abc* gemeint ist.

6.3.3 Aufrufparameter, Positionsparameter

Neben den beliebig benannten eigenen Variablen wertet die Shell und viele andere Anwenderprogramme eine Reihe von vordefinierten Variablen mit fester Bedeutung aus. Diesen Variablen kann normalerweise kein neuer Wert zugewiesen werden.[1] Diese z.T. vordefinierten Variablen sind:

$0   der Name der aufgerufenen Shellprozedur bzw. des Kommandos

$1   der 1. Parameter des Aufrufs (Positionsvariable 1)

$2   der 2. Parameter des Aufrufs usw.

---

1. Eine Zuweisung nach dem Schema ›1=wert‹ ist hier nicht möglich!

$\vdots$ $\vdots$

| $9 | der 9. Parameter des Aufrufs. |

${10}   Der 10. Parameter des Aufrufs: Positionsparameter mit mehr als einer Stelle, also ab dem zehnten Parameter, müssen mit geschweiften Klammern umgeben werden.[1]

${nn}   der *nn*-te Parameter des Aufrufs

$*   alle Parameter des Aufrufs als **eine** Zeichenkette ohne $0, also:
›$1 $2 …‹

$@   alle Parameter des Aufrufs als Folge von *n* einzelnen Zeichenketten; also: ›$1‹, ›$2‹, …

$#   die Anzahl der beim Prozeduraufruf übergebenen oder durch **set** erzeugten Parameter

$–   die Optionen, welche der Shell beim Aufruf oder mittels des **set**-Kommandos zugewiesen wurden

$?   der Endestatus (*Exit-Code, Returncode*) des zuletzt ausgeführten Kommandos

$$ Die Prozessnummer der aktuellen Shell; dies lässt sich z.B. zum Aufbau von Dateinamen von temporären Hilfsdateien verwenden.

$!   Die Prozessnummer des zuletzt angestoßenen Hintergrundprozesses. Dies kann z.B. für das **wait**-Kommando verwendet werden, um ab einer bestimmten Stelle einer Kommandoprozedur auf das Ende eines Hintergrundprozesses zu warten.

$_   Temporäre Mehrzweck-Variable:
Sie enthält nach dem Aufruf des Dateinamens der Shell, ansonsten das letzte Argument des vorangegangenen Kommandos und bei Mail-Meldung den Namen der Mail-Datei.

Ein einfaches Beispiel zur Anwendung speziell der Positionsparameter sei die folgende Kommandodatei *gibaus*:

```
# gibt Positionsparameter wieder aus.
echo "Name des Programms: " $0
echo "Anzahl der Parameter: " $#
echo "Alle Parameter: " $*
echo '$0:'$0 '$1:'$1 '$5:'$5 '$9:'$9 '${10}:'${10} '${11}:'${11}
echo "Der letzte Parameter: " ${!#}
```

Ein Aufruf dieses Testskripts zeigt die Belegung der Variablen:

---

1. Unterbleibt dies, so substituiert die Shell den Wert des einstelligen Parameters und gibt die zweite Stelle einfach mit aus.

✎ $ **gibaus** eins zwei drei vier fünf sechs sieben acht neun zehn elf zwölf \
dreizehn vierzehn fünfzehn sechzehn siebzehn
→

```
Name des Programms:  ./gibaus
Anzahl der Parameter:  17
Alle Parameter: eins zwei drei vier fünf sechs sieben acht neun zehn
elf zwölf dreizehn vierzehn fünfzehn sechzehn siebzehn
$0:./gibaus $1:eins $5:fünf $9:neun ${10}:zehn ${11}:elf
Der letzte Parameter: siebzehn
```

Ein Shell-Konstrukt zur Ermittlung des letzten Parameters lautet ›${!#}‹.

Dabei nutzt man ein sehr spezielles Konstrukt der **bash**, die indirekte Variablenexpandierung (*indirect expansion*). Diese besagt, dass ein ›!‹ als erstes Zeichen einer Variablen dazu führt, dass der Wert der Variablen als Name der Variablen eingesetzt und anschließend erneut expandiert wird. Es wird also eine doppelte Variablenexpandierung vorgenommen.

Für das obige Beispiel wäre das wie folgt: Die Variable ›$#‹ enthält die Anzahl der Argumente auf der Kommandozeile, hier also ›17‹. Durch das vorangestellte ›!‹ wird die ›17‹ an der aktuellen Position eingesetzt und anschließend die Variable als ›$17‹ erneut expandiert. Ausgegeben wird in diesem Fall ›siebzehn‹.

6.3.4   Umgebungsvariablen

Umgebungsvariablen (englisch: *environment variables*) sind vordefinierte Variablen, die meist bei der Anmeldung oder beim Start der Shell belegt werden. Ihre Definition kann vom Anwender in eigenen Initialisierungsdateien geändert und den eigenen Anforderungen angepasst werden. Viele dieser Variablen werden von der Shell gesetzt,[1] einige werden von der Shell nur übernommen und ggf. mit Standardwerten belegt. Einige der Variablen können vom Benutzer nur gelesen, aber nicht verändert werden. Hilfreich sind diese Variablen in der interaktiven Anwendung der Shell, insbesondere aber in Kommandoprozeduren (Shell-Skripten). Hier eine vollständige Liste aller Variablen, die der **bash** bekannt und normalerweise in einer Shell-Umgebung gesetzt sind:

$BASH	vollständiger Dateiname mit Pfad der aktuell laufenden Shell
$BASH_ENV	wird von der **bash** vor der Ausführung einer Kommandoprozedur ausgewertet und die Datei, deren Name in dieser Variablen abgelegt ist, als Programm ausgeführt. Kann für Initialisierungskommandos einer Skript-Shell genutzt werden. Standardbelegung: leer
$BASH_VERSINFO	(Array-Variable) Die Elemente enthalten die einzelnen Bestandteile der **bash**-Versionsbezeichnung.

---

1. Die **bash** etwa durchläuft bei ihrem Aufruf die Dateien *.bash_profile*, *.bashrc* und beim Abmelden die Datei *.bash_logout* im Verzeichnis *$HOME*. Eine ausführliche Beschreibung diese Dateien ist auf S. 531 zu finden.

$BASH_VERSION	Versionsbezeichnung (genaue Versionsnummer) der aktuell laufenden Shell.
$CDPATH	gibt den Suchpfad für das **cd**-Kommando an. Wird das **cd**-Kommando mit einem relativen Dateinamen als Parameter aufgerufen und ist die angegebene Datei kein Verzeichnis im aktuellen Verzeichnis, so wird ein entsprechendes Verzeichnis in dem in **$CDPATH** angegebenen Pfad gesucht. Die Verwendung und die Syntax entsprechen der von **$PATH**.
$COLUMNS	Breite des editierbaren Ausschnittes/Arbeitsfensters der Kommandozeile.
$COMP_CWORD, $COMP_LINE, $COMP_POINT, $COMP_WORD, $COMPREPLY	Variablen zur detaillierten Steuerung der Wort-Vervollständigung (*completion*) auf der Kommandozeile.
$DIRSTACK	(Array-Variable) enthält die Liste der zuletzt aufgesuchten Verzeichnisse.
$EDITOR	Editiermodus für die Kommandozeile. Diese Shell-Variable wird von der **bash** nur noch zur Kompatibilität mit der älteren Korn-Shell ausgewertet, sollte aber nicht mehr genutzt werden. Ist in der **bash** durch die Variable $FCEDIT ersetzt.
$ENV	Pfadname einer Datei, die beim Start einer Shell ausgeführt werden soll (wird nur ausgewertet, wenn die Shell mit der Option ›--posix‹ im Posix-Modus gestartet wird).
$EUID	numerische Angabe der effektiven Benutzer-Kennziffer des aktuellen Benutzers; z.B. ›500‹.
$FCEDIT	Editor, mit dem die Datei, in der die alten Kommandos aufgelistet sind (definiert durch $HISTFILE), editiert werden kann. Ist diese Variable nicht belegt, wird stattdessen die Variable $EDITOR ausgewertet.
$FIGNORE	Hier kann eine Liste von Dateinamensendungen angegeben werden, die bei der automatischen Wortvervollständigung nicht berücksichtigt werden sollen.
$FUNCNAME	enthält den Namen einer Shell-Funktion während ihrer Ausführung. Auf diese Variable kann kein neuer Wert zugewiesen werden.
$GLOBIGNORE	Hier kann angegeben werden (als Zeichenmuster), welche Dateinamen bei der automatischen Wort-Vervollständigung nicht berücksichtigt werden sollen.
$GROUPS	(Array-Variable) enthält die Gruppen, in denen der Benutzer Mitglied ist. Variable kann nur gelesen werden.

$HISTCMD   Nummer des Eintrags in der Liste der bereits eingegebenen Kommandos (History-Liste).

$HISTCONTROL   Dieser Eintrag steuert, welche Kommandos überhaupt in die Liste der bereits eingegebenen Kommandos aufgenommen werden sollen. Mit einer Belegung von **ignorespace** kann die Aufnahme von Kommandos verhindert werden, die mit einem Leerzeichen beginnen, mit **ignoredups** kann verhindert werden, dass unmittelbar aufeinander folgende, identische Kommandos aufgenommen werden. **ignoreboth** setzt beide Anweisungen. Eine detailliertere Kontrolle ist über die Variable $HISTIGNORE möglich.

$HISTFILE   Pfadname einer Datei, in der die Shell die alten Kommandos auflistet. Standard: *$HOME/.bash_history*

$HISTFILESIZE   Die Zahl der Zeilen, die in die Liste der bereits eingegebenen Kommandos aufgenommen werden können.
Standard: 500 Zeilen.

$HISTIGNORE   Dieser Eintrag steuert, welche Kommandos in die Liste der bereits eingegebenen Kommandos aufgenommen werden sollen, kann aber, im Gegensatz zu $HISTCONTROL Zeichenmuster auswerten und ermöglicht so eine präzisere Kontrolle.

$HISTSIZE   Anzahl der Kommandos, die über die Liste alter Kommandos zugänglich, wiederholbar und editierbar sind.
Standard: 500 Kommandos.

$HOME   Das Standardverzeichnis für das **cd**-Kommando. Dies ist normalerweise das Standardverzeichnis nach dem **login**. Wird **cd** ohne einen Parameter aufgerufen, so wird das in $HOME stehende Verzeichnis zum *aktuellen Verzeichnis*. Viele Programme suchen im HOME-Verzeichnis nach Initialisierungsdateien oder Angaben zur Standardeinstellung.

$HOSTFILE   Liste mit Namen anderer Rechner, die von der Shell aus kontaktiert werden. Rechnernamen, die in dieser Liste enthalten sind, können von der Shell automatisch expandiert werden.

$HOSTNAME   Rechnername des aktuellen Rechners

$HOSTTYPE   Systembezeichnung des aktuellen Rechners; z.B. ›i368‹

$IFS   Diese Variable enthält die Separatorzeichen der Shell (*Internal Field Separators*). Der Standard hierfür ist: das Leerzeichen (› ‹), das Tabulatorzeichen (<tab>) und das Zeilenende (<neue zeile>). Die syntaktischen Elemente eines Kommandos (z.B. die einzelnen Parameter eines Programmaufrufs) müssen durch diese Trennzeichen voneinander abgesetzt sein. Es ist selten erforderlich, diese Variable umzudefinieren.

$IGNOREEOF	Mit dieser Variablen kann festgelegt werden, wie die Shell auf die Eingabe eines EOF-Zeichens (normalerweise `Strg`-`D`) reagiert. Der numerische Wert gibt an, wie viele EOF-Zeichen die (interaktive) Shell entgegennimmt, bevor sie sich beendet.
$INPUTRC	Steuerdatei für die Funktionen zum Einlesen von Kommandozeilen (**readline**). Wird normalerweise nicht geändert.
$LANG **$LC_ALL,** **$LC_COLLATE,** **$LC_CTYPE,** **$LC_MESSAGES,** **$LC_NUMERIC**	gibt an, mit welcher nationalen Sprache gearbeitet werden soll – soweit die einzelnen Dienstprogramme dies unterstützen. So benutzen z.B. die Programme **date**, **ls** und **sort** den Wert von LANG, um – soweit $LC_TIME nicht definiert ist – das Datumsformat zu ermitteln. Ist $LANG nicht definiert, so wird **us_english** angenommen. Die Angaben in $LANG können durch eine Reihe von Variablen, die mit ›LC_‹ beginnen (LC_ALL, LC_COLLATE, LC_CTYPE, LC_MESSAGES, LC_NUMERIC), noch detailliert werden.
$LINENO	aktuelle Zeilennummer in einer Kommandoprozedur
$LINES	Darstellungslänge von Listen, die mit dem **select**-Kommando angezeigt werden sollen.
$LOGNAME	(nicht Variable der **bash**) enthält Loginnamen des aktuellen Benutzers. Sie wird beim Login automatisch belegt und kann z.B. verwendet werden, um die Variable PS1 damit zu belegen.
$MACHTYPE	erweitere Form von $HOSTTYPE. Gibt eine ausführliche Systembezeichnung des aktuellen Rechners aus; z.B. *i686-suse-linux*.
$MAILCHECK	Zeitintervall zur Überprüfung, ob neue Mail angekommen ist. Hiermit wird das Intervall in Sekunden angegeben, in dem die *Mailbox* nach neu angekommener Post untersucht werden soll. Wird MAILCKECK auf **0** gesetzt, so wird vor jeder Kommandoausführung die Prüfung vorgenommen. Der Standardwert gibt einen Wert von 10 Minuten (600 Sekunden) vor. Überprüft wird die in $MAIL oder $MAILPATH angegebene Datei bzw. Dateien.
$MAILPATH	Hierin können, durch ›:‹ syntaktisch getrennt, Dateien angegeben werden, die als Briefkasten (*mail box*) nach neu angekommener E-Mail durchsucht werden sollen. Änderungen in den hier aufgeführten Dateien werden automatisch an den Benutzer gemeldet. Ein Text, der bei Änderung einer Datei am Bildschirm ausgegeben werden soll, kann durch ein ›?‹ unmittelbar hinter dem zu überwachenden Dateinamen angegeben werden. In diesem Ausgabetext wird die Variable $_ durch den überwachten Dateinamen ersetzt. Der Standardwert für $MAILPATH ist /var/mail/$LOGNAME.

$OLDPWD	zuletzt benutzter Arbeitskatalog vor einem cd-Kommando
$OPTARG	Wert der letzten Option eines mit **getopt** analysierten Kommandos
$OPTERR	Ist diese Variable mit ›1‹ belegt (Standardeinstellung), werden in bestimmten Fällen, etwa beim Einlesen von Argumenten durch eine Kommandoprozedur, Fehlermeldungen ausgegeben.
$OPTIND	Index der letzten Option eines mit **getopt** analysierten Kommandos
$OSTYPE	Dieser Variable kann die Art des Betriebssystems entnommen werden, auf dem die aktuelle **bash** läuft. Sie enthält einen Wert wie z. B. *linux*.
$PATH	Der Suchpfad für Kommandos. Dies sind die Verzeichnisse, in denen beim Aufruf eines Kommandos nach der Kommandodatei gesucht wird. Normalerweise ist dies zumindest das aktuelle Verzeichnis des Benutzers und das Verzeichnis */bin* und */usr/bin*. Die einzelnen Verzeichnisse sind in der Suchreihenfolge aufgeführt und durch Doppelpunkt ›:‹ syntaktisch getrennt.
$PIPESTATUS	(Array-Variable) Enthält die Liste der Fehlercodes der zuletzt im Vordergrund ausgeführten Pipe.
$POSIXLY_CORRECT	gibt an, ob die aktuelle **bash** im POSIX-Modus läuft. Kann auch nachträglich noch gesetzt werden, um etwa Teilbereiche einer Kommandoprozedur im POSIX-Modus auszuführen.
$PPID	Prozessnummer des übergeordneten (aufrufenden) Prozesses
$PROMPT_COMMAND	Die in dieser Variablen abgelegten Befehle werden von der Shell vor jeder Ausgabe des Standard-Promptzeichens ausgegeben (Standard: leer). Soll etwa vor jeder Befehlseingabe eine horizontale Linie am Bildschirm ausgegeben werden, so könnte diese Variable mit ›echo "-----------"‹ belegt werden.
$PS1	(*Prompt String 1*) Das erste Promptzeichen (Bereitzeichen) der Shell. Der integrierte Standardwert für das Prompt ist **$**. In den meisten Fällen ist die Variable bereits mit zweckmäßigen Werten belegt.
$PS2	(*Prompt String 2*) Die Shell stellt fest, wenn ein Kommando noch nicht abgeschlossen ist und gibt dieses Promptzeichen aus, wenn sie weitere Eingaben benötigt. Der Standard hierfür ist ›>‹.
$PS3	Der Inhalt dieser Variablen wird ausgegeben, wenn mit dem in der **bash** integrierten **select**-Befehl aus einem Shellskript heraus eine Benutzerauswahl-Abfrage (**select**) ausgeführt werden soll.

$PS4	Bei eingeschalteter Ablaufverfolgung zur Fehlersuche in einer Kommandoprozedur (z. B. mit ›set -x‹) wird der Inhalt dieser Variablen am Zeilenanfang ausgegeben. Standard: ›+‹. Bei der Ausgabe erfolgt eine Variablenersetzung, daher kann z. B. die Variable $LINENO zur automatischen Angabe der aktuell bearbeiteten Zeile verwendet werden.
$PWD	aktueller Arbeitskatalog (wird durch **cd** gesetzt)
$RANDOM	liefert eine Zufallszahl zwischen 0 und 32767
$REPLY	wird durch Benutzereingabe nach **read** oder **select** belegt.
$SECONDS	Sekunden seit Start der Shell. Wird der Variablen ein Wert zugewiesen, so läuft die Sekundenzählung ab diesem Wert.
$SHELL	(nicht Variable der **bash**) Pfadname des Kommandointerpreters, der aus anderen Programmen heraus aufgerufen werden soll. Wird (etwa aus einem Programm heraus) eine neue Shell gestartet, so untersucht sie, ob SHELL definiert ist. Kommt im Wert von $SHELL ein **r** vor, so wird der eingeschränkte Modus der Shell (*restricted shell*) benutzt.
$SHELLOPTS	enthält eine Liste der Optionen, mit denen die aktuelle Shell aufgerufen wurde. An diese Variable können keine Werte zugewiesen werden.
$SHLVL	gibt an, wie viele Instanzen einer Shell gestartet wurden und übereinander laufen. Bei einer Login-Shell ist dieser Wert typischerweise ›1‹, innerhalb eines Shell-Skript ›2‹.
$TERM	(keine Shell-Variable) enthält den Typ des Bildschirms bzw. der Terminalemulation, an welcher sich der Benutzer angemeldet hat. Bildschirmorientierte Programme wie z. B. **vi**, **more** und **tput** benutzen den Wert dieser Variablen, um den Bildschirm mit den richtigen Steuersequenzen (z. B. zum Löschen oder Scrollen des Bildschirminhalts) zu beschicken. Beim *Termcap*-Mechanismus wird in der Datei */etc/termcap* ein Eintrag gesucht, welcher die Beschreibung des Bildschirms vom Typ $TERM enthält. Bei Verwendung des *Terminfo*-Mechanismus wird eine Beschreibungsdatei unter dem Namen **/usr/lib/terminfo/***x***/***name* gesucht, wobei *x* der erste Buchstabe des Typs und *name* der Typ ist. Auch eine Reihe anderer Programme, welche weder den *Termcap*- noch den *Terminfo*-Mechanismus, sondern eine eigene Bildschirmsteuerung verwenden, benutzen diese Environmentvariable zur Bestimmung des Bildschirmtyps.

$TIMEFORMAT   Diese Variable kann Angaben enthalten, mit denen die Formatierung von Zeitangaben aus dem **time**-Kommando gesteuert wird. Das **time**-Kommando kann beliebigen Kommandos vorangestellt werden und gibt dann nach Ablauf des Kommandos dessen Zeitverbrauch aus.

$TMOUT   definiert die Zeit, welche die Shell wartet, bis sie sich automatisch selbst beendet, sofern kein Kommando eingegeben wird. Der Wert 0 impliziert, dass keine automatische Terminierung erfolgt.

$UID   numerische Angabe der realen Benutzerkennziffer des aktuellen Benutzers; z. B. ›500‹.

auto_resume   Die Belegung der Variablen kontrolliert, mit welcher Art von Benennung ein Hintergrundjob wieder in den Vordergrund gebracht werden kann.
Mögliche Werte sind: **exact** (Benennung des Hintergrundjobs muss mit vollem Namen erfolgen) oder **substring** (ein Teil des Namens des Hintergrundjobs genügt).

histchars   Hier können die Zeichen angegeben werden, mit denen in einer interaktiven Shell die Liste der benutzten Kommandos bearbeitet werden kann. Sollte normalerweise nicht geändert werden.

6.3.5   Gültigkeitsbereiche von Shell-Variablen

Shell- oder Umgebungsvariablen sind nicht überall gültig – was häufiger zu einem Problem führt, wenn man die Existenz einer Variablen in einem bestimmten Kontext, etwa einem Shell-Skript, voraussetzt. Kommandoprozeduren laufen prinzipiell in einer neuen Shell (subshell) ab, die für die Prozedur gestartet und dann wieder beendet wird. In neu gestarteten Shells (*Sub-Shells*) sind Shell-Variablen der Login-Shell meist automatisch gültig, da die **bash** diese – im Gegensatz zur älteren Bourne-Shell – automatisch exportiert.

Man unterscheidet zwischen **lokalen** und **globalen** Variablen. Zunächst sind alle Variablen lokal, d. h. sie gelten nur in der aktuellen Shell-Umgebung. Beim Übergang in eine tiefere Schicht, durch den Aufruf einer weiteren Shellprozedur, verlieren die Variablen ihre Gültigkeit, falls es sich nicht um Variablen aus der Login-Shell handelt.

Soll eine aufgerufene Shellprozedur auf bestimmte Variablen der aufrufenden Prozedur zugreifen können, so müssen diese Variablen mittels

export *variable ...*
> *oder*

export *variable=wert*

in die Umgebung (*environment*) exportiert, d. h. bekannt gemacht werden.

Die Kommandos **env**, **printenv** oder **export**, geben, ohne Parameter aufgerufen, alle momentan verfügbaren bzw. exportierten Variablen mit ihrem aktuellem Wert aus.

→ Der Mechanismus der exportierten Variablen erlaubt nur eine Weitergabe von Werten an tiefer liegende Schichten und bietet keine Möglichkeit, Werte an aufrufende Kommandos bzw. Shellprozeduren zurückzugeben. Wird also in der Subshell eine Variable definiert, so ist diese in der Hauptshell nicht verfügbar.

Ändert man den Wert einer exportierten Variablen, so ist ihr neuer Wert sofort global sichtbar, ohne dass die Variable erneut exportiert werden muss. Ändert ein Programm oder eine Shellprozedur den Wert einer exportierten Variablen, so ist der geänderte Wert nur in neu aufgerufenen Kommandos oder Shellprozeduren sichtbar. Nach der Rückkehr aus dem Kommando oder der Prozedur, welche die Änderung vornahm, hat die Variable wieder den alten Wert.

Eine Shell-Variable lässt sich auch als Konstante deklarieren. Dies geschieht mit dem Befehl

readonly *variable*

Danach kann der Wert nicht mehr geändert werden. Der Versuch einer Wertänderung wird als Fehler gemeldet.

Das Kommando **readonly**, ohne Parameter aufgerufen, gibt alle momentan als *readonly* definierten Variablen aus.

In großen Kommandoprozeduren kann es sinnvoll sein, Variablen, die man nicht mehr benötigt, zu löschen. Dies ist mit dem **unset**-Kommando möglich.

6.3.6 Definition von Variablen und Wertezuweisung

Neben der bei *Die Variablen der Shell* auf Seite 549 gezeigten Standardmethode gibt es noch einige weitere Möglichkeiten, einer Shell-Variablen einen Wert zuzuweisen.

Die Zuweisung eines Wertes an eine Shell-Variable kann auf der Kommandozeile erfolgen. Die Zuweisung muss dann **vor** dem Prozedurnamen stehen und ist nur für die aufgerufene Prozedur oder das Programm gültig! Der Wert der gleichnamigen Variablen in der aufrufenden Prozedur wird damit nicht geändert.

✎   aktion=3   tuwas / usr hallo ab*
>   → definiert die Shell-Variable *aktion* und gibt ihr den Textwert › 3‹. *aktion* ist nur in der aufgerufenen Prozedur *tuwas* gültig!

Positionsparameter (siehe Seite 551) werden normalerweise beim Aufruf einer Kommandoprozedur automatisch belegt; eine explizite Zuweisung ist dabei nicht möglich.

Mit Hilfe des **set**-Kommandos kann den Positionsparametern **$1** bis **$nn** ein neuer Wert gegeben werden. Dabei werden alle Argumente des set-Kommandos der Reihe nach auf die Positionsparameter zugewiesen.

> ✎   set app*
> → weist den Parametern $1 ... $n die Namen der Dateien im aktuellen Verzeichnis zu, welche mit *app* beginnen. Mit dem Beispiel am Anfang des Kapitels bekäme damit $1 den Wert *append* und $# den Wert ›1‹.

> ✎   set eins zwei drei vier
> → weist den Parametern $1 ... $4 die Werte ›eins‹, ›zwei‹, ›drei‹, ›vier‹ zu.

6.3.7 Variablenexpandierung in geschweiften Klammern – {...}

Zahlreiche weitere Möglichkeiten zur Variablenexpandierung ergeben sich beim Einsatz einer Klammerung mit {...} um den Textteil der Variablen. Damit lassen sich Variablen auch vorbelegt oder mit Standardwerten definieren:[1]

Die Variablen-Anweisungen zur bedingten Ersetzung sind:

${*name*}
: Klammern als Begrenzer; gleichbedeutend mit $name, jedoch mit der Möglichkeit, unmittelbar anschließende Zeichen abzugrenzen.

${*name*:−*wort*}
: Ist die Shell-Variable *name* definiert, so wird ihr Wert eingesetzt, andernfalls wird *wort* verwendet.

${*name*:=*wort*}
: Falls die Variable *name* noch keinen Wert besitzt, so wird ihr der Wert *wort* zugewiesen. Danach wird der Ausdruck durch den Wert von *$name* ersetzt. Positionsparametern darf auf diese Weise kein neuer Wert zugewiesen werden!

${*name*:?*wort*}
: Besitzt die Shell-Variable *name* bereits einen Wert, so wird der Ausdruck durch diesen Wert ersetzt. Ist hingegen der Parameter undefiniert, so wird *wort* als Fehlermeldung ausgegeben und die Prozedur abgebrochen.

---

1. Die geschweiften Klammern zeigen hier keinen optionalen Teil an, sondern sind Teil der Eingabe!

${*name*:+*wort*}   Falls die Shell-Variable *name* definiert ist, so wird *wort* für den Ausdruck eingesetzt, andernfalls wird die leere Zeichenkette eingesetzt.

Damit ergeben sich die folgenden Varianten:

	Variable $SYS undefiniert	Variable $SYS belegt mit ›UNIX‹
echo ${SYS}	–	UNIX
echo ${SYS:–Linux}	Linux	UNIX
echo ${SYS:=Linux}	Linux	UNIX ($SYS nun ›Linux‹)
echo ${SYS:?Linux}	*-bash: SYS: Linux*	UNIX
echo ${SYS:+Linux}	*(leere Zeichenkette)*	UNIX

Bei den obigen Ersetzungen findet eine Auswertung von *wort* nur dann statt, wenn sein Wert eingesetzt werden muss.

✎   vi ${1:-alt}
→ ruft den Editor **vi** auf und editiert die Datei *alt*, sofern der Kommandoprozedur kein Parameter mitgegeben wurde; ansonsten wird die Datei editiert, deren Namen im ersten Parameter der aufgerufenen Kommandoprozedur steht.

Auch deutlich komplexere Ersetzungsmechanismen im Variablentext sind möglich und bieten eine präzise Steuerung und mächtige Unterstützung bei der Arbeit mit Variablen, wie sie insbesondere in Kommandoprozeduren eingesetzt wird:

${*name:abstand:länge*} Aus dem Inhalt der Variable *name* wird beginnend bei *abstand* die Zeichenzahl *länge* ausgegeben. Ist *abstand* negativ, so wird vom Ende des Variableninhalts her gezählt. *länge* kann auch entfallen.

✎ $ echo $MACHTYPE
→ i686-suse-linux

✎ $ echo ${MACHTYPE:5:4}
→ suse

handelt es sich bei name um die Zeichen ›*‹ oder ›@‹, sollen also die Variablen **$*** oder **$@** betrachtet werden, so wird die Anzahl der Positionsparameter (Argumente von der Kommandozeile) eingesetzt.

${!#*namensanfang}** Eingesetzt wird jeder Variablenname, der mit *namensanfang* beginnt.

✎ $ echo ${!PS*}
PS1 PS2 PS4
→ Ausgegeben werden die Namen der aktuell definierten Variablen, die mit ›PS‹ beginnen.

	Es wird nicht der Inhalt der Variable eingesetzt (indirekte Variablenexpandierung (*indirect expansion*))!
${#*name*}	liefert die Zeichenkettenlänge des Variableninhalts *name*. Handelt es sich bei *name* um die Zeichen * oder @, sollen also die Variablen $* oder $@ betrachtet werden, so wird die Anzahl der Positionsparameter (Argumente von der Kommandozeile) eingesetzt.
${#*feld*[*]}	Bei Array-Variablen: liefert die Anzahl der Elemente im Feld *feld*.
${*name*#*muster*} ${*name*##*muster*}	Zeichenkettenmanipulation des Inhalts von *name*. Das Textmuster wird vom **Anfang** der Zeichenkette in *name* entfernt und das Ergebnis eingesetzt. In *muster* ist ein beliebiges Textmuster zulässig – auch mit Sonderzeichen. Bei einem ›#‹ wird der kleinste übereinstimmende Teil aus *name* entfernt, bei zwei ›##‹ wird der größte übereinstimmende Teil entfernt.
${*name*%*muster*} ${*name*%%*muster*}	Zeichenkettenmanipulation des Inhalts von *name*. Wie oben (bei ›#‹ und ›##‹), jedoch wird die Übereinstimmung von *name* mit *muster* vom **Ende** der Zeichenkette in *name* her überprüft.
${*name*/*muster*/*wort*} ${*name*//*muster*/*wort*}	Zeichenkettenmanipulation des Inhalts von *name*. *muster* wird expandiert und durch *wort* ersetzt; Folgende zusätzliche Angaben sind möglich: ›#*muster*‹: die Übereinstimmung von *wort* und *muster* wird vom Anfang her gesucht; ›%*muster*‹: die Übereinstimmung von *wort* und *muster* wird vom Ende her gesucht; ›//‹ die Ersetzung von *wort* in *muster* erfolgt ggf. mehrmals hintereinander, bei ›/‹ nur einmal.

    ✎ $ echo ${MACHTYPE}
          → i686-suse-linux

    ✎ $ echo ${MACHTYPE/suse/redhat}
          → i686-redhat-linux

6.3.8   Ablaufsteuerung

Für die Ablaufsteuerung einer Shellprozedur
sind folgende Konstrukte vorhanden:

  { *kommando_liste* ; }

  (*kommando_liste*)

  name () { *kommando_liste* ; }

  if *kommando_liste_1* ; **then** *kommando_liste_2*
      [**elif** *kommando_liste_3* ;
         then *kommando_liste_4*]   # optional
         [**else** *kommando_liste_5*]   # optional
    fi

  for *name* ; **do** *kommando_liste* ; **done**
  for *name* **in** *worte* ; **do** *kommando_liste* ; **done**

  while *kommando_liste_1* ; **do** *kommando_liste_2* ; **done**

  until *kommando_liste_1* ; **do** *kommando_liste_2* ; **done**

  case *wort* **in** *muster* [| *muster1* ...]) ; *kommando_liste* ;; ... **esac**

  continue # Sprung an das Ende des Schleifenrumpfes

  break [*n*] # Beendigung der for-, while- oder until-Schleife, *n* ist optional

Für die angeführten Kommandos müssen die fett gedruckten Wörter (**if then else fi for
do done while until case in esac**) jeweils als erstes Wort eines Kommandos erscheinen.
Dies bedeutet, sie müssen entweder als erstes Wort einer neuen Zeile oder als erstes
Wort hinter einem ›;‹ oder einem ›|‹ stehen.

kommando_liste bezeichnet ein oder mehrere Kommandos, wobei mehrere Kom-
mandos durch eine *Pipe* (|) oder durch ein *sequentielles Ausführungszeichen* (›;‹, ›&&‹
oder ›||‹) verknüpft sind oder auch durch *<neue zeile>* getrennt sein können (relevant ist
dann der Return-Code des letzten Kommandos).

name ist hier der Bezeichner (Name) einer Shell-Variablen; *wort* steht für eine nichtleere Zeichenkette, und *muster* steht für einen regulären Ausdruck, mit welchem verglichen wird. In ihm dürfen die Metazeichen * ? [] mit der unter 7.1.1 beschriebenen
Bedeutung vorkommen.

6.3.8.1   Kommandoklammerung

Die Shell kennt zwei Arten der Kommandoklammerung – durch geschweifte Klammern und durch runde Klammern in der Form:

  { *kommando_folge* ; }   und   (*kommando_folge*)

wobei in der ersten Version ›{...}‹ Teil der Syntax sind! In dieser Form werden die Kommandos zwischen den Klammern einfach ausgeführt und die geschweiften Klammern

stellen eine Art Kommandozusammenfassung dar. Es ist dabei zu beachten, dass die letzte Anweisung in der Klammer durch ein Semikolon ›;‹ oder eine neue Zeile abgeschlossen sein muss! Der Klammer folgende Pipe-Verbindungen oder Ein-/Ausgabeumleitungen gelten dann für alle in der Klammer vorkommenden Kommandos. In der Regel wird diese Art der Klammerung für Funktionsdefinitionen (siehe weiter unten) verwendet.

✎   { pwd ; who ; ls ; } > umgebung
→ führt die angegebenen Kommandos in der niedergeschriebenen Reihenfolge aus. Die Standardausgabe aller Prozesse wird dabei in die Datei *umgebung* geschrieben.

In der zweiten Form mit (…) kann eine Folge von Kommandos zusammengefasst und als eigenständiger Prozess in einer Sub-Shell abgearbeitet werden. Nachfolgende Angaben wie & oder eine Ein- oder Ausgabeumlenkung sind dann für die ganze Gruppe gültig. Das Ergebnis (*Endestatus*) (englisch: *exit status*) einer solchen Gruppe entspricht dem Ergebnis des letzten Kommandos.

✎   (cd /home/hans ; sort -u *.tel | tee telefon ; lpr telefon)
→ sortiert im Verzeichnis */home/hans* alle Dateien mit der Endung *.tel* in eine neue Datei *telefon* und gibt diese zusätzlich per **lpr** auf den Drucker aus. Das **cd**-Kommando ist nur innerhalb der Klammer gültig. Nach der Ausführung steht das aktuelle Verzeichnis noch auf dem alten Wert.

6.3.8.2   Funktionsdefinition

Ähnlich wie Kommandoprozeduren sind Funktionen zu betrachten, die in der Shell ebenfalls verwendet werden können. Funktionen haben den Vorteil, dass sie nicht bei jeder Verwendung erneut aus einer Datei nachgeladen werden müssen, sondern wie Variablen in der Arbeitsumgebung definiert sind. Funktionen in der Shell sind möglich und werden wie folgt angelegt:

function[1] *name* () { *kommando_folge* ; }

Hierdurch wird der Funktion *name* die in {…} geklammerte Kommandofolge zugeordnet. Durch den Aufruf von *name* kann nun die Ausführung von *kommando_folge* aufgerufen werden, in der Art wie man eine Funktion oder Unterprogramm aufruft. Werden beim Aufruf von *name* Parameter mitgegeben, so stehen diese entsprechend in der Kommandofolge als $1, $2 usw. zur Verfügung. $0 enthält jedoch nicht den Namen der Funktion, sondern den der ausführenden Shell!

✎   function wo ( ) { pwd ; who am i ; ls $* ; }
→ Es wird ein neues Kommando **wo** eingeführt, welches das aktuelle Verzeichnis, den Benutzernamen und den Inhalt des aktuellen Verzeichnisses ausgibt. Werden beim Aufruf von ›wo‹ weitere Parameter mitgegeben, so benutzt das **ls**-Kommando diese als Optionen.

---

1. Das Schlüsselwort **function** ist optional, sollte aber aus Gründen der besseren Lesbarkeit insbesondere in längeren Kommandoprozeduren verwendet werden.

Weitere Hinweise zu Shell-Funktionen:

▶ Die Funktion verliert bei Beendigung der Shell ihre Definition. Will man eine Shell-Funktion dauerhaft und auch auf einer interaktiven Shell verwenden, so sollte sie in einer der Shell-Initialisierungsdateien definiert werden.

▶ Die Funktionsdefinition kann mit **unset** *name* wieder aufgehoben werden.

▶ Eine Funktion kann mit dem Kommando **export** -f *func* auch exportiert werden.

▶ Shell-Funktionen können lokale Variablen besitzen, wenn diese mit dem Schlüsselwort **local** deklariert werden.

6.3.8.3 Bedingte Ausführung

Durch die Konstruktion:

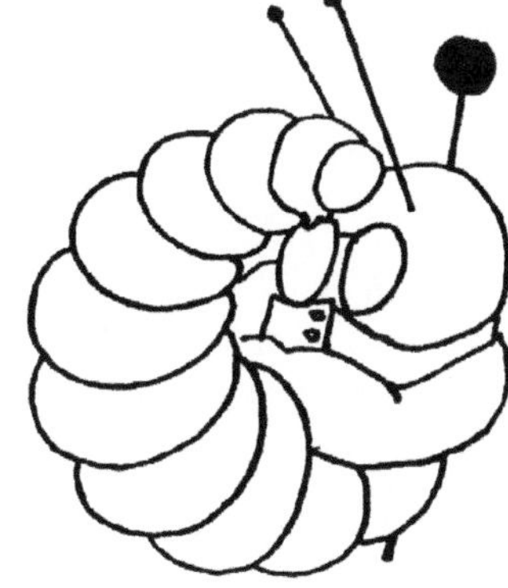

```
if    kommando_folge_1
  then
              kommando_folge_2
  fi
```

oder

```
if    kommando_folge_1
  then
              kommando_folge_2
[ elif    kommando_folge_3
  then
              kommando_folge_4 ]        # [...] kennzeichnet optionale Teile
  else
              kommando_folge_x
  fi
```

wird die *kommando_folge_2* nur dann ausgeführt, wenn die *kommando_folge_1* als Rückgabewert (*exit code*) **0** liefert. Ist der **else**-Teil vorhanden, so wird die dort angegebene *kommando_folge_x* dann ausgeführt, wenn der Rückgabewert von *kommando_folge_1* (und ggf. von *kommando_folge_3*) **ungleich 0** ist. Die **if**-Konstruktion kann durch ›**elif** ... **then** ...‹ weiter geschachtelt werden.

```
if gcc −c teil2.c
then
          ld −o prog teil1.o teil2.o
else
          echo "Fehler beim Uebersetzen"
fi
```

→ Hier wird die Datei *teil2.c* übersetzt, aber nicht automatisch gebunden (Option −c). Findet der C-Compiler **gcc** beim Übersetzen keine Fehler, so liefert **er** den Exit-Status ›0‹ zurück. In diesem Fall wird das Binden (ld ...) durchgeführt, andernfalls die Meldung *Fehler beim Uebersetzen* ausgegeben.

✎ Der Inhalt der Kommandodatei *kopiere* sei:

```
#!/bin/bash
if test $# -eq 0
then
     echo "Kopie von:"
     read von
     echo "nach:"
     read nach
elif test $# -eq 1
then
     echo "Kopie von " $1 "nach:"
     read nach
     von=$1
else
     von=$1
     nach=$2
fi
cp $von $nach
```

→ Diese Prozedur implementiert eine einfache Kopierfunktion. Wird die Prozedur ohne Parameter aufgerufen, so wird gefragt, von wo kopiert werden soll: **read** liest von der Standardeingabe und weist den Text der angegebenen Shell-Variablen zu. Dann wird nach dem Ziel gefragt. Wurde beim Aufruf ein Parameter angegeben ($# -eq 1), so wird nur nach dem Ziel gefragt. Sind zwei oder mehr Parameter angegeben, so wird der erste Parameter als Quelle betrachtet und der zweite als Ziel. Weitere Parameter werden ignoriert.

Die **if**-Konstruktion kann auch kürzer geschrieben werden. Dies geschieht unter Verwendung der Zeichen **&&** für › *Falls 0*‹ und ›**||**‹ für › *Falls nicht 0*‹.
Der Aufbau sieht wie folgt aus:

     kommando_liste_1 **&&** *kommando_liste_2*

und

     kommando_liste_1 **||** *kommando_liste_2*

Bei **&&** wird die zweite Kommandoliste nur dann ausgeführt, wenn die erste Folge *kommando_liste_1* fehlerfrei abläuft, bei ›**||**‹ nur dann, wenn die *kommando_liste_1* einen Wert verschieden von 0 als *Exit-Status* liefert.

✎ gcc –c prog.c **&&** ld –o versuch prog.o mod1.o mod2.o –lc
→ Hierbei wird die Quelle *prog.c* mit Hilfe des C-Compilers übersetzt. Nur wenn diese Übersetzung fehlerfrei abläuft, wird der Bindelauf (ld …) gestartet.

✎ groff –ms kapitel 2>fehler **||** rm kapitel.out
→ Die Anweisung formatiert mit **groff** den Text *kapitel* und schreibt das Ergebnis in die Datei *kapitel.out*. Tritt dabei ein Fehler auf, so ist die Ausgabe wertlos und *kapitel.out* wird mit **rm** gelöscht.

6.3.8.4   Vergleiche mit ›test‹

Da in der **if**-Anweisung, ebenso wie bei **while** und **until,** Vergleiche sehr oft vorkommen, wurde aus Effizienzgründen ein **test**-Kommando fest in die Shell eingebaut. Das **test**-Kommando liefert keine Ausgabe, sondern nur einen Rückgabewert an den Aufrufer. Ist dieser Aufrufer ein **if**- oder **while**-Kommando, so kann je nach Vergleichstest das entsprechende Programmkonstrukt gesteuert werden. Das **test**-Kommando ist auch in kürzerer und besser lesbarer Form eines in eckige Klammern [...] gesetzten Vergleichs möglich.

Damit erfüllen die beiden nachfolgenden Zeilen die gleiche Funktion:

> if test $# –eq 3

und

> if [$# –eq 3]

Für den Vergleich bietet die Shell eine Vielzahl von Möglichkeiten, die vollständig bei *›Bedingte Ausdrücke in test, ›[...]‹ und ›[[...]]‹* auf Seite 568 aufgeführt sind.

Wird bei einem solchen Test, was häufig der Fall ist, auf **numerische Gleichheit** geprüft, so sind die folgenden Operatoren zulässig:

–eq	*(equal)*	gleich
–ne	*(not equal)*	ungleich
–lt	*(less than)*	kleiner als
–gt	*(greater than)*	größer als
–le	*(less or equal)*	kleiner oder gleich
–ge	*(greater or equal)*	größer oder gleich

Auch folgende **textuelle Vergleiche** von zwei Zeichenketten auf Gleichheit oder Ungleichheit lässt das **test**-Kommando zu:

=	gleich
!=	nicht gleich

Steht die zu prüfende Zeichenkette in einer Variablen, so sollte diese durch "..." geklammert werden, um einen Syntaxfehler des **test**-Kommandos zu vermeiden, wenn die Variable nicht definiert ist.

> test "$DATEI" = "kapitel.doc"
> *oder*
> ["$DATEI" = "kapitel.doc"]
> → Das **test**-Kommando prüft, ob die Variable $DATEI mit dem Dateinamen *kapitel.doc* belegt ist.

Erweiterte Bedingungsauswertungen und Testmöglichkeiten gegenüber dem **test**-Kommando bietet das Konstrukt [[...]]. Die Konstruktion ›[[‹ bietet dabei die Möglichkeit, Reguläre Ausdrücke zu verwenden. Sie ist dabei ein eigenes Schlüsselwort der **bash,** während ›[‹, identisch mit **test,** ein in die Shell eingebautes Kommando ist und daher den Vorteil hat, auch mit alten Shells kompatibel zu sein.

Bedingte Ausdrücke in test, ›[...]‹ und ›[[...]]‹

Das **test**-Kommando, seine identische Alternative durch [...] und die Bedingungsaus-
wertung mit [[...]] kennen die folgenden Optionen und Vergleichsmöglichkeiten. Sie
liefern das Ergebnis *wahr* (bzw. 0), falls

−a *datei*	Datei *datei* existiert.
−b *datei*	Datei *datei* existiert und eine Blockdatei ist (*block special file*).
−c *datei*	Datei *datei* existiert und *character special file* ist.
−d *datei*	Datei *datei* existiert und ein Verzeichnis (*directory*) ist.
−e *datei*	Datei *datei* existiert.
−f *datei*	Datei *datei* existiert und eine normale Datei ist.
−g *datei*	Datei *datei* existiert und das *Set-Group-Id*-Bit gesetzt hat.
−h *datei*	Datei *datei* existiert und ein Verweis (*symbolic link*) ist.
−k *datei*	Datei *datei* existiert und das *Sticky-Bit* gesetzt hat.
−p *datei*	Datei *datei* existiert und eine *named pipe* (FIFO) ist.
−r *datei*	Datei *datei* existiert und gelesen werden kann.
−s *datei*	Datei *datei* existiert und größer als 0 Byte ist.
−t *fd*	Dateizeiger *fd* geöffnet und mit einem Terminal verbunden ist.
−u *datei*	Datei *datei* existiert und das *Set-User-Id*-Bit gesetzt hat.
−w *datei*	Datei *datei* existiert und beschrieben werden kann.
−x *datei*	Datei *datei* existiert und ausführbar ist.
−O *datei*	Datei *datei* existiert und dem effektiven Benutzer gehört.
−G *datei*	Datei *datei* existiert und zur effektiven Gruppe gehört.
−L *datei*	Datei *datei* existiert und ein Verweis (*symbolic link*) ist.
−S *datei*	Datei *datei* existiert und ein *socket* ist.
−N *datei*	Datei *datei* existiert und seit dem letzten Zugriff verändert wurde.
datei1 −nt *datei2*	Datei *datei1* neuer als Datei *datei2* ist (oder *datei1* existiert und *datei2* nicht existiert).
datei1 −ot *datei2*	Datei *datei1* älter als Datei *datei2* ist (oder *datei2* existiert und *datei1* nicht existiert).
datei1 −ef *datei2*	Datei *datei1* und Datei *datei2* auf den gleichen Dateieintrag zeigen.
−o *optname*	Die Shell-Option *optname* eingeschaltet ist.
−z *zfolg*	Die Länge der Zeichenkette *zfolg* 0 ist.
−n *zfolg*	Die Länge der Zeichenkette *zfolg* nicht 0 ist.

zfolg1 == *zfolg2*	Die Zeichenketten *zfolg1* und *zfolg2* identisch sind. Statt ›==‹ kann aus Gründen der Kompatibilität auch ›=‹ verwendet werden.
zfolg1 != *zfolg2*	Die Zeichenketten *zfolg1* und *zfolg2* nicht identisch sind.
zfolg1 < *zfolg2*	In einer lexikalischen Sortierreihenfolge die Zeichenkette *zfolg1* vor der Zeichenkette *zfolg2* steht.
zfolg1 > *zfolg2*	In einer lexikalischen Sortierreihenfolge die Zeichenkette *zfolg1* hinter der Zeichenkette *zfolg2* steht.
arg1 VGL arg2	Arithmetischer Vergleich, bei dem *arg1* und *arg2* als numerische (Integer-)Werte aufgefasst werden. *VGL* ist dabei der Vergleichsoperator, der folgende Besetzungen tragen kann:

–eq	(*equal*)	gleich
–ne	(*not equal*)	ungleich
–lt	(*less than*)	kleiner als
–gt	(*greater than*)	größer als
–le	(*less or equal*)	kleiner oder gleich
–ge	(*greater or equal*)	größer oder gleich

6.3.8.5   Kommandoschleifen

Die Shell kennt drei Arten von Kommandoschleifen:

▸ **for**-Schleifen, deren Rumpf pro Parameter bzw. Wort der Wortliste einmal durchlaufen wird

▸ **while**-Schleifen, deren Rumpf solange durchlaufen wird, wie die **while**-Bedingung erfüllt ist

▸ **until**-Schleifen, deren Rumpf solange durchlaufen wird, bis die **until**-Bedingung erfüllt ist

In diesen Formen einer Kommandoschleife sind die Anweisungen **continue** und **break** möglich. Bei **continue** wird der Rest des Schleifenrumpfes übersprungen und die Schleifenbedingung erneut geprüft. Mit **break** wird die Schleife beendet und die Abarbeitung hinter der Schleife (hinter dem **done**) fortgesetzt. Beide Kommandos erlauben einen Parameter *n*, der einen Aussprung aus geschachtelten Schleifen zulässt.

for-Schleifen

Die Konstruktion

> **for** *name*
> **do**
> > *kommando_liste*
> **done**

erlaubt eine wiederholte Ausführung der Kommandoliste, wobei der Variablen *name* nacheinander die Werte der Variablen $1 bis $*n* zugewiesen werden. Die Schleife wird somit $# mal durchlaufen. Nach jedem Durchlauf werden die Positionsparameter ›$1, …‹ um eine Position nach vorne verschoben.

✎ Die Datei *uebersetze* enthalte den Text:
```
#!/bin/bash
for CDATEI
    do
        gcc −c $CDATEI.c
    done
```
→ Hier werden die im Aufruf übergebenen Dateien nacheinander übersetzt. Der Schleifenrumpf ›do gcc −c … ‹ wird also pro Parameter einmal durchlaufen.

Beim Aufruf wird nicht der volle Name der C-Quelltextdatei übergeben, sondern nur der vordere Teil. Die Endung *.c* wird an den Namen angehängt, indem sie einfach an das Ende der Variablen gestellt wird (das Zeichen ›.‹ zeigt hier die Trennung an; ohne dieses Trennzeichen müsste der Variablenname $CDATEI in geschweifte Klammern geschrieben werden: ${CDATEI}.

Beim Aufruf von ›uebersetze teil1 teil2 teile3‹ würde also $i im Schleifenrumpf nacheinander die Werte *teil1*, *teil2* und *teil3* annehmen und damit folgende Aufrufe absetzen:
```
gcc −c teil1.c ; gcc −c teil2.c ; gcc −c teil3.c
```

✎ Eine Datei *drucke* mit nachfolgendem Inhalt erlaubt es, eine Reihe von Dateien auf den Drucker auszugeben. Dabei wird die Datei (durch **pr**) in Seiten unterteilt und mit einer Überschrift versehen ausgegeben. Vor der Datei selbst wird als Großtitel der Dateiname ausgedruckt. Der Großtitel wird durch das Programm **banner** erzeugt:

```
#!/bin/bash
# Ausgabe von Dateien mit vorangestelltem Großtitel
for DATEI
do
    banner $DATEI >> $$tmp
    pr $DATEI >> $$tmp
done
lp $$tmp
rm $$tmp
```
→ Der gesamte Text wird hierzu in eine temporäre Datei geschrieben.

›$$tmp‹ ist ein künstlicher Name, der sich aus der Prozessnummer der Shell und *tmp* zusammensetzt. Am Ende der Prozedur wird diese Datei dem **lp**-Kommando zur Ausgabe übergeben und die temporäre Datei gelöscht.

Die zweite Form der **for**-Schleife hat folgenden Aufbau:

> **for** *name* **in** *wort_liste* ...
>> do
>>> *kommando_liste*
>>
>> done

Hierbei nimmt die Variable *name* nacheinander alle Werte an, die an der Stelle *wort_liste* aufgeführt sind. Die Kommandoliste wird so oft durchlaufen, wie Wörter in *wort_liste* enthalten sind.

Die Datei *lt* (für *Loesche alle temporären Dateien*) habe folgenden Inhalt:

```
#!/bin/bash
# Loesche temporaere Dateien
for DIR in   /tmp   /usr/tmp   /user/tmp
   do
           rm -rf $DIR/*
   done
```

Hierbei wird der Schleifenrumpf dreimal durchlaufen, wobei $DIR nacheinander die Werte */tmp*, */usr/tmp* und */user/tmp* annimmt. Es werden damit alle Dateien in den Verzeichnissen */tmp*, */usr/tmp* und */user/tmp* gelöscht.

Die for-Schleife kann in der **bash** auch in einer anderen, an die Sprache C angelehnten, Syntax, geschrieben werden:

> **for** ((expr1 ; expr2 ; expr3))
>> **do**
>>> *kommando_liste*
>>
>> **done**

Dabei wird zunächst der Ausdruck in *expr1* ausgewertet. Nun wird der arithmetische Ausdruck *expr2* so oft ausgewertet, bis er den Wert 0 annimmt. Solange *expr2* nicht 0 ist, wird *kommando_liste* durchlaufen und danach der arithmetische Ausdruck *expr3* ausgewertet. Wird *expr1*, *expr2* oder *expr3* nicht angegeben, so wird der jeweilige Wert automatisch als ›1‹ angenommen.

while-Schleife

Bei der **while**-Schleife in der Form:

> while *kommando_liste_1*
> do
>   *kommando_liste_2*
> done

wird die *kommando_liste_1* ausgeführt und ausgewertet.

Ist ihr Rückgabewert **0** (kein Fehler), so wird die *kommando_liste_2* ausgeführt. Dies geschieht solange, bis *kommando_liste_1* einen von **0** verschiedenen Wert liefert.

In diesem Fall wird die Abarbeitung hinter der **done**-Anweisung fortgesetzt. Die Schleife lässt sich auch durch eine **break**-Anweisung verlassen.

until-Schleife

Die **until**-Schleife stellt die Umkehrung der **while**-Schleife dar. Sie hat den allgemeinen Aufbau:

> until *kommando_liste_1*
> do
>   *kommando_liste_2*
> done

Hierbei wird der Schleifenrumpf (*kommando_liste_2*) so lange ausgeführt, wie *kommando_liste_1* das Ergebnis *falsch* (d.h. ≠ 0) liefert.

✎   Das nachfolgende Beispiel zeigt die mögliche Verwaltung einer Ressource durch einen Serverprozess (Daemon-Prozess). Dieser kann recht einfach mit einer **until**-Schleife realisiert werden. Der Prozess wird beim Systemstart in einer der Initialisierungsdateien als Hintergrundprozess gestartet und wartet dann ständig auf Aufträge. Ein Auftrag wird dadurch erteilt, dass ein Benutzer in einem definierten Verzeichnis (*/usr/auftrag*) eine Datei anlegt, in dem der Auftrag steht. Der Dateiname des Auftrags darf ein nur einmal vorkommender Name sein. Einen solchen Namen bildet man in einer Shellprozedur einfach dadurch, dass man aus der Prozessnummer der Shellprozedur einen Namen zusammensetzt in der Art ›Auf$$‹.

Die äußere **while**-Schleife ist eine Endlosschleife, da **true** immer den Wert 0 zurückliefert. In der **until**-Schleife werden mit ›set Auf*‹ den Positionsparametern $1, ... die Namen der Dateien in dem Verzeichnis */usr/auftrag* zugewiesen. Ist keine Datei vorhanden, so wird ›Auf*‹ zurückgegeben und ›test $1 != 'Auf*'‹ liefert *falsch*. In diesem Fall wartet der Prozess 60 Sekunden und versucht es dann erneut. Sind Dateien vorhanden, so wird angenommen, dass dies Aufträge sind; sie werden bearbeitet und gelöscht:

```
#!/bin/bash
#   Kommandoprozedur eines Server-Prozesses
cd /usr/auftrag
while true
   do
       until
          set Auf* ;  test $1 != 'Auf*'
       do ;       sleep 60 ;   done
       for i
          do
               sh $i # Bearbeitung des Auftrags in $i
               rm $i
          done    #Ende der for-Schleife
   done    #Ende der while-Schleife
```

Sprungkaskade mit ›case‹

Die **case**-Konstruktion erlaubt, eine Sprungkaskade in
einer Shellprozedur aufzubauen. Ihr Aufbau lautet:

> **case** *wort* **in**
>   *muster_1*)   *kommando_liste_1* **;;**
>   *muster_2*)   *kommando_liste_2* **;;**
>   ...
> **esac**

Die Zeichenkette *wort* wird dabei in der Reihenfolge der Anweisungen mit den vorgegebenen Mustern *muster_1, muster_2* usw. verglichen, und bei Übereinstimmung wird die nachfolgende Kommandoliste ausgeführt. Die Kommandoliste muss mit einem doppelten Semikolon
›**;;**‹ enden!

An der Stelle *wort* muss eine Zeichenkette stehen. Diese kann aus einer Variablen
kommen oder sogar aus einem kurzen Kommando, das an dieser Position innerhalb von
`...` oder $(...) ausgeführt wird.

Es dürfen auch mehrere durch ›|‹ getrennte Muster in einer Zeile vor dem ›)‹ vor-
kommen. Also:

> *muster_1* | *muster_2*)   *kommando_liste* **;;**

Das Zeichen ›|‹ steht dabei für *oder*. Eine Bereichsangabe für numerische Werte ist an
dieser Stelle nicht möglich; daher wird das **case**-Konstrukt meist für die Prüfung von
Zeichenkonstanten verwendet. In den Mustern sind die Metazeichen * ? [ ] mit der üblichen Bedeutung erlaubt. In der Sequenz

> *) *kommando_liste* **;;**

kann eine Kommandoliste angegeben werden, die ausgeführt wird, wenn keines der
vorstehenden Muster zutrifft. Nach der Abarbeitung der Kommandoliste wird die Interpretation hinter **esac** fortgesetzt und die anderen Fälle nicht mehr abgeprüft.

✎ Die nachfolgende Sequenz stehe in der Datei *l*:

```
#!/bin/bash
# l ist eine Variante des ls-Kommandos
if test $# –eq 0
    then   ls –ls
    else
        case $1 in
            –all)          opt="–lsiR";          shift ;;
            –short)        shift ;;
            –*)            opt=$1;               shift ;;
        esac
        ls $opt $@
    fi
```

→ Das Skript stellt eine Kurzversion des **ls**-Kommandos dar. Ohne Parameter aufgerufen gibt sie ein Inhaltsverzeichnis des aktuellen Verzeichnisses unter Verwendung der Option **–ls** aus. Ist der erste Parameter *–all*, so wird die **ls**-Option ›**–lsiR** eingesetzt; bei *–short* ist dies keine Option. In allen anderen Fällen, in denen der erste Parameter mit ›–‹ beginnt, wird genau dieser als Option eingesetzt. **shift** bewirkt, dass alle Parameter um eine Position nach vorne rücken, d.h. $2 wird zu $1, $3 zu $2 usw.

6.3.9   Shell-interne Kommandos (built-ins)

Die nachfolgenden Kommandos sind in der Shell direkt eingebaut und werden von daher von ihr selbst ausgeführt. Sie bilden nicht, wie bei normalen, externen Kommandos üblich, einen eigenen Prozess:

 # *text*   Kommentarzeile

: *text*   Das leere Kommando (d.h. der Rest der Zeile) wird ignoriert. Man kann den Doppelpunkt auch als Anfang eines einzeiligen Kommentars betrachten. Dem Doppelpunkt muss ein Leerzeichen folgen! Die Anweisung liefert den Wert 0.

. *datei*   *datei* ist eine Kommandodatei. Dem Punkt muss ein Leerzeichen folgen! Die Shell liest sie und führt die darin enthaltenen Kommandos aus, bevor sie zur aktuellen Stelle zurückkehrt. Die angegebene Datei wirkt dabei **nicht** wie ein Shell-Unterprogramm (**sh** *datei* oder nur *datei*), sondern die Kommandos werden innerhalb der aktuellen Shell ausgeführt. Nur damit ist es möglich, Variablen für die aktuelle Shell aus einer Definitionsdatei heraus zu belegen. Typische Verwendung: Aufruf einer Shell-Initialisierungsdatei aus einer anderen heraus. Gleichbedeutend mit dem aus der C-Shell stammenden Kommando **source**.

alias   Ersetzen eines Kommandonamens oder einer Kommandofolge durch einen (einfacheren) Namen.

bg job   Ein im Vordergrund (mit `Strg`-`Z`) angehaltener Prozess wird in den Hintergrund gestellt und dort weitergeführt.
Kann mit fg wieder in den Vordergrund geholt werden.
Siehe *Die Steuerung von Hintergrundprozessen (job control)* auf Seite 545.

bind   ermöglicht die Zuweisung von Tastaturcodes an Kommandos zur Steuerung der Kommandozeile. Siehe *Tastaturbindungen (key bindings)* auf Seite 540.

break [*n*]   Die umgebende **for**- oder **while**-Schleife wird verlassen. Bei der optionalen Angabe von *n* spezifiziert *n* die Anzahl der Schachtelungen, die verlassen werden sollen.

builtin *kmd*   Gezielter Aufruf des Shell-internen Kommandos *kmd* statt eines externen Programms oder einer Shell-Funktion. Dies ist nur bei potentiellen Namenskonflikten erforderlich.

cd [*dir*]   (*change directory*) setzt das Verzeichnis *dir* als neues aktuelles Verzeichnis ein. Ohne Angabe von *dir* wird der Wert $HOME eingesetzt. Ist *dir* ein relativer Pfadname und kein Verzeichnis im aktuellen Verzeichnis, so sucht das **cd**-Kommando ein Verzeichnis *dir* in den Verzeichnissen, die in $CDPATH angegeben sind.

compgen   steuert automatische Namenskomplettierung.

complete   steuert automatische Namenskomplettierung; sehr viel Optionen zur detaillierten Steuerung der Komplettierung.

continue [*n*]   springt zum nächsten Iterationspunkt der **for**- oder **while**-Schleife (d.h. der Rest bis Ende der Schleife wird übersprungen). *n* gibt dabei optional die Schachtelungstiefe an.

declare   Deklarieren von Variablen und Arrays und Zuweisen von Werten (geschieht normalerweise implizit). Gleichbedeutend mit dem Kommando **typeset**.

dirs   Anzeige der Liste aktuell gespeicherter Verzeichnisnamen, wie sie für die Kommandos pushd und popd zugänglich sind und abgerufen werden können.

echo [*arg*]   gibt seine Argumente wieder aus. Enthalten die Argumente Sonderzeichen der Shell, so werden diese in ihrer expandierten Form ausgegeben (womit diese Expandierung überprüft werden kann).
Wird die Option **−e** angegeben, so können eine Reihe von zusätzlichen Sonderfunktionen mit der Ausgabe ausgelöst werden:

    \a   akustisches Zeichen
    \b   letztes Zeichen löschen
    \c   keinen Zeilenwechsel am Ende ausgeben
    \e   das Zeichen ESC
    \f   form feed
    \n   neue Zeile

   \r Zeilenanfang
   \t Tabulatorsprung nach rechts
   \v Tabulatorsprung nach unten
   \\ das Zeichen Backslash
Noch ausführlichere Formatiermöglichkeiten bei der Ausgabe bietet das Kommando **printf**, das auf S. 577 näher beschrieben ist.

enable [*kmd*] Damit kann ein eingebautes (*builtin*) Kommando *kmd* explizit ein- oder (mit der Option **–n**) ausgeschaltet werden; wird nur im Falle von Namenskonflikten benötigt.

eval [*kmd*] Der Parameter *kmd* wird als Kommando betrachtet und als solches ausgeführt. Damit kann eine Kommandozeile (mit Parameter-Expansion) zweimal gelesen und ausgeführt werden. Es dürfen dabei mehrere **eval**-Anweisungen hintereinander stehen, was zu einer entsprechend geschachtelten Auswertung führt.

exec [*kmd*] Das mit *kmd* angegebene Kommando wird anstelle der Shell ausgeführt, ohne dass dazu ein neuer Prozess gebildet wird. Die Shell wird somit durch das *kmd*-Programm ersetzt – nach dem Ende des **exec**-Kommandos ist die Shell nicht mehr vorhanden.

exit [*n*] Die Shell wird terminiert. Der an das aufrufende Programm zurückgegebene Endestatus ist *n* bei der Angabe dieses Parameters, andernfalls ist es der Endewert des zuletzt ausgeführten Kommandos.
In der *Login Shell* kann **exit** als Abmeldekommando verwendet werden.

export [*name ...*] Die angegebenen Shell-Variablen werden in die Shellumgebung exportiert. Ohne eine Namensangabe werden alle aktuell exportierten (globalen) Variablennamen ausgegeben.

fc Bearbeitung der Liste der bereits eingegebenen Kommandos (Historyliste); wird selten in dieser Form genutzt, sondern durch die Kurzformen der Kommandos ersetzt. Siehe *Kommandowiederholung (command history)* auf Seite 536.

fg *job* Ein Hintergrundprozess wird in den Vordergrund geholt; siehe hierzu auch bei *Die Steuerung von Hintergrundprozessen (job control)* auf Seite 545 und das Kommando **bg** auf Seite 575.

getopts Bietet eine einfache Möglichkeit, in einem Shell-Skript die Aufruf-Kommandozeile auf Korrektheit zu prüfen und zu behandeln. **getopts** ist die Shell-interne Implementierung des **getopt**-Kommandos.

hash [**–r**] [*name ...*] Die Shell merkt sich die Position der mit *namen* angegebenen Kommandos (deren Suchpfad), so dass sie beim nächsten Aufruf des

Kommandos nicht den Suchpfad erneut durchlaufen muss. Durch **−r** (*remove*) wirft sie alle bisher gemerkten Positionen weg, um sie neu aufbauen zu können.

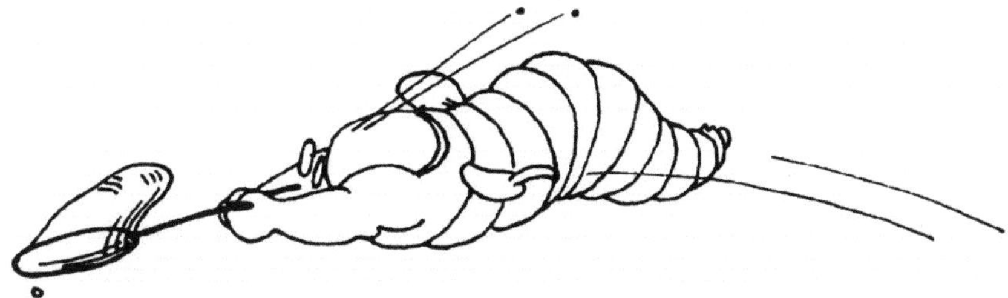

history	Anzeigen und Bearbeiten der Liste der bereits eingegebenen Kommandos (aus der *History-Liste*)
jobs	liefert die aktuellen (Hintergrund-)Jobs des aktuellen Benutzers.
kill	Steuern und insbesondere Beenden eines Prozesses
let	Durchführen einfacher Berechnungen; Argumente werden als arithmetische Ausdrücke aufgefasst und die entsprechende Operation ausgeführt.
local	Deklarieren einer Variablen als *lokal*, d.h. nur gültig im aktuellen Kontext; dies ist hilfreich bei Shell-Funktionen, deren Variablen sonst nicht nur innerhalb der Funktion gültig wären und damit eine Rekursion nicht möglich wäre.
logout	Abmelden von einer Login-Shell; dies kann auch durch **exit** erfolgen.
popd	wechselt in das oberste (zuletzt eingetragene) Verzeichnis der Liste aktuell gespeicherter Verzeichnisnamen (siehe **dirs**) und entfernt den Eintrag aus der Liste. Gegenstück zu **pushd**.
printf	Formatierte Ausgabe von Werten; weitgehend identisch mit der Syntax der gleichnamigen Anweisung aus der Programmiersprache C. Die Argumentliste des Kommandos wird ausgegeben; sie kann Text, Formatieranweisungen und Sonderzeichen enthalten.
pushd	wechselt in ein als Argument angegebenes Verzeichnis und speichert zuvor das aktuelle Verzeichnis in der Liste aktuell gespeicherter Verzeichnisnamen (siehe **dirs**). Gegenstück zu **popd**.
pwd	gibt den vollen Pfadname des *aktuellen Verzeichnisses* aus.
read *name*	liest eine Zeile von der Standardeingabe und weist die darin enthaltenen Wörter den angegebenen Shell-Variablen zu. Hat die Zeile mehr Wörter (Parameter) als Variablen angegeben wurden, so enthält die letzte Variable den Rest der Zeile.

readonly [*name*]   Die angegebenen Shell-Variablen werden als Konstanten betrachtet, deren Werte nicht geändert werden dürfen. Fehlt die Angabe von *name*, so werden alle Konstantennamen ausgegeben.

return [*wert*]   terminiert die aktuelle Funktion und gibt *wert* als *Exit-Status* an die aufrufende Prozedur (oder Shell) zurück. Fehlt die Angabe von *wert*, so wird der *Exit-Status* des zuletzt ausgeführten Kommandos weitergegeben.

set [*option*] [*p1 p2 ...*]   Die Parameter *p1* bis *pn* werden den Variablen $1, $2 usw. zugewiesen. Zugleich können damit Shell-Optionen gesetzt werden. **set** alleine bewirkt die Ausgabe von allen in der aktuellen Umgebung gültigen Shell-Variablen mit ihren Werten. Als Optionen sind **–aefhkntuvx** möglich mit der unten beschriebenen Bedeutung. Steht vor einer Option ein ›**+**‹ statt eines ›**–**‹, so soll diese Option ausgeschaltet sein. Die aktuell gesetzten Shell-Optionen sind in der Variablen **$–** enthalten.
Die Optionen haben folgende Funktionen:

–a   Shell-Variablen, die modifiziert oder exportiert wurden, sollen angezeigt werden.

–b   Der Status von Hintergrundprozessen wird sofort gemeldet (statt erst mit der nächsten Ausgabe des Prompt).

–e   (*exit*) beendet die interaktive Shell oder das Shellskript, sobald ein Kommando einen Fehler ergibt.

–f   Die Expandierung von Dateinamen (der Metazeichen * ? [ ]) in Argumenten wird unterdrückt.

–h   Von Funktionen sollen Namen und Positionen (in der Kommandodatei) bei der Definition intern gemerkt werden. Im Standardfall erfolgt dies erst bei der ersten Ausführung der Funktion.

–k   (*keyword*) Alle Schlüsselwortparameter werden als global für ein Kommando erklärt. Ohne diese Option werden nur diejenigen als global betrachtet, welche **vor** dem Kommandonamen stehen.

–m   (monitor) Überwachung von Hintergrundprozessen und Ausgabe von Meldungen über deren Zustand.

–n   (*no execution*) Die Kommandos werden nur gelesen, jedoch nicht ausgeführt.

–o   (*options*) Damit können eine Reihe von Optionen für das Verhalten der laufenden Shell gesetzt werden, wie sie teilweise auch als Aufrufoptionen einer neuen Shell mitgegeben werden können. Die wichtigsten Optionen für **set –o** *option* sind:

      emacs   Einschalten des emacs-Modus zum Editieren der Kommandozeile

      history   Einschalten der Kommandozeilen-History

monitor	(wie –**m**) Überwachung von Hintergrundprozessen und Ausgabe von Meldungen über deren Zustand.
noclobber	(wie –**C**) verhindert das Überschreiben existierender Dateien bei der Ausgabeumlenkung durch ›>‹ oder ›>>‹. Kann durch ›>|‹ übergangen werden.
noexec	(wie –**n**) Kommandos werden nur gelesen und nicht ausgeführt.
notify	(wie –**b**) sofortiges Melden des Status eines Hintergrundprozesses
nounset	(wie –**u**) Fehler beim Zugriff auf nicht initialisierte Variablen
onecommand	(wie –**t**) Es wird nur ein Kommando ausgeführt und die Shell dann gleich wieder beendet.
physical	(wie –**P**) Symbolische Verweise werden über die physikalische Dateistruktur aufgelöst.
posix	Die Shell läuft im Posix-Modus, in dem einige Kommandos geringfügig anders abgearbeitet werden.
verbose	(wie –**v**) Kommandozeilen werden vor Ausführung noch einmal ausgegeben
vi	Einschalten des vi-Modus zum Editieren der Kommandozeile.
xtrace	(wie –**x**) Debug-Einstellung für Shell-Skripten

–t Nach dem Lesen und Ausführen eines Kommandos soll terminiert werden.

–u (*unset*) Die Verwendung von nicht initialisierten Variablen soll als Fehler gewertet werden. Ohne diese Option wird dabei die leere Zeichenkette eingesetzt.

–v (*verbose*) Die Shell-Eingabe wird ausgegeben, so wie sie gelesen wird.

–x (*execute*) Die Kommandos mit ihren eingesetzten Parametern (Argumenten) werden bei der Kommandoausführung ausgegeben. Diese Schalterstellung bietet eine große Hilfe bei der Fehlersuche in Shellprozeduren.

–B Klammern (und Ausdrücke in Klammern) werden aufgelöst (Standardeinstellung)

–C (wie –**o** noclobber) verhindert das Überschreiben existierender Dateien bei der Ausgabeumlenkung durch ›>‹ oder ›>>‹.
Kann durch ›>\|‹ übergangen werden.

–H	Zugriff auf die History-Liste mit dem Zeichen ›!‹
–P	(wie –o physical) Symbolische Verweise werden über die physikalische Dateistruktur aufgelöst.
– –	gibt an, dass ›–‹ als Argument (und nicht als Option) weitergereicht werden soll.
–	Ende der Optionenliste auf der Kommandozeile; alles, was dahinter kommt, ist ein Parameter.

shift [*n*] Die Werte der Positionsparameter werden um eine (bzw. um *n*) Position verschoben. So erhält $1 den Wert von $2, $2 den Wert von $3 usw. Auf diese Weise kann auf Argumente an der zehnten und höheren Stelle der Argumentliste zugegriffen werden.

shopt Anzeigen und Setzen von Optionen für die aktuelle Shell, mir der deren Verhalten in bestimmten Situationen präziser eingestellt werden kann.
shopt kenn aktuell 27 ein- und ausschaltbare Optionen wie z.B. *checkwinsize*, mit der die Größe des aktuellen Shellfensters nach jedem Kommando neu überprüft wird. Ohne Argumente werden die aktuellen Einstellungen ausgegeben; Änderungen sind selten erforderlich.

suspend Ausführung der aktuellen Shell anhalten (nicht abbrechen); entspricht der Eingabe von `Strg`-`Z`.

test Das Kommando prüft die in den Parametern angegebene Bedingung und liefert einen Rückgabewert **0**, falls sie erfüllt ist, andernfalls einen Wert ungleich 0. **test** kann durch eine [...]-Klammerung ersetzt werden. Siehe hierzu auch *Vergleiche mit ›test‹* auf Seite 567 und *Bedingte Ausdrücke in test, ›[...]‹ und ›[[...]]‹* auf Seite 568.
test und seine Ausprägungen [...] und [[...]] gehören zu den häufigsten Anweisungen in Kommandoprozeduren.

times gibt die bisher verbrauchte Benutzer- und Systemzeit der betreffenden Shell aus.

trap [*kmd*] [*n*] Wenn das Signal *n* an die Shell gesendet wird, so soll das Kommando *kmd* ausgeführt werden. Sind mehrere **trap**-Anweisungen definiert, so werden sie in der Reihenfolge der aufsteigenden Signalnummern ausgeführt. Auf diese Weise lassen sich Ausnahmesituationen abfangen. Fehlt *kmd*, so werden die angegebenen Signale wieder aktiviert (d.h. führen zu einem Abbruch). Wird in *kmd* die leere Zeichenkette angegeben, so wird das entsprechende Signal von der Shell ignoriert.
Wird auf diese Weise das Signal 0 abgefangen, so kann damit eine Abmeldeprozedur aus der Shell angestoßen werden.

type [*name* ...] Hierbei gibt die Shell aus, welches Programm ausgeführt wird und wo dies im Suchpfad liegt, falls *name* als Kommando aufgerufen wird. Dies erlaubt auch zu prüfen, ob es sich bei *name* um ein Shell-internes Kommando handelt.

ulimit [–f] [*n*}]   gibt neue Obergrenzen für die maximale Größe einer von einem Sohnprozess erstellten Datei (in Blöcken zu 512 Bytes) an. Fehlt die Angabe von *n*, so wird der aktuell gesetzte Grenzwert ausgegeben. Die Option –a gibt alle aktuell gültigen Grenzwerte aus. Das Anheben der Grenzen ist nur dem Super-User erlaubt.

umask [*n*]   (*user mask*) *n* gibt den oktalen Wert der Zugriffsrechte an, die beim Anlegen einer Datei dieser standardmäßig gegeben werden. Fehlt der Parameter *n*, so wird der aktuelle Standardwert zurückgeliefert. Alle in *n* auf binär ›1‹ gesetzten Bits bedeuten: *Das entsprechende Recht wird beim Anlegen der Datei nicht gesetzt.*
umask 0077 gibt nur dem Benutzer alle Rechte; die Gruppe und alle anderen Benutzer haben keinerlei Zugriffsrechte.

unalias   Aufheben einer Alias-Definition. Siehe auch alias, S. 574 und *Alias und Shell-Funktionen* auf Seite 539.

unset [*name* ...]   Hiermit wird die Definition der in *name* angegebenen Shell-Variablen aufgehoben.

wait [*n*]   Die Shell wartet, bis der Prozess mit der Prozessnummer *n* beendet ist. Fehlt die Angabe von *n*, so wird die Beendigung aller Sohnprozesse der betreffenden Shell abgewartet.

Externe Kommandos zu Shellprozeduren

Neben den oben genannten Funktionen stellt Linux zahlreiche für Shellprozeduren nützliche Kommandos zur Verfügung. Auf einige wichtige – und oft übersehene – wollen wir hier hinweisen:

basename   löscht aus einem Dateinamen alle führenden Verzeichnisnamen, d. h. extrahiert den reinen Dateinamen aus dem Pfadnamen.

dirname   löscht aus einem Dateinamen den eigentlichen Dateinamen und liefert den Verzeichnisnamen zurück.

env   ändert die aktuelle Umgebung temporär zum Aufruf des angegebenen Kommandos. Ohne Angaben werden aktuell definierte globale Shell-Variablen ausgegeben.

expr   interpretiert die Parameter als Ausdruck und wertet diese aus.

false   liefert stets den Wert *falsch* d. h. $\neq 0$.

getopt   zerlegt eine Kommandozeile in ihre syntaktischen Bestandteile und liefert diese einzeln zurück.

line   liest eine Zeile von der Standardeingabe und schreibt diese Zeile auf die Standardausgabe.

tee   erlaubt es, die Ausgabe eines Prozesses mehrfach zu kopieren, um sie mehreren nachfolgenden Prozessen zur Verfügung zu stellen.

true   liefert stets den Wert *wahr*, d.h. ›0‹ als Resultat. Dies kann für **while**-Schleifen verwendet werden, welche dann nur über eine **break**-Anweisung verlassen werden.

xargs   baut nach vorgebbaren Regeln eine Parameterliste auf und ruft damit das angegebene Kommando auf.

Die Verwendung der genannten Kommandos wird nachfolgend beschrieben:

basename *name* [*endung*]   → return **basic name**

> basename entfernt aus einem angegebenen Pfadnamen *name* alle außer dem letzten Bestandteil und kann damit die Dateinamens- oder letzte Pfadnamenskomponente eines Pfades liefern.
>
> Ist ein zweiter Parameter angegeben, (*endung*) so wird eine gleich lautende Endung aus dem Namen entfernt und das Ergebnis auf die Standardausgabe gegeben. **basename** arbeitet auf Zeichenketten, nicht nur auf Dateinamen. Es benennt Dateien auch nicht um, sondern liefert nur einen ggf. veränderten Namen.

> ✎   name=/home/maier/disktest.p
>   name=`basename $name .p`
>   → hinterlässt in $name *disktest.*

> ✎   Das folgende Beispiel zeigt eine einfache Zeichenkettenmanipulation mit basename:
>
> $ N1="$MACHTYPE"
> $ N2=`basename "$N1" -linux`
> $ echo $N2
>   i686-suse
>
>   → In der zweiten Zeile dieses Beispiels wird mit **basename** vom Inhalt der Variablen N1 die Zeichenkette ›"-linux‹ vom Ende entfernt. Das Resultat wird auf die Variable N2 zugewiesen, die dann weiterverarbeitet oder wie hier ausgegeben werden kann.
>   Die zweite Zeile könnte hier alternativ auch lauten:
>   ›$ N2=$(basename "$N1" -linux)‹.

dirname *name*   → extract **directory name**

> dirname entfernt aus *name* die Komponente vor dem letzten ›/‹, in den meisten Fällen also den eigentlichen Dateinamen (den Anteil, den man mit basename erhält) und liefert den Pfadnamen der Datei zurück.

✎   name=/home/maier/disktest.p
     verzeichnis=`dirname $name`
     → hinterlässt in $verzeichnis */home/maier*.

echo [*option*] [*argumente*]   → **echo** expanded arguments

echo gibt alle Argumente einfach auf die Standardausgabe wieder aus. Die Argumente werden vor der Ausgabe wie üblich von der Shell expandiert und alle Ersetzungen ausgeführt. **echo** ist daher eine gute Möglichkeit, genau diese Shellexpandierung zu testen und zu prüfen, welche Ersetzungen die Shell ausführt. **echo** wird in Shellprozeduren in der Regel dazu benutzt, Meldungen an den Benutzer auszugeben. **echo** kennt eine Reihe von Optionen, mit denen die Ausgabe zusätzlich formatiert werden kann. Die Optionen und möglichen Sonderzeichen sind auf Seite 261 beschrieben.

Wesentlich ausführlichere Formatierungen sind mit dem Kommando **printf** möglich.

env [–] [*name=wert*] ... [*kommado argumente*]   → set **env**ironment for command

nimmt die aktuelle Arbeitsumgebung, modifiziert sie um die mit den *name=wert* abgegebenen Definitionen und führt das angegebene Kommando mit dieser neuen Umgebung aus.

Wird beim Aufruf ›–‹ mitgegeben, so werden die Definitionen aus der aktuellen Arbeitsumgebung nicht benutzt.

Fehlt der Teil *kommando argumente*, so wird die aktuelle Arbeitsumgebung ausgegeben – jeweils eine Shell-Variable mit ihrem Wert pro Zeile in einer Form, wie sie für Definitionen direkt verwendet werden kann.

✎   env – HOME=/ install
     → ruft das Kommando *install* auf, wobei (durch das ›–‹) alle aktuell definierten Environmentvariablen ignoriert werden und die Shell-Variable $HOME auf die Wurzel des Dateibaums gesetzt wird.

expr *ausdruck*   → evaluate **expr**ession

Die Argumente des expr-Aufrufs werden als Ausdrücke interpretiert und ausgewertet. Das Ergebnis wird in der Standardausgabe zurückgeliefert.

expr zählt zu den wenigen Kommandos, mit denen einfache Arithmetik betrieben werden kann, weil es Shell-Variablen auch numerisch interpretieren kann. Ferner ist **expr** zu umfangreichen Zeichenkettenmanipulationen in der Lage. Die detaillierte Beschreibung von **expr** ist auf Seite 267 zu finden.

✎   N=`expr $N + 1`
      → Inkrementierung einer Variablen. Die wird häufig verwendet, um
      beispielsweise in einer **while**-Schleife eine Variable um 1 hochzuzählen.
      Gleichwertig ist ›N=$(expr $N + 1)‹.
      Achtung: Der arithmetische Ausdruck, der als Argument für **expr**
      angegeben wird, muss mit Leerzeichen getrennt sein!
Arithmetische Berechnungen können auch durch die Shell-Angabe $((…))
ausgeführt werden. Obige Berechnung würde dann lauten:

✎   N=$((N+1)) oder sogar N=$((++N))

getopt *optionen text*   → parse command text for options

Hiermit kann eine Kommandozeile *text* aus einem Shellskript heraus auf zulässige Optionen untersucht werden. *optionen* ist eine Kette von Optionszeichen
(ohne Zwischenraum). Folgt einem Zeichen ein Doppelpunkt (:), so zeigt dies
an, dass der Option in der Kommandozeile ein Argument folgen muss. Dieser
Wert (Text) darf der Option in der Kommandozeile direkt oder durch Trennzeichen separiert folgen.
In *text* kann ›– –‹ das Ende der Optionen anzeigen. **getopt** generiert es in jedem
Fall als Trennzeichen zwischen Optionen und anderen Parametern.
getopt liefert die neu aufbereiteten Parameter zurück und wird in der Regel in
der Form ›set -- `getopt *optionen* $*`‹ in Kommandoprozeduren verwendet.
Wird eine ungültige Option gefunden, so wird ein von 0 verschiedener *Exit-
Status* zurückgegeben. Eine Version von **getopt** ist unter dem Namen **getopts** in
die Shell eingebaut.

✎   getopt l:kr "–rkl123 versuch"
      → liefert als Antwort: "–r –k –l 123 — versuch".

line   → read one **line** from standard input

Das Kommando line liest von der Standardeingabe eine Zeile (die Zeichen bis zum ersten <neue zeile>-Zeichen) und schreibt diese auf die Standardausgabe. Wird das Dateiende gelesen, so wird 1 als Ergebniswert (*Exit-Status*) zurückgegeben. In der Regel wird line in Kommandoprozeduren verwendet, um eine Eingabezeile vom Bildschirm oder eine Datei zeilenweise zu lesen.

✎   echo -e "Wie lautet Ihre Antwort? \c" ; antwort=$(line)
    → schreibt den Text *Wie lautet Ihre Antwort?* ohne nachfolgenden Zeilenvorschub auf die Standardausgabe, liest die eingegebene Zeile ein und legt sie in der Shell-Variablen *antwort* ab.

tee [–i] [–a] [*datei ...*]   → make a copy from input to file

tee bildet eine Art T-Stück; d.h. die Eingabe (von der Standardeingabe) wird an die Standardausgabe gegeben und dabei eine Kopie in die angegebene Datei (oder Dateien) geschrieben. Dies ist immer dann nützlich, wenn ein Zwischenergebnis von mehr als einem Programm verarbeitet werden soll.
Die Option –i besagt, dass Unterbrechungen (<unterbrechung>, <abbruch>) ignoriert werden sollen. Bei –a wird die Ausgabe an die genannte Datei angehängt, statt die Datei neu angelegt.

✎   ls –ls | tee inhalt
    → Die Ausgabe des Kommandos **ls –ls** wird sowohl an den Bildschirm (Standardausgabe) geschrieben als auch (durch **tee** ...) in die Datei *inhalt*.

✎   find / –name "*.old" –print –exec rm {} \; | tee geloescht
    → Das gesamte System wird nach Dateien
    mit der Endung *.old* durch-
    sucht. Die Dateinamen werden
    am Bildschirm ausgegeben
    und gelöscht. Zur Kontrol-
    le werden die Dateina-
    men zusätzlich in
    die Datei *geloescht*
    geschrieben.

test *ausdruck*   → **test** if expression is true

Eine ausführliche Beschreibung des **test**-Kommandos ist unter *Vergleiche mit* ›*test*‹ auf Seite 567 zu finden. Das **test**-Kommando ist in der Shell eingebaut, steht aber auch als externes Kommando unter **/usr/bin/test** zur Verfügung.

xargs [*optionen*] [*kommando* [*parameter*]]

→ execute command with constructed arguments

xargs baut aus den mit *parameter* vorgegebenen Argumenten und den Parametern, die von der Standardeingabe gelesen werden, eine neue Argumentliste auf und ruft damit das angegebene Kommando auf.

Die einzelnen Parameter, welche über die Standardeingabe geliefert werden, müssen durch <leerzeichen>, <tab> oder <neue zeile> getrennt sein. Leerzeilen werden ignoriert. Soll ein Parameter selbst <leerzeichen> oder <tab> enthalten, so ist die ganze Parameter-Zeichenkette durch "..." zu klammern. Beim Aufbau der Argumentliste, mit der dann *kommando* aufgerufen wird, werden jeweils die mit *parameter* vorgegebenen Argumente genommen und diesen folgen die Argumente von der Standardeingabe. Wieviele Parameter jeweils von der Standardeingabe genommen werden und wie oft *kommando* aufgerufen wird, kann über die Optionen gesteuert werden.

xargs wird beendet, sobald eines der durch die Optionen vorgegebenen Abbruchkriterien erfüllt ist, das ausgeführte Kommando den Exit-Status −1 liefert oder *kommando* nicht ausgeführt werden kann. Das Programm *kommando* wird entsprechend dem $PATH-Mechanismus der Shell gesucht. Es darf sich dabei auch um eine Kommandoprozedur handeln. Fehlt *kommando*, so wird **echo** eingesetzt.

Gültige Optionen von **xargs** sind:

−l*n*   (*lines*) Die Parameter von jeweils *n* aufeinander folgenden Zeilen werden der initialen Parameterliste (*parameter*) angefügt und damit *kommando* einmal aufgerufen. Leerzeilen werden dabei ignoriert. Wird <dateiende> in der Standardeingabe erreicht, so wird *kommando* mit den bis dahin aufgesammelten Parametern aufgerufen. Bei diesem Verfahren ist *Zeile* eine Zeichenfolge, die durch ein <*neue zeile*>-Zeichen abgeschlossen wird. Folgt jedoch der letzten Parameter-Zeichenkette in der Zeile ein <*leerzeichen*> oder <*tab*>, so wird dies als *Fortsetzungsanzeige* gewertet und der Text der nächsten (nicht leeren) Zeile angehängt. Ist −l*n* nicht angegeben, so wird 1 für *n* angenommen.

−i[*xx*]   (*insert mode*) Pro Eingabezeile (der Standardeingabe von **xargs**) wird *kommando* einmal aufgerufen, wobei die ganze Eingabezeile als **ein** Argument verwendet und für jede in *parameter* vorkommende Zeichenkette *xx* dieser Zeileninhalt eingesetzt wird. <*leerzeichen*> und <*tab*>-Zeichen am Anfang der Eingabezeilen werden bei der Substitution entfernt. Pro initiale Liste *parameter* darf bis zu fünfmal *xx* vorkommen und entsprechend ersetzt werden. Die durch die Ersetzung erzeugten Argumente dürfen nicht länger als 255 Zeichen werden und eine totale Begrenzung wie bei der Option −x wird erzwungen. Fehlt die Angabe von *xx*, so wird ›{}‹ angenommen.

−n*m*   Es werden von der Standardeingabe bis zu *m* Parameter gelesen und damit *kommando* aufgerufen. Wird die Zeichenkette der Parameterliste (von *parameter* + der eingelesenen Argumenten) länger als

470 Zeichen (oder die durch –s*n* vorgegebene Größe), so wird bereits damit *kommando* aufgerufen.

–t   (*trace*) Das Kommando wird zusammen mit seinen Parametern vor dem eigentlichen Aufruf des Programms auf die Standardfehlerausgabe geschrieben. Dies erlaubt eine Art Protokollierung der Aufrufe.

–p   (*prompt*) Vor jeder Ausführung von *kommando* wird der Benutzer gefragt, ob es (mit der erzeugten und angezeigten Parameterliste) auch wirklich ausgeführt werden soll. Beginnt die Antwort mit **y** (für *yes*), so wird der Aufruf ausgeführt; antwortet der Benutzer mit dem <dateiende>-Zeichen, so wird **xargs** beendet. In allen anderen Fällen geht die Abarbeitung ohne die Ausführung weiter.

–x   (*exit*) Hierbei wird **xargs** abgebrochen, sofern die Parameterliste länger als 470 bzw. der mit –s*n* vorgegebenen *n* Zeichen ist.

–s*n*   (*size*) Hierdurch wird die maximale Größe einer einzelnen Argumentenliste auf *n* Zeichen begrenzt. Als Limit gilt $0 \le n \le 470$. Der Standardwert ist 470. Bei der Länge der Liste ist der Kommandoname und ein Trennzeichen pro Parameter mit einzukalkulieren.

–e[*eof*]   Hierdurch kann eine Zeichenkette vorgegeben werden, die bei der Verarbeitung als <*dateiende*> (<eof>) interpretiert wird. **xargs** liest so lange von der Standardeingabe, bis entweder das *echte* Ende der Eingabe erreicht oder die *eof*-Zeichenkette gelesen wird. Ohne die Option –e*eof* oder falls bei der Option der *eof*-Teil fehlt, wird das Unterstreichungszeichen ›_‹ als Dateiende interpretiert.

✎   find /usr/src –name "*.c" –print | xargs –i –p cp {} /mnt
→ kopiert alle C-Quellcodedateien (alle Dateien mit der Endung *.c*) aus dem in */usr/src* beginnenden Dateibaum in das Verzeichnis */mnt*. Das **find**-Kommando ermittelt hierbei alle C-Quellcodedateien (Endung *.c*) und schreibt deren Namen auf die Standardausgabe. Diese werden von **xargs** gelesen und **cp** mit diesen Namen aufgerufen.
Hierzu wird in der Sequenz ›cp {} /mnt‹ aufgrund der Option –i die Zeichenfolge ›{}‹ durch jeweils einen von **find** gefundenen Dateinamen ersetzt. Vor dem Aufruf von ›cp … /mnt‹ wird der Benutzer aufgrund der Option –p jeweils gefragt, ob **cp** entsprechend aufgerufen werden soll.

6.3.10   Ersetzungsmechanismen der Shell

Vor der Interpretation eines Kommandos untersucht die Shell den Text der Kommandozeile und nimmt entsprechend ihrem Ersetzungsmechanismus Substitutionen vor. Erst danach wird das Kommando aufgerufen und ihm die durch die Ersetzung überarbeitete Parameterliste übergeben.

Beim Aufruf von ›echo $n‹ z.B. wird ›$n‹ durch den Inhalt der Variablen *n* ersetzt und dieser dem Kommando **echo** als Parameter übergeben.

Ist eine Ersetzung nicht erwünscht, so kann man die Zeichenkette, die nicht ersetzt werden soll, in Anführungszeichen klammern. Alternativ dazu kann das von dem Ersetzungsmechanismus der Shell betroffene Sonderzeichen (* \ | & ; () {} $) durch das Voranstellen von ›\‹ maskiert werden. Beides wird in der Unix/Linux-Literatur auch als *Quoting-Mechanismus* bezeichnet; dafür werden folgende Zeichen verwendet:

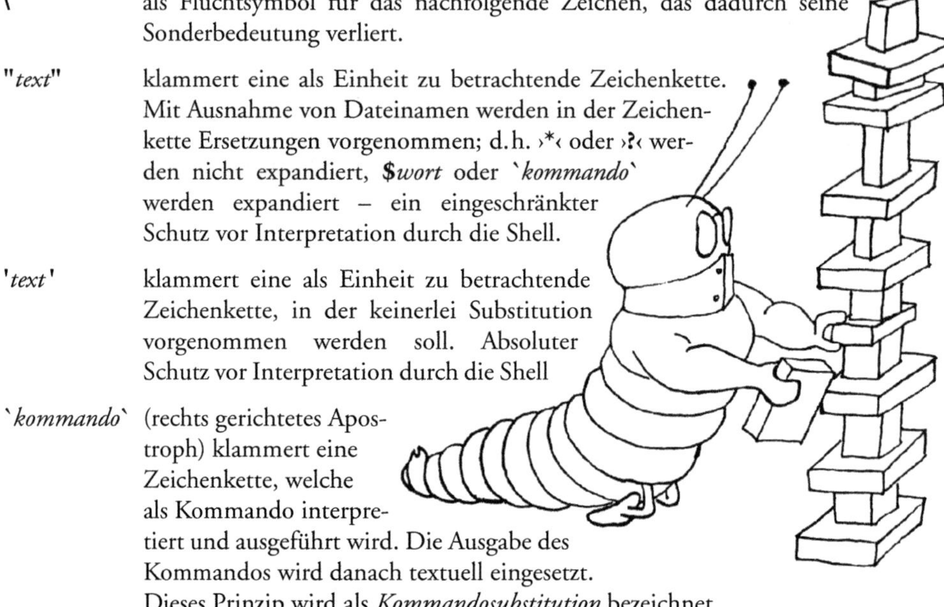

\   als Fluchtsymbol für das nachfolgende Zeichen, das dadurch seine Sonderbedeutung verliert.

"text"   klammert eine als Einheit zu betrachtende Zeichenkette. Mit Ausnahme von Dateinamen werden in der Zeichenkette Ersetzungen vorgenommen; d.h. ›*‹ oder ›?‹ werden nicht expandiert, *$wort* oder `kommando` werden expandiert – ein eingeschränkter Schutz vor Interpretation durch die Shell.

'text'   klammert eine als Einheit zu betrachtende Zeichenkette, in der keinerlei Substitution vorgenommen werden soll. Absoluter Schutz vor Interpretation durch die Shell

`kommando`   (rechts gerichtetes Apostroph) klammert eine Zeichenkette, welche als Kommando interpretiert und ausgeführt wird. Die Ausgabe des Kommandos wird danach textuell eingesetzt. Dieses Prinzip wird als *Kommandosubstitution* bezeichnet.

$(*kommando*)   entspricht bei der Bash der Form: `kommando`.

Für die Substitutionen in der Kommandozeile durch die Shell gelten folgende Regeln:

▸ Innerhalb einer Zuweisung *var=wort* wird nur auf der rechten Seite des Zuweisungszeichens ersetzt.

▸ Die Funktion **eval** oder die Konstruktion $(!*kommando*) führen eine weitere Ersetzung durch, d.h. eine Ersetzung nach einer Ersetzung oder eine Ersetzung dort, wo sonst keine Ersetzung stattfindet. Die Kommandozeile und damit alle Ersetzungsmechanismen werden bei Verwendung des **eval**-Kommandos zweimal durchlaufen.

▸ Die Anführungszeichen "..." begrenzen Zeichenketten. Innerhalb der Zeichenkette findet jedoch eine Variablen- und Kommandosubstitution durch die Shell statt; Dateinamen (mit ?, * oder [...]) werden hingegen nicht expandiert. Die in "..." geklammerte Zeichenkette wird als Einheit betrachtet, unabhängig von den in IFS definierten Separatorzeichen.
Dem **echo**-Kommando werden damit z.B. durch

       echo "Was ist mit $NAME los?"

nicht fünf Parameter, sondern nur ein Parameter, nämlich die Zeichenkette *Was ist mit Otto los?* übergeben. Dabei wurde $NAME durch den Wert der Shell-Variablen

NAME ersetzt und hier angenommen, dass diese den Wert *Otto* hat.

▸ Andere Sonderzeichen der Shell wie z.B. ›**&**‹ oder ›**|**‹ werden innerhalb der "…"-Klammerung **nicht** mit ihrer üblichen Sonderbedeutung interpretiert. So produziert z.B. das Kommando

      echo "Bitte ls * | wc & "

die Ausgabe *Bitte ls * | wc &*‹, wobei weder ›*‹ durch die Namen der Dateien im aktuellen Verzeichnis ersetzt wurde, noch ›|‹ als Pipe-Symbol, noch ›&‹ als *stelle Kommando in den Hintergrund* interpretiert wurde. Soll innerhalb der zu klammernden Zeichenkette das Zeichen ›"‹ selbst vorkommen, so kann dies durch ›\"‹ maskiert werden.

▸ Auch eine Kommandoersetzung in der Form ` kommando` findet innerhalb einer "…"-Klammerung statt. So liefert z.B. das Kommando

      echo "Sie befinden sich im Verzeichnis
      `pwd`"

die Meldung *Sie befinden sich im Verzeichnis /home/maier*, falls */home/maier* das aktuelle Verzeichnis ist.

▸ Die "…"-Klammerung kann sich über mehrere Zeilen erstrecken, wobei dann die Zeilenendezeichen Teil der geklammerten Zeichenkette werden. Damit können z.B. mit dem **echo**-Kommando auch längere, über mehrere Zeilen reichende, Meldungen ausgegeben werden.

▸ Wird ein Kommando in ` … ` (rechts gerichtetes Apostroph) oder per $(…) geklammert, so wird es ausgeführt und der Text seiner Standardausgabe in den ursprünglichen Text an der gleichen Stelle eingesetzt.

▸ Innerhalb der '…'-Klammerung findet keinerlei Ersetzung mehr statt. So liefert z.B. das Kommando

      echo 'Ihr Startverzeichnis ist $HOME'

die Meldung *Ihr Startverzeichnis ist $HOME* wobei $HOME **nicht** durch den Wert der Variablen *HOME* ersetzt wird. Hingegen hat die '…'-Klammerung innerhalb der "…"-Klammerung keine schützende Wirkung mehr, so dass z.B. der Aufruf

      echo "Ihr Startverzeichnis ist '$HOME ' "

die Meldung *Ihr Startverzeichnis ist '/home/studenten/maier'* liefert, sofern *$HOME* den Wert */home/studenten/maier* hat.

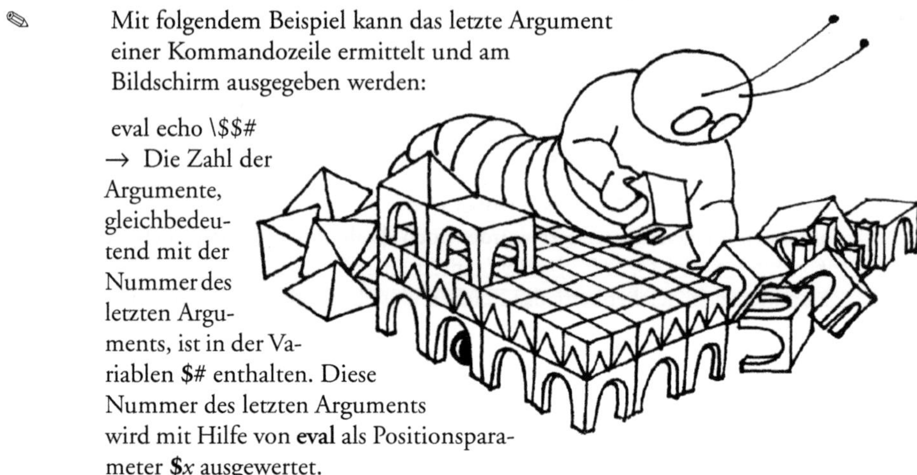

✎   Mit folgendem Beispiel kann das letzte Argument
     einer Kommandozeile ermittelt und am
     Bildschirm ausgegeben werden:

     eval echo \$$#
     → Die Zahl der
     Argumente,
     gleichbedeu-
     tend mit der
     Nummer des
     letzten Argu-
     ments, ist in der Va-
     riablen $# enthalten. Diese
     Nummer des letzten Arguments
     wird mit Hilfe von **eval** als Positionspara-
     meter $x ausgewertet.

✎   Soll dieser Wert in eine Variable geschrieben werden, so muss diese Variab-
     lenzuweisung für den ersten Durchlauf *gequotet* werden:
     eval 'LAST=$'$#

✎   Die innere Variablenzuweisung muss
     hier im ersten Durchlauf mit '...' vor
     einer Fehlinterpretation geschützt werden; die Substitution sorgt für die Zu-
     weisung der Ausgabe an die Variable $LAST.

Ersetzungsmechanismen in geklammerten Ausdrücken

Durch Klammerungen bei der Variablenexpansion erreicht die Shell eine noch weiter
erhöhte Qualität und Flexibilität bei der Expansion. Die folgenden Klammermechanis-
men stehen in der bash zur Verfügung.

${*bezeichnung*}   Variable wird geklammert, um den Variablennamen von unmittel-
                          bar angrenzenden Zeichen abzugrenzen (ausführlich beschrieben
                          bei Abschnitt 6.3.7 auf Seite 560).

${!*bezeichnung*}   Indirekte Expansion; erstes Zeichen innerhalb der Klammer ist ein
                          ›!‹; *bezeichnung* wird als Variablenname expandiert, eingesetzt und
                          erneut expandiert (siehe hierzu das Beispiel zur Ermittlung des letz-
                          ten Aufrufparameters auf Seite 552).

$(*kommando*)   *kommando* wird als Kommando betrachtet und ausgeführt; das Er-
$(< *datei*)   gebnis wird eingesetzt; andere Form für `kommando`. Die häufige
                          Anwendung, auf diese Weise mit dem Kommando **cat** den Inhalt
                          einer Datei einzulesen, kann durch die zweite Form abgekürzt wer-
                          den.

$((*arithmetausdr*))   Innerhalb der Klammern wird ein arithmetischer Ausdruck ausge-
                          wertet – eine Berechnung durchgeführt und das Ergebnis eingesetzt.

>(*proz*)	Prozesssubstitution. Anstelle eines Dateinamens kann an einen mit
<(*proz*)	*/dev/fd* verbundenen Prozess *proz* geschrieben bzw. davon gelesen

werden. Prozesse können auf diese Weise syntaktisch mit Dateinamen gleichgesetzt werden. Immer dann, wenn ein Programm von einer Datei lesen will, kann die Ausgabe eines Prozesses als Eingabe (oder Ausgabe) so eingesetzt werden.

6.3.11 Die Fehlerbehandlung der Shell

Im Normalfall wird eine Shellprozedur durch die Signale <hangup> (SIGHUP), <*unterbrechung*> (SIGINT) oder <*abbruch*> (SIGQUIT) abgebrochen. Man kann jedoch diese mit Hilfe der **trap**-Anweisung abfangen. Die Syntax hierzu lautet:[1]

>   **trap** '*kommando_folge*' *signal_nr* ...

Es wird dann beim Eintreffen eines der mit *signal_nr* angegebenen Signale[2] die Kommandofolge ausgeführt und die Kommandoprozedur danach an der unterbrochenen Stelle fortgesetzt. Ist eine Fortsetzung nicht gewünscht, so setzt man die **exit**-Anweisung als letzte Anweisung in die Kommandofolge.

> ✎   trap 'rm /tmp/work* ; exit' 2 3
> → löscht die *work*-Dateien im Verzeichnis */tmp,* falls im Verlauf der Kommandoprozedur ein <abbruch>- oder <unterbrechung>-Signal auftritt. Die Shellprozedur wird danach beendet.

Die Möglichkeit, Signale abzufangen, besteht nicht nur in Kommandoprozeduren, sondern auch in einer interaktiven Shell. Dort wird die Signalbehandlung, d.h. das **trap**-Kommando, am besten in der Anlaufdatei *.profile* festgelegt. Hier ist insbesondere das Signal mit der Nummer 0 interessant, das beim Ende der Shell abgegeben wird. Fängt man dieses Signal ab, kann damit beim Abmelden aus der Shell eine Logout-Datei mit Aufräumaktionen oder Ähnliches als Gegenstück zu einer Anlaufdatei angestoßen werden.

> ✎   trap '.ende' 0
> → bewirkt, dass beim Abmelden aus der Shell die Kommandoprozedur .ende durchlaufen wird. Darin können temporäre Dateien gelöscht oder ein Eintrag in einer Log-Datei vorgenommen werden.

Bei dem Aufruf ›**trap**   ''   *signal_nr*‹ (zwei aufeinander folgende '-Zeichen) wird die definierte Signalbehandlung wieder auf den Standard zurückgesetzt. Eine Liste der aktuell gesetzten Signalbehandlung kann durch das Kommando **trap** ohne Parameter ausgegeben werden.

---

1. Das in der Shell eingebaute Kommando **trap** ist auch auf Seite 580 beschrieben.
2. Zu den Signalnummern und ihren symbolischen Namen und Funktion siehe Anhang A.6, Tabelle A.15 im auf Seite 866.

6.3.12   Beispiele zu Kommandoprozeduren

Beispiel 1: move

Mit dem Kommando **move** ist es möglich, Dateibäume mit ihren Unterverzeichnissen an andere Stellen im System umzuhängen:

```
1:      #!/bin/sh
2:      # move – kopiert ganze Dateibaeume.
3:      eval 'ziel=$'$#                  # letztes Argument
4:      while test $# –gt 1              # Prüfung, ob noch ein Arg.
5:      do
6:          echo Kopieren von $1 nach $ziel       # Meldung ausgeben
7:          (cd $1 ; tar cf – .) | (cd $ziel ; tar xf – )
8:          shift                        # $2 nach $1 umsetzen
9:      done
```

Das Kommando **move** wird wie folgt aufgerufen:

> **move**   *datei_baum_1* {*datei_baum_2 ...*}   *ziel_verzeichnis*

Zeile 1 sorgt für die Abarbeitung des Skriptes durch die Standard-Shell, unter Linux in der Regel ein Link auf */bin/bash*. In Zeile 3 erhält *ziel* den Wert des letzten Arguments des **move**-Aufrufes. Die Funktion **eval** ist hier notwendig, da die Anweisung der Zeile 3 in zwei Stufen ausgewertet werden muss: Ersetzung von ›$#‹ durch die Anzahl der Parameter und Zuweisung des letzten Parameters an *ziel*. Wenn der Aufruf *n* Parameter enthält, so wird danach die Schleife (Zeile 5–9) n–1-mal durchlaufen. Dabei wird eine Meldung ausgegeben.

Die Zeile 7 wird wie folgt abgearbeitet: Es wird ein eigener Prozess gebildet (Sub-Shell). In ihm wird das Verzeichnis des Dateibaums, der kopiert werden soll, als *aktuelles Verzeichnis* gesetzt (cd $1) und anschließend das Programm **tar** aufgerufen (siehe auch **tar**, Seite 282). **tar** kopiert alle Dateien (den Dateibaum) des aktuellen Verzeichnisses durch die Option –**f**, statt auf einen externen Dateiträger auf die nachfolgend angegebene Ausgabe. Dies ist ›–‹ (was hier für *die Standardausgabe* steht). Durch die Pipe ›|‹ wird diese Standardausgabe dem nachfolgenden Prozess übergeben.

Der zweite Prozess ›cd $ziel ; tar –xf –‹ setzt sein eigenes (lokales) aktuelles Verzeichnis auf den des Zielverzeichnisses des **move**-Aufrufs ($ziel) und ruft wieder **tar** auf, diesmal aber mit der Funktion *Einlesen* (durch die Option –**x**), wobei statt vom Band wieder durch **f** von der Standardeingabe (f –) gelesen wird. Die Standardeingabe ist die Pipe. In Zeile 7 werden die Positionsparameter um eine Position nach links verschoben ($1 erhält den Wert von vormals $2 usw.) und dabei implizit $# um eins reduziert. Unter Verwendung von **cpio** könnte die Zeile 6 so formuliert werden:

```
( cd $1 ; find . -print | cpio -p > $ziel )
```

Für einen echten Einsatz fehlt diesem Programm noch eine Fehlerbehandlung (zu wenig Argumente; Zielverzeichnis existiert nicht; keine Schreibberechtigung).

Beispiel 2: baum

Die Idee zu dem folgenden Beispiel entstammt dem Unix-Buch von K. Christian. Die Kommandoprozedur erlaubt das Durchlaufen von Dateibäumen und zeigt zugleich den rekursiven Aufruf einer Kommandoprozedur. Die Datei **baum** enthalte folgenden Text:

```
1:      #!/bin/bash
2:      # baum – Durchlaufen eines Dateibaums
3:      # Synatx:   baum   [ verzeichnis ]
4:      if test $# != 0
5:          then cd "$1"
6:      fi
7:      verzeichnis=`pwd`
8:      echo "Dateien im Verzeichnis $verzeichnis:
9:      ls "$verzeichnis"
10:     for  i  in  *
11:        do
12:           if test –d "$i"
13:              then ( cd "$i"
14:                     baum )
15:           fi
16:     done
```

Die Zeile 1 stellt mit ›#!/bin/bash‹ sicher, dass die Kommandoprozedur von der **bash** ausgeführt wird, auch dann, wenn die aufrufende Shell eine TC-Shell ist, die diese Anweisungen nicht ausführen kann. Siehe hierzu Seite 626.

Zeile 2 beschreibt in einem Kommentar, was die Shell-Prozedur macht und in Zeile 3 ist die korrekte Aufrufsyntax gezeigt. Ein solcher Kommentar sollte im Kopf einer jeden Shell-Prozedur stehen. Nur um eine kompaktere und übersichtlichere Darstellung zu erhalten, wird in diesem Buch vielfach darauf verzichtet.

Wird beim Aufruf von **baum** ein Parameter angegeben, so wird das im ersten Parameter angegebene Verzeichnis durch **cd** zum *aktuellen Verzeichnis* gesetzt und der dort beginnende Dateibaum durchsucht, ansonsten ist es das aktuelle Verzeichnis des aufrufenden Programms.

pwd liefert in Zeile 7 den Namen des aktuellen Verzeichnisses. Dessen Inhaltsverzeichnis wird mit **ls** ausgegeben. In der **for**-Schleife (Zeile 10–16) werden alle Dateien des Verzeichnisses untersucht, ob sie ihrerseits wieder Verzeichnisse sind (test –d ...).

Bei Verzeichnissen wird in Zeile 13 ein neuer Shellprozess gestartet (...). Dieser setzt zunächst das zu untersuchende Verzeichnis als aktuelles Verzeichnis ein und listet dann durch den rekursiven Aufruf der **baum**-Prozedur die Dateien dieses Unterverzeichnisses auf. Die Datei- und Verzeichnisnamen (in den Zeilen 5, 9, 12, 13) wurden deshalb in "..."-Klammern gesetzt, um bei Dateinamen, in denen Metazeichen wie ›*‹ und ›?‹ vorkommen, eine zweite Expansion durch die Shell zu verhindern!

➜ Die Kommandoprozedur **baum** muss von allen Stellen her als Programm aufrufbar sein, d.h. in einem Verzeichnis liegen, das in $PATH erreichbar ist!

Beispiel 3: /etc/profile

Für die Arbeit mit der Shell ist es oft hilfreich, bestehende Shell-Skripten zu analysieren;
sei es mit dem Ziel, Änderungen am System vorzunehmen oder einfach nur, um aus
dem Aufbau eines Shell-Skripts Anregungen für die eigene Arbeit zu entnehmen. Nachfolgend ein Auszug aus der Datei *letc/profile*, die von jeder Shell nach dem Aufruf
durchlaufen wird und in der systemweit Parameter für das Laufzeitverhalten der Shell
gesetzt werden. In dieser Datei wird zunächst einmal zweifelsfrei ermittelt, von welcher
Shell[1] sie überhaupt durchlaufen wird – ein Skript-Abschnitt, wie er auch in vielen anderen Shell-Skripten verwendet werden kann.

if test -f /proc/mounts ; then

es wird geprüft, ob */proc/mounts* als normale Textdatei existiert

case "`/bin/ls -l /proc/$$/exe`" in

hier wird zunächst das Kommando ›/bin/ls -l /proc/$$/exe‹ ausgeführt;
dabei wird statt ›$$‹ die aktuelle Prozessnummer eingesetzt und damit im Verzeichnis
/proc/<aktuelle prozessnummer> die Datei *exe* mit ›ls -l‹ angezeigt;
im Verzeichnis */proc/<aktuelle prozessnummer>* liegen immer Dateirepräsentationen
der aktuell laufenden Prozesse; der Hauptprozess, in diesem Fall die Shell, ist der Datei
exe als symbolischer Verweis zugeordnet;
ls -l liefert hier eine Zeile, die endet mit … … */proc/4627/exe -> /bin/bash* ;
Diese Zeile wird im obigen case-Statement eingesetzt und nachfolgend ausgewertet:

```
*/bash)      is=bash ;;
*/rbash)     is=bash ;;
*/ash)       is=ash ;;
*/ksh)       is=ksh ;;
*/zsh)       is=zsh ;;
```

das vorgefundene Ende der Zeile (**bash, rbash. ash, ksh, zsh**) wird auf die Variable **is**
zugewiesen

```
*/*)         is=sh  ;;
```

wird keiner der erwarteten Werte gefunden, wird die Bourne-Shell (**sh**) auf die Variable
is zugewiesen

```
      esac
else
   is=sh
```

Existiert die Datei */proc/mounts* nicht, so wird ebenfalls die Bourne-Shell (sh) auf die
Variable **is** zugewiesen

```
fi
```

Mit **fi** wird das **if**-Statement wieder abgeschlossen.

---

1. Hier muss nur nach Nachfolge-Shells der originalen Bourne-Shell gesucht werden;
   C-Shell-abstammende Shells wie die **tcsh** durchlaufen die Datei /etc/profile nicht.

Beispiel 4: Ein kleines Sicherungsprogramm

Die Basis des nachfolgenden Skripts *backup* stammt von A. Röhrl und St. Schmiedl aus [Röhrl]. Das Skript führt eine Datensicherung der Dateien durch, die seit der letzten Sicherung neu erstellt oder geändert wurden:

```
 1:  #!/bin/bash
 2:  # backup -- sichert alle seit der letzten Sicherung geänderten (normalen) Dateien
 3:  REFDIR="${HOME}/.save" ;
 4:  if [ ! -d $REFDIR ] ;   then mkdir $REFDIR ; fi      # Verzeichnis notfalls anlegen
 5:  REFZEIT="${REFDIR}/refzeit"
 6:  DIRSAVED="${1:-$HOME}"              # Falls Aufruf ohne Parameter, dann $HOME
 7:  ARCH="${REFDIR}/archiv.$(date +%d.%m.%Y)"   # Name mit Datum als Teil
 8:  if [ -f $REFZEIT ] # Gibt es eine Datumsdatei der letzten Sicherung?
 9:     then KRIT="-cnewer $REFZEIT"              # Dies ist die Referenzzeit
10:     else KRIT=" "                            # Nein, Vollsicherung notwendig
11:  fi
12:  cd "$DIRSAVED"                   # Wechsel in das zu sichernde Verzeichnis
13:  find . "$KRIT" -type f -print0 | xargs -0 tar rvf "$ARCH"
14:  gzip -9 "$ARCH"                       # Komprimieren des Archivs
15:  echo "Verzeichnis $DIRSAVED wurde am $(date) nach \"${ARCH}.gz\"   \
16:     gesichert." > ${REFDIR}/last
17:  touch $REFZEIT                        # Referenzdatei wird aktualisiert
18:  mail -s "Sicherung am $(date)" $USER < ${REFDIR}/last
```

Zunächst wird ein (verdecktes) Referenzverzeichnis festgelegt (hier *.save* im Home-Verzeichnis des Benutzers). Hierher wird auch die Sicherungsdatei gelegt. Existiert das Verzeichnis noch nicht, so wird es angelegt (Zeile 4).

Es werden die Dateien gesichert, deren Änderungsdatum neuer als der Zeitstempel der Datei *refzeit* ist. Existiert sie noch nicht, muss eine Vollsicherung gemacht werden. Entsprechend wird das Suchkriterium in $KRIT definiert. Es wird später im **find**-Kommando verwendet.

Das zu sichernde Verzeichnis wird dem Skript als Aufrufparameter mitgegeben. Fehlt der Parameter, so wird $HOME angenommen (Zeile 5). In Zeile 7 wird der Name der Zieldatei für die Sicherung aus einem festen Anteil *archiv.* und der Datumsangabe zusammengesetzt. Die zu sichernden Dateien sucht das **find**-Kommando. Die Sicherung erfolgt per **tar**, wobei jeweils nur die neuen Dateien an das Archiv angehängt werden (Option ›r‹). **gzip** komprimiert danach die Sicherungsdatei mit dem höchsten Komprimierungsgrad. Zum Schluss wird die Referenzdatei per **touch** aktualisiert (Zeile 17) und dem Benutzer per **mail** mitgeteilt, dass eine Sicherung stattgefunden hat und wann, sowie wo die Sicherungsdatei liegt.

Das Skript kann zwar auch per Hand gestartet werden, die bessere Lösung ist aber ein Start über **cron** bzw. **crontab** (siehe Seite 243).

Diese Skript ist bei weitem nicht perfekt. So werden z.B. die Dateien nicht gesichert, die zwischen dem Start und dem Ende des Sicherungslaufs entstanden oder modifiziert wurden. Auch können hier nur die Dateien in genau einem Verzeichnis gesichert werden. Es fehlt auch die Überprüfung, ob das zu sichernde Verzeichnis überhaupt existiert. Es bleibt also noch reichlich Potential für Verbesserungen und Erweiterungen.

6.4   Die eingeschränkte Shell rbash

Läuft ein Unix-/Linux-System in einem Netz, das auch von außen zugänglich sein soll,
so ergibt sich oft die Notwendigkeit, diesen *externen* Benutzern nur eine eingeschränkte
Umgebung zur Verfügung zu stellen. Sie sollen zum Beispiel nicht alle Kommandos des
Systems, sondern nur ein vorgegebenes Repertoire unter stärker kontrollierten Bedingungen benützen dürfen. Die Möglichkeit einer solchen Begrenzung ist mit der **rbash**
(für *restricted bash*) gegeben.

→   Die *restricted bash* (zumeist unter */usr/bin/rbash*) – oft auch *restricted shell* ge-
    nannt – darf nicht verwechselt werden mit der *remote shell /usr/bin/rsh*. Das
    Kommando **rsh** (*remote shell*) ermöglicht es, ein Kommando auf einem anderen
    Rechner auszuführen, startet jedoch keine interaktive Shell (siehe Seite 396).

Die **rbash** kann wie **bash** als neuer Prozess gestartet werden. In der Regel wird jedoch
der Systemverwalter diese Shell-Version (in Wirklichkeit ist es ein spezieller Modus der
Standard-Shell) für die entsprechenden Benutzer in der Passwort-Datei (*/etc/passwd*) als
Login-Programm einsetzen. Sie wird dann für diesen Benutzer nach dem **login** automatisch gestartet.

Die eingeschränkte Version der **bash** hat die gleiche Aufrufsyntax wie die normale bash,
wird aber mit der Option **–r** (*restricted*) aufgerufen:

> **bash –r** [*optionen*] [*argumente*]   oder   **rbash** [*optionen*] [*argumente*]

Nach dem Starten führt sie genau wie die normale bash die Kommandos der Initialisierungsdateien im Verzeichnis */etc* und Benutzerverzeichnis aus (siehe Tabelle 6.1 auf
Seite 531). Erst danach werden ihre Einschränkungen wirksam. Möchte man also einen
entsprechenden Schutz aufbauen, so müssen diese beiden Dateien natürlich für den Benutzer schreibgeschützt sein!

Einschränkungen bei der rbash

Die *restricted* **bash** verhält sich vollständig wie eine *normale* **bash** mit folgenden Ausnahmen:

▶   Das *aktuelle Verzeichnis* kann nicht per **cd** geändert werden.

▶   Folgende Shell-Variablen können nicht geändert werden: SHELL, PATH, ENV
    und BASH_ENV.

▶   Kommandonamen (Kommandopfade) mit einem ›/‹ werden nicht akzeptiert.

▶   Die **bash**-interne Funktion ›.‹ (Ausführen der nachfolgend angegebenen Datei) ist
    bei Dateiangaben mit einem ›/‹ nicht möglich (dis wäre sonst eine modifizierte
    Version zum Aufruf eines Shell-Skripts mit absolutem Pfadnamen).

▶   Beim Start können keine Funktionsdefinitionen aus der Shell-Umgebung impor-
    tiert werden.

▶   Beim Start können die Werte von SHELLOPTS aus der Shell-Umgebung nicht er-
    mittelt werden.

▶ Umlenkungen der Ausgabe per >, >|, <>, >&, &>, >> sind nicht möglich.

▶ Das **bash**-interne Kommando **exec** erlaubt hier nicht, die Shell (vorübergehend) durch das aufgerufene Kommando zu ersetzen.

▶ Es können keine neuen internen bash-Kommandos per –f hinzugefügt oder per –d gelöscht werden.

▶ Die **bash**-internen Kommandos **enable** und **disable** (zum Ein- oder Ausblenden bash-interner Kommandos) sind unwirksam.

▶ Die Option –p für **bash**-interne Kommandos ist wirkungslos.

▶ Der eingeschränkte Modus kann innerhalb der Shell nicht durch **set +r** oder durch **set +o** aufgehoben werden.

Möchte man dem Benutzer Kommandos zur Verfügung stellen, die für die Dauer ihrer Ausführung diese Einschränkungen überwinden, so kann man dies mit Shell-Prozeduren erreichen. Zu ihrer Ausführung wird eine *normale* Shell gestartet, für die diese Einschränkungen nicht gelten! Um zu verhindern, dass der Benutzer über eigene Shell-prozeduren die Restriktionen umgeht, sollte er im Arbeitskatalog keine Schreibberechtigung haben.

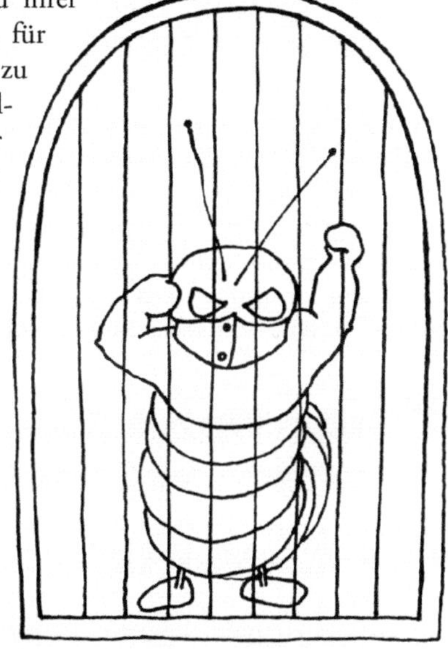

Gibt es mehrere Benutzer in einem System, deren Möglichkeiten eingeschränkt sein sollen, so wird der Systemverwalter sinnvoller-weise ein eigenes Programmverzeichnis mit dem eingeschränkten Befehlsrepertoire zur Verfügung stellen. Hierfür hat sich */usr/rbin* eingebürgert.

Eine auf diese Weise eingeschränkte d.h. *restricted* Version existiert nicht nur, wie hier beschrieben, von der **bash** (oder unter Unix von der Bourne-Shell), sondern auch von den meisten verbreiteten Shells. So gibt es auf die gleiche Weise etwa eine **rksh**, jedoch keine eingeschränkte Version von der **csh** oder **tcsh**.

6.5 Die TC-Shell – tcsh

Die ursprüngliche **C-Shell** wurde im Unix-System der Universität von Berkeley[1] als Alternative zur Standard-Bourne-Shell entwickelt, da diese, insbesondere für den interaktiven Betrieb, einige Einschränkungen besaß. Die C-Shell – der Name leitet sich von der C-ähnlichen Syntax ab – war bald in allen angebotenen Unix-Systemen als Alternative zur Bourne-Shell vorhanden. Die wesentlichen Erweiterungen gegenüber der Bourne-Shell waren:

▶ Kommandohistorie: Früher ausgeführte Kommandos können betrachtet und ohne erneute Eingabe nochmals aufgerufen werden.

▶ Alias-Mechanismus

▶ ein erweiterter Mechanismus zur Namensexpandierung

▶ erweiterte Programmkontrolle

▶ Shell-Variablen können einfacher als bei der Bourne-Shell als *logische* und *numerische* Typen behandelt werden.

Die C-Shell ist zwar wie die Bourne-Shell als Arbeitsumgebung und als Kommandozeileninterpreter zum Aufruf von Programmen geeignet, ist jedoch nicht kompatibel zur Bourne-Shell. Kommandoprozeduren, die für die Bourne-Shell geschrieben wurden, sind in der C-Shell meist nicht lauffähig und umgekehrt.

Da die C-Shell eine Reihe von ganz offensichtlichen Programmfehlern hatte und auch nicht wirklich weiterentwickelt wurde, entstand die TC-Shell[2] – kurz **tcsh** –, die heute die gängige und verbreitete Alternative zur **bash** darstellt. Die TC-Shell ist vollständig kompatibel zur C-Shell und auf den ersten Blick in der Anwendung von dieser auch nicht zu unterscheiden, enthält aber viele nützliche Erweiterungen, die in der Funktionalität denen der bash oft ähnlich sind. Ruft man auf einem Linux-System die C-Shell mit dem Kommando **csh** auf, erhält man normalerweise automatisch die TC-Shell.[3]

Die wichtigsten Erweiterungen der TC-Shell gegenüber der C-Shell sind:

▶ Kommandozeilen-Editor mit **vi**- oder **emacs**-Kommandos

▶ Namensexpandierung und automatische Vervollständigung begonnener Eingaben

▶ Schreibfehlerkorrektur bei der Eingabe von Datei-, Kommando- und Variablennamen

▶ Die Nutzung der Liste bereits verwendeter Kommandos (Historyliste) wurde erneut verfeinert.

▶ umfangreiche Möglichkeiten zur erneuten Nutzung von bereits eingegebenen Verzeichnisnamen (Pfadnamen) mit den Kommandos **cd**, **pushd**, **popd** und **dirs**

▶ umfangreiche Formatierungsmöglichkeiten für den Prompt (Bereitzeichen)

---

1. UCB steht für ›University of California Berkeley‹ und BSD für ›Berkeley System Distribution‹.

2. Das ›T‹ der TC-Shell stammt vom Kommandointerpreter des TENEX-Systems, der einige Funktionen bot, die für die TC-Shell übernommen wurden. Das TENEX-System wurde von der Firma Bolt, Beranek & Newman entwickelt, die u. a. auch führend an der Entwicklung des frühen Internet beteiligt war.

3. */usr/bin/csh* ist hier meist ein symbolischer Verweis auf */usr/bin/tcsh*.

Vereinheitlichung

In vielen interaktiven Funktionen und in ihrer Bedienung haben sich die **bash** und die **tcsh** als die am weitesten verbreiteten Shells im Laufe ihrer Entwicklung einander angeglichen. Vorteile der **tcsh** in der effizienten interaktiven Anwendung wurden durch die **bash** übernommen und stehen dort heute auch zur Verfügung, so dass die Notwendigkeit, wegen bestimmter Funktionen die **tcsh** zu verwenden, heute weggefallen ist.

Wir beschreiben hier daher nur noch die Funktionen ausführlicher, welche in der bash nicht oder gänzlich anders vorhanden sind.

6.5.1 Starten und Terminieren der tcsh

Die **tcsh** kann als Shell gleich bei der Anmeldung (beim **login**) gestartet werden, indem der Systemverwalter entsprechend */bin/tcsh* als **login**-Programm (letztes Feld) für den Benutzer in der Datei */etc/passwd* einträgt. Man bezeichnet diese dann als *Login-Shell*. Der Benutzer kann sie jedoch auch explizit aus seiner aktuellen Shell heraus aufrufen mit

> **tcsh** [*optionen*] [*argumente*].

Wird die **tcsh** als *Login-Shell* gestartet, so führt sie, bevor sie sich am Bildschirm mit einer Eingabeaufforderung meldet, eine Reihe von Initialisierungsdateien aus, die in einem systemweit lesbaren oder dem lokalen Verzeichnis des Benutzers liegen. Folgende Dateien werden von der **tcsh** (als Login-Shell (**l**) bzw. Nicht-Login-Shell (**nl**)) beim Aufruf in der angegebenen Reihenfolge durchlaufen:

/etc/csr.cshrc	nl + l	wird von jeder tcsh beim Aufruf als erstes gelesen. Hier wird z. B. auch das Standard-Prompt gesetzt und ggf. weitere Initialisierungsdateien aufgerufen.
/etc/csh.login	l	systemweit gültige Datei, um Definitionen für die TC-Shell einzutragen, die in der **tcsh** nur als Login-Shell, nicht aber als zusätzliche Shell (Sub-Shell) gelten sollen
.tcshrc	nl + l	wird von jeder tcsh durchlaufen, also auch von Sub-Shells oder zu Beginn von Kommandoprozeduren.
(.cshrc)	nl + l	wird nur gelesen, wenn *.tcshrc* nicht vorhanden ist.
.history	l	Liste der bereits eingegebenen Kommandos (kann durch die Shell-Variable **histfile** auf eine andere Datei gerichtet sein)
.login	l	Hier werden die Kommandos eingetragen, die die **tcsh** nur als Login-Shell, nicht aber als zusätzliche Shell (Sub-Shell) durchlaufen sollte – günstig beispielsweise, um ein Prompt als Eingabeaufforderung zu definieren.
.cshdirs	l	Liste der besuchten (und festgehaltenen) Verzeichnisse (kann durch die Shell-Variable **dirsfile** auf eine andere Datei gerichtet sein); Berücksichtigung auch für Nicht-login-Shells kann durch die Shell-Aufrufoption ›–d‹ erzwungen werden.

Beim Abmelden von der TC-Shell (Beenden der Shell) werden standardmäßig folgende Dateien durchlaufen:

/etc/csh.logout	1	systemweite Kommandodatei, die beim Abmelden einer Login-Shell durchlaufen wird
.logout	1	benutzerdefinierte Kommandos, die beim Abmelden einer Login-Shell ausgeführt werden

Die TC-Shell meldet sich mit dem Promptzeichen ›%‹ – oder, falls der Benutzer als Super-User (root) arbeitet, mit ›#‹. Das Bereitzeichen kann auch hier geändert werden, indem man der **tcsh**-Variablen **$prompt** mit **set prompt** = *text* eine andere Zeichenkette zuweist. Kommt in dieser Zeichenkette ein ›!‹ vor, so wird dies bei der Ausgabe von der **tcsh** durch eine fortlaufende Nummer ersetzt – die aktuelle Kommandonummer, die auch als *Event Number* bezeichnet wird. Eine Vielzahl weiterer Zusatzinformationen oder Formatierungen des Prompts sind möglich (siehe hierzu Seite 608).

Die **tcsh** wird entweder durch die Eingabe von *<dateiende>* (*<eof>*), durch das Kommando **logout** oder durch **exit** verlassen. Da es zuweilen vorkommt, dass man die Shell versehentlich durch ein *<dateiende>* terminiert, kann dies durch das Setzen der Shell-Variablen **$ignoreeof** verhindert werden. Hiernach wird die **tcsh** nur noch durch **logout** oder **exit** beendet. Das **logout**-Kommando terminiert die **tcsh** nur dann, wenn es die Login-Shell ist.

6.5.2   Die Prozesskontrolle (job control) der tcsh

Ein Kommando wird mittels nachfolgendem ›&‹ als Hintergrundprozess[1] gestartet und die **tcsh** nimmt danach sofort den nächsten Befehl entgegen. Die Shell gibt dabei in Klammern eine *Auftragsnummer*, gefolgt von der *Prozessnummer*, aus. Die Auftragsnummer wird in der **tcsh**-Terminologie als *job number* bezeichnet. Der Hintergrundauftrag kann unter dieser *job number* in der Form %*job_number* angesprochen werden. Ist der Hintergrundprozess beendet, so meldet die **tcsh** dies dem Benutzer vor der Ausgabe des nächsten Bereitzeichens.

Wurde ein Programm im Vordergrund gestartet und möchte man es anhalten, so ist dies mit dem *<prozess anhalten>*-Taste möglich (*<susp>*, normalerweise `Strg`-`Z`). Die **tcsh** meldet dann, dass das Programm angehalten wurde (*stopped*) und ermöglicht die Abarbeitung weiterer Kommandos, während das zuvor gestartete Kommando ruht. Die *<prozess anhalten>*-Taste sendet ein SIGSTOP-Signal an den Prozess und hält diesen sofort an, wobei noch anstehende Ausgaben und noch nicht gelesene Eingaben weggeworfen werden. Durch die Taste <prozess stoppen> wird der Prozess nicht sofort, sondern erst beim nächsten Lesen angehalten. Das Kommando **stop** %*auftrag* oder **stop** *pid* führt dasselbe durch. Wird bei **stop** keine Auftragsnummer oder keine Prozessnummer angegeben, so ist der aktuelle Prozess gemeint.

Man kann ein angehaltenes Programm mittels des **bg**-Kommandos (für *background*) in den Hintergrund schicken oder durch **fg** im Vordergrund weiterlaufen

---

1. Anwendung und Kommandos zur Prozesskontrolle funktionieren in **bash** und **tcsh** identisch. Siehe hierzu auch *Die Steuerung von Hintergrundprozessen (job control)* auf Seite 545.

lassen. Andererseits kann ein im Hintergrund laufendes Programm mit Hilfe des **fg**-Kommandos (für *foreground*) wieder in den Vordergrund gebracht werden. Die Angabe von *%job_number* bringt einen bestimmten Hintergrundprozess wieder in den Vordergrund. Das Kommando **jobs** liefert Informationen über aktuelle Hintergrundprozesse, sofern welche existieren.

Die **tcsh** informiert den Benutzer vor der Ausgabe des nächsten Bereitzeichens über jede Statusänderung eines Auftrags (*job*). Will der Benutzer unmittelbarer informiert werden, so muss er mit **set notify** die $notify-Variable entsprechend belegen.

Da die Ausgabe von Hintergrundprozessen auf die Dialogstation die aktuelle Eingabe stören kann, ist es möglich, eine solche Ausgabe zu verhindern. Dies geschieht durch **stty tostop**. Ist dies gesetzt, so wird der Hintergrundprozess, wenn er auf die Dialogstation schreiben will, suspendiert, bis man ihn mit **fg** *%job_number* in den Vordergrund holt. Die Anweisung **stty –tostop** hebt zwar diesen Modus auf, sendet aber kein Wiederbelebungssignal an den Prozess!

6.5.3 Aufrufoptionen der tcsh

Bevorzugt ein Benutzer für seine Interaktion mit dem Linux-System die TC-Shell, so sollte diese auch als Standardshell (statt der bash) gleich bei der Anmeldung am System gestartet werden.[1] Dies ist normalerweise durch einen Eintrag in der Datei */etc/passwd* (letztes Feld) möglich. Die TC-Shell kann dabei interne und externe Kommandos ausführen und Kommandoprozeduren in TC-Shell-Syntax abarbeiten. [2]

Gelegentlich ist es erforderlich, die TC-Shell, d.h. das Programm */bin/tcsh*, explizit aufzurufen. Dieser Aufruf geschieht nach folgender Syntax:

> **tcsh** [*optionen*] [*kommando_datei*] [*parameter*]

Die akzeptierten Optionen **–bcdefilmnstvVxX** haben folgende Funktionen:

–b	definiert das Ende der Optionenliste für die TC-Shell. Alles, was in der Kommandozeile hinter dieser Option steht, wird von der TC-Shell nicht mehr als Option interpretiert, sondern als Parameter an ein aufgerufenes Programm weitergereicht.
–c *datei*	Die auszuführenden Kommandos sind in *datei* enthalten.
–d	Die Shell lädt eine Liste mit Verzeichnisnamen von der Datei *.cshdirs*, auch wenn sie nicht als Login-Shell ausgeführt wird. Dies ist zuweilen für nachträglich gestartete interaktive Shells nützlich.
–e	Tritt ein Fehler auf oder liefert ein Kommando einen von **0** verschiedenen *Exit-Status*, so wird die Shell sofort beendet.
–f	Die Initialisierungsdatei *.tcshrc* wird nicht abgearbeitet.
–i	Die neue Shell soll eine *interaktive Shell* sein. Diese Option ist im Normalfall nicht erforderlich, da jede Shell, die nicht zur Abarbeitung einer Kommandoprozedur gestartet wird, interaktiv ist.

---

1. Dies ist normalerweise durch einen Eintrag in der Datei */etc/passwd* (letztes Feld) möglich.

2. Skripten mit Syntax und Kommandos der Bourne-Shell und ihrer Nachfolger (bash, zsh) können von der TC-Shell nicht abgearbeitet werden, was auch umgekehrt gilt.

–l	Die Shell wird als Login-Shell gestartet.
–m	Die Initialisierungsdatei *.tcshrc* wird abgearbeitet, auch wenn sie nicht dem aktuellen (effektiven) Benutzer gehört.
–n	Die Kommandos sollen geprüft, jedoch **nicht** ausgeführt werden. Dies erlaubt die Prüfung einer Kommandoprozedur auf Syntaxfehler.
–s	Kommandos sollen von der Standardeingabe gelesen werden.
–t	Es soll nur eine Eingabezeile gelesen und ausgeführt werden.
–v, (–V)	**$verbose** wird definiert. Hierdurch wird das Kommando nach der *History-Ersetzung* und vor der Ausführung angezeigt. Diese Option ist hilfreich zur Fehlersuche in einer Kommandoprozedur. (**$verbose** wird implizit definiert, bevor *.tcshrc* ausgeführt wird.)
–x, (–X)	**$echo** wird definiert. Hierdurch wird das Kommando nach Anwendung aller Ersetzungsmechanismen, unmittelbar vor seiner Ausführung angezeigt. Hilfreich zur Fehlersuche in einer Kommandoprozedur. (**$echo** wird vor der Ausführung von *.tcshrc* definiert.)

6.5.4 Ein-/Ausgabeumlenkung der tcsh

Die **tcsh** erlaubt wie **bash** eine Umlenkung der Standardeingabe und Standardausgabe, bietet aber bei der Ausgabeumsteuerung einen Schutz gegen versehentliches Überschreiben bereits existierender Dateien. Dieser Schutz kann unterdrückt werden. Im Gegensatz zur **bash** bietet die TC-Shell keine direkte Möglichkeit, den Fehlerausgabekanal eines Kommandos umzuleiten. Die Umlenkungen der TC-Shell erfolgen durch:

< datei	öffnet die Datei *name* und lenkt ihren Inhalt zur Standardeingabe des Kommandos.
<< wort	Als Eingabe eines Kommandos wird der ab der nächsten Zeile folgende Text gelesen, bis eine Zeile wieder mit *wort* beginnt. Dies entspricht dem *Here Document* der **bash**.
>! datei *> datei*	Die Standardausgabe wird in die angegebene Datei geschrieben. Dabei wird die Datei neu angelegt. Existiert sie bereits und ist die **tcsh**-Variable **$noclobber** nicht definiert, so wird die Länge von *datei* vor dem ersten Schreiben auf 0 gesetzt. Ist die Variable **$noclobber** gesetzt, so wird von **tcsh** eine Fehlermeldung ausgegeben, falls die Datei bereits existiert, und das Kommando abgebrochen. Die Form › ... >! *datei*‹ verhindert diese Prüfung.

>&! *datei*

>& *datei* Mit dieser Anweisung wird die Standardfehlerausgabe auf die gleiche Datei wie die Standardausgabe umgelenkt. In der Form ›...>&! *name*‹ wird *datei*, sofern sie bereits existiert, vor dem ersten Schreiben auch dann auf die Länge 0 gesetzt, wenn $noclobber definiert ist.

>>! *datei*

>> *datei* Die Standardausgabe wird am Ende der angegebenen Datei angefügt. Existiert *datei* noch nicht und ist $noclobber definiert, so wird dies als Fehler gewertet. Die Form ›...>! *name*‹ unterdrückt diese Prüfung.

>>&! *datei*

>>& *datei* Die Standardfehlerausgabe wird ebenso wie die Standardausgabe am Ende der angegebenen Datei angefügt. Existiert *datei* noch nicht und ist $noclobber definiert, so wird dies als Fehler gewertet.
Die Form ›>! *name*‹ unterdrückt diese Prüfung.

Im Gegensatz zur **bash** wird die Eingabe eines unter der **tcsh** gestarteten Hintergrundprozesses nicht auf */dev/null* umgeleitet, sondern der Prozess wird, sobald er von der Dialogstation lesen will, blockiert und der Benutzer darüber informiert. Der Benutzer kann dann den Prozess mit **fg** in den Vordergrund holen.

Die Standardfehlerausgabe kann zusammen mit der Standardausgabe auch in eine Pipe umgelenkt werden mit der Form ›... |& ...‹.

6.5.5 Der History-Mechanismus der tcsh

Die **tcsh** führt – wie die **bash** – eine Liste über bereits eingegebene Kommandozeilen.

Die Größe des Kommandospeichers (engl. *history buffer*) wird durch die Shell-Variable **$history** definiert. Mit ›**set history** = *n*‹ werden jeweils die *n* letzten Kommandos gespeichert und sind erneut – mit eventuellen Modifikationen – abrufbar. Das Kommando **history** gibt die Liste der zurückliegenden Kommandos am Bildschirm aus. Die **tcsh** nummeriert die Kommandos (*events*) fortlaufend durch und gibt diese Nummer mit aus. Diese Kommandonummer lässt sich auch in das Prompt übernehmen.

Die zurückliegenden Kommandozeilen lassen sich bei der **tcsh** auf mehrere Arten abrufen. Wichtigstes Zeichen hierfür ist das Ausrufezeichen ›!‹, über das ein altes Kommando entweder zur unveränderten Ausführung wiederholt oder zur Änderung und anschließenden Ausführung bereitgestellt wird:

▶ Mittels der Kommandonummer (*event number*) in der Form !*nummer*
Steht *nummer* ohne Vorzeichen, so ist damit das Kommando mit der entsprechenden *event number* gemeint. Hat der Aufruf die Form › !–*n*‹, so ist die *n*-te vorhergehende Kommandozeile gemeint. Die jeweils letzte Zeile kann auch mit › !!‹
abgekürzt werden und entspricht › !–1‹.

▶ Durch Angabe des Kommandos in der Form !*name*
Die **tcsh** sucht bei dieser Form rückwärts nach einer Kommandozeile, die mit
name beginnt. *name* braucht nicht der vollständige Kommandobezeichner zu sein,
sondern es reichen die ersten Buchstaben, bis die Eingabe eindeutig ist.

▶ Indem man ein Textstück einer zurückliegenden Kommandozeile angibt in der
Form !?*text*?
Auch hier wird vom letzten Kommando ausgehend nach einer Kommandozeile
gesucht, in der *text* vorkommt.

In allen Fällen muss sich die Kommandozeile noch im Kommandopuffer befinden, d. h.
sie darf maximal **\$history** Zeilen zurückliegen. Alle oben beschriebenen Formen einer
zurückliegenden Kommandoangabe sind für die nachfolgenden Beschreibungen statt
nummer erlaubt.

Gibt man ein Kommando mit einer der oben aufgeführten Formen an, so wird das
Kommando (die ganze Kommandozeile) erneut ausgeführt. Es ist aber auch möglich,
statt des vollständigen alten Kommandos nur Teile daraus zu übernehmen und Teile aus
dem Kommando zu ersetzen. Hierzu wird nach der erwähnten Syntax zum Ansprechen
eines alten Kommandos (!*name*, !*nummer*) ein Doppelpunkt (:) gesetzt und dahinter
die jeweiligen Editierkommandos eingegeben.
Die allgemein Form sieht dabei wie folgt aus:

    !*nummer*:*bereich*[:*modifikator*] …

wobei der *Modifikator*-Teil optional ist. In der Angabe von *bereich* wird folgende Symbolik verwendet:

n	bezeichnet das *n*-te Wort des Kommandos (Kommandoname = 0).
^	steht für das erste Argument (\$1).
\$	steht für das letzte Argument des Kommandos.
%	steht für das zuletzt mit ?s? gefundene Wort.
a–e	steht für *Das Wort von Position a bis zur Position e*.
–n	steht für *Das Wort von Position 0 bis zur Position n*.
n–	steht für *Das Wort von Position n bis zum vorletzten Wort*.
*	steht für › ^–\$‹.
*n**	steht für › *n*–\$‹.

Die eingesetzten Wörter können durch den *modifikator* nochmals einer Transformation
unterzogen werden, wobei auch mehrere, jeweils durch › :‹ getrennte Modifikationen
zulässig sind:

h	(*head*) liefert aus dem Wort (Dateinamen) den Pfadnamen.
r	Bei dem Wort (Dateinamen) wird eine vorhandene Endung (.*xxx*) abge- schnitten.

e	(*extention*) Bei einem Wort (Dateinamen) wird nur die Endung (.*xxx*) genommen.
a	(*all*) Der folgende Modifikator soll so oft wie möglich auf ein Wort oder auf alle Wörter (in Kombination mit der Option ›**g**‹) angewandt werden
s/*alt*/*neu*/	(*substitute*) Das Muster *alt* wird durch den Text *neu* ersetzt. Statt ›/‹ darf ein beliebiges Trennzeichen verwendet werden.
t	(*tail*) Bei dem Dateinamen wird der Pfadname abgeschnitten und der reine Dateiname verwendet.
u	(*uppercase*) Der erste Buchstabe soll groß geschrieben werden.
l	(*lowercase*) Der erste Buchstabe soll klein geschrieben werden.
&	Die letzte Substitution (s/*a*/*n*/) soll auch hier ausgeführt werden.
g	Die Substitution soll nicht nur auf das erste auftretende Wort, sondern auf alle ausgeführt werden. **g** steht vor **&**, **h**, **r**, **e**, **d**, **t**.
p	(*print*) Das neu entstehende Kommando soll angezeigt, aber nicht ausgeführt werden.
q	(*quote*) Die ersetzten Wörter sollen maskiert und damit vor einer weiteren Ersetzung geschützt werden.
x	Die ersetzten Wörter sollen maskiert und damit vor einer weiteren Ersetzung geschützt werden. Sie werden jedoch als Einzelargumente und nicht als eine Zeichenkette weitergereicht.

Findet eine Ersetzung in einer Kommandozeile statt, so wird die Zeile nochmals von vorne durchsucht und geprüft, ob erneut Ersetzungen notwendig sind. Dies geschieht so lange, bis keine Ersetzung mehr stattfindet. Ersetzungsschleifen werden durch interne Markierungen erkannt und abgebrochen. Dieser Ersetzungsmechanismus ist recht komplex, da er geschachtelt auftreten kann, Metazeichen berücksichtigen muss und mit anderen Ersetzungsmechanismen zusammen stattfindet. Die nachfolgenden Beispiele sollen einige Substitutionen zeigen.

✎   Das letzte Kommando sei folgendes:
echo */usr/test.c* */usr/karl/test.p* **drei**
→ Dann ergeben die nachfolgenden Kommandos die gezeigten Ergebnisse, wobei angenommen wird, dass obiges Kommando unter der Kommandonummer 17 angesprochen werden kann bzw. das letzte Kommando war:

!	*/usr/test.c /usr/karl/test.p drei*
!17	*/usr/test.c /usr/karl/test.p drei*
echo !17:$	*drei*
echo !17:2-3	*/usr/karl/test.p drei*
echo !17:1:h	*/usr*
echo !17:2:r	*/usr/karl/test*

echo !17:2:e	*p*
echo !17:2:s+karl+franz+	*/usr/franz/test.p*
echo !17:*:s+usr+mnt+	*/mnt/test.c /usr/karl/test.p drei*
echo !17:*:gs+usr+mnt+	*/mnt/test.c /mnt/karl/test.p drei*

Beginnt eine Kommandozeile mit › ^*alt*^*neu*^ ‹, so wird das vorhergehende Kommando wiederholt, wobei der darin enthaltene Text *alt* durch den Text *neu* ersetzt wird. Dies erlaubt eine einfache Korrektur von Schreibfehlern oder Wiederholung von Kommandos mit geringfügig geänderten Parametern:

✎ find /usr −name "*.old" −print −exec rm {} \;
→ löscht alle Dateien mit der Endung *.old* im Verzeichnisbaum */usr*.
Als unmittelbar nächstes Kommando kann mittels
^usr^home
die gleiche Aktion im Verzeichnisbaum */home* durchgeführt werden.

Die Möglichkeiten, alte Kommandos zu editieren und in veränderter Form wieder zu verwenden, sind zwar sehr mächtig, jedoch leider auch relativ umständlich in der Anwendung.

Die TC-Shell hat daher als Weiterentwicklung der C-Shell und in der Anwendung genau wie die bash, eine Editiermöglichkeit für die Liste der bereits eingegebenen Kommandos und für die aktuelle Kommandozeile. Es kann dabei entweder im emacs-Modus oder im **vi**-Modus gearbeitet werden. Standardmäßig eingeschaltet ist die Editierfunktion mit emacs-Kommandos. Das Einschalten der Editorfunktion für die Kommandozeile erfolgt mit dem Kommando:

bindkey -v   Editieren im vi-Modus
bindkey -e   Editieren im emacs-Modus

Ausführlich beschrieben ist diese Art der Arbeit auf der Kommandozeile auf Seite 538. Mit dem **bindkey** lässt sich in der tcsh auch eine eigene Tastenzuordnung einrichten.

Darüber hinaus bietet die tcsh eine Fehlerkorrektur (siehe Seite 607) für Eingaben auf der Kommandozeile an, die bei möglicherweise falsch geschriebenen Kommando-, Datei- oder Variablennamen rückfragt und Korrekturvorschläge anbietet.

6.5.6   Die Alias-Funktion der tcsh

Die **tcsh** ermöglicht eine Namensersetzung, d.h. für jedes Kommando (erstes Wort einer Kommandozeile) wird vor seiner Ausführung untersucht, ob eine Ersetzung vorgenommen werden soll. Dieser Mechanismus wird *Aliasing* genannt. Damit kann eine Kurzform längerer und häufig benötigter Kommandos vorgenommen werden. Die Definition einer Ersetzung erfolgt durch:

alias   *kürzel   kommando-text*

Kommt nun in einem Kommando *kürzel* als Kommandoname vor, so wird stattdessen von der **tcsh** ›*kommando-text*‹ eingesetzt und die Interpretation beginnt von vorne.

Auch geschachtelte Ersetzungen sind möglich, wobei Endlosschleifen erkannt werden. Ist die Aliasersetzung abgeschlossen, so wird die History-Ersetzung (soweit notwendig) durchgeführt. In *kommando-text* dürfen entsprechend auch Zeichen für eine History-Substitution vorkommen.

Eine Alias-Definition, d. h. *kommando-text*, darf mehrere Eingabezeilen lang werden und somit die Funktionalität einer Shellprozedur annehmen. Dabei ist jedoch das Zeilenende bei der Definition vor einer sofortigen Interpretation durch ›\‹ zu maskieren.

Das *Aliasing* wird **nur** auf den Kommandonamen angewendet und ist kein allgemeiner Substitutionsmechanismus!

Alias-Definitionen und -Aufrufe tragen keine Argumente, da die Alias-Definition textuell auf der Kommandozeile eingesetzt wird und daher die Argumentliste der ursprünglichen Kommandozeile übernimmt.

Eine Alias-Zuweisung kann durch **unalias** *kürzel* wieder aufgehoben werden.

✎   alias suche grep –l –n
→ führt das Pseudokommando **suche** ein. Hiernach wird z. B.
›suche Otto telefon‹ zu ›*grep –l –n Otto telefon*‹ expandiert.

6.5.7   Fehlerkorrektur auf der Kommandozeile

Die tcsh bietet eine Funktion zur halbautomatischen Korrektur von Tippfehlern auf der Kommandozeile. Wird ein Kommando in der angegebenen Form nicht gefunden, so fragt sie nach und bietet dabei und ein anderes, in der Schreibweise ähnliches, passendes Kommando zur Ausführung an. Es werden dabei jeweils der verbesserte Kommandoname und vier Möglichkeiten zur Auswahl angeboten:

y   oder <leerzeichen>; führt als Korrektur vorgeschlagene Kommando aus.

n   verwirft den Korrekturvorschlag und führt das Kommando in der ursprünglich eingegebenen Form aus.
Diese Option wird (aus Sicherheitsgründen) auch als Standard ausgeführt, wenn nach dem Korrekturvorschlag einfach <return> eingegeben wird.

e   bietet das Kommando in seiner ursprünglich eingegebenen Form auf der Kommandozeile zur Änderung mit dem Kommandozeileneditor an.

a   bricht die geplante Kommando-Ausführung ab.

✎   `% fimd`

`CORRECT>find (y|n|e|a)? y`
→ nach dem tcsh-Standardprompt ›%‹ wurde statt dem Kommando **find** ein ›fimd‹ eingegeben. Die **tcsh** meldet sich mit dem Korrekturvorschlag

›find‹ und fragt nach, ob der Vorschlag ausgeführt werden soll. Ein ›y‹ oder <leertaste> führt das korrekte Kommando aus.

Es muss sich erweisen, wie weit diese Funktionalität tatsächlich eine Arbeitserleichterung in der Anwendung der Kommandozeile bietet oder doch eher störend wirkt und wie weit sich eine derartige Funktionalität durchsetzen kann.

Die Formatierung des tcsh-Prompts

Die TC-Shell bietet umfangreiche Möglichkeiten, die Eingabeaufforderung als Prompt zu formatieren und damit den für den Shell-Benutzer dauernd sichtbaren Teil der Kommandozeile mit den Informationen auszustatten, die in der interaktiven Arbeit immer im Blick sein sollten.

Diese Formatierung geschieht durch eine Definition der Variablen **$prompt** in einem Kommando wie:

set prompt = "*promptdefinition*"

Für *promptdefinition* sind nachfolgend aufgeführten Platzhalter möglich. Sie werden von **tcsh** jeweils bei der Ausgabe des Prompt durch den aktuellen Wert der jeweiligen Variable ersetzt:

%/	aktuelles Arbeitsverzeichnis
%~	Aktuelles Arbeitsverzeichnis; bei der Ausgabe wird statt des Pfadnamens für das Heimatverzeichnis eines Benutzers das Zeichen ›~‹ ausgegeben.
%c*n*	Aktuelles Arbeitsverzeichnis; es werden jedoch nur die letzten *n* Zeichen ausgegeben.
%C	wie ›%c‹, jedoch ohne dass das Zeichen ›~‹ eine Sonderfunktion erhält.
%h, %!, !	Nummer des aktuellen Kommandos
%M	aktueller Rechnername in Langform
%m	aktueller Rechnername bis zum ersten Punktzeichen (.)
%S	schaltet eine optische Hervorhebung ein (%s aus).
%s	schaltet eine optische Hervorhebung wieder aus.
%B	schaltet Fettschrift ein (%b wieder aus).
%b	schaltet Fettschrift aus.
%U	schaltet Unterstreichung ein (%u wieder aus).
%u	schaltet Unterstreichung aus.
%t, %@	aktuelle Uhrzeit in AM/PM-Darstellung
%T	aktuelle Uhrzeit in 24-Stunden-Darstellung

%p	aktuelle Uhrzeit in AM/PM-Darstellung mit Sekundenangaben
%P	Aktuelle Uhrzeit in 24-Stunden-Darstellung mit Sekundenangaben. Bei allen oben genannten Zeitausgaben wird jeweils zur vollen Stunde das Wort ›DING!‹ statt der Uhrzeit im Prompt ausgegeben, wenn dies nicht durch Setzen der Variablen **$noding** abgeschaltet wird.
\z	Das Zeichen *z* wird ausgewertet wie im Kommando **bindkey**.
^z	Das Zeichen *z* wird ausgewertet wie im Kommando **bindkey**.
%%	Das Zeichen % wird ausgegeben.
%n	aktueller Benutzername
%d	Wochentag mit Tagesname in Kurzform
%D	Tagesdatum
%w	Monatsname als Kurzform
%W	Nummer des aktuellen Monats
%y	Jahr in zweistelliger Form
%Y	Jahr in vierstelliger Form
%l	Bezeichnung des aktuellen Bildschirms (tty), z.B. *pts/2*
%L	Löschen der Zeile nach dem Prompt
%$*var*	Ausgeben der Shell-Variablen **var**
%#	ermöglicht eine Unterscheidung, ob als normaler Benutzer oder als Superuser (root) gearbeitet wird; für einen normalen Benutzer wird das erste Zeichen (oder ›>‹, falls undefiniert) der Definition der Shell-Variablen **promptchars** ausgegeben, für den Benutzer root das zweite Zeichen (oder ›#‹, falls undefiniert).
%[*escseq*%]	gibt die Escape-Sequenz *escseq* (zur Bildschirmsteuerung) aus.
%?	Fehlerstatus (*return code*) des unmittelbar vorher ausgeführten Kommandos

Die Formatierung des Prompt sollte mit Bedacht vorgenommen werden, weil zu viele Informationen in der Eingabeaufforderung kaum mehr wahrgenommen werden können, die Übersichtlichkeit der Kommandozeile und vor allem, durch die Länge des Prompt, den Raum für die Eingabe längerer Kommandos beschränken.

✎   set prompt = "%n@%/:"

→ setzt den Prompt so, dass sowohl der aktuelle Benutzernamen als auch das aktuelle Verzeichnis angezeigt wird, getrennt durch ›@‹ und abgeschlossen von einem Doppelpunkt. Das Ergebnis könnte etwa so aussehen:

```
juergen@/home/juergen:
```

6.5.8   Variablendefinition in der tcsh

Die **tcsh** kennt wie die **bash** Variablen vom Typ *Text*. Sie kann solche Variablen auch als
Zahlen, logische Werte und Felder (*arrays*) behandeln.

Shell-Variablen können, soweit sie nicht bereits vordefiniert sind, auf drei Arten deklariert werden und einen Wert zugewiesen bekommen. Dabei ist darauf zu achten, dass
im Gegensatz zur **bash** Zwischenräume zwischen **set**, **setenv**, **@**, **=**, *name* und dem Wert
stehen müssen!

set *name* = *text*   Hierdurch wird die Shell-Variable
name, soweit sie noch nicht existiert, deklariert und erhält als
Wert die Zeichenkette *text*. Der
Gültigkeitsbereich der Variablen
ist hierbei nur lokal. Kommen in
text Trennzeichen vor (Leerzeichen, Tabulatorzeichen,
…), so ist die Form "*text*"
oder '*text*' zu wählen, da
sonst nur das erste Wort der
Variablen zugewiesen wird.

@ *name* = *n_ausdruck*   Hierdurch wird die Shell-Variable *name* deklariert – soweit sie noch
nicht existiert. Der numerische Ausdruck *n_ausdruck* wird ausgewertet
und das Ergebnis als Wert der Variablen zugewiesen. Der Gültigkeitsbereich der Variablen ist
lokal. @ wird vielfach dort eingesetzt, wo bei der **bash** mit dem
Kommando **expr** gearbeitet wird. Das Zeichen ›@‹ ist ein eingebautes Kommando(!) der TC-Shell; muss also, wie andere Kommandos, mit einem Leerzeichen von den folgenden Parametern
abgegrenzt werden.

setenv *name* *text*   Hiermit wird die Shell-Variable *name* deklariert – soweit sie noch
nicht existiert. Sie erhält als Wert die Zeichenkette *text*. Die Variable wird dabei zugleich exportiert, d.h. ihr Gültigkeitsbereich
ist global.

Wie bei anderen Shells wird der Inhalt der Variablen durch $*name*[1] angegeben, bzw.
${*name*}, falls in *name* Sonderzeichen vorkommen. Der Ausdruck $?*name* liefert den
Wert 1, falls die Variable $*name* deklariert ist, und 0, falls nicht.

Die **tcsh** ermöglicht die Deklaration von Feldern, d.h. Shell-Variablen mit mehreren Elementen. Die Werte der einzelnen Feldelemente stehen dabei in Klammern in einer mit Leerzeichen getrennten Liste. Diesen Elementen werden bei der Definition

---

1. Per Konvention werden die Variablennamen in der Bourne- und allen davon abstammenden
   Shells meist in Großbuchstaben, in der C-Shell und ihren Nachfolgern meist in Kleinbuchstaben
   geschrieben. Dies ist jedoch nicht zwingend.

sogleich Werte zugewiesen – es darf jedoch auch die leere Zeichenkette sein! Eine Deklaration geschieht in der Form:

$$\textbf{set } \textit{name} = (\ e\_1 \quad e\_2 \quad e\_3 \ \dots \quad e\_n\ )$$

✎ set obst = (aepfel birnen pflaumen kirschen " ")
→ definiert eine Variable *obst* mit fünf Elementen. Das letzte der Elemente ist leer. Ein Element wird dann durch die Angabe des Index selektiert. Nach der obigen Zuweisung gibt ›echo $obst[3]‹ den Text *pflaumen* aus. Mehrere Elemente kann man durch die Angabe eines Bereichs spezifizieren. ›echo $obst[2-4]‹ liefert *birnen pflaumen kirschen*.

Der Suchpfad der TC-Shell, d.h. die Verzeichnisse, welche die TC-Shell nach Programmen durchsucht, wird als Feld-Variable definiert. Dies geschieht in der Form:

✎ set path = (*$path /usr/bin /usr/local/bin /bin*)
→ belegt (verlängert) den Suchpfad der TC-Shell mit den Verzeichnissen */usr/bin*, */usr/local/bin* und */bin*.

Mit $*name* wird das ganze Feld angesprochen. Die Schreibweise $#*name* gibt die Anzahl der Elemente des Feldes $*name* aus. Ein Feld mit numerischen Werten muss zuvor mit **set** deklariert werden, bevor seinen Elementen mit @ neue Werte zugewiesen werden können. Dies geschieht in der Form:

$$\textbf{set } \textit{name}[\textit{index}] = (\ \textit{ausdruck}\ )$$

Sehr ähnlich der C-Syntax können bei der Zuweisung außer dem einfachen Zuweisungsoperator ›=‹ auch folgende Operatoren: ›+=‹, ›−=‹, ›*=‹, ›/=‹, ›%=‹ sowie die Anweisungen ›@ ++*name*‹ und ›@ −−*name*‹ verwendet werden. Sie haben dabei die von C her bekannte Bedeutung.

Die Variablen der tcsh

Die **tcsh** kennt neben den vom Benutzer definierten Shell-Variablen die nachfolgend beschriebenen vordefinierten Variablen. Sie werden im Gegensatz zu den vordefinierten Variablen der **bash** klein geschrieben; die wichtigsten Variablen wie $USER, $TERM, $HOME und $PATH werden automatisch in ihre TC-Shell-Entsprechungen *$user*, *$term*, *$home* und *$path* übertragen. Einige der Variablen sind nicht automatisch definiert, beeinflussen aber, falls sie definiert werden, die Arbeitsweise der **tcsh**.

Die TC-Shell kennt knapp hundert dieser Konfigurationsvariablen, die hier nicht alle aufgelistet werden können. Wir beschränken uns daher nachfolgend auf die wichtigsten Variablen, mit denen sich das Verhalten der tcsh steuern lässt:

$argv In dieser Feldvariablen befinden sich die Argumente (Parameter) des Prozeduraufrufs. Analog zu einem C-Programm gilt:

    $argv[0] Dies ist der Name des aufgerufenen Programms (Prozedur). Dies kann auch mit **$0** angesprochen werden.

    $argv[1] Hier steht der 1. Parameter. Dieser kann auch mit **$1** angesprochen werden.

$argv[*n*] Dies enthält den *n*-ten Parameter. Er kann auch mit **$n** angesprochen werden.

$argv[*] Diese Variable enthält die gesamte Parameterliste und ist äquivalent zu **$***.

$#argv Hier ist die Anzahl der Parameter beim Aufruf zu finden.

$autocorrect löst eine automatische Tippfehlerkorrektur der Kommandozeile aus.

$autoexpand steuert den Editor der Kommandozeilen-History, der damit automatisch vor jeder Kommandoausführung eingeschaltet wird.

$autologout bewirkt, dass die interaktive Shell nach einer in dieser Variablen hinterlegten Zeit der Inaktivität automatisch beendet oder gesperrt wird.

$cdpath entspricht **$CDPATH** der **bash.**

$correct ermöglicht Einstellungen zur automatischen Tippfehlerkorrektur der Kommandozeile; mögliche Werte sind **cmd,** **complete** und **all.**

$cwd enthält den vollen Pfadnamen des aktuellen Katalogs.

$dirsfile legt fest, in welcher Datei die Liste der bereits besuchten Verzeichnisse abgelegt wird. Standard ist *.cshdirs.*

$echo Hierdurch wird jedes Kommando vor seiner Ausführung in der expandierten Version angezeigt (Schalter; Standard: undefiniert).

$echo_style Das Kommando ›echo‹ verhält sich auf unterschiedlichen Unix-/Linux-Implementierungen geringfügig unterschiedlich. Durch Belegen dieser Variablen mit einem der Werte **bsd, sysv, both** oder **none** kann das Verhalten angepasst werden.

$fignore enthält eine Liste mit Dateinamensendungen, die bei der automatischen Namensergänzung (*file name completion*) der TC-Shell nicht berücksichtigt werden sollen.

$filec aktiviert die automatische Namensergänzung (*file name completion*) auf der Kommandozeile. Ist diese Variable gesetzt (Standard in der tcsh), so haben die Zeichen [Strg]-[D] und [tab] auf der Kommandozeile die folgende Sonderbedeutung:

[Strg]-[D] gibt eine Liste aller Dateinamen aus, die mit den gerade eingegebenen Zeichen beginnen und bittet dann erneut um Eingabe, wobei der zuletzt eingegebene Teil der Kommandozeile
gleich mitausgegeben wird.

[tab] ersetzt die gerade eingegebenen Zeichen auf der Kommandozeile durch alle Dateinamen, die mit diesen Zeichen beginnen.

Die automatische Namensergänzung kann durch die Shell-Variable
$complete und durch das eingebaute Kommando **complete** umfang-
reich gesteuert und beeinflusst werden.

$histchars Durch die Zuweisung einer zwei Zeichen langen Zeichenkette an diese
Variable können die Metazeichen der History-Ersetzung umdefiniert
werden. Das erste Zeichen wird dann beim History-Mechanismus statt
des Standardzeichens ›!‹ und das zweite an Stelle des Kurzformzeichens
›^‹ verwendet.

$histfile gibt die Datei für die Liste bereits eingegebener Kommandos (History-
liste) vor; Standard ist *.history*.

$history legt fest, wieviele Kommandos im History-Speicher gespeichert wer-
den.

$home Wird **cd** ohne einen Parameter aufgerufen, so wird der in **$home** stehende Katalog zum *aktuellen Katalog*. Darüber hinaus substituiert die **tcsh**
das Metazeichen ›~‹ in Dateinamen durch diesen Katalog.

$ignoreeof verhindert, dass die **tcsh** durch ein <dateiende>-Zeichen versehentlich
terminiert wird. Die TC-Shell meldet in diesem Fall ›*Use "exit" to leave
tcsh*‹. Die Beendigung ist dann nur mit dem **exit**- oder **logout**-Kom-
mando möglich (Schalter; Standard: undefiniert).

$mail enthält eine Liste (Feld) mit Dateinamen (und ggf. deren Pfadnamen),
die von der TC-Shell regelmäßig auf Veränderungen überprüft werden
sollen, z.B. auf ankommende Mail. Ein Prüfintervall lässt sich im ersten
Eintrag angegeben.

$matchbeep steuert, wann die tcsh bei einer Namensvervollständigung ein akusti-
sches Warnsignal ausgeben soll; mögliche Werte sind **never**, **nomatch**,
ambiguous (Standardeinstellung), **notunique**.

$nobeep deaktiviert das Warnsignal bei mehrdeutiger automatischer Datei-
namensergänzung.

$noclobber verhindert – so definiert – , dass man versehentlich durch Ausgabe-
umleitung eine bereits existierende Datei überschreibt. Das Kommando

	wird in diesem Fall abgebrochen und eine Fehlermeldung ›*kommando: file exists*‹ ausgegeben (Schalter; Standard: undefiniert).
$noding	Ist diese Variable gesetzt, so verzichtet die Shell darauf, bei Zeitangaben im Prompt DING! auszugeben, wenn eine volle Stunde angezeigt werden soll; siehe hierzu auch Seite 609.
$noglob	Hierdurch wird die Expandierung von Metazeichen (*, ?, ~, [], {}) in Dateinamen unterdrückt (Schalter; Standard: undefiniert).
$nonomatch	Kommt in einem Dateinamen ein Metazeichen vor und passt keiner der gültigen Dateinamen auf das Muster, so wird im Normalfall von der **tcsh** eine Fehlermeldung **No match** ausgegeben und das Kommando nicht gestartet. Die Variable **$nonomatch** verhindert dies (Schalter; Standard: undefiniert).
$notify	Ist diese Variable definiert, so wird der Benutzer sofort über eine Zustandsänderung eines Prozesses informiert. Im Standardfall geschieht dies erst vor der Ausgabe des nächsten Promptzeichens.
$path	Diese Feldvariable gibt analog zu **$PATH** bei **bash** den Suchpfad für das Starten von Programmen vor. Einträge stehen in Klammern und sind durch Leerzeichen getrennt.
$prompt	Entspricht dem **$PS1** der **bash** und ist das Bereitzeichen der **tcsh**. Die Variable **$prompt** existiert in der TC-Shell nur in interaktiven Shells. Die Prüfung ihrer Existenz bietet daher eine Möglichkeit, um in einer Kommandoprozedur (etwa in *.cshrc*) festzustellen, ob es sich um eine interaktive Shell handelt, die diese Prozedur ausführt. Kommt im Prompt ein ›!‹ (oder %! oder %h) vor, so wird dafür von der **tcsh** die aktuelle Kommandonummer eingesetzt. Diese Nummer wird dann bei jedem Kommando hochgezählt und bildet eine einfache und schnelle Methode für den Zugriff auf die zuletzt eingegebenen Kommandos. Mit einer Vielzahl weiterer Parameter, alle eingeleitet durch das Zeichen ›%‹, kann die Ausgabe des Prompt umfangreich formatiert und bis an die Grenze der Unübersichtlichkeit mit dynamischen Informationen ausgestattet werden. Siehe dazu Seite 608.
$prompt2	definiert die Zeichenfolge, die als Prompt aus einer **while**- oder **foreach**-Schleife ausgegeben wird.
$prompt3	definiert die Zeichenfolge, die von der tcsh bei der Nachfrage anlässlich einer automatischen Fehlerkorrektur auf der Kommandozeile ausgegeben wird.
$rmstar	Ist diese Variable gesetzt, so fragt die tcsh nach, bevor sie das mitunter gefährliche und zu Datenverlust führende Kommando **rm** * ausführt.
$rprompt	Wie **$prompt**, wird aber an der rechten Seite des Bildschirms und damit hinter der Eingabeposition ausgegeben.

$savedirs Die Liste der besuchten Verzeichnisse (*directory stack*) wird vor Beenden der Shell automatisch gesichert; der Wert in **$savedirs** legt fest, wie viele Verzeichnisnamen in der Sicherungsdatei gespeichert werden.

$savehist legt die Anzahl der Kommandos (*History*) fest, welche die **tcsh** bei ihrer Terminierung in der Datei *.history* im Hauptkatalog des Benutzers hinterlegt. Beim nächsten Starten der **tcsh** wird dann der History-Puffer aus dieser Datei geladen und damit die alten Kommandos über eine Sitzung hinweg gerettet.

$shell enthält den Pfadnamen der aktuell ausgeführten Shell.

$shlvl enthält die Schachtelungstiefe der aktuellen Shell; ist die Shell eine Login-Shell, steht dieser Parameter auf ›1‹.

$status enhält den Ergebniswert (*Exit-Status*) des zuletzt ausgeführten Kommandos (entspricht der Variablen $? in der **bash**).

$symlinks definiert das Verhalten der Shell, wenn ein symbolischer Link (erzeugt z.B. durch ›ln −s‹) als Datei oder Verzeichnisname angegeben wird. Dies kann oft zu Verwirrungen führen, insbesondere, wenn ein Verzeichnis mit **cd** besucht und wieder verlassen wird. Mögliche Werte sind **chase** (Auflösen des Link-Namens und Ersetzen durch den ursprünglichen Namen), **ignore** (versucht zu ignorieren, dass ein Verzeichnis ein *Symbolic Link* ist) und **expand** (*Symbolic-Link*-Namen als echten Namen einsetzen).

$time Ist **$time** gesetzt, so wird eine automatische Zeitmessung aller aufgerufener Kommandos ausgeführt. Die in **$time** angegebene Zahl stellt eine Zeitmarke dar. Braucht ein Kommando zur Ausführung mehr als **$time** CPU-Sekunden, so wird eine Meldung mit der Zeitangabe gemacht. In allen Fällen wird nach der Ausführung eines jeden Kommandos die verbrauchte Zeit (Verweilzeit, Zeit im Benutzer- und im Systemmodus) angezeigt.
Diese Variable bietet sehr viele Parameter, mit denen Berechnung und Anzeige der Zeit detailliert beeinflusst werden können (siehe hierzu ›man tcsh‹).

$user Login-Name des aktuellen Benutzers

$verbose Ist diese Variable deklariert, so wird nach jeder History-Ersetzung das erzeugte Kommando angezeigt.

$version gibt die genaue Versionsbezeichnung der aktuell laufenden tcsh mit allen, beim Erzeugen bereits einkompilierten Standardoptionen aus.
Beispiel: *tcsh 6.12.00 (Astron) 2002-07-23 (i586-suse-linux) options 8b,dl,al,kan,sm,color,dspm,filec*

$visiblebell Ist diese Variable gesetzt, so wird statt eines Warntons ein kurzes Blinken (inverse Anzeige) des Bildschirms ausgegeben.

$watch   In dieser Variablen können Namen von anderen Benutzern (und Terminals) angegeben werden, bei deren Anmeldung (oder Abmeldung) am System ein Hinweis ausgegeben wird.
Die Art des Hinweises wird durch die Variable **$who** gesteuert.

$who   Diese Variable kann Angaben zur Formatierung der Ausgabe bei aktivierter Variable **$watch** enthalten.

$$ gibt die Prozessnummer (**PID**) der laufenden Shell an.

$<   Es wird eine Zeile von der Dialogstation (Standardeingabe) gelesen und als Text in dieser Variablen zurückgegeben.

Neben diesen **tcsh**-spezifischen Konfigurationsvariablen wertet die TC-Shell auch nahezu alle Umgebungsvariablen (wie etwa HOME, HOSTTYPE, LINES, PATH oder VISUAL u.v.m.) aus, wie sie in der **bash** bekannt und im Abschnitt 6.3.4 *Umgebungsvariablen* auf Seite 552 beschrieben sind.

Operatoren der TC-Shell

Die Ausdrücke in **set** und **@** sowie die später beschriebenen Anweisungen **if**, **exit** und **while** dürfen wie bei C folgende Operatoren verwenden:

+	Addition
–	Subtraktion
*	Multiplikation
/	Division
%	Modulofunktion (Rest)
<	Vergleich, ob kleiner
<=	Vergleich, ob kleiner oder gleich
==	Prüfung auf textuelle Gleichheit
=~	Prüfung auf textuelle Gleichheit; im linken Ausdruck darf ein Textmuster vorkommen.
!=	Prüfung auf textuelle Ungleichheit; im linken Ausdruck darf ein Textmuster vorkommen.
!~	Prüfung auf textuelle Ungleichheit
>=	Vergleich, ob größer oder gleich
>	Vergleich, ob größer
>>	Schieben nach rechts um n Bits
<<	Schieben nach links umd n Bits
&	UND-Operation (bit-weise)

|	ODER-Operation (bit-weise)
^	exklusive ODER-Operation (bit-weise)
&&	logisches UND
||	logisches ODER
!	logisches Negieren
~	Einerkomplement
(…)	Durch die Klammerung kann die Reihenfolge der Operationen vorgegeben werden.

Einige Operatoren dienen der Feststellung von bestimmten Dateizuständen und werden daher auch *file inquiry operators* genannt. Die TC-Shell kennt sehr viele dieser Dateizustandsoperatoren, die wichtigsten davon sind:

–d *datei*   liefert den Wert *wahr*, falls die Datei ein Katalog (*directory*) ist.

–e *datei*   liefert den Wert *wahr*, falls die Datei existiert.

–f *datei*   liefert den Wert *wahr*, falls die Datei eine normale Datei ist.

–o *datei*   liefert den Wert *wahr*, falls die Datei dem Benutzer gehört.

–r *datei*   liefert den Wert *wahr*, falls die Datei gelesen werden kann.

–w *datei*   liefert den Wert *wahr*, falls die Datei modifiziert werden kann.

–x *datei*   liefert den Wert *wahr*, falls die Datei ausgeführt werden kann.

–z *datei*   liefert den Wert *wahr*, falls die Datei die Länge 0 hat.

Weitere Beispiele sind unter **test** zu finden (siehe Seite 426), wobei natürlich auch explizit **/usr/bin/test** aufgerufen werden kann.

Die einzelnen Elemente einer Anweisung müssen durch Leerzeichen oder &, \|, <, >, ( ) getrennt sein. Bei der Auswertung des Ausdrucks werden Zahlenwerte, die mit einer führenden **0** beginnen, als Oktalzahlen interpretiert; das Ergebnis wird jedoch als Dezimalzahl geliefert. Fehlt ein Argument oder besteht es aus der leeren Zeichenkette, so hat es den Wert **0**.

```
set x = 4 ;  @ y = ( 5 * $x) ;  @ z = ( $x << 2 )
set a = "Linux";  set b = "Unix" ; set ab = "$a oder $b"
set A = ( Karl Franz Otto Lisa )
→ dann liefert:
echo $y→20
echo $z→16
echo $ab→Linux oder Unix
echo $A→Karl Franz Otto Lisa
echo $A[2]→Franz
echo $A[1-3]→Karl Franz Otto
```

6.5.9 Die Ablaufsteuerung der tcsh

Die **tcsh** kennt wie **bash** zahlreiche Anweisungen zur Ablaufsteuerung von Kommandoprozeduren. Im Gegensatz zur **bash** sind jedoch die Bedingungen bei **if**, **foreach**, **while**, **switch** durch (...) geklammert. Die Syntax orientiert sich an der Sprache C.

Folgende Ablaufkontrollstrukturen stehen in der TC-Shell zur Verfügung:

> **if** (*ausdruck*) *kommando*

> **if** (*ausdruck*) **then**
>   *kommando_folge*
> **endif**

> **if** (*ausdruck*) **then**
>   *kommando_folge_1*
> **else if** (*ausdruck2*) **then**
>   *kommando_folge_2*
> **else** *kommando_folge_3*
> **endif**

> **foreach index** (*argumente*)
>   *kommando_folge*
> **end**

> **while** (*ausdruck*)
>   *kommando_folge*
> **end**

> **repeat** *n kommando*

> **break**   # Sprung aus einer foreach-, while- oder repeat-Schleife

> **continue**   # Sprung an das Ende einer foreach-, while- oder repeat-Schleife
> **switch** (*text*)
>   **case** *muster_1*: *kommando_folge* ; **breaksw**
>   ⋮
>   **case** *muster_n*: *kommando_folge* ; **breaksw**
>   **default**: *kommando_folge*   # optional
> **endsw**

> **goto** *marke*

> **onintr** *marke*

Bei Kommandoprozeduren in TC-Shell-Syntax muss sichergestellt werden, dass diese auch tatsächlich von der TC-Shell interpretiert werden, weil die **bash** diese Syntax nicht versteht. Dies erreicht man durch einen Eintrag **#!/bin/tcsh** in der ersten Zeile der Kommandoprozedur. Details hierzu sind auf Seite 626 beschrieben.

Die IF-Anweisung

Die **if**-Anweisung existiert in mehreren Varianten:

> **if** (*ausdruck*) *kommando*

Bei dieser Form müssen alle Teile in einer eventuell mit ›\‹ verlängerten Zeile stehen. Das Kommando wird nur ausgeführt, wenn der Ausdruck den Wert *wahr* (**0**) liefert.

> **if** (*ausdruck*) **then**
> *kommando_folge*
> **endif**

Hierbei dürfen zwischen **then** und **endif** mehrere Kommandos oder Kommandozeilen stehen. **then** muss am Ende der **if**-Zeile stehen; **if** und **endif** müssen als erste Zeichen auf einer Zeile stehen!

> **if** (*ausdruck*) **then**
> *kommando_folge_1*
> **else**
> *kommando_folge_2*
> **endif**

Diese einfache Verzweigung in einen **if**-Zweig und einen **else**-Zweig kann noch durch beliebig viele **else if** –Ausdrücke in der folgenden Form erweitert werden:

> **if** (*ausdruck*) **then**
> *kommando_folge_1*
> **else if** (*ausdruck2*) **then**
> *kommando_folge_2*
> **else**
> *kommando_folge_3*
> **endif**

In allen Fällen wird der Ausdruck ausgewertet, d.h. die dort stehenden Kommandos oder Vergleiche durchgeführt. Ist das Ergebnis *wahr* (Wert = 0), so wird das nachfolgende Kommando oder die dem **then** folgende Kommandofolge ausgeführt. Im anderen Fall wird entweder ein weiterer Test bei **else if** durchgeführt oder der **else**-Zweig durchlaufen.

Die FOREACH-Schleife

Die Syntax dieser Anweisung sieht wie folgt aus:

> **foreach** *variable* (*argumente*)
> *kommando_folge*
> **end**

Die **foreach**-Schleife der **tcsh** entspricht der **for**-Anweisung der **bash**. Dabei wird für jedes der in *argumente* angegebenen Elemente die Schleife *kommando_folge* einmal durchlaufen, wobei die Variable *variable* nacheinander die Werte in der Liste *argumente* annimmt. Die Argumentliste *argumente* kann dynamisch von der TC-Shell (durch Metazeichen wie *, ?, [...]) generiert werden.

Bei den Schleifenkonstruktionen **foreach** und **while** kann mit **break** die Kommandoschleife verlassen werden. **continue** erlaubt, an das Ende der Schleife zu springen.

Die WHILE-Schleife

Die Syntax der **while**-Schleife lautet:

> **while** (*ausdruck*)
>   *kommando_folge*
> **end**

Die Konstruktion entspricht der **while**-Schleife der
bash. Die Kommandos in *ausdruck* oder der dort stehende
Vergleich wird ausgeführt.

Ist das Ergebnis **0**, so werden die Anweisungen in
kommando_folge ausgeführt und der Zyklus beginnt von vorne. Dies geschieht solange, bis *ausdruck* einen von **0** verschiedenen Wert liefert.

Die REPEAT-Anweisung

Die **repeat**-Konstruktion ermöglicht auf einfache Weise die wiederholte Ausführung eines unveränderten Kommandos. Sie sieht wie folgt aus:

> **repeat** *n anweisung*

Hierbei wird das Kommando in *anweisung* *n*-mal ausgeführt. *anweisung* kann nur ein einfaches Kommando sein; weder eine Pipe noch eine Kommandoliste sind an dieser Stelle zulässig.

Fallunterscheidung mit SWITCH

Die **switch**-Anweisung der **tcsh** hat folgenden Aufbau:

> **switch** (*text*)
>   **case** *muster_1*: *kommando_folge* [; **breaksw**]
>   ⋮
>   **case** *muster_n*: *kommando_folge* [; **breaksw**]
>   **default**: *kommando_folge*
> **endsw**

Hierbei wird *text* (in der Regel der Inhalt einer Shell-Variablen) mit den verschiedenen Mustern (*muster_1 ... muster_n*) verglichen. Passt *text* auf ein Muster, so wird die dahinter stehende Kommandofolge ausgeführt. Im Gegensatz zur **case**-Anweisung der **bash** wird dann der Vergleich beim nächsten Muster fortgesetzt, es sei denn, der Vergleich wird explizit durch die **breaksw**-Anweisung beendet. Mit **default** kann eine Anweisungssequenz angegeben werden, die ausgeführt wird, wenn keines der Muster zutrifft.

Die Sprunganweisung GOTO

Die Anweisung

>   **goto** *marke*

erlaubt einen expliziten Sprung zu der angegebenen Programmposition *marke*. Diese muss als

>   *marke*:

alleine auf einer Zeile in der Kommandoprozedur stehen. Die Abarbeitung der Prozedur wird nach dieser Zeile weitergeführt.

Unterbrechungen mit ONINTR

Die **tcsh** erlaubt mit der **onintr** eine Konstruktion ähnlich der **trap**-Anweisung der Standard-Shell. Mit

>   **onintr** *marke*

kann eine Marke angegeben werden, die dann angesprungen wird, wenn ein *‹unterbrechung›*-Signal (z.B. durch die Taste *‹unterbrechung›*) an die Shell gesendet wird. Durch ›**onintr** –‹ werden alle Signale ignoriert. Steht **onintr** alleine, so wird die Behandlung der Signale auf den Standard zurückgesetzt.

6.5.10   Die internen Kommandos der tcsh

Die nachfolgend aufgeführten Kommandos sind **tcsh**-interne Kommandos. Zu ihrer Ausführung braucht deshalb kein zusätzlicher Prozess gestartet zu werden. Zu den internen Kommandos gehören darüber hinaus alle bereits aufgeführten Anweisungen zur Ablaufkontrolle.

%*nn*	Kurzform, um den Hintergrundprozess *nn* in den Vordergrund zu holen – entspricht dem Kommando **fg**.
%*nn* &	Kurzform, um den Vordergrund-Prozess *nn* in den Hintergrund zu stellen – entspricht dem Kommando **bg**.
@	Kommando zur vereinfachten Arbeit mit Variablen: gibt alle Variablenwerte aus, definiert Variablenwerte oder führt einfache algorithmische Berechnungen aus.

alias [*kürzel*] [*kommando*]   definiert *Aliaszuordnungen* neu. Ist *kommando* nicht angegeben, so werden die bestehenden alias-Definitionen ausgegeben.

bg [%*auftrag*]   versetzt das aktuelle bzw. angegebene Programm in den Hintergrund. Dort läuft es weiter. Normalerweise wird das Programm, das von der Ausführung im Vordergrund in den Hintergrund verlagert werden soll, zunächst mit [Strg]-[Z] angehalten.

bindkey   Umfangreiches Kommando zur Definition und Belegung von Tasten für die Arbeit mit dem eingebauten Kommandozeileneditor; die wichtigsten bindkey-Kommandos sind
bindkey –v (Kommandozeile im vi-Modus editieren),
bindkey –e (Kommandozeile im emacs-Modus editieren).

bye   alternatives Kommando zur Abmeldung von einer Login-Shell statt dem Kommando **logout** (steht nicht immer zur Verfügung).

cd [*katalog*]   Der angegebene Katalog wird zum *aktuellen Katalog*. Um den Zielkatalog zu finden, wenn er weder im lokalen Verzeichnis liegt noch als absoluter Pfadname angegeben ist, wird die Verzeichnisliste in der Variablen *$cdpath* verwendet.

chdir   entspricht **cd.**

complete   umfangreiches Kommando zur Ausgabe aktueller Belegungen und Definition neuer Zuweisungen der automatischen Vervollständigung der Kommandozeile (*command line completion*)

dirs   Katalognamen können mit einem **pushd**-Kommando in einer Katalogliste (*directory stack*) abgelegt und mit **popd** wieder daraus abgeholt werden. **dirs** gibt den Inhalt der Liste aus.

echo *parameter*   gibt die (expandierten) Argumente wieder aus. Mit der Option ›–n‹ kann die Ausgabe eines <neue zeile>-Zeichens am Ende der Zeile verhindert werden. Über die Variable **$echo_style** kann das Verhalten des Kommandos genauer spezifiziert werden.

echotc   bietet Möglichkeiten zur Bildschirm- und Cursor-Steuerung anhand der in der Datei */etc/termcap* definierten Steuersequenzen.
Beispiel: **echotc cm 5 15** positioniert den Cursor auf die 5. Spalte in der 15. Reihe.

eval *parameter*   entspricht dem **eval** der **bash.**

exec *name*   Die ausführende Shell wird durch das Programm *name* ersetzt.

exit [*wert*]   beendet die Shell (Kommandoprozedur oder interaktiv) und gibt *wert* als Ergebnis (*Exit-Status*) zurück.

fg [%*auftrag*]   holt den letzten bzw. angegebenen Auftrag aus dem Hintergrund in den Vordergrund.

filetest   bietet, ähnlich wie das **test**-Kommando, die Möglichkeit, Zustände und Berechtigungen von Dateien zu überprüfen. Die möglichen Argumente des Kommandos sind auf Seite 617 aufgelistet.

glob *parameter* Metazeichen *, ? und [...] zur Dateinamensgenerierung werden expandiert und die erzeugten Namen ausgegeben – arbeitet ansonsten wie **echo**, ohne jedoch \-Sequenzen zu behandeln.

history [*n*]
history –r*n*
history –h*n* Gibt die im History-Speicher gesicherten Kommandos aus. Es werden die in **$history** angegebenen bzw. *n* letzten Kommandos gespeichert. Durch **-h** werden die Nummern nicht mit ausgegeben; durch **-r** wird die Reihenfolge der Liste umgekehrt, d.h. das letzte Kommando steht dann als erstes.

jobs [–l] Die aktiven und mittels Prozesskontrollfunktionen (*job control*) in den Hintergrund verlagerten Aufträge werden aufgelistet. Mit –l werden zusätzlich auch die Prozessnummern angezeigt.

kill [*–signal*] [%*auftrag*]
kill [*–signal*] [*pid*] Das **kill**-Kommando bricht einen Prozess mit der angegebenen Signalnummer bzw. dem **TERM**-Signal ab. Statt %*auftrag* kann auch die Prozessnummer (PID) angegeben werden. Die Anweisung **kill** –l gibt die symbolischen Namen aller Signale aus.

limit [*resource*] [*größe*] Das **limit**-Kommando erlaubt die Angabe von Maximalwerten, die ein Prozess und alle seine Sohnprozesse von einem Betriebsmittel in Anspruch nehmen darf. Ohne den Parameter *größe* aufzurufen, werden die aktuellen Grenzen ausgegeben. Es können Beschränkungen für folgende Betriebsmittel vorgegeben werden:

cputime:	maximaler Verbrauch an CPU-Sekunden
filesize:	maximale Dateigröße in Blöcken zu 1 KByte
datasize:	maximale Größe des Stacksegmentes + Datensegmentes eines Programms in KByte
stacksize:	maximale Größe (in KByte) des Stacksegmentes eines Programms
coredumpsize:	maximale Größe eines Speicherabzugs in KBytes.

login [*benutzer*] führt ein **login** für den angegebenen (oder gleichen) Benutzer durch und beendet gleichzeitig die Sitzung des aktuellen Benutzers.

logout beendet eine Sitzung, bzw. terminiert die aktuelle Shell.

ls-F arbeitet wie das (externe) Kommando ›**ls** -F‹, ist aber als **tcsh**-internes Kommando deutlich schneller; zwischen ›ls‹ und ›-F‹ darf hier kein Leerzeichen stehen.

nice ... ändert die Ausführungspriorität eines angegebenen Prozesses – entspricht dem **nice**-Kommando der **bash**.

nohup ... schützt das angegebene Programm vor Beendigung, wenn das aufrufende Programm bzw. die aufrufende Shell beendet wird. Entspricht dem **nohup**-Kommando der **bash**.

notify [%*auftrag*] Hierdurch wird der Benutzer bei einer Statusänderung eines Programms (des angegebenen Auftrags) sofort informiert, ohne dass das nächste Promptzeichen abgewartet wird.

onintr Verhalten der Shell beim Eintreffen von Signalen; es kann in der Ausführung einer Kommandoprozedur zu einer angegebenen Marke gesprungen werden und die danach stehenden Anweisungen ausgeführt werden.

popd [+*n*] Das oberste Element einer Katalogliste (*directory stack*) wird zum aktuellen Katalog und die Liste verkleinert. Es können auch *n* Elemente übersprungen werden.

pushd [*name*]
pushd [+*n*] hängt den aktuellen Katalog an die Katalogliste an und führt danach ein **cd** *name* aus. Ohne Parameter aufzurufen, wird der aktuelle Katalog mit dem des obersten Kellerelementes ausgetauscht. In der Form mit +*n* wird das *n*-te Argument zum obersten Kellerelement.
Die Kommandos **pushd** und **pupd** ermöglichen ein sehr einfaches und schnelles Arbeiten mit mehreren Katalogen und Springen zwischen diesen Katalogen.

rehash Die **tcsh** merkt sich die Kataloginhalte der in **$path** angegebenen Kataloge intern. Wird ein neues Programm in eines der Verzeichnisse im Suchpfad eingehängt, so wird dies erst gefunden, nachdem diese intern gespeicherte Liste mit **rehash** neu aufgebaut worden ist.

sched legt die Ausführung eines beliebigen Kommandos auf eine bestimmte Uhrzeit; es sind flexible Zeitangaben möglich, auch mit Wiederholungsintervallen.

set [*a* = *b*] Wichtigste Anweisung der **tcsh** zur Definition von Variablen:
Ohne Parameter aufgzurufen, werden damit alle definierten Shell-Variablen mit ihren Werten ausgegeben. In der Form **set a = b** wird die Shell-Variable **a** neu definiert und ihr der Wert **b** zugewiesen. Die einzelnen Elemente können (im Gegensatz zur Zuweisung in der **bash**) durch Leerzeichen getrennt werden.

setenv [*a b*] arbeitet prinzipiell wie **set**, bezieht sich jedoch auf globale Shell-Variablen, die damit auch gleichzeitig exportiert werden.

shift [*feld*] ohne Parameter aufzurufen, werden damit die Positionsparameter $1, $2, ... bzw. die Werte in **$argv** um eine Position nach vorne verschoben. Ist *feld* angegeben, so werden die Elemente des Felds um eine Position verschoben.

source [–h] *script* führt die Kommandos der Prozedur *script* statt der Tastatureingaben innerhalb der aktuellen Shell aus, d.h. nicht in einem als getrennten Prozess laufenden Unterprogramm. Nach Beendigung von *script* wird die Abarbeitung hinter der **source**-Anweisung fortgesetzt.

Die Option –h setzt die Kommandos, ohne sie auszuführen, in den History-Speicher. (Die entsprechende Datei mit einer Liste alter Kommandos kann durch das Kommando **history** –h erzeugt werden.)
Das Kommando ist zur Ausführung von Initialisierungsdateien innerhalb der aktuellen Shell erforderlich. Das source-Kommando entspricht dem Punkt-Kommando › **.** *script* ‹ der **bash**.

stop [%*auftrag*]
stop [*pid*]   hält (stoppt) den aktuellen oder den angegebenen Hintergrundprozess mit der Prozessnummer *pid* oder der Auftragsnummer %*auftrag* an.

suspend   hält die Shell in der Kommandoabarbeitung an, bricht sie jedoch nicht ab.

time [*kommando*]   führt das Kommando aus und misst dabei dessen Ausführungszeit. Fehlt *kommando*, so wird die verbrauchte Zeit der laufenden Shell ausgegeben.

umask [*wert*]   definiert eine Standardeinstellung für die Vergabe der Zugriffsrechte beim Anlegen neuer Dateien. Entspricht dem **umask**-Kommando der **bash**.

unalias *kommando*   löscht eine Aliasdefinition.

unhash   besteht aus Kompatibilitätsgründen, sollte jedoch nicht mehr verwendet werden.

unlimit [*resource*]   hebt die Beschränkung aller Betriebsmittel (bzw. der angegebenen Ressource), wie sie durch das *limit*-Kommando vorgenommen wurde, wieder auf.

unset *variablen*   gibt die angegebenen Shell-Variablen wieder frei, d.h. hebt ihre Definition auf. In *variablen* dürfen auch Metazeichen vorkommen. Das Kommando gilt dann für alle Variablen, deren Namen auf das Muster passen. Von dem Kommando **unset** * sei daher abgeraten, da es sämtliche Variablendefinitionen aufhebt.

unsetenv *variablen*   Der dem **unset**-Kommando entsprechende Befehl zu **setenv**. Die Definition der angegebenen Variablen wird aufgehoben.

wait   wartet, bis alle Hintergrundprozesse terminiert sind.

where   zeigt für ein als Argument übergebenes Kommando an, ob es ein in der Shell eingebautes (built-in) Kommando oder ein in einer Datei vorliegendes Programm ist und wo (ggf. mehrfach) es im Programmsuchpfad liegt.

which *kmd*   zeigt für ein als Argument übergebenes Kommando *kmd* an, wie es ausgeführt wird und welche Programmdatei aus dem Programmsuchpfad dabei aufgerufen wird.

6.5.11 Anmerkungen zur tcsh

Die ursprüngliche C-Shell verfügte im Vergleich zur ursprünglichen Bourne-Shell über eine höhere Funktionalität in der interaktiven Bedienung. Hierzu zählte vor allem die Wiederholbarkeit zurückliegender Kommandos (*command history* mit dem Zeichen ›!‹), die Protokollierung einer Verzeichnisliste mit einfachen Möglichkeiten zum Springen zwischen diesen Verzeichnissen (**pushd** und **popd**) und die automatische Vervollständigung von Dateinamen innerhalb der Kommandozeile (*file name completion*).

Für Shell-Programmierung (Kommandoprozeduren) wurde die C-Shell jedoch nur höchst selten eingesetzt, weil sie dabei unhandlicher und fehleranfälliger war.

Mittlerweile sind alle interaktiven Komfort-Features der C-Shell jedoch auch in die **bash** eingeflossen, so dass es kaum mehr einen technisch-funktionalen Grund gibt, die **tcsh** anzuwenden, es sei denn, man schätzt die TC-Shell-Funktionen aus der Gewohnheit der Anwendung heraus.

Dieser ursprüngliche Umstand führte oft zu der unbefriedigenden Situation, dass für die interaktive Arbeit die (T)C-Shell eingesetzt wurde, für die Shell-Programmierung und Erstellung von Kommandoprozeduren jedoch die Bourne-Shell. Es muss jedoch in jedem Fall sichergestellt sein, dass Kommandoprozeduren auch tatsächlich von der Shell ausgeführt werden, in deren Syntax sie geschrieben sind. Dies kann erreicht werden, indem man am Anfang (in der ersten Zeile) einer Kommandoprozedur definiert, von welcher Shell (genauer: von welchem Kommandointerpreter) sie abgearbeitet werden soll.

Eine derartige Festlegung ist durch die Zeichen ›#!‹ als erste Zeichen einer Datei (Kommandoprozedur) möglich. Findet das Linux-System (der Betriebssystemkern) beim Laden einer Datei zur Ausführung diese Zeichenkombination als erste Zeichen der Datei (als *magic number*), so übergibt es dem in der gleichen Zeile unmittelbar anschließend angegebenen Programm die Abarbeitung aller folgenden Zeilen der Datei.

✎　　`#!/bin/tcsh`
→ beginnt eine Kommandodatei mit dieser Zeile, so wird sichergestellt, dass sie von der TC-Shell abgearbeitet wird.

Dieser Mechanismus ist nicht nur auf die **tcsh**, **bash** oder andere Shells beschränkt, sondern ist für alle Kommandointerpreter (**perl**, **awk**, **sed**, ...), die auf einem Linux-System verfügbar sind, anwendbar.

7 Graphische Oberflächen unter Linux

Der Begriff *grafische Oberfläche* kann in einem System mehrere
Bedeutungen haben. Betrachtet man die Bedienoberflächen
von Linux-Programmen, so lassen sich vier Klassen unterscheiden:

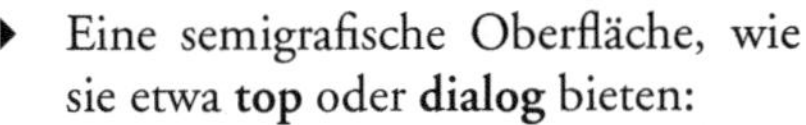

▶ Programme ganz ohne grafische Oberfläche –
die Programme oder Kommandos der alphanumerischen Oberfläche (der
Kommandozeilenoberfläche):
Dies sind die zahlreichen
klassischen Unix-/Linux-
Programme wie **ls**, **bash**, **grep**
oder **vi**.

▶ Eine semigrafische Oberfläche, wie
sie etwa **top** oder **dialog** bieten:
Hier wird Grafik in einem alphanumerischen Fenster über einige einfache
Grafikelemente auf speziellen Zeichen simuliert. Die Steuerung erfolgt hier immer
noch überwiegend mit der Tastatur und eventuell sehr eingeschränkt mit der Maus.

▶ Eine Anwendung läuft wirklich in einem grafischen Window-System und benutzt
grafische Oberflächenelemente im Erscheinungsbild. Unter Linux wird hier fast
ausschließlich das **X Window System** als grafisches Basissystem verwendet.[1] Statt
X-Window wird auch der Begriff *X11-System* benutzt, da es sich um X-Window
Version 11 handelt – und bei der Version 11 dürfte es für lange Zeit bleiben. Hochgezählt werden hier nur noch die einzelnen Releases von Version 11. Dabei ist man
(bereits seit einiger Zeit) bei Release 6 angekommen.
Diese grafischen Bibliotheken und Elemente werden bei X-Window auch als *Wid-*
gets oder *Widget-Sets* bezeichnet. Typische Vertreter dieser inzwischen als veraltet
geltenden Kategorie sind die reinen X11-Programme **xman**, **xclock** oder das viel
benutzte **xterm**.

▶ Die Anwendung hat eine echte grafische Oberfläche in dem zuvor beschriebenen
Sinne, passt sich aber zusätzlich an einen einheitlichen Stil an, dem auch andere
Anwendungen folgen. Damit haben Menüs, Fensterrahmen, ein über zahlreiche
Anwendungen hinweg einheitliches Aussehen. Gleiche Funktionen – etwa der Auf-
ruf der Hilfefunktion oder die Funktion *Drucken* – werden hier mit den gleichen
Funktionstasten oder Tastenkombinationen ausgelöst. Diesem Schema entspre-
chen die KDE- und GNOME-Programme.

Zusätzlich gibt es standardisierte Verfahren, wie grafische Applikationen Daten untereinander austauschen (etwa über die Zwischenablage) und wie sie mit Basisdiensten wie

---

1. Die korrekte Bezeichnung ist *X-Window* und **nicht** *X-Windows*!

etwa dem Print-Spooler kommunizieren. Ergänzt man den einheitlichen Stil noch durch eine Bildschirmarbeitsfläche mit weiteren funktionalen Elementen wie Menüs oder Icons, welche ein Programm oder eine Skript-Funktion symbolisieren, so spricht man hier von einem *Desktop*.

Unter Unix und Linux gibt es, anders als unter Microsoft Windows oder Apple Macintosh gleich mehrerer solcher Desktops (dazu später).

7.1   Basiskonzepte der grafischen Linux-Oberflächen

7.1.1   X Window System

Das X Window System – es wird auch als X11 bezeichnet – ist die grafische Basis praktisch aller echter grafischen Oberflächen von Unix und Linux. Ausgangsbasis von X-Window ist das Athena-Projekt, welches am MIT ab 1984 durchgeführt und von zahlreichen kommerziellen Unix-Anbietern gesponsert wurde. Ziel war es, eine für Unix einheitliche Basis für grafische Oberflächen zu schaffen und die bis dahin vorhandenen zahlreichen proprietären Einzellösungen abzulösen.

Die Basis von X-Window ist eine Client-Server-Architektur mit einem Aufbau, wie er in Abbildung 7.1 dargestellt ist. Diese Struktur erlaubt es (z.B. im Gegensatz zum Microsoft-Windows-System), sowohl zahlreiche Clients (Programme mit grafischer Oberfläche) auf einem System laufen zu lassen als auch die Clients transparent auf einem anderen Rechner im Netz zu betreiben. Dies ist eine wesentliche Voraussetzung für ein Multi-User-System, wie es Unix und Linux von Beginn an waren. Der *X-Server* übernimmt die Kontrolle des Bildschirms und macht die eigentliche Ansteuerung und die Ausgabe auf den Bildschirm. Er erhält seine Anweisungen für die Ausgabe vom X-Client. Der Server stellt auch den Treiber und die Handhabung der anderen Peripheriekomponenten an der virtuellen Bildschirmdialogstation zur Verfügung. Er kontrolliert z.B. die Maus und sendet deren Aktionen zur Verarbeitung an den Client zurück.

Der *X-Client* – in aller Regel die entsprechenden Bibliotheksfunktionen, welche in die GUI-Anwendung eingebunden sind – reicht dies dann abstrahiert an die eigentliche Anwendung (hier Client-Anwendung) weiter. Server und Client kommunizieren über das weitgehend transparente und netzfähige *X11-Protokoll*.

X-Server und X-Clients – schließlich können ja mehrere Client-Anwendungen gleichzeitig mit dem X-Server (der virtuellen grafischen Dialogstation sprechen) – können sowohl auf dem gleichen System laufen als auch über ein Netz verbunden sein.

Eine, wie sich später herausstellte, fatale Fehlentscheidung im Athena-Projekt lag darin, dass man sich entschloss, X11 *faceless* zu gestalten, d.h. ohne festes, einheitliches Aussehen und ohne gemeinsame Bedienkonventionen. Den Firmen und Entwicklern sollte es freistehen, eigene Gestaltungsideen und eigene Bedienkonzepte einzubringen. Dies führte dazu, dass neben zahlreichen Window-Managern mit unterschiedlichen Funktionen und Bedienungen auch zahlreiche unterschiedliche Oberflächen und andere Gestaltungs- und Bedienungselemente entstanden. Für den einzelnen Entwickler und die einzelnen Firmen, welche sich differenzieren wollten, war dies nützlich, für die Durch-

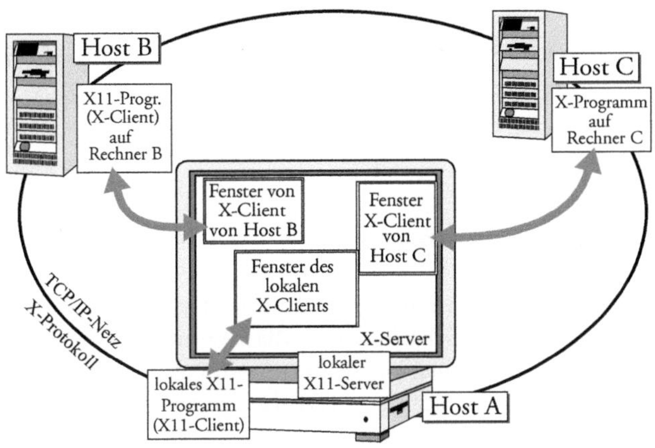

Abb. 7.1: Client-Server-Schema von X11

setzung von Unix beim normalen Benutzer aber ein gravierendes Hindernis. Wer möchte sich schon bei seiner Arbeit mit zahlreichen unterschiedlichen Konventionen auseinander setzen? Dies erst erlaubte den Siegeszug von MS-Windows am Markt.

Erst recht spät begriffen dies auch die Unix-Firmen. In mehreren Iterationen einigte man sich schließlich darauf, dass man, um den Desktop-Markt nicht vollständig an Microsoft zu verlieren, eine gewisse Einheitlichkeit über die verschiedenen Unix-Systeme hinweg benötigte. Man schuf dann das auf X-Window aufsetzende *Motif*-System, welches den darauf basierenden Anwendungen ein einheitliches Aussehen gab. Mit CDE (*Common Desktop Environment*) wurde schließlich auch noch ein (weitgehend) einheitliches Desktop-System geschaffen. Praktisch alle klassischen Unix-Systeme (wie etwa AIX, Sun Solaris, HP/UX) führten Motif und CDE als Desktop ein.

Allerdings war weder Motif noch CDE frei hinsichtlich der Code-Basis und hinsichtlich der Lizenzrechte. Das GNU-Projekt und später Linux mussten also eine eigene freie Basis schaffen.

Da es inzwischen mit *XFree86* eine freie Implementierung der X11-Basis gab, konnte man darauf aufsetzen. xfree86, ursprünglich für PCs bzw. die Intel-x86-Architektur vorgesehen, steht inzwischen für zahlreiche Plattformen und Betriebssysteme zur Verfügung.[1] Die Anfang 2003 aktuelle Version ist Release 4.x. Zwischen Release 3 und Release 4 fanden erhebliche Änderungen und Verbesserungen statt – insbesondere eine Modularisierung der Gerätetreiber. Man sollte deshalb, wo möglich, Version 4.x verwenden.

Für das *Look&Feel* – das Aussehen und die typische Bedienung – ebenso wie für die Programmiertechnik und den Desktop entstanden unter Linux (und den anderen freien Unix-Derivaten wie z.B. FreeBSD und NetBSD) zwei unterschiedliche Hauptrichtungen:

▸ KDE
▸ GNOME

---

1. Darunter auch für die MS-Windows-Systeme z.B. als Teil des cygwin32-Pakets (siehe [CYGWIN]).

Auf die Entwicklung, Gemeinsamkeiten, Unterschiede und zahlreiche Details dieser beiden grafischen Linux-Oberflächen wird später noch weiter eingegangen. Weitere Einzelheit zu X11 sind im Abschnitt 7.4 (S. 689 ff.) zu finden. Wir möchten nachfolgend zunächst auf Konzepte und Begriffe eingehen, die den meisten Oberflächen gemeinsam sind, so dass wir die Begriffe später voraussetzen können.

7.1.2   Fenster, Stile, Handhabung

Die beiden Oberflächen GNOME und KDE haben nicht nur unterschiedliches Aussehen und bieten unterschiedliche Schreibtischoberflächen und Bedienelemente, sie unterscheiden sich auch in einer Reihe von Bedienungen, d.h. im *Feeling*. So wird eine Anwendung oder ein Dokument auf dem KDE-Desktop im Standardfall mit **einem** Mausklick gestartet oder aktiviert, während bei GNOME ein **Doppelklick** erforderlich ist. So wird der Desktop von GNOME in der Regel von dem Dateimanager **nautilus** kontrolliert, während KDE dafür einen eigenen Prozess nutzt und als Dateimanager **konqueror** einsetzt. Die Systeme verwenden unterschiedliche Widget-Bibliotheken und unterschiedliche Programmiermodelle und zumeist auch Programmiersprachen (GNOME in der Regel C, KDE in der Regel C++). Beide Systeme erlauben jedoch weitgehende Anpassungen an Benutzerpräferenzen. So lässt sich unter KDE z.B. über das KDE-Kontrollzentrum der Einfachklick für den Programmstart zu einem Doppelklick ändern. Die Anpassbarkeit geht so weit, dass z.B. Red Hat das Aussehen der Desktops so weit geändert hat, dass dort kaum noch ein Unterschied zwischen dem GNOME- und dem KDE-Desktop zu erkennen ist.

Unter GNOME und KDE lässt sich das Aussehen typischer Elemente über so genannte *Themes* (Themen, Stile) verändern (Abb. 7.2 zeigt das gleiche Fenster unter drei verschiedenen Themen). Wesentliches Merkmal eines Stils (*Themes*) ist die so genannte *Fensterdekoration*, d.h. die Anordnung und das Aussehen der Fensterelemente wie Titelleiste, Fensterrahmen, Farben und Symbole bzw. Icons. Diese Elemente werden einerseits vom *Fenstermanager* bestimmt und zusätzlich von dem innerhalb des Fenstermanagers auswählbaren Stil (so dieser dies anbietet). Die üblichere Bezeichnung für *Fenstermanager* ist *Window-Manager*.

Unter GNOME können die Stile sowohl vom Window-Manager als auch von GNOME vergeben werden (jeder hat sein Spektrum). Weitere Anpassung des Ausse-

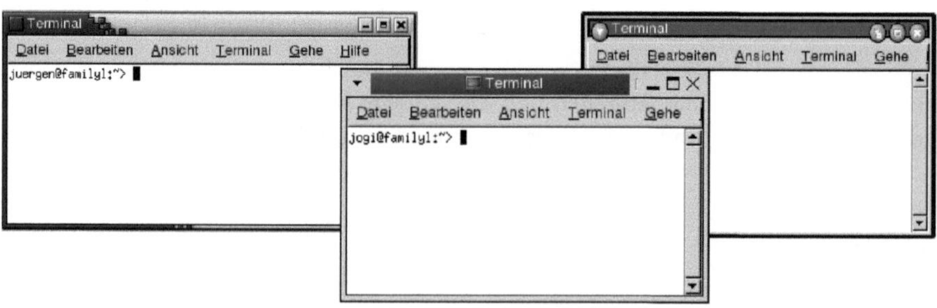

Abb. 7.2: Das gleiche Fenster mit drei unterschiedlichen Stilen (Themes) unter GNOME

hens lassen sich auch noch programmindividuell vornehmen – sowohl was die verwendeten Schriften und Farben betrifft, als auch – abhängig vom jeweiligen Programm – was Fensterelemente und Fensterdekoration betrifft. Diese vielfältigen Einstellmöglichkeiten (X11, Window-Manager, Desktop und Programm) bieten zwar eine sehr hohe Flexibilität, sind aber oft verwirrend und führen zuweilen zu unbeabsichtigten Effekten.

7.1.3   Window-Manager (Fenstermanager)

Das X Window System stellt zunächst nur Bildschirmflächen (Rechtecke) zur Verfügung. Zur Handhabung der typischen Applikationsfenster und Kontrollleisten benötigt man hier eine weitere Instanz – den Fenster- oder Window-Manager. Er versieht Fenster mit Rahmen, Titelzeilen, Angreifern für das Vergrößern und Verkleinern und mit Icons und Menüs zur Fenstersteuerung. Er erlaubt die Anordnung mehrerer Fenster vor-, hinter- und nebeneinander zu steuern und gibt dafür Handhabungskonventionen und zumeist auch passende Tastaturkürzel vor. Er bestimmt auch, wie man den Fokus von einem Fenster auf ein anderes verschiebt. Der Fenstermanager ist damit für einen guten Teil des Look & Feels der grafischen Oberfläche zuständig.

Linux kommt – man hat es so erwartet – gleich mit einer Reihe von Window-Managern. Das konkrete Spektrum ist abhängig von der Distribution; weitere kann man sich aus dem Internet herunterladen. Eine ganze Liste finden Sie unter *www.plig.org/winman/*. Die SuSE-Distribution enthält in der Version 8.1 z.B. die folgenden Window-Manager: WindowMaker, mwm (der Motif-Window-Manager), **twm** sowie die Windows-Manager, welche *Desktop-aware* sind, d.h. welche mit den Desktop-Oberflächen GNOME und KDE zusammenarbeiten können. Zu ihnen gehört **metacity** und **sawfish**, welche beide sehr eng mit GNOME kooperieren. Auch der Window-Manager enlightment ist unter GNOME beliebt, kann jedoch auch mit KDE benutzt werden. KDE kommt mit einem eigenen Window-Manager **kwin**, kann jedoch auch mit anderen KDE-*aware* Window-Managern arbeiten. Seit GNOME 2.2 ist metacity der Standard-Window-Manager für GNOME.

Die Aufgabenaufteilung zwischen dem Window-Manager, dem Desktop und den einzelnen Programmen wie etwa den Datei-Browsern ist fließend. So kann man einen Window-Manager (fast) zum Desktop ausbauen oder eine einzelne Anwendung zum weitgehenden Desktop, wie es der GNOME-Datei-Browser **nautilus** z.B. tut, indem er den Schreibtischhintergrund übernimmt und die dort liegenden Elemente kontrolliert bzw. überhaupt erst anbietet. Startet man **nautilus** unter KDE, so erhält man eine (etwas unglückliche) Mischung aus KDE- und GNOME-Desktops. **nautilus** ist deshalb eines der wenigen GUI-Programme, welches nur mit Einschränkungen mit den anderen Desktops arbeitet. Dies lässt sich aber in **nautilus** deaktivieren.

7.1.4 Fenster und Desktops

Basis einer grafischen Oberfläche ist das Fenster, in dem die Anwendung ihre Darstellung ausgibt. Dieses Fenster kann (in der Regel) verschoben, zusammengeklappt oder ikonifiziert werden. Zumeist lässt es sich auch vergrößern und bis zu einer gewissen Minimalgröße verkleinern und ikonifizieren. Liegen mehrere überlappende Fenster übereinander auf einer Arbeitsfläche, so lässt sich ein Fenster im Normalfall nach vorne in der Vordergrund bringen oder nach hinter schieben.

Eingabe ist jeweils nur in dem Fenster möglich, welches aktuell den *Fokus* besitzt. Zumeist erhält ein Fenster ohne Fokus den Fokus (und wird damit zum *aktuellen Fenster*), indem man mit der Maus in das Fenster oder auf dessen Titelleiste klickt. Es sind hier jedoch auch andere Verfahren einstellbar, z.B. dass es bereits reicht, die Maus über das Fenster zu platzieren. Eingestellt wird dies über die Konfiguration des Windows-Managers. Sie erfolgt nicht mehr, wie früher üblich, über das direkte Editieren der Konfigurationsdatei, sondern in der Regel über eine spezielle Mini-Anwendung – bei KDE und GNOME in den jeweiligen Kontrollzentren.

Wenn hier von *Fenstern* die Rede ist, so sind damit die mit Rahmen und Dekoration versehenen *Hauptfenster* gemeint. Unter X11 stellen daneben nämlich auch zahlreiche Rechteckfläche und damit auch Unterbereiche im Hauptfenster und sogar die meisten Icons ein Fenster dar.

7.1.5 Desktops, Arbeitsflächen, Bildschirme und Textkonsolen

Bildschirme sind fast immer zu klein, um alle Fenster und andere Elemente halbwegs übersichtlich darauf anzuordnen. Linux mit seiner grafischen Oberfläche bietet dafür drei unterschiedliche Lösungsansätze, die auch kombiniert werden können:

▶ virtuelle Bildschirme (*Viewports* in der GNOME/Sawfish-Terminologie)
▶ virtuelle Arbeitsbereiche
▶ Textkonsolen (siehe dazu Kapitel 3.6 auf Seite 191)

Virtuelle Bildschirme

Der Arbeitsbereich auf einem Desktop lässt sich über den eigentlichen Bildschirm hinaus vergrößern. Kommt man bei einem so definierten Bildschirm an den Rand der sichtbaren Arbeitsfläche, so verschiebt sich das Desktop-Fenster und man sieht den benachbarten Bereich. Dieses Verfahren wird auch *Edge-Flipping* genannt. Dieser virtuelle Bildschirm kann entweder von der Grafikkarte im Zusammenspiel mit dem Grafiktreiber realisiert werden, oder vom Display- oder Desktop-Manager. Dazu muss man dem System bzw. dem Desktop zunächst sagen, wie die gesamte Arbeitsfläche aussehen soll und ein Navigationsschema festlegen. Die Arbeitsfläche wird dabei in einem Vielfachen der Basisfläche (der Bildschirmfläche) in X- und in Y-Richtung definiert. Ein Arbeitsbereich von 3×2 virtuellen Bildschirmen ergibt dann ein Muster wie in Abbildung 7.3.

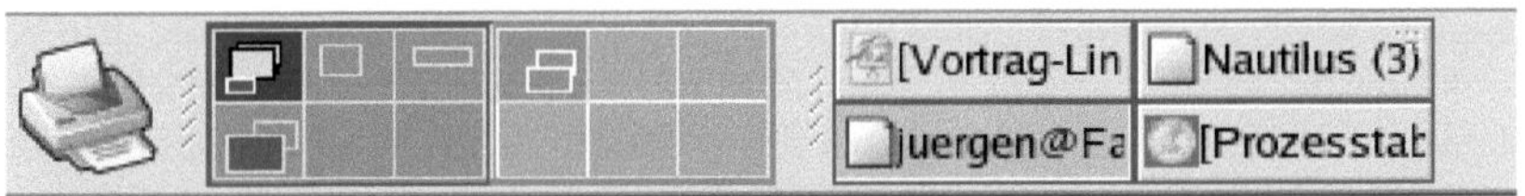

Abb. 7.3: Unterteilung des Desktops in virtuelle Bildschirme und Arbeitsbereiche

Jeweils nur einer dieser Bildschirmbereiche ist zu einem Zeitpunkt sichtbar. Ein kleines Icon in der Statusleiste des Desktops zeigt dabei an, in welchem Bereich man sich gerade befindet. Mit speziellen Aktionen lässt sich nun von Arbeitsbereich zu Arbeitsbereich navigieren – im einfachsten Fall, indem man mit dem Mauszeiger über den jeweiligen Rand der aktuellen Arbeitsfläche hinaus fährt. Alternativ kann man auch per Tastenkombination den Bildschirmausschnitt wechseln.

Die virtuellen Bildschirmflächen – unter GNOME auch als *Viewports* bezeichnet – müssen vom Window-Manager angeboten werden. Dies tut z.B. **sawfish**.

Leider gibt es mit den Begriffen *Desktop* und *Arbeitsflächen* ein wenig Verwirrung, da in der deutschen Übersetzung von KDE der Desktop als Arbeitsfläche bezeichnet wird. **kwin**, der Standard-Window-Manager von KDE, bietet bisher nicht das Konzept des virtuellen Bildschirms als Erweiterung des Desktops, sondern kennt lediglich mehrere Arbeitsflächen. Hier kann man unter Umständen auf den Kartentreiber ausweichen.

Virtuelle Arbeitsflächen

Mit ausreichend Arbeitsspeicher lassen sich nicht nur virtuelle Bildschirme, sondern auch virtuelle, d.h. mehrere Arbeitsflächen anlegen und von einer Arbeitsfläche zur anderen wechseln – entweder per Tastenkombination oder über den so genannten *Pager*. Dies ist ein kleiner Bereich im Desktop-Panel, welcher die verfügbaren Arbeitsflächen als eine Art Icon anzeigt (siehe Abb. 7.4). Die aktuelle Arbeitsfläche ist dort hervorgehoben. Per Klick auf eine andere Arbeitsfläche im Pager erreicht man die neue. Die Anzahl der virtuellen Arbeitsflächen lässt sich benutzerspezifisch vorgeben. Die Angaben werden entsprechend im Home-Verzeichnis des jeweiligen Benutzers in den jeweiligen

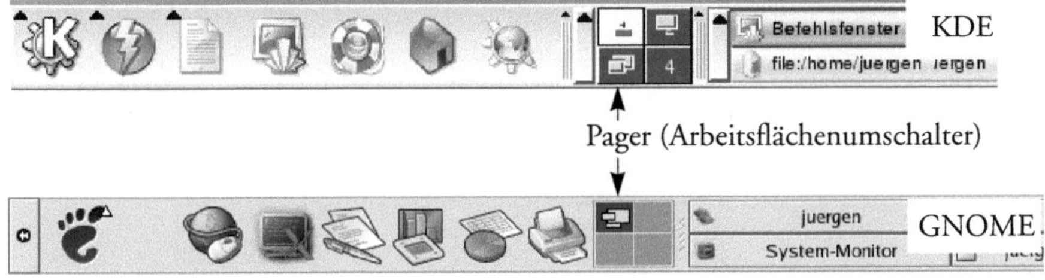

Abb. 7.4: Anzeige der virtuellen Arbeitsflächen in KDE (oben) und GNOME (unten)

Konfigurationsdaten hinterlegt. In der Regel sind im KDE- und GNOME-System bereits vier virtuelle Arbeitsflächen voreingestellt. Um auch hier die Übersichtlichkeit zu wahren, werden auch die definierten Desktops in der Statusleiste des Desktops angezeigt. Die Desktops haben zunächst Nummern, beginnend bei 1. Man kann ihnen aber auch Namen geben und in der Desktop-Übersicht anzeigen lassen.

Allen virtuellen Arbeitsflächen gemeinsam sind die Desktop-Objekte wie Panel/Kontrollleiste, Mülleimer und Dokumenten- und Applikationssymbole. Ein Anwendungsfenster kann (zumindest unter KDE) nicht nur auf einer Arbeitsfläche liegen, sondern (auf explizite Anforderungen) auch auf mehreren. Dies ist praktisch, wenn man ein bestimmtes Anwendungsfenster ständig im Blick haben möchte.

Der Unterschied zwischen einer Arbeitsfläche und einem Desktop liegt darin, dass einerseits ein Desktop in mehrere Arbeitsflächen untergliedert sein kann. Die Desktop-Objekte wie z.B. die Kontrollleiste (das *Panel*) erscheinen auf allen (virtuellen) Arbeitsflächen.

Während die virtuellen Bildschirme immer einen einheitlichen Bildschirmhintergrund haben, können sich die Hintergründe der verschiedenen Arbeitsflächen unterscheiden. Damit erreicht man eine bessere Orientierung. Dies ist bisher beim GNOME-Desktop nicht möglich.

Sessions – Sitzungen

Unter einer *Sitzung* (englisch: *session*) versteht man im Normalfall die Zeit, welche ein Benutzer zwischen seiner An- und seiner Abmeldung verbringt und die Aktionen, die er tätigt. Bei den Linux-Desktops geht der Begriff etwas weiter. Sowohl GNOME als auch KDE erlauben es, beim Abmelden die aktuelle *Sitzung* zu retten und nach dem nächsten Anmelden wiederherzustellen. Dies wird auch als *Sitzungskontrolle* oder *Session Control* bezeichnet.

Mit der *Sitzung* wird hier der gesamte aktuelle Desktop bzw. bei mehreren virtuellen Arbeits- und Bildschirmflächen auch diese Teile zusammen mit allen vorhandenen Fenstern, Icons und offenen Anwendungen gesichert. Dazu müssen allerdings die Anwendungen darauf vorbereitet sein, d.h. sie müssen, wenn sie einen entsprechenden *Event* (Signal) erhalten, ihren Zustand sichern und später daraus wiederherstellen können. Dies funktioniert im Großen und Ganzen erstaunlich gut und ist z.B. eine Funktion, welche MS-Windows so bisher nicht bietet.

Es empfiehlt sich aber trotzdem bei kritischen Daten in offenen Anwendungen zuvor ein Sichern durchzuführen.

Da das Sichern des Desktops entsprechend Platz auf der Platte benötigt und eventuell gar nicht erwünscht ist, bieten beide Desktop-Systeme an, dieses Sichern der offenen Anwendungen zu deaktivieren.

7.1.6 Display-Manager

Die Anzahl der Manager ist noch nicht zu Ende. Zusätzlich zu den X-Servern, den
Window- und Desktop-Managern gibt es unter X11 noch den *Display-Manager*. Seine
Aufgabe ist die Kontrolle des Bildschirms in der Anmeldephase, wenn also noch kein
Window- und Desktop-Manager aktiv ist. Er präsentiert dann unter X11 den Anmel-
debildschirm und bietet dort auch eine ganze Reihe weiterer Zusatzfunktionen – etwa
die Möglichkeit einen Window-Manager oder Desktop auszuwählen oder das System
herunter zu fahren oder neu zu starten. Sie reichen beim Login die eingegebenen Login-
Daten an entsprechende Authentifizierungsmodule weiter. Danach starten sie bei erfolgreichem Login die entsprechenden Window- und Desktop-Manager. Diese wiederum – so eine Sitzungskontrolle vorhanden ist – restaurieren die beim Logout gesicherte
Sitzung bzw. die dabei offenen Anwendungen.

Die meisten Linux-Distributionen kommen gleich mit einer Reihe von Display-
Managern. Zumeist sind hier zumindest der von GNOME stammende **gdm**, der von
KDE stammende **kdm** sowie der X11-**xdm** vorhanden. Zu diesen Display-Managern
gibt es jeweils spezifische GUI-basierte Konfigurationsprogramme – bei KDE und
GNOME im jeweiligen Kontrollzentrum.

Ein Beispiel des Login-Bildschirms von **kdm** ist in Abbildung 3.1 (S. 100) zu sehen,
während Abb. 7.5 den Login-Bildschirm unter dem **gdm** unter Red-Hat/GNOME zeigt.

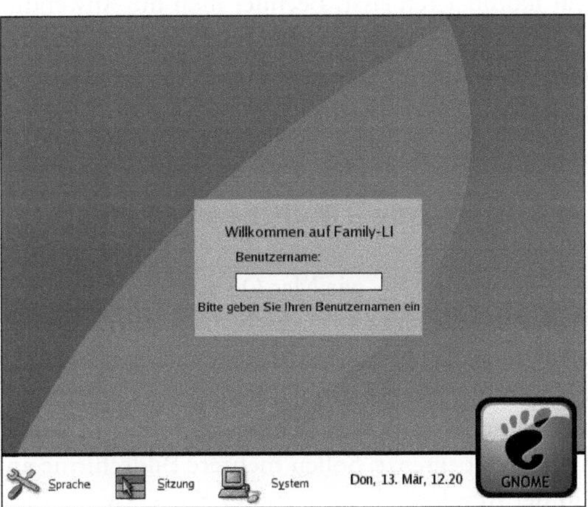

Abb. 7.5: Login-Bildschirm unter dem gdm-Display-Manager von GNOME

7.1.7 Single- und Multi-Dokument-Interface (SDI/MDI)

Bei grafischen Oberflächen gibt es, was die Anzahl von Fenstern für eine Anwendung
betrifft, zwei unterschiedliche Ansätze:

▸ *Single-Document-Interface* (kurz SDI)
  Hier wird für jedes bearbeitete Dokument ein eigenes Fenster mit allen Fenster-
  dekorationen, Leisten und Menüs geöffnet – ein (Haupt-)Fenster pro Dokument.

Man bezeichnet dies auch als *dokumentenorientierten* Stil. SDI ist unter KDE z.B. der Standard, aber natürlich gibt es auch hier Ausnahmen.

▸ *Multi-Document-Interface* (MDI)
Hier wird nur ein Applikationsfenster geöffnet, das in mehrere Unterfenster unterteilt sein kann. Nur das Hauptfenster ist ein Fenster im Sinne des Window-Managers, und nur dieses Hauptfenster hat die volle Fensterdekoration sowie die verschiedenen Menü- und Funktionsleisten. Man nennt dies auch den *anwendungsorientierten* Stil.

Typische Vertreter der MDI-Programme sind **kate** und **konqueror**. Sie bieten lediglich ein Fenster, das wiederum in mehrere Unterfenster unterteilt werden kann.[1] Der Vorteil liegt in einer höheren Übersichtlichkeit und Kompaktheit. Ikonifiziert man das Hauptfenster, so sind alle Fenster der Anwendung ikonifiziert; schließt man es, so werden alle Fenster geschlossen und gelöscht. Arbeitet man zumeist nur mit einem Dokument (in einer Anwendung), so hat dies Vorteile. Öffnet man bei diesen Programmen ein weiteres Dokument, so wird es im bereits vorhandenen Fenster angezeigt. Man kann dann zwischen den einzelnen Dokumenten oder Anzeigen wechseln.

Vertreter der SDI-Klasse sind unter KDE Programme wie **kedit** oder **konqueror**. Öffnet man hier weitere Dokumente oder Sichten, so wird dafür jeweils ein eigenständiges Hauptfenster geöffnet, das sich frei verschieben, vergrößern, verkleinern und verschieben oder separat ikonifizieren lässt. Beendet man die Anwendung, so werden alle Fenster geschlossen – es sei denn, man hat die Anwendung mehrfach aufgerufen (dieser Mechanismus ist sehr ähnlich dem unter MS-Windows). Man kann jedoch unter KDE diese Fenster gruppieren.

7.1.8   Mehrere Bildschirme – Multihead-Modus

Linux erlaubt seit xfree86 Version 4 – wie Mac OS schon lange und Windows seit Windows 2000 –, an einem Rechner mehrere grafische Bildschirme zu betreiben – entweder an einer Multi-Head-fähigen Grafikkarte oder über mehrere Grafikkarten im Rechner. Die maximale Anzahl ist in der Regel sowohl durch die Steckplätze für die Grafikkarten, durch die benötigte Rechnerleistung und daneben durch den Platz für die Bildschirme auf dem realen Schreibtisch begrenzt. Sollen mehrere Bildschirme an einer Grafikkarte betrieben werden (in der Regel zwei), so muss der Kartentreiber dies unterstützen. Im Kernel ist dies zusätzlich zu aktivieren (bei SuSE z.B. im YaST2 über HARDWARE → GRAFIKKARTE & MONITOR → MULTIHEAD).

Daneben können mehrere alphanumerische Bildschirme über serielle Leitungen oder über Netz angeschlossen und betrieben werden. Unter Nutzung von X11 können auch mehrere autarke X11-Dialogstation oder X11-Server auf anderen Rechnern (nicht nur unter Unix/Linux) ähnlich einem lokal angeschlossenen Bildschirm betrieben werden, wobei eine gewisse Lastverteilung stattfindet, da der Bildschirmaufbau hier weitgehend auf dem Rechner mit dem weiteren Bildschirm stattfindet und so die Host-Maschine entlastet.

---

1.   Beide lassen sich aber so konfigurieren, dass sie sich im SDI-Stil verhalten.

7.1.9   Die verschiedenen Zwischenpuffer und Ablagen

Die grafische Linux-Oberfläche mit X-Window, Window-Manager, Desktop und Anwendungen kennt eine ganze Reihe unterschiedlicher Zwischenpuffer zum temporären Ablegen, um Daten aus einer Anwendung und einem Fenster in ein anderes (Applikations-)Fenster oder eine andere Anwendung zu übertragen:

▸ **X-Window-Puffer**
  Markiert man mit der Maus einen Text, so wird dieser automatisch in die Zwischenablage des X-Systems übernommen – ohne eine zusätzliche Tastaturaktion. Selektiert wird hier entweder durch Ziehen bei gedrückter linker Maustaste, durch einen Doppelklick (selektiert das ganze Wort) oder durch einen Dreifachklick (selektiert die ganze Zeile).
  Man kann nun diesen Text an anderer Stelle (z.B. in einem anderen Fenster bzw. einer anderen Anwendung) einfügen, indem man den Cursor an die Zielstelle platziert und dort entweder per Klick mit der mittleren Maustaste oder über die Funktion *Einfügen* im Pop-up-Menü der rechten Maustaste einfügt.
  Auf diese Weise können nur einfache Texte (ohne Formatierung) übernommen werden. Bei der nächsten Maker-Aktion mit der Maus wird der alte Inhalt der X11-Ablage überschrieben.

▸ **Copy & Paste-Puffer – Kopieren und Einfügen**
  Die meisten Programme verfügen über eine *Kopieren & Einfügen*-Funktion. Die klassischen Tastenkombinationen, die man zumeist schon von Windows her kennt, sind:

Strg - C	kopiert den selektierten Text und legt ihn in die Zwischenablage.
Strg - X	schneidet den selektierten Text aus und legt in die Zwischenablage.
Strg - V	fügt den Text aus der Zwischenablage an der Cursorposition ein.

  Mit Zwischenablage ist hier die Zwischenablage des Desktops gemeint. Mit jedem neuen Kopieren oder Ausschneiden wird dabei der alte Inhalt überschrieben.
  Statt den aufgeführten Tastenkombinationen kann zumeist auch ein entsprechender Menüpunkt der Anwendung unter *Bearbeiten* verwendet oder

▸ **klipper** – eine spezielle Anwendung für Zwischenpuffer
  klipper ist (bisher nur unter KDE) eine kleine Zusatzapplikation. Ist sie eingerichtet, erscheint im Panel unten links ein kleines Icon 🗒.
  Klipper merkt sich mehrere zurückliegende Inhalte der Zwischenablage, so dass hier mehrere Teile gehalten und von dort zum Einfügen abgerufen werden können – entweder per mittlerer Maustaste oder über einstellbare Tastenkombinationen.

7.1.10   Desktop-Mülleimer oder Papierkorb

Die Desktop-Systeme bieten, wie man es von Mac OS und MS-Windows her kennt, auch (virtuelle) Mülleimer – unter KDE ist die Bezeichnung dafür etwas vornehmer *Papierkorb*. Zieht man ein Objekt (in der Regel eine Datei) auf diesen Mülleimer, so wird eine Datei nur virtuell gelöscht und taucht nicht mehr im Verzeichnis auf. Sie kann aber problemlos zurückgeholt werden, solange der Mülleimer nicht geleert wird. Dazu öffnet man den Papierkorb und zieht per *Drag & Drop* die Datei aus dem Papierkorb in den gewünschten Ordner (z. B. im Fenster eines Dateimanagers) zurück.

Das Leeren des Mülleimers kann entweder explizit erfolgen – indem man ihn öffnet und dort die *Löschen*-Funktion aufruft – oder implizit zeitgesteuert z. B. über einen **cron**-Job.

Eine verschärfte Form des Papierkorbs bietet zusätzlich der *Shredder* oder *Reißwolf* unter KDE (zu finden z. B. im **konqueror**). Zieht man eine Datei auf diesen Reißwolf, wird die Datei nicht nur augenblicklich gelöscht, sondern ihr Inhalt nach Zufallsmustern überschrieben, so dass Reste auch nicht mehr auf der Platte vorhanden sind. Statt des Ziehens auf den Reißwolf ist auch die Tastenkombination ⟨Strg⟩-⟨Entfernen⟩ oder der Menüpunkt *Bearbeiten → In den Reißwolf* anwendbar.

7.1.11 ›Ziehen & Ablegen‹ – ›Drag & Drop‹

Zahlreiche Programme der Linux-Desktop-Oberfläche bieten die Funktion des *Ziehen & Ablegen*, auch bekannt unter *Drag & Drop*. Hier *fasst* man mit der Maus ein Objekt in einem Anwendungsfenster und zieht es bei gedrückter Maustaste an eine andere Stelle im gleichen Anwendungsfenster oder in das Fenster einer anderen Anwendung, auf den Desktop oder auf ein Icon auf dem Desktop. Dort *lässt* man das Objekt dann *los* bzw. *fallen* (durch Loslassen der linken Maustaste). Die daraufhin folgende Aktion ist abhängig von der Art des Objektes, gewissen Voreinstellungen und der Art des Ziels. Zieht man z. B. eine Datei aus dem Desktop-Dateimanager **nautilus** oder **konqueror** auf den Mülleimer/Papierkorb, so wird die Dabei gelöscht bzw. in den Papierkorb verschoben, zieht man sie in einen anderen Ordner, so wird sie dorthin verschoben. Lässt man das Dateiobjekt auf ein Desktop-Icon fallen, so öffnet in der Regel die dem Icon zugeordnete Anwendung die Datei zur Anzeige oder zur Bearbeitung.

Die wirklichen *Drag & Drop*-Funktionen der Linux-Desktops stehen noch am Anfang und haben noch nicht vollständig den Stand von MS-Windows-Anwendungen erreicht. Man muss hier deshalb auch ein bisschen experimentieren und schauen, welche Reaktionen erfolgen. Zieht man z. B. aus dem **konqueror** eine Datei auf den Desktop, so wird von KDE nachgefragt, ob die Datei dorthin kopiert, verschoben oder als symbolischer Verweis angelegt werden soll. Das *Ziehen & Ablegen* ist also in starkem Maße von der Art des Objektes und der beteiligten Anwendung abhängig.

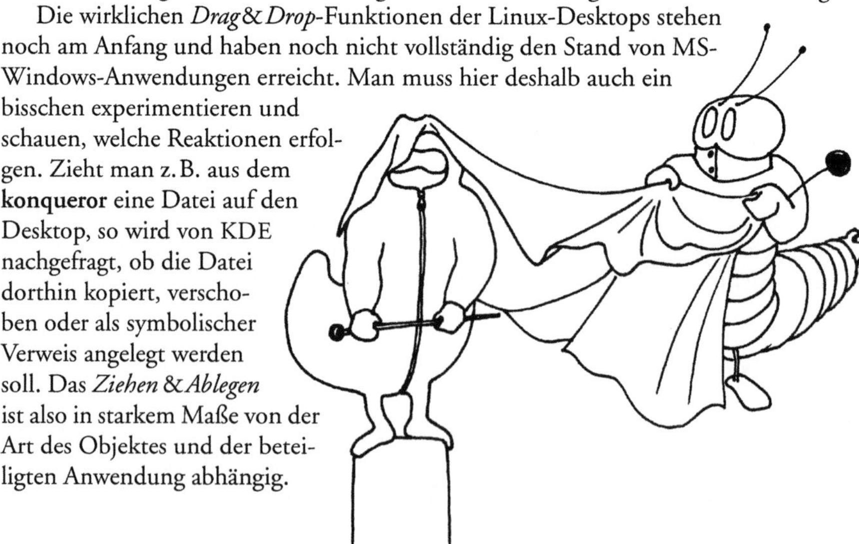

7.2   KDE

Die Entwicklung von KDE wurde Ende 1996 von dem deutschen Entwickler Matthias Ettrich gestartet. Ziel war es, eine benutzerfreundliche, einfach zu bedienende grafische Oberfläche für Unix/Linux zu schaffen. Sie sollte sich mit mehreren kleinen Anwendungen einfach, konsistent und einheitlich bedienen zu lassen. All dies sollte als freie (quelloffene, frei verfügbare) Software entstehen. Er publizierte einen entsprechenden Aufruf, zusammen mit einem groben Konzept dafür im Internet. Als Basis hatte er die Qt-Bibliothek der norwegischen Firma Troll Tech. Diese setzt auf X11 auf und erschien ihm ausreichend stabil und funktional. Daraus entstand – nicht unähnlich dem Linux-Kernel – das KDE-Projekt. Als Maskottchen wurde der kleine Drache *Konqi* und als Logo ein Zahnrad mit einem **K** gewählt: .

Das Vorgehen war nicht unumstritten, war die Qt-Bibliothek doch nicht wirklich frei, sondern Lizenzbedingungen der Firma Troll Tech unterworfen. Dies war auch ein Grund, warum im GNU-Projekt etwas später mit dem gleichen Anliegen eine Parallelentwicklung startete – das GNOME-Projekt. Der Zeitversatz ist hier etwa ein knappes Jahr. Bei GNOME fing man aber ganz von vorne und streng nach den Richtlinien und den Lizenzbedingungen von GNU an. Bei beiden Projekten nahm schnell der Umfang und die Zahl der beteiligten Entwickler zu. Gemessen an den Entwicklungen von *Motif* und CDE unter Unix oder von MS-Windows sind beides aber noch *junge* Entwicklungen. Erst etwa 2001 wurde ein Stand erreicht, der sich halbwegs mit den kommerziellen Versionen messen konnte. Dafür schreitet hier die Entwicklung ausgesprochen rasch und breit fort, und Umfang und Qualität sind inzwischen erstaunlich hoch. Kaum eine andere Software wird so breit und so schnell in zahlreiche Sprachen übersetzt (internationalisiert). Unter diesem Aspekt hat bisher KDE mit mehr als 50 Sprachen gegenüber GNOME die Nase etwas vorne.

Auch das ursprüngliche Handicap der Kontrolle der Qt-Bibliothek durch Troll Tech ist inzwischen weitgehend ausgeräumt.[1] Troll Tech stellt nicht nur die Quellen offen zur Verfügung, sondern hat dafür Lizenzbedingungen geschaffen, welche jenen der GPL (*GNU Public License*) sehr nahe kommen oder sogar vollkommen entsprechen. Daneben gibt es auch eine kommerzielle Lizenz.

Inzwischen haben sich eine Reihe eigenständiger Teilprojekte ausgebildet. Dazu zählt z. B. das KOffice-Projekt.

KDE steht nicht nur für Linux zur Verfügung – ist praktisch Teil aller bekannteren Linux-Distributionen, sondern es gibt auch Portierungen für OpenBSD, NetBSD, FreeBSD, für die wichtigsten Unix-Versionen sowie für Mac OS X.

Dass KDE eine ursprünglich deutsche Entwicklung ist, merkt man an mehreren Stellen – darunter auch am Namen. KDE steht nämlich für *Kool Desktop Environment*.

---

1. Siehe dazu auf der Troll-Tech-Homepage *www.trolltech.com*.

Auch die weitgehende Übersetzung ins Deutsche und deren frühe Verfügbarkeit haben darin eine Ursache. Der Großteil der KDE-Software ist in C++ geschrieben – passend zu den Qt-Bibliotheken. Die Unterstützung von Unicode (in Form von UTF-8) ist sehr weitgehend, was die Internationalisierung enorm unterstützt.

Als Komponenten- und Intertask-Kommunikationsmodell wurde in KDE zunächst CORBA eingesetzt, seiner Komplexität wegen aber später durch DCOP (*Desktop Communication Protocol*) und *KParts* abgelöst. KParts erlaubt es, ein Programm (bzw. seine Funktion) als Teil eines anderen Programms ablaufen zu lassen. Auf diese Weise beherrscht z. B. **konqueror** Funktionen und Zugriffsverfahren, die aus anderen Programmen stammen. **konqueror** *bettet* diese *ein*. KDE setzt wie GNOME für viele Konfigurationsdateien weitgehend auf XML auf.

Beim Schreiben dieses Buches war KDE 3.04 und (relativ neu) KDE 3.1 aktuell. Die meisten Bildausschnitte stammen aus diesen Versionen.

Das KDE-Konzept

In der nachfolgenden Beschreibung setzen wir prinzipielle Kenntnisse von grafischen Oberflächen und den Umgang mit Tastatur, Maus und Fenstern und die in Abschnitt 7.1 beschriebenen Grundmechanismen voraus. Wir gehen deshalb auf Details nur kurz ein und beschränken uns auf Dinge, die weniger selbsterklärend sind oder die sich zwischen KDE und GNOME deutlich unterscheiden.

7.2.1   Der KDE-Desktop

Wer den Desktop von MS-Windows, Mac OS oder CDE kennt, findet sich auf dem KDE-Desktop schnell zurecht. Abbildung 7.6 zeigt einen typischen Desktop, der gegenüber einem ursprünglichen KDE-Desktop nach der Installation bereits einige zusätzliche Elemente eingerichtet hat. Wir haben darin einige Objekte per Nummer markiert, um uns einfacher darauf beziehen zu können

Die wichtigsten Objekte des KDE-Desktops (siehe Abb. 7.6) sind:

▸ KDE-Panel ❶ (bei KDE als *Kontrollleiste* bezeichnet)
▸ Desktop-Fläche mit dem Desktop-Hintergrund ❷
▸ Anwendungsfenster mit ihrer Fensterdekoration ❸
▸ Anwendungsfenster in der zusammengeklappten Form ❹
▸ *K-Menü* ❺ bzw.
▸ weitere Menüknöpfe im Panel, erkennbar an dem ▲ oben
▸ Desktop-Objekte wie etwa
   der Mülleimer/Papierkorb (❻),
   Symbole für Datenträger (bzw. die darauf liegenden Dateisysteme – z. B. ❼),
   Dokumente, Lesezeichen, Ordner oder Dateien/Dokumente oder Anwendungen
   (z. B. hier für Openoffice ❽)
   Die benutzten Symbole können vom Benutzer konfiguriert bzw. geändert werden.

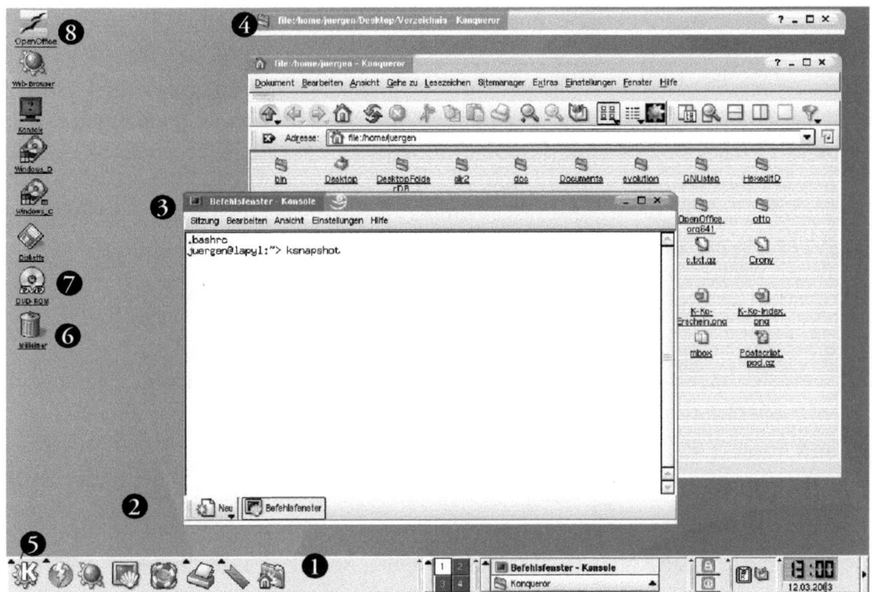

Abb. 7.6: Ein typischer KDE-Desktop

7.2.1.1 Das KDE-Panel, die KDE-Kontrollleiste

Analog zur zentralen Funktion der Kontrollleiste unter Windows hat auch das KDE-Panel (synonym zur Kontrollleiste) eine zentrale Funktion (siehe Punkt ❶ in Abb. 7.6). Hier findet man z.B.:

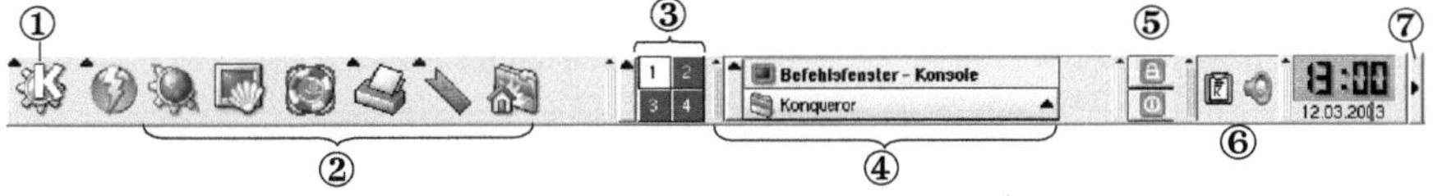

Abb. 7.7: KDE-Kontrollleiste (Panel)

① das Hauptmenü bzw. K-Menü – dargestellt durch [Icon]; weitere Menüanker können vorhanden sein, wie in Abb. 7.6 z.B. das [Icon]. Unter SuSE hat dieses Menü zum Teil das Icon [Icon].

② häufig benutzte Programme wie z.B. (Symbole können abhängig vom Stil variieren)

    Dateimanager und Web-Browser **konqueror**

    Textkonsole **konsole** (analog zu **xterm**), den Hilfe-Browser

    Druckfunktionen, Lesezeichen (*Bookmarks*)

    der HOME-Ordner des Benutzers (dieser wird durch **konqueror** geöffnet)

③ Übersicht über die vorhandenen Arbeitsflächen. Die jeweils aktuelle ist hervorgehoben. Durch einen Klick auf eine der anderen Arbeitsflächen gelangt man dorthin bzw. diese wird angezeigt.

④ Übersicht über die aktiven Anwendungsfenster. Klickt man auf eine der Flächen, so wird das entsprechende Fenster zum aktuellen Fenster (mit dem Fokus) und kommt zumeist automatisch nach vorne.[1] Dabei gruppiert KDE im Standardfall mehrere Fenster der gleichen Anwendung (z.B. von konqueror) in einer Leistenfläche.[1] Geht man mit der Maus darauf, so klappt ein Menü mit den hier vorhandenen Anwendungsfenstern auf.
Wählt man ein Element, so kommt das Fenster nach vorne.

⑤ spezielle, häufig benutzte Funktionen wie etwas das Abmelden bzw. Logout oder Sperren des Bildschirms

⑥ Mini-Anwendungen mit ihrer kompakten Informationsanzeige, wie etwa die Uhr, klipper als Erweiterung der Zwischenablage, der Lautstärkeregler oder die Uhr mit Kalender .

⑦ konfigurierbarer Knopf zum Aus- und Einblenden der Kontrollleiste

Die KDE-Kontrollleiste ist weitgehend konfigurierbar. Dies gilt sowohl für die Position auf dem Bildschirm, die Größe, das Aussehen, bestimmte Reaktionen auf Mausaktionen als auch die Menü-, Icons- und Informationselemente, die sie enthält.

Einfache Konfigurationsfunktionen erreicht man über Kontrollleiste einrichten , welche man z.B. im K-Menü findet oder über die rechte Maustaste im Panel erscheint (auch im KDE-Kontrollzentrum ist ein entsprechendes Menü vorhanden).

Hiermit lassen sich zusätzliche Elemente im Panel (der Kontrollleiste) hinzufügen, entfernen oder die Größe des Panels einstellen. Die vollen Konfigurationsmöglichkeiten erreicht man über den Menüpunkt Persönliche Einstellungen... . Es erscheint das Konfigurationsfenster von Abb. 7.8. Hier lassen sich Lage, Ausrichtung, Größe, die Möglichkeiten zum Ausblenden, das Erscheinungsbild und das Layout des K-Menüs festlegen. Ähnlich wie unter MS-Windows lässt sich unter Menüs wählen, ob die Schnellstartleiste die zuletzt oder die meistbenutzten Elemente anzeigen soll. Unter der Rubrik *Fensterleiste* definiert man das Verhalten der Fensterleiste (Punkt ④, Abb. 7.7, S. 641).

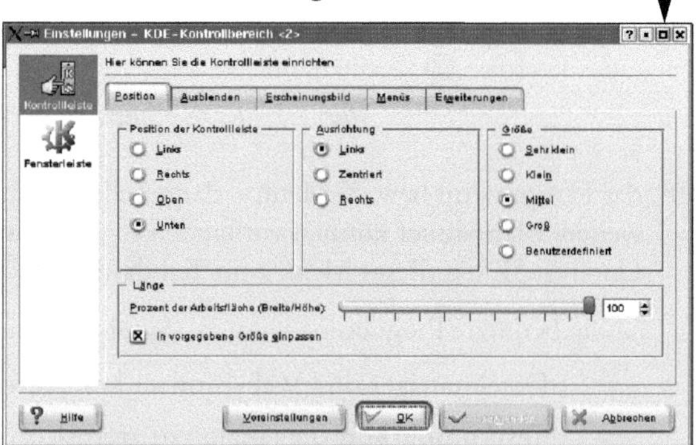

Abb. 7.8: Konfiguration der KDE-Kontrollleiste

---

1. Dieses Verhalten ist natürlich konfigurierbar – im KDE-Kontrollbereich (siehe Abb. 7.8).

Objekte in der Kontrollleiste können mit der Maus (weitgehend) frei verschoben und entfernt werden. Dazu drückt man über ihnen die rechte Maustaste, um *Verschieben* und *Entfernen* angeboten zu bekommen.

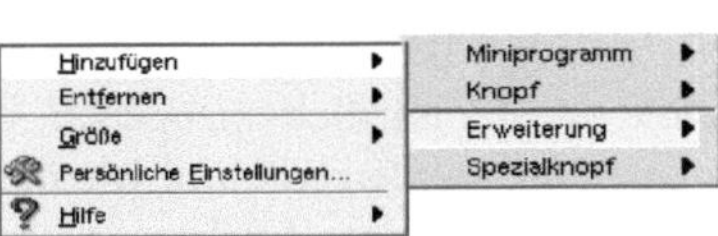

Möchte man hier neue Objekte einfügen, so drückt man die rechte Maustaste über einem noch freien Bereich des Panels und wählt im erscheinenden Menü *Hinzufügen* und in der nächsten Stufe, was man hinzufügen möchte. Man wird dann durch die Möglichkeiten geführt.

Über den Punkt *Erweiterungen* lassen sich weitere (abhängige) Kontrollleisten, externe Fensterleisten, eine Programm-Andockleiste sowie eine so genannte *Kasbar* hinzufügen. Dies ist eine besondere Form von mehreren kompakten Mini-Panelen.

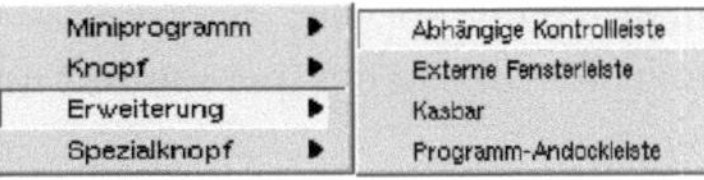

7.2.1.2 Der Schreibtischhintergrund bei KDE

Die Schreibtischfläche – in der Regel mit einem entsprechenden Hintergrundbild farbig hinterlegt – hat die Funktion, wie man sie auch vom normalen Schreibtisch her kennt. Hier legt man die häufig benutzten Utensilien (im Rechner: *Anwendungen*) und Papiere (im Rechner: *Ordner, Lesezeichen, Dokumente*).

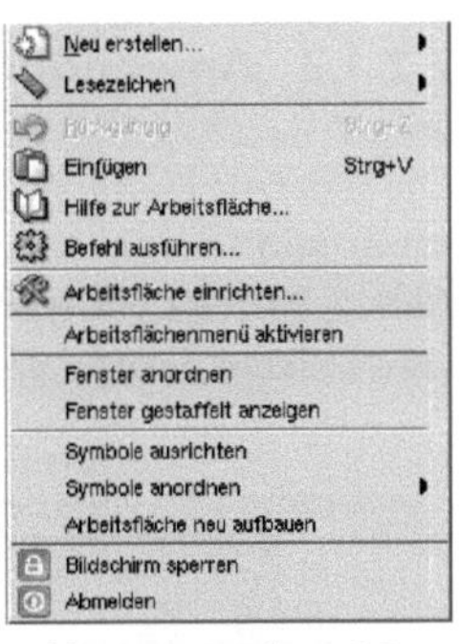

Natürlich lässt sich das Hintergrundbild (oder eine Farbe oder ein Farbverlauf) konfigurieren. Die rechte Maustaste bringt das Desktop-Menü hervor. Hier findet man neben einigen häufig benutzten Funktionen wie dem Abmelden oder dem Sperren des Bildschirms die Funktionen zum Ausrichten der Fenster auf dem Desktop sowie der Symbole (Objekte) auf dem Desktop auch die Funktion. In der darunter erscheinenden Dialogbox lässt sich nicht nur das Erscheinungsbild der Arbeitsfläche definieren (in der Rubrik *Hintergrundbild*), sondern auch ebenso die Anzahl der (virtuellen) Arbeitsflächen (Rubrik *Arbeitsflächen*, Reiter *Anzahl der Arbeitsflächen*) sowie die Aktionen, welche das Drücken der verschiedenen Maustasten (Links, Mitte, Rechts) mit dem

Abb. 7.9: Desktop-Menü

Mauszeiger auf dem Desktop bewirken sollen. Unter dem Reiter *Pfade* lässt sich festlegen, wo die Desktop-Daten abgelegt werden sollen.

Der Punkt *Arbeitsflächenmenü aktivieren* im KDE-Desktop-Menü (Abb. 7.9) platziert eine Menüleiste an den oberen Bildschirmrand. Sie enthält die Menüpunkte des Desktop-Menüs, ist aber in der Regel verzichtbar.

Eine weitere Funktion – in mehreren Menüs zu finden – ist . Damit wird ein Mini-Terminalfenster aufgerufen, in dem man einen Kommandozeilenbefehl eingeben kann. Man sieht jedoch nicht das Ergebnis des Befehls. Dies wird häufig genutzt, um statt über Menüs per Kommandozeile eine Applikation aufzurufen – z.B. **ksnapshot** zur Erstellung von Bildschirmabzügen.

Der Menüpunkt  führt zu einem weiteren Menü, welches eine ganze Liste von Objekten anbietet, welche neu erstellt und dabei automatisch auf den Desktop gelegt werden. Zuvor wird per Dialogbox der Name des neuen Objekts nachgefragt. Bei den Geräten wie CD/DVD, Festplatte oder Diskette ist zusätzlich anzugeben, welchem Gerät das Symbol zugeordnet werden soll und wie die Zugriffsrechte darauf aussehen. Die auf dem Desktop nach der KDE-Installation vorhandenen Symbole, und sind solche Geräte. Sie symbolisieren dabei weniger das Gerät selbst als das darauf liegende Dateisystem. Klickt man darauf, so wird das Gerät – soweit noch nicht geschehen – in den Systemdateibaum eingehängt (per **mount**) und danach der Dateimanager **konqueror** zur Anzeige aufgerufen.

Die Objekte auf dem Desktop lassen sich frei verschieben. Sie lassen sich entfernen, indem man sie entweder in den Papierkorb zieht oder mit der rechten Maustaste das kontextsensitive Menü aktiviert und darin *Löschen* wählt. Dieses Menü bietet, abhängig vom betreffenden Objekt unter dem Mauszeiger, weitere sinnvolle Operationen an, darunter auch das Setzen der Zugriffsrechte unter dem Punkt *Eigenschaften* oder das *Komprimieren, Kopieren, Umbenennen* und Ähnliches.

Die Objekte des Desktops selbst werden in der Standardeinstellung im Verzeichnis *Desktop* im HOME-Verzeichnis des Benutzers abgelegt.

7.2.1.3 Anwendungsfenster und ihre Dekoration

Die generelle Handhabung von Anwendungsfenstern dürfte den meisten Benutzern bekannt sein – sei es von Windows, von Mac OS, von OS/2 oder von Unix/CDE her. Abb. 7.10 zeigt ein typisches Fenster mit seinen wesentlichen Elementen und der hier verwendeten Terminologie.

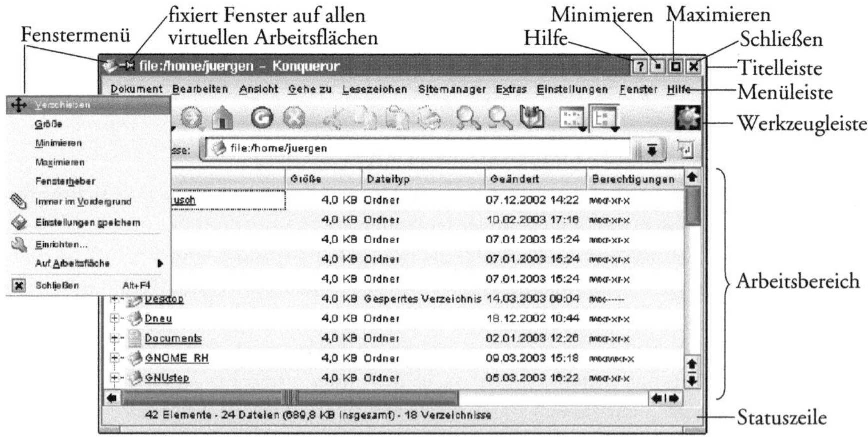

Abb. 7.10: Fensterelemente unter KDE

Abhängig von der Art der Anwendung und der eingestellten Fensterdekoration müssen nicht alle Elemente vorhanden sein. So kann z. B. der Hilfepunkt in der Dekoration fehlen oder die Werkzeugleiste nicht vorhanden sein. Auch Aussehen, Farben und Schriften der Titelleiste und des Fensterrahmens können sich unterscheiden.

So lässt sich unter KDE sowohl der Basisstil von Fenstern konfigurieren als auch die Dekoration für eine einzelne Applikation. Die Konfiguration erreicht man über das Fenstermenü unter Einrichten... . Es erscheint die Dialogbox aus Abb. 7.11. Hier lässt sich über die Rubrik *Fensterdekoration* das typische Aussehen des Fensters aus verschiedenen Stilen aussuchen. Der Stil der Fenster in den Abbildungen 7.11/7.10 ist ›SuSE‹. Der Knopf *Kurzinfos...* aktiviert *Tool-Tipps*, wenn man mit dem Mauszeiger kurze Zeit auf einem Dekorationselement der Titelleiste verweilt.

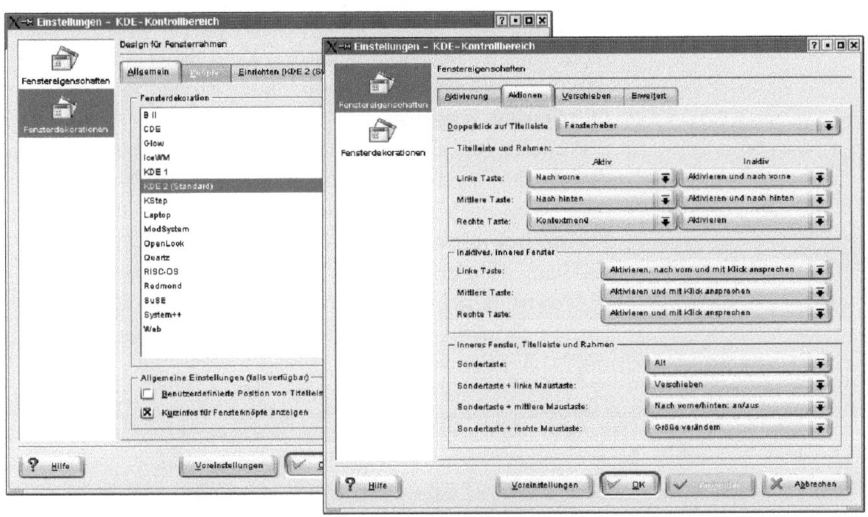

Abb. 7.11: Konfiguration der Fensterdekoration und -eigenschaften

Unter der Rubrik *Fenstereigenschaften* lässt sich das Verhalten des Fensters weitgehend konfigurieren, darunter auch die Reaktionen oder Aktionen des Fensters auf verschiedene Mausaktionen und Tasteneingaben.

Unter dem Reiter *Erweitert* (Abb. 7.11, rechtes Fenster) lässt sich z. B. festlegen, ob es möglich ist, das Fenster über den Rand der Arbeitsfläche hinaus in die nächste (oder vorhergehende) Arbeitsfläche zu verschieben. Dabei ist die Position des Mauszeigers am Arbeitsflächenrand relevant, nicht (allein) die des Fensterrands.

Bei den meisten Standardeinstellungen lässt sich ein KDE-Fenster durch einen Doppelklick auf die Titelleiste minimieren, d. h. auf die Titelleiste reduzieren. Ein weiterer Doppelklick restauriert das Fenster danach wieder. Dies lässt sich unter dem Reiter *Aktion* konfigurieren.

Hat man einmal eine Fensterleiste versehentlich aus der Arbeitsfläche hinausgeschoben oder wird sie von einer Menüleiste verdeckt, so lässt sich das Fenster bei gedrückter Alt-Taste auch an anderer Stelle zum Verschieben anfassen.

7.2.1.4 K-Menü

Hinter ▓ (zumeist ganz links in der KDE-Kontrollleiste) verbirgt sich das *K-Menü* (da das Symbol konfigurierbar ist, kann es auch ein anderes Icon haben). Es kann auch über Alt - F1 ‹aktiviert werden.

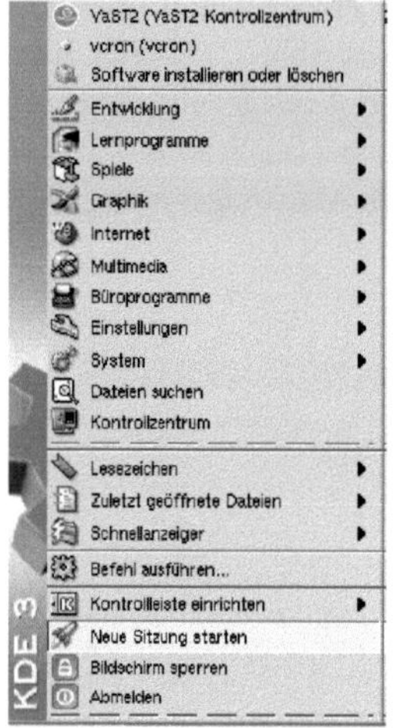

Abb. 7.12: K-Menü

Das Menü ist in verschiedene Bereiche gegliedert. Hierzu gehören Sitzungsfunktionen (*Abmelden, Bildschirmsperren, Neue Sitzung starten*), das zuvor schon vorgestellte *Befehl ausführen*, Ein Block zu *Lesezeichen, zuletzt geöffneten Dateien* usw. Der Hauptblock sind *Programme und Funktionen*. Ihm folgt ein Bereich mit den zuletzt oder häufig aufgerufenen Elementen.

Insbesondere im Programmblock öffnen sich kaskadierende Menüs. Die Menühierarchie kann dabei recht tief werden. Die Grundkonfiguration dieses Menüs wird von der Distribution festgelegt.

Änderungen sind natürlich möglich und erfolgen über den Punkt *Menüeditor* (siehe Abb. 7.13). Er lässt sich aus dem Pop-up-Menü auswählen, welches über einen Rechtsklick mit dem Mauszeiger auf dem K-Menü- Icon erscheint.

Weitere Eintellungen zu den Menüs lassen sich im KDE-Kontrollzentrum einrichten (siehe dazu Abschnitt 7.2.3, Seite 653).

Abb. 7.13: Menüeditor zum K-Menü

7.2.2   Der KDE -Dateimanager und Web-Browser ›konqueror‹

Eine zentrale Funktion im Zusammenspiel mit dem Desktop stellen Dateimanager dar,
so auch bei KDE. Der multifunktionale und zentrale KDE-Dateimanager ist dabei
konqueror.[1] Er ist nicht nur ein Dateimanager und Web-Browser, sondern beherrscht
ein reiches Spektrum an Protokollen. Neben HTTP, HTTPS (und WebDAV) gehören
dazu FTP, SMB (für den Zugriff auf freigegebene Windows-Netzlaufwerke) sowie komprimierte und Archivdateien (z. B. Tar-Archive). Über ein Plug-In-Konzept ist dies erweiterbar. So kann er z. B. auch auf Windows-Floppies oder Audio-CDs zugreifen. Die
Liste der jeweils verfügbaren Protokolle und Zugriffsfunktionen ist im KDE-Kontrollzentrum abrufbar (siehe Abschnitt 7.2.2.4 auf Seite 651).

Damit wird der **konqueror** zu einer wichtigen Schaltzentrale, vermittelt er doch damit den KDE-Anwendungen einen transparenten Zugriff auf all die so erreichbaren
Ressourcen, ohne dass jene all diese Protokolle selbst kennen und implementieren müssen. Man sollte sich mit dem Konzept und den verfügbaren Zugriffsverfahren vertraut
machen, erhält man so zumeist sehr problemlosen Zugriff auf zahlreiche Ressourcen auf
dem Rechner und im Netz.

konqueror wird aktiviert entweder über das 🔧 -Symbol auf dem Desktop, im Panel
oder in einem der Menüs oder direkt durch den Aufruf **konqueror** aus einem Terminal-
Fenster heraus. Er wird ebenso gestartet – korrekter: sein Fenster – wenn man auf einen
Ordner, eine URL oder ein Laufwerk auf dem Desktop oder auf das Symbol des Home-
Verzeichnisses klickt.

Der Dateimanager ist in weiten Bereichen konfigurierbar – sowohl über die entsprechenden Menüs (*Ansicht, Extra, Einstellungen* und *Fenster*) im **konqueror**-Fenster als
auch in Teilen über das KDE-Kontrollzentrum (siehe Abschnitt 7.2.3, Seite 653). Ein
Teil sind Basiskonfigurationen. Hierzu gehört z. B. die *Dateizuordnung* (siehe *KDE-
Komponenten* auf Seite 654), die Dekoration des Hauptfensters und das Reagieren auf
Tasten. Ein zweiter Teil ist die Konfiguration der Menüs und der verschiedenen Werk-
zeugleisten. Der dritte Teil ist die Konfiguration der Fenster und Navigationsbereiche.
Die letzten beiden lassen sich unter dem Menüpunkt *Fenster* anpassen. Hier lässt sich
ein Fenster auch nochmals horizontal oder vertikal teilen (bis zur vollständigen Unübersichtlichkeit).

Schließlich lässt sich noch die Listendarstellung innerhalb des Hauptfensters anpassen. So lässt sich ein Dateibaum als reine *Liste* oder als *Baum* anzeigen, der Inhalt eines
Ordners als Icon oder als Liste mit unterschiedlichen Sortierkriterien.

7.2.2.1 Die Fenster des ›konqueror‹

konqueror kann eine Anzahl von Unterfenstern im Hauptfenster haben (siehe
Abb. 7.14 auf Seite 648). Man kann jedoch ebenso mehrere separate Fenster öffnen
(z. B. durch einen Klick auf 🔲 in der Werkzeugleiste oder über *Dokumente → Neues
Fenster* oder per Strg-N.

---

1. Die jeweils aktuelle Version von **konqueror** sowie eine Reihe von HOWTO-Seiten dazu findet
   man unter *www.konqueror.org*.

Fenster lassen sich teilen (unter dem Menü *Fenster*), sowohl horizontal als auch vertikal. Daneben geht dies natürlich auch per Tastenkombination (Strg-⇧-L für eine vertikale Teilung und Strg-⇧-T für eine horizontale Teilung) oder per Mausklick auf die Symbole ☐ und ☐ in der Werkzeugleiste. Strg-⇧-R oder ☐ löschen das Unter- bzw. Teilfenster.

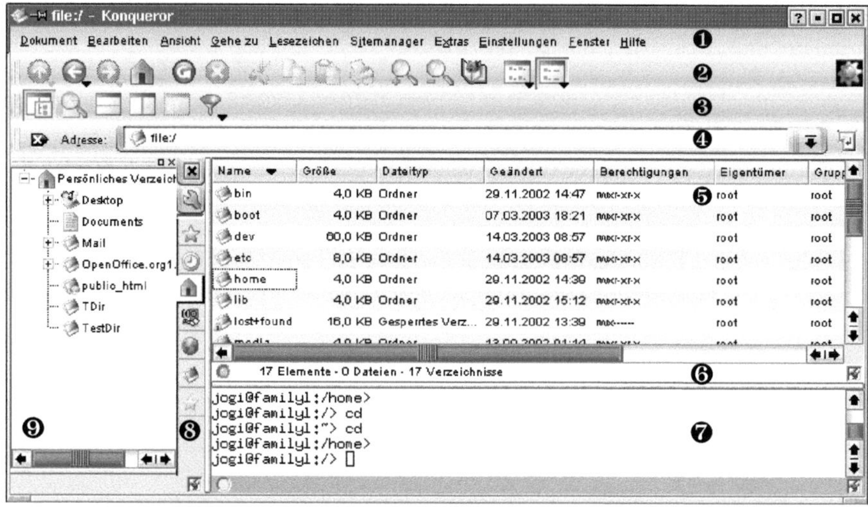

Abb. 7.14: konqueror mit verschiedenen Unterfenstern

Die wichtigsten Elemente im **konqueror**-Fenster sind:

❶ Die *Menüleiste* (ausblendbar, was aber zumeist unpraktisch ist)

❷ Die *Werkzeugleiste*: Auch sie lässt sich ausblenden (z. B. durch Doppelklick auf ▏▏▏ links) und konfigurieren – d. h. festlegen, welche Werkzeug darin liegen sollen. Dies geschieht über die Funktion *Werkzeugleiste einrichten.* Drückt man die rechte Maustaste in einem freien Bereich der Leiste, so erscheint ein Pop-up-Menü mit diesem Menüpunkt, In der dann erscheinenden Dialogbox lassen sich neue Elemente zur Leiste hinzufügen oder wegnehmen.

❸ Die *erweiterte Werkzeugleiste* (ausblendbar): Sie lässt sich wie die normale Werkzeugleiste konfigurieren. Hier sind in der Regel zusätzliche Filter ▽ (welche die Anzeige einschränken können) oder die Funktion *Dateien suchen* ⚲ zu finden. Hier sind weitere Leisten möglich. Dazu gehört z. B. die *Lesezeichenleiste.*

❹ Die *Adressleiste* (ausblendbar): Hier lassen sich neben Internet-URLs zahlreiche weitere Zugriffsfunktionen eingeben (siehe Abschnitt 7.2.2.4 auf Seite 651).

❺ Das eigentliche Anzeigefenster: Hier wird entweder der Inhalt eines Ordners angezeigt oder der Inhalt eines angeklickten Dokuments. Gibt es mehrere solcher Fenster, so ist das jeweils aktive durch ein grünes Lämpchen  in der Statusleiste des Fensters markiert. Klickt man (im Standardfall: ein Mal) auf ein Objekt, so wird dieses angezeigt – entweder durch den **konqueror** selbst in dem gleichen Fenster oder durch eine separate Anwendung. Ist dies eine einbettbare KDE-Anwendung, so erfolgt auch hier die Anzeige im konqueror-Fenster – ansonsten in einem eigenen Anwendungsfenster. Der konqueror lässt sich so konfigurieren, dass bei der Anzeige durch den konqueror die Anzeige entweder im vorhandenen Fenster oder einem neuen (separaten) Fenster erfolgt.

Bleibt man mit der Maus nur eine Weile über dem Objekt (ohne es aber anzuklicken), so erscheinen Angaben zu dem Objekt in der Statuszeile des Fensters.

Ein Rechtsklick auf ein Objekt lässt das kontextsensitive Aktionsfenster erscheinen, in dem passende Operationen zu dem angeklickten Objekt angeboten werden. Hierzu gehören neben *Ausschneiden, Kopieren, Löschen* und *Komprimieren* auch Funktionen wie *Verschieben nach*. Für die Aktionen, welche auch per Tastaturkürzel aktiviert werden können, sind hier diese Kürzel angezeigt (z.B. `F2` für das Umbenennen). Wählt man den Punkt *Eigenschaften*, so lassen sich in der erscheinenden Dialogbox unter dem Reiter *Berechtigungen* die Zugriffsrechte für das Objekt anzeigen und verändern (so man die Rechte dafür besitzt):

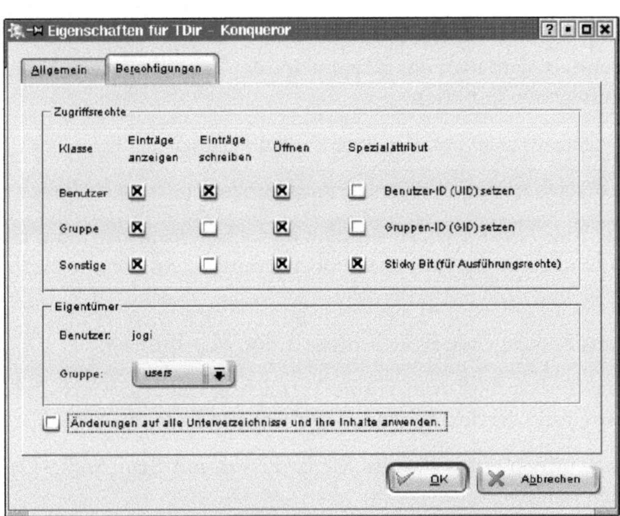

Abb. 7.15: Objekteigenschaften mit Zugriffsrechten

❻ *Statusleiste/Statuszeile* (ausblendbar) des aktiven Fensters: Hier macht der **konqueror** Angaben zum angezeigten Ordner oder zur Datei, über welcher der Mauszeiger verweilt.

❼ *Terminalfenster-Emulation* (ausblendbar): Hierin lassen sich wie in **xterm** oder **konsole** Shell-Kommandos eingeben und das Ergebnis anzeigen, ohne dass dazu ein separates Terminalfenster geöffnet werden muss. Es lässt sich im Menü *Fenster* unter der Funktion *Terminal-Emulator anzeigen* ein- und ausblenden.
Wechselt man im Browser-Fenster das Verzeichnis, so spiegelt sich dies im Terminal über ein **cd**-Kommando wieder, ein Verzeichniswechsel im Terminalfenster per **cd** jedoch nicht im Browser-Fenster.

❽ *Navigationsleiste* (ausblendbar): Sie lässt sich unter dem Menü *Fenster* aktivieren. Mit ihr tut sich ein neuer Navigationsbereich bzw. ein Navigationsfenster ❾ auf – in einem Fenster links im Hauptfenster. Die Navigationsleiste kann dabei links oder rechts dieses Navigationsfensters liegen. Die Elemente der Navigationsleiste sind im Abschnitt 7.2.2.2 beschrieben.

❾ *Navigationsfenster:* Sein Inhalt wird bestimmt durch das in der Navigationsleiste zuletzt aktivierte Element. Für jedes Element dieser Liste wird ein neues Unterfenster im Navigationsbereich aufgetan, womit dieses schnell unübersichtlich wird. Ein Klick auf das Mini-Kreuz _◻ ✗ schließt das Teilfenster jedoch wieder.

7.2.2.2 Die Navigationsleiste des konqueror

Die spezielle Navigationsleiste lässt sich über das Menü *Fenster* → *Navigationsbereich anzeigen* oder über ⌨F9 aktivieren und wieder ausblenden. Hier lassen sich über das Konfigurationswerkzeug 🔧 neue Elemente hinzufügen. Beim Rechtsklick auf eine der Icons erscheint ein Menü, in dem man das Element aus der Leiste entfernen kann. Die einzelnen Icons haben folgende Funktion:

🗙 schließt die Navigationsleiste und die zugehörigen Fenster.

🔧 erlaubt, diesen Bereich und die Fenster zu konfigurieren oder zu schließen.

☆ öffnet das Fenster mit *Lesezeichen.* Klickt man in der Lesezeichenstruktur auf ein Lesezeichen, so wird es in die Adresszeile übernommen und die entsprechende URL geöffnet.

🕐 *Verlauf* zeigt die zurückliegende Besuchshistorie des Web-Browsers.

🏠 *Persönliches Verzeichnis* springt zum Home-Verzeichnis des Benutzers und zeigt in der Baumdarstellung die dort liegenden Ordner und Dateien.

▦ *Medienwiedergabe* öffnen einen kleinen Media-Player, mit dem Audio-Dateien abgespielt werden können.

🌐 *Netzwerk* bietet das Browsen im Netzwerk an. Dazu werden verschiedene Netzwerk-Browser angezeigt – darunter FTP-Archive, Webseiten und der LAN-Browser. Letzterer bietet weitgehend die Funktion von Netzwerkumgebungen unter Windows, d.h. erlaubt nachzuschauen, welche Rechner im lokalen Netz vorhanden sind und welche Laufwerke bzw. Shares sie freigegeben haben. Für diese Funktion muss jedoch der KDE-LAN-Browser installiert sein und der Lisa-Daemon laufen.

 *Wurzelverzeichnis* öffnet ›/‹ und zeigt in der Baumansicht die dort liegenden Ordner.

7.2.2.3 Tastenkürzel im konqueror

Für häufig benutzte Funktionen sind auch im konqueror Tastaturkürzel effizienter als die Maus. So bietet der konqueror eine ganze Reihe von konfigurierbaren Kürzeln. Die nachfolgende Tabelle zeigt die wichtigsten in der Standardeinstellung.

Tabelle 7.1: konqueror - Tastaturkürzel

Strg - B	*Bookmark* – Lesezeichen auf aktuelle Seite/Verzeichnis setzen
Strg - C	*Copy* – Kopieren – Datei/Verzeichnis zum Kopieren selektieren
Strg - D	aktuelles Fenster duplizieren
Strg - F	*Find* – Dialogbox für Suchen öffnen
Strg - N	neues leeres Fenster anlegen
Strg - O	Open – neue Adresse eingeben und dann dorthin springen
Strg - V	zuvor kopierte Datei einfügen
Strg - X	*Extract* – Datei zum Löschen markieren (ausschneiden)
Strg - +	Dateien entsprechend dem aktuellen Muster selektieren
Strg - Z	letzte Operation rückgängig machen
F1	Hilfe aufrufen
F2	Datei umbenennen
F5	Seite neu laden
F7	Dateien kopieren
Alt-linke Maustaste	Fenster verschieben (Anfasser an beliebiger Fensterstelle)

Allgemeine Tastenkürzel unter KDE sind im Anhang A.3 ab Seite 849 zu finden.

7.2.2.4 Adresstypen (URL-Protokolle) im konqueror

Wie bereits erwähnt unterstützt konqueror eine etwas verallgemeinerte Form einer URL und beherrscht dabei zahlreiche Protokolle und andere Zugriffsverfahren.

Lokale Ressourcen werden dabei in der Form *protokoll://pfad* angegeben – also z.B. `tar:/home/jogi/karl.tgz`, um auf die komprimierte Tar-Datei *karl.tgz* im Home-Verzeichnis von *jogi* zuzugreifen.

Ressourcen im Netz haben die Syntax *protokoll://pfad*, wobei *pfad* hier auch eine klassische URL sein kann. So greift z.B. `smb://sonne/share-a` über das SMB-

Protokoll (für Windows-File-Sharing) auf den Server *sonne* und dort auf das Laufwerk/Share *share-a* zu. Für einen Teil der Funktionen muss der LAN-Browser konfiguriert sein. Diese Konfiguration ist im KDE-Kontrollzentrum unter *Netzwerk* (oder *Internet&Netzwerk*) → *LAN-Browser* möglich.

Die Liste der unterstützten Protokolle sieht man z.B. bei den Einstellungen zur Dateivorschau (konqueror, unter dem Menü *Einstellungen* → *konqueror einrichten* → *Dateimanager* → unter dem Reiter *Vorschau*). Recht lange Erklärungen dazu findet man im konqueror unter dem Menü *Hilfe* → *Einführung in Konqueror* → Punkt *Leistungsmerkmale* – dort dann unter *Allgemein | Transportprotokolle* – und dort unter *vieles mehr*.

Das Spektrum wächst ständig. Für einige der Zugriffsverfahren müssen jedoch spezielle Dienste (Daemonen) aufgesetzt werden. Hierzu gehört z.B. für den Zugriff mit der Methode **lan** oder **rlan** der **lisa-** oder **reslisa**-Server.

Tabelle 7.2: Beispiele unterstützter Protokolle und Zugriffsverfahren im konqueror

lokale Ressourcen	
audiocd:/*pfad*	öffnen, Zugriff auf eine Audio-CD und Abspielen von Stücken
bzip:/*pfad*	öffnet eine (komprimierte) bzip-Datei (auch **bzip2://**...).
camera:/*pfad*	Zugriff (über USB) auf das Dateisystem einer Digitalkamera
file:/*pfad*	lokale Dateien
floppy:/*pfad*	Zugriff auf Windows-Floppy
help:/*thema*	Hilfeinformationen zu dem angegebenen Thema
info:/*kommando*	**info**-Seiten zu dem angegebenen Kommando
man:/*kommando*	**man**-Seiten zu dem angegebenen Kommando
print: /	KDE-Druckerverwaltung
tar:/*pfad*	**tar**-Archiv (auch komprimierte)
Netz-Ressourcen	
ftp://*rechner/pfad*	FTP-Server (auch **sftp://**... für *Secure FTP*)
http://*url*	Webseiten (auch **https://**... für *Secure HTTP*)
imap://*mail-server*	IMAP-Zugang zum Mail-Server (auch **imaps://**... f. *Secure IMAP*)
lan://*rechner/pfad*	LAN-Zugriff über den LAN-Browser **lisa (via TCP/IP)**
nfs://*rechner/share/pfad*	freigegebenes NFS-Laufwerk/Verzeichnis
pop3://*mail-server*	POP3-Verbindung zum POP3-MailServer (auch **pop3s://**...)
rlan://*rechner//pfad*	LAN-Zugriff über den LAN-Browser **reslisa**
rlogin://*rechner*	öffnet eine **remote-Login**-Sitzung zu dem Rechner.
smb://*rechner/share/pfad*	Window-Netzwerkverzeichnis
telnet://*rechner*	öffnet eine **telnet**-Sitzung zu dem Rechner.
webdav://*rechner/pfad*	Zugriff auf WebDAV-Server (auch **webdavs://**...)

7.2.3 Das KDE Kontrollzentrum ›kcontrol‹

Eine zentrale KDE-Konfigurationsstelle ist das KDE-Kontrollzentrum **kcontrol**. Es lässt sich entweder direkt von der Kommandozeile aufrufen oder aus dem K-Menü unter dem Punkt **Kontrollzentrum** . Das Kontrollzentrum bietet dabei sowohl die Konfiguration von KDE-Einstellungen an, als auch solche für das Linux-System. Dort greift es natürlich in Teilen in Konfigurationen ein, für welche die verschiedenen Distributionen zumeist eigene Werkzeuge zur Verfügung stellen (bei SuSE z.B. YaST). Unter SuSE weist deshalb das KDE-Kontrollzentrum zusätzlich einen Eintrag für YaST auf. Man sollte hier deshalb bei den Systemeinstellungen mit etwas Vorsicht agieren und in der Regel auf die bevorzugten Werkzeuge der Distribution zurückgreifen.

Zusätzlich ist zu beachten, dass für einige Einstellungen und Veränderungen Administrationsrechte (root-Rechte) erforderlich sind.

Wir beschränken uns in dieser Beschreibung weitgehend auf die Desktop-orientierte Konfiguration und Informationsanzeige zu KDE und dem System und geben auch hier nur einen Überblick, da der größte Teil der Konfigurationen selbsterklärend ist.

kcontrol bietet zwei Ansichten (für das linke Fenster) – die Baumansicht und die Symbolansicht. Zumeist bietet erstere einen besseren Überblick. Man findet im Kontrollzentrum zahlreiche Punkte wieder, welche bereits bei der Konfiguration des KDE-Desktops, der KDE-Kontrollleiste (der KDE-Panel) und beim Menüeditor von KDE angesprochen wurden.

Die Rubriken und ihre Einteilungen ändern sich hier noch von Version zu Version. Die (in Version 3.1) vorhandenen Rubriken sind:

Angeschlossene Geräte   Hier findet man sowohl Informationen als auch Einstellmöglichkeiten für die Desktop-Geräte wie Maus, Tastatur und Digitalkamera (ab KDE 3.1 auch Drucker und X11-Bildschirmeinstellungen).

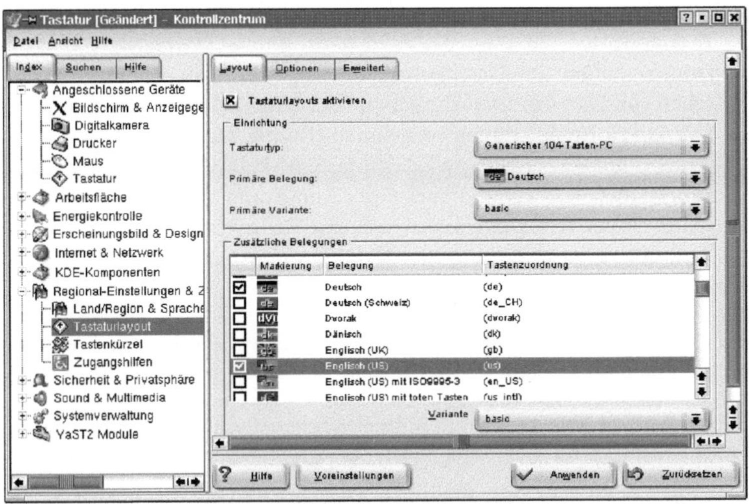

Abb. 7.16: KDE-Kontrollzentrum kcontrol

 **Arbeitsfläche**   definiert die Einstellungen für den Desktop und die virtuellen Arbeitsflächen. Hier lassen sich die Schrift auf dem Desktop (unter Erscheinungsbild), die Lage und Größe der Kontrollleiste (unter *Kontrollleisten*), die Anzahl der *Virtuellen Arbeitsflächen* und unter *Verhalten* die auf dem Desktop angezeigten Elementtypen (Laufwerke, Programm-Icons, …) festlegen. Auch die Wirkung der Maustasten auf dem Desktop fällt darunter.

 **Energie-Kontrolle**   definiert die Anzeige des Batteriezustands bei Laptops sowie der Stromsparfunktionen des Rechners.

 **Erscheinungsbild & Design**   Hierunter finden sich zahlreiche Einstellungen zum Aussehen des Bildschirms – darunter das Desktop-Hintergrundbild und die Einstellungen zum Bildschirmschoner. Unter Farben lassen sich die Farben der einzelnen Standardobjekte in einem Fenster individuell auswählen (für Knöpfe, Schaltflächen, selektieren Text usw.). *Schriften* erlaubt die Schriftart, -stärke und -größe für (Standard-)Applikationsfenster vorzugeben.

 **Internet & Netzwerk**   Hier lassen sich z.B. die Standard-E-Mail-Adresse, Zeitlimitwerte (*Time-outs*) für verschiedene Netzkomponenten, Einstellungen zu den Quellen eines News-Tickers u.Ä. einstellen. Unter Windows-Ressourcen lässt sich festlegen, unter welchem Standard-Account und Passwort Zugriffe über SMB auf Windows-Shares erfolgen sollen. Der Bereich *Arbeitsfläche freigeben* erlaubt – so aktiviert –, per VNC von einem anderen Rechner aus den lokalen Desktop zu übernehmen und zu steuern.[1]
Im Bereich *Web-Browser* gibt es zahlreiche Unterrubriken, in denen sowohl für den **konqueror** als Browser als auch für den Web-Browser Mozilla die meisten Browser-Einstellungen vorgenommen werden können. Darunter auch die Größe des Cache-Bereichs für die Web-Browser.

 **KDE-Komponenten**   Hier liegen die Einstellungen für eine Reihe von KDE-Komponenten wie etwa das *Adressbuch*, unter *Dateimanager* Einstellungen zum Verhalten des Dateimanagers **konqueror** (z.B. Rückfragen beim Löschen von Dateien) und Ähnliches. Hier lassen sich auch die Zuordnung von Dateien zu Applikationen vornehmen (Rubrik *Dateizuordnungen*).[2]
Unter *Sitzungsverwaltung* wird definiert, ob beim Abmelden der aktuelle Sitzungsstatus gesichert und nach einer Anmeldung wiederhergestellt wird.
Unter *Diensteverwaltung* lassen sich eine Reihe von KDE-Diensten (Daemonen) aktivieren – darunter der KDE-Drucker-Daemon (*Print-Spooler*, siehe dazu Kapitel 9.11, Seite 816 ff.).

---

1. VNC (*Virtual Network Control*) ist eine kleine Client-Server-Architektur, die es erlaubt, mit einem VNC-Client, der auf einem anderen Rechner (z.B. MS-Windows oder Mac OS) läuft, den lokalen Desktop wiederzugeben und per Maus- und Tastatureingaben zu steuern. Dies gestattet z.B. einem Systemverwalter, einem hilfesuchenden Benutzer von seinem Rechner aus zu zeigen, wie etwas bedient werden kann. Dazu müssen die entsprechenden VNC-Server und Clients installiert sein.

2. Das heißt festlegen, mit welchem Programm eine Datei beim Klick im Dateimanager angezeigt oder bearbeitet wird und mit welchem Icon sie im Dateimanager angezeigt wird.

 **Regionale Einstellungen & Zugangshilfen**
Hier wählt man die Sprache für die Oberfläche der KDE-Programme sowie weitere lokale Einstellungen wie etwa das Zahlen- und Datumsformat (siehe dazu Kapitel 3.5.2, Seite 186).
Unter **Tastatur** lässt sich die Tastatur für die grafische Oberfläche (KDE auf X11) einfach einstellen. Aktiviert man hier (siehe Abb. 7.16) die Funktion *Tastaturlayout aktivieren*, so lassen sich mehrere Tastaturlayouts auswählen. Im KDE-Panel erscheint ein Tastatursymbol mit der Flagge der jeweils gewählten Sprache (der Tastatur). Darüber lässt sich dann bequem zwischen den verschiedenen Tastaturen wechseln. Unter der Einstellung *Primäre Variante* kann man dabei zwischen verschiedenen Tastatur-Keymaps auswählen, darunter auch solchen mit oder ohne *<compose>*-Taste und mit oder ohne *deadkeys*.[1] Bei KDE 3.0 liegt dieser Punkt noch unter der Rubrik *Angeschlossene* Geräte unter *Tastatur*.
Da auch die Bedienung der grafischer Fenster, Programme und des Desktops für häufig benutzte Funktionen per Tastaturkürzel effizienter ist, lassen sich eine ganze Reihe von Tastaturkürzeln unter der Rubrik 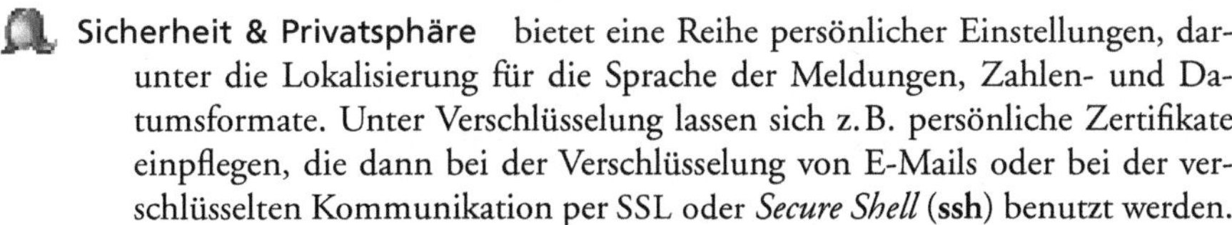 Tastenkürzel konfigurieren bzw. deren Standardvorbelegung anzeigen. Eine Liste von Tasteneingaben für häufig benutzte Funktionen ist im Anhang A.4 (S. 850) zu finden.

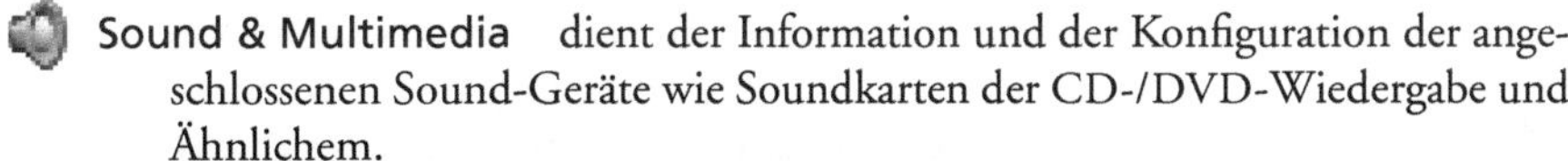 **Sicherheit & Privatsphäre** bietet eine Reihe persönlicher Einstellungen, darunter die Lokalisierung für die Sprache der Meldungen, Zahlen- und Datumsformate. Unter Verschlüsselung lassen sich z.B. persönliche Zertifikate einpflegen, die dann bei der Verschlüsselung von E-Mails oder bei der verschlüsselten Kommunikation per SSL oder *Secure Shell* (**ssh**) benutzt werden.

Sound & Multimedia dient der Information und der Konfiguration der angeschlossenen Sound-Geräte wie Soundkarten der CD-/DVD-Wiedergabe und Ähnlichem.

Systemverwaltung zeigt eine ganze Reihe von Systemeinstellungen. Änderungen – z.B. die Einstellung der Zeit und des Datums – können nur vom Systemverwalter (root) durchgeführt werden und sollten mit Vorsicht vorgenommen werden. Hier wird auch konfiguriert, welche Dokumente im Hilfezentrum (**khelpcenter**) angezeigt und welche dort bei der Suche durchsucht werden. Für die Suche dort ist zunächst (zumindest einmalig) ein Index aufzubauen. Auch dazu sind die Rechte des Systemverwalters notwendig.
Eine nützliche Funktion ist hier unter *Schriften-Installation* zu finden. Sie erlaubt zusätzliche Schriften (*Fonts*) zu installieren. Diese gelten dann für X11. Auch Font-Einstellungen für StarOffice/OpenOffice sind hier möglich. Mit root-Rechten geht dies für Schriften systemweit. Diese werden dann im Home-Verzeichnis des Benutzers abgelegt.
Größere Änderungen am System sollte man besser mit den entsprechenden Systemkonfigurationswerkzeugen (z.B. YaST bei SuSE) durchführen.

---

1. Siehe dazu ›*Kompositionen*‹ auf Seite 189.

 **Informationen**   ist hardwareorientiert und zeigt eine Vielzahl von Informationen zum Rechner und den angeschlossenen Geräten. Diese Informationen sind bei Problemen und Konfigurationsänderungen (mit anderen Werkzeugen) nützlich.
Dieser Punkt wurde in KDE 3.1 in einem eigenen Bereich übernommen: das *KDE-Infozentrum* **kinfocenter**.

Diese Rubriken und Einstellungen können sich natürlich bei KDE von Version zu Version unterscheiden. So hat SuSE in der eigenen Distribution eine weitere Rubrik YaST2 ( ) hinzugefügt. Dies ist die Stelle, worüber man bei SuSE größere Systemänderungen durchführt.

In KDE 3.1 wurden die Rubriken neu sortiert und gruppiert und neue Rubriken hinzugefügt. Hier gibt es deshalb eine Reihe von Abweichungen gegenüber älteren und neueren KDE-Versionen. Weitere Abweichungen können sich über die Linux-Distribution ergeben, da dieses KDE-Kontrollzentrum mit seinen Plug-Ins konfigurierbar ist.

7.2.4   Spezielle KDE-Programme

Desktop und Dateimanager werden durch eine Reihe kleiner und zumeist sehr fokussierter Programme oder Applets ergänzt. Bei KDE gehören hierzu z. B.:

klipper	eine erweitertes Clip-Board (Zwischenablage). Das Ablagemenü lässt sich per Strg-Alt-V aufrufen
Uhr und Kalender	mit zahlreichen Einstellmöglichkeiten (siehe ⑥ in Abb. 7.7, S. 641)
knewsticker	ein kleiner Newsticker, der in Form eines Laufbandes in der Kontrollleiste aus verschiedenen Quellen Nachrichten anzeigt. Eine ähnliche Funktion ist **kwetter**, welches sich das Wetter aus dem Internet besorgt und symbolisch anzeigt.
Bildschirmsperre	(**und Abmelden**) zwei Knöpfe, mit denen sich der Bildschirm schnell sperren lässt (zum Entsperren ist dann, so konfiguriert, das Benutzerpasswort erforderlich ( )). Der zweite Knopf ( ) aktiviert das Abmelden des Benutzers am System (siehe Punkt ⑤, Abb. 7.7, S. 641).
ksysguard	ein Systemmonitor (siehe Abschnitt 7.2.4.1, Seite 657)
Programmstarter	ist ein einzeiliges Minifenster, in dem sich ein Shell-Kommando eingeben lässt (siehe Abschnitt 7.2.4.2, Seite 658).

Man findet eine ganze Liste von diesen Mini-Anwendungen, welche sich in die KDE-Kontrollleiste einklinken lassen. Hierzu führt man auf der Kontrollleiste an einer freien Stelle einen Rechtsklick aus und navigiert in dem erscheinenden Pop-up-Menü über *Hinzufügen → Miniprogramm* zu der Liste der Miniprogramme. Die Mini-Anwendungen lösen entweder eine Aktion aus (z.B. das Abmelden) oder zeigen ihre Information direkt in der Kontrollleiste in ihrer Icon-Fläche an. Zu diesen Mini-Anwendungen gehören z.B. der oben erwähnte **knewsticker**, **kwetter**, **klipper** oder die Uhr. Weitere wären der Arbeitsflächenumschalter, ein Farbwähler oder **kmix** zur Lautstärkeregelung.

7.2.4.1 Der KDE-Systemmonitor ›ksysguard‹

ksysguard ist eine Mischung aus einer grafischen Version von **top** bzw. **ps** und einem Systemmonitor, wie man ihn von Windows her kennt. Er kann nicht nur die Prozesse des lokalen Systems anzeigen, sondern – mit entsprechenden Zugriffsrechten – auch die anderer Linux-Rechner. Dazu wird dann der Daemon **ksysgardd** eingesetzt. **ksysguard** lässt sich auf unterschiedliche Arten starten und zeigt dabei unterschiedliche Dinge an. Neben dem einfachen Aufruf über ksysguard aus einem Terminalfenster heraus oder über *K-Menü* → *System* → *Systemüberwachung* lässt er sich auch aus der KDE-Kontroll-leiste aufrufen, sofern dort das Mini-Programm *Systemmonitor* installiert ist. Hier erfolgt jedoch nur eine Mini-Anzeige im Panel (zumeist wenig nützlich).

Einige der Funktionen von **ksysguard** stehen nur mit root-Rechten zur Verfügung (z.B. das Abbrechen fremder Prozesse). Eine Verbindung zu einem anderen Host wählt man unter ⌀ oder unter *Datei* → *Mit Rechner verbinden*. Dabei ist das Verbindungs-verfahren anzugeben. Aus Sicherheitsgründen sollte man hier **ssh** (*Secure Shell*) wählen. Die Daemonen **sshd** und **ksysguardd** müssen dafür auf dem Zielsystem laufen.

ksysguard hat zwei Hauptbereiche (Reiter): *Systemlast* und *Prozesstabelle*. Unter Reiter *Systemlast* wird in Form von Zeitdiagrammen die Systemlast dargestellt – aufgeteilt in mehrere Lastkomponenten. Die Standardeinstellung zeigt nach CPU-Auslastung die gemittelte Last, Speicherbelegung und Belegung des Swap-Bereichs. Möchte man weitere Lasten sehen, so klappt man im Sensor-Browser links (❶ in Abb. 7.17) den entsprechenden Bereich aus. Per *Bearbeiten* → *Arbeitsblatt-Einstellungen* schafft man ein freies Arbeitsblatt ❷ und zieht mit der Maus aus dem linken Browser-Feld ❶ den gewünschten Sensor ❸ in ein freies Arbeitsblatt ❹.

Unter dem Reiter *Prozesstabelle* findet man die Liste der gestarteten Prozesse mit ihren Kerndaten. Die Baumansicht macht einen Teil der Abhängigkeiten der Prozesse sichtbar. Mit der Maus selektierte Prozesse lassen sich hierüber auch abbrechen. Die Sicht lässt sich über das Pull-down-Menü (siehe Punkt ❶, Abb. 7.18) einschränken oder erweitern. Damit die Prozesse angezeigt werden, ist jedoch im Pull-down-Menü von Punkt ❶ zunächst auszuwählen, welche Prozesse dargestellt werden sollen (auch

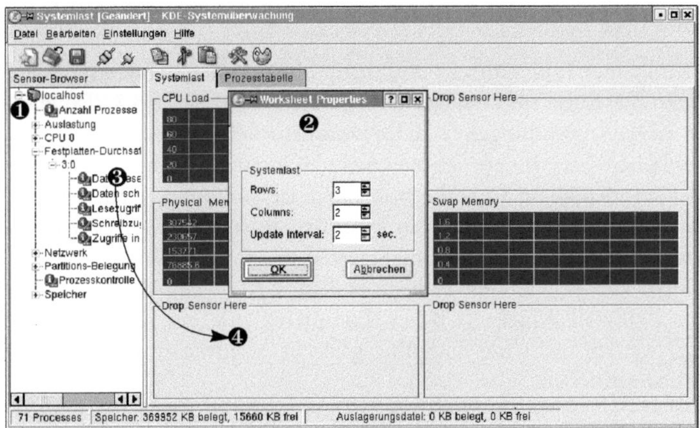

Abb. 7.17: Prozess- und System-Monitoring mit ksysguard – Systemlast

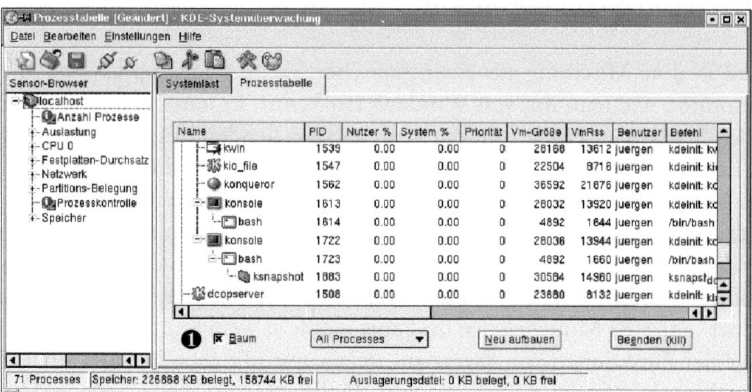

Abb. 7.18: Prozess- und System-Monitoring mit ksysguard

per $\boxed{\text{Strg}}$-$\boxed{\text{Esc}}$ möglich). Die Baumansicht zeigt hier schön die Prozesshierarchie. Klickt man auf eine der Überschriften, so wird die Liste nach dieser Rubrik sortiert, bei der Baumansicht jedoch nur nach den Hauptprozessen.

7.2.4.2 Applet ›Programm ausführen‹

Das Applet/Mini-Programm kann als Element in die Kontrollleiste eingefügt werden. Es bietet ein einzeiliges Miniterminal, in welchem man ein Shell-Kommando eingeben kann – in der Regel, um ein anderes Programm aufzurufen, welches man nicht langwierig in den Menüs suchen möchte. Ruft man ein Kommandozeilenprogramm auf, so sieht man dessen Ausgabe jedoch nicht in dem Minifenster – dafür ist ein richtiges Terminal-Fenster erforderlich. Über den Knopf rechts lässt sich hierfür **xterm** starten.

7.2.4.3 Der KDE-Papierkorb (Mülleimer) und der Reißwolf

Der KDE-Mülleimer/Papierkorb ist im Prinzip nichts anderes als ein spezieller Ordner (*Trash*), der in der Regel im Desktop-Ordner des Benutzers liegt (˜*/Desktop*). Löscht man in den KDE-Anwendungen (z.B. im konqueror) eine Datei, so wird sie in diesen Ordner verschoben. Sie erinnert sich aber nicht an ihren ursprünglichen Ablageort. Die Objekte bleiben solange im Papierkorb, bis man sie endgültig löscht[1] oder explizit in einen anderen Ordner verschiebt. Man kann den Inhalt des Papierkorbordners auch mit einem kleinem Cron-Job in regelmäßigen Abständen löschen.

Neben dem konservierenden Papierkorb kennt KDE den *Reißwolf*. Objekte, die man in der Reißwolf schickt (z.B. im **konqueror** mit der Tastenfolge $\boxed{\text{Strg}}$-$\boxed{\text{⇧}}$-$\boxed{\text{Entfernen}}$) werden nicht nur endgültig gelöscht, sondern zuvor auch noch sicherheitshalber überschrieben.

---

1. Zum Beispiel indem man bei einem Rechtsklick auf den Papierkorb im erscheinenden Menü *Papierkorb löschen* anwählt.

7.2.4.4 Kate – ein kleiner, einfacher KDE-Texteditor

GUI-basierte Editoren gibt es sehr zahlreich unter Linux (siehe Seite 711). **kate** ist neben **kedit** der Standardeditor für unformatierte Texte unter KDE. Abgesehen davon, dass er klein ist und damit schnell startet, bietet er die wesentlichen Möglichkeiten, die man von einem kleinen Texteditor erwartet. Man aktiviert kate entweder direkt über den Aufruf aus einer Textkonsole oder findet ihn (z.B. bei SuSE) im KDE-Menü unter *Büroprogramme → Editoren → kate*. Er ist sowohl über Maus als auch per Tastaturkürzel bedienbar. Sein Fenster lässt sich unterteilen, so dass man verschiedene Ausschnitte des gleichen Dokuments sieht. Neben dem klassischen Linux-ASCII beherrscht er auch UTF-8. Die Werkzeuge in der Ikonenleiste sind weitgehend selbsterklärend und (fast) KDE-einheitlich. Die meistbenutzten Funktionen liegen dabei zusätzlich im Pop-up-Menü, welches man mit der rechten Maustaste erhält. Zahlreiche Befehle sind mit zusätzlichen Tastaturkürzeln aufrufbar. Unter Einstellungen lassen sich auch diese ändern und für die Funktionen ohne Tastaturkürzel neue Kürzel explizit festlegen.

Die typische Aufgabe von **kate** ist die Erstellung und Bearbeitung von unformatierten Texten wie etwa kleinen Notizen, Konfigurationsdateien, Shell-Skripten oder Programmquelltexten.

Kate erlaubt mehrere Dateien gleichzeitig zu öffnen, wobei sie (im MDI-Modus) zunächst alle im gleichen Fenster angezeigt werden. Über die Navigationsleiste (links) kann man durch einen Mausklick auf den betreffenden Dateinamen schnell von der Darstellung der einen zur anderen Datei wechseln. In den *Einstellungen* (unter *Extra*)

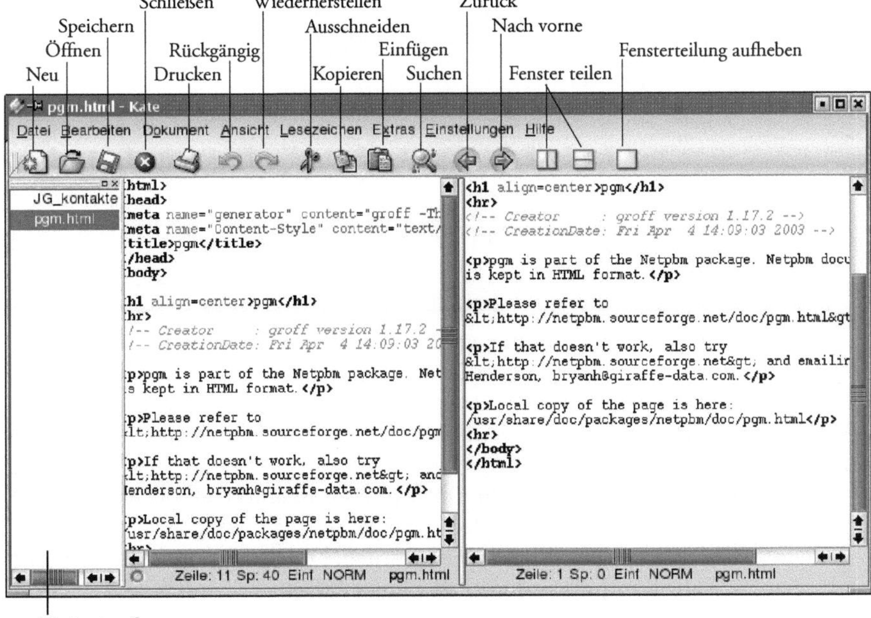

*Abb. 7.19: KDE-Editor **kate**, hier mit aufgeteiltem Fenster*

lässt sich **kate** als SDI oder MDI konfigurieren. Im *Single-Document-Interface*-Modus wird für jede geöffnete Datei ein eigenständiges, (weitgehend) autarkes **kate**-Fenster geöffnet; im *Multi-Document-Interface*-Modus werden alle Dateien im gleichen **kate**-Hauptfenster angezeigt.

Bei strukturierten Texten wie etwa *Skripten* (bash, Perl, Tcl/tk, …), HTML oder XML (unter *Sonstige*) oder Programm-*Quellen* bietet **kate** eine neue Zusatzfunktion: den **Hervorhebungsmodus**. Ihn aktiviert man unter dem Menüpunkt *Dokument → Hervorhebungsmodus → Quellen* (oder *Skripte,* …) und wählt dann aus, um welchen Dateityp es sich handelt. **kate** hebt dann z. B. fett die Schlüsselwörter des Sprache hervor. Auch *Zeilennummern* lassen sich aktivieren (unter *Ansicht* oder über ⌨F9).

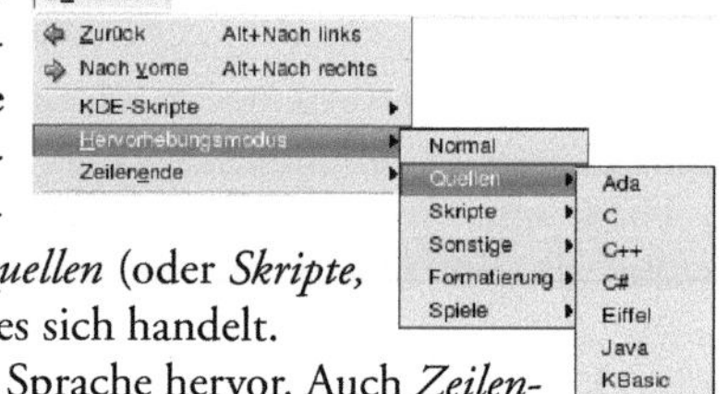

Auch die Funktionalität des Suchens unter **kate** kommt fast an jene von **vi(m)** oder **emacs** heran. So lässt sich nicht nur mit und ohne Berücksichtigung der Groß-/Kleinschreibung suchen, sondern ebenso nach Begriffen, die als eigenständiges Wort vorkommen müssen. Zusätzlich darf das Suchmuster ein regulärer Ausdruck sein. Dies lässt sich sogar per Mausklick in der Dialogbox zu regulären Ausdrücken zusammensetzen. Auch die Funktion *Suchen&Ersetzen* fehlt nicht. Sie wird unter *Bearbeitung → Ersetzen* oder ⇧⌨F3 aktiviert.

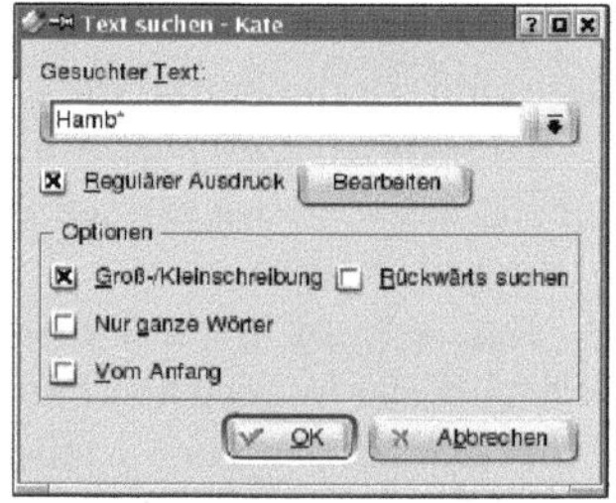

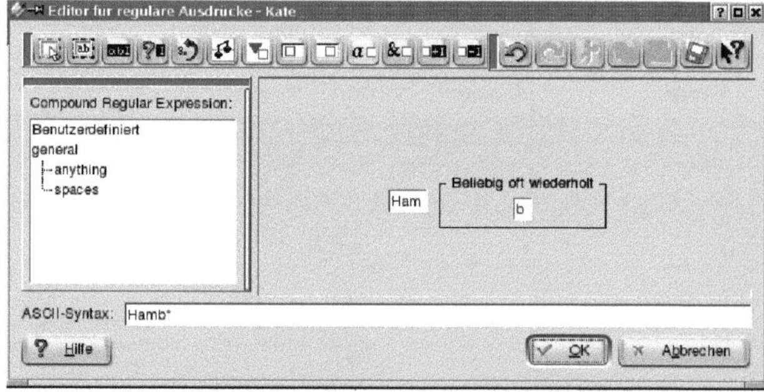

Als praktisch bei größeren Dokumenten erweist sich die Funktion des *Lesezeichens.* Dazu markiert man das zu markierende Textstück und drückt ⌨Strg-⌨B (oder geht über das Menü *Lesezeichen → Lesezeichen setzen*). Danach kann man schnell über das Lesezeichenmenü, welches nun die Lesezeichen auflistet, an die betreffende Stelle zurückspringen.

Daneben merkt sich **kate** die letzten Arbeitspositionen und erlaubt über ⇦ und ⇨ in der Werkzeugleiste schnell zurück oder wieder vorwärts zu springen.

Schließlich besitzt **kate** eine Rechtschreibprüfung. Die globalen Einstellungen dazu findet man im KDE-Kontrollzentrum (siehe) unter *Persönliche Einstellungen → Rechtschreibprüfung.*

7.2.4.5 Dateisuche mit kfind

Nachdem **konqueror** (bisher) keine eigene Suchfunktion für Dateien mehr hat, bietet **kfind** die Funktion in einer grafischen Oberfläche an und agiert dabei als GUI-Frontend für das **find**-Kommando. **kfind** findet man entweder im KDE-Menü unter *System → Dateisystem → Nach Dateien suchen*, oder man ruft es aus dem Programmstarter oder einem Terminalfenster direkt auf.

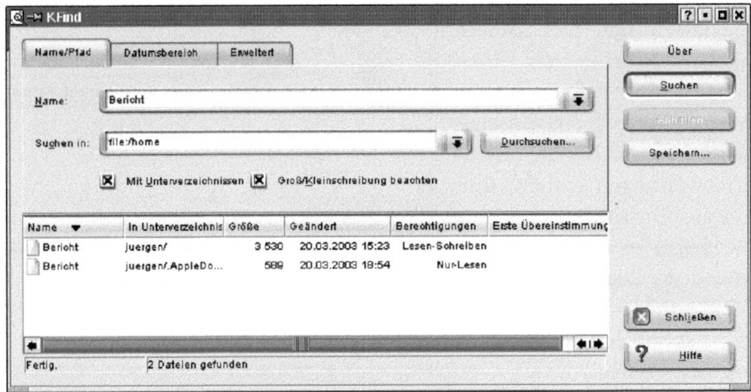

Abb. 7.20: Dateisuche mit kfind

Die einstellbaren Suchkriterien sind hier recht vielfältig. Im Bereich *Erweitert* lässt sich sogar die Suche nach Dateiinhalten vorgeben. Auch reguläre Ausdrücke sind im Suchmuster möglich. Da **kfind** den KDE-Zugriffsmechanismus verwendet, lässt sich nicht nur lokal, sondern auch auf anderen Rechnern im Netz unter Angabe des Zugriffsverfahrens im zu durchsuchenden Verzeichnis angeben (siehe Abschnitt 7.2.2.4, Seite 651).

Ein Klick auf ein Element der Trefferliste öffnet das Dokument oder öffnet ein Fenster, in dem man die Anwendung zum Öffnen oder Anzeigen auswählen kann. Ein Rechtsklick aktiviert ein Popup-Menü mit möglichen Operationen für die selektierte Datei.

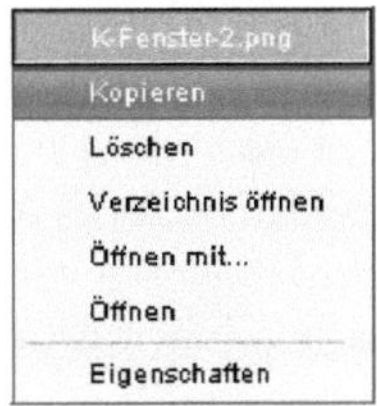

Die Ergebnisse (Treffer) lassen sich per *Ziehen & Ablegen* in den **konqueror** oder (unter GNOME) auch in das **nautilus**-Fenster ziehen.

Eine Alternative zu **kfind** – allerdings nicht ganz so mächtig – ist die GNOME-Variante **gnome-search-tool**.

7.2.4.6 kcron – GUI-Frontend für cron-Jobs

Häufig hat man sich wiederholende Aufgaben, die zu bestimmten Zeiten ausgeführt werden sollen. Das Programm **cron** erlaubt im Zusammenspiel mit dem **crond**-Daemon solche Aufträge zu einem vorgegebenen Zeitpunkt und in regelmäßigen Intervallen ablaufen zu lassen. **kron** bietet zu diesem Mechanismus bzw. zu **crontab** ein GUI-Frontend. Hier kann man sich vorhandene **cron**-Aufträge anschauen oder neue komfortabel erteilen. Mit einem **cron**-Auftrag lässt sich z. B. der Papierkorb in regelmäßigen Abständen löschen – z. B. jede Nacht um 24°° Uhr. Man muss dabei darauf achten, dass der Rechner zu diesem Zeitpunkt läuft, da beim nächsten Start zurückliegende (überfällige) cron-Jobs nicht nachgeholt werden.

Beim Aufruf werden die bereits existierenden Einträge zusammen mit den dort dafür definierten Umgebungsvariablen angezeigt. Diese Aufträge lassen sich hier ändern oder löschen. Möchte man einen neuen cron-Job definieren, so schreibt man in der Regel ein kleines Shellskript, welches die auszuführen Anweisungen enthält, und macht es ausführbar. In **kcron** ruft man *Bearbeiten → Neu* auf. In der erscheinenden Dialogbox (siehe Abb. 7.22) wird nun in ❶ der Pfad

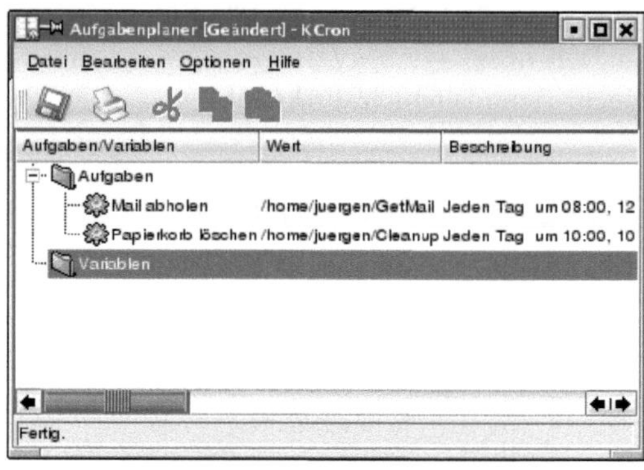

Abb. 7.21: Cron-Aufträge in kcron

des Skripts spezifiziert. Einfache Kommandos lassen sich hier auch direkt eingeben.

Man klickt nun all die Tage und Zeiten an, an denen der Job (wiederholt) laufen soll. Der Kommentar im Feld ❷ ist optional und dient nur der Übersichtlichkeit im **krcon**-Fenster. Anschließend definiert man – soweit notwendig – noch für die Ausführung benötigte Umgebungsvariablen mit ihrem Wert – etwa MAILTO, damit ein anderer Benutzer per E-Mail nach der Ausführung benachrichtigt wird. Zum Test lässt sich hier der **cron**-Auftrag gleich ausführen. Ist der Knopf *Keine Meldung* aktiviert, so wird die sonst übliche Rückmeldung per E-Mail über den Erfolg der Ausführung unterdrückt.

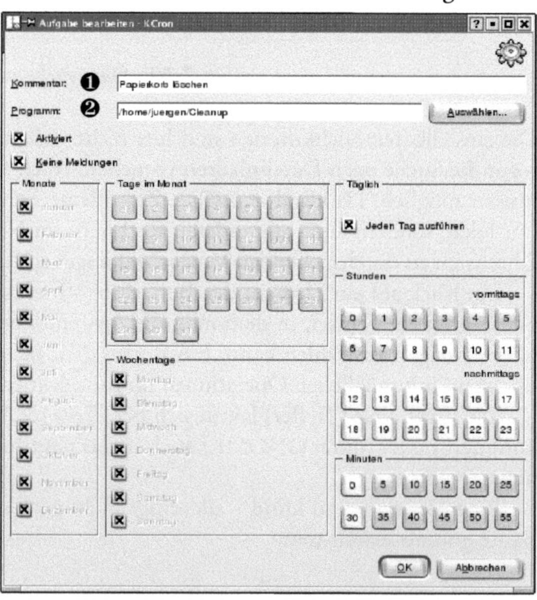

Abb. 7.22: kcron – Wann soll der Job laufen?

kcron bietet nicht die Freiheiten, welche die Kommandozeilenversion **crontab** erlaubt (siehe Seite 243), genügt aber in vielen Fällen.

Damit diese **cron**-Jobs auch wirklich ausgeführt werden, muss natürlich der **cron**-Daemon **crond** laufen (siehe dazu auch Kapitel 9.10, Seite 811). In der SuSE-Standardkonfiguration ist er als Dienst automatisch aktiv.

7.2.4.7 Kalarm – der kleine Wecker

Ein nützliches kleines Werkzeug ist **kalarm**. In ihm stellt man Termine und Uhrzeiten ein, zu denen man benachrichtigt werden möchte. **kalarm** schlägt dann durch ein auffälliges Pop-up-Fenster und bei Bedarf auch mit einen Warnton zur vorgegebenen Zeit Alarm.

Man findet **kalarm** – so man es nicht bereits in der Kontrollleiste installiert hat – zumeist im K-Menü über *Büroprogramme* → *Organisation*. Einen neuen Eintrag aktiviert man unter dem Menü *Aktionen*. Die nun erscheinende Dialogbox bietet zentral alle Einstellungsmöglichkeiten und muss (selbsterklärend) mit OK abgeschlossen werden.

Den Alarmzeitpunkt kann man sowohl als Zeitversatz zur aktuellen Zeit als auch als absoluten Zeitpunkt angeben. Zusätzlich gibt man eine damit verknüpfte Nachricht oder Aufgabe ein. Der Meldungstext lässt sich auch aus einer Datei einlesen. Über das Pull-down-Menü zur Farbwahl lässt sich die Farbe der zum Alarmzeitpunkt erscheinenden Alarm-Box wählen und damit eventuell die Dringlichkeit signalisieren.

Ein bereits fertiger Termin lässt sich (ausgehend vom **kalarm**-Fenster) noch löschen (✗) oder nachbearbeiten (✎).

Vielseitiger als **kalarm** ist der *Personal Information Manager* (kurz PIM) **korganizer** oder das GNOME-Groupware-Werkzeug **evolution**.

7.2.5 Bildschirm Sperren, Abmelden und Abbrechen bei KDE

Der Knopf 🔒 steht für das Sperren des Bildschirms – d.h. dieser wird dunkel oder der Bildschirmschoner wird aktiviert und zeigt nur ein kleines Passwort-Fenster. Zum Weiterarbeiten bzw. Entsperren gibt man das Benutzerpasswort ein.

In aller Regel wird man sich regulär bei KDE abmelden, entweder über den Knopf ⏻ in der Kontrollleiste oder über den entsprechenden Menüpunkt im K-Menü.

In sehr seltenen Fällen kann es zu Verklemmungen in KDE kommen und man kann gezwungen sein, KDE (gewaltsam) abzubrechen. Dies ist per Strg-Alt-← (*backspace*) möglich. KDE wird dann abgebrochen und man gelangt in den Login-Manager.

Möchte man, ohne die aktuelle Sitzung zu beenden, sich unter einem anderen Benutzernamen anmelden – also eine weitere KDE-Sitzung eröffnen –, so ist dies für den Menüpunkt Neue Sitzung starten im K-Menü möglich. Es erscheint das Fenster des Login-

/Display-Managers zum Anmelden in einer weiteren Sitzung. Meldet man sich nun per ⓞ-Knopf ab, landet man in der vorherigen Sitzung.

Die Sequenz [Strg]-[Alt]-[Entfernen] kann unter KDE zum Beenden von Sitzungen und X11 beendet werden. Man erhält dann eine Dialogbox, in der man zwischen dem *Herunterfahren des Rechners*, dem *Neustart des Rechners* oder einer *Neuanmeldung als anderer Benutzer* wählen kann.

Eine andere Art ist der temporäre Wechsel in eine Textkonsole per [Alt]-[Strg]-[Fn] ([Fn] = Funktionstaste [F1] bis [F6], siehe dazu Kapitel 3.6, Seite 191). Hierbei wird KDE und die KDE-Sitzung nicht beendet, sondern nur temporär verlassen. Von der Textkonsole zurück in die KDE-Sitzung kommt man per [Alt]-[Strg]-[F7].

7.2.6 Die wichtigsten KDE-Dateien

Für den Großteil der KDE-Verwaltungsdateien lässt sich im KDE-Zentrum der Ablageort festlegen (unter *Erscheinungsbild → Arbeitsfläche → Pfade*). Nachfolgende Liste zeigt die wichtigsten KDE-Verwaltungsdateien in der Standardeinstellung. Statt des hier angegebenen Verzeichnisses ˜/.kde liegen in manchen Distributionen die Daten auch in ˜/.kde2.

Tabelle 7.3: Benutzer-individuelle KDE-Konfigurationsdateien

˜/Desktop	Desktop-Objekte und Desktop-Informationen: Die meisten der Dateien sind lesbare UTF-8-Dateien (mit der Endung *.desktop*), welche das Objekt beschreiben.
˜/Desktop/Autostart	Programme, die nach dem Login automatisch gestartet werden
˜/Desktop/Trash	Ordner mit den Dateien im Mülleimer/Papierkorb
˜/.kde/share	Ordner mit einer Reihe von KDE-Konfigurationsdateien:
config	lokale Konfigurationen: Diese liegen in rc-Dateien. Hierin sind für das betreffende KDE-Programm die individuellen Einstellungen festgehalten – z. B. in *konquerorrc* für den **konqueror** oder in *kwinrc* für den KDE-Window-Manager **kwin**. Der aktuelle Desktop-Zustand liegt in *ksserverrc*.
apps	programmspezifische Daten
applnk	persönliches Menü (in applikationsspezifischen Unterordnern)
fonts	lokale Schriften (Fonts), aufgeteilt nach Font-Arten (Type1, TrueType, ...)
icons	lokale Icon-Dateien (Mini-Bilder als Symbole für Objekte)
mimelnk	lokale MIME-Typen (Zuordnung von Dateityp zu Anwendungen)
cache	eine Art */tmp*-Verzeichnis für KDE-Programme

7.3 GNOME

Bei GNOME – es steht für *GNU Network Object Model Environ-ment* – handelt es sich um ein klassisches GNU-Projekt. Man star-tete es 1997 in Konkurrenz zu KDE, da man sich mit den zunächst geltenden Lizenzrestriktionen der Qt-Bibliothek, welche im KDE-Projekt eingesetzt wurde, nicht abfinden wollte. Alle Komponenten sollten frei entsprechend der *GNU Public License* sein. Der GNU-
Tradition folgend wählte man C als primäre Programmiersprache. Als Ausgangsbasis – um nicht bei Null anfangen zu müssen – benutzte man die GTK+-Bibliotheken mit dem GTK+-Widget-Set, welches im GIMP-Projekt entwickelt wurde. GTK+ wiederum baut auf GLib auf. Grafikbasis war auch hier X11. Wie bei KDE entstanden auch hier im Laufe der Entwicklung zahlreiche zusätzliche Entwicklungswerkzeuge und Zusatz-bibliotheken – etwa zum Umgang mit XML.

Als Objektmodell und zur Intertask-Kommunikation setzt GNOME auf CORBA. Wie bei KDE entstand bei GNOME neben dem eigentlichen Desktop und den zahl-reichen Basiskomponenten auch schnell ein Dateimanager. Dies war zunächst der *Mid-night-Commander*, wurde aber mit GNOME 1.4 durch **nautilus** abgelöst. Auch GNOME legt Wert auf eine zügige Internationalisierung, ist hier aber noch nicht ganz so weit wie KDE.

GNOME hat zunächst ein kleineres Basispaket als KDE, da viele GNOME-Pro-gramme als separate, losgelöste Komponenten betrachtet werden – der Paket-Gedanke ist hier etwas loser. Dies spiegelt sich auch in GNOME-Office wieder. Dies hat den Vor-teil, dass die Komponenten dann bereitstehen, wenn die jeweilige Komponente fertig ist (oder eine neue Version davon) und nicht erst beim nächsten größeren GNOME-Release.

Das GNOME-Logo ist der Fußabdruck eines Gnoms – mit vier Zehen. Die fünfte Zehe (*Fifth Tooth*) ist dabei – so das Verständnis im GNOME-Projekt – das Paket mit GNOME-Anwendungen.

Die Abstimmung zwischen den GNOME- und den KDE-Entwicklern ist inzwischen recht weitgehend, insbesondere was den Desktop-Mechanismen betrifft. Dies erlaubt recht problemlos, GNOME-Programme unter dem KDE-Desktop zu benutzen und umgekehrt – eine sehr erfreuliche Entwicklung.

Wie KDE wurden (und werden) GNOME und die zahlrei-chen GNOME-basierten Programme auf zahlreiche Plattformen portiert. Wo KDE ver-fügbar ist, ist es in der Regel auch GNOME. Seiner freien Lizenzpolitik wegen haben sich die Firmen Sun und HP entschlossen, GNOME als Teil ihrer Solaris- bzw. HP/UX-Systeme zu unterstützen und mit dem GNOME-Desktop mittelfristig ihre CDE-Desk-tops abzulösen. IBM verhält sich hier noch abwartend – oder *neutral*, wie sie es nennen.

Zum Zeitpunkt des Drucks dieses Buchs war GNOME 2.0 und (relativ neu) GNOME 2.2 aktuell. Die meisten GNOME-Bilder stammen hier noch von GNOME 2.0. Ein recht umfangreicher *GNOME Desktop User Guide* und ein *GNOME Desktop System Administration Guide* sind unter [GNOME-Learn] zu finden.

Das GNOME-Konzept

Kennt man von KDE Desktop, Kontrollleiste, Dateimanager und Kontrollzentrum, so kennt man auch einen großen Teil der entsprechenden GNOME-Komponenten – und umgekehrt. Alle aufgeführten KDE-Komponenten sind auch bei GNOME vorhanden, tragen hier aber teilweise andere Bezeichnungen. So wird die Kontrollleiste unter GNOME als *Panel* bezeichnet. Auch die *virtuellen Arbeitsflächen* sind bei GNOME vorhanden. Der Dateimanager unter GNOME heißt **nautilus** und das GNOME-Kontrollzentrum ist **gnomecc**. Ist bei KDE **kwm** der Standard-Window-Manager und **kdm** der Display-/Login-Manager, so ist es bei GNOME in aller Regel seit Version 2.2 der Window-Manager **metacity** und **gdm** als Display-/Login-Manager. Richtig aufgesetzt erlauben beide Display-Manager beim Login auch den jeweils anderen Desktop (neben weiteren Window-Managern) zu wählen.

Darüber hinaus gibt es natürlich eine Reihe von Unterschieden, angefangen beim Aussehen und dem typischen Icon. Diese sind bei GNOME plastischer und haben feinere Farbabstufungen – für beide Richtungen gibt es Anhänger. Da man beide Desktops und Stile stark konfigurieren und anpassen kann, lassen sich die Unterschiede auf ein kaum erkennbares Minimum reduzieren, was Red Hat mit seinem *BlueCurve*-Stil (*Theme*) deutlich demonstriert. Dies macht durchaus Sinn, da man im realen Alltag zwar zumeist immer den gleichen Desktop und Dateimanager benutzen wird, jedoch Anwendungen aus beiden Welten.

Ein weiterer Unterschied besteht darin, dass mit der jeweiligen Standardeinstellung bei KDE ein Einfachklick zum Auslösen einer Aktion (z. B. bei Objekten auf dem Desktop oder im Dateimanager) reicht, während bei GNOME ein Doppelklick (jeweils linke Maustaste) erforderlich ist. Bei beiden Desktops lässt sich dies auf die jeweils andere Konvention umstellen.[1]

Bei GNOME bieten Desktop, Panel und Dateimanager etwas weniger Einstellmöglichkeiten als unter KDE; dies fördert jedoch teilweise die Übersichtlichkeit.

7.3.1 Der GNOME-Desktop

Abbildung 7.23 zeigt einen typischen GNOME-Desktop (hier im Crux-Design) mit den wichtigsten Elementen. Dazu gehören:

① GNOME-*Panel* mit verschiedenen Menüs, Informationen und Start-Objekten
② Desktop-Fläche mit dem Desktop-Hintergrund
③ Anwendungsfenster mit ihrer Fensterdekoration
④ Anwendungsfenster in der zusammengeklappten Form:
   Desktop-Objekte wie etwa der Mülleimer/Papierkorb (⑤), Symbole für Ordner/Verzeichnisse (⑥, was das (virtuelle) Verzeichnis mit den Einstellungen der Desktop-Vorliegen symbolisiert), Anwendungen (⑦ symbolisiert hier den Web-Browser), Datenträger (bzw. die darauf liegenden Dateisysteme – z. B. ⑧) oder Dokumente/Dateien.
   Die benutzten Symbole können vom Benutzer konfiguriert bzw. geändert werden.

---

1. Bei GNOME in **nautilus** über *Bearbeiten* → *Einstellungen* → *Verhalten*, bei KDE im Kontrollzentrum unter *Angeschlossene Geräte* → *Maus* unter dem Punkt *Doppelklick zum Öffnen* ….

Abb. 7.23: Ein typischer GNOME-Desktop

7.3.1.1 Das GNOME-Panel

Wie bei der KDE-Kontrollleiste und der Windows-Taskleiste stellt das GNOME-Panel wichtige Informationen und Funktionen zur Verfügung. Die Position des Panels ist dabei konfigurierbar. Hierzu zählen z. B.:

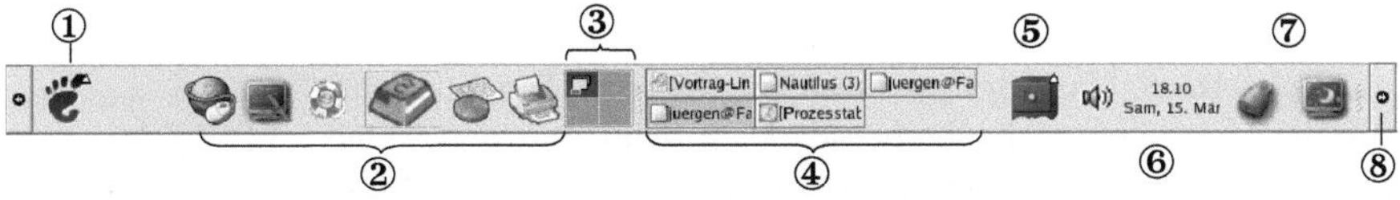

Abb. 7.24: Typisches GNOME-Panel

①   *GNOME-Menü* (unter Red Hat steht hier das Symbol): Weitere Menüs können hier vorhanden sein.

② Häufig benutzte Programme wie z. B. (Symbole können abhängig vom Stil variieren)

    Web-Browser (der jeweils konfigurierte),   Textkonsole **gnome-terminal**

    die GNOME-Hilfe mit dem Hilfe-Browser **yelp**,   Tastaturumschaltung

    OpenCalc (Teil der OpenOffice-Suite),   Druck-Funktionen

③ Übersicht (*Pager*) über die vorhandenen Arbeitsflächen mit der jeweils aktuellen hervorgehoben: Durch einen Klick auf eine der anderen Arbeitsflächen gelangt man dort hin bzw. diese wird angezeigt. Hierfür ist auch ein Tastenkürzel möglich.

④ Übersicht über die aktiven Anwendungsfenster: Klickt man auf eine der Flächen, so wird das entsprechende Fenster zum aktuellen Fenster (erhält den Fokus) und kommt zumeist automatisch nach vorne.[1] Dabei gruppiert GNOME im Standardfall mehrere Fenster in einer 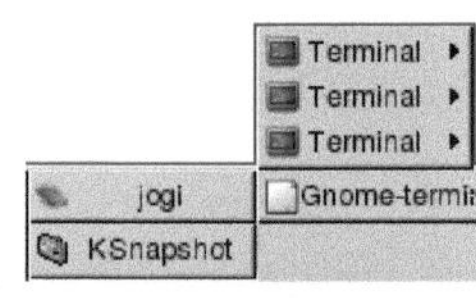 Leistenfläche, sofern der Platz für neue Leisten knapp wird.[1] Geht man mit der Maus darauf, so klappt ein Menü mit den hier vorhandenen Anwendungsfenstern auf. Wählt man ein Element, so kommt das Fenster nach vorne.

⑤ *Schubladen* : Dies sind nichts anderes als abhängige Mini-Panele, in welche man die gleichen Objekte legen kann wie in das normale Panel. Klickt man auf das Schubladen-Icon, so klappt die Schublade auf und zeigt 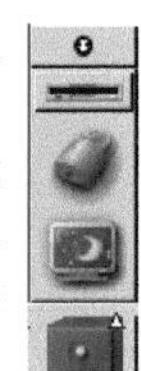 die darin vorhandenen Objekte. Weitere Schachtelungen mit weiteren Schabladen sind möglich. Ein Klick auf den Verschlussknopf ⊙ lässt die Schubladen wieder zufahren.

⑥ Mini-Anwendungen (*Applets*) mit einer kompakten Informationsanzeige, wie etwa der Lautstärkeregler oder die Uhr mit Datum und Kalender .

⑦ spezielle, häufig benutzte Funktionen wie etwa das Abmelden bzw. Logout oder Sperren des Bildschirms

⑧ konfigurierbare *Versteckknöpfe* zum Aus- und Einblenden des Panels

Funktionen im Panel werden (in der Standardeinstellung) im Gegensatz zum Desktop und in **nautilus** mit einem einfachen Klick (linke Maustaste) aktiviert.

Ein Rechtsklick auf ein Panelobjekt bringt ein Menü hoch, mit welchem man das Objekt entfernen, verschieben oder seine Eigenschaften bzw. Einstellungen abrufen kann. 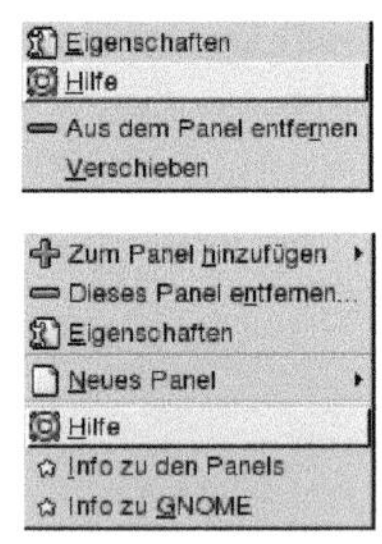

Mit einem Rechtsklick auf eine freie Stelle des Panels erscheint das *Panel-Menü*. Handelt es sich um ein gesperrtes Panel (welches der Benutzer selbst nicht löschen darf), so fehlt dort der Menüpunkt *Eigenschaften*. Über dieses Menü lassen sich neue Panel-Objekte hinzufügen, das Panel selbst löschen (sofern es nicht gesperrt ist) oder eine neues Panel hinzufügen. Über *Eigenschaften* kann man die Dialogbox mit den *Panel-Einstellungen* abrufen und verändern – darunter auch die Lage auf dem Desktop und die Größe. Dort lässt sich auch angeben, ob das Panel Ausblendknöpfe (hier *Versteckknöpfe* genannt) haben soll (⑧ in Abb. 7.24, Seite 667).

Hinzufügen lassen sich zu dem Panel die bereits erwähnten Elemente sowie praktisch alle Elemente, welche auch auf dem Desktop liegen können. Diese Objekttypen werden über die Menüs angeboten, welche dem Punkt folgen.

---

1. Auch dieses Verhalten ist in den *Eigenschaften* zu der Fensterliste konfigurierbar. Das Pop-up-Menü erhält man durch einen Rechtsklick auf den Angreifer der Liste.

7.3.1.2 Der Schreibtischhintergrund des GNOME-Desktops

Der Schreibtischhintergrund bei GNOME wird im Standardfall von **nautilus** kontrolliert. Das Hintergrundbild lässt sich einstellen. Im Desktop-Menü (rechter Mausklick auf eine freie Stelle des Desktops) wählt man dazu den Menüpunkt *Desktop-Hintergrund ändern*. Die Einstellung wird danach erst mit *Vorgabehintergrund verwendet* (im gleichen Menü) wirksam.

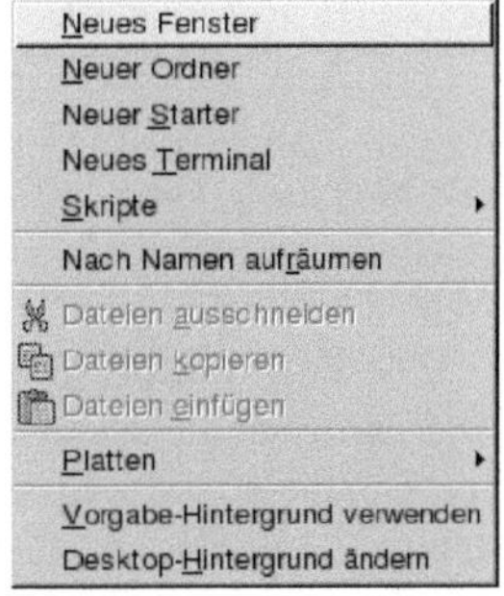

Auf dem Desktop lassen sich neben den Applikationsfenstern verschiedene Objekte platzieren. Dies sind Ordner und einzelne Dokumente, Starter (Icons, hinter denen der Start einer Anwendung liegt), Skripte (diese müssen im GNOME-Skript-Ordner *~/.gnome/nautilus-scripts* liegen) sowie Platten bzw. Datenträgersymbole. Im Gegensatz zu KDE, wo das Media-Symbol beim Aktivieren das Dateisystem des zugeordneten Geräts automatisch per **mount** einhängt, verschwindet bei GNOME das Objekt beim **umount** des Gerätes wieder automatisch vom Schreibtisch.

7.3.1.3 GNOME-Anwendungsfenster und ihre Dekoration

Bei GNOME findet man weitgehend die Bereiche und Dekorationselemente wieder (siehe Abb. 7.25), welche schon bei KDE beschrieben wurden (siehe Abschnitt 7.2.1.3, Seite 644). Lediglich das dort eventuell vorhandene Element des Pins zum Anheften des Fensters auf alle Arbeitsflächen fehlt. Die Funktion ist aber vorhanden und zwar im Fenstermenü unter der Funktion *Auf alle Arbeitsflächen legen*. Per Konvention fehlt auch der Hilfeknopf. Er ist stattdessen zumeist über einen Menüpunkt *Hilfe* in der Menüleiste zu finden oder kann auch über F1 aufgerufen werden.

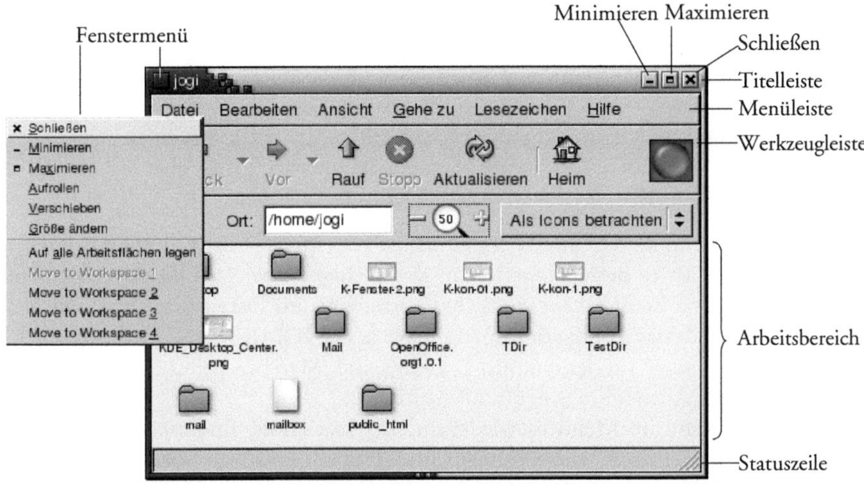

Abb. 7.25: Fensterelemente und Fensterdekoration unter GNOME

Natürlich kann das Aussehen – abhängig vom eingestellten Stil (*Theme*) – auch hier variieren. Der in diesem Buch gezeigte Stil ist *Crux* (eingestellt im Setup des Window-Managers *Metacity*) oder BlueCurce bei Red Hat.

Ein Applikationsfenster lässt sich auf die Titelleiste reduzieren (zusammenrollen), bei den Standardeinstellungen durch einen Doppelklick auf die Titelzeile. Mit der linken Maustaste kann man die Titelzeile *anpacken* und das Fenster verschieben. Ist die Titelzeile einmal nicht sichtbar, funktioniert das *Anpacken* auch an einer beliebigen Stelle des Fensterrands, wenn man zugleich Alt drückt.

Die Reaktion des Fensters auf die unterschiedlichen Maus- und Tastaturaktionen sind natürlich auch hier konfigurierbar – jedoch nicht direkt über ein Menü aus dem Fenster heraus, sondern zentral über das GNOME-Kontrollzentrum **gnomecc** (siehe Abschnitt 7.3.3, Seite 680). Dort lässt sich auch festlegen, wie ein Fenster den Fokus erhält. Im Standardfall erfolgt dies durch einen Klick in das Fenster oder auf den Fensterrand. Daneben kann man per Alt-Tab den Fokus zyklisch von Fenster zu Fenster verschieben. Auch diese Tastenkombination ist im Kontrollzentrum einstellbar.

7.3.1.4 Das GNOME-Menü

ist das Symbol für das GNOME-Menü bzw. das Hauptmenü, anzutreffen zumeist prominent links als erstes Icon im Panel (siehe Punkt ①, Abb. 7.24, Seite 667). Die kommerziellen Distributionen ersetzen dabei teilweise das GNOME-Symbol durch ihr eigenes Symbol. So ist das Icon für das Hauptmenü bei Red Hat z. B. der Red-Hat-Hut 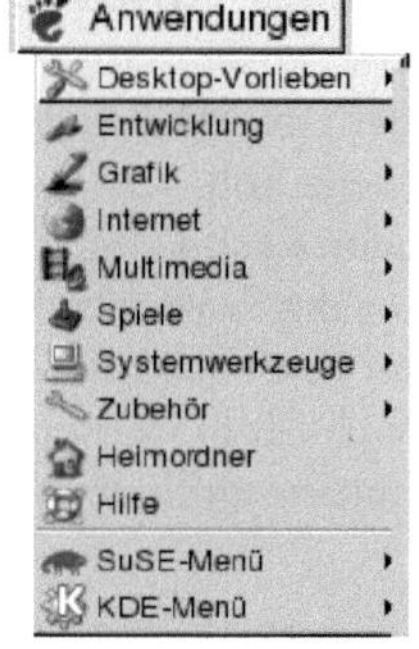.

Das Menü lässt sich nicht nur aus einem Panel anwählen, sondern auch per Alt-F1 aktivieren.

Das Menü ist konfigurierbar, hat aber bereits eine sinnvolle Vorbelegung. Konnte es früher mit dem GNOME-Menüeditor bearbeitet werden (analog zu KDE-Menüeditor), so steht in der aktuellen Version 2.0 (und 2.2) **gmenu** nicht mehr zu Verfügung. Modifikationen am Menü sind nun deshalb etwas umständlicher. Man kann das Menü – etwas fehleranfällig – direkt mit einem Texteditor bearbeiten. Es handelt sich um XML-Dateien und man muss sorgfältig darauf achten, korrekte Syntax zu verwenden und im Schema zu bleiben. Die zweite Methode ist umständlicher, aber sicherer, und wird nachfolgend am Beispiel des GNOME-Menüs beschrieben:

Das GNOME-Menü besteht aus einem *virtuellen Verzeichnis* – unter GNOME *Vfolder* genannt. Virtuell ist es deshalb, weil es in Wirklichkeit eine XML-Datei mit einem besonderen Schema ist und kein wirkliches Verzeichnis im Dateibaum (was sehr viel einfacher wäre). Für das Applikationsmenü (bzw. das GNOME-Menü) ist dies das Verzeichnis *applications:///* (in der nautilus-Schreibweise). Man bearbeitet dieses Verzeichnis und damit das Anwendungsmenü mit nautilus.

Jedes Untermenü im Menü ist wiederum ein Verzeichnis. Endknoten und damit wirkliche Funktionen bzw. Anwendungen sind dann *Anwendungsstarter* (*Launcher*) – wie man sie auch von den Desktop-Objekten her kennt – oder Skripte.

Möchte man nun ein neues Untermenü hinzufügen, so öffnet man mit nautilus das Verzeichnis *applications:///*. Die Objekte in diesem (virtuellen) Verzeichnis spiegeln den Inhalt des GNOME-Menüs wieder (unter Umständen in englischen Namen). Man navigiert nun zu der Stelle bzw. dem Unterverzeichnis, bei dem man das neue Untermenü hinzufügen möchte. Hier legt man ein neues Verzeichnis an, gibt ihm den gewünschten Menünamen und ein passendes Icon. Nun wechselt man in diesen Verzeichnis.

Schließlich legt man (in **nautilus**) einen neuen *Anwendungsstarter* (*Launcher*) an – über *Datei → Starter erstellen*.

7.3.1.5 Erstellung eines Anwendungsstarters in nautilus

Hat man in **nautilus** die Dialogbox für einen Anwendungsstarter aufgerufen (*Datei → Starter erstellen*), so erscheint die Dialogbox von Abb. 7.26. Hier gibt man in ① den vorgesehenen Namen an. Er lässt sich unter dem Reiter *Komplex* internationalisieren. In ② (*Allgemeiner Name*) gibt man eine Anwendungsklasse an – etwa *Editoren* oder *Helfer*.

Der Inhalt des *Kommentarfelds* ③ sollte die Funktion des Objektes kurz beschreiben. Dieser Text erscheint später als *Tooltip*, wenn man kurze Zeit auf dem Anwendungs-Icon mit dem Mauszeiger verweilt. Im Feld *Befehl* (④) steht der Pfad der Anwendung oder des Kommandos. Im Pull-down-Menü *Typ* (⑤). Schließlich sucht man sich unter Icon (⑥) eine passende Icon-Grafik aus. Benötigt die Anwendung ein Terminal-Fenster, da sie kein eigenes Fenster besitzt, so aktiviert man dies an der Checkbox ⑦.

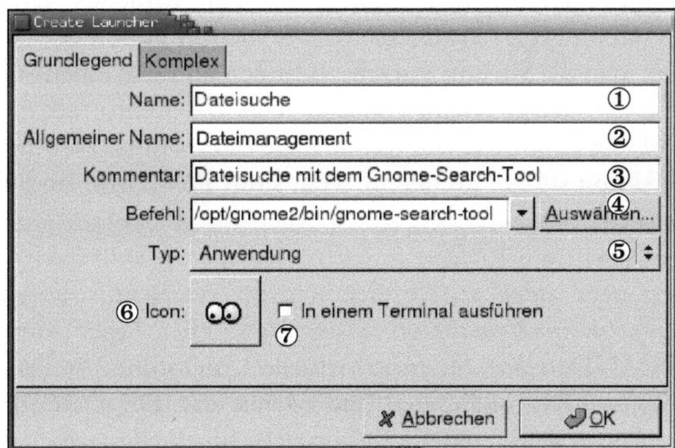

Abb. 7.26: Dialogbox Anwendungsstarter (Launchers) – Basiseinstellungen

Damit ist diese Basisarbeit für eine neue Menüfunktion oder einen Anwendungsstarter auf dem Desktop oder in einem Panel (fast) geleistet.

Unter dem Reiter *Komplex* (*Advanced*) kann man – so es funktioniert – die Internationalisierung vornehmen. Hier trägt man im Feld ❶ das zwei Zeichen lange Sprachkürzel nach ISO-639-1 ein (siehe hierzu Tabelle A.13, Seite 864), für welche die nachfolgenden Angaben gelten sollen. Feld ❷ definiert den sprachspezifischen Namen aus dem Feld ② in Abb. 7.26. Feld ❸ entspricht Feld ③, nun aber für die betreffende Sprache. In ❹ steht der entsprechende Kommentar. In das Feld für die Dokumentation ❺

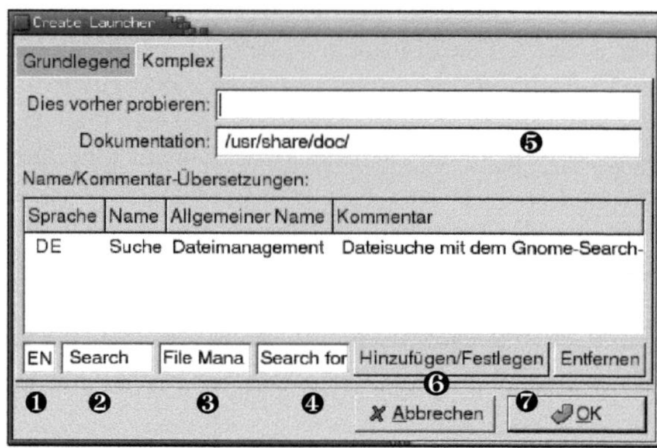

Abb. 7.27: Internationalisierung für Anwendungsstarter in GNOME/nautilus

kommt der Pfad zur Dokumentation. Mit *Hinzufügen* ❻ wird dieser Spracheintrag
übernommen. Schließlich schließt man die Definition mit ❼ bzw. OK ab.

Das hier beschriebene Verfahren bei der Erstellung eines *Starters/Launchers* gilt in
gleicher Weise für die Erstellung solcher Objekte auf dem Desktop oder in einem Panel.

Hat man einen Anwendungsstarter in einem Menü angelegt, statt auf dem Desktop
oder in einem Panel, so sind die neuen Einträge im GNOME-Menü nun leider **noch
nicht sichtbar**. Bei unseren eigenen Versuchen mit GNOME 2.0 und 2.06 waren auch
die so mühsam eingetragenen neuen Elemente in dem virtuellen Verzeichnis nicht
gleich sichtbar – es sah hingegen so aus, als hätte es nicht funktioniert. Damit man das
Ergebnis sieht, muss man die Sitzung zunächst beenden und sich erneut anmelden. Erst
dann erscheinen die Objekte im Menü und nun auch in der entsprechenden *Vfolders*.

Ein weiteres Problem bestand darin, dass uns die Internationalisierung mit **nautilus**
nicht gelang – die Aktion stürzte immer ab. Man kann aber davon ausgehen, dass dies
ein bald behobener Fehler ist.

Die zuvor angesprochenen *Vfolders* mit den virtuellen Menüverzeichnissen – hier
sind auch komplett neue anlegbar – findet man im Verzeichnis */etc/gnome-vfs-2.0/
vfolders* oder */etc/opt/gnome2/gnome-vfs-2.0/vfolders*. Hier liegen zumeist mehrere
Vfolders-Dateien (XML-Dateien). Sie (und virtuelle Unterordner) stellen die verschiedenen *Vorlieben-/Preference*-Einstellungen und Menüs dar. Die Dateien mit der Na-
menskomponente *all-users* definieren die Teile, welche für alle Benutzer des Systems gelten sollen. Fügt der Systemverwalter hier neue Teile hinzu oder löscht vorhandene
Elemente, so wirkt sich dies (nach dem nächsten Login) für alle Benutzer aus.

Diese Dateien kann man (mit den richtigen Zugriffsrechten) direkt editieren.
Möchte man sie wie zuvor besprochen mit **nautilus** bearbeiten, so gibt man in nautilus
nicht den gesamten Pfadnamen an, sondern nur den Dateinamen ohne die Endung
.vfolderinfo und in der URI-Syntax *name:///*. In diesen Info-Dateien stehen nicht die gesamten Definitionen selbst, sondern (in XML-Syntax) die Pfade zu den Informationen.

7.3.2 Der GNOME-Datei-Manager ›nautilus‹

Der zentrale Dateimanager unter GNOME ist **nautilus**. Er agiert nicht nur als Datei-Browser, sondern ebenso als Hilfe-Browser, FTP-Browser und als Web-Browser. Welche URL-Arten er bedienen soll, lässt sich im GNOME-Kontrollzentrum unter *Dokument-Handler → URL-Handler* festlegen. Dabei beherrscht er (Stand **nautilus** Version 2.2) noch nicht das große Spektrum an Protokollen, welches der **konqueror** über Plug-Ins beherrscht.

Daneben kontrolliert **nautilus** auch den Desktop und die dort liegenden Desktop-Objekte. Eine Inkarnation von nautilus läuft deshalb auch dann im Hintergrund (im *quiet*-Modus), wenn er gar kein Manager-Fenster auf einer Arbeitsfläche offen hat.

Möchte man **nautilus** auch unter KDE laufen lassen, so kann man ihn so konfigurieren, dass er nicht auch den Desktop übernimmt.[1]

nautilus ist etwas einfacher gestrickt als die KDE-Variante und damit in einigen Fällen übersichtlicher und handlicher. Sein Anwendungsfenster besteht neben den üblichen Leisten (*Menüleiste* ①, *Werkzeugleiste* ②, *Adressleiste* ③ und die *Statusleiste* ⑥) aus einem oder zwei Teilfenstern, wobei – so aktiviert – das linke Teilfenster als *Navigations-* und *Informationsfenster* agiert (siehe ④, Abb. 7.28). Sie wird bei nautilus *Seitenleiste* genannt und lässt sich im Menü *Ansicht* ein- und ausblenden. Dort sitzen mehrere Reiter (Punkt ⑤ in Abb. 7.28: *Baum, Chronik, Notizen*), die sich ein- und ausblenden lassen.[2] Hier können weitere Reiter vorhanden sein – so z.B. *Hilfe*.

Die Dateien des betrachteten Verzeichnisses lassen sich im Darstellungsbereich ⑨ sowohl als *Symbolansicht* (als Icon) anzeigen als auch in der *Listenansicht*. Die Umschaltung erfolgt über den Menüknopf ⑧. Daneben gibt es eine *Katalogansicht*.

Abb. 7.28: GNOME-Dateimanager nautilus mit offener Seitenleiste

---

1. Im GNOME-Kontrollzentrum (siehe Seite 681) unter *Desktop → Hintergrund*.
2. Siehe dazu die Beschreibung auf Seite 676.

Praktisch ist die Möglichkeit des Zoomens der Darstellung im Darstellungsbereich. Mit der Zoomfunktion ▬ 75 ✚ (siehe ⑦ in Abb. 7.28) lässt sich die Darstellungsgröße der Objekte verkleinern (auch per Strg-+) oder vergrößern (auch per Strg--).

Welche Angaben zu einem Objekt im Hauptfenster erscheinen, legt man unter *Bearbeiten → Einstellungen → Symbolbeschriftungen* fest. Hier sind (bisher) neben dem Namen maximal drei Felder möglich. Klickt man in der Listendarstellung auf eines der Felder, so wird die Liste nach diesem Feld sortiert.

Meldet man sich als root an, so lässt sich **nautilus** problemlos starten. Möchte man jedoch bei normaler Benutzeranmeldung (per **sudo** oder nach **su root**) im Super-User-Modus verwenden, so ist ein kleiner Trick notwendig, um **nautilus** aufrufen zu können. Hierzu muss eine spezielle Umgebungsvariable gesetzt sein. Dies geschieht, indem man diese zuvor setzt und exportiert oder sie direkt beim Aufruf setzt, etwa in der Form: NAUTILUS_OK_TO_RUN_AS_ROOT=1 **nautilus**.

7.3.2.1 Aktionen mit Objekten im nautilus

Ein Doppelklick auf ein Objekt (zumeist einen Ordner oder eine Datei) aktiviert die Anzeige oder Bearbeitungsfunktion. Objekte, welche **nautilus** selbst anzeigen kann, werden entweder im Ursprungsfenster von nautilus oder aber in einem separaten Fenster angezeigt – abhängig von Einstellungen unter *Bearbeiten → Einstellungen → Verhalten*.

Ein Rechtsklick auf ein Objekt aktiviert das Objektmenü. Hier werden kontextsensitiv[1] die am häufigsten benutzten Funktionen bzw. Operationen zu dem Objekt angeboten. Dabei kann man über *Öffnen mit* auswählen, mit welcher Anwendung die Datei zu öffnen ist. Der Punkt *Skripte* zeigt (Shell-)Skripten bzw. Operationen. Diese Skripte müssen im GNOME-Skripten-Ordner liegen.[2] Dies erlaubt auch über selbst erstellte Skripten, neue Bearbeitungsfunktionen zu implementieren. Das Skript bekommt den Namen der selektierten Datei übergeben und kann damit Shellprozeduren ausführen. Eine ganze Reihe von Skripten lässt sich bei [GNOME-Script] finden. Dort ist das Skript-Verfahren auch dokumentiert.

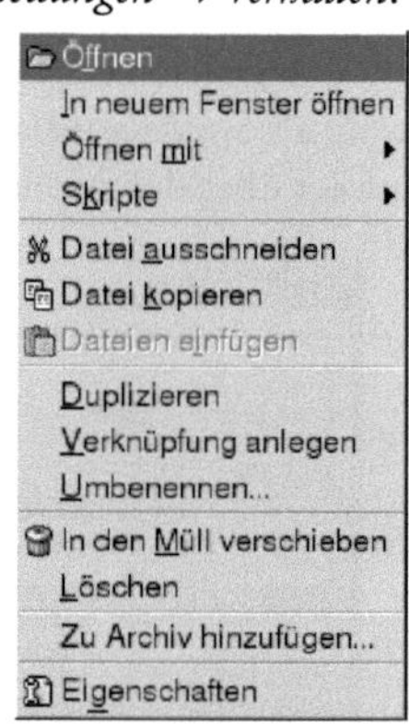

Wie man sieht, werden zwei Löschfunktionen angeboten: ein direktes Löschen und ein Löschen über den Papierkorb. Letzteres erlaubt ein Zurückholen der Datei aus dem Mülleimer. Das direkte Löschen lässt sich ausblenden (in den **nautilis**-Einstellungen unter dem Reiter *Verhalten*). **nautilus** bietet hier auch eine Archivfunktion an. Dabei wird die GNOME-Anwendung **filer-roller** aktiviert (siehe Seite 686). Weitere Funktion können in dieses Menü konfiguriert werden.

Über die *Eigenschaften* gelangt man in eine Dialogbox, welche sowohl die erweiterten Eigenschaften anzeigt (siehe Abb. 7.29) als auch erlaubt, die Zugriffsrechte auf die Datei zu setzen (so man der Eigner oder der Super-User ist). Zusätzlich gibt es hier die Rubrik *Embleme*. Sie gestattet, dem Objekt ein *Emblem* in der Art eines Stickers anzukleben (siehe nächsten Abschnitt).

---

1. Es werden nur die Funktionen im Menü angeboten, welche zu dem Objekt auch Sinn machen.
2. Dieser ist im Home-Verzeichnis des Benutzers unter *.gnome/nautilus-scripts* zu finden.

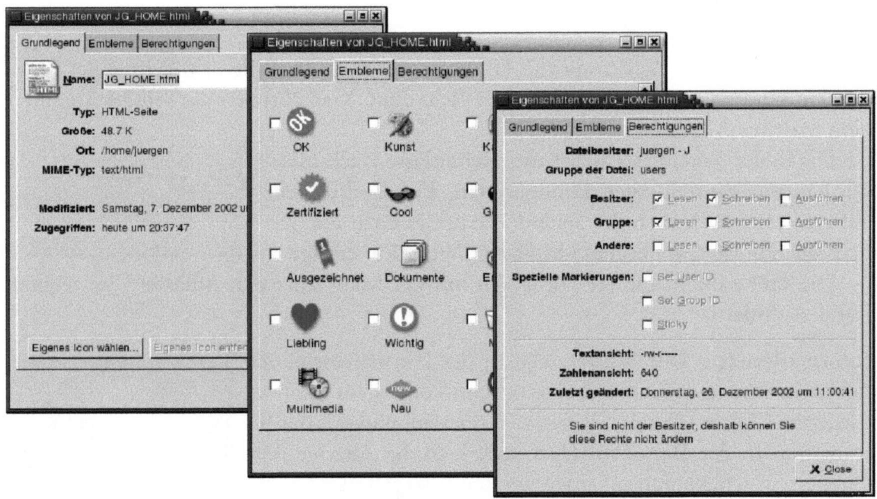

Abb. 7.29: Dialogbox ›Dateieigenschaften‹ mit den Bereichen ›Grundlegend‹, ›Embleme‹ und ›Berechtigungen‹

Embleme sind eine Art Sticker oder Aufkleber auf Objekte. Ein Objekt kann dabei mehrere solcher Embleme besitzen, und **nautilus** gruppiert sie optisch um das Icon des Objektes herum. Sie sind nur in der Icon-Darstellung sichtbar. Embleme können sowohl an Verzeichnisse als  auch an Dateien und alle Desktop-Objekte (außer Fenster) angeheftet werden. Ein Rechtsklick auf das Objekt zeigt die Aktionsliste. Wählt man dort *Eigenschaften*, so kann man in der Dialogbox aus Abb. 7.29 unter dem Reiter *Embleme* die hier verfügbaren Embleme anhängen oder wieder deaktivieren. Daneben platziert **nautilus** selbstständig zwei weitere Embleme an Objekte: für schreibgeschützte Daten und für gesperrte Ordner (auf die der Benutzer keine Zugriffsrechte besitzt).

Eine weiteres Objektattribut sind *Notizen* (siehe Seite 676). Sie lassen sich aber nur an Ordner heften.

Idealerweise würde man diese Zusätze im Dateikopf unterbringen oder darauf verweisen. Da man aber dafür die Dateisysteme nicht erweitern möchte, merkt sich GNOME bzw. nautilus diese Informationen (zusammen mit den einmal ermittelten Icons zu den Dateien) in einer verdeckten Datei zum jeweiligen Verzeichnis. Kopiert oder verschiebt man die Dateien danach über nautilus in ein anderes Verzeichnis oder einen anderen Datenträger, so bleiben diese Information erhalten; macht man dies mit einem anderen Werkzeug, etwa dem Linux-Kommando **cp** oder **mv** oder anderen Programmen, so gehen diese Zuatzinformationen verloren.

Objekte lassen sich per *Drag&Drop* zwischen dem **nautilus**-Fenster austauschen, auf den Desktop und in den Papierkorb bewegen oder – bei GNOME- oder KDE-Programmen – in das Anwendungsfenster, womit sie dann von diesen geöffnet werden. Die Zusammenarbeit via *Drag&Drop* bzw. *Ziehen&Ablegen* zwischen unterschiedlichen Programmen ist jedoch noch am Anfang und noch nicht perfekt.

7.3.2.2 Die Seitenleiste von nautilus

Die Seitenleiste (das Teilfenster mit Punkt ④ in Abb. 7.28, Seite 673) dient einer Reihe von Funktionen und weist verschiedene Reiter auf. Man aktiviert die Seitenleiste unter dem **nautilus**-Menü *Fenster*.

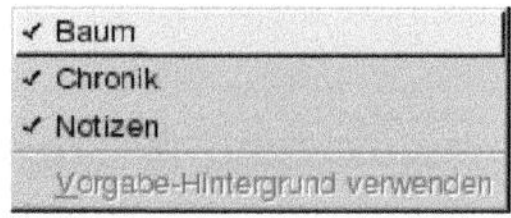

Die in der Seitenleiste sichtbaren Reiter lassen sich über die **nautilus**-Einstellungen konfigurieren. Ein Rechtsklick auf einen freien Bereich der Seitenleiste bringt dazu die nebenstehende Box, in der diese Mini-Konfiguration erfolgt.

Die Breite der Seitenleiste lässt sich mit der Maus über den Anfasser ⁞ am rechten Rand verändern.

Informationen: Das Fenster zeigt in der Normaleinstellung *Informationen* zu dem aktuellen Verzeichnis oder dem darin selektierten Objekt (Datei). Dies ist z. T. überlappend mit der Information in der *Statusleiste* (*Statuszeile*), so die Anzeige dort aktiviert ist. Klickt man auf einen der Reiter, so geht das Fenster in den entsprechenden Modus über und zeigt z. B. die *Notiz* zu dem aktuellen Verzeichnis. Sie lässt sich hier auch editieren. Notizen können (bisher) nur an Verzeichnisse, nicht aber an einzelne Dateien geheftet werden. Die Notizen verwenden das UTF-8-Format für den Text.

Chronik: *Chronik* (oder *History*) zeigt eine Liste der zuletzt besuchten Verzeichnisse bzw. URIs – sehr ähnlich der *Zurück-Liste* in Web-Browsern.

Baum: Die *Baumansicht* (nebenstehende Abbildung) schließlich erlaubt ein schnelles Navigieren im Systemdateibaum, der in der Seitenleiste erscheint – sehr ähnlich dem Navigieren in der Baumansicht des Windows-Explorers. Klickt man hierin auf einen Ordner, so wird automatisch im Darstellungsfenster dessen Inhalt angezeigt. Klickt man auf das ▷-Symbol vor einem Ordner, so klappt die nächste Stufe auf und beim zweiten Klick wieder zu. Öffnet man die Baumansicht, so wird stets die Systembaumwurzel ›/‹ als Ausgangbasis benutzt.

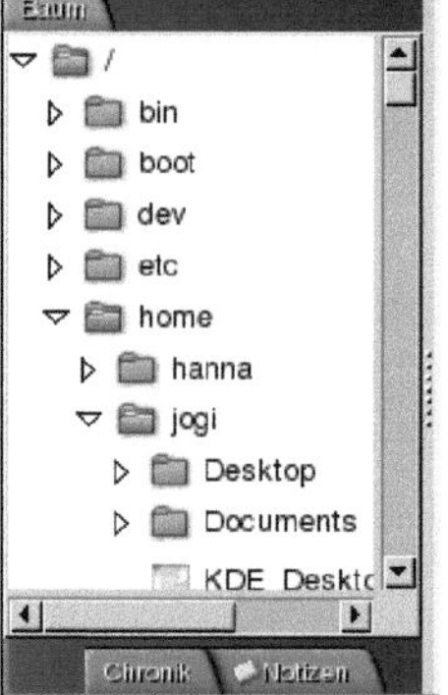

Notizen: wirken wie Kommentare oder gelbe Heftzettel an Verzeichnissen (nicht an einzelnen Dateien). Ein Formatieren oder unterschiedliche Schriften in diesen Kommentaren sind nicht möglich.

7.3.2.3 Dateisuche in nautilus

Nautilus Version 2 bietet eine Möglichkeit, schneller in einem großen Verzeichnis nach einer Datei zu suchen. Per ⟨Strg⟩-⟨F⟩ erscheint in der Statusleiste ein kleines Eingabefenster. Beginnt man dort einen Dateinamen einzugeben, so springt nautilus automatisch zur Datei (oder dem Ordner) im Darstellungsbereich, welche mit dem bisher eingegebenen Namen übereinstimmt. Ist es noch nicht die richtige Datei, so kann man durch weitere Eingaben den Namen präzisieren bis Mehrdeutigkeiten ausgeschlossen sind.

Ein besseres Suchwerkzeug ist **gnome-search-tool** (Seite 685), welches in der Regel auch im GNOME-Menü unter *Zubehör* → *Dateisuche* zu finden ist. Es arbeitet mit **locate** (siehe Seite 324) und ist deshalb recht schnell. Da **locate** auf der locate-Datenbank aufbaut, findet es jedoch seit dem letzten Indizierlauf neu erstellte Dateien nicht.

Eine mächtigere Suche erlaubt **kfind**, welches auch unter dem GNOME-Desktop läuft. Hier lassen sich mehrere Suchkriterien kombinieren und nicht nur nach Dateiattributen, sondern auch nach Dateiinhalten suchen. Die dort gefundenen Dateien lassen sich dann auch in das nautilus-Fenster ziehen.

7.3.2.4 Einstellungen in nautilus

Über das Menü *Bearbeiten* → *Einstellungen* kommt man zur Dialogbox mit den **nautilus**-Einstellungen. Diese Einstellungen erreicht man auch in dem auf Seite 680 beschriebenen GNOME-Kontrollzentrum. Die Einstellungen sind in vier Bereiche gegliedert:

Ansichten legt eine Reihe von Details für die Standarddarstellung im Darstellungsfenster fest – etwa ob Verzeichnisse (*Ordner*) in der Liste vor oder nach der Datei angezeigt werden sollen. Auch der Standardzoomfaktor, die Sortierreihenfolge und das Sortiermerkmal beim Aufruf von **nautilus** für die Symbol- und Listenansicht werden hier definiert. Leider merkt **nautilus** sich bisher nicht die letzten Einstellungen. Auch die Anzeige von verdeckten (versteckten) Dateien wird hier an- oder abgeschaltet.

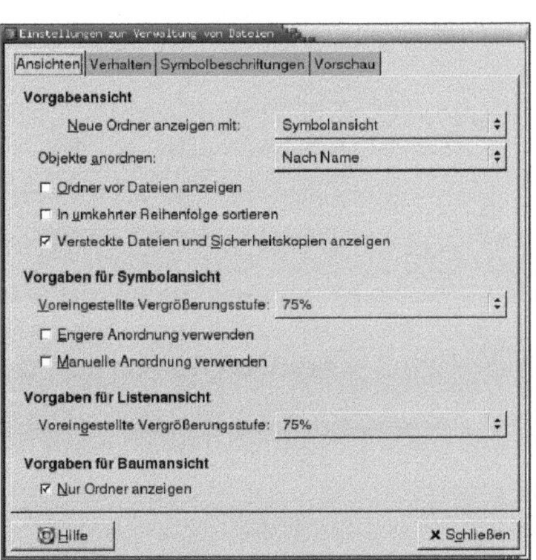

Verhalten: Hier ist festgelegt, ob für das Aktivieren eines Objektes ein Einfach- oder ein Doppelklick (linkes Maustaste) erforderlich ist und ob für die Anzeige des Objektes ein neues nautilus-Fenster geöffnet wird. Für ausführbare Textdateien (Skripte) ist hier definiert, ob das Skript beim Anklicken ausgeführt, angezeigt oder ob alternativ jedesmal nachgefragt werden soll. Für den Mülleimer lässt sich hier festlegen, ob vor dem Verschieben nachgefragt wird. Schließlich lässt sich hier auch ein direkter Löschbefehl im **nautilus**-Aktionsmenü ein- und ausblenden.

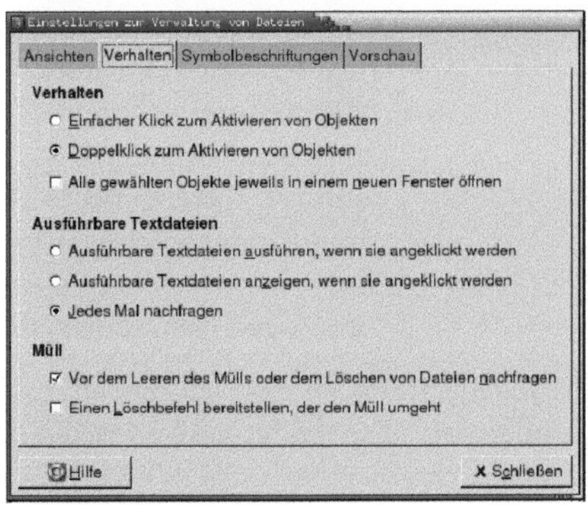

Symbolbeschriftungen (die Dialogbox im Bild hier ist etwas reduziert) legt fest, welche Angaben an einem Symbol (einem Icon) erfolgen sollen und in welcher Reihenfolge. Diese Einstellungen gelten jedoch auch in der Listenansicht. Bisher sind nur drei Angaben gleichzeitig möglich.

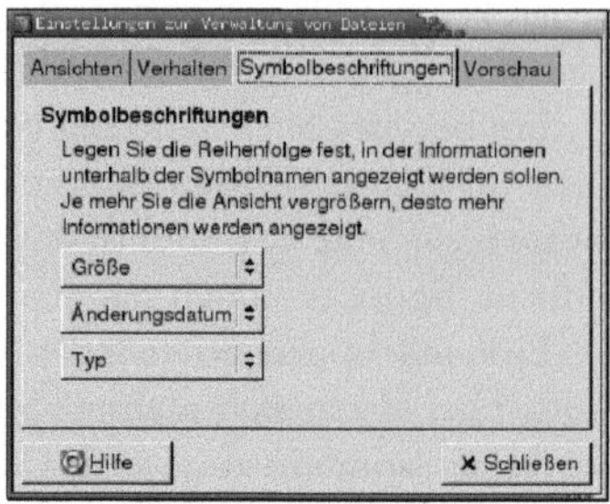

Vorschau Die Einstellungen hier (siehe auch Abb. 7.35, Seite 703) erlauben eine gewisse Optimierung, in dem sie definieren, von welchen Text-, Bild- und Audio-Dateien ein Vorschaubild (ein Icon) erstellt werden soll und wieviele Dateien eines Ordners dabei zu berücksichtigen sind.

7.3.2.5 Die Zugriffsverfahren von nautilus

nautilus bietet eine Reihe von Zugriffsverfahren, wenn es auch weniger als beim **konqueror** sind. Hierzu gehören:

file:*pfad*   Dies ist der Standard. Die Komponente **file:** wird dabei zumeist nicht angezeigt.

ftp:[*benutzer:passwort*]*@server/pfad*
Hiermit agiert **nautilus** als FTP-Browser. *benutzer:passwort* sind optional. Ohne sie wird ein anonymer FTP-Zugang versucht bzw. der Benutzer und das Passwort abgefragt.

man:///*kmd*   zeigt die Manualseiten zu dem betreffenden Kommando **kmd** an. Das ›///‹ signalisiert, dass es sich um einen virtuellen Zugriff handelt, d. h. **nautilus** greift auf eine Datei zu, welche ein *virtuelles Verzeichnis* repräsentiert. Sie werden unter GNOME *Vfolders* genannt. Der Zugriff erfolgt dabei über **gnome-vfs –**, den GNOME *Virtual-File-Switch*.

info:///*kmd*   zeigt die **info**-Seiten zu dem angegebenen Kommando *kmd*.

preferences:/// zeigt den (virtuellen) Ordner mit den Applets für die persönlichen Einstellungen. Die erweiterte Version der Einstellungen steht unter **preferences:///enhanced**.
Möchte der Systemverwalter *Vorlieben* (*Preferences*) systemweit einstellen, so benutzt er statt ›preferences:‹ die URI (*Uniform Resource Identifier*) **prefereneces-all-users:** oder für die Voreinstellungen der Applikationen **applications-all-users:**.
Der *Vfolder* **applications:** ist der Einstieg in das GNOME-Applikationsmenü (siehe auch Abschnitt 7.3.1.4, Seite 670).

Es gibt eine Reihe weiterer *vfolders*, etwa solche, in denen das Standard-GNOME-Menü definiert ist. Man findet einige im *GNOME Desktop User Guide* oder *Administrator Guide* beschrieben (siehe [GNOME-Learn]).

7.3.2.6 Tastaturkürzel in nautilus

Nautilus bietet eine ganze Reihe konfigurierbarer Kürzel über die Tastatur, welche für häufig benutzte Funktionen das Arbeiten beschleunigen können. Tabelle 7.4 zeigt die wichtigsten in der Standardeinstellung.

Tabelle 7.4: nautilus-Tastaturkürzel

Strg-A	alle Dateien selektieren
Strg-B	*Bookmark* – Lesezeichen auf aktuelle Seite/Verzeichnis setzen
Strg-C	*Copy* – Kopieren – Datei/Verzeichnis zum Kopieren selektieren
Strg-D	Duplizieren – markierte Datei/Verzeichnis duplizieren
Strg-F	*Find* – Dialogbox für Suchen öffnen
Strg-I	*Information* – öffnet zum Selektieren Objektdialogbox *Eigenschaften*.
Strg-L	*Link* – symbolischen Link für markierte Datei anlegen
Strg-N	neues Verzeichnis anlegen (im aktuellen Verzeichnis)
Strg-O	*Open* – öffnet die selektierte Datei (oder Dateien).
⇧-Strg-O	*Open* – öffnet die selektierte Datei in einem neuen Fenster.
Strg-R	*Refresh* – Die Datei oder das aktuelle Verzeichnis wird neu eingelesen.
Strg-T	*Trash* – Datei in den Mülleimer verschieben
Strg-U	Up – in übergeordnetes Verzeichnis wechseln (entspricht: **cd ..**)
Strg-V	zuvor kopierte Datei einfügen
Strg--	Zoomstufe reduzieren (verkleinern)
Strg-+	Zoomstufe erhöhen (vergrößern)
Strg--	Zoomstufe reduzieren (verkleinern)
F1	Hilfe zu **nautilus**
F2	Umbenennen
F9	Seitenleiste ein- oder ausblenden
Alt-linke-Maustaste	Fenster verschieben (Anfasser an beliebiger Fensterstelle)

Allgemeine Tastenkürzel für die grafische Oberfläche, KDE und GNOME sind im Anhang A.3 ab Seite 849 zu finden.

7.3.3 GNOME-Kontrollzentrum ›gnomecc‹ und Desktop-Vorlieben

GNOME kennt drei Stellen, an denen Einstellungen für den Desktop, den Window-Manager **metacity** (oder einen anderen) sowie andere wichtige GNOME-Komponenten vorgenommen werden:

A) das **GNOME-Kontrollzentrum** (analog zum KDE-Kontrollzentrum)
B) **Desktop-Vorlieben** (englisch: *Preferences*)
C) **Einstellungen** (als Punkt in **nautilus** unter dem Menü *Bearbeiten*)

Man erreicht das GNOME-Kontrollzentrum entweder über einen Menüeintrag im GNOME-Menü oder per Aufruf von **gnomcc** aus der Kommandozeile heraus. Hier lassen sich angenehm die wesentlichen persönlichen Anpassungen vornehmen (siehe Abb. 7.30).

Die Einstellungen hier weisen Überlappungen mit den nachfolgend beschriebenen Desktop-Vorlieben auf. Die im Kontrollzentrum vorhandenen Einstellmethoden – bei GNOME als *Capplets* bezeichnet, sind eine Art spezieller Applets, welche die Einstellungen vornehmen.

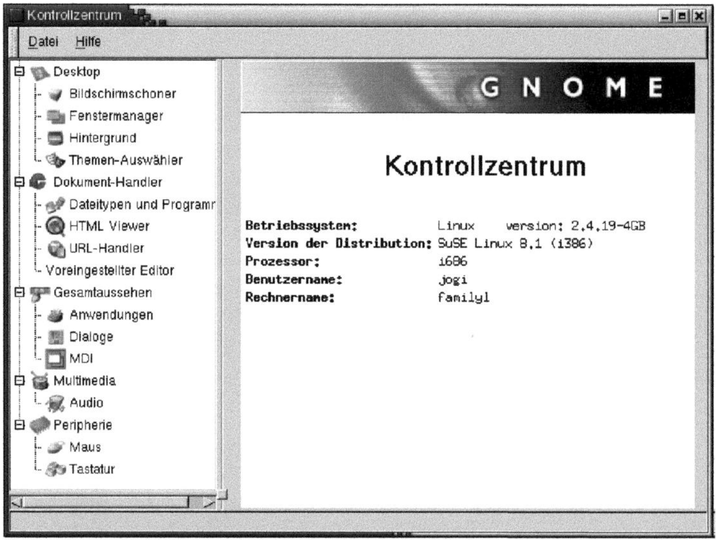

Abb. 7.30: Das GNOME-Kontrollzentrum ›gnomecc‹

Desktop-Vorlieben – Preferences

Das zweite Zentrum für Einstellungen zum GNOME-Desktop erreicht man entweder über das GNOME-Menü unter dem Punkt *Desktop-Vorlieben* oder unter der URI *preferences:///* in **nautilus**. Dabei werden die in Abb. 7.31 gezeigten Bereiche angeboten – entweder über das Menü oder als Objekte im Preference-Ordner. Eine dritte Zugangsvariante erfolgt über das Desktop-Icon ›*Hier starten* ‹. Man navigiert von dort zu *Desktop-Einstellungen*. Wie man sieht, sind hier auch noch weitere Einstellungen möglich: *Server-Einstellungen* und *Anwendungen*.

Abb. 7.31: Einstellungen zum Desktop bei GNOME

Die *Desktop-Einstellungen* lassen sich sowohl benutzerindividuell als auch global für alle
Benutzer einstellen. Letzteres darf natürlich nur der Super-User. Die hier verwendeten
Namen (z. B. *Desktop-Vorlieben* oder *Preferences* statt *Desktop-Einstellungen*) sind abhän-
gig von der GNOME-Version und der Linux-Distribution. Dies gilt auch für die
Namen der nachfolgenden Einstellungen.

Audio erlaubt Einstellungen zum Sound-Server und zu Tönen, welche mit
bestimmten Ereignissen der Benutzeroberfläche verknüpft sein können.

Barrierefreiheit Hierunter können verschiedene Einstellungen für Seh- und
Körperbehinderte vorgenommen werden. So lässt sich z. B. eine kontraststarke
Darstellung für eine spezielle Tastatureinstellungen einstellen.

Bildschirmschoner legt Einzelheiten zum Bildschirmschoner fest, darunter
auch, wie der Bildschirmschoner mit den Stromsparmechanismen zusammen
arbeiten soll.

Fenster-Fokus gestattet vorzugeben, mit welcher Methode der Fokuswechsel
zwischen Fenstern erfolgen soll.

Hintergrund definiert das Bild des Desktop-Hintergrunds. Hier können
auch eigene Bilder verwendet werden.

Komplex (Advanced) Es tut sich hier ein weiterer Unterordner auf, in dem
weitere Detaillierungen möglich sind. Hierzu zählen Einstellungen zum Login-
/Display-Manager, zu MIME-Types, zum Panel-Verhalten und zur Sicherung
von Sitzungsdaten. Hier sind auch Einstellungen zum Window-Manager möglich. Es lässt sich zusätzlich festlegen, was der Standardeditor und der Standard-Web-Browser sein soll und welches Programm als Terminal-Fenster verwendet werden sein soll (Rubrik *Bevorzugte Anwendungen*).

 **Maus** enthält eine Reihe von Definitionen für die Reaktion auf Mausbewegungen und Maustasten (Maus für Rechts- oder Linkshänder) sowie zum Aussehen des Mauszeigers.

 **Menüs und Werkzeugleisten** legt fest, ob in den GNOME-Menüs und (getrennt) in der Werkzeugleiste von Applikationen Icons oder nur Text sichtbar sein sollen, und wo der Text bei den Icons steht. Hier steht auch, ob die Werkzeugleisten abgekoppelt (abgerissen) und frei auf dem Bildschirm platziert werden dürfen.

 **Metacity-Setup** Hier erfolgen Einstellungen zum Window-Manager. Statt **metacity** kann auch die Konfiguration eines anderen Window-Managers wie etwa **sawfish** vorhanden sein.

 **Netzwerk-Proxy** gestattet Einstellungen zur Verwendung eines Proxys für den Zugang zum Internet vorzunehmen.

 **Schrift** legt fest, welche Schriftarten und Schriftgrößen für den Desktop, in Anwendungen und für Fenstertitel verwendet werden.

 **Tastatur** legt die Tastaturgeschwindigkeit, die Form des Schreibcursors sowie den Ton bei einem Tastenanschlag fest.

 **Tastaturkombinationen** Hier wird für GNOME die Tastenkombinationen (Tastaturkürzel) für den Desktop (z. B. das Umschalten zwischen den Arbeitsflächen), den Window-Manager bzw. die Handhabung von Applikationsfenster sowie für das kleine Applet festgelegt, mit dem man Bildschirmfotos erzeugen kann.

 **Thema** bietet eine Reihe unterschiedlicher Stile (*Themen*) für das Aussehen der Fenster und Fensterdekoration an. Reichen einem die vorhandenen Stile nicht aus, kann man weitere aus dem Internet herunter laden.[1]

 **Verwaltung** definiert für **nautilus** eine Reihe von Werten, darunter den Standardzoomfaktor für Icons, das Vorschauverhalten, die Symbolbeschriftung (die Angabe von Metadaten wie Dateigröße und Änderungszeitpunkt) sowie das Verhalten auf Mausklicks in Fenstertiteln und auf Objekte in **nautilus**. Hier legt man z. B. fest, ob ein Objekt durch einen Einfach- oder einen Doppelklick aktiviert wird. Diese Einstellungen sind identisch mit jenen in **nautilus** unter dem Menü *Bearbeiten* → *Einstellungen* (siehe Seite 677, Abschnitt 7.3.2.4, Seite 677).

Hier können eine Reihe weiterer Einstellungspunkte vorhanden sein. So findet man unter Red Hat hier z. B. das Icon für die Einstellungen für den Palm-Pilot.

---

1. Grafiken für Icons und neue Stile (*Themes*) für Gnome findet man unter *http://art.gnome.org*.

7.3.4   Die wichtigsten GNOME-Konfigurationsdateien

Neben den globalen Konfigurationsdateien, die nur der Systemverwalter editieren darf, nutzen GNOME, der Window-Manager und die GNOME-Anwendungen folgende Konfigurationsdateien (oder Verzeichnisse):

Tabelle 7.5: GNOME-Dateien im Home-Verzeichnis des Benutzers

~/.gconf/	benutzerspezifische Konfigurationsdaten zu GNOME
~/.gconfd	enthält die gconf-Quellen für den Benutzer (Ursprungseinstellungen). Hier sind zu finden Konfigurationsdaten sowie (temporäre) Sperrdateien und Statusinformationen zu bestimmten Objekten.
~/.gnome/	enthält die benutzerspezifischen Applikationsdaten, die nicht in der globalen gconf-Datenbasis gespeichert werden. Hierzu gehören z. B. MIME-Typ-Zuordnungen und sitzungsspezifische Daten/Dateien.
~/.gnome-desktop	Desktop-Objekte und Desktop-Informationen
~/.gnome-desktop/Trash	der Mülleimer (als Verzeichnis) auf dem Desktop
~/.gnome2	enthält die benutzerspezifischen Applikationsdaten, die nicht in der globalen gconf-Datenbasis gespeichert werden. Hierzu gehören z. B. Tastaturkürzel, Startpositionen vom Applikationsfenster oder die Konfiguration von Startern im Benutzer-Panel.
~/.gnome2/nautilus-scripts	Hier müssn die Skripten liegen, welche nautilus als Funktion im Aktions-Menü unter *Skripten* anbieten soll.
~/.gnome2-private	ist vorhanden, aber (bei Version 2.0 und 2.2) ohne Bedeutung.
~/.metacity	gesicherte Sitzungsdaten des Window-Managers **metacity** (falls **metacity** als Window-Manager genutzt wird).
~/.nautilus/	benutzerspezifische Daten zu **nautilus**. Hierzu gehören z. B. individuelle **nautilus**-Stile (Themes), spezielle Embleme des Benutzers, Hintergrundbilder für den Desktop, Metadaten zu den Verzeichnissen, mit denen der Benutzer arbeitet.
~/.sawfish	Einstellungen des Window-Managers **sawfish** (falls sawfish als Window-Manager genutzt wird)
~/.themes/	vom Benutzer installierte Stile (*Themes*)
~/.thumnails/	kleine Icons (*thumbnails*), welche von **nautilus** zur ikonifizierten Darstellung von Dateien und Verzeichnissen verwendet werden
~/.xscreensaver/	Konfigurationsdaten zum Bildschirmschoner

Im aktuellen Stand der GNOME-Entwicklung ergeben sich noch deutliche Änderungen von Version zu Version.

7.3.5   Spezielle GNOME-Programme

Es gibt ein ständig wachsendes Spektrum von GNOME-Programmen, GNOME-Applets (für die Panele) und *Capplets* (welche spezielle Einstellungen vornehmen). Einen
ersten Überblick zu den vollständigen Anwendungen (zusammen mit anderen GUI-basierten Anwendungen) gibt Abschnitt 7.7 ab Seite 704. Der größte Teil dieser Anwendungen kann dabei ebenso unter anderen Desktop-Oberflächen laufen, bietet dabei
aber unter Umständen nicht die Integration und den vollen Funktionsumfang, den sie
unter GNOME haben. Nachfolgend möchten wir deshalb auf einige GNOME-spezi-
fische Applets und andere kleine Module eingehen und zeigen nur einen Ausschnitt.

7.3.5.1   Applets für das GNOME-Panel

Das Repertoire an GNOME-Applets für die Panele und Menüs sowie an kleinen Hel-
feranwendungen steigt ständig. Eine ganze Reihe davon ist nur zum Spaß und ohne
echte Funktion. Hierzu zählen z. B. die Augen **geyes** im Panel , welche ständig dem
Mauszeiger folgen oder **gfish** , der als Wahrsager agiert.

Nützlicher ist die Funktion zur Erstellung eines Bildschirmfotos, welches sich –
auch wenn es nicht in einem Panel installiert ist, per ⌈Druck⌉ aufrufen lässt und dann
einen *Screenshot* vom ganzen Bildschirm macht. Mit ⌈⇧⌉-⌈Druck⌉ wird nur das gerade
aktive Fenster abgezogen und in der Zwischenablage hinterlegt. Eine Variante davon ist
der Knopfmodul *Bildschirmfoto* . Er lässt sich jedoch auch direkt per ⌈Alt⌉-⌈F2⌉ aktivieren, erlaubt jedoch keine Unterscheidung zwischen dem gesamten Bildschirm oder
dem aktiven Fenster.

Wie bei KDE gibt es ein Applet zur *Lautstärkeregelung* und einen *CD-Player*.
Dieses Modul besitzt aber nicht all die Möglichkeiten, welche Multimedia-Player wie
etwa **xmms** oder **mpayer** haben.

Der Knopfmodul *Programm ausführen* entspricht weitgehend dem KDE-Applet *Programm
ausführen*. Klickt man auf Knopf im Panel,
so erscheint ein einzeiliges Mini-Terminal, in dem
man ein Shell-Kommando eingeben kann. Im
Pull-down-Menü hinter *Bekannte Anwendungen*
erscheint alternativ eine Liste von Anwendungen, aus denen sich eine auswählen lässt.
Diese Dialogbox kann auch direkt per ⌈Alt⌉-⌈F2⌉ aufgerufen werden.

Eine noch einfachere Variante davon ist *Befehlszeile*, welche wie bei KDE lediglich
ein kleines Kommandozeilenfenster im Panel darstellt . Klickt man hier auf
den kleinen oberen Knopf rechts, erscheint Mini-Browser mit einer etwas größeren
Eingabezeile. Der untere Knopf zeigt die Kommando-*History*.

Daneben gibt es wie bei KDE einen Mini-*Börsenticker* 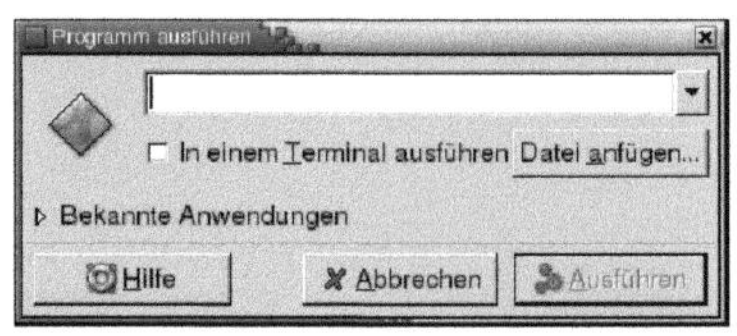 und das
Wetter-Icon , welche beide im Panel liegen können und ihre Informationen aus be-
stimmten Seiten im Internet beziehen.

Auch der Mini-*Systemmonitor* ist vorhanden. Er zeigt in einem winzigen Fenster (das
Panel-Icon) die CPU-Last an .

7.3.5.2 Kleine und größere Helfer

GNOME bietet, wie auch KDE, zahlreiche kleine Helferprogramme, welche teilweise wirklich eigenständig sind und in anderen Fällen GUI-Frontends zu Komamndozeilenprogrammen.

So ist das **gnome-search-tool** ein GUI-Frontend zum Kommando **locate** und bietet die schnelle Suche nach Dateien. Funktional ist es ähnlich zu **kfind**. Objekte aus der Trefferliste lassen sich auch hier per *Ziehen & Ablegen* in das **nautilus** oder **konqueror**-Fenster ziehen. Im Ⓥ-Menü findet man es zumeist gleich auf der ersten Ebene. Es lässt sich aber natürlich auch direkt aus einem Terminal-Fenster aufrufen. Unter

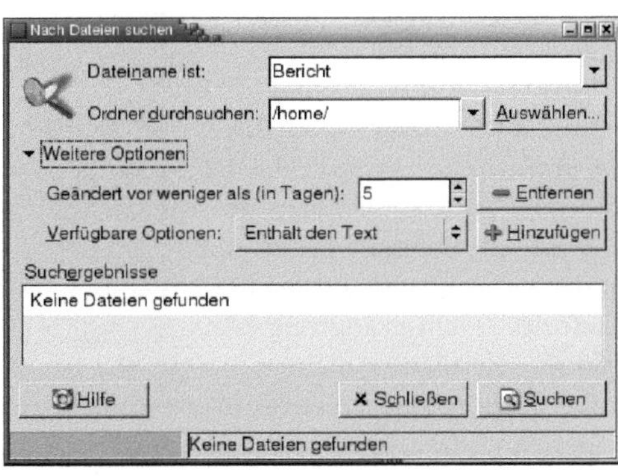

Weitere Optionen lassen sich hier komplexere Suchbedingungen zusammensetzen. Dadurch, dass es **locate** benutzt, ist es sehr schnell, findet Dateien jedoch nur dann, wenn die **locate**-Datenbank aktuell ist (zu **locate** siehe Seite 326).

Das GNOME-Pendant zu **ksysguard** ist der GNOME-Systemmonitor **gnome-system-monitor** (im Ⓥ-Menü unter *Systemwerkzeuge → System-Monitor*). Er zeigt unter dem Reiter *Prozessliste* in einer Baumstruktur die aktuell laufenden Prozesse. Die Einschränkung auf Benutzerprozesse oder eigene Prozesse ist dabei möglich.

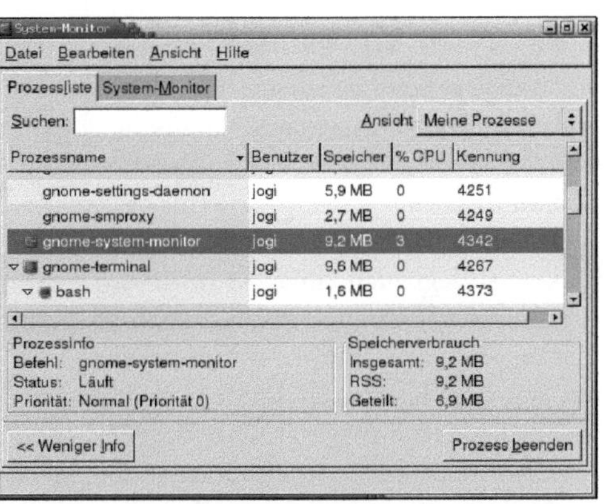

Unter dem Reiter *System-Monitor* wird grafisch die Systemlast angezeigt sowie die Auslastung des Haupt- und Swap-Speichers. Eine Alternative zu **gnome-system-monitor** wäre **gtop**.

Häufig möchte man schnell etwas ausrechnen. Der **Taschenrechner (gnome-calculator)** unter GNOME startet schnell und leistet just dies. Er kann sowohl mit der Maus als auch mit der Tastatur bedient werden und bietet die gängigen Rechenfunktionen. Das Ergebnis lässt sich in andere Texte kopieren. Man findet den Taschenrechner im Ⓥ-Menü unter *Zubehör*.

Auch KDE hat einen solchen Taschenrechner **kcalc**. Er bietet etwas mehr Möglichkeiten, darunter die Umrechnungen zwischen Binär, Dezimal, Oktal und Hexadezimal.

Zuweilen möchte man im Editor ein Zeichen eingeben, für das man die Tastenkombination nicht kennt. Hier hilft unter GNOME die **Zeichentabelle** (Programmname **gnome-characher-map**). Man wählt zunächst den gewünschten Zeichensatz und klickt dann das betreffende Zeichen an. Bei großen Zeichensätzen wie bei Unicode/ UTF-8 muss man zuvor eventuell die richtige Seite wählen. In der Statuszeile wird dabei der Code des Zeichens angezeigt. Angeklickte Zeichen erscheinen

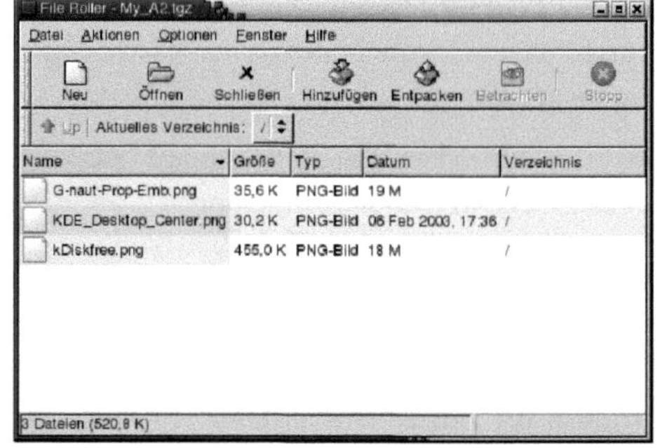

rechts oben im Fenster und können per *Kopieren & Einfügen* in den Text im Editor übernommen werden. Das KDE-Gegenstück ist **kcharselect**.

File-Roller: Unter Windows ist Winzip ein viel benutztes Programm zur Erstellung von komprimierten Dateien und Archiven. Unter Linux ist es **gzip** und **bzip2** oder **tar**. Alle diese Formate und einige weitere beherrscht **file-roller** und hat wie Winzip eine grafische Oberfläche. Man findet es im 🐾-Menü unter *Zubehör*.

Möchte man Dateien in ein Archiv packen, so legt man zunächst mit *Neu* ein neues Archiv an und wählt dazu unter *Dateityp* den Archivdateityp aus. Bei der Einstellung *Automatisch* erkennt **filer-roller** aus der Dateiendung (z. B. .tgz) den gewünschten Typ. Nun lassen sich die zu archivierenden Dateien über Hinzufügen 🔧 in das Archiv bringen (das Original bleibt dabei erhalten). Einfacher geht es mit *Ziehen & Ablegen* aus einem **nautilus**-Fenster heraus in das Archiv-Fenster.

Auch in der umgekehrten Richtung können Dateien aus **file-roller** per *Ziehen & Ablegen* aus dem Archivfenster in ein im **nautilus**-Fenster angezeigtes Verzeichnis gezogen werden. Alternativ kann man *Entpacken* 🔧)aktivieren und in der erscheinenden Dialogbox das Verzeichnis angeben, in dem die entpackte Dateien abzulegen sind. Ohne eine Datei explizit zu extrahieren, kann man sich über *Betrachten* 🔧 eine Datei anzeigen lassen. Das Löschen einzelner Dateien aus dem Archiv ist möglich.

Die **nautilus**-Funktion *Zu Archiv hinzufügen* (im Pop-up-Menü bei Rechtsklick auf eine Datei) bedient sich des File-Rollers. Eine einfachere Version von **file-roller** ist **archive-generator.**

Das KDE-Gegenstück von **file-roller** ist **arc** oder **karchiver**, wobei **konqueror** bereits selbst das Entpacken von ZIP-Dateien und eine Reihe anderer Archiv- und Komprimierungsformate beherrscht.

Möchte man sehen, wie viel freier Plattenplatz auf dem System noch vorhanden ist, so verwendet man auf der Kommandoebene das Komamndo **df** (*disk free*). Unter GNOME steht dafür **gdiskfree** zur Verfügung. Es zeigt von allen eingehängten Platten den Füllgrad grafisch an. Der Systemverwalter kann es z. B. als Monitor auf dem Bildschirm stehen lassen.

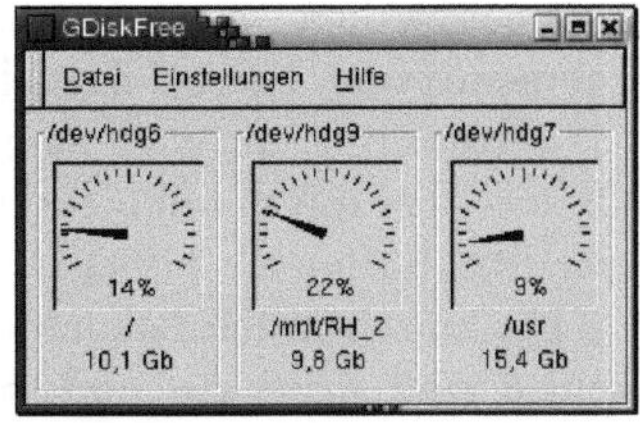

Die informativere Variante ist aber **Kdiskfree** (Programmname: **kdf**) aus dem KDE-Paket. Es läuft ebenso unter GNOME.

Hier sieht man neben der Belegung auch die Einhängepunkte, die Größe des Datenträgers und die Art des Dateisystems.

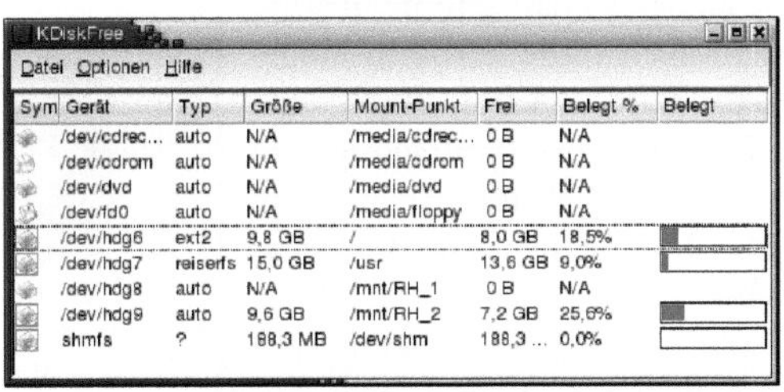

Gfloppy: Möchte man eine Floppy formatieren und mit einem DOS- oder **ext2**-Linux-Dateisystem initialisieren, so steht dafür **gfloppy** zur Verfügung. Das entsprechende KDE-Pendant dazu ist – man errät es leicht – **kfloppy** mit weitgehend identischen Eigenschaften.

GNOME Transfer Manager: Was **getright** unter Windows ist, das ist der **gtm** unter Linux. Er erlaubt den effizienten Daten-Download per HTTP oder FTP. Hier gibt man die zu übertragenden Dateien ein und stößt dann den Transfer an. **gtm** kommt mit abgebrochenen Übertragungen zurecht bzw. kann solche erneut aufsetzen und an der unterbrochenen Stelle fortsetzen. Er spielt flüssig mit dem GNOME Web-Browser **galeon** zusammen. So lassen sich z.B.

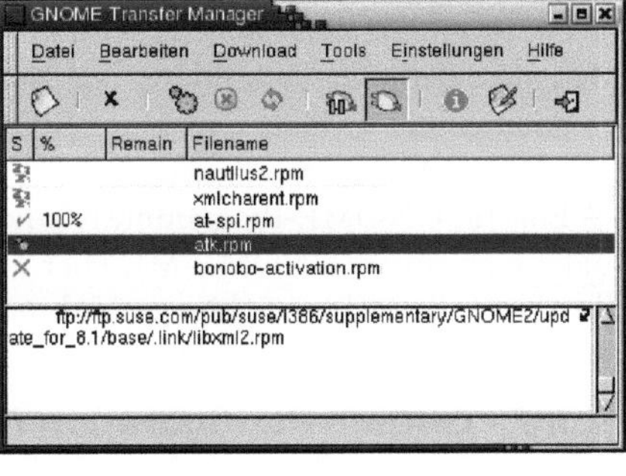

URLs bzw. entsprechende Webobjekte aus **galeon** einfach per *Ziehen & Ablegen* aus dem **galeon**-Fenster in das **gtm**-Fenster ziehen. Zahlreiche Einstellungen gestatten **gtm** an viele Arbeitssituationen anzupassen. Hat man die herunterzuladenden Dateien im Fenster eingetragen – im **gtm**-Fenster werden dabei nur die Dateinamen, nicht jedoch der vollständige Pfad mit Server angezeigt – so selektiert man die zu übertragenden Dateien und stößt dann per den Transfer an.

    gtm zeigt im Fenster in der Spalte S den Status des Downloads an. sind noch zu übertragende Dateien, ✓ sind bereits erfolgreich übertragene und ✕ sind fehlgeschlagene Übertragungen. signalisiert, dass die Übertragung im Gange ist. Im Protokollfenster unten lässt sich die Übertragung verfolgen. Nach dem ersten Start sollte man nicht vergessen, das lokale Zielverzeichnis für die Downloads unter *Einstellunge*n → *Download* festzulegen. Ein zeitversetzter Transfer ist bei **gtm** bisher nicht möglich.

GnomeMeeting: Eine zumindest im Hintergrund mächtige Anwendung ist **gnomemeeting.** Hierbei handelt es sich um eine Konferenzsoftware, ähnlich jener von MS-Netmeeting, die auch damit kommunizieren kann. **gnomemeeting** erlaubt einen Online-Chat mit der bidirektionalen Übertragung von Sprache, Text und Video. Mit speziellen Karten der Firma Quicknet erlaubt es auch PC-zu-PC-Telefonie.

Die einzelnen Mediakomponenten sind dabei zu- und abschaltbar, so dass **gnomemeeting** z. B. auch ohne Webcam eingesetzt werden kann. Auch eine Webcam-Videoübertragung in nur einer Richtung ist möglich. Das System benutzt H.323 als Übertragungsprotokoll und erlaubt ein H.245-Tunneling und unterstützt eine Reihe von Audio-Codece und die Video-Codece H.261-CIF/QCIF.

Als Vermittlungsserver verwendet **gnomemeeting** im Standardfall *ils.seconix.com* als ILS-Server (Vermittlungsrechner). Man kann jedoch auch andere Server einsetzen oder in einer Punkt-zu-Punkt-Verbindung direkt die URL oder IP-Adresse des Gegenübers angeben. Ist **gnomemeeting** gestartet und wird man angerufen, so ertönt ein Klingelton. Man muss dann die Verbindung explizit annehmen.

gnomemeeting läuft sowohl unter GNOME als auch unter KDE und arbeitet mit allen Videokameras zusammen,

Eine für GNOME-Programme relativ ausführliche Dokumentation zum Programm findet man unter [GNOME-M]. Hier werden auch die Fragen beantwortet, wie man über Firewalls und NATs hinweg Verbindungen aufbauen kann.

gconf – GNOME-Konfiguration für alle Benutzer

gconf ist ein Satz von Werkzeugen zur Konfiguration von GNOME-Anwendungen sowie für den Desktop und die Panele. Ein enstprechender Daemon (**gconfd-2**) informiert GNOME-Anwendungen, wenn sich ihre Präferenzeinstellungen geändert haben. Die Einstellungen lassen sich unter anderem über das Programm (Kommandozeilenwerkzeug) **gconftool-2** ändern.[1] Dabei lassen sich vom Systemadministrator die Werte so ändern, dass sie entweder für alle Benutzer des Systems gelten oder aber durch benutzerindividuelle Werte überdeckt werden können.

---

1. Die Beschreibung dazu findet man im *GNOME 2.x Desktop System Administration Guide* (siehe [GNOME-Learn]) sowie in den **man**-Seiten zu **gconftool-2.**

7.4   X-Window als Basis der grafischen Linux-Oberflächen

Unix ist, bedingt durch die Hardware-Situation zur Zeit seines Entstehens, ein auf zeichenorientierte Ein- und Ausgabe hin ausgerichtetes System. Eine wichtige und flexible Benutzerschnittstelle zum System, die Shell, ist nach wie vor ein zeichenorientiertes Programm.

Dennoch werden heutige Unix- und Linux-Systeme in der Mehrheit über eine grafische Oberfläche bedient – oder lassen dies zumindest zu. Diese lässt intuitivere und damit ergonomischere Programme zu und zwar mit Hilfe des *X Window Systems*[1] und den darauf aufbauenden Programmen und Komponenten. Diese grafische Oberfläche unter Unix-/Linux ist jedoch im Unterschied zu Microsoft Windows oder Apples Mac OS vor allem ein Betriebssystemaufsatz, der nur lose mit dem darunter liegenden Betriebssystem verbunden ist.

Mit der Entwicklung von hochauflösenden Bildschirmen, deren Bildpunkte einzeln adressierbar sind, wurde bereits sehr früh Software entwickelt, um diese Bildschirme an Unix-Systemen zu betreiben – hierfür wurde jedoch von jedem Hersteller eine eigene, proprietäre Technologie eingesetzt. Netzwerkweiter Betrieb oder einheitliche Bedienung von grafischen Applikationen über unterschiedliche Hardware-Plattformen hinweg war nicht möglich.[1]

7.4.1   Entwicklung des X Window Systems

In dieser Situation der divergierenden grafischen Unix-Oberflächen wurde ab 1984 am MIT (*Massachusetts Institute of Techology*) im Projekt *Athena* nach einem neuen Ansatz gesucht. Dies führte zur Entwicklung des X Window Systems.

Das X Window System ermöglicht es, grafische Anwendungen

▶   netzwerkweit und
▶   unabhängig von der eingesetzten Hardware

zu betreiben. Damit wurde es unter anderem möglich, Die Applikation grafischer Bildschirme einheitlich anzusteuern und somit grafische Anwendungen an beliebigen Bildschirmen anzuzeigen und zu bedienen. Hierzu müssen diese Anwendungen nicht notwendigerweise auch auf dem zu diesem Bildschirm gehörigen Rechnersystem ablaufen oder installiert sein. Zur Anzeige von X-Window-Programmen ist einzig ein so genannte *X-Server* erforderlich, wie er für fast alle gängigen Betriebssysteme erhältlich ist.

Das X Window System, das seit 1995 als Version 11, Release 6, (X11R6) vorliegt, fand als herstellerübergreifendes System schnell Beachtung und Verbreitung. Nicht zuletzt aufgrund der (nach wie vor) kostenlosen Verfügbarkeit des Quellcodes des kompletten X Window Systems wurde es von praktisch allen Unix-Anbietern übernommen und damit zum Industriestandard für die Steuerung grafischer Oberflächen unter Unix

---

1. Das *X Consortium* als ursprünglicher Entwickler legt die Namensgebung fest und fordert in der Dokumentation zu ›X‹ ausdrücklich die Verwendung der folgenden Bezeichnungen:
    X, X Window System, X Version 11, X Window System, Version 11 oder *X11*.
    Bezeichnungen wie ›X-Windows‹ u.Ä. sind demzufolge nicht korrekt.

und damit auch Linux. Lediglich Apple weicht derzeit von diesem Schema ab und bietet als grafische Oberfläche für sein Unix-basiertes ›Mac OS X‹ seine eigene, proprietäre Grafikoberfläche an. Um jedoch auch hier von der inzwischen recht zahlreichen Open-Source-Software zu profitieren, hat man daneben auch eine X11-Implementierung herausgebracht, die jedoch zur Drucklegung des Buchs noch im Beta-Teststadium war.

Leistungsfähige Anzeigeprogramme (*X-Server*) für X11-konforme Software existieren heute neben Unix- und Linux-Systemen auch für alle anderen gängigen Rechnerwelten, so dass es z.B. möglich ist, von einem Windows- oder Macintosh-System aus mit grafischen Unix- und Linux-Applikationen zu arbeiten.[1]

7.4.2   Komponenten und Umfang des X Window Systems

 Das X Window System wird seit 1996 von der *Open Group* und deren Unterorganisation *X.org* (siehe [OPEN-GROUP] und [X-ORG]) weiterentwickelt, gepflegt und im Quellcode kostenlos zur Verfügung gestellt.[2] Ihr gehören alle großen Herstellerfirmen an. Zum *X Window System* und damit zum Lieferumfang des Kernsystems gehören neben der kompletten und ausführlich dokumentierten Entwicklungsumgebung eine Reihe von Programmen, die jedoch heute meist durch graphisch ansprechendere Applikationen eines Desktop-Systems wie GNOME oder KDE ersetzt werden. Die wichtigsten dieser Programme sind:[3]

X   der X-Server; zentrale Komponente; Programm zur bildpunktweisen Steuerung eines grafischen Bildschirms

xterm   eine Terminalemulation zur Simulation eines zeichenorientierten Bildschirms in einem Fenster der grafischen Oberfläche (Shell-Fenster)

xdm   der Display-Manager; wickelt die Benutzeranmeldung am grafischen Bildschirm ab; zeigt dazu ein Login-Fenster (siehe 2.4 auf S. 51) an.

xrdb, xcmsdb, xset, xsetroot, xstdcmap, xmodmap   Programme zur Konfiguration einer individuellen Benutzerumgebung

xfd   (Font-Server-daemon) grafische Anzeige verfügbarer Schriftarten

xlsfonts, xfontsel, xwinifo, xlsclients, xdpyinfo, xprop   Ausgabe von Informationen über Schriftarten, Fenster und Anzeigezustände

Normalerweise liegen in einer Standardkonfiguration alle diese Programme im Verzeichnis */usr/X11R6/bin*; zugehörige Konfigurationsdateien sind im Standardverzeichnis */usr/X11R6/lib* zu finden.

---

1. Den Autoren wurde für die Erstellung dieses Buches der führende X-Server für Microsoft Windows XP, **Hummingbird Exceed 8.0** zur Verfügung gestellt. Dies ermöglicht ein Arbeiten mit FrameMaker unter MS-Windows bei gleichzeitiger Arbeit auf dem KDE- oder Gnome-Desktop.
2. Aktuell (seit April 2001) in der Version X11R6.6.
3. Diese Programme verstehen sich als Vorbild oder Muster und werden normalerweise von den Systemanbietern für ihre Plattformen optimiert. Nicht alle hier aufgeführten Programme sind in jeder Linux-Distribution vorhanden.

7.4.3   Aufbau des X Window Systems

Um dieses wesentliche Merkmal der hardware- und netzwerktransparenten Funktionalität zu erreichen, ist das X Window System aus zwei prinzipiell unterschiedlichen Komponenten aufgebaut: einer Anzeigekomponente (genannt X-Server) zur Steuerung eines grafischen Bildschirms und der eigentlichen Applikation (genannt X-Client), die sich der Dienste der Anzeigekomponente bedient.

7.4.4   Client-/Server

Diese Aufteilung bedient sich der Begriffe *Client* und *Server* und sieht wie folgt aus:

X-Server Ein *X-Server* ist in der Terminologie des X Window Systems ein Programm, das einen grafischen Bildschirm (*bitmap display*) steuert. Ein X-Server ist daher **hardwareabhängig** und für genau einen Bildschirmtyp erstellt. Auf jedem Bildschirmtyp, an dem mit dem X Window System gearbeitet werden soll, muss ein derartiger X-Server laufen.

Um die Hardwareabhängigkeit zu minimieren wurde der X-Server in der *xfree86*-Implementierung in den neueren Versionen in einen kleinen hardwareabhängigen und einen größeren hardwareunabhängigen Teil aufgeteilt. Ein X-Server nimmt von anderen Programmen Anzeige-Aufforderungen entgegen, führt diese aus und leitet die Tastatureingaben und Mausbewegungen des Benutzers an die einzelnen Programme zurück.

Ein X-Server hat noch nichts mit dem Aussehen von Programmen am Bildschirm zu tun, sondern nur mit den Basisoperationen der Anzeige von Text, Schriftarten und Graphik und der Kontrolle der Maus.

X-Client *X-Clients* sind alle Programme, die an einem grafischen, von einem X-Server kontrollierten Bildschirm anzeigen, im landläufigen Sinne also alle als *X-Window-Programme* bezeichnete Applikationen. Zu den X-Clients gehören alle auf Seite 689 erwähnten Programme und alle grafischen Applikationen von Softwareherstellern – auch Desktops wie KDE, GNOME, CDE oder XFCe sind X-Clients, da sie sich zur Anzeige eines X-Server bedienen. Im Client-Server-Konzept erteilt der *X-Client* dem *X-Server* den Auftrag zur Darstellung seiner (grafischen) Ausgabe.

Die Anzeigekomponente von X-Clients ist **hardwareunabhängig**! Ein X-Client kann selbst keine Anzeige leisten, sondern setzt sich mit einem X-Server in Verbindung und bedient sich seiner Dienste bei der Steuerung des Bildschirms.

X-Client und X-Server können durch das X11-Konzept sowohl auf dem gleichen Rechner ablaufen als auch auf getrennten Rechnern, die durch ein Netzwerk verbunden sind.

Verteilung im Netz

Die Kommunikation von X-Client und X-Server, d. h. die Anzeigewünsche des Clients an den Server und die Nachrichten und Ereignisse, die der X-Server an den Client weiterreicht, wird über das **X-Protokoll** abgewickelt.

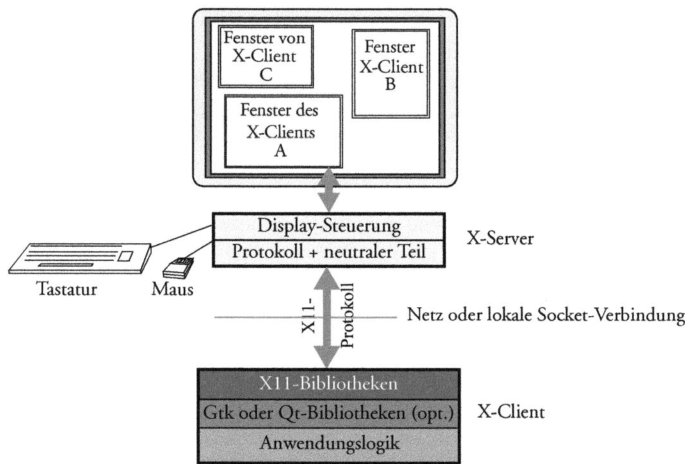

Abb. 7.32:   X-Clients und X-Server können auf unterschiedlichen Systemen liegen.

Dieses X-Protokoll ist so flexibel ausgelegt, dass es möglich wird, die einzelnen Komponenten des X Window Systems, also Applikationen und X-Clients, nicht nur lokal auf einem Rechner zu halten, sondern sie auf beliebige Rechner in einem Netz zu verteilen.

Jedes Rechnersystem, das in der Lage ist, über ein Netz mit Unix-Rechnern zu kommunizieren und über einen X-Server einen grafischen Bildschirm zu steuern, kann auf diese Weise, unabhängig vom eigenen Betriebssystem und vom lokalen Fenstersystem, X11-konforme Anwendungen bedienen. X-Server sind für alle modernen und populären Betriebssysteme verfügbar, wobei sie sich sogar ihre lokale Fensteroberfläche mit der des Hostrechners teilen und auf diese Weise lokale Applikationen neben grafischen Host-Applikationen ablaufen können.

Einfaches Beispiel hierfür ist die Bildschirmdarstellung in Abbildung 7.33, bei der graphische Linux-Applikationen mit einem Windows-X-Server[1] an der Windows-Oberfläche angezeigt werden.

Andere Systeme mit grafischer Oberfläche leisten diese offene, vollkommen hardwareneutrale, transparente und netzwerkübergreifende Trennung zwischen Applikation und Anzeigekomponente nicht.

Der entfernte Zugriff auf X-Window-Applikationen von einem X-Server aus, der über ein lokales Netz oder auch über Internet erfolgen kann, ist vergleichbar mit dem – wesentlich später entstandenen – Prinzip des Remote-Desktop oder von Citrix Metaframe unter Windows, wo ebenfalls über eine Netzverbindung eine graphische Oberfläche gleichsam ferngesteuert werden kann. Dies ist allerdings nur innerhalb der Windows-Plattform möglich.

---

1. Hier der X-Server ›Hummingbird Exceed 8.0‹ für Windows XP.

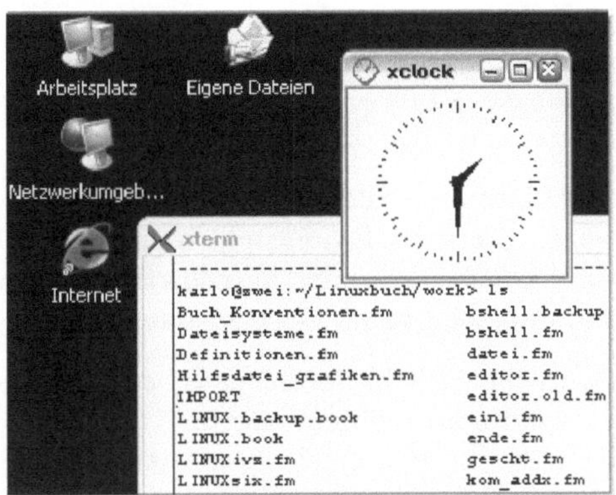

Abb. 7.33: Mehrere X-Clients werden mit einem X-Server auf einem Nicht-Unix-System angezeigt (xterm und xclock unter Windows XP).

Außer dem X11-System bietet auch VNC (*Virtual Network Computing*) übergreifende und hardwareneutrale Steuerung graphischer Oberflächen über eine Netz- bzw. Internetverbindung. VNC wurde von der Universität Cambridge entwickelt und wird kostenlos für eine Vielzahl von Plattformen zur Verfügung gestellt.[1] Eine Variante von VNC ist TightVNC.[2]

7.5 Arbeiten mit dem X Window System

Jeder graphikfähige Bildschirm unterstützt einen einfachen Terminal-Modus, in dem wie an einem normalen zeichenorientierten Bildschirm mit dem Linux-System gearbeitet werden kann. Auch unter einer grafischen Oberfläche ist die Shell jedoch eine wichtige Schnittstelle zum System, da sie für die Ausführung diverser Konfigurationsprogramme des X Window Systems zuständig ist.

---

1. Siehe *www.uk.research.att.com/vnc*
2. Im Internet zu finden unter *www.tightvnc.com*.

7.5.1 Start des X Window Systems

Um mit einer Standardumgebung am X Window System arbeiten zu können, muss eine Reihe von Prozessen gestartet werden. Dies sind der Reihe nach

- der X-Server (unter Linux in der Regel der Prozess **X**),
- der Window-Manager (unter KDE zumeist **kwin**, unter GNOME ist es in der Regel **metacity**; es sind jedoch auch andere Window-Manager möglich)
- mehrere X-Clients, insbesondere das Desktop-System[1] (KDE oder GNOME).

Das Starten dieser X-Umgebung geschieht nach einem ersten Einrichten meist automatisch durch eine Reihe von Kommandoprozeduren:

1. **X-Server:**
   Der X-Server trägt standardmäßig den Programmnamen **X** und liegt im Verzeichnis */usr/bin/X11*. Unter Linux wird als X-Server die Implementierung ›XFree86‹ verwendet, ebenfalls Bestandteil der X11-Distribution.
   Programmpfad des XFree86-Systems ist */usr/X11R6/bin/XFree86*.
   Werden von einem Rechner mehrere unterschiedliche Bildschirme unterstützt, so müssen für alle diese Bildschirmtypen eigene X-Server vorliegen – meist unter anderem Namen.
   Es gibt mehrere Möglichkeiten, den X-Server zu starten, die sich in erster Linie darin unterscheiden, ob der X-Server vor oder nach der Anmeldung des Benutzers gestartet wird:

   xdm (X Display Manager; **kdm** unter KDE) Der X-Server wird (durch **xdm**) bereits beim Hochfahren des Linux-Systems gestartet und steht damit bereits vor der Anmeldung eines Benutzers zur Verfügung. Die Benutzeranmeldung wird über **xdm** abgewickelt, der hierzu ein Fenster zur Eingabe von Benutzerkennung und Passwort anzeigt.
   Nach erfolgreicher Benutzeranmeldung führt **xdm** die Anweisungen in der Datei *$HOME/.xsession* aus. Dies ist eine Shell-Kommandodatei, die den Start von Programmen übernimmt und für die weitere Einrichtung der grafischen Arbeitsumgebung sorgt.
   Nach dem Ende einer Benutzersitzung (*Session*), d.h. nach dem Beenden einer Applikation, die in der Datei *.xsession* als letztes gestartet wurde, und mit der daher die gesamte Session verbunden ist (normalerweise ist dies der Windowmanager), setzt xdm den X-Server in einen Ausgangszustand zurück, zeigt erneut das Anmeldefenster an und wartet auf eine Benutzeranmeldung.

   xinit ist ein Kommandozeilen-Programm zum Start des X-Servers und der X-Umgebung, das direkt vom Benutzer oder indirekt aus einem anderen Programm aufgerufen wird, nach der Anmeldung über einen zeichenorientierten Systemzugang.
   xinit hat die folgende allgemeine Aufrufsyntax:

---

1. Das Desktop-System bringt meist einen eigenen Window-Manager mit. Technisch ist dies jedoch nicht erforderlich.

xinit [*x-client*] [*optionen*] -- [*x-server*] [*display*]

Von besonderer Bedeutung sind hier die beiden ›––‹, mit denen die Aufrufe eines ersten X-Clients (vor den ›--‹) und des X-Servers (nach den ›--‹) getrennt werden. Werden keine Optionen angegeben, so wird standardmäßig als erstes Programm (erster Client) die Datei *$HOME/.xinitrc* ausgeführt und ein X-Server mit Namen **X** gestartet.

xinit wird in vielen Fällen nicht direkt durch den Benutzer gestartet, sondern ist meist eingebunden in ein individuelles Programm (Kommandoprozedur) mit Namen wie **startx** (ein Shell-Skript unter */usr/X11R6/bin*). Die KDE-Oberfläche wird auf diese Weise durch das Shell-Skript **startkde** von der Kommandozeile aus gestartet und hochgefahren. **xinit** beendet den X-Server, wenn der beim Aufruf angegebene X-Client beendet wird. Fungiert .xinitrc als Ersatz für den ersten X-Client, so wir das Ende des letzten(!) darin eingetragenen Programms (der Window-Manager) als Ende-Kriterium verwendet.

2. **Window-Manager:**

X-Applikationen (X-Clients) können zwar prinzipiell auch ohne Window-Manager am Bildschirm anzeigen, ein sinnvolles und komfortables Arbeiten ist jedoch nur mit einem aktiven Window-Manager möglich. Andererseits ist ein Window-Manager nichts anderes als ein X-Client – nur nimmt er unter allen anderen X-Clients die Sonderrolle ein. Er verhilft diesen zu einem einheitlichem Aussehen und einer konsistenter Bedienung. Unter einer Desktop-Oberfläche wie KDE, GNOME oder XFCe, die in X-Window-Umgebungen erst sehr spät Einzug gehalten haben, ist ein Window-Manager unverzichtbar.

Der Window-Manager wird, wie standardmäßig alle X-Clients, aus *.xsession* oder *.xinitrc* gestartet, und zwar als letztes Programm. An ihm hängt damit die gesamte *Session*. Die Session ist hier die Arbeitssitzung unter der graphischen Oberfläche. Der Window-Manager liest beim Start eine Konfigurationsdatei im Login-Verzeichnis des Benutzers. Sie erlaubt das Verhalten des Window-Managers und damit die Bedien-Ergonomie der gesamten X-Umgebung wesentlich zu beeinflussen. Hier können z.B. Maustasten belegt und Menüfolgen definiert werden, die sich beim Anklicken des Bildschirmhintergrundes öffnen und den Aufruf weiterer Programme erlauben.

3. **X-Clients, Applikationen:**

Neben X-Server und Window-Manager werden beim Start des X Window Systems normalerweise auch einige der häufig benötigten oder wichtig empfundenen X-Clients gestartet. Unter GNOME und KDE sind dies z.B. die Prozesse, welche den Desktop kontrollieren sowie die Panele bzw. Kontrollleisten.

7.5.2   Bildschirmnamen

Bei der Verteilung von X-Clients und X-Server in einem Netz (siehe Abb. 7.32, S. 692) muss den Applikationen (den X-Clients), die auf einem entfernten Rechner aufgerufen werden, mitgeteilt werden, wo ihre Ein- und Ausgabe erfolgen soll.

Um diese Zuordnung zwischen X-Client und X-Server herstellen zu können, kennt das X Window System *Bildschirmnamen*, wobei es sich genau genommen nicht um den Namen eines Bildschirms handelt, sondern um den Namen eines X-Servers[1], der diesen Bildschirm bedient.

Im Kontext des X Window Systems haben X-Server netzwerkweit eindeutige Bildschirmnamen (Displaynamen) mit folgendem Aufbau:

$$rechnername\text{:}anzeigenummer.bildschirmnummer$$

Die ersten beiden Namensbestandteile müssen durch ›:‹ getrennt werden; die letzten beiden durch einen Punkt. Die Bedeutungen der Komponenten sind:

rechnername   (**hostname**) enthält den Namen oder die IP-Adresse des Rechners, an dem der Bildschirm angeschlossen ist.

anzeigenummer   (*displaynumber*) Soll von einem X-Server mehr als nur ein Arbeitsplatz gesteuert werden, so können diese einzelnen eigenständigen Terminals durch diese Anzeigenummer unterschieden werden. Diese Funktion wird nur selten verwendet – normalerweise ist diese Anzeigenummer 0, sie darf jedoch nicht entfallen.

bildschirmnummer   (*screennumber*) X Window bietet die Möglichkeit, mehrere physikalische Bildschirme (Monitore) zu einer Anzeige-Einheit zusammenzuschalten, also mit einer Tastatur und Maus mehrere Bildschirme als eine einzige Anzeige zu bedienen. Mit dieser ›Bildschirmnummer‹ kann einem X-Client angegeben werden, an welchem Gerät er anzeigen soll. Normalerweise ist diese Nummer ebenfalls ›0‹.

Das X Window System sieht mehrere Möglichkeiten vor, mit denen ein X-Client darüber informiert werden kann, an welchem X-Server er anzeigen soll. Beim Aufruf eines X-Clients kann diesem der Name des X-Servers angegeben werden als:

▸   Umgebungsvariable $DISPLAY
▸   Aufrufoption ›**-display** *name*‹

Normalerweise wird mit der Umgebungsvariablen DISPLAY gearbeitet. Bei geeigneter Systemkonfiguration muss diese Variable nicht explizit durch den Benutzer gesetzt werden, sondern sie kann über benutzerindividuelle oder von **xdm**-gesteuerte Anlaufdateien vorbelegt werden.

✎   export DISPLAY=eins:0.0
            → setzt die Variable DISPLAY in der Bash.

---

1. Dieser Name des X-Servers (Bildschirmname) wie er in einem Netz bekannt ist und von X-Clients angesprochen werden kann, darf nicht verwechselt werden mit dem Programmnamen des X-Servers, mit dem dieser selbst gestartet wird.

7.5.3   Aufrufoptionen von Clients

Applikationen im X Window System, d.h X-Clients, können auf mehrere unterschiedliche Weisen aufgerufen werden:

> - über die Kommandozeile aus einer Terminalemulation (etwa **xterm**) heraus
> - aus Kommandoprozeduren (etwa *.xinitrc* oder *.xsession*)
> - aus anderen Applikationen oder
> - aus einem Menü des Desktop-Systems heraus (die häufigste Variante)

In allen diesen Fällen bleibt der Aufbau der Kommandozeile der gleiche. Es wird immer, wie bei allen Unix-/Linux-Programmen, eine komplette Kommandozeile mit Programmnamen und Optionen an das System übergeben.

Die X-Window-Applikationen sind meist flexibel konfigurierbar und verarbeiten daher zumeist eine große Anzahl von Optionen in der Kommandozeile. Bei aller Verschiedenheit unterstützen diese Applikationen meist einen grundlegenden, gemeinsamen Satz an Optionen, mit denen allgemeine, wenig applikationsspezifische Einstellungen vorgenommen werden können. Nahezu alle X-Clients verarbeiten so neben einer Vielzahl eigener Parameter die folgenden grundlegenden Aufrufoptionen:

–display *displayname*   Der X-Client soll sich für die Anzeige mit dem in *displayname* angegebenen X-Server in Verbindung setzen. Wird diese Option nicht verwendet, so wird der Wert in der Variablen $DISPLAY herangezogen. Ist diese nicht definiert, so wird, bei geeigneter Berechtigung, am X-Server unix:0.0, d.h. am lokalen Bildschirm angezeigt (siehe auch Seite 696).

–geometry *geometrieangaben*   Die Option gibt die anfängliche Größe und Position des aufgerufenen X-Clients an.

–bg farbe   (*background*) Farbe des Hintergrundes des Client-Fensters

–fg farbe   (*foreground*) Farbe des Vordergrunds (Text oder Graphik)

–fn *fontname*   (*font name)* Schriftart, die für die Ausgabe von Text verwendet werden soll (zur Bezeichnung der Schriften siehe Seite 698).

–iconic   Die Applikation wird nach dem Aufruf nicht in voller Größe, sondern zum Symbolbild verkleinert (ikonifiziert) dargestellt. Der Window-Manager darf diese Option ignorieren.

–name *name*   Mit dieser Option kann der Name angegeben werden, unter dem die Applikation nach zusätzlichen Einstellungen (Ressourcen) in Konfigurationen sucht. Normalerweise ist dies der Name, unter dem die Applikation aufgerufen wurde.
Die meisten X-Clients verwenden diese Option auch, um den damit angegebenen Namen in ihre Titelzeile einzutragen und als Bezeichnung ihrer Symboldarstellung zu verwenden.

–title *titeltext*   Mit dieser Option wird *titeltext* in die Titelzeile des Fensters eingetragen. In der Symboldarstellung wird *titeltext* nicht verwendet.

Alle X-Applikationen (X-Clients) unterstützen noch eine Vielzahl weiterer Optionen.

7.5.4   Schriften – Fonts

Das X Window System ist bereits im Standardlieferumfang mit einer Reihe von Schriften (englisch: *Fonts*) ausgestattet, die in Form von Dateien in bestimmten Verzeichnissen liegen. Diese Verzeichnisse und damit die Schriftdateien müssen dem X-Server bekannt und zugänglich sein. Ein X-Client, der seine Ausgabe in einer bestimmten Schriftart darstellen möchte, muss die Position der Font-Datei nicht kennen, sondern nur vom X-Server die Ausgabe der Schriftart anfordern. Der gesamte Umgang mit Fonts unterliegt damit unter X11 dem X-Server, und eine Schrift wird nicht nur – wie in anderen Umgebungen – auf dem System installiert. Es kann daher der Fall eintreten, dass eine bestimmte Schrift auf einem X-Server verfügbar ist, auf einem anderen, der am gleichen Rechner läuft, aber nicht.

7.5.4.1 Schrifteninformationen

Der X-Server entnimmt seine Informationen über Schriften aus Dateien, die in einem Font-Pfad (*font path*) vorgegeben werden. Normalerweise ist dieser Font-Pfad bereits beim Start des X-Servers korrekt eingestellt und bedarf keiner Nachkorrektur. Standardmäßig sind Schriftarten für den X-Server in Unterverzeichnissen des Haupt-Schriftenverzeichnisses */usr/X11R6/lib/X11/fonts/* enthalten. Zwei Möglichkeiten stehen zur Verfügung, einem X-Server dieses und weitere Verzeichnisses bekannt zu machen:

Font path – der Weg zur Schrift

Für den X-Server muss eine Liste von Verzeichnissen definiert werden, in denen die Schriftendateien zu finden sind. Diese Schriften-Verzeichnisliste wird *font path* genannt. Das Kommando

xset –q   gibt aktuelle Einstellungen des X-Servers und damit auch des Font-Pfades aus.

xset fp+ *verzeichnis* fügt dem Font-Pfad weitere Verzeichnisse hinzu und

xset fp rehash   veranlasst den X-Server, das Font-Verzeichnis neu einzulesen.

Font-Server

Fonts können einem X-Server durch Font-Server verfügbar gemacht werden. Dieser erledigt dann für den X-Server die Verfügbarkeit und Zugriffe auf die Font-Dateien. Er bietet die Möglichkeit, auch unterschiedliche Font-Formate verfügbar zu machen. Zusätzlich kann ein Font-Server seine Dienste auch netzwerkweit anbieten.

Ein Font-Server ist ein Programm, das – wie alle Server an einem Linux-System – im Hintergrund läuft. Der Standard-Font-Server des X11-System trägt den Namen **xfs**.

Es existieren jedoch auch erweiterte Versionen mit dem Namen **xfsft**. Mit Hilfe eines geeigneten Font-Servers (etwa **xfsft**, **xfstt** oder **X-TrueType**) ist es möglich, auch moderne Font-Formate aus anderen Systemen als Schriften unter Linux einzusetzen. Hierzu gehören z. B. TrueType-Fonts oder Type 1-PostScript-Fonts, wie sie für Windows oder Mac OS angeboten werden.

7.5.4.2 Font-Formate

Während zunächst die Schriften im X11-System als Rasterfonts in den jeweiligen Schriftgrößen einzeln vorliegen mussten, werden heute auch frei skalierbare PostScript-Schriften unter Verwendung des Adobe ATM oder TrueType-Schriften unterstützt. Font-Namen werden im XLFD-Format (*X Logical Font Description*) angegeben und enthalten bereits im Namen sämtliche verfügbare Information über diesen Font. Sie bestehen aus dreizehn, jeweils durch ›−‹ voneinander getrennten Feldern mit Einzelinformationen und haben daher die etwas unschöne Eigenschaft, lange Namen zu haben und schwer einprägbar zu sein. Diese Font-Namen sind nicht die Dateinamen der Schriftendateien, sondern die Namen, unter denen die Schriften im X Window System angesprochen werden. Darauf aufbauende Applikationen wie *OpenOffice* oder *KOffice* präsentieren die Schriftennamen meist wieder in einfacheren Formen.

Typische Font-Namen im X Window System sehen wie folgt aus:

```
-adobe-courier-medium-r-normal--24-240-75-75-m-150-iso8859-1
-adobe-helvetica-bold-r-normal--24-240-75-75-p-138-iso8859-1
-adobe-helvetica-medium-o-normal--24-240-75-75-p-138-iso8859-1
-b&h-lucida-bold-i-normal-sans-18-180-75-75-p-119-iso8859-1
-bitstream-charter-medium-r-normal--12-120-75-75-p-67-iso8859-1
-misc-fixed-bold-r-normal--15-120-100-100-c-90-iso8859-1
```

Die folgende Abbildung zeigt die einzelnen Bestandteile des Aufbaus eines Font-Namens im X Window System.

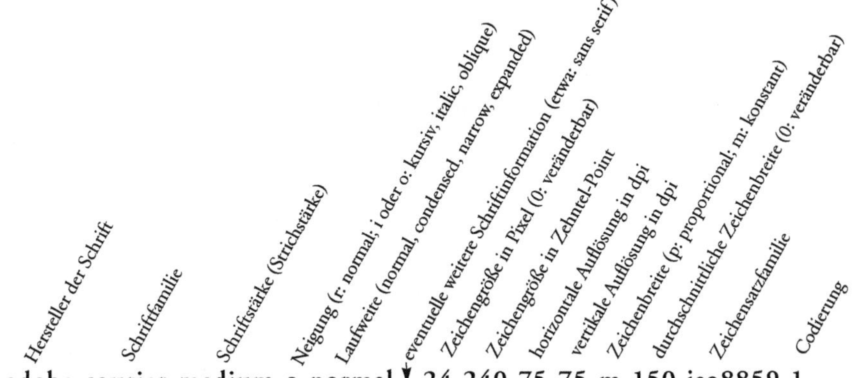

Abb. 7.34: Namensschema für Schriften (Fonts) im X Window System

Die Programme **xlsfonts** (zum Auflisten der verfügbaren Schriftarten) und **xfontsel** (zur interaktiven Fontauswahl) vereinfachen den Umgang mit diesen unhandlichen Namen. Benötigt werden diese Font-Namen ggf. beim Aufruf von X-Clients oder zur grundlegenden Konfiguration der gesamten individuellen X-Umgebung.

Das Programm **mkfontdir** steht zur Anlage einer Font-Datenbasis in einem Font-Verzeichnis zur Verfügung. Die Font-Datenbasis ist für die Einbindung und Verwaltung der Schriftendateien im X Window System von zentraler Bedeutung. Für jedes Verzeichnis mit Schriftendateien (Font-Verzeichnis) werden dabei vier Dateien angelegt bzw. gewartet.

fonts.dir   einfache Tabelle mit Zuordnung der Fontnamen zu den Dateien, in denen diese Fonts liegen

fonts.scale   Aufbau wie *fonts.dir,* jedoch für dynamisch skalierbare Fonts (scaleable fonts) wie TrueType-Schriften; wird in *fonts.dir* kopiert.

fonts.alias   Liste mir alternativen Fontnamen (Alias-Namen)

encondings.dir   Liste der Sprach- und Umgebungseinstellungen (enconding) der einzelnen Fonts

Das Programm **mkfontdir** durchläuft dabei alle Font-Dateien eines Verzeichnisses und erstellt die genannten Konfigurationsdateien. Für TrueType-Fonts, wie sie unter Mac- und Windows-Systemen häufig anzutreffen sind, reicht es zunächst, diese einfach in ein geeignetes Verzeichnis, etwa */usr/X11R6/lib/X11/fonts/truetype*, zu kopieren. Mit einem Hilfsprogramm **ttmkfdir**, ähnlich **mkfontdir**, können anschließend die benötigten Dateien, vor allem *fonts.dir*, aus TrueType-Schriften erzeugt werden.

Alle Änderungen an der Font-Konfiguration des X11-Systems werden damit abgeschlossen, dass diese dem X-Server bekannt gemacht werden – der X-Server also veranlasst wird, die Font-Konfiguration neu einzulesen. Dies geschieht, wie oben bereits erwähnt, durch die Kommandos **xset +fp** *neues_fontverzeichnis* und **xset fp rehash**. Je nach Linux-Distribution können noch weitere Anweisungen erforderlich sein, unter SuSE-Linux etwa ein Aufruf von **SuSEconfig.fonts**. Dies kann von der Kommandozeile oder aus Yast2 geschehen.

Schriften über graphische Oberfläche installieren

Sehr komfortabel ist die Schrifteninstallation nach dem obigen System über die graphische Oberfläche des KDE-Desktops. Mit dem Programm **kcmfontinst** (unter *Programm starten* → *Einstellungen* → *System* → *Schriften-Installation*) kann man einfach und interaktiv zunächst das Kopieren der Font-Dateien von Datenträgern oder aus einem parallel installierten Windows-System durchführen.

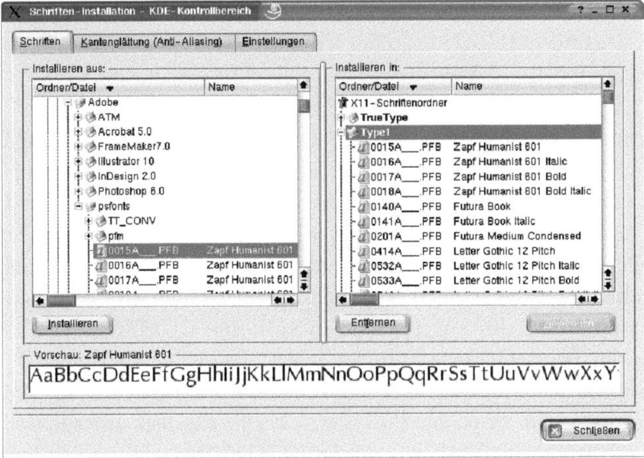

Anschließend, über den Menüpunkt *Anwenden,* werden die neu kopierten Daten im X11-Font-Verzeichnis oder einem frei wählbaren lokalen Verzeichnis korrekt eigerichtet. Dies erfolgt über das Anlegen von *fonts.dir*, das Eintragen in Font-Pfad und einem anschließenden **rehash** des Font-Pfad oder durch den Neustart des Font-Servers.

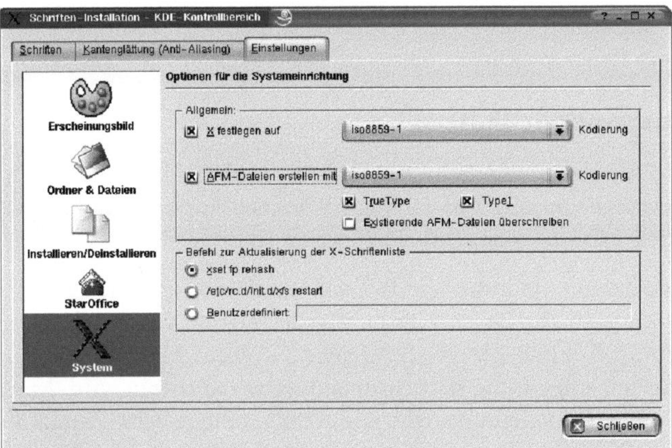

Die Schriften stehen anschließend sofort zur Verfügung und können aus allen installierten Programmen, etwa aus *StarOffice*, *OpenOffice* oder *KOffice* heraus genutzt werden. Intern ist bei dieser graphisch orientierten und damit deutlich einfacheren Installation jedoch nichts anderes als der oben beschriebene Prozess abgelaufen.

7.6 Performance, Optimierungen und Vorschau

Anwendungen mit grafischen Oberflächen erfordern erheblich mehr Ressourcen als die traditionellen Programme mit Kommandozeilensteuerung. Es macht sich sowohl beim Speicherplatz als auch bei der benötigten CPU-Leistung bemerkbar. Dies geht hin bis zum Faktor 5! Während man ein *nacktes* (nichtgrafisches) Linux noch sehr passabel und performant auf einem 64 MB 200 MHz Pentium laufen lassen kann, möchte ein GUI-Linux der aktuellen Generation schon eher mit 256 MB Hauptspeicher (oder mehr) und lieber ab einer 800-MHz-CPU laufen – schneller ist besser und die Tendenz *steigend*. Linux ist hier, auch bedingt durch seine X11-Schichtungen, unter KDE, GNOME und ähnlichen Desktops spürbar Ressourcen-hungriger als Windows.

Am offensichtlichsten wird es beim Start der entsprechenden Programme. Hier kann man auch nochmals deutliche Unterschiede zwischen einfachen X11-Anwendungen und den Anwendungen mit den GNOME-Gtk+- oder den KDE-Qt-Bibliotheken feststellen. Gerade der Start der (komplexeren) KDE-und GNOME-Anwendungen dauert erheblich Zeit. Dies liegt zum Teil auch daran, dass beim Start noch dynamisch gebundene Bibliotheken gebunden und nachgeladen werden müssen.

Um die Startzeit zu reduzieren, versuchen KDE und GNOME deshalb die wichtigsten Bibliotheken beim Desktop-Start zu laden. Bei KDE ist dies z.B. der Prozess **kdeinit**, der sich einnistet und die meisten weiteren KDE-Anwendungen startet, so dass diese zum Teil gar nicht als eigene Prozesse in der Prozessliste auftauchen, sondern als Inkarnation von **kdeinit**. Ähnliches erfolgt bei GNOME. Hier wird beim Start eine stille Version von Nautilus gestartet, um den Desktop zu kontrollieren. Mit nautilus werden zugleich zahlreiche Bibliotheksmodule geladen, so dass danach der Start weiterer GNOME-Programme schneller erfolgt. Startet man erstmals eine KDE-Anwendung unter GNOME (oder umgekehrt), so dauert auch diese länger, weil dann zugleich die entsprechenden Standardbibliotheken geladen werden müssen.

Auch die zahlreichen Vorschauen in den Dateimanagern sowie die Zugriffe und Update-Listen von Ressourcen über Netzzugriff sind Ressourcen-Fresser.

Optimierungsmöglichkeiten

Benutzt man Linux mit grafischen Oberflächen – und dies ist heute üblich –, so gibt es Optimierungsmöglichkeiten, um auch auf Systemen mit weniger Hauptspeicher und geringerer CPU-Leistung akzeptable Reaktionen zu erzielen:

Pixeltiefe reduzieren: Je höher die Bildschirmauflösung und je größer die Farbtiefe pro Pixel ist, um so mehr Daten müssen für die Darstellung berechnet und über den Bus, das Netz und durch die verschiedenen Softwareschichten geschaufelt werden. Während man nur ungern die Bildschirmauflösung reduzieren wird, kann eine Reduzierung der Farbtiefe durchaus sinnvoll sein – insbesondere beim Einsatz älterer Grafikkarten. Statt 24 Bit Pixeltiefe reichen in den meisten Fällen auch 16 Bit oder sogar 8 Bit, wobei 8 Bit bereits spürbare Qualitätsverluste bei Farbe mit sich bringt und für Bildbearbeitung nicht mehr adäquat ist.

Eine eher bescheidene Performance-Verbesserung ergibt sich, wenn man die Kantenglättung bei Schriften ausschaltet. Sie sorgt (wenn aktiviert) für etwas besser lesbare Zeichen (Schrift), insbesondere bei kleinen Schriftgrößen. Die Einstellung erfolgt bei

KDE im Kontrollzentrum (unter *Erscheinungsbild → Schriften)* und bei GNOME ab Version 2.2 über das Programm **fontconfig**. Ein Trick dazu – der auch bereits unter früheren Versionen funktioniert – ist in der *Trickkiste* von [GNOME-DE] zu finden.

Unnötige Server-Prozesse abschalten: Deaktivieren Sie nicht benötigte Server-Prozesse (z. B. den Apache-Web-Server, so sie ihn nicht benötigen) bzw. aktivieren Sie diese erst gar nicht. Schauen Sie sich zur Kontrolle der Server-Prozesse mit **ps**, **gtop** oder **ksysguard** die Liste aller laufenden Prozesse an. Die meisten Server-Prozesse (Daemonen) haben ein ›d‹ am Ende des Namens (sieh dazu auch Kapitel 9.10, Seite 811). Aktiviert und deaktiviert werden diese Daemonen im *Run-Level-Editor*.

Vorschau reduzieren: Insbesondere die Dateimanager bieten einen gewissen Komfort dadurch, dass sie versuchen, eine Vorschau von Dateien in den besuchten Verzeichnissen zu erstellen. Da man häufig Mühe hat, sinnvolle Dateinamen zu vergeben, liefert diese Vorschau zusätzliche Informationen bei der Suche oder im Öffnen-Dialog. Zum Aufbau der Vorschau muss aber eine ganze Reihe von Informationen zu jeder Datei eines angezeigten Verzeichnisses abgefragt und aufbereitet werden. Soll die Vorschau auch noch grafisch sein, so muss jede dieser Dateien dazu *angelesen* werden (die erste Seite), so dass daraus ein aussagekräftiges Icon entstehen kann. Dies ist insbesondere von Ressourcen aufwändig, auf die über Netz zugegriffen wird. Dies kann man recht selektiv aktivieren bzw. deaktivieren, d. h. getrennt nach verschiedenen Arten und Kriterien, darunter auch Dateigröße sowie ob es sich um lokale Dateien oder solchen über Netzzugriff handelt.

Unter GNOME erfolgt dies in den Voreinstellungen zum Dateimanager **nautilus** im Menü *Bearbeiten → Einstellungen* und dort unter dem Reiter *Vorschau* (siehe Abb. 7.35 rechtes Bild) bzw. vor 2.2 im Segment *Leistung*.

Unter KDE sind die Einstellungen zur Vorschau wie folgt möglich: im **konqueror** unter dem Menü *Einstellungen → konqueror einrichten → Dateimanager →* Reiter *Vorschau*. Hier kann noch die Vorschau sogar abhängig vom Zugriffsverfahren eingestellt werden (siehe Abb. 7.35 linkes Bild).

Abb. 7.35: Vorschaueinstellungen bei KDE-konqueror (links) und GNOME-nautilus

7.7　Übersicht zu den X11-, KDE- und GNOME-Anwendungen

Sowohl KDE als auch GNOME sind noch recht jung. Das Spektrum der KDE- und GNOME-Programme ist deshalb stark in Bewegung, sowohl was die Anzahl der Programme als auch ihren Funktionsumfang betrifft. Praktisch täglich erscheinen neue für diese Oberflächen geschriebene Programme oder neue Versionen mit verbesserten und neuen Funktionen. Es ist deshalb kaum möglich, eine vollständige Liste zu zeigen. So sind z.B. bereits Ende 2002 für KDE mehr als 1 500 Programme registriert. Wie unter Windows sind auch hier einige sehr kurzlebig. Sie werden nach einem bestimmten Release-Stand nicht mehr weiterentwickelt oder durch komplett neue abgelöst.

Wir möchten hier trotzdem versuchen, einen Überblick über die nützlichen und verbreiteten Programme zu geben und lassen dabei die Themenfelder *Programmentwicklung, Lern- und Schulprogramme* sowie *Spiele* aus. Wir verzichten hier auch weitgehend auf eine Wertung und auf eine detaillierte Funktionsbeschreibung. Man findet diese entweder in der jeweiligen Online-Hilfe (in der Regel in recht *schlanker* Form) oder in der mitgelieferten separaten Programmdokumentation. Einige der Programme oder gar komplette Suites erfordern eigene Bücher – man denke hier z.B. an die Office-Suites. Für **gimp**, eines der besonderen Vorzeigeprogramme, gibt es bereits eine ganze Reihe von Büchern.

In der nachfolgenden Übersicht verwenden wir folgende Kennzeichnungen bzw. Kürzel, um eine kompakte Darstellung zu erreichen. Einige Programme lassen sich dabei nicht klar zuordnen, da sie entweder eigene Bibliotheken verwenden oder sowohl gegen **KDE-** als auch gegen **GNOME-**Widget-Bibliotheken gebunden werden können.

X	für *nackte* X11-Anwendung
	für KDE-Anwendung (basierend auf der Qt-Bibliothek von KDE)
	für GNOME-Anwendung (basierend auf der GNOME-GTK-Bibliothek)

Wir verwenden in der Beschreibung die Aufrufnamen der Anwendungen. Diese weichen in Teilen vom Namen in der Titelleiste und in den Beschreibungen ab – zumeist in der Groß-/Kleinschreibung. Mit diesen Namen können Sie die Anwendungen aus einem Terminal-Fenster aufrufen, ohne lange in Menüs suchen zu müssen. Unter diesen Namen finden Sie die Anwendungen auch im Linux-Dateibaum (in den entsprechenden Programmverzeichnissen). So ist z.B. das kleine KDE-Programm zum Schießen eines Bildschirm- oder Fensterabzuges das Programm **ksnapshot**, während die Titelleiste des Programms **KnapShot** ausweist. Bei einigen GNOME-Programmen sind die Abweichungen zwischen Programmtitel und -namen noch extremer.

Wir beschränken uns hier weitgehend – dem Linux-Gedanken folgend – auf freie Software. Dabei sollte man aber nicht ignorieren, dass auch der Markt an kommerzieller Software für Linux ständig zunimmt und in einigen Fällen kein Weg daran vorbei geht – man denke hier nur an SAP-R/3, Oracle für Datenbankanwendungen im oberen Leistungsbereich oder Komponenten für die Datensicherung in einem größeren Netz, wie sie z.B. von den Firmen Veritas, Legato oder IBM/Tivoli angeboten werden. Einen guten Überblick zu diesem Programm liefert der ISIS-Katalog (siehe dazu [ISIS]).

Die Übersicht ist nach Anwendungsbereichen gegliedert. Einige Anwendungen kommen deshalb mehrfach in verschiedenen Bereichen vor. Wir können hier auch nur einen kleinen Ausschnitt der Programme aufführen. Die Auswahl und Auflistung ihrer Möglichkeiten ist natürlich subjektiv.

Berücksichtigen Sie bitte, dass nicht alle hier aufgeführten Programme auf Ihrem System installiert oder Teil Ihrer Linux-Distribution sein müssen. Falls nicht, findet man sie mit Sicherheit im Internet. Teilweise haben wir die Quellen auch explizit angegeben. Für eine ganze Reihe von Anwendungen findet man die Quellen und Installationspakete unter *http://sourceforge.net*. Eine andere erfolgversprechende Quelle ist oft *http://freshmeat.net*.

Recht frustrierend ist in Teilen der Einsatz verschiedener (zumeist noch junger) Open-Source-Programme wegen der gar nicht vorhandenen oder unzureichenden Dokumentation. Vielfach fehlen auch die Online-Hilfen. Dies reduziert deutlich die Anwendbarkeit einiger Programme. Wie immer gibt es zahlreiche positive Beispiele. Dabei ist insgesamt der Dokumentationsstand bei KDE-Programmen im Schnitt besser als jener der GNOME-Anwendungen. Es fällt auf, dass die von Firmen entwickelten und unter GPL gestellten Programme oft ausgereifter und besser dokumentiert sind als die der vollkommen freien Entwicklungen.

7.7.1 Emulationen

Für Linux gibt es eine ganze Reihe von Emulationen anderer (zumeist älterer) Systeme. Die wichtigsten Emulationen düften aber **WINE** sein (entwickelt unter Mithilfe der Firma Corel) und das darauf aufsetzende **CrossOver** (der Firma CodeWeavers). Sie erlauben – mit gewissen Einschränkungen – MS-Windows-Programme unter Linux laufen zu lassen. Sie emulieren die Windows-Betriebssystemaufrufe. So lässt sich z. B. unter Verwendung von CrossOver die MS-Office-Suite (Office 97 und 2000) unter Linux nutzen. Ebenso MS Visio, Lotus Notes und Quicken. CrossOver ist kostenpflichtig und Teil einiger kommerzieller Linux-Pakete.[1]

WINE (oder **wine**) ist eine Emulation von DOS und Windows 3.x und Win32 unter Linux und anderen Unix-Derivaten. Es erlaubt, solche Programme unter Linux laufen zu lassen. Wine ist im Gegensatz zu CrossOver frei (kostenlos) und Teil vieler Linux-Distributionen. Leider gibt es eine Reihe von Restriktionen. Hierfür sei auf die Homepage des Wine-Projektes [WINE] verwiesen. Die Verwendung von CrossOver/Wine setzt ausreichend Hauptspeicher voraus!

Daneben gibt es Emulatoren für Intel-Systeme, welche *virtuelle Systeme* anbieten, auf denen dann unterschiedliche Betriebssysteme installiert werden können. Zu den besten düfte hier **VMware** der Firma *vmware*[2] gehören. VMware erlaubt unter Windows, z. B. Linux zu fahren oder umgekehrt Windows unter Linux.

Auch für Nicht-Intel-Plattformen gibt es verschiedene Emulatoren, welche entweder erlauben, Linux unter einem anderen System zu fahren oder unter Linux ein anderes System (z. B. Windows und die darunter laufenden Anwendungen) zu emulieren.

Für Nostalgiker gibt es zusätzliche Emulationen für den Atari ST (z. B. *StoneX* oder *STEEM*) sowie den Amiga (z. B. UAE). Dies sind nur einige Beispiele.

---

1. Siehe dazu die Webseite der Firma CodeWeaver unter *www.codeweaver.com*.
2. Siehe *www.vmware.com*.

7.7.2 Office-Anwendungen und Groupware

Office-Anwendungen sind auf dem normalen Desktop die *Brot-und-Butter-Anwendungen*. Den Maßstab setzt hier Microsoft mit MS-Office und den darin vorhandenen Komponenten: Word, Excel, PowerPoint, Outlook und Access. Daran müssen sich Office-Pakete und einzelne Office-Programme messen.

Die Office-Pakete *StarOffice* von Sun (gegen sehr moderate Lizenzgebühren) und die freie Variante davon – *Open-Office* – können dies in weiten Bereichen. Sie bieten nicht nur eine ähnliche Funktionalität, sondern können auch die (meisten) MS-Office-Formate lesen und auch exportieren. Einschränkungen gibt es hier bei der Microsoft-Makro-und Skript-Sprache *Visual Basic for Applications*.

An Office-Suites gibt es aktuell zumindest sieben – wenn auch mit unterschiedlichem Stand und unterschiedlichen Funktionsumfang:

- **StarOffice** (für den Funktionsumfang siehe die *OpenOffice*-Beschreibung)
- **OpenOffice** – eine offene, freie Version von StarOffice. Aus lizenztechnischen Gründen fehlen hier Wörterbücher (*Dictionaries*) und einige wenige andere Komponenten aus StarOffice. Sie werden jedoch durch freie Wörterbücher ersetzt. Die Microsoft-Skriptsprache wird hier durch eine eigene zu *Basic for Applications* nicht kompatible Skriptsprache ersetzt.
- **KOffice** – die KDE-Office-Suite
- **Gnome-Office** – eine eher lose Zusammenstellung von GNOME-Anwendungen. Für einige Funktionen sind hier gleich mehrere Anwendungen aufgeführt. Der Entwicklungsstand der Komponenten ist dabei sehr unterschiedlich und reicht von *initial* bis *ausgereift*.
- **Anywhere** – die kostenpflichtige Linux-Version von Applixware, ein Paket, welches auch auf anderen Plattformen wie Unix und unter MS-Windows verfügbar ist.
- **WordPerfect Office** der Firma Corel (auf der Intel-Architektur). Es besteht aus den kostenpflichtigen Komponenten **WordPerfect**, **Quattra** (Tabellenkalkulation), **Corel Presentation** sowie **CorelCentral** (einem *Personal Information Manager*). Hierbei handelt es sich eigentliche um die MS-Windows-Version des Pakets, welche auf **Wine** läuft. Wine erlaubt, verschiedene Windows-Applikationen unter Linux (auf Intel) laufen zu lassen.
- **Microsoft-Office**-Anwendungen (Word, Excel, PowerPoint, Outlook, Access) für Linux auf der Intel-Architektur – dazu ist das (kostenpflichtige) **CrossOver**-Paket erforderlich. Nach diesem Prinzip läuft auch das zuvor erwähnte Corel-Office-Paket.

Daneben gibt es ein Reihe weiterer einzelner Office-Programme wie etwa **textmaker**.

OpenOffice ist sicher eines der prominentesten Open-Source-Projekte. Es basiert auf den Teilen aus StarOffice, welche Sun frei zur Verfügung gestellt hat. Die Entwicklung von *StarOffice* und *OpenOffice* verläuft bisher weitgehend synchron. Einige Komponenten, welche Sun nicht als Open-Source freigeben wollte oder konnte, wurden in *Open-Office* durch unter GPL stehende Komponenten ersetzt (z.B. die Wörterbücher für die Rechtschreibprüfung). Bei *OpenOffice* sind die Anwendungen stark integriert und existieren nicht, wie sonst üblich, als separate Anwendungsdateien. So gibt es nur die Datei **openoffice** (mit zahlreichen Bibliotheken), welche entweder die genannten Anwendungen aus einem Menü anbietet oder sich – mit unterschiedlichen Parametern aufgerufen – als eine der Anwendungen präsentiert. Auch in der Prozessliste tauchen nicht die einzelnen Anwendungen, sondern lediglich **openoffice** auf. Zur *OpenOffice-Suite* gehören:

OpenWrite ist ein DTP-Werkzeug und vergleicht sich mit MS-Word, dessen Dokumente es weitgehend verlustfrei importieren kann Auch ein Export nach Word ist möglich. Nicht verarbeiten kann es Word-Makros, bietet aber eine eigene Makro-Sprache. Als eigenes Dokumentenformat verwendet es ein XML-Datenformat. Wie Word beherrscht es Vorlagen, mehrspaltiges Layout, Kopf- und Fußzeilen, Fußnoten, Absatz- und Kapitelnummerierungen und vieles mehr. Es bietet Serienbrieffunktionen und kann dazu Adressangaben über LDAP oder aus dem Mozilla-/Netscape-Adressbuch importieren. Die Wörterbücher aus StarOffice sind hier durch freie Wörterbucher ersetzt. Wie MS-Word besitzt **OpenWrite** einen integrierten Tabellen- und Formeleditor.

OpenCalc ist das Spreadsheet (Tabellenkalkulationsprogramm) von OpenOffice.

OpenImpress ist das Präsentationsprogramm der Suite. Für Grafiken setzt es dabei auf die Funktion von **OpenDraw** auf.

OpenDraw ist Zeichenprogramm für Vektorgrafiken, welche sich in OpenOffice-Dokumente einbetten lassen. Es lässt sich jedoch auch als (einfaches) selbstständiges Werkzeug für eigenständige Dokumente einsetzen. Es steht eine (kleine) Anzahl unterschiedlicher Exportformate zur Verfügung.

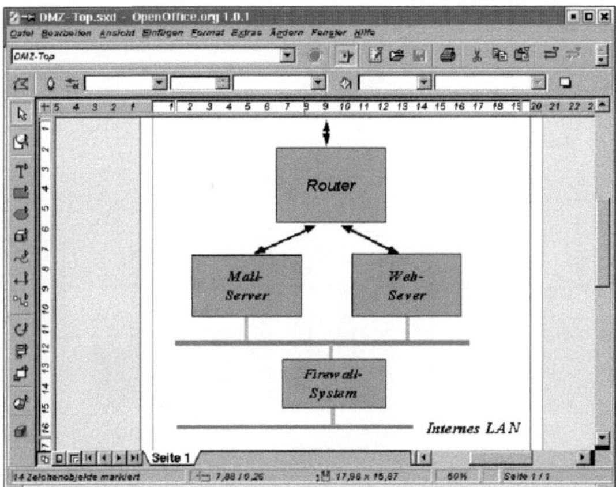

Zur **KOffice-Suite** gehören (neben einer Reihe von speziellen Import- und Export-Filtern für andere Formate – darunter auch MS-Word):

kword   ein DTP-Werkzeug, das sich an MS-Word oder FrameMaker misst, deren Funktionsumfang es aber (noch) nicht erreicht. Es ist ein rahmenorientiertes Programm, unterstützt Vorlageseiten, mehrspaltigen Satz, Kopf- und Fußzeilen, Fußnoten, Absatz-/Kapitelnummerierungen, Tabellen und Grafiken. Es bietet eine Rechtschreibprüfung sowie eine automatische Korrektur (abstellbar).

kspread   ein Tabellenkalkulationsprogramm, welches – ähnlich wie MS-Excel – mehrere Tabellen pro Dokument zulässt und Daten auch als Diagramm darstellen kann. **kspread** besitzt eine eigene Skript-Sprache, in denen sich Makros erstellen lassen.

kpresenter ist ein Präsentationsprogramm ähnlich MS-PowerPoint. Wie dieses bietet es eine Struktur-/Gliederungsansicht. Präsentationen können sowohl als PostScript- als auch als HTML-Dokumente exportiert werden.

kivio   ist ein Diagramm-/Workflow-Editor und ähnelt damit MS-Visio. Mit ihm lassen sich z. B. Fluss- und Netzdiagramme erstellen. Über die eingebaute Python-Skriptsprache ist er erweiterbar.

karbon14   ist ein Vektor-/Objekt-Zeichenprogramm.

krita   ist ein Image-Editor wie **gimp** – jedoch noch in einem ziemlich initialen Stadium.

kugar   ist ein Reportgenerator. Es stützt sich dabei auf Vorlagen ab. Vorlagen und Eingabedaten benutzen XML als Format. **kugar** arbeitet in der KPart-Technik. Mit **kugar** erstellte Reports lassen sich in ein Dokument einbetten, welches mit einem KPart-Dokumenteneditor (z. B. **kword**) erstellt wird.

kplato   ist ein Projektmanager, allerdings noch in einem recht frühen Status.

kchart   ist ein (noch recht) einfaches Werkzeug zur Erstellung von Diagrammen, die dann z. B. in **kword**-Dokumente eingebettet werden.

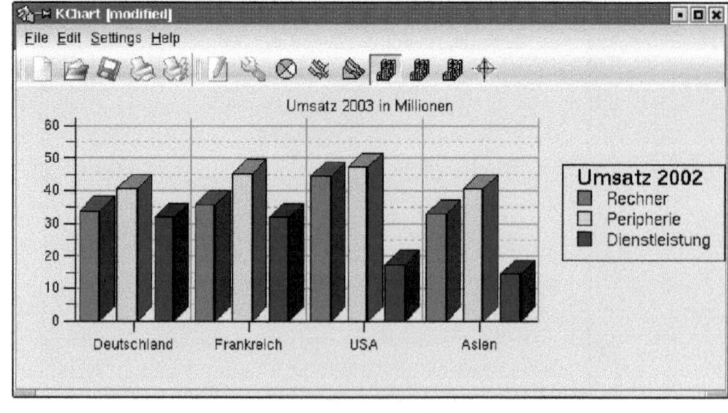

kformula ist ein Formeleditor und kann als solcher als Teil von **kword** genutzt werden. **kformular** kann die Formeln in LaTeX-Format exportieren und Formeln in LaTeX- und MathML-Format importieren.

Eigentlich muss man auch **kmail** und **korganizer** als Teil von **KOffice** betrachten.

Während *OpenOffice* und weitgehend auch *KOffice* aus einem definierten Satz von weitgehend integrierten Anwendungen besteht, setzt sich die **GNOME-Office-Suite** eher aus einer Kollektion einzelner Komponenten bzw. Programme zusammen. Für einige Funktionen gehören oft gleich mehrere funktional ähnliche Programme dazu. So konkurriert z. B. **abiword** – ein recht weit entwickeltes Textsystem – mit **OpenWrite**, und mit **mrproject** und **toutdoux** sind auch zwei Projektmanagement-Anwendungen Teil der Suite. Auch die E-Mail-Komponenten von **evolution** bilden eine Redundanz zum schlankeren **balsa**.

abiword ist ein recht weit entwickeltes Text-/DTP-System welches mit Open-Word und – mit gewissen Einschränkungen – auch mit MS-Word konkurriert. Es kann MS-Word-Dateien importieren.

agnubis ist ein Präsentationsprogramm (in einem frühen Stadium).

balsa ist das Gegenstück zu **kmail** und der Standard-E-Mail-Client unter GNOME (neben zahlreichen Alternativen wie z. B. **evolution**).

dia ist ein *Diagrammeditor*, d. h. ein Programm zur Erstellung von Netz-, Ablauf- und Prozessdiagrammen.

eog EyeOfGnome ist ein Bildbetrachter, der ein recht breites Spektrum von Image-Formaten beherrscht.

evolution ist eine ganze Groupware-Suite mit Komponenten für E-Mail, Kalender-/Termin- und Aufgabenplanung. Das Layout und die Funktionen sind weitgehend an MS-Outlook angelehnt. **evolution** stammt von der Firma Ximiam. Mit Hilfe des (kostenflichtigen) Ximiam-Connectors lässt sich **evolution** als Client für Microsoft Exchange nutzen.

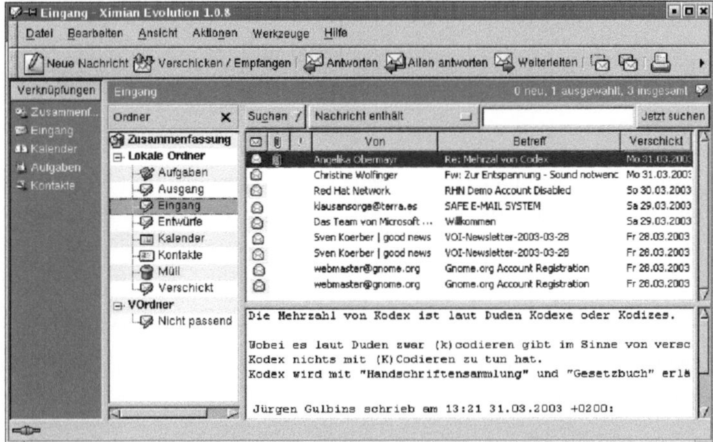

galeon	ist der Standard-Web-Browser unter GNOME. Er ist schlank und damit relativ schnell. Er verzichtet im Gegensatz zu Mozilla und Netsacpe auf E-Mail und Chat-Komponenten und benutzt für FTP-Downloads den *GNOME Transfer-Manager* **gtm**.

gfax	erlaubt (mit Unterstützung eines Fax-fähigen Modems) den Empfang und das Versenden von Fax-Nachrichten sowie das Anzeigen und Drucken empfangener Faxe.

gimp	Bild-/Fotobearbeitungsprogramm. Siehe die **gimp**-Beschreibung auf auf Seite 714.

gnome-db	ist ein grafisches Frontend an relationale Datenbanken. Dabei werden mehrere Datenbanken unterstützt, darunter MySQL, PostgreSQL, Oracle und Sybase. Zugleich ist es eine Bibliothek mit Funktionen zum Zugriff auf diese Datenbanken.

gnucash	stammt von der Firma *Gnumatic* (*www.gnumatic.com*), steht aber unter der GPL und ist ein Manager für die persönlichen Finanzen. Es enthält ein kleines Buchführungssystem (Basis: doppelte Buchführung) und verwaltet auch Aktien- und Investments-Depots. Es erlaubt Daten aus *MS Money* und Quicken zu importieren. **gnucash** erlaubt verschiedene Währungsangaben in der Eingabe. Eine deutsche Oberfläche (mit einigen englischen Resten) ist vorhanden. Die Dokumentation war bei Drucklegung des Buchs nur in Englisch und Französischer verfügbar.

gnumeric	ist die Standard-Tabellenkalkulation unter GNOME.

guppi	ist Plot-/Diagramm-Modul. Es ist zugleich ein Framework (Bibliothek), welches auch von anderen Programmen zur Erzeugung und Ausgabe verschiedener Plot-/Diagramm-Grafiken genutzt werden kann. Es gestattet unter anderem die Steuerung durch Perl-Skripte. Es ist offener und allgemeiner als **kchart**.

mrproject	ist ein Projektmanager, der sich noch in der Projektphase befindet.

sketch	unterstütz die Erstellung einfacher Vektorgrafiken. Es hat zwar schon eine ganze Reihe nützlicher Funktionen, jedoch noch eine sehr schlichte Oberfläche.

sodipodi	erlaubt wie **sketch** die Erstellung von Vektorgrafiken. Es hat zwar schon ein ganze Reihe von Werkzeugen und Funktionen und ist in der Lage, die Grafik auch im SVG-Format zu exportieren, kann sich aber bisher wie **sketch** kaum mit den kommerziellen Varianten wie Adobe Illustrator, Macromedia Freehand oder CorelDraw messen.

toutdoux	ist der zweite Pojektmanager neben **mrproject**.

Zusätzlich führt die GNOME-Office-Seite die Anwendungen von OpenOffice (**OpenCalc**, **OpenDraw** und **OpenWriter**) als Komponenten in *GNOME Office* auf.

7.7.3   Editoren, Textverarbeitung und Viewer

Einfache Texteditoren gibt es unter Linux fast wie *Sand am Meer*. Wir geben hier deshalb nur einen kleinen Ausschnitt. Natürlich gehören bereits die ganzen unter Office-Systemen vorgestellten Editoren zum Themenfeld *Textverarbeitung*. Wir möchten hier deshalb einfache Editoren (ohne große Formatiermöglichkeiten) vorstellen und einige spezielle weitere Programme wie z.B. **lyx** für den Satz mit TeX.

bluefish versteht sich als Teil des OpenOffice-Projektes. Es ist ein klassicher HTML-Editor. Das Editieren erfolgt wie bei **quanta** auf HTML-Quellcode-Ebene. Bluefish unterstützt die Tag-Eingabe über entsprechende Ikonen und Menüs in der Werkzeugleiste. Wie **quata** besitzt es eine Projektverwaltung. Es zählt sicher zu den ausgereifteren OpenSource-Werkzeugen.

gedit   ist ein einfacher Texteditor unter GNOME – analog zu **kedit** und **kate** unter KDE.

ghex   ist ein relativ einfacher Viewer (und Editor) für Dateien im Hexadezimalformat. Die mächtigere Variante ist **khexedit**.

gvim   ist wie **kvim** eine in einem GUI-Fenster laufende Version von **vi/vim**.

kate   ist ein einfacher aber flotter Texteditor für unformatierte Texte und Quelltexte von Programmen. **kate** ist UTF8-fähig. Siehe auch die **kate**-beschreibung auf Seite 659.

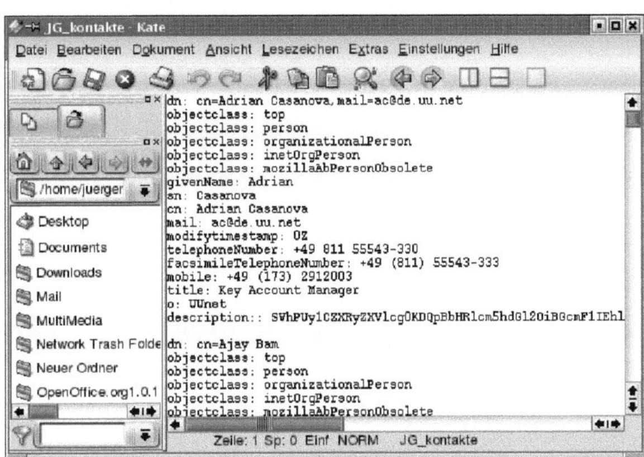

kedit   ist der Standardeditor für den KDE-Desktop. Er unterstützt wie **kate** die UTF-8-Codierung für Texte.

khexedit ist ein einfacher Datei-Binäreditor, welcher den Dateiinhalt in verschiedenen Formaten anzeigen und ändern kann – darunter als Binär-, Oktal-, Dezimal- oder Hexadezimalwerte sowie als ASCII.

klyx   ist die KDE-Variante von **lyx** zum WYSIWYG-Editieren von LaTeX-Dateien (siehe **lyx**).

kvim stellt die in KDE eingebundene Version von **vim** dar. Wesentliche neue Funktionen gegenüber der Terminalversion weist es nicht auf – sieht man einmal von der Unterstützung der Maus ab.

lyx LyX ist eine (fast) Art WYSIWYG-Frontend (Editor) zum bekannten und sehr mächtigen Satzsystem LaTeX. Mit ihm lassesn sich neben dem üblichen (hochwertigen) Satz auch Tabellen, logische Konstrukte, mathematische Formeln und griechische Zeichen setzen. Setzt man Text direkt in LaTeX, so erfolgt dies über eine Vielzahl von Makroanweisungen (Textauszeichnungen) zwischen dem eigentlichen Text. LyX hingegen erlaubt fast eine Eingabe, wie man es von MS-Word oder **Open-Writer** her gewohnt ist. Das typografisch gute Ergebnis rechtfertigt oft den etwas höheren Aufwand. Eine etwas modernere Oberfläche als **lyx** bsitzt **klyx**.

noteedit ist ein Editor für den (Musik-)Notensatz. Er erlaubt den Export in verschiedenen Formaten, darunter als Midi-Audiodatei, in MusiXTeX und PMX.

quanta ist ein klassicher HTML-Editor, bei man den HTML-Quellcode editiert und die HTML-Tags entweder direkt eingibt oder über Mausklicks auf die Ikonen der Werkzeugleiste. **quanta** bietet eine Seitenvorschau. Daneben hat es Komponenten zur Projektverwaltung. Bei den HTML-Programmierern konkurriert **quanta** mit **bluefish**.

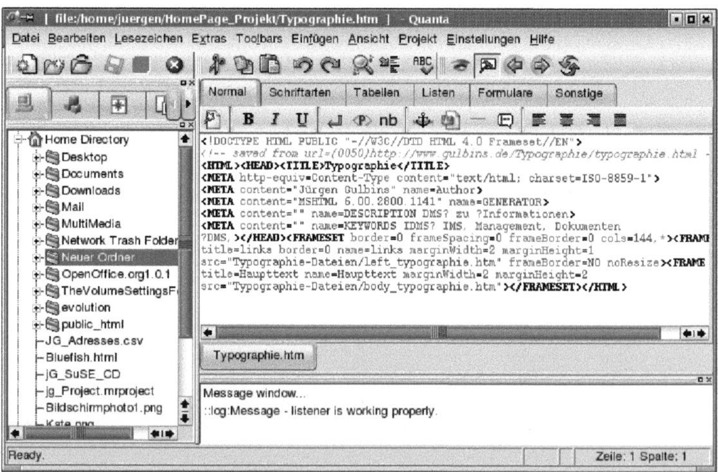

textmaker ist ein schlanker, jedoch ausgebauter und funktionaler (kostenpflichtiger) DTP-Editor der Firma SoftMaker.[1] Das Programm kann die aktuellen MS-Word-Formate lesen (importieren) und Dateien im MS-Word-Format exportieren.

xemacs ist die GUI-Version des **emacs**-Editors.

---

1. Siehe *www.softmaker.de*.

Viewer – Anzeigeprogramme für verschiedene Formate

acroread
der Adobe Acrobat Reader. Er ist bisher der beste Viewer für PDF-Dokumente unter Linux.

eog
das *EyeOfGnome* ist der unter GNOME bevorzugte Viewer für Image-Dateien. Er unterstützt eine Reihe von Image-Formaten, erlaubt aber keine Konvertierung beim Sichern. Für eine Übersicht über einen ganzen Ordner ist **gqview** oder **gthumb** die bessere Lösung.

ggv
der *Gnome Gostscript-Viewer* ist ein GUI-Frontend zu **gs** (siehe Seite 300). Er kann PostScript und PDF-Dateien anzeigen.

gqview
ist ein Bildbetrachter und bietet die Möglichkeiten eines Bildarchivs. Dazu baut er einen Index mit den Metadaten und Ikonen (*Thumbnails*) der archivierten Daten, in denen sich oft schneller suchen lässt als in Dateilisten. Eine Suche nach den Metadaten fehlt aber leider.

gthumb
ist ein Bildbetrachter und Grafik-Browser, der die Inhalte von Ordnern als kleine Icons (*Thumbnails*) darstellt.

kdvi
bietet die Anzeige/Darstellungen von DVI-Dateien, welche in aller Regel aus T_EX/ L^AT_EX oder **lyx** stammen.

kview
ist ein einfacher Viewer für verschiedene Image-Formate und kann Bilder auch über enen Scanner einlesen.

kghostview
ist die KDE-Variante von **ggv** (dem Anzeigeprogramm für Post-Script- und PDF-Dateien). Es ist ein GUI-Frontend zu **gs** (siehe Seite 300).

xman
GUI-Variante von **man**. Das Programm ist recht schlicht gestrickt. Die besseren Varianten sind zumeist **khelp-helpcenter** oder **yelp**.

xpdf
ist ein Viewer für PDF-Dokumente. Die bessere Lösung ist aber in der Regel **acroread**, der Acrobat-Reader von Adobe.

yelp
der GNU-Hilfe-Browser. Er erlaubt auch **man**- und **info**-Seiten zu suchen und anzuzeigen.

Daneben sind natürlich auch die speziellen Editoren **ghex** und **khexedit** als *Viewer* zu betrachten.

7.7.4   Grafikprogramme

gimp

zählt zu den (freien) Vorzeigeprogrammen unter Linux. Es ist ein sehr mächtiger (Pixel-)Bildeditor und in einer ganzen Reihe von Aspekten mit Adobe Photoshop oder PaintShop Pro vergleichbar. Die Bedienung ist für Photoshop-Anwender zunächst etwas ungewohnt. Was (bisher) im Vergleich zu Photoshop fehlt, ist die Bildbearbeitung im CMYK-Modus. Eine separate Farbseparation ist jedoch möglich. Dafür hat **gimp** eine Reihe von Filtern und Effekten, die im recht teuren Photoshop nicht zu finden sind.

pixie

erlaubt Images/Photos zu bearbeiten (eher in einfacher Form wie Spiegeln, Skalieren, Rotieren, Kontrastveränderungen, ...) und in verschiedene Formate zu konvertieren. Seine wesentliche Funktion ist die des Image-Browsers, der die Dateien in einem Verzeichnis als kleine Bild-Icons (*Thumbnails*) darstellt und bei Bedarf die Metadaten (Format, Auflösung, Farbtiefe, ...) anzeigt.

kooka

ist ein KDE-GUI-Frontend zu der Scannerbibliothek **sane**.

kamera

ein Programm zum Auslesen von Bildern aus einer Digitalkamera.

kdvi

TeX, LaTeX und **lyx** erzeugen als Ausgabe Dateien im DVI-Format. **kdvi** ist ein Viewer (Anzeigeprogramm) für dieses Format.

kpaint

ist ein einfaches Malprogramm für Pixel-Images, geeignet für kleine Images oder Ikonen. Die wesentlich mächtigere Variante ist **gimp**.

xpcd

erlaubt Zugriffe auf Kodak-Foto-CDs. Man kann in der CD browsen, Fotos öffnen, in den verschiedenen Auflösungsstufen anzeigen, extrahieren und auf die Platte ablegen.

kview

stellt ein Rahmenprogramm für verschiedene Viewer unter KDE dar. Er erhält seine Darstellungsmöglichkeiten über verschiedene Plug-Ins. Zusammen mit dem *.dvi*-Plug-In kann er z.B. DVI-Dateien anzeigen (aufgerufen als **kdvi**). **kview** beherrscht auch zahlreiche Image-Formate.

xpcd

kann Bilder von einer Photo-CD laden, anzeigen und speichern.

xv

kennt zahlreiche Grafikformate und kann sie sowohl anzeigen als auch ineinander konvertieren. Es erlaubt auch die Erstellung von Bildschirmfotos (*Screen-Dumps*).

xscanimage

ist ein GUI-Frontend zu **xsane** (siehe **xsane**).

xsane

ist die Standard-Linux-Anwendung zum Scannen. **xsane** beherrscht ein relativ breites Scanner-Spektrum, wenn auch nicht mit der Unterstützung aller Möglichkeiten der einzelnen Scanner. **xsane** selbst hat eine Kommandozeilenoberfläche und stützt sich auf die **sane**-Bibliothek. Die GUI-Oberfläche dazu bietet **xscanimage** oder aber **kooka** als KDE-Anwendung.

7.7.5 Kommunikation, Organisation und Groupware

evolution   ist ein Groupware-Paket, welches nicht nur E-Mail-Funktionen bietet, sondern daneben auch einen Kalender und Aufgabenplaner sowie einen Kontaktmanager. Die Optik ist an Microsoft-Outlook angelehnt.

galeon   ist der Vorzugs-Web-Browser unter GNOME. Er arbeitet auf Basis des Mozilla Renderers *Gecko* und ist ansonsten ein relativ schlanker Browser ohne eigene E-Mail- und News-Komponente. Er startet deshalb schneller als die meisten anderen Browser. Für Donwloads greift er auf den *GNOME-Transfer-Manager* **gtm** zurück. Java beherrscht er nicht, jedoch Javascript.

gnomecal   ist ein Desktop-Kalender, Terminplaner und Aufgabenmanager. Er ist Teil der *GNOME-PIM-Suite*.

gnomecard   stellt die GNOME-Variante des KDE-Adressbuchs dar und erlaubt die Verwaltung von elektronischen Visitenkarten. Hier können auch *vcards* übernommen werden. Neben den üblichen Angaben lassen sich hier auch PGP- und X.509-Schlüssel speichern.

gnomemeeting   erlaubt elektronische Konferenzen per Text (à la *chat*), per Sprache/Sound und per Videoübertragung und dies (bei ausreichender Bandbreite) alles parallel (siehe Beschreibung auf Seite 688).

gnome-pilot   dient dem Datenabgleich zwischen Adressbuch und Terminplaner – etwa in Form von **evolution**, **gnomecal** oder **gnomecard** – und einem Palm-Pilot.

gnpan   ist ein recht ausgereifter Client zum Lesen und Erstellen von News.

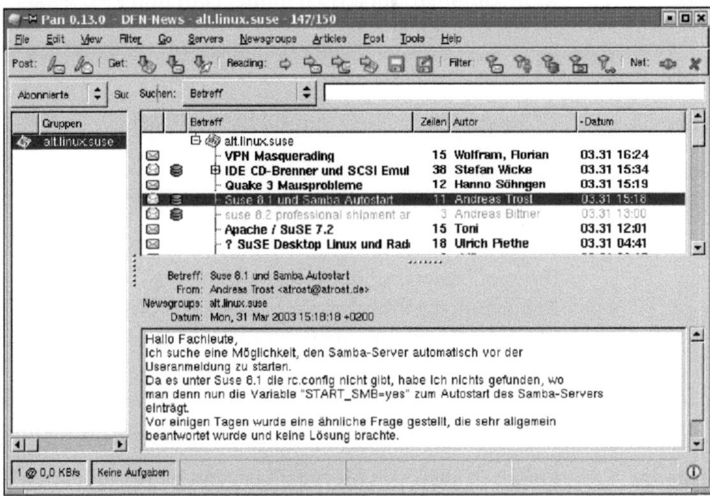

gtm   Der *GNU-Transer-Manager* ist ein klassischer Download-Manager der gut mit dem Web-Browser **galeon** zusammen arbeitet (s. Seite 687).

kadressbook ist das KDE-Adressbuch zur Pflege von Kontaktadressen. Es kann von **kmail** und **korganizer** aus genutzt werden. Im Zusammenspiel mit dem Hilfsmodul **kall** und einem entsprechenden Modem lassen sich direkt aus **kadressbook** heraus Telefonnummern anwählen.

kmail ist der Standard-E-Mail-Client unter KDE und ein recht schöner Mailer. Vom Layout lehnt er sich in der Fensteraufteilung an Outlook-Express an, von dem es per Konverter **kmailcvt** auch Adressen und E-Mails importieren kann. Er bietet die Möglichkeit mehrerer Identitäten, erlaubt die Erstellung von Mail-Filtern sowie Suchen und Sortieren. Über GPGP unterstützt er auch das Signieren und Verschlüsseln des E-Mail-Rumpfs, leider noch nicht der Mail-Anhänge (*Attachments*). Diese muss man separat verschlüsseln. Er arbeitet mit dem KDE-Adressbuch (**kadressbook**) zusammen.

knapster entspricht etwa dem Windows-Napster-Programm zum Herunterladen von MP3-Dateien.

knode ist der KDE News-Reader und News-Writer und ergänzt damit **kmail**. Auch er arbeitet zusammen mit dem KDE-Adressbuch.

korganizer ist ein kleiner aber feiner Terminplaner mit Erinnerungsfunktionen.

knewsticker ist ein kleines Applet, welches, in die Kontrolleiste gelegt, dort fortlaufend einen Nachrichtenticker anzeigt. Die Nachrichten bezieht er natürlich aus dem Internet.

konqueror ist unter KDE die *Eier-legende-Wollmilchsau* und beherrscht neben seinen Dateimanager-Funktionen auch recht gut das Web-Browsing und den FTP-Transfer (siehe Seite 647). Der Vorteil ist hier, das er unter KDE **konqueror** praktisch immer läuft und kein separater Web-Browser gestartet werden muss.

ktalk stellt einen GUI-Client zu **talk** dar.

ksirc ist ein Chat-Client mit GUI-Oberfläche.

linphone gestattet Internet/IP-Telefonie.

mozilla ist der freie Web-Browser, abgeleitet vom Netscape-Projekt. **mozilla** ist auf einer Vielzahl von Plattformen verfügbar. Der eigentliche Web-Browser basiert auf der Gecko-*Rendering-Engine*. Sie wird auch in einer Reihe anderer Web-Browser eingesetzt. Neben dem Web-Browser enthält **mozilla** eine E-Mail- (POP3 und IMAP), News- und Chat-Komponente sowie ein Adressbuch. Er stellt damit eine *Web-Suite* zur Verfügung. Im Gegensatz zum Netscape-Browser ist er werbefrei. Mozilla beherrscht Java und Javascript und kann XML-Dokumente anzeigen.

netscape Praktisch alles, was für **mozilla** gesagt wurde, gilt auch für Netscape (7), wobei bei Netscape im Gegensatz zu **mozilla** zuweilen die AOL-Komponenten (z.B. der AOL-Messanger) nerven.

opera Auch Opera steht auf zahlreichen Betriebssystemplattformen zur Verfügung. Er ist schlank und schnell. Opera beherrscht sowohl Java als auch Javascript. Opera ist jedoch kostenflichtig, jedoch mit ca. 40 € relativ moderat.

quanta unterstützt die Erstellung von Web-/HTML-Dokumenten in einem WYSIWYG-Stil.

xchat ist ein einfacher grafischer Chat-Client.

Neben den hier erwähnten Web-Browsern, Chat-, News- und E-Mail-Clients gibt es eine größere Zahl weiterer Clients, die aber dieses Kapitel sprengen würden. Hier seien nur **Pyne, Columbia**[1] oder **Mahogany**[2] als weitere Beispiele für E-Mail-Clients und Server aufgeführt. Daneben gibt es inzwischen eine Reihe von zuvor nicht erwähnten Groupware-Systemen unter Linux – sowohl freie Software als auch kommerzielle Produkte. Zu den kommerziellen Produkten gehört z. B. **Skykrix Goupware**.[3]

7.7.6 Multimedia und CD-Brennen

Das Angebot von Media-Playern, Software zur Aufzeichnung von Mediadaten und zum *Rippen* und Brennen von CD und DVDs steigt hier fast täglich und ist inzwischen bereits durch die Vielzahl unübersichtlich. Wir haben deshalb nur wenige herausgegriffen.

aktion ist ein einfacher Video-Player.

gkam ist das GUI-Frontend zu **gphoto2**. **ghoto2** erlaubt Fotos direkt über die bei älteren Digitalkameras üblichen seriellen Schnittstellen aus der Kamera in den Rechner zu laden und dort anzuzeigen und in einem Fotokalog zu verwalten. Bei Kameras mit USB-Port kann man die Bilder in der Regel direkt über den Datei-Browser herunterladen und im Katalog von **gphoto2** abzulegen. Das FAT-Dateisystem der Kamera muss zuvor per **mount** eingehängt werden. Dazu ist eventuell noch ein entsprechender Eintrag in */etc/fstab* erforderlich.

grip ist ein *DVD-Ripper*, d. h. er erlaubt Videodaten aus DVDs auszulesen und auf der Platte zu speichern. Dies ist unter Urheberrechtsaspekten problematisch!

gtoaster unterstützt das Brennen von CDs sowie Importieren von Audio-und anderen Daten von CD.

kmidi erlaubt Midi-Dateien abzuspielen sowie die Midi-Ein- und -Ausgänge zu steuern.

---

1. Siehe hierzu *http://columbia.sourceforge.net*.
2. Siehe hierzu *http://mahogany.sourceforge.net*.
3. Zu *Skyrix Groupware* siehe *www.skyrix.com*.

kmix   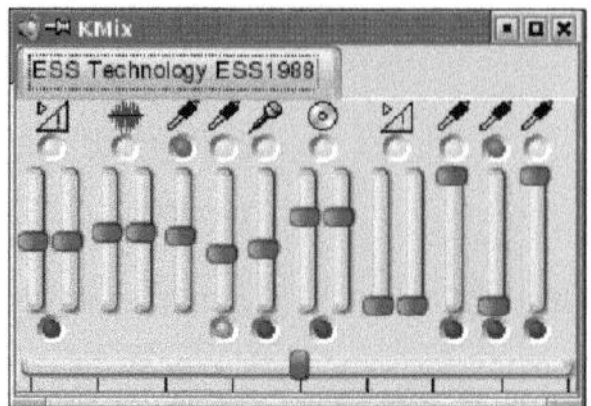 ist ein Sound-Mixer als GUI-Frontend zur Soundkarte. Er ist unter KDE die primäre Anlaufstelle zur Regelung der Lautstärke und der verschiedenen Sound-Karten-Ein- und Ausgänge. Bei Stereo-Ein-/Ausgängen lassen sich die Kanäle trennen und einzeln regeln.

koncd   kann CDs *rippen* (Musikdateien extrahieren) sowie neue Audio- und Daten-CDs mit Daten zusammenstellen und brennen. Dabei sind auch boot-fähige CDs möglich. Das Programm unterstützt die Burn-Proof-Technik der damit ausgerüsteten Brenner.

kreatecd   erlaubt nicht nur CDs neu zusammenzustellen, sondern auch Musik- und Daten-CDs zu kopieren.

kscd   ein weiterer CD-Player

mplayer   beherrscht ein ganzes Spektrum an Videoformaten und ist ein Mediaplayer. Mit ihm lassen sich z.B. Video-CDs und DVDs abspielen. Er kann sowohl auf der Zeilenkommandoebene angesprochen werden als auch mit einer grafischen Oberfläche arbeiten (Aufruf: **mplayer -gui**). **mplayer** besitzt zahlreiche eigene Codec-Implementierungen, kann aber auch mit Plug-Ins erweitert werden und zusätzlich (unter Einsatz von **wine**) auf der Intel-Plattform Codec-DLLs aus Windows nutzen.

noatun   einfacher Media-Player für MP3- und WAV-Audiodaten sowie für MPEG-1 Videodaten: Per Plug-Ins lassen sich die unterstützten Formate um Codecs erweitern (z.B. mit OpenDivX).

xcdroast   noch ein freier CD-Brenner im großen Linux-Repertoire

xine   ist ein Mediaplayer, der auch DVD-Filme abspielen kann.

xmms   ist ein moderner, recht mächtiger Mediaplayer, welcher neben Audio-Dateien auch Videos in unterschiedlichen Formaten abspielen kann

(z.B. auch Divx). Ein guter Teil der Funktionen erreicht man – KDE/ GNOME-untypisch – über den kleinen Knopf oben links, welcher ein kaskadiertes Pull-down-Menü erscheinen lässt. Eine Play-Liste lässt sich anlegen und anzeigen. Auch ein Equalizer kann aktiviert werden.

Insbesondere die Media-Player lassen sich durch verschiedene Plug-Ins und Codecs erweitern. Unter KDE stützen sich die meisten auf den **arts**-Sound-Server ab. Die moderneren Varianten lassen sich zusätzlich über unterschiedliche so genannte *Skins* weitgehend in der Oberfläche verändert – so z.b. **xmms**.

7.7.7 Dateimanager und Datei-Handling

arc   erlaubt Archive (Archivdateien) in einer Reihe unterschiedlicher Formate wie etwa **tar**, **gzip**, **zip** und **bzip2** anzulegen.

file-roller   erlaubt das Anlegen und Öffnen eines breiten Spektrums von Archivformaten (siehe Seite 686).

gnome-search-tool   ist ein grafisches Front-End zum Kommando **find** und erlaubt die Suche nach Dateien mit verschiedenen Datei-Metadaten als Suchkriterium (siehe auch **kfind** auf Seite 661).

gtktalog   erlaubt die Katalogisierung von entfernbaren Datenträgern wie etwa CD/DVDs und ZIP-Medien, Floppies und Ähnlichem. Man kann dann offline in dem Katalog navigieren und suchen.

karchiver   erlaubt in Archidateien verschiedener Formate (tar, zip, bzip2, …) zu browsen und Daten zu extrahieren, ohne ein explizites Extrahieren anzuzeigen. Für die Erstellung solcher Archive kann **arc** verwendet werden.

kbear   bietet die Funktionen eines sehr einfach zu bedienenden FTP-Browsers und FTP-Donwload-Managers.

kfind   erlaubt die Suche nach Dateien mit vorgegebenen Metadaten (Größe, Alter, Dateiname, …) sowie nach Dateiinhalten (s. Seite 661).

komba   gestattet durch Samba-Shares zu navigieren (browsen) und solche Shares per **mount**- und **umount** ein- und auszuhängen. Man kann in und nach anderen Workgroups suchen.

konqueror   ist der KDE-Dateimanager, beitzt Web-Browser-, FTP-Client- und zahlreiche weitere Funktionen (siehe Abschnitt 7.2.3, Seite 653 ff).

krusader   ist ein klassicher Dateimanager, wie man ihn ursprünglich vom Norton-Commander her kennt. Er arbeitet mit zwei nebeneinander liegenden Browserfenstern, womit man komfortabel Dateien von einem Verzeichnis in ein anderes verschieben kann. Da **krusader** zusätzlich die meisten Linux-Archiv- und Komprimierungsformate (**arj**, **bzip2**, **gzip**, **rpm**, **tar**, **zip**, …) beherrscht und die wichtigen Funktionen nicht nur über Icons, sondern auch per Funktionstaste erreichbar sind, ist **krusader** für spezielle Aufräumaktionen ein effizientes Werkzeug.

nautilus   repräsentiert den GNOME-Dateimanager; er kontrolliert unter GNOME in der Regel auch den Desktop (siehe Abschnitt 7.3.2, Seite 673 ff).

7.7.8   Rund ums Drucken

Einen Überblick zum Linux Print-Spooler gibt Kapitel 9.11 (Seite 816 ff.) sowie die Übersicht zu **lp**-Kommandos ab Seite 330. Wir geben hier deshalb nur eine recht kurze Beschreibung der Programme.

gprinter   ist ein sehr einfaches Drucker-Interface unter GNOME. Verknüpft man einen Starter auf dem Desktop damit, so erscheint bei der ersten Nutzung ein kleiner Konfigurationsdialog, in dem man den Zieldrucker und eventuell notwendige Konvertierungen angeben kann. Zieht man nun eine Datei auf das Icon, so wird sie auf dem zugeordneten Drucker ausgegeben.

gtklp   ein GUI-Frontend zum Drucken, welches auch von der Kommandozeile aus aufgerufen werden kann (s. Seite 833).

gtklpq   ist eine GUI-Version von **lpq/lpstat** (s. Seite 833).

klpq   repräsentiert die KDE-Version zur Verwaltung von Druckern und Druckaufträgen. Sie kann mit mehreren Spooler-Systemen umgehen.

kjobviewer   ist GUI-Variante zu **lpq/lpstat** aus dem KDE-Paket, die auch bereits abgeschlossene Aufträge anzeigen kann (siehe Seite 834).

klaserjet   Viele HP-Laserdrucker vom Typ *Laserjet* haben am Drucker keine Bedienknöpfe mehr. Man kann sie aber mit **klaserjet** über Netz kontrollieren und bedienen.

kprinter   bietet ähnliche Funktionen wie **gtklp** und ist unter KDE das Standard-Printspooler-Interface, in dessen Fenster man Dateien zum Drucken ziehen und in dem man dann die verschiedenen Parameter des Auftrags wie Seitenbereich, Anzahl der Kopien und Ähnliches noch verändern kann.

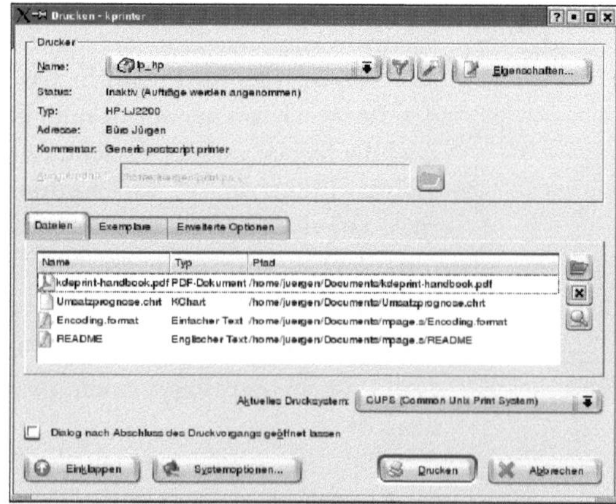

kups   ist ein unter KDE-/X11-laufendes GUI-Interface zum Einrichten und Verwalten des Print-Spoolers CUPS und der darunter eingerichteten Drucker bzw. Druckerauftragsschlangen.

xpdq X stellt die GUI-Variante zu **lpq** dar. **xpdq** erlaubt die Verwaltung der Aufträge und Auftragswarteschlangen für Drucker.

xpp X ist eine einfache grafische Dialogbox zum Drucken, aber auch zur Druckerverwaltung.

CUPS, das aktuell wohl mächtigste Linux-Print-Spooler-System, erlaubt zusätzlich eine Administration per Web-Oberfläche unter *http://localhost:631:printers*. Daneben ist auch der KDE-Print-Manager im **konqueror** unter der URI *print:manager* mit einer GUI-Oberfläche ansprechbar.

7.7.9 Terminals

gnome-terminal ist eine GNOME-Variante von **xterm**. Es hat weitgehend die gleichen Funktionen wie die KDE-Variante **konsole**.

gtelnet bietet die Terminal-Funktionen für **telnet**, **ssh** und **rlogin** in einem GNOME-Terminal-Fenster.

xterm X ist eine der von Systemverwaltern meistbenutzten Terminal-Emulation. Die beiden Varianten **konsole** (KDE) und **gnome-terminal** sind jedoch mächtiger und besser auf den jeweiligen Desktop abgestimmt.

konsole ist die KDE-Variante von **xterm**. Im Gegensatz zu **xterm** kann der Zustand von **konsole** bei Sizungsende gesichert werden. **konsole** kann mit UTF-8 arbeiten und mehrere parallele Terminal-Sitzungen anlegen und in einem Fenster verwalten. Diese bleiben über Sitzungen hinweg erhalten.

Daneben gibt es unter KDE das Terminal-Fenster im **konqueror** und als Applet in der Kontrollleiste. Unter GNOME ist das Panel-Applet *Programm ausführen* das Pendant dazu.

Systemstatus, Systeminformationen und Systemaufgaben

arc erlaubt Archive (Archivdateien) neu anzulegen – in einer Reihe unterschiedlicher Formate wie etwa **tar**, **gzip**, **zip**, **bzip2**.

gdiskfree zeigt den freien Speicherplatz der aktuell montierten Dateisysteme in Form von Zeigerinstrumenten.

gnomecc Das GNOME-Kontrollzentrum **gnomecc** erlaubt eine ganze Reihe von Einstellungen zum GNOME-Desktop, zum Window-Manager, zum Dateimanager **nautilus** sowie zu X11 und zu den Sound-Komponenten (siehe Abschnitt 7.3.3, Seite 680).

gnome-system-monitor stellt die aktuell laufenden Prozesse sowie andere Systemauslastungen dar. Eine einfachere Variante ist **gtop**, die KDE-Version ist **ksysguard**.

gnorpm　　　　Der *GNOME-RPM* ist ein GUI-Frontend zum *Package-Manager* **rpm** und einfacher als dieser zu bedienen.

gtop　　　　ist die GNOME-Variante von **top**. Übersichtlicher sind in der Regel **ksysguard** und **gnome-system-monitor**.

kalarm　　　　agiert als kleiner Wecker und als Terminerinnerung. Man legt ihn in der Regel in die KDE-Kontrollleiste. Die deutlich mächtigere Variante ist **korganizer**.

kcontrol　　　　Das KDE-Kontrollzentrum **kcontrol** ist eine weitgehend zentrale Stelle für zahlreiche Einstellungen zum Desktop, jedoch auch zu X11, Schriften (Fonts) und anderen Hardwarekomponenten. Unter SuSE sind hier auch die meisten YaST2-Module eingebunden, so dass es für zahlreiche weitere Systemeinstellungen der Anlaufpunkt ist. Siehe die Beschreibung auf Seite Seite 653.

kcron　　　　erlaubt per Dialogbox das recht einfache Aufsetzen von cron-Jobs – d. h. Aufträgen, die zu einem festen Zeitpunkt (und/oder in festen Intervallen) Batch-artig ausgeführt werden sollen. GNOME-Varianten sind **cromagnon**[1] oder **gat**.[2]

kdat　　　　erlaubt Daten auf einem Band oder Streamer zu sichern (zu archivieren) und später dieses Band einzuhängen (es erfolgt ein **mount**) und auf die Daten so zuzugreifen, als lägen sie auf einem Dateisystem. Beim Sichern wird ein Inhaltsverzeichnis des Bandes erstellt.

kdf　　　　zeigt den belegten und freien Platz auf den Datenträgern des Systems. Eine einfachere Alternative ist **gdiskfree**.

kpackage　　　　ist ein Verwalter für Software-Pakete (*Package Manager*) im KDE-Stil.

kpm　　　　ist **ksysguard**, beschränkt auf die Anzeige der Prozesse.

ksysguard　　　　zeigt die aktuell laufenden Prozesse. Die Anzeige kann auf System-, Benutzer- und die eigenen Prozesse beschränkt werden (s. Seite 657).

ksysv　　　　ist ein *Run-Level-Editor*. Er erlaubt die Dateien zu editieren, welche festlegen, bei welchem Run-Leveln die verschiedenen Server-Prozesse (Daemonen) gestartet werden sollen.[3] Aus ihm heraus lassen sich auch diese Prozesse starten und terminieren.

kuser　　　　erlaubt als Super-User neue Benutzer und Gruppen anzulegen und vorhanderne zu ändern und zu löschen.

xkconfig　　　　ist eine Konfigurationsoberfläche für X11 (X11-Server).

---

1. Zu **cromagnon** siehe *http:/www2.andrews.edu/~aldy/cromagnon.html*.
2. Zu **gat** siehe *http:/www.cs.duke.edu/~reynolds/gat/*.
3. Siehe dazu auch Kapitel 9.10, Seite 811.

7.7.10 Kleine Helfer

Linux bietet ein ganze Reihe kleiner GUI-basierter Helfer, die bei der täglichen Arbeit nützlich sind. Einen Teil davon haben wir bereits in den Abschnitten zu KDE und GNOME vorgestellt.

gcm der GNOME *Clipboard-Manager* greift den Inhalt der Zwischenablage ab und speichert mehrere Versionen davon. So lässt sich nicht nur der Inhalt der letzten Kopier- oder Ausschneidefunktion abrufen, sondern auch mehrere zurückliegende. Die Elemente der **gcm**-Ablage lassen sich einzeln editieren, in eine Datei speichern und aus einer Datei laden. Das KDE-Gegenstück ist **klipper**.

gfloppy erlaubt eine Floppy neu zu formatieren und mit einem MS-DOS- oder einem ext2-Dateisytem zu versehen und per **mount** einzuhängen.

gjots dient der Verwaltung kleiner Notizen. Diese können in *Bücher* und diese wiederum in *Seiten* baumartig strukturiert werden. **gjots** erlaubt dabei das Verschlüsseln vertraulicher Notizen. **gjots** kann DOCBOOK-Dateien importieren und *Bücher* als HTML- oder im DOCBOOK-Format exportieren.

gnomecal bietet Kalender-und Zeitplanungsfunktionen unter GNOME.

gnomecard stellt die GNOME-Variante des KDE-Adressbuchs dar und erlaubt die Verwaltung von elektronischen Visitenkarten. Hier können auch *vcards* übernommen werden. Neben den üblichen Angaben lassen sich auch PGP- und X.509-Schlüssel speichern.

gnome-calculator ist ein einfacher Desktop-Taschenrechner.

gnome-character-map zeigt (wie **kcharselect**) in einer Tabelle die Zeichen eines Zeichensatzes an. Hiermit lassen sich selten benutzte Zeichen per Maus eingeben und per *Kopieren* in den eigenen Text übernehmen.

gnome-dictionary ist ein Frontend zu verschiedenen Online-Wörterbüchern und arbeitet in der Voreinstellung wie **kdict** mit dem Internet-Wörterbuch-Server *www.dict.org*. Dabei kann man zwischen einer Reihe von Wörterbüchern wählen.

gnome-pilot ist ein Werkzeug zum Datenabgleich zwischen Linux (z.B. **gnome-card**) und einem Palm-Pilot.

gnome-seach-tool erlaubt die Suche nach Dateien und ist eine Art GUI-Frontend für **find** (siehe Seite 685).

gtktalog erlaubt die Katalogisierung von Datenträgern. Damit lässt sich z.B. ein Katalog für CDs, Floppies und andere Datenträger mit ihrer Verzeichnisstruktur erstellen und später effizient darin nach bestimmten Dateien suchen oder in den (Offline-)Strukturen navigieren.

kalarm　　　ist ein kleiner Wecker oder Terminerinnerer unter KDE. In ihm lassen sich Termine einrichten. Ist der Termin erreicht, so erscheint eine deutlich sichtbare Pop-up-Dialogbox auf dem Bildschirm mit den Angaben zum Termin, und es ertönt optional eine Audiosequenz.

kandy　　　erlaubt den Datenaustausch zwischen einem Handy und dem Rechner. Dabei können Daten aus **korganizer** in das Handy und Handy-Telefonangaben nach **korganizer** überspielt werden. Daneben lassen sich auch andere Handy-Daten wie etwa Signalpegel oder Batteriezustand anzeigen.

karm　　　erlaubt eine einfache tabellenartige projektbezogene Zeiterfassung.

kcalc　　　ist ein kleiner Desktop-Taschenrechner mit einer Reihe von trigonometrischen und statistischen Funktionen.

kcharselect　　　zeigt alle Zeichen eines Zeichensatzes an, so dass man Zeichen mit der Maus anklicken und dann in eine Textverarbeitung kopieren kann.

kdict　　　bietet Wörterbuchfunktionen, d.h. das Nachschlagen von Wörtern in elektronischen Lexika, welche über das DICT-Protokoll angesprochen werden können – sowohl lokal als auch über Internet. Im Internet sind eine Reihe davon zu finden. Bereits eingestellt ist der Server *www.dict.org*. Man kann sich von diesem Server Wörterbücher herunter laden und lokal halten, um eine bessere Performance zu erzielen. Die Beschreibung dazu findet man ebenfalls unter *www.dict.org*. Leider sind fast alle Wörterbüch in Englisch.

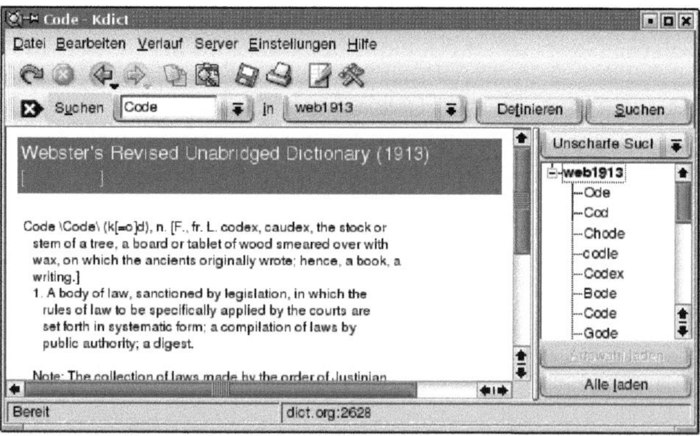

kfind　　　ist eine GUI-Version des **find**-Kommandos. Sie erlaubt zwar nicht alles, was **find** an Optionen bietet, reicht aber für die meisten Fälle. Er erlaubt auch die Suche nach Dateiinhalten (siehe Seite 661).

kfloppy　　　erlaubt eine Floppy neu zu formatieren, mit einem MS-DOS- oder einem **ext2**-Dateisytem zu versehen und per **mount** einzuhängen.

kgpg　　　ist ein GUI-Frontend zu **gpg** (*GNU privacy guard*), einer Software zum Ver- und Entschlüsseln von Daten und E-Mails sowie zum Signieren und Prüfen von Signaturen. Diese GUI-Version vereinfacht insbesondere die Handhabung von Zertifikaten und Schlüsseln.

kwikdisk kann in der KDE-Kontrollleiste liegen ( ) und bietet dort über ein Pop-up-Menü das schnelle und einfache Einhängen (per **mount**) verschiedener Geräte/Dateisysteme. Im Konfigurationsdialog legt man die Geräte/Dateisysteme sowie die zugehörigen **mount**-Anweisungen fest.

kjots dient der Verwaltung kleiner Notizen. Diese werden in so genannten *Büchern* strukturiert, wobei ein *Buch* nochmals in *Seiten* untergliedert werden kann. Leider fehlt bisher eine Baumdarstellung der vorhandenen Bücher und Seiten. Diese ist dafür in **gjots** zu finden.

klipper ist ein kleiner Clipboard-Manager, welcher den Inhalt der Zwischenablage abgreift und mehrere Versionen davon speichert. So lässt sich nicht nur der Inhalt der letzten Kopier- oder Ausschneidefunktion abrufen, sondern auch mehrere zurückliegende. Das KDE-Applet liegt in der Regel in der Kontrollleiste (siehe Seite 656). Das GNOME-Gegenstück ist **gcm**.

knetload zeigt, wenn es in der KDE-Kontrollleiste liegt, ständig die aktuelle Netzlast an.

knotes bietet kleine Notizzettel auf dem Bildschirm. Dazu legt man das Programm als Applet in die Kontrollleiste. Mit einem Linksklick auf das Icon erscheint ein Pop-up-Menü mit den vorhandenen Notizen; mit einem Rechtscklick lassen sich im Pop-up-Menü neue Notizen anlegen.

koncd ist ein kleines Programm zum Brennen von CDs. Alternativen sind z. B. **kreatecd**, **k3b** oder **cdbakeoven**. Daneben gibt es mehrere weitere Brennprogramme unter Linux.

kpilot gestattet das Laden von Programmen in einen Palm-Pilot sowie das Synchronisieren von Daten zwischen dem Rechner und eine Pilot. Es ist die HotSync-Version für Unix-/Linux.

ksnapshot erstellt einen Bildschirmabzug entweder vom gesamten Bildschirm oder nur vom aktiven Fenster. Dies kann auch zeitversetzt geschehen, so dass man Zeit hat, das Fenster und eventuelle Menüs darin zu aktivieren. Als Image-Format wird PNG verwendet. Gleich beim Start wird ein Bildschirmfoto des gesamten Bildschirms erstellt, ohne dass man dazu explizit *Aufnehmen* anklicken muss. Während der Aufnahme blendet sich **ksnapshot** aus dem Bildschirm aus.

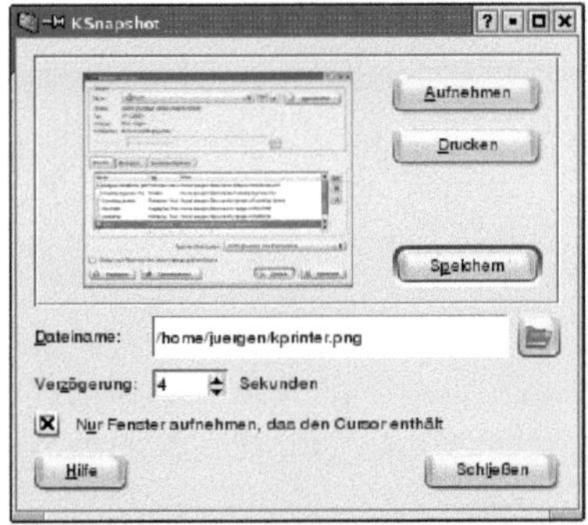

kweather   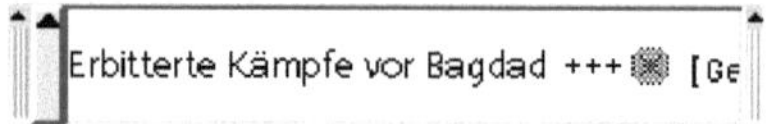 ist ein Applet für die Kontrollleiste und zeigt in kleinen Icons die Wettevorhersage, welche sie sich aus dem Internet holt. Dazu können der aktuelle Ort und der Wetter-Server eingestellt werden. Kennt man die *ICAO-Kennung* eines anderen Ortes, so kann man sich auch das dortige Wetter anzeigen lassen.

newsticker   Das KDE-Applet zeigt in der Kontrollleiste in einem kleinen Laufband aktuelle Nachrichten. Die Quellen dazu im Internet lassen sich einstellen. Klickt man mit der Maus in den Anzeigebereich, so erscheint ein Pop-up-Menü mit Nachrichtenquellen und (kaskadiert) die letzten 10 Kurznachrichten der entsprechenden Quelle.

weltzeituhr   zeigt die Tageszeit auf verschiedenen Orten der Welt und grafisch, wo gerade Tag ist. Diese KDE-Applet lässt sich in die Kontrollleiste legen. Klickt man auf einen Ort, so erscheint dessen Zeit. Leider ist die Karte in der Kontrollleiste zumeist zu klein, um halbwegs genau auf einen Ort klicken zu können.

xcalc   ist wie **gcalc** ein kleiner Taschenrechner. Ansehnlicher ist der **gnome-calculator** und etwas mehr Funktionen bietet der **kcalc**.

8 Die Nachbarschaft im Netz

Wir möchten in diesem Kapitel nicht im Detail auf die zahleichen unterschiedlichen Vernetzungsmöglichkeiten und die noch größere Vielfalt an Modemanschlüssen und ihre Konfiguration eingehen; dies füllt eigene Bücher. Wir möchten stattdessen einen einfachen, leicht verständlichen und kompakten Überblick über die Grundlagen von IP-Netzen unter Linux geben. Dies sollte Ihnen erlauben, weiterführende Literatur und die Manualseiten zu Rechnervernetzung unter Linux zu verstehen und bei der bereits weitgehend automatischen Konfiguration des Netzanschlusses, wie ihn die meisten Distributionen bereits bieten, die dort gestellten Fragen richtig zu beantworten. Zusätzlich sind die Erfahrungen von langen Jahren mit großen Unix-/Linux-Netzen eingeflossen. Sie schlägt sich in einer Reihe ausdrücklicher Ratschläge für einzelne Punkte nieder und wendet sich eher an die Administratoren mittlerer und größerer Netze. Der Netzneuling sollte sie überspringen oder nur querlesen.

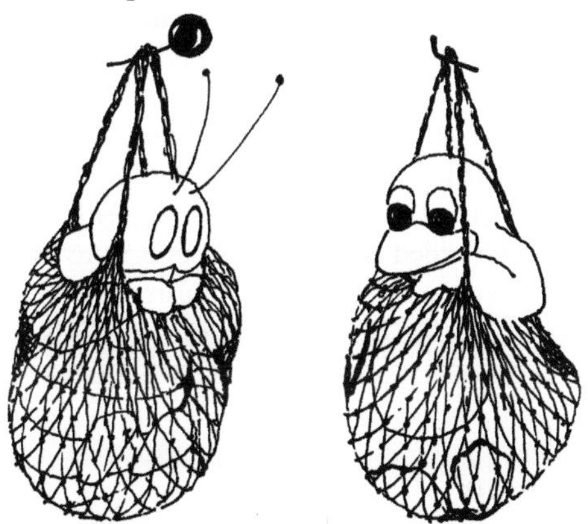

Rechnernetze

Computer sind ein wenig wie Haustiere: Hat man eines, werden es bald mehr. Ebenso verhält es sich mit Rechnern, und in der Tat erreicht man viele gute und nützliche Effekte erst, wenn man Rechner untereinander vernetzt. Man kann so genau die Spitzenleistungen der einzelnen Rechner kombinieren. Ein Rechner mit viel Plattenplatz kann z.B. als File- und Sicherungsserver dienen. Wenn alle wichtigen Daten im Netz an einer Stelle liegen, ist z.B. die Administration und Datensicherung einfacher.

So lassen sich die Belastungen im Betrieb aufteilen und der Ausbau der jeweiligen Rechner an die entsprechenden Aufgaben anpassen. Ein File-Server bekommt eben die dicken und schnellen Festplatten und vielleicht auch mehrere Ethernet-Karten. Der Arbeitsplatz eines CAD-Nutzers bekommt dann die schnelle CPU und eine gute Graphik-Karte, die hat in einem File Server nichts zu suchen.

Dieses Kapitel möchte einen kurzen Überblick geben, wie man Rechner ins Netz bringt – zunächst ins lokale Netz und dann ins Internet oder in andere WAN-Verbindungen.

8.1   LAN und WAN

Was sind LAN und WAN? Es sind Abkürzungen aus dem Englischen und bedeuten *Local Area Network* und *Wide Area Network*. Früher war der Unterschied sehr einfach, da ein LAN sich nur über wenige hundert Meter erstreckte und nicht über Kilometer. Für WANs nutzte man zunächst nur langsame Leitungen; dies war die Zeit der Akustikkoppler und 1200 Baud. LANs waren dann die schnellen, lokalen Leitungen.

Heute ist der Unterschied nicht mehr so einfach; der Unterschied zwischen WAN und LAN ergibt sich eher aus abstrakten Kriterien. Ein LAN ist *meine* Domäne, sprich alle Rechner, Router und Netzwerkverbindungen, für die *ich* als Systemadministrator selbst zuständig bin und bei denen *ich* oder andere Systemadministratoren (kurz: *Sysadmins*) unserer Firma die Hoheitsgewalt ausüben. WANs ist dann die Außenwelt, wo andere entscheiden, wie die Daten laufen.

Die Geschwindigkeit und Länge der Leitungen, die die diversen Standpunkte einer Firma verbinden, sind dabei nebensächlich. An einem meiner früheren Arbeitsplätze waren unsere Standorte San Mateo (Kalifornien), Singapur, Tokio etc. noch im LAN-Bereich: Wir haben fast alles von unserem Firmensitz in München aus administriert. In der Tat waren unsere weltweiten LAN-Verbindungen von der Leitungsgeschwindigkeit sehr unterschiedlich: von der 128 kBit/s Frame-Relay-Leitung bis zu einer gemieteten 10-GB/s-Glasfaserleitung. Unsere WAN-Verbindung ins Internet von unserem Firmensitz aus war eine 34-MBit-Leitung zu unserem *Internet-Service-Provider* (kurz: ISP), das entsprach durchaus gängigen LAN-Geschwindigkeiten – hier aber ging es in ein WAN.

Ein weiterer Unterschied zwischen LAN und WAN ist zumeist auch die Vergabe der Rechneradressen. Wenn *ich* als Systemadministrator dafür zuständig bin, bin *ich* die Instanz, die die Adressen für Rechner vergibt. Im WAN teilt mir *jemand anders* diese Adressen zu.

8.2   IP-Adressen

Was hat es mit diesen Adressen auf sich? Ähnlich wie Menschen, die eine postalische Adresse haben, benötigen Rechner im Verbund auch eine Adresse, unter der sie angesprochen werden können. Das ist bei Menschen genauso: Wir leben in einem Netz (Gesellschaft), haben einen Namen (um angesprochen zu werden) und haben eine Postadresse, damit Briefe (Daten) ankommen können. Menschen haben zumeist mehrere Adressen: Wohnung, Arbeitsplatz, eine Adresse im Telefonnetz (Telefonnummer) oder im Handy-Netz (Handy-Nummer). Oftmals ist der Name eines Menschen nicht eindeutig, oder es leben mehrere Menschen unter einer Adresse (z.B. in einem Wohnblock), oder die Telefonnummer oder eine Handy gehören einer Familie zusammen.

Rechner haben es einfacher: Da ihre Adressen quasi neu entworfen wurden, konnten die Erfinder dieses Adressschemas eindeutige Adressen arrangieren – aber auch hier gibt es Ausnahmen.

Rechneradressen basieren auf dem TCP/IP-Standard und werden von weltweit operierenden NICs (*Network Information Centers*) verwaltet. TCP/IP wiederum ist eine Abkürzung: *Transmission Control Protocol/Internet Protocol*. Dem Rechner werden *Internetadressen* zugeteilt, im normalen Sprachgebrauch die *IP-Adresse* oder *Internetadresse*.[1]

IP-Adressen sind somit nichts anderes als Nummern. Sie bestehen (bei der hier diskutierten Version IPv4) aus 4 Bytes und werden meist wie folgt geschrieben:[1]

A.B.C.D

Dies ist die so genannte *Dot-Notation*; über diesen Begriff stolpert man oft beim Lesen der englischen Dokumentationen.

Theoretisch kann jedes Byte der IP-Adresse einen Wert zwischen 0 und 255 einnehmen. Somit hätte man genug Adressraum für eine Menge Rechner – nämlich gut 4 Milliarden. Leider ist dieses Adressschema in einer Zeit entstanden, in der niemand daran dachte, dass sich das Internet so stark verbreiten würde. Zusätzlich waren die Rechner damals noch recht langsam.

So wurde damals (Ende der 60er Jahre) eine logische Aufteilung des Adressraumes in Netzwerke und Rechner vorgenommen. Es gab Klasse-A-, Klasse-B- und Klasse-C-Netze. Der Name der Netzsorte leitete sich ab aus dem Byte der Adresse, das der Sysadmin (als Firmenadministrator) belegen darf.

Bei der IXOS hatten wir ein Klasse-B-Netz: 149.235.*x.x*. Das heißt, Bytes A und B sind fest vorgegeben (wurden uns zugeteilt), und wir durften die Inhalte der Bytes C und D frei vergeben. In der Tat haben wir seinerzeit die Netzwerke innerhalb der Firma als Klasse-C-Netze vergeben.

Das ist so ähnlich wie bei einer Telefonnummer: Das A-Byte entspricht der Ländervorwahl, das B-Byte ist der Ortsvorwahl und C und D sind in unserem Falle die eigentlichen Teilnehmernummern.[2]

Früher waren die Rechner langsamer als heute. So beschlossen die Entwickler von TCP/IP die Sorte des Netzwerkes durch das erste (also das A-Byte) sichtbar zu machen. Ein Rechner muss somit nur ein Byte vergleichen, um herauszufinden, was für ein Netzwerk gerade genutzt wird. Dadurch wurde der Adressraum eingeschränkt, und man kann dadurch leider sehr viel weniger Rechner adressieren, als die Anzahl der Bytes es erlauben würde.

So geht ein Klasse-A-Netz im ersten Byte von 0 bis 127, ein Klasse-B-Netz im ersten Byte von 128 bis 191, ein Klasse-C-Netz hat als erstes Byte einen Wert von 192 bis 223. Ein Netz der Klasse D – das aber in der Praxis sehr selten ist – hat als erstes Byte 224 bis 255. Solche Definitionen lassen sich in den so genannten RFC-Dokumenten nachlesen, in diesem Falle ›RFC Nr. 1918‹.[3]

---

1. *Anmerkung:* Internetadressen gelten auch im LAN-Verbund; auch hier werden die TCP/IP-Protokolle auf den Leitungen benutzt. Man kann ja auch mit dem gleichen Auto im Dorf herumfahren (LAN) oder aber über die Autobahn in ein anderes Land (WAN). Das Protokoll (Auto) ist bei beiden das gleiche.

1. Die modernere Version des IP-Protokolls – IPv6 (äquivalent zu IPnG) –, die jedoch noch wenig verbreitet ist, verwendet 128 Bit lange IP-Adressen und gibt damit einen wesentlich größeren Spielraum für Adressen bzw. bietet sehr viel mehr Adressen an – praktisch ohne Beschränkung. Linux unterstützt auch IPv6.

2. Ich gebe zu, dass ich diese Analogie schamlos aus dem hervorragenden TCP/IP-Buch von Michael Santifallers wiedergebe (siehe [Santifaller]).

3. Die RFC-Dokumente sind zu finden unter: *http://www.ietf.org/rfc.html.*

Netzwerkmasken

Wie findet ein Rechner heraus, mit was für einem Netzwerk er redet? Wie schon gesagt, durch das erste Byte bekommt er schon viel mit. Aber eine wichtige Information fehlt: Das erste Byte sagt uns wohl die Sorte des Netzes, aber nicht genau welches.

Bei IXOS hatten wir ein zugeteiltes Klasse-B-Netz, das wir aber in mehrere Klasse-C-Netze unterteilt haben. Jedes Gebäude oder Geschoss und jeder Standort hatte ein eigenes C-Netz, d.h. wir konnten fast 255 Gebäudeteile und Standorte mit einem eigenen Netz versehen (und dort jeweils bis zu 255 Rechner vernetzen).

Die Rechner sahen als Netznummer also drei Bytes – z.B.: 149.235.30.23 – dies war die Adresse des Rechners 23 im 149.235.30er-Netz.

Das genaue Netzwerk berechnet der TCP/IP-Protokoll-Stack im Rechner aus einer so genannten *Netzwerkmaske*. Die Maske wird in einer logischen UND-Operation mit der Netzwerkadresse verknüpft, und dann fällt als Ergebnis das Netzwerk heraus: In unserem Falle haben wir eine Klasse-C-Netzwerkmaske `255.255.255.0`.

Dies berechnet man wie folgt:

Rechner Adresse:	`149.235.030.023`	
Netzwerkmaske:	`255.255.255.000`	(255 = alle 8 Bits eines Bytes sind 1)
Logisches UND:	`149.235.030.000`	Dies ist die genaue Netzwerknummer.

Wozu braucht man die Netzwerknummer? Ganz einfach: Der Rechner kann somit feststellen, ob die Zieladresse der Daten im gleichen Netz liegt oder ob die Daten mit Hilfe eines Routers in ein anderes Netzwerk geleitet werden müssen. Dazu später mehr.

Durch den inzwischen eklatanten Mangel an Netzwerkadressraum geben die offiziellen Stellen effektiv nur noch Klasse-C-Netze aus. Ein Unternehmen bekommt im Normalfall also nur noch ein C-Netz zugeteilt – mit Glück auch ein paar wenige C-Netze. Man kann allerdings die Netzwerkmaske erweitern, und somit innerhalb eines Klasse-C-Netzes eben mehrere Klasse-D-Netze haben.

Betrachten wir die Netzmaske: `255.255.255.224`:

Klasse-C-Netzwerkadresse:	`196.223.045.069`	(069 = 0100 0101)
Netzwerkmaske:	`255.255.255.224`	(224 = 1110 0000)
Resultat des UNDs	`196.223.045.064`	(064 = 0100 0000)

So kann man innerhalb eines Klasse-C-Netzes weitere Teilnetze unterscheiden. Oftmals werden Netzmasken auch als Anzahl von Bits angegeben: Im ersten Beispiel haben wir also eine 24-Bit-Netzmaske, im zweiten 27 Bit.

In der Praxis sieht man nur sehr selten solche Netzmasken; sie sind auch ein wenig verwirrend: Für Menschen ist es eben einfacher, mit einem Blick auf das zweite und dritte Byte das Netzwerk zu erkennen, als im Kopf logische UND-Operationen durchzuführen. Diese logische UND-Operation stammt noch auch aus der Ära der langsamen Rechner und ein logisches UND auszuführen, ging damals eben auch schon schnell.

Kleinere Netze, die nur ein Klasse-C-Netz zugeteilt bekommen, behelfen sich, indem sie dieses offizielle Netz nur wenig nutzen. Sie konfigurieren das interne Netz mit so genannten *privaten IP-Adressen*. Müssen Daten aus dem lokalen Netz in das Internets, so werden die privaten Netzwerkadressen auf die offiziellen Adressen umgesetzt. Dies nennt man *NAT* (*Network Adress Translation*) auf Neudeutsch *NATting* (gesprochen *nätting*).

8.2.1 Private IP-Adressen

Was sind im TCP/IP-Adressraum nun *private Adressen?* Im Internet gibt es spezielle Rechner, *Router* genannt, welche die Daten von einem Punkt zum anderen bzw. von einem Netz in ein anderes Netz weiterleiten. Dabei optimieren sie den Weg der Daten durch das Netz, damit diese den hoffentlich kürzesten Weg gehen. Sobald ein Router allerdings IP-Adressen in den Daten trifft, die einer *privaten* Netzwerkadresse entsprechen, leitet er diese Daten nicht weiter. Er geht davon aus, dass hier ein Fehler vorliegt, d. h. dass diese Daten jemandem aus seinem privaten Netz entkommen sind und außerhalb des LANs nichts zu suchen haben.

Es gibt im RFC-1918 mehrere *private Netze*, für jede Geschmacksrichtung ein paar:

Klasse A: 10.0.0.0   Netzmaske 8 Bits =   1 Klasse-A-Netz
Klasse B: 172.16.0.0   Netzmaske 12 Bits =   16 Klasse-B-Netze
Klasse C: 192.168.0.0   Netzmaske 16 Bits = 256 Klasse-C-Netze

In vielen Firmen existieren Netze mit 192.168.*x.y.* Dies ist die einfachste C-Netz-Adresse. Auch die Linux-Installation schlägt eine solche IP-Adresse vor.[1] Sie ist das typische Adressschema für kleine private oder Firmennetze.

Eine weitere spezielle IP-Adresse ist **127.0.0.1**. Damit ist stets der lokale Rechner gemeint. Er trägt unter Linux auch den symbolischen Namen *localhost*.

8.2.2 Internetadressen

Woher bekommt man nun diese magischen Internetadressen, die den Weg ins große Internet bahnen? Im Normalfall vom örtlichen NIC;[2] in Deutschland ist dies das DENIC.[3] Dort beantragt man seine so genannte *Domain*, d. h. einen logischen Namen für das Netz. Dieser sollte möglichst sinnvoll und leicht zu merken sein. In Deutschland gibt es eine so genannte *Top-Level Domain* mit der Endung **de**; d. h. die deutschen Domains enden mit ›.de‹, wie z. B. ›techdoc.de‹, ›snoopix.de‹ oder ›gulbins.de‹.

---

1. Hier gilt mein Dank Thomas Hafner, der mir das Konzept wieder erklärt hat und vor allen Dingen die RFCs fast rückwärts beten kann.

2. NIC = *Network Information Center* ist eine zentrale Registrierungsstelle für IP-Adresse – zumeist eines pro Land.

3. Zu finden unter *http://www.denic.de.*

Zur Beantragung einer Domain bei einem NIC muss man die erwartete Anzahl an Rechnern mit angeben und erhält entsprechend eine Netzwerknummer – in der Regel nur ein Klasse-C-Netz. Hat man aber keinen Firmenanschluss in das Internet, sondern einen privaten Anschluss über einen der zahlreichen Internet-Service-Provider für Privatnutzer und kleine Firmen, so erhält man in aller Regel von ihm seine Internetadresse und (sofern benötigt) seinen Domain-Namen. Typische ISPs dieser Art sind Firmen wie z.B. 1&1, Purtec, Strato, Arcor oder Firmen wie AOL oder T-Online. Bei ihnen erhält man als Privatperson oder kleiner Nutzer zumeist keine feste, statische Internetadresse – dafür sind die IP-Adresse wie bereits erwähnt zu knapp – sondern bei jeder Anmeldung eine andere IP-Adresse – eine so genannte *dynamische* Internetadresse. Diese ist dann nur für die Dauer der Internetverbindung (über Modem oder DSL) statisch. Doch auch damit lässt sich bis auf wenige Ausnahmen problemlos arbeiten.

8.2.3   TCP und UDP

Im LAN wie in WANs gibt es zwei Arten von Datentransfers über Netzwerkverbindungen: UDP und TCP. UDP ist eine so genannte *zustandslose* Verbindung. TCP hat dagegen einen so genannten *Zustand*. Was bedeutet dies in der Praxis?

In einer TCP- (*Transmission Control Protocol*) Verbindung sind je nach Zustand der Verbindung gewisse Dinge erlaubt oder auch nicht. Man darf z.B. die Verbindung nicht beenden, bevor sie nicht aufgebaut wurde. Eine Analogie zu einem solchen Verhaltens ist z.B. eine Ampel. Wenn die Ampel Gelb zeigt, darf sie nur auf Rot springen. Wenn sie Rot und Gelb gleichzeitig zeigt, darf sie nur auf Grün springen, nichts anderes, denn die Autofahrer verlassen sich darauf.

TCP stellt den beiden Rechnern (für die Dauer einer Verbindung) eine gesicherte Verbindung her, d.h. im Rahmen einer TCP-Verbindung wirkt es für die Rechner, so als hätten sie eine direkte Drahtverbindung miteinander. TCP entspricht dem GAT – dem *Guten Alten Telefon*. Wenn Jürgen Gulbins mich anruft (um sich über die schleppende Fertigstellung meiner Kapitel zu beklagen :-)), gibt es mehrere Charakteristika, die diese Verbindung auszeichnen:

▸ Für die Dauer der Telefonats besteht eine direkte Verbindung. Niemand hört mit und ist Teil dieser Verbindung, auch wenn sich unser Gespräch Leitungen mit anderen Gesprächen teilt.

▸ Es ist ein *Protokoll* zur Gesprächsaufnahme einzuhalten, z.B. muss er meine Nummer wählen und ich muss abheben. Erst dann ist die Verbindung etabliert.

▸ Daten kommen in der gleichen Reihenfolge bei mir an, wie er sie ausspricht. Sonst wäre es wenig nützlich, weil ich sonst gar nichts verstehe.

In Wirklichkeit werden mittlerweile alle Gesprächsdaten in Form von ISDN-Datenpaketen übertragen. Das Telefonnetz sorgt dafür, dass die Gesprächsfetzen in der richtigen Reihenfolge beim richtigen Empfänger ankommen. Genauso ist es bei TCP/IP. Für die richtige Reihenfolge und das Zusammensetzen einzelner Teilpakete ist der TCP/IP-Stack im Rechner zuständig.

UDP (*Universal Datagram Protocol*) arbeitet anders. UDP erlaubt es, dem Sender einer Nachricht diese ohne vorherigen expliziten Verbindungsaufbau zu schicken. Der Sender weiß zunächst nicht, ob die Daten beim Empfänger korrekt angekommen sind. Dies entspricht der Briefzustellung. Ich schreibe der Dame meines Herzens Briefe und ich weiß nicht, ob sie ankommen oder nicht. Wenn ich mehrere Briefe zur gleichen Zeit an die gleiche Person adressiert in den Briefkasten werfe, garantiert mir die Post nicht, dass sie in der gleichen Reihenfolge ankommen. Selbst wenn ich jeden Tag einen Brief einwerfe, müssen sie nicht in der gleichen Reihenfolge den Empfänger erreichen.

Bei TCP-Verbindungen ist es dank des Zustandes relativ einfach festzustellen, wenn etwas schief läuft, z.B. die Verbindung zusammenbricht. Ich kann dann sofort auflegen und wieder mit dem Verbindungsaufbau beginnen.

Bei UDP ist die Sache nicht ganz so einfach. Da es streng genommen keine Verbindung gibt, kann sie auch nicht zusammenbrechen. Man behilft sich dann mit einer Schätzung der Zeit, die der Partner zu einer Antwort benötigt. Verstreicht die Zeit ohne Antwort, geht man davon aus *meine Frage ist nicht angekommen* und probiert es noch einmal.

UDP entspricht so eher einer Buschtrommel. Es gibt ein einfaches Protokoll und die Sender und Empfänger haben ihre eigenen Codes, z.B.: *Alles klar, bitte schicke mehr Text* oder *Ich habe nicht verstanden, bitte schick den letzten Text noch einmal.* Ebenso verhalten sie sich, wenn sie eine Nachricht absetzen und keine Antwort bekommen. Sie setzen die Nachricht ab, warten und wenn niemand sich innerhalb der gewohnten Zeit meldet, probieren sie es in immer größer werdenden Abständen nochmals, bis sich der andere Trommler wieder in Hörweite befindet.

Wie gesagt, es ist oft unerheblich, ob Daten per Draht, Glasfaser oder Buschtrommel übertragen werden: Die Protokolle sind sehr ähnlich.

UDP stellt im Rahmen einer WAN-Anbindung an das Internet eine große Gefahr dar, weil man mittels dieser Pakete leicht in andere Rechner eindringen und Schaden anrichten kann. Ein sorgfältiger Systemverwalter blockiert daher die meisten UDP-Ports auf seiner Firewall oder dem Rechner, der die Internetanbindung erledigt. Mehr hierzu später.

TCP erlaubt aufgrund der Zustandshaltigkeit auch hinterhältige Attacken. Besonders beliebt war in den letzten Jahren die so genannte *SYN-Flood-Attacke.* Sobald ein Rechner einen TCP-Verbindungsaufbau bekommt (ein TCP-Paket mit dem SYN-Bit gesetzt), stellt der empfangende Rechner gewisse Ressourcen z.B. Pufferspeicher bereit, um für die zu erwartenden Daten gewappnet zu sein. Bei der *SYN-Flood-Attacke* werden dann Millionen von SYN-Paketen geschickt, bis dem Rechner die Ressourcen ausgehen und er nicht mehr in der Lage ist, richtige und erwünschte TCP-Verbindungen zu etablieren. Diese Art von Attacken, bei denen der angegriffene Rechner schließlich seinen normalen Dienst nicht mehr erbringen kann, nennt man *DOS-Attacken* (*Denial of Service Attacks*): Man unterbindet das Funktionieren des Rechners auf mannigfaltige Weise, entweder durch Überlastung oder durch dessen Absturz.

8.2.4 Ports

Was sind *Ports*? Ports sind auf einem Rechner die Dienstenummern, um einem anderen Rechner diesen Dienst anzubieten. Dabei ordnet man bestimmten Diensten feste Ports bzw. Portnummern zu.

Michael Santifaller vergleicht die Portnummer in seinem Buch mit der Durchwahl im Telefonnetz. Stellen wir uns vor, wir wollen eine großen Automobilfirma im süd-bayerischen Raum kontaktieren. Innerhalb der Firma gibt es verschiedene Abteilungen und Angestellte, z.B. Vorstand, Vertrieb und Service. Um anzurufen, können wir folgendes tun: Entweder wir wissen die Durchwahl oder wir müssen uns über die Zentrale verbinden lassen.

Die (Telefon-)Netzwerkadresse der Firma BMW ist z.B.:

```
+49-   89-    35 351-0
A.     B.     C.D
Land   Stadt  Nummer
```

Möchte ich nun einen bestimmten Mitarbeiter erreichen, dann wähle ich statt der Null seine Durchwahl bzw. seinen Port – z.B. ›-656‹.

Unter Linux/Unix gibt es einen Dienst, der wie die Telefonzentrale funktioniert: den so genannten *Portmapper*. Er gibt die Portnummern bzw. Nebenstellen des jeweiligen Dienstes heraus. Jeder Linux-/Unix-Dienst hat einen Namen und der Portmapper horcht auf einen standardisierten Port (wie die Zentrale auf Durchwahl 0), damit ihn ein anfragender Rechner auch sicher erreicht. Der Klient der Dienstleistung muss also nur die IP-Adresse des Rechners und die Portnummer des Portmappers anwählen und kann dann nach den Ports/Durchwahlen anderer Dienste fragen. Bestimmte Dienste haben bestimmte, übliche Portnummern (siehe Tabelle A.18 auf Seite 869). So läuft der Transfer von Webseiten über das HTTP-Protokoll in der Regel auf dem Port 80, und Telnet benutzt im Standardfall den Port 23.

Man kann den Portmapper natürlich selbst konfi-gurieren und entsprechend einen Dienst auf anderen als den üblichen Ports anbieten. Ebenso weiß die Telefonzentrale, wenn ein Mit-arbeiter umzieht oder die Abtei-lung wechselt. Faktisch werden Dienste aber kaum auf andere Ports gelegt. Damit wird aber auch Hackern und Crackern leider die elektronische Tür et-was geöffnet: Sie können sich ihrer Sache eben recht sicher sein, dass auf den üblichen Port-nummern die üblichen Dienste zuhören.

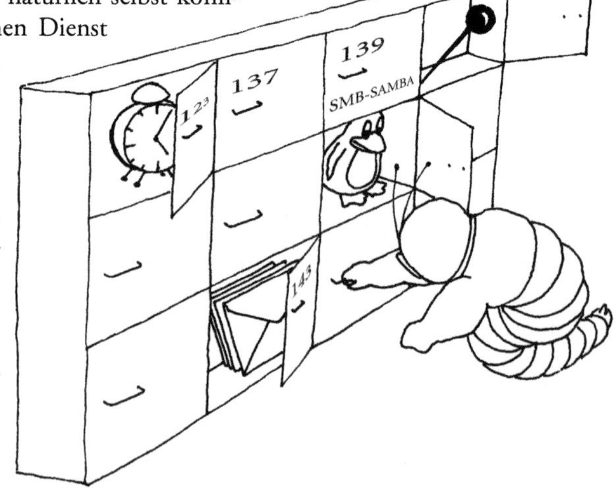

Client-Server

Im obigen Abschnitt fiel das erste Mal das Wort *Klient,* auf englisch *Client.* Das Internet ist ein so genanntes *Peer-to-Peer-Netz,* das jeder Maschine erlaubt, gleichzeitig Client oder Server zu sein. Ein *Server* ist dabei ein Rechner, der gewisse Dienste anbietet, d.h. *serviert.* Oftmals ruft ein Rechner auch Dienste bei sich selbst ab, z.B. den Portmapper.

Client und *Server* bezeichnet also die übliche Kunden/Dienstleister-Beziehung; im Internet sind sie aber gleichberechtigt und oftmals ein und derselbe Rechner.

8.2.5   Netzwerk-Hardware

Was muss man also tun, um unsere Linux-Rechner miteinander zu vernetzen? Wir diskutieren hier zunächst den Ethernet-Anschluss, da sich diese Netzwerktechnologie als Standard durchgesetzt hat.

Der Anschluss an ein Netz erfolgt in mehreren Schritten:

1. Physikalische Verbindung mittels Kabel, Glasfaser oder Ähnlichem herstellen: Unter Umständen muss man hierzu auch noch eine entsprechende Netzwerkkarte in den Rechner einbauen, obwohl die meisten Rechner inzwischen bereits auf dem Motherboard einen entsprechenden Ethernet-Chip haben.

2. Ein *Hub* oder einen *Switch,* um mehrere Rechner in einem Verbund miteinander zu verbinden: Ethernet-Kabel dürfen nur eine gewisse Maximallänge haben, und deshalb benötigt man elektrische Geräte, um die Kabel zusammenzuführen.

3. Einen Router oder anderes Gerät, um entweder innerhalb eines LANs in verschiedene Netze zu *routen* oder ins WAN/Internet

Bestehen diese physikalischen Verbindungen, gilt es, die Konfiguration des Rechners aufzusetzen.

Interface-Konfiguration

Die Ethernet-Schnittstelle auf dem Linux-Rechner nennt man im Englischen ein *Interface.* Normalerweise trägt das erste Ethernet-Interface im Rechner im Verzeichnis */dev* den Namen *eth0* (Ethernet 0).

Ethernet gibt es in der Regel in drei Varianten: 10 MBit pro Sekunde (10BT), 100 MBit/s (100BT) und 1 Gbit/s (1000BT). Im Jahr 2003 ist 100BT die verbreitetste Variante für die Vernetzung der Rechner in einem LAN.

Ein Interface wird mit einer oder mehreren IP-Adressen versehen. Dabei muss man auch die Netzmaske angeben. Es ist möglich und wird auch oft gemacht, dass ein Interface auf mehr als eine IP-Adresse hört. Im Rahmen dieses Kapitels beschränken wir uns aber auf den einfachen Fall mit einer Adresse pro Ethernet-Interface.

Ein Interface hat im Prinzip zwei Zustände, *up* (aktiviert) oder *down* (nicht aktiviert). Nur wenn ein Interface *up* ist, kann es Pakete senden und empfangen.

Das ifconfig-Kommando

Ein wichtiges Kommando zur Konfiguration des Ethernet-Interface ist **ifconfig**. Es wird im Normalfall nur vom Super-User ausgeführt und kann verschiedene Aufgaben übernehmen:

- ▸ IP Adresse einstellen
- ▸ Netzwerkmaske einstellen
- ▸ Interface *up* oder *down* setzen
- ▸ diverse andere Modi einstellen (z.B. auch die Übertragungsgeschwindigkeit)

Mit Hilfe von **ifconfig** kann man zunächst einfach herausfinden, welche Interfaces das laufende Linux überhaupt kennt. Mit dem Kommando **ifconfig –a** erhält man die Liste und den Status **aller** im Rechner verfügbaren Netzwerk-Interfaces. *Verfügbar* bedeutet in diesem Zusammenhang allerdings mehr als nur im Rechner physikalisch vorhanden: Es muss auch vom Linux-Kernel erkannt und der entsprechende Treiber geladen sein. Erst dann ist das Interface für **ifconfig** (und den Kernel überhaupt) erkennbar und nutzbar. Wenn **ifconfig** das Interface findet, kann man weitgehend sicher sein, dass soweit alles in Ordnung.

Hier ist die typische Ausgabe dieses Kommandos:

```
eth0    Protokoll:Ethernet  Hardware Adresse 00:D0:59:91:8F:0C
        inet  Adresse:192.168.4.51  Bcast:192.168.4.255  Maske:255.255.255.0
        inet6 Adresse: fe80::2d0:59ff:fe91:8f0c/10 Gültigkeitsbereich:Verbindung
        EtherTalk Phase 2 Adresse:65280/78
        UP BROADCAST RUNNING MULTICAST  MTU:1500  Metric:1
        ⋮

lo      Protokoll:Lokale Schleife
        inet Adresse:127.0.0.1  Maske:255.0.0.0
        inet6 Adresse: ::1/128 Gültigkeitsbereich:Maschine
        EtherTalk Phase 2 Adresse:0/0
        UP LOOPBACK RUNNING  MTU:16436  Metric:1
        RX packets:20 errors:0 dropped:0 overruns:0 frame:0
        TX packets:20 errors:0 dropped:0 overruns:0 carrier:0
        Kollisionen:0RX bytes:1304 (1.2 Kb)  TX bytes:1304 (1.2 Kb)
```

Wie man sieht, gibt es noch ein anderes Interface *lo,* das wir sicher nicht eingebaut haben. Dieses ist ein virtuelles Interface, das *local-loop-interface.* Es hat üblicherweise die Adresse 127.0.0.1 (und steht auch somit in der Datei */etc/hosts,* wo statische IP-Adressen eingetragen sind). Mit Hilfe dieses Interfaces ist der Rechner in der Lage, durch den TCP/IP-Protokoll-Stack mit sich selbst zu reden. Das ist zu Testzwecken nützlich und wird von einigen Programmen auch zu anderen Zwecken genutzt (z.B. um den örtlichen Portmapper anzurufen). Auch dieses Interface sollte zu diesen Zwecken *up,* d.h. aktiviert sein. Ist dies nicht der Fall, so kann man es mit

/sbin/ifconfig lo0 up

aktivieren.[1] Ist dies nicht möglich oder ist das *lo*-Interface nicht sichtbar, so hat man im Kernel vergessen, das *TCP/IP-Networking* zu konfigurieren. Dies sollte eigentlich nicht vorkommen, ist aber durchaus machbar, wenn auch nicht sehr nützlich. Bitte also unbedingt im Kernel die *Networking*-Komponenten belassen!

---

1. Hierzu sind zumeist root-Rechte erforderlich!

Normalerweise sieht das **ifconfig**-Kommando für eine Ethernet-Karte etwa wie folgt aus:

/sbin/ifconfig eth0 ip 192.168.72.45 netmask 255.255.255.0 up

Damit werden die wichtigsten Parameter gesetzt:[1]

- IP Adresse (im Beispiel: 192.168.72.45)
- Netzmaske, damit der TCP/IP-Stack weiß, auf welchem Netzwerk dieser Rechner liegt (im Beispiel: 255.255.255.0)
- das Interface aktiviert (*up*)

Normalerweise wird dies beim Booten des Linux-Systems automatisch über die Start-up-Skripte ausgeführt und bereits von der Installationsprozedur so gesetzt. Ein Netzwerk-Interface hat noch weitere wichtige Parameter. Hierzu gehören z.B.:

- *Broadcast-Adresse*
  Dies ist eine Rundrufadresse, auf der ein Datenpaket von allen Rechnern auf dem Netzwerk (mit ein weiterer Grund für die Netzwerkmaske) gehört wird.
  Dies ist sehr nützlich, da es in jedem Netzwerk Informationen gibt, für die alle Rechner Verwendung haben. Ein wichtiger Grund ist z.B. die Bekanntgabe von Routen, d.h. den Wegen, die Daten nehmen können, um z.B. ins Internet zu gelangen. Router schicken daher oftmals solche Pakete.

- MTU – *Maximum Transfer Unit*
  Dies ist die maximale erlaubte Paketlänge auf dem Netz. Sie richtet sich nach den Puffergrößen der angeschlossenen Ethernet-Karten. In der Regel sind es 1480 Bytes. Die Karten machen in einem Protokoll diese Größe zumeist selbst unter sich aus. Wenn man allerdings weiß, daß ein Teil unseres Netzes eine WAN-Verbindung ist, die gerne kleinere Pakete hätte, dann lohnt es sich, diese Größe explizit anzupassen. Ansonsten werden die Pakete vom Ethernet fragmentiert, worunter der Durchsatz leidet. Viele Firmen bündeln deshalb ihre WAN-Verbindungen in einem Subnetz, das dann mit einer kleineren MTU gefahren wird. So hat das normale LAN einen guten Durchsatz, weil es die normale maximale MTU benutzt. Nur wenn dann Pakete ins WAN gehen, landen die Daten auf dem Netzwerk mit der kleineren MTU. Bei der MTU sollte man also aufpassen.

- *Übertragungsgeschwindigkeit*
  Normalerweise regeln die Karten auch untereinander die Übertragungsgeschwindigkeit. Dafür gibt es einen so genannten *Herzschlag* (englisch: *heartbeat*), ein hochfrequentes Trägersignal, das die Karten auf die Leitung legen. Switches und Hubs tun dies auch. Allerdings gibt es billige Switches und billige Ethernet-Karten, welche diesen *Heartbeat* nicht richtig setzen oder richtig hören. Die Karten sind

daher werksseitig oftmals als *autodetect* oder *autosensing* konfiguriert, d.h. sie versuchen, sich alleine auf den herrschenden Heartbeat einzustellen.

Funktioniert dies nicht sauber, so treten teilweise seltsame Effekte auf. Ein solcher Effekt ist das *Flapping Interface*. Das Ethernet-Interface oszilliert dabei zwischen auf und zu. Dies behindert die Datenübertragung gravierend, da das Interface ständig seinen Zustand ändert – oft mehrmals pro Sekunde.

Ein anderes zuweilen auftretendes Problem besteht darin, dass das Interface einfach nicht die Ethernet-Protokolle beherzigt und z.B. Daten sendet, wenn es gar nicht darf (weil der Draht belegt ist). Geradezu haarig wird die ganze Sache, wenn nicht der betroffene Rechner Fehlverhalten zeigt, sondern dessen Karte die Daten von anderen Rechnern zerstört. Dann sucht man häufig lange an der falschen Stelle.

Wie kann man solche unguten Dinge verhindern? Mit einer gesunden Portion Menschenverstand und sorgfältigre Konfiguration!

Ein Rat aus Erfahrung: Je größer das Netz, umso besser müssen die Netzkomponenten sein

Achten Sie beim Kauf von Netzwerkkomponenten wie Interfaces, Kabel, Stecker und Ethernet-Dosen auf Qualität – es macht sich schnell in Zeit und Geld bezahlt. Gute Kabel und Ethernet-Dosen sind robust und helfen physikalische Probleme zu vermeiden. Kabel sollten gut abgeschirmt sein, da es sonst passieren kann, dass die Neonröhre in der abgehängten Decke Datenpakete stört oder den Heartbeat unbrauchbar werden lässt. Dies kann so zu einer Art *Ethernet-Winter-Grippe* führen: Im Sommer, solange es lange hell ist, funktioniert alles tadellos, weil die Neonröhre aus ist. Aber im Winter, wenn es früh dunkel wird und das Licht angeschaltet wird, beginnen die Probleme.

Der Qualitätsanspruch sollte auch für Switches, Hubs und Router gelten. Oftmals gibt es so genannte *managed Hubs* und *managed Switches*. Das ist eine sehr gute Investition in größeren Netzen. Sie führen Statistiken darüber, welcher Ethernet-Port Probleme bereitet, woher *komische* Pakete kommen und Ähnliches. Sie helfen zu analysieren, wo Fehler entstehen und sind damit eine wesentliche Hilfe bei Netzproblemen.

In diesem Zusammenhang möchte ich meine persönliche Abneigung gegen Switches begründen. Leider sind Switches heutzutage so billig, dass sie viel gekauft werden. Diese Geräte sind oftmals an der falschen Ecke zu schlau und verbergen so Probleme, sind auf der anderen Seite aber auch nicht intelligent genug, klar auf Probleme hinzuweisen. Ich bevorzuge daher so genannte *managed Hubs* und entsprechend gute Router, die in meinem Netz für Ordnung sorgen.

Konfiguration beachten

Die Netzkonfiguration erfordert große Sorgfalt – insbesondere bei größeren Netzen. Ein Beispiel für potenzielle Probleme sind falsch gesetzte Netzmasken. Das kann lange gut gehen, bringt aber dann später unerwartete Probleme.

In meiner Firma haben wir ein Klasse-B-Netz: 149.235.0.0, das wir mit Klasse-C-Netzmasken betreiben: 255.255.255.0.

Die Broadcast-Adresse im 30er-Subnetz wäre dann z.B. 149.235.30.255. Dadurch, dass nur das letzte Byte die magische Broadcast-Adresse ist, können die Router, die unsere Subnetze miteinander verbinden, das Broadcast-Paket dann in dem jeweiligen Subnetz belassen und nicht in die anderen Netze weiterleiten. Dies hat den Vorteil, dass die Netzlast durch Broadcasts niedrig bleibt.

Stellt man die Netzmaske versehentlich auf Klasse-B 255.255.0.0, so nimmt Linux als Broadcast-Adresse 149.235.255.255. Der Router ist aber dann gezwungen, einen Broadcast in die anderen Subnetze weiterzuleiten. Die kann lange gut gehen. Hat man dann aber eines Tages eine ISDN-Wählverbindung an einem Router zu einer anderen Zweigstelle, die auch eine 149.235er Netzwerkfamilie hat, so wird die Zweigstelle angewählt, und die Broadcasts werden über die ISDN-Leitung gesendet, was potenziell enorme Kosten verursacht.

Solche Broadcast-Probleme bleiben oft lange unbemerkt, insbesondere bei Linux-Rechnern, da Linux wenige Broadcasts verschickt. Die Microsoft-Betriebssysteme hingegen senden häufig Broadcasts, was dann ganz neue Probleme hervorrufen kann.

8.2.6 Routing und ARP

In den vorherigen Abschnitten wurden bereits *Router* und das *Routing* erwähnt. *Router* sind spezielle Rechner, die TCP/IP-Pakete von einem Netz in ein anderes weiterleiten – Übergänge zwischen Netzen. Der gesamte Internetverkehr wird so geregelt.

Router tauschen untereinander auch interne *Routen-Informationen* aus. Bricht z.B. eine direkte Leitung zwischen zwei Routern zusammen, dann können die anderen Router in wenigen Sekunden eine alternative Route berechnen und nutzen. Dies war einer der Gründe, warum der massive Ausfall eines großen Internetknotens in den Kellern des World Trade Centers beim Internetverkehr fast unbemerkt blieb: Die anderen Router haben sehr schnell Alternativen gefunden, um den Ausfall zu umgehen.

Router setzt man auch innerhalb von LANs ein, um das Netz zu strukturieren und entsprechend Teilnetze (*Subnets*) voneinander zu trennen. Dies kann aus Performance-Gründen geschehen, oder aber man möchte z.B. ein Produktiv- und ein Testnetz voneinander trennen.

Marktführer bei Routern ist die Firma *Cisco*, aber auch Firmen wie *Juniper Networks* bieten sehr gute Router. Wichtig ist eine gute Kommandosprache. Die meisten Router haben heute zur einfachen Konfiguration Web-Interfaces, allerdings werden die komplexen Konfigurationen fast immer in Textform eingegeben.

Ein kleiner Praxistipp: Legen Sie sich für Ihr Netz bzw. für Ihre Netze eine kleine IP-Adressenkonvention zurecht. Diese kann z.B. wie folgt aussehen:

▸ 149.235.*xx*.0 und 149.235.*xx*.255   – sind für Broadcasts reserviert!
▸ 149.235.*xx*.1   – der Router Port im jeweiligen Subnetz

(generell unter 10, wenn es mehrere
Router im Netz gibt)

▶ 149.235.*xx*.10   bis 149.235.*xx*.99   – wichtige Server, File Server etc.

▶ 149.235.*xx*.100 bis 149.235.*xx*.199   – normale Clients

▶ 149.235.*xx*-200 bis 149.235.*xx*.254   – DHCP-Adresspool (siehe unten)

Die Aufteilung ist weitgehend frei – Hauptsache ist lediglich, dass man sich an das selbst
auferlegte Schema hält. Nur dann ist es nützlich! Man kann so z. B. beim Blick ins Netz
mittels Diagnosewerkzeugen (die meist nur IP-Adressen ausgeben) schnell erkennen
welche Art von System Probleme bereitet – ob ein Server, ein Client oder Router. Dies
beschleunigt das Auffinden des Fehlers.

Es ist wichtig, *Routing* und seine Probleme richtig zu verstehen, um nicht unwissentlich im Netz große Probleme auszulösen.

Verschiedene Pakete

Um *Routing* besser zu verstehen, sollte man die Struktur eines TCP/IP-Paketes betrachten (hier sehr vereinfacht dargestellt):

| IP-Herkunftsadresse | IP-Zieladresse | Daten |
| *Source Address* | *Destination Address* | *Payload* |

Das Paket wird vom Kernel des Linux-Rechners generiert, um dann Daten zu einem
anderen Rechner zu schicken. Der TCP/IP-Stack entscheidet dann aufgrund der Zieladresse, auf welchem Interface das Paket abgeschickt wird und wohin:

▶ entweder direkt an den Empfänger, abhängig davon, ob dieser im gleichen Netz ist
    oder

▶ an den Router zum Weiterleiten.

Im Normalfall ist das abgehende Interface immer unser einziges Ethernet-Interface. Der
Ethernet-Treiber nimmt das TCP/IP-Paket und packt es in ein Ethernet-Paket, welches
er dann über das physikalische Medium schickt. Dazu muss der Ethernet-Treiber ein
Ethernet-Paket zusammenstellen:

| *Ethernet-Zieladresse* | *Ethernet-Quelladresse* | *Daten (z. B. IP-Paket)* |

Der Ethernet-Treiber packt das *IP-Paket* dabei in sein *Ethernet-Paket* ein.[1] Im Ethernet-
Paket ist damit im Datenbereich der *Payload* (der eigentlich zu übertragende Inhalt),
das gesamte IP-Paket enthalten, d. h. mit IP-Adressen und dem ganzen Rest. Dies gilt
natürlich nur, sofern das IP-Paket dort auch komplett hinein passt (siehe MTU, oben).
Ist es zu groß, zerlegt (fragmentiert) der Ethernet-Treiber das IP-Paket in mehrere
Ethernet-Pakete. Der empfangende Rechner setzt diese Teile dann wieder zusammen,
um dem TCP/IP-Stack ein zusammenhängendes IP-Paket zu servieren.

Wie ermittelt der Ethernet-Treiber nun die Ethernet-Adresse aus der IP-Adresse?
Dafür gibt es ein Protokoll – das ARP (*Address Resolution Protocol*). Der Ethernet-Trei-

---

1. Hier stehen die (Ethernet-)Zieladresse und die Quelladresse in einer anderen Reihenfolge als beim
   IP-Paket.

ber fragt in regelmäßigen Abständen per Broadcast im Netz, welche IP-Adressen zu welcher Ethernet-Adresse gehören. Um die Anzahl der Broadcasts zu reduzieren, werden diese Informationen im so genannten *ARP-Cache* gepuffert. Da man einem Rechner in aller Regel mehr als ein Paket schickt, spart dies Zeit und Broadcasts.

Routing-Tabelle und /etc/route

Stellt der TCP/IP-Protokoll-Stack des Rechners fest, dass ein IP-Paket in ein anderes Netzwerk gehen soll, so konsultiert er seine *Routing-Tabelle*. Sie wird mit dem Kommando

/sbin/route

angezeigt und geändert. Man kann hier neue Routen (Wege durchs Netz) eintragen oder vorhandene löschen. Zu beachten ist, dass auch das direkt angeschlossene Netz einen Routen-Eintrag besitzt – die direkte Verbindung. Hierfür gibt es auch eine so genannte *Metrik*, welche dem Kernel benennt, welche Route die schnellste ist. Direkt angeschlossene Geräte/Rechner haben als Metrik ›0‹.

Beim Anschluss ans Internet ist eine so genannte *Default-Route* relevant. Das ist die Route, die sagt: *Schicke alle Pakete mit einer dir unbekannten Adresse an diese Adresse.* Typischerweise trägt man nur alle lokal bekannten Routen ein und nimmt den Router zum Internet-Provider als *Default-Route*. Somit kann man dadurch das Internet erreichen. Andere Routen als die direkte haben als Metrik oft eine 1 oder 2.

Beim Setzen der Metrik ist Sorgfalt geboten, da man mit einer falschen Metrik am Interface sehr viel Netzverkehr an sich ziehen kann. Ein Kollege hat es einmal unwissentlich geschafft, durch unerfahrenen Einsatz der Metrik, alle anderen Router dazu zu bewegen, ihren gesamten Verkehr auf seinen Router zu leiten. Da dieser Router aber sonst keine Verbindungen nach außen hatte, wurde der gesamte Netzverkehr in ein Schwarzes Loch gesaugt.

Kennt der Rechner den Weg zur Zieladresse nicht selbst, so findet er in seiner Routing-Tabelle den Router als einen so genannten *Gateway*. Wird das TCP/IP-Paket in das Ethernet-Paket gepackt, so wird als (vorläufige) Ethernet-Zieladresse das Ethernet-Interface des Routers eingesetzt. Der Ethernet-Treiber erfährt dies entweder aus seiner ARP-Cache, oder aber der Router antwortet mit einer manipulierten ARP-Antwort: Wenn der Router den ARP-Broadcast mit der Frage nach einer IP-Adresse in einem anderen Netz sieht, antwortet er mit der Ethernet-Adresse seines dortigen Ethernet-Interfaces. So leitet der Ethernet-Treiber das IP-Paket dann an das Router-Interface. Router haben wie der TCP/IP-Stack auch ein eigenes ARP-Cache und können Pakete entsprechend schnell weiterleiten.

Durch diesen Proxy-ARP-Trick (engl. Proxy: *Vertreter, Bevollmächtigter*) des Routers (sprich die falsche, aber faktisch nützliche ARP-Antwort zu geben) funktioniert Routing auch dann, wenn auf dem fragenden Rechner gar keine Route eingetragen ist.

Routing geht also zwei Wege:

Der normale Standardweg läuft etwa wie folgt ab:

1. Der Rechner möchte ein IP-Paket in ein anderes Netz leiten.
2. Der TCP/IP-Stack konsultiert dazu die Routing-Tabelle.
3. Dort findet er eine Route. In dieser steht die IP-Adresse des Gateways.
4. Mit dieser Adresse fragt er das ARP-Protokoll.
5. Hiermit erhält er die Ethernet-Adresse des Router-Interfaces.
6. Er stellt damit das Ethernet-Paket entsprechend zusammen und
7. schickt das Paket auf die Leitung.

Der Weg mit dem Router mit Proxy-ARP läuft dann wie folgt:

1. Der Rechner möchte ein IP-Paket in ein anderes Netz leiten.
2. Der TCP/IP-Stack konsultiert dazu die Routing-Tabelle.
3. Er findet dort keine Route.
4. Er fragt ARP nach der Ethernet-Adresse zu der IP-Zieladresse.
5. Der Router hört den Broadcast und antwortet mit der Ethernet-Adresse seines Ethernet-Interfaces.
6. Der Rechner stellt wieder das Ethernet-Paket zusammen und
7. schickt das Paket zum Router.
8. Der Router empfängt das Paket und wertet die IP-Zieladresse aus.
9. Der Router schaut nach, ob das Ziel eines der Netze ist, die direkt an ihm angeschlossen sind. In diesem Fall holt er die Adresse aus seinem ARP-Cache, packt das Ethernet-Paket zusammen und schickt es zur ermittelten Adresse.
   Ist dies keine Adresse eines direkt angeschlossenen Netzes, so leitet der Router das Paket an den nächsten (ihm bekannten) Router weiter.

Man beachte, dass ARP-Caches eine gewisse Lebensdauer haben. Sie sind so der Zusammenhalt, mit denen das Netz weiß, welcher Rechner wie erreichbar ist. Konfiguriert man aber den Rechner um (z.B. mit einer neuen Ethernet-Karte), so haben die meisten anderen Rechner im Netz in ihrem ARP-Cache noch einen veralteten Eintrag. Dadurch ist der Rechner einige Minuten unerreichbar, bis die neue Information in die ARP-Caches gelangt ist.

Proxy-ARP lässt sich auch noch für einen anderen Trick verwenden: Man kann mit Hilfe von Proxy-ARP an **einer** Ethernet-Karte **zwei** Subnetze betreiben. Das kann sehr praktisch sein, um sein Netz zu strukturieren, im Rechner aber kein Platz für zwei Ethernet-Karten ist.[1]

Um es vorweg zu nehmen: Ich mag Proxy-ARP genauso wenig wie Switches. Beide Methoden erlauben es nämlich, ein Netz in einem verlotterten Zustand annehmbar laufen zu lassen, anstatt seine Arbeit richtig zu machen. Ein Switch agiert hier ähnlich wie Proxy-ARP. Der Switch merkt sich, welche IP-Adresse zu welchem seiner Ethernet-Ports gehört. Wenn nun jemand einen Rechner an den Switch steckt, dann kann er durchaus recht lange mit einer falschen IP-Adresse leben, weil der Switch ja die Zuordnung kennt. Entsprechend stellt der Switch Pakete zu.

Das Problem wird erst dann sichtbar, wenn der Client Dienste über einen Router in Anspruch nimmt. Der Router möchte die Pakete nun in ein anderes Netz (mit einem

---

1. Siehe die Internet-Seite von Bob Edwards: *www.tldp.org/HOWTO/mini/Proxy-ARP-Subnet/*.

anderen Switch) leiten. Entsprechend kommen die Pakete nicht beim falschen Switch an und entsprechend erhält der Client nicht die gewünschten Antworten. Wenn allerdings die Netzwerktopologie wohlgesonnen ist und einige Router Proxy-ARP sprechen, dann kann ein solch falsch konfigurierter Client lange unauffällig arbeiten, ohne dass das Problem erkannt wird.

Das ist aber falsch, und deswegen monieren Router solche Probleme, wenn sie in einem Netzwerk eine falsche IP-Adresse entdecken. Ein intelligenter Router achtet auf vielen Ebenen auf solche Probleme und weist darauf hin. Dies ist ausgesprochen nützlich – und viel besser als Switches.

Eintragen von Routen

Routen werden dem Linux-Kernel auf zwei Arten bekannt gemacht: Der Administrator trägt sie manuell mit dem Route-Kommando ein:

/sbin/route add default gateway 192.168.30.1 metric 2

Manche Versionen des **route**-Kommandos möchten die Default-Route als Route in das Netzwerk 0.0.0.0 eingetragen haben, etwa wie folgt:

/sbin/route add network 0.0.0.0 gateway 192.168.30.1 metric 2

Es gibt hier durchaus unterschiedliche Implementierungen. Es empfiehlt sich hier deswegen ein Blick in die betreffenden Manualseiten. Zusätzlich können sich Details von Linux- zu Linux-Version ändern.

Routen können auch dynamisch eingetragen werden. Hierzu läuft auf dem Linux-Rechner ein Routing-Daemon (**routed**), der das Routing durchführt. Dieser horcht auf Routen-Informationen, welche die Router mittels eines Broadcast-Protokolls namens RIP (*Routing Information Protocol*) verbreiten und trägt sie automatisch ein. Ändern sich Routen (z.B. weil Leitungen oder Router Probleme haben), so merken dies die angeschlossenen Rechner schnell und korrigieren das Routing, ohne dass der Administrator eingreifen muss.

Aber es gibt auch einen Nachteil: RIP sorgt dafür, dass alle 30 Sekunden ein Broadcast ins Netz geht; diese Pakete können bei vielen Routern und Routen recht groß werden.

Auch hier sollte man auf einen subtilen Effekt achten. Der Routing-Daemon **routed** kann nämlich auch Routen im Netz bekannt geben (mittels RIP). Trägt ein Benutzer auf seinem Rechner manuell eine Route ein, die dann an alle Router geschickt wird, kann er mit falsch gesetzten Routen das Netz erheblich stören. Erfahrene Systemverwalter betreiben den Routing-Daemon daher nur im *quiet*- oder *passive*-Modus:

/sbin/routed –q

Dies unterbindet, dass **routed** seine auf dem Rechner lokalen Routen ins Netz gibt. In der Tat haben z.B. Router von Cisco und einigen anderen Firmen auch besondere Protokolle, um festzustellen, ob Routing-Informationen von einem bekannten Router kommen (d.h. glaubwürdiger sind als solche von einem Client). Das ist ausgesprochen nützlich.

8.3 DNS und das Internet

Wie kommt nun eine Verbindung ins Internet zustande? Im Internet habe ich als normaler Benutzer keine IP-Adressen, sondern symbolische Internetadressen – so genannte *URLs* (*Universal Resource Locator*). Eine URL sieht z. B. so aus: *http://www.ixos.de*.

Diese URL enthält

▸ das Protokoll, mit dem das betreffende Objekt angerufen werden soll. Es kann z. B. das FTP-Protokoll für einen File-Transfer oder wie oben HTTP für Web-Seiten.

▸ den Namen des Objekts (das obige Beispiel).

Was passiert nun, wenn der Browser diese URL öffnen möchte? Der Browser benötigt zu dem Namen eine IP-Adresse. Er muss also etwas Ähnliches wie das ARP-Protokoll tun. ARP nimmt einen logischen Namen (IP-Adresse) und gibt eine physikalische (Ethernet-)Adresse zurück. Ausgangspunkt ist nun ein logischer Namen (z. B. *www.ixos.de*) – praktisch eine Abstraktionsebene höher – und benötigt wird die zugehörige IP-Adresse.

Dies realisiert ein Dienst namens DNS (*Domain Name Service*). Dieser pflegt und befragt weltweit Tabellen, in denen Zuordnungen von Domain-Namen zu IP-Adressen gehalten werden. Diesen Prozess des Befragens nennt man *Adressauflösung* (englisch: *address-resolution*).

Auf einem normalen Internet-Client macht dies die *Resolver-Library*, eine Bibliothek, in der C-Funktionen wie etwa **gethostbyname**() etc. liegen. Die Resolver-Library wird aus der Konfigurationsdatei */etc/nsswitch.conf* (*Name Service Switch Configuration*) gesteuert. Hier legt man fest, wie die Resolver-Library vorgehen soll, um einen Hostnamen aufzulösen. Man kann festlegen, welcher Dienst in welcher Reihenfolge befragt wird. Im Normalfall steht hier DNS und auch eine Datei *Dienst*, d. h. es wird z. B. auch die lokale */etc/hosts*-Datei konsultiert. Dieser Eintrag ist wichtig, damit man auch dann nicht Verbindung mit lokalen Hosts (Rechnern) herstellen kann, wenn der DNS-Dienst nicht läuft, da beispielsweise keine Internetverbindung besteht.

Ist in der Datei als Auflösungsdienst **dns** konfiguriert, dann konsultiert die Resolver-Library eine weitere Datei: */etc/resolv.conf.* In dieser ist festgelegt,

▸ zu welcher Domain der eigene Rechner angehört,
▸ welche Name-Server (auf denen DNS läuft) angerufen werden sollen.

Vorzugsweise trägt man hier zwei Name-Server ein, für den Fall, dass der erste DNS-Server einmal nicht verfügbar ist.

Somit erfragt der Rechner dann für *unser Beispiel* den DNS-Dienst und erfährt, dass die dazugehörige IP-Adresse *149.235.225.82* lautet.

Mit dieser Adresse fordert der Web-Browser nun vom TCP/IP-Stack des Rechners eine TCP-Verbindung auf dem http-Port (Port 80) zum Zielsystem an. Der TCP/IP-Stack erkennt, dass die Adresse nicht im eigenen Netz liegt und leitet daher das Paket über die Default-Route an den Internet-Gateway. So erreicht das Paket die WAN-Verbindung und wird dann von Router zu Router weitergeleitet, bis es auf dem Web-Server der Beispielfirma ankommt. Das gleiche Verfahren erfolgt dort für die Antwortpakete.

Der gleiche Mechanismus gilt auch für die erste Namensauflösung: Die DNS-Anfrage, die der eigene Rechner schickt geht ebenso über den Internet-Router auf dem UPD-Port 53 (DNS-Port) hinaus zum *Name-Server* (DNS-Server), und dieser antwortet. DNS ist ein Sonderfall, der Dienst beansprucht einen Port im UDP-Protokoll und einen im TCP-Protokoll – in beiden Fällen auf Port 53. UDP wird für die normalen Anfragen benutzt. Über die gesicherte (verschlüsselte) TCP-Verbindung tauschen die DNS-Server untereinander so genannte *Zoneninformationen* aus, d.h. sie tauschen ihre jeweiligen Namens- und IP-Adresstabellen aus. Dies ist der Grund, warum es einige Wochen dauern kann, bis eine neue Domain aus jedem Winkel des Internets erreichbar ist. Es dauert eben einige Zeit, bis alle Server miteinander kommuniziert haben und die Information überall angekommen ist.

8.3.1 Ein eigener DNS-Server

In größeren Netzen sollte ein erfahrener Administrator für seine eigenen Netze einen eigenen DNS-Server aufsetzen – inklusive eines Backupservers dafür. Diesen Server trägt man dann als DNS-Server auf den Clients im lokalen Netz als primären und sekundärer DNS-Server ein (in */etc/resolv.conf*). Die eigenen DNS-Server werden so konfiguriert, dass sie, erst wenn sie eine Adresse nicht auflösen können, den DNS-Server des eigenen Internet-Service-Provider ansprechen. Dies macht die Konfiguration der Clients einfacher. Zusätzlich beschleunigt es den Durchsatz: Der eigene DNS-Server merkt sich nämlich in seinem Cache, welche DNS-Anfragen von den lokalen Clients kommen. Somit profitieren auch alle anderen Clients, wenn viele DNS-Einträge im Cache sind. Populäre Web-Adressen wie etwa *www.heise.de*, *www.spiegel.de* oder *www.google.de* sind somit ständig im Cache-Speicher des lokalen DNS-Servers.

Kanonische Namen

Ein lokaler DNS-Server hat noch einen weiteren Vorteil. Es ist hier möglich und auch erlaubt, einen Namen im DNS-Server mit mehreren IP-Adressen zu versehen. Das bietet Vorteile, wenn man z.B. einen großen File-Server (z.B. von Auspex, EMC, Network Appliance, …) einsetzt. Diese Server haben zumeist mehrere Ethernet-Interfaces. Vorteilhafter verbindet man nun jeden Port des File-Servers in ein jeweils anderes Subnetz. So können die Clients schnell, d.h. ohne Umweg über einen Router, auf die Daten zugreifen. Der Client muss also, abhängig von dem Subnetz, in dem er liegt, mit einer anderen IP-Adresse auf den File-Server zugreifen. Dies möchte man natürlich nicht hart im Client eintragen, da, wenn der Benutzer samt Rechner die Abteilung wechselt, er sich dann möglichst wieder an das dort örtliche File-Server-Interface wenden sollte.

DNS hilft hier, da man für den File-Server einen so genannten *kanonischen Namen* (*canonical name*) vergeben kann. Dieser hat dann mehrere IP-Adressen. Somit können wir den File-Server z. B. *ixos-fs01* nennen. In jedem Subnetz hat dieser Namen dann eine andere IP-Adresse. Wenn der Client nun den DNS-Dienst fragt, welche IP-Adresse zu diesem Namen gehört, so bekommt der Client als erste IP-Adresse jene, welche aus dem gleichen Subnetz stammt. Unsere Clients sind somit gleich konfiguriert und klinken sich immer namentlich an den gleichen Server, bekommen aber immer die richtige Adresse. Das ist auch dann nützlich, wenn sich der Name des File-Servers einmal ändern sollte. Man setzt dann einen Verweis vom alten Namen auf den neuen Namen (des neuen, größeren, schnelleren File-Servers) und stellt dies am eigenen DNS-Server ein. Ohne weitere Client-Änderungen wenden sich dann diese an den neuen File-Server.

Die DNS-Konfiguration ist ein komplexes Thema und sprengt den Umfang des Kapitels. Hier sei deshalb auf [Abitz] verwiesen.

8.3.2   DHCP

Vergibt man an einen Rechner eine IP-Adresse, dann vergibt man diese meist manuell bei der Installation des jeweiligen Linux-Systems. Dafür sollte man sie zuvor vom Administrator besorgen und parat haben, ebenso

▸   den Host-Namen (bei großen Netzen gibt es dafür zumeist feste Konventionen),
▸   die Netzmaske,
▸   die Adressen der Gateways zum Internet und
▸   die IP-Adressen des DNS-Servers.

Damit kommt man bei Linux recht schnell in ein lokalen Netz und – sofern ein Zugang zum Internet besteht – auch über das Gateway-System ins Internet.[1]

Es gibt aber auch die Möglichkeit, Linux so zu konfigurieren, dass der Rechner sich diese Informationen im Netz über einen Dienst holt – den so genannten DHCP-Service (*Dynamic Host Configuration Protocol*). Hierfür muss im LAN ein DHCP-Server vorhanden sein – Linux bietet diesen Dienst natürlich als Service (Daemon) an. Dieser teilt einem anfragenden Rechner in einem DHCP-Paket seine IP-Adresse zu – oft zusammen mit dem Namen und dem Default-Gateway.

Der Vorteil ist offensichtlich: Als Administrator muss man sich um wenig kümmern; für jedes Netz legt man eine solche Schablone (engl.: *template*) an, die dem Rechner zugestellt wird (abhängig vom Subnetz sind unterschiedliche Default-Gateways möglich). Der DHCP-Server teilt entsprechend seiner Konfiguration die IP-Adressen und Schablonen den anfragenden Rechnern automatisch zu, und die Arbeit bei der Neuinstallation eines alten oder eines zusätzlichen Rechners hinsichtlich der IP-Adress-vergabe und der Gateway-Adressen entfällt.

---

1. Auch der eigene (lokale) Rechner kann bei einem entsprechenden Modem als Gateway fungieren. Hat man nur einen einzigen Rechner, so benötigt man kein Gateway und kann direkt (über Modem) ins Internet gehen.

Damit ist die Konfiguration des Client-Rechners einfach und insbesondere einheitlich. Dies spart Arbeit. Nun können Mitarbeiter mit ihren Rechnern einfach in ein anderes Subnetz umziehen, ohne dafür die Konfigurationen ändern zu müssen.

Der DHCP-Service erhält ein Anfragepaket, in dem die Ethernet-Adresse[1] des anfragenden Rechners steht. Der anfragende Client erhält daraufhin eine für das Subnetz gültige IP-Adresse. Man muss daher bei der Konfiguration der Router darauf achten, dass diese entsprechend DHCP-Pakete an das Subnetz leiten, in dem der DHCP-Server liegt – bei Cisco-Routern geschieht dies auf dem entsprechenden Interface mit der Beschwörungsformel **dhcp-helper** *ip-adresse* .... Alle DHCP-Anfragen werden dann auf diese IP-Adresse weitergeleitet, sonst würde man in jedem Subnetz einen DHCP-Server benötigen.

Der Einsatz eines DHCP-Servers hat jedoch auch gewisse Nachteile:

▶ Ich finde es nicht gut, wenn Server über mein Netz mehr wissen als ich selbst. Fällt der Server aus, dann weiß ich nichts mehr über mein Netz. Ich versuche daher, die meisten wichtigen Dinge im Kopf und auf Papier zu haben.

▶ Ferner öffnet DHCP einem Eindringling die Tür: Er kann sich in ein unbenutztes Büro schleichen, seinen Laptop per DHCP in mein Netz stöpseln und kann dann den gesamten Netzverkehr (zumindest den aus dem Subnetz) mithören und mitprotokollieren. Aus diesem Grund ist es ratsam, die Netzwerkkabel in unbenutzten Büros oder Gebäudetrakten auszustöpseln – dies geht meist mit einem Knopfdruck auf dem Switch oder Hub, der natürlich in einem abgeschlossenen Raum stehen sollte.

▶ Es ist gut als Administrator zu erfahren, wenn Mitarbeiter innerhalb der Firma umziehen. Zu wissen, was im Netzwerk passiert, ist bei auftretenden Problemen ausgesprochen wichtig. So erfuhr ich oftmals Abteilungsumzüge nur deshalb, weil plötzlich alle in der Hotline anriefen und neue IP-Adressen benötigten.

Ich nehme DHCP daher nur statisch zur Hand: Ich trage für jede Ethernet-Adresse meines LANs einen entsprechenden IP-Adresseintrag in den Server ein. Somit kenne ich auch die im Netz gültigen Ethernet-Adressen. Der DHCP-Server ist dann so eingestellt, dass er moniert, wenn jemand eine IP-Adresse möchte und die Anfrage von einer unbekannten Ethernet-(MAC-)Adresse kommt. Dies ist zumeist kein Hacker, sondern ein Geschäftsführer mit seinem neuen Laptop; man erfährt auf diese Weise jedoch, was und wer sich im Netz tummelt.

Zieht eine Abteilung um, so ändere ich die Einträge und bin ständig informiert. Ebenso trage ich DNS-Einträge etc. um. Dies ist zuweilen die Gelegenheit, ein Subnetz aufzuräumen und alte überflüssige Einträge zu löschen. Trotzdem erhalte ich mir so die Vorteile der einfachen und einheitlichen Client-Konfiguration.

---

1. Diese wird als MAC-Adresse (*Medium Access Control*) bezeichnet.

8.4   Windows-PCs und Samba

Mit der Dominanz von Microsoft-Systemen – insbesondere
auf dem Desktop – sind heute auch in fast jedem kleineren Netz Windows-Rechner vorhanden,
die häufig auch auf Daten auf Unix- oder
Linux-Rechnern   zugreifen   möchten.
Linux bietet hierfür *Samba*. Das
Samba-Paket erlaubt es einem Windows-Client, auf die Dateisysteme
einer Unix-/Linux-Maschine zuzugreifen (und umgekehrt).
   Samba läuft nicht nur auf
Linux, sondern auf faktisch jedem Unix-System.
In der Tat sind Microsoft-basierte File-Server in
der Regel nicht so schnell wie eine gleich ausgebaute Unix-/Linux-Maschine mit
Samba. Hinzu kommt, dass High-End-Unix-/Linux-Server bisher höhere Maschinen-
leistung erbringen können als entsprechende Intel-basierte Systeme.

Der Name *Samba* leitet sich von dem Protokollnamen ab, den Microsoft benutzt,
um auf Dateien im lokalen Netz zuzugreifen: SMB (*Simple Message Block*). Wie der
Name andeutet, ist es ein simples Protokoll, das wie die meisten älteren Protokolle (wie
z. B. auch DECnet) auf der Ethernet-Ebene aufsetzt und somit kein *route-bares* oder
routing-fähiges Protokoll ist. Hier kommt uns aber Samba zur Hilfe, da es die SMB-Pa-
kete in TCP/IP Pakete einpackt. Diese können dann über Router übertragen werden.
Auf der Server-Seite werden sie dann wieder entpackt.

Samba ist ausgesprochen nützlich, da es neben dem eigentlichen Dateidienst weitere
Möglichkeiten eröffnet. So bietet Samba die Möglichkeit, Daten eines PCs zu sichern.
Das Programm **smbtar** erlaubt, direkt von der Windows-Festplatte eine Sicherung in
ein Tar-Archiv zu schreiben. Auch lassen sich für bestimmte Nutzer und deren PC-
Clients entsprechende Login-Skripte zentral hinterlegen, die Samba dann ausführt,
wenn sie sich am Samba-Server anmelden. Das ist enorm nützlich, um so feste Samba-
Shares an genormte Netzwerklaufwerke des Windows-PCs zu verbinden.

8.4.1   Samba Shares

Samba verwaltet so genannte *Shares*. Dies sind freigegebene Speicherbereiche bzw. Verzeichnisse auf dem Linux-System und entsprechen den freigegebenen *Netzlaufwerken*
unter Windows. Samba erlaubt die Konfiguration solcher Shares aus einer Konfigurationsdatei – meistens */etc/smb.conf* oder */etc/samba/smb.conf*. Diese Datei erlaubt zahlreiche Einstellungen – die Manualseiten dazu umfassen mehr als 20 Seiten an Optionen.
In der Regel sind jedoch nur wenige Punkte von Interesse:

1. **Sicherheit:** Auf welchem Netz-Interface soll Samba auf SMB lauschen und welche
   IP-Adressen dürfen anfragen und bekommen Antworten?

2. **Sicherheit**: Wie ist der Zugriff auf das Share geregelt? Per User-ID oder per Share Name?

3. **Share**: Darf jeder auf das Share zugreifen oder mit dem Datei-Browser durchlaufen? Wo liegt das Share auf dem Server?

Generell regele ich die Sicherheit per *Share-Level*. Hierbei wird der Benutzer beim Einklinken in das Share unter Umständen nach seinem Passwort gefragt. Samba lässt sich so konfigurieren, dass es in diesem Falle den Windows-Primary-Domain-Controller nach dem Passwort fragt. Das ist sehr praktisch, da so auf dem Samba-Server das nochmalige Anlegen und Pflegen der Passwörter entfällt und sich die Windows-Benutzer nicht zwei Passwörter merken müssen. Auf dem Samba-Server sind damit außer den üblichen Administratoren keine eigenen Benutzer-Acccounts notwendig.

Samba erweist sich als außerordentlich stabil und auch in der Lage, als eigenständiger Windows-Primary-Domain-Controller zu agieren. Somit kann man als Linux-Administrator ohne weiteres ein voll funktionales Windows-Netz aufziehen, ohne dafür Windows-Server zu benötigen oder dafür Lizenzgebühren zahlen zu müssen. Oft laufen die Samba-Linux-Server stabiler als entsprechende Windows-Server. Dies gilt besonders in Netzen mit vielen Rechnern. In der Tat waren solche großen Netze (ab ca. 10 000 Rechner) der Grund, warum Samba die PDC-Funktion bekam.[1]

Wie DNS und DHCP ist Samba ein umfangreiches Thema. Das Literaturverzeichnis in Anhang B führt dazu eine Reihe von Informationsquellen auf. Die kommerziellen Linux-Distributionen bieten zumeist auch ein Samba-HOWTO. Eine weitere Quelle ist die Samba-Home-Page unter *http://www.samba.org*.

Wem der nun folgende Abschnitt über die *smb.conf*-Datei zu obskur ist, dem sei gesagt, dass es für Samba ein ganz hervorragendes Web-basiertes Werkzeug gibt: **SWAT**, das *Samba Web Administration Tool*. Mit ihm kann man die meisten Konfigurationen von Samba leicht zum Laufen bringen und muss sich nicht mehr um die Konfigurationsdatei kümmern. SWAT aktiviert man – so es installiert ist und läuft – aus einem Web-Browser heraus über den Port 901, also etwa über `http://localhost:901`.

8.4.2 SMB.CONF

Nachfolgend eine typische *smb.conf*-Datei; sie ist auf Englisch gut dokumentiert und kommentiert. Die grauen Bereiche sind unsere (dort nicht vorhandenen) Kommentare:

```
# This is the main Samba configuration file. You should read the
# smb.conf(5) manual page in order to understand the options listed
# here. Samba has a huge number of configurable options (perhaps
# too many!) most of which are not shown in this example
#
# Any line which starts with a ; (semi-colon) or a # (hash)
# is a comment and is ignored. In this example we will use a #
# for commentary and a ; for parts of the config file that you
# may wish to enable
#
```

---

1. PDC = *Primary-Domain-Controller*.

```
# NOTE: Whenever you modify this file you should run the command
# „testparm“
# to check that you have not many any basic syntactic errors.
```

Bevor man nach einer Änderung die Konfig-Datei wieder in Samba hineinlädt, sollte man sie mit der Utility **testparm** auf syntaktische Korrektheit prüfen lassen.

```
#
#============== Global Settings==============
[global]
# workgroup = NT-Domain-Name or Workgroup-Name, eg: REDHAT4
workgroup = GULBINS
```

Dies ist der Name der Microsoft-Arbeitsgruppe, in der dieser Server beheimatet ist.

```
# server string is the equivalent of the NT Description field
server string = Samba Server Sunny
```

Diesen Namen (hier *sunny*) sehen die Benutzer als Server-Beschreibung

```
# This option is important for security. It allows you to restrict
# connections to machines which are on your local network. The
# following example restricts access to two C class networks and
# the „loopback“ interface. For more examples of the syntax see
# the smb.conf man page
; hosts allow = 192.168.1. 192.168.2. 127.
hosts allow = 195.30.48. 127.
```

Ganz wichtig ist: Welche Netze dürfen auf den Server zugreifen? Hiermit kann man Eindringlinge fern halten. Bitte das *local loop interface* 127.0.0.1 als Netz mit angeben, sonst geht rein gar nichts!
Es folgen die Drucker: Normalerweise exportiert man seine Unix-/Linux-Drucker in die Windows-Welt.

```
# If you want to automatically load your printer list rather
# than setting them up individually then you'll need this
; load printers = yes
# you may wish to override the location of the printcap file
; printcap name = /etc/printcap
# on SystemV system setting printcap name to lpstat should allow
# you to automatically obtain a printer list from the SystemV spool
# system
; printcap name = lpstat
# It should not be necessary to specify the print system type unless
# it is non-standard. Currently supported print systems include:
# bsd, sysv, plp, lprng, aix, hpux, qnx
; printing = bsd
# Uncomment this if you want a guest account, you must add this
# to /etc/passwd
# otherwise the user „nobody“ is used
; guest account = pcguest
```

Gastkennungen sind ein riesiges Sicherheitsloch: **Weg damit!**

```
# this tells Samba to use a separate log file for each machine
# that connects
log file = /var/log/samba/log.%m
```

Sehr praktisch: Jeder Client bekommt somit unter SAMBA eine eigene Log-Datei. Bei einem Problem muss man so nicht riesige Log-Dateien durchsuchen, sondern findet gleich das richtige Log-File. ›%m‹ ist der Client-Name, von dem der Connect erfolgt.

```
# Put a capping on the size of the log files (in Kb).
  max log size = 100
# Security mode. Most people will want user level security. See
# security_level.txt for details.
security = domain
```

Mit dieser Option nutzt Samba- den Windows-PDC.

```
# Use password server option only with security = server
# or security=domain, see html files chapt. 7.1 - Snoopy
```

Die folgenden drei Zeilen wenden sich an den Windows-PDC namens *winmaster*.

```
#password server = winmaster
encrypt passwords = yes
browseable = yes
You may wish to use password encryption. Please read
# ENCRYPTION.txt, Win95.txt and WinNT.txt in the Samba documentation.
# Do not enable this option unless you have read those documents
; encrypt passwords = yes
# Using the following line enables you to customise your configuration
# on a per machine basis. The %m gets replaced with the netbios name
# of the machine that is connecting
; include = /usr/local/samba/lib/smb.conf.%m
# Most people will find that this option gives better performance.
# See speed.txt and the manual pages for details
socket options = TCP_NODELAY
```

Diese Option regelt den Durchsatz im TCP/IP-Stack, funktioniert aber nicht auf jedem Samba-Rechner.

```
# Configure Samba to use multiple interfaces
# If you have multiple network interfaces then you must list them
# here. See the man page for details.
; interfaces = 192.168.12.2/24 192.168.13.2/24
```

Auf welchem Interface soll Samba arbeiten? Bei mehreren Ethernet-Karten müssen alle hier eingetragen werden – auch die /25 Netmask Notation.

```
interfaces = 195.30.48.8/25
```

Der folgende Abschnitt über die Browser-Konfiguration regelt, wie sich der Samba-Server bei den im Netz stattfindenden Browser-Wahlen verhalten soll. Ebenso Sonderfunktionen für Win95-Clients sind hier angegeben.

```
# Browser Control Options:
# set local master to no if you don't want Samba to become a master
# browser on your network. Otherwise the normal election rules apply
; local master = no
# OS Level determines the precedence of this server in master browser
# elections. The default value should be reasonable
; os level = 33
# Domain Master specifies Samba to be the Domain Master Browser. This
# allows Samba to collate browse lists between subnets. Don't use this
# if you already have a Windows NT domain controller doing this job
; domain master = yes
# Preferred Master causes Samba to force a local browser election on
startup
# and gives it a slightly higher chance of winning the election
; preferred master = yes
# Enable this if you want Samba to be a domain logon server for
# Windows95 workstations.
; domain logons = yes
# if you enable domain logons then you may want a per-machine or
# per user logon script
```

Es folgt ein netter Samba-Trick: Man kann für jede Maschine und jeden User ein eigenes Logon-Script hinterlegen.

```
# run a specific logon batch file per workstation (machine)
; logon script = %m.bat
# run a specific logon batch file per username
; logon script = %U.bat
# Where to store roving profiles (only for Win95 and WinNT)
# %L substitutes for this servers netbios name, %U is username
# You must uncomment the [Profiles] share below
; logon path = \\%L\Profiles\%U
```

In dieser Sektion regelt man das Verhalten für den Windows Internet Name Service WINS.

```
# Windows Internet Name Serving Support Section:
# WINS Support - Tells the NMBD component of Samba
# to enable it's WINS Server
; wins support = yes
# WINS Server - Tells the NMBD components of Samba to be a
# WINS Client
# Note: Samba can be either a WINS Server, or a WINS Client,
# but NOT both
; wins server = w.x.y.z
# WINS Proxy - Tells Samba to answer name resolution queries on
# behalf of a non WINS capable client,
```

```
# for this to work there must be
# at least one WINS Server on the network. The default is NO.
; wins proxy = yes
# DNS Proxy - tells Samba whether or not to try to
# resolve NetBIOS names
# via DNS nslookups. The built-in default for
# versions 1.9.17 is yes,
# this has been changed in version 1.9.18 to no.
; dns proxy = no
```

Nach den globalen Optionen kommen nun die Shares:

```
#================= Share Definitions ===============
# Home share might be strange as NOT writeable. We do not
# want this writeable by everyone everywhere but rather only by the
user -
# hence the write list as %S trick - Snoopy
```

Bei den Home-Verzeichnissen gibt es einen Trick: Man setzt diese auf **nicht** schreibbar. Dann allerdings erlaubt man das Schreiben über die sog. Write-List, hier werden dann die User aufgeführt. Somit darf jeder nur in sein eigenes Home-Directory schreiben und nicht in andere. ›Browseable = yes‹ erlaubt es aber anderen Usern, mit dem Explorer dort hineinzusehen; das ist normalerweise erwünscht.

```
[homes]
comment = Sunny Home Directories
browseable = yes
writable = no
write list = %S
path = /export/home/%u
```

Das */tmp*-Dateisystem ist eine generelle Ablage für alle User.

```
[tmp]
comment = Temporary file space
path = /tmp
read only = no
public = yes
# End of smb.conf Example
```

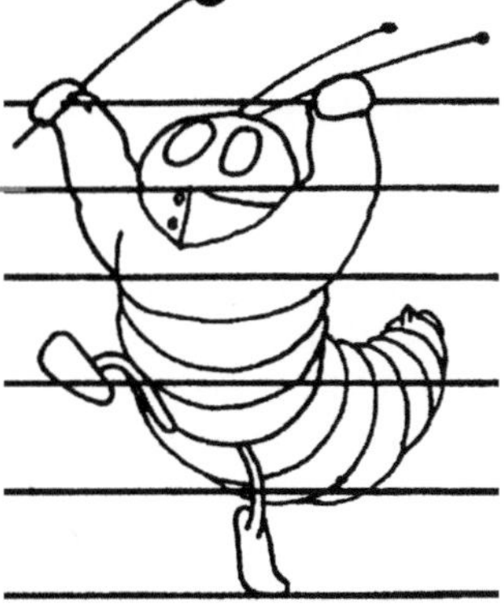

Wie man sieht, haben wir als Systemverwalter mannigfaltige Möglichkeiten, das Verhalten des Samba-Servers filigran zu steuern. Diese Möglichkeiten übersteigen teilweise die von dedizierten Windows-Rechnern.

Neben der bereits erwähnten Samba-Literatur sei auch explizit auf die im Internet (und teilweise auch in den Distributionen vorhandenen) Samba-HOWTOs verwiesen. Auch das Samba-Dokumentationsprojekt unter *http://de.samba.org/samba/docs/* bietet eine ganze Reihe von Beschreibungen und nützlichen Hinweisen.

8.4.3   Sicherheitsüberlegungen

Wer ans Internet möchte, sollte sich zuvor überlegen, wie er seine Rechner vor unerlaubten Zugriffen aus dem Internet schützt. Das Internet ist ein ungeregelter Raum, ähnlich dem früheren Wilden Westen: Man muss hier für den eigenen Schutz sorgen.

Es gibt mehrere Arten von Attacken auf Rechner:

▸ **Viren**
  Sie kommen zumeist per E-Mail ins lokale Netz oder – deutlich seltener– von verseuchten Daten oder Programmen, die man aus dem Internet herunter lädt.

▸ **Trojaner**
  Dies sind Programme, welche sich im System einnisten und unerwünscht Informationen aus dem lokalen System oder lokalen Netz an eine andere Instanz schicken. Solche Trojaner werden z.B. dazu genutzt, SPAM-Mail (Werbe-Mail) über den *eroberten* Rechner zu verschicken. Sie können aber auch dazu genutzt werden, um Daten und Passwörter nach außen an bestimmte Rechner zu schicken.

▸ **Denial-of-Service-Attacken**
  Hierbei wird der Rechner lahm gelegt (durch den Verbrauch großer Ressourcen) oder zum Absturz gebracht – zuweilen auch nur einzelne Dienste des Rechners, wie etwa der Webserver, der SQL-Server oder andere Dienste.

Es gibt dafür aber Abhilfen:

▸ Gegen Viren helfen Virenscanner, die jede eingehende E-Mail und vorzugsweise auch jede ausgehende E-Mail auf bekannte Viren überprüfen. Dabei ist festzuhalten, dass es bisher relativ wenig Linux-Viren gibt. Das Hauptangriffsziel für Viren ist Windows. Trotzdem ist zunehmend auch unter Linux auf Viren zu achten. Man muss also zukünftig auch hier eingehende Daten auf Viren überprüfen. Dazu sollte man auf kommerzielle Programmen zurückgreifen, (z.B. von der Firma H+BEDV), da nur sie die Virensignaturen aktuell halten können. Wesentlich ist hier, dass man regelmäßig den Virenscanner mit neuen Virendefinitionen aktualisiert.

▸ Ein guter Router zur Anbindung an das Internet: Dieser erlaubt es, Dienste und Ports zu sperren und unerwünschte Pakete zu blockieren. Moderne gute Router sind *intelligent* geworden und blockieren auch gefälschte TCP/IP-Pakete und Ähnliches ab.
  Für kleine oder privaten Netze sind solche Router mit der NAT-Funktion (*Network Address Translation*) schon bereits für unter 100 € zu bekommen und ausgesprochen nützlich. Sie dienen als sehr einfach zu konfigurierendes Internet-Gateway. Sie lassen sich inzwischen alle über ein einfaches Web-Interface konfigurieren und bieten (einfache) Firewall-Funktionen.
  Eine Firewall oder Proxy ist die zweite Stufe der Sicherung. Sie erlauben feiner abgestufte Regeln und (per Proxy) auch die Überprüfung des Inhaltes.

▸ Man sollte sich sorgfältig überlegen, welche Dienste man im Internet anbietet. Häufig möchte man nur Web-Seiten ins Internet stellen und E-Mails empfangen. Diese Funktionen legt man vorzugsweise auf einen dedizierten Internet-Server. Man sollte hierfür auch den Internet-Daemon **xinetd** in Betracht ziehen: Er erlaubt eine sehr filigrane Kontrolle darüber, welche Dienste im Internet angeboten werden.

Der Rechner (oder die Rechner) mit diesen im Internet sichtbaren Diensten legt man in ein eigenes, vom Hausnetz getrenntes Netz, die so genannte *DMZ* (*De-Militarized Zone*). Zwischen dieser DMZ und dem internen Netz setzt man eine *Firewall*. Erfolgt ein Einbruch in die Systeme der DMZ, so kann der Angreifer zunächst nur diese Dienste und Rechner lahm legen, (noch) nicht jedoch das interne Netzwerk angreifen.

Das DMZ-Netzsegment und das interne Netz müssen nicht unbedingt physikalisch getrennt sein, obwohl dies nochmals höhere Sicherheit bietet.

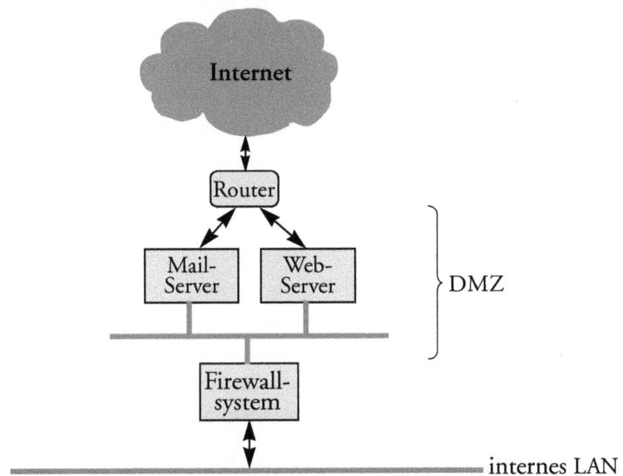

Abb. 8.1: Topologie einer DMZ (Demilitarized Zone)

Aus Sicht der Sicherheit ist bereits ein wesentlicher Schritt, auf dem Windows-Client **keinen** Microsoft-Mail-Client zu verwenden: Diese sind in besonderem Maße das Ziel von Attacken. Mit den typischen Linux-Mail-Clients (etwa die GUI-Clients **kmail**, **balsa**, **evolution**, der Mail-Client aus **mozilla**, **netscape** oder mit Eudora (von Qualcom) hat man bereits einen brauchbaren Schutz vor den meisten Würmern und E-Mail-Viren.

Auch sollte man sich überlegen, welche Dienste man aus dem Internet beziehen möchte. Diese Überlegung wird mit der Größe des zu administrierenden Netzes immer wichtiger. Ist der Zugriff auf Napster (oder seine Nachfolger) erforderlich? Braucht man den Internet-Time-Service? So gibt es ein breites Spektrum von Diensten, die alle einzeln nett und sinnvoll sein können, mit zunehmender Anzahl aber auch deutlich das Sicherheitsrisiko erhöhen. Der Grund liegt in Schwachstellen der Protokolle und Fehlern in der Implementierung bei Clients und Servern.

Firewalls

Die *Firewall*, der englische Begriff für *Brandschutzmauer*, hat die Aufgabe, unerwünschte Teilnehmer am Zugang auf das internen Netz zu hindern. Normalerweise sind solche Maßnahmen aber nur für größere Netze oder bei einem hohen Sicherheitsbedürfnis nötig. Möchte man nur mit dem eigenen Linux-Client (Linux-Rechner) Zugang zum Internet, so reichen meist folgende Maßnahmen:

1. Einsatz von **/etc/xinetd** und sichere FTP-Server (siehe dazu die Linux-Dokumentation der Distribution).

2. Einsatz der kleinen, einfachen Firewalls, die bereits mit den aktuellen Linux-Distributionen wie SuSE oder Red Hat mitgeliefert und standardmäßig mit installiert werden. Sie haben – auch wenn sie zunächst deaktiviert sind, bereits einfache aber ausreichende Firewall-Regeln aufgesetzt. Man muss diese Firewalls nur noch aktivieren – so es nicht bereits mit dem Installationsdialog erfolgt ist.

    Unter Umständen muss dann für spezielle, neu eingerichtete Dienste die dafür notwendigen Ports in der Firewall konfigurieren bzw. öffnen. Funktioniert ein solcher Dienst zunächst nicht, sollte man zum Test die Firewall kurzfristig vorübergehend deaktivieren.

    Bei SuSE gelangt man zur Firewall-Konfiguration über *YaST2 → Sicherheit & benutzer → Firewall*. Hier muss man zunächst angeben, welche Interfaces bzw. Netzschnittstellen zu sichern sind. Danach lassen sich die gewünschten Dienste selektieren. Der YaST-Modul baut daraus die Firewall-Regeln auf.

    Bei Red Hat fehlt leider dieser einfache Mechanismus. Hier muss man **iptables** konfigurieren (eine verbesserte Version von **ipchains**). Die Anleitung findet man im *Official Red Hat Linux Security Guide* bzw. im 🎩-Menü → *Dokumentation → Security Guide*. Es ist auch hier nur eine Frage der Zeit, bis eine einfache, komfortable Oberfläche für die Firewall-Konfiguration zur Verfügung stehen wird.

3. Einsatz von **ipchains** oder des **tcpwrapper**, um TCP/IP-Verbindungen zu regeln und zu protokollieren.

Firewalls brauchen *Pflege*, h.h. sie müssen ständig an sich verändernde Situationen angepasst werden, z.B. an neue freigeschaltete Dienste. Dies gilt nicht nur für Dienste, welche man nach außen anbieten möchte, sondern ebenso für Dienste (Protokolle, Ports), welche man selbst oder ein Benutzer des Rechners oder Netzes über die Firewall hinweg im Internet nutzen möchte. Ist man für ein größeres Netz verantwortlich, sollte man sich – in Abstimmung mit der Firmenleitung – ein Konzept erstellen, welche Dienste man zulassen möchte. Jeder zusätzlich freigeschaltete Dienst erhöht das Risiko eines Einbruchs.

Einen guten Einblick in Firewalls und ihre Konzeption und Konfiguration unter Linux geben die Bücher von William Cheswick (s. [Cheswick]) und Elisabeth Zwicky (s. [Zwicky]).

9 Systemverwaltung und -pflege

Die Systempflege und Systemverwaltung ist die Arbeit des Systemverwalters – eines Benutzers, der sich über den normalen Umfang hinaus mit dem Linux-System befasst. Er muss in der Regel das Linux-System zum ersten Mal installieren, neue Versionen einspielen, regelmäßig bestimmte Systemdateien überprüfen und die Sicherung des Systems übernehmen. Für eine Reihe der genannten Arbeiten muss dieser Benutzer Super-User-Privilegien haben.

Zur Systempflege sollen hier die Arbeiten gezählt werden, die notwendig sind

- ▸ um ein Linux-System an vorhandene oder geplante Hardware anzupassen,
- ▸ um das System für spezifische Gegebenheiten des aktuellen Einsatzes einzustellen,
- ▸ um neuen Benutzern den Zugang zum System zu ermöglichen,
- ▸ um Information über die Systemnutzung zu erhalten,
- ▸ um die Pflege wichtiger Dateien und Verzeichnisse durchzuführen,
- ▸ zum Aufsetzen und Verwalten des Print-Spooler-Systems,
- ▸ um die Sicherung einzelner Dateien und des gesamten Systems vorzunehmen,
- ▸ zum Aufbau von Sicherheitsmechanismen und deren Überprüfung.
  Dieses Thema, wurde aus der nachfolgenden Betrachtung ausgeklammert. Es ist teilweise recht komplex und vielfach systemspezifisch. Hierfür sei auf [Garfinkel] und [Cheswick] verwiesen.

Die nachfolgend beschriebenen Teile des Linux-Systems sind naturgemäß stark vom jeweiligen System und Einsatzzweck abhängig. Man sollte diese Beschreibung als eine Darstellung der Konzepte betrachten und im Einzelfall mit der Beschreibung des eigenen Systems vergleichen. Gerade hier gibt es große Unterschiede. Auch zwischen älteren und neueren Linux-Systemen sind erhebliche Veränderungen eingetreten. Man sollte sich deshalb – wie es für den Systemverwalter fast selbstverständlich ist – Zeit für die Aufgaben nehmen und sorgfältig vorgehen.

Für die Arbeiten der Systemverwaltung sind natürlich eine ganze Reihe von Linux-Grundkenntnissen sowie Know-how über die Verwaltungsprogramme erforderlich. Der Systemverwalter sollte deshalb – zumindest wenn er für die Administration mehrerer Systeme oder wichtiger Einzelsysteme zuständig ist – eine spezielle Systemverwalterschulung bekommen, die auf das eingesetzte Linux-System abgestimmt sein sollte. Dieses Kapitel kann nur einen Überblick geben. Viele der hier beschriebenen Aufgaben lassen sich inzwischen komfortabel mit grafischen Oberflächen ausführen. Die Kommandozeile ist aber für sich wiederholende Aufgaben und spezielle Fälle mächtiger.

9.1 Systeminstallation

Der erste Schritt einer Systemanpassung ist in der Regel die Installation. Mit ihr wird der Systemkern zusammen mit den Gerätetreibern für die Geräte wie Dialogstationen, Magnetplatten, Drucker und Kommunikationsperipherie erzeugt und zu einem Gesamtsystem zusammengebunden. Dies kann mit Hilfe der Linux-Dienstprogramme (wie z.B. dem **make**) in der Regel so schnell und problemlos erfolgen, so dass man auch eine notwendige Neugenerierung nicht zu scheuen braucht, wenn sich Änderungen an den genannten Systemkomponenten ergeben sollten.

Die Systeminstallation und -generierung erfolgt auf modernen Linux-Systemen in der Regel automatisiert und mit geringem Benutzereingriff. Dies gilt inzwischen auch sehr weitgehend für Updates.

Die Installation eines Systems erfolgt prinzipiell in wenigen Phasen:

▶ In der ersten Phase wird ein minimales System von der CD-ROM gebootet und auf die Platte geschrieben.

▶ Danach ist ein neuer Systemkern zu erstellen. Er wird dann von der Festplatte gebootet.

▶ Im nächsten Schritt werden die ausgewählten Software-Pakete installiert.

▶ Schließlich sind die Informationsdateien des Systems entsprechend anzupassen; hierbei wird auch Peripherie wie z.B. die Ethernet-Karten entsprechend konfiguriert.

Im ersten Schritt muss die Systemplatte mit einem minimalen Linux-System geladen werden. Dies erfolgt mit so genannten *Stand Alone Programmen*. Diese sind in der Lage, alleine zu laufen, d.h. ohne ein vorhandenes Betriebssystem. Mit ihnen ist zunächst – soweit nicht bereits vom Systemanbieter geschehen – die Platte zu formatieren, zu partitionieren und zu initialisieren. Danach wird das Ursystem auf diese Platte geladen. Dies läuft in den verschiedenen Systemen unterschiedlich ab und man sollte in jedem Fall die Installationsanleitung des Linux-Anbieters sorgfältig lesen und Schritt für Schritt durchführen.

Bei den beiden gängigsten Linux-Varianten SuSE und Red Hat sind die Schritte in der Abfolge fast gleich:

▶ Zunächst wird die CD-ROM gebootet. Ist kein CD-/DVD-Laufwerk vorhanden, so liegt der Linux Distribution oftmals auch eine Boot-Floppy bei. Fehlt auch diese, so kann man sich unter Windows von der CD auf eine Floppy spielen, von den jeweiligen Web-Seiten eine Boot-Floppy-Image herunterladen und auf einem anderen Rechner auf eine bootbare Floppy bringen.

▶ Der Minimal-Linux-Installer erlaubt dann eine Reihe von Einstellungen, wie etwa die Wahl der Installationssprache, der Tastatur, der Zeitzone, die Eingabe von Datum und Zeit sowie die Auswahl der Zielfestplatten. Findet der Installationsprozess bereits ein installiertes Windows Betriebssystem, so überschreibt Linux dies nicht, sondern versucht sich in einen anderen Bereich der Festplatte zu installieren. Es wird ebenfalls abgefragt, ob der Installationsprozess mit Hilfe der grafischen Oberfläche oder rein textbasiert erfolgen soll. Gerade im Fall von reinen Server-Systemen hat man oft nur ein älteres Terminal angeschlossen, weil die Benutzer nur über das Netzwerk auf den Rechner zugreifen.

▶ Danach werden die Festplatten des Systems analysiert und der Benutzer kann die Aufteilung der Festplatten einstellen. Sofern möglich, nimmt man für Linux eine vollständige Festplatte.

▶ Sind die Platten ausgewählt und die Dateisysteme etc. angelegt, so wird ein minimales Linux-System auf die Festplatte geschrieben. Der Rechner wird dann von der Festplatte mit diesem Kernel gebootet und die Installation fortgesetzt.

▶ Nun wählt man die zu installierenden Software Pakete aus. Hier hat man in der Regel die vereinfachte Wahl zwischen einer minimalen Installation oder komfortableren grafischen Umgebungen. Ebenso kann man ein Entwicklungs-System spezifizieren (das sämtliche Compiler und Debugging Tools enthält) oder ein Server System, welches wiederum mehr bietet im Bereich Netzwerküberwachung und Performance Tuning.

▶ Die Installation läuft dann weitgehend automatisch ab. Es werden die Software-Pakete installiert und – angepasst an die gefundene Hardware – ein entsprechender Linux-Kernel gebunden und installiert.

▶ Nachdem alles installiert und soweit angepasst ist, wird noch einmal der nun neue, richtige Kernel gebootet. Damit stehen die eingebauten Hardware-Geräte von der Treiber-Seite her zur Verfügung und können im nächsten Schritt ...

▶ ... konfiguriert und angepasst werden. Für das Netz setzt man z. B. die IP-Adresse und Netzwerkmaske. Beim Drucker wird das entsprechende Modell ausgewählt, evtl. Modems werden erkannt und konfiguriert. Der Name des Rechners und andere Parameter für die legitime Einbindung in das Netz werden gesetzt.

▶ Schließlich wird das Passwort für den System-Administrator **root** festgelegt. Hier lassen sich in der Regel auch weitere Benutzerkonten anlegen.

▶ Die Installation ist damit abgeschlossen und das Linux-System ist betriebsbereit.

Ein paar Anmerkungen zur Installation: Generell empfiehlt es sich bei ausreichendem Plattenplatz möglichst viele Pakete zu installieren. Ändern sich die Anforderungen, so ist es praktisch, die Pakete bereits ohne große Nachinstallation parat zu haben.

Auf jeden Fall sollten die so genannten *man-pages* (**man**-Seiten) installiert werden, ebenso das **info**-Subsystem mit seinen Beschreibungen. Diese beiden Pakete sind wesentlich, da sie oftmals die einzige wirklich aktuelle Dokumentation des gerade laufenden Linux Systems sind. Natürlich kann man Informationen auch auf den entsprechenden Web-Seiten nachlesen. Die lokalen Versionen sind jedoch schneller zugreifbar und für das konkrete System zumeist aktueller (passender). Nichts ist frustrierender, als ohne ausreichende Informationen dazustehen, wenn man Rechnerprobleme beheben muss.

9.1.1   Dateisysteme und solche, die es werden wollen

Ein Wort zu Linux Dateisystemen (*file systems*): Linux unterteilt seine Festplatten in so genannte *Slices* (Scheiben). Diese sind nicht (ganz) vergleichbar mit denen aus dem PC-Bereich bekannten *f-disk-Partitionen*, werden unter Linux aber auch als auch *Partitionen* bezeichnet. Linux kann sich wohl innerhalb einer *f-disk-Partition* installieren. Diese Partitionen können dann aber bei der Linux-Installation wiederum in mehrere *Slices* unterteilt werden. Jede Slice enthält dann ein eigenes Dateisystem.

Linux kennt mehrere Dateisystemtypen für unterschiedliche Zwecke und Anwendungsszenarien. Man kann den Dateisystemtyp bei der Installation bzw. bei der Partitionierung und Initialisierung der Datenträger festlegen.

Praktischerweise verwendet man getrennte Dateisysteme für getrennte Aufgaben. So legt man z.B. Systemdateien und Programme auf eigene Dateisysteme; Nutzerdaten und optional installierte Software kommen in jeweils andere Dateisysteme. Dies hat einen guten Grund: Wird ein Upgrade des laufenden Linux-Systems notwendig, dann kann man so der Upgrade-Prozedur mitteilen *bitte lass folgende Dateisysteme in Ruhe und fass sie nicht an*. Somit sind die Nutzerdaten und anderen Programme sicher.

Trotzdem ist es natürlich gute Praxis, vor einem Upgrade oder anderen größeren Eingriffen das **gesamte** System auf Sicherungsmedien zu schreiben und sich zu vergewissern, dass man die Daten auch wieder einlesen kann. Man bedenke auch, dass das neue System unter Umständen Probleme mit dem Sicherungsmedium haben kann z.B. durch Fehler in neuen Gerätetreibern. Gerade bei produktiven Systemen empfiehlt sich hier ein sehr konservatives Vorgehen. Man sollte als Administrator ausgesprochen skeptisch sein, wenn Benutzer auf Anfrage meinen *Ach, auf dem Rechner ist nix Wichtiges drauf.* Mit einiger Wahrscheinlichkeit ist der Benutzer, der wirklich wichtige Daten auf dem Rechner lagert, zum Zeitpunkt des Upgrades gerade abwesend. Dann ist das Erstaunen groß, wenn nach dem Upgrade seine Daten gelöscht sind. Also empfiehlt sich als Standardprozedur einfach **alles** zu sichern.

Welche weitere Gründe gibt es eigene Dateisysteme? Nun für ein eigenes Dateisystem spricht ein weiterer guter Grund: Es ist einfach robuster. Linux – wie andere Unix-Systeme auch – schreibt nämlich seine Kontrollstrukturen des Dateisystems nicht sofort auf die Festplatte, sondern puffert die Daten zunächst in einem Pufferspeicher im Hauptspeicher des Rechners. Wenn ein Programm also z.B. Daten auf die Festplatte schreibt oder eine neue Datei anlegt, müssen gewisse *buchhalterische* Funktionen erledigt werden: Die Systemstrukturen sind zu ändern, damit die neue Datei auf der Festplatte auffindbar wird. Zusätzlich sind die nun belegten Blöcke aus der Liste der freien Blöcke zu löschen. Weitere Metadaten wie Dateieigentümer, Zugriffsrechte auf die Datei und Dateiart und Zugriffszeiten speichert das System im Dateikopf (Inode). All diese Eintragungen erfolgen aus Performance-Gründen zunächst im Pufferbereich des Kernels. In regelmäßigen Abständen werden die Daten auf der Festplatte mit denen der Puffer *synchronisiert*. Der dafür zuständige Systemaufruf lautet deshalb **sync**. Entsprechend gibt es einen **sync**-*Daemon*, der diesen Aufruf normalerweise alle 30 Sekunden ausführt. Unter Linux heißt dieser Dienst **bdflush** (*buffer to disk flush*) – er ist ein so genannter *Kernel Thread*.

Stürzt der Rechner ab, gibt es einen Stromausfall oder wird der Rechner gewaltsam abgeschaltet, so kann es vorkommen, dass die Strukturen, die gerade auf der Festplatte liegen, in keinem konsistenten Beschreibungszustand sind. Es kann z. B. die Dateigröße bereits geändert sein, ohne dass die eigentlichen Daten schon auf der Platte stehen.

Solche Konsistenzprobleme werden dann beim neuerlichen Start des Rechners mit einem *File-System-Check* (**fsck**) behoben. Dabei kann es allerdings sein, dass Daten verloren gehen – jene, die aufgrund des inkonsistenten Zustands keiner Datei zugeordnet werden können. Es ist deshalb ratsam, das Gesamtdateisystem in mehrere kleinere Dateisysteme aufzuteilen. Damit erhöhen sich die Chancen, dass das Dateisystem bei einem Absturz in konsistentem Zustand überlebt. In der Regel wird aus den Dateisystemen, aus denen Programme liegen, fast ausschließlich gelesen. Sie sind somit relativ stabil. Ein Dateisystem, in denen Nutzerdaten oder Datenbanken arbeiten, sind natürlich viel anfälliger, weil dort höhere Schreibaktivitäten erfolgen.

Die Segmentierung erlaubt daneben die Dateisysteme auf Durchsatz zu optimieren und den vorhandenen Plattenplatz besser auszunutzen. Liegen auf einem Dateisystem z. B. typischerweise wenige große Dateien, was z. B. zumeist für CAD-Dateien, Bilddaten oder Wetterkarten der Fall ist, dann weist man Linux an, beim Erstellen der Dateisysteme weniger Platz für die Datei-Informationen zu allokieren. Kommen hingegen voraussichtlich viele kleine Dateien (wie z. B. Internet-News-Artikel) auf das Dateisystem, so erhöht man explizit die Anzahl der Verwaltungsblöcke beim Anlegen des Dateisystems oder wählt einen Dateisystemtyp, der effizient mit vielen kleinen Dateien umgehen kann (z. B. **reiserfs**). So lässt sich bestimmten Engpässen vorbeugen: Unter Unix ist nämlich eine Platte auch dann voll belegt, wenn es keine freien Verwaltungsblöcke mehr gibt, obwohl noch freie Blöcke für Daten auf der Platte verfügbar sind.

Linux unterstützt eine ganze Reihe unterschiedlicher Dateisystemtypen.[1] Ein Teil davon hat eher historische Gründe und solche der Rückwärtskompatibilität oder ist für spezielle Anwendungsbereiche gedacht. Für die normale Linux-Installation gehören die folgenden Dateisystemarten zu den wichtigsten:

▶ **bfs** – das Boot-Dateisystem: dies ist ein kleines Dateisystem, oftmals nur 64 MB groß, um den Linux-Kern zu halten sowie die Dateien des Linux-Boot-Loaders *grub* etc. Dies wird normalerweise nur gelesen und ist daher recht robust. Es ist wichtig, dass dieses Dateisystem einen evtl. Absturz gut übersteht, da ein korruptes **bfs** das ordnungsgemäße Booten des Systems vereiteln kann.

▶ **ext2**, **ext3** – dies sind die Standarddateisysteme unter Linux. Diese sind schnell und stabil. Sie sind ideal für sich schnell ändernde, nicht allzu kritische Daten wie z. B. Usenet News, temporäre Dateien sowie Betriebssystem und Programme. Während **ext2** noch kein Journaling bietet und damit nach Systemausfällen unter Umständen längere Zeit für den *File-System-Check* zur Wiederherstellung der Dateisystemkonsistenz benötigt, bietet das neuere **ext3** dieses Journaling und damit ein schnelles Starten nach einem Crash. Ein **ext2**-Dateisystem lässt sich nachträglich in ein **ext3**-System überführen.

▶ **reiserfs** – ist ein *Journaling File System*, schnell und robust. Sämtliche Dateisystem-Transaktionen werden in einem separaten Log mitgeführt. Nach einem Absturz kann das Dateisystem dann sehr schnell wieder bereitgestellt werden. Dies dürfte aktuell für kritische Daten aus dem operativen Bereich eines Unternehmens die

---

1. Siehe dazu Kapitel 3.2.4 ab Seite 135.

beste Lösung sein. **reiserfs** weist eine hohe Entwicklungsdanamik auf und wird ständig verbessert und beschleunigt.

- ▸ **jfs** – das von IBM stammende *Journaling-File-System*. Es hat wie **reiserfs** eine Reihe attraktiver Dateisystemeigenschaften, war aber bei Drucklegung des Buchs noch nicht so stabil, dass man es für kritische Daten empfehlen konnte.

- ▸ **xfs** – das von SGI/IRIX stammende sehr mächtige Journaling-File-System. Es ist insbesondere für große Dateien geeignet.

- ▸ **swap** – ist eigentlich kein Dateisystem im eigentlichen Sinne, sondern eine spezielle Slice in der das Linux-System Programme und Daten aus dem Hauptspeicher auslagern kann, um im Hauptspeicher freien Platz für neue oder wachsende Prozesse zu schaffen.

- ▸ **vfat** – dies ist ein DOS-kompatibles Dateisystem für den Zugriff auf Windows-Floppies und andere DOS-Medien.

- ▸ **ntfs** – das Standarddateisystem NTFS-5 für Windows NT, 2000 und XP. Es ist unter Linux deshalb von Interesse, weil – so mehrere Betriebssystem auf einem PC laufen – die moderneren Windows-Applikationen darauf problemlos zugreifen können. Unter Linux ist bisher leider nur ein Lesezugriff problemlos möglich. Beim Schreiben kommt es noch zu oft zu Inkonsistenzen, was aber nur eine Frage der Zeit sein dürfte. Nützlich ist die Möglichkeit in einem Problemfall von Linux aus Fehler in einem ntfs-Dateisystem zu beheben – z.B. mit dem **ntfsfix**!

Weitere Aufgaben des Systemadministrators

Natürlich kann man und muss man als Systemadministrator auch des öfteren noch andere Anpassungen vornehmen – etwa Dienste wie Samba (siehe Kapitel 8.4, S. 748) konfigurieren und starten. Ebenso müssen z.B. weitere Benutzerkonten angelegt werden. Viele dieser Aufgaben kann man heute sehr einfach mit Hilfe von *yast* bzw. *YaST2* (unter SuSe) oder anderen Menüsystemen erledigen. Für die routinemäßige *Brot-und-Butter*-Administration sind diese Systeme vollkommen ausreichend und stellen einen stabilen Betrieb sicher. Anders als in der Windows-Welt werden Linux-Server nur selten gebootet. Die weitaus meisten Konfigurationsarbeiten benötigen keinen Systemneustart, um wirksam zu werden. Uns sind mehrere Linux-Server bekannt, die eine *Uptime* von mehreren Jahren haben.

Trotz allen Komforts der Menü-gesteuerten Administration ist es lohnenswert, einen Blick hinter die Kulissen zu werfen. So erfährt man, welche Dateien die automatischen Skripte *anfassen* und kann bei eventuellen Problemen korrigierend eingreifen. Oft sind komplexere Konfigurationen von Paketen wie etwa Samba erst durch manuelle Einstellungen in den Konfigurationsdateien möglich.

9.1.2   Konfigurieren und Binden des Linux-Kernels

Eine wichtige Aufgabe ist das korrekte Konfigurieren des Systemkerns. Im Normalfall bedeutet dies unter Linux einfach den Kernel in der gewünschten Konfiguration neu zu kompilieren, zu binden und dann zu booten.

Warum tut man das? Nun Linux, wie die meisten anderen Betriebssysteme auch, lagert sich als Programm nicht in den Swap-Bereich der Festplatte aus (zumindest ein großer Teil nicht). Der gesamte Kern, inklusive aller Daten und Strukturen muss im Hauptspeicher (RAM) des Rechners Platz finden. Entsprechend bleibt bei einem großen Kern weniger Platz für andere laufende Programme, dies führt dann oft zu erheblichem Paging[1] und reduziert die Performance des Rechners. Der Kernel muss z. B. für eine akzeptable Performance auf Treiber schnell und ohne vorheriges Paging zugreifen können. Hardware-Interrupts müssen sofort bedient werden.

Linux bietet zwei Möglichkeiten, diesen Platzbedarf zu reduzieren. Zum Ersten kann man einen Linux-Kernel binden, in dem die nicht benötigten Treiber und Module einfach weggelassen werden. Oftmals hat man dann aber das Problem, dass man ab und zu, doch mal das eine oder andere Modul benutzen möchte. Dazu müsste man dann den gesamten Rechner neu starten, um den entsprechend angepassten Kernel zu laden. Ein solcher Reboot gilt in Linux-Kreisen natürlich als unwürdig und bedeutet, dass man als Administrator seine Aufgabe schlecht erledigt.

Linux bietet deshalb die Möglichkeit, gewisse Teile des Kerns vorzukompilieren und als so genannte *Module* in einem Systemverzeichnis zu hinterlegen. Wird der entsprechende Treiber oder Dienst benötigt, so wird dieses Modul vom Kernel einfach nachgeladen. Es entspricht so ein wenig der *Plug-and-Play*-Funktionalität aus der Microsoft-Welt.

Einen Kernel zu kompilieren und zu binden ist weder übermäßig kompliziert noch sehr aufwändig; aktuelle Linux-Versionen bieten dafür bequeme Mechanismen.

Zunächst ist sicherzustellen, dass die benötigten Linux-Quellcodeteile installiert sind. Sie liegen im Standardfall unter */usr/src*. Die Quellen des Kernels liegen dann in einem Verzeichnis mit dem Release-Stand des Kernels: etwa *linux-2.2* oder *linux-2.4.19* oder ähnlich. Da diese Namen für Menschen ein wenig barock klingen, haben die Linux-Autoren dafür gesorgt, dass ein entsprechender symbolischer Verweis namens *redhat* bzw. *suse* in dieses Verzeichnis zeigt.

Sind die Kernel-Quellen nicht auffindbar, kann man diese von der CD nachinstallieren oder von einer Web-Seite *http://www.kernel.org* herunterladen.

Die Config-Datei

Dreh- und Angelpunkt des Linux-Kernel-Bindens ist eine so genannte *config-Datei*. Sie liegt normalerweise unter */boot*. Sie wird bei der Erstinstallation von Linux dort mit einem entsprechend angepassten Kernel hinterlegt. In ihr sind sämtliche Module und anderen Kernel-Teile aufgeführt, die im gerade laufenden Kernel enthalten sind. Ebenso sind die Module aufgelistet, die vorkompiliert wurden.

---

1. Paging = Auslagern einzelner Speicherbereiche (*Pages*) von Benutzerprogrammen. Hierzu gehört auch das Wiedereinlagern bei Bedarf.

Im Verzeichnis */usr/src/suse* bzw. */usr/src/redhat* liegt eine weitere config-Datei. (Das Linux-Kernel-Quellcode-Verzeichnis nennen wir ab jetzt einfach *LinuxDir*). Bei Auslieferung entspricht die config-Datei im LinuxDir **nicht** der config-Datei in */boot*. Im *LinuxDir* heißt die Config-Datei **.config**, durch den Punkt am Anfang ist diese Datei normalerweise verdeckt und wird beim **ls**-Kommando nur mit der Option **–a** angezeigt.

Kopiert man die Datei */boot/config* nach *LinuxDir/.config* und bindet dann den Kernel, so sollte man just den Kernel erhalten, der gerade läuft.

Unter */boot* findet man weitere, für das laufende Linux-System wichtige Dateien. Hierzu gehören:

- *linux* (oder *vmlinuz*) – der laufende, gerade *gebootete* Linux Kern

- *config* – Konfigurationsdatei zum aktuellen Kern (wird im normalen Betrieb nicht benötigt).

- *SystemMap* (abhängig von der Linux-Distribution heißt diese Datei teilweise auch nur *System*). Sie enthält die symbolischen Namen und Adressen der Kernel-Variablen. Einige Programme wie Debugger und auch Profiler benötigen diese Daten, um aus dem Kernel Informationen über den Zustand des Systems und seiner laufenden Prozesse zu beziehen. Deshalb müssen die Informationen in dieser Datei immer zum laufenden Kernel *passen*, damit diese Programme noch zuverlässige Informationen liefern.

- *module-list* – die Liste der vorkompilierten Moduln. Die Module liegen unter */usr/lib/modules/linux-2.4-19* für einen Kernel der Version 2.4.19.

- *grub/* – das Verzeichnis des **grub** (*Grand Unified Bootloaders*) oder die entsprechenden Konfigurationsdateien von Lilo, dem etwas älteren Boot-Loader unter Linux.

Einen neuen Kernel generieren

Das Generieren eines neuen Kernels geschieht nun in mehreren Schritten:

1. Zunächst kopiert man die Config-Datei von */boot/config* auf *LinuxDir/*.config.

2. Nun passt man mit Hilfe von **make menuconfig** oder **make xconfig** (s. u.) die Konfiguration an.

3. Das Kommando **make depend** erstellt den Abhängigkeitsgrafen der Kernel-Teile untereinander und überprüft diese.

4. **make linux** kompiliert nun den Kernel gemäß den Abhängigkeiten und führt das Binden des Kernels durch.

5. **make install** kopiert den Kernel nach */boot*.
   → Es müssen auch noch andere Dateien manuell mit kopiert werden. Hierzu gehören z. B. *LinuxDir/***SystemMap** und die *module-list*.

6. Nun ist die Datei */boot/grub/grub.conf* (oder die entsprechende **lilo**-Datei) anzupassen. Nur so lässt sich der neue Kernel testen.

make menuconfig und **make xconfig** sind zwei Kommandos, die die Konfiguration des Kernels wesentlich erleichtern. Mit ihrer Hilfe erhält man im Fall von **menuconfig** eine Menüführung für einen normalen Textbildschirm. Mit **xconfig** wird ein entsprechendes X-Fenster gestartet. Normalerweise meldet man sich jedoch im Linux-System als ein normaler Benutzer an, während diese Kommandos aus einer root-Shell laufen müssen. Deshalb muss man bei der Verwendung von **make xconfig** als normaler Benutzer dem X Windows System mit Hilfe des Kommandos ›**xhost +**‹ den Zugriff als Root auf den X-Server erlauben.

Jedes Modul oder Kernel-Teil hat in diesen Programmen drei Zustände: *einbinden*, *als Modul kompilieren* oder *weglassen*. Die Modularisierung erreicht man durch Angabe eines **M** in der Modul-Liste. Eine Markierung mit **X** sorgt dafür, dass das Modul kompiliert und statisch in den Kernel eingebunden wird. Ein leeres Feld bedeutet, dass das Modul **nicht** in den Kernel kommt – weder statisch, noch als Modul.

Um den neuen Kernel zu testen, kopiert man ihn unter neuem Namen in das */boot*-Verzeichnis. Ebenso sollte man die Dateien *module-list* und *SystemMap* bzw. System der alten Version sichern. Den alten, funktionierenden Kernel sichert man ebenfalls.

Nachdem die wichtigen Dateien gesichert sind – man sollte nicht vergessen unter */usr/lib/modules/...* auch den Zustand der alten Module zu sichern –, kann man den neuen Kernel installieren.

➜ In diesem Zusammenhang bedeutet *sichern* **nicht** den alten Kernel und Zustand auf ein Sicherungsmedium zu bringen, sondern es bedeutet, die Dateien mit Hilfe des **mv**-Kommandos umzubenennen, damit sie weiterhin in */boot* verbleiben. Nur dadurch hat man einen Weg zurück, sollte der neue Kernel Probleme bereiten.

Um diesen Rückweg auch zu nutzen, muss man unter */boot/grub* die Datei *grub.conf* editieren. Den alten Eintrag des laufenden Kernels benennt man dann um in *Alter Kernel* oder ähnlich. Für den neuen Kernel trägt man entsprechend einen neuen Eintrag *Test-Kernel* oder ähnlich ein.

Man kann nun beim Booten im Boot-Menu zwischen dem alten und neuen Kernel wählen. Falls der neue Kernel nicht funktioniert oder abstürzt, bootet man mit Hilfe des GRUB das Notfall-Linux. Mit Hilfe dieses Linux kann man entweder die Datei */boot/grub/grub.conf* wieder so anpassen, dass wieder der alte, gute Kernel gebootet wird oder man macht die Änderungen der Dateien *etc.* rückgängig und bootet erneut.

9.2 Systemdateien

Der nächste Schritt nach der Generierung ist die Erstellung oder Adaption der verschiedenen von den Systemprogrammen benutzten Verzeichnisse, Informationsdateien und Kommandoprozeduren. Die notwendigen Verzeichnisse und ihre Funktionen sind im Abschnitt 9.12 beschrieben.

Das Format der aufgeführten Dateien ist in Sektion 5 der Linux-**man**-Seiten zu finden. So erhält man z.B. die Struktur der *passwd*-Datei mit dem Kommando **man 5 passwd**.

Ein Großteil der nachfolgend aufgeführten Systemdateien werden bei der Systeminstallation automatisch angelegt und müssen nur selten manuell angepasst werden. Es hilft jedoch sie zu kennen, um spezielle Anpassungen vornehmen zu können. Die meisten Informationsdateien liegen im Verzeichnis **/etc** bzw. **/usr/etc.** Zu den wichtigsten gehören:

/etc/passwd	Passwortdatei des Systems. In ihr müssen alle gültigen Benutzer des Systems eingetragen sein. Die Einträge sollten in neueren Systemen nicht mehr mit einem Editor, sondern mit einem Administrationswerkzeug wie YaST2 oder **useradd** bzw. **userdel** bearbeitet werden.
/etc/shadow	Diese Datei enthält die wirklich sicheren Daten pro Benutzer (z.B. die verschlüsselten Passwörter). Im Gegensatz zur **passwd**-Datei ist diese Datei aus Sicherheitsgründen nur vom Benutzer *root* lesbar.
/etc/group	Gruppenpasswortdatei des Systems. In ihr sind die Benutzer einer Gruppe als jeweils ein Eintrag anzugeben. Benutzer dürfen in mehreren Gruppen sein.
/etc/gshadow	entspricht der *shadow*-Datei – hier für Gruppendaten. Es kann für eine Gruppe ein Passwort vergeben werden, das abgefragt wird, wenn man mit dem **newgrp**(1) Kommando z.B. seine Gruppe ändern will.
/etc/inittab	Der Prozess **/etc/init** schaut in dieser Datei nach, welche Prozesse in welcher Systemebene (*Run-Level*) zu starten sind. Für jeden Run-Level gibt es einen Aufruf von */etc/init.d/rc*. Hier wird auch festgelegt, an welchen Dialogstationen im Multi-User-Betrieb Sitzungen stattfinden können (siehe hierzu Seite 775).
/etc/ttytype	Hierin wird der Typ der Dialogstation an einer Terminalleitung oder Netzwerk-Terminal angegeben.
/etc/securetty	Liste der sicheren Terminalleitungen, über die der Super-User *root* sich anmelden darf. Um Root-Logins über das Netz zu erlauben, müssen die Pseudo-Terminals */dev/pty/...* hier mit aufgeführt sein.
/etc/termcap	gibt die Eigenschaften (*Terminal Capabilities*) der einzelnen Dialogstationstypen an.
/etc/init.d/rc	Diese Shellprozedur wird dann ausgeführt, wenn das System Run-Level wechselt. Als Parameter wird der jeweilige Run-Level übergeben.

/etc/init.d/rc?.d	Unterverzeichnisse mit Shellprozeduren, die bei Erreichen des jeweiligen Systemzustandes durchlaufen werden. Zum Beispiel werden die Dateien in *letc/rc5.d* beim Wechsel in den Multi-User-Status (*Run Level 5*) durchlaufen (siehe Seite 781).
/etc/init.d/boot	Die Kommandos dieser Datei werden beim Booten des Systems aufgerufen.
/etc/profile	Eine Anmelde-Shell (**login**-Shell) führt die Kommandos dieser Datei aus, bevor sie die Kommandos der *.profile*-Datei des Benutzers liest. Hier können somit Vorbesetzungen (z.B. den Standardwert für $PATH) für alle Benutzer festgelegt werden (s. Seite 863).
/etc/profile.local	ist eine Besonderheit unter SuSE-Linux. Diese Datei ist für systemweite lokale Anpassungen vorgesehen. Diese Datei wird von *letc/profile* aufgerufen.
/etc/motd	(*message of the day*) kann eine Nachricht enthalten, welche dem Benutzer beim Anmelden automatisch angezeigt wird (s. S. 779).
/etc/issue	Der Text dieser Datei wird als Teil des **login**-Bereitzeichens ausgegeben.
/etc/fstab	Information über Geräte bzw. Dateisysteme, welche standardmäßig zu mounten sind und beim Booten durch **/sbin/fsck** zu überprüfen sind (siehe Seite 779 und Seite 807).
/var/run/utmp	Enthält die Information, welcher Benutzer gerade beim System angemeldet ist. Dies ist eine Binärdatei, die vom **login**-Programm aktualisiert wird; man sollte sie deshalb nicht manuell verändern!
/var/log/wtmp	Hier werden alle Anmeldungen (**login**) und Abmeldungen von Benutzern aufgezeichnet.
/etc/default	Unterverzeichnis mit Dateien, die Standardwerte für unterschiedlichste Kommandos beinhalten können. Zum Beispiel enthält **/etc/default/tar** die Festlegung der Standardparameter für acht voreingestellte Archivmedien.
/etc/hosts	Tabelle der in einem Netzwerk bekannten Rechner. Die Datei enthält pro Rechner eine Zeile mit der Internet-Nummer und dem Namen des Rechners. Ein Rechner kann über mehrere Namen (Aliase) angesprochen werden.
/etc/hosts.equiv	enthält die Namen der Rechner im Netz, die als *vertrauenswürdig* eingestuft werden. Von solchen Rechnern werden bestimmte Anforderungen (Anmeldungen, Kopieroperationen u.a.) mit reduziertem Autorisierungsaufwand akzeptiert. Diese Rechner werden in vieler Hinsicht wie die eigene Maschine behandelt. Diese Datei stellt ein großes Sicherheitsproblem dar und sollte bei höheren Sicherheitsanforderungen gelöscht werden!

/etc/hosts.lpd   Hostnamen, die sich an den Netzwerk-Port des Print Spoolers **lpd** mit Druckaufträgen wenden dürfen.

/etc/host.conf   Konfigurationsdatei für die Namensauflösung des Rechners (Resolver-Library). Sie ist eng verzahnt mit *letc/resolv.conf*.

/etc/resolv.conf   enthält die Namen von maximal drei *Name-Servern*. Werden Name-Server verwendet, so erfolgt die Zuordnung von Hostnamen und Internet-Adresse auf dem Name-Server anstelle der lokalen Datei *letc/hosts*.

/etc/nsswitch.conf legt fest, in welcher Dienstreihenfolge die Resolver-Library einen Hostnamen in eine IP-Adresse auflösen soll. Siehe hierzu auch Kapitel 8.3, ab Seite 744.

/etc/defkeymap.map   definiert das Standard-Tastaturlayout der Konsolentastatur.

/etc/filesystems   listet auf, welche Dateisystemtypen dem gerade laufenden Linux-Kernel bekannt sind.

/etc/localtime   Binäre Daten, welche die Zeitzonen-Informationen der lokalen Zeitzone, sowie Sommerzeit bzw. Winterzeit Umstellung beinhalten.

/etc/networks   Liste der bekannten Netzwerke – als Minimaleintrag steht hier der lokale Rechner als 127.0.0.0.

/etc/shells   legt fest, welche Programme auf meinem Rechner Shell-Kommando-Interpreter und als Login-Shell zulässig sind. Dies ist relevant für die Berkeley-Remote-Kommandos wie **rlogin**, **rcmd**, **rsh** oder **rcp** sowie für das lokale Administrationskommando **chsh**.

/etc/services   definiert Dienste und ihre Portnummern für Netzwerkverbindungen.

/etc/exports   Hier werden die Angaben von lokal vorhandenen Dateisystemen gespeichert, die über das Netzwerk auch anderen Rechnern zur Verfügung stehen sollen. Neben dem Namen des Dateisystems erscheinen hier weitere Angaben, wie Erlaubnis zum Root-Zugriff, berechtigten Hosts usw.

Darüber hinaus befinden sich zahlreiche weitere Systemdateien an speziellen Stellen im Dateibaum – sortiert nach Themenbereichen. Viele dieser Dateien sind eindeutig Systemdateien und auf vielen Linux-Systemen nahezu identisch. Man denke nur an die Verwaltungsdateien zu Netzwerken, an die Administration von Mail-Systemen, Internet-News und Ähnliches. Bei sehr vielen dieser Dateien findet man jedoch immer wieder die gleichen Konzepte der Verwendung wie bei den hier genannten wesentlichsten Dateien vor. Siehe hierzu auch Abschnitt 9.12 (S. 837).

Ein Systemverwalter sollte sich von Anfang an auf die wirklichen **administrativen** Aufgaben konzentrieren. Das sind alle die Aufgaben, die Auswirkungen auf mehrere Nutzer haben.

Die meisten Linux-Installationen verfügen heute über das grafische X Window System und zumeist einen darauf aufsetzenden virtuellen Desktop wie GNOME oder KDE. Neben den Fragen der Installation und Hardware-Anpassung sollte der Administrator an Hand der gelieferten Dokumentation folgende Schwerpunkte beachten:

▸ Vermeiden Sie redundante Dateien! Das X Window System ist sehr umfangreich und belegt entsprechend viel Platz auf den Dateisystemen. Um so wichtiger ist es, relevante Dateien und umfangreiche Programme und Bibliotheken möglichst nur einmal zu halten und in eleganter Weise über das Netz zur Verfügung zu stellen. Besonders viel Platz belegen neben den ausführbaren Programmen die X-Clients, Bibliotheken, Headerfiles und Fonts (Schriften). Dabei ist es sinnvoll, Dateien, die nur bei der Programmentwicklung benötigt werden – z.B. Headerfiles mit dem Namensschema *Suffix*.h und statische Programmbibliotheken mit dem Namensschema *Suffix*.a – sowie die umfangreichen Fonts nur einmal im Netz zu halten. *Shared Libraries*, also Programmbibliotheken, die zur Laufzeit nachgeladen werden, sollten aus Performancegründen möglichst lokal auf der Maschine vorhanden sein. Für das verteilte Speichern der Schriften gibt es entsprechende *Font-Server*-Programme (siehe Kapitel 7.5.4, Seite 698).

▸ Grafische Bildschirme sollte man auch möglichst immer mit grafischem Login und grafischer Oberfläche betreiben. Für den Benutzer ist es ausgesprochen lästig, sich dort zunächst über ein Text-Login anzumelden und dann X Window starten zu müssen. Beim Beenden der Arbeit muss er dann erst alle Fenster schließen, das X Window System manuell beenden und sich dann ganz normal abmelden. Dies wird dann naturgemäß in der Praxis oft vergessen, was zur Folge hat, dass sich andere Benutzer unter der Kennung des vorigen Anwender am System arbeiten können.

Hier bietet das X Window System den X Display-Manager. Wie **getty** für einen Text-Login-Bildschirm zuständig ist, so ist der Display-Manager nach dem Schließen der letzten grafischen Anwendung (siehe Seite 631) für den grafischen Login-Bildschirm zuständig. Unter Linux heißt dieser Dienst **kdm**, weil er mit dem KDE-System ausgeliefert wird oder **gdm**, falls der GNOME-Display-Manager verwendet wird. Ein dritte verbreitete Variante ist der aus dem X11-System stammende **xdm**.

Eine solche gemeinsame Programm- und Datenhaltung für das X Window System spart nicht nur Speicherplatz im Dateisystem, sondern man gewinnt auch mehr Übersicht und reduziert den Administrationsaufwand, da nicht mehr jede Maschine einzeln gepflegt und mit Software-Updates versehen werden muss. Änderungen für mehrere System können so zentral an einer Stelle erfolgen.

9.2.1 Passwortdateien

Das Linux-System enthält in der Regel zumindest zwei Passwortdateien:

1. die eigentliche Passwort-Datei */etc/passwd*, in der alle Benutzer eingetragen sind,
2. und die Gruppendatei */etc/group*.

Beide dienen dazu, den Zugang zum System durch den Schutz eines Passwortes zu sichern. In dedizierten Anwendungen mit erhöhtem Sicherheitsbedürfnis wird man darüber hinaus weitere Passwortdateien finden (z.B. potenziell beim Samba).

In aktuellen Linux-Systemen gehören weitere wichtige Datei zu diesem Komplex: */etc/shadow* und */etc/gshadow*. Andere Systeme haben mittlerweile eigene, vom eigentlichen Unix-Vorbild abweichende Sicherheitskonzepte entwickelt. SCO-Linux verwendet dazu einen ganzen Satz an binären Dateien. Das IBM-AIX-System hält eigene Datenbasen unter */etc/security*. Allen gemeinsam ist der Versuch, auf diesem Wege die folgenden Ziele zu erreichen:

▸ Verfeinerung der Autorisierungsmechanismen des Linux-Systems; dazu zählt z.B. die Festlegung der Gültigkeitsdauer von Benutzer-Accounts, der Gültigkeitsdauer von Passwörtern und Ähnlichem.

▸ Erhöhung des Zugriffsschutzes für sicherheitskritische Daten, wie z.B. den Passwörtern von anderen Benutzern bzw. System-Logins.

▸ Erhöhung der Zugriffsgeschwindigkeit in der Autorisierungsphase durch Benutzung von Datenbanken anstelle traditioneller sequenzieller ASCII-Dateien. Diese Datenbanken werden üblicherweise als **dbm**-Datenbanken gehalten.

Die Passwortdatei /etc/passwd

In der Passwortdatei */etc/passwd* sind alle dem System bekannten Benutzer eingetragen. Die Passwortdatei kann zwar von allen Benutzern gelesen, jedoch nur vom Systemverwalter (Super-User) editiert oder von den Benutzern durch das **passwd**-Kommando kontrolliert modifiziert werden. Pro Benutzer ist ein Eintrag (eine Zeile) vorhanden mit folgenden jeweils durch ›:‹ getrennten Angaben:

benutzername:*passwort*:*benutzer-nr*:*gruppen-nr*:*ben-info*:*login-verz*:*login-programm*

Dabei haben die einzelnen Elemente folgende Bedeutung:

benutzername   Unter diesem Namen (*Account-Name*) meldet sich der Benutzer beim System an. Der Name wird vom System z.B. bei Programmen wie **who** und **ls** ausgegeben. Der Name sollte aus Kompatibilitätsgründen maximal 8 Zeichen lang sein, mit einem Buchstaben beginnen und keine Großbuchstaben enthalten.

passwort   Dieses Feld enthielt früher das Passwort des Benutzers (verschlüsselt). Bei den meisten heute üblichen Linux-Systemen wird es nur noch aus Gründen der Abwärtskompatibilität gepflegt und enthält nicht mehr das echte (verschlüsselte) Passwort sondern stellvertretend ein ›x‹.

benutzer-nr   gibt die Benutzernummer an. Mit dieser Nummer, auch UID für *User Identification* genannt, wird ein Benutzer im System geführt. Sie wird in seinen Dateien als Dateibesitzerkennung eingetragen. Über diese Nummer kann das System dann aus der Passwortdatei den symbolischen Benutzernamen ermitteln. Die Benutzernummer **0** ist dem **Super-User** vorbehalten. Der Super-User-Status erlaubt es, alle Dateien und Verzeichnisse zu modifizieren, unabhängig von deren Modus (Zugriffsrechten), sowie alle Prozesse abzubrechen. Auch der Systemverwalter sollte aus Sicherheitsgründen außer für spezielle Systemarbeiten nicht unter der Super-User-Nummer arbeiten!

Der verwendete Nummernbereich ist weitgehend frei (abgesehen von 0 für die *root*). Per Konventionen gibt man *normalen Benutzern* zumeist Nummern ab 100 oder ab 500. Die unteren Nummern sind dann für spezielle Adminstrationsaufgaben oder für spezielle Prozesse wie *Daemons* reserviert.

gruppen-nr   Die Gruppennummer, auch als GID für *Group Identification* bezeichnet, erlaubt, mehrere Benutzer zu einer Gruppe zusammenzufassen. Dies kann zum einen für Abrechnungszwecke nützlich sein; zum anderen erlauben die Zugriffsrechte von Dateien den Benutzern der gleichen Gruppe eigens spezifizierte Zugriffsrechte auf Dateien zu geben.

➜ Der Gruppenmechanismus beim Zugriff auf Dateien wird erst dann wirksam, wenn die Benutzer einer Gruppe nicht nur in der Passwortdatei die gleiche Gruppennummer haben, sondern auch als Gruppe in der Gruppenpasswortdatei eingetragen sind!

Auch hier können die Nummern weitgehend frei vergeben werden. Dabei werden oft die gleichen Konventionen wie bei der Benutzernummer verwendet – normale Benutzergruppen ab 100 oder ab 500.

ben-info   Dies sind die so genannten *GCOS-Informationen* (mit rein historischer Bedeutung). Die einzelnen Angaben sind dabei durch Kommata getrennt. In den meisten Systemen ist dieser Eintrag frei und kann z.B. dazu verwendet werden, den vollen Benutzernamen und dessen Telefonnummer festzuhalten. Abgeleitet von den BSD-Implementationen hat sich ein Standard für die Benutzung dieses Feldes etabliert, der u.a. von Informationsprogrammen wie **finger** verwendet wird. Danach sollten folgende Informationen, durch Kommata getrennt, in diesem Feld enthalten sein:

– vollständiger Name des Benutzers
– Nummer des Büros
– Telefonnummer am Arbeitsplatz
– Telefonnummer privat

login-verz   Dies gibt das Login-Verzeichnis (*login directory*) des Benutzers nach dem Anmelden an. Dieser Verzeichnisname wird von der Shell dann auch in die Shellvariable $HOME (als HOME-Verzeichnis) eingetragen.

login-programm Hier wird das Programm spezifiziert, welches nach dem Anmelden des Benutzers (**login**) automatisch aktiviert wird. Fehlt diese Angabe, so ist es **/bin/sh**. Wird hier eine Shell gestartet (**bash, tcsh, ash,** ...), so wird die Shell als *Login-Shell* bezeichnet.

✎ Beispiel für eine Passwortdatei (*/etc/passwd*):
```
root:x:0:0:root:/root:
bin:x:1:1:bin:/bin:/bin/bash
daemon:x:2:2:Daemon:/sbin:/bin/bash
lp:x:4:7:Printing daemon:/var/spool/lpd:/bin/bash
mail:x:8:12:Mailer daemon:/var/spool/clientmqueue:/bin/false
nobody:x:65534:65533:nobody:/var/lib/nobody:/bin/bash
ftp:x:40:49:FTP account:/srv/ftp:/bin/bash
                   ⋮
gdm:x:50:15:Gnome Display Manager daemon:/var/lib/gdm:/bin/bash
juergen:x:500:601:Juergen Gulbins:/home/juergen:/bin/tcsh
jogi:x:501:601::/home/jogi:/bin/bash
oskar::503:603:Franz Oskar, Tel 3938:/home/oskar:/bin/tcsh
```

→ Der erste Eintrag ist der des Systemverwalters (Super-Users). Sein Privileg wird durch die Benutzernummer **0** gekennzeichnet. Ein ›*x*‹ an der Position des Passwortes zeigt an, dass der Benutzer ein Passwort hat – es ist zu finden in der Datei */etc/shadow*. Die Gruppennummer ist ebenfalls 0. Der GCOS-Eintrag ist leer. Beim Benutzer *oskar* wurde hier z. B. der volle Benutzername und die Telefonnummer, mit Komma getrennt, eingetragen (darin dürfen keine ›:‹ vorkommen). Das Kommando **finger** greift auf diesen Eintrag zurück.

Als Standardverzeichnis von *root* ist die Systemwurzel */root* eingetragen. Der Eintrag für das initiale Programm fehlt. Somit wird der Kommandointerpreter **/bin/bash** impliziert. Beim Benutzer *juergen* ist hier die C-Shell (**/bin/tcsh**) angegeben. Diese wird damit zu seiner *Login-Shell*. Die Benutzer *juergen* und *jogi* haben hier die gleiche Gruppennummer. Sie werden später nochmals in der Gruppenpasswortdatei aufgeführt.

Fehlt in einem Eintrag das Passwort, so wird bei dem betreffenden Benutzer beim **login** kein Passwort erfragt. Er sollte mit Hilfe des Kommandos **passwd** dem System sein Passwort mitteilen. Einige Systeme erzwingen die Angabe eines Passwortes beim ersten **login** des Benutzers (festgelegt in */etc/shadow*).

Üblicherweise werden Änderungen in der Passwortdatei durch die zumeist vorhandene doppelte Datenhaltung in anderen Dateien nicht sofort wirksam.

In aller Regel editiert man */etc/passwd* nicht direkt, sondern macht die Einträge über spezielle Kommandos (siehe Abschnitt 9.3, Seite 783).

Die Gruppenpasswortdatei /etc/group

Die Datei *letc/group* enthält für jede Gruppe im System einen einzeiligen Eintrag in folgendem Format:

> *gruppen-name* :*gruppen-passwort* :*gruppen-nr* :*benutzer*

Hierbei ist:

gruppen_name — der Name der Gruppe mit maximal 8 Zeichen (keine Großbuchstaben).

gruppen_passwort — das codierte Passwort der Gruppe. Bei den meisten aktuellen Linux-Systemen liegt auch hier das Passwort in der Regel in der Schattendatei *letc/gshadow* und in *letc/group* steht hier nur stellvertretend ein ›x‹.

gruppen_nr — die Gruppennummer. Mit dieser Nummer wird die Gruppe systemintern geführt.

benutzer — Dieser Eintrag enthält die Namen aller Benutzer, die zu dieser Gruppe gehören, jeweils durch Komma getrennt.

Da die Passwörter verschlüsselt sind bzw. in der stärker geschützten *letc/gshadow* liegen (so welche vorhanden sind), kann diese Datei allen Benutzern des Systems Lesezugriff erlauben. Ein Benutzer darf in den meisten Systemen auch Mitglied in mehreren Gruppen sein. Die Maximalzahl lässt sich bei der Kernel-Generierung festlegen.

✎ projekt1::601:juergen,jogi
graphik::603:juergen,oskar

→ ist die Gruppendatei für die Gruppe *projekt1* bestehend aus den Gruppenmitgliedern *juergen* und *jogi* und die Gruppe *graphik,* bestehend aus den Mitgliedern *juergen* und *oskar.* Der Benutzer *juergen* ist Mitglied in zwei Gruppen.

Ist ein Benutzer Mitglied in mehreren Gruppen, so hat er stets eine *primäre Gruppe.* Dies ist zunächst die Gruppe, deren Nummer für ihn in *letc/passwd* eingetragen ist. Diese Gruppen bzw. deren Nummer wird als Gruppennummer eingetragen, wenn er neue Dateien anlegt. Der Benutzer kann mit **chgrp** seine primäre Gruppennummer wechseln. Der Wechsel ist temporär und gilt bis zum Ende der aktuellen Sitzung bzw. bis zum Abmelden. Er darf bei **chgrp** natürlich nur eine Gruppe angeben, in der er Mitglied ist. Hat die Gruppe ein Passwort, so wird dieses bei **chgrp** abgefragt. Das Gruppenpasswort kann per **gpasswd** vom Systemadministrator oder dem Gruppenadministrator gesetzt und geändert werden. Mit **gpasswd –A** *benutzer* kann er einen Benutzer der Gruppe zum Gruppenadministrator machen und per **gpasswd –a** *benutzer gruppe* einen Benutzer einer Gruppe hinzufügen oder über die Option **–r** *benutzer grupp‹* aus der Gruppe löschen.

Man editiert also in der Regel die Gruppenpasswortdatei nicht direkt, sondern über entsprechende Kommandos wie **gpasswd, groupadd, groupdel, groupmod, useradd, userdel, usermod** oder über die grafische Oberfläche wie sie bei SuSE in YaST2 dafür zu finden ist. Unter KDE macht auch **kuser** entsprechende Einträge in der Gruppendatei.

Die Sicherheitsdatei /etc/shadow

Die Datei *etc/shadow* ist im Gegensatz zu *etc/passwd* nicht allgemein lesbar. Sie enthält für jeden Benutzer im System einen einzeiligen Eintrag in folgendem Format:

benutzername:*passwort*:*l-änderung*:*min*:*max*:*warn*:*inaktiv*:*verfall*:*flag*

Hierbei ist:

benutzername   die Kennung, unter der sich der Benutzer am System anmeldet – der *Account*-Name. Sie stellt die Querverbindung zum korrespondierenden Eintrag in der Datei *etc/passwd* her.

passwort   An dieser Stelle wird das Passwort des Benutzers in codierter Form gespeichert. Bei manchen Systemen ist ein leeres Passwort (›::‹) erlaubt. In diesem Falle erfolgt beim Anmelden keine Passwortabfrage. Ein Passwort, welches nur aus der RETURN-Taste besteht, ist **kein** leeres Passwort!

l-änderung   Tag der letzten Passwortänderung. Der Tag wird als absolute Differenz in Tagen zum 1. Januar 1970 angegeben.

min   definiert die Anzahl der Tage, die mindestens zwischen zwei Passwortänderungen liegen muss.

max   gibt die maximale Gültigkeit des Passwortes in Tagen vor. Erfolgt eine Anmeldung nach Ablauf dieser Frist, erzwingt das System die Passwortänderung vor dem Beginn der Sitzung.

warn   spezifiziert die Anzahl von Tagen, ab denen der Benutzer vor Ablauf der Gültigkeit des Passwortes diesbezüglich gewarnt wird.

inaktiv   ist die Anzahl der maximal akzeptierten Tage ohne Anwesenheit am System. War der Benutzer mehr Tage als angegeben nicht am System, so verfällt die Gültigkeit seines Passwortes, unabhängig von den anderen Gültigkeitskriterien.

verfall   Verfallsdatum. Nach diesem Tag wird der Zugang des Benutzers zum System in jedem Falle verwehrt.

flag   ist ein Zeichen zur Identifikation des verwendeten Kodierverfahrens für das Passwort.

Der Aufbau der Gruppenschattendatei *etc/gshadow* ist sehr ähnlich dem der Passwort-Schattendatei. Man erhält sie z.B. durch **man 5 gshadow**.

9.2.2   Angaben zu Dialogstationen

Das System sucht in mehreren Dateien nach Angaben zur Dialogstation. Diese sind:

/etc/inittab   Hier stehen die Aktionen, die das System bei einem Systemebenenwechsel ausführen soll. Eine dieser Aktionen ist das Aktivieren des **mingetty** bzw. **mgetty**-Programms. Dieses setzt seinerseits eine Reihe initialer Parameter für die Leitungen der Dialogstationen.

/etc/termcap   enthält für die in *letc/ttytype* bzw. in *letc/inittab* spezifizierten Typen von Dialogstationen eine Beschreibung der Möglichkeiten dieser Stationen, sowie die dazu benötigten Steuersequenzen.

/etc/ttytype   Hierin stehen die Parameter für eine Leitungsinitialisierung für Dialogstationen. Diese Information wird von **mgetty** verwendet.

/etc/inittab

Das Programm **sched** (der Scheduler) ist der Urprozess im System. Er hat die Prozessnummer **0**. Er startet den Prozess **init** (mit der Prozessnummer 1). Der **init**-Prozess kann als Mutter aller Benutzerprozesse betrachtet werden. Er startet unter Linux zunächst weitere Systemprozesse wie etwa **kswapd**[1], **bdflush**[2], **keventd** und **kinoded**. Die Datei *letc/inittab* legt dabei fest, welcher dieser Prozesse in welchem System-Modus (englisch: *Run Level*) aktiviert oder deaktiviert wird.

Das Format der Einträge in **/etc/inittab** ist:

> *name*:*ebene*:*aktion*:*kommando*

Ein Eintrag ist dabei nur eine, eventuell mit ›\‹ verlängerte Zeile lang. Die einzelnen Elemente haben folgende Funktionen:

name   ein bis zu vier Zeichen langer eindeutiger Bezeichner für die Zeile

ebene   Dieser Eintrag gibt einen Systemzustand (*Run Level*) an. Das System kann sich in einem von 7 Zuständen (von **0** bis **6**) befinden. Der Eintrag *ebene* gibt an, in welchen Systemzuständen der mit *kommando* angegebene Prozess laufen (gestartet werden) soll. Hier dürfen mehrere Ebenen (auch in der Form: *von–bis*) spezifiziert werden. Kommt hier ein **a**, **b** oder **c** vor, so wird der Prozess durch **telinit** gestartet, auch wenn dies nicht aktuell dem *Run-Level* entspricht. Diese Prozesse werden dann beim Ebenenwechsel nicht abgebrochen, es sei denn, **init** ginge in den Einbenutzerbetrieb. Das Symbol **s** steht hier für den *Single User Mode* (Einbenutzermodus). Die Ebene **2** entspricht dem normalen Mehrbenutzermodus (*Multi User Mode*) (für die möglichen Run-Level siehe die Tabelle 9.1 auf Seite 788).

---

1. Dieser kümmert sich um das Ein- und Auslagern von Prozessen (*Swapping*) und Prozesssegmenten – das *Paging*.
2. Dieser sorgt dafür, dass die gepufferten Blöcke des Dateisystems in regelmäßigen Abständen auf den Datenträger zurückgeschrieben werden.

Fehlt die Angabe von *ebene*, so wird die *aktion* des Prozesses bei jedem Ebenenwechsel aktiviert.

aktion   Hieraus entnimmt der Urprozess-Prozess, welche Aktion das mit *kommando* angegebene Programm durchführen soll. Hierbei werden die Worte **boot**, **bootwait**, **ctrlaltdel**, **initdefault**, **kbrequest**, **off**, **once**, **ondemand**, **powerfail**, **powerfailnow**, **powerwait**, **powerokwait**, **respawn**, **resume**, **sysinit** und **wait** erkannt.
Ihre Beschreibung ist unter **man 5 inittab** zu finden.

kommando   Dies ist ein Linux-Kommando mit Parametern. Es wird der Shell zur Ausführung übergeben. Kommentare können mit # eingeleitet werden.

In */etc/inittab* dürfen auch mit ›#‹ beginnende Kommentarzeilen vorkommen (z.B. ausgeblendete Anweisungen), es müssen dann jedoch mindestens 10 von Leerzeichen verschiedene Zeichen vor einem ersten ›:‹ stehen!

Ein Blick in */etc/inittab* des eigenen Systems gibt einen guten Überblick, welche Prozesse für die verschiedenen Run-Level gestartet werden. Beim Ändern der *inittab* sollte man große Sorgfalt walten lassen! Eine korrupte *inittab* kann den erfolgreichen Start des Linux-Systems vereiteln!

/etc/ttys

Im Linux-System erhalten die Prozesse **init** und **mgetty** aus */etc/ttys* die Information darüber, an welcher Dialogstation ein Benutzer sich anmelden kann, sowie eine Klassifizierung der Dialogstation. UCB-basierte Systeme benutzen hierzu Informationen der Datei */etc/ttytype*. Zu den Leitungsparametern gehören Übertragungsgeschwindigkeit, Parität, die Fähigkeit der Groß-/Kleinschreibung usw. der Dialogstation. Diese Parameter können später vom Benutzer auch explizit durch **stty** geändert werden.

Die Datei */etc/ttys* enthält pro vorhandener Dialogstation eine Zeile Information in der Form:

<*login*><*typ*><*gerä*t>

Alle Angaben werden ohne Zwischenraum geschrieben. Bei der Angabe *login* (eine Ziffer) signalisiert **1**, dass an dieser Station ein **login** möglich sein soll. Nach dem Übergang des Systems in den Multi-User-Modus wird dann ein entsprechender Prozess kreiert. Bei **0** als Eintrag unterbleibt dies.

Die Angabe in *typ* (ein Zeichen lang) gibt einen Typkürzel für die Dialogstation an und wird von dem Prozess **getty** benutzt, um die Übertragungsgeschwindigkeit der Dialogstation (soweit nicht fest) festzustellen und eventuell vor der Meldung ›*login:*‹ den Bildschirm zu löschen. Auch andere Parameter der Dialogstation werden hierdurch beeinflusst. Für ständig angeschlossene Dialogstationen sind folgende Werte sinnvoll:

2   für ein Sichtgerät mit 4800 oder 9600 Baud
4   für eine druckende Dialogstation mit 300 Baud

Der Parameter *gerät* gibt den Namen der betreffenden Dialogstation in dem Verzeichnis **/dev** an.

✎   `12tty0`   (/dev/tty0 ein festangeschlossenes Sichtgerät)
       `14tty1`   (/dev/tty1 eine festangeschlossene druckende Dialogstation)
       `04tty2`   (/dev/tty2 (z.B. ein serieller Drucker); kein **login**)

Änderungen in /etc/ttys

Der Aufbau von *etc/ttys* bei Linux-Systemen hat sich grundsätzlich gegenüber UNIX System V geändert. Die Funktionalität hat sich weitgehend an die von *etc/inittab* angenähert. Die Felder innerhalb der Zeilen können durch Tabulatoren bzw. Leerzeichen voneinander getrennt werden. Jede Zeile besitzt maximal fünf Felder mit folgender Bedeutung:

device   Name des zu bedienenden Geräteeintrages im Verzeichnis *dev.*

execute   komplette Kommandozeile des auszuführenden Programms mit allen notwendigen Schaltern und Argumenten.

TERM   Bezeichnung des zugehörigen Terminaltyps zum Setzen der TERM-Variablen in der Shellumgebung

status   Angabe über Aktivierung/Deaktivierung im Multi-User-Zustand. Hier sind nur die Werte **on** bzw. **off** zulässig.

flag   weitere Qualifizierung des Eintrages. Besondere Bedeutung hat hier der Wert *secure.* Nur in diesem Fall ist eine Anmeldung mit Benutzernummer 0, als Super-User, möglich.

/etc/ttytype

Linux, welches den ursprünglich aus dem UCB-System stammenden Termcap-Mechanismus verwendet, entnimmt der Datei *etc/ttytype* den Terminaltyp. Für jede angeschlossene Dialogstation sollte hier ein einzeiliger Eintrag mit folgendem Aufbau vorhanden sein:

typ gerät

Die Angabe *typ* gibt dabei die Typbezeichnung der Dialogstation an. Mit diesem Namen wird die Beschreibung in *etc/termcap* gesucht. Der Eintrag *gerät* gibt den Leitungsnamen ohne führendes *dev/* an. Die Werte für die Initialisierung der Terminalleitungen werden der Datei *etc/gettytab* entnommen.

Manche Linux-Distributionen verfügen zwar über eine Datei *etc/ttytype*, werten diese aber bei der Anmeldung nicht aus. Hier ist es Aufgabe des Systemverwalters, für eine korrekte Initialisierung der TERM-Variablen zu sorgen. Am sichersten gestaltet sich das in der Datei *etc/profile* für alle Benutzer einer Bourne-, Korn-Shell und der **bash**. Schwieriger gestaltet sich das für Benutzer der C-Shell. Dort existiert kein globaler Mechanismus.

/etc/termcap

In der Datei */etc/termcap* werden im Linux-System die im System vorhandenen
alphanumerischen Dialogstationen mit ihren Möglichkeiten beschrieben. Pro
Terminaltyp sollte hier ein Beschreibungseintrag vorhanden sein. Die Beschreibung enthält z. B. die Anzahl der Zeichen je Zeile und Zeilen pro
Seite. Hinzu kommen Angaben bezüglich der Steuersequenzen. Diese
Angaben zusammen mit den entsprechenden Bibliotheksroutinen
(**curses**) erlauben es in einer weitgehend geräteunabhängigen Weise, die gerätespezifischen Eigenschaften der Dialogstationen von
einem Programm aus (z. B. einem Bildschirmeditor) zu nutzen. Das Programm braucht sich dann nicht mehr selbst
um die Steuersequenzen zu kümmern, mit denen
Funktionen wie das Löschen des Bildschirms oder
das Positionieren eines Cursors. Diese Aufgaben übernehmen die **curses**-
Bibliotheksfunktionen. Das Programm stützt sich statt dessen auf logische Funktionen
wie z. B. *Bildschirm-Löschen* ab.

Beim Start des Programms und der Initialisierung der **curses**-Funktionen entnehmen diese der Umgebungsvariablen $TERM den Terminaltyp, durchsuchen die */etc
/termcap*-Datei nach einem entsprechenden Eintrag und lesen dann die Beschreibung
des Terminals ein. Von nun an setzen sie die logischen Terminalfunktionen in entsprechende terminalspezifische Steuersequenzen um.

Ist ein neuer Dialogstationstyp noch nicht in der mitgelieferten Datei */etc/termcap*
vorhanden, so sollte der Systemverwalter zunächst in */usr/src/termcap/termcap.src* nachsehen, ob dort nicht eine entsprechende Beschreibung dort enthalten ist und diese dann
in die Datei */etc/termcap* kopieren. Soweit das System diese Möglichkeit überhaupt unterstützt, sind der Aufbau und die symbolischen Bezeichner für die Beschreibung der
einzelnen Fähigkeiten der Dialogstation in **termcap**(5) zu finden.

/usr/share/lib/terminfo

Der **Terminfo**-Mechanismus von Linux entspricht weitgehend dem **Termcap**-Mecha-
nismus, unterstützt aber weitere Bildschirmattribute und kompiliert darüber hinaus die
Terminalbeschreibung in eine kompakte interne Form. Der Mechanismus kann damit
flexibler und schneller arbeiten. Die kompilierten Beschreibungen der Terminals liegen
in Unterverzeichnissen des */usr/share/lib/terminfo*-Verzeichnisses. Diese Unterverzeichnisse sind alphabetisch nach dem ersten Zeichen des Typnamens sortiert. So sind z. B.
die Beschreibungen für die Terminals vom Typ **vt52** und **vt100** unter *.../v/vt52* und
.../v/vt100 im Verzeichnis */usr/share/terminfo/* zu finden. Der Name der Beschreibungsdatei entspricht dabei dem Terminaltyp. Der Quelltext der Terminalbeschreibungen ist unter */usr/share/src/terminfo.src* anzutreffen. Hier können auch neue Beschreibungen angelegt werden. Das Kompilieren der Quelle in die kompakte
Darstellung erfolgt durch das Programm **tic**. Will man eine bereits kompilierte Datei
zurückübersetzen, so ist dies mit **untic** möglich. Das Programm **captoinfo** erlaubt die
Umsetzung einer termcap-Datei in eine Terminfo-Beschreibung.

9.2.3   Informationsdateien

Die Datei für Tagesmeldungen (motd)

Der Systemverwalter (sowie alle Benutzer, welche in dem Verzeichnis */etc* Dateien anlegen dürfen) kann in der Datei */etc/motd* Informationen hinterlegen, welche dem Benutzer nach seiner Anmeldung (**login**) automatisch auf die Dialogstation ausgegeben werden. Somit kann diese Datei als eine Art *globale Systemnachricht* benutzt werden.

Die mount-Tabellen

Das **mount** und **umount**-Kommando führen privilegierte und vom System überprüfte Operationen auf das Gesamtdateisystem aus. Einige Programme benötigen zusätzliche Informationen über die montierten Dateisysteme. Diese Information wird in den *Mount-Tabellen* abgelegt – unter Linux in der Datei */etc/mtab*. Hier vermerkt das **mount**-Kommando, welche Dateisysteme (Datenträger) aktuell montiert, d.h. in den Systemdateibaum eingehängt sind. Das Kommando **umount** löscht beim Entfernen der entsprechenden Teilbäume den jeweiligen Eintrag wieder. Die Datei hat einen rein informativen Charakter und ein **mount** oder **umount** ist auch dann möglich, wenn die Datei nicht den wirklichen Zustand wiedergibt. Die **mount**-Option ›**-n**‹ unterdrückt den Eintrag in */etc/mtab*.

/etc/fstab

Die Datei */etc/fstab* sollte in Linux-Systemen Information über die verschiedenen im Gesamtsystem vorhandenen Dateisysteme enthalten. Die Programme **mount, umount, fsck, df** und viele andere greifen (nur lesend) auf diese Information zurück. Für die Programme **fsck, mount** und **umount** ist dabei die Reihenfolge der Einträge relevant.

Die Trennung der Felder erfolgt durch so genannte *Whitespaces* (Leerzeichen oder Tabulatoren). Eine Zeile gliedert sich in folgende Felder

>   *gerät   mountpoint   fs-type   mount-opts   fs-dump   fs-fsck*

Dabei bedeuten:

gerät   Name des als Dateisystem zu montierenden Geräteeintrages. Dabei muss es sich in jedem Fall um ein blockorientiertes Gerät handeln.

mountpoint   Der Name des Verzeichnisses, an dem das Dateisystem in den Dateibaum eingehängt wird.

fs-type   Der Typ des Dateisystems. Der hier angegebene Typ muss natürlich vom Kernel unterstützt werden – unter Umständen dadurch, dass man diesen entsprechend konfiguriert/generiert. In der Regel gehören dazu z.B: **adfs, affs, autofs, coda, coherent, cramfs, devpts, ext, ext2, ext3, hfs, hpfs, iso9660, jfs, minix, msdos, nfs, ntfs, proc, reiserfs, romfs, smbfs, sysv, udf, ufs, umsdos, vfat, xfs, xiafs** (und weitere). Die jeweils unterstützten Dateisystemtypen findet man in */proc/filesystems*. Der Eintrag

auto bedeutet hier, dass **mount** den Dateisystemtyp automatisch ermitteln soll.

mount-opts   sind die Optionen, die beim **mount**-Vorgang mitgegeben werden. Die zulässigen Angaben hängen vom Dateisystemtyp ab. Siehe dazu die Beschreibung von **mount** auf Seite 365.

fs-dump   legt fest, ob dieses Dateisystem bei einer Vollsicherung per **dump(8)** auch gesichert werden soll. Fehlt dieser Wert oder ist er 0, so wird dieses Dateisystem nicht (per **dump**) gesichert.

fs-fsck   legt fest, in welcher Reihenfolge beim Booten die Dateisysteme per fsck (sofern notwendig) überprüft werden. Das Root-Dateisystem sollte hier die Postion 1, andere Dateisysteme 2 oder 0 haben. 0 (oder kein Wert) zeigt an, dass hier eine Prüfung nicht (unbedingt) notwendig ist.

Eine **/etc/fstab** könnte folgenden Inhalt haben:

```
/dev/hda3      /              ext2       defaults                                      1 1
/dev/hda8      /usr           reiserfs   defaults                                      0 2
/dev/hda2      /windows/C     vfat       users,gid=users,umask=002,iocharset=8859-15   0 0
/dev/hda6      swap           swap       pri=42                                        0 0
devpts         /dev/pts       devpts     mode=0620, gid=5                              0 0
proc           /proc          proc       defaults                                      0 0
usbdevfs       /proc/bus/usb  usbdevfs   noauto                                        0 0
/dev/cdrom     /media/cdrom   auto       ro, noauto,user,exec                          0 0
/dev/dvd       /media/dvd     auto       ro, noauto,user,exec                          0 0
/dev/fd0       /media/floppy  auto       noauto,user,sync                              0 0
```

→   hier liegt die Root-Platte auf dem Gerät */dev/hda3*. Sie wird als Dateisystem des Typs **ext2** mit Standardwerte in die Root ›/‹ eingehängt, während das System auf *hda8* im **mount**-Punkt */usr* und als **reiserfs** montiert wird.

Das Dateisystem auf **hda2** ist eine Windows-Platte und mit einem **vfat-32**-Dateisystem. *hda6* ist der Platz für den Swap-Bereich. Es ist kein Dateisystem und hat deshalb als **fsck**-Wert **0**, d.h. soll nicht als Dateisystem überprüft werden. Die Dateisysteme auf dem CD-, DVD-Laufwerken sollen (durch den Eintrag **auto**) automatisch erkannt und im Standardfall nur zum Lesen (ro = *read only*) montiert werden. Sie dürfen (ebenso wie die auf dem Floppy-Laufwerk) auch vom Benutzer per **mount** eingehängt und per **umount** ausgehängt werden. Der Datenträger im Floppy-Laufwerk wird synchron beschrieben, so dass das Dateisystem auch dann konsistent ist, wenn die Floppy ohne ein explizites **sync** oder **umount** ausgeworfen wird – sofern die Schreiboperation abgeschlossen ist. Nur die Root-Platte auf */dev/hda3* wird bei einer Sicherung mit **dump** berücksichtigt (durch die **1** in der fünften Postion). Sie wird auch als erste beim Systemstart per **fsck** überprüft (Wert **1** in der sechsten Position).

9.2.4   System-Kommandoprozeduren

In den Verzeichnissen */etc/init.d* und in */usr/sbin* liegen eine Reihe von Kommandoprozeduren, die das Linux-System aus */etc/inittab* heraus aufruft. Hierzu gehören beispielsweise **/etc/init.d/rc** und **/etc/init.d/powerfail**. Andere Prozeduren werden von den Shell-Programmen (**bash**, **tcsh**, **ash**, …) entweder automatisch aufgerufen oder aber vom Benutzer explizit angestoßen.

/etc/init.d/rc

Die Datei */etc/init.d/rc*[1] wird im Linux-System beim Übergang vom Einbenutzer-Modus – dies ist der Modus des Systems nach dem Systemstart – in den Mehrbenutzermodus als Kommandodatei aufgerufen. Hierbei sollten die Systeminformationsdateien */etc/mnttab* und */var/run/utmp* bereinigt und alte überflüssige Dateien (z.B. nicht gelöschte temporäre Dateien) entfernt werden. Zusätzlich startet man hier die Daemon-Prozesse wie etwa **/usr/lib/cupsd /usr/sbin/cron**, den *Kernel-Logging*-Daemon **klogd** und z.B. Samba oder (und) den Web-Server **httpd**.

Beim Aufruf von **/etc/init.d/rc 1** sollten auch alle Dateisysteme (Datenträger) in den Systembaum eingehängt werden, welche nicht auf der Systemplatte liegen, jedoch ständig im Systembaum montiert sein sollen. Manuelle Eintragungen in dieser Datei sind normalerweise nicht erforderlich, da die Standardkonfiguration meist ausreicht. Fehlerhafte Einträge in dieser Datei können fatale Folgen haben, da die Datei beim Hochfahren durchlaufen wird, noch bevor das erste Benutzer-Login möglich ist.

Die Verzeichnisse /etc/init.d/rc?.d

Bei Linux wurde die herkömmliche Datei **/etc/rc** aus UNIX System V ersetzt durch ein besser strukturiertes und flexibleres System mehrerer **rc**-Dateien und Verzeichnisse. Die Arbeit des Administrators wird dadurch wesentlich vereinfacht. Entsprechend dem *Run Level* des Systems gibt es zunächst eine separate **rc**-Datei, die mit dem Run Level als Parameter aufgerufen wird:

/etc/init.d/rc 0 wird ausgeführt beim Wechsel in den Systemzustand 0, 5 oder 6 (Anhalten des Systems, Re-Booting). Von diesem Skript werden dann alle Dateien ausgeführt, welche im Verzeichnissen **/etc/shutdown.d** und **/etc /init.d/rc0.d** liegen.

/etc/init.d/rc 1 wird ausgeführt beim Wechsel in den Systemzustand 1 (*Single User Mode*). Von diesem Skript aus werden dann alle Dateien aus dem Verzeichnis **/etc/init.d/rc1.d** ausgeführt.

/etc/init.d/rc 2 wird ausgeführt beim Wechsel in den Systemzustand 2 (dem Standard *Multi-User*-Modus). Von diesem Skript aus werden dann alle Dateien aus dem Verzeichnis **/etc/init.d/rc2.d** ausgeführt. Hier werden in der Regel weitere Dateisysteme eingehängt und eine Reihe von Daemon-Prozessen gestartet (z.B. die Print-Spooler).

---

1. rc = *run commands* ist ein Begriff aus dem UNICOS-Betriebssystem.

/etc/init.d/rc 3 wird ausgeführt beim Wechsel in den Systemzustand 3 (vernetzter Betrieb und Multi-User). Von diesem Skript aus werden dann alle Dateien aus dem Verzeichnis **/etc/init.d/rc3.d** ausgeführt. Hier startet man in der Regel die Netzwerkdienste, die man nach außen hin anbieten möchte.

/etc/init.d/rc 5 wird ausgeführt beim Wechsel in den Systemzustand 5 (vernetzter Betrieb und Multi-User und oft mit graphische Oberfläche). Von diesem Skript aus werden dann alle Dateien ausgeführt, welche im Verzeichnis **/etc/init.d/rc5.d** liegen.

Die **rc**-Dateien sind symbolische Links zu den entsprechenden Dateien im Verzeichnis **/etc/init.d**. Diese Skripten führt **/sbin/init** beim Wechsel in den entsprechenden Systemzustand anhand der Einträge in **/etc/inittab** aus. Der Vorteil für den Administrator liegt natürlich darin, dass bei der Installation neuer Softwarepakete oder neuer Dienste nicht jedesmal eine **rc**-Datei manuell editiert werden muss. Er kopiert das entsprechende Shellskript einfach in das betreffende Startup-Verzeichnis (in den meisten Fällen wird es **/etc/init.d/rc3.d** sein). Folgende Konventionen sollten dabei allerdings beachtet werden:

▸ Den Kommandoprozeduren wird ein Argument übergeben. Je nach Systemaktivität ist dies die Zeichenkette **start** oder **stop**, um eine bestimmte Funktionalität ein- oder auszuschalten. Einige Kommandos verarbeiten weitere Optionen wie z.B. **reload** oder **restart**. Man sollte sich deshalb einige dieser Prozeduren etwas genauer ansehen.

▸ Der Name der Datei ist entscheidend für die Abarbeitungsreihenfolge dieser Skripten. Sie wird durch alphabetische Sortierung bestimmt. Folgende Namensgebung ist üblich *Snnjob* oder *Knnjob*.
  Der Name muss immer mit einem Großbuchstaben **S** oder **K** beginnen. Dabei steht S für *Start* und K für *Kill* – abhängig davon, ob das Skript dem Start- oder Stopp-Vorgang dient. Im Namen folgt eine zweistellige Nummer *nn* zur Kennzeichnung der Reihenfolge beim Abarbeiten. *job* gibt schließlich einen beliebigen Namen an, aus dem die Aufgabe der Kommandoprozedur hervorgeht.
  Für viele Aufgaben ist der Abschluss anderer Skripten Voraussetzung. Es macht zum Beispiel wenig Sinn, die RPC-Daemonen oder das NIS (*Network Information System*) zu starten, bevor NFS läuft. Die Funktionalität von NIS und RPC (*Remote Procedure Call*) setzt direkt auf NFS auf. Die Namen dieser beiden Startdateien lauten deshalb z.B. bei den meisten Linux-Systemen */etc/init.d/rc2.d/S20nfs* und */etc/init.d/rc2.d/S75rpc.*

Kommandoprozeduren der Shell

Die Shell **bash** führt, wenn sie als **login**-Shell gestartet wird, zunächst die Kommandos in der Datei */etc/profile* und danach die Kommandos der Datei *.profile* im jeweiligen Hauptverzeichnis des Benutzers aus. Die Datei */.profile* ist daher die Profile-Datei des Super-Users. Die Profile-Dateien brauchen nicht zu existieren!

Die Profile-Dateien erlauben es auf einfache Art und Weise, Vorbesetzungen für die Benutzerumgebung zu schaffen. Da die Kommandos in *letc/profile* von allen initialen Programmen (**bash**, Bourne- und Korn-Shell) aufgerufen werden, sollten hier Besetzungen eingetragen werden, die für alle Benutzer gelten. Eine solche Initialisierung ist die Definition des Standard-Suchpfades für Programme in **$PATH**, das Setzen der Zeitzonenvariablen $TZ, die Ausgabe der Datei *letc/motd*, das Setzen der Standardzugriffsrechte beim Anlegen neuer Dateien und die Ausgabe von **mail**-Meldungen, falls für den Benutzer Post angekommen ist.

Die Kommandos in den benutzerspezifischen Dateien *$HOME/.profile* sollten dann eingesetzt werden, um die Arbeitsumgebung der Benutzer anzupassen.

Die C-Shell (**csh**, **tcsh**) führt die Kommandodateien *.cshrc* und *.login* jeweils im Hauptverzeichnis des Benutzers aus. Die Datei *.login* wird nur von der Anmelde-Shell (Login-Shell) ausgeführt – die Datei *.cshrc* von allen C-Shells, also auch zur Ausführung von Kommandoprozeduren. Hierin können weitere Initialisierungen wie z.B das Aufsetzen des History-Speichers und **alias**-Zuweisungen erfolgen. Beendet ein Benutzer eine **csh**-Sitzung, so wird die Kommandodatei *.logout* im Verzeichnis des Benutzers aktiviert. Sie erlaubt Aufräumarbeiten. Die C-Shell bzw. unter Linux die **tcsh** kennt in den meisten Implementierungen keine zentrale Anlaufdatei (wie etwa *letc/profile*) – in einigen Implementierungen gibt es allerdings eine derartige Datei mit Namen *letc/cshrc* (siehe auch Kapitel 6.5.1, Seite 599 und Anhang A.4.5, Tabelle A.12 auf Seite 862).

9.3   Eintrag eines neuen Benutzers

Der nachfolgende Abschnitt soll primäre das Schema beim Eintragen von neuen Benutzer und beim Löschen bzw. Ändern vorhandener Benutzer darlegen. Dies hilft die Abläufe zu verstehen und im Einzelfall ergänzend oder korrigierend einzugreifen. In der Regel wird man die Einträger aber nicht manuell vornehmen, sondern über spezielle Kommandos (siehe Seite 784) oder komplett über eine grafische Oberfläche.

Unabhängig aber davon, mit welchem Verfahren man neue Benutzer einträgt, sollte man zu Beginn ein Schema festlegen, welches bestimmt, wie Benutzer- und Gruppennummern und Namen vergeben werden sollen und wie man später Benutzer löscht. Es spricht z.B. einiges dafür, einmal vergebene Benutzernummern nicht nochmals zu vergeben. So lässt sich auch später noch eindeutig feststellen, von wem bestimmte Dateien stammen oder wer zu einem früheren Zeitpunkt was gemacht hat, wenn man ältere Protokolle auswerten muss.

Möchte man dem System einen neuen Benutzer bekannt machen, so ist dazu ein entsprechender Eintrag in der Datei *letc/passwd* erforderlich (siehe Abschnitt 9.2.1, S. 770). Soll der neue Benutzer Mitglied in einer bestimmten Gruppe sein, so ist der Eintrag der Gruppe in *letc/group* entsprechend zu erweitern. Da innerhalb des Systems sowie in den Dateiköpfen der Benutzer mit seiner Benutzernummer geführt wird, sollte die Benutzernummer ebenso wie der **login**-Name des Benutzers eindeutig sein, d.h. er darf nur einmal in der Passwortdatei vorkommen.

Nun ist das Standardverzeichnis für den Benutzer – unter Linux in der Regel im Verzeichnis **/home** angelegt mit

> **mkdir** *verzeichnis*

Der neue Benutzer sollte danach als Besitzer des Verzeichnisses eingetragen werden:

> **chown** *benutzer verzeichnis*

Als nächsten Schritt kann man nun dem Benutzer eine Prototyp-*.profile*-Datei in das *login directory* kopieren. Alle diese Arbeiten müssen als Super-User ausgeführt werden – zumindest wenn man sie, wie soeben beschrieben, nacheinander manuell ausführt.

Die Korrektheit dieser Einträge kann man schließlich in einem letzten Schritt durch die Programme **/usr/sbin/pwck** für die Benutzerpasswortdatei und mittels **grpck** für die Gruppenpasswortdatei überprüfen. Das **pwck**-Programm untersucht, ob alle notwendigen Einträge vorgenommen wurden, ob das für den Benutzer angegebene Hauptverzeichnis (*login directory*) existiert und ob das Login-Programm vorhanden ist. Bei **grpck** wird neben der Vollständigkeit der Einträge kontrolliert, ob alle Mitglieder einer Gruppe auch in der Benutzerpasswortdatei vorhanden sind und ob die Gruppennummer mit der dort angegebenen übereinstimmt.

Bei Linux und anderen aktuellen Unix-Systemen gibt es für die Benutzer-Administration spezielle Werkzeuge, welche diesen ganzen Vorgang vereinfachen und robuster machen:

useradd　　Hinzufügen von Benutzern. Alle oben beschriebenen notwendigen Funktionen werden ausgeführt. Eine (rudimentäre) erste Benutzerumgebung wird auf Grund der in **/etc/skel** vorhandenen Dateien angelegt. Der Systemadministrator sollte deshalb in *letc/skel* alle Prototpy-Initialisierungs-Skripten (z. B. auch für die grafischen Oberflächen) entsprechend hinterlegen, damit sie beim Anlegen neuer Benutzer automatisch in dessen HOME-Verzeichnis kopiert werden. Der Benutzer kann sie dort individuell anpassen.

userdel　　entfernt den Benutzer konsistent aus dem System. Dabei kann über Argumente der Kommandozeile gesteuert werden, ob die Dateien des Benutzers unter seinem HOME-Verzeichnis entfernt werden sollen (**–r**) und ob die Benutzernummer, das UID, in Zukunft für weitere Vergabe gesperrt wird (**–n 99**). Dabei gibt die Ziffer die Anzahl der Monate für die Sperrung an. ›0‹ bedeutet, dass das UID sofort wieder benutzt werden darf, ein Wert ›–1‹ heißt, dass diese UID auf diesem System nie wieder benutzt werden darf.

usermod　　Dieses Kommando wird zum Ändern der Benutzereinstellungen in der Datei *letc/passwd* verwendet. Über die angegebenen Argumente sind sowohl das UID als auch das GID, die Mehrfachnutzung gleicher UIDs, das HOME-Verzeichnis (inklusive der möglichen Verschiebungen von HOME-Verzeichnissen), der GCOS-Eintrag (bzw. Kommentare zum Benutzer), die gewünschte Login-Shell, ein neuer Login-Name und weitere Parameter veränderbar.

Viele der Parameter können auch ohne Super-User Berechtigung durch den Benutzer selbst ausgeführt werden.
Die Option **usermod −L** *uid* erlaubt dem Systemverwalter z.B. einen Account vorübergehend zu deaktivieren und später per **usermod −U** *uid* wieder aktiv zu setzen.

Drei entsprechende Kommandos **groupadd**, **groupdel** und **groupmod** führen Änderungen in der Gruppenpasswortdatei */etc/group* durch, wobei sie in der Regel nicht zum Neueintrag oder zum Löschen eine Benutzers notwendig sind, da dies bereits von den **useradd**- und **userdel**-Kommandos ausgeführt wird.

In den meisten Fällen werden diese Funktionen noch komfortabler verpackt in Form von Administrationsprogrammen bzw. ganzer Administrator-Shells angeboten. Leider decken diese Shells zumeist nicht alle erforderlichen Möglichkeiten ab, so dass ein Systemverwalter gut beraten ist, die darunter liegenden Konzepte und Zusammenhänge zu kennen, um gegebenenfalls mit gebotener Vorsicht manuell eingreifen zu können. Zu den am meist verbreiteten Werkzeuge für Systemadministratoren zählen:

Werkzeug:	Distribution:	Oberfläche:	Benutzer-Einrichtung
YaST	SuSE	ASCII, FACE	YAST-Modul
YaST2	SuSE	grafisch,KDE/GNOME	YAST-Modul
admintool	Red Hat	grafisch, KDE	Modul
kuser	Red Hat, SuSE	grafisch, KDE	**kuser**

Unabhängig von diesen Werkzeugen kann man natürlich auch unter Linux die Dateien manuell bearbeiten – empfohlen wird es nicht und auch geübte Systemverwalter können damit Überraschungen erleben und Linux so falsch konfigurieren, das es nicht mehr vernünftig lauffähig ist. Deshalb sollte man auch in Shell-Skripten auf die Funktionen der Programme **useradd**, **userdel**, **usermod** und die entsprechenden Kommandos für die Gruppendatei zurückgreifen und für spezielle Zwecke eventuell abweichende Vorlageverzeichnisse (statt */etc/skel*) verwenden. Man sollte sich auch sorgfältig überlegen, welche Einstellungen man dem Benutzer erlaubt zu ändern. So lässt sich z.B. das Spektrum der erlaubten Shells in der Datei */etc/shells* festlegen und die Datei */etc/sudoers* sollte sehr sorgfältig aufgesetzt sein und festlegen, welcher Benutzer – so überhaupt – welches Kommando per **sudo** aufrufen darf (siehe Seite 413).

Ist ein benutzerindividuelles Quota-System aktiviert, so sollte man nicht vergessen für den Benutzer die Quota-Werte zu setzen (siehe dazu Seite 790). Dies tun die erwähnten Werkzeuge nämlich nicht!

9.4   Das Herunterfahren des Systems

Durch den Puffermechanismus des Linux-Systems beim Zugriff auf Platten ist aus Sicht des Systems und der Benutzerprogramme nicht zu allen Zeitpunkten der logische Zustand mit dem physikalischen Zustand auf der Platte identisch. Dadurch kann ein Spannungsausfall oder das unvorbereitete Abschalten des Rechners fatale Folgen für die Dateisysteme haben. Man sollte deshalb besondere Sorgfalt beim Herunterfahren des Rechners walten lassen und dazu folgende Schritte (vom Systemverwalter) durchführen:

a)   Benachrichtigung der Benutzer mittels **/usr/bin/wall**

b)   Übergang des Systems vom Multi-User-Modus in den Single-User-Modus (z.B. durch **/sbin/telinit s**). **/sbin/init** schickt dabei ein SIGTERM-Signal an alle Prozesse, die im neuen *Run-Level* nicht mehr existieren sollen. Nach weiteren 20 Sekunden werden die dann noch nicht terminierten Prozesse abgebrochen.

c)   Aufruf des Programms **sync**, welches eventuell noch im Systempuffer stehende Information auf die Platten und Disketten schreibt

d)   Demontieren aller Dateisysteme mit Ausnahme der *root*. Hiernach können Plattensicherungen vorgenommen werden. Hierbei ist in der Regel das Arbeiten auf den unmontierten Platten sicherer und das Arbeiten im *raw mode* schneller.

e)   Aufruf eines letzten **sync** und Anhalten des Systems durch Betätigen der Halt-Taste oder durch Ausschalten des Systems.

Die Schritte a) bis e) werden auch von der Kommandoprozedur **/sbin/shutdown** durchgeführt. Das Berkeley-System kennt ein Programm gleichen Namens, jedoch mit anderen Parametern. Die Aufrufsyntax unter Linux dazu lautet:

$$\textbf{shutdown} \;\; [\text{--akrhzfFc}] \; [\text{--t } \textit{zeit}] \, [\textit{nachricht}] \qquad \rightarrow \textbf{shut down } \text{system}^{1}$$

Der Parameter *zeit* gibt dabei an, nach welcher Zeit (in Minuten) das System heruntergefahren werden soll, danach wird das System in den *Run-Level* 0 versetzt. In diesem darf der Rechner problemlos ausgeschaltet werden.

Vor dem Herunterfahren werden die Benutzer mit den Meldungen aus der Datei */etc/default/shutdown* oder der als Parameter übergebenen Nachricht informiert. Mit Hilfe der Option **–k** benachrichtigt das Kommando die Benutzer, führt aber keinen Shutdown durch; mit Hilfe von **–f** kann man den **fsck**-Lauf nach dem Re-Boot unterdrücken oder mit **–F** forcieren. Die Option **–r** sorgt für einen automatischen Reboot nach dem Shutdown. Die Option **–h** hält das System nur an, ohne Reboot. Mittels **–z** erlaubt man durch den so genannte *Software Suspend* den jeweiligen Programmen sich selbst zu beenden, bevor das System anhält. Ein einmal gestarteter **shutdown** lässt sich über die Option **–c** (*cancel*) in einem weiteren **shutdown**-Aufruf wieder abbrechen. Das System läuft dann weiter. Bei der Option **–a** konsultiert shutdown die Datei */etc/shutdown.allow*, ob einer der in dieser Datei genannten Benutzer eingeloggt ist. Nur dann wird der shutdown auch ausgeführt.

Moderne Linux-Systeme erkennen auch das Ausschalten des Rechners über den Netzschalter und fahren dann den Rechner selbstständig herunter, um Datenverlusten vorzubeugen. Hierbei darf natürlich die Netzspannung nicht sofort wegbleiben, da

---

1. Die detaillierte Beschreibung der **shutdown**-Optionen ist auf Seite 400 zu finden.

sonst ein Sichern der Daten nicht mehr möglich ist. Die aktuelle PC-Generation ermöglicht dies jedoch über den Frontschalter.

Ebenso reagieren die meisten aktuellen Linux-Systeme auf den so genannten *Affengriff* [Ctrl]-[Alt]-[Del] und fahren die Maschine ordnungsgemäß runter.

Möchte man nicht das gesamte System herunterfahren, sondern nur einzelne Dateisysteme demontieren, so kann das **umount**-Kommando dies nur tun, wenn keine Datei auf dem Dateisystem mehr geöffnet ist und kein Benutzer (bzw. exakter: keines seiner laufenden Programme oder Shell) ein Verzeichnis des Dateisystems als *aktuelles Verzeichnis* besitzt; in diesem Fall ist das Verzeichnis ja auch im Kernel als *offene Datei* vermerkt. Das Kommando **fuser** erlaubt abzufragen, welche Prozesse auf diese Weise auf einer Datei oder einem Dateisystem arbeiten:

fuser [–ku] *dateien* [[–] [–ku] *dateien*]   → show file system **user**

Bei ganzen Dateisystemen (*block special devices*) sind alle Dateien des Dateisystems auf dem Gerät gemeint. **fuser** gibt die Art der Nutzung hinter der Prozessnummer an (**c** = aktuelles Verzeichnis (*current directory*), **p** = Vaterverzeichnis eines Systemprozesses (*parent directory*), **r** = *root*-Verzeichnis des Prozesses). Durch die Option **–k** wird den entsprechenden Prozessen zugleich ein Signal **SIGKILL** geschickt, um sie abzubrechen. Bei der Option **–u** wird hinter der Prozessnummer auch der Benutzername mitausgegeben. Nur der Super-User darf fremde Prozesse abbrechen!

Sollte es notwendig sein, das System definiert aber schnell abzubrechen so kann der Super-User unter Umgehung der Shutdown-Prozedur direkt das Kommando

sync; sync; init 0

absetzen.[1] In diesem Fall geht das System sofort ohne Wartezeiten in den Haltzustand. Bei Berkeley-Unix-Systemen (und bei Solaris) lautet das adäquate Kommando **/etc/fasthalt**.

Neben dem **shutdown**-Kommando gibt es noch die weitgehend selbsterklärenden Varianten **halt**, **reboot**, **poweroff** und **swsusp**. Bei **swsusp** schickt der Linux-Kernel den aktuell laufenden Prozessen ein Signal SIGSTOP. Diese können ihre Daten dann noch sichern, bevor sie sich *schlafenlegen*. Die Prozesse müssen entsprechend für die Abarbeitung des Signals programmiert sein und der Kernel so konfiguriert sein, dass er diese Funktion unterstützt. Die Prozesse **halt**, **poweroff**, **reboot** und **swsusp** rufen teilweise ihrerseits **shutdown** mit entsprechenden Parametern auf. All diese Operationen darf nur der Super-User ausführen.

---

1. Einem alten Aberglauben folgend wird das **sync**-Kommando immer doppelt eingegeben, damit sich die Magnetköpfe der Festplatten tatsächlich bewegen und die Daten auch wirklich geschrieben werden. Eine Variante ist auch **sync; who; sync**

System-Start – Run-Levels

Die nachfolgenden Systemstatus können als Parameter im **/sbin/init**-Kommando sowie in **/sbin/shutdown** verwendet werden, sie sind auch in der */etc/inittab*-Datei erklärt:

Tabelle 9.1: Systemzustände (Run Levels) des Linux-Systems

Status	Erklärung
0	Das System ist komplett heruntergefahren und kann nun neu gebootet oder abgeschaltet werden.
1	Administrator-Modus; ein Anmelden ist nur an der Systemkonsole möglich; die lokalen Dateisysteme sind/werden montiert.
2, s *oder* S	Single-User bzw. Einbenutzermodus; entspricht weitgehend dem Status 1.
3	Multi-User-Modus. Dies ist der Standardstatus nach dem Hochfahren des Systems. Die lokalen Dateisysteme sind montiert und die Benutzer können sich am System anmelden. Die meisten System-Services sind aktiviert. Das Netzwerk ist aktiviert und Dienste wie NFS und Samba laufen.
5	Voller Multi-User Modus. Dies ist eine Erweiterung des Multi-User-Status 3; zusätzlich wird aber der **kdm**, **gdm** oder **xdm** als grafische Oberfläche für das Anmelden über eine GUI-Oberfläche gestartet.
6	Hiermit wird das System komplett heruntergefahren und danach automatisch wieder neu gestartet und in den Status überführt, der in */etc/inittab* im Eintrag **initdefault** definiert ist.
q *oder* Q	Dies ist kein eigentlicher Status. **/sbin/telinit –q** veranlasst jedoch, dass die */etc/inittab*-Datei erneut ausgewertet wird – etwa nach einer Änderung bestimmter Parameter.

9.5   Benutzeraktivitäten und Abrechnungen

Das Linux-System besitzt eine ganze Reihe von Dateien, in denen Daten über die System- und Benutzeraktivitäten gesammelt werden. Sie lassen sich dann später mit entsprechenden Programmen auswerten. Die Systemaktivitäten können mit **sar, sadc, sa1** und **sag2** für eine spätere Auswertung aufgezeichnet werden. **acct** erlaubt das Accounting zu aktivieren und zu deaktivieren. Das Programm **isag** erlaubt diese Daten grafisch darzustellen.

Accounting-Dateien

Linux benutzt zwei Dateien, um Information über Benutzeraktionen festzuhalten:

/var/run/utmp	für die gerade aktiven Benutzer
/var/log/wtmp	für alle An- und Abmeldungen von Benutzern

In der Datei */var/run/utmp* ist vermerkt, welche Benutzer aktuell beim System angemeldet sind. Das Kommando **who** z.B. erhält hieraus seine Informationen. Pro Anmeldung ist eine Zeile vorhanden mit folgendem Eintrag:

dialogstation	(8 Zeichen lang)
benutzer_name	(8 Zeichen lang)
anmelde_zeitpunkt	(4 Byte langer Integerwert im Format von **time(2)**)

In der Datei */var/log/wtmp* werden alle An- und Abmeldungen der Benutzer seit der Dateierstellung festgehalten. Das Format entspricht dem der Datei */var/run/utmp*, wobei ein leerer Benutzername einer Abmeldung an der entsprechenden Dialogstation entspricht. ›~‹ als Eintrag für die Dialogstation bedeutet, dass das System zu diesem Zeitpunkt neu gestartet wurde. Ein aufeinander folgender Eintrag mit ›|‹ und ›]‹ im Datensatz für die Dialogstation zeigt an, dass hier mittels des Kommandos **date** das Datum und (oder) die Uhrzeit des Systems geändert wurde.

Die Prozesse **login** und **init** schreiben die oben genannte Information in diese Datei. Existiert */var/log/wtmp* nicht, so wird sie von den genannten Prozessen **nicht** angelegt und die Information geht verloren. Sie muss im Zweifelsfall mit dem Kommando **touch** */var/log/wtmp* angelegt werden.

Dateiplatz und Plattenbelegungen

Um den noch freien Platz, den belegten Platz oder die Plattenbelegung der einzelnen Benutzer festzustellen, stellt Linux z.B. folgende Programme zur Verfügung:

df	gibt die Anzahl der noch freien Blöcke auf dem Dateisystem aus (für die Beschreibung siehe Seite 251). Gleiches, aber in grafischer Oberfläche tut **kdf** (siehe S. 687) aus dem KDE-Paket und **gdiskfree** auf dem GNOME-Paket (s. S. 687).
du	liefert die Anzahl der durch einen Dateibaum belegten Blöcke. Siehe dazu die Beschreibung auf Seite 260.

quot [*optionen*] [*dateisystem(e)*]   → **quot**e disk usage

> **/usr/sbin/quot** gibt für die angegebenen Dateisysteme eine Liste der Benutzer
> aus, wobei es jeden einzelnen Benutzer und jede Benutzergruppe die Anzahl
> der von ihm (bzw. von der Gruppe) belegten Blöcke (in Kbyte) aufführt. Bis-
> her funktioniert unter Linux **quot** nur mit dem **xfs**-Dateisystem.
> Die Optionen sind:
>
> −a   erstellt den Bericht für alle eingehängten Dateisysteme. Diese werden
>   */etc/fstab* entnommen.
>
> −c   erstellt einen dreispaltigen Bericht mit einer Größenaufstellung. Hier
>   ist die Größe in KByte sowie die Anzahl der Dateien der entsprechen-
>   den Größe (oder kleiner). Die dritte Spalte enthält die Summe aller
>   Dateien, die größer als 500 KByte sind.
>
> −f   zeigt neben der Anzahl von KB auch die Anzahl an Dateien für die Be-
>   nutzer und/oder Gruppen.
>
> −g   erstellt den Bericht für Gruppen statt für einzelne Benutzer.
>
> −u   erstellt den Bericht über Benutzer (Standard).
>
> −v   gibt in einem dreispaltigen Bericht die KB an, auf die während der let-
>   zen 30, 60 und 90 Tage nicht mehr zugegriffen wurde.

Das Linux-**Quota-System** erlaubt Limits für den Plattenplatz vorzugeben, den ein Benutzer oder eine Benutzergruppe auf den verschiedenen Dateisystemen belegen darf.
Die Limits werden in jedem betroffenen Dateisystem in der Dateisystem-Wurzel eingetragen.[1] Nicht alle Dateisysteme unterstützen das Quota-System (siehe Tabelle 3.2 auf
Seite 147). Für den Mechanismus muss der Kernel das Quota-System unterstützen: Er
muss entsprechend konfiguriert/generiert sein. Das Quota-System, erlaubt es, *weiche*
und *harte* Limits vorzugeben. Wird das *weiche Limit* erreicht, so warnt das System den
Benutzer beim Schreiben auf die Platte, erlaubt aber weiterhin Plattenplatz zu belegen.
Wird das harte Limit erreicht, so schlägt der Schreibvorgang dann fehl.

    Quota-Werte für Benutzer, Gruppen und Dateisysteme werden mit dem Kom-
mando **setquota** festgelegt. **edquota** erlaubt die Werte später zu editieren. Das Quota-
System selbst wird per **quotaon** aktiviert. **quotacheck** führt eine Konsistenzprüfung der
Quota-Daten auf den Dateisystemen durch.

    Das eigentliche Quota-Auswerteprogramm (in der Regel für den Administrator) ist
quota:

quota [**−F** *format*] [*optionen*] [*benuter* | *gruppe*]   → **quot**e disk usage and limits

> **quota** zeigt die Plattenbelegung durch Benutzer (oder Gruppen) und die für
> sie gültigen **quota**-Werte an. Dieser Bericht berücksichtigt die in */etc/mtab* auf-
> geführten Dateisysteme. quota versucht (ohne die Option −F) selbst ein mög-
> lichst kurzes passendes Format für die Ausgabe zu finden. Für die Ermittlung
> der quota-Werte auf einem entfernten (eingehängten) NFS-Dateisystem ver-
> sucht quota den dortigen Daemon **rpc.rqutotad** anzusprechen.

---

1. Jeweils in der Datei *quota.user* oder *quota.group* (bei quota Version 2 auf Dateisystemen, die
   nicht vom Typ **xfs** sind) oder in *aquota.user* oder *aquota.group*.

Nur der Super-User kann sich die Quota-Werte anderer Benutzer anzeigen lassen. Die Optionen sind:

–F *fmt* gibt ein spezielles Format für die Darstellung vor. Mögliche Werte/Formate für *fmt* sind: **vfsold**, **vfsv0**, **rpc** (quota für NFS) oder **xfs** (quota für ein **xfs**-Dateisystem).

–g gibt die Quota-Werte der Gruppen aus, bei denen die Benutzer Mitglied sind.

–u entspricht der Standardeinstellung.

–v zeigt auch die Quota-Werte für die Dateisysteme, auf denen kein Speicher belegt ist.

–s Hiermit versucht **quota** selbst passende (in der Darstellung möglichst kurze) Einheiten für die verschiedenen Angaben zu finden.

–l (*local*) zeigt die Quota-Werte nur für die lokalen Dateisysteme.

–q erzeugt einen Kurzbericht, in dem nur die Dateisysteme aufgeführt sind, bei denen das Limit überschritten wurde. Bei **–q** werden alle anderen Optionen ignoriert.

Eine etwas erweiterte Version von **quota** ist **repquota** (*report quota values*). Hier sei auch auf das Quota-mini-HOWTO hingewiesen.[1]

Systemaktivitäten

Einen ersten Überblick über die Prozesse des Systems gibt das **ps**-Kommando in der Form ›**ps -efl**‹.

Ein weiteres beliebtes Werkzeug ist **top**, **gtop** oder **ksysguard**, welche die Prozess sortiert nach CPU-Belastung ausgeben können.

Mit Hilfe von Kommandos wie **vmstat** oder **free**, kann man erkennen wie das *Virtual Memory System* (Paging und Swapping) belastet ist bzw. selber den Rechner belastet. Entsprechend kann man dann mehr Swap-Space zuteilen oder bei ständigem Bedarf mehr RAM installieren, um den Durchsatz zu erhöhen.

Unter Linux gibt es eine Vielzahl auch von grafischen Profilern, d.h. Aufzeichnungsprogramme, die einem Administrator helfen, das System optimal zu konfigurieren. Allerdings ist die Verfügbarkeit stark abhängig von den installierten Software-Paketen; deshalb lohnt ein Blick in die Dokumentation. Wichtig für eine gute Performance ist die Wahl eines schnellen Dateisystems (ext2 oder reiserfs) und die Maschine mit ausreichend RAM zu versorgen. Als Faustformel für den *virtuellen Speicher (Hauptspeicher + Swap-Bereich)* kann 250 MB pro aktivem Benutzer benutzt werden – dedizierte System können stark nach unten oder oben abweichen. Optimal ist es, diesen Swap-Bereich auf zwei Festplatten zu zerteilen. Man bezeichnet dies als *Interleaved Swap*. Dadurch steigert sich der Durchsatz spürbar.

---

1. Zu finden z.B. unter *http://www.linux.org/docs/ldp/howto/mini/Quota-1.html*.

9.6   Initialisierung neuer Datenträger

Sollen neue Datenträger verwendet werden, so sind diese zunächst zu initialisieren. Dabei muss geprüft werden, ob eine Hardware-Formatierung erforderlich ist. Dies ist heutzutage oftmals nicht mehr notwendig, weil die Medien vom Hersteller vorformatiert werden. Falls doch nötig, stehen systemspezifische Formatierprogramme (z.B. **fdformat** für Floppies) zur Verfügung. Festplatten werden oftmals durch Programme formatiert, die vom Hersteller des Plattencontrollers oder der Festplatte geliefert werden. Die hier angesprochene Formatierung ist eine *Low-Level*-Formatierung, wie man sie vor allem bei SCSI-Platten einsetzt, während für IDE-Magnetplatten solche Low-Level-Formatierungen nicht mehr erforderlich sind.

Größere Magnetplatten solle man partitionieren – d.h. in mehrere kleinere Plattenpartitionen aufteilen. Die einzelnen logischen Dateisysteme werden dann in solchen Slices angelegt. Kommandos hierfür sind **cfdisk** oder **fdisk**.

Als nächster Schritt wird der Datenträger initialisiert. Hierbei wird auf ihm eine initiale Dateistruktur (ein Dateisystem mit Super-Block und **inode**-Liste) angelegt. Das *make-file-system*-Kommando **/sbin/mkfs** übernimmt diese Aufgabe. Hier ist zumindest die Größe des Dateisystems in Blöcken anzugeben. Die Größe des Mediums ist der jeweiligen Systembeschreibung zu entnehmen. Sollte keine Größe angegeben werden, benutzt **mkfs** die Daten aus dem so genannten *Disk Label*. Dieses enthält die Plattengeometrie der Festplatte und lässt sich mit Programmen wie **parted** (*partition editor*) etc. anzeigen oder ändern.

Danach ist es möglich, den Datenträger, bzw. das darauf sich befindende Dateisystem mit **/bin/mount** in einem vorhandenen Verzeichnis zu montieren, in dem neuen Dateisystem Verzeichnisse einzurichten und Dateien anzulegen.

Das **mkfs**-Kommando hat folgende Aufrufstruktur:

mkfs [**–V**] **–t** *typ gerät* [*größe*] [*fs-optionen*]   → **m**ake new **f**ile **s**ystem

/sbin/mkfs legt ein neues Dateisystem der Art *typ* auf dem *special file gerät* an. *Größe* legt die Größe des Dateisystems in Blöcken fest. Wird *größe* nicht angegeben, so wird die gesamte Partition (oder *Slice*) genommen. Die Option **–V** (für *verbose*) liefert einen detaillierten Bericht über die ausgeführten Operationen. Gibt man die Option mehrmals an, führt **fsck** keine Schreiboperationen aus. Damit kann man erstmal nachsehen, ob alle Optionen richtig gesetzt sind.

Da aktuellen Linux-Versionen eine Reihe unterschiedlicher Dateisystemtypen mit unterschiedlichen Möglichkeiten haben, sind auch einige der **mkfs**-Optionen vom erzeugten Dateisystem abhängig. Siehe hierzu auch Seite 362 (**mkfs**-Kommando) und die Systemdokumentation.

mkfs überschreibt natürlich die alte Information auf dem Datenträger. Man sollte sich deshalb versichern, dass man dies wirklich möchte! Genauer formuliert: Es überschreibt die Verwaltungssnformationen mit denen einer *leeren* Platte, so dass die darauf enthaltenen Daten nicht mehr auffindbar sind. Die Information darauf ist damit jedoch nicht vollständig gelöscht. Mit entsprechendem technischen Aufwand lässt sich ein erheblicher Teil der Information rekonstruieren. mkfs ist also kein sicheres Löschen! Um eine Festplatte wirklich vollständig zu löschen, sollte man den Datenbereich mehrmals mit Zufallszahlen überschreiben. Für einzelne Dateien tut dies das Programm **shred** (siehe Seite 400). Daneben gibt es dafür auch kommerzielle Programme.

✎ /sbin/mkfs –t ext2 /dev/fd0 2800
   /bin/mount /dev/fd0 /media/floppy
   → legt auf der Floppy, welche auf dem mit *fd0* bezeichneten Laufwerk liegt, ein Dateisystem vom Typ EXT2 der Größe 2 800 Blöcke (zu 512 Byte) an. Diese wird anschließend in */mendia/floppy* montiert.
   Bevor die Floppy entnommen wird, muss sie mit **umount** demontiert werden, da die Daten sonst verloren gehen können und Inkonsistenzen am Dateisystem entstehen können – es sei denn, man hat die **mount**-Option **sync** verwendet.
   Floppies werden unter Linux oft nicht als Dateisystem montiert, sondern mit Archivierungsprogrammen wie **tar** oder **cpio** beschrieben oder mit Hilfe der **m**-Utilities **mcopy**, **mdir** etc. wie MS-DOS Floppies behandelt.

Von mkfs gibt eine Reihe dateisystemspezifischer Varianten, welche nochmals weitere Optionen und Möglichkeiten bieten. Hierzu zählen z.B. **mkfs.crmfs**, **mkfs.ext2**, **mkfs.ext3**, **kmfs.jfs**, **mkfs.msdos**, **mkfs.reiserfs**, **mkfs.xfs**. **mkdosfs** ist identisch mit **mkfs.msdos** und **mke2fs** entspricht **mkfs.ext2**. Alle liegen im Verzeichnis **/sbin**.

e2label

Das Programm **/sbin/e2label** trägt ein *volume name* auf einer nicht montierten Platte bzw. Partition mit einem Dateisystem ext2 ein. Ohne Argument gibt das Kommando das Volume-Label aus (Form: **e2label** *gerät*).

   e2label *gerät* [*volume-name*]   → **label** volume

Der *volume name* dürfen jeweils bis zu 16 Zeichen lang sein. In der Form **e2label** *gerät* wird der *volume-name* des Datenträgers auf dem Gerät (soweit vorhanden) ausgegeben. Mit dem Programm **findlabel** kann man ein entsprechend beschriebenes Dateisystem wieder finden. e2Label ist somit sehr nützlich, wenn man auf Magnetplatten oder Wechselplatten sichert.

9.7   Datensicherung

Mag auch die Sicherung der privaten Benutzerdateien dem einzelnen Benutzer überlassen werden, so ist es doch Aufgabe des Systemverwalters das Gesamtsystem oder zumindest die Information auf dem Systemdatenträger (*root device*) zu sichern. Im Prinzip sollte man als erfahrener Administrator davon ausgehen, dass Benutzer ihre Daten **nicht** ausreichend sichern – oft **überhaupt nicht**! Es sollten deshalb auch alle relevanten Benutzerverzeichnisse gesichert werden – viele Anwender gehen davon aus, dass dies Aufgabe des Systemverwalters ist oder denken schlichtweg gar nicht darüber nach. Es ist immer nur eine Frage der Zeit, bis ein Benutzer sich meldet und um die Restauration bestimmter Daten bettelt. Das Gefühl, dann diesem Menschen mit dem richtigen Sicherungsband helfen zu können, ist den ganzen anderen Stress in der Arbeit wert.

→   Die Gefahr, dass die Information auf einer Magnetplatte, sei es durch Soft-
    oder Hardwarefehler zerstört wird, durch Benutzerfehler gelöscht oder durch
    Viren beschädigt wird, ist auf längere Zeit betrachtet sehr groß. Dies ist keines-
    wegs eine Linux-spezifische Eigenschaft!

Das Linux-System bietet eine ganze Reihe von Programmen zum Kopieren und
Sichern von einzelnen Dateien, von Dateibäumen und von ganzen Platteneinheiten.
Die wichtigsten Verfahren sollen hier vorgestellt und erläutert, sowie ihr typischer Ein-
satzbereich angegeben werden.

9.7.1   Überlegungen zur Datensicherung

Beim Sichern wird die Sicherungsstrategie nicht allein
durch den Sicherungsvorgang bestimmt, sondern
ebenso durch die Zeit, die man sich für das Zurückladen später leisten kann. Je kritischer die Verfügbarkeit der auf dem System laufenden Anwendungen ist
und je kürzer die Zeit ist, die maximal für das Zurückspielen zur Verfügung steht, um so ausgefeilter muss
das Sicherungskonzept sein. Dabei sind mehrere Ausfallszenarien zu betrachten, die teilweise unterschiedliche Sicherungsverfahren erfordern.

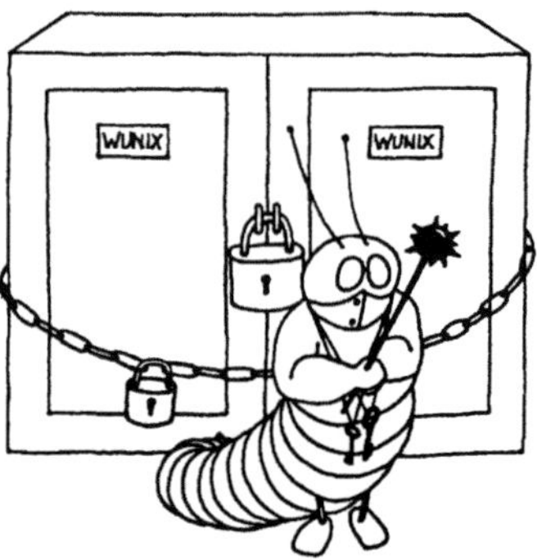

   Auch die vielfach anzutreffende Aussage, dass man
das Betriebssystem und die Anwendungsprogramme
selbst nicht zu sichern brauche, da sich diese unproblematisch neu installieren lassen, ist
naiv, bedenkt man, wie lange die Neuinstallation und lokale Anpassung insgesamt in
Anspruch nimmt. Ein einfaches Zurückspielen von einem Sicherungsband oder einem
anderen Sicherungsmedium ist wesentlich schneller. Natürlich muss man dieses Grund-
system nur bei größeren Änderungen neu sichern und nicht in den täglichen oder wö-
chentlichen Intervallen.

Bei den Ausfallszenarien sind folgende Fälle zu betrachten:

▸   **Eine einzelne Datei (oder eine kleine Anzahl von Dateien) wird versehentlich ge-
    löscht oder falsch bearbeitet oder durch einen Virus infiziert.**
    In der Regel ist das Restaurieren einer solchen Datei nicht sehr zeitkritisch. Man
    kann sie also durchaus in einem **tar-**, **cpio-** oder **afio-**Sicherung suchen und selektiv
    zurückladen. Vorteilhaft ist bei diesem Vorgang, wenn man die Bänder nicht alle
    linear durchsuchen muss, sondern zumindest in einem Online-Verzeichnis schnell
    suchen kann und dann weiß, auf welchem Datenträger die Datei liegt – oder die
    Dateien auf einem Datenträger mit Direktzugriff liegen.

▸   **Eine (einzelne) Platte fällt aus oder zeigt Anzeichen von einem Ausfall.**
    Die eleganteste Lösung für dieses Problem sind RAID-Systeme – betrieben im
    RAID-Level 1 oder Level 5.
    Hierbei werden die Dateien auf mehreren Platten redundant gespeichert, so dass
    bei Ausfall einer Platte die Information von der Kopie abgerufen werden kann.

Wird die defekte Platte im RAID-Verbund gegen eine neue Platte ausgewechselt, so synchronisiert das RAID-System die Platten erneut, so dass nach einer gewissen Zeit die Daten wieder redundant vorhanden sind.

Linux unterstützt RAID entweder über spezielle RAID-Plattenkontroller oder per Software-RAID. Die Kontrollerlösung ist die performantere und elegantere, aber auch die teurere Lösung, da RAID-Kontroller teuerer als normale Plattenkontroller sind.

Bei der Software-RAID-Lösung verteilt der RAID-Treiber die Daten über den normalen Plattenkontroller auf mehrere Platten. Dies hat aus Performance-Sicht nur beim Schreiben gewisse Nachteile (und später beim Nachsynchronisieren bei Plattentausch). Für Details zur Software-RAID-Lösung sei hier auf das Software-RAID-HOWTO verwiesen. Bei aller berechtigter RAID-Euphorie darf man nicht vergessen, dass das RAID-Konzept **nicht** hilft, wenn ein Dateisystem oder einzelne Dateien durch menschliches Versehen, Softwarefehler, durch Viren oder durch Brand oder Wasser verloren gehen. Das RAID-System repliziert diese Fehler sofort auf alle Medien des Verbunds. Eine Alternative zu RAID sind auch spezielle verteilte Dateisysteme wie etwa **InterMezzo** oder **Coda**.

▶ **Verlust größerer Datenbestände** durch Softwarefehler, Hardwarefehler, Elementarschäden wie Wasser, Feuer, Überspannung oder durch mutwilligen Eingriff in das System (dies können auch Viren sein):

Hierfür benötigt man eine möglichst vollständige und möglichst aktuelle Sicherung, die vorzugsweise auch noch sicher bzw. im Fall von Feuer und Wasser weiter entfernt gelagert ist.

Hierfür bieten sich prinzipiell zwei Verfahren an:

a) Kopieren auf Magnetplatten auf einem entfernten Rechner oder ein entferntes Speichersystem. Das Kopieren geschieht entweder über **cp**, **rcp** oder **scp** – oder gleich komprimiert per **gzip** oder **bzip2** mit dem Verzeichnis auf dem Remote-System als Ziel. Daneben gibt es eine Reihe von Programmen zur ständigen oder explizit angestoßenen Synchronisation von Verzeichnissen wie etwa **Itermezzo** oder **unison** (siehe Seite Seite 801).
High-End NAS-[1] oder SAN-Speicher z.B. von EMC oder Network Appliance, bieten dafür in der Regel eigene Werkzeuge, die auch elegante Snapshot-Techniken zulassen.

b) Sicherung auf entfernbaren (*removable*) Datenträgern wie CD, DVD oder Band: Während man für die Sicherung auf *Direct-Access-Devices* wie ZIP-Medien, CD-RW, DVD+RW, DVD-RW oder ähnliche Datenträger entweder **cp**, **dd**, **rcp** oder **rsync** (unter Umständen auch mit Komprimierung per **gzip**/ **bzip2**) einsetzt, verwendet man für Bänder und Streamer die klassischen Band-Sicherungsverfahren wie **tar**, **cpio**, **afio**, **taper** oder **amanda**.
Bei kleineren Datenbeständen lassen sich auch GUI-Programme wie **arc**, **kdat** oder **filer-roller** einsetzen.
Kleinere Volumes/Partitionen kann man komplett auch per **dd** sichern.

---

1. NAS = *Network Attached Storage*, d.h. Speichersysteme, welche über das (schnelle) LAN angesprochen werden.

9.7.2   Sicherungsmedien

Die Wahl des geeigneten Sicherungsmediums ist wichtiger, als es zunächst erscheinen mag. Das Medium bestimmt sowohl das maximale Sicherungsvolumen pro Einheit als auch die Zugriffsgeschwindigkeit, die Handhabung, Zuverlässigkeit und – in speziellen Fällen – etwa beim Sichern von Buchhaltungsdaten – auch die gesetzliche Zulässigkeit.[1]

Daten, welche über längere Zeit hinweg gesichert werden sollen, benötigen besondere Überlegungen und unter Umständen optische Datenträger wie CD, DVD oder MO- oder WORM-Medien mit langer Datenpersistenz. Inzwischen hat sich – eine korrekte Lagerung vorausgesetzt, die Haltbarkeit von Daten auf modernen Bandmedien jedoch gegenüber den ursprünglichen 12 Monaten erheblich verbessert und liegt realistisch bei etwa 4–5 Jahren. Bedenken Sie jedoch bei der Langzeitspeicherung, dass nach längerer Zeit nicht nur die Daten noch lesbar sein müssen, sondern Sie dazu auch ein geeignetes Laufwerk und die passende Software benötigen!

Mehrfach beschreibbare optischen Datenträger wie CD-RW, DVD+RW, DVD-RW sind unter dem Aspekt der Zuverlässigkeit eher skeptisch zu betrachten. Die bisher verfügbaren Dateisystemtreiber für das dort übliche UDF-Dateisystem lassen in der Zuverlässigkeit der hohen Komplexität von UDF wegen noch zu wünschen übrig. Andere potentielle Probleme ergeben sich aus technischen Randbedingungen, wenn diese Medien vielfach wiederbeschrieben werden.

Bandsicherungsmedien

Das Spektrum an Band-/Streamer-Medien ist groß und wächst durch die hinzukommenden Generationen der Laufwerke und Medien ständig. Bei größeren Datenmengen sollte man immer zu den hochvolumigen Medien greifen. Diese sind zwar teilweise deutlich teuer, was die Laufwerke und die Sicherungsmedien (Bänder/Kassetten) betrifft, sie haben aber zwei Vorteile:

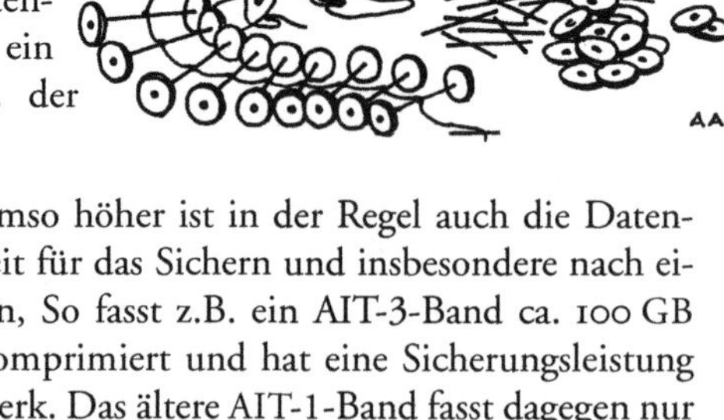

▸ Eine größe Datenmenge kann unbeaufsichtigt (automatisiert) auf einen Datenträger gespielt werden, ohne dass ein Medienwechsel notwendig ist bzw. der Operateur eingreifen muss.

▸ Je großvolumiger das Medium ist, umso höher ist in der Regel auch die Datenübertragungsrate. Damit sinkt die Zeit für das Sichern und insbesondere nach einem Ausfall für das Wiedereinspielen, So fasst z.B. ein AIT-3-Band ca. 100 GB unkomprimiert und etwa 200 GB komprimiert und hat eine Sicherungsleistung von ca. 40 GB pro Stunde und Laufwerk. Das ältere AIT-1-Band fasst dagegen nur etwa 25 GB unkomprimiert und hat mit 10 GB pro Stunde nur ein Viertel der Sicherungsleistung!

---

1. Für eine Reihe von Daten aus der Buchhaltung ist die Sicherung auf einmal beschreibbaren optischen Datenträgern vorgeschrieben – zusammen mit der Aufbewahrungsfrist.

Tabelle 9.2: Bandspeicher

Technik	Bandbreite	Kapazität je Medium in GB[*]	mittlere Lade- + Zugriffszeit	nominale Transferrate	Bandzyklen ca.
MLR3	1/4"-Kass.	25–50	20+40 s	2 MB/s	150
DDS-3 DAT	4-mm	12–24	20+30 s	1 MB/s	40
DDS-4 DAT	4-mm	24–48	20+30 s	2 MB/s	40
Exabyte-Band	8-mm	7–14	20+40 s	2 MB/s	25
Mammoth	8-mm	20–40	20+53 s	4 MB/s	
Mammoth-2	8-mm	60–120	20+30 s	12 MB/s	
AIT-1	8-mm	25–50	20+45 s	6 MB/s	500
AIT-2	8-mm	50–100	20+45 s	6 MB/s	500
AIT-3	8-mm	100–200	20+30 s	12 MB/s	1 000
S-AIT	12,65 mm	500–1000	20+30 s	30 MB/s	30 000
DLT-4	12,65 mm	40–80	17+53 s	5 MB/s	1 000
S-DLT	12,65 mm	160–320	17+35 s	16 MB/s	1 Million
SD3	12,65 mm	75–150	17+53 s	11 MB/s	
D2	4-mm	165–330	30+52 s	15 MB/s	
LTO-1	12,65 mm	100–200	20+30 s	15 MB/s	1 Million
LTO-2	12,65 mm	200–400	20+30 s	30 MB/s	1 Million
O-Mass[**]	12,65 mm	1 200 –2 400		64 MB/s	1 Million

[*] Der höhere Wert gilt mit Hardwarekomprimierung im Faktor 2 : 1.
Die Ladezeit gilt z. B. für einen Grau-Roboter; die Transferrate bei unkomprimierten Daten. Der
zweite Wert ist die Zeitdauer bis das halbe Band durchgespoolt ist.
[**] Markteinführung voraussichtlich ab 2004/2005.

Tabelle 9.2 zeigt aktuellen Sicherungsmedien und ihre technischen Daten, die natürlich etwas von Fabrikat zu Fabrikat streuen können. Hat man ein höheres Sicherungsvolumen, so sollte man mehrere Laufwerke parallel betreiben, bis die Bandbreite des eingesetzten Busses, der parallel gesicherten Platten oder – bei Sicherung über Netz – die Netzbandbreite zum Flaschenhals wird. Wo vorhanden, sollte man immer die Hardwarekomprimierung des Laufwerkes einsetzen, auch dann, wenn sie nicht ganz den Komprimierungsfaktor von Software erreicht. Dafür ist sie aber deutlich schneller und einfacher zu handhaben. Den angegebenen Komprimierungsfaktoren der Hersteller sollte man misstrauen. Im Schnitt dürfte bei normalen Daten ein Faktor von 1,5–2 realistisch sein. Die Komprimierung kann jedoch die Kompatibilität zwischen unterschiedlichen Systemen beeinträchtigen (sofern dies eine Rolle spielt).

DAT-Bänder, obwohl immer noch sehr verbreitet, sind keine idealen Sicherungsmedien, da sie einerseits nicht mehr technisch weiterentwickelt werden und damit für große Sicherungskapazitäten zu klein sind. Gravierender ist jedoch der Umstand, dass die Bänder einem deutlichen Verschleiß (Abrieb) unterliegen und deshalb nur relativ wenig Bandzyklen zulassen. Zusätzlich müssen die Köpfe, bedingt durch den Bandabrieb, häufig mit einem Reinigungsmedium gesäubert werden.

Bei großvolumigen Bandmedien muss man nicht unbedingt das gesamte Medium ausnutzen. Oft ist es günstiger, nur einen logischen Linux-Volume auf ein Band zu schreiben, so dass man bei mehreren Bandlaufwerken sowohl mehrere Platten-Volumes parallel sichern und insbesondere später parallel zurückladen kann. Auch ist es so möglich, bei Ausfall eines einzelnen Volumes diesen vom Bandanfang einzuspielen, statt zuvor den davor liegenden Sicherungsbereich per Spoolen überspringen zu müssen. Die Bandverwaltung vereinfacht so ebenso und wird damit sicherer. Bei den genannten Bandlaufwerken kommen fast ausschließlich SCSI-Laufwerke zum Einsatz – oder gleich Einheiten, welche per SAN (*Storage Area Network*) oder per iSCSI angesprochen werden. Bei größeren Sicherungsmengen wird man Bandroboter einsetzen. Diese werden auch als *Stacker* oder *Tape-Library* bezeichnet.

Als Backup-Programme kommen dann entweder **amanda** oder die kommerziellen Produkte z. B. von Veritas, Legata oder CA in Frage. Sie besitzen die notwendigen Funktionen zur Buchführung über die Bandbenutzung und zur Roboteransteuerung. Sie können (per entsprechender Clients) Daten von mehreren unterschiedlichen Systemen wie Linux, verschiedenen Unix-Systemen oder Windows sichern.

9.7.3   Vollsicherungen und inkrementelle Sicherungen

Beim Sichern gibt es zwei Varianten:

▶   **Vollsicherung**
Hierbei werden alle zu sichernden Daten vollständig gesichert. Natürlich kann man auch hier nicht sicherungswürdige Daten ausklammern. Die Daten einer Vollsicherung lassen sich bei einem umfangreichen Datenverlust relativ einfach und schnell entweder vollständig oder selektiv zurückladen.

▶   **Inkrementelle Sicherung**
Hierbei werden nur die Daten gesichert, die sich seit der letzen Sicherung geändert haben. Dies reduziert in der Regel wesentlich das zu sichernde Volumen und geht damit schneller. Beim Restaurieren der Daten müssen aber unter Umständen zunächst die Basissicherung und nachfolgend die verschiedenen Inkremente geladen werden. Das Rückladen kann damit wesentlich länger dauern.

Aus diesen beiden Verfahren lassen sich nun zahlreiche Strategien zusammensetzen. Ein relativ einfaches Verfahren besteht z. B. darin, dass man wöchentlich eine Vollsicherung durchführt und unterhalb der Woche nur noch die Veränderungen inkrementell sichert. Dabei kann man sich überlegen, ob die Inkremente jeweils zum Vortag oder zur letzten Vollsicherung angelegt werden. Letzteres dauert länger beim Sichern, ist aber beim Restaurieren schneller, insbesondere zum Wochenende hin.

Fast alle typischen Sicherungsprogramme wie etwa **cpio**, **tar**, **afio**, **taper** oder **amanda** sowie alle kommerziellen Sicherungsprogramme unterstützen die Vollsicherung und die inkrementelle Sicherung. Auch **dump** und **restore** bieten dies – sind allerdings dateisystemsspezifisch und stehen (bisher) nur für **ext2** und **ext3** zur Verfügung.

Beim Sichern sollte man **immer** mehrere Kopien der Daten halten und ältere Sicherungen erst nach einiger Zeit löschen bzw. die Bänder wiederverwenden.

9.7.4 Sichern unterschiedlicher Bereiche

Sichern einzelner Dateien

Einzelne Dateien sichert man am einfachsten und schnellsten mit Hilfe des **cp**-Kommandos auf andere Platten oder auf Disketten. Hierzu muss man diese formatieren, mit **/sbin/mkfs** initialisieren und mit **/bin/mount** in ein freies Verzeichnis montieren. Schließlich wird mit **cp** kopiert.

Üblich ist unter Linux das Sichern auf externe Datenträger mit den Kommandos **tar** oder **cpio**.[1] Dabei werden die zu sichernden Dateien jeweils zu Archiven zusammengebaut und diese Archive dann auf den externen Datenträger geschrieben. Diese Archive können zuvor noch mit Programmen wie **gzip** oder **bzip/bzip2**[1] komprimiert werden, so dass höhere Datenmengen auf einem Medium untergebracht werden können. Sehr populär sind auch CD- und DVD-Brenner; auf Letztere passen etwa 4,3 GB an Daten, das sind unkomprimiert oftmals 10–12 GB, bei reinen Textdateien oder halbvollen Datenbanken teilweise sogar mehr.

Sichern von Dateibäumen

Das Sichern ganzer Verzeichnisse oder Dateibäume geschieht in der Regel auf Magnetband, Streamerkassetten oder optische Platten (CD, DVD etc.). Hierzu stellt das Linux-System die Programme **tar** und **cpio** zur Verfügung – oder die später beschriebenen Programme zur Datensynchronisation wie etwa **rsync**, **unison** oder **Intermezzo**. Für das Sichern auf nur einmal beschreibbare optische Platten setzt man die speziellen CD-Brennprogramme wie etwa **k3b**, **gtoaster nautilus-cd-burner**, **mkisofs** oder **xcdroast** ein – auf sie wird hier nicht weiter eingegangen.

tar, **cpio** und **afio** Programme erlauben sowohl das Sichern einzelner Dateien und ganzer Dateibäume als auch das selektive Zurücklesen einzelner Dateien aus einem Sicherungssatz. Dabei erhält das **tar**-Programm seine zu sichernden Dateien als Kommandoparameter, während **cpio** die Namen der zu sichernden Dateien von der Standardeingabe liest. Bei beiden Programmen können verschiedene Blockungsgrößen angegeben werden. Eine große Blockung hat dabei den Vorteil, dass das Sichern und Zurückladen schneller abläuft und wegen der kleineren Anzahl von *Interrecord Gaps* weniger Bandlänge benötigt wird. Ein weiterer Vorteil dieser Programme ist der Umstand, dass das ursprüngliche Erstellungsdatum der Dateien mitgesichert wird und beim Wiedereinlesen erhalten bleiben kann. Dateien können jeweils mit relativem oder absolutem Namen gesichert werden. In den meisten Fällen ist die Sicherung mit relativen Dateinamen vorzuziehen, da diese Dateien dann später problemlos in andere Verzeichnisse zurückgelesen werden können. Eine typische Sicherung des im aktuellen Verzeichnis beginnenden Dateibaums auf den Streamer sähe wie folgt aus (dabei sei angenommen, dass */dev/tape* auf das geeignete Bandlaufwerk verweist):

```
tar −cvfb /dev/tape 20 .
```

Das Einlesen würde erfolgen mit

```
tar −xf /dev/tape
```

---

1. Für **tar** siehe Seite 416, für **cpio** Seite 239, für **gzip** Seite 307 und für **bzip2** Seite 221.

Mit **cpio** wird das Sichern eines gesamten Dateibaums durchgeführt mit

> find . –print | cpio –ovB > /dev/tape

und das Zurücklesen mit: cpio –ivmdB < /dev/tape

In beiden Fällen bewirkt die Option **–v**, dass die Namen der gesicherten bzw. geladenen Dateien ausgegeben werden. Lenkt man die Ausgabe der Standardfehlerausgabe in eine Datei (… **2>** *datei*), so hat man dort ein Inhaltsverzeichnis. Während das **tar**-Programm selbst die Namen des Dateibaums ermittelt, wird bei **cpio**, das von der Standardeingabe liest, hier das **find**-Kommando verwendet. Dies erlaubt weitere Angaben zu den zu sichernden Dateien. So werden z. B. mit

> find /usr –mtime 7 –user neuling –print | cpio –ovB > /dev/tape

die Dateien des Benutzers *neuling* unterhalb des in */usr* beginnenden Dateibaums auf Band gesichert und zwar nur jene, die in den letzten 7 Tagen modifiziert wurden. Für eine detailliertere **cpio**-Beschreibung und für weitere Beispiele sei auf Seite 239 verwiesen.

Möchte man dasselbe mit **tar** tun, so sieht das Kommando wie folgt aus:

> tar –cvfb /dev/tape 20 $(find /usr –mtime 7 –user neuling –print)

wobei jedoch der Anzahl der zu sichernden Dateien durch den Parameterpuffer des **tar**-Programms Grenzen gesetzt sind. Der Standard-Unix-**tar** sichert im Gegensatz zu **cpio** keine leeren Dateien oder Gerätedateien (*special files*) (für die detailliertere Beschreibung von **tar** siehe Seite 416). GNU-**tar** unterstützt dies jedoch.

Die neueren Versionen von GNU **tar** und **cpio** bzw. **find** erlauben auch die Angabe einer Datei als *Zeitstempel* z. B. wie bei

> find . –newer /var/log/timestamp […]

Mit dieser Option generiert **find** nur Dateinamen, die neuer sind als das Datum der angegebenen Referenzdatei. Mit ihrer Hilfe kann man also einfach nur die geänderten Dateien seit der letzten (hoffentlich erfolgreichen!) Sicherung erfassen.

tar erlaubt in den GNU-**tar**-Versionen die Daten (per Option **–z** oder **–Z**) automatisch zu komprimieren. Hier ist aber bei Bandgeräten in aller Regel die Hardwarekomprimierung durch das Laufwerk vorzuziehen.

Ein dem Programm **cpio** sehr ähnliches Programm ist **afio**. Wie bei **cpio** erwartet dieses die Liste der zu sichernden Datei von der Standardeingabe oder aus einer speziellen Namensdatei. **afio** ist aber an einigen Stellen mächtiger als **cpio**: So kann es z. B. die Dateien direkt als Teil des **afio**-Laufs komprimieren, während bei **cpio** das Archiv – so man es statt direkt auf Band zunächst (oder nur) auf eine Platte schreibt – nachträglich komprimiert werden muss (z. B. per **gzip** oder **bzip2**).

Für den Datenaustausch mit anderen Linux- und Unix-Systemen hat sich das **tar**-Programm als eine Art Standard etabliert. Man sollte aber auf keinen Fall vergessen, eine Inhaltsangabe, das Sicherungsformat, die Aufzeichnungsdichte, sowie die Art des Rechners auf dem Datenträger zu vermerken. Die Angabe des Rechnertyps ist notwendig, wenn der Ursprungsrechner und der Zielrechner unterschiedliche Byte-Reihenfolgen verwenden. **dd** mit der Option **conv=swab** kann dann die Byte-Reihenfolge (*endianess*) beim Lesen umdrehen.

Bei allen Bandsicherungen empfiehlt sich ein Verifikation nach der Sicherung, um sicherzustellen, dass die Daten korrekt hinausgeschrieben wurden und von Band lesbar sind. **tar** bietet hierfür z. B. die Option –W. Muss man aus Zeitgründen darauf verzichten, so sollte man zumindest strichprobenartig das Zurückladen der Sicherungen testen. Programme zur Sicherung auf Band müssen in der Lage sein, über mehrere Bänder hinweg zu schreiben und wieder einlesen zu können.

Bei großen, dünn besetzten Dateien sollte man beim Sichern bei **cpio** und **tar** die Option **--sparse** benutzen. Damit wird weitgehend das Sichern von leeren Blöcken vermieden bzw. optimiert.

taper

Ein recht mächtiges Sicherungsprogramm zur Sicherung auf Bandmedien ist **taper**. Es ist ein benutzerfreundliches Backup-System unter Linux. Es muss aber in der Regel explizit installiert oder sogar zuvor aus dem Internet heruntergeladen werden. **taper** führt Index-Dateien für den Bandinhalt mit. Es erlaubt so den schnellen Zugriff und das schnelle Wiederauffinden der gewünschten Dateien auf den Sicherungsbändern.

Die Indexdateien liegen auf der Festplatte. Sollte der Fall eintreten, dass man die Bänder auf einem anderen Rechner wieder einlesen möchte, so hat man die Möglichkeit, die Bänder neu zu indizieren (was aufgrund der Bandgeschwindigkeit lange dauern kann) oder aber man nimmt einfach die dazugehörigen Index-Dateien mit auf den anderen Rechner.

Für eine optimale Performance von **taper** – insbesondere das schnelle Restaurieren von Bändern – muss der Kernel mit SYS_V_IPC konfiguriert werden. Dies erlaubt eine höhere Parallelität der von **taper** aufgesetzten Lese- und Schreibprozesse.

Sicherung ganzer Platten

Hier gibt es unter Linux ein sehr gutes Programmpaket namens **amanda** (*Advanced Maryland Automatic Network Disk Archiver*), ein komplettes Backup-System der Universtät Maryland. Es arbeitet im Client-Server-Prinzip und erlaubt die Datensicherung im Netzwerk, bei dem der Sicherungs-Client auf dem lokalen System seine Daten zu einem Sicherungs-Server im Netz schickt. **amanda** genügt professionellen Ansprüchen, unterstützt Bandroboter, fast alle aktuellen Medien und entspricht weitgehend dem kommerziellen Produkt *Legato Networker*. Es ist sehr umfangreich und deshalb sei hier nur darauf verwiesen.[1]

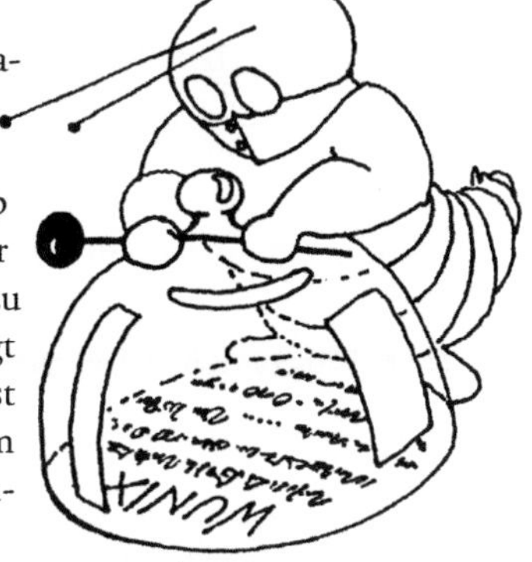

Ein kommerziell vertriebenes sehr ähnliches Werkzeug ist **BRU** der Firma TOLIS, welches in einer Testversion auch der RedHat-Distribution beiliegt und auch von RedHat vermarktet wird. Auch **BRU** arbeitet in der Client-Server-Technik und bietet in der kommerziellen Version Sicherungs-Clients für ein ganzes Spektrum von Unix- und Windows-Plattformen. Hierbei wird besonderes Augenmerk auf die Buchführung der Sicherungen sowie auf Konsistenzprüfungen gelegt. So werden sowohl die gesicher-

---

1. Das **amanada**-Paket findet man unter: *http://www.amanda.org*.

ten eigentlichen Daten als auch die Metadaten (was wurde wann wohin gesichert?) mit 32-Bit-langen Prüfsummen ergänzt. Die Sicherungskataloge (Liste der gesicherten Daten) werden sowohl auf die Sicherungsmedien (Bänder) als auch auf Magnetplatte in die BRU-Datenbank geschrieben.

Duplizieren von Dateisystemen

Eine schnelle Art der Sicherung ist das physikalische Kopieren einer Platte auf eine andere Magnetplatte oder auf Band. Bei Platten müssen beide logischen Medien (bzw. Partitionen) die gleiche Größe haben. Das Kopieren kann mit Hilfe des Programms **dd** (*disk-to-disk copy*) erfolgen. Aus Gründen der Effizienz, sollte dabei mit großer Blockung gearbeitet werden.

✎   dd if=/dev/hda1 of=/dev/hdc1 bs=1M
     → dupliziert den Inhalt der Datenträger bzw. Partitionen auf hda1 nach hdc1. Beim Kopieren wird eine Blockgröße von 1 MB verwendet.

dd selbst ist nicht in der Lage defekte Blöcke (*bad blocks*) zu berücksichtigen, sondern kopiert physikalisch Block für Block (auch leere). Mit Hilfe des **badblocks**-Kommandos sollte man deshalb zuvor nach defekten Blöcken suchen. Im Idealfall sind beide beteiligten Platten ausgehängt (*not mounted*). Dies muss zumindest für die Zielplatte gelten, da es sonst zu bösen Inkonsistenzen kommen kann! Achten Sie beim Zurückspielen oder beim Kopieren direkt von Platte auf Platte darauf, dass die Zielpartition nicht kleiner als die Quellpartition ist, da sonst die Dateisystemstruktur der nachfolgenden Partition überschrieben wird!

Besser noch zum Sichern und Restaurieren von ganzen Partitionen ist das Partition-Image-Programm **partimage**.[1] Es kann die Linux-/Unix-Partitionen unterschiedlicher Dateisysteme sichern (z.B. **ext2fs/ext3fs**, **reiserfs**, **jfs**, **xfs**, **UFS** (Unix), **HFS** (Mac), **HPFS** (OS/2) **NTFS**, **FAT16/32**...). Ein Vorteil besteht darin, dass **partimage** nur die wirklich belegten Teile der Partionen beim Sichern kopiert und zusätzlich dabei die Daten noch komprimieren kann. Soweit nötigt, wird das gesicherte Image dabei auf mehrere Datenträger aufgeteilt. Neben dem Kommandozeilen-Interface steht mit **PartGUI** auch eine grafische Oberfläche zur Verfügung, welche auch **parted** bedienen kann.

Dateisysteme oder Verzeichnisse synchronisieren

Es gibt mehrere Szenarien, in denen man Verzeichnisse – zumeist auf verschiedenen Rechnern – synchronisieren möchte:

▸   **Zum Zwecke der Datensicherung/Replikation:**
    Hierfür kann sowohl **InterMezzo** – als *verteiltes Dateisystem* – als auch **unison** eingesetzt werden. Für einfache Zwecke ist auch **rcp** oder das mächtigere **rsync** einsetzbar. Ein weiteres verteiltes Dateisystem ist **Coda** oder **OpenAFS**. Der Fokus verteilter Dateisysteme liegt eigentlich eher in einem transparenten Zugriff über Netz. Coda und InterMezzo bieten daneben aber auch die Möglichkeit der Replikation und einer Resynchronisation nach einer Trennung mit Offline-Änderungen.

---

1. **partimage** findet man unter *http://www.partimage.org*.

- **Um Arbeitsdaten z. B. auf einem Laptop und auf einem Arbeitsserver zu haben:**
  Auf dem Arbeitsserver werden sie vom Systemadministrator automatisiert gesichert und stehen auch dann noch zur Verfügung, wenn die lokalen Daten verloren gehen. Auf dem mobilen Rechner stehen sie auch dann zur Verfügung, wenn man den Laptop abhängt und unterwegs ist.
  Wird der mobile Rechner wieder im Firmennetz online gesetzt, so soll ein weitgehend automatisierter Abgleich stattfinden können.
  Auch hierfür lässt sich sowohl **InterMezzo, Coda** als auch **unison** einsetzen. Auch **rsync** ist möglich, aber wenige elegant. InterMezzo und Coda bieten dabei die elegantesten Verfahren zum Entkoppeln (Ausklinken wenn man offline geht) und zur automatischen Resynchronisation nach dem Wiederankoppeln des mobilen Rechners. Sowohl InterMezzo als auch Coda benötigen spezielle Kernel-Erweiterungen, die aber seit Linux 2.4.15 Teil des Standard-Kernel-Sourcecode-Baums sind. Sie können sowohl fest in der Kernel gebunden werden als auch als ladbare Module vorhanden sein.

- **Synchronisation von Mailboxen**
  z. B. zwischen der Firmen-Mailbox und der lokalen Mailbox auf einem Laptop. So stehen die E-Mails sowohl (oft separat gesichert) in der Firma zur Verfügung aber auch lokal bei einem mobilen Einsatz. Hierfür bietet Linux z. B. das Programm **mailsync** an. Dieses erlaubt den Abgleich (und damit auch eine Sicherung) zwischen mehreren Mail-Boxen sowie die Migration von Mailboxen in ein anderes Format oder auf einen anderen Server.

- Eine Variante der obigen Szenarien ist die **Synchronisation von Textdateien** als Teil einer gemeinsamen Programm- oder Dokumentenbearbeitung. Linux bietet hierfür CVS – ein so genanntes *Source Code Control System.* Auch hiermit lassen sich die (einmal erfassten) Dateien eines lokalen Systems mit denen des CVS-Servers synchronisieren. Der zentrale CVS-Server, an dem mehrere (zuliefernde) Clients hängen können, führt eine Datenbasis (Repository) für und über den Abgleich. Obwohl theoretisch mit CVS auch Binärdateien einbezogen werden können, erweist sich dies jedoch als unpraktisch und erfordert einen hohen Speicheraufwand. Der Vorteil des CVS-Systems liegt darin, dass hier beliebige Stände gespeichert und später auch ältere Stände abgerufen werden können. Für Details sei hier auf *www.cvshome.org* verwiesen. Eine Alternative zu CVS ist das später beschriebene WebDAV, mit dem Schwerpunkt auf gemeinsamen Arbeiten an Publikationen.

Bei den Synchronisationswerkzeugen, die nicht wie z. B. Intermezzo ständig und vollautomatisch die Daten abgleichen bzw. sichern, lässt sich eine teilweise Automatisierung durch den Aufruf der Sicherung oder des Abgleichs per **cron**-Job erreichen. Dies gilt natürlich auch für andere Sicherungs-Tools.

InterMezzo und InterSync

InterMezzo ist ein spezielles so genanntes *verteiltes Dateisystem* – ähnlich wie NFS. Im Gegensatz zu NFS ist es aber auf eine hohe Verfügbarkeit und eine hohe Performance ausgelegt und auf eine *Disconnect*-Funktion, bei der der Client offline gehen kann und die Daten weiterhin geändert werden dürfen. Die Performance wird dadurch erreicht, dass der Client (auf dem lokalen System) mit lokalen Kopien der Dateien arbeitet und diese – so eine Online-Verbindung besteht – ständig mit den Dateien auf dem Server synchronisiert. Die Auswahl der synchronisierenden Daten ist hier das Dateisystem, welches auch unter Verwendung eines *Loopback-Devices*[1] ein virtuelles Dateisystem innerhalb eines anderen Dateisystems sein kann. Der Abgleich erfolgt nach der Einrichtung vollständig automatisiert und in beiden Richtungen. Er repliziert damit aber unter Umständen, ähnlich wie RAID-Systeme, auch Fehler. Auch hier wird mit einem Server und einem oder mehreren Clients gearbeitet. Als Server wird hier der Rechner betrachtet, der zentral und für mehrere Clients ansprechbar die Dateien speichert und das Repository hält, während die Clients mit lokalen Kopien arbeiten. Lokal durchgeführte Änderungen werden an den Server weitergeleitet, was – wenn man gerade mit dem lokalen System offline ist – auch später erfolgen kann, sobald wieder eine Online-Verbindung besteht. Der Server propagiert dann die Änderungen an eventuell vorhandene weitere Clients weiter. Die eigentliche Synchronisation erfolgt bei InterMezzo über den **InterSync**-Daemon, der sowohl eine Komponente auf dem Server als auch auf den Clients hat. Das Caching der Daten auf der Client-Seite führt InterSync durch. Aus Gründen der Robustheit sollte das Caching auf einem Journaling-Dateisystem wie **ext3**, **reiserfs** oder **jfs** stattfinden.[2] Natürlich empfiehlt sich auch für die Serverseite die Speicherung in einem Journaling Dateisystem.

Während ältere InterMezzo-Implementierungen **rsync** für den Datentransport benutzt haben, setzt die aktuelle InterMezzo-Version auf HTTP als Transportprotokoll auf. Für eine vertrauliche Kommunikation kann dabei entsprechend SSL benutzt werden. Für Details zu Intermezzo sei hier auf das InterMezzo HOWTO verwiesen.[3]

unison

Bei **unison** werden Verzeichnisbäume und nicht Dateisysteme synchronisiert. Der Datenabgleich ist auch hier in beiden Richtungen möglich, wobei man für eine reine Sicherung nur eine Richtung einsetzen wird. **unison** hat neben der Kommandozeilenversion auch eine grafische Oberfläche zur Steuerung. Der Abgleich kann sowohl automatisiert als auch explizit angestoßen erfolgen. Auch hier wird ein Client und ein Server eingesetzt. Im Gegensatz zu InterMezzo benötigt es keine speziellen Kernel-Module sondern nur eine ausreichend schnelle Netzverbindung. Es wird wie **rsync** auf Benutzerebene eingesetzt und benötigt keine Super-User-Rechte – es sei denn, man möchte auch fremde Dateien sichern bzw. abgleichen. Beim Auftreten von Abgleichkonflikten (z. B. wenn Dateien auf beiden Seiten parallel geändert wurden), zeigt

---

1. Ein *Loopback-Device* erlaubt ein virtuelles Dateisystem in einer großen Dateien auf einem anderen Dateisystem zu simulieren. Dies ist insbesondere für Testzwecke ausgesprochen nützlich.
2. Intermezzo auf **xfs** war Anfang 2003 noch nicht möglich.
3. Zum Beispiel zu finden unter *http://www.inter-mezzo.org/docs/InterSync-HOWTO.html.*

unison diese Konflikte an und lässt den Benutzer über den Abgleich entscheiden. Über die zu synchronisierenden Dateien führt unison auf dem Server ein Repository.

unison ist für zahlreiche Betriebssystemplattformen verfügbar. Dazu gehören neben Linux, Solaris und Mac OS X auch Windows. Für eine vertrauliche Übertragung lässt man **unison** über **ssh** zum Server kommunizieren.

Die **unison**-Dokumentation ist für Linux ungewöhnlich ausführlich und verständlich geschrieben.

rsync

rcp (*remote copy*) und **scp** (*secure remote copy*) sind Varianten von **cp**, hier aber zum Kopieren der Dateien oder – mit der Option –r (*rekursive*) ganzer Dateibäume auf einen entfernten Host. **rsync** geht einen wesentlichen Schritt darüber hinaus und benutzt dazu ein spezielles Protokoll (das *rsync remote-update protocol*), welches die für den Abgleich benötigte Datenmenge optimiert. Zum Vergleich bereits vorhandener Dateien benutzt es einen Prüfsummenalgorithmus und überträgt bei Unterschieden nur die veränderten Teile der Dateien. Es erlaubt einen Abgleich in beiden Richtungen – jedoch bei einem Aufruf jeweils nur in einer Richtung, was speziell für Sicherungen geeignet ist. Hier sagt man **rsync** also explizit, in welcher Richtung der Abgleich erfolgen soll.

Wie bei **tar** lassen sich per Optionen bestimmte Dateien von der Sicherung bzw. vom Abgleich ausschließen. Die sehr zahlreichen Optionen erlauben eine feine Abstimmung des Abgleichprozesses. So lassen sich über die Option –b (oder --**backup**) Backup-Kopien der alten Dateiversionen anlegen, so dass auf mehrere Versionen zurückgegriffen werden kann.[1] Auch eine Komprimierung ist (per Option –z) möglich. Der Einsatz von Prüfsummen bei der Übertragung, welche am Ziel jeweils überprüft werden, trägt hier zu der geforderten Zuverlässigkeit der Sicherung bei. Um auch die Vertraulichkeit zu gewähren, lässt sich der Transfer per **ssh** tunneln.

WebDAV

WebDAV (***Web Distributed Authoring and Versioning***) ist ein modernes, *verteiltes Dateisystem*, welches eine erweitere Version von HTTP für den Transport benutzt. Unter Linux wird WebDAV z.B. durch einen speziellen Modul des Apache-Web-Servers angeboten. WebDAV unterstützt ähnlich wie CVS das kooperative, verteilte Arbeiten an Dokumenten. Es bietet dabei Dokument-Management-Funktionen wie das *Checkout* von Dokumenten zur Bearbeitung (diese Dokumente sind dann für weitere Änderungen gesperrt) und das spätere *Checkin* der bearbeiteten Dokumente. Die Teilnehmer arbeiten hier in der Regel mit den lokalen Kopien – die Daten sind also repliziert vorhanden. Die WebDAV-Unterstützung ist inzwischen für mehrere Systeme (auch Windows) verfügbar und als integrierte Schnittstelle in vielen DTP-Applikationen anzutreffen – darunter auch Microsoft-Office. Daneben gibt es WebDAV-Browser, die den Datenaustausch ähnlich einem Dateimanager erlauben. Der Fokus von WebDAV ist aber die kontrollierte gemeinsame Bearbeitung von Dokumenten und weniger die Replikation oder Sicherung.

---

1. Dies ist auch bei **cp** mit diesen Optionen –b möglich. Die Namensgebung kann dort über die Shellvariable SIMPLE_BACKUP_SUFFIX sowie über die Option –V *typ* gesteuert werden.

Sicherheitsaspekte bei der Datensicherung

Bei der Datensicherung gibt es mehrere Sicherheitsaspekte:

▶ Eine **zuverlässige Sicherung**, bei der die zu sichernden Daten vollständig und fehlerfrei gesichert werden:
Ein Problemen bei der Sicherung einer Datei sollte nicht dazu führen, dass die Sicherung abgebrochen wird und damit weitere wichtige Daten nicht gesichert werden. Ebenso sollte eine Fehler beim Zurücklesen von Daten nicht dazu führen, dass die restlichen Daten nicht mehr eingelesen werden können. Prüfsummen können hier die Verifikation wesentlich verbessern und beschleunigen. Es muss dann kein Vergleichslesen über Netz erfolgen, sondern es werden jeweils lokal und remote die Dateien gelesen und nur die Prüfsummen verglichen.
Eine unabdingbare Pflicht des Systemverwalters ist die Auswertung der Sicherungsprotokolle; sonst kann es in einem Notfall beim Wiedereinlesen zu bösen Überraschungen kommen.

▶ **Vertraulichkeit der Sicherung** – insbesonder bei Sicherungen über Netz:
Während im Normalfall die Daten über ihre Linux-Zugriffsrechte vor unerlaubtem Zugriff geschützt sind, müssen die meisten Sicherungsverfahren – zumindest wenn die Daten mehrerer Benutzer gesichert werden – mit root-Rechten arbeiten und übertragen bei einer Sicherung über Netz im Standardfall die Daten ungeschützt (unchiffriert). Sie können dabei abgehört werden. Hier empfiehlt es sich deshalb bei sensiblen Daten diese verschlüsselt zu übertragen, etwa indem man sie durch eine **ssh**-Verbindung tunnelt, **scp** verwendet oder indem zwischen dem Sicherungs-Client und dem Sicherungs-Server eine verschlüsselte Kommunikation erfolgt. Bei **rcp** kann man hier z. B. die Option –x verwenden.

Weitere Sicherungswerkzeuge im Überblick

Es gibt eine ganze Reihe weiterer Sicherungsprogramme unter Linux, insbesondere solche zum Sicherung auf Bänder (Streamer, Kassetten). Hierzu gehören z. B.:

arc, file-roller, karchiver	einfache und kleine Archive, zum Datentransport gut geeignet
kbackup, cbk, Lnx-Bkp-Util	GUI-basierte, benutzerfreundliche Tools
flop, part, tbackup	für Floppies ausgelegt und damit für größere Daten ungeeignet
dds2tar, Ntape, BRU	für größere Bänder wie z.B. DLT etc.
dump/restore	alte Standardkommandos (Kommandozeilen-Tools), die über sog. *Dump-Levels* einfach inkrementelle Sicherungen erlauben. Sie arbeiten auf Dateisystemebene (nur für ext2/ext3).
rdump/rrestore	arbeiten wie **dump/restore**, jedoch über Rechnergrenzen hinweg und gehören zu den *remote*-Kommandos, aus der r-Kommando-Suite wie **rlogin, rsh, rcp**, etc.

Es gibt natürlich auch eine ganze Reihe kommerzieller Sicherungsprogramme – allerdings teilweise zu erheblichen Lizenzkosten. Als Marktführer hat sich *Legato Networker* etabliert. Legato designiert im Netz einen oder mehrere Backup-Server, an denen die Bandlaufwerke (auch Bandroboter) angeschlossen sind. Die zu sichernden Maschinen wenden sich dann als Backup-Clients an der Server und schicken ihre Daten an den Sicherungsserver oder fordern sie von dort an. Als Standard für das dabei verwendete Protokoll etabliert sich allmählich NDMP – das *Network Data Management Protocol*. Ähnlich wie die Lösung von Legato funktionieren die Produkte von Veritas oder ARCServe der Firma CAI. Bei größeren Netzen ist dabei fast immer die Verfügbarkeit zumindest der Sicherungs-Clients auf unterschiedlichen Betriebssystemplattformen relevant.

Eine weitere, hier nicht diskutierte Variante der Datensicherung sind HSM-Systeme (*Hierarchical Storage Management*). Für dieses Segment bieten z. B. die Firmen Veritas und Grau Lösungen für Linux und andere Plattformen. Einige HSM-Systeme unterstützen auch das Brennen der Daten auf DVD oder CD-ROM und den Betrieb von entsprechenden Wechsel-Robotern (*Jukeboxen*).

9.8 Konsistenzprüfung der Dateisysteme

Die Konsistenz der Dateisysteme sollte regelmäßig überprüft werden, um im Falle von Inkonsistenzen rechtzeitig Korrekturen vornehmen zu können! Linux führt deshalb nach 20–30 **mount**-Vorgängen eines Dateisystems einen automatischen *File-System-Check* durch (diesen Parameter kann man beim Anlegen des Dateisystems mit **mkfs** einstellen).

Bezüglich der Sicherheit des Dateisystems zeigt Linux – wie alle Systeme mit gepufferter Ein-/Ausgabe – gewisse Schwächen. Der Grund ist eine geringe Redundanz des Dateisystems und die Pufferung von Datenblöcken im Hauptspeicher. Beide Maßnahmen erhöhen zwar den Systemdurchsatz, können jedoch im Falle von Hardwarefehlern oder eines Systemzusammenbruchs sehr fatale Folgen haben! Die neueren Dateisysteme wie etwas das **ext2/ext3** oder verstärkt noch das Reiser-Dateisystem (**reiserfs**) weisen hier jedoch bereits wesentliche Verbesserungen auf.

Eine rechtzeitige, d. h. häufige Überprüfung der Konsistenz erlaubt es in der Regel, eventuell vorhandene Inkonsistenzen aufzuzeigen und zu beheben. Ein solche Prüfung ist auf jeden Fall nach jedem Systemabsturz oder nach einem unvollständigen Ausschalten des Systems sinnvoll und wird von Linux in der Regel automatisch durchgeführt. Zur Konsistenzprüfung sollte das zu prüfende Dateisystem nicht montiert sein und die Prüfung auf dem *raw device* erfolgen. Bei der Systemplatte (*root disk*) ist dies nicht möglich. Bei ihr ist aus diesem Grund das *block device* zu prüfen. Die Systemplatte muss deshalb immer im *Single-User*-Modus geprüft werden. Werden Korrekturen auf der Systemplatte vorgenommen, so ist das System sofort danach neu zu starten, so dass die im Hauptspeicher gepufferte, eventuell falsche Information nicht auf die Platte zurückgeschrieben wird.

Zur Konsistenzprüfung und Korrektur können folgende Programme verwendet werden:

/sbin/fsck   Dies ist die vollständigste Prüfung des Dateisystems und wird aus diesem Grunde hier ausführlicher beschrieben.

/sbin/debugfs ist ein sehr mächtiger aber eher kryptischer Dateisystem-Debugger. Für das Arbeiten mit ihm sind intime Kenntnisse des Dateisystems und seiner Strukturen unabdingbar – sonst sollte man die Finger davon lassen! Hier ist auch darauf zu achten, dass die verwendete Programmversion mit der aktuellen Version des Dateisystems zusammenpasst! Es kann zur Reparatur stark beschädigter Dateisysteme vom Systemverwalter eingesetzt werden.

Ist das Dateisystem hoffnungslos defekt, so können mit den Programmen **dumpe2fs** und **e2image** (bei Dateisystem vom Typ **ext2**) interaktiv noch einzelne Blöcke des Systems bzw. das ganze Dateisystem auf einen anderen Datenträger kopiert werden, um dann mit anderen, mächtigeren Werkzeugen einen Rettungsversuch zu unternehmen.

Neuere Versionen von Linux setzen beim regulären Demontieren eines Dateisystems ein entsprechendes Flag im Superblock des Dateisystems. Wird versucht, ein Dateisystem zu montieren, in dem dieses Flag nicht gesetzt ist, so verlangen sie einen Prüflauf mittels **fsck** oder führen ihn (z. B. beim root-Dateisystem) automatisch durch. Man kann bei **mkfs** auch angeben, wie oft das Dateisystem automatisch geprüft werden soll, z. B. nach jeweils 20 Systemstarts oder **mount**-Vorgängen.

Konsistenzprüfung mittels /sbin/fsck

Das Programm **/sbin/fsck** erlaubt eine sehr vollständige Konsistenzprüfung des Dateisystems. Bei auftretenden Fehlern übernimmt es in den meisten Fällen zugleich die Behebung, wobei bei gravierenden Eingriffen der Benutzer gefragt wird, ob die Korrektur vorgenommen werden soll. Das Programm läuft in mehreren Phasen ab.

Das **fsck**-Programm wird normalerweise nach dem Systemstart noch im Single-User-Modus aus einer der **rc**-Dateien (siehe Seite 781) aufgerufen. Nach einem Systemzusammenbruch oder einem Spannungsausfall ist diese Prüfung ein Muss. Der Aufruf von **fsck** hat folgende Syntax:

/sbin/fsck [–stACVRTNP] [*fs-optionen*] [*datei-system*]   → check file system

> Fehlt die Angabe *dateisystem*, so wird in der Datei */etc/fstab* nachgesehen, welche Dateisysteme zu untersuchen sind und in welcher Reihenfolge dies geschehen soll. Beim Fehlen des Dateisystemtyps *fs-typ* wird ebenfalls in */etc/fstab* nachgesehen. Die wichtigsten Optionen sind hierbei:

–s	Mit diesem Schalter behandelt **fsck** die Dateisysteme seriell nacheinander, statt parallel.
–t	Dateisystemtyp angeben und/oder dateisystemspezifische Option weiterreichen z. B. **–t opts=ro** prüft alle Dateisysteme, die *read-only* montiert sind.
–A	(*all*) **fsck** behandelt alle montierten Dateisysteme aus */etc/fstab*.
–C	Zeigt einen grafischen Fortschrittsanzeiger an (nur für ext2 Dateisysteme).
–V	(*verbose*) detaillierte Ausgabe der Aktivitäten
–R	verhindert die Prüfung des *root*-Dateisystems. Das ist nützlich, wenn man im Single-User Mode die Dateisysteme prüfen will.

–T	unterdrückt die Ausgabe des Programmtitels.
–N	(*nur so tun als ob*): **fsck** führt die Prüfungen durch, schreibt aber keine Änderungen oder Reparaturen auf die Festplatte.
–P	Mit dieser Option erlaubt man es **fsck** das *root*-Dateisystem *parallel* zu den anderen Dateisystemen zu prüfen z. B. beim automatischen Boot.

fsck ist ein Frontend für die dateisystemspezifischen **fsck**-Programme wie z. B. **fsck.ext2, fsch.ext3, fsck.jfs, fsck.msdos, fsck.reiserfs** oder **fsck.xfs**. Diese bieten weitere individuelle Möglichkeiten und Optionen. Die in der **fsck**-Kommandozeile übergebenen *fs-optionen* werden ohne weitere Beachtung an die jeweilig zuständige **fsck**-Variante weitergereicht.

Dateien, welche keinem Verzeichnis zugewiesen werden können, werden in das Verzeichnis *lost+found* eingetragen (nur bei Dateisystemen des Typs *ext2* oder *ext3*). Hierzu muss dieses Verzeichnis bereits auf dem zu prüfenden Dateisystem in dessen Wurzel existieren. Dieses *lost+found*-Verzeichnis muss darüber hinaus ausreichend groß sein, um alle Einträge aufnehmen zu können. Man erreicht dies, indem man das Verzeichnis erzeugt, darin eine ausreichende Anzahl leerer Dateien anlegt (damit wächst die Verzeichnisgröße) und die Dateien danach wieder löscht. Gefundene Fehler werden gemeldet. Ist der Fehler von */sbin/fsck* behebbar, so wird zuerst der Benutzer gefragt, ob eine solche Korrektur durchgeführt werden soll. **y** als Antwort veranlasst die Korrektur und daher erfolgt diese Antwort meist automatisch. Im Normalfall erledigt das **mkfs**-Programm die korrekte Einrichtung des *lost+found*-Verzeichnisses.

Unter Linux steht zur Datenrettung noch ein weiteres Programm zur Verfügung, der Dateisystem-Debugger **debugfs**. Es handelt sich dabei um ein sehr mächtiges, jedoch mit Vorsicht zu handhabendes Werkzeug. Mit diesem Programm ist es möglich, unter Beachtung der entsprechenden Dateisystemstrukturen, symbolisch auf den Inhalt der Dateisysteme zuzugreifen. Der Umgang mit **debugfs** ist allerdings nicht trivial und erfordert sehr tiefgehende Kenntnis über den inneren Aufbau des betreffenden Dateisystems. Da natürlich auch diese Programme spezifisch für das bearbeitete Dateisystem sind, muss man darauf achten, die richtige Version zu verwenden. So steht z B. für **reiserfs** das Programm **debugreiserfs** zur Verfügung, und für das IBM-Journaling-Filesystem gibt es **jfs_debugfs**.

Auch die Programme **dumpe2fs** und **dumpreiserfs** können bei der Analyse von Dateisystemproblemen helfen, da sie Informationen über die Dateisystemstruktur ausgeben. Sie sind nicht mit **dump** aus dem **dump/restore**-Duo zu verwechseln.

9.9   Notfall-CD

Es kommt beim Rechnerbetrieb immer mal wieder zu Notfällen, bei denen ein System
nicht mehr starten möchte, weil z.B. das Root-Dateisystem oder eine andere wichtige
Startdatei beschädigt ist oder weil eine Partitionstabelle falsch gesetzt ist. Auch können
im Einzelfall Viren das System unbrauchbar machen. Es ist dann ausgesprochen praktisch, eine *boot*-bare Notfall-Linux-CD zu haben. Das von ihr gestartete Linux erlaubt
dann, so richtig konfiguriert und mit den notwendigen Programmen versehen, Repara-
turen an dem schadhaften System vorzunehmen. Dies bewährt sich nicht nur für
Linux-Systeme, sondern erlaubt unter Umständen mit den richtigen Werkzeugen auch
Windows-Systeme zu reparieren oder zumindest wertvolle Daten auf einen anderen
Datenträger zu sichern. Die nachfolgend beschriebene CD enthält für die Reparatur
von Windows-Partitionen neben dem Programm **fsck.ntfs** und **fsck.vfat** auch das Programm **ntfix**. Defekte oder falsch gesetzte Partitionstabellen lassen sich mit Bedacht
und unter Verwendung der entsprechenden Dokumentation mit dem Programm
testdisk reparieren, defekte Dateisysteme mit großer Vorsicht mit **debugfs** (für Dateisysteme vom Typ **ext2/etx3**) oder mit **debugreiserfs** für das **reiserfs** beheben. Mit dem
Programm **lsdel** lassen sich gelöschte Dateien auf einem ext2-Dateisystem wieder sichtbar machen, sofern die Dateiköpfe (*Inodes*) und Datenblöcke noch nicht wiederverwen-
det wurden. Dabei erhält man aber zunächst nur die Inode-Informationen zurück, welche nicht den Dateinamen enthalten. Man muss die Datei also über die im Inode
vorhandenen Angaben wie Größe und Änderungsdatum einer gelöschten Datei zuordnen und neu benennen.

Eine solche sehr praktische Notfall-CD hat Klaus Knopper zusammengestellt und
diese als *Knoppix-CD* bekannte Version im Internet kostenlos unter *www.knopper.net/
knoppix* verfügbar gemacht. Sie wird ständig ge-
pflegt und kann – nach einigen wenigen Fragen
beim Starten – vollständig im Hauptspeicher
und von CD laufen, ohne dass dazu Änderungen auf einer lokalen Platte notwendig sind.
Da auch bereits ein ganzes Spektrum von
Netzwerkkarten und Netzwerk-Tools darauf
vorhanden sind, kann man sogar auf andere
Rechner im lokalen Netz oder sogar Updates über Internet herunterladen. In der
Zeitschrift c't erschien dazu ein sehr guter
Überblick mit einer ganzen Reihe nützlicher Hinweise (siehe [ct-Dietrich]).

Natürlich kann man sich auch mit etwas
Arbeit selbst eine solche CD zusammenstellen. Hat man einen DVD-Brenner und
kann von DVD booten, so bekommt man darauf ein sehr umfangreiches Linux mit
praktisch allen Werkzeugen sogar mit grafischer Oberfläche. Hierauf sollten auch
Virenscanner vorhanden sein. Die aktuellen Virensignaturen kann man dann entweder
von einer Floppy, von einer CD oder aus dem Internet herunterlanden.

9.10 Linux-Daemon-Prozesse – die nützlichen Dämonen

Daemon-Prozesse (englisch: *daemons* bzw. *disk and execution monitors*) sind Prozesse, die zyklisch ablaufen oder ständig im Hintergrund laufen und auf Aufträge warten. In der Regel führen sie eine Aufgabe aus (z.B. **cron** das Starten von Skripten zu vorgegebenen Zeiten) und suspendieren sich danach für ein Zeitintervall, nach dem sie untersuchen, ob weitere Aufträge vorhanden sind. Sie können sich jedoch auch durch das Lesen auf eine *named pipe* oder eine *Socket* suspendieren oder auf ein Signal warten.

Die meisten dieser Prozesse werden beim Übergang des Systems in den Multi-User-Modus automatisch gestartet. Das Linux-System kennt eine ganze Reihe solcher Daemon-Prozesse, von denen hier nur einige erwähnt werden sollen.

Bei allen Daemon-Prozessen ist das Schema sehr ähnlich. Es besteht aus dem

- Installieren des Dienstes (soweit er nicht bereits Teil der Basisinstallation ist),

- Konfigurieren der entsprechenden Konfigurationsdatei (bei Samba z.B. in */etc/smb.conf*). Für einige Dienste stehen spezielle Konfigurationswerkzeuge zur Verfügung, z.B. SWAT für die Konfiguration von Samba oder

- Aktivieren des Dienstes – z.B. über den KDE-Run-Level-Editor **ksysv** oder über ein anderes entsprechendes Administrationswerkzeug (bei SuSE z.B. über den entsprechenden YaST2-Modul; bei Red Hat wird über das -Menü unter *Servereinstellungen* → *Dienste* die **redhat-config-services** gestartet) oder indem man den Dienst über den Eintrag in die entsprechende Datei in */etc/init.d/rc?.d* manuell aktiviert. Der Start kann dann auch per Hand mit z.B. **S20nfs start** erfolgen.

Als Beispiel sei hier der **cron**-Daemon **cron** etwas detaillierter erklärt. Er ist typisch für einen lokalen Service.

cron

Der Daemon **cron** schaut in bestimmten Zeitintervallen (Standard = jede Minute) in **crontab**-Tabellen nach, ob Kommandoprozeduren zum aktuellen Zeitpunkt auszuführen sind. In der **crontab**-Datei sind jene Aufträge enthalten, welche zu einem vorgegebenen Zeitpunkt (Datum und Uhrzeit) ausgeführt werden sollen. Für verschiedene Benutzer können mehrere **crontab**-Dateien gleichzeitig auf dem System installiert sein. Die Einträge der **crontab**-Datei haben folgendes Format:

minute stunde tag monat wochentag kommando

Die einzelnen Einträge einer Zeile werden durch Leer- oder Tabulatorzeichen getrennt. Die Zeitangaben sind Zahlen (minute: 0–59, stunde: 0–23, tag: 1–31, monat: 1–12, wochentag: 0–6 (0 = Sonntag)) oder durch Kommata getrennte Zahlenfolgen (z.B. 1,3,5) oder Zahlenbereiche (z.B.: 3–8). Steht statt eines Zeiteintrags ein ›*‹, so ist damit *Zu jeder vollen … gemeint.*

✎   0 * * * * date > /dev/console
      → gibt zu jeder vollen Stunde Datum und Uhrzeit auf die Systemkonsole aus.

Der **crontab**-Eintrag für das Programm **/usr/lib/atrun** sieht z.B. wie folgt aus:

     0,10,20,30,40,50 * * * * /usr/lib/atrun

Das heißt, das Programm **/usr/sbin/atrun** soll alle 10 Minuten gestartet werden. **atrun** seinerseits schaut in dem Verzeichnis **/usr/spool/at** nach auszuführenden Aufträgen. Das Kommando **at** legt seine Aufträge in dem genannten Verzeichnis ab.

Bei Linux wird ein mächtigerer und komplizierterer Mechanismus verwendet. Dieser benutzt Dateien im Verzeichnis **/usr/lib/cron**. Benutzer können hierbei mittels des **crontab**-Kommandos eigene *crontab*-Dateien aufsetzen und **cron** zur Bearbeitung übergeben. Für den Umgang mit diesen *crontab*-Dateien steht das Kommando **crontab** zur Verfügung.[1] Mit ihm können *crontab*-Dateien angelegt, entfernt, aufgelistet und mit einem Editor bearbeitet werden. Allerdings können nur dazu berechtigte Benutzer von diesem Verfahren Gebrauch machen. Die Berechtigung der Benutzer zum **cron**-System wird in den Dateien *cron.allow* oder/und *cron.deny* hinterlegt.

Innerhalb einer **crontab**-Datei können (und sollten!) Kommentarzeilen enthalten sein. Diese Zeilen müssen mit einem Hash-Symbol (#) beginnen.

Neben der Kommandozeilenversion **crontab** zum Aufsetzen von **cron**-Jobs gibt es die etwas freundlicheren oder oft nicht ganz so mächtigen GUI-basierten Frontends **kron** (S. 661), **gcrontab** oder **vcrontab**.

Die wichtigsten Linux-Daemon-Prozesse

Zu den wichtigsten Linux-Daemons der potentiell sehr zahlreichen Server-Prozessen gehören die nachfolgend aufgeführten Prozesse. Ein großer Teil davon ist im Verzeichnis */usr/sbin* zu finden.

anacron   ist ein Service, der **cron**-Jobs nachholt, sofern das System während der regulären Zeit für den **cron**-Job herunter gefahren war.

atd   Daemon zur Abarbeitung von **at**-Jobs (siehe Seite 214).

afpd   File-Server für das *Apple-File-Protocol* (Emulation unter Linux). Siehe auch **atalkd** und **papd**.

---

1. Siehe hierzu Kapitel 4.3 auf Seite 243.

atalkd   Daemon zur Emulation des *AppleTalk*-Netzwerkmanagers. Siehe auch **afpd** und **papd.**

bdflush   schreibt in bestimmten Intervallen die gepufferten Datenblöcke der Dateisysteme auf die Datenträger hinaus. Ist ein Kernel-Thread, kein eigentlicher Daemon.

cron   **cron**-Server. Er startet andere Programme zu vorgegebener Zeit (siehe Seite 811).

cupsd   CUPS-Print-Spooler-Daemon (siehe dazu Abschnitt 9.11, Seite 816)

cups-lpd   LPD-Simulation des CUPS-Print-Spoolers, um auch von älteren **lpd**-Clients Druckaufträge entgegennehmen zu können.

devfsd   Server für das */dev*-Dateisystem – erzeugt dynamisch bei Bedarf bestimmte Dateisystemeinträge.

dhcpd   DHCP-Server. Er vergibt (dynamisch) IP-Adressen an anfragende Rechner im Netz (siehe dazu Seite 746).

ftpd   Standard-Linux-FTP-Server. Daneben gibt es zahlreiche weitere FTP-Server unter Linux (z. B. **wu-ftpd** oder **vsftpd**).

gdm   GNOME-Display-/Login-Manager (Alternativen sind **kdm** und **xdm**). Siehe Seite 635 und Seite 694.

httpd   HTTP-/Web-Server (Apache-Web-Server). Eine Alternative ist z.B. **tux.**

inn   News-Server (Internet News)

kupdated   überwacht die Pufferbereiche des Dateisystems im Kernel und sorgt dafür, dass diese ab einem bestimmten Füll- oder Alterungsgrad hinausgeschrieben werden.

kdm   KDE-Display-/Login-Manager (Alternativen sind **gdm** und **xdm**). Siehe Seite 635 und Seite 694.

kflushd   schreibt die im Hauptspeicher gepufferten Daten- und Kontrollblöcke der Dateisysteme in bestimmten Intervallen auf die Datenträger.

klogd   Linux-Kernel-Logging-Daemon zum Aufzeichnen von Kernel-Logging-Meldungen.

kwrited   Kernel Threads für das Schreiben von Dateisystemstrukturen, Journaling Dateisystemen etc.

kswapd   Swapping-/Paging-Daemon zum Aus- und Einlagern von Programmseiten.

ksysguardd   erlaubt über Netz die Prozessliste des lokalen Systems mit dem Systemmonitor **ksysguard** (aus dem KDE-Paket) zur Verfügung zu stellen (und Prozesse abzubrechen) (siehe dazu **ksysguard** auf Seite 657).

inetd startet die anderen Netzwerk-Daemons wie etwa die Server, welche ein Remote-Login erlauben (**rlogind**), die Ausführung von Kommandos auf dem lokalen Host für einen anderen Rechner (**rexecd**) oder eine Remote-Shell-Anforderung bedienen (**rshd**). Eine erweiterte Version von **inetd** ist **xinetd.**

ippd zuständig für ISDN-Verbindungen

kjournald aktalisiert die **ext3**-Journaling-Datei. Das Pendant zum **reiferfs**-Dateisystem ist **kreiserfsd.**

klogd protokolliert Kernel-Meldungen. Eine Alterantive dazu ist **syslogd.**

knfsd NFS-Datei-Server

kreiserfsd aktualisiert die **reiserfs**-Journaling-Datei. Das Pendant für das **ext3**-Dateisystem ist **kjournald.**

leafnode News-Server

lisa LAN Information-Sever unter KDE

lpd LPD-Print-Spooler, entweder vom LPRng-Print-Spooling-System oder vom BSD-LPD-System (Alternative: **cupsd** für das CUPS-System) (siehe dazu Abschnitt 9.11, Seite 816).

named DNS-/Domain-Name-Server

nmdb Name-Server für Windows – Teil der Samba-Suite

nscd Cache-Server für Benutzer-, Gruppen und Rechnernamen

ntpd Server zur Synchronisation der Uhrzeiten der Rechner im Netz über das *Network Time Protocol* (auf Port 123).

papd Print-Server-Emulation für Apple-Systeme (*Apple Printer Access Protocol*). Siehe auch **atalkd** und **afpd.**

portmap Port-Mapper als Teil des NFS-Servers.

powerd *Power-Down*-Daemon. Er fährt beim Eintreffen eines Strom-Ausfall-Signals das System kontrolliert herunter.

quotad Daemon zur Überwachung der Quota-Limits von Benutzern und Gruppen bei der Speicherbelegung auf Dateisystemen (siehe Seite 790).

sendmail Mail-Sever zum Versenden von E-Mails

sshd SSH-Server (Secure-Shell-Server)

smbd Samba-Datei-Server

squid Web-Proxy und -Cache

syslogd protokolliert Systemmeldungen.

talkd ermöglicht die direkte Kommunikation zwischen Benutzern über **talk.**

telnetd   (oder **in.telnetd**) ist der **telnet**-Server, welcher eine **telnet**-Verbindung von einem Remote-Host bedient. Zu **telnet** siehe Seite 422.

tux   sehr schneller und kleiner HTTP-Server, welcher weitgehend im Kernel abläuft

usbmgr   Server/Manager für USB-Geräte und USB-Plug&Play bei SuSE

wu-ftpd   kleiner, kompakter FTP-Server als sicherere Alternative zum **ftpd**

xdm   X-Display-/Login-Manager (Alternative zu **gdm** und **kdm**). Siehe Seite 635 und Seite 694.

xfs   X-Font-Server (sieh Seite Seite 698). Er macht unterschiedliche Schriften (Font-Typen) für X11 verfügbar.

xinetd   startet und überwacht andere Netwek-Daemons und ist eine Alternative zu **inetd**. Ist sicherer durch bessere Zugangskontrollmechanismen.

Zu diesen Daemonen bzw. Server-Prozessen – die obigen Liste ist bei weitem nicht vollständig – kommen jene, welche von den grafischen Oberflächen benutzt werden. Für KDE gehören hierzu z.B. **kdeinit**, **artsd** (der KDE-Sound-Server), **kio_file** oder **kalarmd**. Neue und weitere Dienste fügen oft weitere Daemons hinzu, die entweder bereits beim Systemstart bzw. beim Übergang in den entsprechenden Run-Level gestartet werden oder erst wenn der erste Prozess des Dienstes aktiviert wird.

Nicht alle der hier erwähnten Services bzw Daemon-Prozesse sind Teil der Standard-Distribution oder sogar aktiviert. So gibt es zahlreiche weitere Services, welche man im Internet zum Herunterladen findet oder welche in speziellen Distributionen vorhanden sind. Die RedHat-Distribution bietet z.B. den **rhnsd** (*RedHat Network Server Daemon*), welcher (so aktiviert) in regelmäßigen Abständen auf dem Internet-Server von RedHat nach neuen Updates für das lokale System sucht.

Man bedenke, dass jeder aktive Daemon (Service) Ressourcen verbraucht und man sollte deshalb die Daemons nur dann aktivieren, wenn sie wirklich benötigt werden, zumal man Daemons zumeist auch ohne Systemneustart aktivieren kann (z.B. über den Run-Level-Editor **ksysv**). Insbesondere Netzwerkdienste sind immer wieder Angriffspunkte. Die Standardeinstellungen der meisten Distributionen folgen diesem Konzept und aktivieren ohne spezielle Angaben nur ein kleines Spektrum der Daemon-Prozesse.

Spielt Sicherheit eine erhöhte Rolle, sollte man sich sogar überlegen, ob man nicht benötigte Dienste komplett deinstalliert. Dies verhindert, dass ein Angreifer unbemerkt einen Dienst aktiviert, um darüber unberechtigte Zugriffe zu erhalten.

9.11   Unix-/Linux-Print-Spooling

Unter Unix und Linux kann man zwar per Ausgabeumleitung die Ausgabe direkt auf einen Drucker, Plotter oder ein ähnliches Ausgabgerät steuern,[1] in der Regel verwendet man aber, wie unter Windows und anderen modernen Betriebssystemen, die Dienste eines so genannten *Print-Spoolers*. Dieser übernimmt die Aufgabe, das zu druckende Dokument in ein für den Drucker geeignetes Format zu bringen, erzeugt, soweit gewünscht, Deck- und Abschlussblätter für den Druckauftrag und fügt die Druckaufträge zunächst in die Auftragswarteschlangen der entsprechenden Ausgabegräte ein. Der Benutzer kann nach dem Absetzen des Druckauftrags weiterarbeiten, während sich das Print-Spooling-System um die korrekte, sequenzielle Abarbeitung der Aufträge kümmert. Das Konzept dieser Print-Spooler ist in Abbildung 9.1 dargestellt:

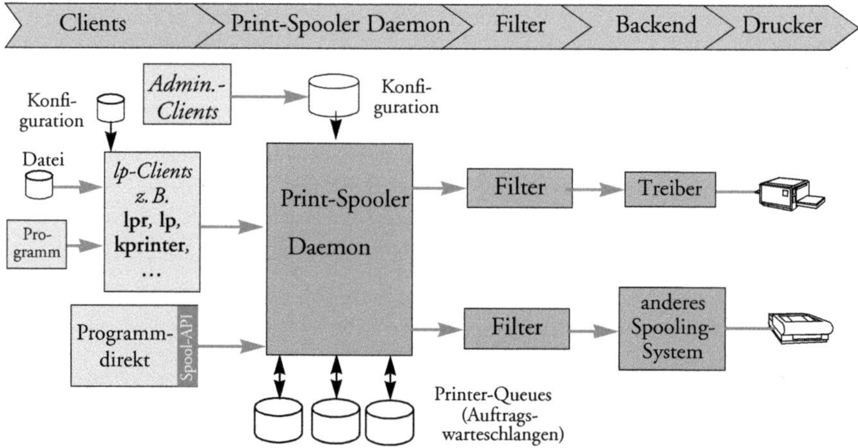

Abb. 9.1: Schema eines Unix/Linux-Print-Spooling-Systems

Das Print-Spooling-System setzt sich dabei aus (zumindest) fünf Bereichen zusammen:

▶   den Front-End-Komponenten für das Absetzen von Druckaufträgen. Hier sind sowohl Kommandozeilen-Clients zu finden (z. B. **lpr**, **lpr**) als auch grafische Clients.

▶   dem eigentlichen Print-Spooler – in der Regel ein Linux-Daemon. Er nimmt Druckaufträge entgegen, verwaltet die Auftragswarteschlangen und aktiviert für die eigentliche Ausgabe die entsprechenden Filter und Treiber. Er verwaltet auch die Zugänge zu den Auftragswarteschlangen und Druckern.

▶   den Filtern/Konvertierern, welche die Daten in verschiedener Weise formatieren, konvertieren und anderweitig für den Drucker aufbereiten. Zumeist werden gleich mehrere Filter nacheinander benutzt.

▶   die eigentlichen Druckertreiber – auch *Backends* genannt –, welche die aufbereiteten Daten zum Drucker schicken und die Ansteuerung der unterschiedlichen Druckerschnittstellen (z. B. seriell, parallel, USB, Netz) bedienen sowie das Dru-

---

1. Sofern die Zugriffsrechte der Geräte dies überhaupt zulassen, was zumeist nicht der Fall ist.

ckerprotokoll (z. B. PostScript, PDF, HPCL oder die Sprache der Epson-Drucker). Hier können auch Pseudogeräte wie etwa das Drucken in eine PostScript- oder PDF-Datei oder das Versenden per E-Mail oder Fax-Modem realisiert werden.

▶ die eigentliche Drucker, Faxmodems oder Drucksysteme. Dies können wiederum eigenständige Systeme sein wie etwa Netzdrucker, Drucker-Server oder ein Apple- oder Windows-Rechner mit angeschlossenen und freigegebenen Druckern.

Hinzu kommen die verschiedenen Konfigurationsdateien, die benötigten Ressourcen wie Schriften (Fonts) sowie Administrationsprogramme, welche es erlauben, die Konfigurationen vorzunehmen, neue Drucker aufzunehmen oder den Status und die Aufträge in den Auftragswarteschlangen anzuzeigen und zu ändern.

Unter Unix war das Drucken lange Zeit ein vernachlässigtes Thema. Der Unix-Print-Spooler stand in seiner Funktionalität deutlich hinter dem zurück, was man von anderen Systemen her kennt. Aus jener Zeit stammt der Spruch *Wenn man in seinem früheren Leben ein böser Mensch war, muss man sich in diesem Leben um die Drucker kümmern.*

Dies hat sich geändert. Traditionell gab es zwei unterschiedliche Unix-Print-Spooler-Systeme: jenes, welches aus dem UNIX System-V-System entstand und jenes, welches unter den BSD-Systemen verbreitet war. Inzwischen ist eine ganze Reihe weiterer, zumeist besserer Lösungen hinzugekommen. Zu den stärker verbreiteten Unix- und Linux-Print-Spooling-Systemen gehören:

▶ **LP**, das auf System-V-basierenden Systemen verbreitete Spooling-System. Der klassische Druck-Client ist hier **lp**. **lsched** ist der Spooling-Daemon in System-V-Systemen; unter Linux ist es **cupsd** (bei CUPS). **lpadmin** ist das Verwaltungsprogramm dazu und die Programme **lpstat**, **cancel**, **lpmove**, **enable**, **disable**, **accept**, **reject** erlauben den Zugriff auf die Drucker, Auftragswarteschlangen und die Druckaufträge. Unter Linux ist dieses System faktisch nicht vorhanden, sehr wohl aber die Emulationen des **lp**-Clients als auch der anderen Verwaltungsprogramme – insbesondere unter CUPS, teilweise auch unter LPRng.

▶ **LPD** *(Line Printer Daemon)*. Dieses wird auch als BSD-LPD oder **LPR** bezeichnet. Es verwendet für die Kommunikation zwischen den Clients und den Servern ein eigenes LPD-Protokoll, welches auch zur Standardisierung eingereicht wurde, dort aber inzwischen ruht (RFC 1179). Hierzu gehört der klassische Client **lpr**, der Spool-Server-Daemon **lpd** sowie die Administrationsprogramme **lpq** (Verwaltung der Aufträge in den Druckerwarteschlangen), **lprm** (löschen von Druckaufträgen) und **lpc** (Drucker-Administration). LPD ist zwar sehr verbreitet, muss aber inzwischen als veraltet betrachtet werden. Viele neuere Spooling-Pakete besitzen jedoch Kompatibilitätsschnittstellen zu LPD.

▶ **RLPR** *(Remote-LPR)* ist ein Mini-Server, der die Druckaufträge zu einem LPD- oder LPRng-Spooler auf einem anderen (remote) Rechner weiterleitet.

▶ **PDQ** *(Print Don't Queue)* ist ein funktionales aber einfaches Drucksystem, welches – wie das englische Synonym bereits andeutet – **ohne** großen Spooling-Mechanismus auskommt und die Ausgabe (nach entsprechender Aufbereitung über Filter) direkt zum Drucker schickt – oder an einen Print-Spooler auf einem anderen System weiterleitet.

▸ **PPR** ist eine Print-Spooler-Entwicklung des Trinity College in Hartford (USA), ausgelegt auf das Drucken mit PostScript-Druckern. Sie beherrscht dabei auch das Drucken auf Apple-Talk-Drucker und publiziert ihre eigenen Drucker in einem Apple-Talk (oder EtherTalk) Netz. Siehe hierzu *http://ppr.trincoll.edu*.

▸ **LPRng** *(Line-Printer next generation)* ist eine moderne Neuimplementierung von BSD-LPD, wobei hier auch einige Elemente aus dem System V LP übernommen wurden. Damit steht sowohl eine Emulation der LPD-Funktionen und -Programme zur Verfügung (**lpr**, **lprm**, **lpq**, **lpc**) als auch einige aus dem LP-Spektrum (**lp**, **lpstat**, **lpadmin**). **lpd** ist der Spool-Daemon, **lprngtool** ein wesentliches GUI-Werkzeug für Installation und die Verwaltung des Spoolers.[1] Auch Netzwerkdrucker und der Druck zu anderen Spoolern in einem Netz sind möglich. Der hier primär eingesetzte Druckfilter ist **ifhp**.
Nach CUPS dürfte LPRng die beste Wahl für einen Linux-Print-Spooler sein.[2]

▸ **CUPS** *(Common Unix Printing System)* ist ein relativ neues, aber sehr funktionales System, welches als Kommunikationsprotokoll IPP *(Internet Printing Protocol)* verwendet und das damit ein gut ausgebautes API besitzt. Die Firma *Easy Software Products*, welche wesentlich zur Entwicklung von CUPS beigetragen hat, vermarktet zu CUPS eine kommerzielle Version *ESP Print Pro* mit erweiterten Funktionen und insbesondere mit der Unterstützung zahlreicher Drucker.[3]

▸ **TurboPrint** ist eine von der Firma ZEDOnet GmbH[4] stammende Drucklösung, von der es eine eingeschränkte kostenlose Version und eine kostenpflichtige (aber relativ billige) Version gibt. Die Stärke liegt in den sehr hochwertigen Dithering-Verfahren und die Unterstützung von Farbprofilen (auch für verschiedene Papiere) bei Ausgabe auf Tinten-/Fotodrucker und Druckertreiber für zahlreiche Drucker. TurboPrint arbeitet auch mit CUPS zusammen. In einigen Linux-Distributionen ist TurboPrint Teil der Distribution.

▸ **Gimp-Print** ist ein aus dem Drucker-Interface des Grafikprogramms **gimp** heraus entstandenes Paket von Filtern und Druckertreibern. Es arbeitet mit CUPS zusammen als universeller Druckertreiber und liefert gute Ergebnisse insbesondere bei Tinten- und Fotodruckern. Es sollte die Anlaufstelle für von CUPS nicht direkt unterstützte Drucker(-treiber) sein.[5] Hier ist die Unterstützung zahlreicher Tintendrucker der Firmen Canon, HP und Epson zu finden.[6] TurboPrint kann als kommerzielle Version von Gimp-Print betrachtet werden.

Insgesamt trägt die Vielfalt nur bedingt zur Bereicherung, sondern eher zur Verwirrung bei. Dies gilt insbesondere, da die verschiedenen Module (Front-End-Programme, Ad-

---

1. Auch hier kommen distributionsspezifische Werkzeuge hinzu, wie etwa YaST bei SuSE oder **printerconf** bei Red Hat.
2. Die jeweils aktuelle Version finden Sie unter *http://www.lprng.org*. Hier ist auch eine gute Dokumentation unter *http://www.lprng.org/PrintigCookbook/* zu finden.
3. Zu CUPS siehe *http://www.cups.org*; zu *ESP Print Pro* siehe *http://www.easysw.com*.
4. Siehe hierzu *http://www.turboprint.de*.
5. Siehe hierzu *http://gimp-print.sourceforge.net*.
6. Die Firma Lexmark liefert lobenswerter Weise für viele ihrer Drucker selbst die Linux-Treiber.

ministrationsprogramme, Spool-Server, Filter/Konverter und Backend-Module) nur bedingt kompatibel sind, teilweise die Emulation und Kommunikation mit anderen Spooling-Systemen versuchen und zumeist entsprechend konfiguriert werden müssen. In manchen Fällen ist es nützlich, mehrere Spooling-Systeme parallel zu betreiben. Man muss hier jedoch auf die Verträglichkeit achten. Hinzu kommt, dass die verschiedenen Linux-Distributionen teilweise eigene, proprietäre Installations- und Konfigurations-programme zu diesen Systemen liefern.

Von allen Systemen düfte CUPS (*Common Unix Printing System*) als das inzwischen modernste, leistungsfähigste und sich am schnellsten weiterentwickelnde System sein. Es ist in praktisch allen aktuellen Linux-Distributionen vorhanden und auch für andere Unix-ähnliche Plattformen (weitgehend) frei verfügbar. Dass auch eine kommerziell vertriebene Version von CUPS von der Firma Easy Software Products existiert, sollte eher als Stärkung denn als Einschränkung betrachtet werden.

Wir fokussieren uns deshalb sowohl in diesem Kapitel als auch im gesamten Buch weitgehend auf das Drucken mit CUPS. Da CUPS (wie z. B. auch LPRng) Emulationen der System-V- und BSD-Spooler-Systeme bzw. **lp** und **lpr**-Kommandos besitzt, sollten sich auch Benutzer dieser Systeme schnell zurechtfinden. Zu den Print-Spooler-Syste-men gibt es auch GUI-basierte Frontends, welche sowohl das normale Drucken als auch die Verwaltung der Print-Spooler-System für den Einsteiger (und in einigen Fällen auch für den fortgeschrittenen Benutzer) vereinfachen können.

Da die Entwicklung hier insbesonder bei CUPS eine hohe Dynamik besitzt, lohnt es sich, ab und zu einen aktuellen Stand aus dem Internet zu holen.

Dokumentation zum Drucken unter Linux

Wir beschreiben hier den Stand von CUPS 1.1.x (und später) und der KDE-Frontends auf dem Stand ab KDE 3.0.x. Eine gute Behandlung des Themas *Drucken unter Linux* liefern die Bücher [CUPS-Book] und [Drilling]. Manche HOWTO-Papiere zum Thema Drucken sind leider etwas veraltet, was bei der raschen Entwicklung nicht über-rascht. Sie leiden teilweise unter der Breite des Print-Spooler-Spektrums. Ein Ansatz-punkt ist hier *printing-Usage-HOWTO* und *Printing-HOWTO* – entweder als Teil Ihrer Distribution (zumeist unter */usr/share/doc/HOWTO/.../*)[1] oder im Internet unter *www.linuxprinting.org/howto/*.

Für CUPS sind die beiden Papiere *CUPS Software Users Manual* und *CUPS Software Operators Manual* ein Muss.[2] Insbesondere das *Operators Manual* ist detailliert, ver-ständlich und aktuell. Für Unix-/Linux ungewöhnlich ausführlich und leicht verständ-lich ist das *The KDEPrint Handbook* (siehe [KDE-PH]) von Kurt Pfeifle. Der Fokus ist hier Drucken und Druckadministration unter KDE und mit CUPS. Für LPRng liefert das *Printing Cookbook* eine gute Darstellung.[3] Weitere Informationen sind unter *www.linux-printing.org* zu finden.

---

1. Sie sollten hier ein wenig suchen. Bei SuSE sind auch deutsche Beschreibungen mit den Titeln DE-Drucker-HOWTO-*nn*.html zu finden (*nn* sind Nummern).
2. Beide (und einiges mehr) sind zu finden z. B. unter: *http:/www.cups.org/documentation.php*.
3. Zu finden unter *http://www.lprng.com/PrintingCookbook/*.

9.11.1 Basismechanismen des Unix-/Linux-Print-Spoolings

Die Basismechanismen des Linux-Print-Spoolings sind bei den meisten Print-Spooler-Systemen gleich. Die Printspooler unterscheiden sich hier hauptsächlich in den dabei verwendeten Programmen und Optionen:

▸ Ein **Print-Client**-Programm erteilt einen Druckauftrag. Er schickt dazu einen zu druckenden Datenstrom (oder einen Dateinamen) zuammen mit steuernden Optionen an das Print-Spooler-System bzw. den entsprechenden Print-Server. Pro Druckauftrag können auch mehrere Dateien ausgegeben werden. Der Print-Client selbst kann wiederum von anderen Programmen aufgerufen werden und die zu druckenden Daten entweder als Datei(-namen) erhalten oder über eine Pipe einlesen. Die klassischen Kommandozeilen-Clients sind **lpr** und **lp**; zu den GUI-basierten Clients gehören z.B. **gtklp**, **kprinter**, **qprint** oder **xpp** oder das Printer-Icon unter dem GNOME-Desktop. Zieht man per *Drag&Drop* eine Datei auf dieses Icon, öffnet sich automatisch eine GUI-Druckdialogbox.

  Der Client erhält vom Print-Spooler (dem Server) eine Auftragsidentifikation zurück – die Nummer oder den Namen des Druckauftrags (*Print-Jobs*). Unter dieser Identifikation wird der Auftrag nachfolgend verwaltet. Man benötigt diese *Print-Job-ID*, um später einen Druckauftrag anzuhalten, freizugeben (nach einem Anhalten), zu stornieren (löschen) oder in eine andere Druckerwarteschlange zu verlegen.

▸ Der **Print-Server** als Kern des Print-Spooling-Systems ist ein Linux-Daemon, der ständig auf Druckaufträge wartet. Er nimmt einen Druckauftrag von einem Client entgegen und lässt sich vom Client mitteilen, für welchen Drucker der Auftrag sein soll (oder benutzt den Standarddrucker). Er analysiert, in welchem Format die zu druckenden Daten vorliegen. Danach führt er eine eventuell notwendige Aufbereitung der zu druckenden Daten durch. Er schickt die aufbereiteten Daten nicht sofort an den Zieldrucker, sondern steckt den Auftrag in die Auftragswarteschlange für den Zieldrucker. Ist ein Drucker für einen neuen Ausdruck bereit, so nimmt der Print-Server den an vorderster Stelle in der entsprechenden Auftragswarteschlange stehenden Auftrag und aktiviert – sofern notwendig – weitere Filter für dessen Verarbeitung. Das Ende der Verarbeitung ist schließlich ein Druckertreiber, auch als *Backend* bezeichnet. Er überträgt die Daten mit einem für den Drucker und die Schnittstelle passenden Dialog (Protokoll) zum Drucker und wertet dessen Rückmeldungen aus.

  Der Print-Server kann die Daten jedoch an andere Server auf anderen Systemen weiterleiten – sowohl an gleiche Server unter Linux oder Unix oder auch an Druck-Server auf anderen Plattformen wie etwa Windows, Novell oder Mac OS. Er kann oft auch – mit entsprechender Protokollünterstützung – Druckaufträge von solchen Systemen entgegennehmen.

▸ Die Daten, welche gedruckt werden sollen, sind in mehrerer Hinsicht aufzubereiten. Dies geschieht durch die **Filter**. Der erste Schritt ist oft eine Formatierung, oder wie es unter Linux (im Englischen) genannt wird, ein *Pretty-Printing*.
  Ein Teil dieser Formatierung erfolgt oft bereits vor dem eigentlichen Drucken, etwa per **troff/groff** oder $\mathrm{T_{E}X}$ oder durch die Office-Programme wie OpenOffice,

StarOffice oder AbiWord. In der einfacheren Variante ist es **fmt** oder **pr**.
In der Stufe als Teil des Druckauftrags wird zunächst ermittelt, in welchem Format
die zu druckenden Daten vorliegen. Textdateien, formatierte Texte und teilweise
auch Rasterdaten (Images, Rasterbilder) werden hier zumeist in PostScript als druckerneutrale Sprache konvertiert. Von dieser Konvertierung sind bereits in Post-
Script oder PDF vorliegende Daten ausgenommen. Fast jedes Druckerpaket bringt
dafür eigene Filter(-Kombinationen) mit, die zumeist aber auch bei den anderen
Paketen eingesetzt werden könnten. Bei CUPS wird vielfach **enscript** für die Text-
nach-PostScript-Konvertierung eingesetzt. Alternativen sind z. B. **a2ps** oder **mpage**.
Weitere Filterschritte können verwendet werden, etwa um mehrere (virtuelle) Seiten auf einer Druckseite zu platzieren. Hierfür bieten die zuvor genannten Text-
nach-PostScript-Werkzeuge bereits entsprechende Funktionen bzw. Optionen an.

▶ Im letzten Schritt setzt der Spooler die Daten dann aus dem Zwischenformat (z. B.
PostScript) in ein Format um, welches der Drucker als seine Druckersprache (PDL,
Print-Description-Language) versteht, oder es werden Daten für spezielle Ausgabe-
dedingungen angepasst – etwa die Auflösung von Rasterbildern, Farbanpassung an
das verwendete Papier oder Ähnliches. Bei PostScript- oder PDF-Druckern kann
dies überwiegend entfallen. Eine weitere, vielfach eingesetzte PDL ist HP-PCL, die
Standardsprache der HP-Drucker und der PCL-Emulationen bei zahlreichen anderen Fabrikaten.
Schließlich schickt das System die Daten wirklich an einen Drucker oder Pseudo-
drucker. Hier sind zumindest zwei weitere Anpassungen notwendig:
– zum einen ist die entsprechende Anschlussschnittstelle (serielle, die Parallel-
oder USB-Schnittstelle oder die Netzschnittstelle für Netzwerkdrucker) zu bedienen.
– Zusätzlich muss der Drucker in seiner PCL *(Printer-Command-Language)* angesprochen werden.
Handelt es sich nicht gerade um einen PostScript-Drucker oder liegen die Daten
noch als Raster-Image vor, so gilt es zusätzlich, die Daten in die entsprechende
PDL *(Print-Description-Language)* des Druckers zu konvertieren – in den meisten
Fällen von PostScript in die Drucker-PDL. Auch hierzu werden spezielle Filter ein-
gesetzt. Unter CUPS wird dieses ganze Kreuzworträtsel zwischen Eingabe- und
Ausgabeformat durch den so genannten **cupsomatic**-Filtermechanismus realisiert.
Eine zentrale Komponente darin spielt Ghostscript (**gs**)[1] für die Umwandlung aus
PostScript in die PDL des Zieldruckers.

Die wesentlichen Funktionen des Print-Spooling-Mechanismus sind:

▶ Ausgabeaufträge können vom Spooling-Client erteilt und vom Spooling-Server in
eine Warteschlange eingehängt werden. Solche Aufträge (Druck-Jobs) können –
soweit sie noch nicht ausgegeben sind – wieder storniert (gelöscht) oder auf andere
Ausgabegeräte umgehängt werden. Auch die Änderung einiger Auftragsparameter
– etwa den der Auftragspriorität – lassen sich nachträglich ändern. Der Umfang der
möglichen Änderungen ist etwas vom Spooling-System und von der Zugriffsrech-

---

1. Siehe zu **gs** die Beschreibung auf Seite 300.

ten des Benutzers (bzw. der Spooler-Konfiguration) abhängig. Der Print-Spooler prüft auch die Zugangsberechtigung des Benutzers zum Zieldrucker.

▸ Aufträge können nicht nur storniert, sondern auch angehalten werden. Sie werden dann erst nach einer expliziten Freigabe wieder für den Druck freigegeben.

▸ Statusabfragen zu Ausgabeaufträgen

▸ Sperren und Freigeben einzelner Geräte oder ganzer Geräteklassen

▸ Eingabe von Konfigurationsänderungen

▸ Statusabfragen zur Auftragswarteschlange bestimmter Drucker oder Druckerklassen

▸ Der Benutzer kann sich bei Fertigstellung eines Druckauftrags (oder bei Auftreten von Problemen) vom Spooler per E-Mail darüber informieren lassen.

Drucker und **Druckerklassen**   Im einfachsten Fall ist das Ziel eines Druckauftrags ein konkreter Drucker. Zuweilen möchte man aber auch einen Druckauftrag einfach loswerden, ohne dass man einen konkreten Drucker benötigt – er soll nur möglichst schnell ausgegeben werden. Das Linux-Print-Spooler-Konzept sieht hier die *Druckerklasse* vor. Dies ist im Prinzip eine Auftragswarteschlange, der mehrere konkrete Drucker zugeordnet sind. Der Spooler gibt den Auftrag dann auf dem Drucker aus, der als nächster frei wird. Zumeist fasst man in einer Klasse mehrere räumlich benachbarte Drucker oder mehrere Drucker mit gleichen oder ähnlichen Eigenschaften zusammen (z. B. schnelle Laserdrucker oder Farbdrucker). Ein Drucker kann sich gleichzeitig in mehreren Klassen befinden. Druckerklassen werden unter Linux sowohl von LPRng als auch von CUPS unterstützt.

Prioritäten von Druckaufträgen   Ähnlich der Laufzeitprioritäten lassen sich Druck-Jobs Prioritäten zuordnen. Jobs mit höherer Priorität werden (vollständig) vor jenen mit niedriger Priorität (in der jeweiligen Druckerwarteschlange) verarbeitet. Die Priorität lässt sich sowohl beim Druckaufruf (in **lpr** oder **lp** z. B. per **–q** *n*) mitgeben als auch später noch verändern (z. B. über die grafische Oberfläche per **kprinter** oder **gtklpq**). In CUPS und LPRng sind Prioritäten von 1–100 möglich, wobei 50 der Standardwert ist.

Filter auf dem lokalen System oder einem entfernten Spooler?

Ist der Zieldrucker nicht am lokalen System angeschlossen, so kann die Datenaufbereitung sowohl auf dem lokalen System erfolgen als auch auf dem Zielsystem. Beide Varianten haben ihre spezifischen Vorteile. Für die lokale Verarbeitung spricht eine Lastverteilung und dass spezielle Konvertierungsfilter oder Schriften eventuell gerade (nur) lokal vorhanden sind. Bei großen Installationen vereinfacht eine zentrale Verarbeitung auf einem (eventuell dedizierten) Druckserversystem die Installation, da hier die Filter und weitere Ressourcen nur auf dem Serversystem installiert und aktualisiert werden müssen. Konfigurationsänderungen sind zentral besser zu verwalten. Es bleibt zu überlegen, welche Formate dort verarbeitet werden können und welche Aufbereitung dazu notwendig ist, da es sich sowohl beim Serversystem als auch beim Client-System unter Umständen um eine andere Plattform (Unix, Windows, Novell, Apple, …) oder um einen Linux-Druckserver in einem anderen Spooling-System handeln kann. So haben z. B. die Linux-Drucksysteme Probleme mit den teilweise recht entarteten PostScript-Dateien, welche von Windows-Anwendungen und Windows-Treibern erzeugt werden.[1] Hier ist deshalb unter Umständen zuvor eine PostScript-nach-PostScript-Bereinigung notwendig (etwa per **pstops**).[2]

Accounting und Quota

Bei größeren Installationen wird eine Kostenzuordnung der Druckkosten zu Abteilungen oder Projekten oder Personen benötigt – im erweiterten Fall auch ein Quota-System, welches das Drucken bei Überschreitung eines festgelegten Druckvolumens verweigert. Während die meisten Linux-Drucksysteme hierfür bisher wenig bieten, sind in CUPS und LPRng zumindest Basismechanismen vorhanden. Hier ist zu erwarten, dass CUPS die schnelleren Fortschritte macht.

Unter CUPS lassen sich Benutzer-Quotas entweder per **lpadmin** setzen (s. S. 836) oder über ein Administrationsprogramm (oder per direktem Editieren der CUPS-Konfigurationsdatei */etc/cups/lpd.conf*). Beides sollte unter root oder unter dem CUPS-Administrationsbenutzer (konfiguriert in */etc/cups/cups.conf*) erfolgen.

---

1. Insbesondere Microsofts PowerPoint erzeugt (bisher) ein recht miserables PostScript.
2. Siehe hierzu die Beschreibung der PostScript-Utilities auf Seite 390.

9.11.2 Das CUPS Print-Spooling-System

CUPS – *Common Unix Printing System* – ist ein relativ neues Print-Spooling-System auf
Unix-Systemen und Linux. Es weist eine hohe Funktionalität auf und wird intensiv
weiterentwickelt. Basis ist das IPP-Protokoll *(Internet Printing Protocol* – entsprechend
RFC 2568), welches eine Erweiterung von HTTP 1.1 darstellt und zunehmend auch
von Anbietern von Netzwerkdruckern und Druckservern eingesetzt wird. CUPS steht
nicht Linux und den meisten Unix-Systemen zur Verfügung (darunter auch Mac OS X),
sondern auch anderen Plattformen – etwa Windows. Neben seinen nativen speziellen
CUPS-Programmen und Schnittstellen stellt das CUPS-Paket auch Emulationen für
die älteren System-V- und BSD-LPD-Systeme zur Verfügung, so dass auch Benutzer anderer Systeme sich schnell zurecht finden. Ein weiterer Vorteil von CUPS liegt darin,
dass es zu CUPS umfangreiche, dokumentierte APIs gibt, welche direkt aus Anwendungen aufgerufen werden können, so dass man sich den Umweg über die Ausgabe in eine
Datei sparen kann, ohne Funktionalität zu verlieren. Eine andere Möglichkeit besteht
darin, GUI-Frontend-Programme wie etwa **kprinter** oder **gtklp** zu verwenden, welche
dann dem Benutzer eine Dialogbox bieten, in der ein Großteil der Auftrags- und Dru-
ckerparameter verständlich und einfach eingestellt werden können.

Drucker können unter CUPS sowohl lokal angeschlossen sein – über eine parallele
oder serielle Schnittselle oder per USB – als auch über Netz. Im Netz wiederum können
die Drucker einen direkten Netzanschluss haben (etwa JetDirect mit dem AppSocket-
Protokoll bei vielen Druckern von HP) oder wiederum an einem Host, der die Druck-
dienste im Netz anbietet. Der lokale CUPS-Service publiziert – soweit aktiviert – seine
Service-Informationen (die lokal vorhandenen Drucker und Druckerklassen) regelmäßig im Netz, so dass andere Server und die CUPS-Clients dies automatisch erfahren
und die neuen Drucker ohne weitere Installationen und Updates *sehen*. Da dies in gro-

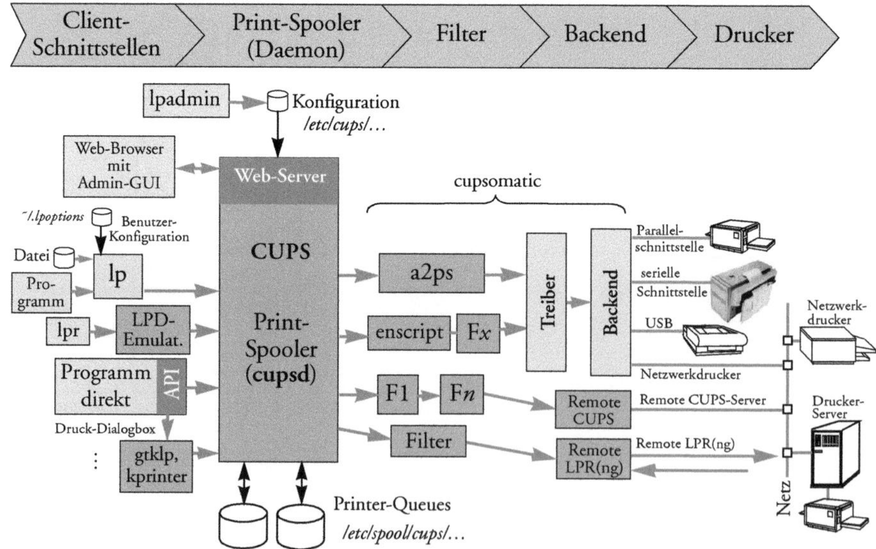

Abb. 9.2: Topologie des CUPS-Systems

ßen Netzen zu einer Unübersichtlichkeit aufgrund zu vieler sichtbarer Drucker führen kann, lassen sich Sichten definieren, bei denen die angezeigten Drucker durch Filter eingeschränkt werden.

Druckerinstanzen/Druckerprofile CUPS kennt neben Druckern und Druckerklassen auch *Druckerinstanzen*. In neueren Versionen werden diese passender als *Profile* bezeichnet. Diese erlauben zu einem realen Drucker mehrere *virtuelle Drucker* zu definieren, wobei ein virtueller Drucker ein Satz von Optionen bzw. Einstellungen zur Ausgabe auf dem realen Drucker ist. So kann man z.B. zu einem Drucker HP-LJ2200 zwei Profile definieren, bei der beim Profil *Entwurf* eine niedrige Auflösung und ein doppelseitiger Druck gewählt wird und für das Profil *Final* eine hohe Auflösung und ein einseitiger Druck. In der Kommandozeile werden solche Profile mit der Syntax *drucker/profil* angegeben.

Solche Profile können sowohl systemweit gelten (sie liegen dann in dem Verzeichnis */etc/CUPS/lpoptions*) oder benutzerindividuell. Letztere sind jeweils unter *.lpotions* im Home-Verzeichnis des Benutzers abgelegt und können individuell angepasst, angelegt und gelöscht werden. Dies ist gleich mit einer ganzen Reihe von Programmen möglich (z.B. per **lpoptions**, **getklp** oder dem KDE-Print-Manager).

Der Systemverwalter kann seine Einstellungen nach */etc/CUPS/lpoptions* kopieren, damit sie systemweit gelten, wobei die Benutzereinstellungen diese überdecken.

Zugang zum CUPS-System über eine GUI-Oberfläche

Es gibt zahlreiche Zugangsarten zu den verschiedenen Funktionen des CUPS-Spoolers:

- über die später noch beschriebenen Kommandozeilenprogramme wie **lpr**, **lp**, **cancel**, **accept**, **reject**, **enable**, **disable**, **lpstat**, **lpotions**, **lpadmin**, …

- über GUI-Programme wie etwa **gtklp**, **xpp**, **klpq** oder **kprinter**[1]

- über spezielle Konfigurationsprogramme, welche zumeist abhängig und unterschiedlich von Linux-Distribution zu Linux-Distribution sind (z.B. per YaST2 unter SuSE)

- über das Web-HTML-Interface des CUPS-Servers, der von einem Browser aus zu erreichen ist unter:
  http://localhost:631   oder   *http://zielhost:631*[2]
  Unter *http://localhost:631/documentation.html* ist die jeweils aktuelle Dokumentation zu CUPS zu finden.

- über den Aufruf von **kups** oder **kcmshell printmgr** unter KDE

- über den KDE-Printer-Manager, indem man im Konqueror folgende URI eingibt:
  print:manager

- über das KDE-Kontrollzentrum über die Schritte: *System → Druckerverwaltung*

---

1. **kprinter** ist ein Programm aus dem KDE-System, jedoch auch unter GNOME und von GNOME-Anwendungen aus nutzbar.
2. Port 631 ist der Standardport des CUPS-internen Web-Servers. In der CUPS-Konfiguration kann eine abweichende Port-Nummer angegeben werden. Siehe dazu [CUPS-Ops].

> über distributionsspezifische Administrationswerkzeuge wie etwa YaST2 bei SuSE oder bei Red Hat über das **Printer Configuration Tool** und ab Red HAT Version 9 über den **gnome-print-manager** zur Verwaltung von Druckaufträgen.

Der CUPS-Daemon cupsd

Der Kern dies CUPS-Systems ist der Daemon **cupsd**. Dieser wird in der Regel von **init** oder **xinit** gestartet. Einmal gestartet liest er seine Konfiguration aus den Konfigurationsdateien (siehe Tabelle 9.3, Seite 835) und wartet auf Aufträge von den CUPS-Clients. Er verwaltet die Auftragswarteschlangen der Druckaufträge für die Drucker und initiiert die Verarbeitung der Aufträge, sobald ein Drucker für den nächsten Auftrag frei ist. Dazu aktiviert er die zur Ausgabe notwendigen Filter und Druckertreiber (Ausgabeprozesse). Für die Kommunikation mit anderen CUPS-Servern sowie mit seinen Clients benutzt **cupsd** das *Internet-Printing Protocol* (IPP) – eine Erweiterung des HTTP-Protokolls. Der Daemon bietet einen eigenen kleinen HTTP-(Web-)Server, über den sich auch seine Administrationsschnittstelle ansprechen lässt (s. Seite 831).

Kommandos zum Drucken und zur Spooling-Verwaltung

Folgende Programme (auf Kommandozeilenebene) sind Teil des **CUPS**-Print-Spooler-Systems und entsprechen weitgehend jenen des System-V-Print-Spooler-Systems. Die oft mögliche Option **–E** aktiviert dabei die verschlüsselte Kommunikation zwischen dem Client und dem Server, während per **–h** *server* ein Print-Server auf einem anderen System (oder ein zweiter Server auf dem lokalen System) angegeben werden kann.

lp [*optionen*] [*dateien*]   → spool files for line printer
       oder
lpr [*optionen*] [*dateien*]   → spool files for line printer

    lp (s. Seite 332) oder **lpr** (s. Seite 342) setzen den Druckauftrag auf und schicken die zu druckenden Daten und die Auftragsparameter an den CUPS-Server (den Daemon **cupsd**). Der Server erstellt daraus einen Ausgabeauftrag (englisch: *request*), in dem Benutzer, auszugebende Dateien, zusätzliche Optionen (**–o**-Option bei **lp/lpr**) sowie Ausgabeziel enthalten sind. Es reiht diesen Auftrag in eine Auftragswarteschlange ein. Dem Benutzer wird die Auftragsbezeichnung (*request identification*) mitgeteilt. Er kann beim **lpp/lpr**-Aufruf eine Druckerklasse, einen Drucker oder eine Druckerinstanz (in der Form: *drucker/profil*) als Ziel der Ausgabe angeben. Fehlt diese Angabe, so wird die Ausgabe auf einen *Standarddrucker* (oder Klasse) geleitet, soweit dieser definiert ist. *Drucker* ist hierbei ein symbolischer Name für ein Ausgabegerät, *Druckerklasse* der symbolische Name für eine ganze Gruppe von Druckern.
    Wird als Ziel eine *Druckerklasse* angegeben, so geschieht die Ausgabe auf den Drucker der Klasse, der als erster in seiner Klasse frei wird. Die Zuordnung von *Druckern* zu *Druckerklassen* und von physikalischen Geräten oder Dateien zu Druckern wird vom Systemverwalter mittels des **lpadmin**-Programms vorge-

nommen. Ein Drucker darf sich gleichzeitig in mehreren Klassen befinden. Ein Benutzer kann seinen Druckauftrag später z. B. mittels **cancel** unter Angabe seiner Auftragsnummer löschen. Die Beschreibungen von **lp**, **lpr** und **cancel** sind in Kapitel 4.3 zu finden. CUPS unterstützt ebenso die BSD-LPD-Variante **lpr** (siehe Seite 342). **lp** und **lpr** können auch zu druckende Daten von der Standardeingabe lesen und so die Ausgabe anderer Programme ausgeben oder von diesen als Ausgabefilter verwendet werden.

cancel [*optionen*] [*auftrag* ...] [*drucker* ...]   → **cancel** print request
    oder
lprm [*optionen*] [*auftrag* ...] [*drucker* ...]   → remove jobs from **lp** queue

stornieren die angegebenen Druckaufträge (oder alle Aufträge) für einen oder mehrere angegebene Drucker. Der Aufruf von **cancel** ist auf Seite 223 erklärt, jener von **lprm** auf Seite 343.

lpstat [*optionen*] [*auftrag* ...]   → print **lp** status

erlaubt dem Benutzer, Informationen zum CUPS-Server sowie zu seinen Druckaufträgen abzufragen. Die Beschreibung ist auf Seite 343 zu finden. Alternativ unterstützt CUPS auch **lpq** (siehe Seite 341) und **lpc** (siehe Seite 335)

accept *drucker*   → order spooler to **accept** *drucker* as destination

/usr/sbin/accept bewirkt, dass der Spooler Aufträge für die mit *drucker* angegebenen Drucker oder die Druckerklassen annimmt. Dies kann später mit **reject** aufgehoben werden. Unter CUPS wird dazu unter Umständen ein Verwaltungspasswort abgefragt.

reject [–E] [–h *server*] [–r[*grund*]] *drucker*   → order spooler to **reject** requests for *ziel*

/usr/sbin/reject teilt dem Spooler mit, dass keine Aufträge für die angegebenen Drucker oder Druckerklassen mehr angenommen werden sollen. Mittels **–r** (*reason*) kann man einen Grund (Kommentar) für die Ablehnung angeben. Der Text *grund* wird dann dem Benutzer vom Spooler bei einer Ablehnung von Druckaufträgen ausgegeben. Unter CUPS wird dazu unter Umständen ein Verwaltungspasswort abgefragt.

enable [–E] *drucker* ...   → **enable** printer *drucker*

aktiviert den oder die angegebenen Drucker oder Druckerklassen, so dass sie Druckaufträge starten bzw. fortsetzen. Die Umkehrung hiervon ist **disable**. Unter CUPS wird dazu unter Umständen ein Verwaltungspasswort abgefragt. **enable** entspricht (etwa) **lpc enable** *drucker*.

disable [–E] [–c] [–h *server*] [–r*grund*]] *drucker* ...   → **disable** printers

deaktiviert die angegebenen Drucker oder Druckerklassen. Ein begonnener Druckauftrag wird bei einer erneuten Aktivierung mit **enable** von vorne ausge-

geben. Die Option *–rgrund* erlaubt, einen Grund (Kommentar) für das Anhalten anzugeben. Dieser wird einem Benutzer bei Verwendung von **lpstat** mitgeteilt. Die **–c** (*clear*) löscht alle Aufträge des Druckers. Dazu wird unter Umständen ein Verwaltungspasswort abgefragt.
disable entspricht (etwa) **lpc diable** *drucker.*

lphelp [*drucker* | *ppd-datei*]   → return **help** on **lp** options

zeigt an, welche Druckoptionen der angegeben Drucker oder das PPD-Profil unterstützen. Siehe hierzu **lphelp** auf Seite 336.

lpinfo [*–E*] *optionen*   → return **info** for available printers

/usr/sbin/lpinfo gibt eine Liste mit den verfügbaren Geräten/Druckern oder Treibern des CUPS-Servers aus. Zumindest eine der Optionen **–m** oder **–v** muss angegeben werden. **lpinfo** zeigt nicht Informationen zu den konkret angelegten Druckern, sondern zu den dem CUPS-System (in Tabellen) bekannten Druckern, Treibern und PPDs.

–l   liefert detaillierte *(long)* Information zurück.
–m   gibt eine Liste der auf dem System verfügbaren Druckertreiber aus.
–v   zeigt die dem CUPS-System bekannten Drucker.

lpmove [*–E*] *aufträge drucker*   → **move** requests *aufträge* to *ziel*

erlaubt, die bereits abgesetzten Druckaufträge *aufträge* auf den mit *drucker* angegebenen Drucker (oder die Druckerklasse) umzusteuern. Statt *aufträge* darf auch ein Drucker oder eine Druckerklasse angegeben werden. In diesem Fall werden alle Aufträge für diesen Drucker (oder die Druckerklasse) umgelenkt, und der Spooler nimmt keine neuen Aufträge dafür an.

lpoptions [*–o option=wert ...*] [*drucker*]   → return **info** available printers

erlaubt die Standardoptionen für einen Drucker abzufragen (ohne –o-Optionen) oder durch **–o** *option=wert* neu zu setzen. Siehe hierzu Seite 336.

lpadmin [*–E*] [*–h server*] **–p** *drucker* [*optionen*]   → set options for **printer** *drucker*
          oder
lpadmin [*–E*] [*–h server*] **–d** *drucker* [*optionen*]   → set *printer* als **default** destination
          oder
lpadmin [*–E*] [*–h server*] **–x** *drucker*   → delete *drucker* as a valid destination

/usr/sbin/lpadmin erlaubt unter CUPS auf Kommandoebene die Administration von Druckern, Druckerklassen und den entsprechenden Auftragswarteschlangen, legt den Standarddrucker fest (per **–d**) oder setzt (per **–o**) Standardoptionen (Druckparameter) für den Drucker. Per Option **–h** *server* lässt sich der anzusprechende CUPS-Server (z.B. auf einem Remote-System) angeben. Ohne diese Option ist der Server auf *localhost* bzw. der in der Umgebungsvariablen CUPS_SERVER festgelegte Server gemeint. **lpadmin** erlaubt:

▸ per **−p** das Einfügen von neuen Druckern in eine Klasse und das Löschen einzelner Drucker aus einer Klasse, das Zuordnen eines Gerätes oder einer Datei zu einem Druckernamen, sowie die Verknüpfung eines Ausgabeprogramms mit einem Drucker. Es können auch Standardoptionen (z.B. die Standardauflösung) für den Drucker gesetzt werden (z.B. als Alternative zum Kommando **lpoptions**).

▸ per Option **−d** *drucker* die Definition eines Druckers oder einer Druckerklasse als *Standarddrucker*. *drucker* muss bereits existieren! Die Kommandos **lp**, **lpr** und ähnliche Druck-Clients schicken die Ausgabe zu diesem Drucker, sofern kein Drucker explizit angegeben wird.

▸ per Option **−x** *ziel* den Drucker, die Druckerklasse oder das angegebene Druckerprofil *drucker* aus der Liste der verfügbaren Drucker zu löschen. Ist der Drucker der letzte oder einzige Drucker seiner Klasse, so wird auch die Klasse gelöscht.

CUPS fragt – abhängig von der Konfiguration – nach einem Passwort, bevor es die Operation ausführt. Mögliche Optionen und ihre Bedeutung sind:

−c [*klasse*]	(*class*) Der *drucker* wird Mitglied der angegebenen Klasse. Diese wird, soweit notwendig, neu angelegt.
−d *drucker*	(*set default*) setzt *drucker* als Standarddrucker ein.
−D *beschreibung*	setzt den Kommentar *beschreibung* in der Druckerbeschreibung (dem Kommentar zum Drucker) ein.
−E	aktiviert eine verschlüsselte Kommunikation zum Server (die Option muss vor **−p**, **−d** oder **−x** stehen).
−i [*prog*]	ordnet dem angegebenen Drucker das Ausgabeprogramm (bzw. das Skript) *prog* zur Ausgabe zu. *prog* ist der Pfadname des Skripts oder des Programms (im System-V-Stil). Dies wird zumeist für alte Drucker oder bereits vorhandene Installationen auf System-V-Systemen verwendet.
−L *ort*	(*location*) setzt oder ändert in dem Kommentar zum Drucker die Angabe zu *Standort des Druckers*.
−m [*modell*]	setzt das Modellprogramm oder die PPD *modell* als Ausgabeprogramm für *drucker* ein. Fehlt *modell*, so wird eine Liste der bekannten Modelle ausgegeben.
−o *name=wert*	setzt für den Drucker die nachfolgenden Optionen (Standardvorbelegungen). Dies ist auch mit **lpoptions** möglich. Per **lpoptions −l** … lassen sich die aktuell gesetzten Einstellungen/Optionen anzeigen. Siehe dazu Seite 336 und Seite 337.
−p *drucker*	gibt an, auf welchen Drucker sich der Befehl bezieht. **−p** muss (nach **−E**) vor den anderen Angaben stehen.
−P *ppd*	ordnet dem Drucker die angegebene PPD zu (*PostScript-Printer-Description*). Die PPD wird in der CUPS-Datenbank */etc/cups/ppds.dat* gesucht. Als Ergbnis wird im Verzeichnis eine Datei *druckername.ppd* */etc/cups/ppd* angelegt.
−r *klasse*	(*remove*) löscht *drucker* aus der angegebenen Klasse.

–u *art:benutzer* legt fest, welche Benutzer auf den Drucker zugreifen können. **–u allow:***u1,u2,* …
erlaubt den Zugriff der aufgeführten Benutzer,
während

–u deny:*u1,u2,* …
den Zugriff für die
Benutzer verbietet.
allow und **deny**
sind nicht
kummu

lativ, d.h. es müssen alle betreffenden Benutzer in einem
Aufruf angegeben werden!
–u deny:none gibt den Zugriff für alle Benutzer frei.

–v *uri* ordnet dem Drucker das Gerät in der angegebenen URI als
physikalische Ausgabedatei zu. Ist *uri* ein Dateiname, so wird
er automatisch in **/file/***gerät* umgesetzt. Ansonsten hat uri die
Form *anschluss:gerät*, also z.B. **parallel:/dev/lp***n* oder **usb:/
dev/usb/lp***n* … (für Details siehe [CUPS-Ops]).

–x *drucker* (*extract*) löscht den angegebenen Drucker, die Druckerklasse
oder das Druckerprofil (die Instanz). Noch vorhandene
Druckaufträge werden glöscht, bereits begonnene Aufträge
abgebrochen.

In der CUPS-Version von **lpadmin** werden nicht alle Optionen von System V
oder Solaris unterstützt. Im Gegensatz zu diesen darf bei entsprechender Einstellung oder nach Eingabe eines CUPS-Administrationspasswortes nicht nur
der Super-User, sondern auch ein normaler Benutzer **lpadmin** verwenden.

✎ **lpadmin -p hp1 –c** Farbdruck; **lpadmin –p hp2 -c** Farbdruck
→ legt (wenn noch nicht vorhanden) eine neue Druckerklasse *Farbdruck* an und macht die Drucker *hp1* und *hp1* zu Druckern in der Klasse.

✎ **/usr/sbin/lpadmin –p hp1 –u allow:jogi,karl**
→ erlaubt (nur!) den Benutzern *jogi* und *karl* Zugang zum Drucker *hp1*.

✎ **lpadmin –p hp2 –v usb:/dev/usb/lp1 –P Apple/LaserWriter_Pro_630**
→ legt fest, dass das Ausgabegerät für den Drucker *hp2* an der USB-
Schnittstelle */dev/usb/lp1* angehängt ist und dass der Drucker mit der
PPD *LaserWriter_Pro_630* von *Apple* arbeiten soll.

Die Administration per Kommandozeile ist in der Praxis teilweise schneller und effizienter als die GUI-basierten Varianten, insbesondere, wenn man sie in Kommandoprozeduren nutzt oder in großen Listen suchen möchte. Auch bei der Administration auf
einem entfernten Rechner über einen **telnet-** oder **ssh-**Zugang bieten sich die Kommandozeilenprogramme an.

Administration mit einer grafischen Oberfläche

Eine übersichtlichere und komfortablere Administration insbesondere bei Einzelplatzsystemen und in kleineren Installationen ist über die HTTP-Schnittstelle von CUPS möglich. Sie erreicht man mit einem Web-Browser über:

http://localhost:631

Hier lassen sich unter den verschiedenen Reitern komfortabel und intuitiv viele Verwaltungsaufgaben zu CUPS in der grafischen Oberfläche ausführen (siehe Abb. 9.3). Bei entsprechender Konfiguration sind für einen Teil der Aufgaben spezielle Privilegien notwendig, so dass ein Login-Namen und Passwort dazu abgefragt wird. Unter dem Reiter **Help** findet man die Dokumentation zu CUPS.

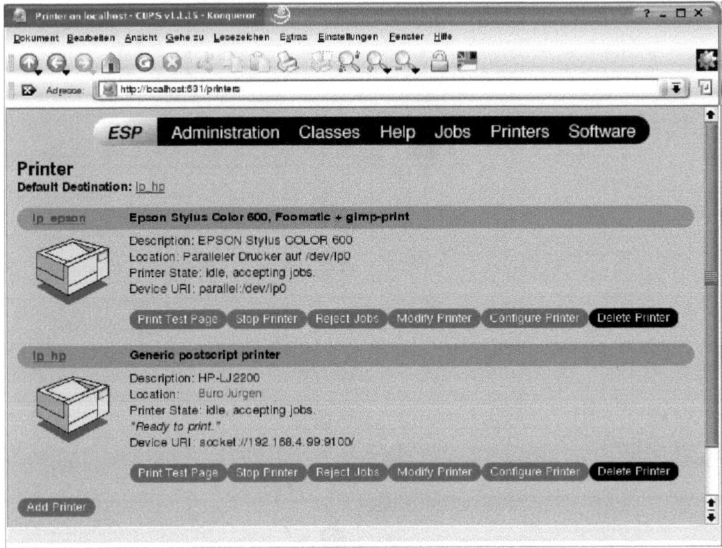

Abb. 9.3: CUPS-Administration über einen Web-Browser

KDE-Print-Manager   Der KDE-Print-Manager lässt sich sowohl explizit aus einem **xterm**-Fenster heraus per **kups** aufrufen als auch aus dem Konqueror heraus, indem man dort die URI **print:manager** eingibt (siehe Abb. 9.4, S. 832). Auch der nachfolgende Aufruf in einem Terminal-Fenster führt dorthin: **kcmshell printmgr**. Der Print-Manager gestattet eine recht weitgehende Administration des Print-Spoolers, wobei er den Vorteil hat, dass er nicht nur CUPS (weitgehend) administrieren kann, sondern ebenso LPRng, LPR und Remote-LPD.

Hier lassen sich auch die Auftragswarteschlangen anschauen und Druckaufträge anhalten, fortsetzen, löschen oder deren Priorität ändern. Ebenso ist das Anhalten von Druckern, das Sperren der Druckerwarteschlange (Drucker nimmt keine Aufträge mehr entgegen) oder das Entsperren möglich. Auch die Druckausgabe selbst lässt sich hier anhalten (etwa um Papier zu wechseln) und danach wieder starten – all dies ist auch über **kjobviewer** möglich (s. Seite 834).

Aus dem KDE-Print-Manager lassen sich auch neue Drucker einrichten – sowohl lokale als auch zu Spooling-Systemen auf anderen Unix-/Linux-Systemen. Zum Neu-einrichten von Druckern wird der KDE-Assistent (*Wizard*) für die Druckereinrichtung (automatisch) aus dem KDE-Print-Manager aufgerufen (siehe Abb. 9.4, ①). Für beste-hende Drucker lassen sich hier auch Druckstandardwerte setzen (siehe Abb. 9.4, ②). Für einige Operationen benötigt man Administrationsrechte.

Zahlreiche Einstellungen zum CUPS-Server erreicht man im Print-Manager über die Funktion *Server einrichten* unter dem Icon (siehe Abb. 9.4, ③).

Der KDE-Print-Manager ist auch zu erreichen über das KDE-Kontrollzentrum un-ter *System* → *Druckerverwaltung*. Zum Einrichten der Print-Spooler und Remote-Spooler müssen natürlich die entsprechenden Softwarepakete installiert sein.

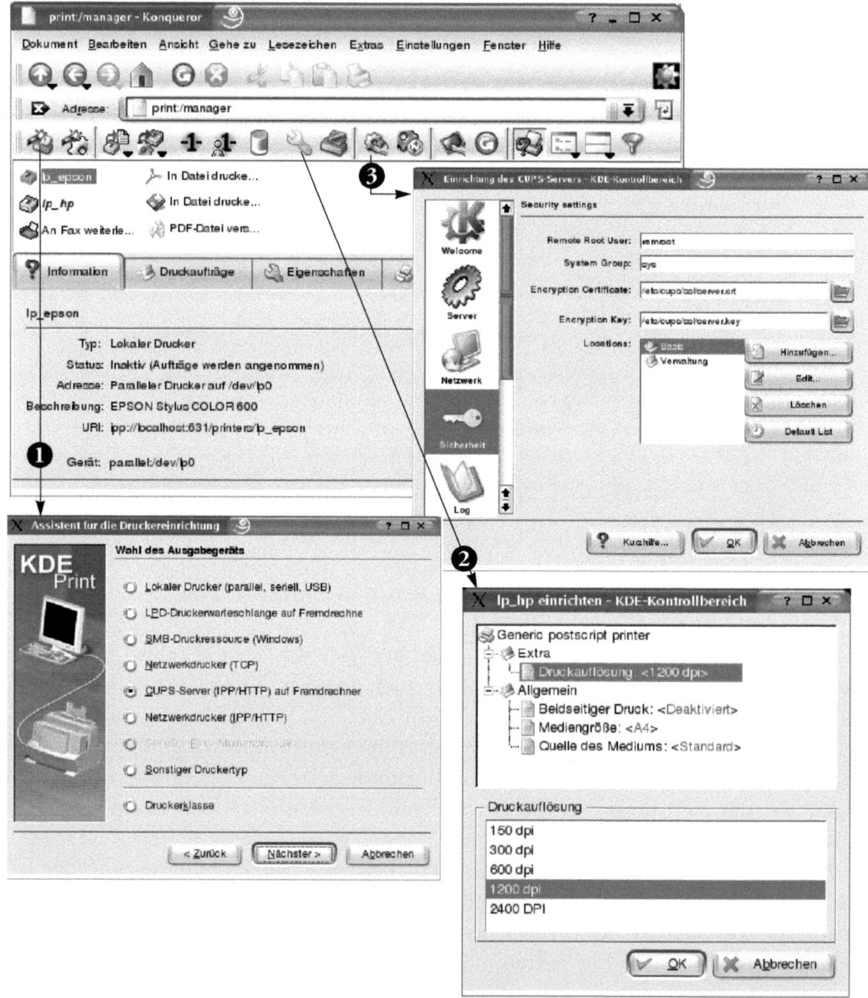

Abb. 9.4: Spooler-Administration über den KDE-Print-Manager

gtklpq Eine nicht ganz so mächtiges, aber in vielen Fällen ausreichendes Verwaltungsprogramm ist **gtklpq**. Es erlaubt die Verwaltung der Druckaufträge in den Auftragswarteschlangen, d.h. das Anhalten und Reaktivieren von Druckern (deren Auftragsabarbeitung) und einzelnen Aufträgen, das Löschen von Aufträgen, die Änderung der Prioritäten von Aufträgen (und damit die Reihenfolge in der Warteschlange) sowie

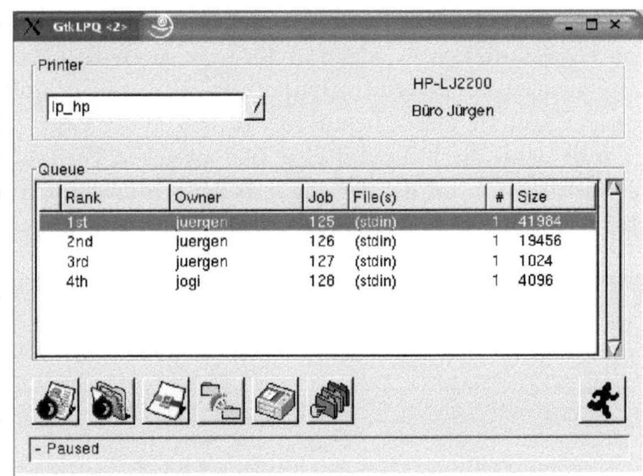

Abb. 9.5: *Verwaltung der Druckaufträge mit **gtklpq***

das Verschieben von Aufträgen in eine andere Auftragswarteschlange. **getklpq** ist zusammen mit **getlp** (s. Seite 302) Teil des GtkLP-Pakets (zu finden unter *http:// gtklp.sourceforge.net/*). Beide können auch von der Kommandozeile und aus Shell-Prozeduren heraus aufgerufen werden. Eine Alternative zu **gtklpq** ist der aus dem KDE-Paket stammende **kjobviewer** (s. S. 834).

Die Aufrufsyntax der **gtklpq** auf Kommandozeilenebene lautet:

gtklpq [–d *drucker*] [–S *server*] [–p *port*] [*optionen*]   → administrate **lp** print queues

Die Beschreibung der Parameter/Optionen von **gtklpq** ist auf Seite 223 zu finden.

gtklp Möchte man Dateien drucken oder nur die Standardoptionen für einen Drucker anschauen oder setzen, so bietet sich hierfür **gtklp** an. Das Programm kann auch aus anderen Programmen oder aus einer Shell-Prozedur heraus aufgerufen werden. Das Sichern der hier eingestellten Optionen ist unter dem Reiter ganz rechts **Gtk-LP** unter der Funktion *Save all preferences on exit* möglich. Aufruf und Optionen von gtklp sind auf Seite 302 beschrieben. gtklp steht sowohl unter KDE als auch unter GNOME zur Verfügung.

Ähnlich mächtig und vielseitig ist **kprinter** aus dem KDE-Printer-System. Auch dieses lässt sich sowohl unter KDE als auch GNOME einsetzen.

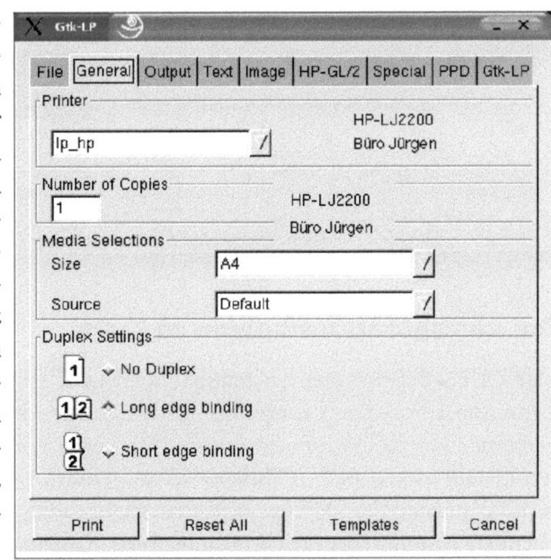

Abb. 9.6: *Drucken und Parameter setzen mit **gtklp***

kjobviewer   Das Programm ist ähnlich wie **gtklpq** ein GUI-Programm zur Anzeige von Druckaufträgen – jedoch in der Lage, auch die Daten zurückliegender Druckaufträge anzuzeigen. Die Aufrufsyntax erfährt man über **kjobviewer --help**.

Aus der Kommandzeile heraus ruft man es in der Regel per **kjobvieer --all --show** auf. Es zeigt dann die Druckaufträge aller Drucker. Per **kjobvieer --show --d** *drucker* beschränkt es sich auf die des angegebenen Druckers. Unter CUPS ist es – so entsprechend konfiguriert – auch möglich, alte Druckaufträge erneut ausführen zu lassen.

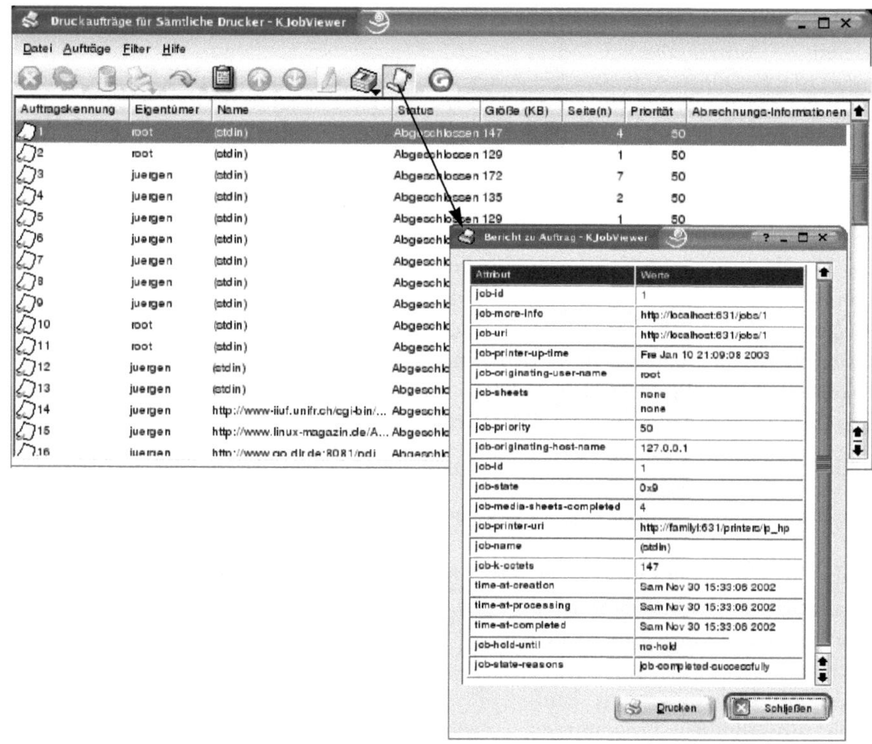

*Abb. 9.7: Darstellung der Druckaufträge (auch alter) per **kjobviewer***

Die Konfigurationsdateien zu CUPS

Der CUPS-Server-Daemon (**cupsd**) wird in aller Regel automatisch über **initd** beim Systemstart bzw. beim Eintreffen in den entsprechenden Run-Level gestartet. Die allgemeinen Konfigurationsdateien sind im Verzeichnis */etc/cups/* zu finden. Die wichtigsten Datein hierzu sind in Tabelle 9.3 aufgeführt.

Die meisten der Dateien wird man nicht direkt editieren, sondern über die entsprechenden Konfigurationsprogramme. Eine Ausnahme kann *cupsd.conf* sein – mit seinen ausgesprochen zahlreichen Möglichkeiten, die nicht alle über **lpadmin** oder die GUI-Oberfläche zugänglich sind. Hierfür sei auf das gute Operators-Manual zu CUPS ([CUPS-Ops]) verwiesen.

Tabelle 9.3: Konfigurationsdateien von CUPS

Datei	Funktion
certs	digitales Server-Zertifikat zur sicheren (verschlüsselten) Kommunikation mit dem CUPS-Server
classes.conf	Definitionen der Druckerklassen
client.conf	Definitionen zur Konfiguration der CUPS-Clients; hier ist z.B. der Standard-CUPS-Server definiert.
command.types	Festlegung, welche CUPS-Kommandos zur Verfügung stehen
cupsd.conf	eigentliche CUPS-Konfigurationsdatei für CUPS-Daemon
interfaces/*xxx*	Interface- bzw. Konvertiertungsprozeduren für das Drucken im System-V-InterfaceStil
lpoptions	systemweit (und für alle Drucker) geltende Standardwerte für Optionen. Diese können vom Super-User per **loptions** gesetzt werden.
˜/.lpoptions	benutzerspezifische Standardeinstellungen für unterschiedliche Drucker im Home-Verzeichnis des Benutzers.
mime.convs	definiert die Filter, welche für die verschiedenen Dateiarten für die Konvertierung verwendet werden sollen.
mime.types	beschreibt die Mime-Dateitypen für Konvertierung nach PostScript.
passwd.md5	Passwörter (bzw. deren MD5-Hashwerte) für den Zugriff auf den CUPS-Server
ppd/*dname*.ppd	PPD-Konfiguration für den Drucker *dname*; jeweils ein Eintrag pro definiertem Drucker
ppds.dat	Datenbank (binär) mit allen PPDs, die CUPS kennt
printers.conf	Datei mit Definition aller vorhandenen Drucker, ihrer Standardwerte (für Optionen) und weiteren Angaben
pstoraster.cons	Datei mit Definitionen, wie Rasterdaten für die Ausgabe konvertiert werden
ssl/	Zertifikate und Kryptoschlüssel (des CUPS-Servers), welche verwendet werden, wenn verschlüsselt kommuniziert wird (Option −E bei vielen **lp**-Kommandos)

Die Druckaufträge selbst werden im Standardfall im Verzeichnis */var/spool/cups* abgelegt, die Protokolldateien (*access_log*, *error_log* und *page_log*) in */var/log/cups*. Eine Reihe weiterer Ressourcen wie etwa Druckerschriften, Druckermodellbeschreibungen und spezielle Ressourcen zu Rasterkonvertierung liegen im Verzeichnis */usr/share/cups*. Diese Ablageorte lassen sich in der Konfigurationsdatei *cupsd.conf* ändern. Komfortabler und sicherer geht es aber in der Regel über den KDE-Print-Manager.

Die Passwörter zu den verschiedenen Administrationsaufgaben und für den Zugriff von Clients anderer Rechner auf einen CUPS-Server lassen sich über das Programm **lppasswd** setzen und ändern. Die Passwörter werden im Standardfall in */etc/cups/passwd.md5* hinterlegt.

Die Beschränkungen (Quotas) beim Drucken für Benutzer und Benutzergruppen lassen sich bei CUPS für einen bestimmten Drucker z.B. vorgeben per:

lpadmin –p *drucker* **–o** *name=wert*

Als Quotenangaben sind hier z.B. möglich:

–o job-k-limit=n	gibt an, wie groß (in KBytes) ein Druckjob eines Benutzers maximal sein darf.
–o job-page-limit=n	gibt vor, wie viele Seiten ein Benutzer maximal pro Abrechnungsperiode drucken darf (doppelseitig bedruckte Seiten zählen als zwei Seiten).
–o job-quota-period=n	definiert die Abrechnungsperiode (n in Sekunden), für die die definierten Druckquoten gelten sollen (Hilfe: ein Tag hat 86 400 Sekunden).

CUPS bietet – bei entsprechend installiertem und konfiguriertem Samba – auch die Möglichkeit, Druckerdienste für Windows-Clients zu unterstützen. Diese können dabei die dafür benötigten Druckertreiber vom Linux-/CUPS-System laden und installieren. Damit lässt sich ein Linux-CUPS-System als preiswerter Windows-Drucker-Server einsetzen und bietet dann Funktionen, die unter Windows nicht zu finden sind – etwa ein Quota-System und *Accounting*. Ein installiertes **netatalk**-Paket vorausgesetzt, können auch Druckaufträge von Apple-MAC-Systemen (unter MacOS 9.x) entgegen genommen werden. Da MacOS X selbst CUPS unterstützt, ist dessen Anbindung noch einfacher – hier auch in der anderen Richtung.

Hier sei nochmals auf [KDE-PH] (s. Seite 879) hingewiesen, das eine sehr detaillierte (englischsprachige) Beschreibung zur CUPS-Server-Konfiguration liefert, dabei die sehr zahlreichen Einstellungsmöglichkeiten bei CUPS aufzeigt und durch die Bedienung des KDE-Print-Managers führt. Gleichfalls ausführlich ist – bei installiertem CUPS und laufendem CUPS-Daemon die Dokumentation, welche man in einem Web-Browser unter der URL *http://localhost:631/documentation.html* findet.

9.12 Die zentralen Verzeichnisse des Linux-Dateibaums

Dieser Abschnitt soll eine Übersicht über die Struktur des Linux-Dateisystembaums geben. Zwar gibt es in Teilen erhebliche Unterschiede, die sich aus verschiedenen Distributionen und aus weiteren lokalen individuellen Anpassungen ergeben, um aber eine gewisse Einheitlichkeit zu erreichen, die für Installationspakete wesentlich ist, wurde mit der so genannten *FHS* (*Filesystem Hierarchy Standard*)[1] ein zumindest grober Standard gesetzt: Die FHS-Spezifikation ist Teil der LSB (*Linux Standard Base*). Abweichungen ergeben sich neben unterschiedlichen Dateinamen für Konfigurationsdateien und unterschiedlichen Orten, wo diese liegen und wie diese durchlaufen und ausgewertet werden.

Legt man eigene Verzeichnisse und Daten an, so empfiehlt es sich, in dem von der FHS-Spezifikation vorgeschlagenen Schema zu bleiben. Man vermeidet damit, dass neu installierte Applikationen eigene Daten überschreiben oder benötigte Verzeichnisse vermissen. Das Schema lässt in der Regel genug Flexibilität für eigene Bedürfnisse.

9.12.1 Die erste Hierarchie-Ebene nach FHS

Die Wurzel des Gesamtsystemdateibaums ist das **root**-Verzeichnis mit dem Namen ›/‹. Darin sind in der Regel nachfolgend aufgeführten Verzeichnisse und Dateien zu finden:

bin	(*binaries*) Hierin liegen die wichtigsten Dienstprogramme. Dies sind zumindest die Programme, die das System bereits im Single-User-Modus benötigt. Man sollte dieses Verzeichnis jedoch nicht zu groß machen, da große Verzeichnisse lange Suchzeiten verursachen. Weitere Linux-Programmdateien sind in **/usr/bin** und **/sbin** zu finden. **/bin** sollte keine weiteren Unterverzeichnisse haben. Eine Reihe von Programmen wird entsprechend der FHS explizit in /bin erwartet. Hierzu gehören z. B. **cat, chgrp, chmod, chown, cp, date** bis hin zu **sh, stty, su, sync, true, umount** und **uname**. Einige dieser Dateien dürfen Verweise auf andere Kommandos/Programme sein. So ist unter Linux **/bin/sh** in der Regel ein Link auf **/bin/bash**.
boot	Hierin sollten alle Dateien liegen, welche für den Boot-Prozess benötigt werden und die der Kernel benötigt, bis er den *User-Modus* erreicht. Mögliche Ausnahmen sind bestimmte Konfigurationsdateien und Mapping-Dateien (z. B. die *keymaps*). Der zu startende Kernel muss entweder in **/boot** oder in ›/‹ liegen. **/boot** liegt oft auf einer eigenen Partition.
dev	Im Verzeichnis **dev** für **dev***ices* (oder einem seiner Unterverzeichnisse) liegen fast alle Geräteeinträge (*special files*), soweit es sich nicht um spezielle *named pipes* handelt. Nach FHS kann hier auch eine Kommandodatei MAKEDEV liegen, welche es erlaubt, neue Geräteeinträge anzulegen.

---

1. Für die genaue FHS-Spezifikation siehe [FHS].

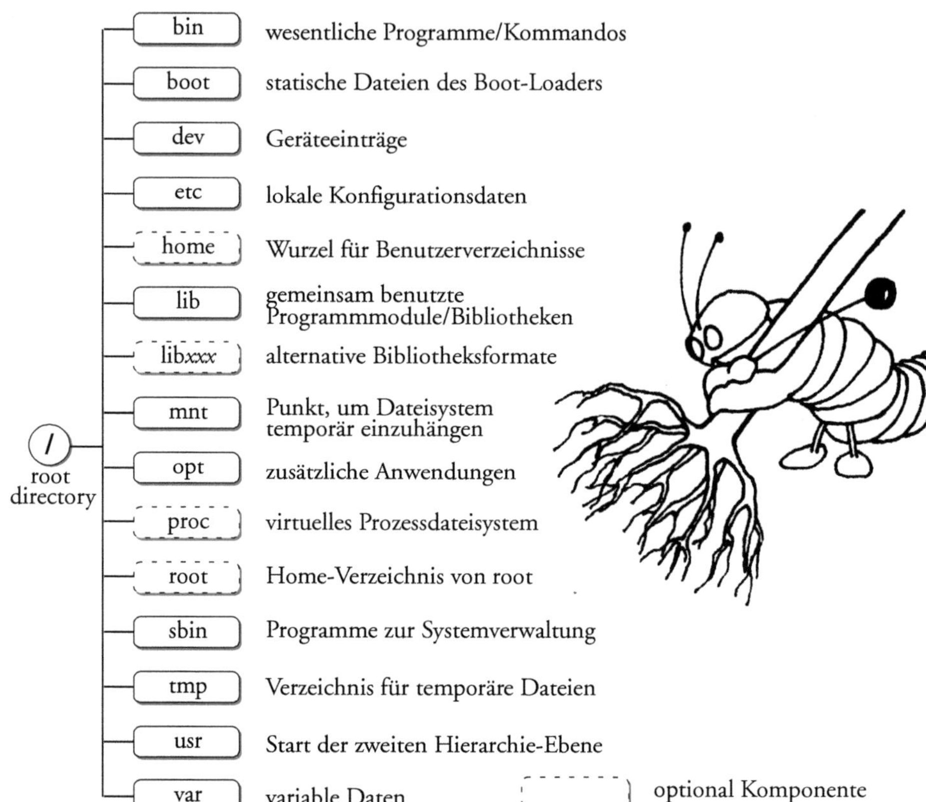

Abb. 9.8: Erste Stufe des Linux-Dateibaums nach der FHS-Spezifikation

etc   In diesem Verzeichnis (oder einem Unterverzeichnis) liegen die meisten Systeminformations- und Konfigurationsdateien (z.B. *inittab*). Hier können weitere spezifische Unterverzeichnisse mit systemweit geltenden Initialisierungs- oder Konfigurationsdateien liegen. Eine ganze Reihe von Konfigurationsdateien wird hier nach FHS explizit erwartet. Dazu gehören z.B. *fstab, group, hosts, inittab, mtab, passwd, profile services* und *shells*. Mit Ausnahme von *mtab* sind alle Dateien hier statische (d.h. selten geänderte) Dateien.

Zu den optionalen FHS-Verzeichnissen gehören hier **/etc/opt/***paket* (für die Anwendungen unter **/opt**), **X11** (für die X11-Anwendungen) und **sgml** (für XML- und SGML-Konfigurationen).

Das Verzeichnis */etc/sysconfig* enthält eine ganze Reihe wichtiger Konfigurationsdateien. So ist in **clock** hier z.B. die lokale Zeitzone festgehalten und bei SuSe z.B. in **language** für die globale Sprachsteuerung. Art und Nutzung unterscheiden sich aber von Distribution zu Distribution. So ist der Standard-Window-Manager mit einigen Einstellungen bei SuSE z.B.

in der Datei *displaymanager* festgehalten, während Red Hat dafür die Datei *desktop* verwendet.

Das Verzeichnis */etc/skel* ist ein Prototyp-Verzeichnis. Beim Anlegen eines neuen Benutzers werden hier vorhandene Schablonen in das HOME-Verzeichnis des Benutzers kopiert. Die meisten der in *skel* liegenden Dateien sind verdeckt (mit einem Punkt als erstes Zeichen im Namen) Dateien.

home Gibt es auf dem System Benutzerverzeichnisse, so liegen sie per Konvention unter **/home/***account-name*.

lib Das Verzeichnis **lib** enthält einen Teil der Systembibliotheken (englisch: *libraries*), genauer: der *Shared-Libraries*. Das sind Bibliotheksmodule, die von mehreren Programmen gemeinsam benutzt werden. Die Aufteilung dieser Bibliotheken und indirekt aufgerufenen Programme zwischen **/lib** und **/usr/lib** variiert von System zu System.

Unter **/lib/modules** liegen Kernel-Module, welche dynamisch geladen werden können.

lib*xxx* Werden aus technischen Gründen eigene Verzeichnisse für gemeinam genutzte Bibliotheken mit speziellen Formaten benötigt, so können diese in entsprechenden lib-Verzeichnissen liegen.

mnt Dies ist ein zunächst leeres Verzeichnis, in das man entfernbare Datenträger oder Netzwerkdateiensysteme (z.B. NFS-Verzeichnisse) vorübergehend einhängen kann. Unter Red Hat wird hier z.B. unter **/mnt/floppy** die Floppy-Disk und unter **/mnt/DVD** eine DVD eingehängt. SuSE hängt diese Datenträger statt dessen in entsprechenden Unterverzeichnissen unter **/media** ein.

opt Ein Verzeichnis, in dem spezielle Anwendungspakete installiert werden können. Sie legen dann in der Regel unter **/opt/***paketname*. Beispiele hierfür sind **/opt/gnome**, **/opt/kde3**, **/opt/mozilla** oder **/opt/OffenOffice.Org**. Der Systemverwalter kann hier zusätzlich in den Verzeichnissen **/opt/bin**, **/opt/doc**, **/opt/include**, **/opt/lib**, **/opt/info** und **/opt/man** für die lokale Installation spezifische Programme und Dokumentationen hinterlegen.

Während in **/opt** per Konvention nur die statischen Teile der Pakete installiert werden (d.h. z.B. die Programme, Bibliotheken, Dokumentationen und Tabellen), werden die variablen Datenbereiche in **/var/opt** gelegt.

proc   Dieses Verzeichnis ist ein Pseudoverzeichnis und enthält das Prozessdateisystem, auf dem, in jeweils eigenen Dateien, Repräsentationen der laufenden Prozesse liegen sowie bestimmte Kerneldaten zugreifbar sind.

root   Dieses nach FHS optionale Verzeichnis kann als Home-Verzeichnis für den Super-User **root** verwendet werden.

sbin   Hier liegen wichtige Kommandos zur Systemverwaltung, wie z.B. die verschiedenen Varianten von **fsck** und **mkfs**. Die meisten dieser Programme sind so genannte *root-only*-Kommandos. Das Verzeichnis liegt deshalb zumeist nur im Suchpfad ($PATH) des Systemverwalters, während die normalen Benutzerprogramme in **/bin** oder **/usr/bin** liegen und bei Bedarf Verweise auf die Programme in **/sbin** sind. Weitere Programme dieser Art sind unter **/usr/sbin** und **/usr/local/sbin** zu finden. Eines der unter **/sbin** erwarteten Programme ist **shutdown**. Ebenso sollten, so überhaupt vorhanden, hier auch **halt**, **fdisk**, **getty**, **init** oder **reboot** liegen.

tmp   Zahlreiche Programme legen temporäre Dateien an, die nur für die Laufzeit der Programme existieren. Die meisten dieser temporären Dateien werden im Verzeichnis **/tmp** oder **/usr/tmp** erzeugt. Stürzt ein solches Programm ab oder wird es abgebrochen, so bleiben eventuell Dateien in **/tmp** zurück. Man sollte diese beim Systemstart löschen. Programme können nicht davon ausgehen, dass Dateien in **/tmp** oder **/usr/tmp** einen Systemneustart überdauern. Solche Daten sollten nach **/var/tmp** gelegt werden. Unter Linux sind die Zugriffe für das Verzeichnis über das Sticky-Bit in der Regel so gesetzt, dass jeder darin neue Dateien und Verzeichnisse anlegen, aber nur seine eigenen Dateien und Verzeichnisse verändern und löschen kann.

usr   Nach Root (/) ist dies zumeist das größte und wichtigste Verzeichnis mit allen Dateien und Unterverzeichnissen, die zwar zum System gehören, aber nicht zur unmittelbaren Lauffähigkeit des Systems benötigt werden. Hier liegen primär statische Daten, d.h. Programme, Skripten, Bibliotheken, statische Ressourcen und Tabellen.
Dieses Verzeichnis ist daher in vernetzten Umgebungen oft exportiert und damit auch anderen Systemen im lokalen Netz zugänglich. Seine Unter-Verzeichnisse sind nachfolgend im Abschnitt 9.12.2 beschrieben.

var   Ein Verzeichnis ist für variable, d.h. sich ständig ändernde Daten vorgesehen. In verteilten Rechnerumgebungen werden oft große Teile des **usr**-Dateisystems über das Netz zur Verfügung gestellt. Um dieses Dateisystem schreibgeschützt *exportieren* zu können, müssen alle Dateien, die auf der Maschine lokal beschreibbar sein müssen, etwa Accounting-Informationen, Loggin-Dateien u.Ä. aus diesem Verzeichnis herausgelöst und in das **/var**-Dateisystem verschoben werden. In der Regel werden die traditionellen Namen aus Gründen der Kompatibilität in Form von Links weiter zur Verfügung gestellt. Zum Beispiel ist auf fast allen heutigen Unix-Systemen das Verzeichnis **/usr/spool** ein symbolischer Link zu **/var/spool**. Weitere Details sind im Abschnitt 9.12.3 zu finden.

Nicht alle der hier aufgeführten Verzeichnisse und Dateien müssen wirklich originäre Dateien sein. Zum Teil werden hier auch harte oder symbolische Verweise benutzt.

9.12.2 Verzeichnisse unter /usr

In dem Verzeichnis **/usr** verzweigt sich der Systembaum weiter. Hier liegen die statischen Daten und Programme, die oft in einem lokalen Netz gemeinsam genutzt werden. Die wichtigsten Verzeichnisse sind:

bin Um das Verzeichnis **/bin** nicht zu groß werden zu lassen, sind weitere Linux-Dienstprogramme in diesem Verzeichnis untergebracht. Alle Programme des X Window Systems befinden sich im Unterverzeichnis **X11** dieses Verzeichnisses.

dict Hier liegen Wörterbücher (*dictionaries*) für eine Rechtschreibprüfung (so installiert). Eine alternative Stelle ist **/usr/share/dict**. Hier sind zusätzlich Dokumentationen zu finden, die nicht der FHS-Empfehlung folgen.

etc entspricht **/etc** –, d.h. systemweit geltende Konfigurationen, die jedoch weniger wichtig als jene in **/etc** sind.

games Hier liegen Spiele (die statischen Teile), sofern man sie installiert hat.

include Die systemweiten Definitionsdateien (*header files*) sind hier angelegt. Sie sind durch die Endung **.h** gekennzeichnet (z.B. *stdio.h, math.h*). *Header files*, die nur für die Systemgenerierung benötigt werden (z.B. *buf.h*) liegen in dem Verzeichnis **/usr/include/sys**.

kerberos Dies ist ein optionaler Teil, der z.B. bei Red Hat standardmäßig vorhanden ist. Hier liegt das Kerberos-Authentifizierungssystem (die entsprechenden Programme).

lib Dieses Verzeichnis entspricht dem **/lib**-Verzeichnis in ›/‹. Hierin sind weitere Bibliotheken (Shared Libraries) zu finden.
Darüber hinaus umfasst er eine ganze Reihe zusätzlicher Unterverzeichnisse. In ihnen liegen spezielle Module, Tabellen und Hilfsdaten für spezielle Anwendungen oder Module wie etwa **samba**, **ssh**, wie der **zsh**-Shell oder für die Emulation von Windows-APIs über **wine**.

libexec (opional) Hier liegen eine Reihe kleinerer Hilfsprogramme, welche von anderen aufgerufen werden.

local Dieses Verzeichnis sollte Programme und Kommandoprozeduren enthalten, die für die jeweilige lokale Linux-Installation spezifisch sind. Hier wiederholt sich weitgehend die Struktur von **/usr** – hier aber (per Konvention) beschränkt auf Programme und Daten, welche entweder für die Installation des Rechners oder eines lokalen Netzes spezifisch sind. Die typische Unterstruktur sieht wie folgt aus:

/usr/local

/bin	Programme/Kommandos/Skripten
/doc	Dokumentation (**man**- und **info**-Seiten)
/etc	wie **/etc**, aber spezifisch für die lokale Installation
/games	Spiele, ähnlich wie unter /usr/games
/include	Include-Dateien für Programmentwicklung
/lib	analog zu **/lib**, aber für lokale Zwecke
/libexec	Hilfsprogramme, welche von anderen genutzt werden
/sbin	spezielle lokale *root-only*-Programme
/share	analog zu **/usr/share**
/src	lokale Programmquellen

Das Verzeichnis **/usr/local/bin** sollte entsprechend im allgemeinen Suchpfad für Programme ($PATH) z. B. in **/etc/profile** gesetzt werden.

sbin weitere, weniger wichtige Programme für den Super-User *root*

share In diesem Verzeichnis liegen Verzeichnisse mit statischen Daten, Tabellen und Dokumentationen, die architekturunabhängig sind. Sie müssen in einem lokalen Netz von Linux-Rechnern nur einmal gehalten werden. Hierzu gehören etwa die **man**- und **info**-Dateien oder Terminalbeschreibungen. Folgende Verzeichnisse sollten in **/usr/share** vorhanden sein:

man	Verzeichnisse mit den **man**-Seiten
misc	verschiedene architekturunabhängige Daten

Weitere optional Teile können hier sein:

dict	Wordlisten für die Programme **look** und für die Rechtschreibprogramme **ipsell** und **aspell**
doc	Dokumentationen (teilweise in mehreren Sprachen) (z. B. HOWTOs und paketspezifische Dokumentation)
games	Spiele
info	Dokumentationsdateien zum **info**-Kommando
locale	Informationen, die nur lokal benötigt werden
nls	Verzeichnisse zum *National Language Support*
sgml	SGML- und XML-Daten
terminfo	Verzeichnisse mit Beschreibungsdateien für Terminaltypen
tmac	troff-Makros
zoneinfo	Tabellen und Konfigurationsdateien für die Zeitzone

Hier können noch weitere applikationsspezifischen Daten liegen, etwa für die Pakete **groff**, **perl** oder **ghostsript**.

src Quellprogramme (soweit notwendig und installiert)

tmp entspricht weitgehend der Funktion von **/tmp** für temporäre Dateien.

X11 (optional und nur aus Kompatibilitätsgründen vorhanden) zumeist symbolischer Link auf **/usr/X11R6**.

X11R6	(optional) Programme, Daten und Ressource-Dateien (darunter auch X11-Fonts) des X Window Systems (Version 11, Release 6). Die wesentlichen Verzeichnisse hier sind:

/usr/X11R6/bin	mit den X11-Programmen
/usr/X11R6/lib	mit den *shared* Bibliotheken
/usr/X11R6/include	mit include-Dateien für Programmentwicklung
/usr/X11R6/man	man-Seiten für X11-Programme und Ressourcen
/usr/X11R6/share	Ressourcen, die *geshared* werden können

Aus Kompatibilitätsgründen zu früheren Versionen gibt es symbolische Links von **/usr/bin/X11**, **/usr/lib/X11** und **/usr/include/X11** zu den entsprechenden Verzeichnissen hier.

9.12.3 Der Verzeichnisbaum in /var

Die Verzeichnisse **/usr** und **/var** sind die eigentlichen größeren Dateibaumkomponenten unter Unix und Linux – neben den eigentlichen Benutzerverzeichnissen unter **/home**. Das Verzeichnis **/usr** enthält überwiegend den statischen Teil der Daten, d. h. Programme, Dokumentation sowie Tabellen und Konfigurationsdateien. **/var** enthält den variablen Anteil. Hierzu gehören typischerweise temporäre Dateien (in **/var/tmp**), die Spool-Dateien sowohl des Printspoolers als auch des **cron**-Prozesses, die Dateien für ein- und ausgehende E-Mail.

account	(optional) Hier legen einige Unix-Programme (etwa **sa** oder **lastcomm**) ihre Daten für das Accounting-System ab, um damit Abrechnungen durchführen zu können.
cache	Pufferbereich (Cache) für verschiedene Applikationen: Typische Verzeichnisse, die hierin liegen können, sind z. B. **fonts**, **man**, **www** sowie paketspezifische Zwischenergebnisse von einzelnen Applikationen.
crash	Speicherabzüge aus dem Programm- und Systemabsturz für eine spätere Analyse
games	variable Daten von den Spielen in **/usr/games**
lib	Hier werden Statusinformationen zu Anwendungen gehalten. Diese werden nicht vom Benutzer gesetzt, sondern allein von den entsprechenden Anwendungen. Entsprechend gibt es hier Unterverzeichnisse, die nach den Anwendungen benannt sind. Ein Beispiel für Daten hier wären z. B. Sperrdateien des **emacs**-Editors in */var/lib/emacs/lock*.
local	Bereich für sich ändernde Daten zu den Programmen in **/usr/local**
lock	Sperrdateien verschiedener Anwendungen: Sie haben in der Regel die Endung *.LCK* und helfen den Zugriff auf kritische Ressourcen (z. B. Dateien) zwischen unterschiedlichen Anwendungen zu sychronisieren.
log	Hier liegen zahlreiche Protokolldateien – so genannte *Log-Files*. Sie können sowohl direkt in diesem Verzeichnis oder aber in einem Unterver-

zeichnis liegen. Beispiele sind z. B. **lastlog** mit Einträgen über die zuletzt erfolgten Logins von Benutzern, **messages** mit den Systemmeldungen aus dem **syslogd**-Daemon oder **wtmp** mit Datensätzen zu allen Benutzer-An- und Abmeldungen.

mail   (optional) Hier liegen die E-Mail-Boxen der verschiedenen Benutzer.

opt   Hier legen die Applikationen ihre variablen Daten ab – in aller Regel in einem paketspezifischen Unterverzeichnis.

run   Hier werden Systeminformationen gehalten, welche Daten zum System seit dem letzten Starten (Boot) enthalten. Bei jedem Boot-Prozesss werden diese Daten gelöscht oder zurückgesetzt.

spool Dies ist ein Sammelverzeichnis für das Linux-*Spooling*-System und Auftragsdateien für das **cron–** und **at**-Programm, die Dateien des Print-Spooler-Systems sowie für das Rechnerkoppelungssystem **uucp**. In dem Verzeichnis **/usr/spool/uucp** oder **/var/spool/uucp** und seinen Unter-Verzeichnissen liegen Arbeitsdateien des **uucp** sowie temporär zwischengespeicherte Dateien, die später mittels des **uucp**-Systems zu anderen Rechnern weitertransportiert werden sollen.
Die typischen Verzeichnisse hier sind (alle optional):

lpd	Spool-Verzeichnis für den **lpd**-Druck-Daemon, aufgeteilt in die Auftragswartschlangen der einzelnen Drucker
mqueue	ausgehende E-Mail
news	Spool-Verzeichnis für News
rwho	Hier hält der *remote-who*-Daemon (**rwhod**) seine Daten.
uucp	Spool-Verzeichnis für UUCP-Übertragungen

tmp   Dieses Verzeichnis entspricht in seiner Funktion dem von **/tmp**, die Daten hier können aber über einen Systemstart hinweg bestehen bleiben.

yp   (optional) Hier werden die variablen Daten des NIS (*Network Information Service*) gehalten. Der Name stammt von der früher benutzten Bezeichnung *Yellow Pages* für diesen Dienst.

Anhang A: Übersichten und Tabellen

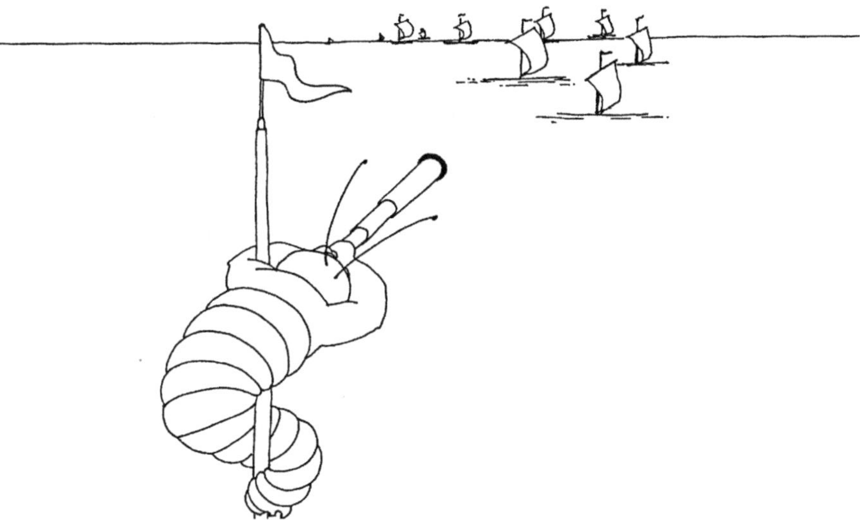

A.1 Die wichtigsten Shell-Metazeichen

Eine ausführliche Beschreibung der Bash ist im Kapitel ›Die Shell als Benutzeroberfläche‹ ab Seite 527 zu finden.

Tabelle A.1: Metazeichen der Shell (bash)

Zeichen	Funktion
%*n* %*xx*	spricht einen Hintergrundprozess an, um ihn zu beenden oder in den Vordergrund zu holen (*n* = Prozessnummer; *xx* = erste Zeichen des Prozessnamens).
%+	spricht den zuletzt gestarteten Hintergrundprozess an.
!*n* !*x*	leitet die erneute Ausführung eines bereits eingegebenen Kommandos ein (*n* = Kommandonummer; *x* = erstes Zeichen des Kommandos).
"..."	maskiert die so geklammerten Zeichen, so dass deren Sonderbedeutung aufgehoben wird (Variablen und Variablenkonstrukte werden expandiert). '...' maskiert vollständig.
#	Kommentar-Einleitung; alle Zeichen dahinter werden nicht gelesen (außer bei ›#!*kmd*‹ in der ersten Zeile eines Shellskripts).
#!*kmd*	gibt an, welches Interpreterprogramm die Kommandoprozedur abarbeiten soll. Dies muss in der ersten Zeile eines Skripts stehen!
$(!*kmd*)	führt eine doppelte Expandierung des Ausdrucks aus.
$((*arith*))	berechnet den arithmetischen Ausdruck in der Klammer.
$(< *datei*)	setzt den Inhalt einer Datei anstelle eines Variablenwertes ein.

Tabelle A.1: Metazeichen der Shell (bash) (Forts.)

Zeichen	Funktion
$(*kmd*)	führt das in der Klammer stehende Kommando aus und setzt dessen Ausgabe als Wert ein.
$*name*	Name wird als Shellvariable interpretiert.
&	startet das (davor stehende) Kommando als Hintergrundprozess.
&&	Kommandoverkettung (UND), bei der das hinter dem ›&&‹ stehende Kommando nur ausgeführt wird, wenn das davor stehende fehlerfrei abläuft.
&>	Verbinden von Standardausgabe und Standard-Fehlerausgabe
(*kmd1*; *kmd2*)	führt die in der Klammer stehenden Kommandos in einer Subshell aus.
[Strg]-[Z]	hält einen aktuell im Vordergrund laufenden Prozess an (der Prozess wird nicht abgebrochen).
*	steht in Dateinamen für ein beliebiges Zeichen
. *skript*	führt den Inhalt der Datei *skript* als Kommandofolge innerhalb der aktuellen Shell aus (nach ›.‹ muss ein Leerzeichen stehen!).
:	leeres Kommando; liefert immer den Wert *true*.
;	entspricht syntaktisch einem <*neue Zeile*> bzw. ermöglicht mehrere Kommandos in eine Zeile zu schreiben.
;;	ist der Abschluss einer Fallunterscheidung in einer Sprungkaskade (**case**-Anweisung).
?	steht in Dateinamen für eine beliebiges einzelnes Zeichen.
[!…]	steht in Dateinamen für ›keines der in […] aufgeführten Zeichen‹ (auch [!*x-y*] zulässig).
[…]	steht in Dateinamen für ›eines der in […] aufgeführten Zeichen‹ (auch [*x-y*] zulässig).
x	maskiert nachfolgende (Meta-) Zeichen, so dass dessen Sonderbedeutung aufgehoben wird.
{ *kmd1*; *kmd2* }	führt die in der Klammer stehenden Kommandos gruppiert in der aktuellen Shell aus.
{*a,b*, …}	generiert mehrere Namen: für jede der Werte *a*, *b*, … einen.
||	Kommandoverkettung (ODER), bei der das hinter dem ›||‹ stehende Kommando nur dann ausgeführt wird, wenn das davor stehende nicht fehlerfrei abläuft (den Exit-Status 0 liefert).
~	steht am Anfang von Dateinamen für das Home-Verzeichnis des aktuellen Benutzers.
~/*name*	steht am Anfang von Dateinamen für das Home-Verzeichnis des Benutzers *name*.

Tabelle A.1: Metazeichen der Shell (bash) (Forts.)

Zeichen	Funktion
`` `kmd` ``	führt das in der Klammer stehende Kommando aus und setzt dessen Ausgabe als Wert ein. Die alternative Schreibweise ist: $(*kmd*)
'...'	maskiert die umschlossenen Zeichen, so dass deren Sonderbedeutung aufgehoben wird.
<	ist die Eingabeumlenkung für die Standardeingabe.
<&–	schließt die Standardeingabe.
<&*n*	liest aus dem Dateideskriptor *n*.
<< *xx*	Eingabe von Tastatur statt aus Datei (*here document*; *xx* = beliebige Zeichen)
<>	Verbinden von Standardeingabe und Standardausgabe
=	Wertzuweisung und Deklaration einer Shellvariablen
>	ist die Ausgabeumlenkung für die Standardausgabe.
>&–	schließt die Standardausgabe.
>&*n*	Ausgabeumlenkung (in Dateideskriptor *n*)
>|	Ausgabeumlenkung (mit erzwungenem Überschreiben der Ausgabedatei)
>>	Ausgabeumlenkung (mit Anhängen an die Ausgabedatei)
2>	Umlenkung der Standardfehlerausgabe (*stderr*)
a|*b*	›*a* oder *b*‹ (in Namen)
name( ) { *kmd* ; }	Definition einer Shellfunktion *name*
p1 | *p2*	lenkt zwischen Kommandos (als Pipe-Symbol) die Ausgabe von Programm *p1* zur Standardeingabe von Programm *p2*.
⌐Tab⌐	Vervollständigung der Kommandozeile bzw. Dateinamen

A.2 Editieren in der Kommandozeile der bash

Die Zuordnung der Tasten zu den **bash**-Funktionen ist in */etc/inputrc*, die Benutzerspezifische Zuordnung in *˜/.inputrc* möglich. Die nachfolgende Tabelle zeigt die zumeist verwendeten Zuordnungen. Zudem stehen sämtliche Kommandos aus den Editoren vi und emacs für Arbeit auf der Kommandozeile zur Verfügung.

Tabelle A.2: Tastenkürzel beim Editieren der bash-Kommandozeile

Eingabe	Funktion
↵	Ende der Eingabe, Kommando ausführen
\ ↵	Kommando in der nächsten Zeile fortsetzen
Strg-T	zwei Zeichen vertauschen
→, Strg-F	Cursor in der Kommandozeile 1 Zeichen nach rechts setzen
←, Strg-B	Cursor in der Kommandozeile 1 Zeichen nach links setzen
Strg-L	löscht den Bildschirm.
Pos1, Strg-A	Cursor an den Anfang der Kommandozeile platzieren
Ende, Strg-E	Cursor an das Ende der Kommandozeile platzieren
Alt-F	Cursor um ein Wort nach vorne platzieren
Alt-B	Cursor um ein Wort nach rechts platzieren
Alt-D	aktuelles Wort in der Kommandozeile löschen
←, Del	löscht das Zeichen vor dem Cursor.
Strg-K	löscht bis zum Ende der Kommandozeile.
Strg-X	löscht bis zum Anfang der Kommandozeile.
Strg-_	hebt die letzte Änderung wieder auf.
Strg-Y	fügt das zuletzt gelöschte Zeichen ein.
↑, Sptrg-P	geht zum zuvor eingegebenen Kommando in der History-Liste.
↓, Strg-N	geht zum nachfolgend eingegebenen Kommando in der History-Liste. Am Ende der Liste ertönt ein Glockenton.
Tab	vervollständigt den Kommando- oder Dateinamen.
Alt-*	fügt alle möglichen Vervollständigungen ein.
Strg-R *xxx*	sucht nach früher eingegebenen Kommandos, welche mit *xxx* beginnen.
Esc-B	Cursor ein Wort links/zurück setzen
Esc-F	Cursor ein Wort rechts/vorwärts setzen
Strg-D	ein Zeichen löschen
Esc-D	ein/nachfolgendes Wort löschen
Esc-H	vorhergehendes Wort löschen

A.3 Tastaturkürzel und Mausfunktionen

A.3.1 Kontrolltasten in der alphanumerischen Oberfläche

Tabelle A.3: Kontrolltasten für die Dialogeingabe in der alphanumerischen Oberfläche

Name	Taste(n)	Funktion	Bedeutung
intr	Strg-C	<unterbrechung>	Abbrechen eines Prozesses (Interrupt-Signal schicken)
quit	Strg-\	<abbruch>	Abbrechen eines Prozesses (per Quit-Signal) und Anlegen eines Speicherabzuges in Datei mit dem Namen *core*
erase	Strg-H	<lösche zeichen>	Löschen des vorausgehenden Zeichens
werase	Strg-W	<lösche wort>	Löschen des vorausgehenden Wortes
kill	Strg-U	<lösche zeile>	Löschen der aktuellen Zeile
reprint	Strg-R	<erneut ausgeben>	alle Zeichen der aktuellen Zeile erneut ausgeben
eof	Strg-D	<dateiende>	Ende der Eingabe/Datei
nl	↵ oder cr	<ende der zeile>	Zeilenende; neue Zeile
susp	Strg-Z	<prozess anhalten>	Anhalten (aber nicht beenden) des aktuellen Prozesses
dsusp	Strg-Y	<prozess stoppen>	wie susp, aber erst beim nächsten Lesen
stop	Strg-S	<ausgabe anhalten>	Ausgabe (am Bildschirm) anhalten
start	Strg-Q	<ausgabe fortsetzen>	Ausgabe (am Bildschirm) fortsetzen
discard flush	Strg-O	<ausgabe wegwerfen>	Ausgabe (am Bildschirm) verwerfen, bis wieder ein Strg-O eingegeben wird
lnext	Strg-V	<bedeutung aufheben>	Sonderbedeutung des nächsten eingegebenen Zeichens wird aufgehoben.

Spalte 2 (›Tasten‹) zeigt die zumeist verwendete Belegung. Diese kann jedoch individuell verändert werden (z. B. über **stty**).

Die beiden unter Linux verbreiteten Desktops KDE und GNOME haben jeweils ihre spezifischen Tastaturkürzel und Handhabung der Maus. Siehe dazu die Abschnitte A.3.2 und A.3.3.

A.3.2 Die wichtigsten Tasten und die Maus der KDE-Oberfläche

Tabelle A.4: Häufig benutzte Tasten (-kombinationen) unter der KDE-Oberfläche

Taste(n)	Funktion
Desktop und Fensterbedienung	
Alt-Tab	Wechsel von Programmfenster zu Programmfenster
Alt-F1	öffnet K-Menü.
Alt-F2	(auf dem Desktop) ruft das Mini-Terminalfenster auf (1 Befehlszeile).
Alt-F3	öffnet das Fenstermenü des aktuellen Fensters.
Alt-F4	schließt das aktuelle Fenster / beendet das entsprechende Programm.
Alt-⇧-F4	schließt alle Fenster.
Alt-F5	zeigt die Liste aller Fenster an.
Strg-Alt-D	minimiert alle Fenster oder maximiert alle Fenster auf dem Desktop.
Strg-Esc	zeigt die Prozessliste an (KDE-Systemüberwachung bzw. **ksysguard**).
Strg-Alt-Esc	beendet ein Programm gewaltsam per **xkill**. Man klickt mit dem Totenkopf-Cursor in das Fenster des betreffenden Programms.
Strg-Alt-V	zeigt das Menü der Zwischenablage an (**klipper**).
Strg-Alt-Entf	meldet den Benutzer ab.
Strg-Alt-⇧-Entf	meldet den Benutzer ohne Rückfragen ab.
Strg-Tab	wechselt zum nächsten (virtuellen) Desktop.
Strg-F*n*	wechselt zum (virtuellen) Desktop *n* .
Allgemeine Konventionen für KDE-Programme (falls diese entsprechende Funktionen anbieten)	
F1	Hilfe (wird leider nicht konsequent unterstützt).
⇧-F1	Schnellhilfe – ›Was ist das?‹
F3	erneut Suchen
F5	Bildschirm/Seite erneut aufbauen/ausgeben
Strg-A	alles auswählen
Strg-C	markierten Inhalt in in Zwischenablage kopieren (*Copy*).
Strg-F	Suchen (*Find*)
Strg-N	neues Dokument anlegen
Strg-P	Drucken (*Print*)
Strg-Q	Programm beenden (*Quit*)
Strg-R	Ersetzen (*Replace*)
Strg-S	Sichern/Speichern
Strg-V	Inhalt der Zwischenablage einfügen
Strg-X	markierten Inhalt ausschneiden und in Zwischenablage speichern
Strg-Z	letzte Operation rückgängig machen
Strg-⇧-Z	vorhergenden Zustand wiederherstellen

Tabelle A.5: konqueror - Tastaturkürzel

Strg-B	*Bookmark* – Lesezeichen auf aktuelle Seite/Verzeichnis setzen
Strg-C	*Copy* – Kopieren – Datei/Verzeichnis zum Kopieren selektieren
Strg-D	aktuelles Fenster duplizieren
Strg-F	*Find* – Dialogbox für Suchen öffnen
Strg-N	neues leeres Fenster anlegen
Strg-O	Open – neue Adresse eingeben und dann dorthin springen
Strg-V	zuvor kopierte Datei einfügen
Strg-X	*Extract* – Datei zum Löschen markieren (ausschneiden)
Strg-+	Dateien entsprechend dem aktuellen Muster selektieren
Strg-Z	letzte Operation rückgängig machen
F1	Hilfe aufrufen
F2	Datei umbenennen
F5	Seite neu laden
F7	Dateien kopieren
Alt-linke Maustaste	Fenster verschieben (Anfasser an beliebiger Fensterstelle)

Tabelle A.6: Funktionen der Maus unter KDE

Maus	Funktion
Maus auf dem Desktop	
linke Maustaste	Desktop-Objekt selektieren
mittlere Maustaste	Menü mit einer Liste aller laufenden Programme
rechte Maustaste	Menü mit einigen häufig benutzten Kommandos
Mauskürzel im Fenstertitel	
mittlere Maustaste	Fenster ganz in den Hintergrund
rechte Maustaste	Fenstermenü aktivieren
Doppelklick	Fenster auf Titelleiste reduzieren
Mauskürzel im Applikationsfenster	
linke-Maustaste	Cursor positionieren oder Objekt selektieren
rechte-Maustaste	Menü mit häufig benutzten Operationen
Alt-linke-Maustaste	Fenster verschieben
Alt-mittlere-Maustaste	Fenster ganz in den Hintergrund
Alt-rechte-Maustaste	Fenstergröße ändern

A.3.3 Nützliche Tastaturkürzel und Maus der GNOME-Oberfläche

Beachten Sie bitte, dass zahlreiche der nachfolgend aufgeführten Tastaturkürzel und teilweise auch die Maustasten über entsprechende Konfigurationen geändert werden können. Die Tabellen geben deshalb lediglich die Standardbelegung vor.

Tabelle A.7: Häufig benutzte Tasten (-kombinationen) unter der GNOME-Oberfläche

Taste(n)	Funktion
Desktop und Fensterbedienung	
Alt-Tab	Wechsel von Programmfenster zu Programmfenster
Alt-Esc	Wechsel von Programmfenster zu Programmfenster
Alt-F1	öffnet GNOME-Menü.
Alt-F2	ruft das Mini-Terminalfenster auf mit einzeiliger Befehlszeile.
Alt-F3	öffnet das Fenstermenü des aktuellen Fensters.
Alt-F4	schließt das aktuelle Fenster / beendet das entsprechende Programm.
Strg-Alt-D	minimiert alle Fenster oder maximiert alle Fenster auf dem Desktop.
Strg-Esc	wechselt den Fokus zwischen desktop und Panel.
Strg-Alt-Entf	meldet den Benutzer ab.
Strg-Alt-←	aktiviert vorhergehenden Desktop.
Strg-Alt-→	aktiviert nächsten Desktop.
Allgemeine Konventionen für GNOME- Programme (falls diese entsprechende Funktionen anbieten)	
F1	Hilfe (wird leider nicht konsequent unterstützt).
F5	Bildschirm/Seite erneut aufbauen/ausgeben
Strg-A	alles auswählen
Strg-C	markierten Inhalt in in Zwischenablage kopieren (*Copy*).
Strg-F	suchen (*Find*)
Strg-I	Information zum Objekt/Dokument
Strg-N	Dokument/Fenster/Ordner neu anlegen
Strg-P	Drucken (*Print*)
Strg-Q	Programm beenden (*Quit*)
Strg-R	letzte Operation wiederholen (*Repeat*)
Strg-S	Sichern/Speichern
Strg-V	Inhalt der Zwischenablage einfügen
Strg-W	Fenster/Datei schließen
Strg-X	markierten Inhalt ausschneiden und in Zwischenablage speichern
Strg-Z	letzte Operation rückgängig machen

Tabelle A.8: nautilus-Tastaturkürzel

Strg-A	alle Dateien selektieren
Strg-B	*Bookmark* – Lesezeichen auf aktuelle Seite/Verzeichnis setzen
Strg-C	*Copy* – Kopieren – Datei/Verzeichnis zum Kopieren selektieren
Strg-D	Duplizieren – markierte Datei/Verzeichnis duplizieren
Strg-F	*Find* – Dialogbox für Suchen öffnen
Strg-I	*Information* – öffnet zum Selektieren Objektdialogbox *Eigenschaften*.
Strg-L	*Link* – symbolischen Link für markierte Datei anlegen
Strg-N	neues Verzeichnis anlegen (im aktuellen Verzeichnis)
Strg-O	*Open* – öffnet die selektierte Datei (oder Dateien).
⇧-Strg-O	*Open* – öffnet die selektierte Datei in einem neuen Fenster.
Strg-R	*Refresh* – Die Datei oder das aktuelle Verzeichnis wird neu eingelesen.
Strg-T	*Trash* – Datei in den Mülleimer verschieben
Strg-U	Up – in übergeordnetes Verzeichnis wechseln (entspricht: **cd ..**)
Strg-V	zuvor kopierte Datei einfügen
Strg--	Zoomstufe reduzieren (verkleinern)
Strg-+	Zoomstufe erhöhen (vergrößern)
Strg--	Zoomstufe reduzieren (verkleinern)
F1	Hilfe zu **nautilus**
F2	Umbenennen
F9	Seitenleiste ein- oder ausblenden
Alt-linke-Maust.	Fenster verschieben (Anfasser an beliebiger Fensterstelle)

Tabelle A.9: Funktionen der Maus unter GNOME

Maus auf dem Desktop	
linke Maustaste	Desktop-Objekt selektieren
mittlere oder rechte Maustaste	Nautilus-Menü
Mauskürzel im Fenstertitel	
linke Maustaste	Fokus auf Fenster + Fenster verschieben
mittlere Maustaste	Fenster ganz in den Hintergrund
rechte Maustaste	Fenstermenü aktivieren
Doppelklick	Fenster auf Titelleiste reduzieren
Mauskürzel im Applikationsfenster	
linke-Maustaste	Cursor positionieren oder Objekt selektieren
rechte-Maustaste	Menü mit zum Objekt passenden häufigen Operationen
Alt-linke-Maustaste	Fenster nach vorne oder nach hinten

A.4   Wichtige und nützliche Shell- und Umgebungsvariablen

Die Shells und zahlreiche wichtigen Unix-/Linux-Programme lassen sich über einige
Umgebungsvariablen (Environment-Variablen), d.h. als global gesetzte bzw. exportierte
Shell-Variablen im Verhalten steuern. Nachfolgend sind die wichtigsten und nützlichsten dieser Variablen zu finden. Man wird sie in der Regel in den Initialisierungsskripten
der Shells definieren. Die aktuellen Werte dieser Variablen lassen sich ausgeben mit:
›**echo $***variable*‹, alle aktuell definierten Variablen mit ihren Werten werden über ›set‹
ausgegeben. Die nachfolgend aufgeführten sind ein Auszug der am häufigsten genutzten Variablen. Es gibt zahlreiche weitere, die jedoch zumeist nur von speziellen Programmen ausgewertet werden. Auch ist der Übergang von Shell-relevanten zu Applika-
tions-relevanten Variablen (wie nachfolgend untergliedert) fließend.

Weitere Umgebungsvariablen für häufig benutzte weitere Programm zeigt Abschnitt
A.4.3 ab Seite 858. Eine vollständige Zusammenstellung aller Variablen der Bash ist im
Abschnitt ›Die Variablen der Shell‹ ab Seite 549 zu finden.

A.4.1 Umgebungsvariablen für die Shell und Shell-Prozeduren

BASH   Programmpfad zur aktuell laufenden Shell/bash

BASH_VERSION Versionsnummer zur aktuell laufenden bash

CDPATH   Liste von Verzeichnissen (durch ›**:**‹ separiert), in denen bei Aufruf von
                    cd *verzeichnis* ohne absoluten Pfadnamen das angegebene Verzeichnis
                    gesucht werden soll.

DIRSTACK   Liste (Stack) mit den per **pushd** gespeicherten Verzeichnissen

DISPLAY   Anzeige-Bildschirm des X-Window-Systems. Normalerweise ist dies:
                    rechnername:0.0 (genauer: Name des X-Servers)

EDITOR   Pathname des Editors, der bei einigen eingabeorientierten Funktionen
                    (z.B. bei **crontab**) automatisch gestartet werden soll. Dies ist vielfach **vi**
                    oder **emacs**. Siehe auch VISUAL.

EUID   Effektive Benutzernummer des Shell-Prozesses

GROUPS   Gruppen (als Nummern), zu denen der gerade aktive Benutzer gehört

HOME   Heimat- und Standardverzeichnis des Benutzers. Wird beim Login aus
                    /etc/passwd entnommen.

HOST   Rechnername des Rechners, an dem die Sitzung stattfindet (Host)

HOSTNAME   Rechnername des Rechners, an dem die Sitzung stattfindet (Host)

HOSTTYPE   Rechnerart des Host-Systems

IFS   *Input Field Separator* – Worttrennzeichen der Shell bei der Zerlegung
                    der Eingabezeile in ihre Bestandteile

IGNOREEOF   Der numerische Wert gibt an, wie viele EOF-Zeichen die (interaktive) Shell entgegennimmt, bevor sie sich beendet.

LANG   Sprache und Sprachbereich des Benutzers – allerdings nur dann, wenn die LC_-Variablen nicht gesetzt sind. Der Aufbau ist hier: ›x[_y][.z][@m]‹, wobei *x* die Basissprache angibt (z.B. ›de‹ für Deutsch), *y* den speziellen Sprachraum (z.B. ›CH‹ für die Schweiz oder ›DE‹ für Deutschland). Der hintere Teil ist optional und macht mit ›.z‹ Angaben zur bevorzugten Codierung (z.B. ›.ISO-8859-1‹ für den zumeist verwendeten europäischen Zeichensatz oder ›.UTF-8‹ für eine Unicode-Codierung. ›@m‹ gibt eine zusätzliche Modifikation an (z.B. ›@euro‹, wenn ein Zeichensatz mit dem €-Zeichen gewählt werden soll.)

LANGUAGE   Sprache und Sprachbereich des Benutzers. Sind die LC_*xx*-Varaiablen nicht definiert, so wird teilweise versucht, aus LANGUAGE deren Werte abzuleiten. Hier können, durch ›:‹ getrennt, mehrere Sprachen angegeben werden. Werden die Meldungen in der ersten Sprachangabe nicht gefunden, so wird die zweite verwendet usw. Wird keine gefunden, so kehren die meisten Programme zu englisch (en_EN) zurück.

LC_*xxx*   Die LC-Variablen definieren sprach- und landesspezifische Einstellungen, sofern ein *National-Language-Support* (NLS) vorhanden ist (siehe hierzu Seite 183/184). Man kann sich die Namen und aktuellen Werte über das Kommando ›**locate –ck** *kategorie*‹ ausgeben lassen (s. S. 324). Die einzelnen Einstellungen sind in folgende Kategorien unterteilt:

LC_ALL	überschreibt die nachfolgenden Variablen
LC_COLLATE	für die Sortierreihenfolge in den C-Funktionen **strcol**() und **strxfrm**()
LC_CTYPE	für die verschiendenen Zeichenklassen, wie sie in den C-Funktionen **isupper**(), **toupper**(), **mblem**() und **wctomb**() behandelt werden.
LC_MESSAGES	für die Sprache der Programm-Meldungen und für Rückfragen (z.B. y/n bzw. j/n)
LC_MONETARY	für die Währungsdarstellung
LC_NUMERIC	für das Zahlenformat in der Ein-und Ausgabe (in den C-Funktionen **printf**() und **scanf**())
LC_PAPER	für Papierformate
LC_NAME	Konvention für Namensschreibweisen
LC_ADDRESS	für die Darstellung der Adresse (wenig benutzt)
LC_TELEPHONE	Format von Telefonnummern
LC_MEASUREMENT	für Maßeinheiten
LC_TIME	für die Zeitangaben (C-Funktion **strftime**())

Innerhalb der Kategorien gibt es die einzelnen Elemente mit eigenen Namen und Werten. So ist **name_mr** das Element aus der Kategorie LC_NAME, welche die Anrede für einen Herrn (*mister*) enthält.

LC_ALL   überschreibt, falls definiert, die Werte der anderen LC_-Variablen.

LC_COLLATE   Sprachabhängige Einstellung für Sortierreihenfolgen. Eine Variante ist POSIX um eine POSIX-konforme Sortierung zu erhalten.

LC_MESSAGES   gibt an, in welcher Sprache bei Programmen, die Meldungen in mehreren Sprachen unterstützen, die Meldungen ausgegeben werden sollen. Damit ist der Pfad zu den sprachspezifischen Meldungen festgelegt. Ist LC_MESSAGE nicht definiert, so wird bei den meisten Programmen ›en_US‹ (*American-English*) angenommen.

LC_NUMERIC   spezifiziert das sprachspezifische Zahlenformat.

LC_TYPE   definiert, welche Zeichen zu welchen Zeichentypen gehören.

NLSPATH   gibt den Suchpfad für sprachspezifische Meldungen an. NLS steht für *National-Language-Support*.

LC_TIME   sprachabhängige Einstellung für das Zeit-/Datumsformat

LC_TYPE   definiert, welche Zeichen so genannte *Whitespaces* (Wort- und Parametertrennzeichen) sein sollen. Im Standardfall sind dies Leerzeichen (›\‹ und Tabulatorzeichen ›\t‹).

MACHTYPE   Bezeichnung (als Name) des Rechnertyps und des Systems, auf dem die Shell läuft (z. B. i686-suse-linux)

MAIL   Pfad zur Ablage, die auf eingehende Mail überprüft werden soll

MAILPATH   Pfad, der nach Mail-Dateien für angekommene E-Mail durchsucht wird

MAILCHECK   legt fest, in welchen Intervallen (in Sekunden) die Shell die *mail box* auf neu angekommene Post untersucht und den Benutzer über eine Neuankunft benachrichtigt. Ist **MAILCHECK=0**, so wird die Post nach jedem Kommando überprüft.

OLDPWD   hält unter der **bash** den Pfadnamen des zuvor (vor dem letzten **cd**) aktiven Verzeichnisses

OSTYPE   Art des Betriebssystems (hier zumeist ›linux‹)

PATH   Liste von Verzeichnissen (durch ›:‹ separiert), in denen bei Angabe eines Kommandos oder Programmnamens ohne absoluten Pfad nach dem Programm gesucht wird.

POSIX   erzwingt ein POSIX-kompatibles Verhalten. Dies ist in Shell-Prozeduren nützlich, die sprachneutral agieren sollen.

PPID   Prozessnummer des Vaterprozesses der laufenden Shell

PROMPT_COMMAND   Kommando, welches die **bash** vor der Ausgabe des Bereitzeichens (Prompts) ausführt

PS1   Bereitzeichen der aktuellen Shell. Diese wartet auf ein neues Kommando. Als Metazeichen können darin per \x die Variablen aus Tabelle A.10 (Seite 861) verwendet werden.

PS2	Bereitzeichen der Shell, wenn auf die Fortsetzung der Eingabe (-zeile) gewartet wird
PS3	Bereitzeichen der **bash**, welches vom **bash**-internen **select** ausgegeben wird
PS4	Bereitzeichen der **bash**, welches bei Verwendung des Debug-Modus per Option –x ausgegeben wird
PWD	aktuelles Arbeitsverzeichnis
SECONDS	Laufzeit der aktuellen Shell in Sekunden
SHELL	Name der Login-Shell des Benutzers, zumeist unter Linux die **bash**
SHELLOPTS	Optionenvorbelegung beim Aufruf einer Shell
SHLVL	*Shell-Level* – Tiefe der Shell-Verschachtelung
TERM	Art der Dialogstation/Terminals.
TZ	(*Time Zone*) gibt die lokale Zeitzone an. Für Deutschlang gilt TZ=CET (*Central European Time*). Siehe hierzu Abschnitt A.5 auf Seite 864.
UID	reale/tatsächliche Benutzernummer des Shell-Prozesses
USER	Benutzernamen beim Login. Wie LOGNAME, wird aber mehr von BSD-Kommandos genutzt.
VISUAL	Pathname des Editors (hier für die Anzeige), den bei einigen Eingabe-orientierten Funktionen (z.B. bei **mail**) automatisch gestartet werden soll. Dies ist vielfach **vi** oder **emacs**. Siehe auch EDITOR und PAGER.

A.4.2 History-Variablen der Shell

FCEDIT	Editors für das Editieren der History-Liste der **bash**
HISTCMD	Nummer des aktuellen Befehls in der History-Liste
HISTCONTROL	steuert, welche Kommandos in die History-Liste aufgenommen werden sollen.
HISTFILE	Dateipfad der History-Datei der **bash**
HISTSIZE	maximale Zeilenzahl in der History-Datei der **bash** (Standard: 500)

A.4.3 Umgebungsvariablen für wichtige Programme/ Kommandos

Ein Teil der Programme wertet auch einige der im Abschnitt A.4.1 beschriebenen Shell-orientierten Variablen aus, insbesondere die Variablen LANG, die LC_*xxx*-Variablen und die Variable POSIX. Die nachfolgenden Variablen sind eher spezifisch für einzelne Programme bzw. Anwendungen.

BZIP, BZIP2	definieren Standardoptionen für das Programm **bzip2**.
CMD_ENV	definiert, welche Shell-Umgebung (betriebssystemspezifisch) das **ps**-Kommando (und andere Kommandos) erwarten sollen. Mögliche Werte sind: **posix, old, linux, bsd, sun** oder **digital**. Siehe zu **ps** auch PS_PERSONALITY, PS_FORMAT und PS_SYSMAP.
COLORTERM	definiert, ob die Dialogstation Farbe im Text unterstützt. Dies wird z.B. von ls benutzt, um unterschiedliche Dateiarten farblich zu kennzeichnen (falls der Wert 1 ist).
COLUMNS	definiert die Zeilenzeichenlänge für die Ausgabe auf einen Bildschirm (siehe auch LINES).
CUPS_SERVER	legt fest, mit welchem CUPS-Server die Druck-Clients (**lp, lpd,** ...) standardmäßig kommunizieren sollen.
DIALOGRC	gibt an, wo das **dialog**-Kommando seine Initialisierungsdatei suchen soll.
GNUGPGHOME	weist **gpg** an, in welchem Verzeichnis es seine Informationsdateien und Schlüsselringe suchen soll (Standard: *$HOME/.gpg*).
FTPANOPASS	legt fest, welches Passwort bei einem anonymen FTP-Zugang verwendet werden soll.
FTPMODE	legt den Standardmodus für **ftp** fest. Dies kann sein: **active, passive, auto** oder **gate** (siehe dazu Seite Seite 283).
FTPPROMPT	definiert den Standard-Prompt bei der interaktiven **ftp**-Bedienung.
FTPSERVERPORT	gibt einen vom Standard (Port 20/21) abweichenden Port für **ftp** vor.
FTPSERVER	gibt an, über welchen Server/Proxy bei **ftp** im **gate**-Modus gearbeitet werden soll.
GREP	definiert, welches der **grep**-Programme (**grep, fgrep, egrep**) beim Aufruf von grep und zgrep wirklich aufgerufen werden soll.
GREP_OPTIONS	macht eine Vorbelegung von Optionen beim Aufruf von **grep**.
GROFF_TYPESETTER	Standardzielgerät bei der Formatierung mit **groff**.
GS_FONTPATH	legt fest, wo **gs** (GhostScript) stnadardmäßig seine Schriften (Fonts) sucht.

GS_DEVICE	gibt das Standard-Zielgerät an, für welches **gs** seine Ausgabe formatiert.
GS_OPTIONS	definiert die Standard-Optionen beim Aufruf von **gs** (Ghost-Script).
GS_LIB	gibt für gs vor, in welchem Verzeichnis es spezielle Verarbeitungsmodule suchen soll.
GTKLP_FORCEX	gibt vor, dass die **gtklp**-Programme (siehe Seite 302) auf jeden Fall im GUI-Modus arbeiten sollen.
GZIP	definiert Standardoptionen und -einstellungen für die Programme **gzip**, **gunzip** und **zcat**.
INFOPATH	Liste von Verzeichnissen (durch ›:‹ separiert), in denen **info** die **info**-Dateien sucht.
IPP_PORT	definiert einem vom Standard abweichenden Kommunikationsmitsport zum CUPS-Server (Standard: Port 631).
KDE_LANG	bestimmt bei einem KDE-Programm eine von der Standard-Einstellung abweichende Spracheinstellung.
LD_LIBRARY_PATH	definiert den Pfad der Verzeichnisse (durch ›:‹ getrennt), in denen der Linker nach Bibliotheken suchen soll.
LESSCLOSE	definiert eine Endesequenz zum Programm **less**.
LESSKEY	definiert eine Initialisierungsdatei zur Festlegung der Tastaturfunktionen beim Programm **less**.
LESSOPEN	definiert eine Startsequenz zum Programm **less**.
LINES	definiert die Anzahl von Zeilen für die Ausgabe auf einen Bildschirm.
LOCATE_PATH	definiert den Suchpfad, in dem das **locate**-Kommando nach Datenbanken mit Dateinamen suchen soll. Einzelne Einträge werden durch Komma getrennt.
LPDEST	wird von einigen älteren Programmen statt PRINTER als Standard-Drucker ausgewertet.
LPOPTIONS	Standard-Optionen für die Druck-Kommandos des CUPS-Print-Spoolers.
LS_COLORS	definiert für das **ls**-Kommando die Farbkodierungen für die unterschiedlichen Dateiarten. Das Setzen erfolgt per **dircolor**.
LS_OPTIONS	enthält Standardoptionen für das **ls**-Kommando (siehe Seite 345).
MAILTO	definiert den Benutzer an den bei **cron**-Jobs die Ergebnisse und Fehlermeldungen per E-Mail geschickt werden sollen.

MANOPT	Standard-Optionsvorbelegung für das **man**-Kommando
MANPATH	Liste von Verzeichnissen (durch ›:‹ separiert), in denen **man** die **man**-Dateien sucht
MANROFFSEQ	Standard-Abarbeitungsoptionen für die Formatierung von **man**-Seiten durch **groff**
MORE	definiert Standardoptionen für das Anzeigeprogramm **more**.
NAUTILUS_OK_TO_RUN_AS_ROOT	hat dieses Monster von Variable den Wert 1, so kann man **nautilus** auch als (temporären) root-Benutzer aufrufen. Ansonsten weigert sich **nautilus** als **root** zu laufen.
PAGER	Einige Programme (z.B. **man**) machen ihre Ausgabe auf den Bildschirm über ein separates Anzeigeprogramm (einen *Pager*). Hier kann angegeben werden, welches Programm dies sein soll (unter Linux zumeist **less** oder **more**).
PGPPATH	definiert den Standardpfad zu den PGP-Dateien (*pubrinf.pgp, secring.pgp, config.text, randseed.bin, langauge.txt*).
POSIXLY_CORRECT	sorgt in zahlreichen Programmen dafür, dass eine POSIX-konforme Interpretation erfolgt.
PRINTER	Standarddrucker, wenn nicht explizit ein anderer Zieldrucker angegeben wird
PS_FORMAT	definiert das Standardformat bei der Ausgabe des **ps**-Kommandos.
PS_PERSONALITY	definiert, welches Betriebssystem-Charakteristikum das **ps**-Kommando annnehmen soll. Mögliche Werte sind: **aix, bsd, compaq, debian, digital, gnu, hp, hpux, linux, old** (linux), **posix, sco, sgi, sun, sunos** (SunOS 4), **sysv, unix, unix95, unix98**.
PS_SYSMAP	definiert die Systemsymboltabelle (*system.map*), aus der sich das **ps**-Kommandos seine Informationen holt.
SIMPLE_BACKUP_SUFFIX	legt bei einigen Kommandos (z.B. **mv, ln**) fest, wie die Endung einer Sicherungsdatei (angelegt, da die Datei sonst überschrieben würde) aussehen soll.
TAPE	hält den Namen des Standard-Bandlaufwerks für **tar** und **mt** (Standard: */dev/tape*).
VERSION_CONTROL	legt bei einigen Kommandos (z.B. **ln, mv**) fest, wie die Versionierung der Sicherungsdateien erfolgen soll. Siehe hierzu die Beschreibung von **mv** auf Seite 373.
WORDLIST	definiert die Datei des persönlichen Wörterbuchs zur Rechtschreibprüfung durch **ispell**.

A.4.4 Mögliche Variablen für das Promptzeichen der bash

Tabelle A.10: Spezielle Metazeichen im interaktiven Shell-Prompt (PS1, PS2) der bash

Variable	Bedeutung:
\a	(Alarm); gibt das Glockenzeichen \007 aus.
\d	aktuelles Datum im Format von **date** (ohne Uhrzeit)
\e	Terminal-Escape-Zeichen
\h,	Name des Rechners bis zum ersten Punkt
\H	Name des Rechners (vollständig)
\j	Anzahl/Summe der aktiven und gestoppten Hindergrundjobs
\l	Name der aktuellen Dialogstation (des Terminals)
\n	*<neue Zeile>* im Promptzeichen
\r	*<cr>*
\s	Name der aktuellen Shell (**bash**, **tcsh**, …)
\t	Uhrzeit im 24-Stunden Format (etwa: 23:30:00)
\T	Uhrzeit im 12-Stunden Format (etwa: 11:30:00)
\@	Uhrzeit im 12-Stunden Format mit a.m, p.m. (etwa: 11:30:00 pm)
\u	Benutzer-Account-Name
\v	Versions- und Releasenummer der **bash**
\V	Versions-, Publikations- und Patchnummer der **bash**
\w	aktuelles Arbeitsverzeichnis (*working directory*)
\W	letzter Pfadteil des aktuellen Arbeitsverzeichnisses
\\	Zeichen ›\‹ selbst
\!	Nummer des laufenden Befehls in der History-Liste
\#	relative Nummer des aktuellen Befehls in der aktuellen Shell (Beginn: 1)
\@	Uhrzeit im 12-Stunden Format mit a.m, p.m. (etwa: 11:30:00 pm)
\$	Benutzer-Status: # für root, $ für normalen Benutzer
\[…\]	klammert eine Folge von nicht druckenden Zeichen zur Terminalsteuerung.
\ooo	ASCII-Zeichen in der Oktalschreibweise von Tabelle A.19 auf Seite 871.

Als Beispiel mag folgender **bash**-Prompt gelten:

    PS1='\h@\w \d \t'   →   *Rechnername@Verzeichnis Datum-Uhrzeit>*

ergibt einen Prompt, der etwa so aussieht:

```
sonne@/home/snoopy Sun Apr 27 10:30:45>
```

Eine ausführliche Anleitung zum **bash**-Prompt findet man im ›*Bash Prompt HOWTO*‹ z. B. unter: `http://www.linux.org/docs/ldp/howto/Bash-Prompt-HOWTO`

A.4.5 Initialisierungen für Shells und Shell-Prozeduren

Zahlreiche Linux-Programme (nicht nur die Shells) lesen beim Start Initialisierungsdateien ein. Dabei sind oft zwei Arten vorhanden:

▶ Initialisierungen, welche systemweit gelten sollen – in aller Regel im Verzeichnis **/etc** zu finden (z.B.: */etc/profile*) oder in **/usr/etc**. Daneben findet man einige der Initialisierungs- oder Konfigurationsdateien, welche systemweit gültig sein sollen, unter **/usr/share/***paketname***/xxxrc**.

▶ Solche, welche Benutzer-individuell belegt werden können. Diese stehen zumeist im HOME-Verzeichnis des Benutzers (hier mit ›˜/‹ abgekürzt) und beginnen mit einem Punkt im Namen (z.B.: *˜/.log_out*)

Nachfolgend sind nur die Initialisierungsdateien der wichtigsten Shells aufgeführt.

Tabelle A.11: Initialisierungsdateien der bash

/etc/profile	wird von jeder *interaktiven* Login-Shell abgearbeitet – setzt systemweit gültige Einstellungen; vom normalen Benutzer nicht editierbar; aus dieser Datei heraus werden ggf. weitere Initialisierungsdateien aufgerufen.[a]
.bash_profile	lokale, benutzerindividuelle Konfigurationsdatei für eine interaktive Login-Shell
.bash_login	lokale, benutzerindividuelle Konfigurationsdatei für eine interaktive Login-Shell (falls *.bash_profile* nicht existiert, ansonsten danach)
.profile	lokale, benutzerindividuelle Konfigurationsdatei für eine interaktive Login-Shell; wird die **bash** mit dem Namen ›**sh**‹ (also als Bourne-Shell) aufgerufen, so wird nach */etc/profile* nur noch diese Datei durchlaufen.
.bashrc	jede interaktive Shell, die nicht Login-Shell ist
.alias	wird (bei Suse-Linux) aus *.bashrc* aufgerufen und kann ebenfalls persönliche Einstellungen, typischerweise Alias-Definitionen, aufnehmen.
$BASH_ENV	Die Datei, deren Name in dieser Variablen angegeben ist, wird von jeder nichtinteraktiven Shell (und damit vor Ausführung eines Shell-Skripts) zusätzlich abgearbeitet.
.bash_logout	wird von jeder Login-Shell bei der Beendigung bzw. beim Abmelden durchlaufen und kann daher für Aufräumungsarbeiten genutzt werden

a. Bei SuSE wird explizit darauf hingewiesen, dass */etc/profile*, die nicht nur von der **bash**, sondern auch von den meisten anderen Shells ausgewertet wird (siehe Tabelle A.12, S. 863), sich von Release zu Realease ändern kann und der Administrator deshalb seine (systemweit geltenden) Einstellungen in */etc/profile.local* eintragen sollte. Diese Datei wird bei SuSE von */etc/profile* aus aufgerufen.

Tabelle A.12: Initialisierungsdateien der wichtigsten Shells

Shell	systemweite Einstellungen	Benutzer-individuelle Einst.
Bourne -Again-Shell **/bin/bash**	/etc/profile	˜/.bash_profile ˜/.profile ˜/.bashrc ˜/bash_logout ˜/bash_history
C-Shell **/bin/csh**	/etc/.login	˜/.cshrc ˜/.login ˜.logout
TC-Shell **/bin/tcsh**	/etc/.login	˜/.cshrc oder ˜/.tcshrc ˜/.login ˜/.logout
Z-Shell **/bin/zsh**	/etc/zshenv /etc/zprofile /etc/zshrc /etc/zlogin	˜/zshenv ˜/.zprofile ˜/.login ˜/.zshrc
Bourne-Shell **/bin/sh**	/etc/profile	˜/.profile
Korn-Shell **/bin/ksh** *oder* **/bin/pksh**	/etc/profile	˜/.profile ˜/.kshrc
A-Shell **/bin/ash** *oder* **/sbin/sash**	/etc/profile	˜/.profile Kommandos in $SHINIT

Zahlreiche interaktive Kommandozeilenprogramme – dazu gehören auch die Shells – benutzen die C-Funktion **readline**. Die beiden nachfolgend aufgeführten Initialisierungsdateien werden von der entsprechenden Bibliotheksfunktion ausgewertet:

/etc/inputrc definiert die systemweite Vorbelegung der Tastatur für die bash und andere zielorientierte Programme, welche die Funktion readline für das Lesen der Tastatureingabe benutzen. Hier wird in der Regel die Zuordnung definiert von speziellen Tasten wie den Pfeiltasten, [Pos1], [Pos2], [Entf.] oder [Einf.] zu Funktionen bei der Eingabe und beim Editieren von Kommandozeilen.

˜/.inputrc erlaubt Benutzer-individuelle Einstellungen zu **readline** und ist das Pendant zu */etc/inputrc*.

A.5   Bezeichnung von Zeit- und Sprachzonen

Die nachfolgende Liste zeigt die Bezeichnung einiger in Europa relevanter Zeit- und Sprachzonen (z. B. zu sprachspezifischen Einstellungen in LANG). Es macht jedoch nur Sinn Code-Kombinationen zu verwenden, welche verwendbare Beschreibungsdateien unter */usr/lib/local* haben.

Zeitzonen: UTC (*Universal Time Coordinated*), eine Art Landes-neutrale Weltzeit, GMT (*Greenwich Mean Time*), CET (*Central European Time*), EAT (*Eastern European Time*). Siehe dazu auch Seite 865.

Tabelle A.13: Zeitzonen, Sprach- und Ländercodes (kleiner Auszug)

Land	Zeitzone	Sprachcode (ISO-639-1)	Ländercode (ISO-3166)	Anmerkung
Belgien	CET	fr	BE	französisch; auch nl, de, wa
Dänemark	CET	da	DK	
Deutschland	CET	de	DE	
England	UTC	en	GB	
Frankreich	CET	fr	FR	
Griechenland	EUT	el	GR	
Österreich	CET	de	AT	
Polen	CET	pl	PL	
Portugal	UTC	pt	PT	oder UC als Zeitzone
Irland	UTC	en	IR	
Italien	CET	it	IT	italienisch
Niederlande	CET	nl	NL	
Schweiz	CET	de	CH	deutschsprachig
	CET	fr	CH	französisch
	CET	it	CH	italienisch
Spanien	CET	es	ES	und mehrere Sprachen
USA		en	US	verschiedene Zeitzonen

Die *Sprachcodes* entsprechen dem ISO-639-1-Standard (2 Zeichen) und sind z. B. ist zu finden unter: *http://www.loc.gov/standards/iso639-2/englangn.html*

Die *Ländercodes* entsprechen dem ISO-3166-Standard (2 Zeichen, Englisch) und sind z. B. zu finden unter:
http://www.din.de/gremien/nas/nabd/iso3166ma/codlstp1/en_listp1.html.

In der obigen Tabelle kann es bei der landesspezifischen Zeit Abweichungen durch spezifische Sommer- und Winterzeit geben.

Das Format für Zeit- und Datumsangaben nach ISO-8601 ist zu finden unter:
http://www.cl.cam.ac.uk/~mgk25/iso-time.html.

Bei der Lokalisierung wird in LANG sowie den LC-Variablen die Kombinationen der Codes aus Spalte 3 und 4 verwendet (siehe dazu die Beschreibung ab Seite 182).

Datums- und Zeitangaben

Ein Zeit-/Datumsangabe in vollem Umfang nach ISO-8601 sieht wie folgt aus:

*JJJJ-MM-TT*T*SS:mm:ss*.x**Z**

Wobei jeder Buchstabe in dem Muster eine Ziffer darstellt (J=Jahr), (M=Monat), (T=Tag), (S=Stunde in der 24-Stunden-Angabe), (M=Minute), (s=Sekunde) und x der (auch mehrstellige) Bruchteil einer Sekunde. Der Buchstabe **T** trennt dabei Datum und Uhrzeit. Dabei sind führende Nullen bei einstelligen Werten zu benutzen. Das abschließende **Z** signalisiert, dass es sich um die UTC-Weltzeit handelt. Statt **Z** kann auch ein lokaler Zeitversatz gegenüber der Standardzeit angegeben werden durch ein hinten angefügtes ›+*SS:mm*‹ oder ›-*SS:mm*‹ in Stunden und Minuten.

Der ›1. Dezember 2003 5 Uhr 30‹ sieht damit wie folgt aus: ›2003-12-01T05:30:00‹ oder mit Zeitversatzangabe: ›2003-12-01T05:30:00+01:00‹

In der ebenso zulässigen vereinfachten Form dürfen ›—‹ und ›:‹ weggelassen werden, jedoch nicht das **T** als Datums-/Zeittrenner und der Punkt für die Sekundenbruchteile (soweit die Angabe so weit reicht):

*JJJJMMTT*T*SSmmss*.x

Zeitzonen

Die in Europa gültigen Zeitzonen sind:

Tabelle A.14: Kürzel für die europäischen Zeitzonen

Kürzel	Bedeutung	Versatz	Länder in der Zone
UTC	*Coordinated Universal Time* neutrale Weltzeit	+0	entspricht der alten GMT
GMT[a]	*Greenwich Meantime*	UTC+0	*England, Irland, Island, Portugal*
CET	*Central European Time*	UTC+1	*Albanien, Belgien, Deutschland, Dänemark, Frankreich, Italien, Lichtenstein, Luxemburg, Niederlande, Norwegen, Österreich, Polen, Schweden, Schweiz, Spanien, Tschechei, Ungarn*
EUT	*Eastern European Time*	UTC+2	Bulgarien, Finnland, Griechenland, Rumänien,
		UTC+3	Moskau, St. Petersburg

a. Die Angabe von GTM (*Greenwich Mean Time*) ist veraltet und sollte durch die aktuelle Bezeichnung UTC (*Universal Time Coordinated*) ersetzt werden.

A.6   Signalnummern und symbolische Signalnamen

Tabelle A.15: Signalnummern und symbolische Signalnamen unter Linux

Signal-name	Signal-nummer	Std.-Behandl.	Bedeutung
SIGHUP	1	Exit	Abbruch einer Dialogstationsleitung (*P*)
SIGINT	2	Exit	Interrupt von der Dialogstation/Tastatur (*P*)
SIGQUIT	3	Core	<Quit> von der Dialogstation/Tastatur (*P*)
SIGILL	4	Core	Ausführung einer ungültigen Instruktion (*P*)
SIGTRAP	5	Core	*Trace Trap*, Unterbrechung (Einzelschrittausführung)
SIGABRT	6	Core	zeigt eine abnormale Beendigung an (*P*)
SIGBUS	7, 10,10	Core	Fehler auf dem System-Bus
SIGFPE	8	Core	Ausnahmesituation bei einer Gleitkommaoperation (*P*) (*Floating point exception*)
SIGKILL	9	Exit[+]	<kill>-Signal (*P*)
SIGUSR1	10, 30, 16	Exit	frei für Benutzer-Nutzung (*P*)
SIGSEGV	11	Core	Speicherzugriff mit unerlaubtem Segmentzugriff (*P*)
SIGUSR2	12, 31, 17	Exit	frei für Benutzer-Nutzung (*P*)
SIGPIPE	13	Exit	Es wurde auf eine Pipe oder Verbindung geschrieben, von der keiner liest (*P*)
SIGALRM	14	Exit	Ein Zeitintervall von **alaram(1)** ist abgelaufen (*P*)
SIGTERM	15	Exit	Signal zur Programmbeendigung (*P*)
SIGSTKFLT	16, –, –	Exit	Coprozessor Stack-Fehler (unbenutzt)
SIGCHLD	17, 20, 18	Ignoriert	signalisiert Beendigung eines Kindprozesses oder dessen Anhalten (Stoppen) (*P*)
SIGCONT	18, 19, 25	Ignoriert[f]	Der angehaltene *(stopped)* Prozess soll weiterlaufen (*P*)
SIGSTOP	19, 17, 23	Stop[+]	Der Prozess wird angehalten (*Stopped*) (*P*)
SIGTSTP	20, 18, 24	Stop[+]	Der Prozess wird interaktiv angehalten (*Stopped*) durch die Eingabe des STOP-Zeichens (*P*)
SIGTTIN	21, 21, 26	Stop	Es wurde versucht, in einem Hintergrundprozess von der Kontroll-Dialogstation zu lesen (*P*)
SIGTTOU	22, 22, 27	Stop	Es wurde versucht, in einem Hintergrundprozess auf die Kontroll-Dialogstation zu schreiben (*P*)
SIGURG	23, 16, 21	Ignoriert	Ein dringender Socketstatus ist eingetreten (*B*V*)
SIGXCPU	24, 24, 30	Core	Die maximale CPU-Zeit ist überschritten (*B*V*)
SIGXFSZ	25, 25, 31	Core	Die maximale Dateigröße wurde überschritten (*B*V*)
SIGVTALRM	26, 26, 28	Exit	Der virtuelle Wecker (*Timer*) ist abgelaufen (*B*V*)
SIGPROF	27, 27, 29	Exit	Der *Timer* zur Profil-Erstellung ist abgelaufen

Tabelle A.15: Signalnummern und symbolische Signalnamen unter Linux (Forts.)

Signal- name	Signal- nummer	Std.- Behandl.	Bedeutung
SIGWINCH	28, 28, 20	Ignoriert	Die Window-Größe hat sich geändert (*BSD*)
SIGIO	29, 23, 22	Ignoriert	Eine Socket-E/A-Operation wird möglich (*B*V*)
SIGPWR	30, 29, 19	Exit	signalisiert einen Spannungsausfall (*V*)
SIGSYS	31, 12, 12	Core	ungültiges Argument beim Systemaufruf
weitere Signale			
SIGCLD	–, –, 18	Ignoriert	Synonym für SIGCHLD
SIGINO	–, 29, –		Synonym für SIGPWR
SIGIOT	6	Core	Synonym für SIGABRT
SIGEMT	–, 7, 7	Exit	Emulation-Trap
SIGLOST	–, –, –	Exit	Eine Dateisperre (lock) ging verloren
SIGPOLL		Exit	signalisiert das Anstehen eines Ereignisses (*selectable event*) bei *Streams* (*V.4*)
Realzeitsignale (auch nach POSIX 1003.1–2001:			
SIGRTMIN	32+n		32 Realzeit-Signale, in der Scheibweise SIGRTMIN+n
SIGRTMAX	63-n		bzw. ab 48 durch SIGRTMAX-n
SIGRTMAX	63		von SIGRTMIN+0 bis SIGRTMIN+31

(*P*)	Durch den Posix P1003.1-Standard garantiert verfügbares Signal.
(*B*V*)	Wird im BSD 4.x und Unix System V.4 verwendet.
+	Dieses Signal kann **nicht** ignoriert, blockiert oder abgefangen werden.
s	Das Signal führt dazu, dass der Prozess angehalten wird, d.h. in den Zustand *Stopped* übergeht.
f	Das Signal setzt den Lauf des Prozesses fort, sofern der Prozess angehalten (*stopped*) ist. In allen anderen Fällen wird es ignoriert. Bei der Benutzung von Signalen in Programmen sollte stets der symbolische Name und nicht die Signalnummer verwendet werden!

Die Signale und Nummern sind zum Teil architekturabhängig. Sind mehrere Nummern angegeben, so gilt die 1. (**fette**) für Intel- und PPC-Prozessoren, die 2. für Sparc- und Alpha-Systeme und die dritte für MIPS-Prozessor basierte Systeme.
Die Spalte ›*Std.-Behandl.*‹ gibt hier an, was im Standardfall beim Eintreffen des Signals erfolgt, d.h. ohne dass die Art der Signalbehandlung explizit festgelegt wurde. *Core* bedeutet z.B. dabei, dass das Programm abgebrochen wird und ein Speicherabzug (*core dump*) des Programms erfolgt, sofern das Signal nicht explizit ignoriert oder über eine Behandlungsroutine abgefangen wird. In Programmen sollen die Signale nicht über ihre Nummer, sondern über ihren symbolischen Namen angesprochen werden. Alle dem aktuellen System bekannten Signalnamen und -nummern erhält man über das Kommando **kill -l**.

A.7　Schreibweise von Sonderzeichen und Zeichenklassen

In einer Reihe von Kommandos benötigt man die Möglichkeit, Sonderzeichen in geeigneter Form anzugeben oder eine ganze Klasse von Zeichen anzugeben. Zu diesen Programmen gehören z.B. **tr**, **echo** und im bash-Prompt-Zeichen. Hier ist folgende Schreibweise möglich:

Tabelle A.16: Schreibweise von Sonderzeichen in einigen Programmen

Zeich.	Bedeutung:	Oktalcode
\ooo	Zeichen mit dem Oktalcode ooo (3 Stellen)	\ooo
\a	Glockenton *(audible bell)* bzw. <^G>	\007
\b	*backspace* <lösche zeichen> bzw. <^H>	\010
\f	*formfeed* <seitenvorschub> bzw. <^L>	\014
\n	*new line, lf,* <zeilenvorschub> bzw. <^J>	\012
\r	*return* <wagenrücklauf> bzw. <^M>	\015
\t	*horizontal tab* <tabulator waagerecht> bzw. <^I>	\011
\v	*vertical tab* <tabulator senkrecht> bzw. <^K>	\013
\\	Das Zeichen ›\‹ selbst	\134

Die Oktalcodes der ASCII-, ANSI- und ISO-8815/1-Zeichen sind unter Anhang A.9 auf Seite 871 zu finden.

Tabelle A.17: Angabe von Zeichenklassen in einigen Programmen[a] (z. B. grep)

Zeichenklasse:	Bedeutung:
[:alnum:]	alle Buchstaben und Ziffern
[:blank:]	alle *whitespaces* (Leerzeichen und hor. Tabulatoren) (\013, \040)
[:cnrtl:]	alle Kontrollzeichen (\000–\037)
[:digit:]	alle Ziffern (0–9 bzw. (\060–\071)
[:graph:]	alle druckbaren Zeichen ohne Leerzeichen und Tabulatoren
[:lower:]	alle Kleinbuchstaben
[:print:]	alle druckbaren Zeichen
[:punct:]	alle Interpunktionszeichen
[:space:]	alle horizontale und vertikale *whitespaces* (\011, \013, \040).
[:upper:]	alle Großbuchstaben
[:xdigit:]	alle Hexadezimalziffern (0–9, A–F)
[=char=]	alle Zeichen, die genau *char* entsprechen

a. Der Umfang der Klasse hängt auch von der Codierung der Datei ab. So hat z.B. ISO-8815-1 mehr Zeichen und dort gehören z.B. Ä, Ö, Ü ebenso zur Klasse [:upper:], während sie im US-ASCII-Zeichensatz nicht definiert sind.

A.8 Die wichtigsten Ports

Tabelle A.18 zeigt die wichtigsten Internet-Ports mit ihren Funktionen. Nicht benötigte Ports sollten prinzipiell aus Sicherheitsgründen gesperrt bzw. nicht aktiv sein oder zumindest nur für das lokale Netz offen sein. Die mit ‡ markierten Ports sind aus Sicht der Netzsicherheit recht gefährlich und sollten nur bei absoluter Notwendigkeit offen sein. Eine vollständige Liste findet man unter:

`http://www.iana.org/assignments/port-numbers`

Tabelle A.18: Die meistbenutzten Ports unter Linux

Port (dez.)	Funktion:
20	FTP (*Data*)
21	FTP (*Control*)
22	SSH – *Secure Shell Remote Login Protocol*
23	Telnet
25	SMTP – *Simple Mail Transfer Protocol*, zur Kommunikation mit einem Mail-Server
53	DNS-Service
63	whois++
66	Oracle SQL-Net‡
67	DHCP
79	Finger‡
80	HTTP / Web
88	Kerberos
110	POP3, Kommunikation zwischen Mail-Client und POP3-Server
119	News (NNTP)
123	Zeitsynchronisation (NTP = *Network Time Protocol*)
137	Microsoft Netbios Name Service
138	Microsoft Netbios Datagram Service
139	Microsoft File Sharing (SMB, Samba)
143	IMAP, Kommunikation zwischen Mail-Client und IMAP-Server
161	SNMP – *Simple Network Management Protocol*‡
162	SNMPTRAP
177	X Display Manager Control Protocol‡
201	AppleTalk Routing Maintenance‡
202	AppleTalk Name Binding‡
204	AppleTalk Echo‡
206	AppleTalk Zone Information‡

Tabelle A.18: Die meistbenutzten Ports unter Linux

443	HTTPS / Web über SSL-Verschlüsselung
515	LPD-Print-Spooler LPD/LPR[‡]
531	chat (Chat-Konferenzen)
532	readnews
631	IPP – *Internet Printing Protocol*, z. B. verwendet von CUPS
901	SWAT – SAMBA-Konfiguration
1000	Webadmin
2049	NFS
3128	Proxy-Port (siehe auch 8000 und 8080)
3306	MySQL Datenbank-Server
5999–6003	X-Display
7100	X11-Font-Server
7741	lisa, RLAN
8000	Proxy-Port (siehe auch 8080 und 3128)
8080	Proxy-Port (siehe auch 8000 und 3128)
9100	HP-JetDirect-Netzwerkdrucker (muss nur am Drucker selbst offen sein)
10 000	NDMP – Network Data Management Protocol (Datensicherung im Netz)

Das Kommando **netstat –a** liefert der Liste der aktuell benutzten IP-Ports bzw. der Ports und Port-Daemonen, welche **inetd** oder **xinetd** überwacht.

Einen gründlichen Portscan von einem anderen Rechner aus gegen den abzusichernden Rechner kann man mit den Tools **nmap** oder **nessus** durchführen – beide sind Teil der meisten Linux-Distributionen. Dies darf natürlich nur mit dem Einverständnis des jeweiligen Systemadministrators erfolgen!

A.9　Zeichencodes (ASCII, ISO 8859-1, ISO 8859-15)

Die nachfolgende Tabelle gibt die ASCII-Tabelle in der Standard-USA-Version an. Die bei den Steuerzeichen (Dezimalcode 0 - 31) angegebene Tastenkombination ist für die meisten Dialogstationen gültig, mag aber in Einzelfällen abweichen. Die Kurzschreibweise $^\wedge x$ steht dabei für <Ctrl+x> bzw. <Strg+x>.

Tabelle A.19: 7-Bit US-ASCII-Zeichensatz

Hex.	Okt.	Dez.	Zeichen	Taste	Hex.	Okt.	Dez.	Zeichen	Taste
00	000	0	<nul>	^@	20	040	32	<leerz.>	<leertaste>
01	001	1	<soh>	^A	21	041	33	!	!
02	002	2	<stx>	^B	22	042	34	"	"
03	003	3	<etx>	^C	23	043	35	#	#
04	004	4	<eot>	^D	24	044	36	$	$
05	005	5	<enq>	^E	25	045	37	%	%
06	006	6	<ack>	^F	26	046	38	&	&
07	007	7	<bel>	^G	27	047	39	'	'
08	010	8	<bs>	<BS> /^H	28	050	40	(	(
09	011	9	<ht>	<TAB> / ^I	29	051	41	)	)
0A	012	10	<lf>	<LF> /^J	2A	052	42	*	*
0B	013	11	<vt>	<VT> / ^K	2B	053	43	+	+
0C	014	12	<ff>	<FF> / ^L	2C	054	44	,	<komma>
0D	015	13	<cr>	<RET>	2D	055	45	−	<minus>
0E	016	14	<so>	^N	2E	056	46	.	.
0F	017	15	<si>	^O	2F	057	47	/	/
10	020	16	<dle>	<DLE> / ^P	30	060	48	0	0
11	021	17	<dc1>	^Q	31	061	49	1	1
12	022	18	<dc2>	^R	32	062	50	2	2
13	023	19	<dc3>	^S	33	063	51	3	3
14	024	20	<dc4>	^T	34	064	52	4	4
15	025	21	<nak>	^U	35	065	53	5	5
16	026	22	<syn>	^V	36	066	54	6	6
17	027	23	<etb>	^W	37	067	55	7	7
18	030	24	<can>	^X	38	070	56	8	8
19	031	25	<em>	^Y	39	071	57	9	9
1A	032	26	<sub>	^Z	3A	072	58	:	:
1B	033	27	<esc>	<ESC>	3B	073	59	;	;
1C	034	28	<fs>	^\	3C	074	60	<	<
1D	035	29	<gs>	^]	3D	075	61	=	=
1E	036	30	<rs>	^~	3E	076	62	>	>
1F	037	31	<us>	^/	3F	077	63	?	?

Tabelle A.19: 7-Bit US-ASCII-Zeichensatz

Hex.	Okt.	Dez.	Zeichen	Taste	Hex.	Okt.	Dez.	Zeichen	Taste
40	100	64	@	@	60	140	96	`	`
41	101	65	A	A	61	141	97	a	a
42	102	66	B	B	62	142	98	b	b
43	103	67	C	C	63	143	99	c	c
44	104	68	D	D	64	144	100	d	d
45	105	69	E	E	65	145	101	e	e
46	106	70	F	F	66	146	102	f	f
47	107	71	G	G	67	147	103	g	g
48	110	72	H	H	68	150	104	h	h
49	111	73	I	I	69	151	105	i	i
4A	112	74	J	J	6A	152	106	j	j
4B	113	75	K	K	6B	153	107	k	k
4C	114	76	L	L	6C	154	108	l	l
4D	115	77	M	M	6D	155	109	m	m
4E	116	78	N	N	6E	156	110	n	n
4F	117	79	O	O	6F	157	111	o	o
50	120	80	P	P	70	160	112	p	p
51	121	81	Q	Q	71	161	113	q	q
52	122	82	R	R	72	162	114	r	r
53	123	83	S	S	73	163	115	s	s
54	124	84	T	T	74	164	116	t	t
55	125	85	U	U	75	165	117	u	u
56	126	86	V	V	76	166	118	v	v
57	127	87	W	W	77	167	119	w	w
58	130	88	X	X	78	170	120	x	x
59	131	89	Y	Y	79	171	121	y	y
5A	132	90	Z	Z	7A	172	122	z	z
5B	133	91	[	[	7B	173	123	{	{
5C	134	92	\	\	7C	174	124	|	|
5D	135	93	]	]	7D	175	125	}	}
5E	136	94	^	^	7E	176	126	~	~
5F	137	95	_	_	7F	177	127	<del>	<rub>

Einige der angegebenen Tasten können unterschiedliche Beschriftungen haben:

<RET>:   `RETURN`, `Wagenrücklauf`, `Carriage Return`, `↵`
<BS>:   `BACKSPACE`, `BS`, `DELETE`, `←` oder die Kombination `Ctrl`-`H`
<ESC>:   `ESCAPE`, `ALT`
<LF>:   `LINE FEED`, `NL`, `Neue Zeile` oder die Kombination `Ctrl`-`J`
<FF>:   `FORM FEED`, `NP`, `FF`, `NEW PAGE` oder die Kombination `Ctrl`-`L`
<RUB>:   `RUBOUT`, `DEL`

Beim ISO 8859-1 Code (auch als *Latin-1* bezeichnet) handelt es sich um einen 8-Bit-Code und eine Obermenge des ASCII-Codes, der die meisten Sonderzeichen des europäischen Sprachraums enthält. Für die Codebelegung von $0-127_{10}$ gilt die Belegung der ASCII-Tabelle. Der ISO 8859-1 Code spielt im Rahmen der *Internationalisierung von UNIX/Linux* eine wichtige Rolle. ISO 8859-15 (*Latin-0* oder *Latin-9* genannt) ist eine Variante mit dem Euro- (€) und Cent-Zeichen (¢) und wenigen geänderten Zeichen.

Tabelle A.20: Die oberen 256 Zeichen des Zeichensatzes ISO 8859-1 und 8859-15

Hex.	Okt.	Dez.	Zeichen	Hex.	Okt.	Dez.	Zeich. 8859-1	Zeich. 8859-15
80	200	128		A0	240	160	*<NBSP>*	*<NBSP>*
81	201	129		A1	241	161	¡	¡
82	202	130		A2	242	162	¢	¢
83	203	131		A3	243	163	£	£
84	204	132		A4	244	164	¤	€
85	205	133		A5	245	165	¥	¥
86	206	134		A6	246	166	¦	Š
87	207	135		A7	247	167	§	§
88	210	136		A8	250	168	¨	š
89	211	137		A9	251	169	©	©
8A	212	138		AA	252	170	ª	ª
8B	213	139		AB	253	171	«	«
8C	214	140		AC	254	172	¬	¬
8D	215	141		AD	255	173	- *<SHY>*	- *<SHY>*
8E	216	142		AE	256	174	®	®
8F	217	143		AF	257	175	¯	¯
90	220	144		B0	260	176	°	°
91	221	145		B1	261	177	±	±
92	222	146		B2	262	178	2	2
93	223	147		B3	263	179	3	3
94	224	148		B4	264	180	´	Ž
95	225	149		B5	265	181	µ	µ
96	226	150		B6	266	182	¶	¶
97	227	151		B7	267	183	•	•
98	230	152		B8	270	184	¸	ž
99	231	153		B9	271	185	1	1
9A	232	154		BA	272	186	º	º
9B	233	155		BB	273	187	»	»
9C	234	156		BC	274	188	¼	Œ
9D	235	157		BD	275	189	½	œ
9E	236	158		BE	276	190	¾	Ÿ
9F	237	159		BF	277	191	¿	¿

The "Zeichen" column of the left half spans all rows with the vertical label: *nicht belegt*.

Tabelle A.20: Die oberen 256 Zeichen des Zeichensatzes ISO 8859-1 und 8859-15

Hex.	Okt.	Dez.	Zeichen	Hex.	Okt.	Dez.	Zeich. 8859-1	Zeich. 8859-15
C0	300	192	À	E0	340	224	à	à
C1	301	193	Á	E1	341	225	á	á
C2	302	194	Â	E2	342	226	â	â
C3	303	195	Ã	E3	343	227	ã	ã
C4	304	196	Ä	E4	344	228	ä	ä
C5	305	197	Å	E5	345	229	å	å
C6	306	198	Æ	E6	346	230	æ	æ
C7	307	199	Ç	E7	347	231	ç	ç
C8	310	200	È	E8	350	232	è	è
C9	311	201	É	E9	351	233	é	é
CA	312	202	Ê	EA	352	234	ê	ê
CB	313	203	Ë	EB	353	235	ë	ë
CC	314	204	Ì	EC	354	236	ì	ì
CD	315	205	Í	ED	355	237	í	í
CE	316	206	Î	EE	356	238	î	î
CF	317	207	Ï	EF	357	239	ï	ï
D0	320	208	Ð	F0	360	240	ð	ð
D1	321	209	Ñ	F1	361	241	ñ	ñ
D2	322	210	Ò	F2	362	242	ò	ò
D3	323	211	Ó	F3	363	243	ó	ó
D4	324	212	Ô	F4	364	244	ô	ô
D5	325	213	Õ	F5	365	245	õ	õ
D6	326	214	Ö	F6	366	246	ö	ö
D7	327	215	×	F7	367	247	÷	÷
D8	330	216	Ø	F8	370	248	ø	ø
D9	331	217	Ù	F9	371	249	ù	ù
DA	332	218	Ú	FA	372	250	ú	ú
DB	333	219	Û	FB	373	251	û	û
DC	334	220	Ü	FC	374	252	ü	ü
DD	335	221	Ý	FD	375	253	ý	ý
DE	336	222	Þ	FE	376	254	þ	þ
DF	337	223	ß	FF	377	255	ÿ	ÿ

<NBSP> steht für *Non Breaking Space* und ist ein Leer-
zeichen, welches als Teil eines Wortes zu betrachten
ist.

<SHY> steht für *Soft Hyphen* und gibt die mögliche
Trennstelle in einem Wort an.

[Abitz]   P. Abitz, C. Liu: *DNS und Bind. Für Systemadministratoren.*
O'Reilly, 2002

[AWK]   FA.V. Aho, B. W. Kernighan, P. J. Weinberger:
The AWK Programming Language
Addison-Wesley, 1992

[Bach]   Maurice J. Bach: *The Design of the UNIX Operating System*
Prentice-Hall, 1987 (und immer noch aktuell)

[Banaham]   M. Banahan (Editor): *Professional Linux Deployment*
Wrox Press Inc, 2000

[Bovet]   D. P. Bovet, M. Cesati: *Understanding the Linux Kernel:
From I/O-Ports to Process Management*
O'Reilly, 2002

[Cheswick]   W. Cheswick, St. Bellovin, A. Rubinx:
Firewalls and Internet Security: Repelling the Wiley Hacker
Addison-Wesley, 2003

[CryptFs]   O. Tennert:
Sesam, schließe dich. Verschlüsselte Dateisysteme unter Linux
in: iX 11/2002, S. 58 ff.

[ct-Dietrich]   Dr. O. Dietrich: *Retter in der Not.*
Knoopix als Werkzeug zur Systemwartung und Netzwerkdiagnose.
in: c't 2003, Heft 4, S. 104 ff.

[CUPS]   *CUPS – Common UNIX Printing System*
Homepage von CUPS.org
Hier sind die neuesten Version von CUPS und eine Reihe von
Dokumentationen dazu für unterschiedliche Plattformen:
`www.cups.org`

[CUPS-Book]   M. R. Sweet: *CUPS: Common UNIX Printing System.*
For Beginner to Advanced.
SAMS Publishing, Frankfurt, 2002.
Ein umfassendes Buch zum Drucken mit und Einrichten von
CUPS.

[CUPS-Ops]   M. R. Sweet: *CUPS: Common UNIX Printing System.*
SAMS Publishing, Frankfurt, 2002.
Eine detaillierte Beschreibung der Konfigurationsmöglichkeiten
des CUPS-Systems bzw. CUPS-Servers:
`www.cups.org`

[CYGWIN]   Cygwin-Homepage
Cygwin ist ein OpenSource-Paket zu Windows, welches zahlreiche Unix-Funktionen unter MS-Windows zur Verfügung stellt,
darunter auch ein X-Server, die bash und zahlreiche Unix-/Linux-
Komamndos. Cygwin ist inzwischen in den Besitz von Red Hat
übergegangen, das Paket aber noch kostenlos verfügbar.
`http://cygwin.com`

[Daemonnews]   Homepage zu den gesammelten BSD-Distributionen:
dæmonnews
Hier finden Sie Neuigkeiten zu den verschiedenen BSD-Distributionen (z. B. NetBSD, OpenBSD, FreeBSD sowie zu einigen
freien Entwicklungen zu BSD-basierten Systemen wie etwa
Mac OS X):
`www.daemonnew.org`

[Diehl]   Th. Diehl: *KDE 3*
Praxisführer zur graphischen Benutzerumgebung für Linux/Unix
SuSE PRESS, Nürnberg, 2002

[Drilling]   T. Drilling: *Drucken unter Linux.*
Software & Support Verlag, 2002.
Das Buch behandelt die wesentlich Print-Spooler unter Linux
(LPR, LPRng, LPQ, CUPS, Turbo-Print, Gimp-Print, ...).

[EXT2_a]   Dr. O. Diesrich: *Von Blöcken und Knoten: Das Linux-Dateisystem*
ext2.
in: c't 6/2000, S. 138 ff.

[EXT2_b]   *Ext2fs Home Page.*
Hier sind die aktuellsten Versionen sowie weitere Informationen
zum Dateisystem ext2 zu finden:
`http://e2fsprogs.sourceforge.net/ext2.html`

[Explore2fs]   *Explore2fs, the WIN32 explorer for Linux ex2fs partitions.*
Eine Entwicklung von John Newgigin für den Windows-Zugriff
auf ext2- Partitionen:
`http://fe2fsprogs.sourceforge.net/ext2.html`

[EXT2-NT]   *Ext2 (Linux) File Systeme Driver for Windows NT 4.0.*
                 Programm, Quellen und Beschreibung unter:
                 `http://freesourcecodes.tripod.com/ext2.htm`

[FHS]   Filesystem Hierarchy Standard Group:
                 Filesystem Hierarchy Standard
                 `http://www.pathname.com/fhs/`

[FSHowTo]   *M. Hinner: Filesystems HOWTO*
                 Eine ausführliche Liste über Dateisystemzugriffsmöglichkeiten
                 zwischen unterschiedlichen UNIX-/Linux-Systemen und Links
                 auf detaillierte Beschreibungen der einzelnen Dateisysteme.
                 Programm, Quellen und Beschreibung unter:
                 `www.penguin.cz/~mhi/fs/Filesystems-HOWTO/`
                 `Filesystems-HOWTO-1.html`

[Fischer]   Th. Fischer: *Das GNOME-Buch – Installation, Konfiguration und
                 Anwendung der grafischen Benutzeroberfläche für Linux*
                 SuSE PRESS, Nürnberg, 2002

[FreeBSD]   *Homepage des FreeDSD-Projektes*
                 `www.freebsd.org`

[Freshmeat]   *Freashmeat* ist die Homepage zu zahlreichen Projekten im Bereich
                 freier Sofware. Hier findet man viele Unix-/Linux-Programme.
                 `http://freshmeat.net`

[Garfinkel]   S. Garfinkel, G. Spafford, D. Russel:
                 Web security and Commerce
                 O'Reilly, 2002

[GNOME]   *Homepage des GNU-GNOME-Projektes*
                 `www.gnome.org`
                 FootNotes ist eine Art Informationszentrale für die GNOME-Ent-
                 wicklung:
                 `www.gnomedesktop.org`

[GNOME-DE]   Es gibt auch eine gut gestaltete deutsche GNOME-Homepage
                 unter:
                 `www.gnome-de.org`

[GNOME-Learn]   Tutorials und verschiedene Manuals zu GNOME und Nautilus,
                 darunter auch der *GNOME Desktop User'Guide* und der *Desktop
                 System Administration Guide* zur jeweiligen Version sind zu finden
                 unter:
                 `www.gnome.org/learn/`

[GNOME-M]   GNOME Meeting: Hier findet man die jeweils neuesten Versio-
                 nen, Dokumentationen und FAQs zu Gnome Meeting, dem
                 Videokonferenzprogramm von GNOME:
                 `www.gnomemeeting.org`

[GNOME-Script] **nautilus** lässt sich über Skripten erweitern. Hier sind eine ganze Reihe von Skripten zu finden sowie eine kurze Beschreibung des Skript-Mechanismus:
`http://g-scripts.sourceforge.net/`

[GNOME-Support] Eine Seite mit zahlreichen Hinweisen, Tipps und Forum rund um GNOME:
`http://gnomesupport.org/forums/`

[GNOME-SW] Hier findet man einen GNOME-Softwarekatalog, in dem man entweder gezielt nach einer Softwar suchen oder nach verschiedenen Kategorien browsen kann:
`http://www.gnome.org/softwaremap/`

[GNU] *Homepage des GNU-Projektes*
`www.gnu.org`
die deutsche Version der Homepage findet man unter:
`www.gnu.org/home.de.html`

[GNU-Licence] *Die GNU-Lizenz im englischen Original:*
Die allgemeine GNU-Lizenzbestimmungen unter dem Begriff *The GNU General Public License* findet man unter:
`www.gnu.org/licenses/licenses.html#GPL`
Die alternative Version – die *Lesser-License* – unter dem Titel *The GNU Lesser General Public License* gestattet die so lizenzierte Software auch in eigenen Modulen zu verwenden und zu vertrieben, wenn man die Quellen der (Gesamt-)Software nicht verfügbar macht:
`www.gnu.org/licenses/licenses.html#LGPL`

[GNUPG] *Homepage des GNU-PGP/GPG-Projektes*
`www.gnupg.org`
Die Dokumentation zum GNU-Privacy Gard bzw. zu gpg findet man unter:
`www.gnupg.org/docs.html`

[Günther] K. Günther: *LaTeX – Grundlagen und Referenz*
dpunkt.verlag, Heidelberg, 2003.

[Hagen] W. von Hagen: *Linux Filesystems Unleashed*
SAMS, 2002

[Harold] Helmut Harold: *Linux-Unix Profitools*
awk, sed, lex, yacc und make
Addison-Wesley, 1998

[HOW-TO] Sowohl in den Linux-Distributionen selbst als auch im Internet ist ein ganzes Spektrum von (zumeist englischsprachigen) Anleitungen zu einzelnen etwas kompelxeren Linux-Themen zu finden. Ihr Titel ist zumeist: »How To …«.
Die nachfolgende Liste zeigt dazu einige Beispiele:

Bei SuSE-Linux sind einige HowTos Teil der Distribution und –
sofern installiert – zu finden unter:
/usr/share/doc/...

Im Internet ist eine HowTo-Liste zu finden unter:
`www.tldp.org/HOWTO/HOWTO-INDEX/howtos.html`

Markus Kuhn: *UTF-8 and Unicoe FAQ for Unix/Linux*
`http://www.cl.cam.ac.uk/~mgk25/unicode.html`

KDE-Dokumentation
ist zwar kein HOWTO, aber doch eine nützliche Dokumentation
zu KDE-Programmen unter:
`docs.kde.org`

[ISIS] ISIS: *ISIS Linux Report.*
Der aktuelle Lösungskatalog für alle Linux-Anwender.
Der ISIS-Report, den es auch für UNIX gibt, wird jährlich aktu-
alisiert und führt kommerziell verfügbare Softwarepakte unter
Linux auf – die 2002-Ausgabe allein ca. 2200 Pakete.
Nomina, München, 2002 (sowie jährliche Neuauflagen)
Siehe auch: `http://www.software-marktplatz.de`

[Journal] Dr. O. Diedrich: *Fürs Protokoll! Journaling Files Systems für Linux.*
In: c't, 2002, Heft 6, S. 228 ff.

[KDE] *KDE-Homepage*
Dies ist die Homepage der KDE-Entwicklung. Neben den Quellen sind zahlreiche Informationen zu KDE anzutreffen.
`www.kde.org`

[KDE-DE] Die deutsche Version der KDE-Homepage findet man unter:
`www.kde.de`

[KDE-Doc] Eine ganze Reihe nützlicher Beschreibungen sind im KDE-Do-
kumentationsprojekt entstanden. Sie findet man unter:
`docs.kde.org`

[KDE-Apps] Eine Seite mit zahlreichen KDE-Applikationen aus allen möglichen Bereichen:
`http://aps.kde.com`
Homepage für die Entwicklung von konqueror:
`www.konqueror.de`

[KDE-Office] Homepage der KOffice-Entwicklung
`www.koffice.org`

[KDE-PIM] Homepage der KDE-PIM-Entwicklung
`http://pim.kde.org`

[KDE-PH] Kurt Pfeifle: *The KDEPrint Handbook*
Ausführliche Beschreibung zum Drucken unter Linux und zum
Aufsetzen und Administrieren der Drucker-Server mit dem Fo-
kus auf KDE und CUPS.
`http://printing.kde.org/documentation/handbook/`

[KOffice] Homepage des Projektes: KOffice:
`www.koffice.org`

[Kofler] M. Kofler: *Linux. Installation, Konfiguration, Anwendung*
Addison-Wesley, 2001
Für die Installation und Konfiguration von Linux unter der
SuSE-, Red-Hat oder Mandrake-Distribution ist dies eines der
umfassendsten Werke. Man sollte allerdings schauen, dass man
eine aktuelle Version erhält, da sich gerade hier ständig Änderungen von Version zu Version ergeben.

[konqueror] Homepage zum **konquror**-Projekt, dem KDE-Datei-Manager.
Hier findet man auch eine Reihe von HOWTOs sowie FAQs
dazu:
`www.konqueror.org`

[Lendecke] V. Lendecke: *Samba für Unix/Linux-Administratoren.*
dpunkt.verlag, Heidelberg, 2003.

[LaTeX] Die offizielle Homepage der Linux-Entwicklung:
`www.latex-project.org`

[Linux] Die offizielle Homepage der Linux-Entwicklung:
`www.linux.org`

[Linuxfibel] Th. Ermer, M. Myer: *Die Linuxfibel*
Eine von der Firma Saxionia Sysrem AG gespnsorte Linuxfibel
mit einer sehr guten und detaillierten Behandlung zahlreicher Linux-Themen, angefangen von ersten Schritten über die Shells
und die **bash** bis hin zu Netzwerkthemen.
`http://linuxfibel.de`

[Linux-O] *Linux-Online*
Eine Internetseite zur Kommunikation zu und über Linux.
Hier findet man ein reichhaltiges Angebot an Informationen zu
Linux bis hin zu Linux-Distributoren (sortiert nach Ländern).
`www.linux.org`

[Linux-K] *The Linux Kernel Archives*
Hier finden Sie die älteren, aktuellen Linux-Kernel-Versionen
(den Betriebssystemkern) und auch die neuesten Beta-Versionen.
`www.kernel.org`

[LSB] Linux Standard Base – Homepage
The KornShell Command and Programming Language
`www.linuxbase.org`

[LVM-1] A. Lewis: *LVM Howto*
`http://tldp.org/HOWTO/LVM-HOWTO/`

[LVM-2]	D. Robbins, *IBM*: *Learning Linux LVM, Part 1*
	Storage Managmenet magic with Logical Volume Manager
	unter:
	`www6.software.ibm.com/software/developer/`
	`library/l-lvm.pdf`

[LVM-WP-S]	SuSE Inc, Whitepaper: *The Logical Volume Manager (LVM)*
	Ein ausführliches und verständliches White Paper zum LVM:
	`www.suse.de/en/business/certifications/`
	`certified_software/`
	`oracle/docs/lvm_whitepaper.pdf`

[Moshe]	B. Moshe: *Linux Files Systems* McGraw-Hill Osborne Media, 2001
[Mozilla]	Homepage des Mozilla-Projektes: `www.mozilla.org`
[NUTSHELL]	E. Siever, St. Spainhour, St. Figgins, J. Hekman: *Linux in a Nutshells* Deutsche Ausgabe bei: O'Reilley, 2001
[NetBSD]	*Homepage des NetBSD-Projektes* NetBSD ist wie OpenBSD und FreeBSD ein freies, unter der BSD-Lizenz entwickeltes und distributiertes UNIX-ähnliches Betriebssystem,welches man sich kostenlos aus dem Netz herunterladen kann. `www.netbsd.org`
[KNOPPIX]	Klaus Knopper hat mit KNOPPIX eine kostenlose Distribution geschaffen, welche auf einer CD ein vollständig lauffähiges, jeweils aktuelles Linux auf Basis von Debian-Linux ist. Es unterstützt ein relativ breites Hardwarespektrum. Der Vorteil besteht darin, dass man damit ein Linux starten kann, ohne auf der Festplatte eines PCs Änderungen oder Installationen vornehmen zu müssen. Man kann damit problemlos Linux ausprobieren und testen. Auch zur Reparatur von Linux- und Windows-Systemen kann es nützlich sein. Das System lässt sich ebenso auf einer Magnetplatte installieren und danach von dort starten. Das CD-Image lässt sich aus dem Internet herunterladen: `www.knopper.net/knoppix`
[OpenBSD]	*Homepage des OpenBSD-Projektes* OpenBSD ist ein freies, unter der BSD-Lizenz entwickeltes UNIX-ähnliches Betriebssystem,welches man sich ähnlich wie Linux kostenlos aus dem Netz herunterladen kann. `www.openbsd.org`
[OPEN-GROUP]	Homepage von *The Open Group* Die Open Group ist eine internationale Vereinigung von System-

anbietern und Anwendern mit dem Ziel, Barrieren beim Informationsfluss (in der IT) abzubauen und technologische Trends und andere Entwicklungen (auch die sich verändernden Bedürfnisse der IT-Anwender) frühzeitig in Standards zu berücksichtigen: www.opengroup.org

[OpenI18N] Homepage der Gruppe:
The Free Standards Group Open Internationalization Initiative
Die hier publizierte Spezifikation trägt den Titel:
The Globalization Specifkation for Open Source Software.
Sie ist weitgehend die Basis für die Internationalisierung der Linux-Software. Das Konzept wird in der Regel mit I18N abgekürzt: www.openi18n.org/li18nux2k/

[OpenOffice] Homepage der Projektes *OpenOffice.*
Hier findet man nicht nur aktuelle Versionen und Meldungen zu OpenOffice, sondern auch Dokumentation dazu: www.openoffice.org

[POSIX-Org] IEEE – *The Open Group*
Hier sind die aktuellen Posix-Spezifikationen zu finden: www.opengroup.org/onlinepubs/007904975/

[ReiserFS] Aktuelle Informationen zum Dateisystem *ReiserFS* sowie die Downloads dazu sind zu finden unter www.namesys.com

[Röhrl] A. Röhrl, St. Schmiedl: *Bash: Die bessere Shell – Bash bashing* in PC!LINUX, PC Magazin Sonderheft 2/2003.

[Samba] Homepage der freien Samba-Entwicklung.
Hier findet man neben Nachrichten, Neuigkeiten und den neuesten Versionen auch eine Reihe nützlicherDokumentationen: http://de.samba.org/samba/samba.html

[Santifaller] M. Santifaller: *TCP/IP and ONC/NFS Internetworking in a UNIX Evironment*
Eine umfassende Beschreibung von TCP/IP, die auch das Thema NFS/ONC (*Network File System* und *Open Network Computing*) gut abdeckt. Addison-Wesley, München, 1998

[SourceForge] SourceForge.net ist die größte Internetseite zur Entwicklung freier Software. Hier sind die Projektberschreibungen und Quellen zahlreicher freier Softwareentwicklungen zu finden. So findet man hier zur Erweiterung des UNIX-/Linux-Print-Spoolings (Anfang 2003) ca. 180 Projekte aufgeführt: www.sourceforge.net

[SuSE-Admin] *SuSE Linux 8.2. Administratorhandbuch*
SuSE Linux AG, 2003.

[[TLDP]   *The Linux Documentation Project.*
             Das (große) Dokumentationsprojekt zu Linux. Hier sind zahlrei-
             che Informationen zu Linux dokumentiert – darunter auch eine
             große Anzahl von Linx-HOWTOs:
             `www.tldp.org/`

[UNIX 98]   *UNIX 89*
             UNIX 98 ist im UNIX- und Linux-Umfeld eine wesentliche Spe-
             zifikation für einen UNIX-Standard – erarbeitet von der OPEN
             GROUP, an der sowohl Anbieter als auch Anwender beteiligt
             sind. Ziel ist es, eine hohe Interoperabilität ziwschen den unter-
             schiedlichen Unix-Systemen zu erreichen.
             UNIX 98 unterteilt sich in die drei Teilbereiche:
             ›*UNIX 98 Base*‹, ›*UNIX 98 Workstation*‹ und ›*UNIX 98 Server*‹.
             `www.unix.org/unix98.html`

[UNIX-SINGLE] The Open Group: *The Single UNIX Specification, Version 3*
             Dies ist die gültige POSIX-Spezifikation (*IEEE Std 1003.1-2001*)
             in der dritten Revision. Leider ist sie nicht online verfügbar, son-
             dern muss als CD bestellt werden. Weitere Informationen finden
             Sie unter:
             `www.unix.org/version3/`

[VIM-Guide]   B. Moolenaar, O. Raisky: *VIM 5.6 Referenc Guide*
             O'Reilly, 1992

[WINE]   *WINE Development HQ*
             WINE ist eine freie Implementierung einer Windows-Emulatio-
             nen für Unix/Linux.
             Hier findet man die aktuellen Versionen und zahlreiche Hin-
             weise, was geht und was nicht funktioniert:
             `www.winehq.com`
             Eine deutschsprachige Seite zu dem Thema gibt es unter:
             `www.linux-wine.de`

[Wolf]   U. Wolf: *Jetzt: Samba!*
             Mehrere gut verständliche Artikel zu Samaba in:
             Linux-Magazin, 2/2003, S. 29 ff.

[Wolfinger]   Chr. Wolfinger: *Keine Angst vor UNIX/Linux.*
             Springer Verlag, 2002

[Xfree86]   *Homepage des Xfree86-Projektes*
             Hier sind die jeweils aktuellsten Versionen der Xfree86-Imple-
             mentierung (freies X Window System) zu finden:
             `www.xfree86.org`

[XFS]   *XFS: A high-performance journaling file system*
             Eine detaillierte Beschreibung des Dateisystems *XFS* sowie

aktuelle Downloads dazu sind zu finden unter:
`http://oss.sgi.com/projects/xfs/`

[XIMIAN]   Homepage der Firma XIMIAN.
`http://ximian.com`
Hier findet man auch die aktuelle Version des Groupware-Pakets
Evolation unter
`http://www.ximian.com/products/evolution`

[X-ORG]   Home von X-Org, einer Arbeitsgruppe der Open-Group.
X-Org ist der Hüter von X11.
Hier sind die Spezifikationen des X11-Protokolls, weitere Doku-
mentation zu X11 sowie die neuesten Quellen verfügbar.
`www.x.org`
Das unter Linux eingesetzte xfree86 hingegen findet man unter
`www.xfree86.org`

[Zwicky]   E. D. Zwicky, S. Cooper, B. Chapman:
Einrichten von Internet Firewalls
(Unix, Linux, Windows-NT)
O'Reilly, 2001.

X.Systems.press

Springer-Verlag
Berlin Heidelberg
GmbH

Jürgen Gulbins studierte Informatik an der TU Karlsruhe. Nach einer Tätigkeit an der Universität ist er seit 1983 in der Industrie als Entwicklungsleiter für Unix, Produktmanager und Berater tätig. Nach dem Aufbau des IXOS Competence-Centers in Walldorf arbeitete er als DMS-Berater, danach im Bereich der Produktdefinition und Architektur. Nach zwei Jahren bei einem Internet-Startup, zuständig für IT-Security und die interne IT, ist er seit Anfang 2002 selbstständiger Berater für DMS und Sicherheitsfragen – und freier Autor. Das Spektrum seiner Bücher reicht von Unix/Linux bis zu FrameMaker, Typographie und DMS.

jg@gulbins.de

Karl Obermayr studierte in München Sprach- und Literaturwissenschaften. Er arbeitete in namhaften IT-Unternehmen als Software-Entwickler und als Dozent und Autor für Unix- und FrameMaker-Schulungen. Er ist Autor und Übersetzer mehrerer Bücher zu Unix, AIX, Windows, FrameMaker und Internet und baute tech.doc, das Büro für Text-Dienstleistung auf. Heute ist er für Marketing und Vertrieb der Münchner PDFlib GmbH zuständig.

Karl@Obermayr.de

Snoopy studierte in London Computer Science und Computer Information Systems. Er arbeitete in diversen Unternehmen als Systemadministrator, davon 12 Jahre bei der IXOS Software AG. Danach sammelte er Erfahrungen in der Computer-Spiele-Branche und arbeitet zur Zeit als freier Consultant und Autor.

Snoopy@snoopix.de

Jürgen Gulbins   Karl Obermayr   Snoopy

Linux

Konzepte, Kommandos, Oberflächen

Mit 65 Abbildungen und 34 Tabellen

Springer

Jürgen Gulbins
Kapellenstraße 15, 75210 Keltern
E-Mail: *jg@gulbins.de*

Karl Obermayr
Am Mühlthalerfeld 2, 85567 Grafing bei München
E-Mail: *karl@obermayr.de*

Snoopy
Am Rain 16, 85622 Weißenfeld
E-Mail: *snoopy@snoopix.de*

Bibliographische Information der Deutschen Bibliographischen Bibliothek
Die Deutsche Bibliothek verzeichnet diese Publikation in der deutschen National-
bibliographie; detailliertere bibliographische Daten sind im Internet über
http://dnb.ddb.de abrufbar.

ISSN 1611-8618
ISBN 978-3-642-62464-3   ISBN 978-3-642-55474-2 (eBook)
DOI 10.1007/978-3-642-55474-2

Springer-Verlag Berlin Heidelberg New York
ein Unternehmen der BertelsmannSpringer Science+Business Media GmbH
http://www.springer.de

Umschlaggestaltung: KünkelLopka, Heidelberg
Satzerstellung durch die Autoren mit FrameMaker
Druck und Einband: Strauss Offsetdruck, Mörlenbach
Gedruckt auf säurefreiem Papier   33/3142 PS 5 4 3 2 1 0

Inhaltsverzeichnis

Vorwort

Dieses Buch stellt das Betriebssystem Linux und den Wurm Wunix[1] vor. Beide haben vieles gemeinsam. So besitzen sie beide ihre – vielleicht auf den ersten Blick gar nicht erkennbaren – schönen und eleganten Seiten, und beide haben eine relativ einfache Struktur – wobei Linux diese der wachsenden Anforderungen wegen zunehmend verliert.

So wie *Wunix* durch dieses Buch geistert und immer wieder mehr oder weniger erwartet auftaucht, so geistert Linux heute durch die Welt der Datenverarbeitung. An vielen Stellen hat es längst seinen festen Platz (z.B. im universitären Bereich). An anderen Stellen breitet es sich aus und ist dabei sich zu etablieren.

Es sind jedoch sowohl im Betriebssystem Linux als auch an Wunix, dem Wurm, eine Reihe von Ungeschliffenheiten, Unschönheiten und ein gewisser Bauchansatz zu finden.

Sowohl Wunix als auch Linux werden deshalb wohl in der Zukunft noch eine Reihe von Verbesserungen oder Häutungen durchmachen.

Die Entwicklung eines guten Stücks benötigt eben Zeit und Schweiß. Dabei haben beide bei den letzten neuen Versionen deutliche Fortschritte gemacht.

Der Nachteil solcher Entwicklungen ist in der Regel, dass das Resultat größer und damit auch schwieriger zu bewegen wird. Die Dinosaurier dieser Erde haben sich schlussendlich als lebensuntüchtig erwiesen! So sollten wir uns vorerst mit dem zufrieden geben, was vorhanden ist.

---

1. Wunix ist ein neu kreierter Name, den der Unix- und Linux-Wurm von der Grafikerin Angela Amon erhielt. Sie erstellte die Zeichnungen.

Die Anfänge dieses Buches entstanden, als sich der Autor Jürgen Gulbins 1982 selbst
zum ersten Mal mit Linux befasste und die vorhandenen Dokumentationen als unübersichtlich und unbefriedigend empfand. Aus Notizen wurde ein Skriptum und daraus
schließlich ein Buch. Die erste Version entstand, getreu dem Thema, mit dem Satz-
programm troff auf einem Linux-System. Die vorliegende Version wurde mit Frame-
Maker gestaltet, einem zeitgemäßen DTP-Paket unter Unix und anderen Systemen –
bisher leider nicht als Version für Linux.

Bei der Beschreibung wurde nicht nur die Linux-Online-Dokumentation verwendet, sondern es wurden auch viele Ideen und Beschreibungsdetails aus den zahlreichen
inzwischen erschienenen deutschen und englischsprachigen Linux-Beschreibungen
aufgegriffen. Dabei war uns das Internet eine große Hilfe. Hier sei auf die Literaturliste
im Anhang verwiesen.

Im Prinzip handelt es sich hier um die fünfte Auflage unseres UNIX-Buchs. Wir haben es sehr gründlich überarbeitet, alle Unix-spezifischen Teile herausgenommen und
durch die entprechenden Linux-Teile ersetzt. Einige Teile früherer Auflagen wurden ge-
kürzt, da ihre Bedeutung für den Anwender zurückgegangen ist. Auf die ausführliche
Behandlung neuer Linux-Themen (insbesondere Vernetzung) wurde bewusst verzichtet, um die Übersichtlichkeit zu erhalten und das Buch in zulässigen Gewichtsgrenzen
zu halten.

Natürlich haben viele an diesem Buch mitgearbeitet, auf Probleme hingewiesen und
durch Verbesserungsvorschläge mitgewirkt.

Angela Amon steuerte die zahlreichen Wurm-Graphiken bei. Unser Dank gilt auch
all jenen Lesern der vorangegangenen Auflagen, die auf Druckfehler und falsche oder
missverständliche Darstellungen hingewiesen haben und es uns so ermöglichten, eine
überarbeitete, erweiterte und verbesserte neue Auflage vorzulegen.

Wir möchten uns insbesondere bei den Firmen Hummingbird für den Exceed X11-
Server und SuSE für ihre Linux-Versionen
bedanken. Sie haben uns durch die Zurverfü-
gungstellung ihrer Produkte aktiv unterstützt.
Besonderer Dank gilt Herrn Dr. Witten-
burg von SuSE Training für seine
Hilfe in mehreren Fällen.

Zum Schluss wünschen wir
nun allen Lesern viel Spaß beim
Lesen und vor allem Erfolg beim
Arbeiten mit Linux.

Für Hinweise auf eventuelle Fehler,
für Kritik, Verbesserungsvorschläge und
Hinweise auf weitere nützliche Informationen sind wir immer offen.

Keltern, Grafing, München, Mai 2003   Jürgen Gulbins, Karl Obermayr und Snoopy

1 Einleitung

Während CP/M für die 8-Bit-Generation das am weitesten verbreitete Betriebssystem war und MS-DOS zusammen mit MS-Windows dies für die 16- und inzwischen auch für die 32-Bit-Rechner-Generationen wurde, bot auf den Mini-, Midi- und Großrechnern bis etwa 1984 weitgehend jeder Hersteller sein eigenes Betriebssystem an – für Großrechner gilt dies heute immer noch.

Anfang der 80er Jahre wurde jedoch die Forderung der Anwender nach Betriebssystemen deutlich, die auf Rechnern unterschiedlicher Hersteller und Leistungen laufen können. Vor allem die leistungsfähigen Mikroprozessoren der neuen Generation mit einer Verarbeitungsbreite von 32 und zwischenzeitlich auch 64 Bit erlauben und verlangen Fähigkeiten des Systems, die über die der einfachen Einbenutzer-, Ein-Programmsysteme MS-DOS, MS-Windows 3.*x* und Mac OS hinausgehen. Sie müssen aus Gründen der Softwarekosten und des Schulungsaufwandes auf den unterschiedlichsten Rechnern verfügbar sein.

Den meisten dieser Forderungen kommen das Betriebssystem UNIX und seit etwa 1994 die freie Entwicklung Linux mit ihren zahlreichen Hilfsprogrammen und technischen, wissenschaftlichen und auch kommerziellen Applikationen nach. Sicherlich waren die frühen Versionen nicht in jedem Sinne ideal und nicht für alle Zwecke geeignet. Linux kann jedoch ein außergewöhnlich breites Spektrum abdecken und ist verglichen mit Betriebssystemlizenzen proprietärer Systeme preiswert. Es ist für eine Vielzahl von Rechnern und Anwendungen erhältlich. Es nimmt heute die führende Rolle im Bereich Serversysteme und technisch-wissenschaftlicher Arbeitsplatzrechner ein. Mit den zwischenzeitlich erfolgten Erweiterungen versehen, wird es auch im Bereich der Büroautomation und im kommerziellen Umfeld erfolgreich eingesetzt.

Leider lässt die Dokumentation der verschiedenen Linux-Versionen noch die Benutzerfreundlichkeit vermissen, wie man heute erwarten darf. So sind z.B. in den Beschreibungen nur selten Beispiele anzutreffen, und man findet nur wenig globale Überblicke. Beiden Mängeln rückt dieses Buch zu Leibe. Es versucht, dem Leser einen umfassenden Einblick in das Linux-System zu vermitteln.

Wir setzen voraus, dass der Benutzer bereits Grundkenntnisse der Datenverarbeitung besitzt – beispielsweise von Windows oder Mac OS her. Auf eine Erläuterung von Begriffen wie *Rechner, CPU, Platte, Betriebssystem, Datei, Programm* oder *Tastatur* wird deshalb verzichtet. Vielmehr erläutert das Buch die Prinzipien und die Terminologie des Linux-Systems, gibt einen Überblick der Kommandos und Programme des Linux-Standardsystems und geht auf die wichtigsten Schnittstellen ein. Das Buch erklärt die wichtigsten und meistgebrauchten Kommandos und Programme ausführlicher und soll so als Handbuch neben dem Rechner dienen.

Schon aus Gründen des Umfangs und der Übersichtlichkeit soll und kann es die Standarddokumentation nicht vollständig ersetzen. Deshalb wird auch an einigen Stellen des Buches auf die entsprechenden Teile der Linux-Dokumentation verwiesen.

Die ausführlichere Beschreibung einzelner Kommandos und der Wegfall der Beschreibung anderer stellt keine Wertung der Kommandos dar. Sie entspricht einer

– wenn auch subjektiven – Einschätzung der Häufigkeit, mit der diese Kommandos Anwendung finden. Es wurde dabei versucht, verstärkt die Anwendung von Linux in kleinen Systemen und Arbeitsplatzrechnern zu berücksichtigen. Der Bereich *Rechnerkoppelung* unter Linux fehlt in dem Buch weitgehend. Das Thema verdient seiner Komplexität und Vielfalt wegen ein eigenes Buch.

Da es technisch fast unmöglich ist, alle Programme mit ihren zahlreichen Optionen vollständig auszuprobieren, ist es auch wahrscheinlich, dass dieses Buch kleinere Fehler, Unvollständigkeiten und Unklarheiten enthält. Um deren Behebung sind wir natürlich bemüht. Wir möchten Sie deshalb bitten – wie es für die vorausgehenden Auflagen einige Leser bereits dankenswerterweise taten –, uns solche Mängel mitzuteilen, damit wir sie in der nächsten Version verbessern können.

Mit herzlichem Dank

Jürgen Gulbins, Keltern	Karl Obermayr, Grafing	Snoopy, München
jg@gulbins.de	karl@obermayr.de	snoopy@datadragons.de

1.1   Übersicht zum Buch

Kapitel 1.2 gibt einen kurzen Abriss der Entwicklung von Unix und Linux und des heutigen Stands von Linux.

Kapitel 2 gibt eine Einführung in das Linux-System, mit deren Hilfe ein neuer Benutzer durch einfache Anweisungen Schritt für Schritt mit den wichtigsten Eigenschaften von Linux vertraut gemacht wird.

In Kapitel 3 werden die Konzepte des Unix/Linux-Systems und seine Terminologie erklärt. Es untergliedert sich in die Bereiche:

▶   Benutzer und Benutzersitzungen
▶   Dateien und Dateisysteme
▶   Programme und Interprogrammkommunikation
▶   Reguläre Ausdrücke in Dateinamen und Suchmustern
▶   Internationalisierung und Lokalisierung

Benutzer, denen Linux neu ist, sollten dieses Kapitel unbedingt studieren, auch dann, wenn beim ersten Lesen nicht alles verständlich sein mag. Hier wurde versucht, Informationen, die in den Linux-Dokumentationen sehr verstreut auftauchen, zusammengefasst darzustellen und von allzuviel Fachterminologie befreit zu erklären.

Kapitel 4 stellt einen wesentlichen Kern des Buches dar. Es enthält eine in Sachgebiete aufgeteilte Liste der grundlegenden Linux-Kommandos. Der Liste schließt sich eine detaillierte Beschreibung der wichtigsten bzw. meistgebrauchten Linux-Kommandos mit Beispielen an. Dies dürfte im täglichen Gebrauch der am häufigsten verwendete Teil sein.

Einen Überblick zu den Editoren des Linux-Systems gibt Kapitel 5. Hier sind auch die Programme ›ed‹, ›ex‹, ›vi‹ und ›sed‹ genauer beschrieben, und es wird ein Abriss von ›troff/groff‹ sowie den zahlreichen ergänzenden Programmen zur Linux-Textverarbeitung gegeben.

Die Shell, der Kommandointerpreter des Systems, ist ein recht mächtiges, wenn auch nicht in allen Aspekten einfaches Werkzeug des Systems. Kapitel 6 gibt eine ausführliche Beschreibung der beiden wichtigen Shells: der **bash** und der C-Shell bzw. **tcsh**. Vor allem eine Reihe von Beispielen von Kommandoprozeduren sollen dem mit Linux nun schon etwas vertrauten Benutzer zeigen, was mit der Shell möglich ist.

Kapitel 7 erklärt die grafische Oberfläche von Linux mit den beiden meistbenutzten Desktops KDE und GNOME. Es zeigt hier die wesentlichen Mechanismen und die Möglichkeiten der Personalisierung. Neben der detaillierteren Beschreibung der KDE- und GNOME-Dateimanager und einiger kleiner nützlicher Programme gibt es einen Überblick über die wichtigen und nützlichen Programme dieser beiden Desktops. Das Kapitel verzichtet darauf, die einzelnen Programme des X Window Systems und die sehr zahlreichen GUI-basierten Anwendungen von KDE und GNOME detailliert zu beschreiben. Zu hoch ist noch die Entwicklungsdynamik in diesem Bereich, und die Vielzahl der vorhandenen Programme würde den Rahmen des Buchs sprengen. Wir erklären statt dessen die allgemeinen Grundlagen. Der Leser sollte mit diesem Verständnis und mit Hilfe der Online-Hilfe der Programme in der Lage sein, die meisten dieser Programme nutzen zu können.

Da Rechner oft bereits an einem Heimarbeitsplatz und in Firmen praktisch immer in einem Rechnernetz hängen, erläutert Kapitel 8 die Grundladen dazu – ohne allerdings zu sehr ins Detail zu gehen. Das Kapitel sollte jedoch ein Verständnis für die Vernetzung von Linux mit anderen Systemen schaffen und Hinweise für weiterführende Informationen liefern.

Kapitel 9 liefert einen Überblick zu den Aufgaben, die zur Pflege des Linux-Systems notwendig und vom Systembetreuer durchzuführen sind. Gerade in diesem Bereich unterscheiden sich die verschiedenen Linux-Systeme stark. Trotzdem soll dieser Abschnitt dem Systemverwalter einen Überblick zu den Mechanismen und Dateien verschaffen, um einen problemlosen Benutzerbetrieb zu ermöglichen.

Der Anhang schließlich enthält Tabellen und Listen, darunter die wichtigsten Tastaturkürzel der alphanumerischen und grafischen Oberflächen sowie die Liste der wichtigsten Umgebungsvariablen. Hier sind auch die Tabellen der ASCII-Zeichen und jene des inzwischen weit verbreiteten Zeichensatzes ISO-8859-1/15, zu den wichtigsten Umgebungsvariablen, einigen wichtigen Initialisierungs- und Konfigurationsdateien und eine Liste der wichtigsten Ports mit ihren Funktionen zu finden.

1.2 Das UNIX- und Linux-System

1.2.1 Die UNIX- und Linux-Entwicklung

Ein Vorbild für Linux ist UNIX. Es ist deshalb nützlich, einen Blick auf die UNIX-Entwicklung zu werfen. Schaut man genauer hin, so sieht man dort Entwicklungen, die sich aktuell bei der Kommerzialisierung von Linux wiederholen.

Als Ken Thompson 1969 bei Bell Laboratories, einer Tochter der Firma AT&T, die Entwicklung eines neuen Betriebssystems begann, waren die meisten der vorhandenen Systeme ausgesprochene *Closed-Shop Batch-Systeme*, d.h. der Programmierer gab seine Lochkarten oder Lochstreifen beim Operateur ab, diese wurden in den Rechner eingelesen und ein Rechenauftrag nach dem anderen abgearbeitet. Der Programmierer konnte dann nach einiger (in der Regel längeren) Zeit seine Ergebnisse abholen.

Ziel von Thompsons Entwicklung war es deshalb, ein System zu schaffen, auf welchem mehrere Programmierer im Team und im Dialog mit dem Rechner arbeiten, Programme entwickeln, korrigieren und dokumentieren konnten, ohne von einem Großrechner mit seinen Restriktionen abhängig zu sein. Daneben standen Funktionalität, strukturelle Einfachheit und Transparenz sowie leichte Bedienbarkeit im Vordergrund.

Dieses erste System mit dem Namen UNIX lief auf einer PDP-7 und war in Assembler geschrieben. Um bei zukünftigen Projekten die Maschinenabhängigkeit durch die maschinennahe Sprache zu umgehen, entwarf Thompson die Programmiersprache B, aus der dann Dennis Ritchie die Sprache C entwickelte. UNIX wurde 1971 in C umgeschrieben.

Von nun an erfolgte die Weiterentwicklung des Systemkerns sowie der meisten Dienstprogramme in C. Die Kompaktheit und strukturelle Einfachheit des Systems ermunterte viele Benutzer zur eigenen Aktivität und Weiterentwicklung des Systems, so dass UNIX recht schnell einen relativ hohen Reifegrad erreichte. Es ist bemerkenswert, dass kein Entwicklungsauftrag hinter diesem Prozess stand und die frühe Verbreitung von UNIX nicht auf Vertrieb oder Werbung, sondern primär auf das Benutzerinteresse zurückzuführen ist. Hilfreich hierbei war, dass für Hochschulen und Universitäten die UNIX-Quellcodelizenz damals praktisch für die Kopier- und Dokumentationskosten von Bell Laboratories abgegeben wurde.

Die durch die höhere Programmiersprache C erreichte Maschinenunabhängigkeit stimulierte die baldige Übertragung des UNIX-Systems auf weitere Rechnerplattformen. Dieser Prozess ist bis heute noch nicht abgeschlossen – wobei die meisten Neuportierungen inzwischen nicht für UNIX erfolgen, sondern für Linux oder seine Open-Source-Geschwister wie etwa FreeBSD, NetBSD oder OpenBSD.

Nach der Kommerzialisierung von UNIX durch AT&T mit der Markteinführung von ›UNIX System V‹ wurde die Weiterentwicklung und Vermarktung der UNIX-Quellen in eine eigene Firma ausgegliedert: USL (für *UNIX System Laboratories*). AT&T bot einigen großen UNIX-Anbietern relativ erfolglos Minderheitsbeteiligungen an USL an, bis 1993 die Firma Novell USL vollständig übernahm – sehr zum Ärger vieler UNIX-Anbieter, die um die Unabhängigkeit der UNIX-Quellen und deren Zugang fürchteten. Doch auch Novell gelang es nicht, aus den UNIX-Quellen und dem UNIX-Paket (vermarkted als *UnixWare*) ein ausreichend profitables Geschäft zu machen. Novell verkaufte diesen Teil deshalb später an Caldera, und Caldera verschmolz schließlich mit SCO, einem Anbieter mit dem Fokus auf Intel-basierten Systemen.

War für viele kommerzielle Systeme zunächst das seit 1979 verfügbare *UNIX-Version 7* die Ausgangsbasis, so haben später praktisch alle das 1983 von AT & T vorgestellte *UNIX System V* zur Entwicklungsbasis gemacht.

Eine alternative Basis wurde die an der Universität von Berkeley entwickelte UNIX-Variante *BSD – Berkeley Software Distribution*. Diese wurde mit Version BSD 4.4 zwar eingestellt und mündete prompt in Lizenzstreitigkeiten mit USL, lebt aber in der freien *BSD Lite* und den darauf basierenden Open-Source-Versionen weiter. Von den ursprünglich sehr zahlreichen UNIX-Anbietern und UNIX-Varianten sind inzwischen nur drei große Anbieter mit Bedeutung übrig geblieben:

▸ Sun mit seinen Solaris-Betriebssystemen auf den Sun-SPARC RISC-Rechnern und auf der Intel-x86-Architektur
▸ IBM mit seinem AIX-System – hauptsächlich auf der IBM PowerPC-RISC-Architektur
▸ HP mit HP-UX auf der HP PA-RISC-Architektur und zukünftig auch auf der Intel/Itanium-Architektur (64-Bit-Architektur)

Daneben spielen noch SGI mit IRIX und SCO mit seinen beiden Systemen UnixWare und OpenUnix sowie Siemens mit Sinix eine nennenswerte Rolle. In allen Systemen sind starke Elemente von ›UNIX System V‹ vorhanden. Alle diese Anbieter bieten aber inzwischen alternativ Linux für ihre Hardwaresysteme an.

Neben den später noch diskutierten freien Unix-Entwicklungen hat seit 2002 auch das auf einem Unix-/Mach-Kern basierende Mac OS X von Apple eine gewisse Marktrelevanz.

1.2.2 Die UNIX-/Linux-Werkzeuge

Das mit UNIX und Linux zur Verfügung stehende Spektrum an Entwicklungs-, Textverarbeitungs- und Applikationssoftware ist so umfangreich, dass eine halbwegs vollständige Sichtung erhebliche Probleme mit sich bringt und sicher den Rahmen dieses Buches sprengen würde. Das Linux-Kernsystem von SuSE besteht z. B. aus etwa 2 000 Programmen bzw. Kommandos[1]. An Programmiersprachen sind heute im Standardsystem zumeist ein Assembler, C, C++, verschiedene Makroprozessoren sowie zahlreiche Werkzeuge zur Verwaltung von Programmquellen und Bibliotheken vorhanden. Hinzu kommen weitere Werkzeuge und Hilfsprogramme mit einer stark entwicklungsorientierten Ausrichtung.

---

1. Nach einer Neuinstallation finden sich mehr als 10.000 Dateien auf dem System.

Darüber hinaus sind fast alle verbreiteten Sprachen wie z. B. ADA, ABAP/4, BASIC, COBOL, EIFEL, FORTRAN, Java, LISP, PASCAL oder Skriptsprachen wie Perl, Tcl/Tk oder Ruby anzutreffen, um nur die bekannteren zu nennen. Einige dieser Systeme müssen jedoch gegen Lizenzkosten von Anbietern erworben werden.

Zu faktisch allen UNIX- und Linux-Systemen werden Datenbanken wie z. B. ORACLE oder DB2 angeboten. Hier sind eine ganze Reihe kostenloser oder sehr kostengünstiger Datenbanken hinzu gekommen – MySQL, PostgreSQL und GNU SQL sind nur Beispiele dafür.

Das Angebot an weiterer Grund- und Applikationssoftware unter UNIX ist sehr groß. Der überwiegende Teil davon wurde auch auf Linux portiert, bzw. zumeist in der Gemeinde der Freeware-orientierten Programmierer neu erstellt. Eine zentrale Rolle dabei spielen die GNU-Projekte.

Die Portierungen und Migrationen gehen ständig weiter und sind im Rahmen dieses Buches nicht darstellbar. Hierzu zählen zahlreiche kommerzielle Applikationen, die – entsprechend leistungsfähige UNIX-/Linux-Server vorausgesetzt – bis zu mehrere tausend Anwender gleichzeitig bedienen können. Hatte UNIX zunächst im CAD-/CAM-Markt eine starke Rolle, so muss man zugeben, dass es diese – bedingt durch deren starke Desktop-Ausrichtung – inzwischen an Windows verloren hat. Wie weit Linux den Desktop von Windows zurückgewinnen kann, bleibt abzuwarten.

Trifft man eine grobe Klassifizierung von UNIX-/Linux, so zeigt es folgende wesentliche Eigenschaften:

- ▸ Mehrbenutzerbetriebssystem,
  einsetzbar von Einzelplatz- bis zu Großrechnersystemen
- ▸ auch als *Embedded System* verfügbar und eingesetzt
- ▸ Mehrprozessor- und Cluster-Unterstützung
- ▸ Timesharing-Betriebssystem mit einigen Realtime-Komponenten
- ▸ dialogorientiert
- ▸ netztransparentes Grafiksystem (auf Basis von X11)
- ▸ weitgehend geräteunabhängiges, hierarchisches Dateikonzept
- ▸ geeignet für Softwareentwicklung und große datenbankgestützte Applikationsprogramme
- ▸ starke Netzwerkstruktur mit Unterstützung von transparentem Dateizugriff über Netze hinweg. Dies macht das System insbesondere als Basis für File-, Netz-, Web-Server und als Applikations-Server geeignet.
- ▸ robustes, ausgereiftes System mit hoher *Standzeit*
- ▸ auf sehr zahlreichen Architekturen verfügbar durch gute Portabilität
  (Windows ist heute nur der Intel-Architektur verfügbar.)

Waren dies vor wenigen Jahren noch Alleinstellungsmerkmale, so bieten heute fast alle modernen Betriebssysteme – ob für den PC, die Workstation oder den Großrechner – den größten Teil dieser Eigenschaften.

UNIX und Linux haben sich wesentliche Marktanteile erobert, und während sie als Betriebssystem für Arbeitsplatzrechner stark mit Microsoft Windows konkurrieren, haben sie eine ausgesprochen starke Stellung im Segment der Web-Server. Linux nimmt dort sowohl den klassischen UNIX-Systemen (Sun Solaris, HP/UX, IBM AIX) als auch Windows und bedingt auch den Mainframe-Betriebssystemen Anteile ab.

1.2.3 Die wichtigsten UNIX-/Linux-Einflüsse

Das UNIX-System – korrekter gesagt, die zahlreichen auf dem Markt angebotenen *von* UNIX *abgeleiteten Systeme*, die man teilweise unter der Schreibweise **Unix** zusammenfasst –, unterliegen einer ganzen Reihe von Einflüssen: den Firmeninteressen der Anbieter, der Entwicklung der Hardware, den Bedürfnissen spezieller Kundenkreise und allgemeiner Markttrends. Vor allem letztere wurden von Standardisierungsbestrebungen oder von Forderungen nach einer Vereinheitlichung eines festgelegten Kerns der UNIX-Systeme bestimmt. Wesentliche Einflüsse aus diesem Bereich sind die Systeme bzw. Funktionen des Systems UNIX V.4 von USL, Berkeley 4.3, die Arbeiten der X/OPEN-Gruppe, die Standardisierung der IEEE-Gruppe P1003 mit POSIX, sowie die Entwicklung eines *modernen, an* UNIX *angelehnten Betriebssystems* mit den Mach- und Chorus-Entwicklungen – und die GNU-Linux-Entwicklungen.

1974 erschien UNIX Version 6. Dies war die erste Version, die auch außerhalb der USA eine nennenswerte Verbreitung fand. Ihr folgte 1979 UNIX Version 7. Sie wurde Ausgangsbasis für zahlreiche weitere Portierungen auf andere Plattformen. Damit ging zugleich ein Auseinanderlaufen der einzelnen Entwicklungen einher – es entstanden Systeme mit teilweise sehr unterschiedlicher Intention, Funktionalität und damit verbundener Inkompatibilität. Ziel der Firma Microsoft bei der Entwicklung von XENIX war es z.B., ein kompaktes, stabiles und primär für Mikrorechner (16-Bit-Welt) geeignetes System zu schaffen. Darüber hinaus wurden hier recht früh einige Bedürfnisse des kommerziellen Bereichs (z.B. *record-locking*) berücksichtigt. Im Gegensatz dazu war es Ziel des Systems, welches an der Universität von Kalifornien in Berkeley entwickelt wurde, neue Ideen zu erproben und ein virtuelles System zu schaffen.

Erst 1983 betrat AT&T mit ›UNIX System V‹ die kommerzielle Arena, indem es erklärte, Schulungen, Support und Wartung für UNIX zu geben. Zugleich wurde von AT&T ›UNIX System V‹ als ›*der UNIX-Standard*‹ deklariert.

Zu dieser Zeit etwa begannen zwei weitere, relativ unabhängige Gruppen, sich mit der Definition eines UNIX-Standards zu beschäftigen. Dies war in den USA ein Arbeitskreis von /usr/group – aus der später POSIX hervorging – und in Europa die BISON-Gruppe, ein Arbeitskreis einiger europäischer UNIX-Anbieter, die später zu X/OPEN umfirmierten.

Diese Gruppen begannen nun an einem UNIX-Standard zu arbeiten – teilweise in Kooperation, teilweise in Konkurrenz. Erst sehr viel später – etwa Mitte der 90er-Jahre – wurde die unsinnige Parallelität der Aktivitäten beendet und die Ergebnisse in Standardisierungsorganisationen (z.B. der IEEE und der ISO) übergeben und dort weiter gepflegt – mit dem dort üblichen längeren Zyklus.

Die AT&T- bzw. USL-Linie

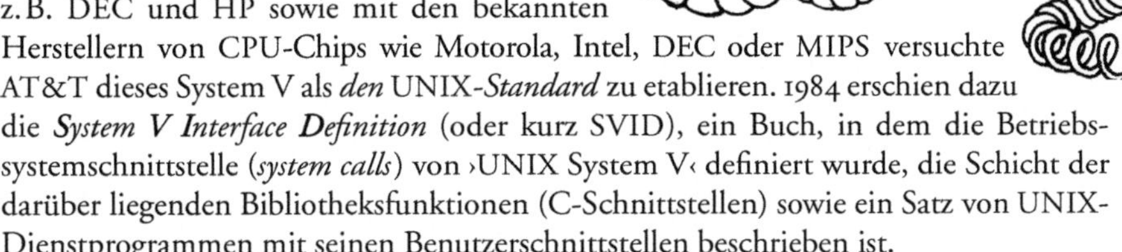

1983 begann AT&T LINUX *System V Version 0*
kommerziell zu vermarkten – d.h. mit Schu-
lung, Support und entsprechender Dokumentation. Mit viel Werbung und Verhand-
lungen mit großen potenziellen Anbietern wie
z.B. DEC und HP sowie mit den bekannten
Herstellern von CPU-Chips wie Motorola, Intel, DEC oder MIPS versuchte
AT&T dieses System V als *den* UNIX-*Standard* zu etablieren. 1984 erschien dazu
die *System V Interface Definition* (oder kurz SVID), ein Buch, in dem die Betriebssystemschnittstelle (*system calls*) von ›UNIX System V‹ definiert wurde, die Schicht der
darüber liegenden Bibliotheksfunktionen (C-Schnittstellen) sowie ein Satz von UNIX-
Dienstprogrammen mit seinen Benutzerschnittstellen beschrieben ist.

Von Release zu Release stieg die Funktionalität und die Unterstützung von Rechner-
vernetzungen. Zahlreiche Entwicklungen aus dem BSD-System wurden in das System
V System übernommen und allmählich auch die Basis für eine Internationalisierung
und vereinfachte Lokalisierung geschaffen. Zunächst in enger Zusammenarbeit mit
Sun, später wieder stärker getrennt, entwickelt USL schließlich *UNIX System V.4*. Dieses System versuchte, die wichtigsten UNIX-Systeme zusammenzufassen, um damit ein
vereintes UNIX zu schaffen. So umfasste V.4 neben eigenen Neuerungen die wesentlichen Eigenschaften von *System V, BSD* (bzw. der Sun-Version davon) sowie *XENIX*. Mit
einiger Verzögerung kam *System V.4* dann 1990 an den Markt.

Die XENIX-Linie

XENIX war einmal – man höre und staune – ein Produkt der Firma
Microsoft. Die Weiterentwicklung wurde später von der Micro-
soft-Tochterfirma SCO übernommen und einige Rechte für V.4
teilweise an USL abgetreten.

Das zu Beginn von UNIX Version 7 ausgehende Produkt wurde zunächst für die Restriktionen kleiner Hardwaresysteme der
16-Bit-Welt adaptiert und den Anforderungen kleiner kommerzieller Systeme (z.B. *Record Locking*, visuell orientierte
Shell) entsprechend erweitert. Unter den Unix-Systemen war
XENIX einige Zeit das System mit der größten Installations-
basis.

XENIX wurde um die in neuen UNIX-Versionen (System V)
anzutreffenden neuen Funktionen erweitert. 1985 schlossen AT&T
und Microsoft ein Abkommen, in dem sich Microsoft zur Kompatibilität gegenüber UNIX System V verpflichtete.

Mit der Verfügbarkeit des Intel-80386-Prozessors wurde eine Neuportierung von
XENIX notwendig, um die Eigenschaften der 32-Bit-Architektur sinnvoll zu nutzen.
Hierzu schlossen Microsoft und AT&T einen Vertrag, der eine gemeinsame UNIX-
Version für den 386 vorsah. XENIX-Programme waren unter dieser Version weiterhin
binär ablauffähig. Microsoft bzw. SCO gaben den Namen XENIX auf, und AT&T

gaben damit erstmals offiziell das Markenzeichen UNIX an eine andere Firma weiter. Mit der Integration der XENIX-Erweiterungen in System V.4 und Ablösung von XE-NIX durch das SCO-System verlor XENIX an Bedeutung und verschwand vom Markt.

Das Berkeley-UNIX-System

Unter dem *Berkeley-Unix-System* ist die Unix-Implementierung der Universität Kalifornien in Berkeley zu verstehen. Das System trägt auch die Kurzbezeichnung BSD (für *Berkeley Software Distribution*) oder UCB (für *University of California at Berkeley*). Ausgangsbasis der Portierung war UNIX System III. Während jedoch die AT&T-UNIX-Version längere Zeit ein reines *Swapping System war*, bot das UCB-System als erstes verbreitetes System ein *virtuelles* UNIX-*System* an. Darüber hinaus wurde das System sehr stark funktionell erweitert – sowohl im Betriebssystemkern selbst als auch im Bereich der Bibliotheksfunktionen und Dienstprogramme. Diese Funktionen boten recht früh die Möglichkeit der Rechnervernetzung mit den neuen Mechanismen der *Sockets* zur Kommunikation zwischen Programmen und Implementierungen der TCP/IP-Systeme.

Eine ganze Reihe von Firmen portierten das System auf weitere Plattformen, deren Hardware ein virtuelles System erlaubt. Die bekanntesten Implementierungen, die auf BSD basierten, waren das *Sun Operating System* der Firma Sun. Fast alle kommerziell angebotenen Systeme übernahmen jedoch Funktionen aus dem BSD-System. USL folgte diesem Trend erst relativ spät, übernahm aber dann in UNIX V.4 alle wesentlichen noch fehlenden Funktionen von BSD 4.3.

Der Einfluss des Berkeley-Unix-Systems beruhte auf der frühen hohen Funktionalität des Systems. Die weitere Entwicklung an der Universität in Berkeley wurde eingestellt und musste kommerziell betrachtet als abgeschlossen angesehen werden. Inzwischen wurde nach langen Lizenzstreitigkeiten mit USL von einer aus der Universität von Berkeley hervorgegangenen Gruppe ein BSD 4.4 freigegeben. Auf dieser Version basieren eine Reihe freier Unix-Entwicklungen (siehe Abschnitt 1.2.5, Seite 32).

OSF/1 und UNIX-International

Als sich Sun und AT&T entschlossen, eine enge Zusammenarbeit bei der Entwicklung von UNIX V.4 einzugehen und AT&T sehr ungeschickt neue Lizenzbedingungen aufstellte, schlossen sich IBM, DEC und HP zusammen und gründeten die **OSF** – die *Open Software Foundation*. Zahlreiche weitere Firmen traten später bei. Ziel der OSF war es, eine offene UNIX-Entwicklung zu starten, bei der – wesentlich stärker als in der bisherigen AT&T-Handhabung – die Mitglieder Einfluss auf die Entwicklung haben. Erste Schritte sollten ein neues UNIX (OSF/1) sowie eine graphische Oberfläche (Motif) sein.

AT&T gründete daraufhin eine Art Gegenorganisation mit weitgehend ähnlichen Zielen – die **UNIX-International.**

Zwischen den beiden Organisationen fanden eine Zeitlang eine unsinnige und weitgehend unsachliche Auseinandersetzung statt. Verlierer dieses Machtkampfes waren beide Parteien und zahlreiche verunsicherte UNIX-Anwender – während Microsoft als Rivale deutlich profitierte und Windows sich weiter am Markt durchsetzte – insbesondere auf dem Desktop. Während man bei der OSF die graphische Oberfläche Motif entwickelte und gegen die Oberfläche von Sun (OpenLook) und AT&T erfolgreich am Markt durchsetzte, fand die Betriebssystementwicklung OSF/1 kaum Verbreitung. Teile aus OSF/1 waren in HP-UX und IBM AIX enthalten. Auch weitere OSF-Entwicklungen (z.B. DCE[1] oder DME[2]) dauerten unerwartet lange und fanden nur geringe Marktakzeptanz.

POSIX

Parallel zu AT&T bildete sich recht früh eine kommerziell orientierte Arbeitsgruppe der amerikanischen UNIX-Benutzervereinigung mit der Bezeichnung */usr/group*, um unabhängig von AT&T eine Standardbeschreibung zu erarbeiten.

Um diese Entwürfe in einen echten Standard umzuwandeln, wurde diese Arbeitsgruppe in eine Arbeitsgruppe des IEEE überführt. Sie erhielt den Namen *P1003 Working Group* und unterteilte sich weiter in mehrere Arbeitsbereiche, wobei P1003.1 die Aufgabe hatte, eine Definition vorzulegen für *Ein (auf UNIX basierendes) Standard-Betriebssystem und die notwendige Umgebung, welche es erlauben, Applikationen auf Quellcodeebene zu portieren.* Da man sich bewusst war, wie schwierig es ist, ein sich noch weiterentwickelndes Betriebssystem zu normieren und zu vielen Problemen noch keine Lösung hatte, erarbeitete das Komitee zunächst einen Versuchsstandard, den *IEEE Trial-Use Standard Portable Operating System for Computer Environments.* Das entsprechende Dokument wurde erstmals 1986 veröffentlicht, trug den Namen POSIX und bemühte sich um Unabhängigkeit von tatsächlich existierendem UNIX. Dieser Standardentwurf P1003.1 umfasste mehrere Teile:

1. Die Definition von Begriffen und Objekten, die in dem Entwurf benutzt werden: Bei den Objekten werden dabei deren Aufbau, die sie ändernden Operationen und die Wirkung dieser Operationen festgelegt.
2. Die Betriebssystemschnittstelle und ein Grundstock an Bibliotheksfunktionen jeweils mit der Anbindung an die Sprache C
3. Schnittstellenaspekte bezüglich der Portabilität, dem Format von Datenträgern und bei der Fehlerbehandlung

Im ersten Entwurf wurden die Bereiche *Benutzerschnittstelle,* das Thema *Netzwerke,* die *graphische Schnittstelle, Datenbanken* und *Record-Ein/Ausgabe* sowie *Portabilität auf Objektformat- und Binärebene* ausgeklammert. Für die Sprache C wird auf ANSI-C verwie-

---

1. DCE steht für *Distributed Computing Environment* und stellt Mechanismen für in einem Netz verteilte Anwendungen (z.B. RPC-Mechanismen, Sicherheitsmechanismen, …) zur Verfügung.
2. DME steht für *Distributed Management Environment* und soll Werkzeuge für die Verwaltung verteilter Systeme (in Netz) zur Verfügung stellen.

sen (ANSI-Gruppe X3J11). Teil der Projektes ist auch eine *Test Suite*, welche es erlaubt, die Einhaltung des POSIX-Standards zu überprüfen. Die wichtigsten so entstandenen Standardkomponenten sind:

P1003.1	Betriebssystemkern + C-Bibliotheken
P1003.2	Shell und Kommandos
P1003.3	POSIX Test Suite
P1003.4	Realzeiterweiterungen
P1003.5	Sprachanbindung an ADA
P1003.6	Systemsicherheit
P1003.x	Systemadministration

Diese Entwicklung geht auch heute noch weiter – allerdings recht langsam. Eine beachtliche Bedeutung hat POSIX insbesondere dadurch erlangt, dass in den USA POSIX-Konformität eine wesentliche Voraussetzung bei öffentlichen und militärischen IT-Ausschreibungen ist. Eine POSIX-konforme Systemschnittstelle wird deshalb unter anderem auch von Microsoft Windows-Systemen angeboten.

X/OPEN

In Europa bildeten 1983 einige europäische DV-Hersteller eine neue Gruppe, gegründet aus dem Verständnis heraus, dass in nichtenglischsprachigen Ländern und vor allem in Europa eine Reihe von eigenen Problemen existiert – z. B. erweiterter Zeichensatz mit nationalen Sonderzeichen, mehrsprachige Fehler- bzw. Programmmeldungen. Im Betriebssystem und für die Anwendungsprogramme sollten Möglichkeiten geschaffen werden, die es erlauben, auf die nationalen Anforderungen und Gegebenheiten einzugehen, wie z. B. das Format des Datums, die Sprache der Meldungen, Besonderheiten der Zeichensätze usw. Dies wurde als *Native Language Support* oder kurz NLS bezeichnet. Es war zugleich die Ausgangsbasis dessen, was heute unter Unix/Linux unter der Bezeichnung *I18n* als Technik für die Internationalisierung und mit *L10N* als Technik für die Lokalisierung von Software eingesetzt wird und Teil des ISO-C-Standards wurde.[1]

Daneben war es das Anliegen, eine von den speziellen AT & T-Interessen losgelöste Definition (Basis) zu schaffen, die es erlauben sollte, auf dieser Definition basierende Software einfach (auf Quellcodeebene) von einem System zu einem anderen zu portieren. Diese Gruppe erhielt den Namen X/OPEN. Ihr gehörten bald alle bedeutenden UNIX-Anbieter sowie viele Softwarehäuser an – auch AT&T (USL).

Die Standards wurden jeweils in Form des *X/OPEN Portability Guide* (kurz XPG) publiziert. Sie erschienen in mehreren überarbeiteten Auflagen. Die bisher letzte Version ist XPG5. Konformität dazu ist die Voraussetzung, um das Markenzeichen *UNIX* tragen zu dürfen.

Hatte X/OPEN während der USL-OSF-Auseinandersetzungen Anfang der 90er Jahre an Bedeutung verloren, so wurde sie 1994/95 zur Kompromiss-Institution zwischen den beiden Parteien – auch unter der Bedrohung, dass Windows-NT starke Einbrüche in den klassischen Unix-Markt erzielen könnte. Ende 1994 übergab Novell/USL sogar das Warenzeichen ›UNIX‹ an X/OPEN.

---

1. Siehe dazu auch Kapitel 3.5, Seite 182 ff.

Mach und Chorus

Mach ist ein 1985 gestartetes Projekt an der CMU (*Computer Science Department, Carnegie-Mellon University Pittsburg*) mit dem Arbeitsziel *A New Kernel Foundation For UNIX Development*. Das System wurde in starkem Maße vom DoD (dem amerikanischen *Department of Defense*) bzw. ARPA *(Defence Advanced Research Projects Agency)* unterstützt und übernahm damit im Bereich Unix die Position, die zuvor Berkeley hatte. Es wurde darin unter Beibehaltung der BSD-Schnittstellen ein neues Konzept für ein Betriebssystem implementiert, wobei auf neue Trends bzw. neue Technologien wie Rechnervernetzung und Mehrprozessortechnik Rücksicht genommen wurde.

Die Firma NeXT (inzwischen aufgegangen in Apple) machte Mach zur Ausgangsbasis ihres objektorientierten Betriebssystems NeXTSTEP, und die OSF wählte Mach als Kern von OSF/1. IBM wählte *Mach Version 3*, die Version mit einem stark abgespeckten und modularisierten UNIX-Kern (einem so genannten *Micro-Kernel*) als Ausgangsbasis seiner neuen Betriebssystementwicklungen (UNIX, OS/2 und Workplace). USL hingegen entschloss sich, die französische Konkurrenzentwicklung Chorus als Mikro-Kernel-Basis für die Weiterentwicklung einzusetzen. Bei **Chorus** handelt es sich um eine sehr ähnliche, europäische bzw. französische Entwicklung eines neues Betriebssystemkerns. Der Micro-Kernel sowie, stärker noch als bei Mach, die Echtzeitfähigkeit des Systems standen hier im Vordergrund.

COSE und CDE

Durch den Erfolg von Microsoft Windows, das UNIX inzwischen weitgehend den Desktop-Markt abgenommen hatte, und unter dem Druck der Ankündigung von Windows-NT, welches nun auch noch drohte, den UNIX-Markt der Serversysteme anzugreifen, wurde endlich 1993 die COSE-Aktivität ins Leben gerufen. COSE steht dabei für *Common Open System Environment* und sollte – wieder einmal – die Schnittstellen von Applikationen zum Betriebssystem zwischen den verschiedenen Unix-Systemen vereinheitlichen. IBM, HP und Sun waren die Initiatoren, weitere Unix-Anbieter schlossen sich an. Selbst Novell, welches ab 1993 – nach der Übernahme von UNIX von USL – versuchte, unter dem Namen *UnixWare* seine Implementierung als Standard durchzusetzen, schloss sich an. Vorläufiges Ergebnis der COSE-Aktivität wurde 1995 die so genannte *pec1170*. In ihr waren die wesentlichen (ca. 1170) System- und Bibliotheksaufrufe definiert, die einheitlich über alle Systeme hinweg zur Verfügung stehen sollten. Die Implementierungen dazu kamen 1995 auf den Markt.

Während das Ziel von ›Spec1170‹ die Vereinheitlichung der Applikationsschnittstellen von Unix-Systemen war, zielte die CDE-Definition der gleichen Gruppe auf die Vereinheitlichung der Systembedienung am *Desktop*. **CDE** steht entsprechend für *Common Desktop Environment*. Er sollte der Windows-Oberfläche Paroli bieten und stellte gleichzeitig auch das Rahmenwerk für Objektintegration unter der Oberfläche bereit. Sun gab bei diesem Prozess sogar seine graphische Oberfläche OpenLook auf und übernahmt die Oberfläche Motif. Den Desktop verlor Unix trotzdem weitgehend an Microsoft Windows. Mit der massiven Verbreitung von Linux und dessen beiden Desktop-Varianten KDE und GNOME erfolgte eine erneute Zersplitterung des Desktops. Die verbleibenden UNIX-Größen HP und Sun entschieden sich deshalb 2002, CDE allmählich durch GNOME abzulösen. IBM wartet weiter ab.

1.2.4 GNU/Linux

Etwa 1994 – die Anfänge liegen schon früher – erschien ein vollkommen neuer Unix-Kernel auf dem Markt – **Linux**. Dabei handelte es sich um eine Entwicklung, die von dem finnischen Studenten Linus Torvalds begonnen, frei im Internet verteilt und von zahlreichen anderen freiwilligen Entwicklern weitergetragen wurde. Da aber zu einem laufenden Betriebssystem sehr viel mehr als ein Betriebssystemkern (Kernel) gehört, griff man auf eine bereits laufende, recht umfangreiche und ebenso freie Entwicklung zurück – auf Komponenten aus dem **GNU-Projekt**.

Dieses ursprünglich von Richard Stallman initiierte Projekt hat zum Ziel, frei verfügbare Software zu schaffen. Dahinter steckte sehr deutlich eine Philosophie, die analog zum Recht auf die *freie Sprache* auch ein Recht auf freie, von keinen proprietären Lizenzrechten eingeschränkte und in Quellen erhältlich Software getragen wird. Hierbei wurde *frei* nicht als *ohne Rechte* interpretiert, sondern als *für alle zugänglich und kostenlos nutzbar*. Das GNU-Projekt hatte zum Ziel – und dies gilt immer noch – ein von proprietären Rechten freies UNIX-kompatibles System zu schaffen, bestehend aus dem Betriebssystem und den zusätzlich benötigten Komponenten und Programmen. Dabei schuf man zunächst – sehr erfolgreich – Komponenten wie einen portablen C-Compiler, C-Bibliotheken, Linker, Debugger und zahlreiche Dienstprogramme wie etwa den GNU-awk oder den GNU-Troff-Textformatierer. Hier standen bereits zahlreiche für ein Komplettsystem erforderlichen Teile zur Verfügung – der eigentliche Kernel, bei GNU unter dem Namen *Hurd,* war aber noch nicht fertig. Also fügte die Linux-Gemeinde beides zusammen: den Linux-Kernel und zahlreiche ergänzende GNU-Komponenten. Die korrekte Bezeichnung für das, was man unter Linux etwas oberflächlich bezeichnete, musste deshalb korrekt **GNU/Linux** lauten. Wir werden in diesem Buch aber die Kurzform *Linux* verwenden – es sei uns verziehen.

Nicht nur Linux als Betriebssystem (mit den üblichen Linux-Dienstprogrammen) ist frei und praktisch kostenlos erhältlich, sondern auch die Quellen. Linux ist frei von USL-Rechten[1] und wird als *Freeware* ausgeliefert (korrekt: unter der GNU-Lizenz).[2] Inzwischen hat GNU/Linux eine Funktionalität und Stabilität erreicht, die sich in den meisten Beziehungen mit denen kommerzieller Linux-Systeme messen kann. Nachdem als erste Linux-Basis Intel-basierte PC-Systeme unterstützt wurden, sind inzwischen Portierungen verfügbar für die RISC-Systeme von Sun, HP, den PowerPC von IBM/Motorola sowie IBM Z-Series Mainframe-Rechner und zahlreiche weitere Plattformen. Linux ist damit auf mehr Plattformen verfügbar als jedes andere Betriebssystem.

Mit GNU/Linux ist also wieder etwas von der alten UNIX-Tradition des gemeinsamen Entwickelns und der großzügigen Weitergabe eigener Entwicklungen auferstanden – ja sogar übertroffen worden.

GNU/Linux kann kostenlos aus dem Internet heruntergeladen werden. Wegen seines Umfangs mag es oft aber günstiger sein, ein auf CD gebanntes Paket zu kaufen. Hierfür gibt es ein beachtliches Spektrum von Distributionen zu unterschiedlichen Kosten, angefangen von dem *Debian GNU/Linux*-Paket auf CDs für ca. 25 Euro über Pakete z.B. von SuSE, RedHat oder Caldera jeweils in einer einfachen und einer Pro-

---

1. Die Firma SCO, Erbe der USL-Rechte an UNIX, sieht dies inzwischen etwas anders und wird voraussichtlich 2003 versuchen, per Anwalt Lizenzen an Linux-Distributionen einzuklagen.
2. Zur GNU-Lizenz siehe [GNU-Licence].

fessional-Version (zu etwa 40 bzw. 300 Euro), bis hin zu Paketen für IBM-Mainframes, die deutlich darüber liegen.

Die verschiedenen Distributoren ergänzen das Basispaket mit unterschiedlichen Zutaten, sei en es gedruckte Handbücher, vereinfachte Installationsprozeduren, zusätzliche oder verbesserte Gerätetreiber, Softwarepakete von Drittanbietern und vieles mehr. Auch bieten sie als Teil ihrer Pakete eine gewisse kostenlose Installationsunterstützung an oder eine Linux-Beratung und -Schulung – die beiden letzteren jedoch gegen Aufwandsberechnung. In aller Regel geben sie einen Teil ihrer eigenen Entwicklungen als Open-Source in die offene Linux-Entwicklung zurück.

Linux wird etwa seit dem Jahr 2000 in steigendem Umfang auch in kommerziellen Unternehmen und Umgebungen eingesetzt. Mit der Unterstützung von SAP-R/3-Systemen unter Linux erhielt Linux seinen Ritterschlag für den Einatz in unternehmenskritischen Anwendungen. Seine größte Verbreitung findet es bisher in den Firmen jedoch als Internet-Server, insbesondere im Zusammenspiel mit dem ebenso freien Apache-Web-Server. Linux nimmt hier im Server-Bereich sowohl Microsoft als auch den klassischen Unix-Systemen schmerzhaft Marktanteile weg.

Die Stärken von Linux liegen in der Verfügbarkeit der Quellen *(Sources)*, den entfallenden oder geringen Lizenzkosten, der großen Gemeinde von Entwicklern, den zahlreichen Foren zu allen möglichen Linux-Themen und der Hilfsbereitschaft, mit der einem bei Problemen und bei Fehlern über Internet geholfen wird. Fehlerbehebungen – zumindest temporärer Art – erhält man im Netz in aller Regel innerhalb von Stunden oder wenigen Tagen und damit sehr viel schneller und kostengünstiger als bei proprietären Systemen. Fairerweise sollte man aber bei Inanspruchnahme auch etwas zurückgeben an eigenem Wissen, an Entwicklungen oder an Dokumentation. Es gibt dazu zahlreiche Möglichkeiten.

Und die Entwicklung geht weiter –

und dies schneller und dynamischer als bei den anderen verbreiteten Betriebessystemen. Diese Dynamik gilt sowohl für den Betriebssystemkern als auch die Entwicklungswerkzeuge und Anwendungen mit grafischer Oberfläche. Betrachtet man die Funktionen, welche alleine in den Jahren 2000–2002 hinzugekommen sind, so ist dies dafür ein sehr deutliches Signal. So bietet IBM auf einigen seiner Systeme neben den eigenen, proprietären Betriebssystemen nicht mehr die eigene UNIX-Variante AIX, sondern ausschließlich Linux an (von mehreren Anbietern). Das eigene AIX erweitert man zusätzlich um Linux-Kompatibilitätsbibliotheken, um die Portierung von Linux-Software nach AIX (und umgekehrt) zu vereinfachen. Sun sah sich im Jahr 2002 gezwungen, Linux auf seinen SPARC-Systemen in Konkurrenz zum eigenen Solaris anzubieten.

Und die Geschichte wiederholt sich

So wie sich mit der Kommerzialisierung die Unix-Implementierungen in unterschiedliche, mehr oder weniger kompatible Versionen zersplitterten, so beginnt sich Linux mit der Kommerzialisierung aufzuteilen – man sucht Differenzierungen zum Wettbewerber. Die Basis der zahlreichen Programme und der Linux-Kernel sind bisher zwischen den verschiedenen Anbietern noch weitgehend einheitlich, sieht man einmal von Release-bedingten Unterschieden ab. Hier sorgt die LSB-Spezifikation – die *Linux System Base* für die Gemeinsamkeit (siehe hierzu [LSB]). Test-Suites und explizite Zertifizierungen gegen diese Spezifikation bieten hier eine wichtige Garantie für Konformität. Die größeren Distributoren – darunter Red Hat, SuSE, SCO Group und Turbolinux sowie einige wichtige weitere kommerzielle Mitspieler wie IBM, SGI und HP tragen durchaus wesentliche Teile bei der Entwicklung der Linux-Basis bei – und dies mit Open-Source-Komponenten.

Wesentliche Unterschiede haben sich aber bei Systeminstallationen und wesentlicher noch, bei der Systemadministration und den Werkzeugen dazu entwickelt. Auch im jeweils bevorzugten (Installations-)Paket-Management gibt es mehrere Richtungen. Diese sind inzwischen so stark, dass es recht schwierig wird, Beschreibungen und Ratschläge zur Systeminstallation und Verwaltung so zu geben, dass sie für die wesentlichen Linux-Systeme passen. Da aber die Installation und Administration für größere Anwendungssysteme relevant sind, tut sich 2002 – das Schema kommt bekannt vor – eine Gruppe von Linux-Distributoren unter der Führung von SuSE zusammen, um eine wesentliche Vereinheitlichung zu erreichen. Man gründet *UnitedLinux*. Ziel ist es, die Systemumgebung – installierte Bibliotheken, Betriebssystemfunktionen, Dateisysteme usw. – so zu vereinheitlichen, dass sich ein dafür vorgesehenes Installations- und Applikationspaket auf allen Systemen installieren lässt (zumindest bei gleicher Prozessorplattform). Dies kommt insbesondere Anbietern von kommerziellen Softwarepaketen sehr entgegen, bedeutet es doch für sie weniger Aufwand für Paketierung und Tests.

Für die selbst entwickelnden Distributoren ergibt sich in gewissem Umfang auch eine Ressourcen-Entlastung in der Entwicklung, da man einige Entwicklungsaufgaben verteilt hat. So trägt z. B. die Firma Turbolinux mit seinen für den asiatischen Markt bestimmten Sprachkomponenten für eine starke Internationalisierung wesentlich bei (Verfügbarkeit in vielen Sprachen und der entsprechenden spezifischen Anforderungen wie etwa bidirektionales Schreiben). SuSE machte seinen mächtigen und komfortablen YaST-Modul zur Installations- und Administrationsbasis des UnitedLinux-Systems.

Ende 2002 kam die Version 1 des Systems auf den Markt. Die Version wird von jedem Anbieter mit eigenen Ergänzungen ausgestattet. Die Gruppe steht von der Satzung her allen Anbietern offen (siehe *www.unitedlinux.com*).

Anfang 2003 traten neben den Gründungsmitgliedern SuSE, SCO Group, Conectiva und Turbolinux eine ganze Reihe weiterer Firma bei, darunter auch IBM, HP, AMD, BEA und Computer Associates.

Der größte SuSE-Konkurrent, die Firma Red Hat, blieb bisher der Gruppe fern und scheint mit Firmen, wie z. B. MandrakeSoft, ein eigenes Lager zu bilden – Anfang 2003 noch ohne Namen. Auch Sun hält bisher Distanz zu UnitedLinux.

Mehrere Oberflächen

Ein zweiter Bereich der Zersplitterung findet in der grafischen Oberfläche bzw. dem Desktop statt. Die wesentlichen Linien sind hier KDE und GNOME.[1] Die Unterschiede zwischen den beiden Linien beruhen sowohl in dem Verständnis, was *freie Bibliotheken* sind, als auch in dem, was das bessere Programmiermodell ist. So baut KDE auf der von der Firma Trolltech stammende Qt-Bibliothek auf und verwendet für die Implementierung weitgehend C++ und einige weitere objektorientierte Techniken. Bei der GNOME-Entwicklung hingegen – ein Teil des GNU-Projekts – wollte man vollständig unabhängig sein, setzte aus Performance-Gründen auf die in C geschriebene Gtk+-Bibliothek und für die Intertask-Kommunikation und das Objektmodell auf CORBA.[2]

Sowohl GNOME als auch KDE bieten sowohl Bibliotheken zur einfachen Erstellung von Programmen mit einer grafischen Oberfläche (GUI)[3] als auch Konventionen und Funktionen für den Datenaustausch zwischen Programmen und dem Desktop, die Werkzeuge zum Einrichten und Personalisieren des Desktops und seiner spezifischen Stilelemente. Diese lassen sich aber wiederum so anpassen, dass die visuellen Unterschiede der beiden Richtungen weitgehend verschwinden können.

Während die meisten Linux-Distributionen noch beide Desktop-Linien enthalten und unterstützen, gibt es doch bereits spürbar unterschiedliche Präferenzen. So hat SuSE-Linux seine Präferenz bei dem KDE-Desktop, während der größte Mitbewerber Red Hat seinen Fokus auf GNOME legt.

Der teilweise recht unsachlich, in jedem Fall aber unfruchtbar geführte Streit zwischen den Entwicklungslagern ist inzwischen weitgehend beigelegt. Sind die entsprechenden Bibliotheken vorhanden, so laufen auch die meisten Programme unter beiden Oberflächen. Die Entwicklung ist aber in beiden Systemen so weit fortgeschritten, dass eine Zusammenlegung nicht mehr in Frage kommt.

Beide Richtungen haben ihre eigene Office-Suite-Projekte aufgesetzt – KOffice und GNOME Office, jeweils mit unterschiedlichen Textsystemen, Tabellenkalkulationen und Präsentationsprogrammen und jeweils mit einer besonders engen Integration in den jeweiligen Desktop. Jede Richtung hat ihren dominanten Datei-Browser – KDE mit *Konqueror* und GNOME mit *Nautilus*. Beide können auch als Web-Browser agieren. Beide Richtungen haben auch ihre spezifischen E-Mail-Systeme – KDE mit *KMail* und GNOME mit den Groupware-Programmen *Balsa* und *Evolution*.

Die größte Reife unter den Office-Paketen aber dürfte *OpenOffice* haben, welches sich aus den *StarOffice*-Komponenten ableitet, welche Sun der Open-Software-Gemeinde übergab. Seine Attraktivität dürfte momentan vor allem darin bestehen, dass es Dokumente aus der Microsoft-Office-Suite (MS-Word, MS-Excel und PowerPoint) mit akzeptablen Verlusten importieren und auch Dokumente in diese Welt zurück exportieren kann.

Neben diesen beiden Hauptlinien gibt es weitere Desktop-Varianten – z.B. den XFce- und den *Enlightment*-Desktop – und es werden weitere hinzukommen. Eine freie Entwicklung stimuliert Entwickler, neue Konzepte auszuprobieren, und man sollte

---

1. Beide sind detaillierter im Kapitel 7 beschrieben.
2. Die anfänglich für die Qt-Bibliothek geltenden Lizenzbedingungen der Firma Trolltech wurden später deutlich offener.
3. GUI steht für *Graphic User Interface*.

dem auch nicht entgegenstehen. Der Fortschritt und das Spektrum der für GNOME und KDE vorhandenen Komponenten – Bibliotheken, Übersetzungswerkzeuge, Entwicklungsumgebungen und nicht zuletzt GUI-Anwendungen und Desktop-Plug-Ins – sind jedoch so groß, dass sich neue Konkurrenten schwer tun werden, sich zu etablieren.

1.2.5 Weitere freie Unix-Systeme

Das Spektrum an kommerziellen UNIX-Derivaten hat sich in den Jahren 1980–2000 deutlich reduziert. Der Grund sind Firmenpleiten, Übernahmen und Verkäufe. Auch die einzelnen Firmen versuchen ihr Spektrum zu verkürzen, um Kosten zu sparen. Es trat also etwas ein, was man *Marktkonsolidierung* nennt.

Dafür sind in den letzten Jahren neben den in diesem Buch behandelten GNU/Linux-Systemen einige bedeutende freie *UNIX-ähnliche* Betriebssysteme erschienen, die wohl auch eine Weile in der Szene bleiben werden. Sie leiten sich von dem ursprünglich an der *University of Berkeley California* entstandenen BSD 4.4 Lite ab. Zu diesen freien Entwicklungen gehören OpenBSD, FreeBSD und NetBSD.[1] Obwohl alle diese Systeme weitgehend die gleiche Basis haben, weisen sie etwas unterschiedliche Ausrichtungen auf. So ist FreeBSD stark auf die Intel-Prozessor-Plattform bzw. auf *PC compatible Computers* ausgerichtet, während OpenBSD ausgesprochen viele Plattformen bedient und einen weiteren Fokus auf hoher Zuverlässigkeit und Sicherheit hat. Ähnliche Ziele – sehr zahlreiche Plattformen und hohe Sicherheit – verfolgt das NetBSD-Projekt.

Weitgehend freier Austausch zwischen den Open-Source-Systemen

Der Austausch einzelner Komponenten zwischen den Open-Source-Entwicklungen ist weitgehend frei, und selbst die meisten Binärprogramme laufen über die Plattformen hinweg problemlos – natürlich nur bei gleicher Prozessorarchitektur. Der Großteil der Programme und Werkzeuge kann darüber hinaus auch auf anderen Unix-Systemen (AIX, Solaris, HP/UX, Mac OS X, UnixWare, OpenUnix, …) ohne oder mit moderatem Portierungsaufwand eingesetzt werden. Ja, eine Reihe von Werkzeugen und Anwendungen kommt sogar unter Microsoft Windows zum Einsatz. Der GNU-Compiler gcc, OpenOffice und das Print-Spooler-System CUPS seien hier nur als Beispiel genannt.

---

1. Siehe hierzu jeweils Literatur- und Quellverweise [FreeBSD], [OpenBSD] und [NetBSD] im Anhang B.

2 Erste Schritte in Linux

Dieses Kapitel möchte durch einfache und grundlegende Hinweise einen Einstieg in die Arbeit mit einem Linux-System ermöglichen. Es ist daher ausführlich gehalten und versucht dennoch, wenige, jedoch typische Aspekte des Betriebssystems Linux (und Unix) aufzuzeigen. Es ist für Benutzer geschrieben, die zum ersten Mal mit Linux arbeiten.

2.1   Linux-Oberflächen

Ein modernes Linux-System präsentiert sich seinem Benutzer heute in mehreren, parallel existierenden Zugangsformen, die sich in ihrer Benutzernähe und Einfachheit der Bedienung deutlich unterscheiden, aber auch in ihrer Flexibilität und grundsätzlichen Philosophie. Mit der Umgestaltung der Bedienphilosophie erfolgte auch eine Änderung der Positionierung von Linux-Systemen in der IT-Landschaft. Vor allem diese Frage der Positionierung wird derzeit heftig diskutiert: Hat Linux einen Platz auch auf dem Benutzer-Desktop?

Die drei wichtigsten Bedienphilosophien sollen hier, aufgelistet in der Reihenfolge ihrer historischen Entwicklung, kurz dargestellt werden:

- zeichenorientierte Oberfläche
- grafische Oberfläche in einem Window (grafisches Fenster)
- grafische Oberfläche mit einer kompletten grafischen Schreibtischoberfläche – einem grafischen *Desktop*

Alle drei Varianten haben ihre spezifischen Vor- und Nachteile und ihre typischen Einsatzbereiche.

Zeichenorientierte Oberfläche

Bei der Arbeit mit einer zeichenorientierten Oberfläche bedient der Benutzer das System über die Kommandozeile – das System zeigt eine Eingabeaufforderung (*Prompt*) an, und der Benutzer gibt Kommandos als Worte oder einzelne Zeichen ein. Der Benutzer muss die Kommandonamen und die Kommandosyntax kennen, da sie am System nicht angezeigt oder ausgewählt werden können.

Diese Form der Systembedienung stammt aus Zeiten der druckenden Terminals, als Eingabe und Ausgabe am Rechner über eine Art Schreibmaschine geschah. Sie fand ihre Fortentwicklung bei Bildschirmgeräten in Form klassischer alphanumerischer Terminals, auf denen Text und Kommandos über eine Tastatur eingegeben und zeichenweise in Zeilen am Bildschirm dargestellt werden konnten. Eine Maus oder ähnliches Eingabehilfsgerät stand dabei nicht zur Verfügung; Menüs, Fenster und grafische Darstellung waren kaum machbar und auf die Möglichkeiten eines einfachen semigrafischen Zeichensatzes beschränkt. Einzige Tonwiedergabe war oft ein Warnton bei Fehleingabe.

Die Systembedienung über eine zeichenorientierte Oberfläche ist mit einfachen und vergleichsweise billigen Bildschirmen möglich, die typischerweise über eine serielle Leitung oder eine langsame Netzverbindung am Rechner angeschlossen sind. Ein Rechner bedient dabei im Normalfall viele (bis zu mehrere hundert) solcher Terminals. Der zeichenorientierte Systemzugang war die klassische Bedienungsform eines Unix-/Linux-Systems, die von der Entwicklung dieses Betriebssystems an bis in die Anfänge der 90er-Jahre als die typische und am weitesten verbreitete Form angesehen werden musste.

Diese Art von Oberfläche wird zwar häufig als veraltet und schwierig angesehen. Erfahrene Benutzer bevorzugen sie für zahlreiche Arbeiten jedoch als flexibelste, mächtigste und häufig auch effizienteste Form. Sie bietet stärker als die grafische Oberfläche Zugang zum *eigentlichen Linux*. Auch unter grafischen Systemen steht daher fast immer die Emulation einer Zeichenoberfläche mit Eingabemöglichkeit an der Kommandozeile zur Verfügung – in der Regel als so genanntes *Terminalfenster*.

Moderne Linux-Systeme sind zumeist so gestaltet oder von einem Systemverwalter so eingerichtet, dass die Arbeit mit dem System auch ohne Kenntnis der Anwendung der Kommandozeile möglich ist. Grundlegendes Wissen über die Systembedienung an der zeichenorientierten Oberfläche, z. B. über die Arbeit mit der Kommandozeile, trägt jedoch wesentlich zum Gesamtverständnis bei – beide Alternativen machen eben Sinn.

Dieses Buch behandelt mit Ausnahme von Kapitel 7 weitgehend die Bedienung des Linux-Systems über die Kommandozeile. Wo nützlich, weisen wir jedoch auch auf die Programmvarianten mit einer grafischen Benutzeroberfläche hin.

Grafische Oberfläche: Fenstersystem

Eine grafische Oberfläche ist dadurch charakterisiert, dass der Bildschirm nicht mehr nur einzelne Zeichen an festen Positionen mit fester Zeichen- und Zeilenzahl darstellen kann, sondern einzelne Bildpunkte angesteuert werden und damit die Möglichkeit besteht, beliebige Elemente, auch Graphiken und Bilder, an beliebigen Bildschirmpositionen darzustellen.

Die Ein- und Ausgabe von Programmen und damit auch die Arbeit des Benutzers mit dem System erfolgt fensterorientiert. Am (grafischen) Bildschirm stehen jedem Programm, mit dem der Benutzer arbeitet, Fenster für die Ein- und Ausgabe zur Verfügung. Diese Fenster können mit einer Maus z. B. verschoben, in der Größe verändert oder geschlossen werden; innerhalb dieser Fenster können Elemente mit der Maus angewählt werden. Windows- und Apple-Systeme haben diese grafische Oberfläche als (praktisch) einzigen Rechnerzugang. Sie haben damit den Gewöhnungsstandard der meisten PC-Benutzer gesetzt. Unix folgte dem Trend zur grafischen Oberfläche erst relativ spät – und hat damit einen wesentlichen Teil des Desktop-Marktes verloren.

Eine grafische Oberfläche ist aufwändiger zu realisieren, erfordert wesentlich mehr Rechnerleistung und erzeugt – über Netz betrieben – eine höhere Netzlast. Grafische Oberflächen werden meist in eng vernetzen Umgebungen (Client-Server) eingesetzt, in denen jeder Rechner nur wenige (typisch ein bis zehn) Bildschirme bedient. Die Steuerung eines grafischen Bildschirms erfolgt bei Linux-Systemen nahezu ausschließlich durch das X Window System (X11) und einem Window-Manager unter dem KDE- oder GNOME-Desktop. Sie werden in Kapitel 7 näher beschrieben.

Mit Hilfe einer grafischen Oberfläche und eines Fenstersystems sind Programme oft einfacher und ohne Handbuch bedienbar. Programme können ihren Kommandovorrat in Menüs und Dialogboxen anzeigen und damit zugänglich machen, ohne dass der Benutzer die Kommandos auswendig wissen muss. Mehrere Programme können am Bildschirm nebeneinander angezeigt und bedient werden.

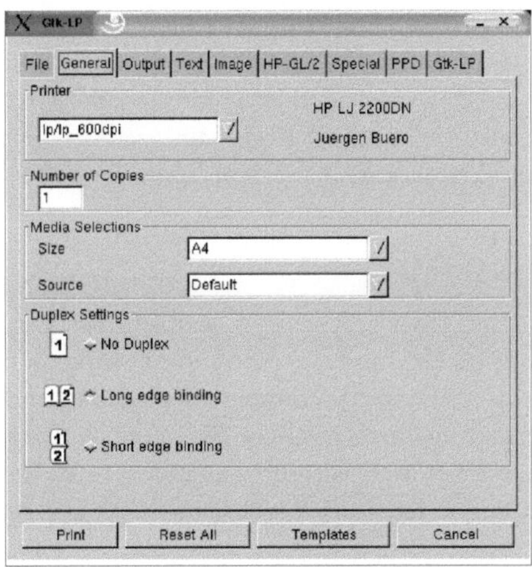

Abb. 2.1: Dialogbox in einer grafischen Oberfläche

Die Arbeit an einem Linux-System und Bedienung von Applikationen über eine grafische Oberfläche mit Fenstersystem ist inzwischen verbreitet – beim persönlichen Arbeitsplatz sogar der Standard.

Zur Systembedienung selbst, angefangen von typischen Dateioperationen (Kopieren, Umbenennen, Löschen), Start von Anwenderprogrammen, Benutzung der Vielfalt der typischen Linux-Werkzeuge bis hin zur Systemverwaltung und Konfiguration, wird aber auch unter Fenstersystemen oft über eine Emulation einer zeichenorientierten Oberfläche (z. B. das X-Window-Programm **xterm**) mit der klassischen Kommandozeile gearbeitet, wie sie auch Gegenstand dieses Buches ist. Zu den am häufigsten benutzten Programmen gehört daher auch unter einer grafischen Oberfläche ein Fenster wie das folgende:

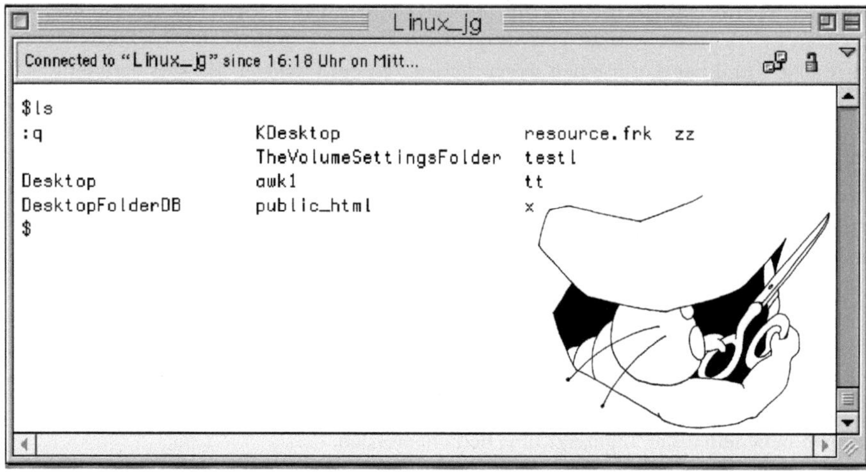

Abb. 2.2: Emulation eines zeichenorientierten Bildschirms unter einer grafischen Oberfläche – hier xterm unter Mac OS (typischerweise ohne den Wurm)

Eine derartige Systembedienung über die Kommandozeile ist der einzige standardisierte Weg, unterhalb der Applikationsebene mit dem Linux-System selbst zu arbeiten.

Grafische Oberfläche: Desktop-System

Ein *Desktop-System* baut auf einer grafischen Oberfläche mit Fenstersystem auf und ist eigentlich nichts anderes als ein zentrales Anwendungsprogramm unter einer solchen Oberfläche. Der Desktop versucht, die Elemente des Systems und die wichtigsten Operationen der Systembedienung durch grafische Elemente nachzubilden und diese damit auch für weniger erfahrene Benutzer verfügbar zu machen. Sie ermöglichen eine Bedienung des Linux-Systems ohne Kenntnis der Kommandozeilen-Kommandos. Als Metapher wird dabei der von der Büroarbeit her bekannte Schreibtisch verwendet – der *Desktop –;* auf dem Desktop sind analog zum Schreibtisch die zur typischen Arbeit benötigten Komponenten angeordnet – dort Papier, Schreibgerät und Bücher, hier Programme und Informationszugänge. Auf dem Desktop ist wie unter Microsoft Windows oder Apple Macintosh, die Systemumgebung (Dateien, Verzeichnisse, Drucker, Applikationen, Netzzugang, sonstige Betriebsmittel oder auch ein Papierkorb) mittels grafischer Symbole abgebildet. Viele Operationen können mit der Maus ausgeführt werden – beispielsweise eine Datei umbenennen oder einen Drucker einrichten –, ohne die nötigen Linux-Kommandos hierfür zu kennen.

Damit ist auch unter Linux eine rein grafische Arbeitsumgebung realisierbar und damit das System wesentlich einfacher bedienbar – wenn auch unter Aufgabe der Flexibilität, welche die Bedienung über die Kommandozeile bietet.

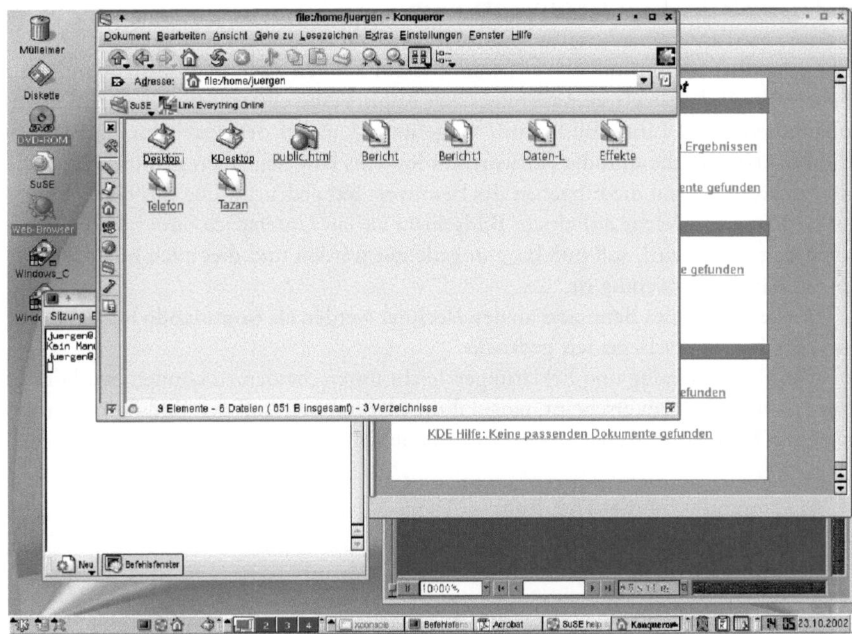

Abb. 2.3: Beispiel einer Desktop-Oberfläche – hier KDE

Gibt es unter den proprietären Betriebssystemen wie MS-Windows oder Apple Macintosh faktisch nur genau einen Desktop-Typ, sind unter Linux mehrere Desktop-Varianten zu finden. Zumeist – so z. B. auch bei SuSE – wird sowohl ein KDE-Desktop als auch ein GNOME-Desktop angeboten. Diese Varianten sind zwar kompatibel, grafisch orientierte Programme aber zumeist auf einen speziellen Desktop bzw. dessen Bibliotheken angepasst, was leider zu einer Zersplitterung der Entwicklungsressourcen führt.

Im Unix-Bereich hatte sich der CDE (*Common Desktop Environment*) durchgesetzt – nachdem zuvor jeder Hersteller seinen eigenen spezifischen Desktop entwickelte. HP und Sun haben aber angekündigt, zukünftig zum GNOME-Desktop zu wechseln.

Der größte Teil dieses Buches widmet sich mit seinen Kommandos und Beispielen der zeichenorientierten Oberfläche und Bedienung der Kommandozeile, die der Benutzer an einem Zeichenterminal oder in einer Terminalemulation (**xterm** o. Ä.) an einer grafischen Oberfläche vor sich hat. An dieser Kommandooberfläche werden die Grundmechanismen des Linux-/Unix-Systems oft klarer, und hier lassen sich Werkzeuge einfach kombinieren; hier steht die volle Mächtigkeit des Systems zur Verfügung. Insbesondere für Automatisierungen per Skripten und für einige Aufgaben der Systemverwaltung ist diese Oberfläche besser geeignet. Hat man sie einmal verstanden, so lassen sich auch Fehlersituationen in der grafischen Oberfläche schneller erklären und beheben.

Für zahlreiche Aufgaben der täglichen Arbeit – etwas das Schreiben komplex formatierter Dokumente, dem Empfangen und Senden von E-Mail oder dem Browsen im Inter- oder Intranet – wird man aber mit einer grafischen Oberfläche arbeiten.

2.2   Beschreibungskonventionen

Die schnellste und gründlichste Art ein System kennen zu lernen ist die, damit zu arbeiten. Es wird deshalb im nachfolgenden Kapitel eine einfache Sitzung an einem (alphanumerischen) Linux-Bildschirm vorgeführt. Um bei den gezeigten Interaktionen die Benutzereingabe und die Antwort des Systems bzw. seiner Programme unterscheiden zu können, sind die Eingaben des Benutzers **fett** gedruckt. Die aktuelle Schreibposition (Cursor), welche auf einem Bildschirm als ein Unterstrich oder blinkendes Zeichen dargestellt wird, soll durch ›_‹ angedeutet werden und dies auch nur dort, wo es zur Erklärung notwendig ist.

Anweisungen des Benutzers an den Rechner werden als **Kommando** bezeichnet und sind im Text in der Regel fett gedruckt.

Um Rechnerdialog und Erklärungen leicht unterscheiden zu können, wird der Teil, wie er am Bildschirm erscheint, eingerahmt (der Rahmen soll den Bildschirm symbolisieren). Der Text rechts davon gibt zusätzliche Erläuterungen.

```
Dialogtext bestehend aus
Benutzereingaben und
System- oder Programmausgaben
```

Erklärungen
zum
Ablauf

In den Beschreibungen dieses Buches werden die Kennzeichnungen wie etwa (*nd*) und (*x.y*) verwendet. Diese haben folgende Bedeutung:

(*nd*) Dieses Kommando oder Grundprinzip ist in diesem Buch nicht weiter dokumentiert.

(*x.y*) Das Komamndo ist nicht, wie die meisten Kommandos, ausführlich in Kapitel 4.3, sondern in Kapitel *x.y* erläutert.

(*SU*) Dass Kommando oder die Option kann nur vom Super-User ausgeführt werden – einem besonders privilegierten Benutzer.

Diese Markierung kann – vor allem bei den Kommandooptionen – nicht alle Kombinationen abdecken, sollte jedoch in den meisten Fällen zeigen, wo Unterschiede vorhanden sind.

Englische Begriffe werden in der Regel *kursiv* geschrieben, bei der ersten Einführung sind sie **fett** gesetzt. Kommandonamen sind **fett** gedruckt, während Dateinamen ebenso *kursiv* geschrieben werden wie Parameter, welche vom Benutzer einzufügen sind.

[CUPS] ist ein Literaturhinweis; die Angaben dazu sind im Anhang B ab Seite 875 zu finden. mit ›...‹ klammern wir logische Einheiten – z.B. im Text die Teile eines Kommandos.

Eingaben an das System

Während einer Sitzung am Rechner kommuniziert der Benutzer normalerweise nicht direkt mit dem Betriebssystem, sondern mit einem Programm, welches seine Kommandos liest, analysiert und dann entweder selbst ausführt oder an andere Programme weiterreicht. Dieses Programm wird deshalb als **Kommandointerpreter** bezeichnet und trägt den Namen **Shell** (der Name der Programmdatei ist unter Linux zumist */bin/bash*), weil sie wie eine Schale um den Kern des Systems liegt. Die Shell ist die eigentliche Benutzeroberfläche bei der Arbeit auf der Kommandozeile an einem zeichenorientierten Bildschirm oder im xterm-Fenster.

Auf den unterschiedlichen Unix- und Linux-Implementierungen existiert eine Reihe verschiedener Shell-Programme:

▶ Die Shell des Standard-Unix-Systems wird nach ihrem Autor auch als **Bourne-Shell** bezeichnet.

▶ Eine zweite, sehr verbreitete Shell ist die der Universität von Kalifornien in Berkeley und wird als **Berkeley-Shell** oder auch **C-Shell** (oder **csh**) bezeichnet. Unter Linux ist sie zumeist als **tcsh** anzutreffen.

▶ Eine dritte Shell, die von vielen Anwendern eingesetzt wird und Bestandteil von System V.4 wurde, ist die **Korn-Shell**. Sie stellt eine gelungene Verbindung zwischen den Vorteilen der Bourne-Shell und der komplizierteren C-Shell dar.

▶ Unter Linux hat sich die **bash** etabliert. Hierbei handelt es sich um eine im GNU-Projekt weiterentwickelte Bourne-Shell. Wir werden die **bash** *(Bourne again shell)* in den weiteren Beispielen verwenden, da sie unter Linux den Standard darstellt.

Daneben gibt es ein große Anzahl weiterer Shells, auf deren Beschreibung hier aber verzichtet werden soll.

Die Shell zeigt ihre Bereitschaft, ein Kommando entgegenzunehmen, mit einem **Bereit-Zeichen** am Bildschirm an. Dies wird auch **Prompt** genannt und ist gewöhnlich das Dollar-Zeichen ›$‹. Das Promptzeichen ist leicht änderbar und mag in unterschiedlichen Umgebungen anders aussehen – oft in der Form *benutzername@rechnername:*. Wir verwenden hier jedoch – primär der Knappheit und Übersichtlichkeit wegen – als Standard lediglich das $-Zeichen als Shell-Prompt.

Die Shell benutzt drei Arten von Prompts, um unterschiedliche Situationen anzuzeigen:

$ im **normalen Modus**, wenn sie bereit ist, das nächste Kommando entgegenzu-
      nehmen,

im privilegierten *Super-User-Modus*, wenn sie bereit ist, das nächste Kommando
      zu verarbeiten. Die Funktion des Super-User-Modus wird später erläutert wer-
      den.

>   wenn sie zur Ausführung eines Kommandos weitere Eingaben benötigt oder das
      Kommando noch nicht abgeschlossen ist.

Eine Eingabe an die Shell sowie an die meisten Programme besteht aus einer Zeile Text. Die vom System bzw. der Shell ausgegebenen Bereitzeichen gehören nicht dazu. Eine Zeile wird durch ein **Zeilenende-Zeichen** abgeschlossen. In der Regel ist dies die Taste mit der Aufschrift ⏎, cr, Return oder Enter. Sie wird hier als <cr>, *<neue zeile>* (englisch: *<new line>*) dargestellt.

Solange eine Zeile noch nicht durch <cr> abgeschlossen ist, kann sie noch verändert oder gelöscht werden. Dies gilt für die meisten Programme. Einige wenige lesen jedoch die Information nicht zeilen-, sondern zeichenweise vom Bildschirm und werden damit etwas anders bedient. Hierzu gehören z.B. die Bildschirmeditoren. Solche Abweichungen sind angegeben. Bei der Systembedienung durch die Shell sind nur wenige Tasten mit Sonderfunktionen möglich.

Da Linux-Systeme im Gegensatz zu PC-Systemen oft mit unterschiedlichen Tastaturen ausgestattet sind, unterscheiden sich die dafür verwendeten Tasten teilweise von System zu System. Aus diesem Grund wird in diesem Buch in der Regel statt eines bestimmten Codes die Funktion der Taste in < ... >-Klammern oder in der Form *funktion* angegeben. Der Abschnitt 2.4 auf Seite 46 zeigt die wichtigsten der so verwendeten Funktionen.

Zusätzlich ist zu berücksichtigen, dass einige Metatasten – z.B. jene Tastenkombinationen zum Abbruch von Programmen oder zum temporären Anhalten der Ausgabe – vom Benutzer (oder vom Systemverwalter in der Vorbelegung) geändert werden können. Wir geben hier die meistbenutzen Standardbelegungen an.

2.3 Kommandosyntax

Eine Kommandozeile besteht aus einem Wort oder aus mehreren Wörtern. Unter *Wort* versteht man dabei eine Folge von Zeichen ohne Zwischenraum. Wörter werden durch ein oder mehrere Zwischenräume (Leertasten) oder Tabulatorzeichen getrennt. Das Kommando »who am I« besteht also aus drei Worten. Die Shell interpretiert das erste Wort als Kommandonamen oder als Namen des Programms, welches gestartet werden soll. Dieser Mechanismus unterscheidet sich nicht zwischen dem Aufruf eines Linux-Kommandos und dem eines Benutzerprogramms.

Die Namen der Linux-Kommandos stellen eine mehr oder weniger verständliche und einprägsame Abkürzung der Kommandoaufgaben in englischer Sprache dar. So steht z.B. der Kommandoname **ls** für *list* und gibt eine Liste der Dateien eines Dateiverzeichnisses *(directories)* aus, oder **pwd** steht für *print working directory* und liefert den Namen des aktuellen Verzeichnisses.

Bei einfachen Kommandos genügt zum Aufruf alleine die Angabe des Kommandonamens. So ruft z.B.

who <cr>

das Programm **who** auf. Dieses gibt eine Liste aller Benutzer aus, welche gerade am System angemeldet sind. Folgen dem Kommandonamen in einer Kommandozeile noch weitere Worte, so werden diese als **Parameter, Optionen** oder **Argumente** für das aufgerufene Kommando betrachtet und entsprechend übergeben.
So wird z.B. bei Eingabe von

cat ./**.profile <cr>**

das Wort **cat** als Kommandoname und *./.profile* als Parameter hierzu betrachtet. Der Aufruf

```
$cat/.profile              falscher Aufruf
cat/.profile not found     Fehlermeldung des Systems
$CAT /.profile             erneuter Versuch
CAT not found              Fehlermeldung des Systems
$                          Bereitzeichen des Systems
```

ergibt eine Fehlermeldung, da die Shell nach einem Kommando mit dem Namen **cat /.profile** (ohne Zwischenraum geschrieben) sucht, es aber nicht findet.
Auch **CAT /.profile** produziert eine Fehlermeldung, da kein Kommando **CAT** existiert. Das Linux-System unterscheidet zwischen Klein- und Großschreibung.

➜ Worte auf der Kommandozeile werden durch Leerzeichen getrennt – korrekter durch einen so genannten *White Space* (englisch für *Weißraum*). Ein *White Space* sind ein oder mehrere Leer- und/oder Tabulatorzeichen.

➜ Linux unterscheidet in Kommandonamen, Dateinamen und bei allen anderen Linux-Namen grundsätzlich immer zwischen Groß- und Kleinschreibung!

Aufbau der Kommandozeile

Kommandos und Programmaufrufe haben folgenden allgemeinen Aufbau:

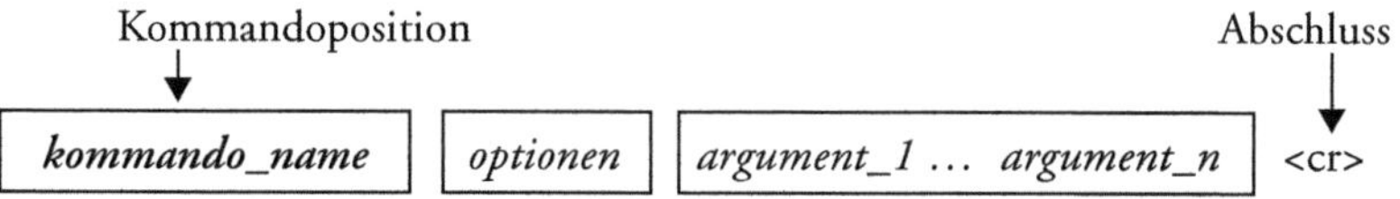

Das erste Wort der Eingabe wird dabei im Normalfall als der Kommandoname interpretiert; ihm folgen die Kommandoparameter. Es ist oft notwendig, unterschiedliche Arten von Parametern zu unterscheiden:

▸ **Normale Parameter** (Argumente)
dienen normalerweise der Angabe einer Eingabedatei oder Ausgabedatei für das aufgerufene Programm.

▸ **Zusatzangaben zur Arbeitsweise des aufgerufenen Kommandos**
Diese werden **Optionen** genannt. Sie spezifizieren, dass sich das aufgerufene Programm in besonderer Weise und abweichend vom Standard verhalten soll. Optionen werden in aller Regel durch ein vorangestelltes Minuszeichen (›–‹) gekennzeichnet, sind meist nur ein Zeichen lang und stehen konventionell (aber leider nicht in allen Fällen) vor den normalen Parametern.[1]

Bei Eingabe der Zeile

ls   –l   /bin /etc

wird das ls-Kommando aufgerufen und diesem die beiden Verzeichnisnamen */bin* und */etc* als normale Argumente übergeben, während die Option –l angibt, dass eine ausführliche (*long*) Liste ausgegeben werden soll.

Die Begriffe *kommando_name*, *option*, *argument_1* und *argument_n* wurden hier immer klein und *kursiv* geschrieben, um anzuzeigen, dass sie nur als Platzhalter dienen und an dieser Stelle vom Benutzer die wirklichen Namen oder Werte einzusetzen sind.

▸ Die erste Position nach dem Promptzeichen wird als **Kommandoposition** bezeichnet: Das Wort, das an dieser Stelle steht, wird von der Shell als Kommando interpretiert und aufzurufen versucht. Gibt es kein Programm oder Kommando dieses Namens (und Schreibweise), so wird ein Fehler gemeldet.

▸ Positionen (und das Vorhandensein) von **Optionen** und Argumenten sind prinzipiell beliebig, können jedoch durch die Anforderungen des jeweiligen Programms eingeschränkt sein (z.B. gibt häufig die Option –o an, dass Ausgabe in eine Datei geschrieben werden soll; hinter dieser Option muss dann zwingend der Dateiname stehen).

---

1. Die Kombination ›--‹ ohne direkt nachfolgende Zeichen kennzeichnet das Ende der Optionen. Die nachfolgenden Parameter sind dann normale Parameter, selbst wenn sie mit einem Minuszeichen beginnen. Ein allein stehendes Minuszeichen in einer Kommandozeile bedeutet, dass die Eingabe von der Standardeingabe kommen soll.

Unix und Linux kennen zwei Optionsschreibweisen:

A) Die klassische Unix-Version mit 1 Zeichen langen Optionen, welche von einem Minuszeichen eingeleitet werden (z. B.: ›ls -l‹):
Hier können mehrere Optionen zumeist direkt konkatiniert werden (z.B.: ›ls –la‹ ist äquivalent zu ›ls -l -a‹).
Die unter einer grafischen Oberfläche laufen, haben häufig Optionen in der Länge eines Wortes (z. B. **-display, -console**).

B) Die in den GNU-Implementierungen verwendeten langen Schreibweisen: Sie werden durch ein doppeltes Minuszeichen eingeleitet und sind zumeist selbst erklärend (in Englisch, z.B. **ls --help**). Solche Optionen dürfen nicht mit einem anderen Optionszeichen verkettet werden, sondern die nächste Option ist dann durch Leerzeichen *(White Space)* abzusetzen.

Es gibt leider keine einheitliche Bedeutung von Optionen, die für alle oder zumindest viele Kommandos gelten würde – zumindest bei der Kurzschreibweise. Nahezu jedes Linux-Kommando hat seinen eigenen Satz an Optionen. Die gleiche Option kann bei unterschiedlichen Kommandos gänzlich unterschiedliche Bedeutung haben.
Relativ spät ist man dazu übergegangen, auch längere Optionsnamen zuzulassen – entsprechend der Schreibweise B.
Um diese syntaktisch von einer Folge von 1-Zeichen langen Optionen unterschieden zu können, wird dann ein zweifacher Strich davor gesetzt. So erlauben inzwischen zahlreiche Linux-Kommandos die Option:

--help wenn eine kurze Kommandobeschreibung ausgegeben werden soll

--version falls nur die aktuelle Version ausgegeben werden soll (in beiden Fällen wird sonst nichts ausgeführt und das Programm danach beeendet).

--verbose wenn das Programm ausführliche Aktionsmeldungen ausgeben soll

--quiet soll die Ausgaben des Kommandos über seine durchgeführten Aktionen (oder welche nicht ausgeführt werden konnten) unterdrücken.

--silent wie **--quiet**

Im Falle von **--help** erlauben viele der Programme daneben auch die Kurzform ›-h‹, leider jedoch nicht einheitlich. Auch für **--version** ist (uneinheitlich) oft **-v** oder **-V** zulässig.
Bei den meisten Linux-Kommandos kann eine Option sowohl in der ersten als auch in der langen Schreibweise angegeben werden. Auch ein Mischen ist möglich, wobei die meisten Benutzer die kürzere Schreibweise bevorzugen.

Wir setzen in diesem Buch aus rein optischen Gründen die Kurzoptionen mit einem langen Bindestrich (also z. B. ›ls –l‹) und die Optionen in der GNU-Variante mit zwei Minuszeichen (also z. B. ›ls --format=long‹), obwohl bei der Eingabe jeweils ein bzw. zwei Minuszeichen eingegeben werden.

Gehört zu der Option eine weitere Angabe, so darf diese bei der Kurzschreibweise in der Regel (nicht immer) durch Leerzeichen abgetrennt werden, während bei der GNU-Schreibweise wie zuvor bei ›ls --format=long‹ der Option das Zuweisungszeichen ›=‹ und der Wert jeweils ohne Zwischenraum folgen muss!

▸ Die Argumente *argument_1* ... werden auch als *Parameter* des Programmaufrufs bezeichnet. Art und Anzahl sind abhängig vom Kommando. Bei vielen Kommandos sind dies Datei- oder Verzeichnisnamen.

Möchte man Optionen und nachfolgende Parameter (nicht Optionsparameter) syntaktisch voneinander trennen, so erlaubt dies bei vielen Kommandos (leider nicht bei allen) die Sequenz ›−−‹. Alle nachfolgende Teile werden dann als Kommandoargument bzw. Dateinamen betrachtet, selbst wenn sie mit einem oder zwei Minuszeichen beginnen.

Ein einzelnes Minuszeichen ›−‹ als Parameter signalisiert in der Regel, dass statt aus einer Datei von der *Standardeingabe* gelesen werden soll (siehe hierzu Abschnitt 2.7, Seite 60).

▸ Das <cr> steht für das Zeilenende und schließt das Kommando ab. Erst danach wird die Kommandozeile vom System (bzw. der Shell) interpretiert und – soweit notwendig – ein Programm aufgerufen oder bei einem unbekannten Kommando ein Fehler gemeldet. Solange das <cr> nicht eingegeben wurde, können noch Korrekturen in der Kommandozeile vorgenommen werden (zu den Korrekturmöglichkeiten der **bash** innerhalb einer Kommandoeingabe siehe Kapitel 6.2.3 auf Seite 537).

Ist ein Kommando sehr lang, so kann man es mit \<cr> in der nächsten Zeile fortsetzen. Der *Backslash* ›\‹ maskiert hier das nachfolgende <cr>. Dabei sollte jedoch nicht der maximale Eingabepuffer (typisch 1024 Zeichen) überschritten werden. Die Shell gibt nach dem <cr> in der nächsten Zeile ein *Weiter-Bereitzeichen* aus. Dies ist in der Regel ›>‹.

Falls Teile des Kommandos optional sind, d. h. auch weggelassen werden können, so wird dies in diesem Buch durch die Klammern [...] kenntlich gemacht. Diese Klammern werden beim Kommandoaufruf **nicht** mitangegeben. In Fällen, in denen die Klammern selbst Teil des Kommandos sind, wird explizit darauf hingewiesen, und die Klammern sind fett gesetzt. Sind mehrere gleiche Elemente in einem Kommando erlaubt, so wird dies entweder durch ›...‹ angedeutet oder geht aus dem Platzhalter hervor.

So bedeutet z. B.:

    pr [*datei(en)*]   oder   **pr** [*datei ...*]

dass **pr** der Kommandoname ist (Kennzeichnung durch Fettdruck), dem eine oder mehrere Dateiangaben folgen können. Dies sind bei **pr** dann die Dateien, die zu formatieren sind.

Kommando-/Programmarten

Linux mit der **bash**-Shell als Kommandointerpreter kennt mehrere Arten von Kommandos. Die Unterschiede sind für den Benutzer jedoch zumeist kaum sichtbar:

- **Shell-interne Kommandos**
  Hierzu gehören z.B. **cd**, **echo**, **test** oder **pwd**. Sie werden von der Shell selbst ausgeführt, ohne dass dazu ein weiteres Programm gestartet werden muss. Art und Umfang sind abhängig vom verwendeten Kommandointerpreter (zumeist der Shell). So kennt z.B. die **bash** das (interne) Kommando **fc**, welches die **csh** oder **tcsh** nicht beherrscht.

- **Funktionen in der Shell,**
  welche nicht fest eingebaut sind, sondern zuvor für diese Shell (z.B. als Teil eines Shell-Startskriptes) definiert wurden (siehe hierzu Kapitel 6.3.9 auf Seite 574).

- **Aliases in der Shell**
  Ähnlich wie eine Funktion ist dies eine zuvor definierte Abkürzung, welche die Shell im Zuge der (später erwähnten) Substitution durch den vollen Text ersetzt. Zumeist sind diese Aliases Abkürzungen für längere Kommandoanweisungen. In diesem Fall werden diese dann ausgeführt. Ist das Ergebnis ein Programmaufruf, so aktiviert die Shell nach der Ersetzung das so entstandene Kommando mit den eingesetzten Optionen und Parametern.

- **Shell-Prozeduren (Shell-Skripten),**
  welche das Attribut *executable* (ausführbar) haben: Zu ihrer Ausführung wird eine weitere Shell gestartet, welche die im Skript enthaltenen Kommandos ausführt. (siehe Abschnitt 2.11). Die ursprüngliche Shell übergibt diesen die angegebenen Parameter und Optionen.

- **Echte (Binär-)Programme**
  (z.B. die Kommandos **ls**, **more**, **less**, **pr** oder **lp**): Diese werden von der Shell gestartet. Im Normalfall wird auf die Beendigung des Programms gewartet, bevor der nächste Shell-Prompt (Shell-Bereitzeichen) ausgegeben und die nächste Kommandozeile von der Shell gelesen wird.

- Zusätzlich kennt die **bash** noch so genannte *Key-Bindings*. Damit wird einer Tastenfolge eine Zeichenkette zugeordnet. Gibt man in einer gelesenen Shell die Tastenfolge ein, so ersetzt die **bash** diese (sofort und vor jeder weiteren Expansion) durch die daran gebundene Zeichenkette.

Bevor die Shell die Kommandozeile an das aufgerufene Programm übergibt (oder selbst ausführt), findet noch eine Untersuchung der Komponenten statt, ob hier gewisse Ersetzungen (Substitutionen und Expansionen) auszuführen sind. Diese werden zunächst ausgeführt und erst das Ergebnis dann weitergegeben.
Die Substitutionen und Expansionen werden im Abschnitt 2.8 erläutert.

2.4 Einstellungen am Bildschirm

Wie bereits zuvor erwähnt, lesen die Shell und die meisten der anderen Kommandozeilenprogramme zeilenweise vom Bildschirm (korrekter: der jeweiligen *Standardeingabe*). Für diese Arbeit am Bildschirm ist es wichtig, eine Reihe von Sondertasten und Voreinstellungen zu kennen und diese auch ggf. zu ändern.

Korrekturen in der Kommandozeile

Solange eine Zeile noch nicht durch <cr> abgeschlossen wurde, können in ihr noch Änderungen vorgenommen werden. Hierbei sind folgende Funktionen von Bedeutung:

▸ **Löschen des jeweils letzten Zeichens bis zum Anfang der Eingabezeile**
Dies erfolgt durch Eingabe der *<lösche zeichen>*-Taste – bzw. der Taste oder Tastenkombination, die dieser Funktion zugeordnet ist (die Definition lässt sich leicht ändern). Auf nahezu allen Systemen ist die Löschetaste auf die Tasten *<backspace>* gelegt oder auf Strg-H [1] (Drücken der Taste Strg[2] und zugleich der Taste H). Auf dem Bildschirm wird hierdurch das letzte Zeichen gelöscht. Auf vielen Tastaturen ist die <backspace>-Taste mit ← beschriftet.

▸ **Löschen der ganzen eingegebenen Zeile**
Das Zeichen *<lösche zeile>* ist in der Standard-Linux-Version das @ oder die Kombination Strg-U. Der Cursor geht dabei auf die nächste Zeile, und der bisher eingegebene Teil der Zeile wird verworfen. Im Unix-/Linux-System wird diese Taste auch als **kill**-Taste bezeichnet.

Mit Cursor-Positionierung ist unter der Unix-Shell (**sh**) eine Bearbeitung der Kommandozeile (oder alter Kommandozeilen, die am Bildschirm noch sichtbar sind) nicht möglich. Neuere Shells – darunter auch die **bash**, die **ksh** und die **tcsh** – erlauben jedoch auf Bildschirmgeräten noch eine später beschriebene Nachbearbeitung – solange das Kommando selbst noch nicht per <cr>[3] (bzw. durch die Taste ↵) abgeschlossen wurde. Bei den genannten Shells lassen sich auch zuvor eingegebene Kommandozeilen aus der so genannten Kommandohistorie über die ↑-Taste abrufen, verändern und dann per <cr> erneut aktivieren.

Ende der Eingabe

Einige Kommandos und Programme lesen mehrere Zeilen vom Bildschirm. Zumeist erkennt man das daran, dass die Shell keinen Prompt ausgibt. Auch hier schließt man Zeilen durch <cr> ab. Das Ende der Gesamteingabe wird durch ein Dateiende-Zeichen vom Benutzer angezeigt. Im Standard-Linux ist dies die Kombination Strg-D. Dieses Zeichen wird durch <eof> (englisch: *<end of file>* bzw. *Ende der Datei*) symbolisiert.

---

1. Hier werden im Folgenden bei Strg die Nachfolgebuchstaben groß geschrieben. Die Umschalttaste für Großbuchstaben ist jedoch nicht nötig; wir würden dies sonst Strg-⇧-H schreiben.
2. Auf einigen Tastaturen oder auf dem Macintosh ist die Strg-Taste mit Ctrl beschriftet.
3. <cr> steht für *Carriage Return* – der *Wagenrücklauf* auf den alten Schreibmaschinentastaturen.

In der Regel erscheint danach wieder der Shell-Prompt.

`$ cat <cr>`	Programmaufruf ohne Dateinamen
`erste Zeile`	Eingabe einer Zeile
`erste Zeile`	Ausgabe dieser Zeile durch cat
`zweite Zeile`	Eingabe einer Zeile
`zweite Zeile`	Ausgabe dieser Zeile durch cat
`^D`	Zeichen für *Ende der Eingabe*
`$`	Bereitschaftszeichen der Shell

Das Kommando **cat**, das normalerweise einen Dateinamen als Argument benötigt und diese Datei dann am Bildschirm ausgibt, liest hier direkt vom Bildschirm (bzw. von der Tastatur) und gibt diese Zeilen sofort wieder aus. Dem Programm **cat** wird das Eingabe-Ende durch <eof> (zumeist Strg-D) angezeigt. Die Shell und einige andere Kommandozeilenprogramme zeigen nichtdruckbare Sonderzeichen wie hier Strg-D durch die Kombination von ›^‹ und dem Kombizeichen an. ›^‹ steht dabei für Strg bzw. Ctrl.

Wird <eof> nicht innerhalb eines Programms oder Kommandos, sondern direkt auf der Kommandozeile, etwa hinter dem Bereitschaftszeichen, eingegeben, so wird dadurch die Shell beendet.

Abbrechen eines Programms

Die Funktion *<unterbrechung>* (englisch: *<interrupt>*) erlaubt es, ein Abbruchsignal an ein gerade (im Vordergrund) laufendes Programm zu schicken. Dieses Programm oder Kommando wird hierdurch abgebrochen, wenn es nicht von sich aus besondere Vorkehrungen dagegen getroffen hat. Im Standard-Linux ist dies die Taste DEL oder die Tastenkombination Strg-C.

Diese Funktion wird vor allem verwendet, um versehentlich oder fehlerhaft aufgerufene oder zu lange laufende Programme zu beenden.

`$ cat <cr>`	Programmaufruf ohne Dateinamen
`erste Zeile`	Eingabe einer Zeile
`erste Zeile`	Ausgabe dieser Zeile durch cat
`zweite Zeile`	Eingabe einer Zeile
`zweite Zeile`	Ausgabe dieser Zeile durch cat
`^C`	Zeichen für *Programmabbruch*
`$`	Bereitschaftszeichen der Shell

Unterbrechen der Ausgabe

Zuweilen möchte man eine längere Ausgabe auf dem Bildschirm anhalten, um den Inhalt in Ruhe zu betrachten. Dies ist durch Eingabe von Strg-S möglich. Mit Strg-Q kann man dann die Ausgabe fortsetzen. Dies entspricht auf einigen Tastaturen auch den Tasten Pause oder hold.

Voreinstellungen setzen und ändern

Das Kommando **stty** **–a** gibt neben zahlreichen anderen Informationen die aktuell gesetzten Werte für die Zeichen *<lösche zeichen>* und *<lösche zeile* aus:

Die unveränderten Einstellungen sehen oft so aus:

```
$ stty -a
speed 9600 baud; line = 0; ...
...
erase = ^?; kill = @; ...
intr = ^C; eof = ^D;
...
$
```

Aufruf von **stty**
Übertragungsrate, ...
... weitere Angaben
<lösche zeichen> = Strg-? ; <lösche zeile>
= @ *<abbruch>* = Strg-C ; <dateiende>
= Strg-D
weitere Angaben

Mit dem Kommando **stty** können diese Tasten auch neu definiert werden, z.B.:

```
$ stty erase ^h
$ stty kill ^u
$ stty -a
speed 9600 baud; line = 0;
erase = ^h; kill = ^u;
...
```

setzt ›^h‹ als <lösche zeichen>
setzt ›^u‹ als <lösche zeile>
Abfrage der Werte
Ausgabe des stty-Kommandos

weitere Angaben

definiert die Zeichen <lösche zeichen> und <lösche zeile> neu und legt die Löschfunktion auf die (gewohnte) Taste Backspace [1] und die Kill-Funktion zum Löschen einer Zeile auf die Tastenkombination Strg-U. Damit ist das Zeichen @ nicht mehr mit dieser Funktion versehen und kann wie ein normales Zeichen, also auch bei der Eingabe einer Mail-Adresse, verwendet werden.

Mit dem **stty**-Kommando kann noch eine ganze Reihe weiterer Parameter der Dialogstation gesetzt werden. Dabei wird bei der Eingabe statt des zumeist benutzten Strg-Zeichens (oder Ctrl-Zeichens) das Zirkumflex-Zeichen ›^‹ eingegeben. Solche Änderungen sind jedoch für den Anfänger in der Regel nicht von Bedeutung und werden in Abschnitt 5.2 beschrieben.

Spezielle Kontrollzeichen

Im nächsten Abschnitt werden einige Kontrollzeichen beschrieben, die man am Anfang kaum verwenden wird. Man kann den Abschnitt beim ersten Lesen deshalb durchaus überspringen.

UNIX-System V erlaubt, zwischen mehreren, von der Kommandozeile aus gestarteten und gleichzeitig laufenden Programmen zu wechseln, wobei dabei auch mehrere Shells, jeweils in eigener Umgebung laufen können. Das System erlaubt dann durch einen Tastendruck, von einer Umgebung in eine andere umzuschalten. Unter Linux gibt

---

1. Backspace oder ← gibt auf den meisten Tastaturen ein ›^H‹ an das System ab.

es diese Funktion auf Kommandozeilenebene bzw. in der Shell nicht. Die meisten Linux-Desktops bieten jedoch die Möglichkeit, zwischen mehreren (virtuellen) Desktops umzuschalten (siehe hierzu Kapitel 3.6, S. 191 und Kapitel 7.1.5, S. 632).

Die Verwendung und Bedeutung einiger der nachfolgend beschriebenen Funktionen ist weitgehend aus der Geschichte des Unix-Systems und den unterschiedlichen Hardware-Gegebenheiten im Verlauf der Geschichte verständlich. Viele der Tastenfunktionen wird man nur selten benötigen.

<lösche wort>	Dies erlaubt, das zuletzt eingegebene Wort zu löschen. Im **stty**-Kommando wird dies mit dem Kürzel **werase** angegeben.
<erneut ausgeben>	Mit dieser Taste kann man sich eine korrigierte, noch nicht abgeschlossene Zeile neu ausgeben lassen. Die Taste wird als *reprint*-Taste (Kürzel: **rpnt**) bezeichnet. Standard: Strg-R
<ende der zeile>	wird als Ende der Zeile betrachtet. (Standard: *undefiniert oder <cr>*). Kürzel: **eol**
<ende der zeile 2>	wird als alternatives Ende der Zeile (ohne Ende der Eingabe zu bewirken) betrachtet. Standard: *undefiniert*, Kürzel: **eol2**
<ausgabe anhalten>	Dies hält auf einem Bildschirm oder einer druckenden Station die Ausgabe vorübergehend an, so dass man die Ausgabe in Ruhe lesen kann. Standard: Strg-S, Kürzel: **stop**
<ausgabe fortsetzen>	setzt eine gestoppte Ausgabe fort. Standard: Strg-Q, Kürzel: **start**
<ausgabe wegwerfen>	Hiermit wird die gerade laufende Ausgabe weggeworfen, bis ein zweites *<ausgabe wegwerfen>* eingegeben wird. Standard: Strg-O, Kürzel: **flush**
<prozess anhalten>	Hiermit ist es möglich, das gerade im Vordergrund laufende Programm anzuhalten (zu suspendieren), ohne dass es dabei abgebrochen wird. Noch nicht beendete Ausgabe und noch nicht gelesene Eingabe wird dabei weggeworfen. Das Kürzel für die *Suspend*-Taste ist **susp** (Standard: Strg-Z).
<prozess stoppen>	Bei der zweiten Art, einen Prozess anzuhalten (mit der Taste *<prozess stoppen>*) wird der Prozess nicht sofort angehalten, sondern erst beim nächsten Lesen. Kürzel: **dsusp**, Standard: Strg-Z

Die meisten Sondertasten lassen sich durch das **stty**-Kommando umdefinieren.

Die nachfolgende Tabelle gibt nochmals einen kurzen Gesamtüberblick über die Zeichen mit Sonderfunktion. Die Rubrik *Tasten* zeigt die unter Linux übliche Vorbelegung. Die mit * gekennzeichneten Tasten haben unter Linux keine Bedeutung:

Tabelle 2.1: Kontrolltasten für die Dialogeingabe in der alphanumerischen Oberfläche

Name	Taste(n)	Funktion	Bedeutung
intr	Strg - C	<unterbrechung>	Abbrechen eines Prozesses (Interrupt-Signal schicken)
quit	Strg - \	<abbruch>	Abbrechen eines Prozesses (per Quit-Signal) und Speicherabzuges in Datei mit dem Namen *core* erzeugen
erase	Strg - H	<lösche zeichen>	Löschen des vorausgehenden Zeichens
werase	Strg - W	<lösche wort>	Löschen des vorausgehenden Wortes
kill	Strg - U	<lösche zeile>	Löschen der aktuellen Zeile
reprint	Strg - R	<erneut ausgeben>	alle Zeichen der aktuellen Zeile erneut ausgeben
eof	Strg - D	<dateiende>	Ende der Eingabe/Datei
nl	↵ oder cr	<ende der zeile>	Zeilenende; neue Zeile
swtch*		<shell umschalten>	Es wird zu einer anderen Shell-Ebene umgeschaltet (nur bei *shl*).
susp	Strg - Z	<prozess anhalten>	Anhalten (aber nicht Beenden) des aktuellen Prozesses
dsusp	Strg - Y	<prozess stoppen>	wie susp, aber erst beim nächsten Lesen
stop	Strg - S	<ausgabe anhalten>	Ausgabe (am Bildschirm) anhalten
start	Strg - Q	<ausgabe fortsetzen>	Ausgabe (am Bildschirm) fortsetzen
discard flush	Strg - O	<ausgabe wegwerfen>	Ausgabe (am Bildschirm) verwerfen, bis wieder ein Strg - O eingegeben wird
lnext	Strg - V	<bedeutung aufheben>	Sonderbedeutung des nächsten eingegebenen Zeichens wird aufgehoben.

➡ Unter Linux ist es ein Unterschied, ob Name und Bezeichner in Groß- oder Kleinbuchstaben geschrieben werden! Die meisten Namen in Linux werden dabei mit Kleinbuchstaben geschrieben. Sie sollten aus diesem Grund auch beim Anmelden des Benutzers beim System darauf achten, dass die Taste, welche die Großbuchstaben-Taste festhält (also CAPS LOCK, SHIFT LOCK oder ⇩), nicht gedrückt ist. Falls der erste Buchstabe des Benutzernamens ein Großbuchstabe ist, so nimmt die Shell an, dass das Terminal nur Großbuchstaben ausgeben kann und wandelt alle Kleinbuchstaben in Großbuchstaben um.

2.5 Anmelden des Benutzers beim System

Um den unkontrollierten Zugang zum System und seinen Ressourcen zu verhindern und jeden Benutzer identifizieren zu können, verlangt Linux, dass sich ein Benutzer zu einer Sitzung anmeldet und am Ende wieder abmeldet. Nach dem Einschalten des Bildschirms bzw. dem Hochfahren der Maschine meldet sich das System – unter Umständen erst nachdem ein paarmal die Taste <cr> ([↵]) gedrückt wurde – mit der Aufforderung zur Anmeldung, die etwa wie hier aussieht:

    Linux login:

Das System erwartet als Eingabe einen zulässigen und am System bekannten Benutzernamen. Dieser Name wird jedem Benutzer vom Systemverwalter zugeteilt.

Fragen Sie ihren Systembetreuer nach ihrem Benutzernamen und dem entsprechenden Passwort, mit dem Sie sich dann anmelden können. Für die Beispiele sei folgendes angenommen: Benutzername: **neuling**; Passwort: **linux**.

Achten Sie darauf, dass die Shift-Lock-Taste nicht gesetzt ist. Nach Eingabe des Benutzernamens (auch wenn ein falscher Name eingegeben wurde) fragt das System nach dem Passwort:

    Password:

Wird das Linux-System über eine grafische Oberfläche bedient, so steht diese Anmelde-Aufforderung meist in einem Fenster in der Mitte des Bildschirms, bietet aber die gleiche Funktionalität. Hier folgt z. B. das Anmeldungsfenster unter SuSE-Linux:

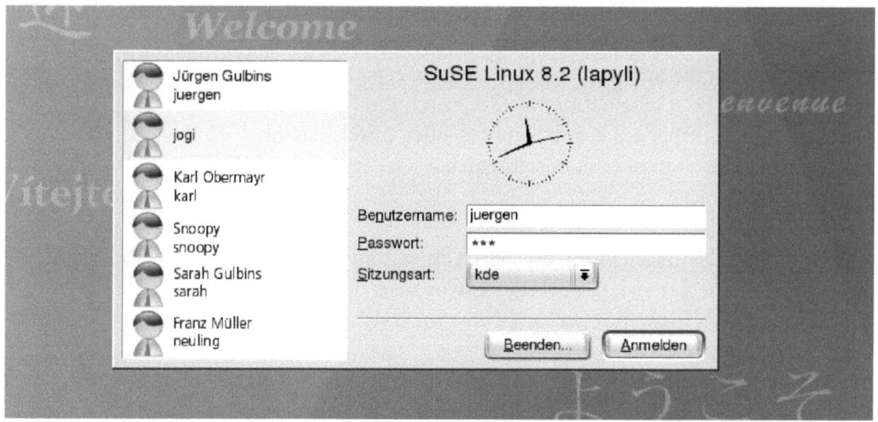

Abb. 2.4: Anmelde-Aufforderung an einer grafischen Oberfläche

Bei der Eingabe des Passwortes erscheint am Bildschirm keine Anzeige (oder lediglich Sternchen), um dieses besser geheim halten zu können. Ist die Anmeldung erfolgreich, gibt das System bei einer alphanumerischen Oberfläche zumeist einige Meldungen aus und zeigt danach durch das Promptzeichen $ – auch andere Zeichen sind möglich – an, dass es nun bereit ist, Kommandos entgegenzunehmen.

Hat man einen grafischen Desktop aktiviert (im Beispiel von Abbildung 2.4 z.B.
kde), so erscheint nun die grafische virtuelle Schreibtischoberfläche, wie man sie z.B. in
Abb. 2.3 auf Seite 37 sieht. Hier wird nach einer erfolgreichen Anmeldung oft – abhängig von der Vor-Konfiguration – eine Reihe von Programmen automatisch gestartet
und am Bildschirm platziert, wie etwa eine Uhr oder ein Programm zum Lesen und
Versenden elektronischer Post. Häufig wird auch eine Terminalemulation gestartet
(*xterm*; siehe Abb. 2.2 auf Seite 36), die ähnlich wie bei der Arbeit an einem zeichenorientierten Bildschirm eine Benutzung der Kommandozeile gestattet und zunächst
einige Systemmeldungen und das Promptzeichen anzeigt.

Der ganze Ablauf im zeilenorientierten Modus sieht dann etwa wie folgt aus:

```
login: neuling<cr>
Password: …
Last Login: Thu Oct 24 12:32 ...
Welcome to LINUX 8.1
You have mail!
$ _
```

Eingabe des Benutzernamens
Passwort (Eingabe ohne Anzeige)
Info zur letzten Anmeldung
Begrüßungsmeldung des Systems
Meldung, dass E-Mail da ist
Shell-Prompt und Cursor

Die Meldung zu letzten Anmeldung beim System stellt eine Sicherheitskomponente
dar. Hat sich zwischenzeitlich ein anderer Benutzer unter dem eigenen Account angemeldet, so sollte man dies hieran erkennen, den Systemadministrator verständi-
gen und schleunigst das Passwort ändern.

Die Nachricht *You have mail* teilt dem Benutzer mit, dass Post (Mail) für
ihn da ist. Die Ausgabe dieser Post soll jedoch hier nicht weiter behandelt
werden. Dies ist unter **mail** in Abschnitt 5.2 beschrieben.

Möchte man die Sitzung beenden, so sollte er sich wieder beim System abmelden. Dies geschieht entweder durch die Eingabe des <eof>-
Zeichens (siehe Tabelle 2.1 auf Seite 50) oder durch das Shell-Kommando **exit**. Das System meldet sich danach wieder mit der Meldung:

login:

und ist für eine Neuanmeldung bereit. An einer grafischen Oberfläche wird daraufhin
wieder das Anmeldefenster angezeigt. Zuvor wird dort zumeist der aktuelle Desktop
mit den aktuellen Einstellungen und Fenstern gesichert und nach der Neuanmeldung
wieder hergestellt.

Mit dem Abmelden ist nur die aktuelle Sitzung eines Benutzers beendet und der
gleiche oder ein anderer Benutzer könnte eine neue Sitzung eröffnen. Das Linux-System selbst läuft weiter und andere eventuell noch angemeldete Benutzer können normal weiterarbeiten – Unix/Linux ist ein Mehrbenutzersystem!

Der Rechner darf in diesem Stadium (nach dem Abmelden) nicht einfach ausgeschaltet werden, sondern muss mit speziellen Kommandos regulär heruntergefahren
werden. Bei grafischen Oberflächen steht dafür zumeist ein Funktionsknopf oder
Menüpunkt zur Verfügung, bei der alphanumerischen Oberfläche das Kommando
halt (siehe dazu auch Kapitel 9.4, Seite 787).

2.6 Einfache Kommandos

Ausgabe des Datums und der Uhrzeit

Das Kommando **date** liefert als Ergebnis das im Rechner gesetzte Datum und die Uhrzeit zurück. Das einfache Format des Aufrufs lautet:

date

Am Bildschirm sieht das z. B. wie folgt aus:

```
$date
Mon Feb 3 20:54:48 CET 2003
$ _
```

Aufruf des Kommandos
Ausgabe des Kommandos
Prompt der Shell

Die Datumsangabe des Systems ist unter Umständen in Englisch und hat das Format:

wochentag monat tag stunden:minuten:sekunden Zeitzone jahr

Je nach Konfiguration (Lokalisierung) erfolgt die Ausgabe von **date** in der lokal eingestellten Sprache (wie hier in Deutsch) Englisch oder einer anderen eingestellten Sprache. Wie die Lokalisierung bzw. Spracheinstellung erfolgt, wird im Kapitel 3.5 ab Seite 182 beschrieben.

Ausgabe eines Inhaltsverzeichnisses

Eines der meistbenutzten Kommandos ist **ls**. Es erlaubt, das Inhaltsverzeichnis eines Verzeichnisses auszugeben. Der Name des Kommandos **ls** leitet sich aus *list of contents* her. Es hat im einfachen Fall den Aufbau:

ls [*verzeichnis(se)*]

Die Angabe des Parameters *verzeichnis* kann hier also weggelassen werden. In diesem Fall werden dann alle Namen der Dateien aufgelistet, welche in dem Verzeichnis eingetragen sind, in dem wir uns gerade befinden. Das System hat uns dabei nach dem Anmelden ein solches Verzeichnis zugewiesen. Ist unser aktuelles Verzeichnis leer, so wird auch kein Name ausgegeben.

Das Hauptverzeichnis des Linux-Systems, das man als **Wurzel** (englisch: *root*) bezeichnet, wird durch ›/‹ angegeben. Da ein neues Benutzerverzeichnis zunächst leer ist, sollte man sich versuchsweise einmal den Inhalt dieses obersten Verzeichnisses ausgeben lassen.

Das Ausgeben der Dateien im Verzeichnis ›/‹ geschieht mit:

ls /

Statt Verzeichnisnamen kann man **ls** auch Dateinamen als Parameter übergeben. **ls** liefert dann Informationen zu diesen Dateien.

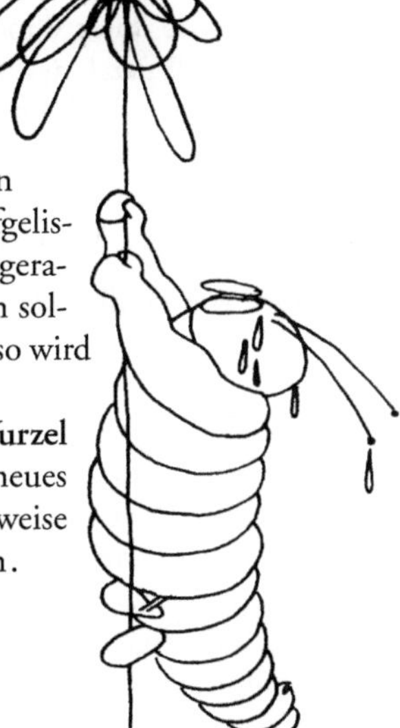

Auf dem Bildschirm kann das wie folgt aussehen:

```
$ ls /
bin    home         mnt     sbin    var
boot   lib          opt     srv
dev    lost+found   proc    tmp
etc    media        root    usr
$ _
```

Kommandoeingabe
Ausgabe des ls-Kommandos

Prompt des Systems und Cursor

Es werden dabei die Dateien in dem Verzeichnis › / ‹ in alphabetischer Reihenfolge aufgelistet (hier zuerst von oben nach unten, dann von links nach rechts). Möchte man wissen, welches das *aktuelle Arbeitsverzeichnis* ist, d. h. das Verzeichnis, dessen Dateien bei **ls** ausgegeben werden, wenn kein Verzeichnisname angegeben wurde, so liefert das Kommando **pwd** (*print working directory*) hierzu die Antwort. Also etwa:

```
$pwd
/home/neuling
$_
```

Kommandoeingabe
Antwort: aktuelles Verzeichnis
Prompt des Systems und Cursor

Dieses *aktuelle Verzeichnis* wird vom System dann eingesetzt, wenn eine Dateiangabe nicht mit › / ‹ beginnt. Das *aktuelle Verzeichnis* wird auch *Arbeitsverzeichnis* (englisch: *current directory* oder *working directory*) genannt.

Das Linux-Dateisystem besitzt eine baumartige Dateistruktur. Dieser Baum kann sich (anders als z. B. bisher unter Windows) über mehrere Plattenlaufwerke hinweg erstrecken – ja sogar über Rechnergrenzen und das lokale Netz hinaus. Laufwerksbuchstaben wie unter Windows sind hier **kein** Teil des Pfadnamens einer Datei.

Die Wurzel des Linux-Dateibaums (*root*) ist das Wurzelverzeichnis oder **root directory** und wird durch › / ‹ ohne einen Zusatz angegeben. Ein *Dateiverzeichnis* oder kurz *Verzeichnis* – englisch *directory* – ist eine Datei, in der die Namen der darin enthaltenen Dateien eingetragen sind. Eine solche Datei in einem Verzeichnis kann wiederum ein Verzeichnis sein und so fort. Auf diese Weise entsteht die Baumstruktur.[1]

Eine vollständige Dateiangabe besteht unter Linux aus:

pfad_name/datei_name

Der *Pfadname* gibt dabei an, wie, ausgehend vom Wurzelverzeichnis, die Datei erreicht werden kann. Die Namen der einzelnen Verzeichnisse, die auf dem Weg zur Datei durchlaufen werden müssen, werden dabei durch › / ‹ (ohne Zwischenraum!) getrennt.

Unter *Dateiname* versteht man den eigentlichen Namen der Datei ohne den vorangestellten Pfadnamen. Nur dieser Name wird vom System in das jeweilige Dateiverzeichnis eingetragen. Ist z. B. eine Datei *text* im oben genannten Benutzerverzeichnis */home/neuling* gemeint, so lautet dafür die vollständige Dateiangabe:

---

1. Linux steht übrigens Kopf: Das Wurzelverzeichnis ist im Sprachgebrauch ganz oben! Darunter breiten sich die Verzweigungen in Form weiterer Verzeichnisse oder Dateien aus – siehe Abb. 2.5.

/home/neuling/text

und der Pfadname ist entsprechend

/home/neuling

Dabei ist *neuling* das Verzeichnis, in dem die Datei *text* eingetragen ist[1].

Damit der Benutzer nicht immer den vollständigen Dateinamen mit Pfad anzugeben braucht, bietet Linux das bereits vorgestellte *aktuelle Verzeichnis* oder *Arbeitsverzeichnis* an – das Verzeichnis, in dem sozusagen der Benutzer gerade steht. Damit ist es

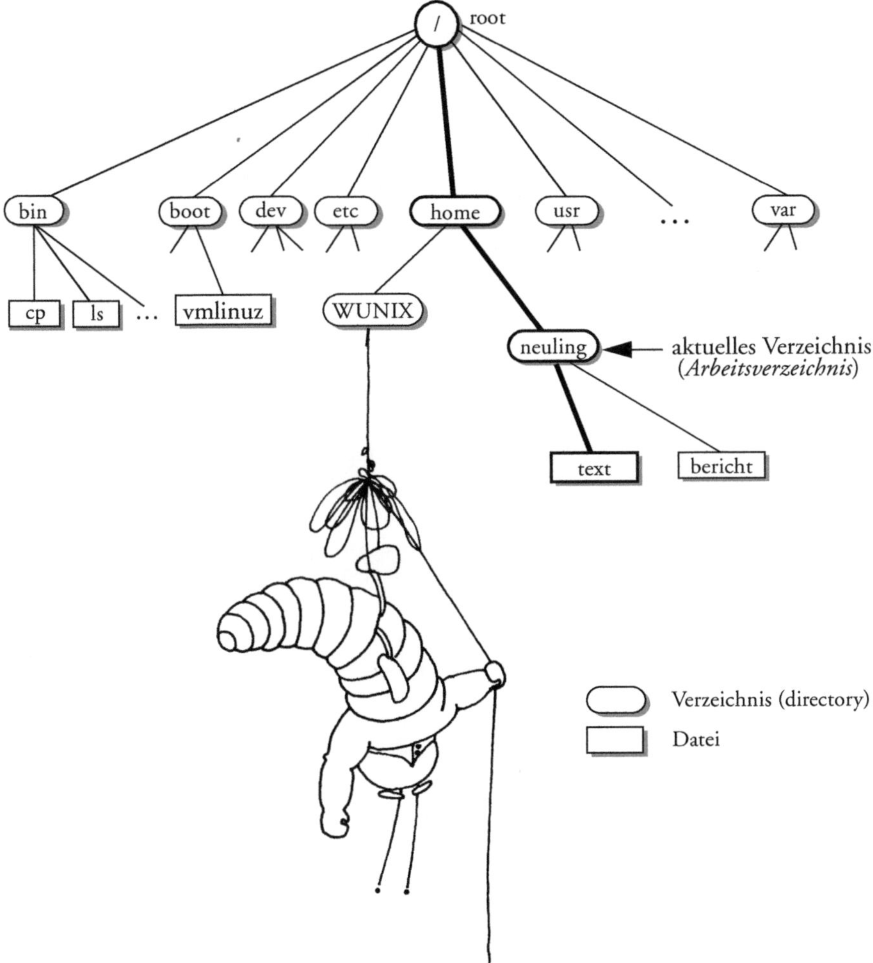

Abb. 2.5: Teil eines Linux-Dateibaums

---

1. Im Verzeichnis liegt nicht der Dateiinhalt selbst, sondern nur ein Verweis (englisch: *link*) auf den Dateikopf. Der Dateikopf – auch als *inode* – bezeichnet, liegt in einer Tabelle auf dem Datenträger, die *inode list* genannt wird.

möglich, nur den Dateinamen anzugeben und den Pfadnamen wegzulassen, bzw. bei tiefer im Dateibaum liegenden Dateien nur den Pfad vom aktuellen Verzeichnis aus anzugeben. Der Pfad von der Wurzel des Dateibaums bis zum aktuellen Verzeichnis wird dann vom System eingesetzt.

Mit Hilfe des **cd**-Kommandos kann man ein neues Verzeichnis als *aktuelles Verzeichnis* einsetzen bzw. in ein neues Verzeichnis wechseln:

cd *verzeichnis*

Das *aktuelle* oder ***Arbeitsverzeichnis*** muss nicht unbedingt dem Benutzer gehören. Ein Verzeichnis als Arbeitsverzeichnis eingesetzt zu haben, gibt noch keine besonderen Zugriffsrechte auf die Dateien im Verzeichnis, sondern er bietet lediglich eine kürzere Schreibweise für den Benutzer bei der Angabe von Dateinamen.

Mit *cd /home* z.B. kommen wir in das Elternverzeichnis unseres Standardverzeichnisses (*/home/neuling*):

```
$cd /home          setzt neues aktuelles Verzeichnis.
$pwd               Abfrage des aktuellen Verzeichnisses
/home              Antwort des pwd-Kommandos
$
```

In der Regel hat jeder Benutzer im System ein eigenes Arbeitsverzeichnis, in dem er arbeiten, d.h. neue Dateien (und Verzeichnisse) anlegen und vorhandene Dateien löschen kann. Im Normalfall wird ihm beim Anmelden (**login**) dieses Verzeichnis als Arbeitsverzeichnis zugewiesen. In unserem Beispiel war dies das Verzeichnis */home/neuling*. Man bezeichnet dieses Verzeichnis auch als **login directory**. Daneben gibt es ein Verzeichnis, das als **home directory** bezeichnet wird. Im Normalfall sind **login directory** und **home directory** identisch. Das *home directory* kann jedoch vom Benutzer geändert werden.[1]

Ruft man das **cd**-Kommando ohne einen Parameter auf, so wird dieses ***home directory*** als *aktuelles Verzeichnis* eingesetzt, wie das Beispiel zeigt:

```
$cd /usr           Wechsel in das Verzeichnis /usr
$pwd               Abfrage des aktuellen Verzeichnisses
/usr               Es ist /usr
$cd                cd-Aufruf ohne Parameter
$pwd               Abfrage des aktuellen Verzeichnisses
/home/neuling      Ausgabe des pwd-Kommandos
$_
```

---

1. Dies wird in Kapitel 6 beschrieben.

Dateinamen

Für Datei- wie auch für Verzeichnisnamen gelten unter Linux kaum Beschränkungen, die wenigen sind hier aufgelistet:

Länge	In älteren Linux-Dateisystemen war eine maximale Länge von 14 Zeichen zulässig. Heute dürfen – abhängig vom verwendeten Dateisystem – Namen bis zu 256 oder sogar 1024 Zeichen lang sein. Die volle Länge wird jedoch selten ausgenutzt.
erlaubte Sonderzeichen	Sonderzeichen im Dateinamen sind vorsichtig einzusetzen. Generell erlaubt sind: . , - _ % Zulässig, aber problematisch sind immer: <leerzeichen> / Problematisch in bestimmten Positionen sind: # ; * u. v. m.
Erweiterung	Eine grundsätzliche Trennung in Name und Namenserweiterung kennt Linux nicht. Dennoch ist es üblich, Dateinamen mit einer Erweiterung zu versehen, um sie kenntlich zu machen – z.B. die Endung *.ps* für PostScript-Dateien. Diese Erweiterung ist normaler Namensbestandteil und zählt daher zur Gesamtlänge des Datei- oder Verzeichnisnamens.

Umlaute, nationale Sonderzeichen und solche mit Akzenten sind zwar in den meisten Dateisystemen zulässig, aber potenziell problematisch beim Wechsel auf ein anderes System. Man vermeidet sie deshalb besser.

Gerätenamen

Eine wichtige Eigenschaft von Linux ist sein weitgehend geräteunabhängiges Dateikonzept. So unterscheidet sich zumindest von der Syntax her die Angabe einer Datei nicht von der eines Gerätes wie z.B. des Bildschirms, des Druckers oder des Diskettenlaufwerks. Diese Geräte werden wie eine normale Datei angesprochen. Im Gegensatz zu anderen Dateien können sie jedoch nicht nach Belieben angelegt oder gelöscht werden. Die **Gerätedateien** stehen in der Regel in dem Verzeichnis */dev* (oder einem Unterverzeichnis von */dev*). Der Name selbst stellt ein Kürzel des Gerätenamens auf Englisch dar. Einige der vielbenutzten Geräte sind:

/dev/tty	die jeweils aktuelle Dialogstation
/dev/tty*n*	die Dialogstation an der Leitung *n*
/dev/console	die Systemkonsole
/dev/lp*n*	der Drucker (*line printer*) am Anschluss *n*
/dev/null	ein Pseudogerät. Ausgabe auf dieses Gerät wird verworfen. Lesen von */dev/null* liefert stets <eof>.
/dev/fd0	das Floppy-Disk-Laufwerk 0
/dev/cdrom	das CD-ROM-Laufwerk (korrekter: ein Verweis darauf)
/dev/hda*n*	das (erste = a) Plattenlaufwerk (*hard disk*) mit der Partition *n*

Daneben gibt es eine Reihe weiterer Gerätedateien, welche systemspezifisch sind. Bei
den Magnetplatten hat z. B. die erste Magnetplatte am IDE-Controller die Bezeichnung
hda, die zweite **hdb**, jeweils gefolgt von einer Nummer, welche die Partition innerhalb
der Platte repräsentiert.

Der Benutzer braucht normalerweise nicht zu wissen, auf welchem Gerät seine Dateien liegen und wie das Gerät heißt. Diese Gerätedateien werden unter Linux **special
files** genannt.

Damit haben wir die drei wichtigsten Arten von Dateitypen kennen gelernt, die Linux
unterscheidet:

- normale Dateien (englisch: *ordinary files*)
- (Datei-)Verzeichnisse (englisch: *directories*)
- Gerätedateien (englisch: *special files*)

Dateiattribute

Am Anfang wurde das ls-Kommando in seiner einfachen Form vorgestellt. Das ls-Kommando gibt dabei, wie die meisten anderen Kommandos auch, sein Ergebnis am Bildschirm aus. Gibt man beim Aufruf des ls-Kommandos noch die Option –l an, so erhält
man weitere Angaben zu den einzelnen Dateien des Verzeichnisses. Hier ist diese Ausgabe exemplarisch gezeigt für die Datei *inhalt,* die als normale Datei angelegt wurde.

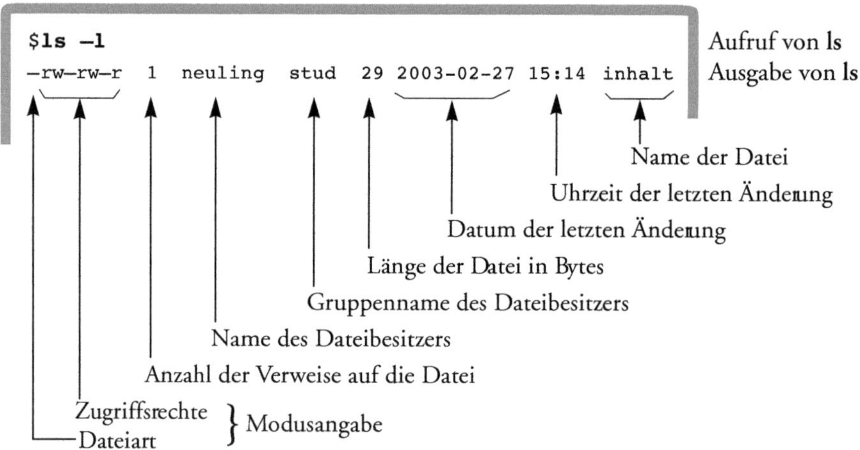

Der erste Teil der ls-Ausgabe (›–rw–rw–r––‹) gibt hierbei die Art der Datei und die Zugriffsrechte auf die Datei an (auch **Modus** genannt). Dabei sehen wir auch eine Möglichkeit für die Unterscheidung der Dateiarten:

- **normale Dateien,** gekennzeichnet durch ein ›–‹

- **Verzeichnisse** (englisch: *directory*), gekennzeichnet durch ein ›**d**‹

▶ **Gerätedateien** (englisch: *special files*), welche wiederum **zeichenorientiert** sein können (englisch: *character oriented*) und durch ein **c** gekennzeichnet werden oder **blockorientiert** sind (englisch: *block oriented*) und für die ein **b** steht. Eine dritte Art sind **Pufferdateien** bzw. fest eingerichtete Pipe-Dateien. Diese werden durch ein **p** für *named pipe* markiert. Diese Dateien tragen auch die Bezeichnung **FIFO** für *First In First Out*.

▶ Eine weitere Art von Dateien sind so genannte **Symbolic Links**. Sie werden vom **ls**-Kommando mit l gekennzeichnet.

Diese Dateiart wird durch das erste Zeichen der Modusangabe angezeigt und ist hier ein ›–‹. *inhalt* ist also eine *normale* Datei.

Die Zugriffsrechte sind in drei Dreiergruppen unterteilt und zwar von links nach rechts für

▶ den Besitzer (englisch: *user*) der Datei,
▶ Benutzer mit der gleichen Gruppennummer wie der Besitzer (englisch: *group*),
▶ alle anderen Benutzer des Systems (englisch: *others*).

Für jede der Gruppen sind drei Zugriffsrechte einstellbar:

▶ Lesen (englisch: *read*)
▶ Schreiben (englisch: *write*)
▶ Ausführen (englisch: *execute*)

Diese Zugriffsrechte werden entsprechend den englischen Begriffen mit **r**, **w** und **x** abgekürzt. Hat die jeweilige Benutzerklasse (Besitzer, Gruppe, alle anderen) das Zugriffsrecht nicht, so steht dafür ein ›–‹. In obigem Beispiel darf also die Datei *inhalt*

▶ vom Besitzer gelesen (**r**) und beschrieben (**w**) bzw. modifiziert werden (**rw–**) aber nicht ausgeführt,
▶ die Mitglieder der gleichen Gruppe dürfen die Datei lesen und schreiben (**rw–**);
▶ alle anderen Benutzer des Systems dürfen die Datei nur lesen (**r– –**).

Die nächste Angabe (hier ›1‹) gibt die Anzahl der Referenzen (*links*) auf diese Datei an. Sie soll uns zunächst nicht weiter interessieren. Danach folgt der Name des Dateibesitzers (hier *neuling*) und der Name seiner Gruppe (hier *stud*). Nun folgt die Länge der Datei in Byte (hier 29), das Datum, an welchem die Datei erstellt bzw. zuletzt modifiziert (abgespeichert) wurde (hier der 27. Februar 2003 um 15^{14} Uhr), und der Dateiname (hier *inhalt*). Über weitere Optionen kann der Detaillierungsgrad der Informationen zu den Dateien eingeschränkt oder ausgedehnt werden. Siehe hierzu die **ls**-Beschreibung auf Seite 345.

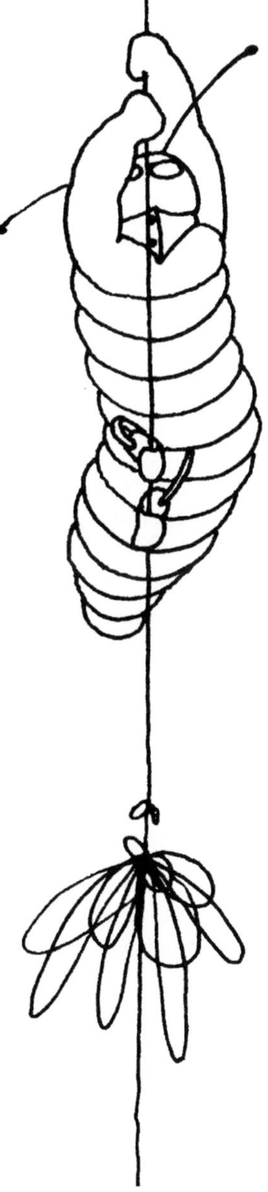

2.7   Ein-/Ausgabeumlenkung

Die meisten Linux-Kommandos arbeiten mit drei Standardkommunikationswegen: Sie
lesen die zu verarbeitende Information von der **Standardeingabe** (englisch: *standard
input* oder kurz ***stdin***), führen darauf Operationen aus und schreiben ihr Ergebnis auf
die **Standardausgabe** (englisch: *standard output* oder kurz ***stdout***). Treten Fehler auf, so
werden entsprechende Meldungen auf die **Standardfehlerausgabe** ausgegeben (englisch: *standard error* oder kurz ***stderr***). Eine grafische Veranschaulichung könnte so aussehen:

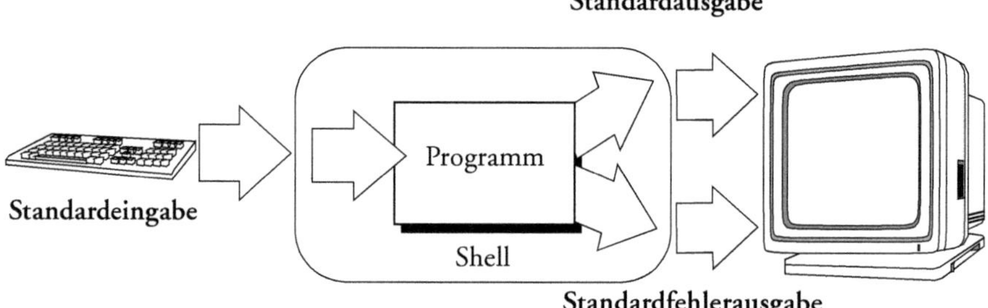

Abb. 2.6: Standardkanäle und Zuordnung durch die Shell

Von der Shell, welche das Linux-Programm startet, werden diese drei zunächst nur dem
programmintern bekannten Kanälen der Tastatur und dem Bildschirm zugeordnet. Die
Standardausgabe und die Standardfehlerausgabe werden zunächst standardmäßig beide
auf den Bildschirm gelegt, sie können jedoch durch eine Umlenkungsangabe im Kommandoaufruf auf andere Geräte oder Dateien umgelenkt werden.

Ruft der Benutzer ein Kommando oder Programm auf, so wird der Aufruf vom
Kommandointerpreter (der Shell) gelesen und in seine syntaktischen Teile wie *Kommandoname, Kommandoparameter, Umlenkungssequenzen* usw. zerlegt. Die Angaben zur
Umlenkung der Standardeingabe und Standardausgabe werden dabei nicht an das Programm weitergereicht, sondern die Umlenkung wird von der Shell durchgeführt und
ist für das Programm selbst nicht ohne weiteres sichtbar.

Ausgabeumlenkung

Nur aufgrund dieser Zuordnung geben die Kommandos wie z.B. **ls** oder **pwd** ihre Antwort am Bildschirm aus. Diese Standardzuordnung, wie sie durch die Shell vorgenommen wurde, lässt sich jedoch einfach durch einige Sonderzeichen auf der Kommandozeile ändern.

Soll die Ausgabe statt auf den Bildschirm in eine Datei geschrieben werden, so kann
man dies durch die Folge

kommando > dateiname

erreichen. ›>‹ steht dabei synonym für *geht nach,* und *dateiname* gibt dabei den Namen
der Datei oder des Geräts an, in welche das Ergebnis geschrieben werden soll.

Das Kommando

ls > inhalt

erzeugt ein Inhaltsverzeichnis des aktuellen Verzeichnisses und schreibt dies anstatt auf den Bildschirm in die Datei *inhalt*. Mit Hilfe des Kommandos

cat *dateiname*

kann man sich danach den Inhalt der Datei auf die Dialogstation ausgeben lassen, wie das nachfolgende Beispiel zeigt:

<table>
<tr><td>

```
$ls / > inhalt
$cat inhalt
bin
boot
dev
etc
...
usr
var
$_
```

</td><td>

Kommandoeingabe ls ...
Eingabe des **cat**-Kommandos
Ausgabe des **cat**-Kommandos
Das **ls**-Kommando schreibt einen
Dateinamen pro Zeile, wenn die
Ausgabe nicht auf einen Bildschirm
erfolgt!
einige weitere Namen

Systemprompt und Cursor

</td></tr>
</table>

Ist die Datei, in welche die Ausgabe umgelenkt wird, bereits vorhanden, so wird sie zuvor gelöscht bzw. ihr Inhalt durch den neuen überschrieben.

Will man die Ausgabe auf den Drucker mit der internen Nummer 1 umlenken, so gibt man den entsprechenden **Druckeranschluss** als Zielnamen wie folgt an:

ls > /dev/lp1

und bekommt zumeist eine Fehlermeldung, da man in der Regel keine Zugriffsrechte auf diese Schnittstelle hat. Gedruckt wird nämlich in aller Regel nicht direkt zur physikalischen Druckerschnittstelle, sondern über zwischengeschaltete Druckertreiber, welche die Ausgabe für den jeweiligen Drucker geeignet aufbereiten. Auch auf andere Terminals hat man in der Regel keine Schreiberlaubnis, da dies die Arbeit anderer Benutzer stören könnte. Hier greifen also die Zugriffsrechte von Linux zu. Dies ist in einer Mehrbenutzerumgebung unumgänglich. Schaut man sich per **ls –l /dev/lp1** die Zugriffsrechte für den Druckeranschluss 1 an, so sieht man, dass nur der Benutzer **root** darauf Zugriff hat.

Möchte man die Ausgabe eines Kommandos, anstatt sie in eine neue Datei zu schreiben, am Ende einer vorhandenen Datei anhängen, so gibt man bei der Umlenkung der Ausgabe statt > *ausgabe_datei* die Folge

... **>>** *ausgabe_datei*

an. Existiert dabei die Ausgabedatei noch nicht, so wird sie neu angelegt.

Die Funktion des ›>>‹ zeigt sich in der nachfolgenden Sequenz an der Längenangabe der Datei *datei.1*:

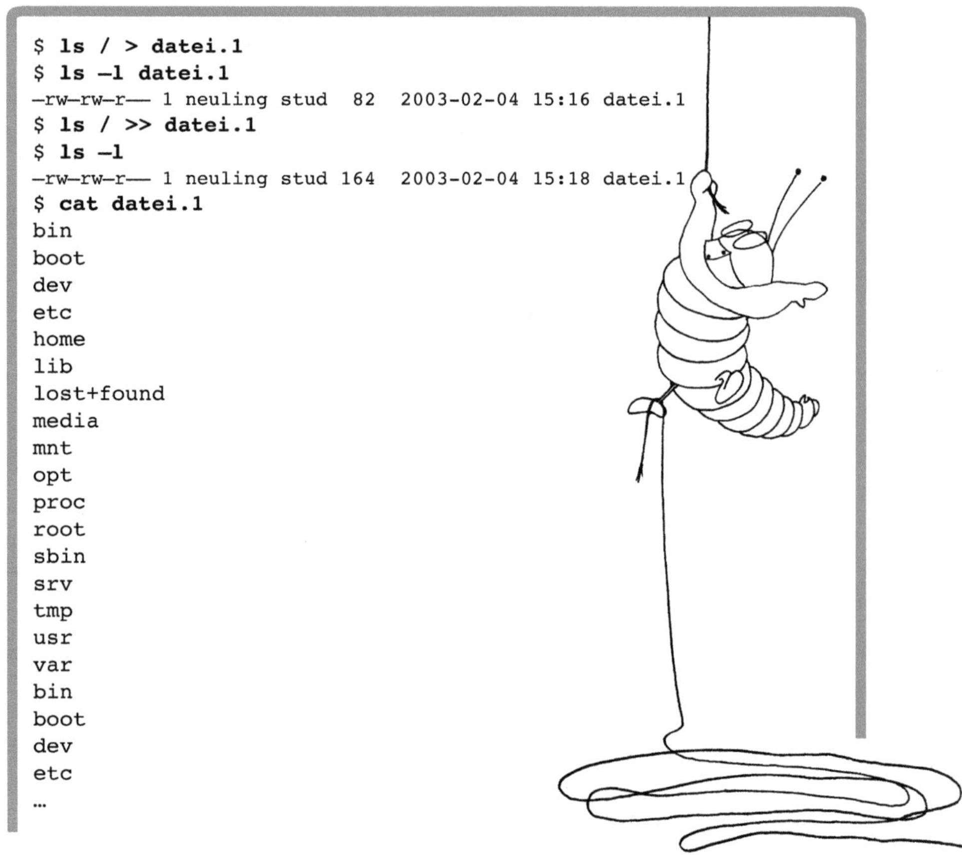

Eingabeumlenkung

Mit ›>‹ wird genauer betrachtet also nicht *die Programmausgabe* umgelenkt, sondern das, was das Programm auf seine **Standardausgabe** schreibt. Auf die gleiche Weise lässt sich die **Standardeingabe** vom Bildschirm zum Lesen aus einer anderen Datei umlenken. Dies geschieht mit:

> ... < *dateiname*

Das Programm **wc** (*word count*) z.B. liest von der Standardeingabe (bis zu einem <eof>), zählt darin die Anzahl der Zeilen, Worte und Zeichen und schreibt das Ergebnis auf die Standardausgabe. Will man z.B. die Zählung mit der Datei *datei.1* vornehmen, so muss entsprechend die Eingabe vom Bildschirm auf die Datei *datei.1* umgelenkt werden:

```
$wc < datei.1
34      34      164
$
```
Kommandoaufruf
Ausgabe von **wc**

wc liefert dabei zurück, dass die Datei *inhalt* aus 34 Zeilen mit 34 Worten und 164 Zeichen besteht (eine neue Zeile wird intern durch das <lf>-Zeichen (*line feed*) repräsentiert und entsprechend als 1 Zeichen gezählt). Soll die Ausgabe auch noch in eine Datei geschrieben werden, so sieht das Kommando wie folgt aus:

    wc < inhalt > datei

Viele Programme lesen, falls im Aufruf kein Parameter angegeben ist, von der Standardeingabe. Sind jedoch Parameter angegeben, so betrachten sie diese (sofern sie nicht wie bei Optionen üblich mit ›—‹ beginnen) als zu bearbeitende Dateien. Entsprechendes gilt für **wc**. Das obige Kommando könnte also auch wie folgt geschrieben werden[1]:

    wc   inhalt > datei

Umlenkung der Fehlermeldungen

Neben der Standardeingabe und Standardausgabe verwenden die Kommandos für Fehlermeldungen eine **Standardfehlerausgabe**, die im Normalfall ebenfalls mit dem Bildschirm verbunden ist. Diese Standardfehlerausgabe kann mit **2 >** *datei* auf eine Datei umgelenkt werden. Ein Beispiel hierfür wäre:

    wc < inhalt > ergebnis **2 >** fehlerdatei

Zuweilen möchte man Fehlerausgaben wegwerfen, da sie die Standardausgabe auf dem Bildschirm stören. Dis ist z.B. durch die Umlenkung auf das *Null-Gerät* in der Form **2> /dev/null** möglich.

Verbinden beider Kanäle

Sollen sowohl die Standardausgabe als auch die Standardfehlerausgabe in die gleiche Datei umgeleitet werden, so ist das möglich mit der Konstruktion **2>&1**. Ein Beispiel hierfür:

    wc < inhalt **2>&1** ausgabe

Jegliche Ausgabe des Kommandos, ob Fehlermeldung oder normale Ausgabe, geht hier in die Datei *ausgabe*.

Die Standardkanäle haben für die Shell und die typischen Linux-Kommandos folgende Kanalnummern:

Nr.:	Funktion:	ohne Umlenkung
0	Standardeingabe	von der Tastatur
1	Standardausgabe	auf den Bildschirm
2	Standardfehlerausgabe	auf den Bildschirm

---

1. Einen kleinen Unterschied gibt es: Bei der Form **wc < inhalt** wird die Datei *inhalt* durch die Shell geöffnet und der Inhalt dem *wc*-Kommando zugeführt – bei **wc inhalt** öffnet das **wc**-Kommando die Datei *inhalt* selbst und kennt daher dann auch im Gegensatz zur ersten Form dessen Dateinamen.

2.8   Parameterexpansion

Wie bereits erwähnt, liest die Shell eine Kommandozeile und zerlegt sie in ihre syntaktischen Bestandteile: Kommandonamen, Parameter, Optionen und Argumente, sowie Angaben zur Ein-/Ausgabeumlenkung. Bei der Aufteilung der Kommandozeile (an Leer- und Tabulatorzeichen – die *white spaces*) untersucht die Shell die einzelnen Parameter des Aufrufs und interpretiert dabei eine Reihe von Sonderzeichen, bevor sie die verbleibende Zeile an das Programm weiterreicht. Diese Sonderzeichen, die immer zuerst von der Shell[1] interpretiert werden, noch bevor das aufgerufene Programm oder Kommando sie zu sehen bekommt, werden auch als **Meta-** oder **Jokerzeichen** bezeichnet. Der englische Begriff dafür ist ***wild card characters***.

Die meisten dieser Sonderzeichen dienen der vereinfachten Angabe von Dateinamen auf der Kommandozeile. Mit Hilfe der folgenden Sonderzeichen kann die Shell die vorhandenen Dateinamen erkennen, auch wenn sie nicht vollständig angegeben werden. Wann immer die Shell eines dieser Zeichen findet, versucht sie, daraus einen Dateinamen zu erzeugen. Die Shell kennt folgende Metazeichen in Dateinamen:

*	steht für *Eine beliebige Folge von Zeichen*
?	steht für *Ein beliebiges einzelnes Zeichen*
[...]	steht für *Eines der in der Klammer vorkommenden Zeichen*
[! ...]	steht für *Alle Zeichen, außer den in der Klammer vorkommenden Zeichen*

Diese Shell-Metazeichen werden nachfolgend an Beispielen erklärt.

Das Metazeichen ›*‹

Das Zeichen ›*‹ steht in Dateinamen für *Eine beliebige Zeichenkette*, wobei hier auch *Kein Zeichen* gemeint sein kann. So sind z. B. mit ›**abc***‹ alle Dateien des jeweiligen Verzeichnisses gemeint, welche mit den Buchstaben *abc* beginnen. Die Shell geht dabei her und setzt für die Angabe ›*abc**‹ alle Dateien (des aktuellen Verzeichnisses) ein, auf die der Ausdruck (bzw. das Muster) des Parameters zutrifft. Die so erweiterte Parameterliste gibt sie dann an das Programm weiter.

➡   Findet die Shell keine Datei mit einem passenden Namen, so wird der nicht expandierte Parameter als Zeichenkette an das Programm weitergereicht!

➡   Dateinamen, die mit einem Punkt beginnen (versteckte Dateien), werden durch das Zeichen ›*‹ nicht gefunden.

Das nachfolgende Beispiel erzeugt mit Hilfe des Kopierkommandos **cp** (englisch: *copy*) mehrere Dateien gleichen Inhalts, um danach die Namensexpansion durch die Shell vorzuführen. Das Kopierkommando hat folgende Form:

>   **cp**   *alte_datei   neue_datei*

Auch hier wird eine eventuell vorhandene Datei mit dem Namen der neuen Datei zuvor gelöscht.

---

1. Diese Sonderzeichen funktionieren in Zusammenhang mit jedem Programm, weil sie eben nicht von einem Programm oder Kommando interpretiert werden, sondern von der Shell.

In der nachfolgenden Sequenz wird (in einem sonst leeren Verzeichnis) nacheinander der Inhalt der Datei *inhalt* in die neuen Dateien *inhalt.neu, inhalt.neu.1* und *inhalt.neu.2* kopiert. Das **ls**-Kommando zeigt die danach existierenden Dateien:

```
$cp inhalt inhalt.neu
$cp inhalt inhalt.neu.1
$cp inhalt inhalt.neu.2
$ls
datei.1  inhalt    inhalt.neu    inhalt.neu.1
inhalt.neu.2
$
```

Mit dem Kommando **ls inhalt*** kann man sich nun alle Dateien aufzählen lassen, deren Namen mit *inhalt* beginnen. Dies liefert entsprechend

inhalt inhalt.neu inhalt.neu.1 inhalt.neu.2

zurück, während bei **ls a*** die Meldung

ls: a* not found

oder bei entsprechender Spracheinstellung:

ls: a*: Datei oder Verzeichnis nicht gefunden

das Resultat wäre, da es keine Datei im aktuellen Verzeichnis gibt, welche mit *a* beginnt. Das Muster ›*.1‹ passt in unserem Beispiel auf die beiden Dateien *datei.1* und *inhalt.neu.1*.

Das Metazeichen ›?‹

Steht in einem Dateinamen ein ›?‹, so sind damit alle Dateien gemeint, in deren Namen an der Stelle des ›?‹ genau ein beliebiges, aber nicht leeres Zeichen steht. In unserem Verzeichnis würde damit *inhalt.neu.?* zu

inhalt.neu.1 inhalt.neu.2

expandieren, während **ls inhalt?** die Meldung

ls: inhat?: Datei oder Verzeichnis nicht gefunden

ergeben würde, da keine Datei im Verzeichnis existiert, deren Name aus *inhalt* und einem weiteren Zeichen besteht.

Das Kommando **echo** gibt einfach alle Argumente der Kommandozeile wieder aus, nachdem die Shell die ihr bekannten Sonderzeichen verarbeitet und expandiert hat – also ein praktisches Kommando, um zu sehen, wie die Shell Sonderzeichen expandiert.

Die Anweisung **echo *.?** würde alle Dateien (Namen) zurückliefern, deren Namen mit Punkt und einem weiteren Zeichen enden. Für unser Beispiel wäre dies: *datei.1 inhalt.neu.1 inhalt.neu.2.*

Möchte man alle Versionen der Datei *inhalt.neu* löschen, so geht dies durch das Kommando

   rm   inhalt.neu.?

Dabei werden aber auch alle anderen Dateien gelöscht, die im Namen nach *inhalt.neu.* noch genau ein weiteres Zeichen haben. Das **rm**-Kommando (*remove*) löscht die ihm als Parameter übergebenen Dateien ohne nachzufragen!

Möchte man vor dem Löschen der einzelnen Dateien gefragt werden, ob die betreffende Datei wirklich gelöscht werden soll, so ist dies durch die Option –i beim **rm**-Kommando möglich. **rm** –i *.txt löscht z.B. alle Dateien mit der Endung *.txt*, wobei jeweils der Dateiname ausgegeben und eine Antwort eingelesen wird. Die Antwort y für **yes** (ja) veranlasst das Löschen der Datei. Bei allen anderen Antworten bleibt die Datei erhalten. Will man alle Dateien im momentanen Verzeichnis löschen, so reicht **rm ***, und es braucht nicht **rm *.*** angegeben zu werden, da der Punkt und die danach folgenden Zeichen Bestandteile des normalen Dateinamens sind. Ein Konzept der gesonderten Dateinamenserweiterung kennt Linux nicht bzw. nur eingeschränkt.

Die Metazeichen ›[...]‹

Die Metazeichen ›[...]‹ erlauben es, mehrere zulässige Zeichen aufzuzählen. Jedes der in der Klammer aufgeführten Zeichen *passt* dann bei einem Vergleich. Sollen z.B. alle Dateien ausgegeben werden, deren Namen als letztes Zeichen eine Ziffer haben, so kann dies mit **cat** *[0123456789] erfolgen. Innerhalb der Klammern kann in verkürzter Schreibweise auch ein Bereich angegeben werden in der Form

   [*a–x*]

wobei *a* das erste Zeichen der Folge und *x* das letzte Zeichen der Folge (in der Reihenfolge der ASCII-Zeichen) sein soll. Das obige Kommando kann somit kürzer als

   cat *[0–9]

geschrieben werden und würde in unserem Fall die Dateien *datei.1*, *inhalt.neu.1* und *inhalt.neu.2* auf die Dialogstation ausgeben.

Innerhalb der eckigen Klammern – hier Teil der Syntax – werden die Zeichen hintereinander weg, ohne Trennzeichen wie Komma oder Leerzeichen, eingetragen. Alle Zeichen in den eckigen Klammern (außer dem ›–‹ für Bereichsangaben) werden auf ihre Übereinstimmung mit möglichen Dateinamen untersucht, und da würde ein Trennzeichen ebenfalls mitbetrachtet werden.

Wollte man wie oben angegeben alle Versionen der Datei *inhalt.neu* löschen, welche die Endung *.x*, *.y* oder *.z* haben, so könnte man dies nun durch die Anweisung erreichen:

   rm   inhalt.neu.[xyz]

Auch hier wird eine eventuell vorhandene Datei mit dem Namen der neuen Datei zuvor gelöscht.

Möchte man Zeichen angeben, der **nicht** vorkommen sollen, so ist dies durch [! …] möglich. Das Ausrufezeichen muss hier das erste Zeichen in der Klammer sein! So gibt

    ls *[!0-9]

alle Dateinamen aus, die nicht mit einer Ziffer enden.

Das Metazeichen ›\‹

Zuweilen möchte man eines der Metazeichen * ? [ ] oder eines der Zeichen mit besonderer Bedeutung für die Shell (< > & ( ) | ; ^) an der Shell vorbeischmuggeln, da es nicht von dieser, sondern vom eigentlichen Programm interpretiert werden soll. Dies kann geschehen, indem man dem Metazeichen das **Fluchtzeichen** ›\‹ voranstellt. Dieses hat im Sinne der Kommandosyntax für die Shell die Bedeutung: *Interpretiere das nachfolgende Zeichen nicht!* Es *maskiert* das nachfolgende Zeichen also.

Eine Kommandozeile wird in der Regel durch ein Zeilenendezeichen (<cr>) abgeschlossen. Will man nun ein Kommando über mehrere Zeilen schreiben, so muss das Zeilenendezeichen vor der Shell-Interpretation geschützt werden. Dies geschieht, wenn das letzte Zeichen der Zeile (vor dem <cr>) das Fluchtsymbol ›\‹ ist.

Möchte man z. B. eine Datei mit dem (unglücklichen) Namen *a?* löschen, so ist dies mit **rm a\?** möglich. Die Anweisung **rm a?** hingegen würde alle Dateien löschen, deren Namen mit *a* beginnen und zwei Zeichen lang sind!

Die Tilde ›˜‹ als Metazeichen

In der **bash**, der Korn- und C-Shell (nicht aber in der Bourne-Shell) steht die Tilde ›˜‹ für das *Login-Verzeichnis* des Benutzers. Ist kein Benutzer angegeben, so ist der aktuelle Benutzer gemeint; in der Form ›˜*benutzername*‹ ist es das Login-Verzeichnis des Benutzers *benutzername*. Der entsprechende Pfad wird für die Tilde eingesetzt.

In unserem Beispiel-Login ergäbe die Angabe ›˜/inhalt‹ das Ergebnis */usr/home/neuling/inhalt*, wenn der aktuelle Benutzer der Benutzer *neuling* ist; während ›˜hans/kapitel1‹ als Ergebnis */usr/home/hans/kapiel1* unter der Annahme, dass es einen Benutzer *hans* gibt und dessen Login-Verzeichnis (wie in */etc/passwd* aufgeführt) das Verzeichnis */usr/home/hans* ist.

Metazeicheninterpretation ausschalten

Kommen in einem Namen oder in einer Zeichenkette zu viele Metazeichen vor, so ist es in der Regel einfacher, den ganzen Namen in Apostrophzeichen (' … ') zu setzen, anstatt alle Metazeichen einzeln zu maskieren. Das Kommando

    rm '*?*'

löscht z. B. die Datei mit dem (etwas eigenartigen) Namen ›*?*‹.

Statt der einfachen Hochzeichen sind in den meisten Fällen auch die doppelten Hochzeichen ("...") als schützende Klammer möglich. Während jedoch in '...' keinerlei Interpretation stattfindet, werden die Metazeichen `...` und Metabedeutungen von $wort (ihre Bedeutung wird später noch erklärt) in den "..."-Klammern noch von der Shell gesehen und umgesetzt. Soll im zu schützenden Text ein '' oder ein " vorkommen, so ist es erneut per ›\‹ zu maskieren. So liefert z. B. das Kommando

echo "Geben Sie hier ein \" ein:"

das Ergebnis

Geben Sie hier " ein:

Gleiches hätte »echo ' Geben Sie hier " ein:« geliefert.

Da auch das Zeilenende <cr> als Metazeichen mit der Bedeutung *Ende der Kommandozeile* betrachtet werden kann, unterdrückt \<cr> diese Interpretation, und die Kommandozeile kann in der nächsten Zeile fortgesetzt werden. Die Shell signalisiert dies durch Ausgabe des Bereit-Prompts (definiert in **$PS2**) am Anfang der nächsten Zeile – in der Regel mit dem Zeichen ›>‹. Bei der **csh** und **tcsh** ist es das Fragezeichen.

Weitere Details zur Maskierung und Ersetzung der Metazeichen der Shell sind im Kapitel 6.3.10 auf Seite 587 zu finden.

Vervollständigung von Kommando- und Dateinamen

Die **bash** und einige weitere aktuelle Shells erlauben – so nicht explizit deaktiviert – bei Namen von Dateien, Verzeichnissen und Kommandos nur die ersten paar Zeichen einzugeben und von der Shell zum vollständigen Namen ergänzen zu lassen. Die Aufforderung an die Shell, einen Namen zu vervollständigen, erteilt man mit dem Tabulatorzeichen. Ist der bisher eingegebene Teil nicht ausreichend eindeutig, so signalisiert die Shell dies durch den Glockenton. Gibt man nun erneut das [Tab]-Zeichen ein, so zeigt die Shell eine Liste der möglichen Namen. Man gibt dann in der Regel so viele Zeichen ein, bis der Name eindeutig ist und lässt ihn von der Shell dann mit einem erneuten [Tab] zum vollständigen Namen ergänzen.
   Die Möglichkeiten der Auto-Vervollständigung wird nochmals detaillierter Kapitel 6.2.3.3 auf Seite 539 beschrieben.

Weitere Eingabehilfen

Die **bash** und die meisten anderen Shells führen Buch über die zuletzt eingegebenen Kommandos. Mit diesem Mechanismus – der als *history*-Mechanismus bezeichnet wird – lassen sich zuvor eingegebene Kommandos erneut abrufen, ohne dass man sie erneut eingeben muss. In der einfachsten Form gibt man mit der Cursortaste [↑] einfach zu den vorhergehenden Kommandos zurück, ändert – soweit gewünscht – das Kommando durch Löschen oder Einfügungen und schickt es wie gewohnt per <cr> erneut ab. Dieser History-Mechanismus, der noch einiges mehr kann, wird detaillierter im Kapitel 6.2.3.1 ab Seite 536 beschrieben.

2.9   Vordergrund- und Hintergrundprozesse

Bei der bisherigen Art des Programmaufrufs wird von der Shell das aufgerufene Programm jeweils gestartet und auf die Beendigung des gestarteten Kommandos (oder dessen Abbruch durch die Eingabe des *<unterbrechung>*- oder *<abbruch>*-Zeichens) gewartet, bevor die Shell das nächste Programm anstößt.

Man kann jedoch auch angeben, dass ein Programm (oder mehrere Programme) gestartet wird und losgelöst im Hintergrund weiterläuft, während die Shell nach dem Programmstart für die nächste Kommandoeingabe im Vordergrund bereit ist, was sie durch das Bereitzeichen anzeigt. Dies geschieht syntaktisch, indem man dem Kommando ein & (Ampersand) folgen lässt:

kommando &

Die Shell startet das Kommando, gibt eine so genannte **Job-Nummer** (in eckigen Klammern) und eine **Prozessnummer** aus und ist dann bereit, das nächste Kommando entgegenzunehmen. Ein Hintergrundprozess ist von der Tastatur abgekoppelt und kann daher keine Benutzereingaben mehr entgegennehmen; seine Ausgabe geht jedoch nach wie vor an den Bildschirm.

Die Prozessnummer oder kurz **PID** (*process identification*) wird vom System vergeben und dient dazu, das Programm oder korrekter den **Prozess** zu identifizieren. Möchte man sehen, welche eigenen Prozesse aktuell noch laufen (die Shell informiert **nicht** über das Ende eines Hintergrundprozesses), so kann man dies durch das Prozess-Status-Kommando **ps** tun. Dabei werden

- die Prozessnummer (PID),
- die Dialogstation, auf welcher der Prozess läuft (TTY),
- die Zeit, die der Prozess bisher an CPU verbraucht hat,
- die tatsächliche Form des Programmaufrufs

ausgegeben, wie das nachfolgende Beispiel zeigt. Das Kommando durchsucht die ganze Festplatte nach Dateien, die auf *.bak* enden und schreibt sie (mit dem Zeichen ›>‹ zur Ausgabeumlenkung) in die Datei *alte_dateien*. Ein derartiges Kommando läuft meist mehrere Minuten.

```
$find / -name '*.bak' -print >  alte_dateien &    1
[1] 4336                                           2     4336 ist die PID,
$ps                                                3     [1] die Jobnummer
PID    TTY     TIME    CMD                         4     des find-Prozesses
4320   pts/1   00:10   bash                        5
4335   pts/1   00:04   find / -name '*.bak' -print 6
4340   pts/1   00:02   ps                          7
$                                                  8
```

In der ersten Zeile wird dabei das Kommando **find** als Hintergrundprozess gestartet. In Zeile 2 antwortet dabei das System mit der Ausgabe der Job- und Prozessnummer und bringt sofort auch wieder die Eingabeaufforderung. Die Zeilen 4 bis 7 zeigen dann die Ausgabe des **ps**-Kommandos. In der ersten Spalte (mit PID überschrieben) werden die

Nummern der nachfolgenden Prozesse (hier 4320 für **sh** bzw. **bash**, 4335 für **find** und 4340 für **ps**) angegeben. Die zweite Spalte (TTY) gibt das Terminal an, von dem aus der Prozess gestartet wurde. In der Spalte unter TIME wird die vom Prozess verbrauchte CPU-Zeit und unter CMD die tatsächliche Form des Kommandoaufrufs aufgeführt.

Die Shell als Mutter aller Prozesse

Der erste eigene Prozess ist dabei die Shell (hier die **bash**), die während einer Sitzung ständig läuft – sie bildet sozusagen den Untergrund, auf dem der Benutzer während seiner Arbeit steht. Zeile 6 zeigt das aufgerufene **find**-Kommando mit den ihm übergebenen Argumenten. Schließlich ist auch das **ps**-Kommando selbst vertreten. Für alle Prozesse ist hier **pts/1** als (Pseudo-)Terminal (virtuelle Dialogstation) angegeben. Dies steht für das Terminal an der Leitung */dev/pts/1* und besagt, dass alle Prozesse von dieser Station aus gestartet wurden.

Die angegebenen Prozesse laufen dabei quasiparallel ab. Eine echte Parallelität ist nur bei einem Mehrprozessorsystem möglich. Die Anzahl der (quasi-)parallelen Prozesse, die ein Benutzer starten kann, ist in einer Systemkonstanten (MAXUP) festgelegt und in der Regel so hoch angesetzt, dass hierdurch keine ernsthafte Beschränkung auftritt. Bei kleinen Systemen, oft bei Linux auf dürftig ausgestatteten PCs, kann jedoch eine Beschränkung durch die Größe des Hauptspeichers vorliegen. Passen nicht alle gestarteten Prozesse gleichzeitig in den Hauptspeicher, so muss ein Teil der Prozesse auf Hintergrundspeicher (die Festplatte) ausgelagert werden. Man nennt dieses Aus- und spätere Wiedereinlagern *Swapping*.

Bei virtuellen Systemen (alle neueren Linux-Systeme) wird nicht das ganze Programm ausgelagert, sondern nur kleine Teile davon – so genannte *Seiten* (englisch: *pages*). Hier nennt man das Ein-/Auslagern *Paging*. Muss sehr viel ein- und ausgelagert werden (weil zu viele Prozesse um den Hauptspeicher konkurrieren bzw. dieser zu klein angelegt ist), so ist der dafür notwendige Aufwand erheblich. Im extremen Fall tut das System dann nicht viel mehr als Programme ein- und auszulagern. Man nennt dies dann *Thrashing*.

Abbruch von Hintergrundprogrammen

Während man ein im Vordergrund ablaufendes Programm mit Hilfe der Tasten *<unterbrechung>* (meist Strg-C) oder *<abbruch>* (meist Strg-\) abbrechen kann, ist dies bei einem im Hintergrund laufenden Prozess nicht möglich, da seine Standardeingabe nicht mehr mit der Tastatur verbunden ist. Zum Abbruch solcher Prozesse steht das **kill**-Kommando zur Verfügung mit dem Aufruf:

    kill *prozessnummer*   *oder*   **kill** *jobnummer*

Der Prozess wird daraufhin beendet. Korn-Shell, C-Shell sowie die unter Linux übliche **bash** informieren im Gegensatz zur Unix-Bourne-Shell darüber, dass ein Hintergrundprozess beendet ist. Die **bash** zeigt bei der Beendigung das ausgeführte Kommando nochmals an.

Mit dem **kill**-Kommando wird genau genommen ein **Signal**, das beim **kill** als Argument mitangegeben werden kann, an das Programm gesendet. Gibt man keine Signalnummer explizit an, so wird das Signal <terminiere> mit der internen Nummer 15 an den Prozess geschickt. Ein Prozess kann jedoch eine Reihe von Signalen abfangen und selbstständig behandeln. Soll sichergestellt werden, dass der Prozess auf jeden Fall abgebrochen wird, so muss man die erweiterte Form des **kill**-Kommandos verwenden:

kill *–signalnr prozessnummer*

und für *signalnr* ›9‹ eingeben. Das Signal mit der Nummer 9 kann von keinem Prozess abgefangen werden und beendet diesen in jedem Fall.

Während ein nichtprivilegierter Benutzer nur seine eigenen Prozesse abbrechen kann, ist der **Super-User** (ein ausgezeichneter Benutzer mit besonderen Privilegien und fast ohne Zugriffsbeschränkungen) auch in der Lage, beliebige, z. B. auch nicht von ihm gestartete Prozesse, per **kill**-Kommando zu terminieren.

Hat man die Prozessnummer des abzubrechenden Programms vergessen, so kann man sie sich vom **ps**-Kommando anzeigen lassen.

Jobs und Job-Nummern

Die Job-Nummer (im vorhergehenden Beispielbildschirm von Seite 69 die ›[1]‹) hat eine ähnliche Funktion wie die Prozessnummer. Sie wird jedoch nicht fortlaufend vergeben, sondern nummeriert die aktuell im Hintergrund laufenden Prozesse. Die Liste der aktiven Jobs lässt sich (unter der **bash** und der **csh**) mit dem Kommando **jobs** abfragen.

Bezieht man sich auf einen Job statt auf eine Prozessnummer, (z. B. im **kill**-Kommando), so wird diese mit **%***n* angegeben.

Man könnte also in obigem Beispiel den **find**-Prozess (solange er noch läuft) entweder mit ›kill 4336‹ oder über ›kill %1‹ abbrechen.

```
$find / -name '*.bak' -print >  alte_dateien &
[1] 4352
$jobs
[1]+ Running     find / -name '*.bak' -print >  alte_dateien &
$kill %1
$
[1]+ Terminated find / -name '*.bak' -print >  alte_dateien
$
```

Die Meldung über die Beendigung eines Hintergrundprozesses (Jobs) erfolgt erst nach der nächsten Eingabe – oben im Bildschirm wurde deshalb eine Leerzeile eingegeben.

Ein Job – ein im Hintergrund laufender Prozess – lässt sich mit dem *foreground*-Kommando **fg** aus dem Hintergrund in der Vordergrund holen:[1]

> **fg** *%jobummer*   oder   **fg** *prozessnummer*

Ein im Hintergrund laufender Prozess lässt sich mit Hilfe des SIGSTOP-Signals (Signalnummer 19) vorübergehend anhalten (ohne beendet zu werden). Dies ist z.B. möglich per

> **kill –SIGSTOP** *%jobnummer*

Er bleibt damit weiter ein Hintergrundprozess. Fortsetzen lässt er sich über das Signal SIGCONT (Signalnummer 18).

Ein im Vordergrund laufender Prozess lässt sich auch in den Hintergrund schicken. Die erfolgt über das *background*-Kommando **bg**:

> **bg** *%jobummer*   oder   **bg** *prozessnummer*

wobei man für die Eingabe dieses Befehls in der Regel den Prozess zunächst stoppen muss (z.B. durch Eingabe der Taste <prozess anhalten> (zumeist Strg-Z)). Durch das **bg**-Kommando wird der Prozess dabei im Hintergrund fortgesetzt.

Wie man einfach annehmen kann, darf ein *normaler Linux-Benutzer* nur seine eigenen Prozesse und Jobs abbrechen, anhalten oder fortsetzen. Nur der Super-User darf solche Operationen auch für die Prozesse anderer Benutzer ausführen.

Eingabe mehrerer Kommandos in einer Eingabezeile

Bisher wurde pro Zeile immer nur ein Kommando aufgerufen. Mehrere Kommandos wurden somit durch ein Zeilenende getrennt. Man kann jedoch auch in einer Zeile mehrere Kommandos angeben. Die einzelnen Kommandos werden dabei durch Semikolon ›;‹ getrennt. Die Anweisung

> ls /bin > bin.dir ; wc –l < bin.dir

ruft das **ls**-Kommando auf, welches ein Inhaltsverzeichnis des Verzeichnisses */bin* erstellt (in */bin* liegen viele der Linux-Basiskommandos) und in die Datei *bin.dir* im aktuellen Verzeichnis schreibt. **wc** (*word count*) liest, nachdem **ls** beendet ist, aus dieser Datei, zählt die darin enthaltenen Zeilen (die Option –l besagt, dass nur die Zeilen gezählt werden sollen) und gibt das Ergebnis auf die Dialogstation (Standardausgabe).

Bei einer Kommandoverkettung durch ›;‹ können natürlich mehr als zwei Kommandos verkettet werden. Die Kommandos haben jedoch ansonsten nichts miteinander zu tun und laufen getrennt voneinander (nacheinander) ab – so, als wenn statt dem ›;‹ immer ein <cr> eingegeben würde.

Dauert die Ausführung einer Kommandosequenz länger, so möchte man sie in der Regel im **Hintergrund** ablaufen lassen. Da die Kommandos hier aber streng der Reihe nach abgearbeitet werden, bezieht sich ein ›**&**‹ normalerweise nur auf das letzte Kommando in der Kette. Bei einer Kommandofolge wie:

---

1. Für die erweiterte Syntax bei der Job-Angabe sei auf die Beschreibung in Kapitel 6.2.7 auf Seite 545 verwiesen.

ls /bin > bin.dir ; wc –l < bin.dir **&**

wird zuerst ›ls /bin > bin.dir‹ ausgeführt, auf dessen Beendigung gewartet und danach das zweite Kommando als Hintergrundprozess gestartet. Die Shell ist erst danach zur nächsten Eingabe bereit.

Um diese Situation zu ändern, kann man eine solche Sequenz durch Klammern (...) zu einer Gruppe zusammenfassen und sie dann gemeinsam in den Hintergrund stellen. Das obige Beispiel sähe damit so aus:

(ls /bin > bin.dir ; wc –l < bin.dir) **&**

Dabei wird aus der geklammerten Kommandosequenz ein neuer Prozess – genauer: Es wird eine weitere Shell gestartet – nur zur Interpretation dieser Kommandosequenz. Sofort nach dem Start des Hintergrundprozesses – der seinerseits die beiden Kommandos sequentiell abarbeitet – ist die Shell zur nächsten Eingabe bereit. Während der Ausführung des Hintergrundprozesses laufen nun zwei Shell-Prozesse (dafür).

2.10 Fließbandverarbeitung (Pipeline)

In dem letzten Beispiel verarbeitete das Programm **wc** die Ausgabe des direkt vor ihm ablaufenden Programms **ls**. Hierzu musste das Zwischenergebnis in eine Datei (hier *bin.dir*) geschrieben werden. Da eine solche Situation typisch für viele Aufgaben ist, stellt Linux hierfür eine elegantere Lösung zur Verfügung: Es erlaubt, die Ausgabe eines Programms sofort zur Eingabe eines nächsten Programms zu machen. Man bezeichnet den dabei verwendeten Mechanismus als *Fließbandverarbeitung*, da hierbei die Information, analog zu einem Fließband, mehrere Bearbeitungen durchläuft. Der dabei verwendete Puffer, den man vereinfacht als effiziente Implementierung einer temporären Datei betrachten kann, wird als **Pipe** (Röhre) bezeichnet. Das Symbol für eine solche Aus- und Eingabeumlenkung über eine Pipe ist der senkrechte Strich ›|‹. Das vorhergehende Beispiel sieht damit wie folgt aus:

ls /bin | wc

Der Vorteil liegt darin, dass keine Zwischendatei angelegt werden muss, die man in der Regel später entfernt, und damit ein erheblicher Arbeits- und Zeitgewinn. Zudem laufen die beiden Programme **ls** und **wc** verzahnt ab. Dabei schreibt das erste Programm in den Puffer der Pipe, bis dieser gefüllt ist. Während das zweite Programm den Puffer leert und die Daten weiterverarbeitet, kann das erste Programm den Puffer mit neuen Daten füllen. Eine solche Sequenz kann auch aus mehr als zwei Programmen bestehen.

Mit der Pipe lassen sich effizient und modular Programme zu Filterketten zusammensetzen. Dieser Mechanismus ist daher unter Linux sehr verbreitet. So führen viele Linux-Programme nur relativ einfache und beschränkte Operationen aus. **wc** ist ein Beispiel hierfür. Durch die Hintereinanderreihung mehrerer solcher Programme können jedoch mächtigere Operationen entstehen. Man erreicht damit in vielen Bereichen eine hohe Flexibilität.[1]

Programme, welche man normalerweise als einen Baustein in einer Filterkette einsetzt, werden auch als **Filter** bezeichnet, weil sie die Eingabe, die aus einer Pipe kommt, verarbeiten und wieder in eine Pipe ausgeben. Ein solcher Filter liest also seine Eingabe von der Standardeingabe und schreibt seine Ausgabe auf die Standardausgabe.

Ein typischer Filter in diesem Sinne ist das Programm **pr** (*print*), welches die ihm übergebenen Daten in Druckseiten gliedert und ausgibt, wobei jede Seite mit einer Seitennummer und optional einer Überschrift versehen wird.

Wollte man ein ausführliches Inhaltsverzeichnis des Verzeichnisses */bin* entsprechend auf den Drucker ausgeben, so könnte dies wie folgt geschehen:

ls –l /bin | pr | lp

Das **pr**-Kommando hat folgenden allgemeinen Aufbau:

pr [*–optionen*] [*datei(en)*]

---

1. Ein Nebeneffekt, der vor allem auf den kleinen Maschinen wichtig war, auf denen Linux seinen Ursprung hat, ist der, dass man auf diese Weise mit kleinen Programmen auskommt, die dennoch in ihrer Kombination mächtige und flexible Werkzeuge werden.

Es gibt die ihm als Parameter übergebenen Dateien seitenweise auf die Standardausgabe aus (für weitere Einzelheiten siehe Abschnitt 5.2.). Werden ihm keine Dateinamen übergeben, so liest es von der Standardeingabe. Gibt man mit **pr** auf einen Bildschirm statt einen Drucker aus, so unterteilt es zwar die Eingabe in einzelne Seiten, hält aber nicht nach jeder Seite an, um dem Benutzer Gelegenheit zu geben, den Seiteninhalt in Ruhe zu lesen. Ein Programm, welches dies erlaubt, ist **less**. So könnte man die obige Sequenz um einen weiteren Filter erweitern in der Form:

> ls /bin | pr −3 | less

Die Option ›−3‹ bei **pr** besagt, dass in drei Reihen (dreispaltig) ausgegeben werden soll. Nachdem **less** eine Seite ausgegeben hat, wartet es auf die Eingabe des Benutzers, um die nächste Seite darzustellen. Die Eingabe der Leertaste veranlasst die Ausgabe der nächsten Seite – die der <cr>-Taste lediglich einer weiteren Zeile; die Eingabe von **q** beendet die Ausgabe bzw. das **less**-Programm.

Das nachfolgende Beispiel für eine Verarbeitung mit Pipes geht eigentlich in der Verwendung von Kommandos über den Rahmen dieses Kapitels hinaus, aber es zeigt eine typische, beim Formatieren von Texten ständig verwendete Pipe-Sequenz:

> tbl | neqn | nroff −ms | col | lp

Will man unter Standard-Linux mit zeichenorientierter Oberfläche Texte formatieren und zum Druck aufbereiten, so wird der Text mit Formatieranweisungen (z.B. *Fettdruck, Einrückung, Absatz*) in eine Datei geschrieben (hier: *textdatei*). Diese Datei wird dann vom Formatierer **nroff** verarbeitet. Da in unserem Text jedoch auch Tabellen vorkommen, ist eine Vorverarbeitung durch den Tabellenpräprozessor **tbl** erforderlich. Kommen neben Tabellen auch Formeln vor, so sind diese durch den Formelpräprozessor **neqn** zu expandieren. Das Programm **col** entfernt daraus für den Drucker störende Sonderzeichen, und **lp** schließlich gibt das Ergebnis auf den Drucker aus.[1]

lp realisiert einen Mechanismus, den man **Print-Spooling** nennt. Hierbei werden Druckaufträge abgesetzt, und erst der *Print Spooler* (unter Linux **lp** oder **lpr**) führt die Aufträge (die Druckausgabe) sequentiell aus.[2]

Das Kommando **lp** kann auch mit folgender Syntax

> **lp** [−d*drucker*] [−**w**] *datei(en)*

als einzelnes Programm zur Druckausgabe von Dateien aufgerufen werden. Durch Angabe der Option −d*drucker* kann man auf einen anderen Drucker als den Standard-Systemdrucker ausgeben. Bei Angabe der Option −**w** wird der Benutzer mit einer Nachricht am Bildschirm informiert, wenn der Druckauftrag ausgeführt ist.

---

1. Auch die ersten drei Ausgaben dieses Buches wurden auf diese Weise erstellt und produziert. Erst danach wurde das Material auf ein DTP-System (FrameMaker) umgestellt.
2. Der gesamte Print-Spooler-Mechanismus ist im Kapitel 9.11 auf Seite 816 ff beschrieben.
   Die einzelnen Druckkommandos wie **lp** und **lpr** im Kapitel 4.3 auf Seite 332 und Seite 342.

2.11 Kommandoprozeduren

Häufig gibt es ein langes Kommando oder eine Folge von Kommandos, die man immer wieder benutzt, unter Umständen mit verschiedenen Parametern. Ein Beispiel ist die Sicherung von Daten. Statt diese Kommandozeilen stets wieder neu einzugeben, kann man sie in eine Datei schreiben und die Shell anweisen, die auszuführenden Befehle anstatt vom Bildschirm aus dieser Datei zu lesen. Eine solche Datei mit Anweisungen an die Shell wird als **Kommandodatei**, **Kommandoprozedur** oder als **Shellskript** bezeichnet.

Dabei können die Kommandos nicht nur der Reihe nach abgearbeitet werden, sonder es steht eine vollständige Programmiersprache mit allen wesentlichen Funktionen zur Verfügung. Shellskripten sind ein sehr gängiges Prinzip unter Unix und Linux und werden zu vielfältigsten Aufgaben verwendet.

Die Ausführung von in einer Datei enthaltenen Kommandos wird durch den Aufruf

sh *dateiname*

gestartet. Ein Versuch mit dem nachfolgenden Beispiel zeigt dies:

```
$cat > wer_und_wo
who am I
pwd
ls
<eof>
$
$sh wer_und_wo
fam!neuling  pts/1 Feb 4 20:23 (macy)
/home/neuling
datei.1 inhalt …
$
```

liest die Kommandos von der Tastatur und schreibt sie in die Datei *wer_und_wo*.

Ende der Eingabe durch <eof>-Taste

Aufruf der Kommandoprozedur
Ausgabe von **who am I**
Ausgabe von **pwd**
Ausgabe des ls-Kommandos
Bereitschaftszeichen der Shell

Das Kommando **who am I** liefert u.a. den Namen des aktuellen Benutzers und den Namen der Dialogstation, das **pwd**-Kommando den Namen des aktuellen Arbeitsverzeichnisses, und **ls** erstellt ein Inhaltsverzeichnis dieses Verzeichnisses.

Verleiht man der Kommandodatei das Dateiattribut **ausführbar** (*executable*), so kann man danach die Kommandoprozedur wie ein Programm oder Kommando direkt aufrufen, d.h. ohne ein vorangestelltes **sh**. Das Attribut **ausführbar** erhält die Datei durch das Kommando

chmod +x *datei*

In unserem Beispiel wäre dies:

```
$chmod +x wer_und_wo
$wer_und_wo
…
```

Aufruf ohne vorangestelltes **sh**
Ausgabe wie zuvor

Kommandoprozeduren kann man wie andere Programme auch **parametrisieren** – d.h. beim Aufruf Parameter mitgeben. Beim Aufruf der Kommandoprozedur gibt man, wie bei den meisten Linux-Kommandos, hinter dem Prozedurnamen die einzelnen Parameter an. Innerhalb der Kommandoprozedur stehen diese Parameter unter den Bezeichnern

$1	für den 1. Parameter,
$2	für den 2. Parameter,
	...
$9	für den 9. Parameter

zur Verfügung. Es sind natürlich nur so viele Parameter definiert, wie auch beim Aufruf der Kommandoprozedur mitübergeben wurden. Wie mehr als neun Parameter genutzt werden können, erklärt Kapitel 6.3.2. und die Beschreibung der **shift**-Funktion auf Seite 580.

In **$0** steht immer der Name der Kommandoprozedur selbst.

Das Pipe-Beispiel sähe als Kommandoprozedur in einer Datei damit wie folgt aus:

ls $1 | pr –3 | pg

Steht dies in der Datei *liste* und ist diese (nach *chmod +x liste*) ausführbar, so liefert der Aufruf

liste /etc

ins Inhaltsverzeichnis des im Aufruf angegebenen Verzeichnisses (hier */etc*). Hier wird für $1 durch die Shell der erste Parameter des Aufrufs (hier */etc*) eingesetzt.

Weitere praktische Prozeduren wären das ll-Kommando, soweit dies nicht bereits im System definiert ist. Das Kommando ll soll dabei wie ls arbeiten, jedoch ein ausführliches Listing produzieren. Dies wird z. B. mit folgender Sequenz in der Datei *ll* produziert:

ls –l $*

Der Parameter $* sorgt dabei dafür, dass alle beim Aufruf übergebenen Parameter an das ls-Kommando weitergereicht werden. Mit **chmod a+x ll** wird danach die Datei als ausführbar für alle gesetzt und kann nun als Variante des ls-Kommandos aufgerufen werden.

Kommandoprozeduren – auch *Shell-Skripten* genannt – werden insbesondere bei sich häufig wiederholenden Aufgaben – z.B. in der Systemverwaltung extensiv eingesetzt oder dort, wo wiederholt komplexere Kommandoketten oder komplexere Optionen benötigt werden.

Das nachfolgende Beispiel ist eine kurze Kommandoprozedur zum Sichern von angegebenen Dateien auf eine Diskette. Das Shellskript steht in der Datei *sichere:*

```
$ cat sichere
#!/bin/bash
echo "Bitte eine Diskette einlegen: \c"
read NIX
format /dev/rfd0
tar -cvf /dev/rfd0 $*
echo "\n$* wurde auf Diskette gesichert"
$
$ sichere texte
...   ...
```

Ausgeben am Bildschirm
Einleitung eines Shell-Skripts
Aufforderung an den Benutzer
Warten auf Eingabe von <cr>
Formatieren der Diskette
Beschreiben der Diskette
Meldung an den Benutzer

Aufruf des Shellskripts zum Sichern des Verzeichnisses (oder der Datei) *texte*

Dieses kleine und noch an einigen Stellen unvollkommene Shellskript soll nur andeuten, welche prinzipiellen Möglichkeiten damit gegeben sind. Es ist auch nicht gedacht, dass der unerfahrene Benutzer in großem Stil Shellprogramme schreibt. Jedoch auch er kann sich mit kleinen Shell-Skripts die tägliche Arbeit erleichtern.

Die Kommandosprache der Shell ist in Wirklichkeit weit mächtiger als dies bisher gezeigt wurde. So kennt die Shell einfache Variablen, Schleifen, bedingte Ausführungen, Schachtelung von Prozeduraufrufen, Funktionen, Fehlerbehandlung und komplexe Ersetzungsmechanismen.

Es gibt Entwickler, die ganze Programme in der Skript-Sprache der Shell schreiben. Dafür ist aber diese Skriptsprache nicht ideal. Einerseits sind längere Skripten oft schwer zu lesen bzw. zu verstehen und andererseits machen die Metazeichen und Expandierungen und Substitutionen der Shell komplexe Anweisungen unübersichtlich. Für größere Skript-Programme sollte man deshalb auf andere Skript-Sprachen wie etwa Perl zurückgreifen. Perl bietet mächtigere Programmkonstrukte, objektorientierte Eigenschaften und insbesonder einen sehr brauchbaren Mechanismus zur Verarbeitung von Ausnahmen (*exceptions*).

Für viele kleine Prozeduren mit einigen Zeilen bis zu etwa 5 Seiten aber sind Shell-Skripten eine schnelle und elegante Lösung. Die Möglichkeiten sind detailliert in Kapitel 7 unter dem Thema *Die Shell als Benutzeroberfläche* zu finden.

2.12 Texteingabe, Editieren

Möchte man Textdateien erstellen oder bereits vorhandenen Text ändern, so wird man dazu (statt wie bisher gezeigt **cat**) einen Editor benutzen. Unter Linux sind dabei eine ganze Reihe von Editoren vorhanden. Das Linux-Minimum sind dabei drei Editoren:

▸ der interaktive zeilenorientierten Editor **ed**
▸ der interaktive Bildschirmeditor **vi/vim**
▸ der nicht interaktive Editor **sed** (*stream editor*)

Daneben bietet Linux eine große Anzahl weiterer Editoren, wie z. B. den **emacs**, der erweiterbar ist, da er als Makrosprache einen LISP-Dialekt verwendet. Emacs ist wegen seiner enormen Leistungsfähigkeit und Konfigurierbarkeit sehr populär. Aber auch einfache Bildschirmeditoren wie **Joe**, **Kedit**, **Kwrite**, **Kate**, **Pico** oder **Xedit** decken fast jedes Bedürfnis und jeden Geschmack ab.

Editoren versus Textsysteme

Wenn hier von *Editor* bzw. *Texteditor* die Rede ist, so ist damit immer ein Werkzeug zum Erstellen und Ändern von reinen (ASCII-) Texten gemeint, wie man sie zur Erstellung von Skripten oder Programmquelltexten benötigt. Diese Texte enthalten nur Textzeichen, keine Sonderzeichen für Formatierung (Blocksatz, rechtsbündig) oder Schriftattribute (fett, kursiv) – Texteditoren kennen also derartige Einstellmöglichkeiten nicht. Solche Editoren verwendet man heute unter Linux für

▸ die Bearbeitung von Konfigurationsdateien,
▸ das schnellen Verfassen von elektronischer Post und
▸ in der Programmentwicklung.

Lange Zeit wurde unter Linux mit derartigen Texteditoren jedoch auch Dokumentation und Korrespondenz geschrieben, formatiert und produziert. Hierzu stellte man spezielle Anweisungen in den Text (sog. *Makros*) und verarbeitete die Datei anschließend mit einem Formatierprogramm (**troff/groff**, **nroff**, $\mathrm{T_EX}$ bzw. $\mathrm{L\!A\!T_EX}$). Das Endergebnis entspricht dem moderner Satzsysteme; der Nachteil und wohl auch Grund für die heute seltenere Verwendung ist die wenig intuitive Bedienung und die Kontrollmöglichkeit erst im Ausdruck.

Im Gegensatz hierzu stehen Textsysteme bis hin zu DTP-Systemen, mit denen Formatierung, Textauszeichnung und Graphikverarbeitung direkt am Bildschirm möglich ist. Heute werden unter Linux nahezu ausschließlich derartige Programme für die Textproduktion und Büroarbeit eingesetzt. Ein verbreitetes Linux-Beispiel ist StarOffice von Sun Microsystems und die Open-Source-Variante OpenOffice. Aber auch die kostenlosen Programme wie **Kword** aus dem KDE-Paket oder **Abiword** aus dem GNOME-Projekt haben beginnen damit zu konkurrieren

Diese DTP-Systeme legen ihre Dateien normalerweise nicht im ASCII-Format, sondern in einem internen Dateiformat ab, das von anderen Programmen nicht (ohne weiteres) gelesen werden kann. Aus diesem Grund sind Textsysteme weniger geeignet, Konfigurationsdateien zu bearbeiten, elektronische Post zu verfassen oder Programme zu entwickeln.

Texte erstellen

Linux-Systeme mit grafischer Oberfläche bieten oft einen einfachen, direkt über die
grafische Oberfläche zu bedienenden Editor mit einfacher Menü- und Mausunterstüt-
zung, etwa **xedit** oder **joe**. Diese werden jedoch nur eingeschränkt eingesetzt – haben
aber eine ganze Reihe von Anhängern. Der Übersichtlichkeit wegen, um den Umfang
des Buchs nicht zu sprengen und um den Leser nicht zu sehr mit Information zu überladen, möchten wir uns hier auf die *klassischen Texteditoren* beschränken, welche praktisch auf allen Linux- und Unix-Distributionen vorhanden sind.

An dieser Stelle soll daher mit dem in jedem Linux-System vorhandenen **vi**- bzw.
vim-Editor gearbeitet werden. **vim** ist eine erweiterte GNU-Version des klassischen
Unix-Editors **vi** und fast 100 % abwärtskompatibel zu **vi**. Wir beschränken uns hier
weitgehend auf den **vi**-Subset. Gezeigt wird dabei ein sehr kleines aber in vielen Fällen
ausreichendes Spektrum des Editors. Eine ausführlichere Beschreibung der Editoren erfolgt in Kapitel 6.

Der Editor **vim** arbeitet nicht direkt auf einer Datei, sondern hält den editierten
Text intern in einem Arbeitsspeicher. Da der Editor ausschließlich über die Tastatur bedienbar ist, müssen die Tasten sowohl für die Texteingabe wie auch für die Textbearbeitung verwendet werden können. Der **vim** kennt daher zwei Grundzustände:

▸ den Kommandomodus und
▸ den Eingabemodus

und zwingt den Benutzer zum Hin- und Herschalten zwischen diesen Modi – eine Tätigkeit, die bei einem ungeübten Benutzer gelegentliche Unmutsäußerungen provozie-
ren kann. Der normale Modus ist der Kommandomodus: In diesen Modus wird der
vim immer durch Drücken der Taste `esc` versetzt. Zum Wechsel in den Einfügemo-
dus steht eine ganze Reihe von Tasten (etwa **a**, **i**, **A**, **I**, **o**, **O**, **s** u. v. m.) zur Verfügung,

Nachfolgend wird eine kleine Textdatei erstellt, die hinterher mit elektronischer
Post (mail) versandt werden kann. Der Name der Textdatei sei *erste_post*. Der Aufruf
des **vi** erfolgt dann mit:

```
$ vim erste_post
```
Aufruf des Editors vi/vim

vim ist Bildschirmeditor, er nimmt z. B. für die Darstellung den ganzen Bildschirm ein.
Es ist keinerlei Dekoration am Bildschirm zu sehen, keine Menüs, keine Funktionstas-
tenleiste. Am linken Bildschirmrand sind Tildezeichen als Signal für unbeschriebene
Zeilen. In der letzten Zeile stehen (nach dem Aufruf) der Dateiname und der Hinweis,
dass es sich um eine neue Datei handelt ([New file]).

Zu Beginn (also auch in obigem Beispiel) befindet er sich im Kommandomodus. In
den Eingabemodus kommt man z. B. über eines der Kommandos:

i   zum Einfügen vor dem Cursor (englisch: *insert*)
a   zum Anfügen hinter dem Cursor (englisch: *append*)
o   zum Einfügen nach der aktuellen Seite (englisch: *open*)
R   zum Ersetzen/Überschreiben des Textes (englisch: *replace*)

Im Eingabemodus kann man so lange Text eingeben, bis die Taste <esc> gedrückt wird. Zeilen beendet man mit <cr>, da **vim** nicht automatisch in die nächste Zeile umbricht.[1]

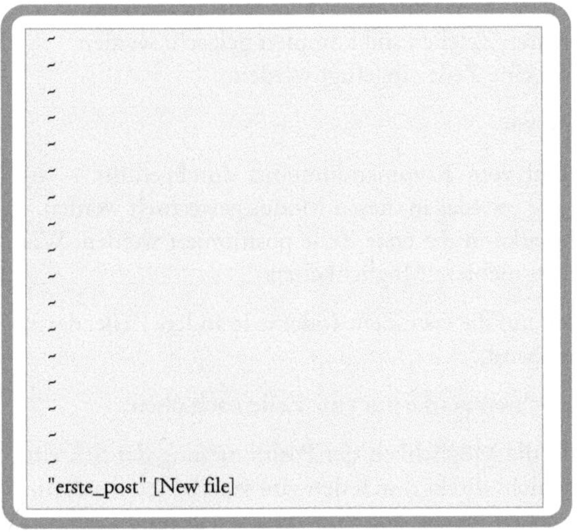

Der **vim** nach dem Aufruf, hier auf einem Bildschirm mit 18 Zeilen

Korrekturen der Eingabe können, ohne den Eingabemodus zu verlassen, durch die Taste `backspace` durchgeführt werden. Sichtbar werden diese Korrekturen jedoch erst nachdem mit der Taste `esc` in den Kommandomodus gewechselt wurde.

Wechsel in den Einfügemodus mit i und Eingabe des Textes

In dem oben eingegebenen Text sind einige Veränderungen nötig:

1. Wenn Sie dennoch den Eindruck haben, dass am Zeilenende automatisch in die nächste Zeile gewechselt wird, so kommt das daher, dass der Bildschirm von sich aus diesen Zeilenwechsel vornimmt. Der **vim** (und damit auch Ihre Datei) weiß davon nichts.

- In der ersten Zeile ist ›Kollege‹ mit kleinem ›k‹ geschrieben.
- In der dritten Zeile soll ›dies‹ durch ›hier‹ ersetzt werden.
- In der fünften Zeile soll ›Ü‹ durch ›Ue‹ ersetzt werden, da einfache Mail-Programme zuweilen mit den deutschen Umlauten nicht zurechtkommen.
- Die letzte Zeile mit unbrauchbaren Zeichen soll komplett gelöscht werden.
- Über der dritten Zeile soll noch eine Zeile eingefügt werden.

Diese Änderungen nehmen wir nun vor.

Alle Änderungen werden ausgehend vom Kommandomodus durchgeführt – zunächst muss also durch die Taste `esc` wieder in diesen Modus gewechselt werden.

Als Nächstes muss die Schreibmarke in die erste Zeile positioniert werden. Wie für nahezu alles im **vim** gibt es hierzu mehrere Möglichkeiten:

▸ Das Kommando **1G** positioniert auf die erste Zeile (oder jede andere Zeile, deren Nummer vor dem G angegeben wird).

▸ Das Kommando **k** bewegt die Schreibmarke um eine Zeile nach oben.

▸ Die Pfeiltasten bieten ebenfalls die Möglichkeit der Positionierung der Schreibmarke. Die Pfeiltasten werden nicht direkt durch den **vim** verarbeitet, sondern sind über so genannte Tastaturmakros auf die **vim**-internen Kommandos (h j k l) zur Positionierung der Schreibmarke wie folgt abgebildet: h ↑k l ← ↓j →

In der ersten Zeile wird nun, entweder mit den Pfeiltasten oder mit den Tasten **h** (nach links) oder **l** (nach rechts) auf das falsch geschriebene ›k‹ positioniert. Steht die Schreibmarke auf dem ›k‹, reicht ein Druck auf die Taste ›˜‹, um aus dem kleinen Buchstaben einen großen zu machen (die Tilde *toggelt* von Groß- zu Kleinbuchstaben und zurück).

Als Nächstes wird mit den oben beschriebenen Möglichkeiten in die dritte Zeile gewechselt, um dort ›dies‹ durch ›hier‹ zu ersetzen. Hierzu muss auf das erste Zeichen des zu ersetzenden Wortes positioniert werden. Auch für das Ersetzen des Wortes gibt es wieder mehrere Möglichkeiten:

▸ Wort zeichenweise löschen: Durch die Taste
  x
  wird das Zeichen unter der Schreibmarke gelöscht. Viermaliges Betätigen (oder einfach 4 ∞) löscht das Wort ›dies‹.

▸ Wort löschen: Durch die Tasten
  dw (*delete word*)
  wird von der aktuellen Position bis zum Ende des Wortes gelöscht. Steht die Schreibmarke auf dem ersten Zeichen des Wortes, wird das ganze ›dies‹ gelöscht.

▸ Einfügen des neuen Wortes: Wurde das alte Wort gelöscht, so muss nun das neue Wort eingefügt werden. Hierzu wird mit
  i (*insert*)
  in den Einfügemodus an der aktuellen Schreibposition gewechselt und das Wort

›hier‹ eingegeben, eventuell gefolgt von einem Leerzeichen. Anschließend wird mit `esc` wieder in den Kommandomodus gewechselt.

▶ Wort ersetzen: Die eleganteste Möglichkeit ist, das Wort in einem Zug zu ersetzen. Hierzu wird, mit der Schreibmarke auf dem ersten Zeichen des Wortes, durch die Tasten

cw   (*change word*)

das gesamte Wort zum Verändern markiert, was durch das Zeichen $ am Ende des markierten Bereiches angezeigt wird. Gleichzeitig wird hierdurch in den Einfügemodus gewechselt. Nun kann das neue Wort ›hier‹ eingegeben werden. Abschließend wird der Einfügemodus durch `esc` wieder verlassen.

Die nächste Änderung bezieht sich auf das ›Ü‹ in der fünften Zeile, das durch ein ›Ue‹ ersetzt werden soll.[1] Nachdem auf das ›Ü‹ positioniert wurde, könnte nun wieder durch **x** das Zeichen gelöscht, mit **i** in den Einfügemodus gewechselt und das neue Zeichen eingegeben werden. Einfacher geht es durch das Kommando

s   (*substitute*),

mit dem ein einzelnes Zeichen durch beliebig viele neue ersetzt werden kann. Auch **s** wechselt in den Einfügemodus, so dass anschließend durch `esc` wieder in den Kommandomodus gesprungen werden sollte.

Als nächstes wird die letzte Zeile gelöscht, wofür zuvor dorthin positioniert werden muss. Am schnellsten geht dies durch **G**. Wie schon erwähnt, positioniert **G** mit einer Zahl davor auf eine beliebige Textzeile – ohne Angabe eines Zählers wird immer auf die letzte Zeile positioniert. Gelöscht wird die Zeile dann durch das *delete*-Kommando

dd

Schließlich wird nun noch eine neue Zeile über der dritten Zeile eingefügt. Nachdem (mit **3G** oder Pfeiltasten oder mehrmaligem Betätigen der Taste **k**) auf die dritte Zeile positioniert wurde, wird dort durch

O   (*Open*)

eine neue Zeile **über** der aktuellen Zeile eröffnet und gleichzeitig in den Einfügemodus gewechselt. Mit dem kleinen **o** geschieht genau das Gleiche **unter** der aktuellen Zeile. In dieser Zeile kann nun Text eingegeben werden, etwa: *Ich fange gerade an, mich mit Linux zu beschäftigen*. Danach wird mit `esc` in den Kommandomodus gewechselt.

Jetzt ist es nur noch nötig, den Text abzuspeichern und **vim** wieder zu verlassen. Auch hierfür gibt es mehrere Möglichkeiten – alle natürlich vom Kommandomodus aus:

▶ Durch
ZZ
wird der aktuelle Text in der Datei abgespeichert und der Editor verlassen.

---

1. Ist der vi/**vim** nicht auf 8-Bit-ASCII bzw. ISO 8859/1 oder 8859/15-Code eingestellt, so lassen sich damit keine Umlaute oder das ß eingeben!

▸ Mit

:w   (*write*)

wird der aktuelle Text in der Datei abgespeichert, der Editor jedoch nicht verlassen. Mit dem Kommando ›:‹ (Doppelpunkt) wird eine Kommandozeile in der letzten Zeile des Bildschirms eröffnet, in der noch viele andere **vim**-Kommandos möglich sind.

▸ Soll der Text verlassen werden, ohne ihn abzuspeichern, so gibt es hierfür das Kommando

:q!   (*quit*)

Wird das Ausrufezeichen nicht angegeben, so warnt vi, dass der Text noch nicht abgespeichert wurde und lässt die Beendigung nicht zu.

▸ Gleichbedeutend mit dem Kommando **ZZ** ist das Kommando

:wq   (*write and quit*)

mit dem ebenfalls der vi verlassen und der Text in der aufgerufenen Datei abgespeichert werden kann.

▸ Möchte man, statt den **vim** zu verlassen, weitere Dateien editieren, so ist dies z. B. mit dem Kommando

:e *datei*

möglich.

Tabelle 2.2 (Seite 85) und Abb. 2.7 geben einen kurzen Überblick zu den häufig benutzten **vi**/**vim**-Kommandos und den Modi des **vi**/**vim** mit seinen Modusübergängen.

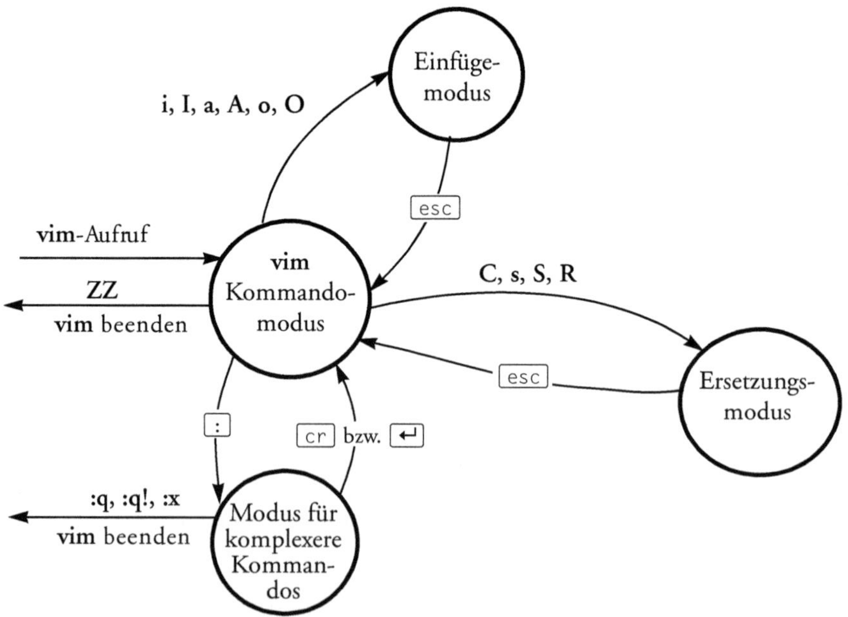

*Abb. 2.7: Die Zustandsübergänge des **vim** (vereinfacht)*

*Tabelle 2.2: Häufig benutzte Kommandos des **vi**/**vim***

Kommando	Bedeutung
vom Kommandomodus aus	
←, →	Cursor nach links bzw. rechts (alternativ: h, l)
↑, ↓	Cursor 1 Zeile zurück bzw. weiter (alternativ: k, j oder -, +)
^	springt zum Anfang der Zeile (alternativ: 0).
$	springt zum Ende der Zeile.
n G	springt zur Zeile *n* (*n* ist eine Zifferfolge; 1 ist die erste Zeile, 0 die letzte).
x	löscht das Zeichen unter dem Cursor.
X	löscht das Zeichen vor dem Cursor; *n* X löscht *n* Zeichen.
dd	löscht die aktuelle Zeile; *n***dd** löscht *n* Zeilen; **1,$dd** löscht alle Zeilen.
*n*Y	kopiert die *n* folgenden Zeilen in den *Yank*-Puffer (*n* = Zifferfolge).
P	fügt den Inhalt des *Yank*-Puffers vor der aktuellen Zeile ein.
i	aktiviert Einfügemodus und fügt Text vor dem Cursor ein.
I	aktiviert Einfügemodus und fügt Text am Zeilenanfang ein.
a	aktiviert Einfügemodus und fügt Text nach dem Zeiger ein.
A	aktiviert Einfügemodus und fügt Text am Zeilenende ein.
o	aktiviert Einfügemodus und fügt Text vor der aktuellen Zeile ein.
O	aktiviert Einfügemodus und fügt Text nach der aktuellen Zeile ein.
s	aktiviert Ersetzungsmodus, ersetzt mit dem Text das Zeichen unter Corsor.
S	aktiviert Ersetzungsmodus und ersetzt mit dem Text aktuelle Zeile.
C	aktiviert Ersetzungsmodus und ersetzt mit dem Text den Rest der Zeile.
R	aktiviert Ersetzungsmodus und überschreibt den nachfolgenden Text.
im Einfüge- oder Ersetzungsmodus	
←, →	bewegt den Cursor nach links bzw. rechts.
↑, ↓	bewegt den Cursor 1 Zeile zurück bzw. weiter.
esc	beendet Einfüge- oder Ersetzungsmodus und geht in Kommandosmodus.
vom Kommandomodus aus	
.	führt das letzte Änderungskommando nochmals aus.
u	macht die letzte Änderung rückgängig.
m*x*	merkt sich die aktuelle Position in der Marke x ($a \leq x \leq z$).
'*x*	springt an die (zuvor) in der Marke *x* gespeicherte Position ($a \leq x \leq z$).
/*text* ↵	sucht vorwärts nach *text*.
?*text* ↵	sucht rückwärts nach *text*.
ZZ	schreibt den gesamten Text in die Datei und beendet **vim**.
:	leitet ein spezielles Kommando ein:
:e *dateiname*	öffnet die angegebene Datei zur Bearbeitung.
:ww	schreibt den gesamten Text in die Datei, bleibt aber in der offenen Datei.
:q!	beendet **vim**, auch wenn veränderte Inhalte noch nicht gesichert wurden.

Mit diesem Repertoire ist der Benutzer bereits in der Lage, einfache Dateien zu editieren.

Diese Kommandos zeigen nur einen kleinen Ausschnitt aus der Bedienung und der Leistungsfähigkeit des vi. Eine ausführliche Beschreibung des **vi** (bzw. des unter Linux üblichen **vim**) ist in Kapitel 5.2 ab Seite 461 zu finden.

Der Inhalt der soeben erstellten Datei kann nun mit elektronischer Post an einen anderen Benutzer (etwa an *wunix*) versandt werden.

```
$ mail wunix < erste_post
$
```

Aufruf des Mail-Kommandos mit
mail an den Benutzer *wunix*

Dem **mail**-Kommando wird beim Aufruf der Name des Empfängers (dessen Benutzername, so wie ihn das System kennt) als Argument mitgegeben. Wird dann gleich <cr> gedrückt, dann liest **mail** seine Eingabe, also den Text der Nachricht, von der Tastatur. In unserem Beispiel hier existiert dieser Text aber bereits in der Datei *erste_post*. Diese braucht nur noch hinter dem Zeichen für Eingabe-Umlenkung (<) angegeben werden, um den Inhalt der Datei direkt dem Mail-Kommando zuzuführen.

In aller Regel wird man E-Mail nicht mit dem Kommando **mail** erledigen. Das Kommandozeilenkommando **mail** verwendet man zumeist nur aus Kommandoprozeduren heraus. An einem grafischen Bildschirm verwendet man in aller Regel ein grafisches E-Mail-Programm, von denen es unter Linux zahlreiche Varianten gibt – z.B. **kmail** (ein E-Mail-Programm aus dem KDE-Paket), **evolution** (einem kompletten Groupware-Paket unter GNOME) oder die E-Mail-Funktion von Mozilla oder aus dem Netscape-Browser.

Natürlich bietet Linux unter den grafischen Oberflächen – etwa unter KDE oder GNOME – auch GUI-orientierte[1] Texteditoren an. Hier gibt es gleich eine ganze Kollektion, angefangen den bereits erwähnten **kedit** oder **gwrite** bis hin zu den Office-Paketen wie OpenOffice, KOffice oder GNOME-Office. Trotzdem ist es zuweilen ausgesprochen nützlich, die tradierten und in Teilen sehr effizienten und mächtigen Basiseditoren von Unix/Linux zu kennen – z.B. wenn man schnell nur einige Zeilen erstellen oder verändern möchte und einem die Startzeiten der GUI-Varianten zu lange sind, oder wenn man von einem anderen Rechner aus in einem alphanumerischen Terminalfenster (z.B. in einer Telnet-Sitzung) Textdateien editieren möchte. Dies ist dann die passende Anwendungssituation für den zuvor (in Ausschnitten) beschriebenen **vim** oder den noch mächtigeren (aber auch etwas schwerer zu erlernenden) **emacs**. Hat man sich einmal an sie gewöhnt, so bleiben viele Programmierer und Administratoren bei diesen Editoren. Von ihnen gibt es auch noch etwas komfortablere Fenster/GUI-Varianten, beim **vim** etwa in Form von **gvim** und bei emacs in Form **xemacs**. Die Basiskonzepte der Grundversion bleiben auch bei diesen erhalten.

---

1. GUI steht für *Graphic User Interface*, d.h. für eine grafische fensterorientierte Oberfläche, wie man sie von Windows und MacOS her kennt.

2.13 Online-Hilfen

Leider sind die Fehlermeldungen der meisten Linux-Programme – und hierzu gehört
auch die Shell – recht spärlich (die Situation verbessert sich jedoch langsam).

Eine gewisse, wenn auch knappe und trockene Hilfe bieten die ***Online Manuals***. Sie
sind die eigentliche (Referenz-)Beschreibung der klassischen Programme auf Kommandozeilenebene – sie sind in der Regel auf dem Rechner vorhanden und lassen sich einfach abrufen. Dieser Abruf erfolgt über das Kommando **man**. Die (vereinfachte) Syntax
des **man**-Kommandos lautet:

> **man** [*kapitel*] *titel*

Die Angabe des Parameters *kapitel* ist hier optional. Es wird durch die Ziffern 1 bis 9
eingegeben und spezifiziert, in welchem Kapitel der Manuale nach der Beschreibung
des mit *titel* angegebenen Kommandos oder Begriffs gesucht werden soll. Die Unterteilung der Manuale entspricht dabei der (ehemals) gedruckten Unix-Dokumentation:

1   Unix/Linux-Kommandos (*Utilities*) und Shell-Befehle
2   Systemaufrufe (Kernelfunktionen mit ihrer C-Schnittstelle)
3   C-Bibliotheksroutinen (Linux Systembibliotheken)
4   Beschreibung der Gerätetreiber und Gerätecharakteristika (zumeist unter */dev*)
5   Formate spezieller Dateien (Systemdateien, z.B. */etc/fstab* und Konfigurationen)
6   Spiele – meist nicht sehr ergiebig
7   Tabellen, Makropakete und Konventionen (z.B. ASCII-Code, **ms**-Makros)
8   Systemverwaltung (zumeist Befehle für root)
9   Kernelroutinen

Daneben gibt es noch die veralteten Kapitelbezeichner **n** für *neu*, **l** für *lokal*, **p** für *öffentlich (public)* und **o** für *alte (old)* Funktionen.

Gibt man den Parameter *kapitel* nicht an, so werden alle Kapitel nach dem Eintrag
titel durchsucht und entsprechend ausgegeben. Der Parameter *titel* gibt das Kommando, den Systemaufruf oder ein anderes Stichwort an, dessen Beschreibung ausgegeben werden soll.

Die einzelne Beschreibung selbst untergliedert sich in mehrere Abschnitte und hat
folgenden allgemeinen Aufbau (die englischen Begriffe in Klammern):

NAME:	Name des Kommandos mit einer knappen Funktionsangabe
SYNTAX: **(SYNOPSIS)**	Hier ist die Syntax des Kommandos angegeben. Bei Systemauf- rufen wird hier auch der Parametertyp spezifiziert.
BESCCHREIBUNG: **(DESCRIPTION)**	Hier ist die eigentliche ausführliche Beschreibung des Kom- mandos mit ihren Funktionen zu finden.
OPIONEN **(OPTIONS)**	Hier werden die einzelnen Optionen zum Kommando beschrie- ben.
DATEIEN: **(FILES)**	Dateien, welche von dem Kommando verwendet werden
SIEHE AUCH: **(SEE ALSO)**	Verweise auf Kommandos mit ähnlicher oder ergänzender Funktion

DIAGNOSTICS:	kurze Erklärung der möglichen Fehlermeldungen
FEHLER: (BUGS)	Hier werden bekannte Fehler, Inkonsistenzen oder Probleme bei dem beschriebenen Aufruf aufgeführt.
BEISPIELE: (EXAMPLE)	Hier sind – leider nur in wenigen Fällen – Beispiele zum Aufruf des Kommandos aufgeführt.
AUTOR: (AUTHOR)	Kurze Angabe zum Autor des Programms, dem man auch – falls angegeben – Fehlerberichte schicken kann.

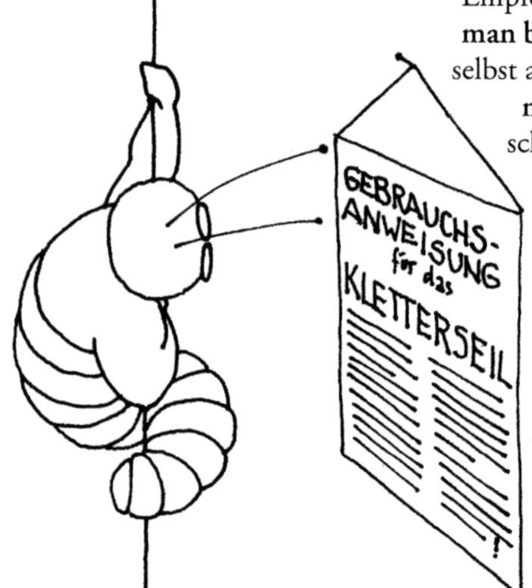

Der Aufruf von **man** mit **man ls** z. B. liefert die Informationen zum **ls**-Kommando. Empfehlenswert ist auch, beispielsweise mit **man bash** die Beschreibung der Shell (**bash**) selbst abzurufen.

man chmod würde sowohl die Beschreibung zum **chmod**-Kommando als auch die des **chmod**-Systemaufrufs ausgeben. Wollte man nur die Beschreibung des Systemaufrufs sehen, so müsste man das Kommando **man** mit **man 2 chmod** aufrufen.

Bei **man** erfolgt die Anzeige – so man sie nicht auf eine Datei umlenkt – seitenweise. Dazu ruft **man** weitgehend transparent das Programm **less** auf (korrekt: das in der Umgebungsvariablen PAGER definierte Programm). Dieses führt die eigentliche Bildschirmanzeige durch.

less wartet nach der Ausgabe einer Seite auf eine Tastatureingabe, um weiterzumachen. Die Eingabe der Leerzeichentaste gibt die nächste Seite aus, die Eingabe-/Enter-Taste (⏎) lässt die Anzeige genau um eine Zeile hochrollen. **d**, Strg-D oder ↑ blättert eine Zeile zurück, **b** oder Bild↑ eine ganze Bildschirmseite. Mit Strg-L gibt **less** den Bildschirm erneut aus.

Mit **/***muster* wird im Text (vorwärts) das angegebene Textmuster gesucht und die Anzeige dort fortgesetzt – mit **?***muster* rückwärts.

q beendet die Anzeige und mit **less** und kommt man in die normale Shell zurück – und nur damit.

Eine detailliertere Beschreibung des **man**-Kommandos ist auf Seite 358 zu finden, die des Anzeigeprogramms **less** auf Seite 320. Eine grafische Version von **man** ist (das etwas schlichte) **xman**.

Die KDE- und GNOME-Hilfesysteme können die **man**-Seiten ebenso anzeigen (siehe dazu Seite 91).

Hilfemeldungen

Eine einfache, aber dennoch oft ausreichende Unterstützung für die syntaktisch korrekte Anwendung von Kommandos bieten die Hilfemeldungen, die von nahezu allen Linux-Kommandos bei falschem Aufruf ausgegeben werden. Diese Meldungen bestehen meist nur aus einer Zeile, in der aber die komplette Aufrufsyntax untergebracht ist.

Da diese Meldung nur bei einem fehlerhaften Aufruf eines Kommandos ausgegeben wird, muss ein solcher Fehler provoziert werden, um die Hilfemeldung angezeigt zu bekommen. Am einfachsten geschieht dies durch Angabe der Option –? oder –Z, die bei kaum einem Kommando tatsächlich vorkommt.

Will man etwa die Hilfemeldung von **ls** erhalten, so behilft man sich mit einem Aufruf wie folgt:

```
$ ls –?
ls: Ungültige Option -- »?«
Versuchen Sie »ls --help« für
weitere informationen.
$
```

provozierter Fehlaufruf
Ausgabe einer Fehlermeldung
Ausgabe der **usage**-Meldung

Da aber unter Linux viele Programme die Syntax und Kurzbeschreibung über die Option **--help** ausgeben, ist dies das bessere Verfahren. Das Programm bzw. Kommando terminiert danach, ohne eine weitere Funktion auszuführen.

Die Option **--version** liefert in ähnlicher Weise die aktuelle Version des jeweiligen Programms zurück. Es beendet das Programm danach ohne eine weitere Aktivität.

Unter den klassischen Unix-Systemen gibt es zusätzlich das Kommando **usage** *kommando*. Es liefert (aufbauend auf einer kleinen eigenen Datenbasis) eine knappe, aber zumeist ausreichende Kommandosyntax für das Kommando, wesentlich kompakter, als es **help** tut. Unter Linux ist es leider nicht vorhanden.

whatis, apropos und info

Einen ersten Überblick, welche Kommandos für welchen Zweck zuständig und verfügbar sind, bieten die beiden Programme **whatis** und **apropos**. **whatis** wird aufgerufen mit dem Namen eines Kommandos und gibt kurz aus, welche Aktionen dieses Kommando ausführt. Am Beispiel ls kann dies so aussehen:

```
$ whatis ls
ls (1) - list contents of directory
$
```

Das Kommando **apropos** wird mit einem beliebigen Schlagwort aufgerufen und gibt dann eine Liste von Kommandos aus, die mit diesem Schlagwort in Verbindung gebracht werden können. **apropos** greift dabei auf einen Index zurück, der aus den gesammelten Manualseiten aufgebaut wird (die, welche **man** anzeigt).

Möchte man z.B. sehen, wo Informationen zu dem Dateisystem **ext2** zu finden sind, so sieht dies etwa wie folgt aus:

```
$ apropos ext2
fs (5)           - Linux filesystem types: minix, ext, ext2, ext3, xia,
          msdos,umsdos, vfat, proc, nfs, iso9660, hpfs, sysv, smb, ncpfs
e2label (8)      - Change the label on an ext2 filesystem
resize2fs (8)    - ext2 file system resizer
e2image (8)      - Save critical ext2 filesystem data to a file
filesystems (5) [fs] - Linux filesystem types: minix, ext, ext2, ext3,
                       xia, msdos, umsdos, vfat, proc, nfs, iso9660,
                       hpfs, sysv, smb, ncpfs
e2fsadm (8)      - ext2 filesystem / LVM administration
mkfs.ext2 (8)    - create a Linux second extended file system
debugfs (8)      - ext2 file system debugger
$
```

Die Angabe ›fs (5) …‹ in der ersten Ausgabezeile besagt z.B., dass das unter dem Thema **fs** im Kapitel **5** der Linux-Manuals ext2 vorkommt. Diese Information könnte man nun über **man 5 fs** abrufen. Weitere Informationen sind – jeweils über das **man**-Kommando unter **e2label**, **resize2fs** und **e2image** jeweils im Kapitel 8 der Manuale zu finden.

Das **info**-System, in vieler Hinsicht sehr ähnlich den **man**-Manualseiten, ist für komplexere Kommandos und Funktionen eine der detailliertesten Informationsquellen – natürlich neben Büchern und den später noch beschriebenen *How-Tos*. **info** hat die folgende Syntax beim Aufruf:

> **info** [*optionen*] *begriffe*

Wie das **man**-Kommando hat es eine eigene Datenbasis bzw. Info-Dateien. Wo diese liegen, ist in der Shell-Umgebungsvariablen INFOPATH festgelegt – oder man gibt den Pfad explizit vor. Die Dokumentation geht insofern über die des **man**-Kommandos hinaus, als hier – sofern von einem gnädigen Entwickler erstellt – auch Beispiele für die

Anwendungen des Programms oder Kommandos gegeben werden und auch zumeist
ein so genanntes *Rational* mitgeliefert werden. Dies ist ein Abschnitt, der die Intention
des Programms darlegt und weitere Hintergrundinformation liefert. Hier sind zum Teil
die gültigen Restriktionen explizit genannt und Unterschiede der Implementierung auf
unterschiedlichen Plattformen. So ist z.B. die Information zum Programm **a2ps** ein
etwa 120-seitiges Papier. Zusätzlich sind die info-Dokumente stärker als die man-Seiten
thematisch gruppiert, so dass auch benachbarte Kommandos aufgeführt werden.

Über Optionen lässt sich die Information einschränken. Die Option **--usage** selektiert z.B. nur die eigentliche Aufrufsyntax und die Beschreibung der Optionen.

Wie beim **man**-Kommando erfolgt die Anzeige – so man die Ausgabe nicht in eine
Datei oder eine Pipe umleitet – seitenweise auf dem Bildschirm unter Verwendungen
des in PAGER festgelegten Anzeigeprogramms. Das Kommando **info** ist mit seinen
Optionen auf Seite 310 beschrieben.

```
File: *manpages*,   Node: kill,  Up: (dir)

KILL(1)              Linux Programmer's Manual              KILL(1)

NAME
       kill - terminate a process
SYNOPSIS
       kill [ -s signal | -p ] [ -a ] [ -- ] pid ...
       kill -l [ signal ]

DESCRIPTION
       The  command kill sends the specified signal to the speci≠
       fied process or process group.  If no signal is specified,
       the  TERM  signal is sent.  The TERM signal will kill pro≠
       cesses which do not catch this  signal.   For  other  pro≠
       cesses,  it  may  be necessary to use the KILL (9) signal,
       since this signal cannot be caught.
-----Info: (*manpages*)kill, 74 Zeilen --Top---------------------
Willkommen bei Info (Version 4.0). "C-h" eingeben, um Hilfe zu …
```

Hilfesysteme mit GUI-Oberfläche

Mit Einführung grafischer Oberflächen unter Linux entstanden auch zunehmend Hil-
fesysteme mit einfach zu bedienender grafischer Oberfläche. Sie sind bei deutschsprachigen Distributionen – etwa bei SuSE – in Teilen auch deutschsprachig. Sie bieten im
Gegensatz zu den Linux-Manuals aber vorwiegend Einführungen und geben Hinweise.
Ersetzen können sie damit die **man**- oder **info**-Seiten nicht.

Da zwischen den zwei Hauptrichtungen der grafischen Linux-Desktops ein ständi-
ger Wettstreit besteht, gibt es hier auch (mindestens) zwei Help-Browser: jener von
KDE und dem GNOME-Help-Browser – letzterer in der neueren Version als Teil des
Dateimanagers **nautilus**. Sie lassen sich jeweils aus dem entsprechenden Desktop über
Menüfunktionen in der Task-Leiste aktivieren.

Diese Systeme sind nach dem Hypertext-Prinzip aufgebaut, das am Bildschirm in
einem *Viewer* ein Übersichtsdokument anzeigt, und das es ermöglicht, mit der Maus

SuSE- und KDE-Hilfesystem unter dem KDE-Desktop

auf bestimmte Stichwörter zu klicken und daraufhin nähere Informationen dazu zu bekommen. Auf diese Weise ist es möglich, schnell durch Informationen zu browsen.

Sowohl im *Hilfezentrum* von KDE (dieses verbirgt sich z. B. hinter dem SuSE-Hilfesystem bzw. dem 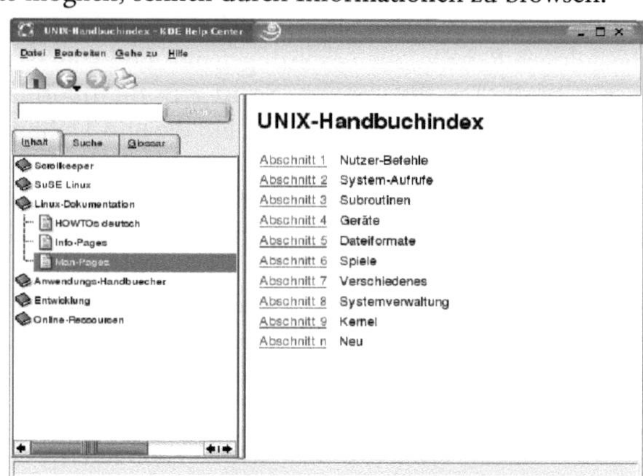-Symbol und kann auch direkt unter **khelpcenter** aufgerufen werden) als auch in der Variante unter GNOME lassen sich sowohl die **man**-Seiten als auch die **info**-Seiten suchen und anzeigen. Zumeist werden hier auch noch weitere Informationsquellen angeboten – bei SuSE z. B. auch die später noch beschriebenen HOWTOs. Beim KDE-Hil-

Abb. 2.8: *man-Seiten im KDE-Hilfezentrum*

fezentrum muss vor der ersten Suche/Nutzung zunächst ein Index aufgebaut werden, wozu Super-User-Rechte notwendig sind.

Unter GNOME lässt sich der Hilfe-Browser entweder direkt über **gnome-help** aufrufen (dies ruft seinerseits **yelp** auf), über das GNOME-Kontrollzentrum oder bei der Red-Hat-Distribution im Red-Hat-Menü 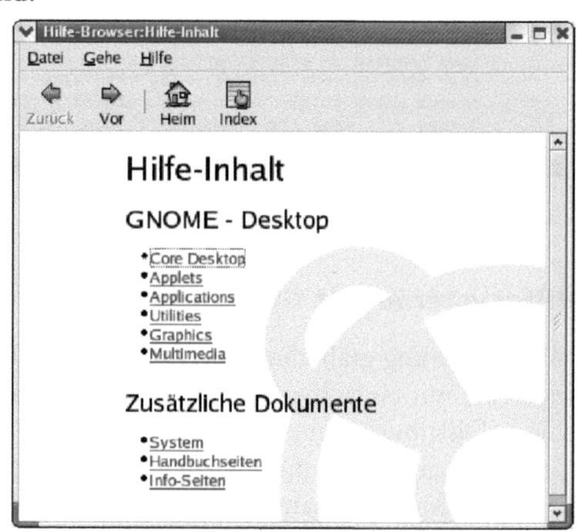 unter der *Hilfe*. Über die Indexfunktion kann man im GNOME-Hilfe-Browser statt zu navigieren per Suchbegriff sehr schnell nach den Einträgen suchen (im KDE-Hilfezentrum erfolgt dies über *Suche*).

Zu den verschiedenen Anwendungen gibt es oft neben oder statt der man-Seiten weitere Dokumentation. Sie kann bei den GUI-Programmen zumeist über einen Hilfeknopf, das

Abb. 2.9: *Doku im GNOME-Hilfezentrum*

Hilfemenü oder über F1 abgerufen werden. Die Dokumentation selbst liegt in der Regel unter */usr/doc/name* oder unter */usr/doc/share/packeages/name*.

Die verschiedenen Distributionen haben darüber hinaus oft weitere Dokumentationen – inzwischen in der Regel in HTML. Unter Red Hat erreicht man diese z. B. unter dem Menüpunkt Dokumentation ▸ im Red-Hat-Menü.

›Wie man's macht‹ – HOWTOs

Zu zahlreichen komplexeren Themenbereichen gibt in der Linux-Gemeinde so genannte *How-o*-Beschreibungen. Sie sind häufig sowohl in HTML als auch in PDF verfügbar und existieren in zwei Varianten: Linux-HOWTOs und Linux-Mini-HOWTOs. In ihnen werden bestimmte Themenbereiche recht detailliert und mit konkreten Konfigurationsbeispielen erläutert – in aller Regel in Englisch bzw. Amerikanisch. So gibt es z. B. ein gutes HowTo zum Thema LVM *(Logical Volume Manager)*, zum Thema *Samba-Konfiguration* oder zum Thema *Boot-Disk* – die verschiedenen Arten Linux zu booten. Ein Teil davon ist nicht nur in Englisch, sondern auch in anderen Sprachen – viele davon auch in Deutsch zu finden. Sind sie nicht Teil der Linux-Distribution[1] (wie z. B. bei SuSE und Red Hat), so findet man sie im Internet.

Leider sind diese HOWTOs nicht alle an einer Stelle im Internet zu finden, sondern teilweise verstreut. Man muss also z. B. auf Google suchen, etwa mit ›Linux howto *thema‹*, wobei man das Thema vorzugsweise in Englisch benennt.

Wir haben einige Internet-Adressen zu HowTos im Litertaturverzeichnis unter [HOW-TO] (siehe Seite 878) aufgeführt. Eine sehr umfangreiche HowTo-Liste ist unter folgender Internet-Adresse zu finden:
http://www.tldp.org/docs.html#howto.

Eine weitere Informationsquelle – darunter auch zahlreiche HOWTOs – ist die LDP-Home-Page, die des *Linux-Documentation-Project* unter:
http://www.linuxdoc.org.

Hier sind auch eine weitere Art typischer Linux-Dokumentation zu finden: FAQs – *Frequently Asked Questions*. Diese sind Zusammenstellungen von häufig gestellten Fragen zu einem Thema und Antworten dazu. Bevor man in einem Linux-News-Forum Fragen stellt, sollte man nach entsprechenden FAQs suchen und zunächst dort prüfen, ob das Problem bereits behandelt wurde. Bei einigen Distributionen sind eine Reihe von FAQs Teil des Lieferumfangs. Hat die eigene Linux-Distribution keine deutschsprachigen **man**-Seiten, so findet man auch hier bei Linuxdoc.org (siehe zuvor genannte URL) man-Seiten in mehrerer Sprachen, darunter in Deutsch, Französisch, Spanisch, Polnisch oder Japanisch.

Die Linux-*Document-Project*-Homepage bietet darüber hinaus – allerdings zu weniger Themen – so genannte *Guides*. Dies sind ausführlichere, Buch-ähnliche Beschreibungen zu den behandelten Themen.

---

1. Zumeist unter */usr/doc/howto* oder */usr/share/doc/howto*.

Da Dokumentation eine undankbare Aufgabe ist und bei den Programmierern recht unbeliebt, ist ein Teil der Linux-Dokumentation eher knapp gehalten und teilweise etwas veraltet – man sollte also auf das Datum der Dokumentation achten.

Bei allen hier gemachten Vorstellungen ist zu beachten, dass sich Linux insgesamt, die einzelnen Anwendungen und gesamte Desktop-Umgebungen relativ schnell weiterentwickeln. So gibt es z. B. die frühere Anwendung **gnome-help-browser** nicht mehr – sie wurde durch **yelp** ersetzt. Auch die Dokumentationen und Distributionen werden ständig verbessert; man sollte deshalb jeweils in seinem System etwas suchen oder einen Systemadministrator fragen (so man nicht selbst der Administrator ist).

Das Ende vom Anfang

Sie haben nun eine Reihe wichtiger Aspekte und Möglichkeiten des Linux-Systems kennen gelernt und sollten damit in der Lage sein – unter Umständen auch durch etwas Ausprobieren –, die zahlreichen weiteren Kommandos des Systems anhand der knappen Beschreibung in Kapitel 4 *Kommandos des Linux-Systems* benutzen zu können. Der nächste Schritt ist das Beherrschen eines Editors. Dieser sollte auf jeden Fall durch Ausprobieren und praktische Übung erarbeitet werden. Dabei lohnt es sich, mit den verschiedenen Varianten etwas zu spielen, bis man einen oder zwei Editoren für die eigenen Bedürfnisse und den eigenen Geschmack gefunden hat.

3 Konzepte und Begriffe

Dieses Kapitel geht über die Einführung von Kapitel 2 hinaus und erläutert für die wichtigen Bereiche Konzepte und Nomenklatur des Linux-Systems. Es versucht, Informationen, die in der Linux-Dokumentation teilweise nur verstreut zu finden sind, kompakt und zusammenhängend darzustellen. Dabei lassen sich Wiederholungen nicht ganz vermeiden, weil zuweilen die gleiche Information beim Kommando und in der Übersicht auftritt.

Wenn hier von *Linux* die Rede ist, so treffen die Beschreibungen mit wenigen Ausnahmen ebenso auf Unix zu, gleichen sich doch gerade die Basiskonzepte sehr stark. Just dies macht für viele Unternehmen Linux dort attraktiv, wo sie mit Linux-Systemen ihre teureren proprietären Systeme ablösen oder ergänzen können. Unix-Kenner kommen sehr einfach mit Linux zurecht und Linux-Kenner ebenso mit den gängigen Unix-Varianten wie HP/UX, IBM AIX oder Sun Solaris. Auch für die anderen freien Unix-Derivate wie etwa OpenBSD, NetBSD und FreeBSD gilt dies.

Einige Begriffe werden verwendet, wie sie sonst im deutschen IT-Wortschatz nicht vorkommen. So wird z.B. das Wort *mounted* mit *montiert* oder *eingehängt* übertragen. Die Autoren sind mit einigen solcher Übersetzungen selbst nicht zufrieden, wollten jedoch nicht auf umständliche Umschreibungen wie *in den Systemdateibaum eingehängt* für *mounted* ausweichen.

Auf Grund von Differenzen in der Implementierung der einzelnen Linux-Distributionen sowie von unterschiedlichen Versionsständen und von bestimmten lokalen Einstellungen kann es zu geringfügigen Abweichungen zwischen der in diesem Buch gegebenen Erklärungen und Optionen und der Realisierung im System des Lesers kommen.

An einigen Stellen wurden bei der Beschreibung Vereinfachungen vorgenommen, soweit sie der Verständlichkeit dienen. Es wird dann durch Bemerkungen wie *in der Regel ist ...* darauf hingewiesen.

3.1   Benutzer und Benutzerumgebung

3.1.1   Der Zugang des Benutzers zum System

Zum Arbeiten an einem Linux-System muss sich der Benutzer bei diesem zunächst explizit anmelden. Dies geschieht mit Hilfe des **login**-Verfahrens unter Angabe eines Namens (für das System der *Benutzername* bzw. die so genannte *Benutzeridentifikation*) und eines Passwortes.[1] Der Login-Name wird auch als *Account* bezeichnet.

Der Name – der nicht mit einem Großbuchstaben beginnen sollte – muss dem System zuvor einmal durch einen privilegierten Benutzer (dem Systemverwalter als *Super-User*) bekannt gemacht werden. Hierzu wird der Name des Benutzers (maximal acht Buchstaben) zusammen mit der *Benutzernummer*, der *Gruppennummer* des Benutzers sowie dem *Standardverzeichnis des Benutzers* in die Passwortdatei *(/etc/passwd)* eingetragen.

Zu diesen Einträgen gehört auch das Programm, das nach dem Anmelden automatisch gestartet wird. Nahezu immer ist dies eine Shell, die dann – abhängig von der Konfiguration – oft zusätzlich eine grafische Oberfläche hochfährt. Meldet sich der Benutzer danach zum ersten Mal an, so besitzt er möglicherweise noch kein Passwort. Er kann dies dann dem System durch den Aufruf des Kommandos **passwd** mitteilen. Das Passwort wurde früher unter Unix in codierter Form in die Passwortdatei eingetragen. Inzwischen steht es unter Unix und Linux nicht mehr in */etc/passwd*, sondern – besser geschützt – in */etc/shadow*.

Beim Passwort versucht Linux (entsprechend konfiguriert), sichere, d.h. minimal sechs oder acht Zeichen lange Passwörter zu erzwingen. Der Eintrag eines Passwortes ist – abhängig von bestimmten Systemeinstellungen – nicht unbedingt notwendig, sondern wird nur empfohlen. Einstellungen können das sofortige Setzen eines Passwortes oder die Änderung des vorbelegten Passwortes beim ersten Anmelden erzwingen. Der Benutzer muss dann dazu nicht explizit das **passwd**-Kommando aufrufen. Ein Ändern des Passwortes ist nur durch den Benutzer selbst oder durch den Super-User möglich (ebenfalls durch das Kommando **passwd**). Vergisst ein Benutzer sein Passwort, so muss der Super-User ihm vorübergehend ein neues geben; das alte Passwort lässt sich nicht und durch keinen Benutzer abfragen oder rekonstruieren.

---

1. Statt eines Account-Namens und eines Passwortes gibt es inzwischen auch Verfahren, bei denen man seine Chipkarte einsteckt und eine PIN eingibt. Dies ist bisher aber nur über Erweiterungen möglich und noch selten im Einsatz.

Die Anforderungen an das Passwort hinsichtlich Komplexität (Länge, Groß-/Kleinschreibung und Sonderzeichen) und Gültigkeitsdauer kann der Systemadministrator festlegen. Bereits die Standardbelegung gewährleistet aber bei den meisten aktuellen Linux-Systemen einen akzeptablen Schutz.

Das System selbst unterscheidet drei Arten von Benutzern:

▸ den normalen Benutzer
▸ den Super-User
▸ spezielle Administrations- und Prozessbenutzer

Der **Super-User** zeichnet sich dadurch aus, dass für ihn die normalen Schutzmechanismen, z.B. bezüglich der Zugriffsrechte auf Dateien, nicht und nur eingeschränkt gelten. Er ist in der Lage, praktisch alle Dateien und Verzeichnisse zu lesen, zu modifizieren, zu löschen und deren Attribute zu ändern. Der Name des Super-Users ist **root**. Er ist (Abweichungen sind möglich) auch als Besitzer des Verzeichnisses an der Systemwurzel (*root directory*) der meisten Geräteknoten im Verzeichnis */dev* sowie der Verzeichnisse */bin*, */etc*, */usr* und */tmp* eingetragen. Daneben ist er der Besitzer der Passwortdateien */etc/passwd* und */etc/shadow* und als einziger berechtigt, darin Änderungen vorzunehmen.

Darüber hinaus muss er als Besitzer aller Programme eingetragen sein, die kontrollierte Modifikationen an seinen wichtigen Systemverwaltungsdateien vornehmen. In diesen Programmen ist dann das *Set-UID-Bit* an Stelle des x-Rechtes gesetzt (siehe hierzu Abschnitt 3.3.1 auf Seite 160).

Aus Sicherheitsgründen sollte der Super-User stets ein Passwort besitzen! Auch Benutzer des Systems, die als Systemverwalter fungieren, sollten den Super-User-Status nur dann benutzen, wenn es für Verwaltungsarbeiten notwendig ist.

Mit UNIX System V.4.2 wurden abgestufte bzw. individuell vergebbare Rechte für die Aufgaben der Systemverwaltung eingeführt. Dieses Konzept hat auch Linux übernommen. Es gestattet, gewisse administrative Aufgaben – etwa das Einrichten eines weiteren Benutzers – auch durch spezielle, andere Benutzer ausführen zu lassen, ohne dass diese das Root-Recht benötigen.

3.1.2 Benutzernummer, Gruppennummer

Sein *Super-User-Privileg* erhält der Super-User lediglich durch die Benutzernummer **0** im Eintrag der Datei */etc/passwd.*

Von dieser privilegierten Benutzernummer 0 abgesehen, gibt es keine weitere harte Festlegung bezüglich Benutzernummern und Benutzerprivilegien. Außer dem Super-User sind damit alle Benutzer gleichberechtigt. An vielen Installationen existieren zwar Konventionen bezüglich der Vergabe von Benutzernummern; [1]diese haben jedoch vom Systemkern aus gesehen keine Bedeutung.

Die *Benutzernummer,* auch als **UID** (*User Identification*) bezeichnet, sollte eindeutig sein, d.h. nur einmal vorhanden. Sie stellt die eigentliche, systeminterne Identifikation eines Benutzers dar.

---

1. Systemnahe Arbeiten z.B. unter den Benutzernummern 1–99, normale Benutzer ab 500.

Neben der Benutzernummer besitzen alle Benutzer und Dateien eine **Gruppennummer**. Diese erlaubt es, mehrere Benutzer zu einer Gruppe mit gesondert vergebbaren Zugriffsrechten zusammenzufassen. Die Gruppennummer wird unter Linux auch mit **GID** (*Group Identification*) abgekürzt.

Neuere Unix- und aktuelle Linux-Systeme halten die Benutzerpasswörter nicht mehr in der – allgemein lesbaren – Passwort-Datei */etc/passwd*, sondern benutzen dazu eine Schattendatei (*/etc/shadow*), die nur durch den Benutzer *root* lesbar ist. Hier steht dann in */etc/passwd* statt des verschlüsselten Benutzerpasswortes lediglich ein ›x‹. Einträge und Änderungen in der Schattendatei könnten zwar vom Systemverwalter prinzipiell auch über einen Editor vorgenommen werden, sollten aber aus Konsistenzgründen nur über spezielle Administrationskommandos durchgeführt werden. Damit nicht für jede Rechteüberprüfung auf die Dateien zugegriffen werden muss, baut Linux eine Hilfsdatenbank hierzu auf, die zusätzlich im Systemspeicher gepuffert gehalten wird.

Linux bietet einen Passwort-Alterungsmechanismus, der es erlaubt, dass der Benutzer nach einer vorgebbaren Benutzungsdauer sein Passwort ändern muss.[1] Er wird dazu zuvor darauf hingewiesen.[2] Dieser Mechanismus ermöglicht in sicherheitsrelevanten Umgebungen die Passwortsicherheit durch einen ständigen Wechsel zu erhöhen. Zugleich verursacht dies jedoch einen erheblich höheren Verwaltungsaufwand, da nach dem Ablauf des Passwortes nur noch der Systemverwalter den Benutzerzugang freigeben kann. Fraglich ist auch, ob durch ständige erzwungene Passwort-Änderungen die Sicherheit tatsächlich erhöht wird. Es führt oft nur dazu, dass der Benutzer sich sein aktuelles Passwort nicht merken kann und es sich daher schriftlich notiert – eine Todsünde in sicherheitsrelevanten Umgebungen.

Analog zur Datei */etc/passwd*, in der für jeden Benutzer ein Passwort eingetragen werden kann, gibt es eine Datei */etc/group*, in der die Benutzergruppen mit ihren Mitgliedern und Passwörtern verzeichnet sind. In dieser Datei wird nach dem Gruppennamen gesucht, wenn dieser vom System benötigt wird (z.B. bei **ls** **–g**). Systemintern ist der Benutzer immer nur unter seiner Benutzer- und Gruppennummer bekannt. Unter Linux kann ein Benutzer zugleich Mitglied mehrerer Gruppen sein und damit die Zugriffsrechte aller Gruppen haben, in denen er als Mitglied eingetragen ist. Wie zu */etc/passwd* kann es auch zu */etc/group* eine Schattendatei */etc/gshadow* geben, in der die wirklichen Gruppenpasswörter verschlüsselt hinterlegt sind. Diese Gruppen-Schattendatei ist aber nur vorhanden, wenn Gruppenpasswörter vergeben wurden, was häufig nicht der Fall ist.

Den Benutzern der gleichen Gruppe können gleiche Zugriffsrechte bezüglich des Zugriffs auf gemeinsame Dateien erteilt werden.[3] Er hat jedoch eine Primärgruppe. Dies ist jene, welche (per Gruppennummer) für ihn in */etc/passwd* eingetragen ist und auch jene, die in der Regel angezeigt wird. Wird von einem Programm (z.B. bei **ls** **–g** …) statt eines Benutzernamens oder Gruppennamens eine Benutzernummer oder Gruppennummer ausgegeben (beispielsweise nach Einspielen fremder Dateien), so ist dies ein Anzeichen dafür, dass unter dieser Nummer kein Benutzer in der entsprechenden Passwortdatei eingetragen ist.

---

1. Dies wird durch spezielle Werte in der Schattendatei definiert.
2. Auch hier kann vorgegeben werden, wieviele Tage vor dem Ablauf dies erfolgen soll.
3. Siehe hierzu ›Zugriffsrechte auf eine Datei – der Datei-Modus‹ auf Seite 128.

Zweck der Benutzer- und Gruppennummer ist die Realisierung von Schutzmechanismen für Zugriffsrechte bei Dateien und ähnlichen Objekten. Hier werden entsprechend der Benutzerunterteilung der *Besitzer*, die *Gruppe* und *alle anderen* unterschieden. So vergibt man häufig die gleiche Gruppe(nnummer) an alle Mitarbeiter einer Abteilung – sie können so z. B. alle auf die Informationen (Dateien) der Abteilung zugreifen oder allen Benutzern, die ein bestimmtes Programm ausführen dürfen, wobei man dann dem Programm die Ausführungsrechte so setzt, dass nur die Benutzer der betreffenden Gruppe es ausführen dürfen. Daneben erlauben Benutzer- und Gruppennummer z. B. eine Abrechnung für Systemnutzung und Belegung der Hintergrundspeicher oder der Nutzung von Druckern. Dieses *Abrechnen* wird im Computerjargon als *Accounting* bezeichnet und wird unter *Systempflege* behandelt (siehe Kapitel 9.5).

3.1.3 Dateiverzeichnisse des Benutzers

Für jeden Benutzer sollte ein eigenes (Datei-)Verzeichnis *(directory)* vorhanden sein, in welchem der Benutzer frei Dateien anlegen und löschen darf und als dessen Besitzer er eingetragen ist. Dieses Verzeichnis wird in der Regel als ›*Standardverzeichnis nach dem Anmelden* oder kürzer **login-Verzeichnis** (englisch: *login directory*) bezeichnet und im entsprechenden Benutzereintrag in der Datei */etc/passwd* festgelegt. Hierdurch erhält der Benutzer dieses Verzeichnis beim Anmelden (**login**) automatisch als *Standardverzeichnis* (gleichbedeutend mit *aktuellem Verzeichnis* oder *Arbeitsverzeichnis*).

Dieses Verzeichnis wird beim Anmelden auch der Shell-Variablen HOME zugewiesen und wird damit auch zum **Hauptverzeichnis** (englisch: *home directory*). Das Hauptverzeichnis ist das Verzeichnis, das man als *aktuelles Verzeichnis* zugewiesen bekommt, wenn man das **cd**-Kommando ohne einen Parameter aufruft. Es wird in der deutschsprachigen Literatur auch als **Heimatverzeichnis** oder als **HOME-Verzeichnis** bezeichnet. Das HOME-Verzeichnis lässt sich vom Benutzer durch Zuweisung eines neuen Verzeichnisnamens an die Shell-Variable HOME ändern, während das **login**-Verzeichnis nur durch den Super-User in der Passwortdatei bzw. durch entsprechend privilegierte Benutzer über eine Systemverwaltungs-Oberfläche geändert werden kann.

Diese Benutzerverzeichnisse, die als *login directories* eingetragen sind, liegen per Konvention im Verzeichnis */home* vor. Wird ein neuer Benutzer durch ein entsprechendes Verwaltungswerkzeug eingerichtet (durch **adduser** oder Oberflächen wie den YaST2 unter der Funktion *Sicherheit & Benutzer → Benutzer bearbeiten und anlegen* unter **admintool** unter Sun Solaris, **SMIT** unter **IBM AIX** oder **SAM** unter HP/UX), so werden Zugriffsrechte und Besitzer bereits korrekt gesetzt. Durch Systemverwaltungswerkzeuge wird ein Benutzer meist nicht nur als zulässiger Benutzer eingetragen, sondern für ihn wird auch das Mail-System konfiguriert, und ihm werden die wichtigsten Konfigurationsdateien für seine Standardumgebung (Arbeitsumgebung, grafische Oberfläche, Mail-System) kopiert, so dass er sich meist sofort und produktiv anmelden kann. Während man einzelne Benutzer bequemer durch die erwähnten Werkzeuge mit grafischer Oberfläche anlegt, ist das Anlegen und Löschen zahlreicher Benutzer mit dem Kommando **adduser** wesentlich effizienter.

3.1.4   Das An- und Abmelden beim System

Ein Benutzer meldet sich beim System durch das **login**-Kommando an und durch Eingabe der [eof]-Taste, das **exit**-Kommando oder bei der C-Shell durch **logout** wieder ab. Bei grafischen Oberflächen gibt es in aller Regel einen Logout- oder Abmeldeknopf. Durch ein zweites **login**-Kommando meldet er sich ab und gleichzeitig wieder neu an – eventuell als ein anderer Benutzer.

Anmelden

Wird das System neu gestartet oder hat sich der vorherige Benutzer des Systems ordnungsgemäß abgemeldet, so zeigt der (alphanumerische) Bildschirm die Login-Meldung, die etwa wie folgt aussehen kann (*lapyl* ist hier der Rechnername):

```
Welcome to SuSE Linux 8.1 (i386) - Kernel 2.4.19-4GB (0)

lapyl login
```

Bei einer grafischen Oberfläche – und dies ist inzwischen der Standard für die meisten Linux-Arbeitsplätze – sieht es etwa wie folgt aus:

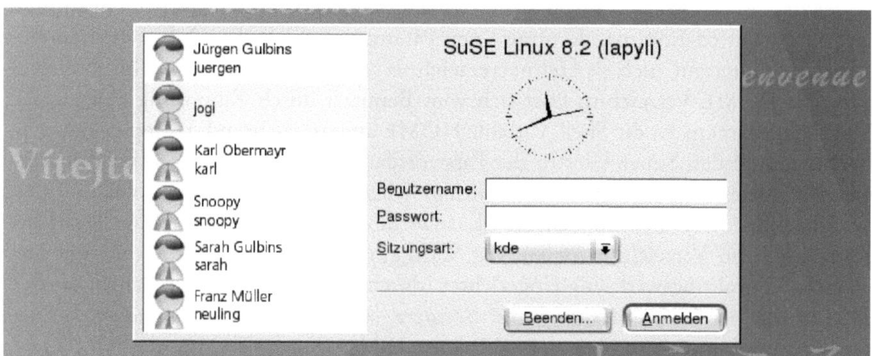

Abb. 3.1: Beispiel eines Login-Bildschirms bei einer grafischen Oberfläche

Hier sind nun die Benutzeridentifikation und das Passwort einzugeben und jeweils durch [cr] abzuschließen.

Für das Passwort erfolgt – abhängig von den Systemeinstellungen – keinerlei Anzeige am Bildschirm oder die Ausgabe von Sternchen. Aus Sicherheitsgründen erfolgt die Benutzerprüfung immer erst nach korrekter Eingabe beider Felder. Nach der Überprüfung des Benutzernamens und des Passwortes führt das System den Anmeldeprozess durch. Wurde mehrmals hintereinander eine falsche Benutzer-/Passwort-Kombination eingegeben, so sperrt das System die Dialogstation für eine gewisse Zeit. Hiermit sollen automatisierte Angriffe über ein Durchprobieren verschiedener Passwörter durch einen anderen Rechner erschwert werden.

Der Benutzer bekommt beim Login seine Benutzer-, seine Gruppennummer und sein Hauptverzeichnis (englisch: *home directory*) zugeordnet, für einen zeichenorientierten Bildschirm werden Terminal-Charakteristika gesetzt und anschließend das in der Passwortdatei angegebene Initial-Programm gestartet. Dies ist in der Regel eine Shell (*/bin/ bash* oder */bin/tcsh*) oder ein Desktop.

Danach wird die grafische Oberfläche – sofern vorhanden und konfiguriert – mit ersten Anwendungen (Terminal, Uhr, Mail) gestartet und (bei der Bourne- und Korn-Shell sowie der **bash**) die Kommandos der Datei */etc/profile* ausgeführt. Sofern vorhanden, wird eine Systemnachricht aus der Datei */etc/motd* (*message of the day*) am Bildschirm ausgegeben. Liegen Nachrichten (*mail*) für den Benutzer vor, so wird – abhängig vom login-Skript – der Benutzer mit der Meldung *You have mail* informiert.

Für das Starten der grafischen Oberfläche, d.h. des X Window Systems, ersten Anwendungen unter der grafischen Oberfläche und ggf. eines Desktop-Managers,[1] gibt es viele unterschiedliche und in sehr weitem Rahmen konfigurierbare Möglichkeiten und Konventionen. So kann beispielsweise das X Window System unmittelbar nach dem Hochfahren des Systems gestartet werden und dann selbst die Benutzerauthorisierung vornehmen (z.B. mittels **xdm**; siehe Abb. 3.1). Alternativ erhält der Benutzer auch auf einem grafischen Bildschirm zunächst eine zeichenorientierte Login-Aufforderung und startet erst nach seiner erfolgreichen Anmeldung das X Window System[2] zusammen mit einigen typischen ersten Applikationen.

Bei einer grafischen Oberfläche mit Desktop-Umgebung könnte sich der Bildschirm auch wie in Abb. 3.2 präsentieren.

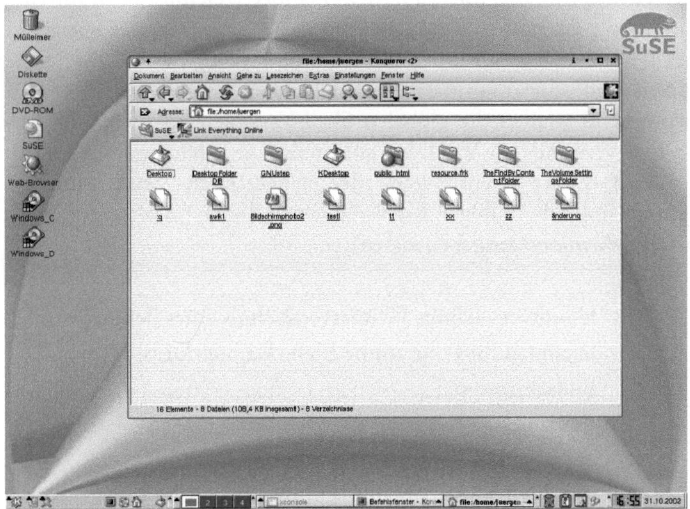

Abb. 3.2: Bildschirm eines Linux-Desktops (hier unter KDE bei SuSE)

---

1. Siehe ›Grafische Oberfläche: Desktop-System‹ auf S. 36.
2. Mittels Kommandos wie **xinit** oder **startx**.

Wird die Shell (oder die **bash**) gestartet, so sieht diese im Standardverzeichnis des Benutzers nach, ob eine Datei mit dem Namen *.profile* existiert und führt, falls vorhanden, die darin stehenden Kommandos aus. Bei der C-Shell oder **tcsh** sind dies die Kommandos der Dateien *.login* (nur bei einer *Login-Shell*) und *.cshrc* (von jeder weiteren C-Shell). Wird die Shell über die Terminalemulation **xterm** des X Window Systems gestartet, so sollte darauf geachtet werden, dass diese tatsächlich als so genannte *Login-Shell* gestartet wird. Nur dann durchläuft sie die anfänglichen Konfigurationsdateien. Dies lässt sich auch durch die Option **-ls** (*login shell*) beim Aufruf des **xterm** erreichen.

Mit einem erfolgreichen **login** wird auch das Anmelden mit Benutzername, Dialogstation und Uhrzeit in den Dateien */etc/utmp* (zur Abfrage für das **who**-Kommando) und */etc/wtmp* (für eine Systemabrechnung) eingetragen.

Abmelden

Das Abmelden erfolgt durch die Terminierung der Shell entweder durch die Eingabe des `eof`-Zeichens, durch das Kommando **exit** (bei der Bourne- und Korn-Shell sowie bei der **bash**) oder durch den Befehl **logout** bei der C-Shell. Sie führt dann vor der Terminierung die Kommandos der Datei *.logout* im **login**-Verzeichnis des Benutzers aus.

3.1.5   Die Benutzerumgebung

Wird als Initial-Programm (bzw. als Benutzerschnittstelle) beim **login** eine Shell aufgerufen, so stellt diese eine Benutzerumgebung her. Sie besteht aus dem aktuellen Verzeichnis (*working directory*), dem Hauptverzeichnis (*home directory*), dem Suchpfad für Programme und dem Typ der Dialogstation. Zugleich werden durch Benutzer- und Gruppennummer die Privilegien des Benutzers und seine Zugriffsrechte auf Dateien festgelegt. Entsprechend werden die globalen Shell-Variablen besetzt. Die hier verwendeten Variablen sind teilweise abhängig vom benutzten UNIX-/Linux-System und der eingesetzten Shell. Einige wichtige Vorbelegungen sind z.B. in folgenden Variablen zu finden (man kann sich deren Werte per **echo** $*variablenname* ausgeben lassen):

HOME	Hauptverzeichnis, Heimatverzeichnis eines Benutzers
PATH	Suchpfad für Programme (siehe Kapitel 3.1.6)
TERM	Bildschirmtyp
TZ	Zeitzone
LANG	Sprache und Sprachbereich des Benutzers
LC_*xxx*	verschiedene Variablen für Einstellungen zur Lokalisierung
DISPLAY	Anzeigebildschirm des X Window Systems, normalerweise *rechnername:0.0* (genauer: Name des X-Servers)
PS1 ... PS4	die verschiedenen Shell-Prompt-Zeichen

Weitere sinnvolle Besetzungen, die in der Regel jedoch vom Systemverwalter oder vom **login**-Prozess vorzugeben werden, wären die Shell-Variablen:[1]

LOGNAME	Name des Benutzers beim **login**
UID	Benutzernummer des aktuellen Benutzers
MAIL	Briefkasten für den Benutzer
	(Standard unter Linux: */var/mail/benutzer-name*)
SHELL	Name des Interpreter-Programms, das aus anderen Programmen heraus gestartet wird, normalerweise unter Linux die **bash**
HOSTNAME	Rechnername des aktuellen Arbeitsrechners
OSTYPE	Art des Betriebssystems (hier zumeist ›linux‹)

Die Besetzung von PATH ist systemabhängig und wird durch das **login**-Programm vorgenommen. Erweiterungen des Suchpfades können vom Systemverwalter in der Datei */etc/profile* oder vom einzelnen Benutzer in der Definitionsdatei seiner Arbeitsumgebung definiert werden.

Weitere vom Benutzer gewünschte Definitionen und Kommandos lassen sich in einer Datei mit dem Namen *.profile* (bei der C-Shell mit dem Namen *.login* und *.cshrc*) im Hauptverzeichnis des Benutzers festlegen. Diese Kommandoprozedur wird von der Login-Shell beim Aufruf automatisch durchlaufen und somit der gewünschte Zustand hergestellt. Zusätzlich Festlegungen sind vom Super-User in */etc/profile* möglich und werden dann als erstes für alle Benutzer (der entsprechenden Shells) durchlaufen.

In *.profile* stehen sinnvollerweise sitzungsbezogene Initialisierungskommandos wie die Angabe eines neuen Standardverzeichnisses (sofern er von dem in der Passwortdatei abweicht), Angaben zum Typ des Terminals und das Setzen von Parametern für die Dialogstation. Hier kann auch die Besetzung von globalen Shell-Variablen (*Environment*-Variablen) vorgenommen werden, deren Werte von einigen Programmen (z. B. **vim**, **more**, **less**), die Standardpfade zu den Informationen für das **man**-Kommando (**MANPATH**), der Suchpfad für das **info**-Kommando (**INFODIR**), **INFOPATH** um **emacs** zu sagen, wo er seine Informationen findet und z. B. im X Window System für Vorbesetzungen benötigt werden. An dieser Stelle ist auch die Definition von speziellen Abkürzungen sinnvoll, welche der Benutzer während seines Dialogs verwenden möchte (siehe hierzu Kapitel 6).

Neben der bisher angeführten Parametrisierung der Benutzerumgebung gibt es eine Reihe weiterer einfacher Verfahren, mit denen ein Benutzer seine Systemumgebung weiter aus- und umbauen kann:

▸ Umbenennung von Linux-Kommandos mittels **ln** oder **mv**
▸ Verwendung von Abkürzungen mit Shell-Variablen
▸ Einführung von Abkürzungen über die Alias-Definition der **bash**
▸ Einführung von Abkürzungen über Funktionsdefinition der **bash**
▸ Verwendung eigener Kommandoprozeduren
▸ Definition weiterer Umgebungsvariablen für häufig benutzte Kommandos und Programme
▸ Funktionsmenüs bei grafischen Oberflächen

---

1. Für eine vollständigere Liste siehe Anhang A.4 auf Seite 854.

Dabei ist es sinnvoll, solche Anpassungen in den so genannten *Profile-Dateien* des jeweiligen Benutzers zu hinterlegen. Die Dateinamen der Profile-Dateien beginnen in aller Regel mit einem Punkt und werden so beim normalen Kommando nicht mit aufgelistet.

Anpassungen, die systemweit als Standardeinstellungen gelten sollen, werden dazu in System-Profile-Dateien hinterlegt. Diese liegen per Konvention im Verzeichnis */etc*. Die entsprechenden Dateien haben im Gegensatz zu den Benutzer-Profile-Dateien keinen führenden Punkt im Dateinamen. Entsprechend gibt es für die Shell bzw. **bash** in */etc* die Datei ***profile***, welche vor allen anderen Profile-Dateien beim Shell-Start gelesen wird (so vorhanden). Sie ist aber eher spezifisch für die Linux-/Unix-Distribution und sollte nicht geändert werden, da sie beim nächsten Update eventuell überschrieben wird. Spezifische Anpassungen (für alle Benutzer des betreffenden Rechners) führt man z.B. unter SuSE-Linux deshalb für die Shell in */etc/profile.local* aus.

Die Reihenfolge der ausgewerteten Profile-Dateien beim Shell-Start lautet für die **bash**:[1]

*Tabelle 3.1: Initialisierungsdateien der Shell (**bash**)*

1	/etc/profile.local	Einstellungen für alle Benutzer des lokalen Systems
2	/etc/profile	System- und distributionsweite Einstellungen (**nur** bei Login-Shell). Setzt sinnvolle Vorbelegungen (z.B. für $PATH) für Benutzer ohne eigene Profile-Dateien.
3	~/.profile[a]	individuelle Einstellungen für den jeweiligen Benutzer (im Home-Verzeichnis des Benutzers)
4	~/.bash_profile	individuelle Einstellungen für den jeweiligen Benutzer (im Home-Verzeichnis des Benutzers). Sie wird von der bash **nur** dann gesucht, wenn diese ein Login-Shell ist.
5	~/.bash_login	individuelle Einstellungen für den jeweiligen Benutzer (im Home-Verzeichnis des Benutzers)
6	~/.bashrc	individuelle Einstellungen für den jeweiligen Benutzer (im Home-Verzeichnis des Benutzers). Ist die **bash** keine Login-Shell, so wird **nur** diese Datei ausgeführt.
A	/etc/inputrc	steuert – systemweit – das Verhalten der Funktion (Bibliothek) **readline**, welche auch von der **bash** verwendet wird.
B	~/.inputrc	benutzerindividuelle Einstellungen für die **readline**-Funktion

a. Das Tildezeichen ›~‹ steht in der Shell als Abkürzung für das jeweilige Home-Verzeichnis des aktuellen Benutzers bzw. für den Inhalt von $HOME.

Dabei werden die Dateien ab Position 4 nur gesucht und abgearbeitet, wenn die Dateien der vorhergehenden Positionen nicht gefunden oder gelesen werden können. Später ausgewertete Dateien *überschreiben* dabei Definitionen aus vorhergehenden Dateien.

---

1. Hier können durch entsprechende Teile in einem ersten Profile-Skript individuelle Änderungen in Distributionen oder lokalen Systemen existieren!

Die Datei *~/.bash_logout* kann Shell-Anweisungen enthalten, die bei der Beendigung einer Login-Shell ausgeführt werden. Hier bringt man in der Regel Aufräumarbeiten unter (z.B. das Löschen bestimmter temporärer Dateien).

Benutzerumgebung in der grafischen Oberfläche

Diese Definitionen gelten für die Arbeit mit der Kommandozeile auf einem zeichenorientierten Bildschirm genauso wie für die Arbeit am Desktop der grafischen Oberfläche.

Dabei ist darauf zu achten, dass die Konfigurationsdateien (*.profile* oder *.cshrc*) für grafische Umgebungen meist wesentlich aufwändiger gestaltet sein müssen. In grafischen Umgebungen werden diese Dateien zu Beginn oder während einer Sitzung meist mehrfach durchlaufen und müssen entsprechend konfiguriert sein:

▸ einmal zu Beginn der Sitzung bei der eigentlichen Benutzeranmeldung:
  Dabei muss eventuell die grafische Oberfläche hochgefahren werden. In der Konfigurationsdatei sollten dabei keine Ausgaben erfolgen (diese wären nicht sichtbar). Diese erste Shell tritt nach Start der Oberfläche in den Hintergrund und wird nicht interaktiv genutzt.

▸ während der Sitzung beim Start einer Terminalemulation (**xterm**):
  Dabei darf die grafische Oberfläche natürlich nicht schon wieder hochgefahren werden; andererseits wird die Shell interaktiv genutzt und sollte daher alle nötigen Definitionen enthalten. Im Normalfall laufen auch bei einem Benutzer mehrere solcher Shell-Fenster bzw. Terminalemulationen nebeneinander, die alle beim Aufruf die gleiche Konfigurationsdatei durchlaufen müssen. Die Terminalemulation muss daher jeweils als *login shell* deklariert werden (Aufruf durch **xterm -ls**).

In grafischen Umgebungen muss die Variable $DISPLAY korrekt auf die Anzeigestation des jeweiligen Benutzers gesetzt sein. Dies ist normalerweise der Name, den der Rechner im Netz trägt, mit einem angehängten ›:0.0‹, also beispielsweise ›zeus:0.0‹ bei einem Rechnernamen (nicht Benutzernamen) *zeus*. Geschieht dies nicht, tritt der meist störende Effekt auf, dass Programme des X Window Systems am falschen Bildschirm angezeigt werden.

Abkürzungen mit Shell-Variablen

Benutzt man häufig Dateien mit längeren Pfadnamen ohne sein aktuelles Verzeichnis umsetzen zu wollen (z.B. */opt/dateien/aktuell/beschreib*), so möchte man diese zumeist abkürzen. Eine Möglichkeit besteht darin, die langen Bezeichner einer Shell-Variablen mit kurzem Namen zuzuweisen. Die Variable wird als *global* deklariert und dann die Variable statt des langen Bezeichners eingesetzt, wie folgendes Beispiel zeigt:

```
$un=/opt/dateien/aktuell/beschreib      Variablenbelegung
$export un                              Exportieren der Variablen
$vi $un                                Variable als Argument statt
                                        eines Dateinamens
```

In der ersten Zeile wird die Zeichenkette */opt/dateien/aktuell/beschreib* der Shell-Variablen *un* zugewiesen und diese damit definiert. Mit der zweiten Zeile wird die Variable *un* als global deklariert, so dass sie auch in nun aufgerufenen Shell-Prozeduren gültig ist. In der dritten Zeile wird die Variable im Aufruf des Editors **vi** benutzt. Die Shell substituiert dabei ›$un‹ durch den Wert der Variablen *un*. Dies ist hier die zuvor zugewiesene Zeichenkette */opt/dateien/aktuell/beschreib*. Leider ist der Substitutionsmechanismus der Shell nicht ganz einfach zu verstehen. Es kommt hier für den weniger geübten Benutzer oft zu schwer verständlichen Ergebnissen. Der volle Substitutionsmechanismus ist in Kapitel 6 detailliert erklärt.

Vorbelegungen über Shell-Variablen

In vielen Fällen werden Shell-Variablen zur Vorbelegung wichtiger Steuerparameter von Programmen benutzt. So definiert die Variable MAIL z.B. für die Mail-Programme, in welcher Datei der Postkorb liegen soll, während die Häufigkeit, mit welcher der Postkorb auf neue Post zu überprüfen ist, in MAILCHECK vorgegeben wird. Das **man**-Kommando, welches die Manualseiten der Linux-Kommandos ausgibt, sucht nach den Kommandobeschreibungen in den Verzeichnissen, die in der Variablen MANPATH vorgegeben sind. Diese Variablen sind entweder systemweit vorbelegt oder können durch den Benutzer selbst (normalerweise in der Datei *.profile*) geeignet gesetzt werden.

Funktionsdefinitionen

Die **bash**, Bourne- und Korn-Shell erlauben die Definition von Funktionen wie folgt:

> *funktionsname* () *kommando*

oder, falls mehrere Kommandos ausgeführt werden sollen:

> *funktionsname* () { *kommando_folge* ; }

In dem Kommando kann mit dem üblichen Parametermechanismus der Shell ($1, $2, …) auf die beim Aufruf angegebenen Parameter zugegriffen werden.

Soll z.B. eine Funktion LL mit der Aufgabe *Erstelle ein ausführliches Listing* definiert werden, so kann dies mit

> LL () ls -l $*

erfolgen. LL kann nun wie ein Shell-internes Kommando aufgerufen werden.

Der Vorteil gegenüber Kommandoprozeduren besteht darin, dass die Definition nur temporär im Speicher existiert und keine Kommandodatei angelegt werden muss. Eine Shell-Funktion ist vergleichbar mit einer Variablen, die Shell-Kommandos enthält. Die Abarbeitung ist damit auch schneller. Mit dem **unset**-Kommando lässt sich eine Funktionsdefinition aufheben. Will man solche Funktionen in jeder Sitzung verwenden, so wird sie in der *.profile*-Datei des Benutzers definiert. Diese Art der Definition ist der Alias-Funktion ähnlich, erlaubt im Gegensatz zur nachfolgend beschriebenen **alias**-Funktion auch rekursive Aufrufe.[1]

---

1. Das heißt, die Funktion darf sich selbst wieder aufrufen.

Alias-Definition der bash und Korn-Shell

Die Alias-Definition der **bash** oder Korn-Shell belegt ähnlich wie die Funktionsdefinition ein Kürzel mit einem längeren Kommando. Dies geschieht wie folgt:

    alias *kürzel=kommando*

Wird danach *kürzel* als Kommando angegeben, so wird dafür das nachstehende Kommando von der **bash** eingesetzt. Im Kommando dürfen dabei auch Parameter und Optionen vorkommen. Die Parameter beim Aufruf werden wie in Shellprozeduren üblich mittels **$1, $2, ...** angegeben.

Das nachfolgende Beispiel definiert einen Alias *ll* mit gleicher Funktionalität wie zuvor die LL-Shell-Funktion:

    alias ll='ls -l $*'

Der Aufruf ›ll /etc‹ wird dann von der **bash** zu ›ls -l /etc‹ expandiert. Das Kommando **alias** (ohne Parameter) zeigt alle existierenden Definitionen an; **unalias ll** ermöglicht, diese Definition wieder aufzuheben. Sollen die Funktionen für den Benutzer in allen Sitzungen zur Verfügung stehen, so kann die Definition in der Datei *.login* erfolgen.

Bei C-Shell oder **tcsh** steht statt des Gleichheitszeichen ein Leer- oder Tabulatorzeichen. Hier würde man das entsprechende Alias also wie folgt definieren:

    alias *kürzel kommando*

Kommandoprozeduren

Werden bestimmte Kommandosequenzen häufiger benutzt, so lohnt es sich, diese in eine Kommandodatei zu schreiben. Hierbei können sehr komplexe Abläufe realisiert und über Parameter beim Aufruf gesteuert werden.

Die nachfolgende Kommandoprozedur steht in der Datei *telefon*. Sie durchsucht die Dateien *privat, geschaeft* und *firma,* in denen Namen mit Telefonnummern stehen, nach den im Aufruf angegebenen Namen und gibt die passenden Zeilen aus:

```
for i
do
        for datei in privat geschaeft firma
        do
                grep "$i" $datei
        done
done
```

Der Aufruf erfolgt dann z.B. mit

    sh telefon Mayer Horten

und würde dann die Zeilen der genannten Dateien ausgeben, in denen *Mayer* oder *Horten* vorkommt. Hat man zuvor die Datei *telefon ausführbar* gemacht (mit **chmod a+x**

telefon), so kann das vorangestellte **sh** entfallen, und **telefon** verhält sich wie ein neues Linux-Kommando.

Kommandoprozeduren werden ausführlich im Shell-Kapitel 6.2 beschrieben; Beispiele sind in Kapitel 6.3.12 zu finden.

3.1.6   Der Suchpfad für Programme

Beim Aufruf eines Programms nimmt die Shell das erste Wort auf der Kommandozeile als den Kommando- bzw. Programmnamen und sucht nach einer Programmdatei dieses Namens. Ist der Dateiname des Programms nicht vollständig, d. h. einschließlich Pfadnamen angegeben, so wird beim Suchen der Programmdatei von der Shell nicht nur, wie bei anderen Dateinamen üblich, das aktuelle Verzeichnis dem Kommandonamen vorangestellt, sondern die Shell sucht in bestimmten, ihr vorgebbaren Verzeichnissen nach einer Datei des angegebenen Namens. Dieser Suchpfad ist in einer Variablen der Shell festgelegt. Der Name dieser Variablen lautet **PATH**.[1] In ihr stehen – syntaktisch durch ›:‹ getrennt – die zu durchsuchenden Verzeichnisse. Dabei wird in der Reihenfolge der angegebenen Verzeichnisse von links nach rechts gesucht. Eine mögliche Besetzung von PATH könnte sein:

    .:/bin:/usr/bin:/home/neuling/bin

Der erste Punkt besagt, dass zunächst im aktuellen Verzeichnis gesucht werden soll, dann im Verzeichnis */bin*, in */usr/bin* und schließlich in */home/neuling/bin*. Hat man bei einer solchen Besetzung im eigenen Verzeichnis Programme, welche den gleichen Namen wie Linux-Programme tragen, so werden beim Aufruf die Programme im eigenen Verzeichnis gestartet, da dieses als erstes durchsucht wird. Weitere eigene Programme oder Kommandoprozeduren könnten in einem Unterverzeichnis *bin* im Hauptverzeichnis des Benutzers liegen.

Das Kommando **echo $PATH** liefert den aktuellen Wert der Shell-Variablen PATH (bei der C-Shell in $path) zurück. Mit der Anweisung:

PATH=*wert*   bei der bash, Bourne- oder Kornshell

kann ihr eine neue Zeichenkette zugewiesen und damit eine neue Folge von Verzeichnissen für die Suche beim Programmaufruf festgelegt werden.

Eine solche Anweisung wird man in der Regel in die Datei mit dem Namen *.profile* im Login-Verzeichnis des Benutzers legen. Dieser Suchpfad ist in der Regel systemweit vorgegeben, kann aber von jedem Benutzer einfach verändert werden.[2] Dabei sollte man darauf achten, dass der Suchpfad immer nur verlängert, nicht aber explizit neu belegt wird, um nicht die systemweiten Standarddefinitionen zu überschreiben. Um beispielsweise den Standardsuchpfad um das Verzeichnis *bin* im eigenen Home-Verzeichnis zu ergänzen, wäre ein Kommando wie folgt erforderlich.

    PATH=$PATH:$HOME/bin

---

1. Mehr über Shell-Variablen ist in Kapitel 6 zu finden.
2. Diese Möglichkeit zur Veränderung des Suchpfades kann explizit unterbunden werden.

Hierbei wird die in PATH existierende Belegung in die neue Definition von PATH aufgenommen. Wird PATH weder in */etc/profile* noch in *.profile* gesetzt, so erhält die Variable ihren Wert durch den **login**-Prozess.

3.1.7 Profile-Dateien

Im Login-Verzeichnis des Benutzers befinden sich in der Regel eine Reihe von Dateien, die zu Beginn einer Benutzersitzung (d. h. nach dem Login) von der gestarteten Shell, der Graphikoberfläche sowie von verschiedenen anderen Applikationen zur individuellen Konfiguration der Arbeitsumgebung gelesen werden und das Arbeiten damit wesentlich beeinflussen können. Mit ihnen lässt sich somit in weiten Grenzen die Arbeitsweise am System und in einzelnen Anwendungen steuern. Diese Dateien sind normalerweise verdeckt, d. h. ihr Name beginnt mit einem Punkt und wird daher z. B. beim **ls**-Kommando im Standardfall nicht mit angezeigt und bei Shell-Kommandos nicht bei Namenserweiterungen miterfasst.

Einige Anwendungen (z. B. der KDE-Desktop) haben gleich mehrere Initialisierungsdateien, so dass sie im HOME-Verzeichnis zunächst ein verdecktes (mit ›.‹ beginnendes) Verzeichnis haben, in dem erst die Initialisierungsdateien liegen.

Die Konfigurationsdateien lassen sich grob in vier Kategorien unterteilen:

- ▸ Initialisierungsdateien für die Shells
- ▸ Initialisierungsdateien für die grafischen Oberflächen/Desktops
- ▸ Initialisierungsdateien für individuelle Anwendungen
- ▸ Profile-Dateien, in denen Anwendungen vom Benutzer vorgenommene Einstellungen hinterlegen. Sie dienen als Parameter-Puffer über verschiedene Sitzungen oder Läufe hinweg.

Der Übergang der einzelnen Kategorien ist dabei natürlich fließend, denn auch eine Shell ist eine Anwendung, und die Anwendung **nautilus** (der primäre Dateimanager unter GNOME) ist in Wirklichkeit ein Zwischending zwischen Anwendung und Desktop, was deutlich wird, wenn man ihn unter KDE aufruft).

Daneben ist zwischen privaten (benutzerspezifischen) Einstellungen und systemweit geltenden Einstellungen zu unterscheiden. Während die systemweiten Einstellungen in der Regel in */etc* oder einem Unterverzeichnis davon zu finden sind, liegen die privaten Einstellungsdateien im HOME-Verzeichnis des Benutzers.

Die nachfolgenden Listen sind keineswegs vollständig, sondern dienen nur als Beispiele.

Benutzerspezifische Initialisierungsdateien für Shells

.bashrc Konfigurationsdatei der **bash** (siehe Beschreibung auf Seite 104).

.profile Wichtigste Konfigurationsdatei der **bash**, Bourne- und Korn-Shell; wird nur von der ersten Shell (Login-Shell) beim Aufruf interpretiert, von weiteren Shells aber nicht mehr automatisch gelesen; sie wird nach der zentralen Datei */etc/profile* und */etc/profile.local* durchlaufen.

.cshrc Konfigurationsdatei der C-Shell und **tcsh**; wird von jeder C-Shell – also auch von Kommandoprozeduren in C-Shell-Syntax – nach dem Aufruf gelesen. Zuvor liest die C-Shell noch */etc/csh.login* (wenn es sich um eine Login-Shell handelt) und */etc/cshrc*. Globale Änderungen für das lokale System sollten in */etc/cshrc.local* erfolgen.

.login Konfigurationsdatei der C-Shell; sie wird von der ersten C-Shell (*Login-Shell*) beim Aufruf nach der Interpretation von *.cshrc* gelesen.

.kshrc Konfigurationsdatei der Korn-Shell; wird von jeder Korn-Shell gelesen. Der Name *.kshrc* ist nicht fest definiert, sondern es wird die Datei verwendet, deren Name in der Variablen **ENV** enthalten ist.

Unter einer grafischen Oberfläche ist die Shell, die ein Benutzer für seine interaktive Arbeit erhält, normalerweise nicht die erste und damit nicht die *Login-Shell*. Es muss daher unter Umständen gesondert dafür Sorge getragen werden, dass die entsprechenden Initialisierungsdateien auch tatsächlich gelesen und ausgewertet werden. Die Terminalemulation **xterm** für die interaktive Arbeit mit der Shell kann hierfür mit dem Parameter **-ls** aufgerufen werden und verhält sich damit wie eine Login-Shell.

Die **Login-Shell** ist die erste Shell, die innerhalb einer Sitzung aufgerufen wird. Bei alphanumerischen Terminals ist es die Shell, welche der **login**-Prozess für die Benutzersitzung startet. Sie führt – abhängig von der Art der Shell – zur Initialisierung Kommandos aus, die von den nachfolgend aufgerufenen Shells der Sitzung nicht mehr durchlaufen werden. Bei der **bash**, Bourne- und Korn-Shell sind dies die Kommandos der Dateien */etc/profile* und *~/.profile*, bei der C-Shell und **tcsh** die Datei *.login*.

Initialisierungsdateien für die grafische Oberfläche

Die grafische Oberfläche ist hochgradig konfigurierbar und befindet sich auch mit der zunehmenden Verbreitung von Desktop-Programmen in einem Umbruchprozess, der noch nicht abgeschlossen und daher ziemlich uneinheitlich ist. Die folgenden Dateinamen sind daher zwar üblich und weit verbreitet, aber nicht auf jedem System in gleicher Weise zu finden:

.xinitrc Kommandoprozedur zum Start des X Window Systems (X-Server), des Windows-Managers und erster Applikationen; sie wird vom **xinit**-Kommando verwendet.

.xsession Kommandoprozedur zum Start des X Window Systems (X-Server), des Windows-Managers und erster Applikationen; sie wird vom Login-Prozess **xdm** verwendet (*.xinitrc* und *.xsession* können ggf. den gleichen Inhalt haben).

.Xdefaults Benutzerindividuelle Detaildefinitionen für Aussehen und Verhalten des X Window Systems – die so genannte *Ressource-Datei*. Das X Window System verwendet eine große Anzahl solcher Ressource-Dateien.

.kde   Verzeichnis mit weiteren Unterverzeichnissen (z.B. *Autostart* und *share*), welches vom KDE-Desktop verwendet wird

.gnome-desktop Verzeichnis mit weiteren Unterverzeichnissen (z.B. *accels* oder *application-info)* sowie der Datei *Gnome*, welche Gnome-Konfigurationsparameter enthält.

Initialisierungsdateien für Applikationen

Nahezu alle größeren Applikationen und auch viele Linux-Kommandos können über derartige Konfigurationsdateien, die typischerweise im HOME-Verzeichnis eines Benutzers liegen und deren Name mit einem Punkt beginnt, an die individuellen Bedürfnisse des Benutzers angepasst werden. Per Konvention tragen diese Dateien, eventuell auch Verzeichnisse, die Buchstaben *rc* am Ende des Namens[1] – aber nicht alle. Beispiele hierfür sind:

.mailrc   Definitionen für das Mail-System

.emacs   Definitionen von Grundeinstellungen, Abkürzungen und Tastaturmakros für den Editor **emacs**

.gnu-emacs   wie .emacs, jedoch für die GNU-**emacs**-Version

.exrc   Definitionen von Grundeinstellungen, Abkürzungen und Tastaturmakros für den Editor **vi**

.vimrc   Definitionen von Grundeinstellungen, Abkürzungen und Tastaturmakros für den Editor **vim**

.vimrc   Definitionen von Grundeinstellungen, Abkürzungen und Tastaturmakros für den Editor **vim**

.rhosts   Festlegung von Rechnern und Benutzernamen, die über Netz Zugriff auf Dateien und Verzeichnisse eines Benutzers haben sollen

Applikationsdateien zum Speichern von Einstellungen (Beispiele)

.bashhistory   Hier legt die **bash** die History ab, d.h. die n letzten vom Benutzer eingegebenen Kommandos, die dann mit dem history-Mechanismus abgerufen werden können.

.lpoptions   Hier legt das Programm **lpoptions** (siehe Seite 336) die benutzerspezifischen Optionsvorbelegungen ab.

.mozilla   Verzeichnis, in dem Einstellungen zum Web-Browser Mozilla liegen

.nautilus   Verzeichnis, in dem Einstellungen zum GNOME-Dateimanager **nautilus** liegen

---

1. Es gibt eine Reihe von Interpretationen für dieses rc – die einleuchtendste davon besagt, dass rc für *run commands* steht.

3.1.8   Grafische Oberflächen – Desktops

Unter Unix gab es zunächst eine ganze Reihe unterschiedlicher grafischer Oberflächen, die – wenn sie eine komplette Arbeitsoberfläche für alle möglichen Funktionen zur Verfügung stellen – auch als *grafischer Desktop* bzw. Schreibtischoberfläche bezeichnet werden. Allmählich setzte sich unter den klassischen Unix-Systemen der CDE-Desktop durch (*Common Desktop Environment*). CDE basiert auf der X11-Motif Bibliothek für grafische Oberflächen. Da Motif einer kostenpflichtigen Lizenz unterliegt, schuf man für das offene Linux andere, freie Bibliotheken und darauf aufbauende Desktops. Dabei haben sich zwei funktional ähnliche, aber von der Technik und Bibliothek her unterschiedliche Lösungen durchgesetzt:

▸ KDE (*K-Desktop-Environment*), welches auf der Qt-Bibliothek der Firma Trolltech aufbaut und insbesondere in Deutschland durch den Linux-Distributor SuSE starke Verbreitung gefunden hat.

▸ GNOME (*GNU Network Object Model Environment*), welches in der amerikanischen Linux-Gemeinde stärkere Verbreitung hat und ein GNU-Projekt ist. Sowohl Sun als auch HP möchten mit GNOME mittelfristig ihren CDE-Desktop ablösen. Damit hat GNOME das Potenzial, die größere Gesamtverbreitung zu finden.

Die meisten Linux-Distributionen liefern beide Desktops mit aus. Der Benutzer hat also die Wahl zwischen beiden Systemen. Er kann sogar zwischen den beiden Desktops hin- und herschalten.

Die Desktops bringen jeweils gleich ein ganze Reihe kleinerer und größerer Anwendungen mit, die speziell auf den jeweiligen Desktop abgestimmt sind und die Möglichkeiten der jeweiligen Bibliothek ausnutzen. Damit wird der Übergang zwischen dem Desktop und den darauf (oder darunter) laufenden Anwendungen teilweise sehr fließend.

Viele grafische Anwendungen können unter beiden Desktops laufen. Einige Anwendungen sind jedoch von den spezifischen Basisfunktionen eines bestimmten Desktops abhängig und laufen ohne diesen entweder gar nicht oder mit hässlichen Nebenwirkungen. Hierzu zählt z. B. (bisher) **nautilus**.

Virtuelle Desktops

Die Unix-/Linux-Desktops (CDE, KDE, GNOME) bieten die Möglichkeit, statt eines Schreibtisches, gleich mehrere virtuelle Desktops (jeweils gleicher Art) zur Verfügung zu stellen. Als *virtueller Desktop* wird dabei jeweils ein *virtueller Bildschirm* verstanden, dargestellt durch den Bildschirm und die darauf liegenden Ikonen, welche Anwendungen bzw. Programme, Dateien oder andere Objekte (z. B. den Mülleimer) repräsentieren. Der Anwender kann sich damit unterschiedliche Arbeitsumgebungen schaffen. Über die Desktop-Ikonen in der Menüleiste des Systems lässt sich dann schnell von virtuellem Schreibtisch zu virtuellem Schreibtisch schalten. Man bekommt dabei jeweils den gerade selektierten Desktop angezeigt, ohne dass die Übersichtlichkeit durch zu viele Ikonen oder Fenster auf dem einzelnen Desktop verloren geht.

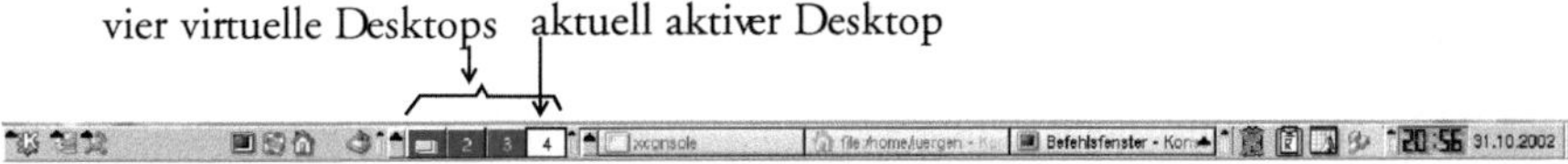

Abb. 3.3: Kontrollleiste mit den Icons der virtuellen KDE-Desktops (hier vier)

Diese virtuellen Desktops können über Sitzungen (ein An- und Abmelden) hinweg bestehen bleiben. Ein Desktop besteht nicht nur aus den Icons auf dem Bildschirm (Desktop) und den dort offenen (aktiven) Anwendungsfenstern, sondern ebenso aus einem Hintergrundbild (oder einer Hintergrundfarbe) und weiteren Charakteristika. Über unterschiedliche Desktop-Hintergründe kann man die Orientierung vereinfachen, auf welchem seiner angelegten Desktops man sich befindet.

Anpassung der grafischen Oberfläche

Die Anpassung der grafischen Oberfläche erfolgt über die Parameter in den entsprechenden Definitionsdateien – recht zahlreichen. Wie bei den Profile-Dateien für die Shell gibt es auch hier gleich mehrere Stellen (Dateien), in denen dies – eher global (für alle Benutzer eines Rechners) und lokal (für den aktuellen Benutzer) oder noch spezifischer für die aktuelle Sitzung das aktuelle Fenster oder den aktuellen Aufruf eines Programms – erfolgen kann. Dabei überdeckt die speziellere Einstellung jeweils die allgemeinere (zu konkreten Details und Beispielen siehe Kapitel 7, Seite 627). Viele dieser Einstellungen lassen sich wiederum entweder durch Editieren der entsprechenden Datei oder über eine grafische Oberfläche (einer Hilfsanwendung) setzen, wobei letzteres sicher die bessere Lösung ist, da die entsprechenden Einstellungsanwendungen (z.B. das KDE- oder GNOME-Kontrollzentrum) die meisten Fehler gleich abfangen oder in ihren Einstellungen erst gar nicht anbieten.

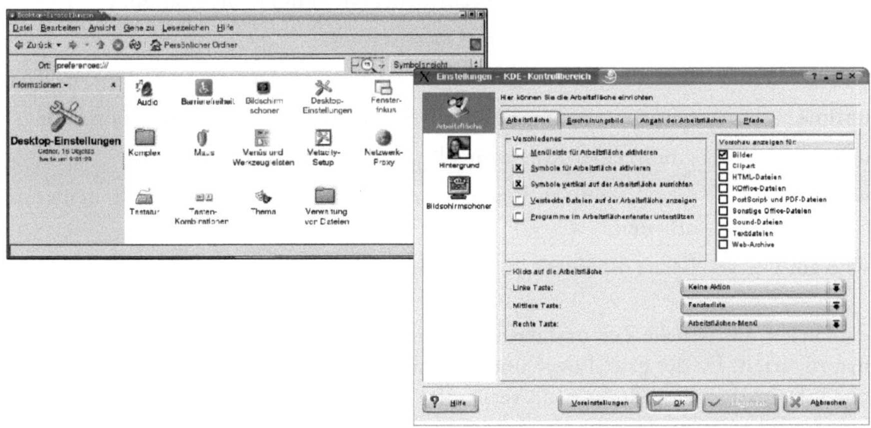

Abb. 3.4: Kontrollzentrum zum Anpassen der Desktops für GNOME (links) und KDE

3.1.9   Information zur aktuellen Umgebung

Eine Reihe von Kommandos erlauben es dem Benutzer, sich über seine aktuelle Umgebung zu informieren.

date	gibt das aktuelle Datum und die Uhrzeit aus.
echo *$variable*	zeigt den aktuell gesetzten Wert der Shell-Variablen *variable* an.
env	zeigt die aktuell globalen Variablen (auch zum Setzen von Variablen).
history	zeigt bei der **bash**, **csh**, **tcsh** und **ksh** eine Liste der zuletzt ausgeführten Kommandozeilen an.
hostname	gibt den aktuellen Rechnernamen aus.
id	gibt aktuellen Benutzernamen und Nummer aus.
logname	gibt den aktuellen Benutzernamen aus.
printenv	gibt die aktuellen Umgebungsvariablen (*Environment*-Variablen) aus.
pwd	gibt das aktuelle Arbeitsverzeichnis aus.
set	belegt Umgebungsvariablen oder gibt (ohne Parameter aufgerufen) die aktuellen Umgebungsparameter aus.
setenv	belegt und exportiert Umgebungsvariablen der **csh** und **tcsh** oder gibt die aktuell exportierten Umgebungsparameter aus.
top	zeigt die aktuell laufenden Prozesse des Systems mit zahlreichen Zusatzangaben (z.B. unter welchem Benutzer sie laufen). **gtop** ist eine GUI-Variante davon.
stty	liefert die aktuell gesetzten Charakteristika des Terminals oder setzt diese neu.
tset	erlaubt das Setzen verschiedener Modi der Dialogstation.
tty	liefert den Namen der Dialogstation.
uname –a	liefert Namensangaben zum eigenen System.
uptime	gibt aus, wie lange und unter welcher Last das System schon läuft
users	gibt in einer Kurzform alle gerade aktiven Benutzer aus.
who	gibt die aktiven Benutzer aus und die Dialogstationen, an denen sie arbeiten.
who am I	liefert die eigene, aktuelle Benutzeridentifikation.

date liefert die aktuelle Zeit und das Datum zurück und erlaubt dem Super-User, diese neu zu setzen. Da der Erstellungs- und Modifikationszeitpunkt von Dateien eine wichtige Information ist, sollte es nicht versäumt werden, diese Daten gelegentlich zu überprüfen und zu korrigieren.[1]

Mit **who am I** kann ein Benutzer seinen eigenen Benutzernamen abfragen. In der Form mit nur **who** wird zurückgeliefert, welche Benutzer im System an welchen Dia-

---

1. Dies setzt jedoch Administrationsprivilegien voraus.

logstationen gerade aktiv sind. Das **users**-Kommando ist eine verkürzte Form hiervon und gibt nur die Benutzernamen aus. Das Kommando **logname** gibt im Gegensatz dazu den Namen aus, unter dem sich der Benutzer mit **login** beim System angemeldet hatte. Wurde inzwischen ein **su** oder zusätzliches **login**-Kommando aufgerufen, so unterscheidet sich dieser Name von dem, den **who am I** zurückliefert.

pwd liefert das aktuelle Arbeitsverzeichnis als vollständigen Pfadnamen zurück und zählt damit zu den vermutlich am häufigsten verwendeten Kommandos. In der Korn-Shell und der C-Shell ist es möglich, den aktuellen Pfadnamen in das Prompt mit aufzunehmen.

Mit **env**, **printenv**, **setenv** oder **set** werden die Namen und Werte der in der aktuellen Umgebung definierten Shell-Variablen ausgegeben bzw. definiert. Mit dem Kommando **echo** $*variable* lässt sich der aktuelle Wert einer Shellvariablen anzeigen.

Die **bash**, **tcsh**, C- und Korn-Shell erlaubt, zusätzlich einen Kommandospeicher zu führen. In ihm wird eine vorgebbare Anzahl von Kommandozeilen gespeichert. Das Kommando **history** zeigt diese letzten Kommandozeilen mit ihrer Kommandonummer an. Die Kommandos (auch Teile davon) können dann unter Angabe der Kommandonummer erneut aufgerufen werden, ohne dass das vollständige Kommando eingetippt werden muss.

Das Kommando **stty** erlaubt das Setzen neuer Parameter für die alphanumerische Dialogstation. Ruft man das Kommando ohne einen Parameter auf, so erhält man die aktuell gesetzten Werte zurück, während das **tty**-Kommando den Namen der Dialogstation liefert, an der die Sitzung gerade stattfindet. **tset** ist eine Erweiterung von **stty** (leider keine vollständige) und erlaubt mehr Optionen. Ohne aufgerufene Parameter liefert es wie **stty** die aktuell gesetzten Zeichen für `lösche zeile` (`kill`) und `lösche zeile` (bzw. `delete`).

3.1.10 Benutzerkommunikation

Das Linux-System bietet bereits im Standard-Lieferumfang mehrere Formen der Kommunikationen verschiedener Benutzer untereinander. Dazu gehören

▸ Text in der Datei */etc/motd*, die beim **login** ausgegeben wird.

▸ Nachrichten eines Benutzers an einen anderen (einseitig) mittels E-Mail. Dazu bietet Linux neben der einfachen, alphanumerischen Version **mail**, **mailx** oder **elm** gleich ein ganzes Spektrum von GUI-Mail-Clients wie etwa **kmail** (KDE), **balsa** (aus GNOME), das Groupware-Programme **evolution** oder die Mail-Clients aus Mozilla oder Netscape.

▸ interaktiver Dialog zwischen zwei Benutzern über den Rechner mittels **write**,

▸ Nachrichten (des Super-Users) an alle Benutzer mittels **wall**.

▸ einen schlichten, bidirektionalen Dialog mittels des Programms **talk**.

▸ die dialogartige Kommunikation lokal oder über Internet unter Verwendung des *Internet-Relay-Chats* (kurz: *irc*). Dies beschränkt die Kommunikation nicht mehr auf Unix-/Linux-Systeme; ein IRC-Client steht auf fast allen Systemen zur Verfügung. Ein IRC-Server übernimmt hierbei die Anmeldung der Benutzer und die Vermittlung der Nachrichten.

▶ Videokonferenzen, bei denen die Teilnehmer sich nicht nur gegenseitig hören (praktisch telefonieren), sondern auch sehen können. Diese laufen heute zumeist unter Nutzung des Open-H.323-Standards. Solche Konferenzen setzen jedoch ausreichend Netzbandbreite, Soundkarten und Mikrofone und für die Bildübertragung auch Videokameras (oder Webcams) voraus. Ein solcher Client ist **vic**[1] oder **gnomemetting**.[2]

Für die erste genannte Art von Nachrichten des Systemmanagers (Super-User) an alle Benutzer gibt es folgende Möglichkeiten:

▶ Der Super-User schreibt eine Nachricht in die Datei */etc/motd* (*message of the day*). Diese Nachricht wird dem Benutzer beim Anmelden automatisch auf die Dialogstation ausgegeben. Die Meldung sollte entsprechend kurz und für alle Benutzer von Interesse sein.

▶ Durch das Kommando **wall**, welches den Text einer angegebenen Datei (oder die nachfolgenden Zeilen bis zu einem `eof`) auf alle angeschlossenen Dialogstationen ausgibt. Hiermit wird man in der Regel alle aktiven Benutzer über bevorstehende Systemänderungen (z. B. das Herunterfahren des Systems) informieren. **wall** kann zwar von allen Benutzern verwendet werden, ist aber nur im Super-User-Modus in der Lage, die Zugriffsrechte der Dialogstationen zu durchbrechen und damit eine Ausgabe auch dann sicherzustellen, wenn Benutzer durch das Kommando **mesg n** Ausgaben anderer Benutzer auf ihre Dialogstation unterbunden haben.

Bei den höher entwickelten Kommunikationsformen wie **talk**, Chats, E-Mail oder der Videokonferenz sind Server als Vermittler involviert. Hier müssen entsprechend die Server aufgesetzt und aktiviert werden (siehe dazu Kapitel 9.10, Seite 811 ff.) oder man verwendet öffentlich zugängliche Server im Internet.

---

1. Zu finden unter *http://www-nrg.ee.lbl.gov/vic/*.
2. Zu finden unter *http://www.gnomemeeting.org*.

3.2   Das Unix-/Linux-Dateikonzept

Eine Datei ist unter Linux zunächst eine sequentielle und nicht
weiter strukturierte Folge von Zeichen bzw. von Bytes. Dies
gilt für *normale Dateien* und *Verzeichnisse
(directories)*. Insgesamt kann man drei
Arten von Dateien unterscheiden:

▶ normale Dateien
▶ Verzeichnisse
▶ Gerätedateien

Daneben stellt der Linux-Kern weitere Mechanismen zur Verfügung, die den direkten Austausch von Daten zwischen Programmen erlauben: *Pipes,
Streams* und *Sockets*. Zusätzlich gibt es
das *Prozessdateisystem*.

Daneben bieten die *Netzwerkdateisysteme* (z.B. NFS, Samba zur Emulation des
Windows-Netzwerk-Dateizugriffs (SMB) und **netatalk** durch die Emulation von
Apple-Talk und eines Apple-Macintosh-Dateisystems) transparenten Dateizugriff
auf Daten anderer Rechner im Netzwerk. Auch per WebDAV kann über ein erwei-
tertes HTTP-Protokoll transparent über Internet bzw. TCP/IP auf die Dateien anderer Rechner zugegriffen werden.

Das UNIX-/Linux-Dateikonzept zeichnet sich durch eine Reihe von Eigenschaften aus.
Die wichtigsten dieser Eigenschaften sind:

▶ **Hierarchisches Dateisystem**
Die Struktur der Dateiverzeichnisse, Geräteeinträge und Dateien auf einem Daten-
träger mit wahlfreiem Zugriff ist ein (invertierter) Baum. Restriktionen bezüglich
Breite und Tiefe des Baums existieren faktisch nicht.

▶ **Weitestgehende Geräteunabhängigkeit**
Verzeichnisse *(directories)*, normale Dateien und Geräte werden unter Linux syntaktisch gleich und auch semantisch soweit sinnvoll identisch behandelt. Dieses
Konzept wird noch durch die Möglichkeit der Intertask-Kommunikation über
Pipes ausgedehnt, welche auch über Ein-/Ausgabeoperationen angesprochen werden. Auch für den Geräte- und Dateizugriff über Netz (und damit Rechnergrenzen
hinweg) gilt diese weitgehende Transparenz.

▶ **In hohem Maße adaptiv**
Der Linux-Kern stellt nur wenige, aber flexible Dateioperationen zur Verfügung.
Hierdurch werden keine Restriktionen für Erweiterungen vorgegeben. Diese Erweiterungen können dann auf der Ebene der Laufzeitsysteme oder von Datenbank-
systemen zur Verfügung gestellt oder durch den Benutzer selbst vorgenommen
werden.

> **Die Möglichkeit, mehrere unterschiedliche Dateisysteme zu unterstützen**
> Hierzu zählen sowohl mehrere verschiedene lokale Dateisysteme als auch Dateisysteme mit netzweitem Dateizugriff oder CD-ROM-Dateisysteme. Daneben sind Zugriffe auch auf Dateisysteme anderer Betriebssysteme wie etwa OS/2, Microsoft Windows (teilweise nur lesend) oder Apple MAC/OS möglich.

Linux verdeckt die Unterschiede dieser Dateisysteme sehr weitgehend, so dass es für die meisten Anwendungen und Kommandos nicht sichtbar ist, auf welchem Dateisystem sie arbeiten. Gewisse Unterschiede, etwa hinsichtlich der maximal zulässigen Länge der Dateinamen oder der maximalen Größe einer Datei lassen sich jedoch nicht ganz verbergen. Hierauf ist dann in speziellen Situationen zu achten.

3.2.1 Dateiarten

Der Linux-Kern unterstützt außer den Dateiarten *normale Datei, Dateiverzeichnis, Gerätedatei* sowie *Pipes* keine weiteren Dateistrukturierungen. Derartige Interpretationen sind rein programm- oder datenbankabhängig.

Normale Dateien

Normale Binärdateien sind einfach eine Folge von Bytes. *Normale Textdateien* bestehen aus einer linearen Folge von Zeilen, wobei einzelne Zeilen durch ein <neue Zeile>-Zeichen (*new line* = <lf> bzw. \012 im ASCII oder ISO-665971-Code) getrennt sind. Das Linux-System stellt jedoch in der C-Bibliothek oder durch die verschiedenen Laufzeitsysteme der Hochsprachen wie etwa C, C++, Java oder COBOL Routinen zur Verfügung, um auf beliebige Bytefolgen innerhalb einer Datei zuzugreifen, um Zeichen (Bytes) sequentiell zu lesen oder zu schreiben oder um eine durch <neue zeile> abgeschlossene Zeile zu holen. Bei Sprachen wie COBOL sind auch indexsequenzielle Zugriffe und Schlüsselwortzugriffe im Laufzeitsystem implementiert.

Verzeichnisse

(Datei-)Verzeichnisse (*Kataloge,* englisch: *directories*) sind Dateien, welche entweder leer sind (sie enthalten dann lediglich einen Verweis auf sich selbst und auf ihr Vaterverzeichnis[1]) oder aber Verweise (englisch: *links*) auf weitere Dateien enthalten. Die Verweisstruktur ist dabei hierarchisch bzw. baumartig. Der Eintrag einer Datei in einem Verzeichnis besteht aus der Knotennummer (*i-node-number*) der Datei und den Zeichen des Dateinamens.[2] Die Anzahl der Einträge in einem Verzeichnis ist nur durch die maximale Größe einer Datei und des Datenträgers limitiert. Es empfiehlt sich jedoch aus Performance-Gründen, nicht zu viele Dateien nebeneinander in ein Verzeichnis zu legen. Ein Wert von 5 000–10 000 Dateien pro Verzeichnisebene ist hier eine sinnvolle Grenze. Bei der Suche muss (bei den normalen Unix-/Linux-Dateisystemen) nämlich linear durchsucht werden.

---

1. Die erste Stufe in Richtung der Wurzel des Dateibaums.
2. Diese Beschreibung ist auf die Standard UNIX-/Linux-Dateisysteme ausgelegt.

Gerätedateien

Gerätedateien (englisch: *special files*) sind Einträge, welche für die physikalischen Geräte stehen. Sie werden deshalb hier auch als *Geräteeinträge* (*devices*) bezeichnet. Durch ihre Behandlung als Dateien ergibt sich für den Benutzer kein Unterschied zwischen der Ein-/Ausgabe auf Dateien oder auf physikalische Geräte. *Special files* liegen in der Regel in dem Verzeichnis */dev*. Angelegt werden sie mit dem **mknod**-Kommando. Bei den Gerätedateien kann man nochmals zwischen *realen* und *Pseudogeräten* unterscheiden. Als reale Gerätedatei sei hier ein *special file* verstanden, das für ein tatsächlich vorhandenes Gerät steht, während bei einem *Pseudogerät* der Eintrag nur ein abstraktes Gerät angibt, das seinerseits erst auf ein reales Gerät oder ein anderes Ersatzgerät hinweist oder nur als Funktion im Kernel realisiert ist. So ist die aktuelle Dialogstation */dev/tty* ein Pseudogerät, unter dem jeweils die wirkliche aktuelle Dialogstation angesprochen werden kann, ohne dass man dazu deren konkreten Namen wissen muss, während das Gerät */dev/null* alle Ausgaben einfach wegwirft.

Namen von ›special files‹

Beispiel für *Geräte* bzw. *special files* sind:[1]

Reale Geräte:	
/dev/fd0h1440	Floppy-Laufwerk 0 im HD-Format mit 1440 KB
/dev/lp1	Drucker (*line printer*) an der Schnittstelle 1
/dev/hda*n*	Magnetplatte (*hard disk*) am 1. Anschluss des ersten IDE-Kanals, Partition *n*. Die Partition 0 meint dabei die gesamte Platte.
/dev/hdb*n*	Magnetplatte (*hard disk*) am 2. Anschluss des ersten IDE-Kanals
/dev/hdc*n*	Magnetplatte (*hard disk*) am 1. Anschluss des zweiten IDE-Controlers
/dev/sd*xy*	Magnetplatte (*scsi disk*) an einem SCSI-Controler, *x* gibt dabei den SCSI-Kanal und *y* die Partition auf dem Laufwerk an. Die Partition 0 meint dabei die gesamte Platte.
/dev/st*xy*	Bandlaufwerk an einem SCSI-Controler, *x* gibt dabei den SCSI-Kanal und *y* die Partition auf dem Laufwerk an. /dev/nst*xy* ist das gleiche Gerät, ohne dass nach der Bandoperation das Band automatisch zurückgespult wird (*non-rewind scsi tape*).
/dev/ttyS*n*	(alphanumerische) Dialogstation an der seriellen Schnittstelle *n*
/dev/usb/	Unterverzeichnis, in dem die USB-Geräte liegen
/dev/usb/lp1	Drucker 1 (*line printer*) an einer USB-Schnittstelle
.../usb/mouse	Maus an einer USB-Schnittstelle
.../usb/scanner0	Scanner 0 an einer USB-Schnittstelle

---

1. Zahlreiche Geräte (*special files*) sind unter **man 5** detaillierter beschrieben – leider nicht alle.

Pseudogeräte:

/dev/bell	gibt an der aktuellen Dialogstation des Benutzers einen Glockenton aus.
/dev/console	Dies ist die Systemkonsole, d. h. das Gerät, an dem Systemmeldungen ausgegeben werden (etwa fehlender Plattenplatz oder unberechtigter Zugangsversuch zum System).
/dev/dvd	ist ein DVD-Laufwerk. Er verweist per Link auf das 1. reale DVD-Laufwerk (falls vorhanden).
/dev/fd/n	gestattet den Zugriff auf den aktuellen Dateideskriptor n eines Programms, ohne dass man den Namen des wirklichen Geräts sowie der Datei kennen muss. 0 ist dabei zumeist die Standardeingabe, 1 die Standardausgabe und 2 die Standardfehlerausgabe.
/dev/kmem	Das Pseudogerät *kmem* arbeitet wie *mem*, entspricht jedoch dem virtuellen Betriebssystemspeicher.
/dev/log	Informationen, die hierauf geschrieben werden, gehen in das System-Logbuch.
/dev/mem	Dies ist ein Abbild des physikalischen Hauptspeichers. Es kann dazu benutzt werden, Benutzerdaten zu untersuchen oder zu ändern; dies darf jedoch nur der Super-User.
/dev/mouse	gestattet, die Maus einer grafischen Dialogstation anzusprechen.
/dev/null	steht für das *Null-Gerät*. Jede Ausgabe darauf wird *weggeworfen* und jede Eingabe liefert <eof> (*end of file*) zurück. Dieses Gerät (Datei) ist für Testzwecke nützlich und dort, wo man eine störende Programmausgabe wegwerfen möchte.
/proc	Dieses virtuelle Dateisystem(es liegt unter Linux nicht in **/dev**) realisiert einen dynamischen Dateibaum, in dem sowohl zum aktuell laufenden Betriebssystem (Konfiguration, Parameter, Laufzeitwerte) als auch zu den darin laufenden Prozessen Informationen gehalten werden, die nur zur Laufzeit existieren. Siehe dazu auch Seite 143.
/dev/ptsxx	Pseudobildschirm-Anschlüsse, die einzelnen Terminalemulationen unter der grafischen Oberfläche zugeordnet werden
/dev/stdin	Datei oder Gerät, auf der aktuell die Standardeingabe (Dateideskriptor 0) eines Programms liegt
/dev/stdout	Datei oder Gerät, auf der aktuell die Standardausgabe (Dateideskriptor 1) eines Programms liegt
/dev/stderr	Datei oder Gerät, auf der aktuell die Standardfehlerausgabe (Dateideskriptor 2) eines Programms liegt
/dev/systty	Dieses Gerät stellt die physikalische Systemkonsole dar. Findet der init-Prozess beim Starten des Systems die Datei *etc/inittab* nicht, so meldet sich das System auf diesem Gerät.

/dev/swap   Dies ist das *swap device*. Auf diesen logischen Datenträger werden die Programmsegmente ausgelagert, wenn der Hauptspeicher nicht mehr für alle Anforderungen ausreicht und das System einzelne Hauptspeicherseiten vorübergehend auf einen Hintergrundspeicher auslagern muss.

/dev/tty   Dies ist innerhalb eines Prozesses die virtuelle Dialogstation, von welcher der Prozess gestartet wurde. Dies erlaubt, Nachrichten auf die startende Dialogstation zu senden, auch wenn die Standardausgabe umgelenkt wurde.

/dev/zero   Dieses Gerät liefert beim Lesen beliebig viele Blöcke mit 0 Bytes zurück.

Bei den *special files* wird unterschieden zwischen den *block devices*, welche ein höhere Abstraktionsebene bieten, die weitgehend die wirklichen physikalischen Eigenschaften des Gerätes abstrahieren. Typische Vertreter sind hier die Magnetplatten, auf die blockweise zugegriffen wird und dies in aller Regel über weitere Zwischenschichten wie z.B. die Dateisysteme. Die zweite Art sind die so genannten *raw devices* oder auch *charakter devices*, d.h. die *rohen* Geräte, die nicht blockweise, sondern zeichenweise angesprochen werden. Sie erlauben den Zugriff auf die physikalische Gerätestruktur (z.B. Blöcke bei Magnetplatten und Bändern).

Bei diesen *raw devices* verbirgt das System somit nicht mehr die gerätespezifischen Eigenschaften vor dem Benutzer. Die Geräteunabhängigkeit geht somit verloren. Mit diesen Geräten wird dann gearbeitet, wenn eine besondere Geschwindigkeit erreicht oder spezielle Geräteeigenschaften ausgenutzt werden sollen. Unter Linux erfolgt die Ein- und Ausgabe auf Geräte in der Regel *synchron*, d.h. bei einer Ein- oder Ausgabe kehrt das System für das Programm sichtbar erst dann aus dem E/A-Aufruf zurück, wenn die Ein- oder Ausgabe beendet ist. Intern puffert das System solche Übertragungen jedoch, so dass nicht für jede E/A-Operation ein wirklicher Ein-/Ausgabevorgang angestoßen werden muss.

Darüber hinaus versucht Linux ein *Vorauslesen*. Dies führt zu einem erhöhten Systemdurchsatz, bedingt jedoch, dass der logische Zustand einer Datei nicht immer mit dem physikalischen Zustand (den Daten auf dem Dateiträger) identisch ist. Dies kann vor allem bei Systemabstürzen fatale Folgen haben.

Wird mit *rohen* Geräten gearbeitet, so entfällt dieser Mechanismus (Pufferung und Vorauslesen); hier entspricht ein logischer Transfer einem physikalischen. Dieser muss dann aber in Einheiten von einem Vielfachen der Geräteblockung (512 Byte, oder in Einheiten von 1 KB bis 8 KB) erfolgen. Die hierbei verwendete Blockgröße ist abhängig vom Dateisystemtyp sowie innerhalb eines Dateisystems von voreingestellten Werten.

Unter Linux werden die *rohen Geräte* im Englischen irreführend als *character oriented*, d.h. als *zeichenorientiert* bezeichnet. Dies hängt damit zusammen, dass der Zugriff auf *rohe Geräte* früher über den gleichen Mechanismus ablief wie der auf zeichenorientierte Geräte (z.B. Dialogstation und Drucker). Blockorientierte Geräte benutzen einen anderen internen Mechanismus. Der Begriff *unstrukturiert* wäre hier sicher korrekter. Das Konzept der Geräte und Gerätenamen befindet sich bei Linux aktuell im Umbruch. Schaut man einmal in das Verzeichnis */dev*, so wird man von der Vielzahl der dort vorhandenen Einträge förmlich erschlagen. Dabei findet man sehr viele gleiche Einträge, die sich nur durch die letzte Nummer oder Buchstaben unterscheiden und für die oft gar kein wirkliches Gerät vorhanden ist. Sie wurden zur Vereinfachung nur *auf Vorrat* angelegt. Das neu Konzept geht dahin, die Geräteeinträge in Form eines Dateisystems zu organisieren, bei dem – analog zu einer Datei – die Einträge dynamisch erst bei wirklichem Gebrauch erzeugt werden. Da das bisherigen Konzept von Geräten in */dev* in vielen Programmen noch verankert ist, wird es die alten Einträge noch eine ganze Zeit geben und der Transit zum *Geräte-Dateisystem* sich nur langsam vollziehen.

Pipes sind zwar keine Dateien wie die bisher vorgestellte normale Datei, das Verzeichnis oder die Gerätedatei, sie stellen jedoch einen Mechanismus zur Verfügung, der einen Datenaustausch zwischen zwei Programmen erlaubt, wobei diese normale Ein-/Ausgabeoperationen wie Lesen (**read**) und Schreiben (**write**) benutzen (hier ist der Betriebssystemaufruf **read** bzw. **write** gemeint). Die *Pipe* wird über einen systeminternen Puffer realisiert. Dieser Puffer ist standardmäßig 4 oder 8 KByte groß und wirkt als FIFO-Puffer (*first in first out*). Eine Pipe ist unidirektional, d.h. es kann nur ein Prozess lesen und der andere schreiben. Müssen Daten in beiden Richtungen ausgetauscht werden, so sind zwei Pipes aufzusetzen. Dieses Aufsetzen durch den Systemaufruf **pipe** muss von einem gemeinsamen Vaterprozess der kommunizierenden Prozesse erfolgen.
Diese Einschränkung wird durch den Mechanismus der **Named Pipes** aufgehoben. Liest ein Prozess von einer Pipe, die leer ist, so wird er solange suspendiert, bis ein anderer Prozess etwas in die Pipe geschrieben hat. Möchte ein Prozess in eine volle Pipe schreiben, so wird er ebenfalls suspendiert, bis wieder ausreichend Platz in der Pipe vorhanden ist. Positionierbefehle (**lseek**) auf Pipes liefern einen Fehler. Liest ein Prozess aus einer Pipe, deren anderes Ende nicht (mehr) zum Schreiben geöffnet ist, so erhält er <eof> zurück.

3.2.2 Dateiattribute

Normale Dateien und Verzeichnisse *(directories)* haben eine Reihe von Attributen (Metadaten), wovon der Benutzer jedoch die meisten nicht ständig sieht. Zu den wichtigsten Attributen gehören:

- ▶ der Dateiname (ohne Zugriffspfad)
- ▶ der Datei-Zugriffspfad
- ▶ die Länge der Datei (in Byte und in Blöcken zu 512 Byte)
- ▶ die Zugriffsrechte auf die Datei
  (auch *protection bits* oder *Dateimodus* genannt)

▸ die Knoten- oder Indexnummer (*Inode Number*, eine eindeutige Nummer der Datei in einem Dateisystem)

▸ die Anzahl von Verweisen (englisch: *links*) auf die Datei

▸ das Datum der Dateierstellung, der letzten Änderung der Datei und des letzten Zugriffs auf die Datei

▸ der Dateityp (normale Datei, *special file*, Verzeichnis, symbolischer Link)

▸ die Benutzernummer des Besitzers und seiner Gruppe

Spezielle Dateisysteme können weitere Dateiattribute halten.[1] Man nennt dies auch die *Metadaten* der Datei. Sie liegen alle – mit Ausnahme des Dateinamens und des Pfades – im Dateikopf (Inode). Die meisten dieser Attribute werden durch das ls-Kommando mit der Option –lsi angezeigt (s. ls-Kommando auf Seite 345).

Dateinamen

Der Dateiname benennt die in der Datei zusammengefasste Information. Der Name durfte in älteren Unix-Systemen nur bis zu 14 Zeichen lang sein. In aktuellen Unix- und Linux-Systemen darf er bis zu 255 Zeichen lang sein – soweit die Datei auf einem dafür ausgelegten Dateisystem liegt.[2] Im Prinzip sind alle Zeichen außer Null (/000) erlaubt; die neueren Linux-Systeme und moderne Linux-Dateisysteme erlauben sogar die Verwendung von Dateinamen in UTF-8 (Unicode). Jedoch ist es meist sinnvoll, sich beim Zeichenumfang von Dateinamen zu beschränken. Aus praktischen Gründen sollte man sich auf Buchstaben, Ziffern und die Sonderzeichen ›. , _‹ sowie ›-‹ beschränken. Das Minuszeichen ›-‹ sollte dabei nicht als erstes Zeichen des Dateinamens verwendet werden, da sonst oft Konflikte mit Optionen entstehen; ›/‹ in Dateinamen ist noch problematischer, da dies auch als Trenner in Dateipfaden interpretiert wird.

➜ Auch sollte man – obwohl dies bei neuen Systemen zulässig ist – mit Umlauten, ›ß‹ und anderen europäischen Sonderzeichen in Dateinamen vorsichtig umgehen, da sie leicht zu Kompatibilitätsproblemen führen.

Unix und Linux **unterscheiden Groß-/Kleinschreibung** in Dateinamen. Darauf ist besonders zu achten, wenn man Windows-Systeme gewohnt ist. Der Dateiname ist – wie bereits erwähnt – kein echter Bestandteil einer Datei.

Eine physikalische Datei kann, soweit es sich nicht um eine Verzeichnisdatei handelt, mehrere Dateinamen zugleich besitzen. Die verschiedenen Namen dürfen dabei in unterschiedlichen Ästen eines Dateibaums liegen; sie müssen sich jedoch alle auf dem gleichen logischen Datenträger (korrekter: auf der gleichen logischen Partition bzw. auf dem gleichen Dateisystem) befinden. Die Datei ist dann unter allen diesen Namen ansprechbar. Diese Verweise auf die Datei nennt man in der UNIX-/Linux-Terminologie *Hard Links*.

Das Linux-Dateisystem (und fast alle weiteren moderneren UNIX-Dateisysteme) erlauben daneben auch Namensverweise über die Grenzen eines einzelnen Dateisystems, ja sogar über die eines Rechnersystems im Netz hinaus. Diese Verweise werden als *Symbolic Links* bezeichnet. Mehr dazu später.

---

1. Insbesondere das später noch beschriebene xfs-Dateisystem weist hier eine große Offenheit auf.
2. Siehe hierzu Tabelle 3.2 auf Seite 147.

Im eigentlichen Dateikopf (siehe *Knotennummer*) befindet sich ein Benutzungszähler *(link count)*, welcher festhält, wie viele Namensreferenzen (*links*) auf die Datei existieren. Die Datei (der eigentliche Dateiinhalt) wird erst dann gelöscht, wenn alle Dateiverweise (Namenseinträge in Verzeichnissen) gelöscht sind. Die Zählung berücksichtigt dabei keine der später nochmals erläuterten *symbolischen Verweise*.

Während ein Dateiname im Prinzip beliebig lauten darf, verwenden viele Linux-Systeme Konventionen, welche es erlauben, aus der Namensendung auf den Dateiinhalt zu schließen. Hierbei sind z.B. üblich:

.a	für Objektbibliotheken
.bz2	mit **bzip2** komprimierte Dateien (auch **.bzip2** wird verwendet)
.c	für C-Quelltextdateien
.dvi	DVI-Format (aus T_EX)
.e	für EFL-Quelltextdateien
.f	für FORTRAN-Quelltextdateien (oder *.for* oder *. FOR*)
.gz	komprimierte Dateien im GNU-Zip-Format
.h	Header-Dateien – in der Regel für C-Programmmodule
.html	HTML-Dateien
.l	für Listing-Ausgaben von Übersetzern (oder LEX-Quelltextdateien)
.o	für Objektdateien (übersetzte, noch nicht gebundene Module)
.pdf	für (Adobe)-PDF-Dateien *(Portable Document Format)*
.pl	für Perl-Dateien
.png	Image-Daten (Rasterbilder) im PNG-Format
.ppd	PostScript-Printer-Definition-Dateien
.ps	für PostScript-Dateien
.sh	für Shell-Skript-Dateien
.so	für dynamische Objektbibliotheken
.tar	Archiv-Dateien aus tar. *.tbz2* sind zusätzlich mit **bzip2** komprimiert.
.y	für YACC-C-Quelltextdateien
.Z, .z	mit **compress** erstellte komprimierte Dateien

Viele Anwendungen legen ihre Dateien mit weiteren, eigenen Namenserweiterungen ab, etwa *datei.sxw* für eine mit dem Writer aus OpenOffice erstellte Textdatei. Erkundigen Sie sich jeweils, welche weiteren Namenskonventionen dieser Art in Ihrem Linux-System gebräuchlich sind.

Im Unterschied zu anderen Betriebssystemen ist diese Namenserweiterung ein normaler Bestandteil des Dateinamens, der nur per Konvention mit einem Punkt vom ersten Teil des Dateinamens abgetrennt ist. Es bestehen weder Einschränkungen für das Trennzeichen (also auch *datei_bak*), für die Anzahl der Verwendung des Trennzeichens (also auch *datei.c.bak*) noch für die Länge der Namenserweiterung (also auch *datei.orig.backup*).

Beginnt ein Dateiname mit einem Punkt, z.B. *.profile*, so wird der Dateiname durch das **ls**-Kommando oder bei der Shell-Expandierung des Metazeichens ›*‹ (am Namensanfang) nicht angezeigt bzw. in der Expansion übernommen. Man hat damit eine Art **verdeckte Datei**. Dies ist häufig praktisch, weil dies per Konvention Dateien sind, die man in den meisten Fällen nicht sehen soll oder nicht sehen will. Durch die Option **ls -a** lassen sich diese Dateien jedoch auch auflisten.

Der Zugriffspfad einer Datei (Path Name)

Die Unix-/Linux-Dateistruktur ist hierarchisch oder baumartig (umgekehrter Baum). Der Ausgangspunkt eines solchen Baums ist die Wurzel (englisch: *root*). Sie wird unter Linux mit ›/‹ angegeben.

Die Wurzel selbst ist eine Verzeichnisdatei. In ihr sind Verweise auf weitere Dateien enthalten. Eine solche Datei kann wiederum ein Verzeichnis sein, das seinerseits auf weitere Dateien verweist; auf diese Weise entsteht die Baumstruktur. Der *Zugriffspfad* (englisch: *path name*) gibt an, wie eine Datei ausgehend von der Wurzel erreicht werden kann. Die vollständige Angabe zur Datei des Kommandos *date* wäre für das Beispiel in Abbildung 3.5 */usr/bin/date‹.

Die Namen der einzelnen Verzweigungsstellen (des dort liegenden Verzeichnisses) werden durch ›/‹ ohne Zwischenraum getrennt.

Wie das Beispiel zeigt, kann ein Dateiname mehrmals im Baum vorkommen (z.B. *test_a*); die Dateien müssen dann jedoch in unterschiedlichen Zweigen des Baumes liegen, d.h. der vollständige Name der Datei inklusive Zugriffspfad muss innerhalb eines Dateibaums eindeutig sein. Die Angabe des Zugriffspfades darf überall dort stehen, wo auch Dateinamen vorkommen können.

Beim **login** bekommt der Benutzer ein Verzeichnis als *aktuelles Verzeichnis* zugewiesen. Dieses steht in der Passwortdatei des Systems als login-Verzeichnis für den Benutzer. Der Name (Zugriffspfad) des aktuellen Verzeichnisses kann mit dem **pwd**-Kommando *(print working directory)* erfragt werden. Spezifiziert der Benutzer einen Dateibezeichner, der nicht mit ›/‹ beginnt, so wird der Pfad zu diesem aktuellen Verzeichnis automatisch vom System vor den Dateibezeichner gesetzt. Ist eine Datei weiter oben in der Baumstruktur oder in einem Seitenast gemeint, so muss der vollständige Zugriffspfad angegeben werden.

Ist das aktuelle Verzeichnis z.B. */home/neuling*, so kann die Datei *t1.c* entweder unter */home/neuling/projekt/t1.c* oder verkürzt mit *projekt/t1.p* angesprochen werden, während *tty0* von hier aus nur unter */dev/tty0* für das Beispiel erreicht wird.

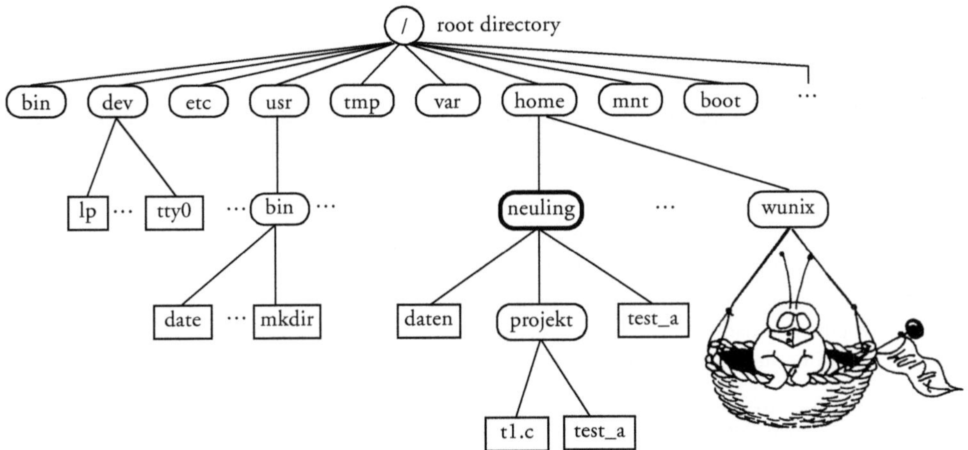

Abb. 3.5: Beispiel für einen Dateibaum

›/‹ alleine steht für die Wurzel des gesamten Systemdateibaums (englisch: *root directory*). ›..‹ steht für das Vaterverzeichnis, ›.‹ für das aktuelle Verzeichnis. Zum Beispiel *../wunix* meint das Verzeichnis oder die Datei *wunix* im übergeordneten Verzeichnis (in Abb. 3.5: */home*).

Der Benutzer ist in der Lage, mit dem **cd**-Kommando (*change directory*) seine aktuelle Position im Dateibaum zu ändern; er erhält hierdurch jedoch keine neuen Zugriffsrechte! Mit **cd ..** geht er z. B. eine Stufe höher in der Baumhierarchie in Richtung der Baumwurzel – z. B. von */home/neuling* nach */home*.

Der Zugriffspfad einer Datei zählt ebenso wie der Dateiname nicht zum festen Bestandteil einer Datei, d. h. er ist nicht im Dateikopf (*Inode*) eingetragen, sondern ist jeweils abhängig davon, wo das Dateisystem (Gerät), auf dem sich die Datei befindet, im Systemdateibaum montiert ist (s. hierzu Abschnitt 3.2.6). Daneben kann, wie bereits beschrieben, eine Datei (in Wirklichkeit ein Verweis auf den Dateikopf) in mehreren Verzeichnissen vorkommen, oder es können mehrere Einträge unter verschiedenen Namen im gleichen Verzeichnis vorhanden sein.

Bei einer Reihe von Kommandos für den *Remote-Zugriff* auf Rechner im Netz (z. B. **rcp**, **ftp**, **scp**) lässt sich der Pfadname erweitern, indem man dem eigentlichen Pfad den Rechnernamen des Hosts (oder dessen IP-Adresse) voranstellt (syntaktisch separiert durch einen Doppelpunk) auf den man zugreifen möchte; also z. B. ›rcp sonne:/etc/profile ./profile‹ zum Kopieren der Datei vom Rechner *sonne* in das lokale Verzeichnis.

Wurde der Auto-Mounter installiert, so lässt sich auf *remote*-Dateien (solche auf anderen Rechnern) noch transparenter zugreifen, indem man */net/host/* dem Pfadnamen voranstellt, wobei host hier der Name des Remote-Rechners ist und **net** der Kontrollpunkt für den Auto-Mounter.[1] Dies setzt voraus, dass der genannte Host-Rechner die entsprechenden Verzeichnisse freigegeben/publiziert hat.

Die Dateilänge

Da Dateien auf Speichermedien mit wahlfreiem Zugriff in festen Einheiten (zumeist 0,5–4 KByte) abgelegt werden,[2] ergeben sich für die Länge einer Datei zwei Größen:

▸ die Länge in Bytes und
▸ die Länge in Blöcken (z. B. 512 Byte)

Beide Größen lassen sich mit dem Kommando **ls -ls** *dateiname* anzeigen. Die Länge einer Datei ist zum einen durch das logische Speichermedium begrenzt (d. h. die Datei muss komplett auf einen logischen Dateiträger wie z. B. eine Magnetplatten-Partition bzw. einen später erklärten *Logical Volume* passen) und zum anderen durch bestimmte Systemfaktoren. Die Obergrenze liegt hierbei für Magnetplatten, abhängig vom verwendeten Dateisystemtyp zwischen etwa 2 und 128 Gigabyte pro Datei. Zwei Gigabyte pro Datei waren dabei auch eine gewisse vom Betriebssystem vorgegebene Grenze. Sie ergibt sich dadurch, dass in der Vergangenheit als Datei-Offset beim Lesen und Schreiben in eine Datei ein vorzeichenbehafteter 32-Bit-Wert benutzt wurde und damit die

---

1. Im Auto-Mounter muss **net** als Kontrollpunkt explizit konfiguriert sein.
2. Die auf den Magnetplatten angelegten Dateisysteme selbst können Blockungsgrößen verwenden, die ein Vielfaches dieser Grund-Blockgröße ausmachen.

maximale Größe auf 2^{31} = 2 Gigabyte beschränkt war. Aktuelle Unix- und Linux-Systeme bieten daneben Zugriffsfunktionen, welche 64-Bit und damit eine (theoretische) Länge von 2^{63} zulassen – so das Programm diese *Large-File-System-Operations* (kurz: LFS) unterstützt bzw. gegen die entsprechende neue Bibliothek gebunden ist. Für die allermeisten Zwecke stellen jedoch auch 2 Gigabyte pro Datei keine ernsthafte Einschränkung dar – eventuell mit Ausnahme großer Datenbanken oder bei der Bearbeitung von Videodaten. Die Grenze zunehmend abgebaut.

Eine weitere potentielle Beschränkung ergibt sich aus der Größe des Dateisystems. Diese Grenzen sind in Tabelle 3.2 auf Seite 147 aufgeführt. Auch hier sind bei aktuellen Linux-Systemen und bei der Wahl eines geeignetes Dateisystems die Grenzen eher durch die verfügbaren Magnetplatten und deren bezahlbare Kapazität gegeben, denn durch die Implementierung des Systems.

Der Einsatz des Linux **Logical-Volume Managers** (kurz: LVM) gestattet es, Dateisysteme (und damit bedingt auch einzelne Dateien) über mehrere physikalische Platten bzw. Partitionen hinweg anzulegen (zum LVM siehe Seite 143).

Große Dateien – Large File Support (LFS)

Der größte Teil der heutigen Linux-Systeme sind noch 32-Bit-Linux-Systeme auf Intel-PCs. Als Positionszeiger *(Byte-Offset)* für den Dateizugriff verwendete Linux (und zahlreiche ähnliche Betriebssysteme) in der Vergangenheit auf diesen Systemen einen 32-Bit langen Zeiger – mit Vorzeichen. Daraus ergibt sich eine maximale Dateilänge von 2^{31} Byte bzw. 2 GByte. Mit steigender Plattengröße und zunehmendem Speicherbedarf reicht dies in einer Reihe von Fällen nicht mehr aus – insbesondere bei größeren Datenbanken. Bei 64-Bit-Systemen benutzt man hier deshalb gleich einen 64-Bit-langen Offset mit einer maximal möglichen Länge von ca. 8 Exabyte (2^{61} Byte), ein Wert, der noch sehr viele Jahre ausreichend groß sein dürfte. Um aber auch in den viel verwendeten 32-Bit-Systemen große Dateien nutzen zu können – man denke hier nur an einen einstündigen Videofilm – wurden zusätzliche Routinen für Dateioperationen mit großen Dateien geschaffen (dies gilt z.B. auch für Sun Solaris). Dazu mussten nicht nur entsprechende APIs im Linux-Kernel geschaffen werden, sondern auch die Dateisysteme auf 64-Bit-Größen erweitert werden. Dies trifft inzwischen für alle neueren Unix-/Linux-Dateisysteme zu. Diese APIs und ihre Implementierung im Dateisystem wird als *Large-File-Support* kurz *(LFS)* bezeichnet. Er ist im Linux-Kernel seit Version 2.4 standardmäßig vorhanden. Man kann aber davon ausgehen, dass der Dateizugriff – wie bereits in 64-Bit-Linux-Systemen – mittelfristig vollständig auf 64-Bit umgestellt wird, so dass in den Anwendungen nicht mehr spezielle 64-Bit-Routinen vorgesehen werden müssen. Dazu müssen die Programme angepasst, neu kompiliert und gegen 64-Bit-Bibliotheken gebunden werden. Dies wird für den Anwender auf weitgehend transparente Art erfolgen.

Wegen anderer, im Linux-Kernel noch vorhandener Restriktionen ist realistisch die maximale Größe von einzelnen Dateisystemen und damit auch von einzelnen Dateien unter Linux bisher auf ca. 2 Terabyte begrenzt – selbst dann, wenn LFS-APIs und LFS-fähige Dateisysteme verwendet werden.

Wie die Tabelle 3.2 auf Seite 147 zeigt, bieten mit Ausnahme von minix (und bedingt iso9660) bereits alle aktuellen Linux-Dateisysteme heute eine LFS-Unterstützung.

Zugriffsrechte auf eine Datei – der Datei-Modus

Der Benutzer ist in der Lage, die Zugriffsrechte auf seine Dateien (oder Verzeichnisse) festzulegen und zu ändern. Als Zugriffsmöglichkeit wird dabei unterschieden:

- Lesen (**r** = *read*)
- Schreiben (**w** = *write*)
- Ausführen (**x** = *execute*)

Das Recht *Ausführen* (**x**) bedeutet bei normalen Dateien (Dateien, welche ausführbaren Code oder Kommandoprozeduren enthalten), dass es der jeweiligen Gruppe erlaubt ist, dieses Programm zu starten. Bei Dateiverzeichnissen zeigt das **x**-Recht hingegen an, dass ein Zugriff in das Verzeichnis und die tiefer liegenden Dateien möglich ist. Eine *Benutzergruppe* sind alle Benutzer mit der gleichen Gruppennummer.[1]

Die Zugriffsrechte können für jede Datei einzeln und für die drei Benutzerklassen getrennt festgelegt werden:

- den Besitzer (**u** = *login user*)
- die Benutzer der gleichen Gruppe (**g** = *group*)
- alle anderen Benutzer (**o** = *other users*)

Die Zugriffsrechte von Dateien werden mit Hilfe des **ls**-Kommandos in der Form **ls -ls** *dateien* angezeigt und mit dem *Change-Mode*-Kommando (**chmod**) geändert. Die Zugriffsrechte werden im Dateikopf (*Inode*) festgehalten und existieren deshalb auch dann nur einmal und für alle gleich, wenn mehrere Verweise (englisch: *links*) auf eine Datei vorhanden sind.

Hat man das Schreibrecht auf eine Datei, so darf man diese Datei zwar verändern, sie kann jedoch nur dann gelöscht werden, wenn man auch das Schreibrecht für das übergeordnete Verzeichnis besitzt, da zum Löschen der Datei Änderungen in diesem Verzeichnis vorgenommen werden müssen. Hingegen kann man mit dem Schreibrecht auf das Verzeichnis die Datei selbst dann löschen, wenn man keine Schreibrechte auf die darin liegende Datei besitzt, aber zumindest deren Besitzer ist. In diesem Fall fragt das System zurück, ob die Datei wirklich gelöscht werden soll.
Diese teilweise problematische Implementierung lässt sich umgehen. Setzt man für ein Verzeichnis das Attribut ›t‹ (z.B. mittels **chmod** a+t *verzeichnisname*), so darf nur derjenige die in dem Verzeichnis liegenden Dateien löschen oder ändern, der das Schreibzugriffsrecht auf die Datei besitzt; er muss dazu nicht über das Schreibrecht auf das Verzeichnis verfügen.

---

1. Damit die Wirkung der Gruppennummer aber zum Tragen kommt, müssen alle Benutzer einer Gruppe in der Datei */etc/group* eingetragen sein!

Das Dateidatum

Zu einer Datei gehören drei charakteristische Datumsangaben:

- das Datum der Erstellung
- das Datum der letzten Änderung
- das Datum des letzten Zugriffs

Daneben gibt es unter Linux ein weiteres Änderungsdatum:

- das Datum der letzten Änderung im Dateikopf

Eine solche Änderung im Dateikopf (dem *Inode*) erfolgt z. B, wenn man nicht auf die Datei selbst zugreift, aber deren Attribute (z. B. durch **chmod**) ändert.

Da zumindest das Datum des letzten Zugriffs auf die Datei auch beim Lesen korrigiert wird, dürfen Dateiträger nicht ohne weiteres schreibgeschützt sein, soweit sie in den Dateibaum eingehängt (englisch: *mounted*) werden. Soll wirklich nur gelesen werden und ist das Datum des letzten Zugriffs nicht wichtig, so kann beim **mount** (s. Abschnitt 3.2.6) die Option **r** (*read only*) diese Datumskorrektur unterbinden. Dies ist beispielsweise bei Dateisystemen auf CD-Platten erforderlich.

Das Datum, welches das Kommando **ls -l**... ausgibt, ist das der letzten Dateiänderung. Mit der Option **ls -lu** ... erhält man das Datum des letzten Dateizugriffs, mittels **ls -lc** ... jenes der letzten Änderung im Dateikopf. Der Systemaufruf **stat** liefert alle drei (ersten) Zeiten zusammen mit weiterer Information über die Datei zurück.

Der Dateibesitzer

Der Dateibesitzer (englisch: *owner*) ist derjenige Benutzer, der die Datei erzeugt hat. Wem dabei das Verzeichnis gehört, in den die Datei eingetragen wird, ist gleichgültig, solange der Erzeuger Schreiberlaubnis für dieses Verzeichnis besitzt. Das Attribut *Dateibesitzer* kann vom Super-User durch das **chown**-Kommando geändert werden.

Die Eigenschaft, Besitzer einer Datei zu sein, ist für die Überprüfung der Zugriffsrechte auf die Datei entscheidend. Das Verändern der Zugriffsrechte ist dabei dem Besitzer sowie dem Super-User vorbehalten. Intern werden nicht Benutzer- und Gruppenname des Dateibesitzers, sondern die entsprechenden Nummern abgespeichert. Die **ls**-Option **-g** erlaubt die Ausgabe des Gruppennamens statt des Benutzernamens. Bei Linux werden bei **ls -l** ... Benutzer- und Gruppenname des Dateibesitzers ausgegeben. Steht statt des Namens eine Nummer, so zeigt dies an, dass unter der Nummer kein Eintrag in der Benutzer- oder Gruppenpasswortdatei vorhanden ist.

Knotennummer einer Datei (Inode Number)

Jedes Dateisystem (dies ist die dateiorientierte Struktur auf einem logischen Datenträger mit wahlfreiem Zugriff) besitzt ein (Dateisystem-)Inhaltsverzeichnis. In ihm sind alle Dateien verzeichnet, die in dem Dateisystem existieren. Dieses Inhaltsverzeichnis wird *Inode List* genannt. Die Elemente der *Inode-Liste* sind die so genannten *Inodes*. Ein solcher *Inode* stellt den *Dateikopf* dar. In ihm sind alle Attribute (Metadaten) enthalten, die einer Datei fest zugeordnet sind (s. Abb. 3.6).

Dateiverzeichnisse *(Directories)* von Speichermedien mit wahlfreiem Zugriff enthalten lediglich den Dateinamen und die *Knotennummer* (englisch: *inode number*) einer Datei. Die Nummer ist ein Index in die *Dateikopfliste* (englisch: *inode list*).

Die nachfolgende Beschreibung bezieht sich auf das Linux-Dateisystem vom Typ **ext2**. Es ist eines des bisher meisteingesetzten Dateisysteme unter Linux und vom Aufbau her sehr stark an das UNIX System V (auch als **us5** bezeichnet) angelehnt. Es ist relativ einfach aufgebaut. Die weiteren von Linux unterstützten Dateisysteme weichen in einigen Details davon ab. Das System erlaubt aber stellvertretend für alle Dateisysteme die Grundmechanismen zu beschreiben.[1]

Beim Anlegen einer Datei wird ein neuer *Inode* (Dateikopf) beschafft und der Dateiname zusammen mit dem Index des *Inodes* im entsprechenden Dateiverzeichnis eingetragen.

Neben den Attributen sieht der Dateikopf von ext2 Platz für 15 Verweise auf den Dateiinhalt vor. Die ersten 12 Verweise zeigen direkt auf die ersten 12 Blöcke der Datei (siehe auch Abb. 3.7). Sind weniger vorhanden, so sind sie entsprechend leer. Ist die Datei länger als 12 Blöcke, so verweist der 13. Zeiger auf einen Block, in welchem weitere Verweise zu finden sind (erste Indirektionsstufe). Die Anzahl der hier möglichen Verweise ist abhängig von der verwendeten Blockgröße im Dateisystem. Reichen die ersten 12 und die hier stehenden Blockverweise nicht aus, um alle Blöcke der Datei zu adressieren, so ist im 14. Eintrag des Inodes ein Verweis auf einen Block zu finden, der Verweise auf indirekte Verweise zeigt (zweite Indirektionsstufe). Reicht auch dies nicht, so enthält der 15. Eintrag einen Verweis auf Verweisblöcke, welche selbst wiederum auf Verweisblöcke zeigen (dritte Indirektionsstufe). Hiermit erreicht man schließlich – bei entsprechender Blockgröße (typisch 1–4 KB) – auch sehr große Dateien. Der Zugriff auf die ersten 12 Blöcke ist dabei am schnellsten (bei der Eröffnung einer Datei wird der

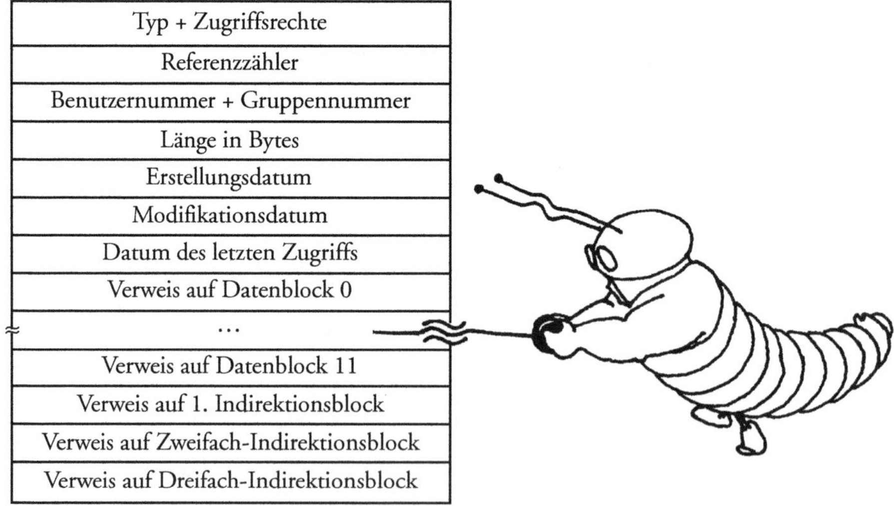

Abb. 3.6: Aufbau eines Dateikopfes (Inode) in einem Dateisystem vom Typ ext2

1. Eine ausführliche Beschreibung des ext2-Dateisystems ist in [EXT2_a] zu finden.

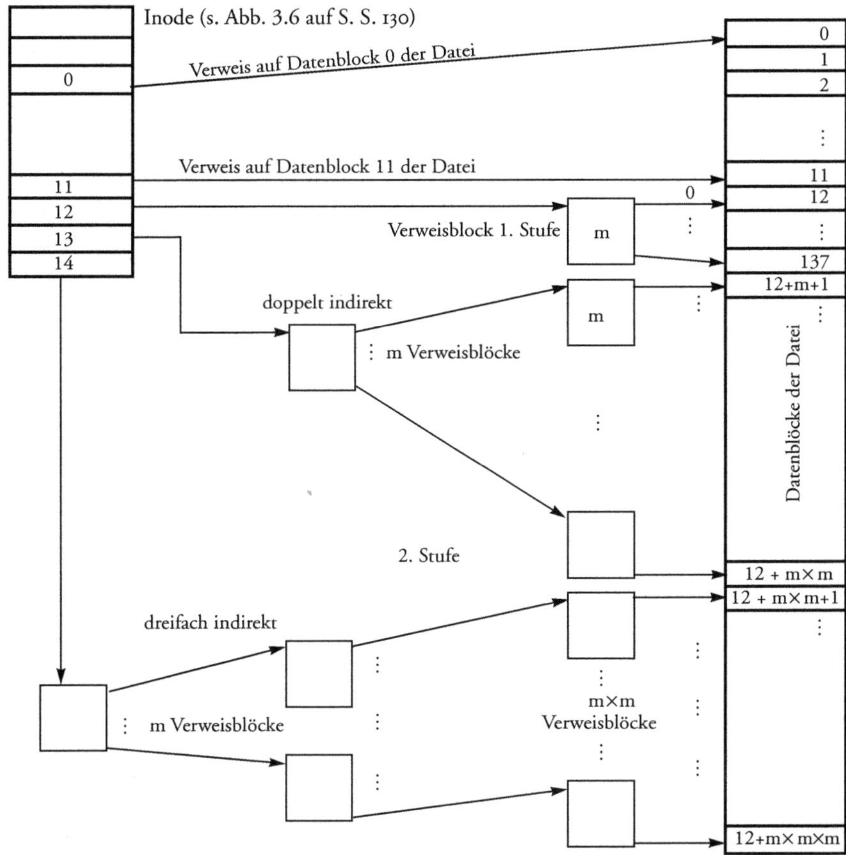

Abb. 3.7: Verweisstruktur einer großen Datei im ext2-Dateisystem

Dateieintrag aus der Indexliste in den Speicher kopiert), während alle weiteren Blöcke zusätzliche Zugriffe notwendig machen. Der Nachteil der dreistufigen Indirektion bei sehr großen Dateien mit dem entstehenden Aufwand an Zugriffen auf die Datenblöcke mit der Verweisstruktur wird teilweise durch die Pufferung von Ein-/Ausgabeblöcken durch das System (eine Art Cache für Datenblöcke und ein getrennter Puffer für *Inode*-Blöcke) aufgefangen.

Abweichend von den eben beschriebenen Indexlisteneinträgen haben bei den *special files* die letzten 15 Verweise keine Bedeutung. Das erste Datum hingegen enthält eine Gerätenummer des Treibers, welcher das physikalische Gerät, mit dem gearbeitet wird, bedient. Diese Gerätenummer besitzt zwei Teile:

- ▸ die Nummer des Gerätetyps (*major device number*)
- ▸ die Nummer des konkreten Gerätes (z.B. Laufwerk) (*minor device number*). In dieser Nummer ist unter Umständen noch Zusatzinformation (z.B. dass das Band beim Schließen der Datei nicht automatisch zurückspulen soll) codiert.

Verweise – Hard- und Symbolic-Links

Linux gestattet Verweise, so genannte *Links,* auf eine Datei anzulegen. Dies geschieht z. B. mit dem ln-Kommando. Durch einen solchen Verweis kann eine Datei entweder unter verschiedenen Namen oder von unterschiedlichen Stellen im Dateibaum angesprochen werden. Dabei muss man zwischen so genannten *harten* Verweisen (englisch: *hard links*) und *symbolischen* Verweisen (englisch: *symbolic links*) unterscheiden.

Beim *Hard Link* (und dies ist der Standard beim ln-Kommando) wird lediglich im Verzeichnis ein Eintrag mit dem Verweis auf die referenzierte Inode-Nummer angelegt. Ein solcher Verweis kostet damit sehr wenig Platz. Da Inode-Nummern jedoch nur innerhalb eines logischen Dateisystems eindeutig sind,[1] muss bei dieser Art der Verweis (korrekter das Verzeichnis mit dem Verweis) und die referenzierte Datei auf dem gleichen logischen Dateisystem liegen.

Bei *Symbolic Link* oder *symbolischer Verweis* – teilweise auch als *Soft Link* bezeichnet – wird eine Datei angelegt, in welcher der Name der referenzierten Datei steht. Hierbei wird der vollständige Pfadname abgelegt, weshalb bei *Symbolic Links* dieser beim ln-Kommando auch vollständig anzugeben ist. Diese Datei erhält jedoch den speziellen Dateityp *Symbolic Link.* Dies gestattet auch Verweise über Dateisystemgrenzen und sogar Rechnergrenzen hinweg. Verschiebt man die referenzierte Datei eines *Symbolic Links* oder benennt sie um, so findet das System die referenzierte Datei nicht mehr! Dieses Problem tritt bei *Hard Links* bei Verschiebung oder Umbenennung innerhalb des Dateisystems nicht auf.

3.2.3 Struktur eines Dateisystems

Ein physikalischer Datenträger wie z. B. eine Magnetplatte kann mehrere *Partitionen* enthalten.[2] Eine Partition wiederum wird durch ein Dateisystem für eine Dateisystemorientierte Dateiablage zugänglich gemacht. Der eigentliche Zugriff auf den Datenträger wie eine Magnetplatte erfolgt über einen so genannten *Treiber.* Ein Treiber ist der Modul im Betriebssystem, der für den Transfer von Daten zwischen einem Gerät und dem Hauptspeicher zuständig ist. In der Regel gibt es für jede Geräteart einen eigenen Treiber.

Bei Magnetplatten und ähnlichen blockorientierten Geräten erfolgt der Transfer von Daten immer in ganzen Blöcken. Dabei sind nochmals physikalische Blöcke und logische Blöcke zu unterscheiden. Die Größe der physikalischen Blöcke ist vom eingesetzten Medium oder Laufwerk abhängig. IDE-/ATA-Magnetplatten besitzen in aller Regel eine physikalische Blockgröße von 512 Byte. Bei SCSI-Platten kann die Blockgröße teilweise bei der Low-Level-Formatierung zwischen 512 Byte und 8 KByte festgelegt werden.

Oberhalb der *physikalischen Blöcke* legt das Betriebs- und Dateisystem die logischen Blöcke. Ein *logischer Block* ist dabei eine (feste) Folge von physikalischen Blöcken, die (z. B. vom Dateisystem) immer als Ganzes gelesen oder geschrieben werden – also eine

---

1. Die gleiche Inode-Nummer kann in anderen Dateisystemen nochmals vorkommen.
2. Die Partitionierung einer Platte erfolgt über **fdisk** oder entsprechende grafische Werkzeuge, wie sie z. B. bei United-Linux-Systemen unter YAST2 zu finden sind.

Schicht über den physikalischen Blöcken. Beim Anlegen eines Dateisystems kann man entweder diese logische Blockgröße explizit festlegen oder das Programm, welches das Dateisystem anlegt, berechnet selbst eine geeignete Blockgröße. Typische logische Blockgrößen liegen bei den Linux-Dateisystemen zwischen 1 KB und 4 KB. Eine größere Blockgröße resultiert in schnelleren Übertragungen, führt aber auch zu einem größeren mittleren Speicherverschnitt durch nicht vollständig belegte Datenblöcke.

Dateisystem

Mit *Dateisystem* ist hier ein *logisches Dateisystem* gemeint. Dateisysteme auf Datenträgern mit wahlfreiem Zugriff wie z. B. Magnetplatten und Disketten haben eine einheitliche Struktur. Diese ist von Dateisystemtyp zu Dateisystemtyp unterschiedlich. Das ext2-Dateisystem z. B. kennt (vereinfacht) vier Bereiche (s. Abb. 3.8):

▶ Block 0 (*boot block*)
▶ Superblock
▶ Liste der Dateiköpfe (*Inode List*)
▶ Bereich der Datenblöcke

Der erste Block des Dateisystems (die Zählung beginnt bei 0) ist als *boot block* reserviert (historisch bedingt). In ihm kann ein kleines Programm liegen, welches beim Hochfahren des Systems das eigentliche Linux-System in den Hauptspeicher lädt und startet.

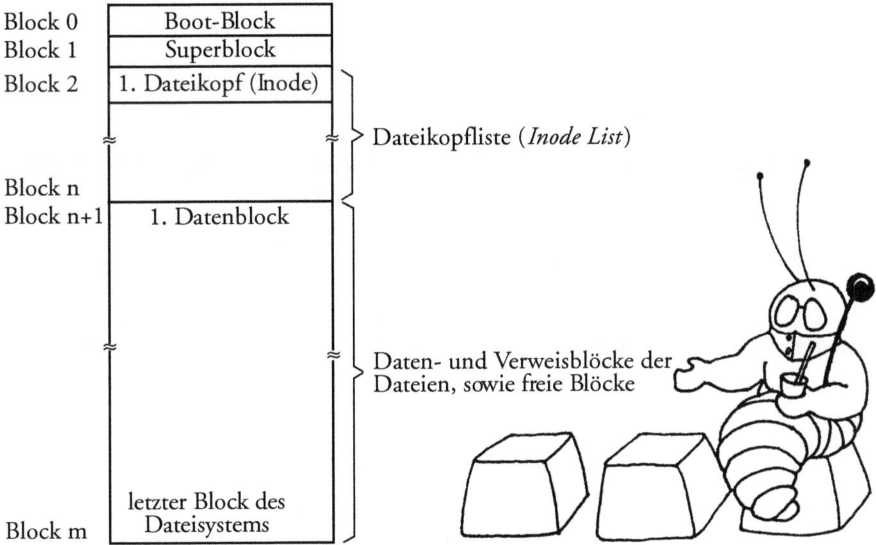

Abb. 3.8: Struktur des etx2-Dateisystems (vereinfacht)

Der erste Block des eigentlichen Dateisystems ist der Block 1. Er wird als **Super Block** bezeichnet. In ihm steht Verwaltungsinformation zum Dateisystem. Hierzu gehören z. B:

- Größe des Dateisystems in Blöcken
- Name des Dateisystems (wird mit **/etc/labelit** angelegt)
- Zeiger auf das erste Element der Liste der freien Datenblöcke
- Zeiger auf das erste Element der Liste der freien *Inodes*
- Datum der letzten Modifikation
- Indikatoren zum Blockieren des Datenzugriffs bei Korrekturoperationen
- Kennzeichnung, welche Blockgröße im Dateisystem verwendet wird. Diese kann bei **ext2** 1, 2 oder 4 KB sein. Andere Dateisysteme erlauben auch große Blockgrößen.

Ist ein Dateisystem montiert, so wird dieser *Super Block* ständig im Hauptspeicher gehalten. Der *Super Block* wird dabei jeweils automatisch nach festgelegten Zeiten oder manuell durch das Kommando **sync** auf die Festplatte zurückgeschrieben. Damit können die Zugriffe auf das Dateisystem sehr schnell abgewickelt werden. Nachteil dabei ist jedoch, dass Super Block, wie er im Hauptspeicher steht und den tatsächlichen Zustand des Dateisystems beschreibt, nicht mehr zu jedem Zeitpunkt mit dem Super Block auf der Festplatte übereinstimmt. Kommt es zu einem Stromausfall oder wird das System ohne vorherige Maßnahmen (z. B. **shutdown**) einfach ausgeschaltet, so können aus diesen Inkonsistenzen Datenverluste resultieren. Neuere Entwicklungen bei Dateisystemen (z. B. ext3, reiserfs, xfs) können diese Probleme vermeiden, indem sie permanent zusätzliche Notizen über alle Änderungen führen – man nennt solche Dateisysteme *Journaling Filesystems*, da sie ständig über die Änderungen ein Journal führen.

Da der Superblock für das Dateisystem sehr wichtige Funktionen hat, wird er beim ext2-Dateisystem (entgegen der zuvor gegebenen vereinfachten Darstellung) mehrfach gespeichert (jeweils am Anfang eines so genannten *Blockbereichs*). Wird ein Superblock unlesbar, greift der Dateisystemtreiber auf die alternativen Superblöcke zu,

Es existiert genau ein *Inode* für jede Datei (normale Datei, Verzeichnis oder Geräteeintrag). Wird eine Datei gelöscht, d. h. geht die Anzahl von Verweisen auf einen Dateikopf auf 0, so wird auch der Inhalt des *Inodes* gelöscht und der *Inode* in die Liste der freien Dateiköpfe eingefügt. ext2 legt die Dateikopfliste statisch bei der Erzeugung des Dateisystems an. Dies hat eine gewisse Effizienz. Mit der Länge der Liste der Dateiköpfe ist aber auch die maximale Anzahl von Dateien für das jeweilige Dateisystem beschränkt. Die Größe der Liste wird bei der Initialisierung eines ext2-Dateisystems (durch **mk2efs**) angegeben. Informationen über das Dateisystem, belegte und freie Dateien und Blocks, können mit dem Kommando **df** abgefragt werden. Bei **df** -ahT wird auch der Dateisystemtyp mit angezeigt.

Der verbleibende Platz des Systems steht den Datenblöcken der Dateien zur Verfügung. Die Verweislisten der ersten, zweiten und dritten Indirektionsstufe großer Dateien zählen auch hierzu. Die Verwaltung erfolgt über eine Freiblockliste, deren Anfang im Superblock vermerkt ist.

Andere Dateisysteme (etwa reiserfs, JFS und xfs) legen ihre Inodes dynamisch an und bieten damit eine höhere Flexibilität hinsichtlich der Speichernutzung und der möglichen Anzahl von Dateien im Dateisystem.

3.2.4   Linux-Dateisysteme

Um Rückwärtskompatibilität zu älteren Dateisystemen zu bieten, unterstützen heutige Linux-Systeme eine ganze Anzahl unterschiedlicher Dateisysteme. Um für die Anwendungen eine weitgehende Transparenz der Unterschiede der Dateisysteme zu erreichen, besitzt Linux den *Virtual File System Switch* – eine Zwischenschicht zwischen Anwendungen und dem Dateisystem, welche die allgemeinen Aufrufe an das Dateisystem in den jeweils spezifischen Aufruf für das angesprochene Dateisystem umsetzt.

Die unterschiedlichen Dateisysteme besitzen spezifische Vor- und Nachteile und typische Einsatzgebiete. Sie unterscheiden sich durch ihre Struktur, die darin zulässigen Längen von Dateinamen, die von ihnen unterstützten Blockgrößen, durch unterschiedliche Geschwindigkeiten und Sicherheitsniveaus und weitere Leistungsmerkmale. Die wichtigsten lokalen Dateisysteme sind hierbei:

- Standard-Linux-Dateisystem (Kurzform: **ext2**)
- eine Journaling-Funktion auf das **ext2** aufgesetzt (Kurzform: **ext3**)
- das Journaling-Dateisystem von Hans Reiser (Kurzform: **reiserfs**)
- das von IBM-AIX stammende und auf Linux portierte *Journaling File System* **JFS**
- das von SGI stammende und auf Linux portierte Dateisystem mit Journaling-Funktionen (Kurzform: **xfs**)
- Prozessdateisystem
- CD-Dateisystem (ISO 9660 und andere)

Zusätzlich unterstützen die meisten Linux-Implementierungen weitere Netzwerkdateisysteme wie etwa NFS und SMB/CIFS (das Windows-Netzwerkdateisystem) sowie Dateisysteme anderer Betriebssysteme wie etwa das MS-DOS oder von Mac OS.

Beim Einsatz unterschiedlicher Dateisysteme oder gar von Nicht-Linux-Dateisystemen sind natürlich die speziellen Charakteristika der Systeme und deren Restriktionen zu beachten, wie etwa maximale Namenslängen, maximal zulässige Größen für einzelne Dateien und des ganzen Dateisystems, sowie deren Blockungs- und Pufferungsmechanismen. Bei einigen fremdem Dateisystemen ist aktuell auch nur ein Lesezugriff möglich, nicht jedoch das Schreiben. Dies gilt z.B. noch (bei Linux 2.4x) auf Partitionen unter dem Windows NTFS-System (NTS5).

Journaling Dateisysteme

Unter Linux werden, wie bei anderen Betriebssystemen auch, bei Operationen auf dem Dateisystem die Daten nicht sofort auf den Datenträger hinaus geschrieben, sondern aus Performance-Gründen zunächst im Hauptspeicher gepuffert. So können Daten, die gerade erzeugt wurden, sehr schnell wieder aus dem Hauptspeicher gelesen werden. Auch die Metadaten – Inodes, Superblock, Freiblocklisten und Ähnliches – werden so gepuffert. Eine neu angelegte Datei existiert so zunächst (zumindest in Teilen) nur im Hauptspeicher. Beim Schreiben auf die Platte werden die Schreibaufträge zusätzlich in eine Reihenfolge gebracht, welche ein schnelles, zusammenhängendes Schreiben benachbarter Blöcke oder nahe beieinander liegender Blöcke erlaubt. Bei einem Stromausfall oder Systemabsturz kann es dabei zu wesentlichen Inkonsistenzen des Dateisystems kommen, etwa weil mit Daten belegte Blöcke noch nicht in der Bitblock-

Liste auf der Platte vermerkt sind oder weil ein Inode noch auf alte Datenblöcke verweist. Beim Einhängen (**mount**) eines Dateisystems überprüft Linux deshalb zunächst, ob das Dateisystem regulär ausgehängt wurde (per **umount**). Ist dies nicht der Fall, überprüft Linux über die Filesystem-Check-Funktion (**fsck**), welche Inkonsistenzen vorhanden sind. Es versucht dann (optional) diese zu beheben. Die Prüfung und Behebung kann bei großen Dateisystemen erheblich Zeit kosten – 30 Minuten und mehr sind hier durchaus realistische Zeiten. Bei Server-Systemen, die nach einem Ausfall wieder schnell verfügbar sein müssen, ist dies oft ausgesprochen problematisch.

Hier setzen so genannte *Journaling Filesystems* an – Dateisysteme, die über alle Änderungen ab dem letzten konsistenten Stand ein Journal führen.[1] Beim Start durchlaufen sie das Journal und führen alle dort aufgeführten (verändernde) Dateioperationen nun aus. Am Ende der Abarbeitung befindet sich das Dateisystem wieder in einem konsistenten Zustand. Diese Abarbeitung kann, wenn das Journal nicht zu lang ist, sehr schnell erfolgen – in aller Regel innerhalb weniger Sekunden. Ein spezieller Prozess (und das Dateisystem selbst) sorgt dafür, dass das Journal eine bestimmte Größe nicht überschreitet. In diesem Fall werden die Daten eben in der korrekten Reihenfolge auf die Platte geschrieben, gelöscht und ein neues Journal aufgesetzt.

Die Journaldaten selbst werden zunächst auch im Hauptspeicher gehalten und in kürzeren Intervallen als die restlichen Daten auf die Platte geschrieben. Das Journal muss dabei nicht einmal auf dem gleichen Speicher wie das Dateisystem liegen. Es kann z. B. auf einer schnellen, batteriegepufferten RAM-Disk gespeichert sein. Nicht alle Dateisysteme erlauben ein solches *ausgelagertes Journal*.

Ein Journaling Filesystem gewährleistet nicht, dass keine Daten bei einem Crash verloren gehen. Jene im Hauptspeicher ohne Plattenkopie sind auch hier weg. Es versucht jedoch zu gewährleisten, dass eine Dateioperation (z.B. das Löschen einer Datei) vollständig oder gar nicht ausgeführt ist und damit ein konsistenter Stand erreicht wird. Der Fokus der Systeme mit Journaling liegt bisher auf der Konsistenz der Metadaten (Inodes, Belegt-Block-Listen, …). Einige Systeme können neben den Metadaten auch die eigentlichen Datenblöcke mit in die Journal-Funktion einbeziehen. Dies gilt z.B. für das **ext3**-System, wenn es per **mount**-Option **data=journal** eingehängt wird. Dies reduziert jedoch etwas die Performance des Systems. Ein Datenverlust beim Crash ist damit immer noch nicht vollständig ausgeschlossen.

Linux bietet eine Reihe unterschiedlicher Journaling Dateisysteme, welche durchaus unterschiedliche Funktionen haben. **ext3** ist eine um Journaling-Funktionen erweiterte Version des Standard-Dateisystems **ext2**. Der Vorteil liegt bei ext3 darin, dass es – unter temporärem Verlust des Journalings – auch wieder als ext2 eingehängt werden kann.

Das ReiserFS ist ein seit längerem verfügbares und recht stabiles Dateisystem mit Journaling, während das von IBM stammende Dateisystem **JFS** noch relativ neu ist und (Stand Ende 2002) weder seine Performance-Ziele noch seine Zielstabilität richtig erreicht hat. Ausgesprochen auf Skalierbarkeit ausgelegt und ebenfalls recht stabil ist das von SGI stammende **xfs**.

---

1. Ein guter Überblick zu den Linux Journaling Files System wird in [Journal] gegeben.

Dateifragmente und kurze Dateien

Große Blockgrößen erhöhen die Performance von Dateisystemen, insbesondere beim
Lesen großer Dateien, da weniger separate Plattenzugriffe notwendig sind. Zugleich
steigt damit aber der Plattenplatzverschnitt, da man davon ausgehen kann, dass im Mit-
tel jeweils ein halber Block jeder Datei unbelegt ist. Bei vielen kleinen Dateien kann dies
einen erheblichen Prozentsatz des gesamten Speicherbedarfs ausmachen. Einige Dateisysteme (z.B. reiserfs) bieten deshalb die Möglichkeit, mehrere kleine Fragmente in
einem (von entsprechend mehreren Dateien geteilten) Block abzulegen. Man spricht
hier auch von *Dateifragmenten*. Dies reduziert den Speicherverschnitt, erhöht aber
etwas den Zugriffs- und Organisationsaufwand für das Dateisystem. Es kann deshalb
vorteilhafter sein, kleine Dateien – und gerade das Linux-Basissystem mit seinen zahlreichen kleinen Skripten und Initialisierungsdateien hat recht viele davon – auf ein eigenes Dateisystem mit kleiner Blockgröße zu legen (so die Blockgröße beim Dateisystem gewählt werden kann) und Datenbanken und große Dateien auf ein separates
Dateisystem mit großer Blockgröße.

Das ext2-Dateisystem

Das traditionelle Dateisystem von Linux wird als **ext2**-System *(extended file system version 2)* oder als **ext2fs** bezeichnet. Es gestattet eine Blockgröße von 1 KByte bis 4 KByte;
auf den 64-Bit-Systemen wie HP/DEC Alpha sind es 8 KByte. Dateinamen können bis
zu 255 Zeichen lang sein. Mit **ext2ed** steht zusätzlich eine Version zur Verfügung, welche
die gespeicherten Daten komprimiert. Die Struktur der Inodes sowie das Layout des
ext2-Dateisystems wurde bereits in den Graphiken von Abb. 3.6 und Abb. 3.7 sowie in
Kapitel 3.2.3 beschrieben.

Performance-Nachteile ergeben sich bei ext2 und dem darauf aufsetzenden **ext3** bei
sehr großen Verzeichnissen (Directories), (typisch ab etwa 5000 Einträgen), da hier eine
lineare, verkettete Liste durchsucht werden muss, während Dateisysteme wie etwa
reiserfs oder **xfs** die Verzeichniseinträge in so genannten *B-Bäumen* anlegen, in denen
die Suche sehr viel schneller erfolgen kann. Da die Inode-Tabelle beim Erstellen des
Dateisystems statisch angelegt wird, kann es vorkommen, dass noch Datenblöcke auf
dem Dateisystem frei sind, aber keine Inodes mehr zum Anlegen weiterer Dateien vorhanden sind oder dass eine große, nicht benötigte Inode-Tabelle unnötig Platz für Datenblöcke belegt.

Neben den *normalen* (auf Seite 122 aufgeführten) Dateiattributen, kennt ext2/etx3
eine Reihe weiterer Dateiattribute, welche mit **lsattr**[1] abgefragt und mit **chattr** gesetzt
werden können. Dazu gehört z.B. das Attribut, dass beim Löschen einer Datei die Blöcke nicht nur wie sonst üblich freigegeben, sondern zuvor noch mit Nullen überschrieben werden – eine Sicherheit bei vertraulichen Daten.

Für ext2 stehen zahlreiche Werkzeuge zum Anlegen und Parametrisieren (**mke2fs**),
zur Konsistentprüfung (**e2fsck**), Sicherung (**dump**), zum Zurückladen (**restore**), für
manuelle Korrekturen und Änderungen (**debugfs**) sowie zum Optimieren (**tune2fs**) zur
Verfügung. **ext2** bietet wie die meisten anderen moderneren Linux-Dateisysteme Unterstützung für Dateien mit einer Größe von mehr als 2 GB *(LFS = Large File Support)*.

---

1. Siehe Seite 351 zur Beschreibung von **lsattr** und Seite 226 für **chattr**.

Das ext3-Dateisystem

ext3 ist eine Erweiterung des **ext2**-Dateisystems um Journaling-Funktionen. Der Vorteil von ext3 besteht darin, dass es auf das sehr stabile ext2 aufsetzt und dass Migrationen von ext2 nach ext3 problemlos per **tune2fs -j /dev/***dateisystem* möglich sind. Auch lässt sich nachträglich ein ext3 immer noch als ext2-System per **mount** einhängen. Ansonsten übernimmt ext3 hierdurch auch praktisch alle Limitation von ext2 – z.B. das statische Anlegen von Inodes und die verketteten Dateieinträge in den Verzeichnissen/*Directories*. Mit der **mount**-Option **data=journal** führt ext3 nicht nur ein Journaling der Metadaten, sondern auch der Datei-Datenblöcke selbst durch und erreicht dabei eine höhere Datensicherheit bei Abstürzen – ohne allzu große Performance-Verluste.

Das ReiserFS-Dateisystem

Das ursprünglich von Hans Reiser entwickelte Dateisystem **reiserfs** ist eines der ältesten Journaling-Dateisysteme unter Linux und inzwischen ausgereift und sehr stabil. Dabei ist die Entwicklung bei weitem nicht abgeschlossen. Zahlreiche weitere Funktionen sind einkonzipiert und neue sollen noch entwickelt werden. Durch eine gute Finanzierung erlebt es eine dynamische Weiterentwicklung. Die Stärke von reiserfs liegt in der effizienten Handhabung großer Dateien und Dateisysteme und großer Verzeichnisse. Für Verzeichnisse werden B-Bäume (*balanced trees*) eingesetzt, bei denen die Suche sehr viel schneller geht als mit den verlinkten Listen des ext2/etx3. reiserfs erlaubt zusätzlich eine effiziente Handhabung kleiner Dateien, von denen mehrere in einen Dateisystemblock gepackt werden können. Kleine Dateien und Dateifragmente packt reiferfs in den 4-KB-Blöcken zusammen und erreicht damit eine höhere Speichereffizienz – etwas auf Kosten der Performance. Mit der **mount**-Option **notail** lässt sich dies aber unterdrücken.

Während Version 3 von reiserfs das Journaling nur für Metadaten durchführt, erlaubt die seit 2003 verfügbare Version 4 auch das Journaling von Datenblöcken. Version 4 bietet zusätzlich Schnittstellen (APIs), um Transaktion auf Dateien auszuführen. Wie für reiferfs gibt es zahlreiche Werkzeuge, bisher jedoch kein **dump/restore**.[1]

Für detailliertere Information und die aktuelle Version des ReiserFS sei auf [ReiserFS] verwiesen.

Das xfs-Dateisystem

Das ursprünglich unter dem Unix-/IRIX laufende Dateisystem von SGI wurde von SGI auf Linux portiert und freigegeben. Es handelt sich um ein *Journaling-*, 64-Bit-Dateisystem und dürfte aktuell (Stand Anfang 2003) das am besten skalierende und für viele Dateien und große Dateien am performantesten laufende Dateisystem unter Linux sein. *Extended Attributes* erlaubt weitere Metadaten (›Name=Wert‹-Paare) in den Inodes unterzubringen (bis zu 64 KB pro Inode). Diese können über spezielle Funktionen gesetzt und abgerufen werden. Da es sich bereits originär um ein 64-Bit-Dateisystem han-

---

1. **dump** führt ein sehr schnelles und vollständiges Sichern des **ext2/ext3**-Dateisystems durch, **restore** das Zurückladen.

delt, kann eine Datei (theoretisch) 2^{63} Bytes bzw. 8 Exabyte (= 8 192 Petabyte) groß sein. Durch Limitationen des Linux-Kernels ist die reale maximale Größe bisher jedoch lediglich 2 TB. Dieses Limit gilt auch für die Größe des gesamten Dateisystems. Dies sollte jedoch für die meisten Installationen reichen.

xfs kommt mit einer ganzen Reihe von Werkzeugen zur Erstellung, Parametrisierung, Vergrößerung und Verkleinerung sowie mit spezifischen **dump**- und **restore**-Programmen.

xfs ist in einigen Linux-Distributionen noch nicht vorhanden und setzt dann (Stand: Anfang 2003) eine ganze Reihe von Kernel-Patches voraus. Mittelfristig dürfte es jedoch im Standard-Source-Tree von Linux landen.

Weitere kommerzielle Dateisysteme für Linux

Mit dem Einsatz von Linux in unternehmenskritischen Anwendungen (z. B. SAP R/3) und der Zunahme der kommerziellen Bedeutung von Linux, haben einige Firmen begonnen, ihre speziellen Dateisysteme und andere Speicher-Management-Werkzeuge auf Linux zu portieren und dort gegen Lizenzkosten zu vermarkten. So bietet z. B. die Firma Veritas mit seiner *Veritas Linux Foundation Suite* ihr **vxfs** Dateisystem auch unter Linux an. vxfs ist ein sehr stabiles, performantes Journaling Dateisystem, welches auch für Plattformen wie IBM-AIX, Sun Solaris, HP/UX und Windows 2000 verfügbar ist. Die Veritas *Foundation-Suite* bringt dafür einen eigenen Logical Volume Manager mit.

Zusätzlich kann vxfs als Client für ein HSM-System *(Hierarchical Storage Management)* eingesetzt werden. Bei einem HSM werden Daten, auf die einige Zeit nicht mehr zugegriffen wurde, automatisch auf ein langsameres Speichermedium ausgelagert, z. B. auf Band oder eine optische Jukebox mit optischen Datenträgern wie CD oder DVD. Gleiches passiert, wenn das primäre, schnelle Speichersystem einen gewissen Füllgrad überschreitet. Werden die Daten wieder benötigt, verlagert das HSM-System die Daten weitgehend transparent wieder auf das lokale System zurück.

Andere kommerzielle Systeme sind das *Global File System* (GFS) der Firma Sistina oder das **GPFS** *(General Parallel File System)* von IBM, welches speziell auf die effiziente, schnelle Übertragung von Streaming-Daten ausgelegt ist.

Netz-Dateisysteme

Unter *Netz-Dateisystem (Network File System)* ist ein Dateisystem zu verstehen, bei dem in einem Rechnernetz von einem anderen Rechner auf das lokale Dateisystem eines Rechners zugegriffen werden kann. Man nennt dies auch *Sharing*, da sich die verschiedenen Rechner den Zugriff auf das lokale Dateisystem teilen. Der Rechner (Host), auf dessen lokalen Platten das Dateisystem liegt, muss dazu das gesamte Dateisystem oder einen Ausschnitt daraus im Netz publizieren (freigeben und bekannt machen).

nfs – das *Network File System* (kurz NFS) – ist das ursprünglich von der Firma Sun entwickelte Dateisystem mit Zugriffen auf Dateien anderer Rechner in einem lokalen Netzwerk. nfs ist inzwischen ein offener Standard und wird vor allem auf Unix- und Linux-Systemen als Netz-Dateisystem stark eingesetzt. Es steht jedoch (zumeist als optionales Paket) auch auf anderen Betriebssystemen wie Windows oder Mac OS zur Verfügung. Unter NFS können Dateibäume, welche von einem anderen Rechner publiziert wurden, wie lokale Dateisysteme per **mount** eingehängt und genützt werden. Die aktuellste Version davon ist NFS-3.[1]

Daneben bietet Linux über das Samba-Paket die Unterstützung des **SMB-** und **CIFS**-Protokolls[2] und kann damit lokal vorhandene Dateibäume als Netzlaufwerke für Windows-Systeme zur Verfügung stellen. Auch der Zugriff von Linux auf einen Windows-*Share* (von Windows freigegeben Verzeichnisse) ist bei entsprechender Kernel-Generierung und einem entsprechenden **mount** möglich – oder über spezielle Linux-Clients.

Über das **netatalk**-Paket, Teil der meisten Linux-Distributionen, simuliert Linux das Apple-Talk-Protokoll und kann in einem Apple-Netz Verzeichnisse für den Zugriff für Macintosh-Systemen freigeben. Dies setzt man vorwiegend für die älteren Mac -OS-Systeme ein, da das aktuelle Mac OS X selbst das NFS-System unterstützt und damit offener und mit weniger Restriktion Dateisysteme publiziert und *geshared*[3] werden können. Neben Dateisystemen erlaubt das **netatalk**-Protokoll unter Linux auch das Publizieren und Sharing von Linux-Druckern.

Das Novell-NetWare-Protokoll und damit der Zugriff auf entsprechend (von Linux) freigebende Verzeichnisse wird bei Linux **ncpfs** realisiert. Es ist jedoch standardmäßig auf den meisten Distributionen nicht installiert.

WebDAV das *Web Distributed Authoring and Versioning* Protokoll ist eine Erweiterung des Internet-HTTP-Protokolls – zumeist realisiert über einen Web-/**WebDAV**-Server. Es erlaubt einen weitgehend transparenten Zugriff über Internet (und zumeist über Firewalls hinweg) auf ein vom WebDAV-Server publiziertes Verzeichnis und den darin vorhandenen Dateibaum. Allerdings sind dazu spezielle Zugriffsroutinen zu nutzen. Der zugreifende Client (das zugreifende Programm) muss deshalb nicht über die normalen Zugriffsroutinen, sondern über WebDAV-orientierte Funktionen zugreifen. WebDAV ist speziell auf das verteilte, kooperative Bearbeiten von Dokumenten und Dateien ausgerichtet. Es bietet neben den reinen Dateizugriffen auch einfache Dokument-Management-Funktionen wie *Check-Out* und *Check-In*. Diese Funktionen sollen bei einem kooperativen Editieren von Dateien/Dokumenten verhindern, dass mehrere Personen zugleich ein Dokument editieren und sich später ihre Änderungen gegenseitig überschreiben. Kommerzielle Desktop-Publishing-Anwendungen unterstützen deshalb zunehmend WebDAV. Dazu zählen z. B. die neueren MS-Office-Anwendungen (ab Office 2000) und zahlreiche Adobe-Produkte wie etwa Photoshop (ab Version 6), Frame-Maker (ab Version 7) oder Illustrator (ab Version 9). Für sie, unter Windows oder Mac OS laufend, kann Linux mittels des Apache-Servers *shared Ressources* zur Verfügung stellen.

Da die von Linux realisierten Netz-Dateisysteme auf den lokalen Linux-Dateisystemen aufsetzen (sofern Linux den Plattenplatz zur Verfügung stellt), sind in gewissem Umfang die Möglichkeiten der beiden Dateisysteme aufeinander abzustimmen. Potenziell addieren sich hier die einzelnen Restriktionen.

---

1. Linux 2.4.x hat noch nicht den vollen Umfang von NFS-3 implementiert. Dies sollte aber bis Ende 2003 abgeschlossen sein.
2. SMB = *Server-Message-Block*-Protokoll, ein Microsoft-Windows-Protokoll für Netzwerkzugriffe auf Dateisysteme und Drucker. CIFS = *Common Internet File System* (Protokoll).
3. Mit *sharing* ist hier der gemeinsame Zugriff über Netz verschiedener (Rechner-)Systeme auf lokale Dateisysteme verstanden.

Ältere Dateisysteme

Ältere Linux-Systeme unterstützen noch einige ältere Linux-Dateisysteme, welche aber inzwischen keine Bedeutung mehr haben und in aktuellen Linux-Systemen teilweise auch nicht mehr benutzt werden können. Zu diesen Dateisystemen gehört z.B. das **minix**-Dateisystem. Es war das erste unter Linux laufende System und stammt aus der Minix-Entwicklung von Professor Tannenbaum. Wegen seiner Limitationen (z.B. eine maximale Dateisystemgröße von 64 MByte und kurze Dateinamen) sollte es heute nicht oder nur auf kleinen, dediziertes Systemen eingesetzt werden.

Auch der minix-Nachfolger unter der Bezeichnung **ext** *(extended file system)* muss als veraltet und nicht mehr geeignet angesehen werden. Es wurde durch das aktuelle **ext2** (die zweite Version des **ext**) vollständig ersetzt. Eine andere Weiterentwicklung von minix war **xiafs**. Auch seine Entwicklung ist inzwischen eingestellt und aktuelle Linux-Kernel (seit Version 2.1.12) unterstützen es nicht mehr.

Fremde Dateisysteme

Aus Kompatibilitätsgründen und um das Zusammenspiel mit anderen Betriebssystemen zu vereinfachen, unterstützt Linux den Zugriff auf eine Reihe fremder, d.h. unter anderen Betriebssystemen übliche Dateisysteme. Die häufigste Nutzung dürfte dabei der Zugriff auf Dateisysteme des Microsoft-Windows-Systems sein. Zum Spektrum der unterstützten Nicht-Linux-Dateisysteme gehören z.B:[1]

msdos   Dies ist das alte MS-DOS FAT16 Dateisystem, welches heute zumeist nur noch auf Floppies zum Datenaustausch genutzt wird. Die Dateinamen sind hier auf 8+3-Zeichen (8 Zeichen, gefolgt optional von einem Punkt und einer 3-Zeichen-langen Endung) beschränkt.

umsdos   *(UNIX on DOS)* ist eine Linux-Erweiterung des msdos-Systems. Linux fügt hier – über spezielle Erweiterungen, welche die Kompatibilität unter DOS nicht stören – lange Dateinamen, Benutzer- und Gruppen-Ids beim Dateibesitzer sowie Posix-konforme Zugriffsrechte hinzu.

vfat   ist das modernere VFAT-Dateisystem der Windows-Systeme. Es bietet lange Dateinamen und erlaubt auch größere Dateisystemgrößen.

ntfs   ist das native Dateisystem von Windows-NT5, -2000 und -XP. Leider ist hier bisher nur ein lesender Zugriff möglich.

hfs   ist das (alte) *Hierarchical-File-System* (unter MacOS 8.x/9.x). Linux kann mit dem hfs-Modul solche Datenträger bzw. Dateisysteme per **mount** einhängen und darauf lesend und schreibend zugreifen.

hpfs   ist das *high-performance-filesytem* bzw. das Standarddateisytem von OS/2. Unter Linux kann nur lesend darauf zugegriffen werden.

---

1. Nicht alle der hier aufgeführten Systeme sind standardmäßig installiert bzw. als Kernel-Erweiterung vorhanden. Sie sind auch nicht in allen Linux-Distributionen vorhanden, sondern müssen teilweise aus dem Netz geladen und integriert werden.

sysv   steht für das ›*UNIX System V*‹-Dateisystem und erlaubt den Zugriff auf Datenträger des Xenix-Systems sowie des Systems-V/386 und des Coherent-Dateisystems. Dieses System wird auch unter SCO UNIX viel verwendet. Diese Systeme verlieren an Bedeutung.

ncpfs   ist die Unterstützung des Novell-Netware-Netz-Dateisystems. Für seine Nutzung müssen spezielle Zusatzprogramme und -module unter Linux installiert werden.

ufs   das unter dem BSD-Unix-System,[1] unter SunOS, OpenBSD, NetBSD und FreeBSD vielfach eingesetzte UNIX-Dateisystem UFS. Die aktuelle Linux-Unterstützung sieht hierfür lediglich einen lesenden Zugriff vor.

iso9660 ein Dateisystem für CD-ROMs. Hierbei handelt es sich um Dateisysteme nach dem ISO-9660- bzw. High-Sierra-Standard. Auch die Erweiterung nach dem Rock-Ridge-Format wird unterstützt. Die Implementierung bietet auch die Unterstützung des unter Windows viel verwendeten Joliet-Fomats, welches z.B. lange Dateinamen zulässt. Selbst das unter Mac OS bevorzugte HFS-CD-Format wird hier weitgehend transparent unterstützt.

udf   *(universal disk format)* ein Dateisystem, welches bei DVDs und CD-RW-Systemen eingesetzt wird.

cramfs ist ein compressed (komprimiertes) ROM-Dateisystem, mit dem sich mehr Daten auf eine CD packen lassen als im üblichen ISO9660-Format.

Der Zugriff auf fremde Dateisysteme geht aber auch in der anderen Richtung, d.h. von einem anderen Betriebssystem auf einen unter Linux erstellten Datenträger oder lokal vorhandenes Linux-Dateisystem. Für Mac OS steht z.B. ein Macintosh-Plug-In (**MountX**) zur Verfügung, mit dem auf **ext2**-Dateisysteme/-Datenträger zugegriffen werden kann. Auch für Windows-95-Systeme gibt es einen **ext2**-Treiber (**FSDEXT2**), jedoch lediglich für einen Lesezugriff. **explore2fs** (siehe [Explore2fs]) geht hier weiter und erlaubt unter Windows (von 95 bis XP) Zugriff auf (lokale) **ext2**-Dateisysteme. Diese werden zwar unter Windows nicht als Dateisystem eingehängt, man kann aber wie in einem grafischen FTP-Browser per Navigation und per *Drag&Drop* darauf zugreifen – in beiden Richtungen und sowohl lesend als auch schreibend. Da dieses System jedoch noch in einem frühen Stadium ist (Beta-Test) ist, sollte man es mit Vorsicht einsetzen.

Einen Schritt weiter geht der bei Druck dieses Buchs noch im Beta-Test befindliche **ext2**-Treiber von FreeSourceCodes.org (siehe [EXT2-NT]). Er erlaubt unter Windows NT 4.0, **ext2**-Systeme als NT-Laufwerk einzuhängen und von Anwendungen transparent darauf zuzugreifen.

Neben diesen kostenlosen Lösungen gibt es auch eine Reihe kommerziell vertriebener Produkte wie etwa **Ext2FS Anywhere** der Firma Paragon Software.

Eine ausführliche Liste von Möglichkeiten von Zugriffen auf unterschiedliche Dateisysteme auf unterschiedlichen Plattformen ist unter [FSHowTo] zu finden.

---

1. BSD = *Berkeley System Distribution*. Siehe dazu die Beschreibung auf Seite 24 und 32.

Das Prozessdateisystem (/proc)

Auf den Adressraum von Prozessen (und dem Betriebssystem) direkt wie auf eine Datei
zugreifen zu können, bietet zum Testen eine Reihe von Vorteilen. Auch bestimmte
Linux-Programme wie etwa **ps**, **top** oder **gtop** nutzen einen solchen Zugang auf Sys-
tem- und Prozessdaten. Linux stellt dafür das so genannte *Prozessdateisystem* zur Verfügung. Hierbei handelt es sich nicht um ein Dateisystem im herkömmlichen Sinne, sondern um einen vom Systemkern vorgetäuschten Dateibaum, der in */proc* beginnt. Hier
ist jeder aktuell aktive bzw. gestartete Prozess durch eine Pseudo-Datei oder ein Pseudo-
Verzeichnis vertreten. Die Verzeichnisnamen von Prozessen entsprechen den Prozess-
nummern. Darin sind die wesentlichen Daten des Prozesses als Datei angelegt, in denen
z.B. die Umgebungsvariablen des Prozesses unter **environ** oder die Aufruffolge unter
cmdline und der vom Prozess belegte Speicher unter **mem** zu finden sind. Zum Schutz
der Daten ist hier der Zugriff jedoch eingeschränkt – mit root als Besitzer.

Das Prozessdateisystem belegt keinen Platz auf der Platte – die eigentlichen Daten
liegen im Hauptspeicher und im Swap-Bereich.

Weitere Dateisysteme

Die Linux-Entwickler sind eine ausgesprochen dynamische Entwicklergemeinde, in der
ständig neue Ideen, Konzept und Implementierungen entstehen. Einige davon betref-
fen auch Dateisysteme. Nicht alle davon erreichen einen Produktstatus oder die Integration in den Standard-Linux-Kernel. Es gibt mehrere Entwicklungen für verschlüsselte Dateisysteme (z.B. unter Verwendung des *Loopback-Devices,* das FSFS (*Fairly
Secure File System*).[1] Auch das bereits erwähnte Gerätedateisystem ist in Teilen noch in
der Entwicklung.

LVM – der Logical Volume Manager

In größeren Systemen benötigt man häufig Dateisysteme, welche größer als eine physikalische Platte sind. Daneben ergibt sich der Bedarf, Speicherbereiche neu zuzuteilen,
zu vergrößern und zu verkleinern, ohne dass dazu das System neu gestartet werden und
ohne dass man dazu die Partitionierung aufwändig ändern muss. Dies ermöglicht der
seit dem Linux-Kernel 2.4 verfügbare *Logical Volume Manager* – kurz LVM.[2]

Er abstrahiert Speicherbereiche – hier *Volumes* genannt – von der physikalischen
Schicht und erlaubt z.B., dass sich ein *Volume* und das darauf befindliche Dateisystem
über mehrere physikalische Partitionen und Datenträger bzw. Magnetplatten erstrecken
kann. Andererseits lässt sich der vom LVM verwaltete Bereich in zahlreiche kleine Volumes aufteilen, ohne dass man sich dabei mit den Details und den Limitationen von
Plattenpartitionen herumschlagen muss.

Der Linux-LVM erlaubt zusätzlich in recht transparenter Art und Weise das Spiegeln (*Mirroring*) von Volumes. Hierbei wird der Inhalt des Volumes automatisch auf ein
weiteres System gespiegelt, so dass im Fall eines System- oder Plattenausfalls die Daten
in aktueller Form nochmals vorhanden sind.

---

1. Zu verschlüsselten Dateisystemen unter Linux siehe auch [CryptFs].
2. Eine ausführliche Beschreibung des Linux LVM ist unter [LVM-1] und [LVM-2] zu finden.

Der LVM hat zwei Abstraktionsstufen und eine eigene (notwendige) Terminologie.
In der ersten Stufe fasst er reale physikalische Speichereinheiten wie ganze Platten (mit
einer einzigen Partition) oder Partitionen einer Platte – beides wird als *Physical Volume*
(kurz PV) bezeichnet – zu großen logischen (virtuellen) Speicherbereichen zusammen
– so genannte *Volume Groups* (kurz VG). Dieser Volume Group können also mehrere
Partitionen und mehrere Platten angehören. Man kann einer Volume Group auch später noch neue *physical Volumes* (Partitionen) hinzufügen. Zugleich werden beim Anlegen Speicherblockgrößen festgelegt – so genannte *Extends*. Im Standardfall sind dies
4-MB-Einheiten.[1] Speicher für ein Dateisystem kann nur aus einem Vielfachen dieser
Extends vergeben werden. Eine *Volume Group* ist damit eine gewisse Verwaltungseinheit
mit eigenem Namen unter dem LVM. LVM 1.05 erlaubt bis zu 99 solcher Volume
Groups.

Aus einer Volume Group kann der Speicher nun an *virtuelle Partitionen* vergeben
werden – hier *Logical Volumes* genannt (oder kurz LV). Die Größe ist jeweils ein Vielfaches der Extend-Größe. Auf diese *Logical Volumes* schließlich legt man das eigentliche
Dateisystem an – z.B. ein ext2- oder ein reiserfs-Dateisystem. Mit LVM 1.05 sind bis
zu 256 solcher Logical Volumes pro Volume Group möglich – also z.B. sehr viel mehr
als Partitionen bei der normalen Platten-Partitionierung.[2] Auch können sich nun virtuelle Partitionen (*Logical Volumes*) über mehrere Platten erstrecken. Man kann sogar ein
Striping einsetzen, bei dem explizit die Blöcke eines Logical Volumes stückweise in
Stripes (Streifen) über mehrere Platten verteilt werden, um durch parallele Zugriffe eine
höhere Performance für ein hier liegendes Dateisystem zu erreichen.

Das Logical Volume kann nun wie eine Platten-Partition dazu genutzt werden, um
darauf ein Dateisystem anzulegen oder um – wie bei Datenbanken wie z.B. Oracle üblich – der Datenbank einen Speicherbereich für direkte *(raw)* Blockzugriffe zur Verfügung zu stellen.

Wird der Platz auf einem Logical Volume zu klein, so kann man ihm im laufenden
Betrieb aus dem noch verfügbaren Speicher-Pool der gleichen Volume Group weitere
Extends zuweisen, ohne dass dazu das System heruntergefahren oder eine Neupartitio-
nierung notwendig ist. Man kann aber auch einen Logical Volume verkleinern – so
noch nicht der ganze Platz im Dateisystem vergeben ist – und den frei gewordenen Platz
einem anderen Logical Volume der gleichen Volume Group zuteilen. Ebenso lassen sich
weitere *Physical Volumes* (z.B. neue Platten) in die Volume Group aufnehmen und mit
deren Extends der Platz auf den *Logical Volumes* vergrößern. Man erhält damit eine
große Flexibilität beim Speichermanagement. LVM besitzt dabei Werkzeuge, um die
Daten eines Logical Volumes zur Laufzeit und transparent für die laufenden Anwendungen zur verschieben, um so z.B. eine Platte frei zu bekommen, damit sie dann einer
anderen Volume Group zuteilt oder das Laufwerk ausgetauscht werden kann.

Da das Vergrößern und Verkleinern von Logical Volumes auch Eingriffe in das darauf befindliche Dateisystem bedingt, muss das Dateisystem auf eine entsprechende Zusammenarbeit mit dem LVM vorbereitet sein. So erfordert eine Veränderung bei z.B.

---

1. Möchte man sehr große Speichereinheiten handhaben, sollte man die Extend-Größe heraufset-
   zen, da im LVM 1.0 lediglich 65 536 Extends verwaltet werden können, d.h. der maximal ver-
   waltbare Speicher bei 4-MB-Extends also auf 256 GB beschränkt ist.
2. Die Gesamtzahl aller *Logical Volumes* in allen *Volume Groups* ist jedoch auch auf 256 beschränkt.

ext2/etx3 einen Neustart des Systems, während reiserfs und xfs dies im laufenden Betrieb durchführen können.

Ein zusätzliche Funktion des Linux LVMs sind so genannte *Snapshots*. Sie benutzt man zur konsistenten Sicherung eines Dateisystems, ohne dass dieses dazu angehalten werden muss. Dabei wird das Dateisystem kurzfristig eingefroren, um einen konsistenten Stand zu erreichen. Nun kann die Sicherung auf Band oder auf einen anderen Speicherbereich beginnen und das Dateisystem weiter laufen. Alle nun erfolgenden Änderungen an dem Dateisystem werden nun vorübergehend nicht mehr in das Dateisystem selbst geschrieben, sondern in einen dafür bereitgestellten Snapshot-Bereich (einen Logical Volume). Ist die Sicherung des ursprünglich Volumes abgeschlossen, so erfolgt der zweite Schritt des Snapshots. Nun überträgt das System die Änderungen aus dem Snapshot-Bereich wieder in das ursprüngliche Dateisystem, während zugleich (oder danach) auch das Snapshot-Volume gesichert werden kann. Anschließend wird das Snapshot-Volume wieder freigegeben. Zu beachten ist, dass mit dieser Technik ein konsistenter Stand des Dateisystems gesichert werden kann; zum Snapshot-Zeitpunkt müssen die Daten auf dem Dateisystem jedoch nicht unbedingt aus Sicht der darauf arbeitenden Anwendungen konsistent sein. Um dies zu erreichen, muss man unter Umständen die darauf arbeitenden Anwendungen zuvor herunter fahren oder ihnen den Befehl geben, einen konsistenten Datenzustand herzustellen.

Software-RAID

RAID steht für *Redundant Array of Inexpensive (Independent) Disks*. Hierbei werden mehrere Platten zusammengeschaltet, um damit eine höhere Performance durch parallele Zugriffe, eine höhere Sicherheit durch redundante Speicherung oder beides durch eine Kombination zu erreichen. Im Regelfall wird dies durch spezielle Plattencontroller oder ganze Plattensysteme erreicht, die jedoch teuer sind. Alternativ kann die RAID-Funktion auch über Software im Betriebssystem übernommen werden. Linux erlaubt sowohl die Nutzung von RAID-Controllern als auch die Emulation per Software im Kernel. Die Linux-Software-RAID kann in einem der beiden Modi RAID-0 oder RAID-1 betrieben werden.

RAID-0 verteilt die Daten über mehrere Platten (minimal 2) und erreicht dabei sowohl beim Lesen als auch beim Schreiben eine bessere Performance (fast die doppelte). Zeigt eine der beteiligten Platten jedoch einen Defekt, fällt faktisch das gesamte auf dem RAID-Segment liegende Dateisystem aus. Man arbeitet hier also mit einem höheren Ausfallrisiko.

Beim RAID-1-Modus werden die Daten des Dateisystems parallel und redundant auf mehrere Platten geschrieben (zumeist 2). Dies schafft Sicherheit beim Ausfall einer der Platten, da das System diese dann ausblendet und die Daten von den verbleibenden holt und dort weiterarbeitet. Bringt man danach ein Ersatzlaufwerk wieder online, so synchronisiert das RAID-System die Daten von den vorhandenen Systemen (allmählich) wieder auf dieses Laufwerk. Während die Schreibperformance etwas unter RAID-1 leidet, ist die Leseleistung etwas besser als ohne RAID.

›Memory-Mapped‹ Dateien

Linux übernahm die Möglichkeiten des Berkeley-Unix-Systems, Dateien (oder Teile daraus) in den Adressraum eines oder mehrerer Programme einzubinden. Dazu wird die Datei zunächst geöffnet und danach mit dem **mmap**-Aufruf in den Adressraum eingebunden. Der Vorteil liegt darin, dass dann auf die Dateikomponenten mit normalen Speicherzugriffen zugegriffen werden kann – so als handle es sich um normalen Arbeitsspeicher – ohne dass programmtechnisch dazu jeweils zuvor ein Lesen in einen Speicherbereich und später ein Zurückschreiben erfolgen muss. Mehrere Programme können damit auch auf eine Art *Shared Memory* (d.h. einen gemeinsamen Speicherbereich) zugreifen; an Sohnprozesse kann so ein gemeinsamer Speicherbereich für einen effizienten Datenaustausch vererbt werden.

3.2.5   Anlegen und Prüfen von Dateisystemen

Bevor Dateien in einem Dateisystem abgelegt werden können, muss zunächst das Dateisystem – bzw. seine Struktur- und seine Informationseinheiten – auf dem Datenträger angelegt werden. Dies erfolgt auf PC-Systemen in drei oder vier Schritten:

▶ **Formatieren des Datenträgers** oder der Magnetplatte:
Dies ist nicht bei allen Datenträgern und Platten notwendig oder möglich. Zum Beispiel stehen in der Regel keine Werkzeuge zur Basisformatierung von IDE-Platten zur Verfügung – sie werden vom Hersteller vorformatiert.

▶ **Anlegen der Partition-Struktur** (*Partitioning*):
Unter Linux erfolgt dies entweder per **fdisk**, **cfdisk** oder über eine grafische Oberfläche, welche dann ihrerseits diese Funktion benutzt.

▶ Möchte man den *Logical Volume Manager* (LVM) verwenden, so muss entweder die ganze Platte (ohne eine vorhergehende Partitionierung) oder die betreffende Partition in eine *Volume Group* des LVMs eingebracht werden. Danach ist ein *Logical Volume* anzulegen, auf dem später das Dateisystem angelegt werden soll.
Möchte man die Linux-Software-RAID-Funktion benutzen, so ist das RAID-Segment vor dem Anlegen des eigentlichen Dateisystems zu erstellen, da es dann eine neue logische Partition zur Verfügung stellt.

▶ **Anlegen des eigentlichen Dateisystems** auf einer Partition oder – bei Verwendung des LVMs – auf einem Logical Volume:
Dies erfolgt mit Hilfe des *Make-File-System*-Kommandos **mkfs**. Da jeder Dateisystemtyp spezifische Funktionen und Optionen hat, gibt es praktisch für jedes unter-

---

Anmerkungen zur Tabelle 3.2 auf Seite 147:

*   Dateien müssen, soweit es sich nicht um *Sparse Files* (Dateien, mit leeren Blöcken ohne Inhalt) handelt, natürlich immer kleiner als das Dateisystem sein, auf dem sie liegen. Bei Dateien größer als 2 GB muss für eine korrekte Verarbeitung der Large-File-System-Support sowohl im Betriebssystem vorhanden als auch im Programm umgesetzt sein.

**   Der Linux-Kernel besitzt in der Regel Restriktionen, welche die reale Größe eines Dateisystems weiter einschränken. In der Kernel-Version 2.4.x sind dies auf 32-Bit-Systemen zumeist 2 TB.

Tabelle 3.2: Die wichtigsten Merkmale der verschiedenen Linux-Dateisysteme

Funktion:	minix	ext2	ext3 (??)	reiserfs (3.6)	JFS (1.0x)	xfs (1.0x)	iso9660
Dateinamenlänge (Bytes)	14	255	255	255	255	255	8/255
mögliche Blockgröße	0,5 kB	1, 2, 4, (8) kB	1, 2, 4, (8) kB	4 kB	0,5–4 KB	4 kB	1 kB
maximale Dateigröße[*]	64 MB	16 GB–2 TB	2–16 TB	4 GB	4 PB	4 PB	< 4 GB
maximale Dateisystemgröße[**]	64 MB	2 TB	2 TB	16 TB	512 TB–4 PB	512 TB–2 TB	4 GB
Journaling Metadaten	–	–	ja	ja	ja	ja	–
Journaling Datenblöcke	–	–	optional	ab Version 4	–		–
Unterstützung LVM/SW-RAID	–	LVM/RAID	LVM/RAID	LVM/RAID	LVM/RAID	LVM/(RAID)	–
Dateifragmente	–	–		ja			–
Komprimierung	–	ext2d		–	–	–	cramp ??
Quota-System möglich	–	ja	ja	ja	ja	ja	–
Erweiterte Metadaten	–	–	–	ab Version 4	–	ja	–
spezielle Eignung	sehr kleine Systeme	Root- und Boot-Dateisystem	Root-Dateisystem	große Verzeichn., viele kleine Dateien	kompatibel mit AIX-JFS	sehr große Dateien	nur für CD/DVD vorgesehen
besondere Merkmale	veraltet	Standard- Dateisystem unter Linix	setzt Journaling auf ext2 auf	stabil + performant	Portierung von IBM AIX	stark skalierend	

stützte Dateisystem ein spezifisches mkfs – z. B. **mke2fs** für ein Dateisystem vom typ ext2 oder **mkreiserfs** für eines vom Typ reiserfs.

Alternativ ist das Anlegen des Dateisystems auch über die entsprechende grafische Oberfläche der Linux-Distribution. Bei SuSE-Linux ist dies z. B. eine Funktion des YaST2. Hierbei sind die Art des gewünschten Dateisystems sowie eine Reihe von Parametern wie etwa Dateisystemgröße anzugeben, die wiederum vom Typ des Systems abhängig sind. Beim Anlegen eines neuen Dateisystems werden alle in diesem Bereich liegenden Daten zerstört.

Danach muss das Dateisystem mittels des im nächsten Abschnitt beschriebenen **mount**-Kommandos dem System bekannt gemacht bzw. *eingehängt* werden. Linux montiert nur *saubere Dateisysteme*. Darunter versteht man ein Dateisystem, das entweder neu angelegt wurde oder nach der letzten Benutzung korrekt demontiert (mittels des Kommandos **umount**) und dabei als *sauber* gekennzeichnet wurde. War das Betriebssystem abgestürzt oder wurde das Dateisystem auf eine andere unkorrekte Art aus dem System genommen, so muss zunächst eine Konsistenzprüfung erfolgen. Hierzu steht das Programm **fsck** (*File System Check*) zur Verfügung – jeweils ebenso in Dateisystem-spezifischen Varianten (etwa **e2fsck, reiserfsck, …**). Das fsck-Programm behebt eventuelle Inkonsistenzen und setzt das Dateisystem auf den Status *Clean*. Beim Hochfahren des Linux-Systems überprüft Linux zunächst alle zu montierenden Dateisysteme automatisch auf den Zustand *clean* und ruft, sofern ein anderer Status gefunden wird, automatisch **fsck** auf.

Da auch bei jeweils sauber aus- und eingehängten Dateisystemen potenziell die Gefahr von Inkonsistenzen besteht – verursacht etwa durch Hard- oder Software-Probleme – führt Linux im Dateisystem einen Zähler mit, welcher die **mount**-Operation seit der letzten **fsck**-Prüfung verfolgt. Nach einer vordefinierten Anzahl von mounts führt Linux dann trotz des Status *clean* einen **fsck**-Lauf durch und setzt danach den Zähler zurück. Im Standardfall wird bei ext2 nach 25 **mount**-Operationen dies durchgeführt. Beim Anlegen des Dateisystems können jedoch andere Werte vorgegeben oder die Prüfung auf diese Art unterdrückt werden. Zusätzlich zum mount-Zähler kann auch eine maximale Zeitspanne vorgegeben werden, nach der spätestens ein **fsck** erfolgen soll.

3.2.6   Demontierbare Dateisysteme

Das Gerät bzw. Laufwerk mit dem darauf vorhandenen Dateisystem, auf welchem sich das Linux-System befindet, wird als **root device** bezeichnet.[1] Der auf dem *root device* liegende Dateibaum ist nach dem Start dem System bekannt und zugreifbar. Neben diesem Dateisystem gibt es jedoch normalerweise Dateien auf weiteren Dateisystemen, welche man entweder beim Systemstart oder später einhängen möchte. Hierzu können z. B. Dateisysteme auf Magnetplatten, CDs, DVDs oder anderen Datenträgern gehören. Inzwischen präsentiert sich auch der Speicher einer digitalen Kamera häufig als ei-

---

1. Für das Dateisystem, von welchem der Linux-Kernel selbst gestartet wird (in der Regel unter **/boot**), gibt es einige Restriktionen die sicherstellen, dass dieses Dateisystem vom Boot-Loader gelesen werden kann! Hier sollte man deshalb in der Regel ein ext2-Dateisystem verwenden.

genständiges Dateisystem, welches per **mount** eingehängt und per **umount** wieder entfernt werden kann.

Daneben möchte man bei Netzwerk-Dateisystemen wie NFS oder Samba/CIFS nach dem Starten des Systems häufig Teile der Dateisysteme anderer Rechnersysteme zugreifbar machen.

Das Dateisystem, welches sich auf diesen Datenträgern befindet, kann man dem System durch das **mount**-Kommando bekannt machen und als Teilbaum in den Systemdateibaum montieren. Entsprechend sind beim **mount**-Kommando folgende minimale Angaben notwendig, die jeweils durch weitere Optionen ergänzt werden können:

▸ der Typ des Dateisystems, soweit er nicht automatisch aus einer Beschreibungsdatei (*/etc/vfstab*) ermittelt werden kann

▸ das logische Gerät, auf welchem sich das neue Dateisystem befindet

▸ das Verzeichnis, in dem der neue Dateibaum eingehängt werden soll

> **mount –t msdos   /dev/fd0   /media/floppy**
> → hängt das DOS-FAT16-Dateisystem (vom Typ msdos), das sich auf dem ersten Floppy-Laufwerk befindet, in das Verzeichnis */media/floppy* ein. Abb. 3.9 und Abb. 3.10 verdeutlichen dies. Abb. 3.9 zeigt dabei die beiden Dateibäume vor dem **mount**-Kommando und Abb. 3.10 danach.
> Unter dem KDE-Desktop geht es bei der Floppy noch einfacher, indem man hier einfach einen Klick auf das Floppy-Symbol auf dem Desktop ausführt. Hiermit wird die Floppy unter */media/floppy* eingehängt.

Erst nach dem Montieren kann mit den normalen Linux-Dateioperationen (wie **create, open, read, write** usw.) auf diese Dateien zugegriffen werden. Der Zugriffspfad der Dateien besteht nun aus dem Zugriffspfad des Knotens, in den das neue System eingehängt wurde, gefolgt von dem Zugriffspfad innerhalb des montierten Systems. Befindet sich auf der Floppy z.B. eine Datei mit dem Namen */projekt/dat.1*, so ist sie nun unter dem Namen */media/floppy/projekt/dat.1* zu erreichen.

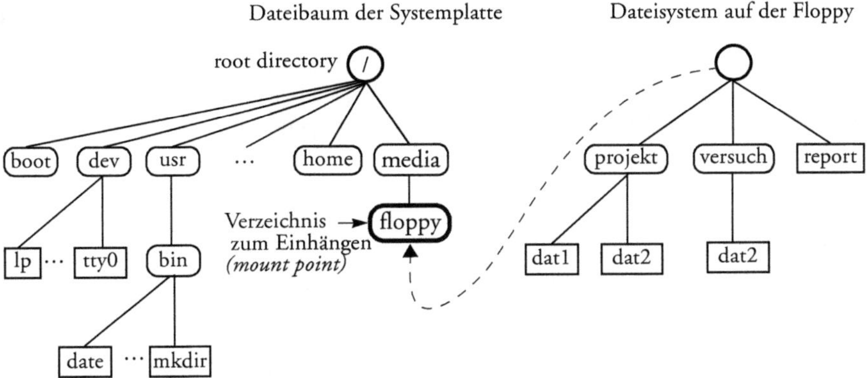

Abb. 3.9: Ausschnitt aus den Dateibäumen der beiden Dateisysteme

Nach der Ausführung des **mount**-Kommandos sieht der Dateibaum wie folgt aus:

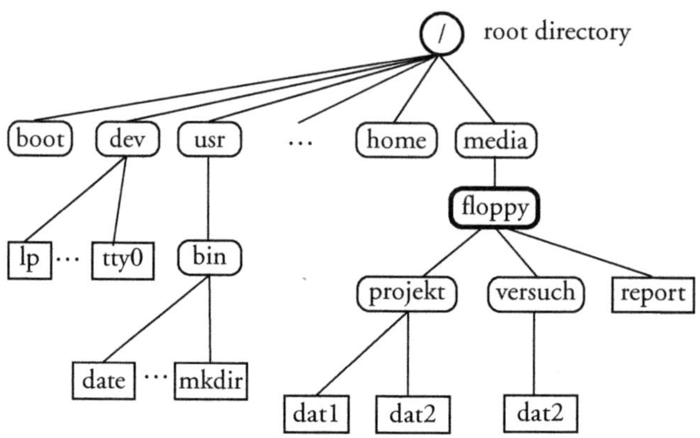

Abb. 3.10: System-Dateibaum nach der mount-Operation

Eine auf dem montierten Gerät liegende Datei unterscheidet sich nun nicht mehr von einer Datei auf dem *root device*. Eine Ausnahme gilt für Verweise (ein Eintrag im Verzeichnis) auf Dateien, sofern nicht mit symbolischen Verweisen gearbeitet wird. Bei *harten Links* gilt, dass alle Einträge und die Datei selbst auf dem gleichen logischen Dateiträger liegen müssen.

Waren in dem Verzeichnis, in welchem das neue System eingehängt wurde, bereits Dateien vorhanden, so werden sie durch das eingehängte System überdeckt, solange das Dateisystem eingehängt ist.

Das Entfernen eines solchen Dateisystems erfolgt durch das **umount**-Kommando. Hierbei ist als Parameter nur der Name des logischen Datenträgers anzugeben.

umount /dev/fd0
→ entfernt das Dateisystem auf der Floppy aus dem Systembaum.

Einige der Optionen des **mount**-Kommandos sind dateisystemspezifisch. Da das Betriebssystem nicht in allen Fällen eindeutig bestimmen kann, um welchen Dateisystemtyp es sich bei dem zu montierenden Volume handelt, sollte man möglichst dem mount-Kommando den Systemtyp als Parameter mitgeben (in der Form *–Fds-typ*). Wird er nicht angegeben, so versucht das System den Typ aus der Datei *letc/vfstab* zu entnehmen.

Da das Ein- und Aushängen von Dateisystemen eine Gefahr für die Sicherheit und Konsistenz eines Systems darstellen kann, sind in den meisten Linux-Systemen das **mount**- und **umount**-Kommando Befehle, die nur von privilegierten Benutzern ausgeführt werden können – es sei denn, in der Datei *letc/fstab* ist für das entsprechende Gerät eine entsprechende **user**-Option gesetzt.[1]

Möchte man vermeiden, dass Dateien auf dem montierten Dateiträger versehentlich oder absichtlich gelöscht bzw. geändert werden, so erlaubt die **mount**-Option ›–r‹, den Volume im *Read-Only-Modus*, d.h. nur zum Lesen zu montieren.

---

1. Siehe hierzu die Beschreibung von *letc/fstab* in Kapitel 9.2 auf Seite 766.

3.2.7   Das Quota-System bei Dateisystemen

In größeren Installationen möchte man den Platzverbrauch von Benutzern begrenzen
können, so dass nicht ein einzelner Anwender versehentlich oder böswillig den gesamten verfügbaren Plattenspeicher belegt. Das Linux-System gestattet dies über das so genannte *Quota-System*. Dieses erlaubt, benutzerspezifische Grenzen für den Plattenspeicher vorzugeben. Dabei kennt das System zwei Grenzen:

a)   Eine *harte Grenze*, die nie überschritten werden darf. Das System meldet beim
     Überschreiten Fehler und verweigert die Schreib- oder Kopieroperation.

b)   Eine *weiche Grenze*. Sie darf vorübergehend überschritten werden. Geschieht dies,
     so wird der Anwender durch eine Nachricht informiert und es beginnt ein Zeitzähler zu laufen. Wird innerhalb des festgesetzten Zeitlimits die Grenze wieder
     nach unten durchschritten, erfolgt weiter nichts. Reduziert der Benutzer jedoch
     innerhalb der vorgegebenen Zeit seinen Plattenspeicherbedarf nicht, so tritt nach
     dem Zeitablauf die untere Grenze als harte Grenze in Funktion und der Anwender kann keine weiteren Speicher mehr belegen. Fehlermeldungen informieren
     ihn darüber.

Das Quotensystem lässt sich nicht nur individuell für einzelne Benutzer festlegen, sondern auch Dateisystem-/Partition-spezifisch. Damit ist es z.B. möglich, einem Anwender auf den Platten seines eigenen Systems beliebig viel Speicher zu gestatten (bis an die Grenzen seiner Platten), auf einem zentralen Fileserver jedoch Quoten vorzugeben. Das Quotensystem setzt den Einsatz eines Quoting-fähigen-Dateisystems voraus – ist also dateisystemabhängig (siehe Tabelle 3.2, Seite 147).
   Damit das Quota-System korrekt arbeitet, müssen im Linux-Kernel die entsprechenden Module vorhanden sein, was bei SuSE und RedHat bereits im Standard-Kernel der Fall ist. Zusätzlich muss der Quota-Daemon laufen. Dies ist ein spezieller Überwachungsprozess, der beim Systemstart automatisch gestartet werden sollte.

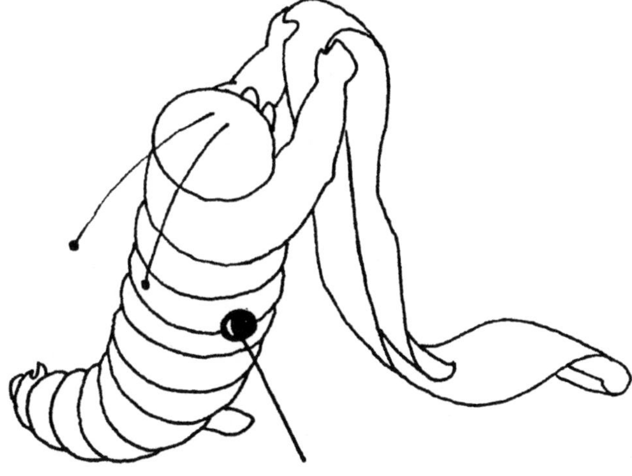

3.2.8   Dateiorientierte Kommandos

Zu den dateiorientierten Kommandos sollen hier all jene gezählt werden, welche zum Neuanlegen, Kopieren, Ausgeben und Löschen von Dateien und Dateiverzeichnissen notwendig sind, welche das Abfragen und Ändern der Dateiattribute erlauben und welche die Sicherung und die Konsistenzprüfung von Dateien und Dateisystemen zulassen. Dabei sollen hier nur die wichtigen Kommandos erwähnt werden.

Kommandos zur Dateiausgabe und Dateianzeige

a2ps	konvertiert Dateien aus zahlreichen Formaten nach PostScript.
cat	Ausgabe oder Konkatenation von Dateien
fold	Ausgabe von Dateien mit überlangen Zeilen
lp	Ausgabe von Dateien über den lp-*Print-Spooler*. GUI-Varianten sind z. B. **gtklp**, **kprinter** oder **xpp**.
lpr	Aufruf des lp-*Print-Spoolers* in der BSD-LPD-Variante
lpstat	liefert Statusinformation zum Print-Spooler und seinen Aufträgen.
less, more	seitenweise Ausgabe von Dateien auf die Dialogstation
od, hexedit	erstellt einen oktalen bzw. hexadezimalen Auszug (*Dump*) einer Datei.
pr	seitenweise Ausgabe von Dateien mit einer Überschrift und Seitennummerierung
head	Ausgabe der ersten Zeilen einer Datei
split	zerteilt eine Datei in mehrere einzelne Dateien gleicher Größe
tail	Ausgabe der letzten Zeilen einer Datei

Das Programm **cat** kann sowohl zur Ausgabe als auch zum Zusammenhängen von Dateien verwendet werden. Sein Haupteinsatz ist die Ausgabe von kurzen Dateien auf die Dialogstation. Bei Sichtgeräten hat man dabei jedoch das Problem, dass **cat** nicht nach einer Seite anhält, sondern die Ausgabe fortlaufend erfolgt. Das Programm **more** und das mächtigere **less** erlauben hier eine komfortable seitenweise Ausgabe von einfachen Textdateien, wobei, soweit nicht von einer Pipe eingelesen wird, auch ein Überspringen von Seiten oder Rückwärtsblättern möglich ist. Sie werden auch als *Pager* bezeichnet. Für komplexere Formate wie etwa PostScript, PDF oder HTML gibt es die später noch aufgeführten speziellen Anzeigeprogramme (auch *Viewer* genannt).

Auch die GUI-Dateimanager **konquerer** (aus dem KDE-Paket) und **nautilus** aus GNOME sind in der Lage, Dateien anzuzeigen, nutzen dafür aber in der Regel – wie man es von Web-Browsern her kennt – dateitypspezifische Anzeigeprogramme, die man selbst entsprechend konfigurieren (zuordnen) kann.

Will man Text auf eine druckende Dialogstation oder einen Zeilendrucker ausgeben, so erweist sich **pr** als zweckmäßig, da es die Ausgabe in Seiten unterteilt, die Seiten durchnummeriert und optional mit einem Titel versieht. Zum Drucken sollte das **lp**-Kommando verwendet werden. Es erlaubt ein abgesetztes Drucken (*spooling*) der Aufträge in der korrekten Reihenfolge. Der Status eines Auftrags kann später mit **lpstat** oder **lpq** abgefragt und Aufträge mit **cancel** wieder storniert werden. Die zum Berkeley-UNIX kompatible Variante des **lp**-Kommandos ist **lpr** mit den Programmen **lpc**, **lpq** und **lprm** zur Administration der Aufträge im *Print-Spooler*. GUI-Versionen sind hier **klpq**, **gtklpq**, **xpdq** oder **kjobviewer**.

fold stellt einen typischen Filter dar, den man in der Regel einem anderen Ausgabe-programm vorschaltet, um überlange Zeilen in mehrere kürzere zu zerteilen. **od**, **hexedit** oder die GUI-Variante **khexedit** wird man dann benutzen, wenn man die Struktur einer Datei mittels eines Dateiauszugs, im Computerjargon *dump* genannt, analysieren möchte, oder um nichtdruckbare Zeichen in einer Datei aufzudecken. Letzteres geht auch mit der -v-Option des **cat**-Kommandos.

head und **tail** sind dann nützlich, wenn man in eine größere Anzahl von Dateien kurz hineinschauen möchte, um sich einen Überblick zu verschaffen. **head** zeigt dabei die ersten paar Zeilen und **tail** die letzten Zeilen der Datei an. Mit der Option -f versehen, kann **tail** dynamisch eine Datei anzeigen, in die gerade aus einem anderen Programm geschrieben wird.

Zuweilen ist es notwendig, sehr große Dateien in mehrere Einzeldateien zu zerteilen, da einige Editoren nur Dateien bis zu einem implementierungsabhängigen Limit verarbeiten können, oder um sehr große Dateien auf mehrere Datenträger (Disketten) aufzuteilen. Hierzu ist das Programm **split** geeignet. Anschließend können derartig aufgeteilte Dateien mit **cat** wieder zusammengesetzt werden.

Einen fast eigenen Bereich stellen die Programme dar, welche eine Konvertierung von Textdateien nach PostScript oder PDF durchführen und dabei noch eine gewisse Formatierung (ein *Pretty-Printing*) erlauben. Hier sind z. B. **a2ps**, **enscript** und **mpage** zu nennen. **gs** – der Ghostscript-Interpreter – erlaubt dann PostScript und PDF-Dateien zu rastern (in ein Pixel-Image), zu wandeln oder für verschiedene Drucke aufzubereiten. **gv** und **gsview** sind GUI-Front-Ends, um PostScript und PDF auf dem Bildschirm anzuzeigen. **ggv** ist die GNOME- zu **gv** und **kghostview** die KDE-Variante. Auch der von Adobe stammende Acrobat Viewer ist als **acroread** verfügbar und dürfte für PDF-Dateien einer der besten Viewer sein.

Informationen über Dateien

df	gibt die Anzahl von freien Blöcken eines Dateiträgers aus.
du	gibt die Anzahl der durch einen Dateibaum belegten Blöcke aus.
file	versucht eine Klassifizierung (Art des Dateiinhalts) von Dateien.
find	sucht nach Dateien mit vorgegebenen Charakteristika.
ls	liefert das Inhaltsverzeichnis eines Dateiverzeichnisses.
pwd	liefert den Zugriffspfad des aktuellen Dateiverzeichnisses.
quot	liefert eine Aufstellung über die Dateibelegung aller Benutzer.
type	zeigt den vollen Pfad zu einem Programm an.

Das meistbenutzte Datei-Informationskommando ist **ls**, welches vollständige und partielle Inhaltsverzeichnisse von Verzeichnissen oder im ausführlichen Format (Option -l) auch (mit Hilfe der Option -**R**) Dateibäume ausgibt und die meisten Dateiattribute anzeigt. Die Option −**F** zeigt bei jeder Datei mit einem Sonderzeichen an, um welchen Dateityp es sich handelt. Varianten von **ls** mit sehr ähnlicher Funktion sind **vdir** und **dir**.

Die Anzahl der durch Dateien oder Dateibäume belegten Blöcke liefert **du**, während **df** die Anzahl der noch freien Datenblöcke und Dateiköpfe für einen ganzen Datenträger (Dateisystem) ausgibt. **/usr/sbin/quot** liefert die Blockbelegung eines Dateisystems nach Benutzern oder Benutzergruppen aufgeteilt. Das Programm **file** versucht, mit Hilfe der Informationen aus der Datei */etc/magic* den inhaltlichen Typ der Datei zu ermitteln und erlaubt damit eine erste, schnelle Analyse, wenn man es mit einer unbekannten Datei zu tun hat bzw. wenn man einfach feststellen möchte, ob es sich um eine druckbare Datei handelt.

Sucht man eine bestimmte Datei oder mehrere Dateien mit vorgebbaren Attributen (z.B. Dateien, welche seit dem 1.12.2002 oder innerhalb des letzten Tages modifiziert wurden oder die älter als 100 Tage sind), so bietet sich hierfür das Programm **find** an. Es lässt auch das Durchsuchen ganzer Dateibäume zu.

pwd schließlich nennt das aktuelle Verzeichnis, wenn man nicht sicher ist, wo man sich im Dateibaum befindet.

Mit **type** kann der vollständige Zugriffspfad auf ein Programm ausgegeben werden und damit u.a. schnell ermittelt werden, ob ein bestimmtes Programm existiert und wo es gefunden werden kann.

Verzeichnis- und dateisystemorientierte Kommandos

cd	setzt neues Verzeichnis als aktuelles Verzeichnis ein.
fuser	gibt alle Prozesse an, die eine bestimmte Datei oder ein angegebenes Dateisystem momentan benutzen.
mkdir	legt ein neues Verzeichnis an.
mkfs	legt ein neues Dateisystem auf einem Datenträger an.
mknod	schafft einen neuen Gerätenamen.
mount	hängt ein Dateisystem in den Systembaum ein.
rm	löscht Dateien, mit der Option –i erst nach einer Rückfrage.
rmdir	löscht ein leeres Verzeichnis.
rm -r	löscht (rekursiv) ein Verzeichnis und alle darin enthaltenen Dateien und Verzeichnisse.
umount	entfernt das Dateisystem auf einem Datenträger aus dem Systemdateibaum.

cd ist ein häufig benutztes Kommando, um in ein neues aktuelles Verzeichnis zu wechseln, wobei man damit jedoch noch nicht die Schreibberechtigung dafür hat. Neue Verzeichnisse werden mit **mkdir** angelegt. Sie bekommen dabei Standarddateiattribute. Will man diese ändern, so sind hierfür die Programme **chmod**, **chown** und **chgrp** vorhanden. Gelöscht werden kann ein Verzeichnis dann wieder mit **rmdir**, allerdings nur, wenn es leer ist, während **rm** Dateien (oder auch Geräteknoten) zu löschen erlaubt. Rekursiv (mit der Option **r**) können dabei auch ganze Dateibäume und damit auch nichtleere Verzeichnisse gelöscht werden. In Wirklichkeit wird mit **rm** jedoch nur die Referenz auf den Indexknoten gelöscht. Erst mit der letzten Referenz wird dann auch der Indexknoten freigegeben und damit die Datei gelöscht.

Bevor man auf einem neuen dateistrukturierten Datenträger wie Magnetplatte oder Floppydiskette Dateien anlegen kann, muss eine initiale Dateistruktur darauf angelegt werden. Dies erfolgt mit **mkfs**, wobei man dieses Kommando dem Systemverwalter vorbehalten sollte. Eine Ausnahme stellen hier die entfernbaren Datenträger wie Floppy, Wechselplatten wie ZIP-Datenträgern oder MO-Datenträgern sowie CD-RW und DVR±R oder DVR±RW. Von **mkfs** gibt es dateisystemspezifische Varianten wie etwa **mkfs.ext2** zum Anlegen eines **ext2**-Dateisystems. Für die anderen Dateisysteme gibt es **mkfs** jeweils mit den Endungen **.ext3**, **.reiserfs**, **.jfs**, **.xfs**, **.mdos**, …

Möchte man ein Dateisystem in den Systemdateibaum einhängen, so geschieht dies mit **mount**. Erst danach kann man mit den normalen Dateioperationen auf die Dateien dieses Systems zugreifen. **umount** ist komplementär dazu und entfernt einen Dateibaum auf einem entfernbaren Datenträger wieder aus dem Systemdateibaum. Dabei wird sichergestellt, dass alle noch intern gepufferten Datenblöcke für diesen Datenträger auf das Medium hinausgeschrieben werden. Das Aushängen ist jedoch nur möglich, wenn kein Prozess mehr auf dem Dateisystem arbeitet. Beide Kommandos brauchen zumeist nicht durch den Benutzer aufgerufen zu werden, sondern werden entweder beim Hoch- und Runterfahren des Systems automatisch oder durch den Systemverwalter ausgeführt.

Das Kommando **fuser** zeigt hierzu an, welche Prozesse eine vorgegebene Datei bearbeiten oder auf Dateien eines Dateisystems operieren.

mknod schließlich erlaubt es, neue Geräteknoten anzulegen – d.h. externe Namen für intern generierte Geräte. Dies geschieht in der Regel in dem Verzeichnis *dev*. Das bessere Verfahren ist das Anlegen dieser Einträge über die GUI-Werkzeuge der Systemverwaltung.

Modifikation von Dateiattributen

chattr	erlaubt, besondere Dateiattribute in einem **ext2/etx3**-Dateisystem zu ändern (**lsattr** zeigt sie an).
chmod	erlaubt, die Zugriffsrechte (Mode) einer Datei zu ändern.
chown	ändert den Besitzereintrag einer Datei.
chgrp	ändert die Gruppennummer einer Datei.
ln	gibt einer Datei einen weiteren Namen (Verweis, *link*).
mv	ändert den Namen einer Datei.
touch	ändert das Datum der letzten Dateiänderung.
rename	benennt eine Datei oder ein Verzeichnis um
rm	löscht eine Datei (Referenz) aus dem Verzeichnis.
umask	setzt die Standardzugriffsrechte beim Anlegen einer neuen Datei.

Diese Kommandos erlauben es, die meisten Dateiattribute zu ändern. Mit **chmod** können die Zugriffsrechte der einzelnen Benutzergruppen einzeln oder für alle gemeinsam festgelegt werden, während man den Eintrag des Dateibesitzers mit **chown** bzw. **chgrp** für die Gruppe ändern muss. **touch** setzt das aktuelle Datum oder ein angegebenes Datum als *Datum der letzten Dateiänderung* ein, ohne sonstige Modifikationen an der Datei vorzunehmen, erlaubt jedoch über Optionen auch das Ändern des Erstellungsdatums sowie das Datum des letzten Zugriffs. Damit kann auch eine Datei neu und leer angelegt werden.

Mit Hilfe des **mv**-Kommandos kann man einer Datei (auch bei Verzeichnissen erlaubt) einen neuen Namen geben (der alte existiert danach nicht mehr), während mit **ln** einer Datei ein zusätzlicher Name verliehen bzw. eine weitere Referenz auf den Dateikopf (*Inode*) in das Verzeichnis eingetragen wird. **ln** gestattet unter Verwendung der Option **–s** die Vergabe von *symbolischen Verweisen*, die auch *Links* über Dateisystemgrenzen und – bei entsprechender Vernetzung – auch über Rechnergrenzen hinweg zulässt.

Das **rename**-Kommando gestattet sicherer und logischer die Umbenennung von Dateien und Verzeichnissen.

rm schließlich löscht den Dateieintrag in einem Verzeichnis (den Verweis auf den Dateikopf). Ist der letzte Verweis auf eine Datei gelöscht (Anzahl der *Links* = 0), so wird auch die Datei selbst gelöscht. Benutzt man die Option **-r**, so wird rekursiv gearbeitet und es können ganze Dateibäume gelöscht werden. Verzeichnisse (sie müssen dazu leer sein) kann man auch mit **rmdir** löschen,

Das **umask**-Kommando verändert nicht die Zugriffsrechte einer Datei, sondern gestattet die Rechte neu angelegter Dateien mittels einer Maske vorzugeben. Alle in der Maske von **umask** gesetzten Rechte werden danach beim Anlegen einer Datei gelöscht bzw. **nicht** vergeben. Die Zugriffsrechte der Dateien können nachträglich natürlich verändert werden.

Sichern und Zurückladen von Dateien

bzip2	komprimiert Dateien (ähnlich wie **compress** und **gzip**).
cp	kopiert einzelne Dateien.
compress	komprimiert Dateien.
cp	kopiert einzelne Dateien.
cpio	sichert Dateien auf andere Datenträger und kann diese Dateien auch selektiv wieder zurücklesen.
dd	kopiert Datenblöcke physikalisch, wobei vielerlei Konvertierungen vorgenommen werden können.
dump	sichert ganzes Dateisystem, welches später mit **restore** zurückgespielt werden kann.
gzip	ist die unter Linux meistbenutzte GNU-Variante von **compress** und **pack**. Noch kompaktere Dateien soll **bzip2** erzeugen.
pcat	führt eine **cat**-Operation auf eine mit pack komprimierte Datei aus.
restore	lädt mit dump gesicherte Dateien wieder ein. (*B*)
tar	sichert Dateibäume und erlaubt das selektive Wiedereinlagern der gesicherten Dateien.
uncompress	dekomprimiert eine mit compress komprimierte Datei.
unpack	dekomprimiert eine mit pack komprimierte Datei.
zcat	führt eine **cat**-Operation auf eine mit **compress, gzip** oder **bzip2** komprimierte Datei aus.

cp ist die einfachste Art der Dateisicherung und kopiert entweder eine Datei in eine andere oder mehrere Dateien in ein neues Verzeichnis, wobei diese dort unter dem gleichen Namen angelegt werden. Sollen ganze Dateibäume kopiert werden, so ist hierfür die Option **–R** zu verwenden.

dd ermöglicht beim Kopieren eine Reihe von Konvertierungen (Blockungen, Codekonvertierungen, Längenbeschränkung). Daneben ist es mit **dd** möglich, sehr schnell physikalische Kopien von ganzen Datenträgern zu erstellen.

Das **dump**-Programm erlaubt es, ganze Datenträger entweder komplett oder inkrementell (d.h. ab einem bestimmten Änderungsdatum) zu sichern. Die **dump**-Termine können dabei in einer speziellen Datei festgehalten und damit eine Art Sicherungsautomatismus realisiert werden. **restore** gestattet die Information von den Sicherungsbändern wieder einzulagern. Da sowohl **dump** als auch **restore** Dateisystemspezifika kennen müssen, werden jeweils spezifische Versionen für unterschiedliche Dateisysteme benötigt. So stehen z.B. **xfsdump** und **xfsrestore** zur Verfügung. Anfang 2003 gab es aber leider noch keine Version für das Reiser-Dateisystem. **dump** und **restore** erlauben sowohl ein inkrementelles Sichern, bei dem jeweils nur die Dateien gesichert werden, welche sich seit dem letzten Sicherungspunkt geändert haben, als auch Vollsicherungen.

Sollen ganze Dateibäume oder Dateisysteme gesichert oder auf ein anderes System transportiert werden, so stehen hierfür **tar** und **cpio** als weitaus populärste Programme zur Verfügung. Beide erlauben sowohl das Sichern und die Erstellung eines Inhaltsverzeichnisses der gesicherten Information als auch das Wiedereinlagern. Das Programm **tar** hat sich dabei als Standardprogramm zum Austausch von Datenträgern zwischen verschiedenen Linux-Installationen etabliert.

cpio schreibt ähnlich wie **tar** auf Band oder einen anderen Datenträger. Ihm müssen dabei die Namen der zu sichernden Dateien explizit angegeben werden. Diese werden für einen Dateibaum zumeist mit **find** ermittelt und dann an **cpio** übergeben. **cpio** liest diese Namen von der Standardeingabe. Es erlaubt auch das Wiedereinlesen.

Die Programme **compress** und – unter Linux mehr eingesetzt – **gzip** und **bzip2** komprimieren Dateien nach unterschiedlichen Algorithmen und ersetzen – ohne weitere Optionen – die Originaldatei durch die komprimierte, kennzeichnen sie jedoch durch die Endung *.Z* bzw. *.z*. Das Dekomprimieren erfolgt durch **uncompress** bzw. **gunzip** und **bunzip2**. Die Programme **zcat** und **bzcat** geben die komprimierten Dateiinhalte analog zu **cat** aus, ohne zuvor explizit eine dekomprimierte Datei zu erzeugen.

Möchte man Dateien aus Sicherheitsgründen verschlüsseln, so kann dazu **pgp** eingesetzt werden. Die Datei wird damit so chiffriert, dass nur jemand damit etwas anfangen kann, der den Schlüssel kennt, um sie zu dechiffrieren. Auch die Editoren **ed**, **edit**, **ex** und **vi** erlauben über die Option **-x**, beim Sichern die Datei über einen Schlüssel zu chiffrieren bzw. eine chiffrierte Datei unter Angabe des Schlüssels zu dechiffrieren. Dies geschieht ebenfalls unter Verwendung von crypt. Der **crypt**-Mechanismus steht jedoch aus lizenztechnischen Gründen nicht überall mit dem gleichen Verschlüsselungsverfahren zur Verfügung. Das ursprünglich darin eingesetzte DES-Verfahren darf nämlich nur bedingt aus den USA exportiert werden.

Konsistenzprüfung von Dateisystemen

Die folgenden Kommandos sind nicht für die alltägliche Benutzung, sondern von allem für die Anwendung durch den Systemverwalter gedacht:

fsck	Konsistenzprüfung des Dateisystems
sync	schreibt alle gepufferten Blöcke auf die Festplatte.
debugfs	erlaubt interaktiv bestimmte Korrekturen in einem ext2-Dateisystem vorzunehmen.

Hinsichtlich der Robustheit der älteren Linux-Dateisystemtypen gegenüber Software- oder Hardwarefehlern zeigt Linux nicht gerade seine besten Seiten – neuere Systeme weisen hier eine wesentliche höhere Robustheit auf. Das Programm **fsck** bietet eine vollständige Prüfung und Behebung von Problemen. Bei größeren Systemen sollte ein Aufruf dieses Programms deshalb Teil der Prozedur zum Hochfahren des Systems sein.

Aus Effizienzgründen puffert Linux Datenblöcke im Hauptspeicher. Hierdurch stimmt die Information auf dem Datenträger mit dem logischen Zustand nicht immer überein. Das Programm **sync** schreibt alle gepufferten noch ausstehenden Ausgaben auf die Datenträger. Aus Sicherheitsgründen sollte man daher vor dem Ausschalten eines Systems ein **sync**-Kommando ausführen. Im Standardfall geschieht dies bei Verwendung des **shutdown**- oder **reboot** Kommandos automatisch.

Linux überprüft vor dem Einhängen eines Dateisystems, ob es sauber ausgehängt wurde. Es aktiviert im Fehlerfall eine automatische Überprüfung mittels **fsck**. Da die Konsistenzprüfung und Fehlerbehebungen im Dateisystem dateisystemspezifisch sind, gibt es für jedes (der neuen Dateisysteme) eine eigene **fsck**-Variante. Hierzu gehören z.B. **fsck.ext2, e2fsck, fsck.ext3** für Systeme vom Typ **ext2/ext3, fsck.reiserfs** für das Reiser-Dateisystem, **fsck.jfs** für ein JFS- und **fsck.xfs** für ein XFS-Dateisystem, sowie **fsck.minix** für ein **minix-** und **fsck.cramfs** für ein CRAM-Datei-System. Selbst DOS- und NT5FS-Systeme lassen sich mit **fsck.msdos, fsck.vat** (FAT-16, FAT-32) und **ntfsfix** prüfen und reparieren. Der File-System-Check sollte in aller Regel auf **ausgehängtem** Dateisystem erfolgen.

Mit entsprechendem Wissen und Vorsicht lassen sich mit **debugfs** einige Korrekten in einem Dateisystem vom Typ **ext2** vornehmen – z.B. das Rückgängigmachen einer Dateilöschung. **lsdel** liefert dazu die Inode-Nummern der gelöschten Dateien. Da hier die Dateinamen nicht angezeigt werden (sie sind nicht Teil des Inodes), muss man sich am Löschdatum, dem Dateibesitzer oder Größe den *passenden* Inode ermitteln. Zumeist wird **debugfs** aber eher dazu benutzt, um sich bestimmte Strukturen anzusehen und Information herauszuholen, die über andere Programme nicht verfügbar sind.

tune2fs hingegen erlaubt bei einem **ext2**-Dateisystem gewisse Optimierungen vorzunehmen, indem man bestimmte Parameter des Systems ändert. Hierzu zählt z.B. die Anzahl der **mount** oder die maximale Zeitspanne, nach denen ein File-System-Check erzwungen wird. Auch für das Reiser-Dateisystem gibt es mit **reiserfstune** und **debugreiserfs** entsprechende Lösungen.

3.3 Kommandos, Programme, Prozesse

Um es vorweg zu nehmen: Einen Unterschied zwischen einem *Programm* und einem Linux-*Kommando* gibt es bei Linux nicht. In der Regel bezeichnet man die von Linux zur Verfügung gestellten Programme als *Kommandos*, während bei einem vom Benutzer oder Drittanbietern erstellten Programm häufiger der Begriff *Programm* oder *Applikation* verwendet wird. Von Kommandoprozeduren und wenigen Kommandos abgesehen (hierzu gehört z.B. **cd**), welche die Shell selbst behandelt, ruft diese zur Durchführung der Kommandoaufgabe ein Programm mit dem Namen des Kommandos auf, welches die gewünschte Funktion ausführt.

So hat auch ein Benutzerprogramm, sofern es sich an die übliche Kommandosyntax hält (z.B. ›−‹ kennzeichnet Parameter als Option), das Aussehen eines Linux-Kommandos. Es wird wie ein Linux-Kommando durch die Angabe des Programmnamens bzw. durch Angabe des Programmdateinamens aufgerufen. Da die Shell, bei entsprechend aufgesetztem Suchpfad, darüber hinaus die Programmdatei zuerst im aktuellen Benutzerverzeichnis sucht (s. hierzu Abschnitt 3.1.6), wird bei Namensgleichheit von Benutzerprogramm und Linux-Kommando das Benutzerprogramm ausgeführt. Hierbei ist zu beachten, dass einige Linux-Kommandos keine echten Programme sind, sondern *Kommandoprozeduren*, welche ihrerseits andere Linux-Kommandos aufrufen und sich darauf verlassen, dass die Linux-Version verwendet wird. Aus diesem Grund sollte der Benutzer z.B. einige Programmnamen vermeiden, da sie von der Shell intern verwendet werden. Hierzu gehören z.B. **break, cd, continue, echo, eval, exec, exit, export, expr, hash, login, newgrp, pwd, read, readonly, return, set, shift, test, times, trap, type, ulimit, umask, unset, wait.** Das Spektrum ist abhängig von der verwendeten Shell. Deren interne Kommandos lassen sich bei der **bash** per **enable** abfragen.

Ein **Prozess** ist unter Linux eine selbstständig ablauffähige Verwaltungseinheit des Betriebssystems, die ein Programm ausführt, so als ob der Prozessor nur diesem Programm zur Verfügung stünde. Die Emulation der *Pseudoprozessoren* der einzelnen Prozesse durch zeitlich verzahnte Ausführung ist Sache der Ablaufsteuerung des Betriebssystems.

Unter Linux und in praktisch allen aktuellen Unix-Systemen gibt es neben den Prozessen auch so genannte *Threads*. Sie werden auch als *light-weight*, d.h. *leichtgewichtige Prozesse* bezeichnet. Sie erlauben Prozesse nochmals in Teilprozesse zu untergliedern, die parallel ablaufen können. Alle Threads eines Prozesses laufen in einem einheitlichen Adressraum und haben eine Reihe gemeinsamer Ressourcen. Das Thread-Konzept gestattet die Synchronisation der Threads (eines Prozesses). Der Vorteil von Threads gegenüber mehreren getrennten Prozessen besteht in einer geringeren Prozessumschaltzeit und den gemeinsam zugreifbaren Ressourcen. Die Nutzung von Threads bei der Programmierung von Applikationen geht jedoch recht langsam voran. Dies liegt u.a. daran, dass bei Verwendung von Threads spezielle Programmierrichtlinien zu beachten sind und die Fehlersuche in solchen Programmen schwieriger ist als ohne Threads.

3.3.1 Prozesskenndaten

Man kann den Prozess vereinfacht als das eigentliche Programm im Sinne einer Programmiersprache und einer Programmumgebung betrachten. Zu dieser Programmumgebung gehören u.a. Speicherbelegung, Registerinhalte, geöffnete Dateien, das aktuelle Verzeichnis und die für den Prozess sichtbaren Umgebungsvariablen (wie z.B. HOME und PATH). Die Menge der Umgebungsvariablen wird auch als *Environment*, die Variablen als *Environment-Variablen* bezeichnet.

Der Adressraum eines Prozesses (der zu einem Prozess gehörige logische Speicherbereich) unterteilt sich in Benutzer- und Systemdaten. Zu den Systemdaten gehören

▸ prozessspezifische Systemdaten
▸ Systemkeller (für jeden Prozess)

Der Benutzeradressraum untergliedert sich in drei getrennte Bereiche, unter Linux **Segmente** genannt:

▸ Das **Textsegment**, in dem der Programmcode liegt und welches, soweit möglich, schreibgeschützt ist und, falls es keine Modifikationen an sich selbst vornimmt, auch mehrfach (von mehreren gleichen Prozessen) benutzt werden kann: Im Fall von *Shared Libraries* (entsprechend programmierten Programmbibliotheken) können auch mehrere unterschiedliche Prozesse diese gemeinsam (*shared*) benutzen.

▸ Das **Datensegment**, in dem alle anderen Benutzerdaten des Prozesses liegen: Dieses Segment wird nochmals unterteilt in einen initialisierten und einen nicht initialisierten Datenbereich. Letzterer wird auch *bss-Segment* genannt.

▸ Das **Kellersegment**, in dem der Benutzerkeller und die Verwaltungsdaten liegen (englisch: *stack segment*)

Hierzu kann ein vierter Segmenttyp hinzukommen:

▸ **Shared-Memory-Segmente**: Dies sind Speicherbereiche (Datensegmente), die der Prozess mit anderen Prozessen teilt und auf die alle zugreifen können.

Ein Prozess kann die Größe seines Keller- und Datensegmentes in der Regel bis zu einem systemspezifischen Limit dynamisch vergrößern. Das Kommando **size** gibt über die Anfangsgröße dieser Segmente eines Programms Auskunft.

Ein Teil der Kenndaten eines Prozesses wird vom **ps**-Kommando im ausführlichen Format (Option -l) angezeigt. Hierzu gehören z.B.

▸ die Prozessnummer des Prozesses und des Vaterprozesses,
▸ die Benutzernummer und Gruppennummer, unter welcher der Prozess abläuft,
▸ die Priorität des Prozesses,
▸ die physikalische Adresse des Prozesses im Hauptspeicher oder die Blockadresse des Prozesses im Auslagerungsbereich,
▸ der Prozesszustand,
▸ die Dialogstation, von welcher der Prozess gestartet wurde, und
▸ die vom Prozess verbrauchte Rechenzeit.

Ein Beispiel der Ausgabe des **ps**-Kommandos ist auf Seite 388 zu finden.

Die Prozessnummer (PID)

Intern, und bei Hintergrundprozessen auch für den Benutzer sichtbar, wird ein Prozess durch eine *Prozessnummer*, kurz *PID* (*Process Identification*) benannt. Diese **PID** wird vom System fortlaufend vergeben und ist systemweit eindeutig, d.h. es wird sichergestellt, dass nicht zwei gleichzeitig existierende Prozesse die gleiche Nummer erhalten. Startet ein Benutzer einen Hintergrundprozess durch ein angehängtes ›&‹ hinter dem Kommando, so wird ihm bei erfolgreichem Start die PID des gestarteten Prozesses auf der Dialogstation ausgegeben. Diese Prozessnummer wird dann benötigt, wenn er diesen Prozess mit Hilfe des **kill**-Kommandos abbrechen möchte.

Die Prozessnummer des Vaterprozesses (englisch: *Parent Process Identification* genannt, kurz PPID) gibt an, von welchem Prozess der jeweilige Prozess gestartet wurde. Bei einem von der Dialogstation gestarteten Kommando z.B. ist dies die Prozessnummer des auf dieser Dialogstation aktiven Shell-Prozesses. Die Prozesse **vhand** mit der PID 0 und **init** mit der PID 1 haben eine besondere Bedeutung (s. Abschnitt 3.3.2).

Benutzer- und Gruppennummer eines Prozesses

Benutzer- und Gruppennummern werden vom System dazu verwendet, um Prozesse einem Benutzer oder einer Benutzergruppe zuzuordnen (z.B. für Abrechnungszwecke), und um die Zugriffsrechte des Prozesses auf Dateien und andere Objekte (z.B. Shared Memory) zu überprüfen. Ein Prozess besitzt zwei Arten von Benutzer- und Gruppennummern:

▶ die *effektive Benutzer-* und *Gruppennummer* und
▶ die *reale Benutzer-* und *Gruppennummer*

Die *effektive* Benutzer- bzw. Gruppennummer wird für die Überprüfung der Dateizugriffsrechte verwendet. Die *reale* Benutzer- und Gruppennummer ist jeweils die Nummer, die der aufrufende Benutzer besitzt. Ist bei einem aufgerufenen Programm im Dateizugriffseintrag an der Stelle des *Ausführungsrechts* ›x‹ eingetragen, so wird beim Programmstart (Prozessgenerierung) die *effektive* und *reale* Benutzer- und Gruppennummer auf die jeweilige Nummer des aufrufenden Benutzers gesetzt.

Steht an der Stelle des Ausführungsrechts einer Programmdatei für den Dateibesitzer jedoch statt des ›x‹ ein ›s‹ (für *set user ID*), so wird die Benutzernummer des Programmdateibesitzers als *effektive* Benutzernummer eingesetzt, während die **reale** Benutzernummer die des Aufrufers bleibt. Auf diese Weise können Operationen an Dateien vorgenommen werden, welche dem Programmbesitzer gehören, auf die der aufrufende Benutzer jedoch eigentlich keine Zugriffsrechte hat. In der Regel wird dies dazu benutzt, um durch das Programm kontrolliert Veränderungen von geschützten Dateien vorzunehmen.

Wird neben dem *s-Attribut* für den Besitzer auch (oder) das *s-Attribut* für die Gruppe im Modus einer Programmdatei gesetzt, so wird entsprechend die Gruppennummer der Programmdatei (bzw. deren Besitzer) als *effektive Gruppennummer* bei der Programmausführung eingesetzt. Das **s**-Attribut wird auch als *Set-User-ID-Bit* (*Set-UID-Bit*) und *Set-Group-ID-Bit* (*Set-GID-Bit*) bezeichnet.

Ein Beispiel für die Anwendung des *Set-User-ID-Attributs* ist die Passwortdatei */etc/passwd*, auf die, um Missbrauch zu vermeiden, nur der Super-User Schreiberlaubnis besitzen darf. Da dort auch das vom Benutzer definierte und änderbare Passwort eingetragen wird, ist es notwendig, dass ein nichtprivilegierter Benutzer, wenn auch kontrolliert, die Passwortdatei ändern kann. Dies geschieht durch das Programm **passwd**. Im Dateimodus (Dateizugriffsattribut) dieses Programms ist entsprechend das **s**-Attribut bei Besitzer und Gruppe gesetzt, so dass bei der Ausführung als *effektive Nummern* die Benutzer- und Gruppennummer des Super-Users eingesetzt wird und damit z.B. schreibend auf die Passwort-Datei zugegriffen werden kann (der Super-User root ist als Besitzer von */bin/passwd* eingetragen).

Da solche Programme potenziell ein Sicherheitsrisiko darstellen können, insbesondere wenn sie von fremden montierten Datenträgern stammen, erlaubt die **mount**-Option **-o nosuid**, beim Montieren eines Dateisystems anzugeben, dass bei allen Programmen, die von diesem Dateisystem herunter geladen werden, das Set-UID-Bit und das Set-GID-Bit automatisch gelöscht wird.

Beim Laden eines Programms wird dieses zunächst über den Hauptspeicher in den Auslagerungsbereich (*swap area*) geschaufelt und von dort gestartet.[1]

Dieses Umkopieren bei jedem Programmstart kann durch das so genannte *save-text-Attribut* teilweise vermieden werden. Steht beim Ausführungsrecht ein › t ‹, so ist im Dateimodus das *sticky bit* gesetzt (auch *save text bit* genannt). Hierdurch wird das Textsegment des Programms auch dann noch im Swap-Bereich belassen, wenn bei dem von mehreren Benutzern gemeinsam benutzbaren (*sharable*) Programm der letzte Benutzer seine Programm-Inkarnation beendet hat. Es braucht damit beim nächsten Start des Programms nicht erneut aus der Programmdatei gelesen, sondern kann direkt aus dem Swap-Bereich eingelagert werden. Das Setzen dieses Attributes ist, da der Swap-Bereich knapp sein kann, dem Super-User vorbehalten!

Prozesszustände

Ein Prozess kann sich in drei Grundzuständen befinden:

- **aktiv**, d.h. rechnend (*running*)
- **rechenwillig**, aber die CPU nicht besitzend (*suspended*)
- auf ein Ereignis **wartend** (*waiting*)

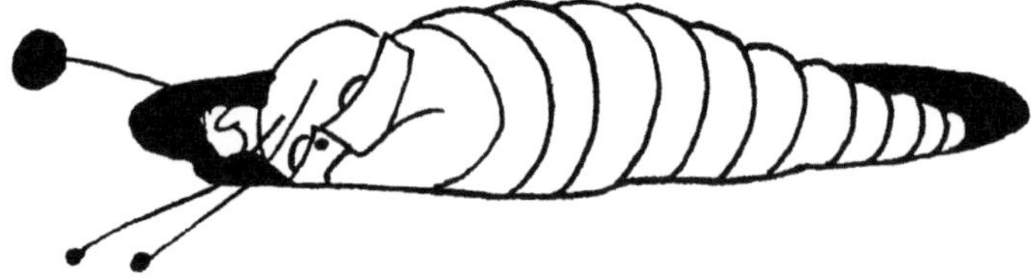

---

1. Dies gilt für die Standard-UNIX-Systeme von USL. Einige Systeme erlauben auch das segmentweise Laden von Programmen aus der Programmdatei heraus. Die Auslagerungen auf den Swap-Bereich (eigentlich den Paging-Bereich) erfolgt dann erst, wenn Segmente ausgelagert werden müssen.

Ein rechnender Prozess verliert immer dann die CPU, wenn er sie entweder freiwillig abgibt, um auf ein Ereignis (z. B. die Beendigung einer Ein- oder Ausgabe) zu warten, wenn ein Ereignis eintritt, auf das ein Prozess höherer Priorität gewartet hat, oder wenn seine Zeitscheibe abgelaufen ist. Wird der Prozess dabei durch einen anderen mit höherer Priorität verdrängt, so geht er in den Zustand *rechenbereit* über. Man bezeichnet diesen Prozess dann auch als *suspendiert*. Das **ps**-Kommando zeigt darüber hinaus weitere Zwischenzustände an, z. B. wenn ein Prozess beendet ist, aber noch nicht aus dem Speicher gelöscht wurde.

Die Prozesspriorität

Da unter Linux ständig mehrere Prozesse um die Zuteilung der CPU konkurrieren, muss im System eine Steuerung implementiert sein, nach der eine Prozessauswahl getroffen wird. Diese Steuerung wird *Scheduling-Algorithmus* genannt und die Terminierung, das zeitweise Verdrängen (*Suspendierung*), die Auswahl und Aktivierung des nächsten rechenbereiten Prozesses entsprechend *Scheduling*.

Das Linux-System verwendet beim Scheduling einen prioritätsgesteuerten Algorithmus. Es wird jeweils demjenigen rechenbereiten Prozess als nächstem die CPU zugeteilt, der die höchste Priorität besitzt. Dabei haben Prozesse, die sich im Systemmodus befinden, eine höhere Priorität als solche im Benutzermodus. Ein Prozess befindet sich dann im Systemmodus, wenn er eine Systemfunktion aufgerufen hat und diese noch nicht beendet ist.

Linux kennt zwei Prioritätsklassen:

▶ Time-Sharing-Prozesse
▶ Systemprozesse

Die Klasse der Systemprozesse – ist nicht weiter beeinflussbar und speziellen Systemprozessen vorbehalten. Prozesse aus einer der beiden anderen Klassen können nicht in die Systemprozess-Klasse verschoben werden. Sie haben Vorrang vor Time-Sharing-Prozessen. Es gibt ein Linux-Projekt und bereits spezialisierte Linux-Versionen, welche noch eine dritte Klasse von Realzeitprozessen bieten.[1] Sie erlaubt, zeitkritische Prozesse in einer eigenen Klasse laufen zu lassen, die sicherstellt, dass Realzeit-Prozesse Vorrang vor Time-sharing-Prozessen haben.

Time-Sharing-Prozesse

Die *Time-Sharing-Prozesse* bilden den Standardfall. Alle Linux-Kommandos und die meisten Applikationen laufen in dieser Prozessklasse. Das System versucht hier, die verfügbare Prozessorzeit möglichst gleichmäßig auf alle Prozesse zu verteilen.

Um eine einseitige Vergabe der CPU-Zeit an Prozesse hoher Priorität zu verhindern, wird die Priorität eines Prozesses in gewissen Zeitintervallen neu berechnet. In diese Berechnung gehen die im letzten Zeitintervall verbrauchte CPU-Zeit ein, die Größe des Prozesses und die Zeit, für die der Prozess verdrängt war (d. h. die CPU nicht erhielt).

Das **ps**-Kommando zeigt zwei Prioritäten an:

---

1. UNIX System V.4 kennt solche Realzeitprozesse.

▸ Die **aktuelle Priorität**
Dies ist die Priorität, die der Prozess augenblicklich besitzt und die bei der nächsten CPU-Vergabe für das Scheduling verwendet wird.

▸ Die **nice-Priorität**
Dies ist die Grundpriorität, die dem Prozess beim Start mitgegeben und als Steigerungswert bei der jeweiligen Prioritätsberechnung verwendet wird. Das Spektrum reicht von −20 (die höchst mögliche nice-Priorität) bis 19 (die niedrigste nice-Priorität).

Bei den als Priorität angegebenen Zahlen bedeutet eine hohe Zahl eine niedrige Priorität! Möchte man einen Prozess mit niedriger Priorität im Hintergrund ablaufen lassen, so kann man ihn mit dem **nice**-Kommando starten. Der Super-User kann als Priorität einen negativen Wert angeben und damit dem gestarteten Prozess eine höhere Priorität verleihen.

Prozessauslagerung (Swapping und Paging)

Bevor ein Prozess *rechnend* werden kann (d.h. die CPU zugeteilt bekommt), müssen die entsprechenden Code-/Text-, Keller- und Datensegmente im Hauptspeicher sein. Bei Paging-Systemen (wie Linux) reicht es, wenn einige Segmente des neuen Prozesses in den freien Hauptspeicher passen. Reicht der momentan freie Hauptspeicher dazu nicht aus, so müssen die Segmente anderer Prozesse auf Hintergrundspeicher ausgelagert werden, damit ausreichend freier Hauptspeicherplatz entsteht. Dieses Aus- und spätere Wiedereinlagern wird als *swapping* bezeichnet, der Bereich auf dem Hintergrundspeicher, auf den ausgelagert wird, als *Swap Space* (hier: *Swap-Bereich*) und das logische Gerät, auf das ausgelagert wird (in der Regel eine Magnetplatte), als *Swap Device*. Das *Swap Device* ist als Geräteknoten im Verzeichnis */dev* unter dem Namen */dev/swap* angelegt.

Das Auslagern von Prozessen geschieht durch einen eigenen Prozess, der in älteren Systemen den Namen **swapper** und die Prozessnummer **0** besaß. In neuen Unix-Systemen trägt dieser Ein-Auslagerungsprozess die Bezeichnung **vhand**. Unter Linux ist es der Prozess **kswapd**. Der wird beim Systemstart erzeugt und bleibt danach ständig aktiv.

Um zu verhindern, dass ein Prozess ständig nur ein- und ausgelagert wird, ohne ausreichend CPU-Zeit zu erhalten, ist der Auslagerungsalgorithmus so aufgebaut, dass ein Prozess nur dann ausgelagert wird, wenn er bereits eine gewisse Zeit im Hauptspeicher war.

Ob ein Prozess ausgelagert ist oder sich im Hauptspeicher befindet, ist an dem Prozesszustand (Spalte unter **F** beim ausführlichen **ps**-Kommando) zu erkennen. Ist ein Prozess im Hauptspeicher, so gibt die Prozessadresse seine Position im Hauptspeicher an; ansonsten steht hier die Adresse des Prozesses im *swap space*.

Bei einem virtuellen System – unter Linux der Standard – braucht nicht das gesamte Programm in den Hauptspeicher zu passen, sondern nur ein Teil. Das Programm wird hierzu in kleine Stücke unterteilt, so genannte Seiten oder englisch *pages*. In der Regel sind nur die Seiten (Code, Daten und Stack) aktuell im Hauptspeicher, in denen das Programm gerade arbeitet. Muss wegen Hauptspeicherknappheit ausgelagert werden, so werden nur einzelne Seiten (je 4 oder 8 KBytes groß) aus- und später wieder eingelagert. Beim Einlagern werden nicht alle ausgelagerten Seiten wieder hereingelesen, sondern nur die Seite, welche gerade benötigt wird. Man nennt diesen Mechanismus *Demand Paging*. Den Hintergrundspeicher, auf den Seiten ausgelagert und von dem sie später wieder eingelesen werden, nennt man *Paging Area*. Aus historischen Gründen wird er aber unter Linux *Swap-Space* genannt. Die Programme können bei diesem Verfahren wesentlich größer als der physikalisch vorhandene Hauptspeicher sein. Die maximale Programmgröße ist dabei vom virtuellen Adressraum der Maschine und dessen Implementierung im Linux-Kernel abhängig. Der übliche virtuelle Adressraum der Linux-Systeme liegt zwischen 4 und etwa 256 Gigabyte. Dabei ist zu beachten, dass der *Swap Space* auf der Platte größer als das größte Programm sein muss, da hier auch noch Segmente des Betriebsystemkerns und anderer Programme Platz haben müssen!

Die kontrollierende Dialogstation eines Prozesses

Der Name */dev/tty* steht innerhalb eines Prozesses als Pseudogerät für die *kontrollierende Dialogstation*. Diese Station entspricht der Standardein- und Ausgabe sowie der Standardfehlerdatei, sofern diese nicht umgelenkt sind. Das Pseudogerät */dev/tty* ist jedoch unabhängig von einer eventuellen Umsteuerung der Dialogstation zugeordnet, von der das Programm oder sein Vaterprozess aufgerufen wurde.

Die reale *kontrollierende Dialogstation* ist diejenige Dialogstation (*terminal file*), die ein Prozess als erste zum Lesen und (oder) Schreiben öffnet. Nur von dieser Dialogstation aus können über die entsprechenden Tasten die Signale an ihn geschickt werden. Alle Prozesse, die auf diese Weise eine gemeinsame *kontrollierende Dialogstation* besitzen, werden als *Prozessfamilie* oder *Prozessgruppe* bezeichnet. Über den Signal-Mechanismus ist es möglich, ein Signal an alle Prozesse der gleichen Prozessfamilie zu senden.

3.3.2   Prozesskommunikation, Prozesssynchronisation

Unter Linux kann ein Prozess weitere Prozesse anlegen, die dann asynchron von diesem abgearbeitet werden. In vielen Fällen wird jedoch ein solcher neu angelegter Prozess eine bestimmte Funktion ausführen, auf deren Beendigung der erzeugende Prozess wartet. Dies setzt eine Interprozesskommunikation voraus, die vom Linux-Kern implementiert wird.

Die Erzeugung eines neuen Prozesses geschieht durch den Systemaufruf **fork** (oder **vfork**).[1] Der neue Prozess ist dabei eine genaue Kopie des aufrufenden Prozesses, wobei selbst Daten, Befehlszähler, offene Dateien und Priorität identisch sind. Der aufrufende Prozess wird nun als *Vaterprozess* (englisch: *parent*) bezeichnet, der neu erzeugte als *Sohnprozess* (englisch: *child*).[2] **fork** ist ein Funktionsaufruf und liefert dem Vaterprozess bei erfolgreichem Start des Sohnprozesses dessen Prozessnummer (PID) zurück, während der Sohnprozess (beide stehen nun hinter dem **fork**-Aufruf) die Prozessnummer 0 zurückgeliefert bekommt. Von nun an laufen beide Prozesse unabhängig und asyn-

---

1. Daneben gibt es noch einen erweiterten Systemaufruf **clone**. Hierbei können die Prozesse noch gemeinsame Datenbereiche haben.
2. Frauen mögen diese Übersetzung entschuldigen.

chron weiter, sofern nicht der Vaterprozess durch einen **wait**-Aufruf auf die Beendigung des Sohnprozesses wartet. Für die durch den **fork**-Aufruf geerbten Dateien besitzen Vater- und Sohnprozesse nur einen gemeinsamen Lese-Schreibzeiger. Liest oder schreibt einer der Beteiligten von einer solchen (auf eine solche) Datei, so wird der Zeiger für alle diese Prozesse verändert.

Soll nicht ein identischer Sohnprozess gestartet werden, sondern ein anderes Programm (der aufrufende Prozess soll jedoch weiterhin bestehen), so geschieht dies in zwei Schritten:

a)   Durch **fork** wird ein Sohnprozess als Kopie gestartet.

b)   Der Sohnprozess erkennt an der vom **fork**-Aufruf gelieferten Prozessnummer 0 seinen Sohnstatus und überlagert sich durch **exec** mit dem neuen Programm.

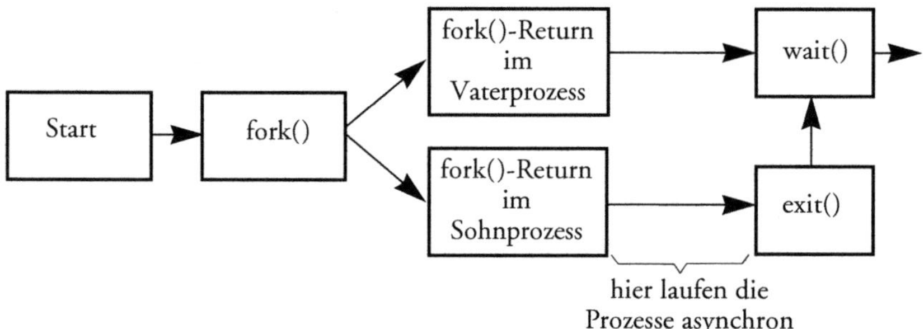

Abb. 3.11: Erzeugen eines Sohnprozesses über fork () und Warten auf dessen Beendigung

Beim **exec**-Aufruf werden die Segmente des aufrufenden Prozesses durch die des neu generierten ersetzt. Dem neuen Prozess kann dabei die aktuelle Systemumgebung des aufrufenden Prozesses mitübergeben werden. Die Prozessnummer des Prozesses bleibt erhalten.

Ein Prozess terminiert sich über einen **exit**-Aufruf oder durch einen Prozessabbruch. Dabei kann ein Statuswert (der so genannte *Exit-Status*) zusammen mit der Prozessnummer des beendeten Sohnprozesses an den eventuell auf die Terminierung des Sohnprozesses wartenden Vaterprozess weitergereicht werden. Ein solcher Wert wird auch dann übergeben, wenn sich der Sohnprozess nicht selbst terminiert hat, sondern durch den Benutzer oder einen Programmfehler abgebrochen wurde. Somit liefert jeder Prozess bei seiner Beendigung einen Wert zurück. Per Konvention ist dies 0, falls der Prozess erfolgreich seine Aufgabe durchführen konnte und ungleich 0 in allen anderen Fällen. Auf diese Weise ist eine, wenn auch sehr beschränkte Prozesssynchronisation möglich.

Stirbt ein Vaterprozess, bevor alle seine Sohnprozesse beendet sind, so erbt der Prozess **init** (mit der PID 1) die verbleibenden Sohnprozesse und wird damit deren Vaterprozess.

Wird ein Sohnprozess beendet, so werden alle Signale an den Prozess deaktiviert, alle noch offenen Dateien des Prozesses geschlossen, sowie der vom Prozess belegte Speicher und weitere Ressourcen werden freigegeben. Die Sohnprozesse des beendeten Prozesses werden dem **init**-Prozess zugeordnet. An den Vaterprozess wird nun ein ›*Sohnprozess beendet*‹-Signal (SIGCHLD) geschickt. Der Prozesskontrollblock des beendeten Prozesses kann aber solange nicht aus dem Hauptspeicher geräumt werden, bis der Vaterprozess diese Terminierung zur Kenntnis genommen hat – entweder über ein Return aus der **wait**-Funktion oder über die Signalbehandlung des SIGCLD-Signals. Dieser Zustand (der Sohn ist terminiert, kann aber noch nicht ausgeräumt werden) wird als *Zombie-Zustand* bezeichnet. Der Prozess erscheint hier als <defunct> in der Liste des **ps**-Kommandos. Der Prozess **init** wartet deshalb ständig auf die Terminierung eines Sohnprozesses. Ein Prozess kann mit der **wait**-Funktion nicht auf die Beendigung eines bestimmten Sohnprozesses warten, sondern nur auf die irgendeines Sohnprozesses. Er bekommt jedoch als Funktionsergebnis mitgeteilt, welcher Prozess terminiert hat. Daneben erhält er den Funktionswert des Sohnprozesses, auch *Exit-Status* genannt.

Der Vaterprozess kann sich auch durch ein Signal SIGCLD (siehe weiter unten) über die Beendigung eines Sohnprozesses informieren lassen.

Signale

Eine weitere Möglichkeit der Prozesssynchronisation stellen **Signale** dar. Ein **Signal** ist ein asynchrones Ereignis und bewirkt eine Unterbrechung auf der Prozessebene. Signale können entweder von außen durch den Benutzer an der Dialogstation (z.B. durch Eingabe der <unterbrechung>-Taste) oder durch das Auftreten von Programmfehlern (Adressfehler, Ausführung einer ungültigen Instruktion, Division durch Null usw.) erzeugt werden.

Auch externe Unterbrechungen können Signale hervorrufen; z.B. das SIGKILL-Signal oder der Ablauf einer mit **alarm** gesetzten Zeitscheibe. Auch ein anderer Prozess kann, mittels des Systemaufrufs **kill** (*pid, signal_nr*) ein Signal senden. Nur der Super-User darf jedoch Signale an fremde Prozesse schicken. Die in Tabelle A.15 auf Seite 866 mit *Core* markierten Signale führen, wenn sie vom Programm nicht explizit abgefangen werden, zu einem Programmabbruch.

Der Systemaufruf ›**signal** (*signal_nr, funktion*)‹ erlaubt einem Programm anzugeben, dass beim Auftreten des Signals *signal_nr* die Funktion *funktion* angesprungen werden soll. Ist (*funktion* = SIG_IGN), so wird keine Funktion angesprungen, sondern das Signal ignoriert.

Wird ein Signal an den Prozess mit der PID **0** gesendet, so wird es an alle Prozesse der gleichen Prozessfamilie gegeben. Das Signal SIGKILL (9) kann nicht abgefangen oder ignoriert werden und führt in jedem Fall zum Programmabbruch. Somit kann durch **kill** 9 *pid* ein Benutzer seine eigenen Prozesse abbrechen. Der Super-User ist dabei auch in der Lage, fremde Prozesse zu terminieren. Die Signale SIGUSR1 und SIGUSR2, welche keine feste Bedeutung haben, stehen für eine sehr einfache Interprozesskommunikation zur Verfügung. Daneben sind auch die Realzeit-Signale zwischen SIGRTMIN und SIGRTMAX nutzbar.

In einem Programm kann mit **sighold**(*signal*) ein *kritischer Abschnitt* begonnen und mit **sigrelse**(*signal*) beendet werden. In diesem Abschnitt wird jeweils das angegebene Signal, sofern es auftritt, zurückgehalten, bis der Abschnitt beendet ist.

Die üblichen Signale mit ihren Nummern und symbolischen Namen sind im Anhang A.6 in der Tabelle A.15 auf Seite 866 zu finden.

Pipes

Eine weitere Art der Kommunikation, über die zwei Prozesse Daten austauschen können, sind **Pipes**. Dies ist jedoch nur dann möglich, wenn ein Vaterprozess die Pipe durch einen entsprechenden Systemaufruf aufbaut und dann zwei Sohnprozesse erzeugt, die von ihm die Pipe-Dateien erben. Eine Pipe hat dabei nur eine Eingabe- und eine Ausgabeseite und ist somit unidirektional. Sollen Daten in beiden Richtungen ausgetauscht werden, so sind entsprechend zwei Pipes aufzusetzen.

Eine Pipe hat für den Prozess das Aussehen einer Datei, auf die er schreiben oder von der er lesen kann. Außer dem Positionieren (*seek*) kann darauf jede Dateioperation durchgeführt werden. Beim Schreiben sowie beim Lesen gibt es jedoch eine implementierungsabhängige Beschränkung der Art, dass eine Operation nicht mehr als die Größe des Pipe-Puffers (in der Regel 4 KB oder 8 KB) übertragen kann.

Named Pipes

Eine Pipe ist im Standardfall eine Art temporäre Pufferdatei, die nur solange lebt, wie einer der beteiligten Prozesse lebt. Sobald ein Prozess diese Pipe schließt und der andere weiterhin darauf zugreift, bekommt der zweite Prozess einen Fehler gemeldet. Bei dieser Art von Pipe müssen die beteiligten Prozesse auch stets entweder einen gemeinsamen Vaterprozess haben, der die Pipe aufgesetzt hat, oder sie stehen in einer Vater-Sohn-Beziehung, wobei ebenfalls der Vaterprozess die Pipe angelegt hat.

Die so genannte **named pipe** stellt eine Erweiterung dieses Mechanismus dar. Eine solche *named pipe* besitzt einen mit **mknod** angelegten Geräteeintrag vom Typ **FIFO** (für *First In First Out*) und hat damit einen entsprechenden externen Namen, unter dem sie angesprochen werden kann (beim **ls**-Kommando wird sie durch ein **p** als Typangabe angezeigt). Mittels dieses Namens können nun mehrere Prozesse miteinander kommunizieren, ohne einen gemeinsamen Vaterprozess zu haben. Dies wird in der Regel dazu benutzt, ein Serverkonzept zu realisieren. Der Dienstprozess liest dabei seine Aufträge aus der *named pipe,* während die Auftragsprozesse ihre Aufträge in die *named pipe* schreiben. Hierzu ist es notwendig, dass zwischen den Prozessen Einigkeit bezüglich der Größe des Auftragstextes besteht, damit der Dienstprozess den Auftrag mit einem Lesen aus der Pipe ausfassen kann. Ansonsten kann es zur Vermischung der verschiedenen Eingaben kommen. Die Einträge von *named pipes* liegen entgegen der üblichen Konvention zumeist nicht im Verzeichnis */dev,* sondern im Verzeichnis des Serverprozesses. Die Serverprozesse **lpsched** und **cron** sind typische Beispiele für auf diesem Prinzip operierende Dienstprozesse.

Flexibler und mächtiger als *named pipes* sind die nachfolgend beschriebenen *Sockets* und *Streams.* Sie haben weitgehend *named pipes* bei der Kommunikation zwischen Clients und Servern abgelöst.

Mit UNIX System V.3 wurden vier neue Mechanismen zur Intertaskkommunikation verfügbar, welche alle auch in Linux vorhanden sind:

- ▸ Nachrichten (englisch: *messages*)
- ▸ Semaphore
- ▸ Speicher, auf den mehrere Programme zugreifen können (*Shared Memory*)
- ▸ Streams und
- ▸ Sockets (aus dem Berkeley-System übernommen)

ipcs erlaubt, den Implementierungs- bzw. Generierungsstand dieser Mechanismen abzufragen. Der Zugriffsschutz erfolgt bei allen vier Mechanismen über ein Verfahren, das weitgehend dem Zugriffsschutz von Dateien entspricht. Auch hier können für jedes Element die Zugriffsrechte für Besitzer (Erzeuger), die Benutzer der gleichen Gruppe sowie alle anderen Benutzer angegeben als auch Lese- und/oder Schreibrecht vorgegeben werden. Das Bit für **x** (*execute*) im Moduswort hat dabei keine Bedeutung.

Nachrichten (Messages)

Der *message*-Mechanismus erlaubt den Austausch von Nachrichten zwischen mehreren Programmen. Diese Nachrichten werden an Nachrichtenspeicher, so genannte **message queues** geschickt und können von dort abgeholt werden. Anzahl und Größe der Speicher werden bei der Systemgenerierung festgelegt. Eine Nachricht besteht aus dem Nachrichtentext und einem Nachrichtentyp.

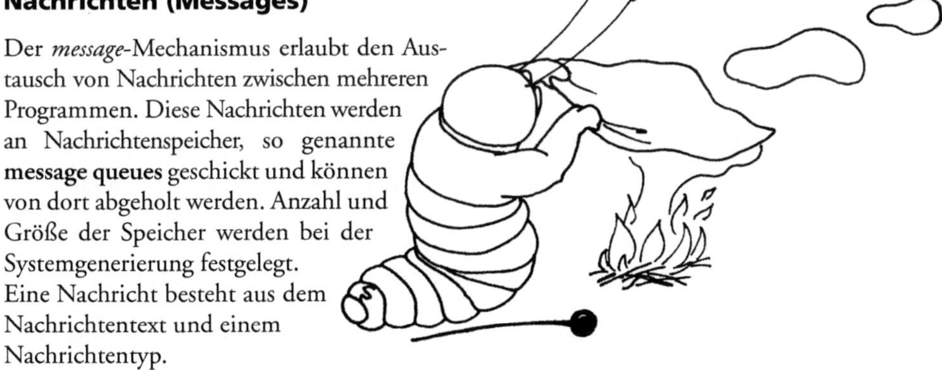

Die Nachrichtentypen haben keine feste Bedeutung, sondern es ist dem Programmierer überlassen, ihnen Funktionen zuzuordnen. Ein Prozess kann nun eine Nachricht aus einer *message queue* anfordern und dabei einen Nachrichtentyp vorgeben. Fehlt die Angabe eines Typs, so wird die nächste in der Warteschlange vorhandene Nachricht zurückgegeben; ansonsten werden die Nachrichten in der Reihenfolge ihres Eintreffens ausgegeben. Ein Prozess kann beim Anfordern einer Nachricht angeben, ob er suspendiert werden will, sofern noch keine Nachricht vorliegt, oder ob der Funktionsaufruf sogleich zurückkehrt und diesen Umstand durch einen Fehlercode anzeigt.

Semaphore

Semaphore sind Zustandsvariablen. Der Zugriff auf sie ist nur mittels spezieller Funktionen (Betriebssystemaufruf **semop**) möglich. Die hier implementierten Semaphore sind nicht binär, sondern können mehrere Werte annehmen. Prozesse können den Wert von Semaphoren abfragen oder darauf warten, dass ein Semaphor einen vorgegebenen Wert annimmt. Mit einer Operation können auch Funktionen auf mehrere Semaphore zugleich ausgeführt werden. In der Regel wird man Semaphore zur Synchronisation beim Zugriff auf kritische Betriebsmittel verwenden.

Gemeinsamer Datenspeicher (Shared Memory)

Der *Shared-Memory*-Mechanismus erlaubt mehreren Prozessen, auf einen Speicherbereich gemeinsam zuzugreifen. Es handelt sich dabei um Datenspeicher. Um auf einen gemeinsamen Datenspeicherbereich zugreifen zu können, muss zunächst ein Prozess diesen Speicherbereich anlegen. Danach müssen alle Prozesse, die Zugriff darauf haben möchten, den Speicherbereich in ihren Adressraum einfügen (Funktion **shmat** für *shared memory attach*) und angeben, in welchen Adressbereich der Speicher abgebildet werden soll. Hierbei ist auch die Art des gewünschten Zugriffs (Lesen und/oder Schreiben) anzugeben. Danach kann bis zu einem Lösen (Funktion **shmdt**) der Speicherzuordnung der Speicherbereich wie ein normaler Datenspeicher behandelt werden.

Die Implementierung von *Shared Memory* ist stark von der Struktur der vorhandenen Speicherverwaltungseinheit (*memory management unit*) und von der Kernel-Konfiguration abhängig, so dass Größe und Stückelung solcher Speicherbereiche variieren können. Der Anwendungsprogrammierer sollte aus diesem Grund den Mechanismus mit Vorsicht verwenden, wenn sehr große Bereiche als Shared-Memory verwendet werden sollen.

Gemeinsamer Programmspeicher – Shared Libraries

Der Mechanismus der *Shared Libraries* ist inzwischen weit verbreitet und für zahlreiche Bibliotheken der Standard. Er bietet zwar keine Möglichkeit der Kommunikation zwischen Prozessen, soll hier jedoch auch kurz erwähnt werden.

Wird ein Programm oder Linux-Kommando mehrmals vom gleichen oder von unterschiedlichen Benutzern gestartet, so wird das Textsegment (Codesegment) nur einmal im Hauptspeicher gehalten, vorausgesetzt, dass der Code *reentrant* geschrieben ist, was in der Regel zutrifft. Beim Programmieren solcher Teile sind eine Reihe von Einschränkungen hinsichtlich globaler Variablen und deren Platzierung zu beachten. Das Konzept führt zu einer Platzeinsparung im Hauptspeicher und reduziert die Ladezeiten des Programms. Kommen jedoch gleiche Codestücke bzw. Prozeduren in unterschiedlichen Programmen vor, so arbeitete dieser Mechanismus bisher nicht. Bedenkt man, dass jedoch einige Funktionen (z.B. die des C-Laufzeitsystems) in fast allen Programmen vorkommen, so lohnt es sich, diese Funktionen nur einmal für alle sie nutzenden Programme im Hauptspeicher zu halten. Dies kann in Form von *Shared Libraries* geschehen. Beim Binden der Programme muss dieser Umstand explizit angegeben werden. Ähnlich wie bei den gemeinsamen Datenbereichen greifen dann alle so gebundenen Programme auf diese Funktionen zu. Allerdings ist hier, im Gegensatz zum *Shared-*

Memory-Mechanismus, kein explizites Anlegen des Speicherbereichs und Abbilden (*attach*) in den Programmadressraum notwendig. Diese Aufgabe übernimmt das System beim Start der Programme automatisch.

Die Speicherplatzeinsparungen, die auf diese Weise erzielt werden können, sind natürlich stark vom Umfang und der Anzahl der gemeinsam verwendeten Routinen abhängig, dürften jedoch am Beispiel der C-Grundbibliothek bei ca. 8 bis 16 KB je Programm liegen. Bei den wesentlich umfangreicheren X11-Bibliotheken kann die Einsparung bereits ein Megabyte betragen. Ein weiterer Vorteil der *Shared Libraries* liegt darin, dass auch Plattenplatz eingespart wird, da nun der entsprechende Code nicht mehr in den einzelnen Programmdateien vorhanden sein muss. Das Laden der Programme kann damit auch schneller erfolgen, da weniger Code zu laden ist.

Bei den *Shared Libraries* unterscheidet man nochmals zwischen statisch und dynamisch gebundenen Bibliotheken. Bei den statisch gebundenen Bibliotheken werden alle Referenzen bereits zur Bindezeit aufgelöst. Dies spart beim Programmstart Zeit und stellt weniger Anforderungen an die Programmierung und den Aufbau der Bibliothek. Bei den dynamisch gebundenen Bibliotheken erfolgt die Auflösung der Referenzen zum Zeitpunkt des Programmstarts oder erst zur Laufzeit beim ersten Ansprechen einer Referenz. Dies gestattet ein Austauschen der Bibliotheken, ohne dass dazu eine neue Version des Programms erstellt werden muss. Zudem müssen die Bibliotheken hier erst geladen werden, wenn sie (vom ersten) Programm angesprochen werden.

Streams

Die *Streams* wurden unter UNIX als ein Teil der als *Network Support Services* bezeichneten Funktionen bzw. Mechanismen zur Unterstützung von Rechnernetzen eingeführt. Sie sind ebenso in Linux vorhanden. Da der *Streams*-Mechanismus auch außerhalb von Netzdiensten als ein eleganter Mechanismus zur Kommunikation zwischen Programmen dienen kann und auch zur Abwicklung der Terminalprotokolle verwendet wird, soll er hier kurz erläutert werden.

Ein *Stream* ist ein Pseudotreiber im Betriebssystemkern, wobei der Begriff *Pseudo* hierbei verwendet wird, weil zunächst hinter dem Treiber kein physikalisches Gerät steht, sondern nur eine Reihe von Softwarefunktionen. Der Treiber stellt dabei eine Schnittstelle zwischen Benutzerprogramm und dem Betriebssystem zum Austausch von Daten(strömen) zur Verfügung und zwar in beiden Richtungen und vollduplex (d. h. in beiden Richtungen zugleich).

Der *Streams*-Treiber erlaubt dabei in wohl definierter und kontrollierter Weise den Aufbau eines Datenstroms sowie den eigentlichen Datentransfer. So können neben den Funktionen **putmsg, getmsg** und **poll**, welche nur auf *Streams* definiert sind, die Standard-Ein/Ausgabefunktionen wie **open, close** sowie **read, write** und **ioctl** auf *Streams* angewendet werden.

Ein mit Hilfe des *Streams*-Mechanismus aufgebauter Datenweg besteht aus folgenden Komponenten (siehe Abb. 3.12):

▸ dem Stream-Kopf (*Stream Head*)
▸ einem oder mehreren optionalen Verarbeitungsmoduln
▸ einem an den *Stream* angekoppelten Treiber

Der Treiber kann dabei ein Gerätetreiber für ein physikalisches Gerät oder wiederum ein Pseudotreiber sein. Eine mögliche Funktion eines Verarbeitungsmoduls kann z.B. in einem Netzwerk die Abarbeitung eines Netzprotokolls sein oder im Terminaltreiber die Behandlung von Zeilen und von Zeichen mit besonderer Bedeutung.

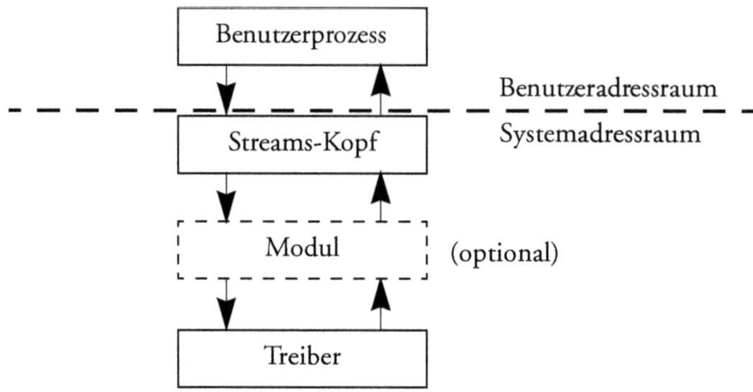

Abb. 3.12: Schemabild eines Streams

Eine wesentliche Eigenschaft des Streams-Mechanismus ist der, dass Verarbeitungsmodule dynamisch in den Verarbeitungsstrom eingeschaltet und wieder entfernt werden können

Am Beispiel des Terminaltreibers würde dann im *normalen Modus* der Verarbeitungsmodul die Zeichen der Eingabe bis zu einem *<neue zeile>*-Zeichen aufsammeln und die Behandlung der Tasten *<lösche zeichen>* und *<lösche zeile>* ausführen. Wird die Leitung in den *raw mode* versetzt, so würde damit dieser Verarbeitungsmodul aus dem Datenstrom (*Stream*) entfernt und die Zeichen der Eingabe ohne eine Zwischenverarbeitung weitergereicht werden.

Neben den genannten Grundfunktionen erlauben **Streams** das Multiplexen und Demultiplexen von Daten sowie asynchrone Ein/Ausgabe. Im Kern stehen dem Stream-Treiber Funktionen wie z.B. das Anfordern und die Freigabe von Puffern, Datenflusssteuerungen und einem *Streams Scheduler* zur Verfügung.

Sockets

Der Mechanismus der *Sockets* wurde im Berkeley-Unix-System primär zur Kommunikation zwischen Prozessen über ein Rechnernetz eingeführt[1] ebenso wie der Mechanismus der *Streams* im USL-System. Die Programme des inzwischen zur Kommunikation zwischen den Systemen unterschiedlicher Rechnerhersteller zum Industriestandard gewordenen TCP/IP-Pakets stützen sich z.B. auf *Sockets* ab.[2]

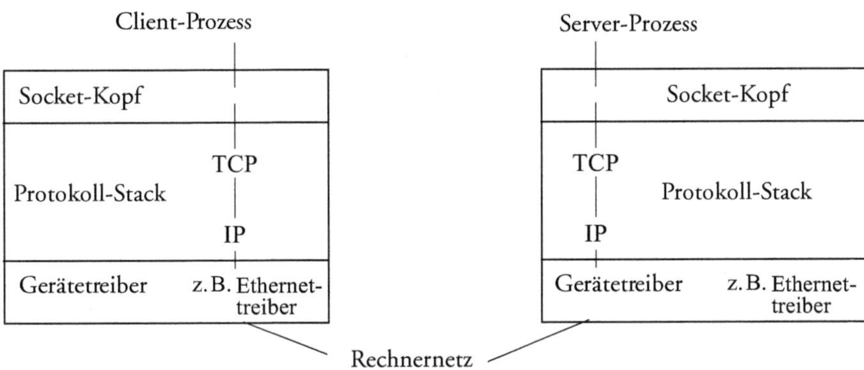

Abb. 3.13: Das Socket-Modell am Beispiel von TCP/IP

Ein *Socket* kann als Datenendpunkt zur Kommunikation zwischen Prozessen betrachtet werden. Der *Socket*-Mechanismus sieht dabei sowohl einen Datenaustausch auf dem lokalen als auch mit einem über ein Netz ansprechbaren Rechnersystem vor. *Sockets* sind wie *Streams* bidirektionale Datenpfade. Der vom Benutzer aus sichtbare Teil der Kommunikation besteht wie bei *Streams* aus drei Teilen:

▶ dem Socket-Kopf (*Socket Layer*)
▶ dem Protokollteil (*Protocol Layer*)
▶ dem Gerätetreiber (*Device Layer*)

Der *Socket*-Kopf bildet die Schnittstelle zwischen den Betriebssystemaufrufen und den weiter unten liegenden Schichten. Bei der Systemgenerierung wird festgelegt, welche Kombinationen von *Socket*, Protokoll und Treiber möglich sind.

Sockets mit gleichen Charakteristika bezüglich der Adressierung und des Protokolladressformats werden zu Bereichen, so genannten *Domains*, zusammengefasst. Die Linux *System Domain* dient dabei z.B. der Kommunikation zwischen Prozessen auf der lokalen Maschine, die *Internet Domain* für die Kommunikation über ein Netzwerk unter Verwendung des DARPA-Protokolls.

---

1. Erlauben jedoch wie Streams auch eine Kommunikation zwischen Prozessen auf dem gleichen Rechner.
2. In System V.4 werden Sockets über Emulationsbibliotheken unterstützt, die ihrerseits auf Streams aufsetzen.

Sockets werden nochmals in unterschiedliche Typen untergliedert. Der so genannte *Stream-Typ* stellt eine virtuelle, gesicherte, verbindungsorientierte Kommunikation zur Verfügung (eine TCP-Kommunikation), der Typ *Datagram* eine Verbindung für Datagramme (eine UDP-Kommunikation); d.h. es wird eine Nachricht an einen oder mehrere Adressaten abgeschickt, der Empfang ist jedoch nicht gesichert und die Reihenfolge der Nachrichten ist nicht garantiert.

Eine Kommunikation läuft in der Regel so ab, dass ein Serverprozess mittels des Aufrufs **socket** einen Kommunikationspunkt aufbaut. Dabei können Typ und Bereich angegeben werden. Mit **bind** kann nun ein Name an den *Socket gebunden* werden. Ein Kundenprozess (*Client Process*) koppelt sich ebenfalls mit **socket** an einen (lokalen) Kommunikationspunkt (*Socket*) und beantragt mit **connect** einen Verbindungsaufbau zum *Socket* des Servers.

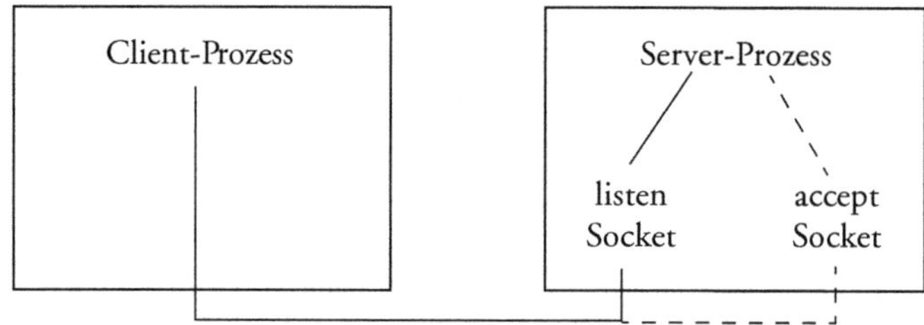

Abb. 3.14: Client-Server-Kommunikation

Der Serverprozess macht mit **listen** dem System bekannt, dass er Verbindungen akzeptieren will und gibt die Länge einer Warteschlange an. Mit **accept** wartet er darauf, dass ein *Client-Prozess* eine Verbindung anfordert.

Der **accept**-Aufruf liefert nach einem Verbindungsaufbau dem Server einen neuen *Socket-Deskriptor* (analog zu einem Dateideskriptor) für einen (anderen) *Socket* zurück, über den nun die Kommunikation mit dem *Client* erfolgen kann. Der Austausch von Daten ist danach mit **send** und **recv** oder mittels **write** und **read** über diesen *Socket* möglich. Wie man in Bild Abb. 3.13 sieht, sind der *Socket*, an dem der Server-Prozess auf Verbindungen wartet, und der *Socket*, über den der Serverprozess nach einem Verbindungsaufbau mit dem *Client* kommuniziert, auf der Serverseite nicht identisch. Der Aufruf **shutdown** schließlich baut die Verbindung wieder ab.

Eine gute Beschreibung der *Sockets* ist in [Bach] zu finden. Die hier gegebene Erklärung und die Zeichnungen basieren auf dem Buch von Bach.

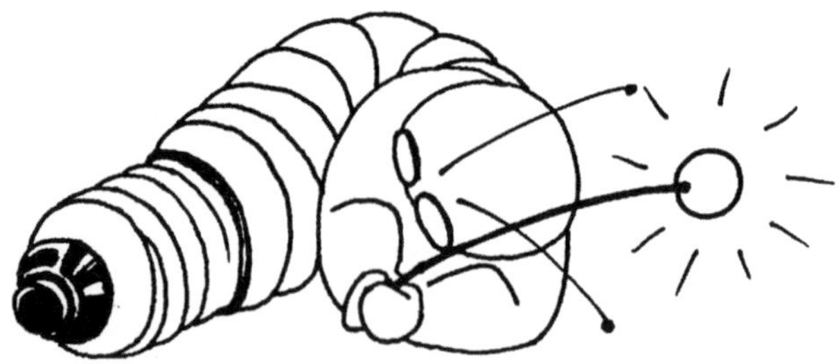

3.4 Reguläre Ausdrücke in Dateinamen und Suchmustern

Häufig möchte man Operationen wie z.B. Sichern, Löschen oder Sortieren auf eine Reihe von Dateien ausführen oder in Texten, statt nach einer festen Zeichenkette mit einem Zeichenmuster suchen, in dem noch gewisse Freiheitsgrade vorhanden sind. Für beide Anforderungen stehen unter Linux so genannte *reguläre Ausdrücke* zur Verfügung, die weitgehend einheitlich von den verschiedenen Linux-Programmen interpretiert werden. So erlauben die Shell und einige andere Programme, die mit Dateinamen operieren (z.B. **find**), *reguläre Ausdrücke* in Dateinamen; die meisten Editoren und Suchprogramme erlauben *reguläre Ausdrücke* in Suchmustern.

3.4.1 Metazeichen in regulären Ausdrücken

Ein *regulärer Ausdruck* ist eine Folge von *normalen Zeichen* und *Metazeichen*. Ein normales Zeichen (z.B. der Buchstabe ›x‹) steht für das entsprechende Zeichen bzw. den Buchstaben selbst. Ein *Metazeichen* – teilweise auch *Jokerzeichen* genannt – ist ein Zeichen, welches nicht das entsprechende Zeichen darstellt, sondern eine erweiterte Bedeutung besitzt. Das Fragezeichen ›?‹ z.B steht in der Angabe von Dateinamen für *Ein beliebiges (auch nicht druckbares) einzelnes Zeichen*.

Ein *regulärer Ausdruck* ist ein Muster, mit dem die in Frage kommenden Objekte verglichen werden (z.B. die Namen aller Dateien im aktuellen Verzeichnis oder der Text eines Zeilenbereichs bei einem Editorsuchkommando). Passt das Muster auf eines der untersuchten Objekte, so spricht man von einem *Treffer* (englisch: *match*). Häufig passen mehrere der untersuchten Objekte auf einen regulären Ausdruck. Bei dem Aufruf

```
rm ?ab?
```

z.B. wird die Zeichensequenz *?ab?* von der Shell als Muster für Dateinamen betrachtet und wie folgt interpretiert:

Setze statt des Parameters die Namen aller Dateien ein, die dem Muster ?ab? entsprechen. Dies sind alle Dateien, deren Namen vier Zeichen lang sind. Das erste Zeichen ist beliebig (erstes › ? ‹). Das zweite Zeichen des Namens muss ein ›a‹ und das dritte Zeichen ein ›b‹ sein. Das vierte Zeichen darf wieder beliebig sein.

Meint man in einem solchen Ausdruck das Zeichen selbst und nicht die Metabedeutung, so muss man das Metazeichen *maskieren*. Dies kann durch das Voranstellen des Fluchtzeichens ›\‹ erfolgen. Meint man das Fluchtzeichen selbst, so ist dies ebenfalls zu maskieren und muss dann als ›\\‹ angegeben werden. Bei der Shell kann ein ganzer Ausdruck durch eine "..."- oder '...'-Klammerung maskiert werden. Bei den Klammern "..." findet keine Expandierung von Dateinamen mehr statt, wohl aber noch die Ersetzung von Shell-Variablen durch ihren Wert oder die Auswertung von Kommandos in `...`-Klammern. Letztere ist identisch mit $(...)-Klammern.[1] Bei der '...'-Klammerung findet keinerlei Auswertung mehr durch die Shell statt.

---

1. Siehe hierzu die Erklärung in Kapitel 6.2.9 auf Seite 547.

Folgende Metazeichen stehen zur Bildung von Suchmustern zur Verfügung:

Tabelle 3.3: Metazeichen in Dateinamen und Suchmustern

	Metazeichen	
Bedeutung	**bash im Dateinamen**	**im Suchmuster**
Beliebiges einzelnes Zeichen	?	. (Punkt)
Beliebige Zeichenkette (auch die leere)	*	.*
Beliebige Wiederholung des vorangestellten Zeichens (auch keine)	*fehlt*	*
Beliebige Wiederholung des vorangestellten Zeichens (mindestens 1)	*fehlt*	+[a]
0 oder 1 Wiederholung des vorangestellten Zeichens	*fehlt*	?
n bis m Wiederholungen des vorangestellten Zeichens[b]	*fehlt*	\{n,m\}
Eines der Zeichen aus …	[…]	[…]
Eines der Zeichen aus dem Bereich …	[a-e]	[a-e]
Eines der Zeichen aus den Bereichen …	[a-eh-x]	[a-eh-x]
Alle Zeichen außer …	[! …]	[^ …]
Fluchtsymbol	\	\
Unterdrückung der Interpretation	' … '	
Unterdrückung der Dateinamen-Expansion	" … "	

a.　Nur bei den Programmen **awk/gawk** und **grep**.
b.　Ist nur \{n\} angegeben, so ist damit ›Genau n mal‹ gemeint. Fehlt die Angabe minimal, so wird ›1‹ angenommen; fehlt maximal, so wird beliebig oft ›∞‹ angenommen. ›*‹ ist damit äquivalent zu: \{0,\}, ›+‹ ist äquivalent zu \{1,\}, und ›?‹ ist äquivalent zu \{0,1\}.

Beim Suchen mit regulären Ausdrücken wird versucht, eine möglichst lange Zeichenkette als Treffer zu bilden. In der Zeile

　　　Mutter und Vater …

würde zum Beispiel das Suchmuster ›t.*r‹ die Zeichenkette **ter und Vater** als Treffer haben und nicht das kürzere (auch passende) Textstück *ter* aus *Mutter*. Bei Dateinamen werden alle passenden Namen verwendet.

　　Die Maskierungszeichen \, ", ' werden von der Shell entfernt, bevor der Parameter dem aufgerufenen Programm übergeben wird. Beim Aufruf

　　　rm "*"

bekommt das **rm**-Kommando also nur die Zeichenkette ⸢*⸥ als Parameter übergeben. Bei **rm ab\?** wäre dies die Zeichenkette: ⸢a⸥⸢b⸥⸢?⸥ (jedes Kästchen ist ein Zeichen).

➡ Bei der Shell findet keine Expandierung der Dateinamen in der Umlenkungskomponente eines Kommandos statt! Die Anweisung ›**ls > ***‹ erzeugt demnach eine Datei mit dem Namen ›*‹.

➡ Bei der Shell wirkt ein mit Punkt beginnender Dateiname als Verdeckung des Dateinamens, so dass die Namen dieser Dateien nicht für die normale Jokerzeichen/Metazeichen-Erweiterung herangezogen werden – es sei denn, man gibt im Shell-Parameter explizit den Punkt vorne an. So setzt die Shell z.B. in der Folge ›**ls .a***‹ für ›.a*‹ die Namen aller Dateien ein, welche mit ›.a‹ beginnen.

Zum Suchen mit Zeichenketten in Texten gibt es einige Erweiterungen, die für Dateinamen nicht sinnvoll sind:

Tabelle 3.4: Zusätzliche Metazeichen im Suchmuster

Bedeutung	**Metazeichen**
Zeichenkette am Anfang der Zeile	$^\wedge$ *muster*
Zeichenkette am Ende der Zeile	*muster*$
Zeile bestehend aus …	$^\wedge$ *muster*$
Zeichenkette am Anfang eines Wortes[a]	\\<*muster*
Zeichenkette am Ende eines Wortes	*muster*\\>
Alternative: *muster_1* oder *muster_2*	*muster_1*|*muster_2*

a) Ein *Wort* ist eine Folge von Buchstaben und Ziffern ohne Leerzeichen, Tabulatorzeichen oder Sonderzeichen wie . , _ usw. darin.

Bei den Editoren (mit Ausnahme des **sed**, bei dem ›\\n‹ im Suchtext *neue Zeile* bedeutet) sowie bei den **grep**-Programmen ist das Zeilenende eine Grenze beim Mustervergleich. Es ist dabei nicht möglich, nach einem Muster zu suchen, welches sich über eine Zeilengrenze erstreckt! Das *<neue Zeile>*-Zeichen kann also auch nicht mit ›.‹ oder ›*‹ gefunden werden!

Shell-spezifische Metazeichen

Die **bash** und einige andere Shells (C- und Korn-Shell, …) kennen noch zwei weitere Metazeichen in Dateinamen:

Tabelle 3.5: Zusätzliche Shell-spezifische Metazeichen in Dateinamen

~	steht für den Namen des HOME-Verzeichnisses des Benutzers (Aufrufers). In der Form ›~*name*‹ wird das Login-Verzeichnis des angegebenen Benutzers eingesetzt.
{x,y,…}	Hierdurch werden mehrere Namen generiert – für jede durch Kommata getrennte Zeichenkette einen. z.B. ›man.{1,10}‹ → ›*man.1, man.10*‹.

Beispiele für reguläre Ausdrücke in Dateinamen

rm ? → löscht alle Dateien des aktuellen Verzeichnisses, deren Namen genau ein Zeichen lang sind.

ls /usr/gast/.* → erstellt ein Inhaltsverzeichnis aller Dateien des Verzeichnisses *usr/gast*, deren Namen mit einem Punkt beginnen.

cat *out* → gibt den Inhalt aller Dateien des aktuellen Verzeichnisses auf die Dialogstation aus, in deren Namen *out* vorkommt. Dateien, deren Namen mit einem Punkt beginnen, werden nicht mit in den Vergleich einbezogen!

rm mod.? → löscht alle Dateien, deren Namen mit *mod.* beginnen und fünf Zeichen lang sind.

rm \?\?\? → löscht die Datei mit dem Namen ›???‹.

rm '???' → ist in der Wirkung äquivalent zu ›rm \?\?\?‹

ls * → wird von der Shell zu ›ls alt a1 neu‹ expandiert, wenn nur die Dateien *alt*, *a1* und *neu* im aktuellen Verzeichnis existieren.

cp [a-m]* l → kopiert alle Dateien des aktuellen Verzeichnisses, deren Namen mit *a*, *b*, ... bis *m* beginnen, unter dem gleichen Namen in das Verzeichnis *l*.

find . –name '*.c' –print → ruft das find-Kommando auf. Durch '...' wird hier die Zeichenkette › *.c ‹ vor der Shell-Interpretation geschützt und unverändert, jedoch ohne die Zeichen '...' als Parameter an das find-Kommando weitergereicht. **find** selbst interpretiert nun ›*‹ als Metazeichen und ist damit eine Ausnahme unter den Linux-Kommandos.

ls ~ → ersetzt ›~‹ durch das HOME-Verzeichnis des aktuellen Benutzers, so dass beim Aufrufer karl z.B. *ls /home/karl/* herauskommen könnte.

rm ~otto/abc → ersetzt ›~otto‹ durch das HOME-Verzeichnis des Benutzer *otto*, so dass z.B. *rm /home/otto/abc* herauskommen könnte.

mkdir a{1,2,bc} → wird zu ›mkdir a1 a2 abc‹ expandiert.

Beispiele für reguläre Ausdrücke in Textmustern

Textmuster müssen in der Regel begrenzt werden. In diesen Beispielen geschieht dies durch die in den Editoren üblichen Zeichen › / ‹. Bei den **grep**-Programmen werden sie in der Regel mit " ... " geklammert.

/^Auf / → sucht nach dem Wort *Auf*, welches am Anfang einer Zeile (›^‹) steht. Eine Zeile, die nur aus dem Wort *Auf* ohne nachfolgendes Leerzeichen besteht, gilt hierbei nicht als Treffer. Das bessere Suchmuster wäre hier **/^Auf\>/**

/^Ende$/ → sucht das Wort *Ende*, welches am Anfang einer Zeile beginnt und an deren Ende abschließt.

/^$/ → steht für eine leere Zeile.

/[aA]nfang/ → sucht nach der Zeichenkette *anfang* oder *Anfang*.

/[0-9][0-9]*/ → meint eine beliebig lange Ziffernfolge.

/\\/ → meint das Zeichen ›\‹.

/\// → meint das Zeichen ›/‹. Da es hier Begrenzerfunktion hat, muss es durch ›\‹ maskiert werden.

/a\.b*/ → steht für die Zeichenkette *a.b**.

/a.b*/ → sucht nach einer Zeichenkette, welche mit *a* beginnt. Dieser darf sich ein beliebiges weiteres Zeichen anschließen, dem können 0 (d.h keines) oder mehr *b*-Zeichen folgen. Wird mindestens ein weiteres *b* verlangt, so muss das Muster *a.bb** lauten!

/a?$/ → sucht nach der Zeichenkette *a?* am Ende einer Zeile. Das Fragezeichen hat hier, im Gegensatz zur Shellinterpretation keine Sonderfunktion.

/\<ein/ → sucht nach der Zeichenfolge ›ei‹ am Anfang eines Wortes.

/\<ein\>/ → meint *ein* als Wort. Das Suchmuster ›/ ein /‹ würde das Wort *ein* am Anfang einer Zeile oder an deren Ende nicht finden! Da ein *Wort* eine Folge von Buchstaben und Ziffern ist, trifft das obige Muster auch auf eine Zeichenkette wie *ein* & zu.

Bei den Operationen *Suchen-und-Ersetzen* der Editoren **ed**, **vi/vim**, **ex** oder **emacs** unterscheidet sich die Interpretation von Zeichen als Metazeichen im Suchmuster von der im Ersetzungsteil. Die Syntax des *Suchen-und-Ersetzen*-Befehls des **ed** sieht z.B. wie folgt aus:

    *[bereich]***s***/suchmuster/ersetzungsmuster/*

Im Suchmuster haben die oben genannten Metazeichen die angegebene Bedeutung. Hinzu kommt noch die *Metaklammer* \(... \). Sie klammert im Suchmuster einen Teilausdruck. Den *n*-ten Teilausdruck des Suchmusters, bzw. das darauf passende gefundene Teilmuster, kann man im Ersetzungsteil durch ›\n‹ mit *n* = 1, ... angeben, wie die nachfolgenden Beispiele demonstrieren:

s/\(Linux\)-Version/\1/ → ersetzt (z.B. in **ed**) *Linux-Version* durch *Linux*. ›Version‹ im Text allein stehend bleibt hierbei unverändert.

s/\([Ee]\)nviroment/\1nvironment/ → ersetzt *enviroment* durch *environment* und *Enviroment* durch *Environment*.

s/\([A-Z]\)\.\([0-9]\)/\2.\1/ → ersetzt z.B. ›B.3‹ durch 3.B‹. Während hier der Punkt im Suchteil noch durch ›\‹ maskiert sein muss, um nicht als

›Jedes beliebiges einzelne Zeichen‹ interpretiert zu werden, hat er im Ersetzungsteil keine Metazeichen-Bedeutung mehr.

Im Ersetzungsteil haben nur die in Tabelle 3.6 aufgeführten Zeichenfolgen eine erweiterte Bedeutung. Alle anderen Zeichen (z. B. ›*‹, ›.‹, ›[‹) stehen im Ersetzungsteil für das entsprechende Zeichen selbst.

Tabelle 3.6: Metazeichen im Ersetzungsteil

Bedeutung im Ersetzungsteil	**Metazeichen**
der *n*-te gefundene Teilausdruck	*n*
die zuletzt verwendete Ersetzungszeichenkette	~
die gesamte gefundene Zeichenkette	&

Die nachfolgenden Zeilen zeigen weitere Beispiele für Such- und Ersetzungsmuster am Substitutionskommando z. B. von **vim** oder **ex**.

s/[0-9][0-9]*/&./   → setzt z. B. in **vim** hinter eine Ziffernfolge einen Punkt.

**s/[#$]/&&/**   → ersetzt ›#‹ durch ›##‹ und ›$‹ durch ›$$‹.

s/und/\\&/   → ersetzt ›*und*‹ durch das Zeichen ›&‹.

s/\\(Linux\\)–\\(System\\)/\\2 \\1/   → ersetzt ›*Linux-System*‹ durch ›*System Linux*‹.

s/Maurel/Maurer/
s/Hans Maurel/Hans ~/   → ersetzt zunächst ›*Maurel*‹ durch ›*Maurer*‹ und danach ›*Hans Maurel*‹ durch ›*Hans Maurer*‹ (z. B. in **ex** oder **vi**).

1,$s/Tilde/\\~/g   → ersetzt im ganzen Text alle *Tilde*‹ durch ›~‹. Hier muss im Ersetzungsteil die Tilde durch ›\‹ maskiert werden.

1,$s/Tilde/& (\\~)/g   → ersetzt im ganzen Text alle ›*Tilde*‹ durch ›*Tilde (~)*‹.

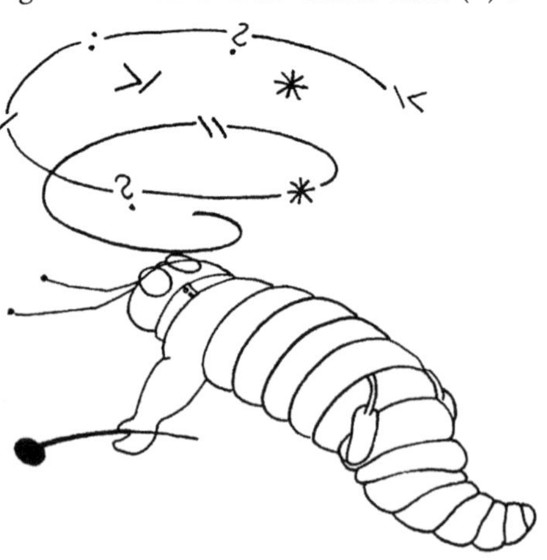

3.4.2　Tabelle der regulären Ausdrücke in Linux

Leider kennen nicht alle Programme, die entsprechende Suchfunktionen benutzen, alle oben angeführten Metazeichen/Jokerzeichen. Die nachfolgende Tabelle versucht deshalb, eine Übersicht der einzelnen Möglichkeiten zu geben. Es sei jedoch ausdrücklich darauf hingewiesen, dass sich dies von Linux-System zu Linux-System und teilweise auch von Shell zu Shell unterscheiden kann!

Tabelle 3.7: Die Verarbeitung von Metazeichen der wichtigsten Linux-Kommandos

Metabedeutung	Dateinamen	sed, grep	awk	ed	ex, vi
Funktion im Suchmuster					
beliebiges Zeichen	?	.	.	.	.
belieb. Zeichenkette (auch leere)	*	.*	.*	.*	.*
beliebige Wiederholung (auch keine)	fehlt	*	*	*	*
beliebige Wiederholung (mindestens 1)	fehlt	fehlt	+	$\backslash\{1\backslash\}$	fehlt
keine oder 1 Wiederhol.	fehlt	fehlt	?	$\backslash\{0,1\backslash\}$	fehlt
n-malige Wiederholung	fehlt	fehlt	$\backslash\{n\backslash\}$	$\backslash\{n\backslash\}$	fehlt
n- bis m Wiederholung	fehlt	fehlt	$\backslash\{n,m\backslash\}$	$\backslash\{n,m\backslash\}$	fehlt
Zeichen aus …	[…]	[…]	[…]	[…]	[…]
kein Zeichen aus …	[! …]	[^ …]	[^ …]	[^ …]	[^ …]
am Zeilenanfang		^*muster*	^*muster*	^*muster*	^*muster*
am Zeilenende		*muster*$	*muster*$	*muster*$	*muster*$
am Wortanfang	*xyz**				\<*muster*
am Wortende	**xyz*				*muster*\>
a1 oder *a2*	fehlt		*a1*|*a2*	*a1*|*a2*	fehlt
Funktion im Ersetzungsmuster					
n-ter Teilausdruck		\\n[1]	\\n[1]	\\n	\\n
gefundene Zeichenkette		&[1]	&[1]	&	&
vorhergehende Ersetzung					~

›a1 oder a2‹ bedeutet ›Entweder ein Text, der auf den (regulären) Ausdruck a1 passt oder einer, der auf den Ausdruck a2 passt‹.

1. Nicht bei **grep** und **egrep**.

3.5   Internationalisierung und lokale Anpassungen

Unix – und als Nachimplementierung auch GNU/Linux – sind originär englischsprachige bzw. amerikanische Systeme. Dies zeigt sich nicht nur an den Namen der Kommandos und Begriffe, sondern auch an dem zunächst ausschließlich verwendeten ASCII-Zeichensatz (*American Standard Code for Information Interchange*). Bei Unix wurde erst relativ spät die Möglichkeit für andere oder erweiterte Zeichensätze, anderssprachige Meldung oder der Mehrsprachigkeit angegangen. Dies erfolgte in mehreren, relativ langwierigen Iterationen.

Die Linux-Entwicklung startete später und übersprang einige dieser Iterationen. Eine vollständige Internationalisierung oder Mehrsprachigkeit ist aber noch nicht erreicht und der Realisierungsstand ist recht unterschiedlich für verschiedene Teilsysteme. So findet man in GNOME 1.4 in deutschen Systemen teilweise eine wilde Mischung aus Deutsch und Englisch bzw. Amerikanisch, es geht jedoch Schritt für Schritt weiter.

In den letzten Jahren wurde hier sehr viel erreicht. Dies ist durchaus anzuerkennen, zumal das Thema objektiv gesehen ausgesprochen komplex ist. Neben der reinen Übersetzung einzelner Texte müssen der verwendete Zeichensatz (ASCII, ISO-8859-x, UTF-8), die zur Darstellung eingesetzten Schriften (Fonts) und teilweise sehr unterschiedlichen andere Konventionen berücksichtigt werden – z. B. das Schreiben von links nach rechts oder von rechts nach links. Wir fokussieren uns bei der Betrachtung hier ganz egozentrisch auf die besonderen europäischen oder deutschen Bedürfnisse und Anpassungen.

Was ist Internationalisierung und Lokalisierung?

Unter *Internationalisierung* versteht man, dass ein Programm so programmiert ist, dass es Meldungen technisch in mehreren Sprachen ausgeben und Eingaben sprachabhängig verarbeiten kann. Dafür stützt es sich in der Regel auf spezielle Bibliotheksfunktionen, die ihm den größten Teil der Arbeit abnehmen, indem sie z. B. bei Ausgaben auf sprachabhängige Meldungsdateien zurückgreifen, beim Sortieren von Texten die Sortierreihenfolge der eingestellten Sprache berücksichtigen und z. B. bei der Ausgabe eines Datums die in der jeweiligen Sprach- oder Landeskonvention übliche Datumsdarstellung erzeugen. Dies wird unter Linux als *Internationalization* oder kurz **I18n** bezeichnet (da in dem Wort *Internationalization* zwischen dem I und dem abschließenden n 18 Zeichen liegen). Man nennt dies auch *National Language Support* – oder kurz NLS.

Der zweite Schritt der Internationalisierung nach der entsprechenden Programmierung ist die Erstellung der übersetzten Meldungen für die unterstützten Sprachen – Ausgangsbasis ist zumeist Englisch.[1] Ist keine spezielle Sprachangabe eingestellt, so wird in aller Regel Englisch verwendet. Mit entsprechenden Werkzeugen, welche abhängig von der verwendeten Programmiersprache und anderen Techniken sind, kann auch ein Anwender weitere Sprachen/Übersetzungen hinzufügen. Dies wird unter Linux als Lokalisierung bzw. *Localization* bezeichnet – oder kurz **L10n** (hier stehen 10 Zeichen zwischen dem L und dem **n** von *Localization)*.

---

1. Ein in der Linux-Welt sehr willkommener Beitrag, der auch von Menschen ohne Programmiererfahrung erbracht werden kann, ist die Anfertigung weiterer Übersetzungen.

3.5.1　Einstellungen zur Lokalisierung

Die meist benutzte Stelle für die Einstellungen für Sprache und andere lokale Konventionen ist die Umgebungsvariable **LANG** (angezeigt mit ›echo $LANG‹). In ihr lässt sich die Sprache und das Land einstellen. Die allgemeine Syntax für LANG lautet:

sprache_land[*.zeichensatz*] [*@modifikation*]

Die hinteren Teile sind dabei optional. Die Komponenten (außer *sprache*) müssen dabei jeweils durch die oben angezeigten Trennzeichen (_, ., @) eingeleitet werden.

Die Komponente *sprache* wird durch den zwei Buchstaben langen Code nach ISO 639-1 angegeben, das Land entsprechend dem ISO-3166-Code.[1]

Für Deutschland ist die typische Belegung von LANG z.B. ›de_DE‹, während es für Österreich ›de_AT‹ und die Schweiz ›de_CH‹ ist. Für die französische Schweiz wäre es ›fr_CH‹.

Der nächste wesentliche Parameter ist der geeignete Zeichensatz. Er muss die in der gewählten Sprache benötigten Zeichen enthalten – für Deutsch z.B. die Umlaute und das ›ß‹. Für die meisten westeuropäischen Länder kann dies z.B. ISO-8859-1 sein, der eine kompakte Codierung von 8 Bit po Zeichen verwendet. Benötigt man das Eurozeichen, so ist statt dessen ISO-8859-15 zu verwenden. Eine Alternative ist hier UTF8 (aus dem Unicode-Repertoire). In der Angabe in LANG wird der Zeichensatz durch einen Punkt abgesetzt (also z.B. ›de_DE.utf8‹ oder ›de_DE.ISO-8859-15‹).

Schließlich sind hier noch Sonderfunktionen möglich – hier *modifier* genannt – etwa in der Form de_DE@euro. Damit ist gemeint, dass ein Zeichensatz mit dem Eurozeichen (z.B. ISO-8859-15) zu verwenden ist. Um die Sache einfacher (oder komplizierter) zu machen, gibt es zusätzlich noch Synonyme oder Abkürzungen, welche dann auf eine eben beschriebene Code-Kombination abgebildet werden. Ein wichtiges Synonym ist POSIX. Man benutzt es häufig in Shell-Prozeduren, um eine wohl definierte Ablaufumgebung zu haben – unabhängig von dem gerade eingestellten Wert von $LANG. Die Sprache ist hier Englisch. POSIX (oder ›C‹) entspricht weitgehend ›en_USA.ASCII‹.

Diese Angaben sind bereits nützlich, aber nicht für alle Fälle ausreichend detailliert und noch nicht ausreichend flexibel, da man zuweilen z.B. durchaus unterschiedliche Konventionen mischen möchte – z.B. deutsche Dialoge und Fehlermeldungen, aber englische Währungskonventionen, da man als Deutscher in England arbeitet oder für ein englisches Unternehmen in Deutschland. Aus diesem Grund hat man die Anpassungen an lokale Gegebenheiten in mehrere Kategorien unterteilt und innerhalb jeder Kategorie mehrere Elemente, die nochmals spezifische Festlegungen treffen.

Eine der einfachen Kategorien ist die für das lokale (bevorzugte) Papierformat. Diese Kategorie LC_PAPER hat drei Elemente: **height**, **width** und **paper-codeset**, welche die Höhe und Breite des Standardpapierformats angeben, sowie der Standardzeichensatz zum Drucken. Beim Format A4 wäre z.B. height=297 und width=210 (in Millimeter) und ein passender Zeichensatz für deutsche Texte ISO-8859-1 oder ISO-8859-15 (letzterer mit dem €- und ¢-Zeichen).[2]

---

1. Für einige Beispiele dieser Codes siehe Anhang A.5 auf Seite 864.
2. Zu ASCII, ISO-8859-1 und ISO-8859-15 siehe Anhang A.9, Seite 871 ff.

Um die Einstellungen zu vereinfachen, lässt sich für eine ganze Kategorie eine Einstellung vornehmen, indem man der Kategorie-LC-Variablen (z.B. LC_TIME) einen Sprachwert analog zu LANG zuweist. So lässt sich z.B. trotz deutscher Sprache ein amerikanisches Papierformat (über die Variable LC_PAPER) oder englische Währungskonventionen zuweisen (z.B. indem man in LC_CURRENCY den Wert en_UK) setzt).

Zu den wichtigsten LC_Klassen gehören:

LC_ALL	überschreibt die nachfolgenden Variablen.
LC_COLLATE	legt die Sortierreihenfolge fest (wie sie z.B. in den C-Funktionen **strcol**() und **strxfrm**() benutzt werden).
LC_CTYPE	legt fest, welche Zeichen zu den verschiedenen Zeichenklassen gehören (Buchstaben, Großbuchstaben, Kleinbuchstaben, Interpunktszeichen usw.) und wie sie z.B. in den C-Funktionen **isupper**(), **toupper**(), **mblem**() und **wctomb**() behandelt werden.
LC_MESSAGES	definiert die Sprache der Programmmeldungen und für Rückfragen (z.B. y/n bzw. j/n).
LC_MONETARY	beschreibt die Währungsdarstellung.
LC_NUMERIC	**legt das** Zahlenformat fest für die Ein-und Ausgabe in den C-Funktionen **printf**() und **scanf**().
LC_PAPER	definiert das Standardpapierformat.
LC_NAME	definiert das Format von Namen.
LC_ADDRESS	Format für die Darstellung von Adressen (wenig benutzt)
LC_TELEPHONE	Format von Telefonnummern
LC_MEASUREMENT	Format (und Kürzel) für Maßeinheiten
LC_TIME	bestimmt das Format für Zeitangaben (wie sie z.B. mit der C-Funktion **strftime**() ausgegeben werden).
LC_TYPE	wird nur noch von älteren Programmen ausgewertet und entpricht dort der Funktion von LC_CTYPE. Sie muss den Namen des Zeichensatzes enthalten (also z.B. ISO-8859-1).

Hier gibt es noch eine Reihe weiterer LC-Variablen und nicht alle Programme berücksichtigen alle oben aufgeführten Einstellungen.

Innerhalb der Kategorien gibt es die einzelnen Elemente mit eigenen Namen und Werte. So ist **name_mr** das Element aus der Kategorie LC_NAME, welche die Anrede für einen Herrn (*mister*) enthält. Ist die Variable **LC_ALL** besetzt, so dominiert sie alle anderen Einstellungen.

Die verschiedenen Einstellungen, insbesondere der Wert LC_MESSAGES kann natürlich nur dann effektiv sein, wenn für das betreffende Programm entsprechend der eingestellten Sprache übersetzte Meldungen vorhanden sind. Sie sind in der Regel unter */usr/share/locale* im Verzeichnis der entsprechenden Sprache zu finden (z.B. ›de/LC_MESSSAGES/‹). Sie liegen dort in einem speziellen, kompakten Format vor. Fehlen sie, so kann dies zwei unterschiedliche Gründe haben:

a)   Es gibt für das Programm überhaupt noch keine entsprechende Übersetzung oder
b)   es gibt die Übersetzung, aber sie ist nicht installiert.

Zuweilen kann man damit leben, dass man die Meldungen nicht in der bevorzugten, sondern in der nächstbesten Sprache erhält. Hierzu lässt sich in der (globalen) Variablen **LANGUAGE** die Vorzugsreihenfolge der Sprachen festlegen. Für einen Schweizer könnte dies z.B. wie folgt aussehen: ›set LANGUAGE = "it_CH:fr_CH:de_CH:no"‹. Das aufgerufene Programm würde dann zunächst nach italienischen Meldungen suchen. Fehlen diese würde nacheinander nach französischen, deutschen und schließlich durch ›no‹ auf die Standardsprache des Programms zurückgegangen. Einige Programme werden nur LANGUAGE statt der LC-Variablen aus, andere in Ergänzung zu den LC-Variablen.

Die von den C-Bibliotheken, welche die sprachspezifischen Verarbeitungen durchführen, verwendete Auswertungsreihenfolge sieht wie folgt aus:

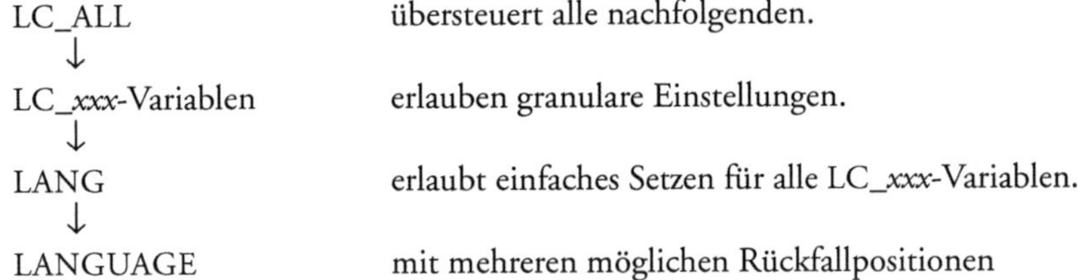

LC_ALL	übersteuert alle nachfolgenden.
↓	
LC_*xxx*-Variablen	erlauben granulare Einstellungen.
↓	
LANG	erlaubt einfaches Setzen für alle LC_*xxx*-Variablen.
↓	
LANGUAGE	mit mehreren möglichen Rückfallpositionen

Beim Setzen der lokalen Einstellungen ist zu beachten, dass durchaus nicht alle Möglichkeiten frei kombiniert werden können – dies wäre für die Entwickler teilweise auch extrem schwierig zu testen. So muss der angegebene Zeichensatz zunächst lokal über eine entsprechende so genannte *keymap* definiert und die Tastatureingabe zu einem zugeordneten Zeichen vorhanden sein (siehe Abschnitt 3.5.4, Seite 189). Für die Ein- und Ausgabe muss zusätzlich ein passender Fonts (Schriftsatz) installiert und zugeweisen sein. So lassen sich zahlreiche Zeichen des vollständigen Unicodezeichensatzes mit den üblichen Schriften nicht darstellen und selbst wenn sie sich auf dem Bildschirm darstellen lassen, ist der Druck auf einem Drucker unter Umständen nicht möglich. Die möglichen (im System aktuell vorhandenen) Kombinationen lassen sich per **locale –a** anzeigen. So steht z.B. der Alias *deutsch* oder *german* für ›de_DE.ISO-8859-1‹.

In der Datei */usr/share/locale/locale.alias* findet man weitere Lokalisierungs-Alias-Namen.

Leider benutzen nicht alle Linux-Kommandos das hier beschriebene Schema. Einige fragen nur einen Teil der Einstellungen ab, andere gar keine (und sind rein amerikanisch), und wieder andere verwenden andere Variablen und Einstellungen – letztere erfreulicherweise in abnehmender Zahl und Art.

Dies alles hört sich ausgesprochen kompliziert an und ist es in einigen Aspekten auch. In der Praxis hat man aber zumeist wenig Probleme, solange die Wünsche oder Kombinationen nicht zu ausgefallen sind und man eine geeignete Distribution für das jeweilige Land zur Verfügung hat. Die meisten Einstellungen lassen sich dabei bereits aus wenigen Angaben ableiten und werden oft bereits bei der Installation brauchbar gesetzt. Sie sollen sich den gesetzen Lokalisierungen und die möglichen Werte der lokalen Installation durch ein bisschen Experimentieren mit dem Programm **locale** (siehe Seite 324) einmal ansehen.

Die entsprechende Belegung der Umgebungsvariable LANG kann entweder in den systemweit geltenden Initialisierungsskripten (z.B. in */etc/profile*) für die **bash** vorgenommen werden oder jeweils in den entsprechenden Dateien im Login-Verzeichnis des Benutzers. Möchte man bestimmte Programme immer abweichend von den eigenen Standardeinstellungen aufrufen, so kann man diese Definition auch in den jeweiligen Startup-Dateien (zumeist rc-Dateien) vornehmen. Alternativ lässt sich ein Programm auch in folgender Form aufrufen:

LANG=*sprache_land* **kommando** [*optionen*] [*parameter*]

Hier wird LANG als Umgebungsvariable nur für genau das aufgerufene Programm und nur für diesen Aufruf entsprechend belegt.

Das Kommando **localedef** (siehe Seite 325) erlaubt, eine erstellte Definitionsdatei in ein Format zu konvertieren, welches von der **locale**-Funktion genutzt werden kann. Diese **locale**-Funktion ist ein C-Modul, welcher die entsprechenden (binären) Definitionen auswertet und in Programmen, welche dies Funktion nutzen, die entsprechenden Funktionen der Lokalisierung realisiert.

Die globale, systemweite Einstellung ist über das bisher beschriebene Verfahren hinausgehend abhängig von der Linux-Distribution. So erfolgt sie für RED HAT[1] (und dem darauf basierenden Mandrake in der Datei */etc/syskonfig/i18n* (dort wird LANG und LANGUAGE gesetzt). Für SUSE erfolgt die Definition in */etc/sysconfig/language* über die Variable RC_LANG und in den RC_LC_*xxx*-Variablen.[2] Bearbeiten kann man bei SuSE diese Datei mit dem **sysconfig**-Editor. LANGUAGE ist bei SUSE im Standardfall nicht definiert, lässt sich dort aber z.B. in */etc/profile.local* setzen.

Bei SuSE gibt es eine weitere Besonderheit. Hier wird in der Variablen ROOT_USES_LANGUAGE die Spracheinstellung für den Benutzer *root* festgelegt. Diese Variable wird in */etc/sysconfig/language* definiert. Es ist zumeist sinnvoll, diesen Wert auf **ctype** oder **no** stehen zu lassen (was etwa ›en_US‹ entspricht bzw. den POSIX-Einstellungen).

3.5.2   Lokalisierung unter KDE

Während GNOME im Desktop und in den meisten Programmen der oben beschriebenen Konvention in der Nutzung der Umgebungsvariablen LANG, LANGUAGE, LC_ALL und LC_*xxx* folgt, hat KDE ein etwas abweichendes Verfahren. Hier lassen sich die Sprache und die analogen detaillierteren Einstellungen über das KDE-Kontrollzentrum (**kcontrol**) einstellen – für alle KDE-Programme.

Dort findet man unter dem Reiter *Index* → *Persönliche Einstellungen* → *Land&Sprache* unter den Reitern *Regionales* (die Sprache), *Zahlen*, *Währung*, *Zeit&Datum* sowie *Sonstige* (Papierformat und Maßsystem) die globale und die individuellen Einstellmöglichkeiten für die Lokalisierung (siehe Abb. 3.15). Die Einstellun-

---

1. Bei Red Hat erlaubt das X-Programm **locale_config**, die Einstellungen für LANG systemweit vorzunehmen.

2. Die RC_-Variablen sind nur Vorlagen. Sie werden von Startskripten für die Besetzung der LANG- und LC-Variablen herangezogen.

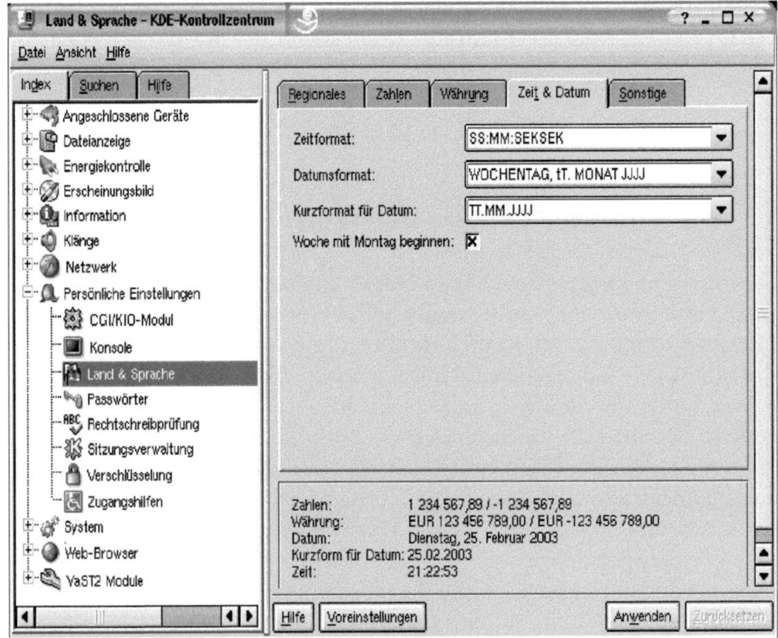

Abb. 3.15: Lokalisierung im KDE-Kontrollzentrum

gen hier wirken sich erst in nachfolgend aufgerufenen Programmen aus. Unter dem Reiter *Regionales* lassen sich mehrere Sprachen in die Liste aufnehmen. Dies entspricht dem Mechanismus von LANGUAGE, d.h. ist für ein Programm die zuerst aufgeführte Übersetzung nicht vorhanden, so wird nach der nächsten in der Liste gesucht.

Jedoch lassen sich auch unter KDE individuelle Abweichungen für einzelne Programme erreichen. Die Steuervariable unter KDE ist **KDE_LANG**. So lässt sich z.B. aus der/dem Konsole/Terminalfenster heraus mit ›KDE_LANG=en_US konqueror‹ der KDE-Dateimanager **konqueror** (bei Grundeinstellung de_DE) mit der Spracheinstellung *englisch* starten, ohne dass man dazu zuvor im KDE-Kontrollzentrum die Sprache umstellen und sie später wieder zurückstellen muss.

Die KDE-Grundeinstellungen für den einzelnen Benutzer sind in dem verdeckten Verzeichnis *˜/.kde/share/config* (im Login-Verzeichnis des Benutzers) abgelegt.[1] In der Datei *kdeglobals* liegen die globalen Einstellungen des KDE-Desktops. Dort findet man die Spracheinstellungen unter der Sektion ›[Locale]‹.

Hier gibt es für die meisten KDE-Programme Konfigurationsdateien mit der Endung *rc*. Setzt man in die entsprechende Datei folgende Anweisungen:

```
[LOCALE]
Charset=iso8859-15
Country=de
Language=en_US
```

---

1. Unter Umständen muss man auch in den Verzeichnissen unter *˜/.kde2* oder *˜/.kde3* suchen.

So wird künftig das entsprechende Programm mit diesen speziellen Lokalisierungseinstellungen gestartet. Im KDE-Kontrollzentrum lassen sich für die von einigen KDE-Programmen angebotene Rechtschreibprüfung zusätzlich Einstellungen wie das (sprachspezifische) Wörterbuch, der Zeichensatz und das zu verwendende Rechtschreibprogramm (**ispell** oder **aspell**) vornehmen.

3.5.3   Die richtigen Fonts zur Darstellung

Wie bereits erwähnt, muss man schließlich dafür sorgen, dass zur Bildschirmdarstellung und zu Druckausgabe eine Schrift (englisch: *font*) verwendet wird, welche die verwendeten Zeichen auch darstellen kann. Dies erfolgt jedoch nicht über das hier beschriebene Schema mit LC- (oder anderen) Umgebungsvariablen, sondern ist in den Darstellungs- und Druckanwendungen zu berücksichtigen. Während die meisten bei uns verwendeten Schriften die Zeichen des ISO-8859-1-Codes abdecken können, sind die zusätzlichen Zeichen des ISO-8859-15 (z. B. €, š, Š, ž, Ž, œ, Œ, ...) erst in neueren Schriften zu finden und es sind uns keine Schriften bekannt, die das volle Spektrum der Zeichen aus dem UTF-16- oder UTF-8-Zeichensatz abdecken. Linux bringt einige ISO-8859-1/15-fähige Schriften mit – zu erkennen an der entsprechenden Nummer im Namensteil – und auch Fonts, welche die üblichen europäischen Zeichen aus UTF-8 enthalten. Bei den Schriften sind zwei Bereiche zu unterscheiden:

▶   Schriften in den Textkonsolen außerhalb der grafischen Oberfläche und
▶   Schriften in X-Anwendungen, also auch unter den grafischen Desktops von KDE, GNOME, anderen Desktops oder unter den reinen Window-Managern.

Für die *Textkonsolen* werden Tastaturlayout und Schriftzeichenzuordnung mit den Programmen **loadkeys** und **setfont** durchgeführt.

Für X Window und die darauf aufsetzenden Desktops GNOME oder andere – sowie für Programme unter einem reinen X Window-Manager – werden Zeichensatz und Schriftart gemeinsam in den X-Ressourcen eingestellt (siehe Kapitel 7.4, Seite 689 ff.). KDE hat hier eigene Einstellungen.

Einige Programme benötigen zum Arbeiten mit speziellen Codierungen (insbesondere mit UTF-8)[1] und Zeichensätzen spezielle Aufrufoptionen oder speziell gesetzte Umgebungsvariablen. So sollte das Programm **less** z. B. zur Ausgabe einer Unicode-Datei die Umgebungsvariable CHARSET gesetzt haben, und **xterm** lässt sich für UTF-8 über das Shell-Skript **uxterm** aufrufen, in dem sowohl die Option **–T 'xterm UTF-8'** als auch eine UTF-8-fähiger Font per **–fn –Misc-Fixed-Medium-R-Normal ...-ISO10646-16** gesetzt wird. Weitere Informationen zu Fonts- und Font-Einstellungen sind im Kapitel 7.4 (S. 689) zu finden.

---

1.   UTF-8 ist eine spezielle Codierung von *Unicode.* Unicode entspricht ISO-10646, weshalb in einigen Unicode-fähigen Fonts der Namensanteil ISO10646 vorkommt.

3.5.4   Das richtige Tastaturlayout

Ein wesentlicher Punkt für eine Lokalisierung ist die Wahl bzw. die Einstellung des korrekten Tastaturlayouts. So möchte man auf einer deutschen Tastatur beim Anschlagen von y eben ein *y* und kein *z* (und umgekehrt) erhalten. Bei den meisten Linux-Distributionen wird die globale Tastatureinstellung bereits bei der Installation abgefragt.

Für X Windows ist sie in */etc/X11/XF86Config* in der Sektion *InputDevice* mit der Option *XkbLayout* festgelegt. Für die Textkonsole des Kernels erfolgt die Einstellung über die Programme **loadkeys** und **setfont**.

loadkeys lädt dabei die so genannte *Keymap* für den Kernel bzw. die Textkonsole des Kernels. Die *Keymap* ist eine Umsetzungstabelle, welche die von der Tastatur kommenden Tasten-Codes einem Zeichen des Zeichensatzes zuordnet. Die unterschiedlichen Tastaturlayouts bestehen also faktisch aus nichts anderem als unterschiedlichen Zuordnungstabellen. Die Tabellen bzw. *Keymaps,* von denen man für spezielle Zwecke natürlich auch eigene anlegen kann,[1] sind in der Regel in einem Unterverzeichnis */usr/share/kbd/keymaps* oder im Verzeichnis */usr/src/linux/drivers/char* zu finden. Die Tabelle (Datei) */etc/defkeymap.map* stellt dabei die Standardtabelle für das jeweilige System (den Kernel) dar.

setfont lädt den Font (die Schriftdefinition) für die Textkonsole des Kernels. Damit lassen sich hier unterschiedliche Schriftgrößen und unterschiedliche Zeichensätze einstellen. Die Fonts liegen in der Regel im Verzeichnis */usr/share/kbd/consolefonts*, die Unicode-Fonts in */usr/share/kbd/unimaps*.

Die Standardbelegungen werden aber in praktisch allen Distributionen bei der Installation abgefragt und lassen sich später über die Administrationsoberfläche einstellen, so dass man in der Regel nicht in diese Tiefen steigen muss. Bei SUSE ist dies z. B. in YaSTE2 möglich. Hinterlegt werden diese Standardeinstellungen leider wieder an distributionsspezifischen Stellen: bei SuSE in der Datei */etc/rc.config*, bei Red Hat wird die Einstellung in */etc/sysconfig/keyboard* in den Variablen KEYBOARDTYPE und KEYTABLE hinterlegt.

Die Tastatureinstellungen lässt sich aber statt mit dem oben beschriebenen Verfahren in den meisten aktuellen Linux-Distributionen sowohl bei der Installation in einen grafischen Dialog auswählen als auch später noch über die Administrations- und Konfigurationsoberfläche. Bei SuSE erfolgt dies z. B. unter YaST2 über *System → Tastaturbelegung auswählen.*

KDE hat eigene Möglichkeiten der Tastatureinstellung über das KDE-Kontrollzentrum, wie bereits Abschnitt 3.5.2 (Seite 186) beschrieben. Hier lassen sich mehrere Tastaturlayouts wählen und relativ einfach zwischen diesen wechseln.

Kompositionen

Die typischen 101–104 Tasten einer normalen Tastatur reichen bei weitem nicht aus, um z. B. die Zeichen des ISO-8859-1/15-Zeichensatzes direkt abzubilden. Linux bietet deshalb (wie andere Systeme auch) die Möglichkeit, bestimmte Zeichen durch eine Komposition zu erzeugen, d. h. dadurch, dass man nacheinander bestimmte Tasten drückt und daraus ein kombiniertes Zeichen entsteht. So ergibt z. B. <compose><´><O> das

---

1. Der Aufbau der Keymap-Dateien ist unter ›**man 5 keymaps**‹ zu finden.

Zeichen ›Õ‹ oder *<compose><^><Â>* das Zeichen ›Â‹. Die *<compose>*-Taste ist natürlich eine Metataste, und es ist festzulegen, welche Taste oder Tastenkombination diese Funktion haben soll. Die Standardeinstellung für Taste oder Tastenkombination für die *<compose>*-Taste (in den *keymaps* trägt sie die Bezeichnung *Multi_key*) ist distributionsabhängig – ⇑-[AltGr] funktioniert jedoch bei mehreren Distributionen.[1] Bei Red Hat kann zusätzlich die [rechte Windows-Taste] (auf moderneren PC-Tastaturen) als *<compose>* genutzt werden. SuSE hat im Standardfall neben ⇑-[AltGr] auch ⇑-[rechte Windows-Taste] und ⇑-[rechte Windows-Taste] sowie ⇑-[rechte Strg-Taste] hier definiert.

Für X Window wird die *<compose>*-Taste in */etc/sysconfig/keyboard* festgelegt. Die Belegung kann mit **xmodmap -pk | grep Multi_key** angezeigt werden. Mit dem Programm **xev** (aufgerufen aus einem **xterm**-Fenster) sieht man, welche Taste welchen *Key-Code* hat und welche Funktion ihr zugeordnet ist (man drückt dazu die entsprechende Taste. **xev** zeigt X-*Events* an. Das Drücken und Loslassen einer Taste ist ein solcher *Event*.

Daneben gibt es die Tasten mit der etwas irreführenden Bezeichnung *deadkeys* (*tote Tasten*), die keineswegs tot sind, sondern Tasten, deren Zeichen (z.B. die Tilde ›˜‹) in der Ausgabe über das nachfolgende Zeichen gedruckt wird (also z.B. *<˜><A>* → Ã). Ist in keymaps *nodeadkey* festgelegt, so ist dieses Kombinieren unterdrückt, und die Tasten wie ^, ˜, ´, `, °, ¨ ergeben gleich das vorstehende Zeichen und keine kombinierten Zeichen ohne vorherige *<compose>*-Taste. Mit dieser geht es jedoch.

Das €-Zeichen wird – den richtigen Zeichensatz vorgesetzt – bei PC-Tastaturen per [AltGR]-[E] und das ¢-Zeichen per [AltGR]-[C] eingegeben (bei Verwendung der üblichen, aktuellen *keymaps*).

Weitere Hinweise zur Lokalisierung

Zahlreiche weitere Hinweise für die Anpassung an die lokale Sprache sind in entsprechenden HOWTO-Artikeln zu finden. Für die deutsche Sprache wäre dies *German-HOWTO*, welche man entweder als Teil der Distribution findet oder im Internet unter den in [HOW-TO] angegebenen Adressen. Insbesondere das dort aufgeführte Papier von M. Kuhn kann nützlich sein. Das Lokalisierungsthema ist noch nicht abgeschlossen und es ist zu erwarten,

dass sich hier noch einige Änderungen ergeben – weniger im Konzept, sondern eher was die Einstellmöglichkeiten und die Oberflächen betrifft und insbesondere, was die Unterstützung in den Programmen betrifft und die Anzahl und der Umfang der unterstützten Sprachen in den Programmen.

---

1. Bei diesen Kombinationen muss die Shift-Taste immer zuerst gedrückt werden!

3.6 Textkonsolen

Bildschirme sind fast immer zu klein, um alle Informationen, Fenster und andere Elemente halbwegs übersichtlich anzuordnen. Linux mit seinen alphanumerischen und grafischen Oberflächen bietet dafür mehrere Lösungsansätze, die auch kombiniert verwendet werden können:

- ▸ virtuelle Arbeitsflächen (siehe hierzu Seite 632)
- ▸ virtuelle Desktops (siehe Seite 633)
- ▸ virtuelle Textkonsolen

Textkonsolen passen zwar just nicht in das Konzept grafischer Oberflächen, aber durchaus in das Konzept *virtueller Bildschirm*.

Linux kennt die Möglichkeit mehrerer virtueller Bildschirme auch außerhalb der grafischen Oberfläche – oder parallel zu dieser. Dies sind die so genannten Textkonsolen: im Prinzip sind nichts anderes, als mehrere parallel laufende alphanumerische Bildschirme, welche von Linux-Basis-System zur Verfügung gestellt werden. Ein solche solche Textkonsole füllt immer jeweils den ganzen Bildschirm aus und ähnelt weitgehend einem alphanumerischen Terminalfenster unter der grafischen Linux-Oberfläche, jedoch ohne Fensterrahmen, ohne Fensterattribute und andere Merkmale von grafischen Fenstern.

Man gelangt entweder direkt bei der Anmeldung in eine solche Textkonsole – z.B. wenn kein grafischer Login-Manager läuft und nur die alphanumerische Oberfläche aktiviert ist oder über spezielle Tastenkombinationen aus der grafischen Linux-Oberfläche heraus.[1] In diesem Fall wird die grafische Oberfläche vorübergehend komplett ausgeblendet und die Textkonsole übernimmt den Bildschirm. Hierbei sind in einer Standardkonfiguration in der Regel bis zu sechs solcher Textkonsolen möglich, zwischen denen sich schnell hin- und herschalten lässt.

Per ⟨Alt⟩-⟨Strg⟩-⟨Fn⟩ wechselt man von der aktuellen Textkonsole – oder einer grafischen Oberfläche – zur Konsole n ($1 \leq n \leq 6$).[2] Öffnet man eine Textkonsole zum ersten Mal, so erscheint der alphanumerische Login-Bildschirm bei dem man sich anmeldet. Anmeldungen mit unterschiedlichen Benutzernamen sind in den verschiedenen Konsolen möglich. Mit dem Anmelden bekommt man die in */etc/passwd* definierte Login-Shell, ist also auf der Shell- bzw. Kommandozeilenebene. Abmelden kann man sich hier entweder per **exit** oder **logout** oder per ⟨Strg⟩-⟨D⟩.

Aus einer Textkonsole gelangt man per ⟨Alt⟩-⟨Strg⟩-⟨F7⟩ in die grafische Oberfläche zurück – sofern diese zuvor gestartet war.

Ein Wechsel von der grafischen Oberfläche in eine Textkonsole kann auch dann sinnvoll sein, wenn sich Probleme mit dem X-Display-Treiber ergeben oder KDE oder GNOME einmal (ausnahmsweise) *aufgehängt* haben.

Das Arbeiten nur mit der Textkonsole und ganz ohne grafische Oberfläche erfordert wesentlich weniger Hauptspeicher und wesentlich geringere Rechenleistung, so dass

---

1. Wählt man in einem grafischen Login-Manager die Einstellung **failsafe**, so gelangt man auch in ein Textkonsol-ähnliches alphanumerisches Terminal-Fenster. Dies läuft jedoch unter X Window!

2. ⟨Fn⟩ ist hier die Funktionstaste n.

man hier für spezielle Zwecke auch ältere PCs einsetzen kann und mit schlanken Konfigurationen auskommt.

In welcher der Textkonsolen man sich gerade befindet ist u. a. über das Kommando **tty** ersichtlich. Es gibt (ohne weitere Parameter aufgerufen) den Namen der aktuellen Dialogstation aus. ›*/dev/tty2*‹ist dabei z. B. die Textkonsole 2. Daneben wird die Konsole auch in der Regel als Teil der Login-Aufforderung angezeigt.

Textkonsolen verwenden (potentiell) eigene Tastaturbelegungen (Tastaturlayout) und Schriften (Fonts). Wie zuvor bereits beschrieben lässt sich das Tastaturlayout von Textkonsolen per **loadkeys** einstellen und der darin verwendete Font per **setfont** festlegen.

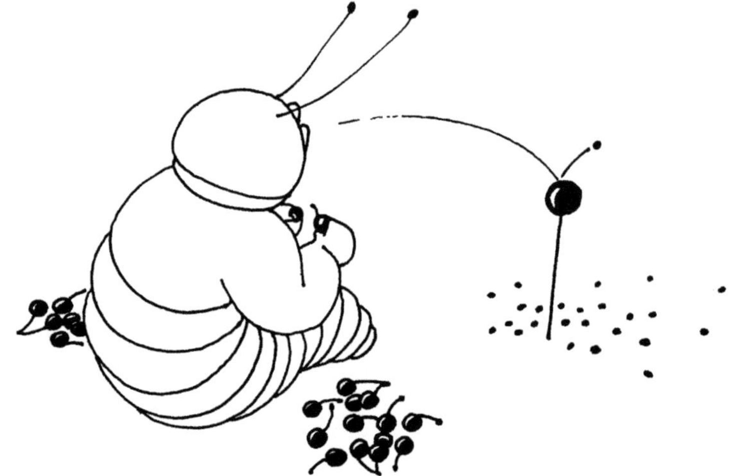

4 Kommandos des Linux-Systems

Die nachfolgende Liste zeigt die wichtigsten Kommandos aus Linux mit Ausnahme distributionsspezifischer Administrations- und Installationsprogramme. Viele auf dem Markt angebotenen Systeme enthalten darüber hinaus noch eigene Erweiterungen und Abwandlungen einzelner Kommandos. Nicht aufgeführt sind Programme aus den Bereichen *Spiele* und *Programmentwicklung*.

Ein hochgestelltes › su‹ in der folgenden Liste weist darauf hin, dass das Kommando entweder nur mit Privilegien des Super-Users ausgeführt werden kann oder dem Systembetreuer bzw. sehr erfahrenen Benutzern vorbehalten sein sollte. Mit (*nd*) markierte Kommandos/Programme sind in diesem Buch *nicht weiter dokumentiert*.

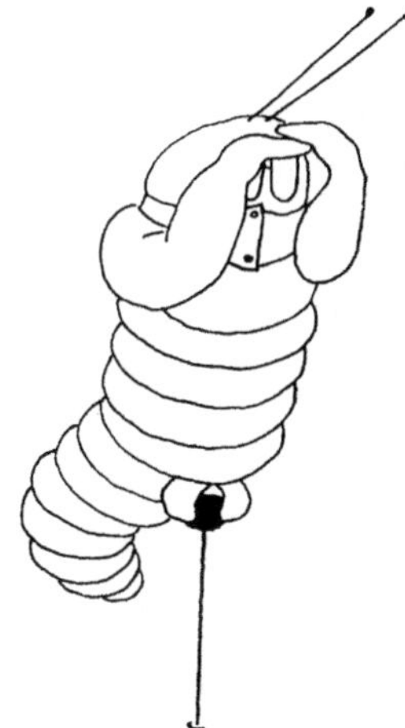

Die Abschnitte 4.1 und 4.2 zeigen im Überblick:

- ▶ Die zwanzig wichtigsten Kommandos für die Kommandozeile
- ▶ Die wichtigsten Programme der grafischen Oberflächen KDE und GNOME
- ▶ Dateiorientierte Kommandos
- ▶ Sitzungsorientierte Kommandos
- ▶ Kommandos aus dem Umfeld Programmentwicklung
- ▶ Textverarbeitung
- ▶ Kommandos aus dem Umfeld Systemadministration

Die Listen sind nicht vollständig. Dies wäre einerseits der Übersichtlichkeit abträglich, zum anderen unterscheiden sich die Linux-Distributionen deutlich. Daneben gibt es im Internet eine fast unüberschaubare Menge weiterer Programme.

Abschnitt 4.3 ist der Kern dieses Kapitels und beschreibt ausführlich und mit Beispielen die Programme der Linux-Kommandozeilenebene, während die GUI-basierten Programme in Kapitel 7 zu finden sind. Einige Kommandos für die Systemverwaltung findet man im Kapitel 9.

4.1 Die meistbenutzten Programme unter Linux

4.1.1 Die zwanzig wichtigsten Kommandos der Kommandozeile

Vor dem Versuch der Auflistung und Zusammenstellung der Vielfalt aller Linux-Kommandos, von denen einige auch dem geübten Anwender nur selten begegnen, soll der noch etwas gewagtere Versuch unternommen werden, eine Hitliste der im Alltag des normalen Anwenders wichtigsten Kommandos zusammenzustellen. Damit soll für den Neuling ein wenig Licht in das Dickicht an Kommandos gebracht werden und auch gezeigt werden: So viele sind es nun auch nicht. Hier die wichtigsten Kommandos aus dem Repertoire der zeilenorientierten Kommandos:

cd	ändert das aktuellen Arbeitsverzeichnis.
ls	liefert ein Inhaltsverzeichnis eines Dateiverzeichnisses.
cat	Ausgeben von Dateien
less, more	gibt Text seitenweise auf dem Bildschirm aus.
mkdir	legt ein neues Verzeichnis an.
pwd	liefert den Namen des aktuellen Arbeitsverzeichnisses.
rm, rmdir	löscht eine Datei, eine Referenz oder (**rmdir**) ein Verzeichnis.
cp	kopiert Dateien oder ganze Verzeichnisse.
mv	ändert den Namen einer Datei.
ln	gibt einer Datei einen weiteren Namen (Namensreferenz).
tar, cpio	sichert Dateibäume und erlaubt das selektive Wiedereinlesen.
find, locate	erlaubt die Suche nach Dateien mit zahlreichen Suchkriterien.
chmod	ändert die Zugriffsrechte (Mode) einer Datei oder eines Verzeichnisses.
exit	beendet eine Kommandoprozedur oder die Shell.
set	zeigt bei der **bash** und Bourne-Shell die aktuell definierte Umgebung an.
man, info	gibt Linux-Manualseiten aus.
vi(m)	bildschirmorientierter Editor
lp, lpr	Ausgabe auf den Drucker über den Linux-Print-Spooler
ps, top	zeigt die Liste der laufenden Prozesse.
kill	bricht einen laufenden Prozess ab.

Je nach Aufgabenbereich wird man in dieser Hitliste das eine oder andere häufige Kommando vermissen; für die alltägliche Arbeit am System kommt man damit jedoch schon ziemlich weit. Hinzu kommen in der Regel noch Web-Browser und E-Mail-Client. In der Regel wird man dazu jedoch die grafischen Varianten von KDE oder GNOME benutzen (siehe die nächsten Seiten).

4.1.2   Die wichtigsten Programme der KDE-Oberfläche

Bei den grafischen Oberflächen kommt man zumeist mit weniger Programmen aus, da hier insbesondere die Dateimanager zahlreiche Funktionen in einem Programm vereinen. Einen umfassenderen Überblick über die Programme der grafischen Desktops gibt Kapitel 7.7 ab Seite 704. Obwohl nachfolgend die direkten Aufrufnamen angegeben sind, wählt man die Programme bzw. Funktionen oft über die Ikonen des Desktop-Panels oder über Menüs aus.

Die grafischen Desktops KDE und GNOME mit ihren wesentlichen Programmen werden im Kapitel 7 ab Seite 627 beschrieben.

konqueror der primäre Dateimanager unter KDE (s. S. 647): Er bietet bereits die meisten dateiorientierten Funktionen wie das Anlegen neuer Verzeichnisse, das Kopieren, Verschieben, Umbenennen, Anzeigen und Löschen von Dateien. Er kann auch als Hilfe-, FTP- und Web-Browser agieren, so dass man oft auf einen eigenen Web-Browser verzichten kann.

kmail KDE-Standard-E-Mail-Client: Er arbeitet mit dem KDE-Adressbuch **kadressbook** zusammen. Alternativen sind z.B. die E-Mail-Clients aus **mozilla** oder aus **evolution**.

korganizier ist ein PIM, d.h. ein *Personal Information Manager*. In ihm lassen sich Kontaktadressen verwalten (er arbeitet hier mit **kadressbook**, dem KDE-Adressbuch zusammen), Aufgabenlisten führen und Termine verwalten und überwachen.

kate, kedit sind GUI-basierte Texteditoren zum Erstellen unformatierter Texte wie z.B. Shell-Skripte, Konfigurationsdateien oder Programm-Quelltexte.

kprinter ist ein Programm zum Drucken. Zieht man eine Datei in dieses Fenster, so lassen sich in der erscheinenden Dialogbox – ähnlich dem Windows-Druckdialog – die Parameter für das Drucken festlegen. In den typischen KDE-Programmen ruft man aber die Funktion *Drucken* per Strg-P oder über *Drucken* im Menü *Datei* oder *Dokument* auf.

klpq ist eine Art *Druckerkontrollzentrum* unter KDE. Hier sieht man die vorhandenen Druckaufträge und kann diese anhalten oder löschen. Man legt es zumeist für den schnellen Zugriff in die KDE-Kontrollleiste.

konsole bietet die Funktionen eines Terminalfensters, in dem eine Shell und die Komamndozeilen-orientierten Linux-Kommandos laufen können. **konsole** ist etwas mächtiger als das ältere **xterm** und erlaubt mehrere parallele Terminal-Sitzungen (*Sessions*).

kfind erlaubt die Suche nach Dateien (analog zum **find**-Kommando).

ksysguard zeigt die Liste der laufenden Prozesse. Hieraus kann man auch einzelne Prozesse abbrechen.

kcontrol ist das KDE-Kontrollzentrum. Hier erfolgt die Personalisierung des KDE-Desktops (siehe Kapitel 7.2.3, S. 653).

4.1.3   Die wichtigsten Programme unter dem GNOME-Desktop

Obwohl hier die am häufigsten verwendeten Programme mit grafischer Oberfläche nach KDE und GNOME getrennt aufgeführt sind, lassen sich die Programme in aller Regel problemlos auch unter dem jeweils anderen Desktop benutzen.

nautilus   ist der primäre Dataimanager unter KDE (s. S. 673). Er bietet bereits die meisten dateiorientierten Funktionen wie das Anlegen neuer Verzeichnisse, das Kopieren, Verschieben, Umbenennen, Anzeigen und Löschen von Dateien.

galeon   agiert als Standard-Web-Browser unter GNOME. Alternativen sind **mozilla** oder **netscape**. Daneben gibt es zahlreiche weitere Web-Browser.

balsa   Standard-E-mail-Client unter GNOME. Die mächtigere Alternative ist **evolution**.

evolution   ist eine Groupware-Suite. Das Programm bietet neben der Funktion eines E-Mail-Clients – in den Funktionen und dem Layout stark angelehnt an MS-Outlook – eine Adressverwaltung, einen Terminkalender und eine Aufgabenliste.

gedit   ist ein GUI-basierter Texteditor zum Erstellen unformatierter Texte wie z. B. Shell-Skripte, Konfigurationsdateien oder Programm-Quelltexte.

gnome-terminal   bietet die Funktionen eines Terminalfensters, in dem eine Shell und die Komamndozeilen-orientrierten Linux-Kommandos laufen können.

gnome-search-tool   erlaubt die Suche nach Dateien (analog zum **find**-Kommando).

gnomecc   ist das GNOME-Kontrollzentrum. Hier erfolgt die Personalisierung des GNOME-Desktops (siehe Kapitel 7.3.3, S. 680).

gnome-system-monitor   zeigt die Liste der laufenden Prozesse. Hieraus kann man auch einzelne Prozesse abbrechen.

yelp   GNOME-Hilfe-Browser. Er erlaubt sowohl **man**-Seiten als auch die Informationen unter **info** anzuzeigen. Die Beschreibungen der GUI-Programme ist hier aber in der Regel nicht zu finden. Sie findet man – falls vorhanden – unter dem Hilfemenü des jeweiligen Programms.

Neben den hier und unter Abschnitt 4.1.2 aufgeführten Programmen gehören natürlich die klassischen Office-Programme zum *täglichen Brot* unter Linux. Hierbei dürften die Programme der OpenOffice-Suite die meistbenutzten sein. Dies sind **OpenWrite** (der Editor), **OpenCalc** (die Tabellenkalkulation), **OpenDraw** (das Vektorgrafikprogramm) und eventuell **OpenImpress** (ein Präsentationsprogramm). Für die Bearbeitung von Fotos und anderen Images wird unter beiden Oberflächen primär das sehr mächtige **gimp** eingesetzt. Natürlich können hier auch Programme aus einer der anderen Linux-Office-Suites eingesetzt werden (siehe dazu Kapitel 7.7.2, Seite 706). Auf Intel-Systemen lassen sich sogar die Programme der MS-Office-Suite einsetzen.

4.2   Kommandoübersicht nach Sachgebieten

Die hier vorgenommene Unterteilung der Linux-Kommandos ist subjektiv. Einige der
Kommandos können selbstverständlich auch anderen als den hier angegebenen Gruppen zugeordnet werden. Die getroffene Selektion entspricht der Erfahrung der Autoren.
Programme mit grafischer Oberfläche tragen die Kennzeichnung (G). Sie sind im Kapitel 7 ab Seite 627 beschrieben; von ihnen sind hier nur einige Beispiel aufgeführt.

4.2.1   Dateiorientierte Kommandos

Kommandos zur Dateiausgabe

cat	Ausgabe oder Konkatenation von Dateien
compress	komprimiert Dateien.
cp	kopiert eine Datei oder ein ganzes Verzeichnis.
csplit	zerteilt eine Datei kontextabhängig in mehrere einzelne Dateien.
dd	kopiert Daten/Dateien im *Raw*-Format.
eog	zeigt ein breites Spektrum von Image-Formaten an. (G)
expand	expandiert Tabulatorzeichen der Standardeingabe zu Leerzeichen.
gunzip	dekomprimiert mit **gzip** komprimierte Dateien.
gzip	komprimiert (und dekomprimiert) Dateien.
head	gibt jeweils die ersten *n* Zeilen einer Datei aus.
less	gibt Text seitenweise auf dem Bildschirm aus.
lp	schickt Dateien zur Druckausgabe mittels des Print-Spoolers.
lpr	schickt Dateien zur Druckausgabe mittels des Print-Spoolers.
more	gibt Text seitenweise auf dem Bildschirm aus.
od	erstellt einen (oktalen) Abzug einer Datei.
pr	führt eine einfache Formatierung (z. B. Unterteilung in Druckeseiten mit Kopfzeilen) von Dateien für die Druckausgabe durch.
split	zerteilt eine Datei in mehrere einzelne Dateien.
tail	gibt jeweils die letzten *n* Zeilen einer Datei aus.
zcat	gibt eine komprimierte Datei aus, ohne dass sie zuvor explizit dekompri- miert werden muss.

Dateianzeige – Viewer

acroread	Adobe Acrobat Viewer
eog	Viewer für eine ganze Reihe von Image-Formaten (G)
ggv	Viewer für PostScript- und PDF-Dateien (G)
gv	ist ein Frontend für **gs** und zeigt PostScript und PDF-Dateien an. (G)
gqview	Bildbetrachter für eine Reihe von Bildformaten: Er erlaubt auch Bild- archive aufzubauen. (G)
gthumb	ist ein Grafik-Browser, der die Inhalte von Ordnern als kleine Icons (*Thumbnails*) anzeigt.(G)
kdvi	Viewer für Dateien im DVI-Format (G)
kghostview	GUI-Frontend zu **gs** zur Anzeige von PostScript- und PDF-Dateien. (G)

kview	stellt die KDE-Variante von **ggv** zur Bildanzeige dar. (G)
less	gibt Text seitenweise auf dem Bildschirm aus.
more	gibt wie **less** Text seitenweise auf dem Bildschirm aus.
xman	zeigt **man**-Seiten an. (G)
xpdf	PDF-Viewer (G)
yelp	GNOME-Hilfe-Browser. Er zeigt **man**- und **info**-Dateien an. (G)

Verzeichnis- und dateisystemorientierte Kommandos

chattr	ändert spezifische Datei- und Verzeichnisattribute in einem **ext2/ext3**-Dateisystem.
df	gibt die Anzahl von freien Blöcken eines Dateiträgers aus.
dir	liefert ein Inhaltsverzeichnis eines Verzeichnisses.
du	gibt die Anzahl der durch einen Dateibaum belegten Blöcke aus.
file	versucht eine Klassifizierung (Art des Dateiinhalts) von Dateien.
find	sucht nach Dateien mit vorgegebenen Charakteristika.
fusage	zeigt an, welche Prozesse Dateioperationen auf einem Dateisystem ausführen und z.B. dort noch Dateien geöffnet haben.
ls, ll	liefert ein Inhaltsverzeichnis eines Dateiverzeichnisses.
mkdir	legt ein neues Verzeichnis an.
mkfs[S]	legt eine neue Dateisystemstruktur auf einem Datenträger an.
mknod[S]	schafft einen neuen Geräteeintrag oder legt eine FIFO-Datei an.
mount[S]	hängt ein Dateisystem in den Systembaum ein.
quot	liefert eine Aufstellung über die Dateibelegung nach Benutzern sortiert.
rm	löscht eine Datei (Referenz) aus dem Verzeichnis.
rmdir	löscht ein Verzeichnis.
umount[S]	demontiert ein Dateisystem.
vdir	liefert ein Inhaltsverzeichnis eines Verzeichnisses.

Sichern und Zurückladen von Dateien

afio	arbeitet ähnlich wie **cpio**, erlaubt aber zusätzlich Komprimierung.
bunzip2	dekomprimiert mit **bzip2** komrimierte Dateien.
cp	kopiert Dateien.
cpio	sichert Dateibäume und erlaubt das selektive Wiedereinlesen.
dd	kopiert Dateien, wobei das Format umgesetzt werden kann.
gfloppy	Formatieren einer Diskette (G)
dump	führt eine Vollsicherung eines Dateisystems durch.
gunzip	dekomprimiert mit gzip komprimierte Dateien/Archive.
gzip	erstellt ein komprimiertes Archiv.
kfloppy	Formatieren einer Diskette (G)
mt[S]	erlaubt Magnetbandoperationen (z.qB. das Zurückspulen).
restore	restauriert einzelne Dateien oder ein ganzes Dateisystem aus einer Sicherung mit **dump**.
taper	ist ein recht mächtiges Programm zur Datensicherung auf Bänder.
tar	sichert Dateibäume und erlaubt das selektive Wiedereinlesen.

Modifikation von Dateiattributen

chattr	ändert spezielle Datei- und Verzeichnis-attribute bei **ext2/ext3**-Dateisystemen.
chgrp	ändert die Gruppennummer einer Datei.
chmod	erlaubt die Zugriffsrechte (den Modus) einer Datei zu ändern.
chown	ändert den Besitzereintrag einer Datei.
ln	gibt einer Datei einen weiteren Namen (Namensreferenz).
mv	ändert den Namen einer Datei.
touch	ändert das Datum der letzten Dateiänderung.
umask	setzt eine Maske, die beim Anlegen einer neuen Datei die Standard-zugriffsrechte festlegt.

Drucker und Print-Spooler

accept[S]	setzt die Auftragswarteschlange für einen Drucker oder eine Drucker-klasse auf *empfangsbereit*.
cancel	erlaubt mit **lp** abgesetzte Druckaufträge zu stornieren.
disable[S]	deaktiviert einen Drucker.
enable[S]	aktiviert einen Drucker für die weitere Ausgabe.
gprinter	bietet ähnliche Funktionen wie **gtklp**. (G)
gtklp	ist ein GUI-Frontend zum Drucken, welches auch von der Kommando-zeile aus aufgerufen werden kann. (G)
gtklpq	ist ein GUI-Frontend zu **lpq**. (G)
lp	Ausgabe auf den Drucker mittels des Print-Spoolers
lpadmin[S]	Verwaltungsprogramm für das CUPS-Print-Spooler-System
lpc	erlaubt die Steuerung von Druckern und Druckerklassen.
lphelp	gibt die von einem Drucker unterstützte Druckoption aus.
lpmove	hängt Aufträge eines Druckers oder einer Druckerklasse in die Auftrags-warteschlange eines anderen Druckers um.
lpoptions	erlaubt global **lp**-Optionen abzufragen und zu setzen.
lpr	gibt Dateien auf den Drucker über den Print-Spooler aus.
lprm	storniert Druckaufträge aus der Druckerauftragsschlange.
lpq	zeigt die Aufträge in der Druckerwarteschlange des Print-Spoolers.
lpstat	zeigt den Status der mit **lp/lpr** erteilten Ausgabeaufträge an.
kjobviewer	GUI-Variante zu **lpq/lpstat** aus dem KDE-Paket, die auch bereits ab-geschlossene Aufträge anzeigen kann (siehe Seite 834). (G)
klpq	ist eine erweiterte GUI-Version von **lpq/lpstat** unter KDE. (G)
kprinter	bietet ähnliche Funktionen wie **gtklp** (G).
kups	erlaubt das Einrichten und Verwalten von Druckern unter CUPS. (G)
reject[S]	sperrt die Auftragswarteschlange für einen Drucker oder eine Drucker-klasse für weitere Aufträge.
rlp	schickt einen Druckauftrag zum Print-Spooler eines entfernten Hosts.
xpdq	bietet eine grafische Oberfläche (unter X11) zu **lpq**. (G)

Weitere Verwaltungsfunktionen stehen für den CUPS-Print-Spooler z.B. über das CUPS-Web-Interface zur Verfügung unter *http://localhost:631*. Auch der KDE-Print-Manager unter dem URI *print:manager* im **konqueror** bietet ein gutes Verwaltungswerkzeug. Die obigen Kommandos unterstützen primär das CUPS-Print-Spooling-System. Die alternativen Print-Spooler wie z.B. PPR, LPRng haben weitere spezifische Kommandos. Ein Gesamtüberblick zum Linux-Print-Spooler gibt Kapitel 9.11 (ab Seite 816).

Formatkonvertierungen

a2ps	konvertiert ASCII-Dateien und weitere Textformate nach PostScript.
bunzip	dekomprimiert mit **bzip** komprimierte Dateien.
bzip2	komprimiert Dateien.
dvipdf	konvertiert DVI-Dateien nach PDF.
dvi2fax	konvertiert DVI-Dateien nach Fax-G3.
dvi2ps	konvertiert DVI-Dateien nach PostScript.
grodvi	konvertiert die GNU-**troff**-Ausgabe nach DVI.
grops	konvertiert die GNU-**troff**-Ausgabe nach PostScript.
gs	konvertiert PostScript- und PDF-Dateien in zahlreiche Ausgabeformate für die Bildschirmdarstellung (Rasterformate) und für die Druckerausgabe.
enscript	konvertiert ASCII-Dateien und weitere Textformate nach PostScript.
mpage	konvertiert ASCII und weitere einfache Textformate nach PostScript.
psutils	ist ein ganzer Satz von PostScript-Utilities, welche eine Reihe von PostScript-nach-PostScript-Umsetzungen durchführen.
recode	erlaubt die Umsetzung einer Datei in eine andere Codierung und von einer Plattformkonvention in eine andere.
tr	erlaubt die Umsetzung einzelner Zeichen einer Datei.

Konsistenzprüfung von Dateisystemen

chsum	berechnet eine Prüfsumme für eine Datei. Dies erlaubt später eine Überprüfung auf Übetragungsfehler oder andere Veränderungen an der Datei.
debugfs	ist ein *File-System-Debugger* für **ext2**-Dateisysteme. **debugreiserfs** ist die Variante für das Reiser-Dateisystem.
fsck[S]	führt eine Konsistenzprüfung des Dateisystems durch. Es gibt zahlreiche dateisystemspezifische Versionen von **fsck**. Hierzu gehören z.B. **fsck.ext2** und **fsck.ext3** für **ext2**- bzw. **ext3**-Dateisysteme sowie **fsck**-Versionen mit den Endungen **.reisfs**, **.jfs**, **.xfs**, **.minix**, **.msdos**, **.vat**, **.ntfs** – jeweils für die betreffenden Dateisysteme.
fsdb[S]	erlaubt die interaktive Behebung von Fehlern im Dateisystem. Auch dieses Werkzeug ist dateisystemspezifisch.
sum	errechnet Prüfsumme der Dateiblöcke einer Datei.
sync	schreibt alle gepufferten Blöcke auf die jeweiligen Datenträger.

Eine zusätzliche Konsistenzprüfung stellen natürlich Virenscanner dar. Hierfür sollte man der Aktualität der Virensignaturen wegen jedoch auf kommerzielle Produkte wie etwa Anti-Virus (der Firma Sophos) oder AntiVir (der Firma H+BEDV) zurückgreifen.

4.2.2 Sitzungsorientierte Kommandos

An- und Abmelden

exit	beendet eine Shell oder Kommandoprozedur.
gnomecc	erlaubt festzulegen, ob die offenen Anwendungen einer GNOME-Sitzung über das Session-Ende hinweg gesichert werden sollen. (G)
login	Anmelden als anderer Benutzer
logout	meldet bei der **csh/tcsh** einen Benutzer ab.
newgrp	ändert die Gruppennummer.
passwd	ändert ein Passwort oder trägt es erstmals ein.
su[S]	erlaubt temporäres Ändern der Benutzeridentität in einer Sitzung.
sudo	führt ein Kommando unter der Benutzernummer des Super-Users (**root**) aus.
kcontrol	erlaubt festzulegen, ob die offenen Anwendungen einer KDE-Sitzung über das Session-Ende hinweg gesichert werden sollen. (G)

Information und Anpassung

alias	erlaubt in **bash, tcsh** und **ksh** eine Abkürzung für ein Kommando.
cal	gibt den Kalender des angegebenen Jahres aus.
calendar	stellt die Funktionen eines Terminkalenders zur Verfügung.
cd	ändert das aktuelle Arbeitsverzeichnis.
clear	Bildschirminhalt leeren
chfn	ändert die Informationen, welche **finger** zu einem Benutzer anzeigt.
chsh	ändert die Login-Shell eines Benutzers.
date	liefert oder setzt das aktuelle Datum und die Uhrzeit.
env	Ausgeben oder Setzen von Shellvariablen
finger	liefert Information über gerade aktive Benutzer.
gnomecc	ist das GNOME-Kontrollzentrum. Hier erfolgt die Personalisierung des GNOME-Desktops.
gnome-system-monitor	ein Systemmonitor (Prozesse und Systemlast) (G)
history	zeigt bei **bash, tcsh** und **ksh** die zuletzt aufgerufenen Kommandos an.
id	gibt den Benutzernamen und Gruppennamen sowie die entsprechenden Nummern zurück.
kcontrol	erlaubt festzulegen, ob die offenen Anwendungen einer KDE-Sitzung über das Session-Ende hinweg gesichert werden sollen. (G)
ksysguard	zeigt grafisch die Auslastung des Systems und die der laufenden Prozesse.
last	listet An- und Abmeldungen am System auf.
listusers	gibt eine Liste zugelassener Systembenutzer aus.
loadkeys	lädt die *Keymap* (Zuordnung von Tasten zu Zeichen) für die Textkonsole.
logins[S]	gibt die Benutzer-Logins und Systeminformationen aus.
logname	gibt den aktuellen Benutzernamen aus.
pwd	liefert den Namen des aktuellen Arbeitsverzeichnisses.

ps	zeigt die Liste der aktuell laufenden Prozesse.
pstree	zeigt den Prozessbaum (die Prozesse mit ihren Abhängigkeiten).
resize	passt die Bildschirmdefinitionen nach einer Änderung der aktuellen Fenstergröße an.
script	protokolliert Ein- und Ausgabe der Dialogstation.
set	zeigt bei der Shell die aktuell definierte Umgebung an oder setzt neue Optionen.
stty	liefert die aktuell gesetzten Charakteristika der Dialogstation zurück oder setzt diese neu.
tabs	setzt die Tabulatorfunktion für die Dialogstation.
top	gibt die Liste der laufenden Prozesse aus und aktualisiert sie periodisch.
tput	erlaubt Steuerfunktionen (z.B. das Löschen des Bildschirms) der Dialogstation von der Shell aus. Das Kommando verwendet Informationen aus der **terminfo**-Beschreibung.
tty	liefert den Gerätenamen der Dialogstation zurück.
users	gibt die Namen der aktuell angemeldeten Benutzer in Kurzform aus.
w	zeigt an, welche Benutzer angemeldet sind und welche Prozesse sie ausführen.
who	zeigt die aktiven Benutzer an.
whodo	zeigt an, welche Benutzer mit welchen Prozessen am System aktiv sind.

Grafische Oberfläche zum X11-System

gdm	ist der GNOME-Display-Manager. Er handhabt die Anmeldung am grafischen Bildschirm. Alternativen sind **kdm** und **xdm**. (G), (*nd*)
kdm	ist der KDE-Display-Manager. Er handhabt die Anmeldung am grafischen Bildschirm. Alternativen sind **gdm** und **xdm**. (G), (*nd*)
startx	Aufrufen der X-Window-Oberfläche
X	X-Server: Steuerprogramm des grafischen Bildschirms
xclock	Uhr (analog oder digital) am grafischen Bildschirm
xdm	grafisch orientierte Abwicklung der Anmeldung am System
xedit	einfacher fensterorientierter Editor für Textdateien
xeyes	X-Window-Demoprogramm (Augen folgen dem Mauszeiger)
xinit	Starten des X-Servers
xloadimage	Anzeigen von Bildern, auch am Fensterhintergrund
xman	Manualeinträge im Fenster anzeigen
xrdb	Verwaltung der Definitionsdatenbank (X-Ressourcen)
xset	Ausgeben aktueller Definitionen der grafischen Oberflächen
xterm	Emulation eines zeichenorientierten Bildschirms in einem Fenster an der grafischen Oberfläche
xwd	erzeugt einen Bildschirmabzug und konvertiert Grafikformate.
xwud	zeigt einen mit **xwd** erzeugten Bildschirmabzug an oder druckt ihn aus.

Zu den Programmen des KDE- und GNOME-Desktops gibt Kapitel 7.7 (S. 704) einen Überblick.

Allgemeine Linux-Information

apropos	gibt zu einem Schlagwort die Liste der Kommandos aus, in deren Beschreibung der Begriff vorkommt.
arch	gibt Typ der Rechnerarchitektur aus.
date	liefert die aktuelle Uhrzeit und das Datum.
df	zeigt den noch freien Plattenplatz an.
du	gibt die Speicherbelegung durch eine Datei oder ein Verzeichnis aus.
finger	zeigt Namen und Adresse eines Benutzers.
gnome-system-monitor	zeigt die Liste der aktuell laufenden Prozesse auf und zeigt die Systemlast grafisch an. (G).
gtop	ist eine GUI-basierte Version von **top**. (G)
hostid	gibt die Host-ID des lokalen Rechners aus.
hostname	liefert den Rechnernamen zurück.
id	gibt die aktuelle Benutzer- und Gruppennummer oder -namen aus.
info	zeigt, ähnlich wie **man**, die Beschreibung von Linux-Kommandos und den Aufbau spezieller Linux-Dateien.
ksysguard	listet alle aktuell laufenden Prozesse auf und zeigt die Systemlast grafisch an. (G).
man	gibt Einträge des Linux-Manuals aus.
mount	liefert die Liste der eingehängten Dateisysteme.
info	zeigt die Info-Seiten zu einem Kommando. Diese sind zumeist etwas ausführlicher als die entsprechenden **man**-Seiten.
khelpcenter	ist der Hilfe-Browser von KDE. Er zeigt neben den **man**- und **info**-Seiten oft auch HOW-TO-Dokumentationen.
netstat	liefert Statusinformationen über das Netzwerk.
ps	liefert die Liste der aktuell laufenden Prozesse.
rusers	zeigt, welche Benutzer an welchem System des Netzes angemeldet sind.
rup	liefert eine Liste der aktuell aktiven Rechner im Netz. (*nd*)
top	zeigt die aktuell laufenden Prozesse und aktualisiert die Liste in vorgebbaren Intervallen.
type	zeigt Pfad zu einem Programm an.
uname	gibt den Namen des Systems, die Version und die Release-Nummer aus.
w	zeigt an, wer was gerade am System arbeitet.
whatis	liefert Kurzbeschreibung eines Kommandos.
whereis	liefert Pfadnamen zu Programmdatei(en), Manualseiten und, falls vorhanden, der Quelldatei eines Kommandos.
which	gibt zu einem Kommando an, welche Datei damit ausgeführt würde.
who	gibt die Liste aller aktuell angemeldeten Benutzer aus.
yelp	ist der GNOME-Hilfe-Browser. Er kann **man**- und **info**-Dateien anzeigen.

Kommandos im vernetzten Betrieb (TCP/IP-Netz)

ifconfig[S]	erlaubt den Netzwerkzugang zu konfigurieren.
hostname	liefert den Rechnernamen zurück.
netstat	gibt Statusinformation über das Netzwerk aus. (*nd*)
ping	bietet einen einfachen Verbindungstest mit anderen Rechnern.
rcp	kopiert Dateien über Rechnergrenzen hinweg. (*nd*)
rlogin	gestattet das Anmelden auf einem entfernten Rechner.
rsh	erlaubt Programme auf entferntem Rechner auszuführen. (*nd*)
scp	kopiert Dateien auf einen Remote-Rechner per *Secure Copy*. (*nd*)
ssh	Remote-Login per *Secure Shell* (*nd*)
telnet	startet eine Terminal-Sitzung an einem Remote-Host.
tp	Dateiübertragung vom und zum entfernten Rechner mit Anmeldung am anderen System
ypcat	gibt Informationen über netzwerkweit identische Daten aus. (*nd*)
ypmatch	prüft den Eintrag in netzwerkweiter Datenbasis. (*nd*)

Empfangen und Senden von Nachrichten

biff	meldet, wenn neue Mail eingeht. (*nd*)
balsa	ist ein GUI-basierter E-Mail-Client unter KDE (G). (*nd*)
evolution	stellt ein Groupware-Paket dar, mit E-Mail, Kalender, Adressbuch und Aufgabenliste. (G), (*nd*)
gnomemeeting	bietet eine direkte Benutzer-zu-Benutzer-Kommunikation bzw. Konferenz per Chat, Audio und Video.
kmail	ist der Standard-E-Mail-Client unter **KDE**. (G), (*nd*)
knode	bietet einen GUI-basierten Zugang zum News-Service. (*nd*)
ktalk	ist GUI-Version zu **talk**. (G), (*nd*)
mail	gestattet das Senden und Empfangen von Nachrichten.
mailx	bietet eine stark erweiterte **mail**-Funktion. (*nd*)
mesg	gestattet direkte Nachrichten per **write** auf die Dialogstation zu unterdrücken oder zuzulassen.
rmail[S]	eingeschränkte Form von **mail** zum Verschicken von Post (*nd*)
sendmail[S]	Verteilung und Zuordnung von Mail (*nd*)
talk	erlaubt eine einfache Kommunikation von Benutzer zu Benutzer (*nd*)
wall[S]	erlaubt direkte Rundschreiben an alle aktiven Bildschirme des Systems.
write	bietet einen direkten Bildschirmdialog mit einem anderen Benutzer.

4.2.3 Shells, Batch-Prozesse und Prozesssteuerung

ash	Shell mit zahlreichen eingebauten Kommandos (*nd*)
at	startet ein Programm zu einem vorgegebenen Zeitpunkt.
atq	zeigt die Liste der **at**-Aufträge.
atrm	löscht Aufträge aus der **at**-Auftragswarteschlange.
bash	startet die Linux-Standard-Shell.
batch	startet ein Programm als Batch-Prozess (Abart von **at**).
bg	schickt einen angehaltenen Vordergrundprozess in den Hintergrund.
crontab	trägt neue Einträge in den **cron**-Auftragskatalog ein, löscht solche Aufträge oder zeigt die Aufträge des Benutzers an. **cron**-Aufträge sind solche, die immer wieder zu vorgegebener Zeit oder in bestimmten Intervallen wiederholt werden sollen.
csh	ist unter Linux ein Verweis auf **tcsh**.
exec	führt das nachfolgende Kommando aus und ersetzt mit dem Prozess die aktuelle Shell.
exit	beendet die aktuelle Shell. Ist dies die letzte, erfolgt dadurch ein Abmelden des Benutzers.
fg	holt einen im Hintergrund laufenden Prozess in der Vordergrund.
gtop	zeigt die Liste der laufenden Prozesse. Hieraus kann man auch einzelne Prozesse abbrechen. (G)
inetd	startet die Linux-Daemon-Prozesse abhängig vom aktuellen Run-Level. **jobs**zeigt die aktuell im Hintergrund laufenden Prozesse an.
kill	bricht einen im Hintergrund laufenden Prozess ab.
killall [S]	Abbruch aller aktiven Prozesse eines Benutzers
ksh	Korn-Shell (*nd*): Unter Linux wird sie weitgehend durch die **bash** ersetzt.
ksysguard	zeigt die Liste der laufenden Prozesse. Hieraus kann man auch einzelne Prozesse abbrechen. (G)
logout	Abmelden von einer Shell als Alternative zu **exit**.
nice	startet ein Programm unter der angegebenen Priorität.
perl	Perl-Interpreter: Für komplexe Prozeduren ist dieser mächtiger als die Shells wie **bash** oder **tcsh**. (*nd*)
ps	gibt die Liste der laufenden Prozesse aus.
rbash	eingeschränkte Version der **bash**.
sleep	suspendiert die Shell-Prozedur für eine vorgegebene Zeitspanne.
sudo	führt ein Kommando unter dem Super-User oder einer anderen Benutzeridentität aus.
tcsh	ist die unter Linux übliche und erweiterte Version der C-Shell.
time	startet ein Programms und misst die Ausführungszeit des Programms.
top	zeigt die Liste der laufenden Prozesse und aktualisiert sie ständig.
wait	wartet auf die Beendigung von Hintergrundprozessen.
xargs	erlaubt das Zusammenstellen einer Liste von Argumenten für ein anderes Programm und dann den Start des Programms mit diesen Parametern.
xinetd	startet die Linux-Daemon-Prozesse abhängig vom aktuellen Run-Level. Es ist eine erweiterte Version von **inetd**.

4.2.4   Textverarbeitungsprogramme

Editoren

abiword	ist ein relativ mächtiger Editor mit DTP-Möglichkeiten zur Darstellung und Formatierung von Dokumenten. (G), (*nd*)
awk	Batch-Editor für eine Skript-gesteuerte Verarbeitung von Texten und Listen.
ctags	erstellt eine *tag*-Datei aus Quellprogrammdateien für **ex, vi**. (*nd*)
ed	Zeileneditor für druckende Dialogstationen
ex	interaktiver Zeileneditor mit Erweiterungen gegenüber dem **ed**
emacs	mächtiger, zeilenorientierter Editor mit Lisp-Interpreter (*nd*)
gedit	einfacher Texteditor mit GNOME-Oberfläche (G), (*nd*)
gvim	GNOME-Version von **vim** (G), (*nd*)
kate	einfacher Texteditor mit KDE-Oberfläche (G)
kedit	einfacher Texteditor mit KDE-Oberfläche (G), (*nd*)
klyx	KDE-Version von **lyx** (G)
kwrite	einfacher Texteditor mit KDE-Oberfläche (G), (*nd*)
lyx	GUI-Frontend zur Erstellung von $\LaTeX$-Dateien (G), (*nd*)
OpenWrite	DTP-Editor aus der *OpenOffice-Suite* (G), (*nd*)
sed	Batch-orientierter Editor für Textdateien und Listen
vi(m)	bildschirmorientierter Editor
xemacs	GUI-Version von **emacs** (G) (*nd*)

Suchen, Sortieren und Vergleichen

cmp	vergleicht zwei Dateien und listet die Unterschiede auf.
comm	sucht in zwei Dateien gemeinsame Zeilen.
diff	ermittelt die Unterschiede von zwei Dateien.
diff3	vergleicht drei Dateien.
egrep, fgrep	sucht nach Textmustern (erweitert zu **grep**) in Dateien.
gnome-search-tool	ist die GNOME-Variante von **kfind**.
find	sucht nach Dateien mit zahlreichen Suchkriterien.
grep	sucht Textmuster (reguläre Ausdrücke) in Dateien.
join	mischt Einträge mit gleichen Schlüsseln aus zwei Dateien.
kfind	ist eine GUI-Variante bzw. ein GUI-Frontend zu **find**. (G)
locate	arbeitet ähnlich wie **find**, jedoch auf einer zuvor erstellten Indexdatenbank.
look	sucht nach Worten in einem Wörterbuch.
sdiff	ermittelt die Unterschiede von zwei Dateien und gibt sie nebeneinander (Seite an Seite) aus.
sort	sortiert und mischt Textdateien.
spell	sucht Rechtschreibfehler in Textdateien. (*nd*)
tsort	sortiert Textdateien topologisch. (*nd*)
uniq	löscht hintereinander liegende identische Zeilen einer Datei.
wc	zählt in einer Datei Buchstaben, Worte und Zeilen.

4.2.5   Systemadministration

accept[S]	setzt die Auftragswarteschlange für einen Drucker oder eine Druckerklasse auf *empfangsbereit*.
afio	erlaubt die Übertragung und das Sichern von Dateien und Dateigruppen sowie das Wiedereinlesen.
amanda	ist ein Werkzeug zur Client-Server-basierten Datensicherung in einem Netzwerk. (*nd*)
automount[S]	bedarfsorientiertes automatisches Hinzufügen von Netzlaufwerken (*nd*)
chsh	ändert die Login-Shell eines Benutzers.
df	gibt die Anzahl von freien Blöcken eines Dateiträgers aus.
disable[S]	deaktiviert einen Drucker.
du	gibt die Anzahl der durch einen Dateibaum belegten Blöcke aus.
dump	führt eine dateisystemspezifische Totalsicherung oder inkrementelle Sicherung für Dateisysteme vom Typ **e2fs** oder **ext3** durch.
enable[S]	aktiviert einen Drucker für weitere Ausgaben.
finger	gibt Informationen zu Benutzern wie den vollen Namen, das Büro oder die Telefonnummer aus.
free	zeigt den freien und belegten Speicher im System.
fsck[S]	Konsistenzprüfung des Dateisystems – in unterschiedlichen Varianten für die verschiedenen Dateisystemarten
fsdb[S]	erlaubt die interaktive Behebung von Fehlern im Dateisystem.
grpck[S]	überprüft nach einer Änderung die Datei */etc/group* auf Konsistenz.
groupadd[S]	gestattet das Hinzufügen einer Benutzergruppe (in */etc/group*).
groupdel[S]	löscht einen Gruppeneintrag aus */etc/group*.
groupmod[S]	erlaubt kontrolliert Änderungen in der Datei */etc/group*.
halt	hält das System komplett an und ist eine Variante von **shutdown**.
killall[S]	bricht alle aktiven Prozesse eines Benutzers ab.
kuser	Benutzerverwaltung mit KDE-Frontend (G), (*nd*)
lpmove[S]	hängt die Aufträge eines Druckers oder einer Druckerklasse in die Warteschlange eines anderen Druckers oder einer anderen Druckerklasse um.
mkfs[S]	legt eine neue initiale Dateistruktur auf einem Datenträger an. Für die unterschiedlichen Dateisysteme gibt es dazu dateisystemspezifische Versionen wie etwa **mks.ext2, mkfs.reiserfs, mkfs.jfs, mkfs.msdos**.
mknod[S]	schafft einen neuen Geräteeintrag oder legt eine FIFO-Datei an.
mount[S]	hängt ein Dateisystem in den Systembaum ein oder gibt alle montierten Dateisysteme aus.
passwd[S]	erlaubt Passwörter zu löschen, neu zu setzen und dem Systemverwalter, die Passwortkriterien wie minimlae Länge und Verfalldatum festzulegen.
pwck	überprüft die Datei */etc/passwd* auf Konsistenz.
pwconv[S]	erzeugt eine Schatten-Passwortdatei (*/etc/shadow*).
quot	liefert eine Aufstellung über die Dateibelegung nach Benutzern sortiert.
quota	zeigt die Quota-Werte von Benutzern und Gruppen an.
reboot[S]	fährt das System herunter und startet es danach neu.

reject[S]	sperrt die Auftragswarteschlange für einen Drucker oder eine Druckerklasse für weitere Aufträge.
restore	spielt ein mit **dump** gesichertes Dateisystem wieder ein. Wie bei **dump** müssen dafür die dateisystemspezifischen Versionen genutzt werden.
share[S]	Freigeben von Netzlaufwerken
sudo	erlaubt über eine entsprechende Definitionsdatei */etc/sudoers* auch normalen Benutzern bestimmte Programm mit dem Super-User-Recht auszuführen.
shutdown[S]	fährt das System in kontrollierter Art und Weise herunter.
sum	errechnet eine Prüfsumme zu einer Datei.
swapon/off	aktiviert bzw. deaktiviert Swap-Speicher für das System. (*nd*)
sync	schreibt alle gepufferten Blöcke auf die jeweiligen Datenträger.
taper	ist ein recht mächtiges Programm zur Datensicherung auf Bänder.
umount[S]	hängt ein Dateisystem wieder aus.
unshares	Widerrufen der Freigabe von Netzlaufwerken
useradd[S]	Hinzufügen/Eintragen eines neuen Benutzers
userdel[S]	löscht Benutzer und (optional) deren Dateien aus dem System.
usermod[S]	ändert Benutzereinträge in der Passwortdatei.
whodo	zeigt an, welche Benutzer am System aktiv sind und was sie tun.
YaST2	zentrales Administrationswerkzeug unter SuSE-Linux.

Ein Teil der kritischen Systemverwaltungskommandos liegt in den Verzeichnissen */sbin*, */usr/sbin* oder */usr/local/sbin*. Unter Umständen muss man deshalb hier den vollen Pfadnamen angeben oder diese Verzeichnisse in den Suchpfad in $PATH aufnehmen.

4.3   Vielbenutzte Kommandos (alphabetisch)

a2ps [*optionen*] [*datei(en)*]   → convert **all** type of files to PostScript

ist ein intelligenter Konverter, der die Eingabe analysiert und nach PostScript-konvertiert. Über die ursprüngliche Version, die lediglich ASCII-Texte nach PostScript konvertiert hat, ist das Programm hinausgewachsen. **a2ps** ist (neben **enscript**) der primäre Ausgabefilter zur Aufbereitung von Dateien für die Druckausgabe. PostScript ist bei den aktuellen Linux-Drucksystemen die druckerneutrale Zwischensprache.

Sind keine Dateien angegeben, liest **a2ps** von der Standardeingabe. Das Programm analysiert zunächst die Eingabedatei und versucht daraus die Art der Eingabe (ASCII, ISO-8859-1, Rasterbilder, PostScript, ...) zu ermitteln und eine entsprechende Konvertierung durchzuführen. Für die Konvertierung greift es auf zahlreiche Zusatzinformationen zurück, um eine optimierte Konvertierung zu erreichen. So liest es einige Druckerfähigkeiten aus der entsprechenden PPD (*PostScript Printer Description*) des Zieldruckers. Eine Reihe von Konvertierungsaufgaben deligiert es auch an andere Programme (etwa **troff**-Dateien an **troff/gtroff** oder HTML an den Netscape-Browser).

Die als *Pretty-Printing* bezeichnete Funktion gestattet, den Eingabetext aufgabenspezifisch zu formatieren, so dass z.B. C-Programme durch Einrückungen und Hervorhebungen gut lesbar dargestellt werden. Dabei gibt es zahlreiche solcher Pretty-Printing-Filter, sowohl für mehrere Programmiersprachen als auch für verschiedene Skriptsprachen oder HTML.

Ohne spezielle Zielangabe (oder durch die Option –**d**) wird das Ergebnis auf den Standarddrucker ausgegeben. Die zahlreichen Optionen lassen sich in folgende Themenbereiche untergliedern:

Tasks	auftragsbezogene Angaben (z.B. spezielle Konvertierungen)
Global	generelle/globale Einstellungen (z.B. **--quiet, --verbose**)
Virtual pages	wie die virtuellen Seiten auf einer realen Ausgabeseite platziert werden (Standard: zwei Seiten pro Blatt nebeneinander mit Rahmen)
Headings	Angaben zu Seitenüberschriften und Fußzeilen
Input	wie Eingabe zu behandeln ist (z.B. den dort verwendeten Zeichensatz – das *Encoding*) und welche Seitenbereiche daraus auszugeben sind
Sheets	Papierformate und -ausrichtung, Schriftgrößen, Seitenränder, Trennungen zwischen einzelnen Dateien, ...
Output	Angaben zur Ausgabe (z.B. Angabe des Zieldruckers)
Pretty-printing	formattechnische Aufbereitung (siehe oben)
PostScript	z.B. Prologue-Dateien, PPD, Duplex-Modi, ...

Eine sehr detaillierte, ca. 120-seitige Beschreibung mit mehreren Beispielen erhält man über **info a2ps**.

In vielen Fällen erzeugt **a2ps** bereits ohne weitere Angaben brauchbare Ausgaben. Die Vorlagen (z.B. für das *Pretty-Printing*) sowie weitere Konfigurationsdateien liegen im Standardfall im Verzeichnis */usr/share/a2ps*. Die aktuellen Voreinstellungen erhält man über die Option --**list**=**defaults**.

Neben den Standardoptionen --**help**, --**quiet**, --**verbose** und --**version** zählen zu den nützlichen Optionen:

–**a** [*bereich*]	(--**pages**[=*bereich*]) gibt den zu druckenden Seitenbereich vor. Einzelne Seitennummern werden durch Kommata getrennt, Seitenbereiche in der Form *a–b* angegeben. *bereich* kann auch **even** oder **odd** sein zur Ausgabe der Seiten mit geradzahliger bzw. ungeradzahliger Seitennummer.
–**A** *art*	(--**file-align**=*art*) legt fest, wie einzelne Dateien in der Ausgabe getrennt werden sollen. Für *art* sind z.B. möglich: **virtual** → fortlaufend (auch innerhalb einer virtuellen Seite) **page** → auf einer neuen (virtuellen) Seite **sheet** → auf einem neuen Blatt Papier
–**b**[=*kopf*]	(--**header**[=*kopf*]) definiert das Aussehen der Kopfzeilen. Hier sind zahlreiche Metazeichen (in der Form %*x* für Angaben wie Benutzername, Zeit, … möglich).
–**c**[=*kopf*]	(--**truncate**) Überlange Zeilen sollen abgeschnitten werden (Standard: umbrochen).
--**columns**=*n*	legt die Spaltenzahl pro (virtueller) Seite fest.
–**d**	lenkt die Ausgabe auf den Standarddrucker ($PRINTER).
–**D** *X*[:*wert*]	(--**define**=*X*:[*wera2pt*]) fragt (ohne *wert*) den Wert der Variablen ab oder (mit *wert*) setzt ihn entsprechend.
–**E** [*p*]	(--**pretty-print**=[=*p*]) gibt an, für welche Programmiersprache oder welche Formatierung das Pretty-Printing erfolgen soll.
--**f** *x*	(--**font-size**=*x*) legt die zu verwendende Schriftgröße fest.
--**footer**[=*f*]	definiert das Aussehen der Fußzeilen. Hier sind zahlreiche Metazeichen (in der Form %*x* für Angaben wie Benutzername, Zeit, …) möglich.
--**guess**	gibt die ermittelte/erratene Eingabedateiart (ASCII, …) aus.
–**j**	(--**borders**) Virtuelle Seiten erhalten einen schwarzen Rahmen.
--**list**=*tm*	macht detaillierte Angaben zu dem Themenbereich *tm*. Als Themenbereiche sind verfügbar: **delegation** (Konvertierungshilfen), **encodings** (Zeichencodierung), **features** (Möglichkeiten), **variables** (Umgebungsvariablen), **media** (Ausgabemedium), **ppd** (verwendete PPD), **printers** (Drucker), **proloques** (PostScript-Vordefinitionsdateien), **style-sheets** (Formatvorlagen) oder **user-options** (beim Aufruf übergebene Optionen). --**list**=**defaults** liefert die Standardeinstellungen zurück.
–**M** *fmt*	(--**medium**=*fmt*) definiert das Papierformat für die Ausgabe.
–**m** [*n*]	(--**margin**[=*n*]) legt die Breite eines Binderandes fest.
–**n** *n*	(----**copies**=*n*) erstellt *n* Druckkopien.

–o [*d*]	(**--output**[=*d*]) gibt an, in welche Datei die Ausgabe erfolgen soll. Fehlt die Angabe =*d*, so geht sie auf *stdout*.
--ppd[=*ppd*]	erzeugt Ausgabe entsprechend der PPD *ppd*. Fehlt *ppd*, wird die PPD automatisch gesucht und festgelegt.
–P *d*	(**--printer**=*d*) produziert Ausgabe für den Drucker *d* und schickt dorthin das Ergebnis. Ist **d=void**, so wird die Ausgabe weggeworfen. Bei **d=display** wird die Ausgabe an Ghostview weitergeletet. Bei **d=file** schreibt a2ps die Ausgabe in eine Datei mit der Endung **.ps**.
–q	(**--quiet**) unterdrückt die verschiedenen Rückmeldungen.
–r	(**--landcape**) Ausgabe im Querformat (Hochformat: **–R**)
–R	(**--portrait**) Ausgabe im Hochformat (Querformat: **–r**)
–s q*m*	(**--sides**=*m*) steuert den Duplex-Modus. *m* kann z. B. sein:
	1 oder **simplex** → simplex (einseitiger Druck)
	2 oder **duplex** → duplex (zweiseitiger Druck)
–v[*n*]	(**--verbose**[=*n*]) erlaubt den Detaillierungsgrad der Rückmeldungen einzustellen (Standard=2).
–Z	(**--delegate**) deligiert die Vorverarbeitung der Datei an ein anderes Programm (dies ist dateitypspezifisch in der Konfigurationsdatei von **a2ps** eingetragen).
–=*xx*	(**--user-option**=*xx*) Hiermit werden Druckoptionen übergeben (siehe **–o** bei **lpoptions** auf Seite 337).

Daneben gibt es eine große Anzahl weiterer Optionen und Optionswerte. Neben **a2ps** gibt es **enscript** (∗nd∗) – mit fast gleichen Optionen – und **mpage** (s. S. 369) zur Umwandlung von Text nach PostScript. Daneben gibt es ein ganzes Spektrum von kleinen Programmen zur speziellen Nachbearbeitung von PostScript. Sie dazu **psutils** auf Seite Seite 390.

✎ a2ps –M a4 –E C –o liste.c.ps liste.c
→ formatiert den Text des C-Programms *liste.c* durch ein Pretty-Printing für die Sprache C. Als Papierformat wird A4 verwendet. Das Ergebnis wird in die Datei *liste.c.ps* geschrieben.

✎ a2ps --list=defaults
→ gibt die aktuell definierten Standardeinstellungen aus.

✎ a2ps –n 2 –s2 –Pbuero2 Bericht
→ druckt die Datei *Bericht* in zwei Kopien jeweils doppelseitig auf dem Drucker *buero2*.

✎ man ls | a2ps –a 1-4 –o ls.1-4.ps
→ gibt die Seiten 1–4 der **man**-Seiten des **ls**-Kommandos als PostScript aus und schreibt sie (statt direkt auf den Standarddrucker) in die Datei *ls.1-4.ps*.

apropos [*optionen*] [*art*] [*–M pfad*] *begriff*   → locate commands by keyword lookup

Durch **apropos** ist es möglich, die richtigen Linux-Kommandos und Funktionen für eine bestimmte Aufgabe bzw. im Zusammenhang mit einem bestimmten Schlüsselwort *begriff* zu finden.

apropos durchsucht dabei eine Indexdatei, die aus den Namenszeilen der **man**-Dateien (mit dem Kommando **mandb**) erzeugt wurde und listet alle Zeilen auf, die den gesuchten *begriff* enthalten. Ist der *begriff* mit einem Kommando assoziiert, so kann der Name dieses Kommandos der ausgegebenen Information entnommen werden.

Ähnliche Kommandos sind **whatis**, **info** und **man**, wobei der Aufruf **man -k** identisch mit dem **apropos**-Kommando ist. Unter Linux ist zusätzlich **usage** verbreitet.

Als Optionen können **–d** (**--debug**), **–h** (**--help**) und **–V** (**--version**) angegeben werden. Wie bei **man** erlaubt die Option **–M** *pfad* den Pfad zu den Manualeinträgen vorzugeben. Im Standardfall wird (wie bei **man**) der von $MANPATH verwendet.

Im Standardfall wird die Groß-/Kleinschreibung in *begriff* bei der Suche ignoriert. Der Parameter *art* bestimmt die Art der Suche bzw. der Vergleichs:

–e   (**--exact**) sucht genau nach dem Begriff wie eingegeben.

–r   (**--regex**) Hier wird *begriff* als regulärer Ausdruck behandelt. Er wird sowohl im Befehlsnamen als auch in der Beschreibung gesucht.

–w   (**--wildcard**) Hierbei können in *begriff* Shell-Metazeichen wie *, ? usw. vorkommen. Die Suche erfolgt in den Befehlsnamen und in der Befehlskurzbeschreibung.

   ✎   apropos MANPATH
→ sucht nach den Manualseiten, in denen der Begriff MANPATH vorkommt.

   ✎   apropos –e who
→ sucht nach Manualseiten, in denen der Begriff ›who‹ (genau in dieser Form als allein stehendes Wort) vorkommt.

   ✎   apropos –w "*fs"
→ sucht nach **man**-Information, in dem Begriffe vorkommen, welche auf den Suchausdruck ›*fs‹ mit darin enthaltenden Jokerzeichen ›*‹ (entsprechend der **grep**-Syntax) passen, also z.B. zu dem Thema *filesystem* (fs).

ar *funktion* [*position*] *b_datei datei …*   → **ar**chive and library maintainer

Das Bibliotheksprogramm **ar** erlaubt es, mehrere gleichartige Dateien in einer Bibliothek (zumeist binäre Programmbibliotheken/Module) zu halten und zu verwalten. Hierzu gehört das Erzeugen einer Bibliothek, das Einfügen sowie das Löschen einzelner Moduln in dieser Bibliothek. Der Parameter bzw. die Option *funktion* gibt an, was zu tun ist (daneben sind --**help** und --**version** möglich):

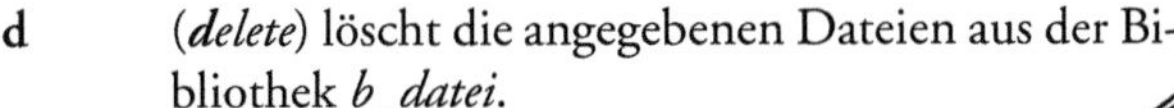

d	(*delete*) löscht die angegebenen Dateien aus der Bibliothek *b_datei*.
m	(*move*) kopiert die genannten Dateien ans Ende der Bibliothek.
p	gibt die genannten Dateien (Moduln) in der Bibliothek aus.
q	(*quick append*) hängt die angegebenen Dateien in der vorgegebenen Reihenfolge am Ende der Bibliothek an.
r	(*replace*) ersetzt die angegebenen Moduln durch neue. Die Unteroptionen **u** (ersetzende Moduln müssen neuer als ersetzte Moduln sein) und Positionsangaben (**a**, **b** oder **i**) sind möglich.
t	(*table*) gibt ein Inhaltsverzeichnis der Bibliothek aus.
x	(*extract*) erstellt Kopien der genannten Dateien aus der Bibliothek und gibt sie aus; die Bibliothek wird nicht geändert.

Dem Funktionszeichen können folgende Zusatzangaben angehängt werden:

c	(*create*) unterdrückt die Meldung beim Anlegen einer neuen Bibliothek.
l	(*local*) Normalerweise legt **ar** seine temporären Dateien in */tmp* an. Durch die l-Option erfolgt dies im aktuellen Verzeichnis.
s	(*symbol table*) Die Symboltabelle der Bibliothek wird neu aufgebaut (auch wenn an der Bibliothek nichts geändert wurde).
S	(*symbol table*) Es wird **keine** Symboltabelle für die Bibliothek erstellt.
v	(*verbose*) **ar** liefert Angaben zu den bearbeiteten oder in der Bibliothek enthaltenen Dateien.

Weitere Zusatzangaben sind **a** *(after existing member)*, **b** *(before existing member)*, **f** *(truncate filenamens)*, **i** *(insert before all other members)*, **N**, **o** *(preserve original dates)*, **P** *(use full pathnames)*, **u** *(insert only if newer)*, **v** *(verbose)* und **V** *(version)*.

✎ ar r lib3 part1.o part2.o
    → ersetzt in der Bibliothek *lib3* die Moduln, welche in den Dateien *part1.o* und *part2.o* vorhanden sind.

✎ ar c grafik.a line.o circle.o
    → legt eine neue Bibliothek *grafik.a* an und fügt die Dateien *line.o* und *circle.o* dort ein.

arch   → print **architecture** name of system

liefert den Bezeichner für die Rechnerarchitektur zurück. Auf Linux-Intel-Pentium-PC ist dies z. B. ›i686‹, auf PowerPCs (Apple oder IBM) ist es ›ppc‹. Dies wird zumeist in Skripten zur Differenzierung bei Abläufen verwendet.

at [*optionen*] *zeit* [*tag*] [*+delta*] → start commands at *time*
      oder
at –c *job* ...   → cat at-jobs to stdout
      oder
atq [–V] [–q *a*]   → show **at** queue status
      oder
atrm [–V] *job* ...   → remove job form at queue
      oder
batch [*optionen*] [*zeit*]   → schedule **batch**-jobs

Die **at**-Kommandos dienen der Verwaltung von Batch-Job, d. h. Aufträgen, die im Hintergrund bei niedriger Systemlast ausgeführt werden – wenn sie per **batch** (s. Seite 220) gestartet wurden –, oder zu einem festgelegten Zeitpunkt automatisch abgearbeitet werden sollen.

at erlaubt, solche Aufträge in die Verarbeitungswarteschlange – die **at**-*Queue* – einzufügen. **atq** zeigt die dort vorhandenen Aufträge an, und **atrm** erlaubt sie zu löschen. **at** liest von der Standardeingabe ein (oder von der Skript-Datei, sofern die Form –f *skript* gewählt wird). Es veranlasst die Ausführung der darin enthaltenen Kommandos zu dem in *zeit* angegebenen Zeitpunkt.

Beim Kopieren der Standardeingabe wird die aktuelle Arbeitsumgebung (z. B. das aktuelle Dateiverzeichnis, die Benutzeridentifikation usw.) in die Auftragsdatei (englisch: *job file*) eingetragen. Das Kommando **atq** gibt die Jobs in der Job-Liste aus, und **atrm** erlaubt Jobs aus der Liste zu löschen.

Als Optionen werden für **at** unterstützt:
(für **batch** lediglich –f, –mv, –q, und –V)

–c *jobs*   kopiert den angegebenen Job-Inhalt (oder die Jobs) auf *stdout*. Hiermit wird sichtbar, welche Arbeitsumgebung für den Job hinterlegt wurde und wie der Job nun aussieht.

–d *jobs*   entspricht **atrm** und löscht den angegebenen Job/Auftrag.

–f *skript*   liest statt von der Standardeingabe (bis zu einem `eof`) den Auftrag aus der angegebenen Skript-Datei.

–l *job*   entspricht **atq** *job* und gibt den Status des Jobs (oder der Jobs) aus.

–m   sorgt dafür, dass nach der Abarbeitung des Jobs eine E-Mail an den Auftraggeber über die Abarbeitung geschickt wird.

–q *a*   schickt den Job in die durch den Buchstaben (a–z, A–Z) angegebene **at**-Auftragsschlange (Standard: **a**). Je später im Alphabet der Buchstabe steht, umso niedriger ist die Priorität der Schlange. Aufträge von **batch** gehen standardmäßig in die Schlange **b**.

Die Angabe *zeit* erfolgt durch 1–4 Ziffern, wobei die ersten beiden Ziffern die Stunde und die nächsten beiden die Minuten angeben.

–v   zeigt an, wann der Job voraussichtlich ausgeführt wird.

–V   gibt nur die Version auf *stdout* aus und terminiert.

Die Angabe der Zeit bei **at** erfolgt im UTC-Format (siehe Seite 865). Dabei sind auch komplexe Zeitangaben mit Zeitversätzen möglich. Den Ziffern kann ein Zeichen folgen mit der Bedeutung:

A   für AM (vormittags)

P   für PM (nachmittags)

N   für *noon* (mittags)

M   für *midnight* (Mitternacht)

Folgt keines der Zeichen, so wird die Angabe als 24-Stunden-Zeit interpretiert. Die optionale Angabe von *tag* hinter der Zeitangabe ist entweder ein Monatsname (die ersten drei Buchstaben des englischen Monatsnamens – jan, feb, mar, apr, may, jun, jul, aug, sep, oct, nov, dec – gefolgt von der Nummer des Tages oder aber ein Wochentag – mon, tue, wen, thu, fri, sat, sun). Statt des englischen Datumsformats kann auch ein nationales benutzt werden, soweit die Umgebungsvariable LC_TIME entsprechend gesetzt ist.

Bei dem zu **at** sehr ähnlich arbeitenden Kommando **batch** wird keine Uhrzeit angegeben, sondern der Auftrag kommt in eine eigene Warteschlange und wird sobald wie möglich ausgeführt.

at und **batch** antworten mit der Ausgabe der Uhrzeit der geplanten Auftragsausführung und einer Auftragsnummer (englisch: *job identification*) auf die Standardfehlerausgabe. Unter dieser Auftragsnummer kann der Status des Auftrags abgefragt (in der Form **at** *–l job* oder **atq** *job*) oder der ganze Auftrag storniert werden (mit der Form **at** *–d job* oder **atrm** *job*).

Die Form **at** *–d job* gibt den Inhalt des aufgeführten Jobs aus.

Die Fehlermeldungen der so gestarteten Kommandos gehen, soweit die Ausgabe nicht auf eine Datei umgelenkt wird, in eine Datei, die der aufrufende Benutzer über E-Mail nach der Ausführung erhält.

Die Option *–m* sorgt dafür, dass eine Statusmeldung über die Ausführung des Jobs auch dann per E-Mail zurückgeliefert wird, wenn der Auftrag keine Ausgabe erzeugt.

Der Parameter *delta* erlaubt die Angabe eines Zeitversatzes und kann mit der Zeiteinheit **minutes** (Minuten), **hours** (Stunden), **days** (Tage), **weeks** (Wochen),

months (Monate) oder **years** (Jahre) versehen werden.

Der Systemverwalter kann das Absetzen von **at**-Kommandos explizit erlauben, indem er in der Datei */etc/at.allow* alle Benutzer aufführt, die einen **at**-Auftrag absetzen dürfen oder aber für einzelne Benutzer verbieten, indem er diese in die Datei */etc/at.deny* einträgt. In diesem Fall darf *at.allow* nicht existieren. Gibt es nur eine leere Datei *at.deny*, so ist der Zugang allen Benutzern erlaubt. Die Auftragswarteschlange wird in der Datei */etc/cron.d/queuedefs*, die Aufträge selbst in dem Verzeichnis */var/spool/cron/atjobs* gehalten.

Beim Aufruf von **at** –l[*job*] werden die Auftragsnummern der noch nicht bearbeiteten Aufträge ausgegeben. Sind Auftragsnummern *job* angegeben, so wird nur deren Status gemeldet.

Bei der Kommandovariante in der Form **at** –d*job* werden Aufträge, die zuvor mit **at** oder **batch** erteilt wurden, wieder gelöscht. *job* gibt dabei die Auftragsnummer an. Nur der Super-User darf fremde Aufträge löschen!

Eine sehr ähnliche Art der zeitgesteuerten Job-Abarbeitung erfolgt über **cron** und **crontab** (siehe Seite 243).

✎   at 2330 –f auftrag
    → bewirkt, dass die in der Datei *auftrag* stehenden Kommandos mit der aktuellen Systemumgebung um 23 Uhr 30 ausgeführt werden.

✎   at 0830 mon
    → liest eine Kommandofolge bis zu einem <eof>-Zeichen von der Dialogstation und führt diese am darauf folgenden Montag um 8 Uhr 30 aus.

✎   at 2300 feb 2 –f komprog
    → führt die Kommandos in der Datei *komprog* am 2. Februar um 23 Uhr aus.

✎   at –l 27
    → gibt den Status des Auftrags mit der Auftragsbezeichnung *27* aus.

✎   at –d 27 28
    → löscht die beiden Aufträge mit den Auftragsnummern *27* und *28*.

atq [–V] [–q *warteschlange*]   → display status of jobs of **at** queue

gibt die Liste aller Aufträge in der **at**-Auftragsliste aus. Wird per –q explizit eine Warteschlange angegeben, so werden nur die darin enthaltenen Jobs bzw. deren Status angezeigt. –V gibt nur die Versionsnummer von **atq** aus und terminiert **atq** danach.

atrm [–V] [–q *warteschlange*] *job ...*   → remove jobs form at queue

Löscht die aufgeführten Jobs aus der angegebenen **at**-Warteschlange. Dies entspricht ›**at** –d *warteschlange job*‹. Bei –V wird lediglich die Version aus *stdout* geschrieben.

awk [–Fz] [*awk_skript*] [*parameter*] [*datei ...*]   → start report generator (**g**)**awk**
     oder
awk [–Fz] [–f *awk_skript*] [*parameter*] [*datei ...*]   → start report generator (**g**)**awk**

awk ist eine Skript-Sprache zur Bearbeitung von Texten. **awk** bearbeitet die Eingabedateien bzw. die Standardeingabe, falls keine Datei (oder ›–‹) angegeben wurde. Die Bearbeitung erfolgt entsprechend den Anweisungen in *awk_skript*. Bei der ersten Form des Aufrufs ist das akw-Skript Teil der Kommandozeile und ist dann in der Regel in '...' geklammert; bei der zweiten Form stehen die Anweisungen an den awk in der Datei *awk_skript*. *parameter* sind Namen von awk-Variablen und deren Werte in der Form *variable=wert*. Das Ergebnis der Bearbeitung wird auf die Standardausgabe geschrieben.
Unter Linux kommt der GNU-awk zum Einsatz. Deshalb verweist **awk** auf **gawk**. Als **pgawk** aufgerufen, verhält sich **gawk** POSIX-konform. Dies lässt sich auch über die Option **–W posix** erreichen.
Eine ausführlichere Beschreibung der Programmiersprache (**g**)**awk** und weitere Optionen beim Aufruf sind im Kapitel 5.6 auf Seite 509 zu finden.

    ✎   awk –F: `{ print $1 \t $6 }` /etc/passwd
        → gibt die in der Passwortdatei eingetragenen Benutzer (1. Feld) zusammen mit ihren **login**-Verzeichnissen (6. Feld) aus.

basename *name* [*endung*]   → remove all but basic **name**

Dieses Kommando extrahiert aus der Zeichenkette *name* den eigentlichen Dateinamen, indem es alle Pfadangaben bis zum letzten vorkommenden ›/‹ löscht. Ist der Parameter *endung* angegeben, so wird auch diese Endung entfernt. Das Ergebnis wird auf die Standardausgabe geliefert. In der Regel wird **basename** in Kommandosubstitutionen verwendet.
Das Kommando **dirname** extrahiert den Pfadnamen aus einer Zeichenkette.

    ✎ $1 sei */usr/neuling/prog.p* dann liefert
        ›basename $1 .p‹   → ›*prog*‹, während
        ›basename $1‹   → ›*prog.p*‹ ergibt.

bash [*optionen*] [*argumente*] [*datei*]   → start **B**ourne-**a**gain **sh**ell (bash)

> startet eine neue Shell vom Typ **bash**, d.h. die Standard-Shell unter Linux. Ohne nachfolgende Kommandodatei wird nur eine neue **bash** gestartet. Dabei werden als erstes die auf Seite 104 beschriebenen Initialisierungsdateien abgearbeitet, bevor die **bash** die eigentliche Arbeit aufnimmt. Beim Start wertet die **bash** die Umgebungsvariable SHELLOPTS aus und besetzt die Optionseinstellungen entsprechend vor. Abhängig davon, ob es sich um eine Login-Shell oder um eine interaktive Shell handelt, werden zu Beginn spezielle Initialisierungsdateien verarbeitet (siehe Tabelle 3.1 auf Seite 104).
> Eine ausführliche Behandlung der **bash** ist im Kapitel 6.2, Seite 530 zu finden.
>
> Die folgenden Parameter bzw. Optionen sind neben **--help**, **--verbose** und **--version** nur von der Aufruf-Kommandozeile der **bash** aus möglich oder haben nur dort ihre Bedeutung:

–	wie – –
– –	beendet die Optionsliste auf der Kommandozeile; alle nachfolgenden Worte sind Argumente, auch wenn sie mit ›–‹ beginnen. Die Optionen –x und –v werden abgeschaltet.
–c *kmd*	führt gleich zu Beginn die Kommandos aus *kmd* aus. Die zu verarbeitenden Kommandos werden aus der Zeichenkette *kmd* gelesen. Nachfolgende Parameter werden als Positionsparameter interpretiert. Zum Beispiel liefert –c "help set" Informationen zu den **bash**-Optionen.
--dump-po-strings	entspricht –D, wobei hier aber die Ausgabe in einem speziellen Format erfolgt: dem GNU-**gettext**-*portable-object*-Format.
–D	(--dump-strings) Eine Liste von mit "..." geklammerten Parametern wird auf die Standardausgabe geschrieben – jedoch nichts ausgeführt. Die Ausgabe könnte nun in die lokale Sprache übersetzt werden.
--debug	aktiviert den **Debugging**-Modus zur Fehlersuche in Shell-Skripten.
–s	Kommandos werden von der Standardeingabe gelesen. Sind keine nachfolgenden Positionsparameter mehr vorhanden, wird die (Kommando-)Eingabe von der Standardeingabe bis zu einem <eof> gelesen.
–i	startet die **bash** als *interaktve Shell* (siehe dazu Seite 531), selbst dann, wenn es sich um eine Kommandoprozedur handelt.
–l	(--login) Hiermit verhält sich die Shell wie eine Login-Shell und arbeitet entsprechende Initialisierungsdateien ab (siehe hierzu Seite 531).
--noediting	unterdrückt bei interaktiven Shells das interaktive Editieren der Kommandozeile (das so genannte *command line editing*).
--noprofile	startet die **bash**, ohne dabei die Profile-Dateien auszuführen (siehe dazu Seite 531).
--norc	sorgt dafür, dass die Initialisierungsdateien (*~/.bashrc*) beim Start nicht abgearbeitet werden.
–O	staretet die **bash** und zeigt die vorbesetzten Optionen mit ihren Werten an.
–r	(--restricted) staretet die **bash** als *Restricted*-Shell mit eingeschränkten Möglichkeiten für den Benutzer (siehe dazu Kapitel 6.4, Seite 596ff).

Folgende Optionen sind sowohl von der Kommandozeile aus beim Aufruf als auch zur Laufzeit mit dem **set**-Kommando aktiviert bzw deaktivierbar:

–a	exportiert neu definierte Variablen automatisch. Dies ist gleichbedeutend mit **–o allexport**.
–b	aktiviert einen Modus, bei dem der Benutzer von der Beendigung eines *Jobs* sofort informiert wird. Es entspricht **–o notify**.
–B	Hiermit führt die bash die in {...} geklammerten Anweisungen in einer eigenen Shell aus und setzt deren Ausgabe in die Kommandozeile ein. Dies entspricht **–o braceexpand**.
–C	unterdrückt, dass bei der Ausgabeumlenkung per ›>‹ bereits existierende normale Dateien überschrieben werden. Dies entspricht **–o noclobber**.
–e	Endet ein Kommando mit Fehler (Exit-Status ≠ 0), so wird eine Fehlerroutine ERR angesprungen und die Shell verlassen. Dies ist gleichbedeutend mit **–o errexit**.
–f	deaktiviert die Expansion von Sonderzeichen in/zu Dateinamen. Dies ist gleichbedeutend mit **–o noglob**.
–h	Kommandos werden mit ihrer ersten Ausführung in die Liste der *tracked aliases* aufgenommen und können damit beim nächsten Aufruf schneller lokalisiert werden. Die ist synonym zu **–o hashall**.
–H	aktiviert die Ersetzung von ›!‹ durch zuvor ausgeführte und in der *History* vorhandene Kommandos. Dies ist standardmäßig der Fall. Es entspricht **–o histexpand**.
--init-file *d*	Hierbei wird anstatt der Standard-Initalisierungsdatei die angegebene Datei *d* gelesen und abgearbeitet.
–k	Variablenbelegungen sind auch Kommandos zugänglich. Dies ist synonym zu **–o keyword**.
–m	aktiviert die Job-Kontrolle. Hintergrundprozesse werden dabei in einer eigenen Prozessgruppe abgearbeitet und geben bei Beendigung eine Meldung mit ihrem Endestatus aus. Es entspricht **–o monitor**.
–n	Kommandos werden gelesen und auf Syntaxfehler überprüft, jedoch nicht ausgeführt. Die ist nur für Kommandoprozeduren sinnvoll und entspricht **–o noexec**.
–o *opt*	gestattet, weiterführende Optionen zur Steuerung der **bash** anzugeben. Als Optionen stehen zur Verfügung: **allexport, braceexpand, emacs, errexit, hashall, histexpand, history, ignoreeof, interactive-comments, keyword, monitor, noclobber, noexec, nolog, notify, nounset, onecmd, physical, priviledged, verbose, trackall, vi, xtrace**. Die Bedeutungen der Unteroptionen werden bei der **bash** auf Seite 578 beschrieben.
–p	Beim Start der Shell als Login-Shell soll die Datei *.profile* im Heimatverzeichnis des Benutzers nicht gelesen werden, und statt der in $ENV angegebenen Datei soll *letc/suid_profile* abgearbeitet werden. Diese Option ist automatisch eingeschaltet, wenn die echte und

die effektive Benutzerkennnummer nicht gleich sind. Dies ist gleichbedeutend mit **−o privileged**.

--posix verändert einige Einstellungen so, dass sich die **bash** stärker konform
zu den POSIX-Konventionen verhält.

−P unterdrückt, dass die **bash** symbolischen Verweisen bei der Ausführung von Kommandos folgt. Dies entspricht **−o priviledged**.

−t beendet die Shell nach dem Lesen und der Ausführung eines (einzigen) Kommandos. Dies ist synonym zu **−o onecmd**.

−u Bei dem Versuch der Expansion nicht gesetzter Variablen wird eine
Fehlermeldung ausgegeben. Dies ist synonym zu **−o nounset**.

−v Kommandozeilen werden vor ihrer Ausführung ausgegeben wie gelesen. Gleichbedeutend mit **−o verbose**.

−x Kommandozeilen werden vor ihrer Ausführung mit ihren aktuellen
Argumenten (ggf. expandierten Variablen) ausgegeben. Bei der Aus-
gabe wird der in \$PS4 definierte Text (Standardbelegung: ›+‹) der
Kommandozeile vorangestellt. Gleichbedeutend mit **−o xtrace**.

Steht in den obigen Optionen vor der Option ein ›+‹ statt eines ›−‹, so wird die
entsprechende Option deaktiviert bzw. negiert. Die aktuell gesetzten Optionen sind in der Variablen \$− (für Shell-Prozeduren) zu finden.

✎ bash −i −r
→ startet eine neue **bash**-Shell als interaktive und eingeschränkte Shell
und weist der Variablen HOME den Wert */tmp/juergen* zu. Siehe die Beschreibung auf Seite 596 für die Einschränkungen, welche unter der *eingeschränkten Shell* gelten.

✎ bash −v myskript
→ führt das Shell-Skript *myskript* aus und zeigt darin vor der Ausführung jede (expandierte) Zeile an. Dies ist bei der Fehlersuche im Skript
nützlich.

batch [*optionen*] [*zeit*]   → submit **batch** job

erlaubt das Absetzen eines Batch-Auftrags. Batch-Aufträge werden in eine spezielle at-Warteschlange eingetragen und sequentiell abgearbeitet. **batch** liest
den Auftrag (eine Folge von Kommandos) von der Standardeingabe bis zu einem <eof>-Zeichen. Die Aufträge werden erst dann ausgeführt, wenn die Systemlast unter einen bestimmten Wert sinkt.
Als Optionen sind **−f** *skript*, **−q** *queue* und **−mv** möglich. Weitere Einzelheiten
zu **batch** sind unter **at** auf Seite 214 zu finden.

✎ batch −m −f formatieren
→ steckt die Kommandos der Datei *formatieren* in die at-batch-Auftrags-
warteschlange, wo sie als Hintergrundprozess mit niedriger Priorität abgearbeitet werden. Nach Fertigstellung wird eine E-Mail an den
Auftraggeber geschickt.

biff [y | n] → give notice of incoming mail messages

Mit **biff** wird eine kurze Meldung am Bildschirm angezeigt, wenn neue Mail-Nachrichten für einen Benutzer eintreffen. Durch **biff y** wird dies eingeschaltet, mit **biff n** deaktiviert. Das Einschalten von **biff** wird meist in einer lokalen Anlaufdatei eines Benutzers (*.profile* oder *.login*) vorgenommen.

In grafischen Umgebungen wird normalerweise nicht mit **biff**, sondern mit **xbiff** oder **kbiff** als dessen grafisches Äquivalent gearbeitet. Dabei wird in einem eigenen kleinen Fenster ein Briefkasten angezeigt, bei dem eine Fahne nach oben geschwenkt wird, wenn neue Mail ankommt.

Die am weitesten verbreitete Anekdote über die Herkunft des Programmnamens besagt, dass es an der Universität von Berkeley einen Hund namens Biff gab, nach dem das Programm benannt wurde, weil dieser immer den Briefträger anbellte und so auf neue Post aufmerksam machte.

biff, **xbiff** und **kbiff** setzen einen laufenden **comsat(8)**-Server für ihre Funktion voraus.

bzip2 [*optionen*] [*datei(en)*] → compress files using the bzip2-algorithme
    oder

bunzip2 [*optionen*] [*dateinamen ...*] → decompress files using bzip2-algorithme
    oder

bzcat [–s] [*dateinamen ...*] → **cat** decompressed files
    oder

bzip2recover *dateinamen* → **recover**

bzip2 ist wie **gzip**, **compress** und **pack** ein Komprimierungsprogramm, beansprucht aber eine bessere Komprimierung zu haben. Ist keine Datei als Parameter angegeben, so liest **bzip2** von der Standardeingabe und schreibt das Ergebnis auf die Standardausgabe. Bei Dateien wird das komprimierte Ergebnis unter dem Dateinamen mit der Endung **.bz2** abgelegt. **bzip2** baut in die komprimierten Dateien Prüfsummen ein. Diese können mit der Option –t verifiziert werden. Ebenso werden die Zeitmarken, die Zugriffsrechte sowie die Benutzer- und Gruppennummer des Originals in der komprimierten Version mit vermerkt, so dass später bei der Dekomprimierung diese Werte wieder eingesetzt werden können (so möglich).

Existiert die Zieldatei bereits, so wird diese nicht überschrieben, sondern ein Fehler gemeldet. Die Option –f (oder --**force**) erzwingt das Überschreiben.

Nach dem erfolgreichen Komprimieren (oder Dekomprimieren) wird die Quelldatei gelöscht. Dies lässt sich per –k unterdrücken.

Das Dekomprimieren kann entweder mit **bunzip2**, mit **bzcat** oder mit **bzip2** über die Option –d erfolgen.

bunzip2 unterstützt die Optionen –fkvsVL. Beim Dekomprimieren wird nach einer Datei mit dem angegebenen Namen und der Endung *.bz2*, *.bz*, *.tbz2 oder .tbz* gesucht. Bei der dekomprimierten Datei fehlt in den ersten beiden Fällen danach die Endung. Bei den Tar-Dateien (*.tbz2/tbz*) hat das Ergebnis die Endung *.tar*.

bzcat arbeitet wie **cat** oder **zcat**, jedoch auf **bzip2**-komprimierten Dateien als Eingabe. Die Originaldatei bleibt hier aber erhalten (sofern nicht gleich von der Standardeingabe gelesen wird). Das Ergbenis geht auf die Standardausgabe. Standardoptionen für **bzip2** könnn in den Umgebungsvariablen BZIP2 oder BZIP definiert werden.

Die **bzip2**-Optionen neben **--help**, **--quiet**, **--verbose** und **--version** sind:

--	beendet die Optionen. Es folgen nur Dateinamen.
-n	legt die Komprimierungsstufe ($1 \le n \le 9$) fest. Eine höhere Stufe ergibt potenziell eine bessere Kompression, aber auch langsamere Komprimierung und einen höhere Bedarf an Hauptspeicher. Die Stufe kann auch per **--fast** oder **--best** angegeben werden.
-c	(**--stdout**) schreibt, statt die Quelldateien zu ersetzen, auf die Standardausgabe (*stdout*).
-d	(**--decompress**) dekomprimiert bei **bzip2** die Datei; entspricht **gunzip**.
-f	(**--force**) erzwingt die Komprimierung auch dann, wenn die Zieldatei bereits existiert oder mehrere Verweise darauf existieren. Die alte Zieldatei wird hier überschrieben.
-h	wie **--help**
-k	(**--keep**) beim Komprimieren oder Dekomprimieren sollen die Eingabedateien erhalten bleiben (im Standardfall werden sie gelöscht).
-L	(**--license**) gibt die Lizenzbedingungen aus.
-q	(**--quiet**) unterdrückt alle Meldungen.
-s	(**--small**) Hierbei wird hauptspeicheroptimiert gearbeitet. Es wird ein etwas geänderter Algorithmus verwendet, der weniger Haupspeicher benötigt.
-t	(**--test**) überprüft komprimierte Dateien auf Fehlerfreiheit, ohne sie zu dekomprimieren.
-v, -V	Die Optionen **--verbose** und **--version**.
-z	(**--compress**) erzwingt eine Komprimierung, unabhängt welches der Programme (**bzip2**, **bunzip2**, **bzcat**) aufgerufen wurde.

bzip2recover versucht, aus beschädigten **bzip2**-Dateien zu retten, was zu retten ist, indem es die angegebene Datei nach internen Blockgrenzen (spezielle Binärmuster) durchsucht und die noch korrekten Blöcke (deren Prüfusmmen noch stimmen) in separate, durchnummierte Dateien schreibt (mit dem Namensmuster: **rec***nnnn***dateiname.bz2** (*nnnn* ist eine 4-stellige Nummer). Aus ihnen kann man nun mit **bunzip2** die noch korrekten Fragmente extrahieren.

✎   bzip2 -9 -k plan4.txt

→ komprimiert die Datei *plan3.text* mit der höchsten Komprimierungsstufe und legt das Ergebnis in *plan4.txt.bz2* ab. Die Originaldatei bleibt dabei erhalten.

✎ zless plan4.text
→ zeigt die zuvor kompri-
mierte Datei (*plan4.txt.bz2*)
mit **less** an, ohne dass die Datei
dazu explizit dekomprimiert
werden muss. *plan4.txt.bz2*
bleibt unverändert erhalten.

✎ bzip2 −d −k karl.tz2
→ dekomprimiert die Datei
karl.tz2. Die dekomprimierte
Version wird in *karl.tar* abge-
legt; die Originaldatei bleibt durch −k erhalten.

---

cal [−j] [−m] [−y] [*monat*] *jahr*]   → print **calendar**

gibt einen Kalender des angegebenen Jahres oder, ohne Angabe von Argumenten, nur des aktuellen Monats aus. Die Jahresangabe muss voll ausgeschrieben
werden; also ›2003‹ statt nur ›03‹, denn damit würde tatsächlich der Kalender
des Jahres ›3 nach Christus‹ ausgegeben. Fehlt die Angabe *jahr*, so wird der Kalender des aktuellen Jahres erzeugt. Wird der Parameter *monat* (1–12) vorgegeben, so wird nur der entsprechende Monat ausgegeben. Mit −m wird Montag
als erster Wochentag benutzt (sonst Sonntag). −y gibt das ganze Jahr aus. −j
führt zur Ausgabe als *Julianischer Kalender*, bei dem die Tage von 1 bis 365
durchnummeriert sind.

---

cancel [−E] [−a] [−h *server*] [*auftrag* ...] [*drucker*]   → **cancel** print request

storniert (löscht) beim Print-Spooler einen Druckauftrag. *auftrag* ist die beim
Absetzen des Auftrags von **lp/lpr** ausgegebene Auftragsbezeichnung (*Druck-
Job*). Mit −h *server* kann ein Server explizit angegeben werden (im Standardfall
ist dieser auf *localhost* oder der in CUPS_SERVER definierte Server).
Durch −E erfolgt die Kommunikation zum Server verschlüsselt (dazu müssen
entsprechende Zertifikate aufgesetzt sein). Auftragsnummern sowie Status der
Aufträge lassen sich per **lpstat** oder **lpq** abfragen. Mit der Option −a werden
alle Aufträge (des Benutzers) auf dem angegebenen Zieldrucker gelöscht. Nur
der Super-User darf auch fremde Druckaufträge löschen. Beim Zugriff auf den
Spooler eines anderen Systems kann ein Login-Passwort abgefragt werden.
cancel ist das System-V-Gegenstück zum BSD-Kommando **lprm** (s. Seite 343).
Unter CUPS sind beiden Kommandos möglich. Daneben bieten viele aktuellen Systeme grafische Frontends für diese Aufgabe – z.B. **gtklpq** (s. Seite 304)
oder **kjobviewer** (s. Seite 834). Für eine Übersicht zu den Kommandos zum
Drucken siehe Seite 330, zum gesamten Print-Spooling siehe Kapitel 9.11 ab
Seite 816.

cat [*optionen*] [*datei* ...] → concatenate files

liest die angegebene(n) Datei(en) und schreibt sie auf die Standardausgabe. Wird eine Ausgabedatei (mit ›... > *ausgabe*‹) spezifiziert, so werden die Eingabedateien hintereinander in die Ausgabedatei geschrieben (konkatiniert). Mögliche Optionen (neben --**help** und --**version**) sind:

–A (--**show-all**) entspricht –**vET**.

–b (--**number-nonblank**) gibt zu jeder nichtleeren Zeile die Zeilennummer führend mit aus.

–e entspricht ›–**vE**.

–E (--**show-ends**) gibt am Ende jeder Zeile ein $-Zeichen aus.

–n nummeriert die Ausgabezeilen (auch Leerzeilen).

–s (--**squeeze-blank**) ersetzt mehrere Leerzeichen durch eines in der Ausgabe.

–t entspricht –**vT**.

–T (--**show-nonprinting**) gibt Tabulatorzeichen als ›^I‹ aus.

–u Die Ausgabe wird normalerweise, sofern sie nicht auf eine Dialogstation geht, in Blöcken zu 512 Byte ausgegeben. –**u** unterdrückt dies.

–v (--**show-nonprinting**) gibt nicht druckbare Zeichen sichtbar aus. Dies geschieht durch Ausgabe von ›^x‹ für das nicht druckbare Zeichen Strg-X und ›^?‹ für das Zeichen (backspace). Lediglich <lf> und tab werden normal ausgegeben.

✎ cat hans otto > hansotto
→ kopiert die Dateien *hans* und *otto* hintereinander in eine neue Datei mit dem Namen *hansotto*.

✎ cat > kurz
→ liest Zeilen bis zu einem <eof>-Zeichen von der Dialogstation (Standardeingabe) und schreibt sie in die Datei *kurz*. Für einfache und kurze Texte geht dies schneller als mit einem Editor.

✎ cat –n /etc/termcap > termc
→ kopiert die Datei */etc/termcap* unter dem Namen *termc* in das aktuelle Verzeichnis. Dabei werden die Zeilen mit Zeilennummern versehen.

✎ cat liste | cpio -ovB > /dev/rst0
→ sichert die in der Datei *liste* aufgeführten Dateien (jeweils eine Datei pro Zeile) mittels **cpio** auf den Streamer auf Laufwerk */dev/rst0*.

cc [*optionen*] *datei(en)* → call C-Compiler

ruft den Linux-C-Compiler auf. Siehe hierzu **gcc** auf Seite 286.

cd *verzeichnis* → change working directory to *verzeichnis*

setzt das angegebene Verzeichnis als *aktuelles Verzeichnis* (*working directory*) ein. Von nun an wird bei allen Dateiangaben, welche nicht mit ›/‹ beginnen, die Präambel *verzeichnis* eingesetzt. **cd** ändert keine Zugriffsrechte. ›/‹ alleine steht für die Wurzel des gesamten Dateibaums (*root directory*), ›..‹ steht für das Verzeichnis, welches dem aktuellen Verzeichnis übergeordnet ist (eine Stufe in Richtung der Wurzel). **cd** ohne Parameter setzt als neues aktuelles Verzeichnis das Standardverzeichnis ein, das man beim Anmelden im System erhalten hat (*login directory*) oder welches der Shell-Variablen $HOME zugewiesen wurde. Wird *verzeichnis* als absoluter Pfadname mit ›/‹ oder mit ›./‹ oder ›../‹ beginnend angegeben, so wird nur nach genau diesem Verzeichnis gesucht.

Ansonsten sieht **cd** in der Shellvariablen $CDPATH (soweit definiert) nach, in welchen Verzeichnissen (durch ›:‹ separiert) nach dem angegebenen Unterverzeichnis gesucht werden soll. Dieser Mechanismus entspricht etwa dem Suchmechanismus der Shell bei Programmnamen in der Variablen $PATH.

✎ cd /
→ setzt die Wurzel des Systemdateibaums als Standardverzeichnis ein.

✎ cd /usr/man
→ setzt */usr/man* als neues Standardverzeichnis. ›ls man.1‹ ist nun äquivalent zu ›ls /usr/man/man.1‹.

✎ cd ..
→ setzt das Vaterverzeichnis des aktuellen Verzeichnisses als neues aktuelles Verzeichnis ein.

✎ cd ../versuch
→ Hiermit wird das Verzeichnis *versuch*, das auf der gleichen Stufe wie das aktuelle Verzeichnis liegt (als Unterverzeichnis des gleichen Vaterverzeichnisses), zum aktuellen Verzeichnis.

✎ cd oskar
→ Das Verzeichnis *oskar* wird zum neuen *aktuellen Verzeichnis*. Hierzu durchsucht das **cd**-Kommando die in $CDPATH definierten Verzeichnisse in der darin vorgegebenen Reihenfolge (von links nach rechts) nach dem Unterverzeichnis *oskar* und setzt das erste gefundene als *aktuelles Verzeichnis* ein. Wird kein entsprechendes Verzeichnis gefunden, so meldet **cd** dies und das momentane *aktuelle Verzeichnis* bleibt erhalten. Beginnt $CDPATH mit ›:‹, so wird vor allen angegebenen Verzeichnissen erst das momentan aktuelle Verzeichnis durchsucht.

✎ (cd /usr ; find . -print | cpio -ovB > /dev/tape)
→ sichert den im Verzeichnis */usr* beginnenden Dateibaum mit *relativen* Pfadnamen auf das Bandgerät, auf welches */dev/tape* verweist. In der durch (...) initiierten Shell wird */usr* als aktuelles Verzeichnis eingesetzt.

chattr [optionen] [*modus*] *datei(en)* $\rightarrow$ **change attribute** of file on a **ext2** file system

chattr ist nur für Dateien auf einem Dateisystem vom Typ **ext2** oder **ext3** einsetzbar, da (bisher) nur dieses die erweiterten Dateiattribute unterstützt. **chattr** erlaubt die erweiterten Dateiattribute bzw- -modi zu verändern. Diese Attribute lassen sich mit **lsattr** (s. Seite 351) abfragen bzw anzeigen.

Die Modusangabe kann entweder lauten:

+*modi*	$\rightarrow$ setzt die entsprechenden Dateimodi,
−*modi*	$\rightarrow$ löscht die entsprechenden Dateimodi,
=*modi*	$\rightarrow$ setzt genau die angegebenen Modi und löscht alle anderen.

Möglich Optionen sind:

−R	ändert die Attribute (rekursiv) in dem gesamten Dateibaum des angegebenen Verzeichnisses.
−V	entspricht **verbose** und liefert eine detailliertere Ausgabe zu den ausgeführten Operationen.
−v *n*	gibt den aufgeführten Dateien die Versionsnummer *n*.

Als Modusangaben sind (auch verkettet) möglich:

a	diese Datei kann nur im *append*-Modus (zum Weiterschreiben am Dateiende) geöffnet werden. Dies kann z. B. eine Protokolldatei gegen ein Löschen sichern.
A	unterdrückt die Aktualisierung der Zugiffszeit (*access time*) der Datei beim reinen Lesen der Datei. (∗SU∗)
c	definiert, dass die Datei automatisch komprimiert (*compressed*) gespeichert wird. Die transparente Komprimierung und Dekomprimierung erfolgt durch den Linux-Kernel.
d	unterdrückt, dass die Datei bei einer Dateisystemsicherung mit dem Programm **dump** mitgesichert wird.
D	aktiviert das synchrone Schreiben für ein Verzeichnis (*directory*).
i	legt fest, dass diese Datei nicht modifiziert werden kann (d.h. weder gelöscht, noch umbenannt oder ein Link darauf gesetzt und auch nicht überschrieben werden kann). (∗SU∗)
j	sorgt dafür, dass im EXT3-Dateisystem alle Daten, bevor sie auf die Platte geschrieben werden, zunächst vollständig im EXT3-Journal abgelegt werden. Dies entspricht der **mount**-Option **data=writeback** in selektiver Form.
s	erzwingt ein *sicheres* Löschen (d.h. beim Löschen der Datei werden alle Blöcke mit Nullen überschrieben).
S	Änderungen an der Datei werden snychron auf die Platte geschrieben, d.h. das System kehrt erst dann aus der Schreiboperation zurück, wenn die Daten wirklich auf der Platte stehen.
t	unterdrückt, dass die Datei ein Dateifragment zusammen mit anderen Dateien in einem gemeinsamen Block des Dateisystems erhält. Der Bootloader Lilo kann z. B. Dateien mit solchen Fragmenten nicht korrekt lesen.

u   (*undeletable*) Wird eine Datei mit diesem Attribut gelöscht, so wird sie nur als gelöscht markiert, kann aber – wie von Windows her beim *Papierkorb* bekannt – wieder hergestellt werden.

Die Attribute –E, *(compression error)* –X *(file may be accessed directly)* und –Z *(file is dirty)* zeigen bestimmte Zustände bei komprimierten Dateien. Diese Komprimierung befindet sich noch in einem experimentellen Stadium und sollte nur mit Vorsicht verwendet werden.

✎   chattr –RV +st /home/geheim
      → sorgt dafür, dass alle Dateien im gesamten Dateibaum des Verzeichnisses */home/geheim* sowohl synchron auf die Platte geschrieben werden als auch beim Löschen mit Nullen überschrieben werden.

chfn [*optionen*] [*benuter*]   → change finger-entries in /etc/passwd

ändert in */etc/passwd* die so genannten *finger*-Einträge, also jene Informationen, welche das Kommando ›**finger** *benutzer*‹ über den Benutzer zurückliefert (*vollständiger Name, Büronummer, Telefonnummer des Büros, private Telefonnummer*). Nur der Super-User darf den Eintrag eines anderen Benutzers ändern. Ohne Option werden die Einträge interaktiv abgefragt. Vor der Ausführung wird nochmals das Passwort abgefragt (nicht zur Änderung). Neben **--help** (oder –**u**) und **--version** (oder –**v**) sind folgende Optionen möglich:

–f   (--**full-name**) erlaubt den vollen Namen anzugeben bzw. zu ändern.
–h   (--**home-phone**) gibt die neue private Telefonnummer vor.
–o   (--**office**) gibt die Büronummer oder Lokation vor.
–p   (--**office-phone**) gibt die neue Geschäftstelefonnummer vor.

✎   chfn –f "J. H. Gulbins" –o "Kapellenstr. 15" juergen
      → ändert (oder trägt erstmals ein) die Angaben zum vollen Namen und der Büroadresse des Benutzers *juergen*.

chgrp [*optionen*] *neuegruppe   datei …*   → change **group** of file(s)

(∗SU∗) erlaubt es, das Attribut *Benutzergruppe* für eine oder mehrere Dateien oder Verzeichnisse zu ändern. Als neue Gruppe wird *neuegruppe* eingetragen. Der Parameter *neuegruppe* ist entweder eine Gruppennummer oder ein Gruppenname, der in der Gruppendatei (*/etc/group*) enthalten ist.

Bei einem *symbolischen Link* wird im Standardfall nicht die Gruppe der Link-Datei, sondern jene der Originaldatei verändert. Die Option **–h** verhindert dies. Soll ein ganzes Verzeichnis und alle darin vorhandenen Unterverzeichnisse durchlaufen werden, ist **–R** anzugeben.

Achtung: Nur der Super-User darf die Gruppennummer ändern!

Neben **--help** und **--version** und **--verbose** werden folgende Optionen unterstützt:

–c   (**--changes**) gibt zu allen durchgeführen Änderungen Information aus.

–f   (**--silent**) unterdrückt Fehlermeldungen, wenn ein Änderung nicht möglich ist.

–R   (**--recursive**) durchläuft rekursiv alle Unterverzeichnisse in dem angegebenen Verzeichnis – ändert also die Attribute des gesamten dort beginnenden Dateibaums.

-- reference=*datei* kann statt *neugruppe* angegeben werden. Hierbei wird die Gruppe der angegebenen Referenzdatei als *neugruppe* verwendet.

✎   chgrp modula /usr/mod/*
      → Die Gruppennummer aller Dateien in dem Verzeichnis */usr/mod* wird auf die Nummer der Gruppe *modula* gesetzt. Hierzu muss die Datei */etc/group* existieren und *modula* darin als Gruppe eingetragen sein.

✎   chgrp -R QA diskette
      → ändert alle Dateien im Verzeichnis *diskette* und alle darin liegenden Unterbäume, so dass sie die Gruppe *QA* bekommen.

✎   chgrp --reference=T2 –R /mnt/diskette
      → ändert (rekursiv) alle Dateien im Verzeichnis */mnt/diskette* und alle darin liegenden Unterbäume, so dass sie die gleiche Gruppe bekommen, welche die Datei *T2* hat.

chmod [*optionen*] *modus datei ...*   → change **mode** of file(s) to *modus*
    oder
chmod [*optionen*] --**reference**=*m_datei datei ...*   → change **mode** of file(s)

ändert den Modus (d.h. die Zugriffsrechte) der angegebenen Dateien oder Verzeichnisse.

Ist *datei* ein Verzeichnis und wurde –R angegeben, so wird der in diesem Verzeichnis beginnende Dateibaum rekursiv durchlaufen, und es werden die Modi aller Dateien des Baums entsprechend geändert.

Neben --**version**, --**verbose** und --**help** sind folgende Optionen möglich:

–c   (--**changes**) gibt die durchgeführten Änderungen detailliert aus.

–f   (--**silent**) unterdrückt Fehlermeldungen zu nicht ausführbaren Änderungen.

–R   (--**recursive**) durchläuft den im Verzeichnis *datei* beginnenden Dateibaum rekursiv und ändert alle darin vorhandenen Dateien.

–**reference**=*m_datei*   verwendet den Modus der Referenzdatei *m_datei* als Muster und wendet deren Modus auf die angegebenen Dateien an.

Der Modus kann entweder als Oktalzahl oder symbolisch angegeben werden. Die Oktalzahl ist die Addition (genauer: logische Disjunktion) folgender Werte:

4000   setzt bei der Ausführung die Benutzernummer des Dateibesitzers als effektive Benutzernummer ein

20*x*0   setzt bei der Ausführung die Gruppennummer des Dateibesitzers als effektive Benutzernummer ein, falls *x* den Wert 7, 5, 3 oder 1 hat. Falls *x* den Wert 6, 4, 2 oder 0 hat, wird beim Eröffnen der Datei automatisch eine exklusive Benutzung der Datei (*mandatory file locking*) sichergestellt. Bei einer Kommandoprozedur muss diese mit ›#! *shellname*‹ beginnen, damit das SUID- oder SGID-Bit wirksam ist.

10   Ausführungsrecht oder Verzeichniszugriff für die Gruppe
4   Lesezugriff für andere Benutzer
2   Schreibzugriff für andere Benutzer
1   Ausführungsrecht oder Verzeichniszugriff für andere Benutzer
1000   Die ausführbare Datei mit **shared text segment** bleibt nach Ausführung im Swapbereich des Systems (d.h. das *sticky bit* wird aktiviert).
400   Lesezugriff für den Besitzer
200   Schreibzugriff für den Besitzer
100   Verzeichniszugriff für den Besitzer
40   Lesezugriff für die Gruppe
20   Schreibzugriff für die Gruppe

Das Format der symbolischen Modusangabe ist

[*wer_hat_zugriff*]*zugriffs_recht*[*zugriffs_recht*][, ...]

dabei steht für *wer_hat_zugriff*:
u   (*user*) für den Besitzer
g   (*group*) für die gleiche Gruppe
o   (*others*) für alle anderen oder
a   für alle = **ugo**

Fehlt die Angabe *wer_hat_zugriff,* so wird ›u‹ (der Besitzer) angenommen. Das Zugriffsrecht wird angegeben durch ›+‹ (füge neu hinzu) oder ›—‹ (lösche das Recht) oder ›=‹ (lösche alle Rechte außer ...) gefolgt von der Art des Rechtes. Hierbei steht

r   (*read*) für das Recht zu Lesen,
w   (*write*) für das Recht zu Schreiben,
x   (*execute*) für das Recht, das Programm in der Datei ausführen bzw. in dem Verzeichnis suchen zu dürfen.
s   (*set ID*) steht an Stelle des **x-Rechtes** beim Dateibesitzer oder der Gruppe. Bei der Ausführung des Programms wird die Benutzer- oder Gruppennummer des Dateibesitzers benutzt, nicht die des Aufrufers.
t   (*Sticky-Bit*) führt dazu, dass der **sharable** Code des Programms auch nach Beendigung des Programms im Swap-Bereich bleibt und damit bei der nächsten Nutzung schneller gestartet werden kann.
           Bei Verzeichnissen verhindert das Sticky-Bit, dass man ohne Schreibrechte auf die Datei (nur durch das Schreibrecht auf das Verzeichnis) die Datei löschen kann. Bei Verzeichnissen (zumeist bei */tmp*) impliziert das t-Bit, dass man zum Löschen einer Datei nicht nur die Zugriffsrechte der Datei benötigt, sondern auch Besitzer des übergeordneten Verzeichnisses sein muss. Bei Verzeichnissen darf nur der Super-User das **t**-Bit setzen.

→   Nur der Besitzer einer Datei oder der Super-User darf den Modus ändern! Um eine Datei löschen zu dürfen, braucht man keine Schreiberlaubnis für die Datei, sondern muss nur Schreiberlaubnis für das entsprechende Verzeichnis besitzen! Dieses Verhalten kann durch das Sticky-Bit aufgehoben werden.

✎   chmod a+x pasc
      → macht die Datei *pasc* für alle Benutzer ausführbar.

✎   chmod u=r geheim
      → gibt nur dem Besitzer der Datei *geheim* das Leserecht. Alle anderen Benutzer können keinerlei Operationen auf die Datei ausführen (mit Ausnahme des Super-Users).

✎   chmod a+x datum
      → erklärt die Datei *datum* als ausführbar (für alle Benutzer des Sys-

tems). Ist die Datei *datum* eine Kommandoprozedur, so kann diese nun ohne ein vorangestelltes **sh** ebenso wie ein Programm aufgerufen werden.

✎   chmod ug+rw,o–rw nurwir
→ setzt die Zugriffsrechte so, dass der Besitzer und die Mitglieder der gleichen Gruppe der Datei *nurwir* die Datei lesen und verändern können und alle anderen keine Zugriffsrechte auf die Datei haben.

chown [*optionen*] *name datei ...*   → change **owner** of files
oder
chown [*optionen*] **--reference=***m-datei name datei ...*   → change **owner** of files

erlaubt es, das Attribut *Dateibesitzer* der angegebenen Dateien oder Verzeichnisse zu ändern. Als neuer Besitzer wird *name* (als Benutzername oder als Benutzernummer vorgegeben) eingetragen.

Bei einem *symbolischen Link* wird im Standardfall nicht die Link-Datei, sondern die Originaldatei verändert. Die Option **–h** (oder **--no-dereference**) verhindert dies.

Soll ein ganzes Verzeichnis und alle darin vorhandenen Unterverzeichnisse durchlaufen werden, ist **–R** anzugeben.

Neben den allgemeinen Optionen **--help**, **--version**, **--verbose** und   **--quiet** sind folgende Optionen vorhanden:

–c   (**--changes**) gibt die durchgeführten Änderungen aus.

--dereference Hierbei wird dem symbolischen Links gefolgt und erst die endgültige Datei geändert.

–f   (**--silent**) wie **--quiet**

–h   (**--no-dereference**) symbolischen Links wird **nicht** gefolgt, sondern die Link-Datei geändert.

–R   (**--recursive**) Der im Verzeichnis *datei* beginnende Dateibaum wird rekursiv durchlaufen und alle darin vorhandenen Dateien geändert.

--reference=*m-datei*   übernimmt den neuen Benutzer aus der Musterdatei *m-datei*.

➡   Nur der Dateibesitzer einer Datei oder der Super-User darf den Modus (die Zugriffsrechte) ändern!

✎   mkdir /home/mil ; chown miller /home/mil
→ erzeugt ein neues Verzeichnis */home/mil* und trägt den Namen *miller* als dessen Besitzer ein. *miller* muss dabei als gültiger Benutzer in der Passwortdatei */etc/passwd* eingetragen sein.

✎   chown -R --reference=/home/jogi /mnt/juergen
→ trägt bei allen Dateien im Dateibaum, der im Verzeichnis */mnt/juergen* beginnt, den Eigentümer ein, der auch Eigentümer des Verzeichnisses */home/jogi* ist.

chroot *neue_root* [*kommando* ...]   → run command with changed **root**

(*SU*) startet das angegebene Kommando oder Skript, wobei für die Dauer der Ausführung ein neues, virtuelles Root-Verzeichnis (sonst ›/‹) eingesetzt wird. Dies ist zuweilen praktisch, um eine bestimmte Umgebung zu simulieren. Während der Ausführung sieht das Kommando eine Umgebung, in der das Verzeichnis *neue_root* als Wurzel des gesamten Linux-Dateibaums erscheint. Wird kein Kommando angegeben, so wird eine neue Shell (`${SHELL} –i`) aktiviert. Oft wird **chroot** auch beim Start von Servern (z.B. einem Web-Server) verwendet, um bei *Übernahme* des Servers bei einem Einbruch in den Rechner den Übergang in andere Bereiche des Rechners zu unterbinden.

➜   Unter Umständen findet man mit der neuen root die gewohnten Kommandos nicht mehr, da der Suchpfad nicht automatisch korrigiert wird!

chsh [–s *shell*] [*optionen*] [*benutzer*]   → change **shell** for user x

erlaubt dem Benutzer, seine Login-Shell auf *shell* zu ändern. Der Super-User darf dies auch für einen anderen Benutzer tun. Die neue Login-Shell muss in der Liste der zulässigen Shells in der Datei */etc/shells* vorhanden sein. Sie ist mit dem vollen Pfadnamen anzugeben.

Neben den Optionen --**help**, --**version**, --**usage**, --**quiet** gibt es diese Optionen:

–l   (--**list-shells**) gibt die Liste der zulässigen Shells aus.

–s *shell*   (--**shell**=*shell*) definiert die neue Login-Shell (mit vollem Pfadnamen).

✎   chsh -s /usr/bin/zsh karl
     → ändert für den Benutzer *karl* die Login-Shell zur zsh.

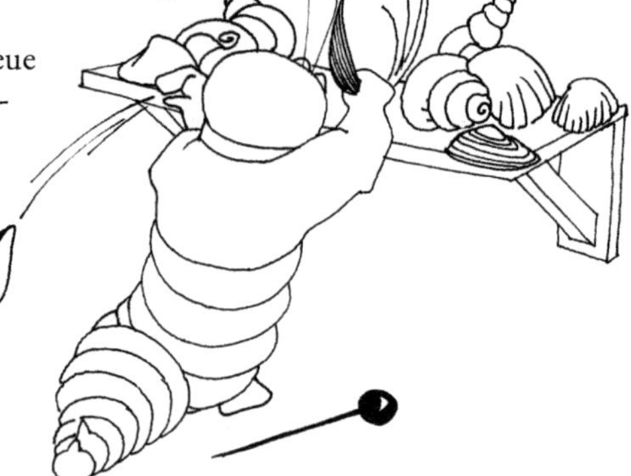

cksum [*date(en)*]   → return CRC-**ckecksum** of *datei*

berechnet für die angegebenen Dateien eine Prüfsumme nach dem CRC-Verfahren. Dies erlaubt, spätere Veränderungen (durch technische Probleme oder durch Böswilligkeit) vor und nach einer Übertragung zu überprüfen. Wird keine Datei oder nur ›–‹ angegeben, so wird von der Standardeingabe gelesen.

clear   → **clear** screen

löscht den Bildschirm. Dieses Löschen geschieht geräteunabhängig. Die Information hierzu wird der Datei */etc/termcap*
entnommen. Das Kommando **clear**
führt über eine kleine Kommandoprozedur eigentlich das Kommando
tput clear aus.

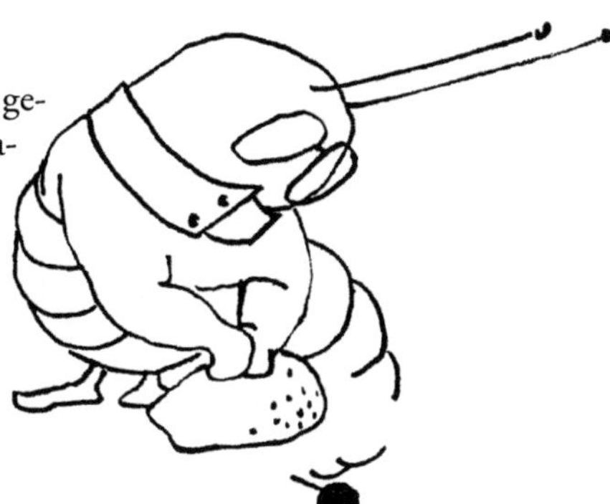

cmp [*optionen*] *datei_1 datei_2* [*d1* [*d2*]]   → **com**pare two files

vergleicht die beiden angegebenen Dateien und gibt, soweit keine Optionen
angegeben sind, bei einem Unterschied die Position des Bytes und die Zeilennummer aus, bei der die Abweichung beginnt. Wird kein Unterschied festge-
stellt, so liefert **cmp** den Wert (Exit-Status) 0. Soll von der Standardeingabe gelesen werden, so ist ›—‹ statt des Dateinamens anzugeben.
Die Parameter *d1* (für *datei1*) und *d2* (für *datei2*) geben jeweils die Distanz in
Bytes zum Anfang der Datei an, ab der der Vergleich beginnen soll.
Als Optionen sind neben --**help**, --**version** und --**quiet** folgende möglich:

–**c**   (--**print-chars**) gibt die abweichenden Bytes als Buchstaben aus.

–**i***n*   (--**ignore-initial**=*n*) Hierbei sollten die ersten *n* Byte beim Vergleich
          ignoriert werden.

–**l**   (--**verbose**) gibt zu jedem gefundenen Unterschied die Byte-Position
          und die Länge der Differenz (in Bytes) aus. Standardmäßig werden die
          beiden Dateien nur bis zum ersten Unterschied untersucht.

–**s**   (--**silent**) Es wird nichts ausgegeben, sondern nur der entsprechende
          Ergebniswert geliefert (0 bei Gleichheit, 1 bei vorhandenen Unter-
          schieden und 2, falls nicht zugegriffen werden kann).

✎   cmp main.c man.c.neu
       → vergleicht die beiden Dateien *main.c* und *main.c.neu*. Bei Gleichheit
       endet **cmp** ohne eine Ausgabe.

✎   cmp –s A.v1 A.v2 && rm A.v1
       → vergleicht die beiden Dateien *A.v1* und *A.v2* und löscht bei Gleich-
       heit danach *A.v1*.

col [*optionen*]   → filter reverse line feeds

fungiert als Filter – d. h. liest von *stdin* und schreibt auf *stdout* – und eliminiert *negative Zeilenvorschübe* aus dem Text. Solche negativen Zeilenvorschübe (ASCII-Code: <esc> 7, <esc> 8, <esc> 9) werden in der Regel von **nroff** bei Tabellen, dem **.rt**-Makro und bei Hoch- und Tiefstellungen erzeugt. Mit den Zeichen <SO> wird durch **nroff** ein zweiter Zeichensatz angesteuert und mit <SI> beendet. **col** merkt sich dies und fügt nach der Konvertierung die Klammerung wieder korrekt ein. Dabei werden folgende Optionen unterstützt:

–b   <backsapce>-Zeichen werden ignoriert.

–f   Halbzeilenschritte (die im Standardfall eliminiert werden) bleiben erhalten.

–l*n*   Es werden mindestens n Zeilen im Puffer gehalten (Standard: 128 Zeilen).

–x   Die standardmäßige Umwandlung mehrerer Leerzeichen in Tabulatorzeichen wird hiermit unterdrückt.

colcrt [*–*] [*–2*] [*datei(en)*]   → filter **columns** for **CRT**

filtert diese Ausgabe (typisch von **tbl** oder **nroff**), so dass sie auf einem Bildschirm (CRT) vernünftig ausgegeben werden kann. Dabei werden Zeichen mit Halbzeilenvorschüben oder Unterstreichungen in die nächste Zeile positioniert. Die Option ›–‹ unterdrückt Unterstreichungen, während bei ›–2‹ Halbzeilenvorschübe zu einem doppelten Zeilenabstand konvertiert werden.

colrm [*n* [*m*]]   → remove **columns** from input

arbeitet als Filter und löscht die mit *n* bis *m* (inklusive) angegebenen Spalten (Zeichenpositionen) aus den Zeilen der Eingabe. Die Nummerierung beginnt bei den ersten Tabulatoren werden dabei wie entsprechende Leerzeichen betrachtet.

✎   colrm 1 5 < A.v1 > A.v2
    → löscht die ersten 5 Spalten (Zeichen) aus den Zeilen der datei *A.v1* und schreibt das Ergebnis nach *A.v2*.

column [*optionen*] [*datei(en)*]   → format input into **columns**

liest die Eingabe und füllt damit die Spalten der Ausgabe auf. Dabei werden erst die Zeilen der Ausgabe mit der vorgegebenen Spaltenanzahl gefüllt. Fehlt die Angabe einer Datei, so wird von der Standardeingabe gelesen. Das Ergebnis geht auf die Standardausgabe. Folgende Optionen sind möglich:

–c *n*   (*columns*) Die Ausgabe soll *n* Spalten/Zeichen breit werden.

–s *z*   interpretiert in der Eingabe das Zeichen *z* als Spaltentrenner.

–t wandelt die Eingabe zu einer Tabelle um. Ohne die Option
›-s z‹ werden dabei Leerzeichen als Trennzeichen betrachtet.

–x sortiert die Eingabe so um, dass zuerst die Spalten (statt die Zeilen)
aufgefüllt werden.

✎ ls –a | column –c 132 > inhalt
→ nimmt die Ausgabe des Kommandos ›ls –a‹ (in der Regel eine Dateiangabe pro Zeile) und füllt damit in der Ausgabe Zeilen mit bis zu
132 Zeichen auf. Das Ergebnis wird in der Datei *inhalt* abgelegt.

comm [*–n*] *datei1 datei2* → show **comm**on data of two files

zeigt die Zeilen, die sowohl in *datei1* als auch in *datei2* vorhanden sind. Die
Dateien müssen bereits sortiert sein (z. B. per **sort**). Die Option ›–‹ besagt, dass
die erste Datei von der Standardeingabe genommen werden soll. Es werden dabei drei Spalten ausgegeben:

1. Spalte: Zeilen, die nur in *datei1* vorkommen
2. Spalte: Zeilen, die nur in *datei2* vorkommen
3. Spalte: Zeilen, die in beiden Dateien vorkommen

Mit der Option *–n* dürfen 1, 2 und 3 angegeben werden. Es wird damit jeweils
die entsprechende Spalte unterdrückt. Als Option unterstützt wird noch --**help**
und --**version**.

✎ comm –3 alt neu
→ gibt alle Zeilen aus, die sowohl in der Datei *alt* als auch in der Datei
neu vorkommen.

✎ ls /usr/kurs | sort | comm – –3 katalog
→ vergleicht das Inhaltsverzeichnis des Verzeichnisse */usr/kurs* mit
dem Inhalt der bereits sortierten
Datei *katalog* und gibt
die in beiden vorkom-
menden Einträge
(Zeilen) aus.

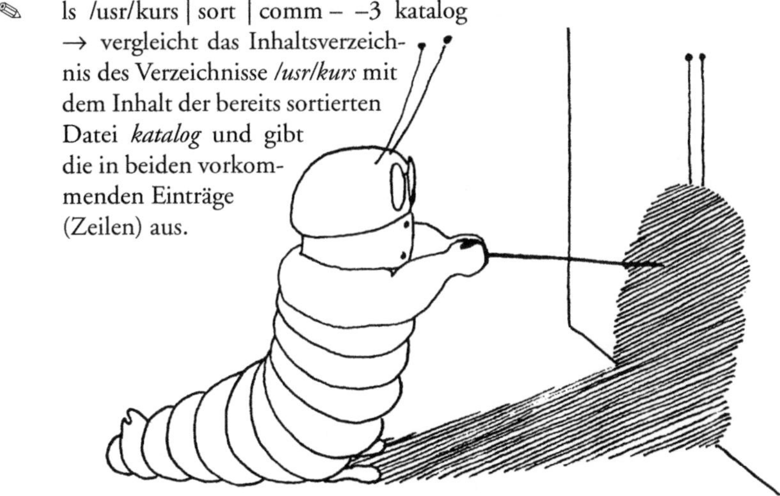

compress [*optionen*] [–b *bits*] [*datei* …]   → **compress** the files

Die Programme **compress**, **uncompress** und **zcat** bieten (wie **pack**, **unpack** und **pcat**) unter Linux Funktionen, um Dateien zu komprimieren (**compress**), zu dekomprimieren (**uncompress**) oder dekomprimiert auszugeben (**zcat**). Zur Komprimierung wird eine so genannte *Lempel-Ziv-Codierung* benutzt. Die erzielte Einsparung hängt von der Größe der Eingabe (je größer die Eingabe, umso größer die prozentuale Einsparung) und Zeichenhäufigkeiten in der Eingabe ab. Ein Packen lohnt sich in der Regel erst ab Dateien > 1 kB. Die möglichen Einsparungen liegen bei Textdateien zwischen 40 % und 70 %.

Bei **compress** wird die Eingabe komprimiert und in einer Datei gleichen Namens, mit gleichem Besitzereintrag und gleichen Zugriffsrechten, jedoch der Endung ›.Z‹ abgelegt (bei dem ähnlich funktionierenden Programm **pack** ist dies ein kleines .z).

Eine Komprimierung findet **nicht** statt, falls die Datei ein Verzeichnis ist, die Datei bereits komprimiert ist, auf die Datei mehrere Verweise (*links*) bestehen, die Datei nicht gelesen werden kann, keine Platzeinsparung erzielt wird, eine entsprechende Datei mit der Endung ›.Z‹ bereits existiert oder nicht erzeugt werden kann oder ein E/A-Fehler beim Packen auftritt. **compress** gibt nach dem Aufruf die Anzahl der Dateien aus, die es **nicht** komprimieren konnte.

Unter Linux wird in aller Regel statt **compress/uncompress** das Programm **unzip** (siehe Seite 307) oder **bzip2/bunzip2** (siehe Seite Seite 221/221) verwendet. Sollen viele Dateien oder alle Dateien eines größeren Verzeichnisses komprimiert werden, so ist der erzielte Gesamt-Komprimierungsgrad wesentlich höher, wenn die Dateien vorher (etwa mit **tar**) zu einem großen Archiv zusammengepackt werden. **compress** kennt folgende Optionen:

–b *bits* Diese Option gibt (nur bei **compress**) die maximale Codierungssequenz für ein Basiselement an ($9 \leq bits \leq 16$; Std. = 16).

–c   Hierbei wird der komprimierte Inhalt der Eingabe auf die Standardausgabe geschrieben. Die Eingabedatei wird nicht modifiziert oder umbenannt.

–d   (*decompress*) dekomprimiert die Dateien (also wie **uncompress**).

–f   (*force*) erzwingt das Packen der angegebenen Dateien, selbst wenn dadurch kein Platzgewinn erzielt wird.

–r   (*recursive*) Ist eine angegebene Datei ein Verzeichnis, so wird der gesamte Dateibaum darin komprimiert.

–v   (*verbose*) gibt zu jeder komprimierten Datei aus, um wieviel Prozent die Datei komprimiert werden konnte.

–V   wie sonst --**version**

✎   compress –v gross vielinhalt
    → komprimiert die Dateien *gross* und *vielinhalt* und legt das Ergebnis jeweils in *gross.Z* und *vielinhalt.Z* ab. Nach dem Lauf existieren die Dateien *gross* und *vielinhalt* **nicht** mehr, sondern nur noch die komprimierten Versionen. Der erzielte Komprimierungsgrad wird für beide Dateien ausgegeben.

cp *[optionen]* *datei_1 datei_2* → copy file *datei_1* to file *datei_2*
    oder
cp *datei_1 [datei_2 …] verzeichnis* → copy files to directory

kopiert die Datei *datei_1* in eine neue Datei *datei_2*. Existiert *datei_2* bereits, so wird die alte Version überschrieben. Dieses Verhalten kann jedoch mit Optionen gesteuert werden. Existiert die Datei *datei_2* noch nicht, so erhält sie die Attribute von *datei_1*.

Ist das letzte Argument ein Verzeichnis (zweite Form), so werden die davor stehenden Dateien unter dem gleichen Namen in dieses Verzeichnis kopiert.

→   Da bei Kommandoaufrufen wie ›**cp** *...‹ das Metazeichen ›*‹ von der Shell und nicht von **cp** zu den entsprechenden Dateinamen expandiert wird, die Shell aber bei dem angegebenen Aufruf (nur ›*‹) Dateinamen, die mit einem Punkt beginnen (z.B. *.profile*) nicht einsetzt, werden diese auch nicht mit dem angegebenen Kommando kopiert! Sollen auch diese übertragen werden, so muss der Aufruf ›**cp** * .??* …‹ lauten.

Das Kopieren aller Dateien, die auf den Namen *.txt* enden, auf Dateinamen mit der Endung *.bak* mit einem Kommando wie ›**cp** *.txt *.bak‹ ist **nicht** möglich!

Das **cp**-Kommando kennt neben **--help** und **--verbose** folgende Optionen:

−a   (**--archive**) versucht, die Attribute wie Eigentümer, Zugriffsrechte usw. möglichst unverändert beizubehalten (synonym zu **-dpR**).

−b   (**--backup**) erzeugt (bei bereits existierenden Zieldateien) eine Sicherungskopie mit der Endung ›˜‹ anstatt die Datei zu überschreiben.

−d   (**--no-dereference**) Ein symbolischer Link wird nicht aufgelöst, sondern der Verweis als Link kopiert.

−f   (**--force**) überschreibt existierende Dateien ohne Warnung.

−i   (**--interactive**): Würde durch das Kopieren eine bereits existierende Datei überschrieben, so wird mit **−i** vor dem Kopieren nachgefragt, ob die Datei wirklich überschrieben werden soll. Nur bei einem ›y‹ (oder ›j‹ bei deutschen Versionen) als Antwort wird überschrieben.

−l   (**--link**) erzeugt statt Kopien so genannte *Hard-Links*.

−p   (**--preserve**) überträgt die Zugriffsrechte (−modi) und das Datum der letzten Modifikation der zu kopierenden Datei auf die neu angelegte Datei.

−P   (**--parents**) bewahrt − soweit möglich − beim Kopieren die Verzeichnisstruktur.

−r   (**--recursive**) Ist eine der zu kopierenden Dateien ein Verzeichnis, so wird mit dieser Option der gesamte darin enthaltene Dateibaum (rekursiv) mit kopiert.

−S *endung* (**--suffix=***endung*) legt fest, wie bei Verwendung der Option ›**−b**‹ die Endung der Sicherungskopie aussehen soll. Diese kann auch in der Variablen SIMPLE_BACKUP_SUFFIX angegeben werden. Der Standard ist ›˜‹.

−s   (**--symblic-link**) erstellt statt einer Kopie einen symbolischen Link.

−u   (**--update**) überschreibt eine bereits existierende Zieldatei nur dann, wenn die Quelldatei neuer oder gleich alt wie die Zieldatei ist.

−V *typ*   (**--version-control**=*typ*) legt fest, wie Sicherungskopien (bei bereits vorhandenen Zieldateien) behandelt werden sollen. Möglich für *typ* sind:

     t, numbered   Die Kopien werden durchnummeriert.

     nil, existing   nummiert die Sicherungen durch, wenn schon eine nummmerierte Sicherung besteht. Ansonsten wird eine einfache Sicherung (z.B. ›*x˜*‹) erstellt.

     never, simple   Es werden immer einfache Sicherungen erstellt.

−x   (**--one-file-system**) ignoriert Unterverzeichnisse, die auf einem anderen Dateisystemen liegen, d.h, bleibt beim Kopieren innerhalb eines Dateisystems.

✎   cp /usr/mayer/sichere   /mnt/fd/save
→ legt eine Kopie der Datei *sichere* im Verzeichnis */usr/mayer* unter dem Namen *save* im Verzeichnis */mnt/fd* an. Der Benutzer muss natürlich Schreiberlaubnis für das Verzeichnis */mnt/fd* besitzen.

✎   cp /usr/bin/* /usr/gul
→ kopiert alle Dateien des Verzeichnisses */usr/bin* in das Verzeichnis */usr/gul*; (z.B. */usr/bin/f77* wird dann zu */usr/gul/f77*).

✎   cp −s /usr/sbin/* /home/jogi/sbin
→ legt im Verzeichnis */home/jogi/sbin* Verweise *(symbolische Links)* auf die (alle) Dateien im Verzeichnis */usr/sbin/* an.

✎   cp −u −r /mnt/cd/CD1/* \
/home/jogi/CD
→ kopiert alle Dateien (den gesamten Dateibaum) aus dem Verzeichnis */mnt/cd/CD1* in das Verzeichnis */home/jogi/CD*. Dort bereits vorhandene Dateien gleichen Namens werden nur dann überschrieben, wenn die zu kopierende Datei neuer als die vorhandene Datei ist.

✎   cp −i −r /home/karl/doc   /home/franz
→ */home/karl/doc* und */home/franz* seien Verzeichnisse. Dann kopiert der Befehl den gesamten Dateibaum im Verzeichnis */home/karl/doc* in das Verzeichnis */home/franz*. Existieren dort bereits entsprechende Verzeichnisse oder Dateien gleichen Namens, so wird vor dem Überschreiben interaktiv nachgefragt.

cpio –o[*optionen*]	→ copy files out
oder	
cpio –i[*optionen*] [*namens_muster*]	→ copy in
oder	
cpio –p[*optionen*] [*verzeichnis*]	→ copy in and out (pass)

cpio ist ein recht universelles Programm zum Sichern und Wiedereinlagern von Dateien. Man arbeitet dabei in der Regel mit *raw*-Ein-/Ausgabe (etwa mit */dev/tape*).

Mit ›**cpio** –o‹ (*output*) werden Dateien in der Regel auf ein Sicherungsmedium (Standardausgabe) geschrieben. Die Namen der zu transferierenden Dateien liest cpio von der Standardeingabe. Die vollständige angegebene Namensangabe wird zusammen mit der Statusinformation der Datei (wie Zugriffsrechte und Modifikationsdatum) gesichert. Als Optionen sind hier zulässig: **aABcLvV –C** *n* **–G** *datei* **–H** *h* **–K** *m* **–e** *e-opt* **–O** *datei* **–M** *m*.

In der Form ›**cpio** –i‹ (*input*) liest cpio Dateien von der Standardeingabe. Welche Dateien gelesen werden sollen, kann durch Namensmuster angegeben werden – mit den gleichen Metazeichen wie sie auch die Shell verarbeitet. Fehlt ein solches Muster, so werden alle Dateien (entsprechend ›*‹) zurückgelesen. Hierbei sind folgende Optionen erlaubt: **bBcdfkmrsSTtuvV –C** *n* **–E** *datei* **–G** *datei* **–H** *h* **–e** *e-opt* **–I** *datei,* **–M** *m* **–R** *id*.

Mit ›**cpio** –p‹ wird zuerst hinauskopiert und danach wieder eingelesen. Man verwendet dies z.B., um einen Dateibaum komplett an eine andere Stelle zu kopieren. Hierbei sind folgende Optionen erlaubt: **adlLmruvV –R** *id* **–e** *e-opt*.

Die Bedeutung der einzelnen Optionen sind:

–0	(--**null**) Die Dateinamen in der Sicherungsliste werden statt durch <lf> durch Null-Bytes getrennt. Dies ist z.B. notwendig, wenn Namen mit Zeilenwechsel im Namen eingesetzt werden.
–a	(--**reset-access-time**) setzt das Datum des letzen Zugriffs auf jenes vor dem Zugriff durch cpio für die Sicherung.
–A	(--**append**) hängt die Dateien an ein bereits vorhandenes Archiv an. Hierbei ist auch die Option **–O** notwendig!
–b	(--**swap**) kehrt die Byte-Reihenfolge in einem Maschinenwort (Annahme 4 Bytes lang) bei der Übertragung um.
–B	arbeitet beim Kopieren mit einer Blockgröße von 5120 Bytes. Dies ist bei Bändern oder Streamerkassetten sinnvoll.
--**blocksize**=*n*	legt für Ein- oder Ausgabe die Blockgröße auf $n \times 512$ Byte fest.
–c	schreibt den Informationsblock (*header*) aus Gründen der Portabilität im ASCII-Format.
–C *n*	(--**iosize**=*n*) gibt den Blockungsfaktor *n* bei der Ein- oder Ausgabe in Bytes an. Der Standard ist 512 bzw. 5120 bei Angabe der Option **–B**. Die Angabe ist nur bei Benutzung von *raw devices* sinnvoll.
	➜ Die meisten Systeme haben eine zulässige obere Grenze bei der Blockgröße. Erkundigen Sie sich hierzu bei Ihrem Systemverwalter oder Systemanbieter.

–d	(**--make directory**) legt beim Einlesen notwendige Verzeichnisse automatisch an.
–E *datei*	(**--pattern-file=***datei*) gibt die Datei an, in der die Namen der zu sichernden Dateien stehen.
–f	(**--nonmatching**) kopiert alle (nur die) Dateien, auf die die angegebenen Suchmuster **nicht** passen.
–F *datei*	(**--file=***datei*) benutzt die angegebene Datei als Archiv. Diese kann mit der Syntax *benutzer@host:datei* auch auf einem anderen Rechner liegen.
--force-local	nimmt auch dann, wenn der Dateinamen einen Doppelpunkt enthält, an, dass es sich um eine Datei auf dem lokalen System handelt (sonst wird es als *host:datei* interpretiert).
–H *typ*	(**--format=***typ*) Die Information im Kopf (englisch: *header*) jeder Archivdatei soll in dem mit *typ* angegebenen Format gelesen bzw. geschrieben werden. Für *Typ* sind zulässig:

bin	Binärformat
newc	neues, SVR4-konformes portables Format
crc	pro Datei wird eine Prüfsumme hinterlegt (SVR4-kompatibel)
tar	tar-Format
ustar	Standardformat der POSIX-P10003.1-Definition
hpbin	(veraltetes) Binärformat von HP-UX
hpodc	portables Archivformat von HP-UX

–I *datei*	**cpio** liest normalerweise die Dateien von der Standardeingabe ein. Durch diese Option kann ein Gerät (bzw. eine Datei) angegeben werden, von der stattdessen gelesen werden soll. Dies dürfen auch *remote*-Dateien sein.
–l	(**--link**) legt einen Verweis (*link*) (**ln**) an, anstatt die Datei zu kopieren (soweit möglich).
–L	(**--dereference**) Normalerweise werden *symbolische Links* als symbolische Links kopiert. Diese Option sorgt dafür, dass **cpio** dem symbolischen Links folgt, bis eine *echte* Datei gefunden wird und diese Datei kopiert.
–m	(**--preserve-modification-time**) erhält alte Modifikationsdaten der Dateien beim Zurückspielen oder Übertragen.
–M *nachricht*	(**--message=***nachricht*) gibt an, dass beim Erreichen des Bandendes (Mediumendes) *nachricht* als Meldung ausgegeben wird. Der Benutzer soll damit aufgefordert werden, das Medium zu wechseln. Kommt in *nachricht* ›%d‹ vor, so wird dies bei der Ausgabe durch eine fortlaufende Nummer ersetzt (etwa: ›Bitte 3. Band auflegen‹).
–n	(**--numeric-uid-gid**) gibt im ausführlichen Listing die Benutzer- und Gruppenkennung numerisch aus.
--no-absolute-filename	legt alle zurückgeladenen Dateien relativ zum aktuellen Verzeichnis ab.

--no-preserve-owner Bei den extrahierten Dateien bleibt das alte Benutzer- und Gruppenattribut nicht erhalten. Dies ist normalerweise der Standard.

–O *datei* Bei **cpio –i**... schreibt das **cpio**-Programm im Standardfall auf die Standardausgabe. Durch die Option **–O** *datei* kann ein Gerät (bzw. eine Datei) angegeben werden, auf das statt auf die Standardausgabe geschrieben werden soll.

--only-verify-crc überprüft lediglich die CRC-Prüfsummen des Archivs, ohne dabei etwas zu übertragen (kopieren).

--quiet unterdrückt die Ausgabe der gelesenen Blöcke.

–r (**--rename**) benennt die Dateien beim Zurückspielen um. **cpio** fragt dabei nach dem neuen Namen. Antwortet der Benutzer mit einer Leerzeile, so wird die Datei nicht übertragen.

–R *id* (**--owner=***id*) gibt der Kopie der Dateien die mit *id* vorgegebene neue Benutzeridentifikation (*benutzernummer:gruppennummer*). Fehlt die *id*-Angabe, so wird die des aktuellen Benutzers benutzt. Dies darf nur der Super-User!

–s (**--swap-bytes**) vertauscht jeweils zwei Bytes beim Einlesen (**cpio –i**).

–S (**--swap-half-words**) vertauscht jeweils zwei Halbworte bei der Übertragung (Annahme: 1 Wort = 4 Bytes).

--sparse speichert beim Rausschreiben und Übertragen Dateien mit größen leeren Blöcken als *sparse files* (optimiert).

–t (**--list**) erstellt lediglich ein Inhaltsverzeichnis des Eingabe-Datenträgers, kopiert jedoch keine Dateien.

–u (**--unconditional**) Im Normalfall wird eine existierende Datei durch eine einzulesende nur dann ersetzt, wenn die einzulesende Datei neueren Datums als die vorhandene Datei ist. Die Option **u** unterdrückt diese Prüfung.

–v (**--verbose**) gibt beim Übertragen oder beim Erstellen des Inhaltsverzeichnisses (Option **t**) die Namen der Dateien auf der Standardfehlerausgabe aus.

–V (**--dot**) gibt beim Übertragen statt des Namens der übertragenen Datei nur jeweils einen Punkt aus, so dass der Fortschritt angezeigt wird.

--version gibt die Versionsnummer von **cpio** und terminiert.

Eine Alternative zu **cpio** ist (neben **tar**) das sehr ähnlich aufgebaute aber etwas mächtigere **afio** (hier aber nicht weiter beschrieben). Es erlaubt eine gleichzeitige Komprimierung der gesicherten Daten.

✎ cd / ; find /usr –print | cpio –ovB > /dev/tape
→ kopiert alle Dateien des im Verzeichnis */usr* beginnenden Dateibaums (**find** erzeugt die Namen aller dieser Dateien) mit ihrem vollständigen (absoluten) Pfadnamen in Blöcken zu 5120 Bytes auf das Magnetband

unter */dev/tape*. Die Namen aller übertragenen Dateien werden ausgegeben. Wollte man mit relativen Dateinamen arbeiten (dies ist in der Regel
zu bevorzugen), so sähe das obige Kommando wie folgt aus:
cd /usr ; find . –print | cpio –ovB > /dev/rmt0

✎ cpio –ivB "*.c" < /dev/tape
→ liest alle C-Quelltextdateien (Endung *.c*) vom Magnetband ein
(Blockgröße 5120 Bytes). Die Liste der übertragenen Dateien wird ausgegeben.

✎ cpio –itvB < /dev/tape > inh
→ liest das Inhaltsverzeichnis der auf der Streamer-Kassette stehenden
Dateien (Blockgröße 5120 Bytes) und legt dies in der Datei *inh* ab.

✎ find . –print | cpio –pvd > /user/neu
→ kopiert den im aktuellen Verzeichnis beginnenden Dateibaum komplett in das Verzeichnis */user/neu*. Dabei darf sich der kopierte Dateibaum nicht mit */usr/neu* überschneiden!

✎ cpio –ivmdBf [A-Z]* < /dev/tape
→ liest vom Magnetband eine cpio-Sicherungseinheit ein, wobei nur
die Dateien kopiert werden, deren Namen **nicht** mit einem Großbuchstaben (A bis Z) beginnen. Achten Sie darauf, dass */dev/tape* korrekt auf
ein Bandlaufwerk verweist!

✎ cat liste | cpio –oV –C 10240 –O /dev/tape –M \
"Bitte Kassette wechseln"
→ sichert die Dateien, deren Namen in der Datei *liste* stehen, auf das
Magnetband unter */dev/tape*. Es wird mit
einem Blockungsfaktor von 10 kB bzw.
10240 Bytes bearbeitet. Ist das Band-
ende erreicht, so wird die Meldung
ausgegeben:
Bitte Kassette wechseln
Der Fortschritt der Sicherung wird
durch die Ausgabe von jeweils einem Punkt pro gesicherter Datei
auf die Dialogstation angezeigt.

Das notwendige Ansteuern des Band-
laufwerks (z. B. das Zurückspulen oder das Auswerfen
des Bandes bzw. der Kassette) kann ergänzend über das
Programm **mt** erfolgen.

crontab [–u *benutzer*] *datei*	→ append *datei* to **crontab** files
oder	
crontab –e [–u *benutzer*]	→ edit user's **crontab** file
oder	
crontab –l [–u *benutzer*]	→ list user's **crontab** files
oder	
crontab –r [–u *benutzer*]	→ remove user's **crontab** files

Die erste Form des **crontab**-Kommandos kopiert die angegebene Datei des Benutzers (oder bei ›–‹ von der Standardeingabe bis zu einem <eof> in das Verzeichnis */var/spool/cron.d/crontabs*. Hier werden alle vom **cron**-Daemon zu bearbeitenden Aufträge abgelegt. Die Ausgabe der Standardfehlerausgabe, welche bei der späteren Abarbeitung des Skriptes entsteht, geht – soweit sie nicht explizit umgelenkt wird – per E-Mail an den Benutzer. Die Option –u erlaubt einen Benutzer explizit vorzugeben, unter dessen Identifikation das Skript laufen soll – im Standardfall ist es die des Aufrufenden. Nur der Super-User kann auch die Dateien anderer Anwender bearbeiten.

Es wird für jeden Benutzer eine eigene crontab-Tabelle mit den **cron**-Aufträgen erzeugt (in */var*).

In den Systemdateien */var/spool/cron/allow* bzw. */var/spool/cron/deny* ist festgelegt, welche Benutzer Aufträge mittels **crontab** absetzen dürfen. Dort muss jeweils ein Benutzername pro Zeile stehen. In *allow* sind alle Benutzer aufgeführt, die **crontab** benutzen dürfen – die Datei *deny* sollte dann nicht existieren. Fehlt die Datei *allow*, so wird in *deny* festgelegt, welche Benutzer von der Benutzung von **crontab** ausgeschlossen sind. Existiert weder *allow* noch *deny*, so darf nur der Super-User **crontab** verwenden; fehlt *allow* und ist *deny* leer, so dürfen alle Benutzer **crontab** verwenden.

Bei der Form ›–e ...‹ wird die crontab-Datei des Benutzers editiert. Existiert die Datei nicht, wird eine neue leere angelegt. Zum Editieren wird der Editor verwendet, der in der Umgebungsvariablen VISUAL oder EDITOR definiert ist bzw. **ed**, falls sie leer oder nicht existent ist.

Mit der Form ›**crontab** –r ...‹ wird die crontab-Datei des Benutzers (der Auftrag an **cron**) gelöscht. Mit –l wird die angelegte crontab-Datei des Benutzers ausgegeben.

Das Format einer **crontab**-Datei ist unter **cron** beschrieben (siehe Seite 811).

Einfacher geht das Aufsetzen von **cron**-Aufträgen mit **kcron** (siehe Seite 661).

✎   crontab –
0 24 * * * rm `find . –name "*.bak" –print` <eof>
→ setzt den Auftrag ab, täglich um 24 Uhr alle Dateien des Benutzers mit der Endung *.bak* zu löschen. Da in dem Beispiel keine Umlenkung der Fehlerausgabe vorkommt, werden eventuell auftretende Fehlermeldungen (Programm schreibt auf die Standardfehlerausgabe) dem Benutzer nach der jeweiligen Kommandoausführung per **mail** zugeschickt.

✎   crontab –
0 12 * * * calendar – <eof>

→ startet täglich um 12 Uhr das Terminerinnerungsprogramm **calendar** und sorgt in der angegebenen Art dafür, dass die Terminkalender aller Benutzer durchlaufen und die Termine den jeweiligen Benutzern per **mail** zugesandt werden. Die Benutzer des Systems erhalten damit beim nächsten **login** eine Meldung (*mail*), die sie an die anstehenden Termine erinnert.

csplit [*optionen*] *datei muster* → **split** *file into serveral files*

zerlegt die angegebene Datei in mehrere einzelne (kürzere) Ausgabedateien. Zusätzlich wird die Länge der Ausgabedateien ausgegeben. Bei ›—‹ an Stelle der Eingabedatei wird von der Standardeingabe gelesen. Die Ausgabedateien erhalten als Dateinamen den der Quelldatei mit den Endungen xx00, xx01 usw. Während **split** das Zerlegen nach Dateigröße durchführt, sucht **csplit** nach Textmustern in der Eingabe, um damit die Aufteilung festzulegen.

Die Suchmuster für die Trennstellen dürfen wie folgt aussehen:

n	(eine ganze Zahl) übernimmt von der letzten Trennstelle (oder dem Anfang) bis inklusive der Zeile *n*.
/*reg*/ [*dist*]	kopiert alles bis zur Zeile mit dem auf den regulären Ausdruck *reg* passenden Textstück (ohne die Zeile selbst). Zusätzlich kann eine Zeilendistanz (+*n* oder -*n*) angegeben werden.
%*reg*%[*dist*]	ignoriert alles bis zur Zeile mit dem auf den regulären Ausdruck *reg* passenden Textstück (ohne die Zeile selbst). Zusätzlich kann eine Zeilendistanz (+*n* oder -*n*) angegeben werden.
{*n*}	das vorausgehende Muster soll *n*-mal vorkommen.
{*}	das vorausgehende Muster soll *so oft wie möglich* vorkommen.

Neben --**help** und --**version** akzeptiert **csplit** folgende Optionen:

–**b** *fmt*	(--**suffix-format**=*fmt*) definiert durch ein printf(3)-Format, wie die Nummernendung der Namen der Ausgabedateien aussehen sollen.
–**f** *ppp*	(--**prefix**=*ppp*) verwendet *ppp* statt **xx** als Präfix (Vorsilbe) in den Namen der Ausgabedateien.
–**k**	(--**keep-files**) die bereits erzeugten Ausgabedateien bleiben bei einem Fehler erhalten. Ohne diese Option werden sie bei Fehlern gelöscht.
–**n** *n*	(--**digits**=*n*) nutzt *n* Zeichen (statt 2) für die Nummerierung der Ausgabedateien.
–**s**	(--**quiet**, --**silent**) unterdrückt die Ausgabe der Größe der Ausgabedateien.
–**z**	(--**elide-empty-files**) löscht leere Ausgabedateien.

✎ csplit --suffix-format=d3 – "/===/"
→ liest von der Standardeingabe bis zu Trennzeilen, welche ›===‹ enthalten. Die Trennzeile selbst wird nicht in die Ausgabe geschrieben. Die Ausgabedateien haben eine dreistellige Dezimalzahl als Endung.

csh [*optionen*] [*argumente*] [*datei*] → start (t)**csh** version of shell

Unter Linux ist die **csh** in aller Regel ein Link auf **tcsh**. Siehe deshalb **tcsh** auf Seite 421.

cut *–cliste* [*dateien*] → **cut** out specified columns from files

oder

cut *–fliste* [*optionen*] [*dateien*] → **cut** out specified fields from files

erlaubt, bestimmte Spaltenbereiche (erste Form mit *–cliste*) oder Felder (Form mit *–fliste*) aus allen Zeilen der angegebenen Dateien herauszuschneiden. Das Ergebnis wird auf die Standardausgabe geschrieben. *liste* gibt dabei die Spalten- bzw. Feldbereiche an, die herausgetrennt werden sollen. Einzelne Angaben werden durch Kommata getrennt. Bereiche werden in der Form ›*von–bis*‹ geschrieben. Ein führendes ›–‹ steht für *alles bis*. Die Zählung der Felder beginnt bei 1.

Bei der zweiten Form des Aufrufs mit *–fliste* (*–f* steht für *fields*) gibt *liste* die Felder an, die ausgeschnitten werden sollen. *Felder* werden durch Trennzeichen abgeschlossen/separiert. Das Standardtrennzeichen ist das Tabulatorzeichen <tab>. Andere Trennzeichen können durch *–dz* vorgegeben werden. In dieser Form sind (neben --**help** und --**version**) folgende Optionen möglich:

–b liste (--**byte** *liste*) Hier gibt *liste* die Byte-Positionen für das Ausschneiden vor.

–c liste (--**characters** *liste*) gibt – in der ersten Form – die Zeichen von den in *liste* vorgegebenen Position aus.

–dz (--**delimiter** *z*) Das Zeichen *z* soll als Trennzeichen verwendet werden. Dies ist nur wirksam in Verbindung mit der *–f*-Option. Trennzeichen mit einer Sonderfunktion für die Shell müssen maskiert werden!

–f liste (--**fields** *liste*) gibt – in der zweiten Form – die in *liste* vorgegebenen Felder aus.

–n Mehrere Bytes breite Zeichen (im Unicode) sollen nicht getrennt werden.

–s (--**only-delimited**) Alle Zeilen, in denen das Trennzeichen nicht vorkommt (nur bei Option *–f*), sollen unterdrückt werden. Ohne diese Option werden sie ohne Modifikation weitergereicht.

--**output-delimiter**=*string* Die Zeichenfolge *string* soll als Feldtrenner in der Ausgabe verwendet werden.

✎ cut –c–3,10–20,25 ein
→ schneidet aus der Datei *ein* die Spalten (Byte-Positionen) 0–3, 10–20 und 25 aus.

✎ cut –f1,3,5 "–d " ein
→ gibt von der Datei *ein* die Felder 1, 3, 5 und alle weiteren aus. Felder werden dabei durch ein Leerzeichen getrennt. Der –d-Optionsteil muss mit "..." geklammert werden, da sonst das Leerzeichen hinter dem –d nicht als Optionsteil interpretiert wird, sondern für die Shell als Trennzeichen zwischen Parametern.

✎ cut –f3 –d: /etc/passwd > benutzer
→ schneidet aus der Datei */etc/passwd* die dritte Spalte aus (die Benutzernummer) und schreibt das Ergebnis in die Datei *benutzer*. In der Eingangsdatei wird, wie bei */etc/passwd* üblich, der Doppelpunkt als Feldtrennzeichen verwendet.

date [–s] [–u] *datum*   → set new system **date** values
    oder
date [*optionen*] [+*format*]   → print **date**

Die erste Form von **date** erlaubt das Setzen der Systemzeit und des Datums. Dies darf nur der Super-User! Dabei muss das Datum in einer der drei folgenden Formen eingegeben werden:

MMTT	Angabe von Monat und Tag
SSmm	Angabe von Stunde und Minuten
MMTTSSmm[[jj]JJ]	Angabe des vollständigen Datums

Hierbei steht:		
	JJ	für das Jahr (zwei Ziffern!)
	jj	für das Jahrhundert -1 (zwei Ziffern (z.B. 20))
	MM	für den Monat (zwei Ziffern),
	TT	für den Tag des Monats (zwei Ziffern),
	SS	für die Stunde (24-Stundenangabe),
	mm	für die Minutenangabe (zwei Ziffern)›

Die Jahresangabe (*JJ* bzw. *jjJJ*) kann entfallen. In diesem Fall wird das aktuelle Jahr angenommen und nur Datum und Uhrzeit werden neu gesetzt.

Die Option –u in den beiden Formen bewirkt, dass die Systemzeit als Weltzeit (UTC-Zeit) ausgegeben bzw. eingegeben wird. Die Korrektur durch den lokalen Zeitversatz wird dabei umgangen.

In der zweiten Form von **date** wird das Datum und die Uhrzeit ausgegeben. Fehlt jede Option und Formatangabe, so geschieht dies in einem Standardformat.

Das Format der Datumsausgabe kann durch die Option ›+*format*‹ gesteuert werden. Die Formatangabe entspricht dabei weitgehend der von **printf** (2), wobei eine Formatangabe durch ›%‹ eingeleitet wird. Statt der englischen Namen und Formate werden – abhängig von der Environmentvariablen $LANG – die Tages- und Monatsbezeichnungen auch in der Landessprache ausgegeben.

Neben **--help** und **--version** werden folgende Optionen erkannt:

−d *datum* (**--date**=*datum*) gibt *datum* (in "..."), entsprechend dem zuvor angegebenen Format (+*format*) aus.

−f *d-datei* (**--file**=*d-Datei*) wie −d, wobei das Ergebnis zeilenweise in die Datei *d-datei* geschrieben wird.

−I [*zform*] (**--iso-8601**[=*zform*]) zeigt das Datum im ISO-8601-Format. Mit *zform* wird der Detailgrad vorgegeben:
nur das Datum (jjJJ-MM-TT) (*zform*=**date**), auch Stunden: **hours**, auch Minuten: **minutes** und Sekunden: **seconds**.

−r *datei* (**--reference**=*datei*) gibt den Zeitpunkt aus, an dem die angegebene Datei zuletzt geändert wurde.

−R (**--rfc-822**) gibt die Zeit (das Datum) im RFC-822-Format aus.

−u Datums-/Zeitangabe in UTC-Zeit (Weltzeit)

In *format* stehen

%% für das Zeichen % selbst

%a für den abgekürzten Namen des Wochentags (**Sun–Sat** bzw. **Son–Sam**)

%A für den vollen Namen des Wochentags
(**Sunday–Sutterday** bzw. **Sonntag–Samstag**)

%b für den abgekürzten Monatsnamen (**Jan–Dec** bzw. **Jan–Dez**)

%B für den vollen Monatsnamen (**January–December** / **Januar–Dezember**)

%c Datum und Uhrzeit werden im *lokalen* Format ausgegeben.

%d für die Tagesangabe (Nummern 1–31)

%D für ein Datum im Format *MM/TT/JJ* (*Monat/Tag/Jahr*)

%e für den Tag im Monat (1–31, zwei Zeichen breit)

%h für den abgekürzten Monatsnamen (entspricht b)

%H für die Uhrzeit in Stunden (Nummern 00–23)

%I für die Uhrzeit in Stunden (Nummern 01–12)

%j für das Jahr (Nummern 000–999)

%k für die Uhrzeit in Stunden (Nummern 0–23)

%l für die Uhrzeit in Stunden (Nummern 0–12)

%m für die Monatsangabe (Nummern 01–12)

%M für die Uhrzeit in Minuten (Nummern 00–59)

%n (*newline*) neue Zeile

%p zwei Zeichen (AM oder PM), die im englischen Format angeben, ob es sich um die Uhrzeit vormittags oder nachmittags handelt

%r für die Uhrzeit mit dem englischen AM/PM-Format

%R für die Uhrzeit im Format SS:MM (Stunde:Minute)

%S für die Uhrzeit in Sekunden (Nummern 00–59)

%t das Tabulatorzeichen

%T für die Uhrzeit im Format *SS:MM:ss* (Stunde:Minuten:Sekunden)

%U   für die Kalenderwoche im Jahr (01–52; die erste Woche beginnt mit
      einem Sonntag)
%V   für die Kalenderwoche im Jahr (01–52; die erste Woche beginnt mit
      einem Montag)
%w   für den Wochentag (Nummern 0–7; 0 = Sonntag, 7 = Samstag)
%W   für die Kalenderwoche im Jahr (01–52; die erste Woche beginnt mit
      einem Montag)
%x   für das Datum im jeweiligen Landesformat
%X   für die Uhrzeit im jeweiligen Landesformat
%y   für die Jahresangabe (Nummern 00–99)
%Y   für die Jahresangabe im Format *jjJJ* (4 Ziffern)
%Z   für den Namen der Zeitzone

✎   date 9309231730
     → setzt den 23. September 93 als Datum und 17^{30} als Uhrzeit ein.

✎   date '+%d.%m. 19%y; %H Uhr %M'
     → gibt das Datum im deutschen Format aus (z.B.: 10. 02. 1995; 16 Uhr
     25). Da im Argument Leerzeichen vorkommen, muss die ganze Zei-
     chenkette mit ›'‹ geklammert werden.

✎   echo "Heute ist " `date '+%A, der %e. %B %Y'`
     → gibt z.B. am 10. 1. 2003 folgenden Text aus:
     ›Heute ist Mittwoch, der 15. Januar 2003‹ sofern $LANG den Wert
     de_DE hat. Das gleiche Ergebnis erhält man mit:
     date "+Heute ist %A, der %e. %B %Y"

✎   #/bin/bash
     read JT < sicherung
     if [N=`expr \`date "+%W"\` * 7 \+ \`date "+%w"\` - $JT` -gt 0]
     then echo "Die Datensicherung ist seit $N Tagen ueberfaellig!"
     fi
     → Hier sei angenommen, dass in der Datei
     sicherung das Datum der nächsten Datensiche-
     rung steht (als *x*-ter Tag im Jahr).
     »read *JT* …« liest dieses Datum in die Variable *JT.*
     Die Anweisung »**date** "+%W"« liefert die aktuelle
     Woche im Jahr, »date "+%w"« den Tag der Woche.
     Durch »expr …« wird dieses Datum vom Solldatum
     abgezogen. Ist das Sicherungsdatum überschritten, so
     gibt die Prozedur folgende Nachricht aus:
     Die Datensicherung ist seit x Tagen ueberfaellig!

dd [if=*eingabe*] [of=*ausgabe*] [*option=wert*] → copy device to device

kopiert eine oder mehrere Dateien (oder ganze Dateisysteme) von einer Quelle *eingabe* in eine Zieldatei oder ein Zielmedium *ausgabe*, wobei gleichzeitig gewisse Konvertierungen möglich sind.

Das **dd**-Kommando ist sehr schnell, wenn vom **raw device** auf ein **raw device** kopiert und dabei durch die Option **bs=***n* eine hohe Blockgröße benutzt wird. Ist **if=***eingabe* oder **of=***ausgabe* nicht angegeben, so wird die Standardein- bzw. Standardausgabe substituiert.

Die Optionen neben --**help** und --**version** sind:

bs=*n*	(*block size*) legt die Übertragungsblockgröße in Byte fest.
cbs=*n*	gibt die Größe für den Konvertierungspuffer an.
conv=*format*	konvertiert die Eingabe entsprechend dem angegebenen Format (siehe später).
count=*n*	Es sollen nur *n* Sätze/Blöcke kopiert werden.
files=*n*	Es sollen *n* Dateien vom Band gelesen werden.
ibs=*n*	(*input block size*) gibt die Eingabe-Blockgröße mit *n* Bytes vor (Standardwert = 512).
if=*eingabe*	definiert, von wo die Eingabe gelesen wird.
iseek=*n*	Das Kopieren beginnt erst *n* Blöcke nach dem Anfang der Eingabedatei.
obs=*n*	(*output block size*) wie ibs für die Ausgabe
of=*ausgabe*	definiert, wohin die Ausgabe geschrieben wird (statt).
oseek=*n*	Das Kopieren beginnt erst *n* Blöcke nach dem Anfang der Ausgabedatei.
seek=*n*	arbeitet wie oseek.
skip=*n*	Die ersten *n* Sätze sollen beim Kopieren übersprungen werden.

Der Zahl *n* kann eine Einheit folgen: **b** (Blöcke zu 512 Bytes), **c** (Byte), **w** (Worte = 2 Byte), **kD** (1000), **k** (1024), **MD** (10^6), **M** (Megabyte), **GD** (10^9), **G** (Gigabyte). Ohne Angabe sind Byte gemeint.

conv=ascii	konvertiert von EBCDIC nach ASCII.
conv=block	konvertiert variabel lange, durch <nl> terminierte Zeilen in Zeilen fester Länge.
conv=ebcdic	konvertiert ASCII nach EBCDIC.
conv=ibm	Es wird eine IBM-spezifische Umsetztabelle zwischen ASCII und EBCDIC verwendet.
conv=lcase	konvertiert Großbuchstaben in Kleinbuchstaben.
conv=noerror	Die Bearbeitung soll beim Auftreten eines Fehlers nicht beendet werden.
conv=notrunc	Die Ausgabedatei wird nicht verkürzt.
conv=swab	vertauscht je zwei Byte beim Übertragen.
conv=sync	Alle Sätze werden auf *ibs*-Zeichen aufgefüllt.

conv=unblock   konvertiert Zeilen fester Blocklänge in solche variabler
                    Blocklänge, die durch <nl> terminiert sind.

conv=ucase   konvertiert Kleinbuchstaben in Großbuchstaben.

Mehrere Konvertierungsoptionen werden durch Kommata getrennt.

➜ **dd** kann ein sehr gefährliches Kommando sein, wenn anstatt mit Dateien
mit Gerätenamen (z. B. der Systemplatte) gearbeitet wird! Wenn nicht gerade eine ganze Platte 1:1 kopiert werden soll, ist **dd** auf Platten zu vermeiden! Es kann die Dateistruktur zerstören.

✎   dd if=/dev/hda0 of=/dev/hdc0 bs=40b
    → kopiert von *raw device hdc0* (Magnetplatte) auf die Platte *hdc0*, wo-
    bei mit einem Puffer von 40 Blöcken zu 512 Byte gearbeitet wird. Es wird
    kopiert, bis das Ende von */dev/hda0* erreicht ist.

✎   dd if=/dev/tty of=GROSS conv=ucase
    → schreibt die Tastatureingabe (bis zu einem <eof> unter Umsetzung
    aller Kleinbuchstaben in Großbuchstaben in die Datei *GROSS*.

✎   dd if=/dev/tape of=band ibs=4k cbs=80 files=1   conv=ascii
    → liest eine Datei vom Magnetband. Die Blockgröße auf dem Band ist
    dabei 4096 Zeichen (4-KB-Blöcke) pro Block, die Satzlänge beträgt
    80 Zeichen (*cbs=80*). Beim Übertragen wird eine Konvertierung von
    EBCDIC nach ASCII vorgenommen. Die Datei wird unter dem Namen
    band im aktuellen Verzeichnis abgelegt.

✎   dd if=/dev/fd0 of=Diskette1
    → liest eine komplette Diskette
    ein und legt ein vollständiges phy-
    sikalisches Abbild davon in der
    Datei *Diskette1* ab. Diese Datei
    ist immer so groß wie die maxi-
    male formatierte Kapazität der
    Diskette, auch wenn diese mit
    wesentlich weniger (logischem)
    Inhalt beschrieben wurde.
    Auf diese Weise können am ein-
    fachsten komplette Disketten ko-
    piert werden. Um das Abbild der Diskette wieder auf eine
    (andere, aber gleichartige, formatierte) Diskette
    zu schreiben, dreht man die Parameter dieses
    Kommandos einfach um:
    dd if=Diskette1 of=/dev/fd0

df [*option*] [*gerät(e)*]   → disk free

gibt die Anzahl der freien Blöcke und freien Dateiköpfe auf dem logischen Datenträger (oder den Datenträgern) *gerät* aus. Statt des Gerätes kann auch das Verzeichnis angegeben werden, in dem das Dateisystem eingehängt ist. Fehlt die Angabe *gerät*, so werden die Daten aller aktuell eingehängten Dateisysteme (*mounted devices*) ausgegeben.

Als Optionen sind bei **df** (neben --**help** und --**version**) zulässig:

–a	(--**all**) zeigt alle leeren (0 Byte Größe) Dateisysteme an.
--**block-size**=*n*	gibt die Kapazität in *n*-Byte-Blöcken aus.
–h	(--**human-readable**) gibt die Größen in Mega- oder Gigabyte statt in langen Zahlen aus.
–H	(--**si**) Wie –h, die Angabe aber in 10^x statt in 1024er Einheiten.
–i	(--**inodes**) gibt folgende Werte aus: Gesamtzahl der Inodes, Anzahl der noch freien Inodes, Anzahl der belegten Inodes und den prozentualen Anteil belegter Inodes.
–k	(--**kilobytes**) gibt nur den belegten Speicherplatz in kB aus.
–l	(--**local**) macht die Aufstellung nur für lokale Dateisysteme (ohne die über Netz montierten Dateisysteme).
--**nosync**	zeigt den Belegungsstand ohne ein vorheriges **sync** (Standard) an.
–P	(--**portability**) verwendet das POSIX-konforme Ausgabeformat.
--**sync**	ruft **sync** vor der Ermittlung der Werte auf.
–t *typ*	(--**type**=*typ*) gibt nur Informationen für Dateisysteme der vorgegeben Art *typ* aus.
–T	(--**print-type**) liefert zu jedem Dateisystem zusätzlich zur Größe den Typ des Dateisystems.
–x *typ*	(--**exclude-type**=*typ*) ignoriert bei der Ausgabe Dateisysteme der Art *typ*.

Ähnliche Funktionen wie **df** haben die GUI-Programme **gdiskfree** (die GNOME-Variante) und **kdf** (die KDE-Variante).

✎   df /dev/hda6
→ gibt die Anzahl der freien Blöcke und *Inodes* auf der Platte */dev/hda6* an.

✎   frei( )
```
{
echo "Auf $1 sind `df -k | grep $1 | awk '{print $2}'` KB frei"
}
```
→ definiert eine Shell-Funktion *frei*, welche die freien Blöcke zu einem Gerät anzeigt. Der Aufruf ›frei /dev/hda6‹ liefert dann z.B. *Auf /dev/ hda6 sind 12014 KB frei*.

dialog [*option*] *box-angaben*   → display **dialog** box
  oder

dialog --**create-rc** *datei*   → **create** a rc-file for dialog
  oder

dialog --**clear**   → **clear** screen

Aufgerufen in einer Shell-Prozedur, gibt **dialog** eine Dialogbox auf dem Bildschirm aus. Es lassen sich eine Reihe von Dialogboxarten erzeugen. In der Regel wartet die Funktion auf eine Benutzereingabe. Als Optionen sind möglich:

--**clear**	löscht den Bildschirm nach der Beendigung des Aufrufs bzw. setzt ihn in seinen initialen Zustand zurück (entspricht dem Kommando **clear**).
--**create-rc** *datei*	schreibt die Voreinstellungen der nächsten Aktion in die angegebene Datei, welche danach als Initialisierungsdatei für weitere Aufrufe genutzt werden kann.
--**separate-output**	gibt bei Boxen vom Typ **checklist** die einzelnen Angaben getrennt aus, d. h. wartet auf die Eingabe für ein Element, bevor das nächste Element angezeigt wird.
--**title** *titel*	versieht die Dialogbox mit dem angegebenen Titel.
--**backtitel** *ütitel*	zeigt den angegebenen Überschriftentitel am Anfang des Bildschirms an.

Die nachfolgenden Optionen bzw. *box-angaben* beziehen sich auf die Art und den Aufbau der Dialogbox. Die Angaben *h* (Höhe) *b* (Breite) geben dabei die Höhe und Breite (in Zeilen bzw. Zeichen) der Dialogbox vor. *text* ist jeweils der Text bzw. die Information in der Box. Die Dialog- oder Informationsbox wird horizontal und vertikal zentriert auf dem Bildschirm ausgegeben.

--**msgbox** *text h b*	gibt eine einfache Information (den Text *text*) aus und wartet auf eine Bestätigung des Benutzers. Dieser muss sie durch <enter> bzw. ⏎ bestätigen.
--**textbox** *datei h b*	enstspricht der **msgbox**, liest den Anzeigetext jedoch aus der angegebenen Datei. Ist die Box für den Dateiinhalt zu klein, kann der Benutzer sich im Box-Fenster mit den Tasten ↑, ↓, →, ← bewegen.
--**infobox** *text h b*	enstspricht der **msgbox**, wartet jedoch auf keine Eingabe des Benutzers und löscht den Bildschirm nicht.
--**yesno** *text h b*	gibt den Text *text* sowie ›Yes/No‹ aus und wartet auf die Antwort des Benutzers. Dieser muss **y** oder **n** (bzw. **Y** oder **N**) eingeben. Erst danach kehrt die Funktion zur Shell zurück – bei der Antwort y/Y mit dem Exit-Status 0 und bei n/N mit dem Exit-Status 1.
--**inputbox** *text h b* [*stde*]	gibt die Box mit dem Text und einer Eingabeaufforderung aus und liest die Antwort – die vom Benutzer durch ⏎ abgeschlossen wird. Die Benutzereingabe wird nach *stderr* (Standardfehlerausgabe) geschrieben.

--menu *text h b mh* [*marke menüf*] ...

> gibt eine Menübox aus. In ihr werden dem Benutzer auszuwählende Alternativen angeboten. *marke* gibt dabei den eigentlichen Menünamen an, während *menüf* die Funktion des Menüpunktes kurz darstellen sollte. *mh* gibt die Höhe des dargestellten Menüausschnitts an. Ist dieser kleiner als die Anzahl der Menüpunkte, so kann der Benutzer innerhalb der Menüliste blättern.
>
> Der Benutzer kann die gewünschte Funktion anwählen, indem er entweder per $\uparrow$ und $\downarrow$ den gewünschten Menüpunkt anführt oder eine Ziffer (1–9) eingibt, welche der Position des Menüpunktes entspricht oder den ersten Buchstaben der Menümarke eingibt – diese sollten sich deshalb im ersten Zeichen unterscheiden. Er aktiviert seine Wahl schließlich per $\hookleftarrow$. **dialog** schreibt die *marke* des gewählten Menüpunktes nach *stderr*.

--checklist *text h b lh* [*marke menüf status*] ...

> gibt eine Box mit Optionen aus, die einzeln vom Benutzer aktiviert oder deaktiviert werden können. Der Anfangsstatus der Elemente wird durch *status* vorgegeben. *lh* ist die Anzahl der direkt angezeigten Listenelemente. Ist diese kleiner als die Zahl der Listenelemente, so kann der Benutzer innerhalb der Liste blättern. Der Benutzer beendet seine Aktion durch $\hookleftarrow$. **dialog** schreibt die *marken*, welche aktiviert sind, nach *stderr* (Standardfehlerausgabe).

--radiolist *text h b listenhöhe* [*marke menüf status*] ...

> arbeitet ähnlich der **menu**-Box. Hier kann jedoch ein Element vorselektiert werden, indem man seinen *status* auf **On** setzt.

--gauge *text h b p*   Diese Box zeigt am unteren Ende der Box eine Fortschrittsanzeige, welche den Prozentsatz der Fertigstellung eines Prozesses anzeigen kann. *p* gibt den Anfangswert an. Weitere Werte werden ständig von der Standardeingabe gelesen und die Anzeige auf dem Bildschirm entsprechend aktualisiert. <eof> auf der Standardeingabe beendet die Boxanzeige. Man wird hier in der Regel **dialog** über eine Pipe mit Fortschrittswerten versorgen.

dialog liest zu Beginn die Datei ˜*/.dialogrc*. Hiermit sind Vorbelegungen möglich. Eine abweichende Initialisierungsdatei kann in der Umgebungsvariablen DIALOGRC festgelegt werden.

Für den grafischen Bildschirm bietet **gdialog** (aus GNOME) eine etwas attraktivere Darstellung der Dialogboxen.

diff [*option*] *datei_1   datei_2*   → **diff**erential file compare
       oder
diff [*option*] *verzeichnis_1   verzeichnis_2* → **diff**erential file compare whole directories

diff vergleicht die beiden angegebenen Dateien und gibt auf die Standardausgabe aus, welche Zeilen wie geändert werden müssen, um mit Hilfe des **ed**-Editors *datei_2* aus *datei_1* zu erzeugen. Statt eines Dateinamens lässt sich auch ›—‹ für die Standardeingabe oder die Standardausgabe angeben. Die Ausgabe hat etwa folgendes Format:

n1 **a** *n2,n3*   für einzufügende Zeilen

n1,n2 **d** *n3*   für zu löschende Zeilen

n1,n2 **c** *n3,n4*   für auszutauschende Zeilen

n1, n2, n3 sind dabei Zeilenangaben.

In der zweiten Form werden die einzelnen Dateien ganzer Verzeichnisse verglichen. Als Optionen werden neben --**help** und --**version** (–**v**) akzeptiert:

–*n*   gibt bei Kontextvergleichen und bei *Unified*-**diff** *n* Zeilen der Umgebung (vor und nach der unterschiedlichen Zeile) mit aus (siehe –**u**).

–**a**   (--**text**) behandelt alle Zeilen als Text (ascii), auch wenn dies nicht so aussehen mag.

–**b**   (--**ignore-space-change**) betrachtet mehrere Tabulator- und Leerzeichen beim Vergleich wie ein *White-Space*-Zeichen.

–**B**   (--**ignore-blank lines**) ignoriert Leerzeilen beim Vergleich.

–**c**   Kontext-**diff**: zeigt bei den unterschiedlichen Zeilen jeweils drei Zeilen Kontext (davor und danach) mit an.

–**C** *n*   (--**context**[=*n*]) arbeitet wie –**c**, jedoch mit *n* Zeilen Kontext (statt 3).

–**d**   (--**minimal**) gibt bei Segmenten mit vielen Änderungen nur den Anfang aus und ignoriert den Rest.

–**D** *name*   (--**ifdef**=*name*) mischt aus *datei_1* und *datei_2* eine neue Datei mit **cpp**-Anweisungen zusammen, so dass die Ausgabedatei (mit *name* definiert) nach dem **cpp**-Lauf *datei_2* ergibt und ohne die ›#**ifdef** *name*‹ bzw. ›#**ifndef** *name*‹-Anweisung als Ergbnis *datei_1* liefert.

–**e**   (--**ed**) erzeugt **a**-, **c**-, **d**-Kommandos für **ed**. Mit diesen kann *datei_2* aus der Datei *datei_1* erzeugt werden.

–**E**   (--**ignore-tab-expansion**) ignoriert Unterschiede, die sich aus der Expansion von <tab> zu Leerzeichen ergeben.

–**f**   gibt wie bei –**e** Kommandos für **ed** aus – jedoch in umgekehrter Reihenfolge. Dies ist nicht für **ed** geeignet, da dort die umgekehrte Editierreihenfolge nicht sinnvoll sein muss.

--from-file=*dat1* vergleicht *dat1* gegen alle folgenden Dateien. *dat1* darf auch ein Verzeichnis sein.

−F *ra* (**--show-funktion-line**[=*ra*]) zeigt bei Kontext- und Unified-**diff**-Läufen die letzte Zeile, welche auf den regulären Ausdruck passt, jeweils vor dem Block mit den geänderten Dateien/Zeilen.

--*gtyp*-group-format=*gfmt*. *gtyp* kann dabei sein: **old, new, unchanged** oder **changed**. Für *gfmt* siehe die Beschreibung am Ende des Kommandos.

−h arbeitet schneller, kann jedoch nur kurze Unterschiede verkraften. **−e** und **−f** sind nicht zusammen mit **−h** möglich.

--horizon-lines=*n* gibt *n* Zeilen der dem Unterschied vorangehenden und nachfolgenden (gleichen) Zeilen mit aus.

−H arbeitet mit speziellen Heuristiken, um die Verarbeitung großer Dateien mit vielen kleinen Änderungen zu beschleunigen.

−i (**--ignore-case**) ignoriert beim Vergleich Unterschiede in der Groß-/ Kleinschreibung.

−I*ra* (**--ignore-matching-lines=*ra***) ignoriert beim Vergleich Zeilen, die auf den regulären Ausdruck *ra* passen.

−l (**--paginate**) schickt die Ausgabe zur Formatierung durch **pr**.

--left-column gibt bei der zweispaltigen Darstellung (mit **−y**) nur die linke Spalte aus.

--line-format=*lfmt*. Siehe hierzu die *fmt*-Beschreibung am Ende der Kommandobeschreibung.

--LTYPE-line-format=*lfmt*. *ltyp* kann dabei sein: **old, new** oder **unchanged**. Für *lfmt* siehe die Beschreibung am Ende des Kommandos.

−L *text* (**--label=*text***) gibt bei Kontext- und Unified-**diff**-Läufen statt der Dateinamen den angegebenen Text als Markierung aus. Es können zwei solcher Optionen die Markierungen für die beiden Dateinamen vorgeben.

−n (**--rcs**) erzeugt die Unterschiedliste im RCS-Format.

−N (**--new-file**) betrachtet nicht vorhandene Dateien als leer.

−p (**--show-c-function**) ist für den Vergleich von C- oder Java-Quellcodedateien gedacht. Es zeigt, in welcher C-Funktion sich die Änderungen befinden.

−P (**--unidirectional-new-file**) fehlt (beim Vergleich der Dateien in zwei Verzeichnissen) im ersten Verzeichnis eine Datei, die im zweiten Verzeichnis vorhanden ist, so wird für den Vergleich angenommen, dass die Datei im ersten Verzeichnis leer ist.

−q (**--brief**) gibt nur aus, ob es Unterschiede gibt, nicht jedoch die Unterschiede.

--speed-large-files optimierte den Vergleich für große Dateien mit zahlreichen kleinen verstreuten Änderungen.

--strip-trailing-cr löscht in der Eingabe die ⌜cr⌝-Zeichen (*Carriage Return*).

--supress-common-lines unterdrückt bei der zweispaltigen Ausgabe (per Option **−y**) identische Zeilen.

−t (**--expand-tabs**) expandiert Tabulatorzeichen vor dem Vergleich zu entsprechenden Leerzeichen.

--to-file=*dat2*   vergleicht alle Operanden gegen die Datei (oder das Verzeichnis) *dat2*.

–T   (**--inital-tab**) fügt am Zeilenanfang einen Tabulator ein, um bereits vorhandene Tabulatoren korrekt anzuordnen.

–u   aktiviert das so genannte *Unified*-**diff** – eine kompakte Form von –c. Alte und neue Zeilen werden mit jeweils drei Zeilen der Umgebung in einem Block ausgegeben.

–U *n*   (**--unified**=[*n*]) arbeitet wie **–u,** erlaubt aber die Größe des Kontextes vorzugeben (Standard = 3).

–w   (**--ignore-all-space**) ignoriert beim Vergleich Leer- und Tab-Zeichen.

–W *n*   (**--width**=n) definiert für das zweispaltige Format (–y) die maximale Spaltenbreite (Standard = 130).

–y   (**--side-by-side**) erzeugt eine zweispaltige Ausgabe (aller Zeilen) mit den Unterschieden per ›<‹ oder ›>‹ markiert.

Folgende Optionen werden zum Vergleich der Dateien ganzer Dateiverzeichnisse (*directories*) verwendet:

--ignore-file-name-case   ignoriert Unterschiede in der Groß-/Kleinschreibung der Dateinamen.

–l   filtert vor dem eigentlichen **diff**-Lauf die einzelnen Dateien durch das **pr**-Programm und unterteilt den Inhalt damit in einzelne Seiten. Am Ende des Textreports werden weitere Unterschiede aufgeführt. Man erhält damit einen sehr ausführlichen Vergleich.

--no-ignore-file-name-case   betrachtet die Groß-/Kleinschreibung beim Vergleich der Dateinamen als signifikant.

–r   führt **diff** rekursiv durch, d.h. auf jeweils den ganzen Dateibaum in den angegebenen Verzeichnissen.

–s   führt im Bericht auch Dateien auf, die gleich sind.

–S *name* (**--starting-file**) Beim Vergleich von Verzeichnissen wird erst ab der Datei mit dem vorgegebenen Namen verglichen.

–x *ra*   (**--exclude**=*ra*) unterdrückt den Vergleich in einem Verzeichnis, auf dessen Namen der reguläre Ausdruck *ra* passt.

–X *ad*   (**--exclude-from**=*ad*) arbeitet wie **–x,** liest aber die regulären Ausdrücke für die zu ignorierenden Dateien aus der Ausnahmedatei *ad*.

Bei einigen Optionen der Art *xxx*-**group-format** oder *xxx*-**line-format** können Formate (*gfmt, lfmt*) angegeben werden. Diese erlauben den Aufbau der Ausgabe genauer vorzugeben. Im *gfmt*-Format können dabei vorkommen:

%<   Zeilen aus der *datei_1*   %> Zeilen aus *datei_2*

%=   Zeilen aus beiden Dateien

%[–][*breite*][.[*nachstellen*]]{doxX}z   definiert ein Format analog zu **printf** für das Zeichen z.

F   erste Zeilennummer   L   letzte Zeilennummer

N   L-F+1 (Anzahl der Zeilen)   E   F-1

M   L+1

Im *lfmt*-Format dürfen vorkommen:

%L   Inhalt der Zeile   %l   Zeile ohne [n] am Zeilenende
%%   entspricht dem Zeichen %   %c'*z*' das einzelne Zeichen z.
%c'*ooo*' das Zeichen mit dem Oktalcode \ooo.
%[−][*breite*][.[*nachstellen*]]{doxX}*n*   definiert ein Format analog zu **printf**
                                             für die Zeilennummer *n*.

Das **diff**-Kommando kann nur Dateien bis zu einer *mittleren* Größe vergleichen. Sind die einzelnen Dateien sehr groß, so sollte **bdiff** (∗nd∗) verwendet werden.

✎   diff −b prog.alt.c prog.c
    → vergleicht die Dateien *prog.alt.c* und *prog.c* und gibt in der oben beschriebenen Form die Abweichungen an. Die erzeugten Ausgaben zeigen an, welche Modifikationen in *prog.alt.c* gemacht werden müssen, damit daraus *prog.c* entsteht.

✎   diff −bir diralt dirneu
    → Es sei hier angenommen, dass *diralt* und *dirneu* Verzeichnisse seien. Dann vergleicht das Kommando alle Dateien in den beiden aufgeführten Verzeichnissen sowie die aller Unterverzeichnisse von *diralt* mit denen von *dirneu*. Beim Vergleich werden führende Leerzeichen, Unterschiede in Leer- und Tabulatorzeichen, sowie die Groß-/Kleinschreibung ignoriert.

diff3 [*optionen*] *datei1 datei datei3*   → run **diff** for 3 files

führt einen Vergleich ähnlich **diff** durch, jedoch mit drei Dateien. Eine der Dateien darf die Standardeingabe sein (per ›−‹ angegeben). Dabei wird davon ausgegangen, dass *datei2* die Grundversion ist, von der aus *datei3* und *datei1* entstanden sind. Dabei wird *datei2* gegen *datei3* verglichen und der Unterschied in *datei1* integriert − so man die Ausgabe als **ed**-Skript gegen *datei1* laufen lässt. Der eigentliche Vergleich wird mit **diff** durchgeführt. Der Exit-Status **0** signalisiert einen erfolgreichen Lauf. Bei 1 traten Konflikte auf, und bei **3** gab es größere Probleme.

Als Optionen sind neben --**help** und --**version** (bzw. −**v**) möglich:

−3   (--**easy-only**) arbeitet wie −**e**, gibt aber nur nicht überlappende Änderungen aus.

−a   (--**text**) betrachtet alle Dateien als reine Textdateien und vergleicht sie zeilenweise.

−A   (--**show-all**) gibt ein **ed**-Skript für alle Änderungen aus. Überlappungen werden mit Klammern (>>> ... <<<) markiert.

--**diff-program**=*prog* führt den eigentlichen Vergleich mit dem Programm *prog* aus (statt mit **diff**).

−e   (--**ed**) erzeugt ein **ed**-Skript, welches alle Änderungen von *datei2* nach *datei3* (wie oben beschrieben) in *datei1* einbaut.

−E   (--show-overlap) entspricht −e, markiert aber alle überlappenden Änderungen mit >>>- und <<<-Zeilen.

−i   fügt im **ed**-Skript zusätzlich am Ende die Befehle **w** (sichern) und **q** (**ed** beenden) ein.

−L *m*   (--label=*m*) verwendet in den Meldungen statt des Dateinamens die Marke *m*.

−m   (--merge) führt das erstellte **ed**-Skript gleich auf *datei1* aus und gibt das Ergebnis der Änderungen auf die Standardausgabe.

−T   (--inital-tab) fügt am Zeilenfang jeweils ein Tabulatorzeichen ein, um ein bereits vorhandenes Tabulatorzeichen korrekt zu positionieren.

−x   (--overlap-only) arbeitet wie −E, gibt aber nur die überlappenden Änderungen aus.

−X   wie −x, aber mit Klammerung der Überlappungen

dir [*optionen*] [*verzeichnis*]   → list content of **directories**

gibt Informationen über die Dateien in dem angegebenen Verzeichnis oder den Verzeichnissen aus. **dir** arbeitet (fast) vollständig wie **ls** (siehe Seite 345), hat aber einige andere Format-/Optionsvorbelegungen. Es entspricht ansonsten weitgehend ›ls −l …‹. Eine weitere Variante ist das Kommando **vdir**.

dircolors [*option*] [*datei*]   → set **colors** to makr **directories** in ls

Die Kommandos **ls** und **dir** (sowie einige weitere) kennzeichnen Verzeichnisse und andere spezielle Dateiarten mit Farben, sofern entsprechende Optionen gesetzt sind (bei ls z. B.: ›ls --color‹ oder ›ls --color=always‹; die Optionen können auch in LS_OPTIONS vorbesetzt sein). Die Zuordnung von Farbe zu Dateityp lässt sich über die Umgebungsvariable LS_COLORS festlegen. **dircolors** erlaubt diese Belegung vorzunehmen. Es liest die Definition dazu aus der angegebenen Dateien. Fehlt diese, wird eine programminterne Tabelle verwendet. **dircolors** ganz ohne Parameter aufgerufen, gibt die aktuell in LS_COLORS vorhandenen Zuordnungen aus.

dircolors kennt neben **--help** und **--version** folgende Optionen:

–b   (**--sh**, **--bourne-shell**) besorgt das Setzen von LS_COLORS in der Syntax der Bourne–Shell. Dies passt ebenso für die **bash** und die Korn-Shell.

–c   (**--csh**, **--c-shell**) führt das Setzen von LS_COLORS in der Syntax der C–Shell aus. Dies passt ebenso für die **tcsh**.

–p   (**--print-database**) gibt an, aus welcher Standarddatei die Farbzuordnung gelesen wird, falls beim Aufruf keine Datei angegeben wird.

Den korrekten Aufbau der Definitionsdatei erhält man über die Option **–p**. Eine Farbkennzeichnung ist natürlich nur dort möglich, wo die Dialogstation oder die Terminal-Emulation solche Farbumstellungen im Text unterstützt.

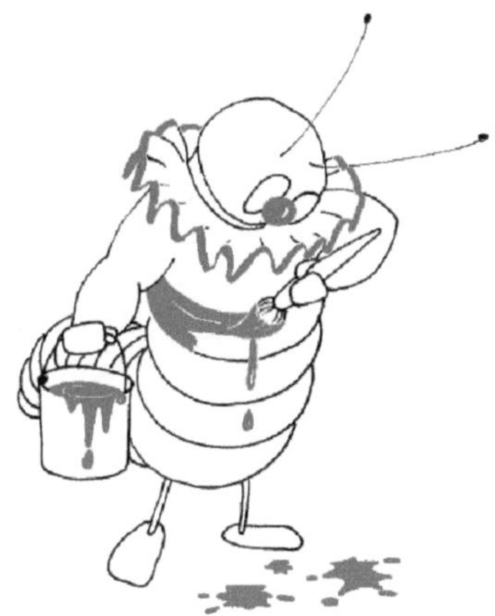

dirname *name*   → extract **directory name** (path name)

entfernt den eigentlichen Dateinamen aus *name* und liefert damit den Namen des Verzeichnisses (den Pfadnamen der Datei) zurück.

Das Gegenstück zu **dirname** ist das Kommando **basename**, mit dem entsprechend die Pfadnamenskomponente entfernt werden kann.

    ✎ $1 sei */usr/neuling/prog.p*.
           Dann liefert
           dirname $1
           → als Ergebnis */usr/neuling*.

du [*option*] [*datei* ...]   → give disk usage of file(s)

gibt die Belegung (Anzahl von kByte-Blöcken) durch die Datei(en) an. Bei Verzeichnissen wird die Belegung aller darin enthaltenen Dateibäume ausgegeben. Fehlt die Angabe *datei*, so wird das aktuelle Verzeichnis impliziert. Als Option sind (neben --**help**, --**version**) möglich:

–a	(--**all**) gibt für jede einzelne Datei die Blockzahl an (Standard).
–b	(--**byte**) macht Größenangaben in Byte.
–B *n*	(--**blocksize**=*n*) gibt an, mit welchen Blockgrößen gerechnet wird.
–c	(--**total**) gibt zum Schluss auch die Gesamtgröße (Summe) aus.
–D	(--**dereference-args**) verfolgt (nur innerhalb der angegebenen Verzeichnisse) symbolische Links.
–h	(--**human-readable**) macht Größenangaben in Byte, kB oder GB.
–H	(--**si**) arbeitet wie –**h**, aber in 10^x statt in 1024er Einheiten.
–k	(--**kilobytes**) Die Größenangaben sollen in kB erfolgen (Standard).
–l	(--**count-link**s) berechnet Dateien, auf die per Links mehrfach verwiesen wird, mehrmals bei der Berechnung der Summe.
–L	(--**dereference**) verfolgt symbolische Links bis zur eigentlichen Datei.

--**exclude**=*muster*

Dateien, auf die *muster* passt, werden nicht berücksichtigt.

--**max-depth**=*n*

Verzeichnisse werden nur bis zu einer Tiefe *n* verfolgt.

–m	(--**megabytes**) Größenangabe in MB (Standard: kB)
–s	(--**summerize**) gibt nur die Gesamtzahl der Blöcke aus.
–S	(--**separate-dirs**) zählt Unterverzeichnisse nicht bei übergeordneten Verzeichnissen (deren Summe) mit.
–x	(--**one-file-system**) zählt nur Dateien im aktuellen Dateisystem.

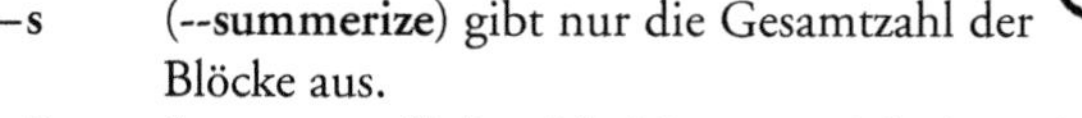

–X *datei* (--**exclude-from**=*datei*) ignoriert bei der Zählung Dateien, welche auf eines der Muster in *datei* passen.

    ✎   du –s /home/neuling
        → gibt die Anzahl der Blöcke an, die durch das Verzeichnis */home/neuling* und die darin enthaltenen Dateien belegt sind.

    ✎   du –s –m /usr/*
        → gibt eine Liste der Verzeichnisse in */usr* aus und zeigt für alle darin enthaltenen Unterverzeichnisse (mit deren ganzen Dateibaum) und Dateien die Anzahl der davon belegten Blöcke in Megabyte an.

    ✎   du . | sort –nr | less
        → zeigt die Dateien der aktuellen Verzeichnisse (und aller Unterverzeichnisse) sortiert nach der Größe (die größten zuerst) in **less** an.

echo [*optionen*] [*argumente*] → **echo** the expanded arguments

liefert die ausgewerteten Argumente zurück. Die Argumente werden dabei von der Shell nach deren Regeln expandiert.

echo wird zumeist in Shell-Prozeduren zur Ausgabe von Kommentaren, sowie zur versuchsweisen Expandierung von Parametern verwendet. In die Argumentenliste können Sonderzeichen in C-ähnlicher Schreibweise aufgenommen werden:

\a	für *Alert* bzw. einen Glockenton
\b	für <backspace>
\c	falls am Ende der Ausgabe **kein** Zeilenvorschub erfolgen soll
\f	für <seitenvorschub>
\n	für <neue zeile>
\r	für <carriage return>
\t	für <tab>
\v	für <vertikal tab>
\\	für das Zeichen \ selbst
\0*xxx*	mit *xxx* = 1−3 Oktalziffern

Optionen von **echo** sind neben **--help** und **--version**:

−e	Bei manchen Versionen (z.B. dem **bash**-internen **echo**) funktionieren erst hiermit die oben aufgeführten Sonderzeichen.
−E	Die Funktion der Sonderzeichen wird abgeschaltet.
−n	Der abschließende Zeilenvorschub wird unterdrückt.

➥ Diese Beschreibung gilt für das eigenständige Programm **/bin/echo**. In den meisten Shells (auch in der **bash**) ist **echo** eine interne Funktion und kann andere Optionen (oder nur einen Teil) zulassen.

✎ echo $LANG
→ gibt die Belegung der Variablen $LANG aus und gestattet damit eine einfache Prüfung, ob und wie diese Variable belegt ist.

✎ echo "\007Bitte geben Sie Ihren Namen an: \c"
→ Der Text *Bitte geben Sie Ihren Namen an:* wird am Bildschirm ausgegeben und die Schreibmarke nicht an den Anfang der nächsten Zeile positioniert, sondern unmittelbar anschließend an die Meldung (genau: an die Stelle des ›\‹).
Die Ausgabe wird von einem akustischen Zeichen (Pieps, ausgelöst durch ›\007‹) begleitet.

ed [–] [**–Gs**] [**–p** *text*]   [*datei*]   → start standard **editor**
    oder
red [–] [**–Gs**] [**–p** *text*]   [*datei*]   → start restricted version of **editor**

ist der Aufruf des zeilenorientierten Editors **ed**. Die Option –**s** (für *silent*) oder das führende ›–‹ unterdrückt die Ausgaben des **ed** über die Anzahl der eingelesenen Zeichen bei den **ed**-Kommandos **e**, **r**, **w**.
Durch ›–**p** *text*‹ kann der Benutzer einen Text (Prompt) angeben, der von **ed** ausgegeben wird, wenn **ed** das nächste Kommando bearbeiten kann.
Die Option –**G** aktiviert einen Kompatibilitätsmodus zu älteren, klassischen **ed**-Versionen.
red ist ein eingeschränkter Modus des **ed**, in dem keine Shell-Kommandos innerhalb des Editors ausgeführt und in dem nur Dateien im lokalen Verzeichnis editiert werden können.
Weitere übliche Optionen sind --**help**, --**version** und --**silent** oder --**quiet**.

ed ist der ursprüngliche Standardeditor des Unix-Systems (und damit auch Vorbild des **edlin**), hat aber heute seine Bedeutung als Editor zur interaktiven Textarbeit verloren. Seine heutige Bedeutung begründet sich aus seiner Position als eines der ersten Unix-Werkzeuge überhaupt. Viele neue Werkzeuge zur Textbearbeitung unter Unix/Linux verwenden Ideen aus **ed**, und die **ed**-Manualseite gibt auch nach wie vor die beste Beschreibung der regulären Ausdrücke. Daneben wird ed immer noch vielfach in Skripten zur Erstellung von Texten benutzt oder um Änderungen Skript-gesteuert durchzuführen. Einige Vergleichswerkzeuge wie etwa **diff** und **diff3** erzeugen solche **ed**-Skripten. Eine erweiterte Version von **ed** mit weitgehend kompatibler Syntax ist **ex** (siehe Seite 482), welches wiederum ein vereinfachter Modus des **vi** bzw. **vim** ist.

Eine detaillierte Beschreibung des **ed** ist in Kapitel 5.1 ab Seite 453 zu finden.

egrep [*optionen*] *ausdruck* [*datei* ...]   → find *ausdruck* in files

entspricht grep ›**grep** –**E** *ausdruck* ...‹, d.h. es darf ein erweiterter regulärer Ausdruck für das Suchmuster verwendet werden – was bei der **GNU**-Version von **grep** der Standard ist. Siehe hierzu **grep** auf Seite 295.

eject [*option*] *funktion* [*gerät*]   → eject a removable media

Das **eject**-Kommando erlaubt, entfernbare Datenträger wie CDs, DVDs, Floppies (leider nur bei wenigen Laufwerken), JAZ-, ZIP oder MO-Medien oder Streamer-Kassetten auszuwerfen und zuvor das Dateisystem regulär auszuhängen (per implizitem **umount**). *gerät* darf das wirkliche Gerät oder ein Pseudogerät (z. B. */dev/dvd*) sein, welches auf eine reale Gerätedatei verweist. Die Optionen –f, –q, –r, –s erlauben Auswurfmethoden vorzugeben. Diese können auch kombiniert werden. Wird keine Methode angegeben, so versucht **eject** nacheinader alle vier Methoden. War das Kommando erfolgreich, ist der Exit-Status 0.

Als Funktion sind neben --**help**, --**version** (oder –V) und --**verbose** (oder –v) möglich:

–d	(--**default**) gibt die Liste der Standardgeräte aus, mit denen **eject** arbeiten kann.
–a *m*	(--**auto**=*m*) definiert für Laufwerke, die dies unterstützen, dass das Medium ausgeworfen werden soll, sobald das Gerät per **close**() geschlossen wird. *m* darf sein:

    on *oder* 1   automatischer Auswurf bei **close**() aktivieren

    off *oder* 0   automatischer Auswurf bei **close**() dekativieren

–c *fach*	(--**changerslot**=*fach*) definiert, aus welchem Fach bei einem CD- oder Bandwechsler, das Medium genommen werden soll. Die Zählung beginnt bei o. Die ist nur bei CD- oder Bandrobotern möglich.
–t	(--**trayclose**) erteilt der CD-/DVD die Anweisungen, die Schublade zu schließen (sofern das Gerät dies unterstützt).
–x *g*	(--**cdspeed**=*g*) gibt vor, dass das CD-/DVD-Laufwerk mit der angegebenen Geschwindigkeit *g* arbeiten soll (statt mit der maximalen).

Als ergänzende Optionen sind möglich:

–f	wirft das Medium mit einem Floppyddisk-Auswurf-Kommando aus (z. B. auf einem Macintosh).
–n	(--**noop**) zeigt den Namen des wirklichen Gerätes, führt aber keinen Auswurf durch.
–p	(--**proc**) erlaubt statt */etc/mtab* die Werte aus */proc/mounts* zum Aushängen zu benutzen und ruft **umount** mit der Option –n auf.
–q	(--**tape**) definiert, dass das Band mit einem *tape-drive-offline*-Kommando ausgeworfen wird.
–r	(--**cdrom**) wirft das Medium mit einem CD-ROM-Auswurf-Kommando aus.
–s	(--**scsi**) bewirkt den Auswurf mit einem entsprechenden SCSI-Kommando.

✎   eject –v /dev/dvd ; wait 60 ; eject –t /dev/dvd
    → wirft die DVD auf /dev/dvd aus, wartet 60 Sekunden und schließt danach die Schublade des Laufwerks.

emacs *[option] funktion [parameter] [datei(en)]*   → start the **emacs** editor

startet den sehr mächtigen Editor **emacs**. Dieser bietet neben dem normalen Editormodus z. B. Modi zum Lesen von E-Mail, zur Formatierung von Texten oder zur Programmentwicklung und Kompilierung. emacs setzt auf einem Lisp-Dialekt auf und erlaubt so mächtige Funktion zur Verarbeitung von Texten. Zugleich kann er über entsprechende Einstellungen andere Editoren (wie etwa den **vi/vim**) emulieren. Einmal aufgerufen, lässt sich die emacs-Hilfe über [Strg]-[H] aktivieren. Zur halbwegs vollständigen Beschreibung des **emacs** bedarf es eines eigenen Buchs. Eine knappe Einführung gibt **info emacs**. Mit den meisten emacs-Paketen selbst wird eine ausführliche Dokumentation mitgeliefert.

xemacs ist eine erweiterte und X11-fähige Version und durch die grafische Oberfläche auch für den **emacs**-Anfänger einfacher zu bedienen. xemacs nutzt unter der grafischen Oberfläche ein eigenes Fenster. Man wird dies in der Regel im Hintergrund starten (mit ›xemacs … &‹).

Zu den wesentlichen Optionen des GNU-**emacs/xemacs** gehören:

+n	springt gleich zur Zeile n der geöffneten Datei.
–batch	führt **emacs** im Batch-/Skript-Modus aus. Das dabei abzuarbeitende Skript wird danach per **–l** *datei* und/oder per **–f** *datei* angegeben.
–f *datei*	gibt vor, dass die in Datei liegenden Lisp-Funktionen geladen werden sollen.
–l *datei*	gibt vor, dass die in *datei* liegenden Lisp-Anweisungen geladen werden sollen.
–q	unterdrückt das Laden der Initialisierungsdatei.
–t *datei*	(als 1. Option der Kommandozeile) gibt vor, dass statt der Standardein- und Ausgabe die angegebene Datei oder das entsprechende Gerät als Dialogkanal zu nutzen ist.
–u *benutzer*	lädt die Initialisierungsdatei des angegebenen Benutzers.

Weitere Optionen sind möglich, wenn man die X11-**emacs**-Version **xemacs** verwendet. Sie steuert zumeist die Darstellung, die Verwendung von Farben, Fensterattribute und die verwendeten Schriften (Fonts). emacs greift beim *intelligenten* Editieren spezieller Dateien/Formate (etwa eines C-Quellprogramms) auf eine Reihe von Syntaxdefinitionen zurück, die in der Regel im Verzeichnis */usr/local/share/emacs* zu finden sind. Benutzerspezifische Einstellungen werden in der Datei *˜/.emacs* gespeichert und beim Start ausgelesen.

✎   emacs +120 Tagung.html
     → startet emacs. Der Editor liest die Datei *Tagung.html* ein und springt gleich zur Zeile 120.

✎   xemacs Tagung.html –title Tagung&
     → startet den erweiterten emacs für X11. Dieser bearbeitet die Datei *Tagung.html* in einem eigenen X11-Fenster. Der Titel des X11-Fensters ist *Tagung*.

env [*option*] [*var = wert*] [*kommando argumente*]   → show shell **env**ironment

Mit dem **env**-Kommando kann die aktuelle Shell-Arbeitsumgebung ausgegeben werden, d.h. alle exportierten/globalen Variablen. Die Ausgabe erfolgt in der Syntax, wie sie auch für die Variablendefinition in der **bash**, Bourne- und Korn-Shell gültig ist. Ähnliche Funktionen haben **set** und **printenv**.

Wird das **env**-Kommando einem anderen Kommando vorangestellt, so können damit besondere Bedingungen für den Ablauf dieses Kommandos hergestellt werden, indem Variablenbelegungen nur für den Ablauf des Kommandos hergestellt werden oder festgelegt wird, dass dieses die aktuell definierten Variablen vollkommen ignorieren soll.

Mit *var = wert* wird angegeben, dass für das anschließend aufgerufene Kommando die Variable *var* mit *wert* belegt werden soll.

Neben --**help** und --**version** werden als Option verarbeitet:

−, −i   (--**ignore-environment**) *Hiermit* ignoriert das anschließend aufgerufene Kommando die aktuell definierten Umgebungsvariablen vollständig, übernimmt aber die in den Kommandozeilen definierten Variablen mit ihren Werten.

−u *var*   (--**unset** *var*) löscht die angegebene Variable *var*.

✎   env
    → gibt alle aktuell definierten und exportierten Variablen und Funktionen am Bildschirm (auf der Standardausgabe) aus. Damit kann am einfachsten überprüft werden, ob und wie bestimmte Variablen belegt sind.

✎   env HOME=/tmp ksh
    → startet eine neue Korn-Shell, die das Verzeichnis /tmp als Heimatverzeichnis benutzt.

✎   env > myenv
    → Die aktuell definierten Variablen werden in der Datei *myenv* abgelegt, wo sie von einer Kommandoprozedur durch ein Kommando wie z.B. ». *myenv*« eingelesen oder ausgewertet werden können.

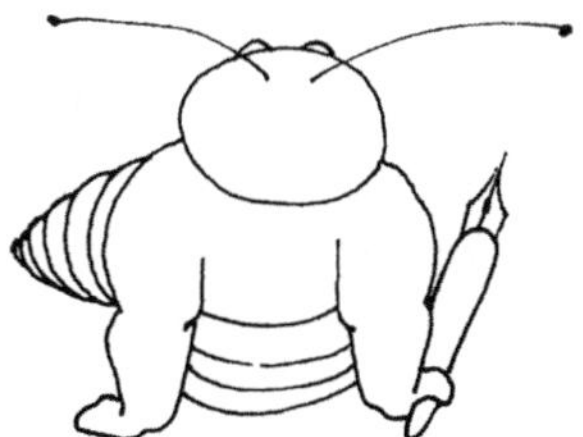

ex [*optionen*] [dateien]   → start **ex editor**

startet den Editor **ex**. Folgende Optionen sind neben --**help** (oder –h) und --**version** möglich:

–	unterdrückt alle interaktiven Antworten des Editors und wird in der Regel verwendet, wenn man mit **ex** nicht interaktiv arbeitet, sondern die Editierkommandos aus einer Kommandodatei liest (englisch: *script file*).
+ [*n*]	springt sofort zur Zeile *n*. Fehlt *n*, so wird zum Ende der Datei gesprungen.
–b	startet **ex** im Binär-Modus.
–c *kom*	**ex** führt das Kommando *kom* sogleich nach dem Start und dem Laden der ersten Datei aus.
–l	schaltet den LISP-Modus ein. In ihm wird entsprechend der LISP-Syntax eingerückt und gesucht.
–r [*datei*]	Wurde der Editor bei einer vorhergehenden Sitzung abgebrochen (oder kam es zu einem Systemabsturz), so kann man mit Hilfe dieser Option den größten Teil der durchgeführten Modifikationen zurückgewinnen. Sind mehrere Abbruchversionen vorhanden, so zeigt **ex** dies an.
–R	gibt an, dass die Datei nur gelesen werden soll (*read only*). Modifikationen sind dann nicht möglich.
–t *tag*	Dies entspricht einem *tag*-Kommando zu Beginn einer **ex**-Sitzung. *tag* ist dabei der Begriff, nach dem gesucht wird. Wird diese Option benutzt, so sollte kein Dateinamen beim Aufruf von **ex** angegeben sein. Der Editor ermittelt den Namen der zu editierenden Datei aus der *Tag-Datei* (entweder die Datei *ctags* im lokalen Verzeichnis oder die Datei */usr/lib/ctags*).
–v	startet **ex** sofort im **vi**/**vim**-Modus.
–x	Es wird eine Chiffrierung und Dechiffrierung des editierten Textes vorgenommen. Der zur Chiffrierung verwendete Schlüssel wird interaktiv erfragt.

Es gibt zahlreiche weitere Optionen, welche zusammen mit einer ausführlicheren Beschreibung von **ex** im Kapitel 5.3 ab Seite 482 zu finden sind.

Weitere Formen des **ex** sind **vi** bzw. **vim** (der Bildschirmmodus des **vim**), **view** (**vim** im Modus *readonly*), **gvim** und **gview** (die GUI-orientierten Versionen, welche ein eigenes X11-Fenster öffnen) sowie **rvim**, **rview**, **rgvim** und **rgview** welches die entsprechenden Basiseditoren in einem eingeschränkten (*restricted*) Modus aktivieren – wie oben unter der Option ›–**R**‹ beschrieben.

expand [*optionen*] *datei(en)*   **expand** tabs to blanks

expandiert die Tabulatorzeichen in den angegebenen Dateien (›—‹ steht für die
Standardeingabe) in eine entsprechende Anzahl von Leerzeichen um. Das Ergebnis geht zur Standardausgabe. Dabei werden folgende Optionen erkannt:

-**t**, -**t***tl* (--**tabs**=*tl*) Mit *tl* – einer durch Kommata getrennte Zahlenliste – werden die gewünschten Tabulatorpositionen vorgegeben. Der Standard
sind 8er-Schritte.

-**i**   (--**initial**)   Es werden nur die Tabulatoren am Zielenanfang ersetzt.

expr *argument(e)*   → evaluate **expression**

Die Argumente werden als Ausdrücke interpretiert und ausgewertet; das Ergebnis wird in der Standardausgabe zurückgeliefert. Jede Zeichenkette (ohne Zwischenraum) der Angabe
argument(e) wird als ein Argument gewertet. Die einzelnen Argumente werden durch Leerzeichen getrennt!
In einer zweiten Form verarbeitet **expr** die beiden Optionen --**help** oder --**version**.

In den Argumenten von **expr** sind nachfolgende
Operatoren erlaubt, wobei die Metzeichen der Shell
wie ›|, & <, >, =, *, \, %, (,), …‹ in geeigneter Form
vor der Shell-Interpretation zu maskieren sind, z.B.
durch ›\‹. In der Regel ist es aber einfacher, die gesamten
Argumente per '…' zu klammern.

expr-Ausdruck   **Wirkung**

a1 | *a2*   liefert als Ergebnis den ersten Ausdruck (*a1*) zurück, soweit
dessen Auswertung weder 0 noch ›0‹ ergibt; andernfalls ist das
Ergebnis der zweite Ausdruck (*a2*).

a1 & *a2*   liefert den ersten Ausdruck zurück, falls keiner der beiden
Ausdrucksauswertungen 0 oder ›0‹ ergibt; andernfalls wird ›0‹
zurückgeliefert.

a1 rop a2   liefert ›1‹, falls der Vergleich den Wert *wahr* ergibt und ›0‹,
falls er *falsch* ergibt. Sind beide Operanten Zahlen, so wird ein
numerischer Vergleich ausgeführt, ansonsten ein Vergleich
der Zeichenketten. Als *rop* sind möglich:

<	kleiner	<=	kleiner oder gleich
=	gleich	!=	ungleich
>=	größer oder gleich	>	größer

a1 + *a2*   Addition von *a1* und *a2*

a1 − *a2*   Subtraktion *a2* von *a1*

expr-Ausdruck	**Wirkung**
a1 * *a2*	Multiplikation *a1* mit *a2*
a1 / *a2*	Division *a1* durch *a2*
a1 % *a2*	Modulo-Funktion *a1* modulo *a2*
zk : *a1*	Das Textmuster des regulärären Ausdrucks *a1* entsprechend der **ed**-Syntax (siehe Tabelle 3.7 auf Seite 181) mit einem implizit vorangesetzten ›^‹ (*suche am Anfang eines Wortes*) wird in der Zeichenkette *zk* gesucht. Es wird die Länge der passenden Zeichenkette zurückgegeben.
index *text zf*	liefert die Position des ersten Zeichens aus *text* zurück, das auch in der Zeichenfolge *zf* vorhanden ist.
length *text*	liefert die Länge der Zeichenkette text zurück.
match *a1 a2*	Die beiden regulären Ausdrücke *a1* und *a2* werden miteinander verglichen und die Anzahl der übereinstimmenden Zeichen (oder 0) zurückgegeben. Für *a1* und *a2* gilt die Syntax von **ed** (siehe hierzu **ed**-Manualeintrag oder Tabelle 3.2 auf Seite 147), wobei jeweils vom Anfang der Zeichenketten aus verglichen wird.
quote *text*	interpretiert *text* als Zeichenkette, selbst wenn darin Metazeichen wie \ oder Schlüsselwörter wie **length** vorkommen.
substr *text n m*	schneidet aus der Zeichenkette *text*, beginnend ab Position *n* (1. Zeichen = Position 1) *m* Zeichen aus und gibt dieses Textstück zurück.
(*ausdruck*)	erlaubt Gruppierungen von Ausdrücken.

Sind beide Operanden einer Operation Zahlen, so erfolgt der Vergleich oder die Operation numerisch, ansonsten auf Zeichenketten und lexikographisch. Beim Mustervergleich wird die passende Zeichenkette zurückgegeben bzw. die leere Zeichenkette (null).

✎ n=`expr $n * 3` *(Bourne-Shell)* *oder* n=$(expr $n * 3)   *(bash)*
→ multipliziert die Shellvariable *$n* mit 3.

✎ x=7
while test $x −gt 0 ;
do *kommando* ;
    x=`expr $x − 1` ;
done
→ führt den Befehl *kommando* siebenmal aus.

✎ expr match $WORT '[0-9]*'
→ liefert zurück, wieviele Zeichen am Anfang von $WORT aus Ziffern bestehen.

fdformat [–n] *gerät* → **format** floppy disk on device *gerät*

formatiert die Floppy-Disc im angegebenen Gerät (in der Regel **/dev/fd***n*). Die Option **–n** unterdrückt die anschließende Überprüfung der Floppy auf defekte Blöcke. Über Erweiterungen **/dev/fd0***xxx* kann ein vom Standard (**fd***n***H1440**) abweichendes Floppy-Format angegeben werden. **setfdprm**(8) erlaubt für das Laufwerk Formatparameter zu setzen.

Die Floppy ist danach **fdformat** nur formatiert, hat aber noch kein Dateisystem eingerichtet. Dieses wird in der Regel mit **mkfs** angelegt.

Eine GUI-Version zum Formatieren und Initialisieren von Floppies ist z. B. das GNOME-Programm **gfloppy** sowie die KDE-Variante **kfloppy**. **kfloppy** kann die Floppy zudem entweder als DOS- oder als EXT2-Dateisystem initialisieren.

✎   fdformat /dev/fd0H1440 ; mformat –vtelefon A:

→ formatiert den Datenträger (die Floppy) im Floppylaufwerk 0 (3,5"-Floppy) und zwar als High-Density-Floppy (1,4 Mbyte). Anschließend wird darauf ein DOS-Dateisystem angelegt. Der Datenträger erhält den Volume-Namen *telefon*.

fdisk [*optionen*] *gerät* → **format disk**

(*SU*) erlaubt eine Magnetplatte zu partitionieren. Die Basisformatierung (benötigt z. B. bei SCSI-Platten) muss zuvor bereits erfolgt sein.

Das Partitionieren darf nur der Systemadministrator mit großer Sorgfalt durchführen. Dabei sollten die notwendigen Informationen über den alten Stand und die benötigten Partitionen bereit liegen. Siehe hierzu Kapitel 9.6, Seite 792. Zumeist ist ein Partitionieren mit GUI-Werkzeugen – z. B. bei SuSE-Linux aus YaST2 heraus – einfacher, da man einen besseren Überblick behält.

fgrep [*optionen*] *wort(e)* [*datei* ...] → **find** string *word* in files **grep**

durchsucht die angegebenen Dateien (oder die Standardeingabe) nach den in *wort(e)* angegebenen Zeichenketten. Die einzelnen Zeichenketten werden durch <neue zeile> getrennt.

Die Suchparameter in *wort(e)* dürfen keine regulären Ausdrücke, sondern nur einfache Zeichenketten sein. Auf die Geschwindigkeit von **fgrep** im Vergleich zu **grep** und **egrep** hat dies jedoch keine Auswirkung (das ›f‹ in **fgrep** steht für *fixed*, nicht für *fast*, wie oft behauptet). **fgrep** entspricht ›**grep** –F ...‹.

Eine ausführliche Erklärung ist unter **grep** (siehe Seite 295) zu finden.

✎   fgrep –n zeilen_nr suche.c

→ durchsucht das C-Quellprogramm *suche.c* nach Zeilen, in denen die Variable *zeilen_nr* verwendet wird und gibt diese Zeilen zusammen mit ihrer Zeilennummer aus.

file [*optionen*] [*–m mdatei*] *datei* ...   → guess **file** type
     oder
file [*optionen*] [*–f ndatei*] [*–m mdatei*]   → guess **file** type
     oder
file *–C* [*–m mdatei*] *datei* ...   → guess **file** type

file liest den Anfang der angegebenen Datei(en) und versucht daraus zu erraten, welche Art von Information in der Datei steht, bzw. um was für eine Datei es sich handelt. Zur Ermittlung benutzt es die Einträge der Datei */etc/magic* bzw. der per *–m* vorgegebenen Musterbeschreibung.

In der zweiten Form wird die Liste der zu untersuchenden Dateien aus der Datei *ndatei* gelesen (statt von der Kommandozeile).

Die dritte Form versucht die Eingabedatei syntaktisch zu zerlegen (zu *parsen*) und als *magic.mgc*-Datei auszugeben.

Folgende Optionen von **file** sind neben **--help** und **--version** möglich:

–b   (**--brief**) unterdrückt die Ausgabe der Dateinamen in der Ausgabe.

–c   (**--checking-printout**) Die Datei */etc/magic*, welche die Magic-Nummern und ihre Bedeutung enthält, wird auf Formatkonsistenz überprüft. Dies wird im Standardfall unterlassen.

–C   (**--compile**) erzeugt eine Ausgabedatei im magic.mgc-Format, welche eine zerlegte *(parsed)* Version der Eingabe enthält.

–f ndatei   gibt vor, dass die Namen der zu untersuchenden Dateien der Datei *ndatei* entnommen werden sollen.

–h   *Symbolische Links* sollen nicht verfolgt/aufgelöst, sondern als symbolische Links markiert werden.

–i   (**--mime**) gibt statt des besser lesbaren Standardformats für den Inhaltstyp die etwas unleserlichere *mime*-Zeichenkette aus.

–k   (**--keep-going**) Die Untersuchung wird nicht nach dem ersten Treffer abgebrochen, sondern fortgesetzt.

–L   (**--dereference**) verfolgt symbolische Verweise bis zur eigentlichen Datei und analysiert erst diese.

–m mdatei   weist **file** an, die *magic-file*-Datei *md* als Vergleichsmaßstab zu verwenden.

–s   (**--special-files**) Im Normalfall werden nur normale Dateien *(regular files)* analysiert. Hiermit werden auch zeichen- und blockorientierte Gerätedateien *(special files)* untersucht.

–z   (**--uncompress**) versucht die Typanalyse auch bei komprimierten Dateien.

Beispiele für die Ausgaben von **file** sind:

ascii text	Text mit vielen Sonderzeichen
blockspecial	ein blockorientiertes Gerät *(special file)*
character special	ein zeichenorientiertes Gerät *(special file)*
commands text	eine Shell-Kommando-Prozedur
C program text	Text mit Klammerungen entsprechend der C-Syntax

data	eine Datendatei (binär)
directory	ein Verzeichnis
empty	Die Datei ist leer.
English text	Text mit Groß- und Kleinschreibung
executable	eine ausführbare Code-Datei
fifo	eine *named pipe* (FIFO-Puffer)
object module	eine kompilierte Datei
roff, nroff, or eqn	Text mit Punkt (.)-Anweisungen am Anfang der Zeilen
troff output	Ausgabe des troff-Programms

In Ihrem System können in der Datei */etc/magic* noch weitere Typen definiert sein. Wird der Typ nicht über die Magic-File-Beschreibung erkannt, versucht file zu untersuchen, ob es sich um eine Textdatei handelt und welchen Zeichensatz (ASCII, ISO-8859-x, UTF-16, EBCDIC, …) er hat.

file wird in einer Reihe von anderen Programmen und Prozeduren zur Erkennung des zu verarbeitenden Dateityps eingesetzt – etwa in Print-Spoolern festlegen zu können, wie die Eingabe(-datei) zum Druck aufzubereiten ist.

Das Programm **file** wird implizit von einer ganze Reihe weiterer Programme verwendet, z.B. vom Print-Spooler um zu ermitteln, welche Konvertierung einer Datei für die Druckausgabe notwendig ist.

✎ file /bin/* | fgrep "commands text"
→ gibt eine Liste aller Dateien im Verzeichnis */bin* aus, die **file** für Kommandoprozeduren hält.

✎ file /newusr/*
→ Alle Dateien in dem Verzeichnis */newusr* werden untersucht und eine Klassifizierung vorgenommen. Diese wird auf die Dialogstation (Standardausgabe) geschrieben.

find [*verzeichnis(se)*] [*kriterien*] [*aktion*]   → **find** files with given attributes

Der **find**-Befehl durchsucht die im Parameter *verzeichnisse* angegebenen Dateibäume nach Dateien, welche den mit *kriterien* vorgegebenen Kriterien entsprechen. Wird kein Kriterium angegeben, so werden alle Dateien dieser Bäume als Treffer betrachtet. Die **find**-Optionen wirken als Filter, lassen also nur diejenigen Dateinamen bis zur nächten Option (oder zur Ausgabe) weiter durch, die den Bedingungen genügen. Wird keine spezielle Aktion angegeben, so werden die Namen der Dateien ausgegeben, welche die Filterkriterien erfüllt haben (dies entspricht der Aktion **–print**).

Folgende Filterkriterien sind bei **find** (neben **--help** und **--version**) möglich:

find-Filterkriterien	Wirkung
–amin *n*	Auf die Datei wurde innerhalb der letzten *n* Minuten zugegriffen.
–anewer *rdatei*	Der letzte Dateizugriff ist neuer als jener der angegebenen Referenzedatei *rdatei*.
–atime *n*	(*access time*) Auf die Datei wurde in den letzten *n* Tagen zugegriffen.
–cmin *n*	Die Datei ist nicht älter als *n* Minuten.
–cnewer *rdatei*	Die Datei ist neuer als die angegebene Referenzedatei *rdatei*.
–ctime *n*	(*creation time*) Die Datei wurde innerhalb der *n* letzten Tage angelegt.
–daystart *n*	bezieht die Zeitangaben in **–amin**, **–atime**, **–cmin**, … auf den Tagesbeginn statt 24 Stunden zurück.
–depth *name*	sorgt dafür, dass erst alle Einträge eines Verzeichnisses bearbeitet werden, bevor das Verzeichnis selbst untersucht wird.
–empty	Die Datei ist eine leere *normale* Datei oder ein leeres Verzeichnis.
–false	liefert immer den Wert ›falsch‹.
–follow	folgt symbolischen Verweisen (*symbolic links*) bis zur eigentlichen Datei. Dies ist normalerweise nicht der Fall.
–fstype *art*	Die Datei liegt auf einem Dateisystem der angegebenen Art (**ext2**, **ext3**, **ufs**, **nfs**, …).
–gid *n*	Die Datei hat die Gruppennumer (GID) *n*.
–group *g-name*	Die Datei gehört einem Mitglied der Gruppe *g-name*. *g–name* darf auch numerisch sein.
–iname *muster*	wie **–name**, ignoriert aber Groß-/Kleinschreibung.
–inum *n*	Die Datei hat die Knotennummer (*Inode*) *n*.
–ipath *n*	wie **–path**, ignoriert aber Groß-/Kleinschreibung.
–iregex *muster*	wie **–regex**, ignoriert aber Groß-/Kleinschreibung.
–liname *muster*	wie **–lname**, ignoriert aber Groß-/Kleinschreibung.
–links *n*	Auf die Datei existieren *n* Referenzen.
–lname *muster*	entspricht **–name**, gilt aber für symbolische Verweise.

find-Filterkriterien	Wirkung
−**mmin** *n*	Die Datei wurde in den letzten *n* Minuten verändert.
−**mount** *name*	Dies trifft immer zu. Die Suche wird auf das Dateisystem beschränkt, in dem das angegebene bzw. das aktuelle Verzeichnis liegt.
−**mtime** *n*	Die Datei wurde in den letzten *n* Tagen modifiziert.
−**name** *muster*	Der Dateiname passt auf *muster*. In *muster* dürfen die Metazeichen der Shell vorkommen, müssen jedoch maskiert sein.
−**newer** *rdatei*	Die Datei ist neuer als die vorgegebene Datei *rdatei*.
−**nogroup**	Die Datei hat eine Gruppennummer (GID), die in */etc/groups* nicht vorhanden ist.
−**nouser**	Die Datei hat eine Benutzernummer (UID), die in */etc/passwd* nicht vorhanden ist.
−**path** *muster*	sucht Dateien mit Namen, auf die *muster* passt. Dabei haben ›/‹ und ›.‹ nicht die übliche Sonderbedeutung.
−**perm** *wert*	Die Datei hat den Zugriffsmodus *wert* (oktaler oder symbolischer Wert). Wird ›-wert‹ verwendet, so sind die Dateien gemeint, bei denen die entsprechenden Bits bzw. Rechte nicht gesetzt sind. Bei ›+wert‹ sind es die Dateien, bei denen eines der Modusbits gesetzt ist.
−**regex** *muster*	Der Dateiname passt auf *muster*. Hier können in *muster* statt der Shell-Jokerzeichen die Metazeichen von **grep** (also erweitert) verwendet werden.
−**size** *n*	Die Datei ist *n* Blöcke groß. Folgt *n* ein **c**, so gilt die Größe in Bytes, **w** steht für Worte (2 Byte) und **k** für Kilobyte.
−**true**	passt immer und gibt alle Dateinamen im Suchpfad aus.
−**type** *t*	Die Datei ist vom Typ *t* . Dabei steht *t* für:
	b für *block special files* (Geräte)
	c für zeichenorientierte *special files* (Geräte)
	d für Verzeichnisse (*directory*)
	f für normale Dateien (*plain files*)
	l für einen *symbolischen Verweis* (*symbolic link*)
	p für FIFO bzw. *named Pipes*
	s für einen *Socket*
−**uid** *n*	Die Datei hat die Benutzernummer *n*.
−**used** *n*	Die Datei wurde in den letzten *n* Tagen benutzt.
−**user** *u_name*	Die Datei gehört dem Benutzer *u_name*.
−**xtype** *t*	entspricht −**type**, ist die Datei jedoch ein symbolischer Verweis, so wird der Typ der referenzierten Datei benutzt.
(*ausdruck*)	liefert den Wert *wahr*, falls der geklammerte Ausdruck wahr liefert.

Steht dabei für *n* eine Zahl, so ist ›*genau n*‹ gemeint. ›+*n*‹ steht für *mehr als n*, ›−*n* ‹ steht für *weniger als n*.

➔   Die Reihenfolge der Filter-Optionen ist wichtig, da sie nacheinander als Filter für die jeweils nächste wirken! Es wird von links nach rechts ausgewertet. Eine andere Reihenfolge kann durch (...)-Klammern vorgegeben werden. ›!‹ oder **−not** negiert das nachfolgende Filterkriterium.
Bei ›*filter1* **−a** *filter2*‹ oder ›*filter1* **−and** *filter2*‹ müssen ebenso wie bei der einfache Filterfolge ›*filter1 filter2*‹ beide Kriterien erfüllt sein.
Bei ›*filter1* **−o** *filter2*‹ oder ›*filter1* **−or** *filter2*‹ muss nur einer der beiden Kriterien erfüllt sein.
Shell-Metazeichen sind per \, '...' oder "..." zu maskieren!

Die nachfolgenden Optionen definieren, was **find** mit den auf die Filter passenden Dateinamen machen soll – fehlt jede Aktion, wird **−print** benutzt.

find-Aktionen	Wirkung
−exec *kommando* {} \;	liefert den Wert *wahr*, falls das ausgeführte Kommando *kommando* den Wert 0 zurückliefert. Im Kommando werden die Klammern ›{}‹, denen ein geschütztes Semikolon ›\;‹ folgen muss, durch den aktuellen Zugriffspfad ersetzt.
−fls *datei*	entspricht **−ls**, schreibt die Namen aber in die angegebene Ausgabedatei.
−fprint *datei*	schreibt den vollständigen Zugriffspfad der gefundenen Datei(en) in die angegebene Datei.
−fprint0 *datei*	enstpricht **−print0**, schreibt aber den Zugriffspfad der gefundenen Datei(en) in die angegebene Datei.
−fprintf *datei format*	enstpricht **−printf**, schreibt aber den Zugriffspfad der gefundenen Datei(en) in die angegebene Datei.
−ls	gibt die Dateiinformationen aus, wie es **ls −dils** tun würde.
−ok *kommando*	Wie **−exec**, nur wird hierbei das Kommando auf die Standardausgabe geschrieben und eine Antwort eingelesen. Bei **y** wird das Kommando dann ausgeführt.
−print	gibt den vollständigen Zugriffspfad der gefundenen Datei(en) aus. Ohne diese Angabe liefert **find** lediglich das Funktionsergebnis 0 oder ≠ 0.
−print0	wie **−print**, terminiert aber den Dateinamen durch eine binäre 0 (\000).
−printf *format*	wie **−print**, gestaltet die Ausgabe jedoch nach der Formatspezifikation *format*. Das Format ist unter **man find** zu finden.
−prune	verhindert das Durchlaufen des Dateibaums in den angegebenen Verzeichnissen (d.h. **find** bleibt auf der Verzeichnisebene).

find ist immer dann nützlich, wenn großfächig gesucht oder gesichert werden soll und wird in vielen Fällen in Shell-Skripten bei der Systempflege benutzt. So lässt sich damit z.B. nach leeren oder besonderst großen Dateien suchen oder nach solchen, auf die schon lange nicht mehr zugegriffen wurde und die deshalb ausgelagert werden könnten.

✎✏ find /usr −name 'lp*' −print
→ sucht nach Dateien, deren Namen mit *lp* beginnen und die in dem mit */usr* beginnenden Dateibaum liegen. Die vollständigen Namen dieser Dateien werden ausgegeben.

✎✏ find . −mtime −14 −print | cpio −ovB > /dev/tape
→ kopiert alle Dateien im aktuellen Dateibaum, welche in den letzten 14 Tagen modifiziert wurden, mit dem Sicherungsprogramm **cpio** auf Magnetband.

✎✏ find . −name '*.bak' −exec rm {}\;
→ löscht alle Sicherungsdateien (Endung *.bak*) im aktuellen Dateibaum und darunter.

✎✏ find . −name '*.bak' −ok rm {} \;
→ löscht alle Sicherungsdateien (Endung *.bak*) im aktuellen Dateibaum und darunter. Vor dem Löschen wird jedoch nochmals explizit nachgefragt und nur bei der Anwort y wird gelöscht.

✎✏ find . −name core −exec ls −l {} \;
→ sucht im Dateibau des aktuellen Verzeichnisses nach Speicherabzügen, wie sie bei einem Programmabsturz häufig erzeugt werden. Von diesen werden per **ls** die Dateiinformationen ausgegeben.

✎✏ rm −i `find . −mtime +60 −print`
oder
find . −name −mtime +60 −ok rm {} \;
→ führt das **find**-Kommando aus. Dieses sucht, ausgehend vom aktuellen Verzeichnis, im gesamten Dateibaum nach allen Dateien, die seit mehr als 60 Tagen nicht mehr modifiziert wurden. Die Namen dieser Dateien werden nun in das **rm**-Kommando eingesetzt. Dieses löscht diese Dateien interaktiv, d.h erst nach vorherigem Nachfragen.

✎✏ find /tmp/jg −atime +100 −a −size +1M −ok rm {} \;
→ löscht (nach Rückfrage) alle Dateien im Dateibaum in */tmp/jg*, die älter als 100 Tage und zugleich größer als 1 MByte sind.

finger [*optionen*] [*benutzer*]   → display information about user

gibt allgemein zugänglich gemachte Informationen über einen Benutzer in übersichtlicher Form am Bildschirm aus. Zu diesen Informationen gehören:

a)   Benutzername (Login-Name)
b)   voller Name (aus der Passwort-Datei)
c)   Bildschirmname (z. B. pts/0)
d)   wie lange der Benutzer schon angemeldet ist oder wann er zum letzten Mal angemeldet war
e)   das Login-Verzeichnis des Benutzers *
f)   die private Telefonnummer des Benutzers *
g)   die Login-Shell des Benutzers *
h)   wann der Benutzer zum letzten Mal Mail empfangen und wann er zum letzten Mal Mail gelesen hat *
h)   der Inhalt der Datei *.plan* im Login-Verzeichnis des Benutzers *
i)   die erste Zeile der Datei *.project* im Login-Verzeichnis des Benutzers *

Wird der Benutzername in der Form *benutzer@rechner* angegeben, so lassen sich damit Informationen von Benutzern auf dem angegebenen Zielrechner anzeigen – soweit dieser dies zulässt (Sicherheitsrisiko).

Mit der Option –l wird eine ausführlichere Ausgabe erzeugt (oben markiert mit *). Mit den folgenden Optionen wird der Detaillierungsgrad vorgegeben:

–h   In Kombination mit –s wird hiermit der Name des anderen Rechners *(rechner)* statt der Büroadresse ausgegeben.
–l   (*long*) lange/ausführliche Ausgabe (kurz ›+‹ mit ›*‹ markierte Angaben)
–o   Umkehrung von von –h
–m   verhindert die Mustersuche des Benutzers mit allen passenden Namen.
–M   Umkehrung von –m
–p   unterdrückt bei –l die Ausgabe von h) und i).
–s   (*short*) Dies ist eine kurze Ausgabe (Standard).

Datenbasis für **find** ist die Passwort-Datei */etc/passwd*. Der Benutzer kann mit **chfn** seine Daten dort pflegen (eintragen und ändern). Der Super-User darf auch die Einträge anderer Benutzer pflegen.

Die von **finger** ausgegebenen Informationen bergen ein gewisses Sicherheitsrisiko. In Netzen ist deshalb vielfach eine Remote-Zugriff per **finger** auf diese Informationen nicht zugelassen.

✎   finger wunix
       → gibt Informationen über den Benutzer *wunix* aus.

✎   finger juergen@petrus
       → gibt – soweit es zugelassen wird – Informationen zu dem Benutzer *juergen* auf dem Rechner *petrus* zurück.

fmt [*optionen*] [*datei* ...]   → **format** files

formatiert den Text der Eingabedatei (oder bei ›-‹ von der Standardeingabe) in einfacher Art. Es wird ein linksbündiger Satz mit fester maximaler Breite erzeugt, und es wird von einem einfachem Text und fester Zeichenbreite (etwa bei dem Font *Courier*) ausgegangen. **fmt** versucht den Umbruch am Ende von Sätzen (durch ›.‹, ›?‹ oder ›!‹ abgeschlossene Wortfolgen, denen ein Zeilenende oder zwei Leerzeichen folgen). Die Zeilen werden aufgefüllt oder umbrochen und Zeilenwechsel entfernt. Als Absatz wird eine Zeichenfolge bis zu einem Zeilenende (<lf> bzw. \012) betrachtet. Innerhalb des Absatzes ist (in der Eingabe) ein Umbruch über <cr> (\015) möglich. Ohne spezielle Option bestimmt der Einzug der ersten Zeile eines Absatzes die Einrückung des gesamtes Absatzes. Dies lässt sich per −c oder −t ändern.

Das Ergebnis geht auf die Standardausgabe.

Als Option sind (neben **--help** und **--version**) möglich:

−c   (**--crown-margin**) Hiermit bleiben die Einrückungen der ersten beiden Zeilen eines Absatzes erhalten. Die der zweiten Zeile wird als Einrückung für den Rest des Absatzes verwendet.

−p *pf*   (**--prefix**=*pf*) formatiert nur die Zeilen, die mit dem Präfix *pf* beginnen.

−s   (**--split-only**) zerteilt überlange Zeilen, füllt sie aber nicht auf.

−t   (**--tagged-paragraph**) arbeitet wie −c. Haben die ersten beiden Zeilen eines Absatzes unterschiedliche Einrückungen, wird die erste Zeile als eigener Absatz betrachtet.

−u   (**--uniform-spacing**) sorgt dafür, dass zwischen zwei Worten genau ein Leerzeichen und nach Sätzen (hinter dem Punkt, Ausrufe- oder Fragezeichen) genau zwei Leerzeichen stehen.

−w   (**width**=*n*) gibt die maximale Zeilenbreite an (Standard: 75 Zeichen).

Eine Alternative zu **fmt** ist für einfache Formatierungen das Programm **pr** (S. 383). Eine Art *Pretty-Printing* bieten auch die Programme **a2ps**, **enscript** und **mpage** – die Ausgabe ist hier jedoch im Standardfall PostScript oder PDF. Eine wesentlich komplexere Formatierung erlauben **groff** oder T$_{\rm E}$X (*nd*) bzw. der T$_{\rm E}$X-WYSIWYG-Editor LyX (*nd*). Einfacher geht es mit den Editoren der Textverarbeitungssysteme – etwa aus OpenOffice, StarOffice oder KOffice (**kword**).

✎   fmt −w60 −u Bericht > Bericht.fmt
      → formatiert den Text der Datei *Bericht* auf eine Breite von 60 Zeichen und legt das Ergebnis in *Bericht.fmt* ab. Dabei werden (per −u) mehrfache Leerzeichen zwischen einzelnen Wörtern auf ein Leerzeichen reduziert und an die Satzenden jeweils zwei Leerzeichen gestellt.

fold [*–breite*] [*datei* ...]   → **fold** long lines of files

> **fold** arbeitet als Filter und zerteilt Zeilen so, dass sie maximal *breite* Zeichen lang sind. Fehlt *–breite*, so wird 80 angenommen; fehlt die Angabe der Dateien, so wird von der Standardeingabe gelesen.
>
> –b   (--**bytes**) Es wird in bytes und nicht in Spalten (mit Tabualtoren und <bs>-Zeichen) gerechnet.
>
> –s   (--**spaces**) Der Umbruch erfolgt – soweit möglich – nur bei Leerzeichen.
>
> –w *n*   (--**width**=*n*) Stezt die gewünschte maximale Zielenbreite auf *n*.
>
> ✎   fold –w 40 prog | lpr
> → gibt die Datei *prog* in einer Zeilenbreite von 40 Zeichen mittels **lpr** auf den Standarddrucker aus.

free [*optionen*]   → how much **free** memory is there?

> zeigt an, wieviel Hauptspeicher gesamt, frei und belegt vorhanden und wieviel Pufferspeicher da ist.
>
> –b   Angabe des Speicherverbrauchs in Byte (Standard: kB)
> –k   Angabe des Speicherverbrauchs in kB (Standard)
> –m   Angabe des Speicherverbrauchs in MB
> –o   Unterdrückt die Ausgabe der belegten und freien Puffer.
> –s *n*   Die Angaben sollen alle *n* Sekunden aktualisiert werden.
> –t   Am Ende wird die Summe aller Größen ausgegeben.
> –V   Gibt lediglich die Versionsnummer aus.
>
> Das Kommando dient zuweilen dem Systemadministrator, die Ursache eines sehr langsam laufenden Systems zu ermitteln. Der Grund dafür können zu knappe Speicher-Ressourcen sein. Eine GUI-Variante, welche wesentlich mehre Informationen liefert, ist **ksysguard** aus dem KDE-Paket.

fsck [*optionen*] [*dateisystem(e)*]   **filesystem check**

> (*SA*), (*SU*) führt eine Konsistenzprüfung des oder der Dateisysteme durch. In der Regel werden dateisystemspezifische Varianten wie etwa **e2fsck** oder **fsck.xiafs** verwendet. Nur in Ausnahmefällen sollten eingehängte (*mounted*) Dateisysteme geprüft und korrigiert werden.
> **fsck** ist detaillierter unter Kapitel 9.8 ab Seite 807 beschrieben.

ftp [*optionen*] [*zielsystem*]   → start the file transfer program

Das Programm **ftp** erlaubt den Datenaustausch zwischen unterschiedlichen Rechnern und Betriebssystemen über FTP – das *File Transfer Protocol*. Dabei spielt es keine Rolle, ob die Systeme in einem lokalen Netz oder weltweit über Internet miteinander verbunden sind. Für die Kommunikation über FTP muss der Zielrechner jedoch einen FTP-Server aktiviert und den Zugriff für Benutzer freigegeben haben. FTP überträgt die Daten (auch Passwort zum Anmelden) unverschlüsselt über das Netz. Dies stellt ein Sicherheitsrisiko dar. Für sensible Daten empfiehlt sich deshalb die Verwendung von **sftp** (*secure* **ftp**).

Die nachfolgende Beschreibung gilt für die GNU-Kommandozeilen-Version von FTP. Daneben gibt es zahlreiche grafische Versionen, welche für den Gelegenheitsnutzer wesentlich einfacher zu bedienen sind. Viele Web-Browser beherrschen in eingeschränkter Form auch das FTP-Protokoll.

Wird **ftp** mit dem Rechnernamen eines Zielrechners aufgerufen, von dem oder zu dem Daten übertragen werden sollen, so versucht das Programm, Verbindung zu dem dort laufenden **ftp**-Server-Programm (*ftp-Dämon*) aufzubauen. Fehlt die Angabe eines Zielsystems, so geht **ftp** in den interaktiven Modus auf dem lokalen Rechner und gibt eine Eingabeaufforderung (**ftp>**) aus, zur Eingabe des Zielsystems.

ftp kennt einige Optionen auf der Aufruf-Kommandozeile, wird aber vor allem durch die knapp sechzig interaktiven Kommandos gesteuert, die der im **ftp**-Programm enthaltene Kommandointerpreter anbietet. In die Angabe von *zielsystem* kann recht viel hineingepackt werden. Im einfachsten Fall ist es lediglich der Name des Zielrechners oder dessen IP-Adresse. Es ist jedoch auch folgende erweiterte Form möglich: **ftp** [*optionen*] [[*benutzer@*]*zielsystem*[:*pfad*]]

Die folgenden Optionen sind ein Ausschnitt aus den **ftp**-Optionen:

–a   (*anonymous*) Hierbei versucht der Client, sich als *anonymous*-FTP-Client anzumelden, ohne dass der Login-Name und das Passwort abgefragt werden.

–d   (*debug*) aktiviert den Debugging-Modus mit stark erweiterter Ausgabe.

–g   (*glob*) deaktiviert die Verarbeitung von Sonderzeichen für Dateinamen (*, [a–z], …).

–n   Das Programm soll **nicht** versuchen, sich automatisch am Zielrechner anzumelden, sondern soll den aufrufenden Benutzer nach Benutzerkennung und Passwort fragen. Ist diese Option nicht gesetzt, so versucht **ftp**, die Anmeldedaten für den Zielrechner aus einer Datei *.netrc* im Login-Verzeichnis des Benutzers zu lesen. Werden dort keine entsprechenden Anmeldedaten gefunden, so wird der Benutzer danach gefragt. Benutzerkennung und Passwort müssen am Zielrechner gültig und bekannt sein. (Ausnahme: *anonymes ftp*; siehe Beispiel Seite 284).

–P *port* benutzt für die Kommunikation statt des Standardports 21 den hier angegebenen Port.

–v   aktiviert den *verbose*-Modus, welcher mehr Information liefert.

–V   deaktiviert den *verbose*-Modus.

Wurde beim Aufruf kein Rechnername angegeben, oder wenn die Verbindung
zum entfernten Rechner hergestellt ist, befindet sich **ftp** im *interaktiven Modus*,
in dem es vom Benutzer mit einer Reihe von Kommandos gesteuert werden
kann. Dieser Modus wird durch die Eingabeaufforderung **ftp>** angezeigt.
Viele FTP-Server erlauben einen *anonymen Login* (unter
dem Benutzernamen **anonymous** und per Konvention der eigenen E-Mail-Adresse als Passwort).
Man nennt dies auch *Anonymous-FTP.* Ansonsten wird entweder Benutzername und Passwort
beim Aufruf mit angegeben oder interaktiv im
FTP-Server abgefragt.
Einige Kommandos wirken als Schalter, d.h. durch ihre
Eingabe wird ein bestimmter Modus eingeschaltet; durch
ihre erneute Eingabe wird dieser Modus wieder ausgeschaltet. Die aktuelle
Schalterstellung kann jederzeit über das Kommando **status** überprüft werden.
Die meistbenutzten **ftp**-Kommandos sind **put** (kopiert eine lokale Datei auf
den FTP-Server), **get** (kopiert eine Datei vom FTP-Server auf das lokale System, **ls** und **cd** (wie **ls** und **cd** auf dem FTP-Server). **mget** und **mput** führen dies
für jeweils mehrere Dateien aus. **quit** oder **bye** beenden die FTP-Sitzung. Die
nachfolgenden interaktiven **ftp**-Kommandos gehören zu den meistbenutzten:

!*kommando*	führt auf dem lokalen Rechner *kommando* als Shell-Kom-mando aus bzw. startet eine Shell, falls *kommando* nicht an-gegeben wurde.
account [*passwort*]	ermöglicht die Eingabe eines (verdeckten) weiteren Pass-worts.
append *ld* [*rd*]	hängt die lokale Datei *ld* an die entfernte Datei *rd* an.
ascii	(Schalter; Standardstellung: ein) führt die Dateiübertragung im ASCII-Modus aus, d.h. ggf. mit einer Konvertierung des Dateiinhalts bei unterschiedlichen Rechnerarchitekturen. Die Alternative ist **binary.**
binary	(Schalter; Standard: aus) überträgt im Binärmodus. Der Da-teiinhalt wird dabei in keiner Weise verändert. Dies ist bei der Übertragung von Binärdaten wie Programmen, Bild-Dateien oder komprimierten Dateien sinnvoll!
bye	beendet die **ftp**-Sitzung; gleiches macht **exit**.
case	(Schalter; Standard: aus) setzt Dateinamen bei der Übertra-gung durch **mget** von Groß- nach Kleinbuchstaben um.
cd *verzeichnis*	Verzeichniswechsel auf dem entfernten Rechner
chmod *modus rd*	entspricht dem **chmod**-Kommando und bezieht sich auf eine Datei auf dem Remote-System.
close	beendet die Verbindung mit dem entfernten Rechner; das lo-kale **ftp**-Programm bleibt jedoch aktiv.
cr	(Schalter; Standard: ein) Konvertierung von Textdateien bei ASCII-Modus und zwischen unterschiedlichen Betriebssys-

	temen. Bei eingeschaltetem cr werden Folgen von <return><neue-zeile>-Zeichen zur Angabe von Zeilenenden umgesetzt in die Linux-übliche <neue-zeile>-Repräsentation.

delete *datei* löscht eine Datei auf dem entfernten Rechner.

dir *verzeichnis* gibt eine Dateiliste des entfernten Rechners im aktuellen oder dem als ersten Argument angegebenen Verzeichnis aus. Die Ausgabe kann in eine als zweites Argument angegebene lokale Datei geschrieben werden. Die Ausgabe erfolgt (im Unterschied zu dem ftp-Kommando ls) in dem Format des Linux-Kommandos **ls -l**.

edit schaltet den Modus für das *command-line-editing*, kontextsensitive Kommandointerpretation sowie die Namensvervollständigung bei Dateinamen an und aus.

exit beendet (wie **bye**) die **ftp**-Sitzung.

features zeigt an, welche Möglichkeiten (*features*) der entfernte FTP-Server unterstützt.

fget *ld* führt ein get aus, wobei die zu übertragenden Dateien in der lokalen Datei *ld* aufgeführt sind (ein Eintrag pro Zeile).

get *rd* [*ld*] überträgt die mit *rd* angegebene Datei vom entfernten zum lokalen Rechner. Ein lokaler Dateiname kann mit *ld* angegeben werden, ansonsten wird der Quellname verwendet.

hash (Schalter; Standard: aus) gibt bei der Datenübertragung für jeden übertragenen Block (8 KB) das Zeichen ›#‹ aus.

help [*kom*] gibt die Liste der möglichen Kommandos im ftp-Kommandointerpreter aus. Wird help mit einem Kommando als Argument aufgerufen, so erfolgt eine ausführlichere Information zum angegebenen Kommando.

image entspricht **binary**.

lcd [*verzeichnis*] wechselt auf dem lokalen Rechner in das angegebene Verzeichnis oder in das Heimatverzeichnis des Aufrufers.

less entspricht **page**.

lpage *ld* entspricht **page** für eine lokale Datei.

lpwd entspricht **pwd** auf dem lokalen System.

ls … entspricht einem **ls** auf dem entfernten Rechner. Die Ausgabe kann in eine als zweites Argument angegebene lokale Datei geschrieben werden. Die Ausgabe erfolgt in dem Format (Kurzform) des Linux-Kommandos **ls**.

mdelete … löscht Dateien auf dem entfernten Rechner.

mdir … entspricht einem **ls** oder **dir** (für mehrere Verezeichnisse) auf dem entfernten Rechner. Die Ausgabe kann in eine als letztes Argument angegebene lokale Datei geschrieben werden. Die Ausgabe erfolgt in dem Format des Linux-Kommandos **ls -l**.

mget … überträgt mehrere im Argument (auch mit Sonderzeichen) angegebene Dateien auf den lokalen Rechner.

mkdir *verzeichnis*	legt ein neues Verzeichnis auf dem entferntem Rechner an.
mode *modus*	legt den Modus der Dateiübertragung fest. Einzige mögliche Einstellung ist *stream*.
mput …	überträgt mehrere im Argument (auch mit Sonderzeichen) angegebener Dateien auf den entfernten Rechner.
nmap …	legt die Vorgehensweise bei der Konvertierung von Dateinamen fest, falls Dateien zwischen Systemen mit unterschiedlichen Dateinamenskonventionen (z.B. Linux und MS/DOS) übertragen werden. Meist in Zusammenhang mit dem Kommando **ntrans**.
ntrans …	legt fest, wie einzelne Zeichen in Dateinamen konvertiert werden, falls Dateien zwischen Systemen mit unterschiedlichen Dateinamenskonventionen übertragen werden. Meist in Zusammenhang mit dem Kommando **nmap**.
open *rechner*	baut eine Verbindung zu einem entfernten Rechner auf, der als Argument angegeben wird. Dies ist äquivalent zur Angabe eines entfernten Rechnernamens beim Aufruf von ftp in der Kommandozeile. Ein direktes Weiterverbinden vom entfernten Rechner zu einem weiteren Rechner ist damit nicht möglich (siehe **proxy**).
page *datei*	zeigt die Datei des entfernten Systems lokal seitenweise per Pager an (dem Programm, welches in Umgebunsgvariablen PAGER definiert ist – zumeist **less** oder **more**).
preserve	(Schalter; Standard: ein) Ist dieser Schalter an, so versucht ftp die Modifikationszeit der Dateien vom entfernten System beim Kopieren auf das lokale System zu erhalten.
progress	(Schalter; Standard: ein) Ist **progress** aktiviert, so wird während einer Übertragung ein Fortschrittsbalken angezeigt.
prompt	(Schalter; Standard: ein) Der Benutzer wird für jede Datei, die mit **mget**, **mput** oder **mdelete** übertragen werden soll, explizit gefragt, ob zu übetragen ist.
proxy …	ermöglicht den Aufbau von Verbindungen zwischen zwei entfernten Rechnern und die entsprechende Übertragung von Dateien. Nahezu alle **ftp**-Kommandos sind durch Voranstellen des Kommandos **proxy** dann auch auf dieser zweiten Verbindung möglich.
put *datei* …	überträgt die angegebene Datei vom lokalen System zum entfernten Rechner. Ein entfernter Dateiname kann als zweites Argument angegeben werden – falls nicht, wird *datei* auch dort verwendet. Der lokale Dateiname wird, soweit notwendig, entsprechend der durch **case**, **nmap** und **ntrans** definierten Regeln auf die Dateinamenskonventionen des entfernten Systems umgesetzt.
pwd	gibt das *aktuellen Verzeichnis* auf dem entfernten System aus.
quit	entspricht **bye**.

rename ...	benennt eine Datei auf dem entfernten Rechner um.
rmdir *verzeichnis*	löscht ein Verzeichnis auf dem entfernten Rechner.
runique	(Schalter; Standardstellung: aus) erzeugt eindeutige Dateinamen bei der Ablage auf dem lokalen System. Werden mehrere gleichnamige Dateien übertragen, so werden diese bei der Ablage auf dem lokalen System mit Namensendungen *.1*, *.2*, usw. bezeichnet.
set [*option wert*]	setzt (d.h. aktiviert oder deaktiviert oder setzt den angegebenen Wert) die angegebene Option. Ohne Parameter werden die aktuellen Optionswerte angezeigt.
status	gibt die aktuellen Einstellungen und Schalterstellungen aus.
sunique	(Schalter; Standardstellung: aus) erzeugt eindeutige Dateinamen bei der Ablage auf dem entfernten System.
type *art*	(3-fach-Schalter; Standardstellung: ASCII) schaltet zwischen den Datentypen ASCII, BINARY oder TENEX um. Entspricht den ftp-Kommandos **ascii**, **binary** oder **tenex**.
unset *option*	deaktiviert die angegebene Option.
usage *kmd*	entspricht **help** *kmd*.
user ...	melder den Benutzer mit Benutzerkennnung und Passwort am entfernten System an. Dies geschieht normalerweise implizit beim ftp-Aufruf bzw. bei einem open-Kommando.
verbose	(Schalter; Standardstellung: ein) gibt zusätzliche Informationen und Reaktionen des entfernten ftp-Servers am Bildschirm aus. Wird ftp aus einer Datei gesteuert, ist diese Option abgeschaltet.
? [*ftp-kom*]	gibt eine Liste aller möglichen Kommandos im ftp-Kommandointerpreter aus. Wird ›?‹ mit einem Kommando als Argument aufgerufen, so erfolgt eine ausführlichere Information zum angegebenen Kommando. Gleichbedeutend mit dem Kommando **help**.

Eine Übertragung kann durch *<unterbrechung>* (in der Regel ⌨Strg-⌨c) abgebrochen werden.

GNU-**ftp** unterstützt das interaktive Editieren in der Kommandozeile (*command-line-editing*), ähnlich wie man es von der **bash** her kennt. Vorhergehende Kommandos lassen sich dabei per ⌨↑ abrufen, editieren und modifiziert abschicken. Hierbei können in ~/.editrc Voreinstellungen getroffen werden.

Der GNU-**ftp**-Client nutzt eine ganze Reihe von Shell-Variablen, wie etwa PAGER, SHELL, FTPMODE (legt den **ftp**-Modus fest: **active**, **auto**, **gate** oder **passive**), FTPANONPASS (das Passwort für *anonymous-FTP*), FTPPROMT (das **ftp**-Bereichtzeichen), FTPSERVER (gate-ftp-Host für den *gate*-Modus), FTPSERVERPORT (der Standard-Port für **ftp**), ftp_proxy (URL der FTP-Proxys), http_proxy (URL eines HTTP-Proxy-Systems, welche benutzt wird, wenn als Zielsystem eine HTTP-URL angegeben wird) und no_proxy (eine Liste von Gastsystemen, für die kein Proxy verwendet wird, (getrennt durch Komma).

Die Datei ˜/.*netrc* kann Login- und Initialisierungsinformationen für **ftp** enthalten. Sie werden vom Auto-Login-Prozess von **ftp** benutzt. Ein hier hinterlegtes Passwort birgt jedoch ein Sicherheitsrisiko.

Dies ist der Kommandosatz des GNU-**ftp**-Programms unter Linux. **ftp**-Programme, wie sie auf vielen anderen Betriebssystemen existieren und zum Datenaustausch mit allen anderen **ftp**-Servern bestimmt sind, unterstützen möglicherweise nicht den vollen Kommandosatz des GNU-Servers und GNU-Clients.

✎ Eine Sitzung, bei der die Datei *Beispiel3.tar.Z* im Binärmodus von einem Rechner *sonne* geholt wird (der *anonymes-ftp* ermöglicht), könnte wie folgt aussehen:

```
kob@erde(94)> ftp sonne
Connected to sonne.
220 sonne FTP server (UNIX(r) System V Release 4.0) ready.
Name (sonne:kob): anonymous
331 Password required for kob.
Password: ... ... ... ...
230 User kob logged in.
ftp> cd /pub/Beispiele
250 CWD command successful.
ftp> dir
200 PORT command successful.
150 ASCII data connection for /bin/ls (192.141.69.250,32875) (0 bytes).
total 3006
-r--r--r--   1   root   other     59392   Jul  29   16:27   Beispiel1.tar.Z
-r--r--r--   1   root   other    410624   Jul  29   16:27   Beispiel2.tar.Z
-r--r--r--   1   root   other    258048   Jul  29   16:27   Beispiel3.tar.Z
-r--r--r--   1   root   other    206848   Jul  29   16:27   Beispiel4.tar.Z
-r--r--r--   1   root   other    149504   Jul  29   16:27   Beispiel5.tar.Z
-r--r--r--   1   root   other    147456   Jul  29   16:27   Beispiel6.tar.Z
-r--r--r--   1   root   other    202752   Jul  29   16:27   Beispiel7.tar.Z
226 ASCII Transfer complete.
580 bytes received in 0.13 seconds (4.5 Kbytes/s)
ftp> binary
200 Type set to I.
ftp> get Beispiel3.tar.Z
200 PORT command successful.
150 Binary data connection for Beispiel3.tar.Z (192.141.69.250,32877) (258048 bytes).
226 Binary Transfer complete.
local: Beispiel3.tar.Z remote: Beispiel3.tar.Z
258048 bytes received in 0.34 seconds (7.5e+02 Kbytes/s)
ftp> bye
221 Goodbye.
kob@erde(95)>
```

fuser [*optionen*] [*datei(en)* | *dateisystem(e)*]   → find **user** using a device

ermittelt die Prozesse, welche aktuell eine Datei oder ein vorgegebenes Dateisystem benutzen; **fuser** gibt die entsprechende Prozessnummer (PIDs) aus. Hinter der PID wird durch einen Buchstaben die Art der Nutzung angegeben:

c   Der Prozess verwendet die Datei als *aktuelles Verzeichnis*.

e   Eine ausführbare Datei, die gerade als Programm läuft.

f   Der Prozess hat die Datei geöffnet.

m   Es handelt sich um eine gemeinsam genutzte Bibliothek (*Shared Library*) oder eine per **mmap(2)** gemeinsam benutzte Datei.

r   Es handelt sich um ein Wurzelverzeichnis.

Das **fuser**-Kommando ist insbesondere dann von Nutzen, wenn man ein Dateisystem (per **umount**) aushängen oder kritische Dateien löschen oder verschieben möchte. Wird eine der im Aufruf aufgeführten Dateien oder Dateisysteme aktiv benutzt, gibt **fuser** den **exit**-Wert 0 zurück.

–   setzt alle Optionen auf die Standardwerte zurück.

–*signal* schickt dem entsprechenden Prozess das angegeben Signal (in der Regel zur Beendigung, im Standardfall SIGKILL bzw. –9). Das Signal kann als Signalnummer oder als symbolischer Name angegeben werden (siehe hierzu Tabelle A.15 auf Seite 866).

–a   gibt für alle angegebenen Dateien Informationen aus, auch wenn keine Prozesse aktuell darauf zugreifen.

–i   frägt (im Zusammenspiel mit –**k**) interaktiv beim Benutzer zurück, ob der Prozess wirklich terminiert werden soll.

–k   versucht die betreffenden Prozesse per SIGKILL zu terminieren.

–l   **fuser** gibt lediglich die Namen der Signale aus und beendet sich.

–m *dat* gibt entweder eine Datei auf einem eingehängten Dateisystemen oder ein Block-(Gerät) an. Beim Gerät werden alle Prozesse ausgegeben, welche Dateien auf dem entsprechenden Dateisystem nutzen. Wird mit *dat* ein Verzeichnis angegeben, so wird es zu ›*dat*/‹ expandiert und das dort eingehängte Dateisystem betrachtet.

–n *nr* definiert, welcher Namensraum verwendet werden soll. *nr* kann sein:
    file   Dateinamen (Standard)
    udp   lokale UDP-Ports
    tcp   lokale TCP-Ports
    Bei den Ports können entweder die Namen (soweit eindeutig) oder die Nummern angegeben werden.

–s   (*silent*) unterdrückt weitgehend alle Meldungen/Warnungen.

–u   (*user*) gibt neben der PID auch den Benutzer aus, welchem der zugreifende Prozess gehört.

–v, –V *verbose* und *Version*

✎   fuser –u /dev/fd0
    → gibt eine Liste aller Prozesse und die Namen ihrer Besitzer aus, die aktuell auf dem Dateisystem arbeiten, welches sich auf dem Floppy-Laufwerk o befindet.

gawk   → start **GNU-awk**

Siehe hierzu **awk** auf Seite 217 oder die ausführliche Beschreibung in Kapitel 5.6 auf Seite 509ff.

gcc [*optionen*] *datei(en)*   → GNU C-Compiler

aktiviert den GNU-C-Compiler, um C-Quell-Programme (mit der Endung .c), Assembler-Quellcode (mit der Endung .a) oder bereits vom Präprozessor **cpp** bearbeitete Dateien (mit der Endung .i) zu verarbeiten. gcc kann eine ganze Reihe weiterer Dateien (und Endungen) verarbeiten. Bei Dateien mit keiner der ihm bekannten Endung wird angenommen, dass es sich um eine Objektdatei (per **ld** vorgebundene Datei) oder eine Objektbibliothek handelt. **gcc** ruft automatisch den Link-Editor **ld** auf (so nicht per –c, –S oder –E unterdrückt). Wird kein lauffähiges Programm erzeugt, sondern nur eine Objekt-Datei, so hat diese im Standardfall die Endung .o. Abbildung 4.1 zeigt das (stark vereinfachte) Schema dazu.
gcc ruft bei Bedarf (abhängig von der Endung der Eingabedateien) auch weitere Compiler auf – etwa den FORTRAN-Compiler (bei den Endungen .f,

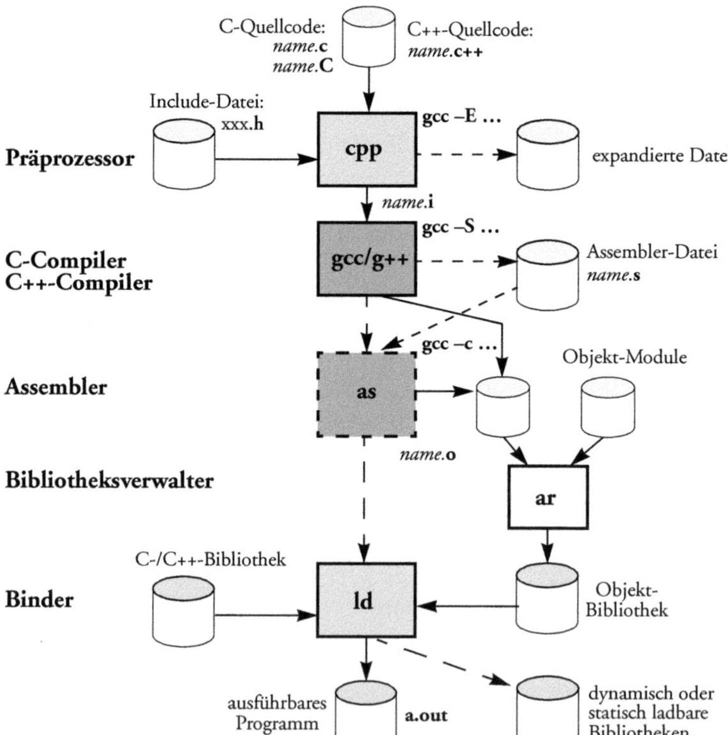

Abb. 4.1: Typischer Ablauf einer Programmgenerierung

.for, .FOR) oder den GNU-ADA-Compiler (bei der Endung .adb).
Der GNU-C/C++-Compiler ist auf zahlreichen Systemen (nicht nur Unix und Linux) verfügbar und besitzt eine Reihe plattformspezifischer zusätzlicher Optionen. Unter Linux ist **cc** (der Namen des C-Compilers unter Unix) ein Link auf **gcc**. Der Aufruf **g++** aktiviert **gcc** zur Übersetzung von C++-Programmen. Das Repertoire an Optionen/Parametern ist so umfangreich, dass die **man**-Seiten etwa 150 A4-Seiten umfassen. Wir beschränken uns hier deshalb auf die meistbenutzten Optionen. Diese sind (neben --**help**, --**version** oder –V oder –v bzw. --**verbose**):

–ansi	erzwingt volle Kompatibilität zum C-ANSI-Standard.
–B*pfad*	gibt mit *pfad* den Pfad für die zu übersetzenden Dateien vor.
–c	kompiliert oder assembliert (mit dem Assembler **as**) die Quelltextdateien und erzeugt für jede Eingabedatei eine separate Objektdatei. **ld** wird nicht aktiviert (–**c** schließt –E und –S aus).
–dD	gibt die #**defines**-Definitionen aus.
–dM	unterdrückt die normale Ausgabe. Es werden alle #**defines**-Definitionen ausgegeben, wie sie als Ergebnis des Präprozessorlaufs entstehen.
–dN	gibt lediglich die #**defines** ohne Argumente und Werte aus.
–D*name*[=*def*]	definiert das Symbol (oder den Makro) *name* mit dem angegebenen Wert.
–E	initiiert den Präprozessor-Lauf, aber keine Compilierung (hält nach dem Präprozessorlauf an). Die Ausgabe geht auf *stdout*.
–f*option*	Optionen, welche die Code-Generierung steuern. Beispiele sind: –**fcall-saved-reg**, –**fno-gnu.linker**, –**fshort-double**, –**fpack-struct**, –**fstck-check**.
–g [*n*]	fügt Debugging-Informationen der Stufe n $(1 \leq n \leq 3)$ für **gdb** in die Objektdatei ein (Standard: 2).
–H	schreibt die Namen der eingefügten Dateien (Include-Dateien) auf die Standardausgabe (jeweils 1 Name pro Zeile).
–idirafter *verz*	durchsucht das Verzeichnis *verz* nach Header-Dateien, sofern andere Header-Dateien fehlen.
–include *datei*	Die angegebene Datei wird vor den als Parameter angegebenen Dateien eingelesen.
–imacros *datei*	Die angegebene Makro-Datei *datei* wird vor den als Parameter angegebenen Dateien eingelesen.
–I *verz*	gibt (für den Präprozessor **cpp**) das Verzeichnis an, in dem Include-Dateien, die keinen absoluten Pfadnamen haben, gesucht werden sollen, bevor die Standard-Include-Verzeichnisse (*/usr/include*, …) nach der Datei durchsucht werden.
–l*lib*	die angegebene Bibliothek *lib* wird in die erzeugte Objektdatei oder das erzeugte Programm mit eingebunden.

–L*verz*	definiert ein weiteres Verezeichnis für die Suche nach Objektbibliotheken.
–m*optionen*	gibt Maschinen-/Plattform- und CPU-spezifische Optionen an. Hierzu gehören z. B.: **–mcpu=***cpu,* **–mbig-idian**.
–nostdinc	Header-Dateien werden statt in den Standardverzeichnissen nur in den explizit angegebenen Header-Dateien gesucht.
–nostdinc++	Header-Dateien werden statt in den Standardverzeichnissen für C++-Programme nur in den explizit angegebenen Header-Dateien gesucht.
–nostdlib	Objektbibliotheken werden statt in den Standardverzeichnissen nur in den explizit angegebenen Dateien gesucht.
–o *datei*	schreibt die Ausgabe in *datei* statt in *a.out*.
–O*n*	aktiviert die Optimierungsstufe n (o $\leq n \leq$ 3; Standard: 1). Bei o ist die Optimierung deaktiviert.
–p	gibt spezielle Instruktionen und Informationen für ein späteres Profiling mit **prof** mit aus.
–pedantic	achtet pedantisch auf korrekte Verarbeitung und gibt entsprechend viele Fehlerinformationen aus.
–pedantic-errors	bei allen durch **–pedantic** gefundenen Fehlern wird die weitere Verarbeitung abgebrochen.
–pg	wie **–p**, jedoch zur Bearbeitung mit **gprof**.
–pipe	statt über temporäre Dateien werden die Zwischenergebnisse der Compiler-Läufe über eine Pipe transportiert.
–s	entfernt (strippt) alle Symboltabellen aus der ausführbaren Zieldatei. Dies macht sie schlanker, aber schwer zu *debuggen*.
–save-temps	legt Zwischernergebnisse der Compiler-Läufe im aktuellen Verzeichnis statt in einem Verzeichnis von */tmp* ab.
–static	erzeugt statisch- statt dynamisch-ladbare Bibliotheken.
–std=*standard*	gibt den Standard vor, gegen den bei der Übersetzung geprüft werden soll. Beispiele für *standard* sind: **c89, c99, c9x, gnu89, gnu99, gnu9x, iso9899:1990, iso9899:1999**.
–S	erzeugt Assemblerdateien (durch den Präprozessorlauf und eine eventuell anchfolgende C- oder C++-Kompilierung), terminiert aber vor dem Assemblieren.
–traditional	steuert **gcc** so, dass es sich weitgehend wie der traditionelle C-Compiler (**cc**) verhält.
–traditional-cpp	simuliert den traditionellen Präprozessor (**cpp**).
–u *symbol*	sorgt dafür, dass der Link-Editor **ld** in den Bibliotheken nach dem angegeben Symbol sucht und die betreffenden Module des Bibliotheken mit hinzu bindet.
–undef	sorgt dafür dass nur die im jeweiligen Sprachstandard definierten Konstanten definiert (bekannt) sind, nicht jedoch plattformspezifische Konstenten wie etwa **unix** oder **linux**.

–U*name*	hebt die bisher bekannte Definition des angegebenen Namens/Makros auf (*name* ist ein reserviertes Symbold des **cpp** oder ein mit **–D***name* definiertes Sybol).
–w	unterdrückt Warnungen.
–W	erhöht die Stufe für (den Umfang von) Warnungen.
–Wa *optionen*	ruft den Assembler **as** mit den aufgeführten Optionen (eine durch Kommata getrennte Liste) auf.
–Wl *optionen*	ruft den Link-Editor **ld** mit den aufgeführten Optionen (eine durch Kommata getrennte Liste) auf.
–x *sprache*	gibt die Programmiersprache der Eingabedateien vor (falls dies nicht aus der Namensendung zu erkennen ist). Als *sprache* sind möglich: **c**, **objective-c**, **c-header**, **c++**, **cpp-output**, **assembler**, **assembler-with-cpp**.

✎   gcc myprogram.c
→ übersetzt das C-Programm *myprogram.c* und erzeugt eine fertige, lauffähige Datei, die unter *a.out* abgelegt wird.

✎   gcc hello.c –I./include –lm
→ übersetzt das Programm *hello.c*. Dabei wird (die Option –I geht an den Präprozessor) im lokalen Verzeichnis *./include* nach Include-Dateien gesucht.
Zusätzlich wird durch die Option ›–lm‹ die mathe-matische Bibliothek *libm.o* dazugebun-den. Sie wird im Suchpfad der Biblio-theken gesucht (in der Regel unter */lib, /usr/lib* und */usr/local/lib*). Das Ergebnis ist auch hier die Datei *a.out*, welche lauf-fähig ist, sofern beim Übersetzen und Binden keine Fehler auftreten.

✎   gcc hello.c –o hello –lpdf –lm
→ übersetzt das C-Programm *hello.c* und legt die Objektdatei bzw. das fertige Programm unter *hello* ab. Die Bibliotheken *libm.a* und *libpdf.a* werden hinzugebunden.

getkeycodes   → **get key**board scan-**codes**

gibt die Tabelle für die so genannten *Keycodes* aus. Diese legt fest, welcher Taste der Tastatur welcher interne Tastencode zugeordnet wird.

gpg *kommando* [*optionen*] [*parameter*]   → GNU privacy guard package

GNU Privacy-Guard ist die GNU-Implementierung des bekannten PGP-Pakets. Man hat hier bewusst die Buchstaben umgekehrt: PGP → **gpg**. Es ist ein ganzes Paket zur Ver- und Entschlüsselung sowie zum Signieren von Dateien nach dem so genannten *Public-Key-Verfahren*. Es wird eingesetzt, um einzelne Dateien oder E-Mails zu chiffrieren und/oder zu signieren oder deren Signatur zu prüfen. Dies erlaubt eine sichere (vertrauliche) Kommunikation. **gpg** und PGP stehen nicht nur unter Unix/Linux zur Verfügung, sondern ebenso auf zahlreichen anderen Systemen (z.B. Windows, Mac OS) sowohl in freien als auch in kommerziellen Versionen.[1]

Für die Ver- und Entschlüsselung und für die Signatur werden Schlüssel bzw. Schüsselpaare benötigt. Diese liegen in aller Regel entweder in einem lokalen Schlüsselring oder (nur die öffentlichen Schlüssel) auf einem PGP/GPG-Schlüssel-Server. Die Beschreibung hier geht von lokalen Schlüsselringen aus. Für das Verschlüsseln und Signieren muss man zumeist eine Benutzeridentifikation angeben (hier mit *uid* abgekürzt) – z.B. die des Adressaten, um den richtigen Schlüsseln auszuwählen. Eine *uid* sieht in der generellen Form so aus:
Name <e-mail-adresse> (z.B. Karl Obermayr<karl@unixbuch.de>)
und ist in der Regel per "…" geklammert. Es reicht jedoch bei Angabe einer *uid* so viel anzugeben, dass der Teil eindeutig ist. Alternativ kann man auch den *Fingerabdruck* (siehe weiter unten) des Schlüssels hier einsetzen.

Die lokalen Schlüsseldateien liegen im Verzeichnis ~*/.gnupg*. Ein abweichender Pfad lässt sich in der Umgebungsvariablen GNUPGHOME vorgeben. Der Schlüsselring mit den eigenen privaten Schlüsseln ist dort *secring.gpg*, der Ring mit eigenen und fremden öffentlichen Schlüsseln ist *pubring.gpg*. Hier kann auch die Datei *options* die Standardoptionen (nur in Langform) festlegen.

Die Datei ~*/.gnupg/trustdb.gpg* enthält die *Vertrauensdatenbank*, d.h. den Standardschlüsselring mit den vertrauenswürdigen Zertifikaten (und öffentlichen Schlüsseln) von Kommunikationspartnern. Während der Schlüsselbearbeitung werden entsprechende Sperrdateien mit der Endung *.lock* angelegt.

Das Ergebnis einer Verschlüsselung wird in einer Binärdatei mit der Endung *.gpg* abgelegt. Hat man den ASCII-Mode als Zielformat angegeben (per Option **–a**), so ist die Endung *.asc*. Dabei wird die Binärdatei (natürlich ohne zu entschlüsseln) in ein transportfreundliches ASCII-Format expandiert. Sie wird dabei etwa 25 % größer.

gpg versucht vor dem Verschlüsseln automatisch die Eingabe zu komprimieren und dekomprimiert sie entsprechend automatisch beim Entschlüsseln. Das Komprimieren kann per Option **–z0** unterdrückt werden.

---

1. Die kommerziellen Versionen sind bei *www.pgp.com* zu finden, jedoch noch nicht in einer Linux-Version.

Es gibt zwei Arten der Verschlüsselung:
– die *asymmetrische*, bei der mit dem öffentlichen Schlüssel des Adressaten verschlüsselt und mit dessen privaten (geheimen) Schlüssel entschlüsselt wird und
– die *symmetrische*. Hier wird mit dem gleichen Schlüssel ver- und entschlüsselt.

gpg hat folgende Basis-Funktionsblöcke:

Verschlüsseln	(symmetrisch per **–c** oder asymmetrischper **–e**). Dies kann mit einem Signieren kombiniert werden.
Entschlüsseln	von Daten (**--decrypt**), kombinierbar mit dem Signieren.
Signieren	von Daten (per **–s** oder **–b**), kombiniertbar mit dem Verschlüsseln.
Prüfen	einer Signatur (per **--verify**)
Schlüsselhandling	Dies sind eine Reihe von Operationen, angefangen vom Erzeugen eines Schlüsselpaars und eines Zertifikats bis hin zum Wiederrufen eines Zertifikats. Dazu gehört auch das Einfügen erhaltener Zertifikate/Schlüssel in den lokalen Schlüsselring sowie das Signieren anderer Schlüssel, um deren Glaubwürdigkeit zu bestätigen. Das Schlüsselhandling erfolgt in der Regel interaktiv (gestartet per **--edit-keys**). Eine kompatible und übersichtlichere Form zur Schlüsselverwaltung bietet das KDE-Frontend **kgpg**.

Beim Signieren und asymmetrischen Verschlüsseln wird jeweils mit einem Schlüsselpaar gearbeitet: einem *öffentlichen* und einem *geheimen* Schlüssel. Mit dem (eigenen) geheimen Schlüssel wird signiert und mit dem öffentlichen die Signatur überprüft. Beim Chiffrieren wird der öffentliche Schlüssel des Adressaten zum Verschlüsseln verwendet. Dieser kann dann mit seinem geheimen Schlüssel, den nur er besitzen sollte, wieder entschlüsselt werden.

Ein *Zertifikat* ist eine Art *Ausweis*, welches den öffentlichen Schlüssel eines Schlüsselpaars enthält, sowie ergänzende Angaben wie Name des Besitzers und Gültigkeitsdauer. Es ist selbst wieder signiert; diese Signatur beglaubigt die Korrektheit bzw. Vertrauenswürdigkeit des Zertifikats.

Ein *Fingerabdruck* ist eine Prüfsumme (*Hashwert*) über einen Schlüssel. Er identifiziert einen Schlüssel mit sehr hoher Sicherheit.

gpg verarbeitet die jeweils angegebene Datei. Fehlt die Angabe oder wurde ›–‹ angegeben, so wird von der Standardeingabe gelesen.

Die am häufigsten benutzten **gpg**-Kommandos und Optionen (neben **–v** oder **--verbose** und **–q** oder **--quiet**) sind:

Operationen/Kommandos:

–c [*datei*]	(**--symmetric**) verschlüsselt die *datei* symmetrisch per Passwort. Dieses wird abgefragt (doppelt). Der Empfänger muss dieses zum Entschlüsseln kennen.
--clearsign [*datei*]	erzeugt eine offene Textsignatur.

--decrypt [*datei*]	entschlüsselt die Daten und legt das Ergebnis (bereits dekomprimiert) unverschlüsselt ab. Wurde von der Standardeingabe gelesen, so geht das Ergebnis auf die Standardausgabe bzw. die per **--output** vorgegebene Datei. War die Eingabe auch signiert, wird die Signatur ebenfalls geprüft.
–e [*datei*] *auid*	(**--encrypt**) verschlüsselt die *datei* mit dem öffentlichen Schlüssel des Adressaten *auid*. Das Zertifikat des Adressaten muss im (öffentlichen) Schlüsselring vorhanden sein. Es können auch mehrere Adressaten angegeben werden (jeweils durch Komma getrennt). Das Verschlüsseln lässt sich kombinieren mit dem Signieren (**–es**) sowie mit dem ASCII-Modus (**–ea**, **–eas**) und dem sicheren Löschen der Quelle (**–ew**, …).
–s [*datei*] [–u *uid*]	(**--sign**) signiert die Datei *dat* mit dem eigenen (privaten) Schlüssel. Hat man mehrere Schlüssel, so lässt sich per **–u** *uid* die Schlüsselidentität wählen. Dies lässt sich kombinieren mit dem Verschlüsseln (**–es**).
–sb [*datei*] [–u *uid*]	signiert die *datei* (wie bei **–s**), legt die Signatur jedoch separat ab, anstatt sie einzubetten. Die Signatur wird in der Datei mit der Endung *.sig* abgelegt.
--verify [[*sig*] [*sd*]]	prüft die Signatur der signierten Datei *sd*. *sig* ist dabei die Signatur bzw. die Datei mit der Signatur.
--verify-files [*dateien*]	prüft die Signatur der Dateien. Die Signaturen müssen hier Teil der Dateien sein.
--list-keys [*namen*]	zeigt alle Schlüssel des öffentlichen Schlüsselrings an (oder nur die zu dem oder den Namen).
--list-public-keys [*namen*]	zeigt alle Schlüssel des öffentlichen Schlüsselrings an (oder nur die zu dem oder den Namen).
--list-secret-keys [*namen*]	zeigt alle Schlüssel des geheimen Schlüsselrings an (oder nur die zu dem oder den Namen).
--list-sigs [*namen*]	arbeitet wie **--listkeys**, zeigt aber zusätzlich auch die Signaturen zu den Schlüsseln.
--list-public-keys [*namen*]	zeigt alle Schlüssel des öffentlichen Schlüsselrings an (oder nur die zu dem oder den Namen).
--check-sigs [*namen*]	arbeitet wie **--listsigs**, überprüft aber die Signaturen der Schlüssel.
--fingerprint [*namen*]	zeigt alle (oder die angegebenen) Schlüssel zusammen mit deren *Fingerabdrücken*.
--gen-key	erzeugt ein neues Schlüsselpaar. Dies wird in aller Regel interaktiv ausgeführt.
--edit-keys *name*	aktiviert einen Dialog zur interaktiven Behandlung von Schlüsseln. Diese Interaktion sollte abgeschlossen werden entweder mit **save** zum Sichern der Änderungen oder mit **quit**, um die Änderungen zu verwerfen.

Optionen:

–a	(**--armor**) legt die verschlüsselte Datei (bei **–ea**) im ASCII-Format ab (Endung *.asc*). Dies ist beim Versand per E-Mail robuster gegen Verstümmelung durch Umcodierungen.
–f	(*filter-mode*) Hier arbeitet **gpg** als Filter, d.h. es liest von der Standardeingabe und schreibt auf die Standardausgabe.
--homedir *verz*	statt ˜/.*gpg* soll in *verz* nach den benötigten **gpg**-Dateien gesucht werden.
–i	(**--interative**) fragt vor dem Überschreiben einer existierenden Datei interaktiv nach.
--keysarver *server*	sucht bei lokal im Schlüsselring noch nicht vorhandenen Schlüsseln diese auf dem angegebenen Schlüssel-Server.
–m	zeigt den entschlüsselten Text (**more**-ähnlich) nur auf dem Bildschirm, ohne ihn in einer Datei abzulegen.
--no	setzt für die meisten (sonst interaktiven) Fragen als Antwort *no/nein* ein (Alternative: **--yes**).
–o *datei*	(**--output**) schreibt die Ausgabe in die angegebene Datei.
--options *odatei*	liest zunächst die Optionen für die Bearbeitung aus der angegebenen *odatei*.
--output *name*	gibt vor, in welche Datei die Ausgabe geschrieben werden soll.
–p	extrahiert aus der übertragenen Datei den ursprünglichen Dateinamen und verwendet diesen zur Ablage.
–r *name*	(**--local-user**) benutzt *name* als Benutzeridentifikation beim Signieren.
–t	gibt an, dass reiner ASCII-Text verschlüsselt/signiert werden soll und – soweit bekannt – entsprechend den Systemkonventionen des Adressaten die Zeilenenden entsprechend codiert werden sollen.
–u *name*	(**--recipient**) verschlüsselt für den mit *name* angegebenen Adressaten. Fehlt diese Angabe, wird interaktiv nachgefragt.
–w	(*wipe*) löscht nach der Verschlüsselung die alte Quelle und überschreibt sie zuvor, so dass sie aus den alten Blöcken auf dem Datenträger nicht mehr rekonstruiert werden kann.
--yes	setzt für die meisten (sonst interaktiven) Fragen als Antwort *yes/(ja)* ein (Alternative: **--no**).

–z *n*	setzt die Komprimierungsstufe (vor dem Verschlüsseln) auf *n* ($0 \leq n \leq 9$). ›–z 0‹ deaktiviert die Komprimierung.

Daneben gibt es zahlreiche weitere Optionen und Schlüsselfunktionen. Optionen können in der Langform (--*option*) in der Datei (˜*/.gnupg/gpg.conf*) hinterlegt werden. Sie werden dann als Standardvorbelegung verwendet.
Eine gute Dokumentation (auch in Deutsch) ist unter [GNUPG] zu finden. Eine auf GNU-Privacy-Guard aufsetzende GUI-Variante ist **kgpg**. Sie vereinfacht insbesondere die Schlüsselverwaltung.

- gpg --gen-key
  → stößt den Dialog zur Generierung eines neuen (oder zusätzlichen) eigenen Schlüsselpaars und des dazugehörigen Zertifikats (mit dem öffentlichen Schlüssel) an. Der private Schlüssel wird (im Home-Verzeichnis) unter dem Namen ˜*/.gpg/secring.gpg* abgelegt, das Zertifikat mit dem öffentlichen Schlüssel in ˜*/.gpg/pubring.gpg*.

- gpg –e snoopy.gpg
  → fügt das PGP-Zertifikat des (fremden) Benutzers in der Schlüsseldatei *snoopy.gpg* in den eigenen öffentlichen Schlüsselring ein (dieser liegt unter ˜*/.gpg/pubring.gpg*).

- gpg –es vertraulich snoopy "Karl Obermayr"
  → verschlüsselt die Datei vertraulich für die Adressaten *snoopy* und *Karl Obermayr* und legt die verschlüsselte Datei unter *vertraulich.gpg* ab. Die Datei wird zusätzlich signiert. Hier müssen die Zertifikate der Adressaten (*snoopy*, *Karl Obermayr*) im lokalen Schlüsselring vorhanden sein. Für die Signatur wird das Passwort für den eigenen privaten Schlüsselring abgefragt.

- gpg eingang.gpg
  → entschlüsselt die PGP-verschlüsselte Datei *eingang.gpg* und legt das Ergebnis unter *eingang* ab. Ist diese Datei bereits vorhanden, wird die alte Datei überschrieben. Für das Dechiffrieren wird das Passwort für den eigenen privaten Schlüsselring abgefragt. Das Entschlüsseln bringt nur sinnvolle Ergebnisse, wenn man Adressat der Nachricht war.

gpgv *gpg-datei*	→ **gpg** verification of gpg-file
oder	
gpgv *signur-datei gpgdatei(en)*	→ **gpg** verification of gpg-file an

ist eine vereinfachte Form des **gpg**-Kommandos (siehe Seite 290) zur Überprüfung von Signaturen in der angegebenen Datei. Es liefert als Exit-Status 0, falls die Verifikation erfolgreich war und wird zumeist in Skripten verwendet.
Die Umgebungsvariablen HOME und GNUPGHOME haben die gleiche Funktion wie bei **gpg**. Es werden für die Überprüfung die Schlüssel aus der dort beschriebenen Schlüsselringdatei ˜*/.gnupg/trustedkeys.gpg* herangezogen.

Bei der oben aufgeführten zweiten Form des Aufrufs wird davon ausgegangen, dass die Signaturen in der separaten *signatur-datei* liegen.

Die gpg-Dateien können im ASCII-Format (Endung *.asc* oder als Binärdatei (Endung *.gpg*) vorliegen.

Neben der Optionen **–v** (**--verbose**) und **–q** (**--quiet**) werden verarbeitet:

--homedir *verz* Die Schlüsselringdatei wird im Verzeichnis *verz* gesucht, statt im Standardverzeichnis *~/.gnupg*.

--ignore-time-conflict bei der Überprüfung der Signatur werden gewisse Zeitinkonsistenzen ignoriert (z.B. dass die Signatur älter ist als der dafür verwendete Signaturschlüssel). **--logger-fd** *n* die Logging-Datei soll statt auf die Standardfehlerausgabe auf den Dateideskriptor *n* geschrieben werden.

--keyring *ring* verwendet die Datei *ring* als Schlüsselring statt des Standardschlüsselrings *~/.gnupg/trustedkeys.gpg*.

--status-fd *n* schreibt das Ergebnis der Überprüfung als Text auf den Dateideskriptor *n*.

✎ gpgv --homedir /usr/local/gpgkeys bericht.asc.
→ prüft die Signatur der Datei *bericht.asc*. Der Public-Key zur Verifikation der Signatur wird im Verzeichnis */usr/local/gpgkeys* in der Datei *trustedkeys.gpg* gesucht.

grep [*optionen*] *muster* [*datei* ...]   → **g**eneral **r**egular **e**xpression **p**arser
    oder
grep [*optionen*] **–e** *muster* [*datei* ...]
    oder
grep [*optionen*] **–f** *mdatei* [*datei* ...]   → read pattern from file *mdatei*

Die **grep**-Programme **grep**, **egrep** und **fgrep** durchsuchen die angegebenen Dateien nach dem im Parameter *ausdruck* vorgegebenen Textmuster. **grep** schreibt dann die Zeilen der Dateien, in denen das Textmuster gefunden wird, auf die Standardausgabe. Wird mehr als eine Datei durchsucht, so wird der Dateiname ebenfalls angezeigt.

Bei **fgrep** darf der Ausdruck nur aus mehreren, durch <neue zeile> getrennten Zeichenketten bestehen (entsprechend **grep –F**). Bei **grep** kann der Ausdruck sich auch aus den Metazeichen zusammensetzen, wie sie in **ed** definiert sind (siehe auch die Tabelle 3.7 auf Seite 181). Da die Zeichen $ * [^ | ? ' " ( ) und \ von der Shell interpretiert werden, müssen sie maskiert werden (per \ oder "..." oder '...').

Die zweite Form wird verwendet, wenn das Suchmuster mit einem Minuszeichen beginnt.

Bei der dritten Form wird das Suchmuster der Datei *mdatei* entnommen.

grep und **egrep** akzeptiert reguläre Ausdrücke (Suchmuster) folgender Art:

reg. Ausdruck   **Bedeutung**

x	das Zeichen *x* (das keines der nachfolgend beschriebenen Metazeichen ist)
\x	trifft auf das Zeichen *x* zu, auch, wenn *x* ein Metazeichen ist.
\\	das Zeichen ›\‹ selbst
^	steht für ›*Anfang der Zeile*‹.
$	steht für ›*Ende der Zeile*‹.
.	steht für ›*Ein beliebiges einzelnes Zeichen*‹.
\<	steht für ›*Am Anfang eines Wortes*‹.
\>	steht für ›*Am Ende eines Wortes*‹.
\b	steht für ›*Am Anfang oder Ende eines Wortes*‹.
\B	steht für ›*Nicht am Anfang oder Ende eines Wortes*‹.
[*x*...*z*]	steht für ›*Eines der Zeichen x,...,z*‹.
[^*x*...*z*]	steht für ›*Alle Zeichen außer den Zeichen x,...,z*‹.
[*x*–*z*]	steht für ›*Eines der Zeichen im Bereich x bis z*‹.
*ausdruck**	steht für ›*Der Ausdruck darf 0- bis n-mal vorkommen*‹.
ausdruck+	steht für ›*Ausdruck darf ein- oder mehrmals vorkommen*‹.
ausdruck?	steht für ›*Der Ausdruck darf kein- oder einmal vorkommen*‹.
ausdruck{*n*}	steht für ›*Der Ausdruck muss genau n-mal vorkommen*‹.
ausdruck{*n*, }	steht für ›*Der Ausdruck muss mindestens n-mal vorkommen*‹.
ausdruck{*n*,*m*}	steht für ›*Der Ausdruck darf n- bis m-mal vorkommen*‹.
ausd_1ausd_2	steht für ›*Zuerst muss ausd_1 passen und danach ausd_2*‹.
ausd_1|ausd_2	steht für ›*ausd_1 oder ausd_2*‹.
	Statt ›|‹ kann auch ‹neue zeile› benutzt werden.

Innerhalb der [...]-Klammern können Zeichenklassen-Angaben vorkommen ([:alnum:], [:blank:], [:cnrtl:], [:digit:], [:graph:], [:lower:], [:print:], [:punct:], [:space:], [:upper:], [:xdigit:], [=char=]). Ihre Bedeutung ist in Tabelle A.17 auf Seite 868 zu finden.

Teilausdrücke können per (...) geklammert werden, um die Auswertungsreihenfolge festzulegen. Ansonsten gilt die Reihenfolge:
Wiederholungen (*, +, ?, {}) vor Konkatenationen vor Alternativen (|).
In aller Regel wird man reguläre Ausdrücke mit Metazeichen per "..." oder '...' vor der Shell-Interpretaton maskieren.

Folgende Optionen werden von **grep** (und **fgrep** und **egrep**) akzeptiert:

–a	(**--text**) Ausgabezeilen mit Binärcodes sollen als ASCII-Text behandelt und nicht unterdrückt werden.
–A *n*	(**--after-context=***n*) gibt bei einem Treffer die nachfolgenden *n* Zeilen mit aus.

–b	(**--byte-offset**) gibt die Position (als Distanz vom Anfang in Byte) zu den Treffern mit aus.
–B *n*	(**--before-context=***n*) gibt bei einem Treffer die vorausgehenden *n* Zeilen mit aus.
–c	(**--count**) Es wird nur die Anzahl der passenden Zeilen gezählt.
--color=*art*	definiert, dass die Treffer-Zeichenkette in der Ausgabe farbig markiert werden soll (nach dem Muster in GREP_COLOR). *art* gibt dabei an, wie dies erfolgen soll: **never** (nicht), **always** (immer) oder **auto** (abhängig von der Art des Ausgabegerätes).
–C *n*	(**--context=***n*) gibt die Umgebung zu den Trefferzeilen mit aus. *n* definiert dabei die Anzahl der Umgebungszeilen (davor und danach). Die einzelnen Trefferausgaben werden jeweils durch eine Zeile mit ›_ _‹ separiert.
–d *aktion*	(**--directories=***aktion*) definiert, welche Aktion bei der Abarbeitung von Verzeichnissen (*directories*) erfolgen soll. Dabei sind für *aktion* möglich: **read** Verzeichnis wie normale Datei lesen (Standard) **skip** Verzeichnisdatei überspringen **recursive** Dateibaum rekursiv durchlaufen
–D *aktion*	(**--device=***aktion*) gibt vor, dass *aktion* ausgeführt werden soll, falls die Eingabedatei keine reguläre Datei oder Pipe ist, sondern ein Gerät *(special file)*, FIFO oder Socket. *aktion* kann sein: **read** (es wird davon gelesen), **skip** (wird übersprungen).
–e *ausdruck*	(**--regexp=***ausdruck*) ist nützlich, wenn der Ausdruck mit einem ›–‹ beginnt.
–E	(**--extended-regexp**) erlaubt einen erweiterten regulären Ausdruck/Suchmuster. Bei der GNU-Implementierung ist dies der Standard.
–f *adatei*	(**--file=***adatei*) liest die Ausdrücke, nach denen gesucht werden soll, aus der Datei *adatei* (ein Muster je Zeile). *adatei* darf dem -f ohne oder mit Zwischenraum folgen.
–F	(**--fixed-strings**) interpretiert das Muster als eine Liste von feststehenden Ausdrücken (jeweils durch <neue zeile> getrennt), die **alle** passen müssen, damit eine Zeile als Treffer gilt.
–G	(**--basic-regexp**) interpertiert das Suchmuster als *einfachen regulären Ausdruck*.
–h	(**--nofile**) unterdrückt den Dateinamen in der Ausgabezeile.
–H	(**--with-filename**) gibt bei jedem Treffer auch die Namen der Dateien aus, in denen der reguläre Ausdruck passt.
–i	(**--ignorecase**) ignoriert beim Vergleich die Groß-/Kleinschreibung.
–I	ignoriert Binärdateien beim Vergleich.
–l	(**--file-with-matches**) gibt die Namen der Dateien zusammen mit den Zeilen, in denen der gesuchte Ausdruck vorkommt, jeweils durch <neue zeile> getrennt aus.

--label=*m*	gibt beim Lesen von der Standardeingabe *m* als Marke bzw. Dateibezeichnung bei entsprechenden Meldungen aus.
--line-buffering	benutzt eine Zeilenpufferung beim Lesen.
–L	(--file-without-match) gibt nur die Dateien auf, die **keinen** Treffer aufweisen.
–m	(--**max-count**=*n*) ignoriert nach *n* Treffern den Rest einer Datei.
--mmap	benutzt – soweit möglich – die **mmap(2)**-Funktion (*Shared-Memory*) zum Lesen der Dateien. Dies bescheunigt **grep**.
–n	(--**line-numbers**) gibt vor jeder zutreffenden Zeile auch die Zeilennummer mit aus.
–o	(--**only-matching**) zeigt nur den Teil der Trefferzeile, der auf das Muster passt.
–q	(--**quiet**, --**silent**) ohne Ausgabe. Nach dem ersten Treffer wird die Suche abgebrochen.
–r, –R	(--**recursive**) durchläuft die Dateibäume in einem Verzeichnis vollständig (rekursiv). Durch die nachfolgenden Optionen --**include**=*m1* und --**exclude**=*m2* lässt sich zusätzlich festlegen, dass hierbei nur Dateien untersucht werden, auf die das Muster *m1* passt und/oder solche ausgeschlossen werden, auf die *m2* passt.
–s	(--**nomessage**) unterdrückt Fehlerausgaben zu nicht lesbaren oder nicht vorhandenen Dateien/Verzeichnissen.
–u	(--**unix-byte-offset**) verwendet bei der Angabe von Treffern für die Distanzzählung des Treffers vom Dateianfang aus den Unix-Stil bei Textdateien auch dann, wenn es sich um keine originäre Unix-/Linux-Textdateien handelt. Hierbei werden <cr><lf>-Folgen im Text nur als 1 Zeichen gezählt.
–U	(--**binary**) definiert die Eingabe als Binärdatei. Ohne diese Option versucht **grep** durch Untersuchung der ersten 512 Byte dies selbst zu ermitteln.
–v	(--**invert-match**) gibt alle Zeilen aus, auf die das Muster **nicht** passt. Dies ist die Invertierung des Standards.
–V	(--**version**)
–w	(--**word-regxep**) sucht beim Vergleich nur nach ganzen Wörtern. Wörter sind Folgen von Buchstaben ohne Leerzeichen und Interpunktionszeichen.
–x	(--**line-regxep**) wertet nur die Zeilen als Treffer, welche ganz mit dem Ausdruck übereinstimmen (nur bei **fgrep** möglich).
–y	Beim Vergleich sollen die Kleinbuchstaben des Musters auch auf Großbuchstaben in den Dateien passen (nur bei **grep** möglich).
–Z	(--**null**) fügt eine Null (\000) statt des üblichen <neue zeile>-Zeichens nach dem Dateinamen (in der Ausgabe) ein.

grep, **egrep** und **fgrep** werten mehrere Umgebungsvariablen aus. Standardvorbelegungen für **grep** können in GREP_OPTIONS hinterlegt werden, während in GREP_COLOR die Farbmarkierungen für die Trefferkennung definiert sein können. Für die Sprache der Meldungen, sowie für die Sortierreihenfolgen in den Ausdrücken [a–z], werden LC_ALL, LANG sowie de LC-Variablen (siehe Seite 855) sowie die Variable POSIXLY_CORRECT ausgewertet.

✎   fgrep –c Linux linuxbeschreib
    → zählt, in wievielen Zeilen der Datei *unixbeschreib* das Wort Linux vorkommt.

✎   grep kapitel.\[1-9\] beschr.*
    → durchsucht alle Dateien des aktuellen Verzeichnisses, deren Namen mit *beschr.* beginnen. In diesen Dateien wird nach Zeilen gesucht, in denen die Worte *Kapitel.1* bis *Kapitel.9* vorkommen. Die eckigen Klammern mussten hier wegen ihrer Bedeutung für die Shell mit dem Fluchtsymbol ›\‹ maskiert werden. Eine alternative Schreibweise wäre: grep 'kapitel.[1-9]' beschr.*

✎   file /bin/* | grep "symbolic link"
    → gibt eine Liste aller Dateien (Kommandos) im Verzeichnis */bin* aus, bei denen es sich um symbolische Verweise handelt.

✎   ps -efl | grep "kde"
    → sucht nach einem gerade laufenden Prozess, in dessen Namen ›kde‹ vorkommt. In der Regel erwischt man den damit gestarteten grep-Prozess selbst auch.

groups [*benutzer*]   → show **groups** of user

gibt aus, zu welchen Gruppen die angegebenen Benutzer gehören. Fehlt der Benutzer, so werden die Gruppen des aufrufenden Benutzers angezeigt.

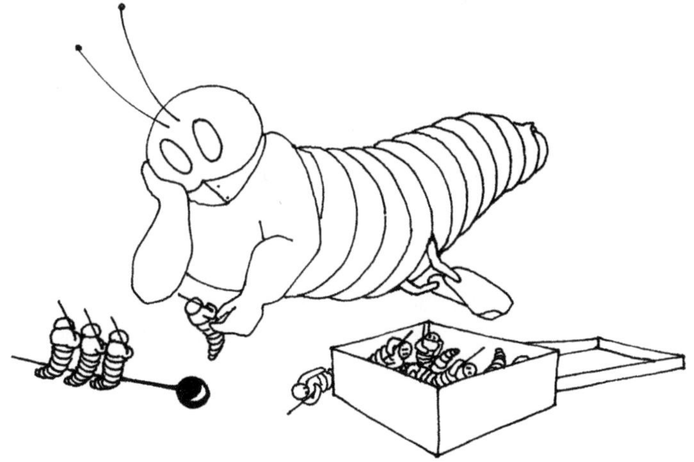

gs [*optionen*] [*datei(en)*]   → **g**hostscript – PostScript and PDF interpreter

aktiviert den Ghostscript-Interpreter. Dieser ist in der Lage, PDF-Dateien und PostScript-Dateien zu verarbeiten – d.h. sie in eine andere Druckersprache oder andere Formate umzusetzen. **gs** kann auch dazu verwendet werden, Post-Script- oder PDF-Dateien in Rasterbilder zu konvertieren, z.B. zur Einbettung in ein DTP- oder Web-Dokument. Wird keine Datei oder ›—‹ im Aufruf angegeben, so wird von der Standardeingabe gelesen.Für die Anzeige von Post-Script und PDF-Dateien auf dem Bildschirm steht z.B. **gv** (siehe Seite 305) oder **kghostview** zur Verfügung.

Die Optionen bzw. Schalter von **gs** beziehen sich hauptsächlich auf die Ausgabegeräte und deren Eigenschaften (z.B. die Auflösung), sowie auf die zur Ausgabe zu verwendenden Schriften (Fonts). Abweichend von der üblichen Syntax, beziehen sich die Optionen jeweils auf die nachfolgenden Dateien oder Ausgabegeräte. Hier lassen sich Schalter und Dateien (geordnet) mischen. Die nachfolgenden Schalter zählen zu den meistbenutzten:

–dBATCH	beendet **gs** nach der Verarbeitung des letzten Eingabedatei. Im Standardfall gibt **gs** ein Bereitzeichen aus und wartet auf weitere Befehle.
–dDEVICEXRESOLUTION=*n*	gibt die Auflösung des Ausgabegerätes in X-Richtung vor (für Geräte, die mehrere Auflösungen zulassen).
–dDEVICEYRESOLUTION=*n*	gibt die Auflösung des Ausgabegerätes in Y-Richtung vor (für Geräte, die mehrere Auflösungen zulassen).
–dNODISPLAY	unterdrückt die sonst übliche Initialisierung des Ausgabegerätes.
–dNOPAUSE	gibt die einzelnen Seiten ohne eine Pause zwischen den Seiten aus.
–gbreite**x**höhe	definiert die Seitengröße der Ausgabe in Pixel.
–h oder **?**	gibt eine kurze Hilfe aus – insbesondere mit den Geräten, die von der aktuellen **gs**-Version unterstützt werden – und terminiert danach.
–iverz	benutzt die angegebenen Verzeichnisse noch vor dem intern vorhandenen Suchpfad für Systembibliotheken.
–Iverz	gibt an, dass die angegebenen Verzeichnisse (syntaktisch durch ›:‹ getrennt) als erstes nach **gs**-Bibliotheken zu durchsuchen sind (vor denen des Standardpfads).
–q	entspricht --**quiet**, d.h. es unteredrückt die Start- und Verarbeitungsmeldungen auf die Standardausgabe.
–rres	gibt die Auflösungen (*resolution*) für die Ausgabe in Bildpunkte pro Inch vor. Ist die Auflösung asymmetrisch, so benutzt man die Form *xxy*.

–**sDEVICE**=*d* erzeugt Ausgabe für das mit *d* angegebene Ausgabegerät. Diese Option muss vor dem Namen der ersten auszugebenden Datei erscheinen. Das Spektrum der unterstützten Geräte erhält man über den Aufruf **gs –h**.

–**sOutputFile**=*d* schickt die Ausgabe auf das mit *d* angegebene Gerät, eine Pipe oder die damit angegebene Datei.

–**sPAPERSIZE**=*pg* gibt mit *pg* das Papierformat für die Ausgabe vor. Die unterstützten Papierformate sind in der Initialisierungsdatei *gs_statd.ps* im **gs**-Initialisierungsverzeichnis definiert.

Im Normalfall (ohne die Option –**dBATCH**) terminiert **gs** nicht nach der Abarbeitung der Eingabedateien, sondern gibt ein Bereitzeichen aus und wartet auf weitere Befehle – PostScript-Anweisungen. ›**devicenames ==**‹ gibt dabei die **gs** bekannten Geräte aus. **gs** kann dann mit **quit** beendet werden.

Voreinstellungen für Optionen lassen sich in GS_OPTIONS hinterlegen. Der Typ des Standardausgabegerätes kann in GS_DEVICE definiert werden, während GS_FONTPATH den Suchpfad für Schriften und GS_LIB den Suchpfad für gs-Bibliotheken vorgeben kann. Die Initialisierungsdateien und Font-Definitionen liegen in */usr/share/ghostscript/n.mmm/**. (*n.mmm*) steht für die Versionsnummer. Hier liegen auch die für die Darstellung bzw. Rasterisierung benötigten Schriften (*Font-Files*).

gs wird in den meisten Linux-Print-Spoolern zentral für die Ausgabe auf Geräte eingesetzt, welche PostScript nicht selbst verarbeiten können – also insbesondere die meisten Tintendrucker sowie die unter Windows sehr verbreiteten Drucker mit der Drucksprache HP-PCL.

Vom Ghostscript gibt es mehrere, etwas abweichende Versionen, wobei die funktionalste und aktuelleste Version in den meisten Linux-Distributionen aus Lizenzgründen nicht enthalten ist. Sie ist unter *www.ghostscript.com* zu finden. Ghostscript gibt es nicht nur für Unix und Linux, sondern für sehr zahlreiche Plattformen wie MS-Windows und Mac OS.

✎ gs –sDEVICE=ljet4 –sPAPERSIZE=a5 –sOutputfile=/|lp Kapitel01.ps
→ erzeugt von der Datei *Kapitel01.ps* Ausgabe für ein Gerät vom Typ HP Laser-Jet 4. Die Ausgabe wird für A5 erzeugt und in den **lp**-Print-Spooler per Pipe übergeben.

✎ gs –dBATCH –dNOPAUSE –sDEVICE=pdfwrite \
–sOutputFile=Kapitel.pdf Kapitel01.ps
→ konvertiert die PostScript-Datei *Kapitel01.ps* nach PDF und legt sie in *Kapitel01.pdf* ab.

✎ gs –dBATCH –dNOPAUSE –sDEVICE=tiffg4 –r600 \
–sOutputFile=Bild1.tif Bild1.pdf
→ rastert den Inhalt der PDF-Datei *Bild1.pdf* als TIFF-Rasterbild (im TIFF-G4-Format, d.h. bitonal mit G4-Komprimierung) mit einer Auflösung von 600 dpi. Das Ergebnis wird in der datei *Bild1.tif* abgelegt.

gtklp [*optionen*] [*datei(en)*]   → **graphic tool for KDE line printing**
    oder
lp [*optionen*] [*datei(en)*]   → spool files to line printer (GtkLP version)
    oder
lpr [*optionen*] [*datei(en)*]   → spool files to line printer (GtkLP version)

ist ein grafisches Frontend für das Drucken. Es kann sowohl unter KDE als auch unter GNOME genutzt und über den Desktop als auch von der Kommandozeile bzw. einem Shell-Skript aus aufgerufen werden. Im KDE-Printing-Paket stellt es auch die Emulation der **lp** und **lpr**-Kommandos als reine Kommandozeilen-Programme zur Verfügung. Das volle, hier beschriebene Spektrum an Funktionen erreicht **gtklp** erst unter CUPS.

Während sich im *Konsolmodus* die Kommandos wie reine Kommandozeilen-programme benehmen, erscheint im *X-Modus* die grafische Dialogbox, in der praktisch alle Einstellungen über Reiter und Menüs vorgenommen werden können und in der man Einstellungen auch analog zu **lpoptions** sichern kann. Als Optionen sind möglich:

–# *x*	erstellt *x* Druckkopien (wie **–n** *x*).
–b	gibt vor, dass statt der per **lpoptions** gesetzten Optionen die internen Standardoptionen verwendet werden.
–c *verz*	**gtklp** nutzt statt des gtklp-Standardverzeichnisses *verz* als Verzeichnis für die Konfiguationen.
–C	erzwingt bei gtklp den *Konsolmodus* (Kommandozeilenmodus).
–d *drucker*	gibt den Drucker (oder Druckerklasse oder Druckerinstanz/Druckerprofil) vor. Ohne diese Option wird der Wert der Shellvariablen **PRINTER** benutzt.
–E	aktiviert eine verschlüsselte Kommunikation mit dem CUPS-Print-Server.
–h *host*	gibt (wie **–S**) das Hostsystem für den Druck-Server vor.
–H	entspricht dem sonst üblichen --**help**.
–i	ignoriert Daten von der Standardeingabe.
–J *name*	gibt dem Druckauftrag den aufgeführten *namen* mit.
–l	gibt die benutzte Option als Parameterliste (auch die Einstellungen durch **lpoptions**) für das **lpr**-Kommando aus und terminiert.
–n *x*	erstellt *x* Druckkopien (entspricht **–#** *n*).
–o *optionen*	erlaubt, druckerspezifische oder druckerklassenspezifische Optionen weiterzugeben. Es sind mehrere **–o**-Optionen erlaubt. Siehe dazu **lp**-Optionen auf Seite 337.
–p *port*	gibt in Kombination mit **–h** oder **–S** vor, dass der angegebene Port für die Kommunikation mit dem CUPS-Drucker-Server verwendet werden soll (Standardport: 631).
–P *drucker*	entspricht **–d** *drucker*.
–q *n*	erlaubt eine Druckpriorität vorzugeben ($0 \leq n \leq 100$; Standard: 50). 100 ist die höchste Priorität.
–S *host*	gibt das Hostsystem für den gewünschten Druckserver an.

–t *name*	gibt (wie **–J**) dem Druckerauftrag einen Namen mit.
–U *benutzer*	gibt an, unter welchem CUPS-Benutzer gearbeitet werden soll.
–V	gibt die Versionsnummer von **gtklp** aus.

gtklp versucht sich im Standardfall mit dem X11-Server zu verbinden, um seine grafische Dialogbox zu aktivieren. Ist dies nicht möglich, arbeitet **gtklp** als sei es als **lpr** aufgerufen. In der GUI-Oberfläche lassen sich praktisch alle Funktionen des CUPS-System und dessen Druckoptionen einstellen und auch Einstellungen analog zu **lpotions** sichern (Dialogbox siehe Seite 833).

gtklp liest nacheinander drei Konfigurationsdateien: *<configdir>* – ein intern festgelegtes Konfigurationsverzeichnis –, ˜*/.gtklp* und */etc/gtklp*.

gtklp kann alternativ zu **lp** (siehe Seite 332) oder als **lpr** (siehe Seite 342) aufgerufen werden. Dann sind folgende weitere oder abweichende Optionen möglich:

–C *name*	gibt den Namen des Druckauftrags an (beim Aufruf als **lpr**).	
–H *anw*	gestattet (nur beim Aufruf als bei **lp**) spezielle Anweisungen zum Druck vorzugeben. *anw* kann eine der folgenden Werte haben:	
	hold	Der Auftrag wird zunächst gestoppt und erst gedruckt, wenn durch eine ›**–i resume**‹-Anweisung die Fortsetzung explizit vorgegeben wird.
	resume	setzt einen zuvor mit ›**–H hold**‹ angehaltenen Druckauftrag fort.
	immediate	bewirkt, dass der Druckauftrag als nächster ausgeführt und damit eventuell vorher abgesetzten Aufträgen vorgezogen wird. Dies darf nur der LP-Administrator oder Super-User.
	ss:mm	der Druck soll um *ss* Uhr und *mm* Min. erfolgen.
–l	reicht die zu druckende Datei als bereits formatierte Datei und ohne weiteren Filter zur Druckausgabe weiter (bei **lpr**).	
–p	erzeugt (sinnvoll bei Textdateien und **lpr**) ein Art *Pretty-Printing* mit einem Seitenkopf mit Datum, Uhrzeit und Job-Namen.	
–P *liste*	gibt beim Aufruf als **lp** an, welche Seitenbereiche gedruckt werden sollen. Die Form dazu sieht etwa so aus: 2–5,17,28.	
–T *name*	gibt den Namen des Druckauftrags an (wie **–C**, bei **lpr**).	
–X	versetzt **gtklp** in den X11-Modus (beim Aufruf als **lp** oder **lpr**).	

Die Umgebungsvariable PRINTER gibt den Standarddrucker für die Ausgabe vor. CUPS_SERVER definiert den Standard-CUPS-Server, mit dem **gtklp** kommuniziert. IPP_PORT definiert dabei den standardmäßig benutzten Port. Und GTKLP_FORCEX gibt vor (sofern es den Wert 1 hat), dass auch die Kommandos **lp** und **lpr** den grafischen Modus (X11-Modus) aktivieren sollen. Im KDE-Printing-Paket befindet sich darüber hinaus das grafische Druck-Frontend **kprinter**, aus dem heraus sich auch ein Wizzard zum Einrichten eines neuen Druckers oder einer neuen Druckerinstanz (Profil) aufrufen lässt.

kjobviewer ist eine grafische und erweiterte Version der Kommandos **lpstat** oder **lpq**. Das Programm **qtklpq** stellt eine GUI-Version (Emulation) des **lpq**-Kommandos zur Verwaltung von Druckaufträgen dar (siehe Seite 223).

✎　gtklp –X –n3 –d hp1 liste
　　→ druckt die Datei *liste* auf dem Drucker hp1 in drei Kopien aus. Dazu erscheint die GUI-Dialogbox von **gtklp**, in der weitere Druckeinstellungen vorgenommen werden können.

✎　lp –X –H immediate –d Farbdruck Bericht
　　→ druckt die Datei *Bericht* auf dem Drucker *Farbdruck* und schiebt ihn dabei an die erste Stelle der Auftragswarteschlange.

gtklpq [–d *drucker*] [–S *server*] [–p *port*] [*optionen*]　　→ administrate **lp** print queues
　　oder
lpq [–d *drucker*] [–S *server*] [–p *port*] [*optionen*]　　→ administrate **lp** print queues

gtklpq ist (im Standardfall) eine GUI-Version des **lpq**-Kommandos (siehe Dialogbox auf Seite 833). Beim Aufruf sind folgende Optionen möglich:

–d *drucker*	gibt den Drucker an, dessen Auftragswarteschlange angezeigt und bearbeitet wird.
–D	aktiviert den Debugging-Modus, welcher eine ausführliche Ausgabe liefert. Diese Option ist nicht bei allen Version von lpq vorhanden.
–E	aktiviert eine verschlüsselte Kommunikation zum CUPS-Server.
–P *drucker*	entspricht –d *drucker*.
–S *server*	gibt den CUPS-Server an, der angeprochen werden soll (Standfall: localhost:631) oder der Server in der Umgebunsgavariablen CUPS_SERVER.
–p *port*	eine vom Standard (= 631) abweichende Portnummer des Servers
–V	gibt die Version des Programms aus.
–U *benutzer*	gibt an, dass die Druckaufträge eines (anderen) CUPS-Benutzers angzeigt werden sollen.
–t *timeout*	gibt das Zeitintervall (in Sekunden) für die Aktualisierung der Anzeige vor.
–g *XxY*	gibt an, wo auf dem Bildschirm (X-Y-Position) gtklp erscheinen soll.
–X	aktiviert den X-Modus (GUI-Modus) beim Aufruf von **lpq** – selbst dann, wenn die Umgebunsgvariable GTKLP_FORCEX den Wert 1 hat.

wird **gtklp** als **lpq** aufgerufen, so wird die Kommandozeilenversion aktiviert (ohne grafische Anzeige), es sei denn, die Option –X wird verwendet. Eine Alternative zu **gtklpq** ist **kjobviewer** (siehe Seite 834) aus dem KDE-Paket.

✎　gtklpq –d hp_lp3 –U karl
　　→ zeigt in einer GUI-Oberfläche die Druckaufträge des Benutzers *karl* auf dem Drucker *hp_lp3* an.

gunzip [*optionen*] [*datei(en)*]　　　　　→ GNU-unzip

dekomprimiert mit **gzip** komprimierte Dateien. Siehe hierzu **gzip** (Seite 307).

gv [*datei*] [*optionen*]　　　　　→ **ghostscript** viewer based on gs

gv (oder **gsview**) ist ein Frontend für den Ghoscript-Interpreter **gs** (siehe Seite 300). Er erlaubt, PostScript- und PDF-Dateien auf dem Bildschirm unter X11 anzuzeigen und darin zu blättern. Die normale Kommandosyntax ist hier abweichend, da der Name der anzuzeigenden Datei vor den ganzen Optionen steht. Die Optionen beziehen sich hauptsächlich auf die Art der Anzeige. Bei Dateinamen mit der Endung *.ps* oder *.pdf* darf diese Endung weggelassen werden. Komprimierte Dateien werden automatisch dekomprimiert.
Die eigentliche Bedienung von **gv** – z.B. das Blättern/Navigieren – erfolgt dann Maus- und Menü-gesteuert im X11-Fenster. Hier lassen sich die meisten Optionen auch nochmals über Menüs und Paletten ändern. Von hier aus ist es auch möglich, die Datei vollständig oder in Ausschnitten zu drucken.
Die meistbenutzten Optionen sind:

–h oder **–?**	gibt eine kurze Hilfe aus und terminiert **gv**.
–help	gibt eine etwas längere Hilfe zu **gv** aus und terminiert **gv**.
–antialias	aktiviert das Glätten von Zeichen und Kanten in der Darstellung durch ein so genanntes *Antialiasing*. Dies ergibt zumeist ein besser lesbares aber etwas unschärferes Bild. Die Umkehrung der Option ist **–noantialia**.
–noantialias	
–scale *n*	vergrößert oder verkleinert die Darstellung auf *n* Prozent.
–media *pf*	gibt mit *pf* das Papierformat vor. Übliche Formate sind z.B.: **b5** bis **a3**, **ledger**, **letter**, **legal** oder **tabloid**. Weitere Formate sind auch unter dem entsprechenden Formatmenü des X11-Fensters zu sehen. Der Standard ist **automatic**, d.h. eine automatische Erkennung und Anpassung.
–monochrome	macht die Anzeige in Schwarzweiß. Mit Graustufen, was dem normalen Papierdruck am nächsten kommt, ist es die Option **–grayscale**. **–color** ergibt eine Darstellung in Farbe.
–grayscale	
–color	
–page *marke*	startet die Anzeige auf der Seite mit der angegebenen Marke – in der Regel eine Seitennummer.
–portrait	macht die Anzeige im Hochformat des Papiers.
–landscape	macht die Anzeige im Querformat.
–upsidedown	dreht die Hochformatseite um 180°.
–seascape	dreht die Seite im Querformat um 180°.
–resize,	**gv** skaliert die Anzeige so, dass die gesamte Seite im Fenster angezeigt werden kann.
–noresize	unterdrückt die automatische Skalierung.
–swap	vertauscht die Bedeutung von **–landscape** und **–seascape**.

–watch **–nowatch**	veranlasst, **gv** das Dokument in bestimmten Abständen zu überwachen und bei Änderungen die neue Version anzuzeigen. **–nowatch** unterdrückt dies.
–eof, –noeof	definiert die Behandlung des <eof>-Zeichens in den PostScript-Dateien. **–noeof** kann nützlich sein, wenn PostScript-Dateien betrachtet werden, die weitere PostScript-Dateien eingebettet haben.

Beim Start liest **gv** Einstellungen für ein ganzes Spektrum von internen Ressourcen und Einstellungen aus Initialisierungsdateien (so vorhanden). Die systemweit geltenden Einstellungen liegen zumeist in */usr/X11/lib/X11/app-defaults/GV*. In der Umgebungsvariablen XFILESEARCHPATH kann ein anderer Suchpfad vorgegeben werden. Benutzerspezifische Voreinstellungen sind in *˜/.gv* möglich. Das Format dazu beschreibt **man gv**. Die Optionen lassen sich auch über das STATE → Set-Options-Menü im X11-Fenster von **gv** setzen und abspeichern.

Für PDF-Dateien dürfte der Adobe-Acrobat-Viewer (**acroread**) die bessere Anzeigemöglichkeit darstellen.

Neben **gv** gibt es eine ganze Reihe weiterer PostScript-Viewer mit ähnlichen Funktionen. Hierzu gehören z. B. **gsview**, **ggv** (die GNOME-Version von **gv**) sowie **kghostview** (die KDE-Version von **gv**).

✎   gv –grayscale –resize Bericht
→ zeigt die Datei *Bericht* oder *Bericht.ps* (oder die Dateien mit einer zusätzlichen Komprimierungsendung) auf dem Bildschirm an. Die Darstellung wird dabei so skaliert, dass jeweils eine ganze Seite angezeigt werden kann und erfolgt als Halbtondarstellung (mit Graustufen).

gzexe   [–d] [*dateien*]   → GNU-**unzip**

komprimiert Programmdateien (Binärprogramme) in ein selbstextrahierendes Format. Sie belegen damit weniger Platz. Beim Aufruf werden sie automatisch dekomprimiert. Mit der Option **–d** werden komprimierte Dateien dekomprimiert. Da die komprimierte Datei ein Shell-Skript ist, entsteht potenziell ein Sicherheitsproblem, da das Skript von einer korrekt besetzten Variablen PATH zum Aufruf von **tail**, **chmod**, **ln** und **sleep** ausgeht.

gzip [*optionen*] [–S *suffix*] [*datei(en)*] → GNU-**zip**
  oder
gunzip [*optionen*] [–S *suffix*] [*datei(en)*] → GNU-**un**compress of **z**ipped files
  oder
zcat [–fhLV] [*datei(en)*] → de**c**ompress an **cat**

komprimiert die angegebenen Dateien im GNU-Zip-Format (Lempel-Ziff-77-Codierung). Sind keine Dateien oder ›-‹ angegeben, so wird von der Standardeingabe gelesen. Im Normalfall wird das Ergebnis in eine neue Datei mit der Endung *.gz* geschrieben und die alte Datei gelöscht.

gunzip dekomprimiert die Dateien und legt sie mit dem ursprünglichen Namen und dem ursprünglichen Änderungsdatum (Zeitstempel) wieder ab. Es löscht danach die komprimierte Version. Möglich sind bei **unzip** die Optionen **–acfhlLnNrtqvV**.

zcat arbeitet wie **cat**, jedoch auf **gzip**-komprimierten Dateien als Eingabe. Die **gzip**-Datei bleibt hier aber erhalten (sofern nicht gleich von der Standardeingabe gelesen wird). Dies entspricht etwa **gunzip –c**.

Die Umgebungsvariable GZIP kann Standardoptionen festlegen.

Die möglichen **gzip**-Optionen neben **--help**, **--verbose** und **--version** sind:

–n	legt die Komprimierungsstufe fest ($1 \leq n \leq 9$). Eine höhere Stufe ergibt potenziell eine bessere aber auch langsamere Komprimierung. Die Stufe lässt sich auch per **--fast** oder **--best** vorgeben.
–#	entspricht **–9**.
–a	(**--ascii**) Auf einigen Nicht-Unix-Systemen werden hier Zeilenenden in die plattformspezifischen Zeilenendenkonventionen umgesetzt.
--best	aktiviert Komprimierungsstufe 9 (entspricht **–9**).
–c	(**--stdout**, **--to-stdout**) schreibt, statt die Quelldateien zu ersetzen, sie auf die Standardausgabe (*stdout*).
–d	(**--decompress**, **--uncompress**) dekomprimiert die Datei; dies entspricht **gunzip**.
–f	(**--force**) erzwingt die Komprimierung auch dann, wenn die Zieldatei bereits existiert oder mehrere Verweise darauf existieren.
--fast	Komprimierungsstufe 1 (entspricht **–1**)
–h	wie **--help**
–l	(**--list**) gibt zu jeder komprimierten Datei aus, wie gut sie komprimiert wurde (Größe komprimiert und unkomprimiert und Prozentsatz).
–L	gibt die Lizenz aus und beendet **gzip** oder **gunzip**.
–n	(**--no-name**) schreibt nicht, wie sonst Standard, den Ursprungsnamen und den ursprünglichen Zeitstempel in die komprimierte Ausgabe. Beim Dekomprimieren (Option *–d* oder **gunzip**) werden diese Daten nicht mit übernommen. Beim Dekomprimieren ist dies der Standard.
–N	(**--name**) speichert in der komprimierten Datei auch den Originalnamen und den Zeitstempel (Standard). Dies wird von **gunzip** und **gzip –d** dazu benutzt, aus der komprimierten Datei – unabhängig von

ihrem aktuellen Namen – das Original mit Namen und Änderungsdatum wieder herzustellen.

–q   (**--quiet**) unterdrückt alle Meldungen.

–r   (**--recursive**) komprimiert den gesamten Dateibaum in Verzeichnissen.

–S*suffix* (**--suffix** *suffix*) Als Endung für die komprimierten Dateien soll der angegeben Suffix verwendet werden (Standard: **gz**).

–t   (**--test**) überprüft komprimierte Dateien auf Fehlerfreiheit.

–v, –V   die Optionen **--verbose** und **--version**

gunzip (oder **gzip –d**) dekomprimieren Dateien, welche von **zip**, **gzip**, **pack** oder **compress** erstellt wurden. Sie suchen dabei nach Dateien mit den Endungen *.gz, -gz, .z, -z, –z* oder *.Z*.

    gzip –f Bericht.txt
    → komprimiert die Datei *Bericht.text* und legt das Ergebnis unter *Bericht.txt.z* ab. Die Ursprungsdatei wird nach dem Komprimieren gelöscht. Existiert *Bericht.txt.z* bereits, wird es überschrieben.

    gzip –9 --stdout *.doc > Docs.gz
    → komprimiert alle Dateien mit der Endung *.doc* mit der besten Komprimierungsstufe und schreibt das Ergebnis zusammenhängend in ein **gzip**-Archiv unter dem Namen *docs.gz*.

head [*optionen*] *datei* ...   → display first part (**head**) of files

Es werden der Dateiname sowie die ersten Zeilen der angegebenen Dateien (oder der Standardeingabe) auf die Standardausgabe kopiert. *n* gibt die Anzahl der Zeilen an (Standardwert = 10). **head** wird in der Regel als Filter verwendet. Die Umkehrung von **head** ist **tail**. Neben **--help**, **--quiet**, **--verbose** und **--version** sind folgende Optionen bekannt:

–c *n*   (**--bytes=***n*) gibt die ersten *n* Byte der Datei aus.

–n *n*   (**--lines=***n*) gibt die ersten *n* Zeilen der Datei aus.

Der Größe *n* bei obigen Optionen kann eine Einheit folgen: **b** (für 512-Byte-Blöcke), **k** für 1024-Byte-Blöcke und **m** für Megabyte.

    head –20 * | more
    → gibt die ersten 20 Zeilen aller Dateien des Verzeichnisses seitenweise aus.

hostid [**–v**] [*id*]   → return **host-id**

liefert die ID-Nummer des aktuellen Hosts (des Rechners, auf dem man arbeitet) im Hex-Format zurück. Durch **–v** wird die Nummer in dezimal und in hexadezimal zurückgegeben. Der Super-User kann durch Angabe der *id* auch eine neue Identifikation setzen. Diese wird dann nach */etc/hostid* geschrieben.

hostname [*optionen*] [*hostname*]   → return **host name**

gibt den Namen des aktuellen Hosts (des Rechners, auf dem man arbeitet) aus oder ändert den Namen. Ändern darf ihn nur der Super-User. Als Optionen sind neben **--help** (**–h**), **--verbose** (**–v**) und **--version** (**–V**) möglich:

–a	(**--alias**) gibt – soweit vorhanden – den Alias-Namen des Hosts aus.
–d	(**--domain**) gibt den DNS-Domain-Namen aus.
–f	(**--fqdn**, **--long**) gibt den vollständigen Domain-Namen zurück.
–F *dat*	(**--file=***dat*) liest den Hostnamen aus der angegebenen Datei.
–i	(**--ip-adress**) gibt die IP-Adresse des Hosts aus.
–n	(**--node**) gibt den DECnet-Knotennamen aus oder setzt in neu.
–s	(**--short**) liefert die Kurzversion des Host-Namens (bis zum 1. Punkt).
–y	(**--yp**, **--nis**) zeigt den NIS-Domainnamen an.

Gibt man mehrere Informationsoptionen an, so wird nur die letzte benutzt. Ähnliche und Optionen-überlappende Funktion haben die Kommandos **nodename** (mit den Optionen **–v**, **–F**, **--file**), **domainname** (mit den Optionen **–v**, **–F**, **--file**) und **dnsdomain** (mit den Optionen **–v**).

✎   hostanme –i
     → liefert die IP-Adresse des lokalen Systems. Diese kann statisch sein oder dynamisch über DHCP zugewiesen sein.

id [*optionen*] [*benutzer*]   → print real and effective user and group **identification**

gibt Benutzernummer (**uid**), Gruppennummer (**gid**), sowie den Benutzer- und Gruppennamen des aufrufenden oder des angegebenen Benutzers aus. Bei der Option **–a** gibt **id** alle Gruppen aus, zu denen der Benutzer gehört.
Neben **--help** und **--version** kennt **id** folgende Optionen:

–a	ist ohne Wirkung. Es sorgt für Rückwärtskompatibilität.
–g	(**--group**) gibt nur die Gruppenidentität aus.
–G	(**--groups**) gib aus, zu welchen Gruppen der Benutzer gehört.
–n	(**--name**) gibt statt der Nummer die Namen aus (bei **–g**, **–U**, **–G**).
–r	(**--real**) gibt die *realen* Benutzer- und Gruppennummern statt der sonst üblichen *effektiven* Nummern aus.
–u	(**--user**) gibt nur die Benutzeridentifikation aus.

✎   id –Gn juergen
     → liefert die Namen aller Gruppen, zu denen der Benutzer *juergen* gehört.

info [*optionen*] [*begriffe*]   → show **info**rmation on commands

liefert die Beschreibung des mit *begriff* angegebenen Kommandos oder Themas – zumeist ausführlicher als **man**. Neben der eigentlichen Kommandosyntax und der Beschreibung der Optionen sind hier zusätzliche Informationen zu finden, darunter auch vorhandene Beschränkungen, die verwendeten Umgebungsvariablen und Unterschiede zwischen verschiedenen Plattformen. In der Umgebungsvariablen INFOPATH ist der Suchpfad für **info**-Dateien hinterlegt. Die info-Dateien haben zumeist das Namensschema ›*kommando*.**info**-*n*.**gz**‹ (d. h. sie sind komprimiert). *n* ist dabei eine Nummerierung, falls zu dem Thema oder Kommando eine längere, mehrteilige Beschreibung vorhanden ist (z. B. zu **emacs**).

In den info-Dateien wird Information durch so genannten *Knoten* (*nodes*) strukturiert. Dabei können in einer Datei mehrere Kommandos dokumentiert werden. So liegen z. B. **ls, dir** und **vdir** zuammen mit weiteren Kommandos als Knoten in einer info-Datei *fileutilitis.info.gz*. Zusätzlich können die Knoten unterschiedliche Detaillierungsgrade darstellen. Dies erlaubt nicht nur von Bildschirm zu Bildschirm zu navigieren, sondern auch von Knoten zu Knoten und zurück.

Werden mehrere *begriffe* angegeben, so handelt es sich beim ersten Begriff (zumeist ein Kommandoname) um den *Hauptknoten* und bei den nachfolgenden Begriffen um eine Verfeinerung dazu.

Erfolgt keine explizite Umleitung der Ausgabe in eine Datei (per ›**–o** *datei*‹ oder in eine Pipeline), so zeigt **info** die Ausgabe – sehr ähnlich dem **man**-Kommando – seitenweise an – unter Verwendung des in PAGER definierten Ausgabeprogramms (oft **less**). Das Navigieren ist nach den Optionen beschrieben. Als Optionen sind neben --**help** und --**version** möglich:

--**apropos**=*thema*	Das angegebene Thema wird in allen Indexdateien aller Manuale gesucht.
–**d** *verz*	(--**directory**=*verz*) Das Verzeichnis *verz* wird dem Suchpfad (definiert in $INFOPATH) hinzugefügt.
--**dribble**=*datei*	speichert die Tastatureingabe in *datei*. Mit --**restore** lässt sich später damit zur gleichen Stelle zurückkehren.
–**f** *datei*	(--**file**=*datei*) führt die Suche nur in der angegebenen Info-Datei durch.
--**index-search**=*txt*	sucht eine Textstelle *txt* und beginnt die Anzeige dort.
–**n** *kn*	(--**node**=*kn*) zeigt den angegebenen Knoten in der info-Datei an.
–**o** *datei*	(--**output**=*datei*) leitet die Ausgabe in *datei* statt auf den Bildschirm.
--**restore**=*datei*	führt nach dem Start die in *datei* gespeicherten Tastenanschläge aus. Diese wurden zumeist zuvor mit --**dribble** dort gespeichert. Damit wird die Datei zu einer Art Lesezeichen.
--**subnodes**	zeigt die in der info-Datei vorhandenen Unterbegriffe (rekursiv) an.

---show-options	gibt nur die Beschreibung der Optionen zu dem gewünschten Kommando aus.
--usage	wie **--show-options**
--vi-keys	setzt die Bildschirmsteuerung analog zu **vi/less**.

Die Tastatursteuerung in den Inhalten ist an **vi** und **less** angelehnt. Die wichtigsten Funktionen sind dabei:

⎵ (*Leerzeichen*)	gibt die nächste Informationsseite aus.
D *oder* Strg-D	blättert eine halbe Bildschirmseite weiter.
J *oder* ↵	gibt eine weitere Zeile aus.
←	blättert eine Seite zurück.
Z	blättert eine Bildschirmseite zurück.
U *oder* Strg-U	blättert eine halbe Bildschirmseite zurück.
K	blättert eine Zeile zurück.
R *oder* Strg-L	gibt die aktuelle Seite erneut aus (neuer Bildschirmaufbau).
B	führt zum Beginn des aktuellen Knotens.
E	springt zum Ende des aktuellen Knotens.
N	führt zum nächsten Knoten oder sucht erneut.
⇧-N	sucht nochmals rückwärts.
P	(*prevoius*) springt zum vorhergehenden Knoten.
T	*(top)* springt zum Anfang der info-Datei.
G	erlaubt zu einem Knoten zu springen, den man nach **g** angeben kann. Man muss jedoch den Knotennamen kennen.
M	springt zu einem Menü mit einer Liste von vorhandenen Knoten. Solche Menüs sind nicht in allen info-Dateien vorhanden.
H	aktiviert die info-Hilfe (diese wird durch **q** beendet).
?	aktiviert die Anzeige der Info-Navigationstasten (diese wird durch Strg-X O beendet).
Strg-X O	verlässt die Info-Hilfe und kehrt zur normalen Info-Seite zurück.
/*muster*	sucht vorwärts nach dem angegebenen Text(-muster).
?*muster*	sucht rückwärts nach dem angegebenen Text(-muster).
Q *oder* **ZZ**	beendet die **info**-Anzeige.

Ist das Ende der Anzeige, das Ende oder der Anfang eines Knotens erreicht und führt das nächste Tastaturkommando nicht weiter, so ertönt ein Glockenton und eine Fehlermeldung in der untersten Bildschirmzeile.

✎ info show top-level dir menu
→ zeigt den obersten Informationsknoten von info mit allen seinen Themenbereichen.

✎ info --show-options ftp | a2ps
→ liefert die ausführliche Beschreibung der Optionen des Programms **ftp** und druckt das Ergebnis (per **a2ps**) auf dem Standarddrucker aus.

join [*optionen*] *datei_1 datei2*   → **join** files

fügt die Zeilen zweier bereits sortierter Dateien bei übereinstimmenden Referenzfeldern in den Zeilen zusammen. Ohne weitere Angaben ist das Referenzfeld das erste Feld der Zeilen (die Zählung beginnt bei 1). Das Referenzfeld erscheint in der Ausgabe nur ein mal, während die nachfolgenden Felder verkettet werden. Felder sind im Standardfall durch so genannte *White-Spaces* (Leerzeichen oder Tabulatoren) separiert – oder das mit ›–t z‹ vorgegebene Trennzeichen. Steht für einer beiden Datei ein ›–‹, so wird diese Eingabe von der Standardeingabe gelesen.

Als Optionen sind neben --**help** und --**version** möglich:

–1 *n*	zieht für den Vergleich das Feld *n* der ersten Datei heran und verschmilzt bei passenden Zeilen hier die beiden Eingaben.
–2 *n*	zieht für den Vergleich das Feld *n* der zweiten Datei heran und verschmilzt bei passenden Zeilen hier die beiden Eingaben.
–a *n*	gibt die Zeilen aus, welche nicht identisch vorhanden sind. Die Ausgabe wird dabei aus der ersten ($n = 1$) oder zweiten ($n = 2$) Datei genommen.
-e *zk*	ersetzt fehlende Eingabefelder durch die Zeichenkette *zk*.
–i	(--**ignorecase**) ignoriert die Groß-/Kleinschreibung beim Vergleich.
–j *n*	entspricht ›–1 *n*‹.
–j1 *n*	entspricht ›–1 *n*‹.
–j2 *n*	entspricht ›–2 *n*‹.
–o *fmt*	baut die Ausgabezeilen entsprechend dem angegebenen Format auf. **fmt** besteht aus einer oder mehreren, durch Kommata getrennte Angaben der Form ›*n.feld*‹ ($n = 1, 2$) oder ›0‹.
–t *z*	*z* soll als Feldtrennzeichen verwendet werden.
–v *n*	entspricht ›–a *n*‹, unterdrückt jedoch die Ausgabe der vom Referenzfeld her paarigen (jedoch nicht gleichen) Zeilen.

✎   join –o 1.1,1.2,2.2 list_1 liste_2
     → fügt aus den Dateien *liste_1* und *liste_2*
     die Zeilen zuammen, bei denen das erste
     Feld übereinstimmt. In der Ausgabe erscheint dann dieses (erste) Referenzfeld,
     gefolgt von Feld-2 aus *liste_1* und Feld-
     2 aus *liste–2*.

kill [*optionen*] *pid* ...   → **kill** the process *pid*
     oder
kill –l [*signal*]   → **kill** the process *pid*

bricht den Prozess mit der Prozessnummer *pid* ab. Ist pid eine Pro-
zessgruppennummer (PGID) (siehe hierzu Seite 161), so werden
alle Prozesse der Prozessgruppe beendet. Auch mehrere Prozessnummern können angegeben werden. Den Prozessen
wird zum Abbruch das (SIGTERM) geschickt.
Die Option –s *signal* gibt ein anderes Signal vor.
signal ist entweder eine Nummer oder eine symbolische
Bezeichnung für das Signal (für die Bedeutung der einzelnen Signale sei auf Tabelle A.15 auf Seite 866 verwiesen). Die zweite Form **kill** –l gibt eine Liste aller möglichen Signale mit Nummer und Namen aus.
Das Signal –9 bzw. **SIGKILL** bewirkt dabei einen
sicheren Abbruch, da dies nicht vom Programm ab-
gefangen werden kann. Mit Ausnahme des Super-Users darf ein Benutzer nur
seine eigenen Prozesse abbrechen. Die Prozessnummer **0** steht dabei für alle
Prozesse der aktuellen Sitzung bzw. Prozessgruppe. Ist *pid* –1, so werden alle
Prozesse mit einer PID > 1 abgebrochen. Ist die *pid* negativ (–*n*), so erhalten
alle Prozesse der Prozessgruppe *n* das Signal. Statt der PID darf auch der Anfang eines Kommandos angegeben werden. Dann erhalten alle Prozesse das Signal, das mit einem passenden Kommando aufgerufen wurden.

Vordergrundprozesse terminiert man in der Regel durch Eingabe der Taste
<abbruch> oder <unterbrechung>.
Bei Hintergrundprozessen ist nur **kill** möglich. Die Nummern der im Hinter-
grund laufenden Prozesse liefert das **ps**-Kommando.
Als Optionen sind möglich:

– –	beendet die Liste der Optionen, so dass nachfolgend auch negative Prozessnummern angegeben werden können.
–a	dehnt die Abbildung von Kommandoname auf eine Prozessnummer auch auf Prozesse aus, die nicht dem aktuellen Benutzer gehören. Dies ist nur dem Super-User möglich.
–s *sig*	bricht die Prozesse über das angegeben Signal *sig* (Nummer oder symbolischer name) ab.
–p	Hiermit gibt **kill** nur die Prozessnummer des genannten Prozesses aus, ohne ihm ein Signal zu schicken.

kill ist bei den meisten Shells (z.B. der **bash**) ein eingebautes Koammando,
dass etwas andere Optionen als hier beschrieben haben kann.

✎   kill –s 9 83 93
    → bricht die Prozesse mit den Nummern 83 und 93 über das Signal 9
    (SIGKILL) ab.

✎   kill –9 0
      → bricht alle laufenden Prozesse des Benutzers ab und damit auch die gerade laufende Shell und Sitzung.

killall [*optionen*] *kommando*   → **kill** all process with command name *x*

ist eine Erweiterung von **kill**. Es beendet alle Prozesse (per **kill**), deren Kommandozeilen mit der angegebenen Zeichenkette *kommando* beginnen. Wird kein Signal explizit spezifiziert (mit –s *signal*), so wird das Signal SIGTERM (15) geschickt. Wie bei **kill** lässt sich das Signal über die Nummer oder den symbolischen Namen angeben.

killall bricht sich selbst nicht ab. Es liefert als Exit-Status 0, falls zumindest ein Prozess erfolgreich terminiert wurde.

Als Optionen sind neben --**help**, --**quiet** (oder –**q**), --**verbose** (–**v**) und --**version** (bzw. –**V**) folgende Optionen möglich:

–**e**   (--**exact**) verlangt den genauen Kommandonamen (volle Übereinstimmung, nicht nur der erste Teil).

–**g**   (--**process-group**) bricht die ganze Prozessgruppe ab, zu welcher der angegebene Porozess gehört.

–**i**   (--**interactive**) fragt zu jedem abzubrechenden Prozess explizit interaktiv nach, ob er wirklich abgebrochen werden soll. Dies ist bei mehreren Prozessen mit gleichem Kommandoanfang nützlich.

–**l**   gibt lediglich die Namen und Nummern der gültigen Signale aus.

–**w**   (--**wait**) wartet bis alle abzubrechenden Prozesse beendet sind, bevor **killall** selbst sich beendet.

–**s** *sig*   (--**signal**=*sig*) gibt das Signal zum Abbruch explizit vor (Standard: 15).

Bei einem grafischen Desktop sind die Anzeigen über **ksysguard** (bei KDE) oder **gnome-system-monitor** teilweise besser. Auch dort kann man Prozesse abbrechen.

✎   killall –s 9 –g 3018 –i "/opt/OpenOffice"
      bricht alle Prozesse der Prozessgruppe *3018*,
      welche mit */opt/OpenOffice* beginnen,
      per Signal 9 (SIGKILL) ab.
      Vor jedem Prozessabbruch wird interaktiv nachgefragt, ob der betreffende Prozess wirklich beendet werden soll.

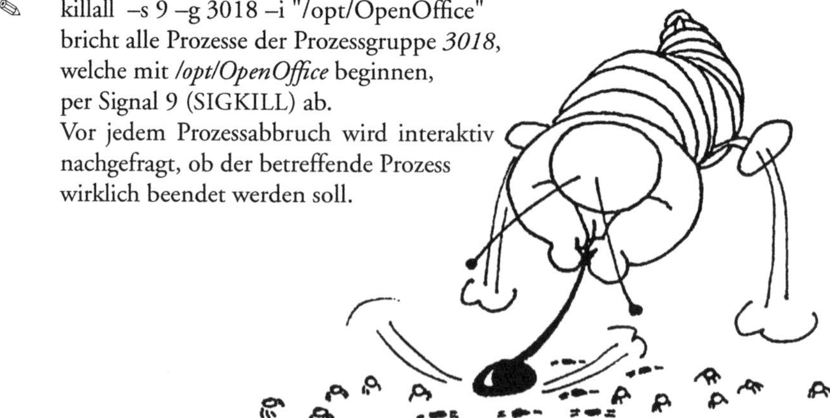

ksh [*optionen*] [*argumente*] [*datei*]   → start **korn-shell**

Das Kommando startet eine neue Korn-Shell explizit. Sie ist von der Funktionen her ein Mittelweg zwischen der klassischen Bourne-Shell und der **bash**. Die folgenden Parameter bzw. Optionen sind nur von der Aufruf-Kommandozeile der Korn-Shell aus möglich:

–c *kmd* führt die Kommandos in der Zeichenkette *kmd* (in der neuen Shell) aus und terminiert danach.

–i   startet die Shell als *interaktive Shell*.

–l   startet die **ksh** als *Login-Shell*.

–r   Die Korn-Shell wird zur *restricted* Shell mit eingeschränkten Möglichkeiten für den Benutzer (siehe dazu Kapitel 6.4, auf Seite 596).

–s   **liest** Kommandos von der Standardeingabe bis zu einem <eof>.

Die folgenden Parameter sind sowohl von der Aufruf-Kommandozeile als auch zur Laufzeit mit dem **set**-Kommando möglich und zeigen nur einige häufig benutzte Optionen beim Aufruf:

–   beendet die Optionsliste auf der Kommandozeile; alle nachfolgenden Parameter sind Argumente, auch wenn sie mit – beginnen. Die Optionen –x und –v werden deaktiviert.

– –   Kommandozeilenschalter sollen nicht verändert werden.

–A   Belegung von Feldern (Arrays): Alle Argumente werden dem Array an der ersten Stelle nach dem –A zugewiesen.

–a   exportiert neu definierte Variablen automatisch. Gleichbedeutend mit **–o allexport**.

–e   Endet ein Kommando mit Fehler, so wird eine Fehlerroutine ERR angesprungen und die Korn-Shell verlassen. Gleichbedeutend mit **–o errexit**.

–f   deaktiviert die Expansion von Sonderzeichen zu/in Dateinamen. Gleichbedeutend mit ›**–o noglob**.

–h   nimmt Kommandos bei ihrer ersten Ausführung in die Liste der *tracked aliases* auf. Sie können damit beim nächsten Aufruf schneller lokalisiert werden. Gleichbedeutend mit **–o trackall**.

–k   Variablenbelegungen sind auch Kommandos zugänglich. Gleichbedeutend mit **–o keyword**.

–m   arbeitet Hintergrundprozesse in einer eigenen Prozessgruppe ab und gibt bei deren Beendigung eine Meldung mit ihrem Endestatus aus. Gleichbedeutend mit **–o monitor**.

–n   Kommandos werden gelesen und auf Syntaxfehler überprüft, jedoch nicht ausgeführt. Nur für Kommandoprozeduren. Gleichbedeutend mit **–o noexec**.

–o *opt*   erlaubt weiterführende Optionen zur Steuerung der **ksh** anzugeben. Als Optionen stehen z.B. zur Verfügung: **bgnice, emacs, errexit, gmacs, ignoreeof, keyword, markdirs, monitor, noclobber, noexec, noglob, nolog, nounset, privileged, verbose, trackall, vi, viraw, xtrace.**

Die Bedeutung der einzelnen Unter-Optionen sind ähnlichen jener der **bash** und dort beschrieben.

−p   ignoriert beim Start der Shell als Login-Shell die Datei *.profile* im HOME-Verzeichnis des Benutzers und liest die Datei */etc/suid_profile* statt der in $ENV angegebenen Datei ein. Diese Option ist automatisch aktiviert, wenn die echte und die effektive Benutzernummer nicht gleich sind. Die Option entspricht **−o privileged**.

−s   **sortiert** Positionsparameter alphabetisch.

−t   beendet die Shell nach Ausführung des ersten Kommandos.

−u   gibt bei Verwendung nicht definierter (besetzter) Variablen eine Fehlermeldung aus. Gleichbedeutend mit **−o nounset**.

−v   gibt vor der Ausführung eines Kommandos die Kommandozeile wie gelesen aus. Gleichbedeutend mit **−o verbose**.

−x   gibt Kommandozeilen vor ihrer Ausführung mit ihren aktuellen Argumenten (ggf. expandierten Variablen) aus. Bei der Ausgabe wir der in $PS4 definierte Text (Standardbelegung: ›+‹) der Kommandozeile vorangestellt. Dies hilft bei der Fehlersuche in Kommandoprozeduren. Gleichbedeutend mit ›−o xtrace‹.

Die Korn-Shell ist insbesondere unter den klassischen Unix-Systemen neben der C-Shell als interaktive Shell sehr beliebt, da sie gegenüber der klassischen Bourne-Shell zahlreiche nützliche Erweiterungen hat (z.B. die Kommandowiederholung über den History-Mechanismus und die Job-Kontrolle von Hintergrundprozessen).

Für die Initialisierungsskripten der Korn-Shell siehe Tabelle A.12, S. 863.

Die **bash** besitzt aber fast alle Erweiterungen der Korn-Shell (und einige mehr) und ist auf praktisch allen Plattformen (sogar unter Windows) verfügbar.

    LANG=en_US ksh −l

→ startet die Korn-Shell. Die Umgebungsvariable LANG – zur Angabe der bevorzugten Sprache für Meldungen usw. – wird dabei auf ›en_US‹ gesetzt (Englisch mit amerikanischen Konventionen und Währungszeichen). Die Shell wird als *Login-Shell* gestartet und arbeitet deshalb beim Start die Dateien */etc/.profile* und ˜*/.profile* ab.

ld [*optionen*] *objektdatei* ...   → link editor

ld ist der Unix/Linux Binder bzw. der *Link-Editor* oder *Linking-Loader.* Er erlaubt es, mehrere Objektdateien zu einer neuen Datei zusammenzubinden und dabei in den einzelnen Modulen vorhandene unaufgelöste Referenzen durch emtsprechend hinzugebundene Bibliotheken aufzulösen. Das Ergbenis kann entweder ein ausführbares Programm sein oder eine neue Objektdatei, welche als Eingabe für weitere Bindeläufe dient. Beim Binden lassen sich notwendige Bibliotheken entweder als statisch ladbare Bibliothek oder als dynamisch ladbare Bibliothek hinzubinden. Bei statischen Bibliotheken werden Referenzen zu Objekten innerhalb dieser Bibliotheken zum Bindezeitpunkt aufgelöst. Bei dynamisch ladbaren Bibliotheken erfolgt die Auflösung erst beim ersten Ansprechen des Objektes zur Laufzeit des Programms. Diese Auflösung wird dann durch den so genannten *dynamischen Lader* ausgeführt. Das Zusammenspiel des Binders mit dem **gcc**-Compiler und Assembler **as** ist – etwas vereinfacht – in Abbildung 4.1 auf Seite 286 dargestellt. Ausführlicher als **man ld** ist die Beschreibung des Link-Editors unter **info ld**.

Außer der Option **–l** sollten alle Optionen vor den Dateiangaben stehen. Die nachfolgenden **ld-Optionen** sind (neben **--help**, **--verbose** und **--version**) häufig benutzte Optionen, zu denen weitere system- bzw. plattformspezifische Bindeoptionen hinzukommen können:

–c *datei*	liest die eigentlichen **ld**-Befehle aus der angegebenen Datei.
–defsm *s=a*	legt das globale Symbol *s* mit dem Wert *a* (darf ein Ausdruck sein) an.
–dn	(**--static**) bindet gegen statisch ladbare Bibliotheken.
–dy	(**–Bdynamic**) bindet dynamisch ladbare Bibliotheken.
–e *symbol*	(**--entry**=*symbol*) setzt die Adresse des Symbols *name* als Startpunkt für das ausführbare Programm ein.
–i	erzeugt eine neue (*link*-bare) Objektdatei, deren *magic number*, soweit möglich, auf den Wert in OMAGIC gesetzt wird.
–l*name*	(**--library**=*name*) ist eine Abkürzung für den Bibliotheksnamen lib*name.so* (diesen nur, wenn dynamisch gebunden werden soll). Existiert diese nicht, so wird unter lib*name.a* gesucht. Die Suche erfolgt in den Verzeichnissen, die in der Umgebungsvariablen LD_LIBRARY_PATH definiert sind (in der dort angegebenen Reihenfolge).
–L*pfad*	(**--library-path**=*pfad*) fügt den angegebene Pfad dem Suchpfad für Bibliotheken an. Der Standardpfad ist definiert in LD_LIBRARY_PATH. Diese Option benötigt die Option **–l**.

–m	Der Linker wird emuliert – aber nicht wirklich ausgeführt.
–M	(**--print-map**) schreibt die Symboltabelle auf *stdout*.
–Map *datei*	schreibt die **ld**-Symboltabelle in die angegebene Datei.
–n	(**--nmagic**) Die Text-Section der Ausgabe wird auf *Nur-Lesen* gesetzt, die *magic number* auf NMAGIC (falls möglich).
–noinhibit-exec	erzeugt selbst dann eine Ausgabedatei, wenn ein Fehler beim Linken auftrat.
–N	sorgt dafür, dass sowohl die Daten- als auch die Textsegmente Read-Write sind. Das Datensegment ist nicht an einer Seitengrenze ausgerichtet.
–o *name*	(**--output**=*name*) benennt die Ausgabedatei *name* (ohne diese Option trägt sie den Namen *a.out*).
–O *n*	gibt eine Optimierungsstufe an, falls *n* > 0.
–oformat *fmt*	legt mit *fmt* das Format der Ausgabedatei fest.
–r	(**--relocateable**) gibt Ausgabedatei noch das *Relokationsattribut*, so dass sie als Eingabe für weitere Bindeläufe verwendet werden kann. Undefinierte Symbole werden dabei nicht als Fehler interpretiert.
–R *datei*	(**--just-symbols**=*datei*) liest die Symbolnamen und Adressen aus *datei*. *datei* wird dabei aber nicht mit in die Ausgabe übernommen und nicht gebunden.
–s	(**--strip-all**) entfernt die Symboltabelle und das Relokationsmerkmal in der Ausgabe.
–shared	erzeugt eine dynamische Bibliothek (*shared library*).
–sort-common	sortiert globale/allgemeine Symbole alphabetisch (Standard: nach der Größe).
–S	(**--strip-debug**) unterdrückt die Symboltabelle für den Debugger in der Ausgabe.
–t	(**--trace**) gibt den Namen jeder verarbeiteten Datei einzeln aus.
–Tbbs *adresse*	legt den Anfang des Bss-Segments auf die angegebene Adresse.
–Tdata *adresse*	legt den Anfang des Datensegments auf die angegebene Adresse.
–Ttext *adresse*	legt den Anfang des Textsegments auf die angegebene Adresse.
–u *symbol*	(**--undefined**=*symbol*) trägt das nachfolgende Argument als undefiniertes Symbol in die interne Symboltabelle ein
–Rr	arbeitet wie **–r**. Bei C++-Programmen werden hier jedoch auch Referenzen auf Konstrukte aufgelöst.
–v	wie **--verbose**
–V	wie **--version**
–warn-common	gibt eine Warnung aus, wenn allgemein verwendete (*common*) Symbole mit anderen Konstrukten kombiniert werden.

–warn-once	gibt nur eine Warnung für jedes undefinierte Symbol aus.
–x	löscht (in Verbindung mit –s und –S) alle lokalen Symbole, die mit L beginnen.
–X	**rettet** lokale Symbole (außer denen, deren Namen mit L beginnen).

✎ gcc –s –o analys analyse.c
→ übersetzt mit dem GNU-C-Compiler das Programm *analyse.c*. Die Option –s wird an den Binder (**ld**) weitergereicht und sorgt dafür, dass in der erzeugten Programmdatei die Symboltabelle nicht mehr vorhanden ist (dies macht die Datei kleiner, erschwert aber die Fehlersuche). Statt in *a.out* soll die erzeugte Programmdatei als *analyse* abgelegt werden.

✎ ld prog.o –lm
→ bindet die Datei *prog.o* zu einem ausführbaren Programm. Es sollen dabei die Funktionen aus der Datei */usr/lib/libm.a* (die mathematische C-Bibliothek) dazugebunden werden. Das Ergebnis liegt in *a.out*.

✎ ld –o prog prog.1.o prog.2.o
→ bindet die beiden Objektdateien *prog.1.o* und *prog.1.o* zu einer neuen (eventuell ausführbaren) Datei *prog*.

✎ ld ctr0.o p1.o p2.o p3.o –lc
→ bindet die Objektmodule *crt0*, *p1*, *p2* und *p3* zu einem Programm *a.out*. *crt0.o* ist die Startroutine des C-Laufzeitsystems. Durch die Option –lc wird die C-Bibliothek */lib/libc.a* hinzugebunden.

✎ ld –r –o such.o s1.o s2.0
→ bindet die beiden Objektmodule *s1* und *s2* zu einer neuen Datei *suche.o* zusammen. Diese Datei ist noch relokierbar (Option –r)

less [*optionen*] [*datei …*]   → filter for file output; outputs a page at a time

less ist – wie **more**, jedoch noch mächtiger – ein so genannter PAGER, d. h. es liest die Eingabe aus einer Datei oder von der Standardausgabe und gibt sie seitenweise aus – in aller Regel auf den Bildschirm. Die Ausgabe wird dabei (neben den Option) durch die Tastatureingabe interaktiv gesteuert. Jeweils nach einer Seite meldet sich **less** und erwartet eine Eingabe des Benutzers.

In vielen Installation ist **less** über die Umgebungsvariable **PAGER** als Standardfilter des **man**-Kommandos für die Ausgabe auf den Bildschirm eingestellt. Die Umgebungsvariable **LESS** erlaubt Optionen voreinzustellen. Die Definition der Funktionen zu den Tastatureingaben (eine Art *Key-Binding*) kann über eine Initialisierungsdatei erfolgen. Hierzu wird die Variable **LESSKEY** ausgewertet. In vielen Installationen ist hier */etc/lesskey.bind* angegeben. Ebenso kann eine Startsequenz in **LESSOPEN** und eine Endesequenz in **LESSCLOSE** vorgegeben werden. Die meistbenutzten Optionen aus dem riesigen Repertoire sind (neben wie **--help** (oder **–?**) und **--version**):

–*n*	definiert die Seitengröße zu *n* Zeilen.
+*n*	beginnt die Ausgabe bei der Zeile *n*.
+/*muster*	sucht das Textmuster und beginnt die Ausgabe zwei Zeilen davor.
–A	(**--mouse-support**) Hiermit unterstützt **less** – allerdings nur innerhalb von **xterm** – die Maus und ihre Aktionen..
–c	(**--clear-screen**) Statt die Zeilen der neuen Seite hochrollen zu lassen, wird von oben begonnen und jeweils vor Ausgabe der neuen Zeile die alte gelöscht.
–e	beendet **less** nach zweimaligem <eof>.
–f	(**--force**) unterdrückt Warnungen, falls eine Binärdatei oder ein spezieller Dateityp (*non-regular file*) geöffnet wird.
–k *dat*	(**--lesskey-file=***dat*) liest die Definition der Tastaurfunktionen aus der Datei *dat*.
–p *muster*	(**--pattern=***muster*) beginnt die Ausgabe mit der Zeile, in welcher das Suchmuster *muster* passt.
–r	(**--raw-control-chars**) gibt Steuerzeichen *normal* aus, statt in der sonst üblichen Form ^*x*. Dies kann unter Umständen einen *wirren* Bildschirm ergeben.
–s	(**--squeeze-blank-lines**) komprimiert mehrere aufeinander folgende Leerzeilen zu einer Leerzeile in der Ausgabe.

Die oben angegebenen Optionen können auch in der Shellvariablen LESS gesetzt werden. Mit **export LESS**=**–s** würden z. B. standardmäßig mehrere Leerzeilen bei der Ausgabe zu einer zusammengefasst.

Nach jeweils einer Bildschirmseite hält **less** die Ausgabe an und bietet dem Benutzer die Möglichkeit, ein Kommando einzugeben. Die Ausgabe der nächsten Information wird durch die Eingabe des Benutzers gesteuert. Die Ausgabesteuerung erfolgt weitgehend entsprechend der von **vi(m)**. Die interaktive Tastatureingabe zur Steuerung der Ausgabe entspricht weitgehend der von **vi**. Während **less** bei den meisten Steuerkommandos die Aktion direkt ausführt, geht es bei einigen Zeichen (z.B. bei **?**, **/**, **+**, **-**, **:**, **s**, ...) wie **vi** in einen Kommandomodus über, indem der Cursor zur Statuszeile springt und dort die weiteren Parameter annimmt. Diese werden durch die Eingabetaste (bzw. [↵]) abgeschlossen.

Die am häufigsten benutzten Steueranweisungen von **less**, in denen *n* (eine Zahl) auch entfallen darf, sind:

Eingabe:	**Wirkung:**
[␣]	(Leerzeichen) gibt die nächste Seite aus (bei Leerzeichen).
n[␣]	geht *n* Zeilen weiter mit der Ausgabe (bei Leerzeichen).
[Strg]-[D]	gibt eine weitere halbe Bildschirmseite aus.
[Strg]-[L]	gibt den aktuellen Bildschirm erneut aus.
d	wie [Strg]-[D]
[↑], [↓]	eine Zeile zurück [↑] bzw. weiter [↓]
*n***z**	*n* ist nun die neue Seitengröße. Eine neue Seite wird ausgegeben.
*n***f**	*n* Zeilen weiter
*n***b**	*n* Zeilen zurück
q oder **Q**	Terminiere **less**.
h	gibt eine kurze Hilfe zu **less**. Diese wird mit **q** beendet.
s *datei*	sichert den Inhalt in die nachfolgend angegebene Datei.
v	startet den Editor **vi** mit der aktuellen Zeile als Startposition.
*n***/***ausdruck*	*ausdruck* ist ein Textmuster (siehe **ed** oder **vi**), dessen *n*-tes Auftreten ab der aktuellen Position gesucht und markiert wird.
i **n**	sucht nach dem *i*-ten Auftreten des zuletzt verwendeten Musters.
m*x*	merkt sich die aktuelle Zeile als Marke *x* (a ≤ *x* ≤ z).
'*x*	geht zurück zur Marke *x*.
*n***g**	geht zur Zeile n der Datei. Fehlt *n*, so geht **less** zum Dateianfang.
*n***G**	geht zur Zeile n der Datei. Fehlt *n*, so geht **less** zum Dateiende.
!*kommando*	führt das Shell-Kommando aus, ohne **less** zu terminieren.
:f	zeigt den aktuellen Dateinamen und die Zeilennummer.
:n	setzt die Anzeige mit der nächsten Datei fort.
:e *datei*	setzt die Anzeige mit der neuen Datei *datei* fort.

Die Kommandos werden sofort ausgeführt, d. h. die Kommandoeingabe muss nicht durch [nl] abgeschlossen werden. Bei Eingabe eines Zahlenwertes lässt sich diese Eingabe durch [lösche Zeile] korrigieren. Die Taste [unterbrechen] bricht die gerade laufende **less**-Aktivität ab.

Das **man**-Kommando wird meist standardmäßig zusammen mit dem **less**-Kommando aufgerufen, um die Manualeinträge seitenweise auszugeben – sofern in PAGER **less** als Ausgabeprogramm definiert wurde.
Komprimierte Dateien (**.gz*, **.gz2*, …) lassen sich per **zless** anzeigen.

✎   man ld | less +/–R
      → gibt die Beschreibung des **ld**-Kommandos aus, beginnt jedoch erst dort, wo die Option **–R** dokumentiert wird.

✎   less –A telefonliste emailliste
      → start **less** zur Anzeige der Dateien *telefonliste* und *emailliste*. Dabei soll **less** auch Mauseingaben unterstützen. Dies ist nur in einem **xterm**-Fenster oder ähnlichen Terminalfenster möglich.

line   → read one **line** from standard input

Hiermit wird von der Standardeingabe eine Zeile (bis zu einem Zeichen <neue zeile> bzw. \012) gelesen und ausgegeben. Dies wird in der Regel in Shellprozeduren verwendet. Wird das Dateiende erreicht (<eof>), so wird –1 als Exit-Status zurückgegeben, ansonsten 0.

link *alter_name neuer_name*   → **link** a new name to an existing file

Analog zum **ln**-Kommando baut dieses Kommando einen (harten) Verweis unter einem neuen Name auf die bereits existierende Datei *alter_name* auf. Es werden dabei weniger Prüfungen als beim **ln**-Kommando durchgeführt. Ein Überschreiben einer bereits existierenden Zieldatei (wie bei **ln –f**) oder die Erstellung einer Sicherungsversion ist nicht möglich. Bei System V UNIX-Systemen ist das Kommando auf den Super-User beschränkt.
Die Umkehrung des **link**-Kommandos ist **unlink**, das damit dem **rm**-Kommando entspricht.
Als Optionen sind nur **--help** und **--version** zulässig.

✎   link Telefonbeschreibung telb
      → gibt der Datei *Telefonbeschreibung* den weiteren, kürzeren Namen *telb*.

ln [*optionen*] *alter_name neuer_name*   → link new name *neuer_name* to *alter_name*
     o d e r
ln [*optionen*] *datei … verzeichnis*   → link new name *neuer_name* to *alter_name*

gibt der Datei mit dem Namen *alter_name* einen weiteren Namen *neuer_name* – per *hartem* Verweis *(hard link)*. Die Datei ist danach unter beiden Namen ansprechbar. Verzeichnisse dürfen nur einen einzigen Namen besitzen (siehe Ausname über Option **–d**). Dateien mit mehreren Namen (Referenzen) werden erst dann gelöscht, wenn die letzte Referenz auf sie gelöscht ist. Existiert bereits eine Datei *neuer_name*, so wird diese zuvor gelöscht. Die Option **–i** erlaubt eine interaktive Rückfrage. Wurde kein *neuer_name* angegeben, so werden im aktuellen Verzeichnis gleichlautende Verweise auf die Datei *alter_name* angelegt.

Ob eine bereits existierende Zieldatei gelöscht oder zuvor davon eine Sicherungskopie mit einer entsprechenden Endung angelegt werden soll, lässt sich über die Umgebungsvariable VERSION_CONTROL definieren oder über den Wert *art* in der Option **--backup**. *art* kann sein:

none   → Es wird keine Sicherung erstellt.

t oder **numbered**   → Die Sicherungen werden nummeriert.

nil oder **existing**   → nummeriert, falls schon mit Nummer; sonst *einfach*.

never oder **simple**   → Es wird immer eine *einfache* Sicherung erstellt.

Mit *einfach* ist hier das Umbenennen mit der entsprechenden Endung gemeint. Ist eine solche Datei auch vorhanden, wird die alte Sicherung gelöscht. Die dabei verwendete Endung (der Suffix) ist die Tilde (~). Eine andere Endung kann entweder in der Variablen SIMPLE_BACKUP_SUFFIX oder per Option **--suffix**=*xx* (oder **–S** *xx*) festgelegt werden.

Existiert *neuer_name* und besteht ein Schreibschutz, so wird vom **ln**-Kommando nachgefragt, ob die Änderung trotzdem erfolgen soll. Die Option **–f** unterdrückt dies und führt die Änderung sofort aus – soweit dazu die Berechtigung besteht.

In der zweiten Form des **ln**-Aufrufs muss der letzte Dateiname ein Verzeichnis sein. Es werden dann in diesem Verzeichnis Einträge mit den Namen der vorangehenden Dateinamen angelegt.

➡ Beide Verzeichniseinträge (Dateien) müssen jedoch auf dem gleichen logischen Datenträger liegen, es sei denn, es wird ein *symbolischer Link* angelegt (per Option **–s**).

Als Optionen sind möglich (neben **--help**, **--verbose** und **--version**):

–b   wie **--backup**, aber ohne Parameter

--backup[=*art*]   erzeugt von bereits vorhandenen Zieldateien eine Sicherungskopie in der definierten *art* (siehe Beschreibung oben).

–d   (**--directory**) erlaubt auch harte Verweise auf Verzeichnisse zu setzen. Dies ist nur dem Super-User möglich.

–F   entspricht **–d**.

–f   (**--force**) löscht bzw. überschreibt bereits vorhandene Zieldateien.

–n   (--**no-dereference**) behandelt symbolische Verweise auf ein Verzeichnis wie eine reguläre Datei.

–i   (--**interactive**) fragt iterativ nach, ob eine bereits vorhandene Zieldatei überschrieben werden soll.

–s   (--**symbolic**) legt symbolische Verweise statt harter Verweise an.

–S *suf*   (--**suffix**=*suf*) Hiermit wird statt der Standardendung für Sicherungen die angegebene Endung (*Suffix*) *sf* benutzt.

--**target-directory**=*verz*   gibt an, in welchem Verzeichnis die Verweise angelegt werden sollen.

✎   ln /usr/rm   /usr/loesche
→ gibt dem Kommando **rm** den weiteren Namen *loesche*, so dass das **rm**-Kommando nun sowohl mit ›**rm** ...‹ als auch mit ›**loesche** ...‹ aufgerufen werden kann.

✎   ln /bin/ls --target-directory=/home/juergen/bin
legt im Verzeichnis */home/juergen/bin* einen Verweis auf die Dateie */bin/ ls* an.

locale [–a | –m]   → return information on **locale** environment
         oder
locale [–ck] *name* ...

gibt die Werte der Umgebungsvariable aus, welche die lokalen Sprachanpassungen bestimmen (**LC_***). Ohne Parameter werden die Haupt-LC-Variablen ausgegeben (LANG, LC_TYPE, LC_NUMERIC, LC_TIME, LC_COLLATE, LC_MONETARY, LC_MESSAGES, LC_PAPER, LC_NAME, LC_ADRESS, LC_TELEPHONE, LC_EASUREMENT, LC_IDENTIFICATION, LC_ALL). Die Bedeutung der Variablen ist auf Seite 855 beschrieben. Mit **localedef** (siehe Seite 325) lassen sich die editierten Definitionsdateien in ein Format übersetzen, wie es von der **locale**-Funktion (welche die entsprechenden Bibliotheksfunktionen steuert) verarbeitet werden kann. Als Optionen akzeptiert **locale**:

–a   (--**all-locales**) gibt die Namen der im vorhandenen System möglichen Sprachpaare (z.B. de_CH für schweizer Deutsch) und Zeichensatzkombinationen (z.B. de_DE.utf8) aus.

–c *kat*   (--**category-name**=*kat*) gibt die Namen der als Parameter angegebenen LC-Kategorie *kat* aus. **kat** kann eine oder oben aufgeführten Kategorien sein(LC_*xx*).

–k *var*   (--**keyword-name**=*var*) gibt die (Detail-)Namen und die Werte für die mit *var* angegebenen LC-Variablen aus. *var* kann eine der oben angegebenen Kategorien oder ein Name in einer Kategorie sein.

–m   (--**charmaps**) gibt die Namen der verfügbaren Zeichentabellen aus (so in */usr/share/i18n/charmaps* vorhanden).

Für eine weiterführende Beschreibung zu den LC-Variablen und der Anpassung an lokale Gegebenheiten siehe Kapitel 3.5, Seite 182ff und Seite 855.

✎ locale –a | less
→ gibt die Liste der möglichen Sprach- und Zeichensatzkombinationen im installierten System aus. Da diese Liste sehr lang sein kann, erfolgt die Anzeige über **less**.

✎ locale –c LC_TIME
→ gibt die Namen und Werte für die Kategorie Datum-/Zeitangaben und Formate (LC_TIME) aus.

✎ locale –k LC_MONETARY
→ gibt alle Elementnamen mit aktuellem Wert in der Kategorie Währungsangaben (LC_MONETARY) aus.

✎ local –k height
→ gibt (Name und) den Wert von *height* aus – einem Element der Kategorie LC_PAPER. Dies ergibt die Standardhöhe des Standardpapiers (hier offensichtlich der Höhe von A4 in Millimeter).

localedef [*optionen*] *ldef_verzeichnis*　　　→ create **locale def**inition files

liest die Eingabedatei – welche in einer Textform ist und per –f oder –i angegeben wurde. **localedef** übersetzt bzw. konvertiert sie in ein Format, welches von der **locale**-Funktion erwartet wird und schreibt das Ergebnis in die verschiedenen Definitionsdateien in dem mit *ldef_verzeichnis* angegebenen Verzeichnis. Programme, welche mit den **locale**-Internationalisierungen arbeiten, können so *lokalisiert* arbeiten, d.h. Meldungen in der eingestellten Sprache ausgeben, die gewünschten Währungssymbole, Zahlen- und Datumsformate verwenden und die geeignete (festgelegte) Codierung für Texte. Siehe hierzu Kapitel 3.5, Seite 182ff und **locale** auf Seite 324.
Wurde keine Zeichenzuordnungstabelle angegeben (per ›**–f** *zzu*‹), so wird hierfür POSIX angenommen. Wurde keine Eingabedatei angegeben (oder nur ›**–**‹), so wird von der Standardeingabe gelesen.
Als Optionen kennt es (neben **--help, --quiet, --verbose** (**–v**) und **--version**):

–c　　　(--**force**) erzeugt die Ausgabe auch dann, wenn Warnungen wegen der Eingabe ausgegeben wurden.

–f *zzu*　(--**charmap**=*za*) gibt mit *zzu* die Datei an, aus der die zu verwendenden Zeichenzuordnungen (*character-mapping*) gelesen und konvertiert werden.

–i *ed*　(--**inputfile**=*ed*) gibt an, welche Eingabedatei *ed* mit den Definitionen gelesen und aufbereitet werden soll.

--**posix**　sorgt für eine strikt POSIX-konforme Verarbeitung. Gleiches wird durch eine definierte Umgebungsvariable POSIXLY_CORRECT impliziert.

–u *zs*　(--**code-set-name**=*zs*) wird aus Kompatibilitätsgründen akzeptiert, hat aber keine Auswirkung.

Das Standardverzeichnis für die übersetzten Definitionen kann in der Umgebungsvariablen I18NPATH hinterlegt sein. In der Regel ist es */usr/share/locale,* gefolgt von einem sprachspezifischen Verzeichnis (also *de* oder *en,* …). Dort werden die Definitionen für die einzelnen Rubriken (LC_COLLATE, LC_TYPE, LC_MONETARY, LC_MESSAGES und SYS_LC_MESSAGES, LC_NUMERIC und LC_TIME) jeweils in eigenen Dateien abgelegt. Das Format der (Eingabe-)Definitionen ist unter **man 5 locale** zu finden.

locate [*optionen*] *muster* …   → **locate** information

sucht – ähnlich wie **find** – nach Dateien, auf deren Dateinamen *muster* passt. Während jedoch **find** den aktuellen Dateibaum durchsucht, recherchiert **locate** in einer Datenbank (auch mehrere sind möglich) nach den Dateinamen. Es ist so wesentlich schneller. Dazu muss die Datenbank aufgebaut und regelmäßig (z. B. jede Nacht) aktualisiert werden. Im Standardfall ist dies */var/lib/ locatedb.* Abweichend davon kann die Variable LOCATE_PATH den Suchpfad vorgegeben oder die Option **–d** *pfad* ihn spezifizieren. Die Datenbank selbst lässt sich per **updatedb** aufbauen (siehe Seite 438).
Im Suchmuster für den Dateinamen haben *, ? sowie […] die von der Shell-Namensexpansion her bekannte Bedeutung, müssen aber in der Kommandozeile maskiert werden, damit sie überhaupt an das **locate**-Kommando weitergegeben werden. Die Zeichen ›/‹ und ›.‹ hingegen werden als Teil des Dateinamens betrachtet und damit anders behandelt als in der Shell.
Als Optionen sind neben **--help** und **--version** möglich:

–d *pfad* (**--database=***pfad*) definiert, wo die zu durchsuchenden Datenbanken liegen. In *pfad* werden mehrere Angaben durch Kommata getrennt.

–e   (**--existing**) überprüft vor der Ausgabe der gefundenen Dateinamen, ob die Datei aktuell noch existiert.

–i   (**--ignore-case**) ignoriert beim Vergleich die Groß-/Kleinschreibung.

✎   locate –e "georg*"
        → sucht nach Dateien, welche mit *georg* beginnen und die aktuell noch vorhanden sind. Hierbei werden jedoch auch alle Dateien gefunden, die in einem mit *georg* beginnenden Pfadnamen liegen!

lockfile [*optionen*] *dateiname*   → **lock file** for exckusive use

legt ein Sperrdatei an, um die exklusive Benutzung (ohne dass eine andere Anwendung darauf zugreift) zu reklamieren. Per Konvention trägt die Sperrdatei (oben im Aufruf explizit angegeben) den Namen *dateiname.lock* zur Datei *dateiname*. Kann die Sperrdatei nicht angelegt werden, wird dies nach acht Sekunden erneut probiert und entsprechend wiederholt. Dieser Sperrmechanismus funktioniert leider nur dann, wenn konkurrierende Programme vor der Dateinutzung ebenso **lockfile** aufrufen, bedingt also eine *Absprache* zwischen den potenziell konkurrierend zugreifenden Programmen. Es können mehrere *Option-dateiname*-Folgen angegeben werden. Die Optionen beziehen sich jeweils auf den nachfolgenden Dateinamen. Die Optionen steuern Folgendes:

−*t*   legt über *t* fest , wie lange bei bereits vorhandener Sperrdatei bis zum nächsten Versuch gewartet werden soll (*t* in Sekunden).

−!   invertiert den Rückgabewert, was in Shell-Skripten nützlich sein kann.

−l *t*   legt mit *t* fest, nach welcher Zeit eine Sperrdatei nach der letzen Nutzung automatisch gelöscht wird.

−ml   erlaubt die eigene Mailbox zu sperren (soweit das Programm entsprechende *setgid*-Rechte besitzt).

−mu   erlaubt die eigene Mailbox zu entsperren (soweit das Programm entsprechende *setgid*-Rechte besitzt).

−r *n*   legt fest, wieviele Sperrversuche maximal (*n*) gemacht werden sollen, bevor **lockfile** mit einem Fehler zurückkehrt.

−s *t*   legt mit dem Wert *t* fest, wie lange nach dem automatischen Löschen einer Sperrdatei gewartet werden soll, bevor eine neue Sperrung (oder Entsperrung) möglich ist. Dies hilft Racing-Konditionen zu vermeiden. Der Standardwert ist 16 Sekunden.

✎   lockfile -l myfile.lock ; myfile_arbeit ; rm myfile.lock
→ sperrt zunächst die Datei *myfile* für einen alleinigen Zugriff (durch die Sperrdatei *myfile*). Wurde die Sperrung erfolgreich durchgeführt, so wird das Programm oder Skript *myfile_arbeit* gestartet und anschließend die Datei durch das Löschen der Sperrdatei wieder entsperrt. Hier ist angenommen, dass *myfile_arbeit* alleine auf der Datei *myfile* arbeiten muss.

login [–p] [*name* [*variable(n)*]]   → **login** under the username *name*
     oder
login [–p] [–h *host*] [–f *benutzer*] [*name* [*variable(n)*]]
     oder
login [–p] –r *host* [*name* [*variable(n)*]]

meldet den aktuellen Benutzer beim System ab und den neuen Benutzer beim System unter dem angegebenen Benutzernamen an. Hat der Benutzer ein Passwort, so fragt das System danach. Wird beim Aufruf kein Benutzername mitgegeben, so wird auch dieser abgefragt.

Mit der zweiten und dritten Form kann man sich auch bei einem anderen Host-System anmelden – so man dort einen Account besitzt. Der Benutzer bekommt beim **login** das in der Datei *letc/passwd* angegebenen Verzeichnis als *login-Verzeichnis* zugeordnet.

Eine Nachricht des Systemverwalters in der Datei *letc/motd* wird ihm auf die Dialogstation ausgegeben. Danach werden (bei Verwendung der Standard-Shell) die Kommandos der Datei *letc/profile* und danach die der Datei *.profile* des Login-Verzeichnisses ausgeführt. Bei Verwendung der **C-Shell** sind dies die Kommandos der Dateien *.login* und *.cshrc*.

Ist Post (*mail*) für ihn vorhanden, so wird er davon benachrichtigt.

Beim **login** werden die Shell-Variablen **HOME**, **PATH**, **MAIL** sowie **TERM**, **SHELL** und **TZ** gesetzt.

Die Shell-Variablen können geändert oder neue hinzugefügt werden, indem man beim Aufruf von **login** als Kommando weitere Variablen (auch mit direkter Zuweisung in der Form *xxx=nnn*) mitgibt.

Durch die Option **–p** wird sofort das Kommando **passwd** zum Ändern des Benutzerpasswortes aktiviert.

Als Optionen sind möglich:

–p   erhält die aktuelle Umgebung und die Umgebungsvariablen über das Login hinweg.

–f   überspringt eine weitere **login**-Authentifizierung (Passwortabfrage). Dies ist für den Benutzer **root** nicht möglich.

–h   wird von Server-Prozessen wie etwa **telnet** benutzt, um den Namen des entfernten Hosts zu übergeben, so dass er in */var/run/utmp* und */var/log/wtmp* eingetragen werden kann.

–r   führt das Auto-Login-Protokoll für ein **rlogin** (*remote login*) aus.

Für das **login** von **root**-Benutzern können in der Datei */etc/securetty* spezielle Restriktionen festgelegt werden. Siehe zu **login** auch Kapitel 3.1 ab Seite 96.

Eine Alternative zu login auf Remote-Systemen ist **rlogin** oder besser, das sichere **ssh** (die *Secure Shell*).

✎   login –h lapy –f fritz
      → meldet den aktuellen Benutzer am Rechner (Host) *lapy* unter dem Benutzer-Account *fritz* an.

logname   → print **login** **name**

liefert den aktuellen Benutzernamen (englisch: *login name*) zurück. Dazu wird */etc/utmp* durchsucht. Die Funktion ist in Shell-Prozeduren nützlich. Eine alternative Methode wäre **id –un**, wobei **id** nach einem **su**-Aufruf aber den neuen (nun geltenden) Benutzernamen einsetzt, während **logname** den Namen ausgibt, der beim eigentlichen ersten Login der aktuellen Sitzung verwendet wurde.

look [*optionen*] *zeichenkette* [*datei*]   → **look**up string in dictionary file

sucht in einem Wörterbuch (Standard: */usr/dict/words*) nach Textzeilen, in denen die angegebene Zeichenkette (in der Regel ein Wort) vorkommt. Als Optionen sind möglich:

–a   es wird das alternative Wörterbuch */usr/dict/web2* verwendet.
–d   vergleicht nur alphabetische Zeichen.
–f   ignoriert bei der Suche die Groß-/Kleinschreibung.
–t *z*   untersucht nur die Zeichen bis zum Zeichen *z*.

✎   look print
      → gibt die verwandten Begriffe zum
      englischen Wort *print* aus. Das Ergebnis
      sieht etwa wie folgt aus:

```
print
printable
printably
printed
printer
printers
printing
printout
prints
$
```

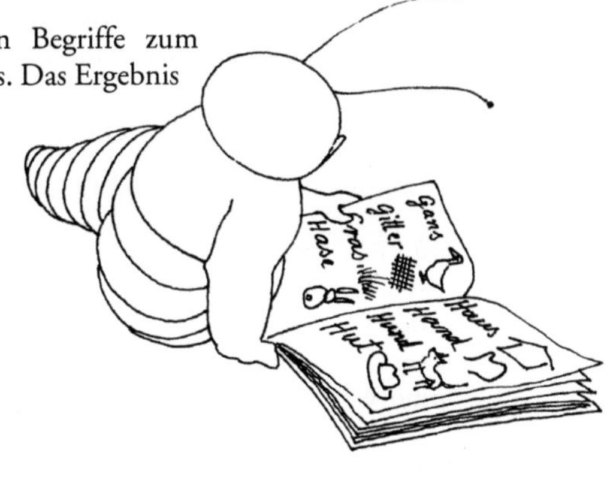

lp-Kommandos   → line printer commands

Durch die Unterstützung von (mindestens) vier unterschiedlichen Systemen zur Druckerausgabe und Druckerverwaltung, besitzt Linux ein ganzes Spektrum von **lp**-Kommandos. Beim Frontend (der normalen Benutzerschnittstelle) unterscheidet man das CUPS-System (als (*CUPS*) markiert) und das Berkeley-System (als (*BSD*) markiert). Dessen Kommandos gelten auch für LPRng. Die Drucksysteme haben ihre Unterschiede hauptsächlich im eigentlichen Print-Spooler. Richtig konfiguriert bieten die verschiedenen Backends weitgehend einheitliche, kompatible Frontend-Kommandos, so dass man z.B. sowohl mit dem **lp**- als auch dem **lpr**-Kommando Dateien drucken kann, unabhängig wie das Spooling-System aussieht.

Zusätzlich gibt es zahlreiche grafische Versionen zu den **lp-/lpr**-Kommandos. Die bisher mächtigsten sind Teil der KDE-Printing-Systems, z.B. in Form von **gtklp** und **kprinterr, xpp** oder **kjobviewer**.

Das komfortabelste und funktionalste Print-Spooler-System ist aktuell CUPS (siehe dazu Kapitel 9.11 ab Seite 816).

Zum Spektrum der Print-Spooler-Kommandos gehören:

Druckaufträge erteilen (Drucken)

lp	Druck-Client – übergibt Druckaufträge an den Unix-/Linux-Print-Spooler (siehe Seite 332 und Seite 302). (*CUPS*)
lpr	Druck-Client, ursprünglich aus dem BSD-System (siehe Seite 342 und Seite 302). (*BSD*), (*CUPS*)
rlpr	schickt einen Druckauftrag an einen LPD-Print-Spooler auf einem anderen (*remote*) System. (*BSD*), (*nd*)
gtklp	ein GUI-Frontend zum Drucken, welches auch von der Kommandozeile aus aufgerufen werden kann (siehe Seite 223). (*CUPS*)
kprinter	bietet ähnliche Funktionen wie **gtklp**. (*nd*)
Printer-Icon	ist unter GNOME ein Desktop-Icon für das Drucken. Zieht man per Drag&Drop eine Datei darauf, wird diese ausgedruckt.

Status von Druckern und Druckaufträgen

lpq	zeigt die Aufträge in der Druckerwarteschlange des Spoolers.
lpstat	enstpricht **lpq**. (*CUPS*)
cancel	storniert (wie **lprm**) einen Druckauftrag. (*CUPS*)
lprm	storniert Druckaufträge aus der Druckerauftragsschlange. (*BSD*)
lpmove	verschiebt einen Druckauftrag von einer Auftragsschlange (oder einem Drucker) in eine andere. (*CUPS*)
klpq	ist eine erweiterte GUI-Version von **lpq/lpstat** unter KDE. (*nd*)
gtklpq	ist eine GUI-Version von **lpq/lpstat** (s. Seite 302).
klpq	die KDE-Version zur Verwaltung von Druckern und Druckaufträgen. Sie kann mit mehreren Print-Spooler-Systemen umgehen.
xpdq	bietet eine grafische Oberfläche (unter X11) zu **lpq** (s. Seite 223).

kjobviewer GUI-Variante zu **lpq/lpstat** aus dem KDE-Paket, die auch bereits abgeschlossene Aufträge anzeigen kann (siehe Seite 834). (*CUPS*)

xpdq GUI-Variante zu **lpq** bzw zur Verwaltung der Aufträge und Auftragswarteschlangen. (*nd*)

Verwaltung von Druckern und Auftragswarteschlangen

enable aktiviert einen Drucker (die Auftragswarteschlange) für die weitere Ausgabe (siehe Seite 827). (*CUPS*)

disable deaktiviert einen Drucker, Aufträge werden noch entgegen genommen, aber (noch) nicht gedruckt (siehe Seite 827). (*CUPS*)

accept entsperrt eine Druckerauftragsschlange. Sie nimmt nun (wieder) Druckaufträge entgegen (siehe Seite 827). (*CUPS*)

reject sperrt eine Druckerauftragsschlange für die Entgegennahme weitere Druckaufträge – die bereits vorhandenen werden weiter abgearbeitet (siehe Seite 827). (*CUPS*)

lpmove verschiebt einen Druckauftrag von einer Auftragsschlange (oder einem Drucker) in eine andere. (*CUPS*)

lpadmin ist das Kommandozeilen-Administrationsprogramm zum Drucker-System von Unix-/Linux (siehe Seite 828). (*CUPS*)

lpstat zeigt den Status der Druckwarteschlangen an. (*CUPS*)

lpc erlaubt (mit Einschränkungen) die Steuerung der Drucker und Druckerklassen. (*BSD*), (*CUPS* mit Einschränkungen)

Weitere Funktionen zu den Print-Spoolern

lpoptions erlaubt für das CUPS-System benutzerspezifische Optionen abzufragen oder zu setzen. Diese werden dann von **lp** und **lpr** als Standardbelegung verwendet, können aber im **lp-/lpr**-Kommando explizit überschrieben werden. Siehe Seite 336ff.

lphelp gibt die von einem Drucker unterstützte Druckoption aus. (*CUPS*)

kups ist ein unter KDE-/X11-laufendes GUI-Interface zum Einrichten und Verwalten der Print-Spoolers CUPS.

lpinfo gibt eine Liste der (der aktuellen CUPS-Version) bekannten Geräte für Druckeranschlüsse und Druckertreiber aus (siehe Seite 828).

Für eine weiterführende Beschreibung des Linux-Drucksystems sei auf Kapitel 9.11 ab Seite 816 verwiesen.

lp [*optionen*] [*datei ...*]   → send print request to line printer
     oder
lp **–i** *auftragsnummer optionen*   → change options of previous print request

lp erzeugt einen Druckauftrag und übergibt die angegebenen Dateien dem *Print-Spooler* zur Ausgabe. Wird kein spezieller Zieldrucker angegeben, so geht die Ausgabe auf den Standarddrucker, sofern dieser (z.B. in PRINTER oder LPDEST) definiert ist.

Das **lp**-Kommando gibt die Auftragsnummer aus. Unter dieser Nummer kann der Auftrag später angesprochen (z.B. gelöscht) werden. Das Löschen eines Auftrags erfolgt mit dem Kommando **cancel**. Ist keine Datei (oder nur ›–‹) aufgeführt, so wird von der Standardeingabe bis zu einem <eof> gelesen.

Die zweite Aufrufform erlaubt, die Optionen eines bereits abgesetzten Druckauftrags nochmals zu ändern. Hierbei ist die Auftragsnummer des Druckauftrags anzugeben.

Zu druckende Dateien, von denen eine Kopie erstellt wird, werden im Verzeichnis */var/spool/lp* hinterlegt.

Die verschiedenen Unix-/Linux-Drucksysteme unterscheiden sich hier teilweise in den Optionen und Möglichkeiten. (∗C∗) markiert deshalb Funktionen, die nur unter CUPS und (∗nC∗) jene, die **nicht** unter CUPS zur Verfügung stehen. **lp** kennt folgende Optionen:

–E   (*encrypted*) kommuniziert verschlüsselt mit dem Drucker-Server. (∗C∗)

–c   (*copy*) Eine Kopie der zu druckenden Datei wird erstellt und diese Kopie ausgegeben. Im Normalfall wird keine Kopie angelegt. Unter CUPS werden die Dateien immer als Kopie zum Spooler geschickt.

–d *ziel*   (*destination*) gibt explizit einen Drucker (oder Druckerklasse oder Druckerprofil) als Ziel vor. Ein Standarddrucker kann der Umgebungsvariablen **PRINTER** oder für alle Benutzer gemeinsam durch das **lpadmin**-Kommando (Option **–d**) definiert sein.

–f *formular* [**–d** any]   (∗nC∗) Hiermit lässt sich ein Formular vorgeben, auf dem die Ausgabe erfolgen soll. Der Druck-Server stellt dabei sicher, dass das Formular im Drucker liegt. Kann der angegebene Drucker das Formular nicht drucken, ist das Formular nicht definiert oder für den Benutzer nicht zugelassen, so wird der Auftrag mit einer Fehlermeldung abgelehnt. Ist der Anhang **–d any** vorhanden, so erfolgt die Ausgabe auf dem nächsten verfügbaren Drucker, bei dem das Formular vorhanden ist.

–h *host*	(∗C∗) gibt das Hostsystem für den gewünschten Druck-Server an.
–H *anw*	gestattet, spezielle Anweisungen zum Druck vorzugeben. *anw* kann eine der folgenden Werte haben:

	hold	Der Auftrag wird zunächst gestoppt und erst gedruckt, wenn durch eine ›**–i resume**‹-Anweisung die Fortsetzung explizit angeordnet wird.
	resume	setzt einen zuvor mit **–H hold** angehaltenen Druckauftrag fort.
	immediate	bewirkt, dass der Druckauftrag als nächster ausgeführt und damit eventuell vorher abgesetzten Aufträgen vorgezogen wird. Dies darf nur der LP-Administrator oder Super-User.

–i *job-id*	ändert die Einstellungen für den angegebenen Druckauftrag.
–m	(∗nc∗) informiert den Benutzer nach Fertigstellung des Druckauftrags per E-Mail.
–n *x*	erstellt *x* Druckkopien.
–o *optionen*	erlaubt, druckerspezifische oder druckerklassenspezifische Optionen weiterzugeben. Es sind mehrere –o-Optionen in einem **lp**-Aufruf zulässig. Siehe dazu **lp-Optionen** auf Seite 337.
–P *liste*	druckt nur die in *liste* angegebenen Seiten des Auftrags. Hierzu muss für den Drucker und die Ausgabeart jedoch ein entsprechender Filter vorhanden sein! Die Liste darf einzelne Seiten und Seitenbereiche in der Form ›*seite, von–bis, …*‹ enthalten.
–q *n*	gibt eine Druckpriorität vor ($0 \leq n \leq 100$; Standard: 50). 100 ist die höchste Priorität bei CUPS (andere Spooler verwenden andere Prioritätswerte).
–s	(*silent*) unterdrückt die Ausgabe der Auftragsnummer.
–t *titel*	gibt dem Druckauftrag einen Titel. Dies ist nützlich, wenn von der Standardeingabe gelesen wird und der Name der gedruckten Datei in einem Titel erscheinen soll.
–T *art* [**–r**]	(∗nc∗) gibt an, dass die Ausgabe auf einem Drucker erfolgen soll, der die mit *art* vorgegebene Dokumentenart unterstützt. Unterstützt kein Drucker die Dokumentenart direkt, so wird versucht, mit Hilfe eines entsprechenden Filters die Ausgabe für einen anderen Drucker zu konvertieren. Letzteres kann durch die Option **–r** unterdrückt werden.
–w	(*write*) (∗nc∗) informiert nach der Ausgabe den Benutzer durch eine Nachricht auf seiner Dialogstation. Hat er seine Sitzung beendet, so geschieht dies mittels **mail**.
–y *mliste*	(∗nc∗) gestattet die Angabe eines Druckmodus für die Ausgabe. Hierzu muss ein entsprechender Filter zur Verfügung stehen und in der lp-Modusliste aufgeführt sein. Folgende Modi sind standardmäßig vorgesehen, wobei das lp-System weitere Modi in der Definition zulässt:

	reverse	Die Seiten werden in der umgekehrten Reihenfolge ausgegeben.

landscape	Die Seite wird im Querformat beschrieben.
x=*n*, **y**=*m*	erlaubt, den physikalischen Seitenanfang auf der Seite zu verschieben.
group=*n*	n logische Seiten sollen auf einer physikalischen Seite ausgegeben werden.
magnify=*n*	Die Ausgabe soll auf *n*% vergrößert oder verkleinert werden.
–o length=*n*	definiert die Anzahl von Zeilen je logischer Ausgabeseite.
–P *n*	gestattet die partielle Ausgabe eines Ausdrucks durch die Angabe einer Seitennummer.
–n *m*	Es sollen *m* Kopien erzeugt werden.

Einmal erzeugte Druckaufträge können per **lprm** oder **cancel** unter Angabe der Auftragsnummer wieder storniert werden. Einzelne Einstellungen lassen sich per **lp –i** *job-id optionen* noch ändern – sofern der Druck nicht bereits läuft.

Die Verwaltung des *Print-Spoolers* ist mit dem **lpadmin**-Kommando möglich, eine Abfrage der Warteschlangen durch **lpstat –o**.

Da es inzwischen zahlreiche Implementierungen des **lp**-Kommandos gibt, praktisch eine für jedes Print-Spooler-System, können sich die unterstützten Optionen von System zu System unterscheiden. Eine grafische Version von **lp** ist **gtklp** (siehe Seite 302), welches auch **lp** auf Kommandozeilenebene emuliert.

✎ lp liste
   → druckt die Datei *liste* auf dem Standarddrucker aus.

✎ cancel lj4-216
   → bricht den Druckauftrag *216* auf dem Drucker *lj4* ab.

✎ lp –c –w kapitel.[1-3]
   → druckt die Dateien *kapitel.1, kapitel.2* und *kapitel.3* aus. Es werden dazu Kopien der Dateien erstellt. Nach der Ausgabe wird der Benutzer über das Ende der Ausgabe informiert (noch nicht bei CUPS).

✎ lp –m –dlp1 –n2 info
   → gibt die Datei *info* in zwei Kopien auf dem Drucker *lp1* aus und informiert den Benutzer nach der Ausgabe mittels **mail** hiervon.

✎ ls –ls /user | lp –dApplewriter –n 3 –q 90
   → erstellt ein ausführliches Inhaltsverzeichnis des Verzeichnisses *user* und gibt dieses auf den Drucker *Applewriter* in drei Kopien aus. Der Druck erfolgt mit der relativ hohen Priorität 90.

lpc [*befehl*]   → control **lp** print spooler

stammt aus dem Berkeley-Drucksystem (BSD/LPD) und steuert den Print-Spooler über die Kommandozeile oder ein Shell-Skript. Die Befehle können entweder in der Kommandozeile selbst angegeben werden oder werden von der Standardeingabe gelesen (falls beim Aufruf kein Befehl angegeben wurde). Unter CUPS ist die Funktion von **lpc** stark eingeschränkt (die unter CUPS nicht verfügbare Optionen sind mit (*nC*) markiert).

Bei einigen Befehlen kann entweder ein bestimmter Drucker (oder eine Druckerklasse) angegeben werden oder **all**. Fehlt der Parameter ganz, wird in der Regel **all** angenommen.

Als Befehle sind möglich:

? [*kmd*]	wie **help**.
abort all|*dr*	terminiert den aktuellen Drucker-Daemon und sperrt das Drucken. (*nC*)
clean all|*dr*	löscht Dateien, die nicht gedruckt werden können, aus der Druckerauftragsschlange. (*nC*)
disable all|*dr*	stoppt die angegebenen Druckerauftragsschlangen. (*nC*)
down all|*dr meldung*	stoppt die angegebenen Druckerauftragsschlangen und schreibt die angegebene Meldung in die Statusdatei des Druckers. Sie wird dem Benutzer später bei der Abehung von Druckaufträgen ausgegeben. (*nC*)
enable all|*dr*	gibt die angegebenen Druckerauftragsschlangen für eine weitere Entgegennahme von Aufträgen frei.
exit	beendet **lpc**.
help [*kmd*]	liefert eine Kurzbeschreibung der **lpc**-Befehle bzw. des angegebenen Komamndos.
quit	beendet (wie **exit**) **lpc**.
restart all|*dr*	startet die Drucker-Daemonen für die angegebenen Druckerauftragsschlangen neu. (*nC*)
start all|*dr*	aktiviert die Druckerauftragsschlangen der Drucker und startet die enstprechenden Drucker-Daemonen. (*nC*)
status [*drucker*]	gibt den Status der Standard- oder angegebenen Auftragsschlange aus.
stop all|*dr*	hält die Druckerauftragsschlangen der Drucker an – jedoch erst, nachdem alle noch vorhandenen Druckaufträge beendet sind. (*nC*)
topq *dr* [*jobnr*] [*benutzer*]	stellt die angegebenen Druckaufträge in der Auftragschlange ganz nach vorne. (*nC*)
up all|*dr*	aktiviert die Auftragsschlangen und startet die betreffenden Daemonen neu. (*nC*)

Unter CUPS erfolgt diese Verwaltung zusätzlich und originär sowie detaillierter über **lpadmin** (s. S. 828) oder ein grafisches Frontend wie etwa **getklp** oder **gtklpq** (s. S. 302), **kjobviewer** (s. S. 834) als Teile des KDE-Printing-Systems oder per **kups**.

lphelp *drucker* ...   → **help** with option for a line printer
    oder
lphelp *datei*.**ppd** ...   → **help** with **lp**-options available with PPD

liefert im CUPS-Print-Spooler-System die möglichen Parameter bzw. Optionswerte zurück, die der angegebene Drucker unterstützt. Dies ist nützlich, wenn man erfahren möchte, welche Parameter bei den ›**–o** *einstellung=wert*‹-Optionen bei **lpr** (s. S. 335), **lp** (s. S. 332), **lpoptions** (s. S. 336) und **lpadmin** (s. S. 828) möglich sind. Ohne aufgerufene Parameter, gibt es (entgegen sonstigen Konventionen) seine Aufrufsyntax aus. Beim Aufruf können mehrere Druckernamen oder mehrere PPD-Dateinamen angegeben werden.

> ✎   lphelp hp1
> → gibt aus, welche Druckoptionen (Option mit möglichen Werten, wie etwa Druckauflösungen, Papierfächer, ...) vom Drucker *hp1* unterstützt werden.

lpoptions [*optionen*] **–p** *drucker*   → set user **lp options**

ist ein Kommando des CUPS- und LPRng-Spoolers. Es gibt entweder die aktuell gesetzten Standardwerte des Benutzes aus oder setzt diese neu. Diese Optionswerte gelten sowohl für **lp**, **lpr** und **gtklp** im Zuammenspiel mit dem CUPS-System. Ist kein Zielsystem explizit (per **–p** *drucker*) angegeben, so ist der *Standarddrucker* gemeint (aus $PRINTER); ist kein CUPS-Server angegeben (per **–h** *server*), so ist das lokale Drucksystem gemeint. Fehlt eine der Funktionen (**–o**, **–r**, **–x**) oder wurde die Funktion **–l** gewählt, so werden alle aktuell gesetzten Werte ausgegeben. Die Funktionen **–r** und **–x** löschen die angegebenen Optionswerte bzw. setzen den Optionswert auf die Standardeinstellung zurück und schließen sich in einem Aufruf gegenseitig aus.
Die möglichen Optionen sind:

–d *drucker*[/*profil*] *(default)* legt den *Standarddrucker* fest (Drucker, Druckprofil oder Druckerklasse). Hier können auch zusätzlich Optionswerte mitgegeben werden.

–h *server*   *(host)* gibt den CUPS-Sever an (eventuell auf einem anderen Rechner), der angesprochen werden soll.

–p *drucker*[/*profil*] *(printer)* gibt den Drucker oder die Druckerklasse vor, auf die sich die Anfrage oder das Setzen der Optionen bezieht.

–l   gibt für den angegebenen Drucker die möglichen Optionen und ihre möglichen Werte aus. Die aktuell gesetzten Optionswerte sind durch * markiert.

–o *option=wert* setzt für das angegebene Zielsystem den Wert für die Option/Funktion auf den angegebenen Wert. Siehe dazu **lp-Optionen** auf Seite 337.

–r *optionen*   *(remove)* löscht die angegebenen Optionen für das vorgegebene Zielsystem.

–x *drucker*[*/profil*] setzt alle Optionen und Funktionen des angegebenen Zielsystems auf die Standardwerte zurück.

In der oben aufgeführten Syntax ist *drucker* ein Drucker, eine Druckerklasse oder ein Druckerprofil (ältere Bezeichnung *Instanz* – mit der Schreibweise: *drucker/profil*).

Für CUPS bieten **xpp**, **gtklp**, **kprinter** und verschiedene andere GUI-Programme eine grafische Oberfläche zur Anzeige und zum Setzen der Druckereinstellungen.

> ✎ lpoptions –d hp_lj2
>   → setzt den Drucker (oder die Druckerklasse) *hp_lj2* als Standarddrucker für den aktuellen Benutzer.

> ✎ lpoptions –p Farblaser3 –o scaling=95 –o sides=two-sided-short-edge
>   → setzt für den Drucker *Farblaser3* den Skalierungsfaktor auf 95 % und aktiviert den Duplexdruck (beidseitigen Druck) mit gleicher Orientierung von Vorder- und Rückseite. Statt **sides=two-sided-short-edge** hätte auch **Duplex=DuplexNoTumble** angegeben werden können.

> ✎ lpotions –h sonne –p Farblaser/FA3 –o job-sheet=standard
>   → aktiviert für das Profil *FA3* des Druckers *Farblaser* auf dem CUPS-Server *sonne* die Ausgabe eines Standarddeckblatts vor jedem Druckauftrag.

lp-Optionen für Druckparameter   → Parametereinstellungen für das Drucken

Die Druck-Clients wie etwa **lp** und **lpr** (sowie einige Varianten davon wie **kprinter** oder **gtklp**), sowie einige Steuerkommandos des Linux-Print-Spoolers, erlauben über die Option **–o** Steuerparameter an die dahinter laufenden Programme/Prozesse durchzureichen. Einige Optionen werden von den meisten Spoolern und Backends (LPRng, CUPS, LPD, …) einheitlich erkannt und verarbeitet; andere Optionen sind spezifisch für ein Spooler-System oder für spezielle Filter oder Backends. Die Optionen richten sich teilweise an die Filterprogramme, welche die Konvertierung der Eingabedatei in ein druckbares Format ausführen, teilweise an den Print-Spooler selbst, und einige sprechen den eigentlichen Drucker mit seinen Steuerungsmöglichkeiten an. Die nachfolgende Beschreibung gilt für das CUPS-System und zeigt nur einen Ausschnitt von häufig benutzten Optionen.

Das Programm **lpoptions** (siehe Seite 336) erlaubt im CUPS- und im LPRng-Print-Spooling-System benutzerspezifische Vorbesetzungen vorzunehmen, so dass sie bei nachfolgenden **lp-**/**lpr-**Aufrufen gültig sind – es sei denn, sie werden beim Aufruf explizit abweichend gesetzt.

lphelp *drucker* oder **lphelp** *ppd-name* geben beim CUPS-Print-Spooler aus, welche Optionen/Parameter für einen Drucker unterstützt werden.

Seitenbereiche und virtuelle Seiten

–o page-ranges=x gibt an, welche Seiten aus der Datei zu drucken sind. Die einzelnen Seitenbereiche werden durch Kommata getrennt, ganze Bereiche in der Form a–b angegeben. Also z.B.:
–o page-range=7–12, 12, 15

–o page-set=even druckt nur die Seiten mit gerader Seitennummer.

–o page-set=odd druckt nur die Seiten mit ungerader Seitennummer.

–o number-up=n gibt n virtuelle Seiten auf einer echten Seite aus. n darf **1, 2, 4, 6, 9** oder **16** sein (Standard: 1).

–o page-border=art gibt – im Zusammenspiel mit **number-up** – vor, mit welchem Rand die einzelnen virtuellen Seiten versehen werden sollen. Möglichkeiten für art sind z.B.: **single, single-thick, double** und **double-thick**.

–o number-up-layout=art definiert das Layout der virtuellen Seiten auf der Ausgabeseite im Zuammenspiel mit **number-up**. Möglich für art sind: (**tbrl** steht z.B. für: *top to bottom, right to left*)

btlt	2 4 / 1 3	**btrl**	4 2 / 3 1	**lrbt**	3 4 / 1 2	**lrtb**	1 2 / 3 4 (Standard)
rlbt	4 3 / 2 1	**rltb**	2 1 / 4 3	**tblr**	1 3 / 2 4	**tbrl**	3 1 / 4 2

Deckblätter, Papierformate, Skalierung, Duplexdruck

nobanner Der Auftrag wird ohne ein spezielles Deckblatt (*banner page*) ausgegeben.

–o job-sheets=art gibt die Art des Deckblatts (vom Printspooler erstellt) vor. art kann z.B. sein:

none	keine Deckblatt für Druckaufträge
standard	Standarddeckblatt
classified	Deckblatt mit dem Vermerk *Nur intern*
confidential	Deckblatt mit dem Vermerk *Vertraulich*
secret	Deckblatt mit dem Vermerk *Geheim*

–o media=$papier$ gibt das gewünschte Medium oder Papierformat aus. $papier$ kann (abhängig vom Drucker und Fächern) z.B. sein: **A5, A4, A3, Legal, Leger, Letter, Tabloid, … ,** sowie **Transparency** (um dem Drucker z.B. zu sagen, dass hier Folien zu drucken sind, was einen etwas anderen Tonerauftrag ergibt) oder **Upper, Lower, Multipurpose, …,** um das zu nutzende Papierfach vorzugeben.
Hier können mehrere Angaben zum Druckmedium per Komma separiert angehängt werden, also etwa:
–o **media=A4, Tranparency, Upper.** Die hier möglichen Optionen sind natürlich druckerspezifisch und in dessen PPD (*PostScript Printer Description*) festgelegt.[1]

–o landscape Seite im Querformat drucken.

---

1. Die Festlegung erfolgt selbst dann in einer PPD, wenn es kein PostScript-Drucker ist.

–o portrait	Hochformat
–o scaling=n	gibt die Skalierung (Vergrößerung/Verkleinerung) in % an.
–o sides=*art*	definiert, ob normal oder duplex und bei Duplex wie der Duplex-Druck erfolgen soll (sofern der Drucker dies kann). Für *art* sind die selbsterklärenden Verfahren möglich: **one-sided, two-sided-short-edge** und **two-sided-long-edge**
–o Resolution=n	gibt die Auflösung an, mit der gedruckt werden soll. Die möglichen Werte von n sind abhängig von den möglichen Druckerauflösungen.

Formatierung

–o cpi=n	gestattet die Angabe der Zeichengröße oder Zeichenbreite. n kann die Werte **10, 12, pica, elite** oder **compressed** haben.
–o lenght=n	gestattet eine Längenangabe für die Seiten. Folgt der Nummer n kein Zeichen, so sind mit n Zeilen gemeint; **c** steht für Zentimeter und **i** für Inch.
–o width=n	gestattet die Angabe einer Zeilenbreite. Folgt der Nummer n kein Zeichen, so sind mit n Zeichen gemeint; **c** steht für cm und **i** für Inch.
–o lpi=n	gestattet die Angabe der Zeilenweite. Für n gelten die Werte wie bei **width**.
–o nofilebreak	Der Seitenvorschub zwischen der Ausgabe zweier Dateien des gleichen Auftrags wird unterdrückt.
–o nolables	Dies unterdrückt die Ausgabe von Kopf- und Fußzeilen auf jeder Seite, die Informationen zum Vertraulichkeitsgrad geben.
–o prettyprint	aktiviert eine Druckformatierung (Schöndruck), die abhängig vom Eingabeformat ist.
–o raw	leitet die Eingabe an allen Filtern vorbei, so dass sie ohne eine weitere Konvertierung zum Drucker geschickt werden. Dies setzt ein für den Drucker bereits passendes Eingabeformat voraus.

Drucken von Rasterbildern und Plots

–o position=*pos*	legt über *pos* fest, wo auf der Seite das Rasterbild platziert werden soll: **center** zentriert (horizontal und vertikal) **top** Seitenoberkante **bottom** Seitenunterkante **left** linksbündig **right** rechtsbündig **top-left, top-right, bottom-left, bottom-right, …**
–o scaling=n	gibt einen Skalierungsfaktor in Prozent an ($1 \leq n \leq 800$).
–o fitplot	skaliert die Plot-Ausgabe so, dass die Grafik auf eine Ausgabeseite passt.
–o penwidth=n	gibt die Strich- oder Stiftstärke vor (in Micrometer)

Farbe, Fotodruck, Farbkorrekturen ...

–o gamma=*wert*   definiert den Helligkeitswert beim Ausdruck (Standard: 1000). Werte > 1000 hellen auf, Werte < 1000 dunkeln ab.

–o hue=*fwert*   erlaubt Farbkorrekturwerte anzugeben, wobei *fwert* im Bereich ($-360 \leq$ *fwert* ≤ 360 bzw. $-180 \leq$ *fwert* ≤ 180) die Farbe im Farbrad über einen Versatz im Farbwinkel angibt.

–o saturation=*n*   gibt eine Korrektur der Farbsättigung (in Prozent) vor.

Druckquoten (nur bei CUPS)

–o job-k-limit=*n*   gibt an, wie groß (in KBytes) ein Druckjob eines Benutzers maximal sein darf.

–o job-page-limit=*n*   gibt vor, wieviele Seiten ein Benutzer maximal pro Abrechnungsperiode drucken darf (doppelseitig bedruckte Seiten zählen als zwei Seiten).

–o job-quota-period=*n*   definiert die Abrechnungsperiode (*n* in Sekunden), für die definierte Druckquoten gelten sollen (ein Tag sind 86 400 Sekunden).

Dies ist nur ein Ausschnitt der möglichen Angaben. Die möglichen Optionen unterscheiden sich von Spooling-System zu Spooling-System. Sowohl CUPS als auch LPRng erlauben die Verwendung der Optionen ›**–o** ...‹. GUI-Versionen von **lpotions** sind für das Kennenlernen oft besser geeignet. Hierzu gehören **gtklp** (siehe Seite 302) oder **kprinter**.

> ✎   lp –d mp1 –o Media=A4 –o landscape –o sides=two-sided-long-edge My
> → gibt die Datei *My* auf dem Drucker *mp1* aus. Gedruckt wird auf einer A4-Seite beidseitig (Duplex) im Querformat mit der Bindung an der langen Seite (also:).

> ✎   lpoptions –p Farblaser –o job-sheets=none
> → unterdrückt standardmäßig die Ausgabe eines Deckblatts auf dem Drucker *Farblaser*.

> ✎   lpotions –o LJ23/zweiseit –o Media=A3 –o Resolution=1200dpi
> → setzt für die Instanz (das *Profil* des Druckers *LJ23*) *zweiseit* der Druckerklasse *LJ23* das Papierformat A3 und die Auflösung 1200 dpi als Standardvorbelegung für den aufrufenden Benutzer.

> ✎   lp –dhp2 –o page-ranges=1–4 Vertrag.pdf
> → gibt die Seiten 1–4 der Datei *Vertrag.pdf* auf dem Drucker *hp2* aus.

lpq [–E] [*optionen*] [–P *drucker*] [+*interval*] → show status of **lp-queue**

zeigt den aktuellen Status der Druckerauftragswarteschlange des per –P angegebenen Druckers (oder der Druckerklasse). Ohne Druckerangabe wird der des Standarddruckers (aus PRINTER oder LPDST) angezeigt. Es werden Benutzername, Position in der Schlange, Dateiname, Auftragsnummer und Dateigröße in Byte für jeden Job ausgegeben. Die Statusanzeige wird alle *n* Sekunden aktualisiert, bis kein Druckauftrag mehr vorhanden ist. Vom Kommando **lpq** ist auch eine GUI-fähige Variante verfügbar, die Teil des GtkLP-Pakets ist (siehe dazu Seite 304 und Seite 833). Während im Original-BSD-System der Druckername ohne Zwischenraum der –P-Option folgen muss, erlauben die CUPS und LPRng-Implementierungen (auch) Leerzeichen zwischen Option und Druckernamen.

Folgende Optionen sind möglich:

+*n*	gibt vor, dass in dem angegebenen Intervall n (in Sekunden) der Status angezeigt werden soll – so lange, bis die Auftragsschlange leer ist.
–a	gibt die Aufträge (des Benutzers) auf allen Druckern aus.
–E	(*encryption*) verschlüsselt die Kommunikation zum Druck-Server.
–l	liefert eine detailliertere (lange) Statusmeldung.
–P*dr*	gibt den Drucker oder die Druckerklasse an, die abgefrag wird.

Eine GUI-Variante von **lpq** ist **kjobviewer** (aus dem KDE-System, s. S. 834)) oder **gtklpq** (s. S. 304).

✎ lpq
→ gibt den Status des Standarddruckers (definiert in der Umgebungsvariablen PRINTER oder LPDEST) aus. Dies sieht etwa wie folgt aus:

```
lp_hp is ready
no entries
```

```
lp_hp is ready and printing
Rank      Owner    Job   File(s)    Total Size
active    Karl     44    (stdin)    1024 bytes
1st       Fritz    45    (stdin)    6144 bytes
```

✎ lpq –l –Php2 +60
→ zeigt die Aufträge des Druckers
hp2 (detailliert) an und aktualisiert
– falls Druckaufträge in dessen Auftragswarteschlange vorhanden sind – die Anzeige
alle 60 Sekunden, bis lpq per
<unterbrechung>-Taste (zumeist ⎡Strg⎤-⎡C⎤) beendet
wird oder alle Aufträge abgearbeitet sind.

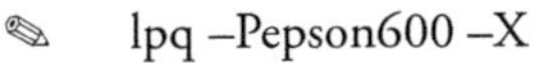

✎ lpq –Pepson600 –X
→ zeigt (unter Verwendung der **lpq-**/**gtklpq**-Variante von Seite 304) den Status des Druckers *epson600* im X11-Modus an. Dies ist natürlich nur unter einer GUI-Oberfläche möglich (in einem X11-Fenster).

lpr [*optionen*] [*datei* ...]   → UCB-type spool files to line **printer**

lpr ist die BSD-LPD-kompatible Variante des **lp**-Kommandos und trägt die angegebenen Dateien in die Auftragswarteschlange des *Print-Spoolers* ein. Es steht aber in kompatibler Form auch für die anderen Drucksysteme (CUPS, LPRng) zur Verfügung. Dort sind aber unter Umständen andere Optionen möglich. Die Marke (*nC*) signalisiert, dass diese Option bei CUPS nicht funktioniert, die Marke (*C*), dass diese Funktion nur bei CUPS so arbeitet.

lpr schickt die angegebenen Dateien an den per –P angegebenen Drucker/ Druckerklasse zur Verarbeitung. Fehlt die Druckerangabe, geht die Ausgabe auf den Standarddrucker (aus PRINTER oder LPDEST). Fehlt die Angabe von Dateien, so wird von der Standardeingabe gelesen. Per Option –o können weitere Optionen für die Verarbeitungsprogramme des Drucksystems mitgegeben werden.

Die Optionen des **lpr**-Kommandos sind:

–# *x*	stellt *x* Kopien in der Ausgabe.
–C *name*	gibt den Text von *name* auf der Titelseite des Druckauftrags aus.
–E	(*encryption*) (*C*) verschlüsselt die Kommunikation zum Druck-Sever.
–h	Die Deckblattseite wird unterdrückt.
–J *titel*	gibt den Text *titel* auf der Deckblattseite des Ausdrucks aus. Im Standardfall ist es der Dateiname der ausgegebenen Datei.
–m	(*nC*) informiert den Benutzer per **mail** über die Fertigstellung des Auftrags.
–p	erzeugt eine schattierte Kopfzeile mit Datum, Auftragsname und Seitennummer (entspricht –o **prettyprint**).
–P*drucker*	Die Ausgabe soll auf dem angegebenen Drucker erfolgen.
–o *optionen*	übergibt bestimmte Verarbeitungsoptionen für den Auftrag. Siehe dazu **lp-Optionen** auf Seite 337.
–r	löscht die auszugebende Datei nach dem Drucken.
–s	Im Standardfall wird zum Drucken eine Kopie der Datei angelegt und danach gelöscht. Bei dieser Option wird dies bei lokal vorhandenen Dateien unterdrückt. (*nC*)
–T *titel*	Der Text *titel* erscheint auf der Deckblattseite des Ausdrucks (statt des Dateinamens).

Zusätzlich können weitere Filteroptionen angegeben werden:

–c	(*nC*) verarbeitet Daten, die **cifplot** erzeugt hat.
–d	(*nC*) verarbeitet Daten, die im TEX DVI-Format vorliegen.
–f	(*nC*) filtert die Eingabe so, dass das erste Zeichen einer Zeile *Carriage-Control*-Zeichen interpretiert wird.
–g	(*nC*) verarbeitet Daten, die im plot–Format vorliegen.
–i *n*	(*nC*) rückt den Text der Ausgabe um *n* Zeichen (Standardwert = 8) ein.

–l	schickt die Druckdatei ohne weitere Filterung zum Drucker (entspricht **–oraw**).
–n	(*nC*) erwartet aus **ditroff** heraus erzeugte Daten.
–p	(*nC*) setzt **pr** zur Formatierung ein.
–t	(*nC*) verarbeitet Dateien mit **troff**-CAT-Daten.
–v	(*nC*) verarbeitet Rasterimages im Benson-Varian-Format.
–w *n*	(*nC*) setzt die Zeilenbreite für **pr** auf *n*.

Da es inzwischen zahlreiche Implementierungen des **lpr**-Kommandos gibt – praktisch eine für jedes Print-Spooler-System –, können sich die unterstützten Optionen von System zu System unterscheiden. Eine GUI-Version von **lpr** ist **gtklp** (siehe Seite 302) und **kprinter**.

✎ lpr –PApplewriter –# 3 –t "Umsatz-Entwicklung" Umsatz.txt
→ gibt die Datei *Umsatz.txt* in drei Kopien auf dem Drucker *Applewriter* aus. Das Deckblatt erhält als Titel *Umsatz-Entwicklung*.

lprm [**–E**] [**–**] [**–P***drucker*] [*d-jobs*]   → **rem**ove print job from (line-)printer queue

storniert Druckaufträge bzw. löscht sie aus der Druckerwarteschlange. Wurde per **–P** keine Druckerwarteschlange vorgegeben, so wird die aus \$PRINTER, \$LPDEST bzw. die des Standarddruckers verwendet. Die Option **–E** sorgt dafür, dass eine verschlüsselte Kommunikation zum Druckserver verwendet wird (bei CUPS). Wird kein Druckjob angegeben, so wird der aktuelle (letzte des Benutzers) gelöscht, bei Angabe von ›–‹ werden alle (eigenen) gelöscht. Ein normaler Benutzer darf nur seine eigenen Aufträge stornieren.
lprm ist eigentlich ein Kommando des Berkeley-Print-Spooler-Systems. Für CUPS und LPng gibt es jedoch kompatible Versionen. Die vorhandenen Druckjobs lassen sich per **lpq** abfragen. Eine GUI-Version mit den Funktionen von **lprm** ist **gtklpq**, **klpq** oder **kjobviewer** (als Teil des KDE-Printing-Systems).

✎ lprm –P hp-lj 50
→ löscht den Druckauftrag 50 in der Auftragsschlange des Druckers *hp-lj*.

lpstat [*optionen*] [*auftrag* ...]   → print **lp** status

Das **lpstat**-Programm erlaubt dem Benutzer, Informationen zum **lp**-System abzufragen. Wird das Kommando ohne einen Parameter *auftrag* aufgerufen, so gibt es den Status aller mittels **lp/lpr** abgesetzten Aufträge des Benutzers aus. Werden beim Aufruf Auftragsnummern angegeben, so wird nur Information zu diesen Aufträgen geliefert. Erhält eine Option eine Liste, so werden die Elemente der Liste durch Kommata getrennt.
lpstat verarbeitet folgende Optionen:

−a[*liste*]   (*acceptance status*) gibt für die in der Liste angegebenen Drucker oder Druckerklassen (oder für alle) an, ob Aufträge angenommen werden.

−c[*liste*]   (*class*) gibt die Namen aller (bzw. der angegebenen) Druckerklassen und deren Drucker aus.

−d   (*default*) gibt den aktuellen Wert aus.

−E   (*encryption*) verschlüsselt (bei CUPS) die Kommunikation zum Druckserver.

−h *sever*   gibt an, mit welchem CUPS-Server kommuniziert werden soll.

−l   liefert detaillierte Angaben zu den Druckern, Druckklassen und Druckaufträgen.

−o[*liste*]   (*output request*) gibt eine Liste aller Ausgabeaufträge aus. Dabei wird die Auftragsnummer, die Klassen- und Druckerbezeichnung angezeigt.

−p[*liste*]   (*printer*) gibt den Status der (aller) Drucker in *liste* aus.

−r   zeigt, ob ein CUPS-Server (oder **lpsched**) läuft.

−R   zeigt die Position der Druckaufträge in der Auftragsschlange an.

−s   liefert generelle Statusinformationen zum Druckserver, Standarddruckername, Druckerklassen, Druckern und Geräten.

−t   (*total information*) gibt die gesamte verfügbare Statusinformation. Dies entspricht etwa: **−acdprov**

−u[*liste*]   (*user*) gibt den Status der Ausgabeaufträge für alle in *liste* angegebenen Benutzer mit deren Namen aus.

−v[*liste*]   gibt für die in *liste* angegebenen Drucker (bzw. für alle Drucker) den Namen des Druckers und den Namen des entsprechenden Gerätes aus.

✎   lpstat −v
→ gibt die Namen aller im Spooler-System definierten Ausgabegeräte sowie die Namen der entsprechenden Ausgabedateien an.

✎   lpstat −ukarl
→ gibt die Liste der noch nicht ausgegebenen Aufträge des Benutzers *karl* aus.

✎   lpstat −d
→ zeigt an, welcher Drucker der *Standarddrucker* ist.

ls [optionen] [*datei* ...]   → list contents of directories

dürfte das meistbenutzte Linux-Kommando sein. Es gibt Informationen zu den aufgeführten Dateien aus und ein Inhaltsverzeichnis angegebener Verzeichnisse. Fehlt der Parameter *datei*, so wird das *aktuelle Verzeichnis* angenommen. Wird auf eine Dialogstation ausgegeben, so verhält sich **ls** bei vielen Ausgaben etwas anders, als wenn die Ausgabe in eine Pipe oder in eine Datei geht. Während **ls** bei der Dialogstation zumeist die Angaben zu mehreren Dateien in einer Zeile ausgibt, schreibt es bei einem anderen Ausgabemedium in der Regel eine Zeile pro Datei-Information. Die Optionen –m, –C, –X und --format=*x* ändern dies. Eine Vorkonfiguration (Standardoptionen) ist über die Umgebungsvariable LS_OPTIONS möglich.
Sehr ähnlich wie **ls** – aber fokussiert auf Verzeichnisse – arbeitet **dir** und **vdir**.
Zu den nützlichsten **ls**-Optionen gehören –a (auch *verdeckte* Dateien mit Punkt am Namensanfang ausgeben), –F (mit Typkennzeichnung), –l (ausführlich), –R (rekursiv) und -s (nach Größe sortiert). Die sehr zahlreichen Optionen (neben --help und --version) sind:

–1   (--format=single-column) gibt nur einen Eintrag pro Ausgabezeile aus.

–a   (--all) listet alle Einträge auf (also auch Dateien, deren Namen mit ›.‹ beginnen). Diese werden normalerweise nicht gezeigt.

--author   gibt den Autor der jeweiligen Datei aus. Bei den meisten Systemen (außer bei Herd) ist dies der Dateibesitzer.

–A   (--allmost-all) wie –a, jedoch ohne das ›.‹- und ›..‹-Verzeichnis.

–b   (--escape) gibt nichtdruckbare Zeichen in den Dateinamen in der Form ›\ooo‹ (als Oktalzahl) aus.

--blocksize=*n*   macht Größenangaben in Blöcken zu *n* Byte. Dies wird zumeist in der Umgebungsvariablen LS_OPTIONS definiert.

–B   (--ignore-backups) ignoriert Backup-Dateien (Endung ›~‹), sofern nicht explizit angegeben.

–c   (--time-ctime) sortiert die Dateien nach der letzten Statusänderung (statt der Inhaltsänderung).

--color   ohne Parameter entspricht: --color=always.

--color=*x* Die Dateien werden, abhängig vom Typ, farblich markiert, falls *x*=**yes** (oder ganz fehlt). Das Farbschema dazu ist in LS_COLORS festgelegt. Ist *x*=**tty**, so erfolgt die Färbung nur bei Ausgabe auf eine Dialogstation. Weitere Werte für *x* sind: **never** (keine Farbmarkierung), **always** (immer farbig markieren) und **auto** (Farbe nur benutzen, falls die Standardausgabe auf ein Terminal geht). Diese Option wird zumeist in der Umgebungsvariablen LS_OPTIONS gesetzt. Die Farbcodierung wird über die Umgebungsvariable LS_COLORS festgelegt. Für weitere Details siehe Abschnitt A.4.3 auf S. 859.

–C   (--format=vertical) sortiert die Namen spaltenweise (Standard).

–d   (--directory) Ist eine Datei ein Verzeichnis, so wird deren Name, jedoch nicht das Inhaltsverzeichnis, ausgegeben.

–D   (--dired) erzeugt Ausgabe für **emacs** im so genannten *Dired-Mode*.

–f   unterdrückt die Sortierung der Dateien vollkommen.

--**format**=*fmt* legt fest, wie die Formatierung erfolgen soll. Für *fmt* sind
            möglich:

    across   erst horizontal, dann vertikale Reihenfolge der Ausgabe
    commas   mehrere Angaben pro Zeile – durch Kommata getrennt
    horizontal   wie **across**
    long   wie –l
    single-column nur ein Eintrag pro Zeile
    size   sortiert nach Dateigröße
    vertical   erst spaltenweise dann reihenweise sortiert ausgeben

--**full-time** die Zeiten (Änderungsdatum, letzter Zugriff, ...) werden detailliert statt abgekürzt ausgegeben.

–**F**   (--**classify**) kennzeichnet durch ein nachfolgendes Zeichen den Typ der Datei: Verzeichnisse mit ›/‹, ausführbare Dateien mit ›*‹, symbolische Links mit ›@‹, FIFO-Dateien durch ›|‹, Sockets durch ›=‹. *Normale* Dateien erhalten kein Zeichen.

–**g**   entspricht –l, wobei der Dateibesitzer nicht ausgegeben wird.

–**G**   (--**no-group**) unterdrückt die Angaben zur Gruppe bei –l.

–**h**   (--**homan-readable**) erzeugt besser lesbare Größenangaben, indem an die Größen Einheiten wie **k** (Kilo-), **M** (Mega-) oder **G** (Gigabyte) angehängt und der Dezimalpunkt entsprechend gesetzt wird.

–**H**   (--**dereference-command-line**) zeigt bei Objekten, die symbolische Verweise/Links sind, die Information nicht des Links, sondern der referenzierten Datei.

–**i**   (--**inode**) gibt die Knotennummer *(inode-number)* in der ersten Spalte der Liste aus.

--**indicator-style**=*art* legt fest, wie spezielle Dateitypen gekennzeichnet werden sollen. Möglich für *art* sind: **none** (ohne Kennzeichnung; Standard), **file-type** (wie –F) und **classify** (entspricht –F).

–**I** *expr* (--**ignore**=*xx*) Dateien, auf deren Namen das Muster *expr* passt, sollen ignoriert werden. *expr* ist in der Regel mit "*expr*" zu klammern.

–**k**   (--**kilobyte**) liefert die Größe in kB statt Byte.

–**l**   (--**format=long**) liefert detaillierte Information mit: Zugriffsrechte, Anzahl der Verweise auf die Datei, Name des Besitzers, Name der Gruppe, Dateigröße in Byte, Änderungsdatum und Uhrzeit (ist die Datei aus dem vorhergehenden Jahr oder älter, so wird statt der Uhrzeit der letzten Änderung das Jahr angegeben). Dabei steht im Modus

    –   für eine normale Datei,
    d   für ein Verzeichnis (***directory***),
    b   für ein blockorientiertes Gerät (***block special file***),
    c   für ein zeichenorientiertes Gerät (***character special file***),
    l   für einen *Symbolic Link*,
    m   für eine XENIX-kompatible Datei im *Shared Memory*,
    p   für einen FIFO-Puffer (*named pipe special file*).

Bei den Zugriffsrechten stehen diese in der Reihenfolge:

Besitzer, Gruppe und der Rest der Benutzer.

mit den Rechten

r   für die Erlaubnis zu lesen (*read*),

w   für die Erlaubnis zu modifizieren (***write***),

x   für die Erlaubnis, das Programm in der Datei auszuführen (*execute*) bzw. in dem Verzeichnis suchen zu dürfen,

s   für das *set-user-ID-Bit* oder das *set-group-ID-Bit* (**chmod**, S. 229),

S   für eine unzulässige Bitkombination (das *set-user-ID-Bit* ist, aber das **x**-Bit des Benutzers ist nicht gesetzt),

t   für das Sticksit-Bit (siehe **chmod**, S. 229),

T   für eine unzulässige Bitkombination (da das *Sticksit-Bit* gesetzt ist, aber das **x**-Bit des Benutzers nicht gesetzt ist),

–   falls das jeweilige Recht nicht erteilt ist.

–L   (**--dereference**) folgt *symbolischen Links*. Hiermit wird der Status der referenzierten Datei und nicht der des symbolischen Links angezeigt.

–m   (**format=commas**) gibt mehrere Dateinamen durch Kommata getrennt in einer Zeile aus.

–n   (**--numeric-uid-gid**) gibt die Benutzer- und Gruppennummer aus der Datei aus, statt des Benutzernamens und des Gruppennamens des Dateibesitzers.

–N   (**--literal**) gibt die Namen ohne umschließende "…" aus (Standard).

–o   entspricht –l, wobei aber Benutzer- und Gruppen numerisch ausgegeben werden.

–p   markierte Verzeichnisse werden mit einem ›/‹ hinter dem Dateinamen gekennzeichnet.

–q   (**--hide-control-chars**) gibt nichtdruckbare Zeichen in den Dateinamen als Fragezeichen aus.

--**quoting-style**=*art*   definiert, wie die Einträge geklammert werden sollen. Für *art* sind möglich: **literal**, **locale**, **shell**, **shell-alwys**, **c** und **escape**.

–Q   (**--quote-name**) klammert Dateinamen in "…" und gibt nichtdruckbare Zeichen mit ihrem Oktal-Code (\ooo) aus.

–r   (**--reverse**) kehrt die Sortierreihenfolge um, also der alphabetisch letzte Name zuerst oder zuerst die am längsten nicht modifizierte Datei (Option -t) oder die Datei, auf die am längsten nicht zugegriffen wurde (Option –u).

–R   (**--recursive**) durchsucht das angegebene Verzeichnis (oder falls die Angabe fehlt: das *aktuelle Verzeichnis*) rekursiv. Kommen darin weitere

Verzeichnisse vor, so werden auch diese untersucht und deren Inhaltsverzeichnisse erstellt usw. Auf diese Weise lässt sich eine vollständige Liste eines Dateibaums ausgeben.

−s   (--size) gibt die Dateigröße in 512-Bytes-Blöcken, statt in Byte aus.

--show-control-chars   gibt auch nichtdruckbare Zeichen (Kontrollzeichen) aus (dies ist der Standard).

--sort=*s*   definiert durch *s*, wie sortiert werden soll. Mögliche Werte sind:

> **size**   nach Dateigröße
>
> **none**   unsortiert (physikalische Reihenfolge)
>
> **extension**   nach der Endung des Dateinamens

−S   (--**sort=size**) sortiert die Dateien nach Dateigröße (größte zuerst).

−t   (--**time=time**) Die Liste wird statt nach den alphabetischen Namen der Dateien nach deren Zeitstempel sortiert (Standard: die zuletzt modifizierte Datei zuerst). (Siehe auch −u, −s.)

--time=*t*   sortiert die Dateien nach der mit *t* vorgegebenen Zeitangabe. Für *t* sind möglich:

> **atime**   letzter Dateizugriff (*access-time*)
>
> **use**   wie **atime**
>
> **time**   Datum der letzten Änderung

--time-style=*art*   definiert, in welchem Format Datum und Zeit auszugeben sind. Möglich für *art* sind:

> **locale** (entsprechend LC_TIME), **iso** (im ISO-8601-Format; etwa wie 2002-12-31), **long-iso** (wie **iso** mit Uhrzeit), **full-iso** (wie **iso** bis herunter zu Nanosekunden), **posix-style** und +*Format*. Letzteres erlaubt, das Fomat genauer vorzugeben, etwa in der Form "+%d.%m%Y".

−T *n*   (--**tabsize=***n*) legt fest, wieviele Leerzeichenpositionen ein Tabulator entsprechen soll (Standard: 8).

−u   (--**time=atime**) sortiert die Dateien nach dem Zeitpunkt des letzten Zugriffs (siehe auch --**sort=***s*).

−U   (--**sort=none**) unterdrückt die Sortierung (wie −f).

−v   (--**sort=version**) sortiert die Angabe nach Namen und Versionen (Standard).

−w *n*   (--**width=***n*) gibt die Zeilenbreite in Zeichen des Ausgabegeräts vor.

−x   (--**format=across**) Bei spaltenweiser Ausgabe wird standardmäßig von oben nach unten sortiert. Mit dieser Option erfolgt das Sortieren von links nach rechts. Die Umkehrung wäre die Option −C.

−X   (--**sort=extension**) sortiert die Dateien nach der Endung.

ls hat mit seinen zahlreichen Optionen bereits das Stadium der Übersichtlichkeit verloren. Weitere Steuerungsmöglichkeiten über die Umgebungsvariablen LS_OPTIONS, LS_COLOR sowie einige der LC-Variablen ergeben zwar eine hohe Flexibilität, reduzieren für den Anwender aber die Transparenz. In den meisten Systemen gibt es zusätzliche Alias-Zuweisungen auf **ls** mit häufig benutzten Optionen. Hierzu gehören z.B. **ll** für ›**ls** −l‹, **la** für ›**ls** −la‹ oder **l** für ›**ls** −alF‹. Hier bieten sich zu den häufig verwendete Formen mit komplizierten oder langen Optionen zusätzliche eigene Alias-Zuweisungen an.

✎ ls –l a*
→ erstellt eine ausführliche (lange) Informationsliste zu allen Dateien des aktuellen Verzeichnisses, welche mit ›a‹ beginnen.

✎ ls –a
→ zeigt alle Dateien des aktuellen Verzeichnisses – auch die verdeckten (d.h. auch die, deren Namen mit einem Punkt beginnt).

✎ ls –1ahR --sort=size –R /home/karl
→ erstellt eine Liste aller Dateien (auch der verdeckten und im gesamten Dateibaum) im Verzeichnis */home/karl* und gibt sie sortiert nach Dateigröße aus – jeweils ein Eintrag pro Zeile. Die Größen werden durch die Option –h gut lesbar aufbereitet (in Kilo-, Mega- oder Gigabyte).

✎ ls –R –X /usr/share/man
→ gibt die Liste aller Dateien (und damit Beschreibungen des **man**-Kommandos) im Verzeichnis */usr/share/man* aus – und zwar (rekursiv) im gesamten Dateibaum, der dort beginnt und sortiert nach der Namensendung.

✎ ls –F /usr
→ gibt die Liste aller Dateien im Verzeichnis */usr* aus, wobei Dateien durch ›/‹ und ausführbare Dateien durch ›*‹ markiert werden.

✎ ls –a | cpio –ovB > /dev/tape
→ sichert alle Dateien des aktuellen Verzeichnisses (nur eine Stufe tief) mittels **cpio** auf das Magnetband unter */dev/tape*.

✎ ls –iR /usr | grep "^ 1002"
→ sucht die Datei der Platte, die im Verzeichnis */usr* montiert ist und welche die Inode-Nummer 1002 hat.

✎ ls –lt /home/karl
→ erstellt ein ausführliches Inhaltsverzeichnis vom Verzeichnis */home /karl*, wobei die Dateien in der Reihenfolge des Modifikationsdatums (d.h die zuletzt modifizierte Datei zuerst) ausgegeben werden.

✎ ls –lsia
→ gibt ein ausführliches Inhaltsverzeichnis des aktuellen Katalogs aus. Im nachfolgenden Beispiel ist zuerst die mögliche Ausgabe und danach die Bedeutung der einzelnen Spalten angegeben (siehe die Grafik auf Seite 350). Die erste Angabe ›total …‹ gibt dabei die Anzahl der von dem Katalog belegten Blöcke an. Das Ergebnis der Ausgabe ist nachfolgend (auf Seite 350) zu sehen.
Die Datei *mache* gehört dem Benutzer *karl*, ist ein Katalog, belegt einen Block (der Katalog selbst; nicht die darin enthaltenen Dateien), nur der Benutzer selbst darf darin schreiben (neue Dateien anlegen oder vorhandene löschen), während alle Benutzer des Systems in dem Katalog suchen dürfen. Der Benutzer *karl* ist in keiner Gruppendatei eingetragen.

Statt des Gruppennamens ist deshalb die Gruppennummer (100) angegeben. Liegt das Datum der letzten Dateiänderung nicht im aktuellen Jahr, so wird statt der Uhrzeit das Jahr angegeben – wie am Beispiel der Datei *mkdev* gezeigt wird.

```
$ ls -lsia
total 15
   11786 1 -rw-rw-r--   1 root  bin     87 2002-09-30 09:12  .
   11789 1 -rw-rw-r--   1 root  bin     87 2002-09-29 09:12  ..
   12813 1 -rw-rw-r--   1 root  bin     87 2003-01-30 09:12  .profile
   12801 7 drwxrwxr-x   2 root  bin   3248 2003-01-30 16:13  bin
   12817 1 drwxr-xr-x   2 karl  100     32 2002-12-23 17:24  mache
   13820 3 -rw-rw-r--   1 root  bin   1518 2003-01-30 16:53  mkdev
   13802 1 drwxrwxrwx  15 root  bin    464 2003-01-30 10:43  usr
   15868 0 prw-r--r--   1 root  bin      0 2002-10-12 10:45  PIPE
```

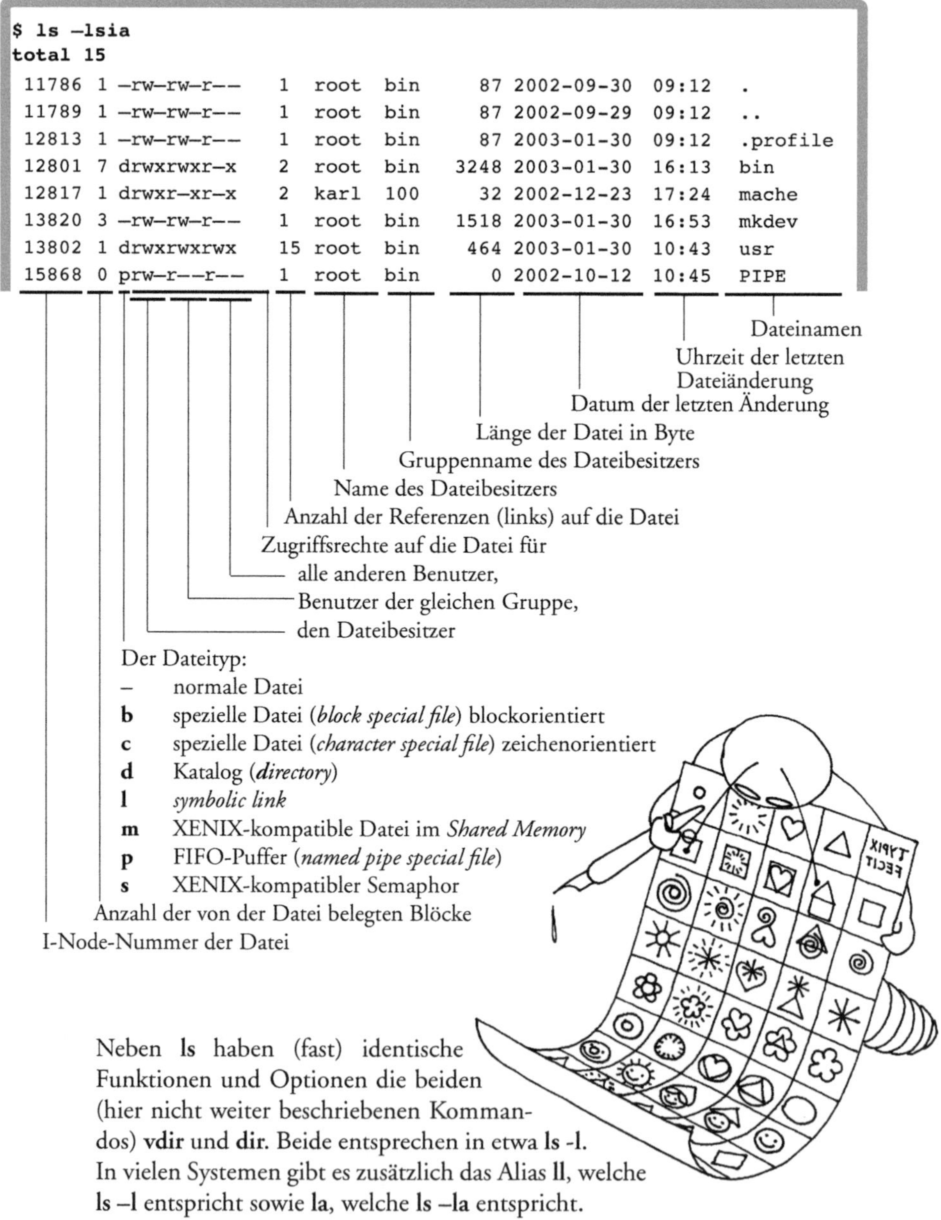

Dateinamen
Uhrzeit der letzten Dateiänderung
Datum der letzten Änderung
Länge der Datei in Byte
Gruppenname des Dateibesitzers
Name des Dateibesitzers
Anzahl der Referenzen (links) auf die Datei
Zugriffsrechte auf die Datei für
   alle anderen Benutzer,
   Benutzer der gleichen Gruppe,
   den Dateibesitzer
Der Dateityp:
  –   normale Datei
  b   spezielle Datei (*block special file*) blockorientiert
  c   spezielle Datei (*character special file*) zeichenorientiert
  d   Katalog (*directory*)
  l   *symbolic link*
  m   XENIX-kompatible Datei im *Shared Memory*
  p   FIFO-Puffer (*named pipe special file*)
  s   XENIX-kompatibler Semaphor
Anzahl der von der Datei belegten Blöcke
I-Node-Nummer der Datei

Neben **ls** haben (fast) identische Funktionen und Optionen die beiden (hier nicht weiter beschriebenen Kommandos) **vdir** und **dir**. Beide entsprechen in etwa **ls -l**. In vielen Systemen gibt es zusätzlich das Alias **ll**, welche **ls -l** entspricht sowie **la**, welche **ls -la** entspricht.

lsattr [optionen] [*datei(en)*]   → **list att**ributes of files on a **ext2/etx3** file system

> **lsattr** gibt bei einem Dateisystem vom Typ **ext2** oder **ext3** die erweiterten At-
> tribute zu den angegebenen Dateien oder Verzeichnissen aus. Die meisten der
> Attribute können per **chattr** (s. Seite 226) gesetzt oder geändert werden.
> Als Optionen sind (auch verkettet) möglich:
>
> **–a**   gibt die Attribute aller Dateien in einem Verzeichnis aus – inklusive je-
>   nen von ›.‹ und ›..‹.
> **–d**   Hiermit werden die Attribute der angegebenen Verzeichnisse selbst
>   ausgegegeben – statt jener der Dateien in den Verzeichnissen.
> **–R**   gibt (rekursiv) die Attribute aller Dateien des Dateibaums eines Ver-
>   zeichnisses aus.
> **–v**   gibt die Versionsnummer der Dateien aus.
> **–V**   entspricht --**version**.

✎   lsattr –d /home/*
      → zeigt die Attribute aller Verzeichnisse (und anderer Dateien) im Ver-
      zeichnis */home*. Die funktioniert aber mit **lsattr** nur dann sinnvoll, wenn
      das Verzeichnis auf einem Dateisystem von Typ **ext2** oder **ext3** liegt.

mail [*optionen*] [*–f datei*]   → read received **mail**
     oder

mail [*optionen*] *benutzername* ... → send **mail** to user *name*   (siehe Seite Seite 355)

Urversion des heute allgemein gebräuchlichen E-Mail[1]-Prinzips:
Von anderen Benutzern durch **mail** geschickte Nachrichten werden mit dem oberen angegebenen Kommando
gelesen. Im Gegensatz zu den Nachrichten, welche
durch das **write**- oder **wall**-Kommando ausgetauscht
werden, kommen Nachrichten mit **mail** ähnlich einem Brief in eine Art Briefkasten (*mailbox*), aus
dem sie dann vom Empfänger abgerufen werden
können. Der Nachrichtenempfänger braucht
also zur Zeit der Nachrichtensendung nicht aktiv zu sein.

Als *mailbox* fungiert die Datei */var/mail/*
<benutzer>, soweit dies nicht anders (mittels ›–f datei‹ beim **mail**-Aufruf oder in
MAIL für die Shell) angegeben wird. Für *be-*
nutzer wird der Name des aufrufenden Benutzers eingesetzt. Die Shellvariable MAIL erlaubt die
Definition einer von dieser Konvention abweichenden Mailbox-Datei. In der Shellvariablen
MAILPATH können, jeweils durch ›:‹ syntaktisch
getrennt, die Dateien angegeben werden, die nach angekommener Post durchsucht werden sollen. Die Shellvariable MAILCHECK legt fest, in welchen Intervallen die Shell die *mailbox* auf neu angekommene Post untersucht und den
Benutzer über eine Neuankunft benachrichtigt. Ist MAILCHECK nicht definiert, so erfolgt eine entsprechende Information nur nach einem Login oder
durch ein explizites Aufrufen des Kommandos **mail**. Ist MAILCHECK=0, so
wird die Post nach jedem Kommando überprüft. Durch Angabe von **–f** *datei*
kann *datei* als Briefkastendatei vorgegeben werden.

Beim Anmelden eines Benutzers (nach einem Login) wird ihm in der Regel
mitgeteilt, ob und wie viel Post für ihn vorliegt.

Das **mail**-Kommando ohne Argument stößt die Ausgabe der vorliegenden
Nachrichten an. Diese werden dabei nacheinander ausgegeben, die zuletzt angekommene Nachricht als erste usw. **mail** kennt folgende Aufrufoptionen:

–v   Es werden zusätzliche Informationen über die E-Mail-Zustellung am
          Bildschirm des Senders ausgegeben.

–i   Unterbrechungssignale werden ignoriert.

–I   Das Mail-Programm wird in einen interaktiven Modus geschaltet,
          auch wenn es aus einer Kommandodatei heraus aufgerufen wird.

---

1. Heute wird dieses Kommando nicht mehr zum interaktiven Versand von E-Mails eingesetzt (obwohl dies problemlos möglich wäre). Die Bedeutung des Programms liegt heut darin, ohne Benutzeraktion aus einem Shell-Skript heraus E-Mail zu versenden.

–n	Die Initialisierungsdatei */etc/mail.rc* soll nicht gelesen werden.
–N	Beim Aufruf des Mailprogramms werden nicht automatisch die Kopfzeilen eingegangener Nachrichten angezeigt.
–s	Es kann gleich beim Aufruf des Mailprogramms eine Betreffzeile (*subject*) angegeben werden. Besteht die Betreffzeile aus mehr als einem Wort, müssen alle Wörter mit ›"‹ umgeben werden.
–R	Angabe der Antwortadresse (*reply-to*) auf der Kommandozeile
–c	Angabe von Empfängern, die eine Kopie (*cc = carbon copy*) der E-Mail erhalten sollen
–b	Angabe von Empfängern, die eine Blindkopie (*bcc = **blind carbon copy***) der E-Mail erhalten sollen. BCC-Empfänger sind für die anderen E-Mail-Empfänger nicht sichtbar.
–f	Der Inhalt der Mailbox wird ausgelesen und angezeigt und das Mail-Programm anschließend gleich wieder beendet.

Das System gibt jeweils eine Nachricht aus und erwartet vom Benutzer eine Antwort (nach einem ›&‹ als Bereitschaftszeichen), was damit geschehen soll. Jede Nachricht hat zunächst im Briefkasten eine Nachrichtennummer, auf die man sich in einigen der nachfolgend beschriebenen Kommandos beziehen kann. Im Normalfall wird jede Nachricht nach ihrer Verarbeitung aus dem Briefkasten entfernt.

Folgende Eingaben sind am Bereitschaftszeichen ›?‹ des **mail**-Programms möglich:

`cr` *oder* `+`	Nächste Nachricht ausgeben. Die vorhergehende Nachricht bleibt in der *Mailbox* erhalten.
`eof`	Die Eingabe von <eof> (als erstes Zeichen der Zeile) beendet die Ausgabe der Nachrichten und terminiert das mail-Kommando.
–	veranlasst die nochmalige Ausgabe der vorhergehenden Nachricht – soweit vorhanden.
!*kommando*	Das Kommando wird an die Shell weitergereicht, ohne dass dazu das mail-Kommando terminiert wird.
?	Es wird eine Kurzbeschreibung der möglichen Kommandos des mail-Kommandos ausgegeben.
a	Hiermit wird eine Nachricht ausgegeben, die erst während des Aufrufs von mail angekommen ist.
d	(*delete*) löscht die Nachricht und geht zur nächsten über.
h [*n*]	(*header*) zeigt die Kopfzeilen zur aktuellen bzw. der mit *n* vorgegebenen Nachricht.
m *name*	(*mail*) schickt die Nachricht per Mail an den angegebenen Benutzer weiter.
n	(*next*) zeigt die nächste vorliegende Nachricht an.
p	Die Nachricht wird nochmals ausgegeben.
q	(*quit*) wirkt wie <eof> bzw. <dateiende>.

r [*benutzer*]   (*reply*) aktiviert das Senden von Mail und zwar an den Benutzer, von dem die aktuell gelesene Nachricht stammt, und an den nachfolgend angegebenen Benutzer. Die gelesene Nachricht wird danach gelöscht.

R [*benutzer*]   (*Reply*) wie ›r *benutzer*‹, wobei hier jedoch die gelesene Nachricht zusätzlich als Kopie mitgeschickt wird.

s *datei*   (*save*) Die Nachricht wird in die angegebene Datei kopiert.

u [*u*]   (*undelete*) hebt das Löschen der zuletzt gelöschten bzw. der Nachricht mit der angegebenen Nummer wieder auf.

w *datei*   (*write*) Die Nachricht wird ohne ihren Kopf in die angegebene Datei kopiert.

x   (*exit*) terminiert das mail-Kommando. Der Zustand des Briefkastens (mailbox) wird jedoch nicht geändert.

Die Ausgabe des Bereitzeichens ›&‹ nach jeder Nachricht kann mit Hilfe der Option –p unterdrückt werden.

Der Kopf einer Mail-Nachricht hat bindend folgenden Aufbau, dem eine Leerzeile und dann der eigentliche Mail-Text folgen:

Date: *versand_datum*
From: *absender_name kurz (absender_name)*
To: *empfänger_name*
Subject: *titel_der_mail*

Eine komfortablere und mächtigere Version des **mail**-Kommandos ist das Kommando **mailx** (*nd*). Daneben gibt es eine ganze Reihe von Mail-Programmen im Public-Domain-Softwarebereich (z.B. **elm**), die nochmals mächtiger oder einfacher zu bedienen sind und zumeist stärker bildschirmorientiert arbeiten als das Standard-Mail-Programm. Vor allem auch im Bereich grafischer Oberflächen bietet der Markt eine Vielzahl bedienungsfreundlicher Programme. Hierzu zählen zum Beispiel **kmail** aus dem KDE-Paket oder **balsa** unter GNOME. Das GNOME-Programm **evolution** stellt gleich mehrere Groupware-Funktionen zur Verfügung. Daneben sind auch die E-Mail-Komponenten von Mozilla oder von Netscape beliebte E-Mail-Programme mit garfischer Oberfläche.

Diese Programme vereinfachen meist die Bedienung des Mail-Systems und die Organisation und Ablage von Mails. Das Grundprinzip, d.h. in welchen Dateien die ankommenden oder ausgehenden Mails abgelegt werden, wie die wichtigsten Kopfzeilen beschaffen sind, wie auf Mails geantwortet und wie diese weitergeleitet werden können, bleibt jedoch bei all den Programmen gleich. Alle diese Mail-Applikationen, die auf dem Programm **mail** aufsetzen, sind vollkommen kompatibel.

mail [*optionen*] *benutzername* ...   → send **mail** to user *name*

schickt Mail-Nachrichten an den (oder die) angegebenen Benutzer. **mail** liest dabei von der Standardeingabe bis zu einem `eof`
oder einer Zeile, die nur aus einem Punkt (›.‹) besteht (wie bei
ed). Die Nachricht wird mit dem Namen des Absenders und
dem aktuellen Datum versehen versendet. Der
Empfänger wird bei seinem nächsten **login** darüber
informiert, dass Post für ihn vorliegt und kann seine
Post dann mit einem der **mail**-Programme (z.B. **mail**,
mailx, ...) lesen.
Kann ein Brief nicht zugestellt werden, so kommt er mit
einer entsprechenden Fehlermeldung zurück und wird in
der Datei *dead.letter* abgelegt. Er kann dann von dort erneut an den richtigen Adressaten geschickt werden. Beim
Verschicken von Post sind folgende Optionen die meistbenutzen:

–a *datei*   hängt die Datei *datei* als Attachment an die Mail an.
–b *adrl*   schickt die Mail auch (verdeckt als Bild-Copy) an die Adressaten in
             der Liste *adrli* (Adressen werden jeweils durch Komma separiert).
–c *adresse*   schickt die Mail als Kopie auch an *adresse*.
–s *thema*   gibt mit *thema* den *Betrifft*-Teil der Mail vor.

✎ $ mail schmidt
      Am Freitag ist um 14.00 Uhr eine Besprechung.
      Bitte pünktlich kommen!

      .
      $
      → schickt die beiden Zeilen (Am ... und Bitte...) an den Benutzer
      schmidt. Ist der Absender der Benutzer *oskar* und das aktuelle Datum der
      14. Dezember 2003, so erscheint die Nachricht bei dem Benutzer
      schmidt beim Lesen der Post mit **mail** wie folgt:
          From oskar Tue Dec 14 09:42 MET 2003
          Am Freitag ist um 14.00 Uhr eine Besprechung.
          Bitte pünktlich kommen!

✎   mail oskar otto < treffen
      → schickt den Inhalt der Datei *treffen* an die Benutzer *oskar* und *otto*.

Auch zum Versenden von Mail gibt es, wie auf Seite 352 beschrieben, wesentlich benutzerfreundlichere und mächtigere Programme, die jedoch ebenfalls
auf den Basisdiensten des Kommandos **mail** aufsetzen. Zu diesen GUI-basierten E-Mail-Programmen gehören z.B. **kmail**, **balsa**, **evolution** oder die E-
Mail-Komponenten aus **mozilla** oder **netscape**.
Gerade im Bereich der Systemadministration ist der automatisierte Versand
von E-Mails aus einem Programm heraus jedoch häufig wichtig, etwa um den
Systemverwalter oder andere Benutzer über bestimmte Systemzustände zu informieren. Dies kann mit diesem Programm einfach vorgenommen werden.

make [–f *m_datei*] [*optionen*] *name*…   → **make** all in *m_datei*

make oder GNU-**make** ist ein Werkzeug aus der Software-Entwicklung, das ursprünglich im Standardlieferumfang eines jeden Unix-Systems enthalten war, heute jedoch oft nur über zusätzlich zu erwerbende Software-Entwicklungsumgebungen verfügbar ist.

make erlaubt es, ein im Quellcode vorliegendes Programmsystem neu zu generieren. Die dazu notwendigen Übersetzungen, Bibliotheksersetzungen und das Binden können dabei automatisch erfolgen. Die Namen der beteiligten Dateien und ihrer Beziehungen, sowie die benötigten Operationen müssen hierzu in einer Datei (*m_datei*) beschrieben sein. Im Wesentlichen überprüft das **make**-Programm das Modifikationsdatum der beteiligten Dateien und veranlasst dann entsprechend der in *m_datei* festgelegten Regeln die notwendigen Operationen.

Fehlt die Angabe –f *m_datei*, so wird nach einer Datei *makefile* oder *Makefile* im aktuellen Verzeichnis gesucht und diese verwendet. Die meistbenutzten Optionen neben --**help** und --**version** sind:

–b	wird ignoriert, aus Kompatibilitätsgründen aber akzeptiert.
–C *verz*	(--**directory**=*verz*) wechselt vor der Ausführung von make in das angegebene Verzeichnis.
–d	Es werden zusätzliche (*Debug-*)Informationen über das Ablaufverhalten des make-Programms ausgegeben, aus denen zu ersehen ist, welche Dateien neu erzeugt, welche Datei-Zeitstempel dabei verglichen und welche eingebauten Regeln dabei angewandt werden.
–e	(--**environment-overrides**) überschreibt mit den aktuellen Umgebungsvariablen jene von *makefile*.
–f *m_d*	(--**file**=*m_d*, --**makefile**=*m_d*) gibt mit *m_d* die Datei an (den *makefile*), in welcher die Anweisungen stehen.
–i	(--**ignore-errors**) bricht **make** auch dann nicht ab, wenn Fehler auftreten.
–I *verz*	(--**include-dir**=*verz*) gibt an, in welchem Verzeichnis include-Dateien gesucht werden sollen.
–j *jobs*	(--**jobs**[=*jobs*]) legt fest, wie viele Aufträge (Jobs) parallel ablaufen dürfen. Fehlt der Parameter, so gibt es keine obere Grenze.
–k	(--**keep-going**) Falls ein Kommando einen Wert $\neq 0$ zurückliefert, so wird nur die Bearbeitung des betroffenen Astes abgebrochen, make aber ansonsten so weit wie möglich fortgesetzt.
–l [*l*]	(--**load-average**=[*l*]) legt fest, dass aus Gründen der Systemauslastung (load) keine weiteren Prozesse gestartet werden sollen, während noch andere laufen.

–m	wird ignoriert, aus Kompatibilitätsgründen aber akzeptiert.
–n	(**--just-print**, **--dry-run**) Die Kommandos werden ausgegeben, jedoch nicht ausgeführt.
–o *dat*	(**--old-file=***dat*) verhindert, dass die bereits existierende Datei *dat* neu erzeugt wird, selbst wenn sie älter als das aktuelle make-Ziel ist.
–p	(**--print-data-base**) Zusätzlich zur normalen Ausführung werden die zugehörigen, in make eingebauten Regeln und Variablen (die in einer make-Datenbank liegen) ausgegeben.
–q	(**--question**) Es wird nur der *Exitstatus* ermittelt, abhängig davon, ob das Zielobjekt auf dem neuesten Stand ist (*Exitstatus* = 0) oder nicht (*Exitstatus* ≠ 0). Damit kann geprüft werden, ob es für make etwas zu tun gibt oder nicht.
–r	(**--no-builtin-rules**) entspricht dem Eintrag .SUFFIXES: ohne eine Liste. Damit werden alle internen Aufbauregeln des **make** stillgelegt.
–R	(**--no-builtin-variables**) Die eingebauten Variablen werden ignoriert.
–s	(**--silent**, **--quiet**) entspricht dem Eintrag .SILENT:. Normalerweise liefert make während seines Ablaufs ausführliche Ausgaben, die mit dieser Option verhindert werden können.
–S	(**--no-keep-going**, **--stop**) schaltet die Option ›–k‹ explizit wieder aus; gelegentlich erforderlich z.B. in von einem Haupt-make aus aufgerufenen Unter-make-Prozess.
–t	(**--touch**) entspricht dem **touch** auf die Zieldatei, die damit mit dem aktuellen Zeitstempel versehen wird und einem nachfolgenden make-Prozess vorgibt, sie sei gerade neu erzeugt worden.
–v	gibt Informationen über das make-Programm aus.
–w	(**--print-Directory**) gibt vor und nach jeder Dateiverarbeitung das aktuelle Arbeitsverzeichnis aus.
--warn-undfined-variables	gibt eine Warnung aus, wenn make auf eine nicht definierte Variable stößt.
–W *Datei*	(**--new-file** *Datei*) für den Ablauf des make-Prozesses soll angenommen werden, dass *Datei* auf dem aktuellsten Stand ist.

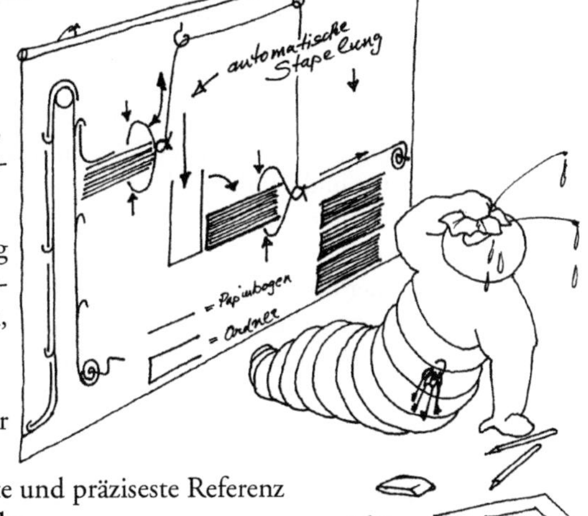

Eine recht gute Beschreibung des gesamten **make**-Mechanismus ist in [Harold] zu finden, einige weitere im Kapitel */Unix-Werzeuge/make* der *Linuxfibel* von Thomas Ermer und Michael Meyer (siehe [Linuxfibel]). Die ausführlichste und präziseste Referenz liefert das Kommando **info make**.

man [*optionen*] [*kapitel*] [*titel* ...]   → print section titel of Linux **manual**
         oder
man [*optionen*] **–k** *stichwort* ...   → print **manual** summary for *stichwort*
         oder
man [*optionen*] **–f** *datei* ...   → print *datei* as **man**ual page

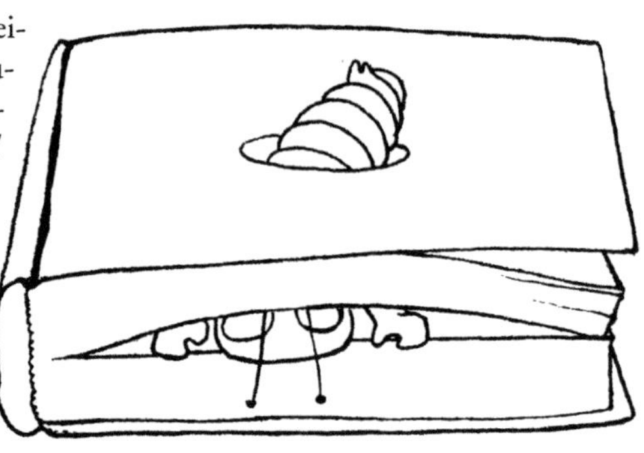

erlaubt es, einzelne Beschreibungen der Unix-/Linux-Dokumentation auf die Standardausgabe auszugeben. *kapitel* steht für die Kapitelnummer (1–9, n, l, p, o) der Standarddokumentation (siehe die Beschreibung auf Seite 87). Fehlt diese Angabe, so werden alle Kapitel nach dem Titel durchsucht und die entsprechenden Teile ausgegeben.

titel ist hier als Schlüsselwort zu verstehen und entspricht den Seitentiteln des Manuals bzw. in der Regel dem Kommando, dessen Beschreibung man sehen möchte.

Die Beschreibungen werden in den Verzeichnissen gesucht, deren Pfad in der Umgebungsvariable MANPATH definiert ist (typisch: */usrlocal/man:/usr/share/ man:/usr/X11R6/man:/opt/gnome/man*). Sie liegen dort zumeist in komprimierter Form (Endung *.gz*).

Bei der zweiten Form des Aufrufs mit **–k** wird nur eine einzeilige Kurzfassung der Beschreibung ausgegeben. Diese wird in der **whatis**-Datenbasis (*/usr/man/ .../whatis*) gesucht. Dieser Aufruf entspricht dem Kommando **whatis**.

Liegen die Manualseiten nur als unformatierte **roff**-Dateien vor, so müssen sie vor der Ausgabe formatiert werden. Dies nimmt etwas Zeit in Anspruch, während der am Bildschirm angezeigt wird: »formatting manpage ... ... «.

Die Formatieranweisung dazu wird in der Variablen MANROFFSEQ gesucht oder kann per Option **–p** angegeben werden.

Die rohen Manualseiten können mit dem Kommando **catman** in die formatierten und damit bei der Ausgabe wesentlich schnelleren Versionen unter */usr /share/man/cat?* überführt werden. **catman** erzeugt dabei auch die **whatis**-Datenbasis, die von den Kommandos **whatis** und **apropos** benötigt wird.

Bei der dritten Form mit **–f** wird die angegebene Datei als Manual-Page-Eintrag benutzt und entsprechend ausgegeben.

Bei Ausgabe auf eine Dialogstation führt **man** die Ausgabe über das in der Umgebungsvariablen PAGER definierte Programm seitenweise durch (unter Linux zumeist per **less** oder **more**).

Standardoptionen für **man** lassen sich in der Umgebungsvariablen MANOPT hinterlegen.

Für viele Linux-Kommandos gibt es neben den Manualseiten noch die **info**-Beschreibung (siehe Seite 310), die zumeist ausführlicher ist.

Häufig benutzte Optionen des **man**-Kommandos sind neben **--help** (oder **–h**)
und **--version** (oder **-V**):

–7	(**--ascii**) formatiert die Ausgabe als reine ASCII-Seite für ein 7-Bit-Terminal oder Terminal-Emulation.
–a	(**--all**) Hiermit werden alle Seiten angezeigt, auf welche die Stichwörter passen.
–d	(**--debug**) Die Ausgabe wird unterdrückt und stattdessen werden Informationen zur Fehlersuche angezeigt.
–f	(**--whatis**) arbeitet wie das **whatis**-Kommando (siehe Seite 444).
–k	(**--apropos**) arbeitet wie das Kommando **apropos** (siehe Seite 212).
–l	(**--local-file**) durchsucht statt der Manualseiten des Systems nur lokale Manualseiten. Dabei wird angenommen, dass zu den Argumenten entsprechende und korrekt formatierte man-Dateien vorhanden sind.
–L *lm*	(**--locale**=*lm*) sucht nach dem Kommando nur im Pfad der (speziellen) lokalen Manualseiten unter *lm*.
–m *sys*	(**--systems**=*sys*) durchsucht die mit *sys* angegebene Liste nach System-Handbuchseiten. In *sys* werden die Angaben durch Kommata getrennt.
–M *pfad*	(**--manpath**=*pfad)* erlaubt den Suchpfad nach Manualdateien zu erweitern und damit auch, Manualdateien an weiteren Positionen im Dateisystem zu hinterlegen. In Pfad werden die zu durchsuchenden Verzeichnisse durch ›:‹ getrennt aufgeführt. Diese Option sollte stets als Erste aufgeführt sein!
–p *pp*	(**--preprocessor**=*pp*) Die betreffenden Manualseiten sollen mit dem angegebenen Präprozessor *pp* bearbeitet werden, bevor sie an den eigentlichen Formatierer (**nroff**, **troff**, **groof**) per Pipe weitergeleitet werden.
–r *pt*	(**--prompt**=*pt*) setzt bei **less** als Anzeigeprogramm den Bereit-Prompt auf *pt*.
–P*prog*	(**--pager**=*prog*) gibt vor, mit welchem Anzeigeprogramm die Ausgabe auf dem Bildschirm angezeigt werden kann. Dies steht sonst in der Variablen $PAGER.
–t	(**--troff**) gibt die angeforderten Beschreibungen nicht auf dem Bildschirm aus, sondern nach einer **troff**-Formatierung (bei Linux: **groff –Tgv -mandoc** ...) an ein geeignetes Gerät.
–T *gerät*	(**--troff-device**=*gerät*) Die Ausgabe erfolgt für eine Dialogstation bzw. ein Gerät vom Typ *gerät*. –T**lp** schickt die Ausgabe auf den Drucker. Wird keine –T-Option angegeben, so verwendet **man** die Shellvariable $TERM.
–u	(**--update**) überprüft die Aktualität zwischen dem Dateisystem und dem **man**-Cache.
–w	(**--where**, **--location**) gibt lediglich den Pfadnamen der passenden Manualdatei aus.
–Z	(**--ditroff**) unterdrückt die Nachbearbeitung nach **groff**.

Ist die Umgebungsvariable MANPATH nicht definiert, so ruft man das Programm **manpath** (*nd*) zur Ermittlung der Suchpfade nach den Manualseiten auf. Dieses stützt sich auf die Umgebungsvariable PATH und auf die Daten in der Konfigurationsdatei unter */etc/manpath.config*.[1] Hier kann auch festgelegt werden, welche Suchpfade als *lokal* und welche als *global* zu betrachten sind. *Lokale* Einträge (siehe Option –l) sind dabei jene, welche außerhalb der Distribution lokale Kommandos beschreiben und in der Regel in einem eigenen Verzeichnis liegen. Zusätzlich wird von **manpath** – soweit definiert – auf die Variable SYSTEM zugegriffen. Mit ihr wird festgelegt, welche Manualseiten als *System*-Manualseiten betrachtet werden, falls die Einträge für mehrere Betriebssysteme installiert sind (siehe Option –m).

Mit **xman** steht unter X11 eine (schlichte) GUI-Version zur Verfügung, die jedoch ein so kompaktes Grundfenster hat, dass man es ständig auf dem Bildschirm liegen haben kann. Sowohl das Hilfezentrum von KDE als auch von GNOME bieten Zugriff auf die Manualseiten.

Das Kommando **manpath** sucht **man**-Seiten entsprechend $PATH und schreibt das Ergebnis auf die Standardausgabe.

Die **man**-Einträge werden zunehmend von **info**-Seiten abgelöst, insbesondere für umfangreichere Beschreibungen. Hier sind komplexere Formatierungen und Hyperlinks möglich.

Unter KDE lassen sich die **man**-Seiten komfortabler über das KDE-Hilfezentrum (**khelpcenter**) und unter GNOME über das GNOME-Hilfezentrum (**yelp**) betrachten.

✎   man –t 1 login | lp –d hp1
→ gibt den Abschnitt der Linux-Beschreibung über das **login**-Kommando auf den Drucker *hp1* aus. Dazu wird es zuvor durch –t entsprechend formatiert.

✎   man –M /usr/ucb/man   termcap
→ sucht alle Abschnitte mit dem Titel *termcap* und gibt diese aufbereitet auf die Dialogstation (Standardausgabe) aus. Dabei wird – abweichend vom normalen Suchpfad – im Verzeichnis */usr/ucb/man* nach dem Manualeintrag gesucht.

✎   man –k write
→ liefert eine Kurzbeschreibung zum Kommando **write** auf die Dialogstation. Dieses Kommando entspricht dem Kommando **whatis**.

---

1. Die Beschreibung zum Aufbau der Datei */etc/manpath.config* erhält man über das Kommando **man 5 manpath**.

mesg [n|y] → enable or disable **mes**s**age**s to this terminal

> **mesg** ohne einen Parameter gibt an, ob Nachrichten an die Dialogstation mit dem **write-** oder **wall-**Kommando gesendet werden dürfen oder nicht. ›**mesg n**‹ verbietet das Senden von Nachrichten; ›**mesg y**‹ erlaubt solche Nachrichten. Mit ›**mesg n**‹ werden die Schreibrechte der Dialogstation so gesetzt, dass nur der Benutzer darauf schreiben darf.
> Ein vergleichbares Kommando unter X11 für den ganzen Bildschirm lautet ›**xhost −**‹ bzw. ›**xhost +**‹.

mkdir [−m *modus***] [−p]** *verzeichnis ...* → **make** new **directory** verzeichnis

legt ein neues Verzeichnis mit dem vorgegebenen Namen an – auch mehrere Verzeichnisse sind möglich. Der Benutzer muss dabei Schreiberlaubnis in dem Verzeichnis haben, in welchem das neue Verzeichnis eingetragen wird.
Das neue Verzeichnis bekommt als Besitzer den Namen dessen eingetragen, der es angelegt hat. Will der Super-User deshalb neuen Benutzern Arbeitsverzeichnisse anlegen, so sollte er danach mit **chown** den Namen des Benutzers als Dateibesitzer im Verzeichnis eintragen.
Spezielle Zugriffsrechte können durch die Option ›**−m** *modus*‹ mitgegeben werden. Diese kann man für das neue Verzeichnis jedoch auch mit einem **chmod**-Befehl festlegen.
Der Standardmodus ist 777 bzw. **rwxrwxrwx**.
Normalerweise kann ein Verzeichnis nur in einem bereits existierenden Verzeichnis angelegt werden. Mit **−p** werden die eventuell fehlenden übergeordneten Verzeichnisse zuerst angelegt.

✎ mkdir tmp backup
→ legt die beiden neuen Verzeichnisse *tmp* und *backup* in dem aktuellen Verzeichnis an.

✎ mkdir −p −m 700 neu/vertraulich
→ legt das Verzeichnis *vertraulich* als Unterverzeichnis von *neu* an. Die Zugriffsrechte sind 700 bzw. ›rwx−−−−−−‹, d.h. nur der Besitzer darf in ihm operieren. Existiert das Verzeichnis *neu* noch nicht, so wird es zuvor angelegt.

mkfs [–V] [–t *fst-yp*] [*fs-optionen*] *dateisystem* [*blöcke*]   → **ma**ke a new file system

Mit **mkfs** ist es möglich, ein neues Dateisystem vom Typ *fs-typ* auf einem Datenträger (Festplatte, Diskette, optische Platte, …) anzulegen, der sich aktuell auf dem Gerät *dateisystem* befindet. *dateisystem* kann auch ein Einhängepunkt (*mount-point*) sein. Im Normalfall tut dies der Systemverwalter. Bei austauschbaren Datenträgern (z.B. Floppy oder ZIP-Laufwerk) ist die Operation auch für einen normalen Benutzer sinnvoll.

Dabei werden einerseits Standardoptionen für den allgemeinen Teil des **mkfs**-Kommandos angegeben, andererseits spezielle Optionen für den dateisystemspezifischen Teil von **mkfs**. Folgende Standardoptionen sind bei **mkfs** möglich:

–c	überprüft den Datenträger zunächst auf defekte Blöcke.
–l *datei*	liest die Liste defekter Blöcke aus der angegebenen Datei.
–V	erzeugt eine detaillierte Ausgabe. Bei ›–V –V‹ wird die Kommandozeile vollständig ausgegeben, aber nicht ausgeführt. Diese Option dient zur Überprüfung der Kommandozeile auf Korrektheit, da **mkfs** bei falscher Anwendung unter ungünstigen Umständen auch Schaden anrichten kann.
–t *fst*	gibt an, welcher Typ von Dateisystem erzeugt werden soll (Standard: ext2).

fs-option sind dateisystemspezifische Optionen. Sie sind abhängig von dem mit der Option ›–t *fst*‹ angesprochenen Typ des Dateisystems, bei denen es sich im Wesentlichem um Größen und Zahlenangaben handelt. Diese werden in einer Liste mit speziellen Schlüsselwörtern angegeben. Von mkfs gibt es eine ganze Reihe von dateisystemspezifischen Versionen wie etwa **mkfs.ext2** zum Anlegen eines **ext2**-Dateisystems oder **mkfs.ext3**, **mkfs.reiserfs**, **mkfs.jfs**, **mkfs.xfs**, **mkfs.mdos**, …. Dort sind jeweils die spezifischen Optionen und Parameter beschrieben

→ **mkfs** kann ein relativ gefährliches Kommando sein, wenn es versehentlich auf eine Platte ausgeführt wird, auf der sich bereits ein Dateisystem befindet, welches weiter benötigt wird. Es setzt auch einiges Wissen über den eingesetzten Dateisystemtyp sowie die Platte voraus, auf der es angewendet wird. Insbesondere sollte man sich mit der Slice-Technik und der Aufteilung einer physikalischen Platte in Slices und logische Dateisysteme auskennen.

✎ /sbin/mkfs –c –t ext2 /dev/fd0
→ legt auf der Floppy im Laufwerk 0 (*/dev/fd0*) ein ext2-Dateisystem an. Vor dem Anlegen wird die Floppy auf defekte Blöcke untersucht und diese ausgeblendet. Das Initialisieren von Floppys mit einem Dateisystem (DOS oder ext2) geht auch mit den GUI-Programmen **kfloppy** und **gfloppy**. Dem nicht erfahrenen Benutzer sei angeraten, statt direkt **mkfs** zu verwenden, das Anlegen über die grafischen Administrationsoberflächen der Systeme zu verwenden (z.B. YasT bei SuSE).

more [*optionen*] [*datei ...*] $\rightarrow$ filter for file output; outputs a page at a time

more erlaubt es, Dateien (oder als Filter die Standardeingabe) seitenweise auf dem Bildschirm auszugeben. Jeweils nach einer Seite meldet sich **more** und erwartet eine Eingabe des Benutzers, um mehr (*more*) auszugeben. Die nachfolgende Ausgabe kann durch die Eingabe beeinflusst werden. Die Länge einer Seite für die Dialogstation wird der **Terminfo**-Beschreibung bzw. den Umgebungsvariablen LINES und COLUMNS entnommen, kann jedoch auch geändert werden (durch die Option –n oder die Eingabe *nz*).

Eine identische Funktion hat das GNU-Programm **less** (s. Seite 320).

Die Optionen des **more**-Aufrufes sind:

–*n*   Eine Seite sei *n* Zeilen groß.

+*n*   Die Ausgabe soll erst bei der Zeile *n* beginnen.

+*/muster* Das Textmuster wird gesucht und die Ausgabe beginnt zwei Zeilen davor.

–c   (*clear*) Statt die Zeilen der neuen Seite hochrollen zu lassen, wird von oben begonnen und jeweils vor Ausgabe der neuen Zeile die alte gelöscht.

–d   (*display*) Hiermit gibt more bei Eingabe einer ungültigen Taste eine kurze erklärende Zeile aus.

–f   Lange Zeilen werden nicht gefaltet, sondern abgeschnitten. Damit gibt **more** pro Seite immer *n* Zeilen aus, unabhängig von der Zeilenlänge.

–r   Statt unbekannte Steuerzeichen zu überlesen, sollen diese in der Form ^*x* ausgegeben werden.

–l   Das Zeichen <neue seite> (*<form feed>*) soll nicht eine Seite terminieren (wie es der Standard ist).

–p   (*page*) Statt einem *Scrolling* wird jede Seite neu dargestellt.

–r   Steuerzeichen werden in der Form ^*z* dargestellt.

–s   (*squeeze*) Mehrere aufeinander folgende Leerzeilen werden zu einer Leerzeile bei der Ausgabe komprimiert.

–u   Unterstreichungen (z.B. bei Ausgabe von **nroff**) sollen ignoriert werden, auch wenn die Dialogstation dies kann.

Die oben angegebenen Optionen können auch in einer Shellvariablen MORE gesetzt werden. Mit »**MORE**=–s; **export MORE**« würden z.B. standardmäßig mehrere Leerzeilen bei der Ausgabe zu einer zusammengefasst.

Nach jeweils einer Bildschirmseite hält **more** die Ausgabe an und bietet dem Benutzer die Möglichkeit, ein Kommando einzugeben. Die Ausgabe der nächsten Information wird durch die Eingabe des Benutzers gesteuert. Die Ausgabesteuerung erfolgt weitgehend entsprechend der von **vi**(m).

Die möglichen Steuerkommandos, in denen *n* auch entfallen darf, sind:

Eingabe: **Wirkung:**

`⎵`   gibt die nächste Bildschirmseite aus.

n`⎵`   gibt weitere *n* Zeilen aus.

`Strg`-`D`   gibt weitere elf (bzw. halben Bildschirm) Zeilen aus.

`Strg`-`L`   gibt den aktuellen Bildschirm erneut aus.

*n*b *oder* ^B   springt *n* (Standard 1) Bildschirmseiten zurück.

d   wie `Strg`-`D`

*n*z   *n* ist nun die neue Seitengröße. Eine neue Seite wird ausgegeben.

*n*f   überspringt *n* Bildschirmseiten.

q *oder* Q   terminiert **more**.

=   gibt die aktuelle Zeilennummer aus.

v   startet den in VISUAL definierten Editor mit der aktuellen Zeile als Startposition.

h   gibt Hilfsinformation zu den **more**-Kommandos aus.

n/*ausdruck*   *ausdruck* ist ein Textmuster (siehe ed oder vi), dessen *n*-tes Auftreten ab der aktuellen Position gesucht wird.

i n   sucht nach dem *i*-ten Auftreten des zuletzt verwendeten Musters.

'   springt zum Ausgangspunkt des letzten Suchens (oder der Datei) zurück.

!*kommando*   führt ein Shell-Kommando aus, ohne **more** zu terminieren.

n:n   springt *n* Dateien des **more**-Aufrufs weiter.

n:p   springt um *n* Dateien zurück.

:f   zeigt den aktuellen Dateinamen und die Zeilennummer an.

.   führt das letzte Kommando nochmals aus.

Die Kommandos werden sofort ausgeführt, d. h. die Kommandoeingabe muss nicht durch `nl` abgeschlossen werden. Bei Eingabe eines Zahlenwertes kann diese Eingabe durch `lösche Zeichen` gelöscht werden.

Die Taste `unterbrechen` bricht die gerade laufende **more**-Aktivität ab.

Das man-Kommando wird meist standardmäßig zusammen mit dem more-Kommando aufgerufen, um die Manualeinträge seitenweise auszugeben.

✎   man ld | more +/–R
→ gibt die Beschreibung des **man**-Kommandos aus, beginnt jedoch erst dort, wo die Option **–R** dokumentiert wird.

✎   zmore bericht.gz
→ gibt die komprimierte Datei *bericht.gz*. **zmore** ist ein Shell-Skript, welches **gzip** mit der Datei aufruft und über eine Pipe nach **more** leitet (korrekter: zu dem in $PAGER definierten Ausgabeprogramm).

mount –a [*optionen*] [–t *fstyp*]	→	**mount** all file systems of type *fs-typ*
oder		
mount [*optionen*] [–o *fsoptionen*] *gerät* | *verzeichnis*	→	**mount** a file system
oder		
mount [*optionen*] [–t *fstyp*] [–o *fsoptionen*] *gerät verzeichnis*	→	**mount** a file system
oder		
mount [–lhV]	→	info on **mount**

Das **mount**-Kommando hängt ein Dateisystem in den Systemdateibaum ein (*montiert* das Dateisystem). Das neue Dateisystem befindet sich auf dem Gerät *gerät* und das Dateisystem soll in dem Knoten *verzeichnis* eingehängt werden. Der Einhängepunkt *verzeichnis* muss als vollständiger Pfad angegeben werden und muss bereits existieren. Ist dort bereits ein Dateibaum vorhanden, so wird dieser vorübergehend durch das neue Dateisystem überdeckt.

Der Parameter *fstyp* gibt den Dateisystemtyp des zu montierenden Dateisystems an (z. B. **ext2, ext3, reiserfs, mdos,** ... siehe hierzu auch Kapitel 3.2). Die **mount**-Optionen sind dateisystemspezifisch. Das allgemeine **mount**-Kommando ruft das spezifische **mount**-Kommando für das Dateisystem auf.

Fehlt die Angabe des Dateisystemtyps, so entnimmt das **mount**-Kommando dies und weitere Angaben der Datei */etc/fstab* oder */etc/vfstab*.

→ Auch Dateisysteme, von denen nur gelesen wird, benötigen normalerweise Schreibzugriff, da beim Lesen das System das Datum des letzten Zugriffs auf die Datei neu setzt! Die Option –r vermeidet diese Korrektur.

1. Aufrufform: Hiermit wird versucht, alle Dateisysteme – oder nur die des angegebenen Dateisystemtyps (bei –t) einzuhängen. Dazu wird auf */etc/fstab* zurückgegriffen. Dort ist beschrieben, welche Dateisysteme auf welchem Gerät oder Datenträger zu finden sind.

2. Aufrufform: Hiermit wird ein Dateisystem eingehängt. *gerät* gibt dabei an, auf welchem Laufwerk der Datenträger mit dem Dateisystem liegt. Statt *gerät* kann auch mit *verzeichnis* der *Einhängepunkt* (*mount-point*) angegeben werden. mount liest dann aus */etc/fstab*, auf welchem Gerät das Dateisystem liegt. Typische Einträge dort sehen etwa wie folgt aus:[1]

```
/dev/hdg7   /usr            reiserfs   defaults          1 2
/dev/fd0    /media/floppy   auto       noauto,user,sync  0 0
```

3. Aufrufform: Hiermit wird das Dateisystem auf dem Datenträger in *gerät* im Verzeichnis *verzeichnis* eingehängt. Optional kann dabei der Dateisystemtyp *fstyp* angegeben werden. Fehlt dieser, so wird er entweder aus */etc/fstab* gelesen oder eine automatisch Typerkennung durchgeführt.

4. Aufrufform: Wird das **mount**-Kommando ohne einen Parameter oder mit der Option –l aufgerufen, so liefert es alle montierten Dateisysteme zurück.

›–h‹ entspricht --**help**, und –V entspricht --**version** bei der vierten Form des Aufrufs.

---

1. Die Beschreibung von */etc/fstab* erhält man über **man 5 fstab**.

Neue Magnetplatten und andere Datenträger sind vor der ersten Benutzung zu formatieren und mit */etc/mkfs* mit einem Dateisystem zu versehen!

Auf die einzelnen Dateien eines Dateisystems kann mit den normalen, von Linux zur Verfügung gestellten Dateioperationen nur dann zugegriffen werden, wenn dieses System durch ein **mount**-Kommando dem System bekannt gemacht und in den Systemdateibaum eingehängt wurde.

Die Umkehrung des **mount**-Kommandos ist der **umount**-Befehl. Externe Datenträger wie Floppies sollten nicht ohne ein **umount**-Kommando abgeschaltet oder entfernt werden!

Ein bereits eingehängtes Dateisystem lässt sich per **–o remount** aus und – in der Regel mit neuen Parameter (z. B. *readonly*) wieder eingehängt werden.

mount vermerkt das erfolgreiche Einhängen des Dateisystems in der *Mount-Table* (in der Datei */etc/mtab*). Man kann dies per **–n** unterdrücken.

Da **mount** ein potenzielles Sicherheitsrisiko darstellt, ist es zumeist nur für den Super-User frei anwendbar. Normale Benutzer dürfen es nur dann ausführen, wenn in */etc/fstab* dies für das angegebene Gerät explizit erlaubt ist.

mount kennt zwei Arten von Optionen: *allgemeine* und *dateisystemspezifische*. Letzte werden durch ›**–o**‹ eingeleitet.

Das **mount**-Kommando kennt folgende allgemeine Optionen:

–a   (**--all**) versucht alle in */etc/fstab* angegebenen Dateisysteme einzuhängen. Hierbei müssen keine weiteren Parameter angegeben werden. Mit ›**–t** *fstyp*‹ kann das Einhängen auf Systeme des Typs *fstyp* eingeschränkt werden.

–f   (*fake*) simuliert nur ein Einhängen, ohne es wirklich zu tun, und gibt eventuelle Fehlermeldungen aus.

–F   startet zum Einhängen mehrerer Dateisysteme mehrere parallele **mount**-Prozesse. Dies ist dann etwas schneller und umgeht Time-Out-Probleme beim Einhängen von Netzdateisystemen, die eventuell länger brauchen oder nicht vorhanden sind.

–L *label*   hängt das Dateisystem mit der Datenträgermarke *label* ein.

–n   unterdrückt, dass das Einhängen, in */etc/mtab* vermerkt wird. Dies macht z. B. Sinn, wenn in einem Minimalsystem nicht auf */etc* geschrieben werden kann (weil dies *readonly* ist).

–r   Das Dateisystem soll im *Read-Only*-Modus, d. h. nur zum Lesen montiert werden. Dies entspricht **–o ro**.

–t *fstyp*   gibt den Typ des einzuhängenden Dateisystems explizit vor. Dies erspart einerseits das Erraten des Typs durch mount und ist andererseits eine zusätzliche Sicherheit, falls ein falscher Datenträger im Gerät liegt. Die möglichen Werte für *fstyp* sind abhängig davon, welche Dateisysteme vom Kernel unterstützt werden. In der Regel gehören dazu z. B: **adfs, affs, autofs, coda, coherent, cramfs, devpts, ext, ext2, ext3, hfs, hpfs, iso9660, jfs, minix, msdos, nfs, ntfs, proc, reiserfs, romfs, smbfs, sysv, udf, ufs, umsdos, vfat, xfs, xiafs** (und weitere). **mount** ruft für das Einhängen hier – sofern vorhanden – spezialisierte **mount**-Versionen unter */sbin* auf (z. B. in */sbin/ mount.smbfs* für den Typ **smbfs**).

–v	(*verbose*) gibt beim Einhängen detaillierte Informationen aus.
–V	Hierbei werden alle momentan montierten Dateisysteme ausgegeben und zwar in einem neuen Format. Mit dieser Option wird nicht montiert, und das mount-Kommando darf keine weiteren Optionen und Parameter erhalten.
–U *uuid*	hängt die Partition mit der angegebenen **uuid** ein. Dazu muss die Datei */proc/partitions* vorhanden sein.
–v	(*verbose*) gibt beim Einhängen detaillierte Informationen aus.
–w	(*write*) hängt das Dateisystem zum Lesen und Schreiben ein. Dies entspricht **–o rw**.

Ein Teil der **mount**-Optionen ist spezifisch für ein Dateisystem (oft auch für mehrere). Sie werden per ›**–o**‹ eingeleitet. Einzelne Optionen (hier ohne vorangestelltes ›**–**‹) werden durch Kommata getrennt. Zu den wichtigsten gehören:

–o	erlaubt die Angabe weiterer Optionen, die spezifisch für den Typ des zu montierenden Dateisystems sind.

Die wichtigsten Optionen (*fs-opt*) der einzelnen Typen sind:

asnyc	Es soll asynchrone E/A auf dem Gerät erfolgen bzw. möglich sein.
atime	aktualisiert die Zeit des letzten Zugriffs im Inode bei jedem Zugriff (Standard).
auto	erlaubt ein (automatisches) Einhängen per Option **–a**.
defaults	verwendet bei allen Optionen die Standardwerte (*Defaults*): **rw, suid, dev, exec, auto, nouser, sync**.
dev	erlaubt ein Dateisystem in einer Datei ab-/anzulegen.
errors=*art*	gibt an, was bei auftretenden Fehlern erfolgen soll (*art*: **continue, remount, ro, panic**). Dies ist nur in **ext2**-Dateisystemen möglich.
exec	Binärdateien (ausführbare Dateien) auf dem eingehängten Dateisystem dürfen ausgeführt werden. Dies stellt potenziell ein Sicherheitsrisiko (wegen Trojanern) dar.
notime	unterdrückt das Aktualisieren der Zugriffszeit im Inode.
noauto	Die Option **–a** ist unwirksam.
nodev	Umkehrung von **dev**
noexec	Ausführbare/binäre Dateien auf dem Dateisystem dürfen (aus Sicherheitsgründen) **nicht** ausgeführt werden.
nosuid	SUID- und SGID-Programme auf dem Dateisystem verlieren bei der Ausführung dieses Privileg (siehe hierzu die Beschreibung auf Seite 161).
nouser	Nur der Super-User darf das Dateisystem einhängen (dies ist für die meisten Geräte der Standard).
remount	hängt ein bereits eingehängtes Dateisystem erneut ein – in der Regel mit geänderten Parametern.
ro	hängt das System nur zum Lesen (*read only*) ein.
rw	hängt das System nur zum Lesen und Schreiben (*read write*) ein.

suid	Programme auf dem Dateisystem mit dem SUID- oder SGID-Bit dürfen mit diesem Privileg ausgeführt werden.
sync	Auf dem Dateisystem soll die E/A nur synchron erfolgen.
dirsync	führt Aktualisierungen der Verzeichniseinträge synchron durch.
user	erlaubt auch *normalen Benutzern* das Dateisystem ein- und wieder auszuhängen. Wird das Kommando nicht vom Super-User ausgeführt, gilt damit, wenn keine nachfolgenden abweichenden Optionen angegeben sind: **nodev, noexec, nosuid.**
users	erlaubt es allen Benutzern, das Dateisystem ein- und auszuhängen. Wird das Kommando nicht vom Super-User ausgeführt, gilt damit, wenn keine nachfolgenden abweichenden Optionen angegeben sind: **nodev, noexec, nosuid.**

Daneben gibt es eine größere Anzahl von **mount**-Optionen, welche spezifisch für das einzuhängende Dateisystem sind. Hierfür sei auf **info mount** verwiesen.

✎ mount −o ro,nsuid /dev/hda6 /usr/var/pub
→ hängt das Dateisystem auf der Platte (Partition) auf */dev/hda6* in den Systemdateibaum ein. Als Einhängepunkt wird das Verzeichnis */usr/var/pub* verwendet. Alle Dateien, welche sich bisher in */usr/var/pub* befanden, werden (solange diese Platte eingehängt ist) durch die Dateien des eingehängten Dateisystems auf dieser Platte überdeckt. Das Dateisystem ist für Schreibzugriffe gesperrt und die SUID- und GUID-Rechte aller Programme des Dateisystems sind deaktiviert.

✎ mount −t ext2 −r /dev/fd0 /media/floppy
→ montiert die Floppy auf */dev/fd0* in das Verzeichnis */media/floppy.* Die Floppy, auf der sich ein Dateisystem vom Typ *ext2* befindet, wird mit *read only* eingehängt, so dass auf sie nicht geschrieben werden kann.

✎ mount -t iso9660 −r /dev/cd /media/cdrom
→ hängt eine CD mit dem dort üblichen ISO-9660-Dateisystem im Verzeichnis */media/cdrom* als Einhängepunkt *(mount-point)* ein. Das Dateisystem ist als *Read-only*-System (nur zum Lesen) eingehängt.

✎ mount /dev/dvd
→ hängt das Dateisystem auf der DVD im Laufwerk */dev/dvd* ein. Der Einhängepunkt wird aus */etc/fstab* entnommen.

✎ mount −t nfs −o timeout=30,retry,soft nfs-server:/export/home /home/usr
→ hängt ein NFS-Dateisystem, welches dieser unter */export/home* exportiert hat, im lokalen Verzeichnis */home/usr* als Einhängepunkt ein. Der *Timeout* für das Einhängen beträgt 30 Sekunden. Gelingt dies nicht, wird es durch **retry** mehrfach versucht. Durch soft wird der lokale Kernel nicht blockiert, wenn der NFS-Server nicht antwortet.

mpage [*optionen*] *datei(en)*   → print **multiple** pages on one PostScript **page**

erzeugt aus einer Textdatei PostScript und schreibt diese auf die Standardausgabe oder schickt sie direkt auf einen Zieldrucker (per Option ›–**P** *dr*‹). Dabei können mehrere logische Seiten auf eine reale Ausgabeseite platziert werden. Die virtuelle Seite erhält einen dünnen schwarzen Rahmen. Für die Texte wird im Standardfall die Schrift (der Font) Courier verwendet. Ist keine Eingabedatei (oder –) angegeben, so wird von der Standardeingabe gelesen. **mpage** ist in der Bedienung einfacher als **a2ps** und **enscript**.

Zu den nützlichen Optionen gehören:

–*n*	erzeugt eine Ausgabe mit jeweils n logischen Seiten auf einer einzigen Ausgabeseite (*n*=**1, 2, 4, 8**).
–b*pf*	erzeugt eine Ausgabe für das angegebene Papierformat (Standard: US-Letter). Für *q* sind z. B. möglich: **A3, A4, A5, Letter, Legal**. Mit der Option ›–**bl**‹ wird die Liste der möglichen Formate und den Größen ausgegeben.
–c	hängt die verschiedenen Eingabedateien ohne Seiten- oder Spaltenneubeginn in der Ausgabe hintereinander.
–C *zs*	definiert, dass der Text der Eingabe im Zeichensatz *zs* ist. Für deutschsprachige Texte ist *zs* zumeist **ISO-Latin-1**. Weitere mögliche Werte für *zs* sind z. B.: **ISO-Latin-2, ISO-Latin-15** (mit dem Euro-Zeichen), **CP850.PC** (Windows-Codierung).
–e	gibt zwei virtuelle Seiten pro Seite im Duplexmodus aus.
–f	*(fold)* bricht überlange Zeilen in mehrere Zeilen um (Stand: Zeilen werden abgeschnitten).
–F*fn*	nutzt für die Ausgabe den angegebenen Font *fn* (Standard: Courier).
–H	erzeugt pro logischer Seite eine Überschriftenzeile.
–j*n-m*	gibt nur die Seiten *n* bis *m* aus. Statt ›*n–m*‹ ist auch ›–*m*‹, ›*n–*‹ oder ›*a,b,c*‹ möglich. Zusätzlich lässt sich per ›%*i*‹ ein Intervall angeben. ›–j1%2‹ druckt z. B. nur die ungeraden, ›–jw%2‹ nur die geraden Seiten.
–J*n*	definiert *n* als die erste Seite für die Seitenzählung in der Überschrift.
–l	druckt im Querformat mit 55 Zeilen bei 132 Zeichen (Standard: Hochformat mit 66 Zeilen und 80 Zeichen).
–L*n*	*(lines)* gibt *n* Zeilen pro (virtueller) Seite aus (Standard: 66).
–o	unterdrückt den sonst üblichen Rahmen um die Textseite.
–P*dr*	steuert die Ausgabe auf den Drucker (dessen Warteschlange) *dr*. Fehlt *dr*, so geht die Ausgabe auf den Standarddrucker aus $PRINTER.
–r	kehrt die Seitenreihenfolge in der Ausgabe um (letzte Seite zuerst).
–t	aktiviert den Duplexmodus (bei Druckern, die dies können).
–W*n*	*(width)* definiert die Zeichen- bzw. Spaltenzahl pro Seite mit *n* Zeichen (Standard: 80).
–x	zeigt die aktuellen Standardwerte an.
–z*kmd*	gibt das Kommando (*kmd*) zur Druckerausgabe vor. Dies gestattet die Vorgabe des Druckkommandos und dessen Optionen. Dabei sollte *kmd* und die Optionen mit "…" geklammert sein.

Eine Standardvorbelegung für die **mpage**-Optionen ist über die Umgebungsvariable MPAGE möglich. Für das Ziel einer Druckerausgabe wird der Wert in $PRINTER ($LPDEST bei System-V-Systemen) herangezogen. Die begleitenden Dateien (z.B. für die Zeichencodierung) werden im Verzeichnis */usr/local/share/mpage* erwartet. MPAGE_LIB kann hier ein abweichendes Verzeichnis vorgeben.

✎   mpage –2 –j4– –t –P telefonnummern
→ liest die Datei *telefonnummern* und gibt sie zweispaltig (jeweils zwei virtuelle Seiten auf einer Papierseite) ab Seite 4 (bis zum Ende) auf dem Standarddrucker bzw. über die Standarddruckerwarteschlange aus. Der Drucker erfolgt im Duplexmodus (beidseitiger Druck).

✎   man ls | mpage –4 –H > ls.ps
→ bereitet die Ausgabe des **man**-Kommandos (zum **ls**-Kommando) als PostScript-Datei auf. Dabei werden jeweils vier verkleinerte virtuelle Seiten auf eine Ausgabeseite platziert – jeweils mit einer Seitenüberschrift versehen. Das Ergebnis wird in der PostScript-Datei *ls.ps* abgelegt.

Das sog. *n-up-Printing*, d.h. die Ausgabe von mehreren, verkleinerten virtuellen Seiten auf einer physikalischen Seite, kann auch innerhalb des CUPS-Drucksystems mit der Option **number-up=x** erreicht werden.

mt [*optionen*] *operation* [*zähler*]   → operation on **magnetic tapes** or streamers

steuert die Bandbewegungen von Magnetbändern oder Streamerkassetten. Das Kommando wir nur selten benötigt, da es nicht direkt zum Schreiben/Lesen eines Bandgeräts dient, sondern nur für Umspul- oder Positionieroperationen. Zur Verwendung sei hier auf die man-Page des Kommandos verwiesen.

mtools   → a set of **tools** to acces **msdos** disks and floppies

mtolls ist ein ganzer Satz von Programmen, welche den Zugriff auf DOS-/Windows Platten und Floppies erlauben. Um in der DOS-/Windows-Konvention zu bleiben, verwenden diese Werkzeuge die Buchstabenkonvention für Laufwerke (also z.B. A:), statt der unter Unix/Linux üblichen Gerätenamen und Einhängepunkte. Der Pfad wird auf der DOS-Seite also angegeben in der Form: ›X:/*pfad*/*dateiname*‹. Statt dem ›/‹ im Pfad darf gleichberechtigt ›\‹ geschrieben werden. Auch Metazeichen (*Wild Cards*) sind möglich, haben aber die Linux-Bedeutung, in der der Punkt im Dateinamen das Suchmuster von ›*‹ nicht unterbricht. Für den Zugriff auf die DOS-/Windows-Medien müssen diese nicht per mount eingehängt werden. Floppies können nach dem Beschreiben, wie unter DOS und Windows üblich, ohne vorhergehendes explizites **sync** oder **umount** ausgeworfen werden, ohne dass Informationen verloren gehen. Auf der DOS-Seite werden Dateinamen im 8+3-Muster verwendet (bis zu acht Zeichen lange Namen und bis zu drei Zeichen als Endung hinter dem Punkt). Zusätzlich sind auch lange Dateinamen entsprechend VFAT möglich, wie sie von jüngeren DOS-Versionen unterstützt und verarbeitet werden. Die Umsetzung von langen auf kurze Namen erfolgt dann in der in DOS üblichen Tilde-Schreibweise. Die systemweite Konfiguration der **mtools** erfolgt in */etc/ mtools.conf*.

Zu den Werkzeugen gehören folgende Einzelprogramme:

mattrib	erlaubt die Dateiattribute einer DOS-Datei zu verändern.
mbadblocks	testet eine Floppy auf defekte Blöcke und blendet diese aus.
mcd	entspricht dem **cd**-Kommando auf der DOS-Seite.
mcopy	kopiert Dateien zwischen Unix-/Linux-Geräten (bzw. Dateisystemen) und DOS-Datenträger.
mdel	löscht eine Datei auf dem DOS-Datenträger.
mdeltree	löscht ein ganzes Verzeichnis mit dem darin vorhandenen Dateibaum vom Windows-Datenträger.
mdir	entspricht etwa dem Linux **ls** auf einem DOS-Medium bzw. dem DOS-Kommando **dir**.
mdu	gibt den Speicherplatz aus, den ein Verzeichnis mit seinem Dateibaum auf dem DOS-Medium belegt.
mformat	legt ein DOS-Dateisystem (FAT-16) auf einem bereits formatieren (Low-Level-Formatierung) DOS-Datenträger an.
minfo	gibt die Parameter zu einem DOS-Dateisystem aus.
mkmanifest	erlaubt lange Linux-Dateinamen so aufzubereiten, dass sie eine 8+3-Verstümmelung der DOS-Konvention bei einem Transport gut überstehen.
mlabel	versieht einen DOS-Datenträger mit einem *Volume-Label* (Datenträgernamen).
mmd	*(make directory)* legt ein oder mehrere Verzeichnisse auf dem DOS-Datenträger an.
mmount	hängt einen DOS-Datenträger per **mount** in das Linux-Dateisystem ein.
mmove	verschiebt eine DOS-Datei oder ein DOS-Verzeichnis oder benennt es um.
mrd	löscht ein DOS-Verzeichnis.
mren	benennt eine vorhandene DOS-Datei um.
mtoolstest	testet die Konfigurationsdatei der **mtools**.
mtype	zeigt eine DOS-Datei (oder mehrere Dateien) an.

✎   mcopy telefon.txt a:
$\rightarrow$ kopiert die Datei *telefon* (im aktuellen Linux-Verzeichnis) auf die DOS-Floppy im Laufwerk A: (in der Regel */dev/fd0*).

✎   mtype a:telefon
$\rightarrow$ gibt den Inhalt der Datei *telefon* auf der DOS-Floppy in A: aus.

mv [*optionen*] *datei_alt   datei_neu*   → moves (renames) *datei_alt* to *datei_neu*
   oder
mv [*optionen*] *datei ...   verzeichnis*   → move file(s) to directory
   oder
mv [*optionen*] **--target-directory**=verz *datei ...*   → move file(s) to directory *verz*

Die Datei *datei_alt* erhält den neuen Namen *datei_neu*. Der alte Dateiname
existiert danach nicht mehr. Ist eine Datei mit dem Namen *datei_neu* bereits
vorhanden, so wird sie zuvor gelöscht oder – bei Verwendung der Option **–b** –
in eine Sicherungskopie umbenannt. Die Endung der Kopie ist in der Shell-
Variablen SIMPLE_BACKUP_SUFFIX definiert. Die Sicherungskopien können auch (per Option ›**–V t**‹) durchnummeriert werden.

Befinden sich *datei_alt* und *datei_neu* auf verschiedenen Dateisystemen, so
wird die *datei_alt* auf das Dateisystem von *datei_neu* kopiert und anschließend
gelöscht!

Bei der zweiten Form des **mv**-Kommandos wird die Datei (oder werden die
Dateien) mit ihrem alten Namen in das angegebene Verzeichnis *verzeichnis* eingetragen und die Referenz im alten Verzeichnis gelöscht.

Hat die Datei Schreibschutz, so wird vom **ln**-Kommando nachgefragt, ob die
Änderung trotzdem erfolgen soll. Nur mit ›**y**‹ als Antwort wird die Änderung
durchgeführt. Die Option **–f** unterdrückt die Nachfrage und führt die Änderung sofort aus, soweit dazu das Recht besteht.

Würde durch das Umbenennen (oder Kopieren) eine bereits existierende Datei
überschrieben, so wird mit **–i** vor der Änderung nochmals nachgefragt, ob die
existierende Datei wirklich gelöscht werden soll. Nur bei einem ›**y**‹ als Antwort
wird überschrieben.

Folgende Optionen sind (neben **--help**, **--verbose** und **--version**) möglich:

-b (**--backup**[=*art*]) Vor dem Löschen wird eine Sicherungskopie erstellt
   (mit einer Endung, wie in der Umgebungsvariablen).
   SIMPLE_BACKUP_SUFFIX definiert (oder ›˜‹).

–f (**--force**) unterdrückt Rückfragen, falls die Datei schreibgeschützt ist
   oder *datei_neu* bereits existiert.

–i (**--interactive**) Würde durch das **mv**-Kommando eine bereits vorhandene Datei gelöscht, so wird mit dieser Option beim Benutzer nachgefragt. Nur bei einem ›**y**‹ als Antwort wird überschrieben.

–u (**--update**) verschiebt die Quelldatei nur, wenn sie neuer als die bereits
   existierende Zieldatei ist.

--strip-trialing-shashes entfernt aus den Angaben der Quelldateien alle führenden ›**/**‹ (bei der Anlage der Zieldateien).

–S *suff* (**--suffix**=*suff*) gibt die Dateiendung der Sicherungskopie an, welche
   bei bereits existierender Zieldatei angelegt wird (Standard: ›˜‹ oder Inhalt von SIMPLE_BACKUP_SUFFIX).

--target-directory=*verz* gibt für die dritte oben aufgeführte Form das Zielverzeichnis an.

–V *art* (**--version-control**=*art*) definiert, wie vorgegangen werden soll, falls
   die Zieldatei bereits existiert und überschreibt damit die Vorgabe in

der Variablen VERSION_CONTROL. Möglich für *art* sind:

t, numbered die Sicherungskopien sollen durchnummeriert werden.

nil, existing bereits nummerierte Sicherungsdateien werden weiter nummeriert; ansonsten wird eine einfache Sicherung erstellt.

never, simple Es werden immer *einfache* Sicherungen erzeugt.

none, off Er werden keine (niemals) Sicherungen erstellt.

✎ mv /usr/wunix/*.old /usr/wunix/alte_dateien
→ verschiebt alle Dateien des Verzeichnisses */usr/wunix* mit der Endung *.old* in das Verzeichnis */usr/wunix/alte_dateien*. Die Dateien tauchen im Verzeichnis */usr/wunix* danach nicht mehr auf.

✎ mv --update ./Kapitel1.txt /mnt
→ kopiert die Datei *Kapitel1.txt* aus dem lokalen Verzeichnis in das Zielverzeichnis */mnt*. Ist dort bereits *Kapitel1.txt* vorhanden, so wird diese überschrieben, falls die Quelldatei neuer als die dortige Datei ist. Die lokale Datei wird anschließend gelöscht.

✎ mv --backup=t ./Kapitel1.txt /mnt
→ kopiert die Datei *Kapitel1.txt* aus dem lokalen Verzeichnis in das Zielverzeichnis */mnt*. Ist dort bereits *Kapitel1.txt* vorhanden, so wird diese alte Datei zuvor in Kapitel.txt.1 umbenannt. Ist auch diese bereits vorhanden, wird die Endung hochgezählt.

namei [*optionen*] *pfad*   → **name** original

ist für die Verfolgung von symbolischen Verweisen gedacht und folgt diesen, bis das Original oder die maximale Tiefe erreicht ist. Die Verweisfolge wird dabei mit Einrückungen angezeigt. Bei den einzelnen Stufen wird deren Typ (reguläre Datei, Verzeichnis, symbolischer Link) angezeigt (siehe hierzu die Symbolik beim **ls**-Kommando auf Seite 345).
Mit der Option **−m** wird der Modus jeder Stufe wie bei **ls** angezeigt. Bei der Option **−x** werden Einhängepunkte von Dateisystemen (mount-points) mit **D** statt mit **d** (für *directory*) angezeigt.

netstat [*optionen*] [*system*]   → display network status

> mit **netstat** können vielfältige Angaben über Konfiguration und Zustand des aktuell laufenden Netzwerkes gewonnen werden. Hierzu zeigt **netstat**, abhängig von den angegebenen Optionen, verschiedene netzwerkrelevante Datenstrukturen in unterschiedlichen Formaten aufgeschlüsselt an. Die ausgegebenen Informationen sind vor allem für Systemadministratoren zur Überprüfung und Fehlersuche interessant.
>
> Beim Aufruf ohne Parameter zeigt **netstat** eine Liste aller aktiven Verbindungen und aller aktiven (offenen) *Sockets*. *Sockets*[1] sind als Buchsen im System zu verstehen, mit denen Verbindungen über Netz aufgenommen werden können.
>
> Folgende Optionen sind bei **netstat** hilfreich:[2]

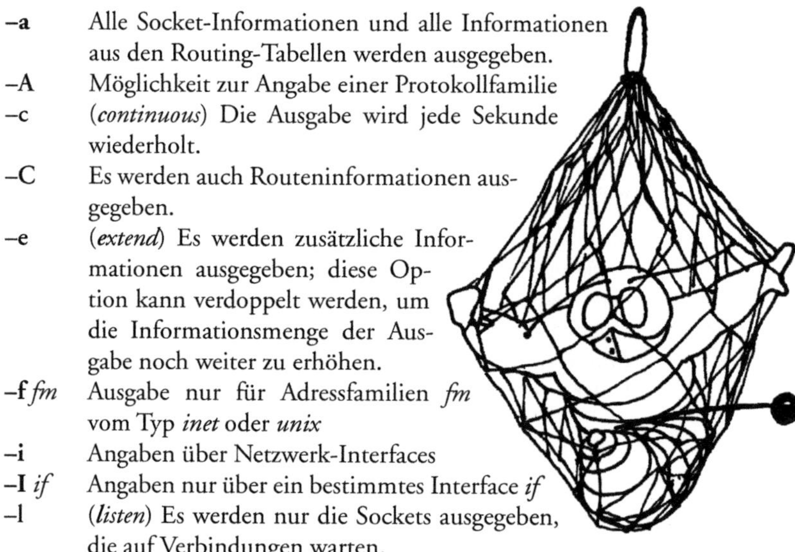

−a	Alle Socket-Informationen und alle Informationen aus den Routing-Tabellen werden ausgegeben.
−A	Möglichkeit zur Angabe einer Protokollfamilie
−c	(*continuous*) Die Ausgabe wird jede Sekunde wiederholt.
−C	Es werden auch Routeninformationen ausgegeben.
−e	(*extend*) Es werden zusätzliche Informationen ausgegeben; diese Option kann verdoppelt werden, um die Informationsmenge der Ausgabe noch weiter zu erhöhen.
−f *fm*	Ausgabe nur für Adressfamilien *fm* vom Typ *inet* oder *unix*
−i	Angaben über Netzwerk-Interfaces
−I *if*	Angaben nur über ein bestimmtes Interface *if*
−l	(*listen*) Es werden nur die Sockets ausgegeben, die auf Verbindungen warten.
−m	Angaben über Streams
−M	Angaben über Multicast-Routing-Tabellen
−n	gibt Netzadressen als Zahlengruppen statt als Namen aus.
−p	(program) Der mit dem Socket assoziierte Programmname wird zusätzlich ausgegeben.
−p	Ausgabe der Tabellen zur Umwandlung der Adressen
−r	Ausgabe der Routing-Tabellen
−s	Ausgabe von statistischen Übersichten für die einzelnen Protokolle (UDP, TCP, IP, ICMP, …)
−v	umfangreichere Ausgabe über Sockets und Routing-Tabellen

> Angaben über TCP-Sockets können folgende Statuswerte enthalten:

---

1. (wörtl. übersetzt: Buchse, Steckdose)
2. Hier werden nur die wichtigsten Optionen zu diesem Kommando beschrieben.

TCP-Status	Bedeutung
CLOSE_WAIT	Gegenseite schaltet ab; Verbindung wird abgebaut.
CLOSED	Socket ist nicht in Benutzung.
CLOSING	Socket geschlossen und Abschalten der Gegenseite; Warten auf Bestätigung
ESTABLISHED	Verbindung ist aufgebaut.
FIN_WAIT_1	Socket geschlossen; Verbindung wird abgebaut.
FIN_WAIT_2	Socket geschlossen; Warten auf Abschalten der Gegenseite
LAST_ACK	Gegenseite schaltet ab; Socket geschlossen
LISTEN	Socket erwartet eingehende Verbindungen.
SYN_RECEIVED	Erst-Synchronisation der Verbindung im Gange.
SYN_SENT	Socket versucht, eine Verbindung aufzubauen.
TIME_WAIT	nach dem Abschalten Warten auf Bestätigung für das Abschalten der Gegenseite
UNKNOWN	Status des Socket kann nicht ermittelt werden.

Wichtige Informationen für **netstat** liegen in der Datei */etc/services*; Laufzeit-informationen liest netstat aus Dateien im Prozessdateisystem */proc/net*.

newgrp [–] [*gruppe*] → log in to a **new group**

oder

newgrp [–] [*gruppe* [[–c] *kommando*] → log in to a **new group** and execute *kommando*

newgrp ändert vorübergehend (für die nachfolgende Sitzung) die Gruppen-nummer des Benutzers und ist dem **login**-Kommando ähnlich. Der Benutzer bleibt beim System angemeldet; sein aktuelles Verzeichnis bleibt erhalten, aber die Feststellung seiner Zugriffsrechte auf Dateien wird mit der neuen Grup-pennummer durchgeführt – er erhält die Gruppennummer der neuen Gruppe als *reale Gruppennummer* (GID). Es wird zugleich eine neue Shell gestartet.

Bei Verwendung von ›–‹ erhält der Benutzer auch die Umgebung des neuen Benutzers, so als habe er sich neu angemeldet.

Wird keine Gruppe angegeben, so wird zu der Gruppe gewechselt, die für den Benutzer in */etc/passwd* eingetragen ist.

Ist für die neue Gruppe ein Gruppenpasswort definiert, so wird der Benutzer danach gefragt. Ist kein Gruppenpasswort definiert, so kann man nur die Gruppenidentität annehmen, wenn man auch Mitglied der Gruppe ist (d.h. entsprechend in */etc/group* in der Gruppe eingetragen ist).

In der zweiten Form wird das angegebene Kommando unter der neuen Grup-pennummer ausgeführt. Die Option –c darf dabei weggelassen werden.

Eine **newgrp** sehr ähnliche Funktion besitzt **sg** (siehe Seite 399), startet aber keine neue Shell. Wie bei **login** oder **su** verlässt man die neue Sitzung per **exit** oder <eof> (zumeist ⌈Strg⌉-⌈D⌉).

nice [*–n*] [*kommando* [*parameter*]]   → run command at low priority

nice veranlasst, dass das folgende Kommando mit niedriger Priorität ausgeführt wird. *n* gibt dabei den Betrag an, um den die Prioritätszahl erhöht werden soll ($-20 \leq n \leq 19$). Der Standardwert für *n* ist 10. -20 ist die höchste, 19 die niedrigste Priorität

Statt *–n* kann auch **--ajustment=**n geschrieben werden.

In der Regel wird man nur Hintergrundprozesse (dem Kommando wird ein ›&‹ angehängt) mit **nice** starten! Fehlt die Angabe von *kommando*, so wird die aktuelle Priorität (zumeist der Shell) ausgegeben.

Der Super-User kann durch Angabe eines negativen Prioritätswertes (in der Form *––n*) ein Kommando so laufen lassen, damit es eine höhere Priorität als die Programme anderer Benutzer hat.

✎   nice find / -name wunix -print > /tmp/find.out &
      → die Datei *wunix* wird mit niedriger Priorität als Hintergrundprozess auf der gesamten Festplatte gesucht und die Fundstellen in der Datei */tmp/find.out* ausgegeben.

nm   [*optionen*]   *objekt_datei* ...   → print **name** list for object files

nm gibt die Symboltabellen der spezifizierten Objektdateien auf der Standardausgabe aus. Ist eine der Dateien eine Bibliotheksdatei, so werden die Symboltabellen aller Moduln der Bibliothek ausgegeben. Die Moduln müssen im **ELF** oder **COF**-Format vorliegen! Zu jedem Symbol werden folgende Angaben gemacht:

Name	der Name des Symbols
Value	der Wert des Symbols als Adresse oder als Distanz
Class	die Art des Symbols (*static, extern,* ...)
Type	der Typ des Symbols (z.B. **int, long,** ...)
Size	die Größe des Symbols in Bytes
Line	die Zeilennummer der Definition im Quellcode
Section	in welchem Segment (*text, data* oder *bss*) das Element liegt

Ein Teil der Angaben kann nur dann angezeigt werden, wenn der Modul mit der Option **–g** übersetzt wurde. Als Optionen kennt **nm**:

–C	Die Namen von C++-Objekten werden decodiert ausgegeben.
–g	Nur *external* Symbole werden angezeigt.
–h	Die Überschrift wird bei der Ausgabe weggelassen.
–n	*external* Symbole werden vor der Ausgabe alphabetisch sortiert.

–o	zeigt Wert und Größe der Symbole **oktal** statt dezimal an.
–p	Die Ausgabe erfolgt in einer knapperen Form.
–u	Es werden nur die undefinierten Symbole ausgegeben.
–V	gibt die Version von **nm** aus.
–r	Jeder Ausgabezeile wird der Name der Objektdatei oder der Bibliothek, aus der sie stammt, vorangestellt.
–x	zeigt den Wert und die Größe der Symbole **hexadezimal** an.

✎ nm –e cpio.o

→ gibt nur die Symbole von der Art *external* und *static* des Moduls *cpio.o* aus.

nohup *kommando [parameter]* → execute command immune to **hangup**

nohup veranlasst die Ausführung des angegebenen Kommandos so, dass dieses nicht durch Signale der aufrufenden Dialogstation (<abbruch>, <unterbrechung>, <hangup>) abgebrochen werden kann. **nohup** sollte mit & als Hintergrundprozess aufgerufen werden.

✎ nohup plot bild.* > /dev/tty20 &

→ gibt die Dateien, die mit *bild.* beginnen, mit dem Programm *plotter* auf das Gerät */dev/tty20* aus, ohne dass ein Abmelden dies abbricht.

od [*optionen*] [*datei*] [[+]*distanz*[.] [**b**]]   → make an octal dump
    oder
od --traditional [*datei*] [[+]*distanz*[.] [**b**]]   → make an octal dump (the old way)

od wird zur Anzeige von Binärdateien oder Dateien mit nicht druckbaren Sonderzeichen verwendet, wobei der Dateiinhalt in verschiedenen Formaten ausgegeben werden kann. Ein alternatives Programm wäre **xd**. Fehlt die Angabe von *datei* oder steht hier –, so wird von *stdin* gelesen.
Neben --**help** und --**version** kennt **od** folgende Optionen:

–A *r*	(--**address-radix**=*r*) definiert, welche Dateipositionen ausgegeben werden (in welchem Zahlensystem).
–j *n*	(--**skip-bytes**=*n*) Es werden zunächst *n* Byte übersprungen.
–N *n*	(--**read-bytes**=*n*) Es werden nur *n* Byte gelesen.
–s [*n*]	(--**strings**=[*n*]) Es wird versucht, Zeichenketten auszugeben; deren Länge ist auf *n* Zeichen beschränkbar.
–t *f*	(--**format**=*f*) definiert das Ausgabeformat: festgelegt werden kann dabei, ob die Ausgabe als Zeichen (*a*), ASCII-Zeichen (*c*), dezimal (*d*), float (*f*), oktal (*o*), vorzeichenlose dezimal (*u*) oder hexadzimal (*x*) erfolgen soll. Die Werte in Klammern werden statt ›*f*‹ im Kommando angegeben.
--**traditional**	sorgt dafür, dass die alten Optionen akzeptiert werden (jene vor der POSIX-Definition).

–v	(**--output-duplicates**) Duplikate (gleiche Zeilen) werden ausgegeben; die Option verhindert die Ausgabe von ›*‹ statt vieler Reihen gleichen Inhalts.
–w [*n*]	(**--width**=[*n*]) gibt die Breite der Ausgabezeilen vor.

Zu den alten (**--traditional**) Optionen gehören:

–a	entspricht ›**–t a**‹ (veraltete Option).
–b	Bytes als Oktalzahl
–b	Bytes als Oktalzahl
–c	ASCII-Zeichen, nicht druckbare Zeichen werden als drei Oktalziffern oder wie folgt ausgegeben:

\0	für 0	\b	für <backspace>
\f	für <neue seite>	\n	für <neue zeile>
\r	für `cr`	\t	für das Zeichen <tab>

–d	16-Bit-Worte dezimal
–D	32-Bit-Worte dezimal
–f	32-Bit-Worte als Gleitkommawert (*floating point*)
–F	64-Bit-Worte als Gleitkommawert (*floating point*)
–o	16-Bit-Worte oktal (Standard)
–O	32-Bit-Worte oktal (Standard)
–s	16-Bit-Worte mit Vorzeichen
–S	32-Bit-Worte mit Vorzeichen
–x	16-Bit-Worte hexadezimal
–X	32-Bit-Worte hexadezimal

Die dem Aufruf folgenden Angaben spezifizieren, von wo innerhalb der Datei der Auszug beginnen soll. Der Parameter *distanz* wird als oktale Zahl interpretiert. Folgt ihr ein Punkt (›.‹), so wird die Distanzangabe als dezimale Zahl gewertet. Die Angabe von ›b‹ im Aufruf sorgt dafür, dass die Distanz in Blöcken (zu 512 Byte) gezählt wird. Ohne die Angabe von *distanz* wird am Dateianfang begonnen. Ein Programm mit sehr ähnlichen Funktion ist **hexedit** (*nd*) und dessen GUI-Varianten **khexedit** aus dem KDE-Paket oder **ghex** aus dem GNOME-Paket.

✎ od –x a.out +1 b
→ gibt einen Dateiabzug aus, wobei der Dateiinhalt als eine Folge von 16-Bit-Worten interpretiert und im Hexadezimalformat dargestellt wird.

✎ od –bc liste
→ gibt den Inhalt der Datei *liste* als Bytes und als ASCII-Zeichen aus.

passwd [–f | –s | –k [–S]] [*benutzer_name*] → change user **password**
  oder
passwd [–g] [–r | –R] *gruppenname* → change group **password**
  oder
passwd [–x *max*] [–n *min*] [–w *warn*] [–i *tage*] *benutzer_name*
  → define **password** **aging** information

  oder
passwd {–l | –u | –d | –S[a] | –e | –h } *benutzer_name*
  → **password** account maintenance

Das **passwd**-Kommando in den ersten beiden Formen ändert das Passwort eines Benutzers oder für eine Gruppe oder definiert dies erstmalig. Bei einer Änderung muss zuerst das alte Passwort angegeben werden. Das neue Passwort ist zur Sicherheit zweimal einzugeben. Die Benutzerpasswörter liegen in den meisten Systemen in der Datei */etc/shadow* in verschlüsselter Form vor. Gruppenpasswörter liegen – so überhaupt vorhanden – verschlüsselt in */etc/gshadow*.

Das Passwort wird bei jeder Eingabe erneut verschlüsselt und erst dann verglichen. Es ist deshalb nicht möglich, das Passwort zu entschlüsseln. Es gibt eine Reihe von systemspezifischen Anforderungen an die Beschaffenheit eines Passwortes, die sich auf die minimale Länge, die interne Beschaffenheit (echtsprachliche Silben, Benutzername, bekannte Vornamen u. v. m.), zulässige Zeichen und Ziffern, minimales Alter, maximales Alter etc. beziehen, so dass hier keine Aussagen für alle Unix-/Linux-Systeme getroffen werden können.

Der Systemverwalter kann eine minimale Passwortlänge, das maximale Passwortalter und einige andere Parameter vorgeben und andere Informationen in der */etc/passwd*-Datei ändern (etwa die Angabe zum vollen Benutzernamen).

In der obigen Aufrufsyntax zeigt ›|‹ alternative (sich gegenseitig ausschließende) Optionen an.

Nur der Super-User darf (mit dem Kommando **passwd** *benutzer*) ein fremdes Passwort ändern. Er braucht dabei das alte Passwort nicht zu kennen.

Zum Thema Passwort und deren Alterungsverfahren sei hier auf Kapitel 3.1.1 verwiesen.

Folgende Optionen sind neben --**help**, --**version** und --**usage** möglich (zumeist nur für den Super-User. Diese sind mit (*SU*) markiert):

Optionen für das Setzen und Ändern des Benutzerpasswortes und anderer Einträge (1. Form des Aufrufs):

–f *eintrag* ersetzt den Finger-Eintrag in */etc/passwd* zu *eintrag*.
–k ändert das Passwort nur, wenn es abgelaufen ist.
–s *shell* ändert die Login-Shell des Benutzers auf *shell*. (*SU*)
  Ein Benutzer kann stattdessen **chsh** benutzen (siehe Seite 232).

Optionen für Gruppenpasswörter (2. Form des Aufrufs). Dieser Aufruf darf nur vom Super-User oder dem Gruppenadministrator benutzt werden.

–g	erlaubt das Passwort für die aufgeführte Gruppe anzulegen oder zu ändern. In der Regel haben Gruppen jedoch kein Passwort. Damit können alle Benutzer der Gruppe auf Objekte der Gruppe zugreifen. Das alte Passwort wird hier nicht abgefragt.
–gr	(*remove*) löscht das Passwort der angegebenen Gruppe.
–gR	(*restrict*) beschränkt den Gruppenzugang für alle Benutzer.

Optionen zur Änderung der Passwortcharakteristika (3. Form des Aufrufs). Dies darf nur der Super-User:

–x *max*	legt fest, wie viele Tage ein Passwort maximal gültig ist. Danach wird der Benutzer gewarnt und muss sein Passwort ändern. Soll es kein Limit geben, so setzt man hier einen sehr hohen Wert ein.
–n *min*	legt fest, nach wie vielen Tagen das Passwort frühestens geändert werden darf. ›*min*=0‹ setzt keine Limit.
–w *warn*	legt fest, wie viele Tage vor Ablauf seiner Passwortgültigkeit der Benutzer gewarnt werden soll.
–i *inaktiv*	legt fest, wie viele Tage nach Ablauf seines Passwortes der Benutzer sich nicht mehr anmelden kann – auch nicht zum Ändern des Passwortes.

Optionen für die Pflege von Benutzer-Acccounts (4. Form des Aufrufs). Hier ist genau eine der Operationen –l, –u, –d, –S, –e, –h erforderlich:

–d	löscht das Passwort für den angegebenen Benutzer. Dieser braucht damit kein Passwort eingeben! (∗SU∗)
–e	erzwingt, dass der Benutzer beim nächsten Login sein Passwort ändert.
–h *home*	ändert das Login-/HOME-Verzeichnis des Benutzers auf den Wert *home*. (∗SU∗) Ein Benutzer kann stattdessen **chsh** benutzen (siehe Seite 227).
–l	(*lock*) sperrt den Account des angegebenen Benutzers. (∗SU∗) Dazu wird das alte Passwort gesichert und ein Passwort mit einem unmöglichen Wert eingesetzt.
–S	gibt den Status des Benutzer-Accounts aus: Der erste Wert zeigt an, ab der Account gesperrt ist (**LK**), kein Passwort hat (**NP**), oder ein gültiges Passwort hat (**PS**). Der zweite Wert ist das Datum der letzten Passwortänderung. Die nachfolgenden Werte sind (jeweils in Tagen): *minimales Passwortalter, maximales Passwortalter, Warnperiode* und *Inaktivitätszeit für das Passwort.*
–Sa	gibt den Status aller Benutzer-Accounts aus.
–u	(*unlock*) entsperrt den Account des angegebenen Benutzers. (∗SU∗) Dazu wird das alte Passwort (vor der Sperrung) wieder eingesetzt.

✎ passwd –l wunix
→ (∗SU∗) sperrt (vorübergehend) den Account und damit die Anmeldemöglichkeiten für den Benutzer *wunix*.

✎ passwd
→ Der angemeldete Benutzer kann sich ein neues Passwort geben. Er
wird dabei, falls vorhanden, zunächst nach seinem alten Passwort und
danach zweimal nach seinem neuen Passwort gefragt.

✎ passwd wunix
→ (*SU*) der Benutzer *root* vergibt dem Benutzer *wunix* ein neues
Passwort. Er muss dafür das alte Passwort nicht kennen, wird jedoch
ebenfalls zweimal nach dem neuen Passwort gefragt.

✎ passwd –h /home/linux wunix
→ setzt für den Benutzer *wunix* das Verzeichnis */home/linx* als Login-
und HOME-Verzeichnis ein.

paste [–s] [–d*liste*]   *datei_1   datei_2 ...*   → **paste** lines of files

Ohne Optionen aufgerufen, konkatiniert **paste** jeweils die Zeile *n* von
datei_1 mit der Zeile *n* der Datei *datei_2*, d.h. fügt
z.B. die Zeile 5 von *datei_2* am Ende der Zeile 5
von *datei_1* an und schreibt dies auf die
Standardausgabe. Soll von der Standardeingabe gelesen werden, so ist ›–‹ als Dateiname einzugeben. Werden mehr als
zwei Dateien angegeben, so werden deren
entsprechende Zeilen ebenso angefügt.
Zwischen den einzelnen Teilen einer
Zeile wird dabei jeweils ein Tabulatorzeichen (<tab>) eingefügt.
Die Option –d (oder --**delimter**=*liste*) ge-
stattet, das trennende Tabulatorzeichen durch andere Zeichen zu ersetzen. Das
erste Zeichen von *liste* wird dabei zwischen die Zeilenteile von *datei_1* und
datei_2 gesetzt, das zweite Zeichen zwischen die Zeilenteile von *datei_2* und
datei_3 usw. Sind mehr Dateien als Zeichen vorhanden, so wird von vorne begonnen.
Bei Verwendung der Option –s (oder --**serial**) werden nicht die Zeilen der Dateien gemischt, sondern zuerst die Zeilen der ersten Datei bzw. nur einer Datei
hintereinander gehängt. Zusätzlich sind wie üblich die Optionen --**help** und --
version möglich.

✎ paste –d\| dat0   dat1   dat2 > tabelle
→ *dat0, dat1* und *dat2* sind Dateien, deren Zeilen als Spalten einer
neuen Tabelle *tabelle* zusammengefügt werden sollen. Zwischen zwei
Spalten ist als Trennzeichen dabei das ›|‹ eingefügt. Da dieses Zeichen für
die Shell eine Metafunktion trägt, muss es durch ein \-Zeichen maskiert
werden.

ping [*zielsystem*] [*wartezeit*]   → send echo requests to network hosts
              oder
ping [*wartezeit*] [*zielsystem*]   → send echo requests to network hosts

ping ist das einfachste Werkzeug und die meistbenutzte Art, um festzustellen, ob der Rechner *zielsystem* über ein TCP/IP-Netz erreichbar ist. **ping** schickt hierzu ein sog. ECHO_REQUEST-Paket an das Zielsystem, auf das dieses, falls erreichbar, mit einem ECHO_RESPONSE antwortet. Dafür ist keine Benutzerkennung auf dem Zielsystem erforderlich, und es ist auch keine weitere Interaktion möglich.

In der einfachen Aufrufform des **ping** wird ausgegeben:

$$\textit{zielsystem} \text{ is alive}$$

Wird **ping** ohne Option aufgerufen, so werden im Sekundenabstand ECHO_REQUEST-Pakete abgesandt und die Laufzeit bis zum Eintreffen der Antwort ausgegeben. Wird **ping** beendet (z.B. durch ⎡Strg⎤-⎡C⎤, so wird eine Zusammenfassung ausgegeben. Dieser Ablauf eines (erfolgreichen) **ping** hat folgendes Aussehen:

```
kob@sonne(9)>  ping -c 6 techdoc
PING techdoc: 56 data bytes
64 bytes from techdoc (193.141.69.254): icmp_seq=0. time=3. ms
64 bytes from techdoc (193.141.69.254): icmp_seq=1. time=1. ms
64 bytes from techdoc (193.141.69.254): icmp_seq=2. time=1. ms
64 bytes from techdoc (193.141.69.254): icmp_seq=3. time=1. ms
64 bytes from techdoc (193.141.69.254): icmp_seq=4. time=1. ms
64 bytes from techdoc (193.141.69.254): icmp_seq=5. time=1. ms
----techdoc PING Statistics----
6 packets transmitted, 6 packets received, 0% packet loss
round-trip (ms)  min/avg/max = 1/1/3
kob@sonne(10)>
```

Einige nützliche Optionen aus den sehr zahlreichen Optionen von **ping** sind:

−A   (adaptive) passt die ping-Intervalle an die zuvor gemessenen *Round-Trip*-Zeiten an.

−c *n*   schickt *n* Pakete ECHO_REQUEST und misst die Antwortzeit.

−i *n*   wartet zwischen zwei Paketen jeweils *n* Sekunden.

−r   (*routing*) Pakete werden unter Umgehung der normalen Routing-Tabellen an das Zielsystem geschickt. Dieses muss direkt am Netzwerk angeschlossen sein.

−R   (*Record*) Der Weg, den die Pakete laufen, wird im IP-Kopf aufgezeichnet (über die RECORD-ROUTE im ECHO_REQUEST-Paket).

−s *n*   (*size*) gibt die Paketgröße mit n vor (Standard: 56).

−v   (*verbose*) umfangreichere Ausgabe. Alle empfangenen Pakete werden aufgelistet.

Bevor man daran geht, mit **ping** ein Netzwerkproblem zu verfolgen, sollte man versuchen, sein eigenes System mit **ping localhost** anzusprechen, um einen Defekt in der lokalen Konfiguration auszuschließen.

pr [*optionen*] [*datei* …]   → print the files to stdout

gibt die Dateien in einfacher Druckformatierung aus. Die Ausgabe ist dabei in Seiten unterteilt, welche eine Überschrift mit Datum, Name der Datei und Seitennummer tragen. Ohne ein Dateiargument liest **pr** von der Standardeingabe bis zu einem <eof> und kann somit als Filter verwendet werden.
Die wichtigsten Optionen neben --**help** und --**version** sind:

$-n$ (--**columns**=n) Es soll n-spaltig ausgegeben werden.

$+n[:m]$ Die Ausgabe beginnt erst mit Seite n und endet mit Seite m.

$-e$ (--*expand*) Statt Leerzeilen zum Auffüllen einer Seite, werden Seitenvorschubzeichen ausgegeben.

$-f, -F$ ( ) Statt Leerzeilen zum Auffüllen einer Seite, werden Seitenvorschubzeichen ausgegeben.

$-h$ *text* (--**header**=*text*) benutzt *text* wird als Seitenüberschrift.

$-ln$ (--**length**=n) Eine Seite habe n Zeilen (Standard = 66). Das in Deutschland übliche A4-lange Druckerpapier kann damit in der Regel 72 Zeilen fassen.

$-m$ (--**merge**) druckt parallel, je eine Datei pro Spalte.

$-n$ nzk Die Zeilen der Ausgabe sollen durchnummeriert werden. n gibt dabei optional die Zahlenbreite an (Standard: 5); z ist ein optionales Trennzeichen zwischen Zeilennummer und Zeileninhalt.

$-on$ (--**ident**=n) rückt die Ausgabe links um n Zeichen ein.

$-sz$ (--**separator**=zk) definiert die Zeichenkette zk als Trennung zwischen zwei Spalten (Standard: Leerzeichen).

$-t$ (--**omit-header**) unterdrückt Titel der Seiten mit Zeilennummer, Datum und Überschrift.

$-T$ (--**omit-pagination**) unterdrückt Titel der Seiten mit Zeilennummer, Datum und Überschrift und ignoriert Seitenvorschübe der Eingabe.

$-v$ (--**show-onoprinting**) Nicht druckbare Zeichen werden in der Okatlform \ooo ausgegeben.

$-wn$ (--**width**=n) gibt die Seitenbreite in Zeichen an (Standard = 72).

$-Wn$ (--**page-width**=n) setzt die Seitenbreite auf n Zeichen (Standard = 72 Zeichen).

Weitere, hier nicht dokumentierte Optionen sind:
$-a, -c, -d, -ezn, -izn, -J, -r, -sz$ und $-Sz$.

   pr -2 $-h$ "1. Kapitel" $-l50$ $-$Kapitel_1 | lp
   → gibt die Datei *kapitel_1* unterteilt in Seiten mit 50 Zeilen zweispaltig (-2) und der Überschrift »1. Kapitel« auf jeder Seite über den **lp**-Print-Spooler auf den Drucker aus.

   ls $-$ g /usr | pr -4 $-S$" " | less
   → erstellt ein Inhaltsverzeichnis von */usr* und formatiert die Aussage — mit **pr** vierspaltig mit dem Zeichen ›|‹ mit einem Leerzeichen davor und danach als Spaltentrenner und gibt es mit **less** aus.

printenv [*variablen*]   → **print** values of **environment** variables

gibt die Werte der angegebenen (oder aller) Umgebungsvariablen (definierten Shell-Variablen) aus (auf *stdout*).

printf *format* [*argument*]   → print formatted output

printf ermöglicht formatierte Ausgaben aus Shell-Kommandoprozeduren, wie sie mit dem einfacheren Kommando echo nicht möglich sind. **printf** stellt als eigenständiges Programm alle wichtigen Funktionen der C-Anweisung **printf** zur Verfügung, insbesondere Ausgaben in definierten Feldbreiten und einfache Konvertierungen. Sonderzeichen können in der Schreibweise von Tabelle A.7 (siehe Seite 868) angegeben werden. **printf** ist ein in der **bash**, nicht aber in der **tcsh** eingebautes Kommando.

> printf "Ich bin %s und arbeite mit %s.\n" Wunix Unix
> → produziert die Ausgabe
> *»Ich bin Wunix und arbeite mit Unix.«*

ps   [*optionen*]   [*liste*]   → **print** **process** **status**

liefert Information über den Status von aktiven Prozessen. Die Optionen lassen sich in folgende Rubriken unterteilen:
- Auswahl, welche Prozesse angezeigt werden sollen
- Wahl des Ausgabeformats
- erweiterte Angaben zur Darstellung
- reine **ps**-Information wie Version, Hilfe und Titel

Das ps-Kommando ist leider über die vielen Jahre und Unix-Versionen zu einer weitgehend unübersichtlichen Wucherung von Optionen geworden. Zudem werden einige Optionen ohne führendes Minuszeichen angegeben, einige mit einem ›–‹ und einige haben die GNU-typische Langform mit vorangestelltem ›--‹.

Optionen zur Prozessselektion sind (–N invertiert dies):

–a	(*all*) liefert Information zu allen Prozessen (und nicht nur den eigenen). Ausgenommen sind Prozesse, denen keine Dialogstation zugeordnet ist und die Vaterprozesse einer Prozessgruppe.
–A	gibt den Status aller Prozesse aus.
–d	gibt den Status aller Prozesse aus; ausgenommen sind die Vaterprozesse einer Prozessgruppe.
--deselect	wie –N (invertiert die Auswahl).
–e	gibt den Status aller Prozesse aus.
–g	absolut alle, aber nur im SunOS-Modus in PS_PERSONALITY

–N	negiert/invertiert die Selektion.
–r	gibt nur den Status der gerade aktiven Prozesse aus (Status: *running*).
–T	gibt den Status aller Prozesse des aktuellen Terminals aus.
–x	(*extended*) zeigt alle Prozesse, auch die ohne verknüpftes Terminal (in der Regel Daemon-Prozesse).

Optionen zur Prozessselektion nach bestimmten Anzeigelisten/Kriterien:

–C	nach Kommandoname (*command name*)
–G	(--**Group**) nach realen GIDs (Gruppennummer/Namen)
–u	(--**user**) nach der effektiven UID (Benutzer-ID oder dem -Namen
–U	nach realen UIDs (Benutzernummer, auch Namen möglich)
–p	(--**pid**) nach PIDs (Prozessnummern)
–s	(--**sid**) nach der Sitzungsnummer (SID)
–t	(--**tty**) nach der Terminal/tty-Nummer
–u	(--**User**) nach realer Benutzeridentifikation oder -name

--*n*	Gemeint ist hier die Sitzungsnummer (SID) *n*.
n	Gemeint ist hier (ohne Vorzeichen) die Prozessnummer (PID) *n*.

Optionen zur Formatierung der Ausgabe:

–c	Die Ausgabe erfolgt in einem neuen Format. Die Option wirkt sich nur im Zusammenspiel mit –f oder –l aus.
–f	(*full*) Eine vollständige Informationsliste wird zusammen mit der expandierten Form des Kommandoaufrufs ausgegeben.
–g *liste*	Es wird Information zu allen Prozessen ausgegeben, deren Prozessgruppennummern in *liste* aufgeführt sind.
–j	gibt die ID der Sitzung (*Session-ID*) und der Prozessgruppe aus.
–l	liefert eine ausführliche (*long*) Informationsliste.
–m	Statt auf die Systemdatei *unix*, wird auf *name* als Datenbasis zugegriffen. Dies wird man in der Regel verwenden, wenn man ein neues Linux-System erzeugt hat und testet, ohne die Systemdatei in *unix* umzubenennen.
–n *datei*	Statt auf die Systemdatei *unix*, wird auf *name* als Datenbasis zugegriffen. Dies wird man in der Regel verwenden, wenn man ein neues Linux-System erzeugt hat und testet, ohne die Systemdatei in *unix* umzubenennen.
–O*s*	sortiert die Ausgabe nach den vorgegebenen Schlüsseln in *s*. Diese werden durch Kommata getrennt. Steht vor dem Schlüssel ein ›+‹, so wird in aufsteigender Reihenfolge, steht dort ein ›–‹, so wird in absteigender Reihenfolge sortiert. Der erste Schlüssel ergibt die erste Sortierung. Die Syntax lautet: $–O\pm s_1,\pm s_2,\pm s_3\ldots$ Als Schlüssel s_i sind möglich:

c	Kommandoname	C	gesamter Kommandoaufruf
f	Flags im langen Format		
g	Prozessgruppen-ID	G	P-GUID nach Kontroll-TTY
j	Σ der Benutzer-CPU-Zeit	J	Σ der System-CPU-Zeit

k	verbrauchte Benutzerzeit	**K**	verbrauchte Systemzeit
m	Anzahl der Minor-Page-Faults	**M**	Anzahl der Major-Page-Faults
n	Σ der Major-Page-Faults	**N**	Σ der Minor-Page-Faults
o	Session-ID		
p	Prozessnummer (PID)	**P**	PID des Vaterprozesses (PPID)
r	Größe des *Resident-Sets*	**R**	wie –O r
s	benutzter Speicher in kByte	**S**	Größe der *Shared-Pages*
t	tty-Nummer	**T**	Startzeitpunkt des Prozesses
u	Benutzername	**U**	Benutzernummer (UID)
v	Größe des virtuellen Speichers		
y	Kernel-Priorität des Prozesses		

–p *liste* Es wird Information zu allen Prozessen ausgegeben, deren Prozess-nummern (PID) in *liste* aufgeführt sind.

–r zeigt nur die aktuell wirklich laufenden (*running*) Prozesse.

–s *liste* Es wird nur Information von den Prozessen gezeigt, deren Sitzungs-nummern (*session ID*) in *list* aufgeführt sind.

–t *liste* Es wird Information zu allen Prozessen angezeigt, deren Dialogstatio-nen in *liste* aufgeführt sind.

–u *liste* (*user*) zeigt die Prozesse mit Benutzername und Startzeitpunkt.

–w (*full width*) gibt in langen, nicht abgeschnittenen Zeilen aus.

Eine erweiterte Detaillierung der Ausgabe ist möglich über:

–m zeigt auch die Threads an.

–n zeigt Nummern statt Namen bei der UID und WCHAN[1].

–w erzeugt breite Zeilen mit 132 Zeichen.

--forest zeigt die Prozesshierarchie durch Einrückungen.

--no-header unterdrückt die Überschriftszeile.

In der Ausgabe von **ps** erhalten die einzelnen Spalten Überschriften, in denen folgende Kürzel stehen können (die meisten der folgenden Ausgaben sind nur bei Verwendung der Optionen –f oder –l sichtbar):

F	→	Prozesszustand (Anzeige nur bei Option –l) folgende Werte sind additiv möglich:
	00	Prozess ist bereits terminiert.
	01	Systemprozess (immer im Hauptspeicher)
	02	Der Vaterprozess kontrolliert (*traced*) den Prozess.
	04	Prozess ist über *Tracing* ›gestoppt‹.
	08	Prozess befindet sich im aktuellen Hauptspeicher.
	10	Prozess kann nicht ausgelagert (*swapped*) werden.
STAT	→	Prozessstatus (Anzeige nur bei Option ›–l‹; folgende Werte sind möglich:
	D	Prozess ist in einem nicht unterbrechbaren Schlaf (zumeist wartet er auf das Ende einer E/A-Operation).
	I	*idle* – Prozess wird gerade kreiert.

---

1. WCHAN = *Waiting Chain*, die Kernel-Funktion, in der sich der Prozess gerade befindet.

L		locked – eine Seite wurde im Hauptspeicher blockiert (für eine Real-Time- oder andere spezielle Operation).
O		Prozess ist aktiv bzw. hat den Prozessor.
N		3. Feld: positiver **nice**-Wert, kleine Priorität
<		3. Feld: Prozess mit hoher Priorität
R		*running* – Prozess ist laufbereit und wartet auf den Prozessor.
S		*sleeping* – Prozess schläft.
Z		*Zombie* – Prozess ist beendet und Vaterprozess wartet nicht.
T		Prozess ist *gestoppt* wegen Tracing durch Vaterprozess.
W		2. Feld: keine Hauptspeicherseite belegt.
X		Prozess wartet auf mehr freien Speicher.
UID	→	UID des Prozessbesitzers (–f liefert den Namen)
PID	→	Prozessnummer
PPID	→	PID des Vaterprozesses
C	→	Schedulingwert (wird durch –c unterdrückt)
CLS	→	Klasse für das *Scheduling* (nur mit –c-Option)
PRI	→	Priorität (große Nummer → kleine Priorität)
NI	→	**nice**-Wert (wird durch –c unterdrückt)
SZ	→	virtuelle Prozessgröße in Seiten
ADDR	→	Speicheradresse des Prozesses
WCHAN	→	Adresse des Events, auf den der Prozess wartet (fehlender Wert → Prozess ist gerade aktiv)
STIME	→	Startzeit des Prozesses in *Stunde:Minute:Sekunde*
TIME	→	vom Prozess bisher verbrauchte CPU-Zeit
TTY	→	Name der *kontrollierenden Dialogstation* (? → keine)
CMD	→	Kommandoname des Prozesses

Die Informationen zu **ps** selbst sind über folgende Optionen möglich:

–V, V	(--**version**) gibt die **ps**-Version aus.
L	gibt die Liste der möglichen Spalten und Überschriften aus.
--**help**	liefert wie üblich die Kurzbeschreibung.

ps lässt sich zusätzlich über einige Umgebungsvariablen steuern. Dazu gehören PS_PERSONALITY, die bestimmt, welche Betriebssystemkonvention **ps** annehmen soll – etwa **linux**- oder **bsd**-Konventionen (letztere auch unter Linux) –, CMD_ENV, das ps-Information zu den Konventionen zu den Umgebungsvariablen mitteilt, PS_FORMAT, in dem Ausgabeformate vorbelegt werden können, sowie PS_SYSMAP, in dem die Standardsymboltabelle des Kernels (die *system.map*) definiert sein kann. Sie sind im Anhang A.4 auf Seite 858 beschrieben.

Das ps-Kommando ist inzwischen so mit Optionen (einige Buchstaben sind mehrfach vergeben) überladen und zeigt sehr unterschiedliche Formen – besteuert durch die Umgebungsvariablen–, dass eine übersichtliche Beschreibung fast unmöglich ist.

Eine Variante des **ps**-Kommandos ist **top** (siehe Seite 429) und **pstree** (siehe Seite 389). **top** aktualisiert eine Ausgabe (bei Ausgabe auf einen Bildschirm) in definierten Intervallen; **pstree** gibt die Baumstruktur der Prozesse aus. Eine weitere GUI-Variante ist KDE-Systemmonitor **ksysguard** oder die GNOME-Variante **gtop**.

✎ ps –ecfl
→ gibt eine sehr umfangreiche Liste aller im System vorhandenen Prozesse aus.

✎ ps -ef
→ gibt eine Standardliste aller im System laufenden Prozesse aus. Das nachfolgende Bild ist ein Beispiel. Zu den wenigen tatsächlichen Benutzerprozessen gehören die letzten Zeilen, zu erkennen auch an ihrer Verbindung mit einem kontrollierenden Bildschirm (*pts/x*):

Benutzerkennung — Prozessnummer — Prozessnr. des Vaterprozesses — Startzeit des Prozesses — kontrollierender Bildschirm — verbrauchte CPU-Zeit — Kommando und Argumente

UID	PID	PPID	C	STIME	TTY	TIME	CMD
root	1	0	0	Mar07	?	00:00:03	init
root	2	1	0	Mar07	?	00:00:00	[keventd]
root	4	1	0	Mar07	?	00:00:00	[kswapd]
bin	740	1	0	Mar07	?	00:00:00	/sbin/portmap
root	768	1	0	Mar07	?	00:00:00	pure-ftpd (SERVER)
root	770	1	0	Mar07	?	00:00:00	/usr/lib/samba/nmbd-classic -D
root	789	1	0	Mar07	?	00:00:00	/opt/kde3/bin/kdm
root	835	830	0	Mar07	?	00:00:00	/usr/sbin/nscd
root	890	1	0	Mar07	?	00:00:00	/usr/lib/postfix/master
root	1018	1	0	Mar07	?	00:00:00	/usr/sbin/inetd
root	1032	1	0	Mar07	tty2	00:00:00	/sbin/mingetty tty2
⋮	⋮	⋮		⋮		⋮	⋮
root	1037	1	0	Mar07	?	00:00:00	/usr/lib/samba/smbd-classic -D
root	2736	1018	0	Mar08	?	00:00:00	in.telnetd: eins
root	2737	2736	0	Mar08	pts/0	00:00:00	login -- karlo
karlo	2738	2737	0	Mar08	pts/0	00:00:00	-bash
root	3038	1018	0	Mar08	?	00:00:00	in.telnetd: eins
root	3039	3038	0	Mar08	pts/1	00:00:00	login -- karlo
karlo	3040	3039	0	Mar08	pts/1	00:00:00	-bash
root	3148	1037	0	Mar08	?	00:00:09	/usr/lib/samba/smbd-classic -D
karlo	5378	1	0	15:22	?	00:00:00	kdeinit: Running...
karlo	5381	1	0	15:22	?	00:00:00	kdeinit: dcopserver --nosid
karlo	5384	1	0	15:22	?	00:00:00	kdeinit: klauncher
karlo	5421	5420	0	15:25	pts/4	00:00:00	/bin/bash
postfix	5627	890	0	15:45	?	00:00:00	pickup -l -t fifo -u
man	5797	3040	0	16:23	pts/1	00:00:00	man ps
karlo	5799	5797	0	16:23	pts/1	00:00:00	sh -c
karlo	5804	5799	0	16:23	pts/1	00:00:00	less
karlo	5879	2738	0	17:10	pts/0	00:00:00	ps -ef

pstree [*optionen*] [*pid* | *benutzer*]   → show process **tree**

zeigt (ohne Angabe von *pid* oder *benutzer*) alle aktuell laufenden Prozesse in einer Art Prozessbaum, bei dem die Vater-Sohn-Beziehungen der Prozesse sichtbar sind. Ansonsten werden entweder alle Prozesse des Benutzers angezeigt oder alle Kind-Prozesse zu dem mit *pid* angegebenen Prozess.

Als Optionen sind möglich:

–a	zeigt zu den Prozessen die Aufrufparameter (*Argumente*).
–c	unterdrückt die kompaktere Darstellung von Prozessunterbäumen.
–G	(statt **–U**) gibt das Bild mit den VT100-Grafik-Zeichen aus.
–h	hebt den aktuellen Prozess und seine Vorfahren hervor.
–H *pid*	(statt **–h**) hebt nur den angegebenen Prozess *pid* hervor.
–l	liefert detaillierte, *lange* Zeilen.
–n	sortiert die Kindprozesse (*numerisch*) nach PID statt nach Namen.
–p	zeigt hinter den Prozessen auch deren Prozessnummern (PID).
–u	zeigt die Benutzernummer (UID) und deren Übergang.
–U	(statt **–G**) benutzt für die Darstellung den Unicode-UTF-8-Zeichensatz. Dies macht nur Sinn, wenn das Ausgabegerät dies unterstützt.
–V	gibt die Versionsnummer (und ignoriert alle anderen Optionen).

✎ pstree –up
   → Das Ergebnis sieht bei einem kleinen System etwa wie folgt aus:

```
init-+-atd
     |-cardmgr
     |-cron
     |-inetd---in.telnetd---login---bash---pstree
     |-kdm-+-X
     |       `-kdm---kdm_greet
     |-keventd
     |-khubd
     |-klogd
     |-kreiserfsd
     |-login---bash---talk
     |-lpd
     |-mdrecoveryd
     |-6*[mingetty]
     |-nscd---nscd---5*[nscd]
     |-portmap
     |-2*[sendmail]
     |-sshd
     |-syslogd
     `-xconsole
```

Eine bessere Übersicht erhält man in der Regel mit den GUI-Varianten des **pstree**-Kommandos. Dies ist z.B. **ksysguard**, welches auch eine Baumdarstellung der Prozess zulässt (siehe Kapitel 7.2.4.1, Seite 657). Auch **gtop** und **gnome-system-monitor** aus dem GNOME-Paket bietet diese Funktion.

psutils   → **PostScript utilities**

Das Paket **psutils** bietet eine ganze Reihe von Programmen zur Nachbearbeitung von PostScript-Dateien (PS). Die Programme arbeiten in der Regel als Filter und lassen sich über Pipes verketten. Die Werkzeuge mit der Vorsilbe **fix** passen die von anderen Programmen erzeugten PostScript-Dateien an die Formatkonventionen der **psutils** an, so dass die anderen psutils-Programme für die Weiterverarbeitung auf einem sauberen Eingabeformat aufsetzen können. Leider ist das vom Windows-Druckertreiber erzeugte PostScript für die **psutils** in der Regel nicht verarbeitbar. Zu dem Programmspektrum der **psutils** gehören:

epsffit	passt die Größe einer EPS-Grafik an (skaliert sie) und erlaubt sie zu rotieren.
fixdlsrps	passt aus DviLaser/PS (dem LaTeX-DVI-Werkzeug) erstellte PS-Dateien den Konventionen der **psutils** an.
fixfmps	passt aus Adobe FrameMaker erstellte PS-Dateien an die Konventionen der **psutils** an.
fixmacps	passt Macintosh-PS-Dateien an die Konventionen der **psutils** an.
fixpsditps	passt aus Transscript erstellte PS-Dateien den Konventionen der **psutils** an.
fixpspps	passt von PSPrint erzeugte PS-Dateien den Konventionen der **psutils** an.
fixscribeps	passt von Scribe erstellte PS-Dateien an die Konventionen der **psutils** an.
fixtpps	passt von **troff/tpscript** erzeugte PS-Dateien den Konventionen der **psutils** an.
fixtwfwps	passt von MS-Word erzeugte PS-Dateien den Konventionen der **psutils** an.
fixwpps	passt von WordPerfect erzeugte PS-Dateien den Konventionen der **psutils** an.
fixwwps	passt von MS-Write erzeugte PS-Dateien den Konventionen der **psutils** an.
getafm	erzeugt AFM-Dateien (welche die Metriken von Zeichen enthalten) zu PostScript-Fonts (Schriften).
psbook	erlaubt die Ausgabe als Booklet, d.h. mehrere Seiten in bestimmter Anordnung auf einer Papierseite bzw. einem Papierbogen.
psnup	platziert mehrere logische PS-Seiten auf eine neue PS-Ausgabeseite.
psresize	korrigiert die Seitengröße eines Dokuments auf eine neue Größe bzw. passt es an ein anderes Papierformat an.
psselect	filtert aus der Eingabe die Seiten eines vorgegebenen Bereichs.
pstops	ordnet die Seiten eines PS-Dokuments neu an und bietet dabei zahlreiche Möglichkeiten – etwa mehrere Seiten auf einer Ausgabeseite anzuordnen, das Skalieren der Ausgaben, Booklet-Druck (wie **psbook**), Umkehrung der Seitenreihenfolge oder nur gerade oder nur ungerade Seiten zu drucken.

psmerge verschmilzt mehrere getrennte PS-Dokumente zu einem einzigen PS-Dokument. Die Dateien müssen aus derselben Anwendung mit gleichen PostScript-Einstellungen stammen.

extractres extrahiert einzelne Ressourcen (wie Schriften, Füllmuster, PS-Prozeduren, ...) aus einer PS-Datei und legt sie in separaten Dateien ab, während in der Dateiausgabe per ›%%IncludeResources‹ darauf verwiesen wird. Dies erlaubt mehrfach vorhandene Ressourcen zu reduzieren.

includeres ist die Umkehrung von **extractres** und fügt per ›%%Include-Resources‹ referenzierte Ressourcen in die Datei wieder ein.

Für die Syntax der einzelnen Kommandos sei auf die entsprechenden **man**-Seiten verwiesen.

Neben den hier aufgeführten PostScript-Werkzeugen gibt es eine Reihe weiterer Programme, z.B. **a2ps** (S. 209) sowie **mpage** (Seite 369) zur Umwandlung verschiedener Textdateiformate nach PostScript. **xv** erlaubt verschiedene Grafikformate, **pdf2ps** PDF-Dateien und **html2ps** HTML-Dateien nach PostScript zu konvertieren. Ein weiteres sehr mächtiges PostScript-Werkzeug ist Ghostscript (**gs**) und die Anzeigewerkzeuge dafür **gv** (Ghostscript-Viewer) sowie die KDE-Variante **kgviewer** und die GNOME-Variante **ggv**.

---

pwd → print **w**orking **d**irectory

gibt den Namen des aktuellen Verzeichnisses aus. Es ist in aller Regel ein Shell-internes Kommando (so auch bei der **bash**).

---

quota [*optionen*] [*benutzer*] → show **quotas** for *benutzer*
     oder
quota [*optionen*] [*gruppe*] → show **quotas** for *gruppe*

zeigt die Plattenbelegung für den angegebenen Benutzer (oder den aktuellen Benutzer) oder die angegebene Gruppe. Ist für die Benutzer oder Gruppe keine Begrenzung vorgegeben, so wird dies mit *none* gemeldet.

Gesetzt werden die Platzbeschränkungen für das Quota-System vom Systemverwalter. **quota** kennt folgende Optionen:

−g Wurde *benutzer* als Parameter angegeben, so wird hiermit zusätzlich das Gruppen-Quota angezeigt.

−q zeigt nur die Quota jener Dateisysteme, bei denen für den Benutzer oder die Gruppe das Quota überschritten ist.

−u In der Kombination **−gu** werden sowohl die Quotas für den Benutzer als auch für die Gruppe angezeigt (Standard).

−v zeigt auch die Quota für jene Dateisysteme, auf denen gar kein Platz belegt ist.

rename *datei_alt datei_neu* …   → **rename** file *datei_alt* to *datei_neu*

Das Kommando benennt die Datei *datei_alt* in *datei_neu* um. Statt Dateien dürfen auch Verzeichnisse verwendet werden. Beide Dateien müssen im gleichen Dateisystem liegen. Existiert *datei_neu* bereits, so wird sie überschrieben. Ist *datei_alt* ein symbolischer Verweis (*symbolic link*), so wird die *Link*-Datei umbenannt und nicht die darin referenzierte Datei. Sind mehr als zwei Dateinamen angegeben, so wird das Muster der Umbenennung vom zweiten Namen auf alle weiteren Namen angewendet. **rename** entspricht teilweise dem **mv**-Kommando, bietet jedoch eine intelligentere Möglichkeit, mehrere Dateien eines Verzeichnisses umzubenennen.

✎   rename .htm .html *.htm
      → benennt alle Dateien mit der Endung ›.htm‹ in *xxx*.html um.

renice *priorität* [*option*] [*id*]   → **re**-evaluate **nice** priority of process *pid*

gibt dem angegebenen Prozess oder den angegebenen Prozessen eine neue Scheduler-Priorität (Basis-Priorität). Während ein normaler Benutzer nur seine eigenen Prozesse steuern kann, darf der Super-User dies auch für fremde Prozesse tun. Er darf auch negative Prioritäten vergeben – normale Benutzer nur größer als 0. Wird keine Priorität angegeben, so wird der Wert 0 angenommen. Hohe **nice**-Prioritäten entsprechen niedrigen Abarbeitungsprioritäten. Prinzipiell gilt: $-19 \leq$ nice-*priorität* ≤ 20. 20 ist dabei die real niedrigste Priorität. Nach der Ausführung wird der alte und der neue **nice**-Wert ausgegeben. Als Optionen sind (neben --**help** und --**version**) möglich:

−*n*	reduziert die **nice**-Priorität um den Wert *n*.
+*n*	erhöht den **nice**-Wert um den Wert *n*.
−g	interpretiert *id* als Prozessnummer (PID) des zu ändernden Prozesses. Dies ist der Standard.
−p	interpretiert *id* als Prozessnummer (PID) des zu ändernden Prozesses. Dies ist der Standard.
−u	interpretiert *id* als Benutzername.

✎   renice +3 −u juergen
      → erhöht den nice-Wert aller Prozesse des Benutzers juergen um 3 und verringert damit deren reale Abarbeitungspriorität.

resize [*optionen*]   → print terminal size

Das Hilfsprogramm **resize** erlaubt es, nach einer Größenänderung eines Terminal-Emulationsfensters (v.a. **xterm**), die neue Größe in der aktuellen Arbeitsumgebung bekannt und damit für Programme, die die Größe eines Bildschirms kennen müssen (z. B. **vi**), auswertbar zu machen.
Hierzu gibt **resize** am Bildschirm die aktuelle (neue) Belegung der Variablen COLUMNS (Spalten, d.h. max. Zeichenanzahl in einer Zeile) und LINES

(Reihen, d.h. max. Zeilenzahl des Bildschirms) in der korrekten Syntax für die Belegung dieser Variablen aus. Diese Ausgabe muss dann allerdings noch innerhalb der aktuellen Shell ausgewertet werden, um die neue Variablenbelegung zugänglich zu machen. Dies geschieht meist mit alias-Definitionen oder kurzen Kommandofolgen.

Das Kommando **resize** kennt folgende Optionen:

–u   Ausgabe im Format für Bourne-Shell oder Korn-Shell, auch wenn dies nicht die aktuelle Shell ist

–c   Ausgabe im Format für C-Shell, auch wenn dies nicht die aktuelle Shell ist

–s z s Möglichkeit zur expliziten Angabe von Zeilen z und Reihen r

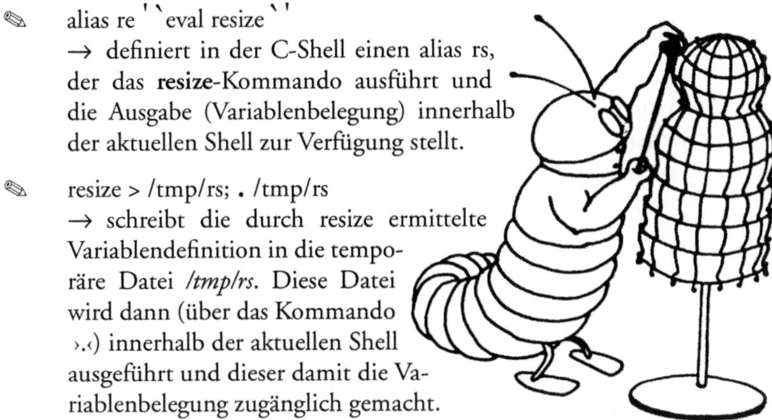

✎   alias re ' `eval resize` '
→ definiert in der C-Shell einen alias rs, der das **resize**-Kommando ausführt und die Ausgabe (Variablenbelegung) innerhalb der aktuellen Shell zur Verfügung stellt.

✎   resize > /tmp/rs; . /tmp/rs
→ schreibt die durch resize ermittelte Variablendefinition in die temporäre Datei */tmp/rs*. Diese Datei wird dann (über das Kommando ›.‹) innerhalb der aktuellen Shell ausgeführt und dieser damit die Variablenbelegung zugänglich gemacht.

rev [*datei*]   → show lines of *datei* in **reverse** order

gibt die Zeichen der Zeilen der Datei (oder der Standardeingabe) in umgekehrter Reihenfolge aus.

rlogin [*optionen*] *hostsystem*   → **remote** login

ermöglicht ein **login** an einem anderen Hostsystem im Netzwerk. *hostsystem* muss dazu entweder in der Host-Datenbasis */etc/hosts* aufgeführt oder im Internet-Domain-Server bekannt und korrekt definiert sein.

Im Standardfall wird man bei **rlogin** vom Hostsystem nach dem Benutzerpasswort gefragt. Existiert auf dem Hostsystem jedoch ein (aus Gründen der Zugangssicherheit gefährlicher) Eintrag für das lokale System in */etc/hosts.equiv*, so kann die Eingabe des Passwortes entfallen, sofern der Benutzer auf beiden Systemen unter dem gleichen Namen eingetragen ist. Die Authentisierung eines Login erfolgt über das Kerberos-System, alternativ und weniger sicher über das rhosts-System.

Ein **login** ohne Passwortangabe ist dabei möglich, wenn der Benutzer dem Hostsystem bekannt ist und dort im $HOME-Verzeichnis eine Datei *.rhosts* besteht, in welcher der Benutzername und der Name des sich anmeldenden Systems eingetragen ist. Aus Sicherheitsgründen muss dabei die *.rhosts*-Datei dem entsprechenden Host-Benutzer gehören und darf nur für diesen lesbar sein!

Für die Zugangsberechtigung nach dem Kerberos-System kann der Benutzer eine Datei *.klogin* in seinem $HOME-Verzeichnis anlegen und in diesem die erlaubten Systemzugänge angeben.

Als Typ der Dialogstation wird vom Hostsystem jener der aktuell eingestellten lokalen Dialogstation ($TERM) angenommen. Ebenso wird die Fenstergröße übernommen. Das Arbeiten am Host erfolgt damit weitgehend transparent, so als arbeite man am lokalen System.

Eingaben, die mit dem Fluchtzeichen ›~‹ (als 1. Zeichen einer Zeile) beginnen, werden als Sondereingaben betrachtet. ›~.‹ bricht dabei die Sitzung am Hostsystem ab – dies ist kein reguläres **logout** und sollte nur in Notfällen benutzt werden. Die Option *–ez* erlaubt ein von der Tilde abweichendes Fluchtzeichen zu definieren.

Folgende Optionen werden dabei unterstützt:

–L	Die Sitzung am Hostsystem wird im litout-Modus gefahren.
–8	Statt der 7-Bit-Zeichenfolgen werden 8-Bit-Daten über das Netz geschickt. Dies ist z. B. notwendig, wenn 8-Bit-Codes wie etwa der ISO-8859-Code benutzt werden sollen.
–E	alle Escape-Zeichen (Fluchtzeichen) werden ignoriert, so dass bei gesetzter –8-Option kein Unterschied mehr zur Arbeit mit einem direkt am System angebundenen Bildschirm besteht.
–e*x*	Standardmäßig wird das Zeichen ›~‹ als Fluchtzeichen benutzt. Diese Option erlaubt, mit dem Zeichen ›*x*‹ ein anderes Beendigungszeichen vorzugeben.
–l *benutzer*	Anmeldung am Zielsystem (Hostsystem) unter einem anderen Benutzernamen
–K	Kerberos-Authentisierung wird abgeschaltet.
–k	Kerberos-Zugangsberechtigung wird von einem anderen System als dem rlogin-Zielsystem angefordert.
–x	Alle übertragenen Daten werden nach DES verschlüsselt.

✎   rlogin neptun
      → der Benutzer meldet sich zu einer Terminalsitzung am Hostsystem *neptun* an.

Das Kommando **rlogin** wird in der praktischen Anwendung immer häufiger durch **telnet** ersetzt und spielt daher heute kaum mehr eine Rolle.

rm [*optionen*] *datei ...*   → remove the file(s)

      oder

rm **–r** [*optionen*] *verzeichnis ...*   → remove directory and its subtree

löscht die angegebenen Dateien. Verzeichnisse können nur mit **rmdir** gelöscht werden (nur wenn sie leer sind) oder mit der zweiten Form ›**rm –r** ... ‹. Sind die Dateien schreibgeschützt, so erfolgt eine Warnung und die Abfrage, ob trotzdem gelöscht werden soll. Dazu ist jedoch Schreiberlaubnis für das übergeordnete Verzeichnis erforderlich.

→   Bei Verwendung der **rm**-Kommandos, insbesondere in der Form ›**rm –rf**‹ ist große Sorgfalt erforderlich und extreme, wenn im Kommando Metazeichen (*wildcards*) verwendet werden. Im Zweifelsfall sollte man die Option **–i** zur Rückfrage des Programms verwenden!

Als Optionen werden neben **--help**, **--verbose** und **--version** akzeptiert:

--   kennzeichnet das Ende der Optionen – was folgt, sind Dateinamen.

–d   (**--directory**) löscht Verzeichnisse auch dann, wenn sie nicht leer sind.

–i   (**--interaktiv**) Vor dem Löschen jeder Datei wird angefragt, ob die Datei gelöscht werden soll. **y** oder **Y** löscht sie, bei allen anderen Antworten bleibt sie erhalten.

–f   (**--force**) löscht die angegebenen Dateien auch dann, wenn kein Schreibzugriff für die Datei gegeben ist, ohne zuvor nachzufragen. Ist das Verzeichnis, in dem die Dateien liegen, selbst schreibgeschützt, so werden die Dateien nicht gelöscht.

–r, –R (**--recursive**) löscht auch Verzeichnisse, wobei rekursiv alle in dem Verzeichnis enthaltenen Dateien ebenfalls gelöscht werden. Symbolische Verweise (*symbolic links*) werden beim Baumabstieg nicht verfolgt. Nichtleere, schreibgeschützte Verzeichnisse werden auch bei Verwendung der Option **–f** nicht gelöscht.

Während **rm** lediglich die Verzeichniseinträge der Dateien und den Inode sowie die belegten Blöcke freigibt, die Daten der Datei in den Blöcken der Magnetplatte aber noch vorhanden sind, überschreibt das Schredder-Programm **shred** (siehe Seite 400) die Blöcke zuvor. Dies gibt bei vertraulichen Daten eine höhere Sicherheit.

  ✎   rm –i *.old

      → löscht alle Dateien mit der Endung *.old*.

  ✎   rm –i /usr/hans/*

      → löscht alle Dateien in dem Verzeichnis *lusr/hans*.
Vor dem Löschen wird jeweils der Name der Datei ausgegeben und damit gefragt, ob die genannte Datei gelöscht werden soll.

  ✎   rm –rf kurs

      → löscht das Verzeichnis *kurs* mit allen seinen Unterverzeichnissen und Dateien ohne nachzufragen.

rmdir [*optionen*] *verzeichnis* ...   → remove **directory** *verzeichnis*

löscht die angegebenen Verzeichnisse. Die Verzeichnisse müssen dazu leer sein (zu erreichen durch ›**rm** **–r** *verzeichnis* /*‹).

Ist *verzeichnis* der letzte Eintrag im übergeordneten Verzeichnis (Vaterverzeichnis), so wird durch die Option **–p** (oder **--parents**) auch das Vaterverzeichnis gelöscht. Auf der Standardfehlerausgabe wird dabei angezeigt, welche Verzeichnisse so gelöscht werden.

Als Optionen werde neben **--help**, **--verbose** und **--version** unterstützt:

--ignore-fail-on-non-empty Hier wird der Fehler eines nichtleeren Verzeichnisses ignoriert – d.h. rmdir nicht abgebrochen – das Verzeichnis aber auch nicht gelöscht.

–p ist mit dem Löschen des Verzeichnisses auch das Vaterverzeichnis leer, so wird auch dieses gelöscht (bis hinauf zu ›/‹, diese aber nicht).

✎ rmdir /usr/karl
→ löscht das Verzeichnis */usr/karl*. Es dürfen sich zu diesem Zeitpunkt keine Dateien oder weitere Verzeichnisse mehr in */usr/karl* befinden (mit Ausnahme der Einträge ›.‹ und ›..‹) oder durch **mount** eingehängt sein.

→ Das Kommando **rmdir** wird aufgrund der Einschränkung, nur leere Verzeichnisse zu löschen, kaum verwendet. Das Standardkommando zum Löschen von Verzeichnisbäumen ist deshalb **rm -r**.

rsh [–n] [–l *benutzer*] *hostsystem kommando*   → execute **remote shell** cmd

/bin/rsh oder **/bin/remsh** bauen eine Netzverbindung zu dem angegebenen Hostsystem auf und führen unter der dortigen Shell das vorgegebene Kommando aus. Soll die Ausführung auf dem Host unter einem anderen Benutzer als dem lokal angemeldeten erfolgen, oder hat der lokale Benutzer auf dem Hostsystem eine andere Benutzerbezeichnung, so ist der neue Benutzername mit ›–l *name*‹ anzugeben. Fehlt der Parameter *kommando*, so ruft **rsh** das Kommando **rlogin** auf.

Bei der Ausführung wird die Standardeingabe (stdin) der lokalen Shell an das Hostsystem und die Standardausgabe (stdout) und -fehlerausgabe (stderr) vom Host an das lokale System weitergeleitet. Unmaskierte Shell-Metazeichen werden von der lokalen Shell expandiert; maskierte Metazeichen von der Shell des Hostsystems.

Durch die Option **–n** wird die Eingabe der **rsh** von */dev/null* gelesen. Dies vermeidet in manchen Situationen Konflikte zwischen dem ausgeführten Kommando des Hosts und der lokalen Shell und behebt zuweilen störende Nebeneffekte bei der Verwendung von **rsh**.

Die Optionen **–K**, **–k** und **–x** haben die gleiche Bedeutung wie bei dem eng verwandten **rlogin**-Kommando.

Interaktive Programme, wie etwa ein Bildschirmeditor, lassen sich über die **rsh** nicht benutzen. Hierzu ist ein **rlogin** mit anschließendem Aufruf des interaktiven Programms erforderlich.

Die auf dem Hostsystem benutzte Shell wird durch den Shell-Eintrag in der Passwortdatei (*/etc/passwd*) des Zielsystems festgelegt.

Für den Parameter *hostsystem* gelten die Aussagen, die bereits bei **rlogin** ausgeführt sind (Hinweise zu */etc/hosts* und */etc/hosts.equiv*).

rsh fordert kein Passwort vom Benutzer an, falls zum **login** am Hostsystem das Passwort erforderlich ist, sondern terminiert mit einem entsprechenden Fehlerstatus. Dies ist nicht der Fall, falls der Parameter *kommando* fehlt, da **rsh** dann **rlogin** aufruft.

✎   rsh –l oskar sonne   grep \"Juergen*\" /etc/passwd
    → führt auf dem Hostsystem *sonne* das **grep**-Kommando unter dem Benutzereintrag *oskar* aus.

✎   rsh hs1349 cat /tmp/Log-1 > /tmp/Log-1349
    → kopiert die Datei */tmp/Log-1* vom Hostsystem in eine Datei */tmp/ Log-1349* auf dem lokalen System (die Standardausgabe geht an das lokale System). Sollte auch die Ausgabe auf dem Hostsystem liegen, so müsste die Umleitung maskiert werden (z.B. "">"), so dass sie an die Host-Shell weitergeleitet wird.

script [–a] [*datei*]   → make a **script** of the terminal session

script erlaubt es, eine Sitzung (oder einen Teil davon) in einer Datei aufzuzeichnen. Dabei wird alles, was in dieser Zeit auf der alphanumerischen Dialogstation (oder dem **xterm**-Fenster bei grafischen Oberflächen) erscheint, festgehalten – auch das Eingabeecho.

Ist *datei* im Aufruf angegeben, so wird die Sitzung in dieser Datei protokolliert. Fehlt die Angabe einer Ausgabedatei, so wird in die Datei *typescript* des aktuellen Verzeichnisses geschrieben. <unterbrechung> beendet die Protokollierung.

Die Option –a veranlasst **script**, das Protokoll an die Datei *datei* (oder *typescript*) anzuhängen, anstatt eine neue Datei zu eröffnen.

script ist immer dann hilfreich, wenn alle Aktivitäten einer längeren Sitzung dauerhaft protokolliert werden sollen: bei der Fehlersuche oder bei einer längeren Netzwerksitzung auf einem entfernten Rechner.

✎   script protokoll
       → veranlasst, dass die Sitzung, d. h. der Text, der
       an der Dialogstation ein- und ausgegeben wird,
       in einem Protokoll in der Datei *protokoll* abge-
       speichert wird.

sed [–n] [–e *skript*] [–f *skriptdatei*] [*datei* ...]   → start stream **editor**

sed ist ein nichtinteraktiver Editor und wird in der Regel verwendet, um Dateien zu bearbeiten, welche für die Bildschirmeditoren oder den **ed** zu groß sind oder wenn die gleichen Änderungen in mehreren Dateien durchgeführt werden sollen.

Er bearbeitet die im Parameter *datei* angegebenen Dateien entsprechend den Editieranweisungen (*skript* genannt). Diese Editieranweisungen und regulären Ausdrücke sind kompatibel mit denen des **ed** und **ex**, teilweise des **vi**, was den Lernaufwand für **sed** minimiert.

Ist keine zu editierende Datei angegeben, so liest er von der Standardeingabe. Das Resultat wird auf die Standardausgabe geschrieben. Mit der Option ›–f *skriptdatei*‹ entnimmt er die Editieranweisungen der Skriptdatei *skriptdatei*. In diesem Fall entfällt die Komponente ›–e *skript*‹ in der Kommandozeile. Das Skript wird man in der Regel mit "..." oder '...' klammern. Es dürfen mehrere ›–f *skriptdatei*‹ in der Kommandozeile vorkommen. Die Option –n unterdrückt die Ausgabe auf **stdout**.

Eine ausführlichere Beschreibung von **sed** ist in Kapitel 5.4 (S. 491 ff.) zu finden.

✎   sed –e "s/Unix/UNIX/g" buch1 > buch1.neu
       → bearbeitet den Inhalt der Datei *buch1*. Dabei werden alle ›*Unix*‹
       durch ›*UNIX*‹ ersetzt. Das Ergebnis der Bearbeitung wird in die Datei
       buch1.neu geschrieben.

sg [–] [*gruppe*]   → execute using different group ID
       oder

sg [–] [*gruppe* [[**–c**] *kommando*]   → execute kommando using a different group ID

> **sg** ändert vorübergehend (bis zum Ende der Shell-Sitzung) die Gruppennummer des Benutzers. Der Benutzer bleibt beim System angemeldet; er arbeitet in der aktuellen Shell weiter und seine aktuelle Umgebung bleibt erhalten, aber die Feststellung seiner Zugriffsrechte auf Dateien wird mit der neuen Gruppennummer durchgeführt – er erhält die Gruppennummer der neuen Gruppe als *reale Gruppennummer* (GID).
>
> Bei Verwendung von ›–‹ erhält der Benutzer auch die Umgebung des neuen Benutzers, so als habe er sich neu angemeldet.
>
> Wird keine Gruppe angegeben, so wird zu der Gruppe gewechselt, die für den Benutzer in */etc/passwd* eingetragen ist.
>
> Ist für die neue Gruppe ein Gruppenpasswort definiert, so wird der Benutzer danach gefragt. Ist kein Gruppenpasswort definiert, so kann man nur die Gruppenidentität annehmen, wenn man auch Mitglied der Gruppe ist (d.h. entsprechend in */etc/group* in der Gruppe eingetragen ist).
>
> In der zweiten Form wird das angegebene Kommando unter der neuen Gruppennummer ausgeführt. Die Option **–c** darf dabei weggelassen werden.
>
> Eine **sg** sehr ähnliche Funktion besitzt **newgrp** (siehe Seite 375), startet aber eine neue Shell.
>
> Wie bei **login** oder **su** verlässt man die neue Sitzung per **exit** oder <eof> (zumeist Strg - D).

sh [*–optionen*] [**–c** *text*] [*datei*]   → execute new **shell**

> **sh** ist der Programmname der sog. *Bourne-Shell*, der ursprünglich wichtigsten Bedienoberfläche und Kommandosprache unter UNIX. Heute ist auf Linux-Systemen die Bourne-Shell (**sh**) durch die weitaus mächtigere Born-Again-Shell (**bash**) ersetzt, die aber voll kompatibel zur Bourne-Shell ist und auch beim Aufruf des hier beschriebenen Kommandos **sh** implizit gestartet wird.
>
> Die Shell wird normalerweise beim Login automatisch (d.h. vom **login**-Prozess) oder bei der Ausführung einer Kommandoprozedur gestartet, so dass das Kommando **sh** vom Benutzer nur selten direkt aufgerufen wird, auch wenn er dauernd damit arbeitet.
>
> Durch **sh** wird eine neue Shell erzeugt, welche, falls ein entsprechendes Argument angegeben ist, die Kommandos in der angegebenen Datei ausführt. Andernfalls liest die Shell die Kommandos von der Standardeingabe, d.h. normalerweise von der Tastatur, und sie gibt hierfür ein Bereitschaftszeichen (Prompt) aus.
>
> Das Ablaufverhalten der Shell kann durch eine Reihe von Aufrufoptionen kontrolliert werden. Diese und alle Hinweise zur Arbeit mit der Shell sind ausführlich im Kapitel *Die Shell als Benutzeroberfläche* ab Seite 527 beschrieben.

shred [*optionen*] *datei(en)*   → **shred**der files

löscht – ähnlich wie **rm** – die angegebenen Dateien. Statt jedoch die Verzeichniseinträge zu löschen und die belegten Blöcke freizugeben, wird der Inhalt (auf Wunsch mehrfach) überschrieben. Die Dateien selbst bleiben erhalten – es sei denn, die Optionen –u bzw. --**remove** werden angegeben. Dies ist eine *Sicherheitsmaßnahme* bei sehr sensiblen Daten. Als Optionen sind (neben --**help**, --**verbose** und --**version**) möglich:

-f   (--**force**) ändert, falls notwendig, die Zugriffsrechte für das Überschreiben.

-n *m*   (--**interations**=*m*) überschreibt *m*-mal.

-u   (--**remove**) verkürzt und löscht die Dateien nach mehrfachem Überschreiben.

-f   (--**force**) ändert, falls notwendig, die Zugriffsrechte für das Überschreiben.

-x   (--**exact**) Die Dateilänge soll nicht bis zur vollen Größe des letzten Blocks ausgedehnt werden.

-z   (--**zero**) das letzte Überschreiben erfolgt mit Nullen.

Es verbleibt ein Restrisiko, da Inhaltsteile immer noch in Backup-Dateien, Sicherungen, in Snapshots, in RAID-Kopien oder im Cache (z.B. von NFS) vorhanden sein können.

shutdown [*optionen*] [*zeit*] [*meldung*]   → **shut** system **down**

Mit dem Kommando **shutdown** kann der Super-User (root) das System zu Wartungszwecken in einen anderen, eingeschränkten Betriebszustand überführen oder zum Abschalten herunterfahren. Vor dem Abschalten eines Systems sollte immer ein **shutdown** erfolgen.

shutdown gibt nach dem Aufruf eine Meldung an aktuell angeschlossene Benutzerbildschirme aus, mit dem Hinweis, der Benutzer möge seine interaktive Sitzung am System beenden und sich abmelden. Nach einer einstellbaren Wartezeit führt **shutdown** alle notwendigen Prozeduren durch, um das System in einen sicheren Stillstand oder einen anderen Betriebszustand zu überführen.

shutdown überführt das System dabei in jedem Fall in einen anderen Systemzustand (*run level* oder *init state*). Folgende Systemzustände sind definiert:

Modus: **Bedeutung**

0   Ausschaltzustand: Das System kann abgeschaltet werden bzw. schaltet bei hierfür geeigneter Hardware selbstständig ab.

1   Verwaltungs- und Konfigurationszustand: Anmeldung nur von der Systemkonsole aus möglich.

2	normaler Zustand für Multiuser-Betrieb
3	normaler Zustand für Multiuser-Betrieb im Netz (Standard)
s oder S	Single-User-Betrieb; dies ist ein stark eingeschränkter Zustand für Wartungsaufgaben. Nur das *root*-Dateisystem ist zugänglich; andere Dateisysteme sind nicht angeschlossen. login ist nur an der Konsole möglich.
5	Reboot-Zustand für interaktives Hochfahren
6	Reboot-Zustand für automatisches Hochfahren

Die wichtigsten Optionen zur Steuerung von **shutdown** sind:

–k	Ein **shutdown** wird nicht durchgeführt, sondern nur die Warnmeldung an alle Benutzer ausgegeben.
–r	(*reboot*) Nach dem **shutdown** wird das System sofort wieder hochgefahren; gelegentlich erforderlich nach Änderungen der Systemkonfiguration, kann aber meist dadurch vermieden werden, dass nur das von der Änderung betroffene Programm beendet und neu gestartet wird.
–h	(*halt*) Nach dem Herunterfahren wird das System auch gleich ausgeschaltet.
–z	(*suspend*) Das System wird vor dem Abschalten in den *suspend*-Zustand versetzt; Prozesse werden nicht beendet, sondern im aktuellen Zustand auf der Festplatte fixiert. Nach dem Einschalten ist das System damit wesentlich schneller wieder lauffähig. Der *suspend*-Zustand muss von der Hardware und vom Kernel unterstützt werden.
–f	(*fsck*) Beim folgenden Hochfahren wird keine Überprüfung des Dateisystems (*file system check*: **fsck**) durchgeführt; das System fährt dadurch schneller hoch.
–F	(*force fsck*) Beim folgenden Hochfahren wird eine Überprüfung des Dateisystems (file system check, fsck) erzwungen.
–c	(*cancel*) Ein bereits eingeleiteter, aber noch in der Warnphase befindlicher und damit noch nicht ablaufender **shutdown** wird abgebrochen.
[*zeit*]	Uhrzeit des shutdown in ›Stunden:Minuten‹ (hh:mm) oder in der Form ›+Minuten‹. Für ein sofortiges Herunterfahren und damit statt der Zeitangabe ›+0‹ kann auch **now** angegeben werden.
[*meldung*]	Meldung, die an alle aktuell angemeldeten Benutzer (per integriertem Kommando ›wall‹) verschickt wird. Wird diese Option nicht genutzt, wird automatisch eine Nachricht verschickt.

✎ shutdown –r 10 "System wird in 5 Minuten neu neu gestaret"
→ führt nach 5 Minuten ein Herunterfahren
mit anschließendem Neustart des Systems aus
und meldet dies an alle noch aktiven Benutzer.

✎ shutdown –h now
→ sofortiges Herunterfahren des
Systems und anschließendes Ausschalten

sleep *zeit*[*zeiteinheit*]   → **sleep** (suspend the execution for *zeit* seconds)

> **sleep** verursacht eine Pause im Ablauf der Shell oder Shellprozedur und verschiebt damit die Ausführung der nachfolgenden Kommandos um die angegebene Zeit. Die Zeit wird (falls *einheit* fehlt) als Sekunden interpretiert.
> Als Einheit können der Zeitangabe hintenan gestellt werden: **s** (Sekunden), **m** (Minuten), **h** (Stunden) und **d** (Tage).

> ✎   while true
> 　　　do
> 　　　　　who >> benutzer
> 　　　　　sleep 300
> 　　　done
> 　　　→ schreibt alle 5 Minuten (300 Sekunden) mittels **who** alle aktuellen Benutzer in die Datei *benutzer* (per Anhängen).

> Die Ausgabe des nachfolgenden Kommandos zeigt an der ausgegebenen Uhrzeit deutlich die Wirkung des **sleep**- Kommandos:

> ✎ $ date ; sleep 30s ; date
> 　　　Mon Nov 25 15:35:20 CET 2002
> 　　　Mon Nov 25 15:35:50 CET 2002

sort [*optionen*] [+*pos1* [−*pos2*]] [*datei*] ...   → **sort** lines

> sortiert die Zeilen aller angegebenen Dateien und schreibt das Ergebnis auf die Standardausgabe. Sind keine Dateien angegeben oder wird statt eines Dateinamens ›−‹ angegeben, so wird von der Standardeingabe gelesen (Verwendung als Filter). Der Benutzer kann durch die Parameter ›+pos1‹ und ›−pos2‹ die Schlüsselfelder innerhalb einer Zeile angeben, nach denen sortiert werden soll. Fehlt diese Angabe, so wird die ganze Zeile betrachtet.
> Ohne Zusatzoption wird lexikographisch sortiert; d.h. beim ASCII-Zeichensatz gilt folgende Reihenfolge: nichtdruckbare Zeichen, (Code kleiner oktal 40) Sonderzeichen: <leerzeichen> ! " # $ % ' () * + , − . /, 0 − 9, : ; < = > ? @ alle Großbuchstaben, [\ ] ^ _ ` , alle Kleinbuchstaben, { | } ~, Zeichen mit einem Code größer als oktal 176.
> Da die Sortiergeschwindigkeit sehr von dem zur Verfügung stehenden Speicher abhängt, kann durch die Angabe −y*n* ein *n* kB großer Speicher (soweit vorhanden) zugeteilt werden.
> Mit ›−z*zg*‹ kann eine maximale Zeilengröße *zg* angegeben werden. Dies erlaubt dem **sort**-Programm, seine Reservierung des internen Puffers sicherer zu gestalten.
> Folgende Optionen geben abweichende Sortierkriterien an:

> −**b**   (--**ignore-leading-blanks**) Leer- und <tab>-Zeichen am Anfang des Feldes werden ignoriert.

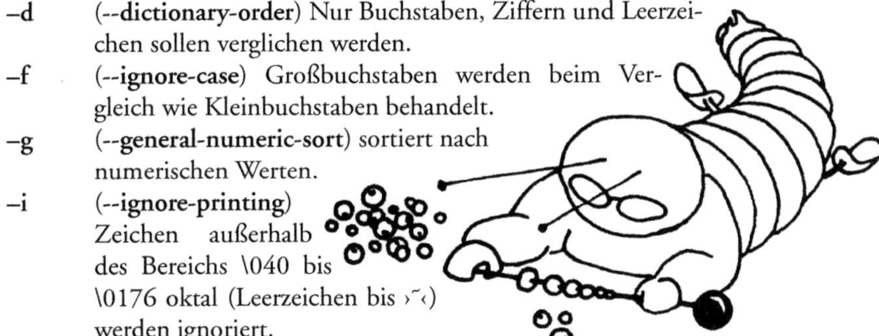

–d (--**dictionary-order**) Nur Buchstaben, Ziffern und Leerzeichen sollen verglichen werden.

–f (--**ignore-case**) Großbuchstaben werden beim Vergleich wie Kleinbuchstaben behandelt.

–g (--**general-numeric-sort**) sortiert nach numerischen Werten.

–i (--**ignore-printing**) Zeichen außerhalb des Bereichs \040 bis \0176 oktal (Leerzeichen bis ›˜‹) werden ignoriert.

–M (--**month-sort**) Die ersten drei Zeichen des Feldes werden als Monatsangabe in Großbuchstaben betrachtet und entsprechend verglichen und sortiert. Dabei gilt: JAN < FEB < MAR < … . Ungültige Felder werden als < JAN einsortiert. Die –b-Option wird automatisch mitgesetzt.

–n (--**numeric-sort**) Numerische Werte am Feldanfang werden entsprechend dem numerischen Wert sortiert.

–r (--**reverse**) sortiert in umgekehrter Reihenfolge.

Folgende weitere Optionen werden neben --**help** und --**version** verarbeitet:

–c (--**check**) prüft die korrekte Sortierung der Eingabe. Nur bei Fehlern wird Ausgabe erzeugt.

–k *p1 p2* (--**key=p1**[,*p2*]) beginnt die Sortierung ab Position *p1* (sie reicht bis *p2*).

–m (--**merge**) Die Eingabedateien sind bereits sortiert und sollen nur zusammengemischt werden.

–o *dat* (--**file=***dat*) Die Ausgabe soll anstatt auf die Standardausgabe auf die nachfolgend genannte Datei *dat* gehen. Dies darf auch eine Eingabedatei sein!

–s (--**stable**) macht **sort** etwas robuster gegen Abbrüche, indem die Anzahl der Sortierläufe begrenzt wird.

–S *gr* (--**buffer-size=***gr*) definiert die Größe an Hauptspeicher, die zum Sortieren verwendet werden soll.

–t*x* (--**fild-separator=***x)* *x* sei das Trennzeichen für Felder (Standard: <tabulator> und Leerzeichen).

–u (--**unique**) In der Ausgabe soll jede Zeile nur einmal vorkommen, d.h. mehrere identische Zeilen werden zu einer reduziert.

–z (--**zero-terminated**) terminiert Zeilen in der Ausgabe mit \0 statt dem sonst üblichen \012 (<neue zeile>).

✎ sort –u wb neu > wb.neu
→ sortiert und mischt den Inhalt der Dateien *wb* und *neu* und schreibt das Ergebnis in die Datei *wb.neu*. Bei mehrfach vorhandenen gleichen Zeilen wird nur eine in die Ausgabe übernommen.

✎   ls –ls | sort '-t ' +2
→ gibt die von **ls** erzeugte Liste aus, wobei nach dem zweiten Feld sortiert wird. Als Trennzeichen zwischen zwei Feldern ist das Leerzeichen angegeben. Da das Leerzeichen als Trennzeichen für die Shell wirkt, muss es maskiert werden (hier durch '…').

✎   ls –l | sort '-t ' –n +5
→ gibt ein ausführliches Inhaltsverzeichnis aus, welches nach der Länge der Dateien (5. Feld) sortiert ist.

---

split [*optionen*] [*datei* [*name*]]   → **split** one file into pieces of n lines

split zerteilt die angegebene Datei – bzw. die Zeilen der Standardeingabe – in Teile zu n Zeilen (Parameter ›–n‹; Standardwert für n = 1000 Zeilen). Das Ergebnis wird in Ausgabedateien geschrieben, deren Namen mit *name* beginnen und an die zwei Buchstaben angehängt werden. Die erste Datei heißt dann *nameaa*, die zweite Datei *nameab* usw. Fehlt die Angabe des Ausgabenamens, so wird ›x‹ angenommen. Fehlt die Angabe von *datei* (oder steht dort ›–‹), so wird von der Standardeingabe gelesen. Das Aufteilen großer Dateien ist oft dann sinnvoll, wenn eine Datei zu groß ist, um mit den Editoren (außer **sed**) bearbeitet zu werden.

Neben --**help** und --**version** kennt **split** an Optionen:

–a n (--**suffix-length**=n) gibt mit n die Länge der Endung an (Standard: 2).

–b n (--**bytes**=n) definiert, dass eine Ausgabedatei maximal n Byte lang sein soll.

–C n (--**lines**=n) zerteilt die Eingabedatei in Teile zu maximal n Bytes. Zusätzlich wird sichergestellt, dass nur volle Zeilen darin sind.

–l n (--**lines**=) Die Ausgabedateien sollen jeweils n Zeilen enthalten.

Den Größen n können als Einheiten **b** (512-Byte-Blöcke), **k** (kB) und **m** (MB) angefügt werden.

✎   split –500 riese zwerg
→ zerteilt die Datei *riese* in kleinere Dateien mit maximal 500 Zeilen. Diese heißen dann *zwergaa*, *zwergab* usw.

stat [*optionen*] *datei(en)* → return state(2) information from *datei*

gibt den Inhalt der Inodes der angegebenen Dateien oder des Dateisystems in einem gut lesbaren Format aus und entspricht auf der Shell-Ebene etwa dem C-Aufruf **stat**(2). Bei einer Datei werden angezeigt:
– Größe in Bytes und Blöcken, die Blockgröße und die Art der Datei
– Gerät und Inode-Nummer sowie die Anzahl der Links
– Zugriffsrechte (symbolisch und als Oktalzahl)
– Benutzer- und Gruppenummer und -namen
sowie die drei Zeiten:
– letzter Zugriff
– letzte Dateiänderung und
– letzte Inode-Änderung
Als Optionen kennt **stat** neben --**help** und --**version**:

–f   (--**filesystem**) zeigt den Status des dort liegenden Dateisystems, statt dem der Datei.

–c *fmt*   (--**format**=*fmt*) definiert, was statt des oben beschriebenen Formats alles ausgegeben werden soll. Mit einer Reihe von jeweils durch ›%‹ eingeleiteten Formatangaben kann die Ausgabe des Kommandos umfangreich beeinflusst werden. ›stat --help‹ zeigt die Formatangaben an.

–L   (--**deference**) Ist die angegebene Datei ein symbolischer Link, so wird diesem bis zur endgültigen Datei gefolgt und deren Stats angezeigt.

–t   (--**terse**) liefert eine kurze, knappe Ausgabe.

✎   stat –f /dev/fd0
     → zeigt den Status des Dateisystems auf dem Floppy-Laufwerk 0.

✎   stat .bashrc
     → zeigt Statusinformationen über die Datei *.bashrc*.
     Die Ausgabe hat das folgende Format:

```
File: ».bashrc«
  Size: 1533        Blocks: 8          IO Block: 4096    Regular File
Device: 343h/835dInode: 101675        Links: 1
Access: (0644/-rw-r--r--) Uid: ( 500/   karlo) Gid: ( 100/   users)
Access: 2003-09-15 15:26:54.000000000 +0100
Modify: 2003-08-08 21:56:09.000000000 +0100
Change: 2003-08-08 21:56:09.000000000 +0100
```

strings [–] [**–o** [**–n**] [*datei* ...]   → find **strings** in file

strings durchsucht die angegebenen Dateien nach Zeichenketten der minimalen Länge *n* (Standardwert für n = 4) und gibt diese Zeichenkette (bei der Option –**o** zusammen mit ihrer Position in der Datei) aus. Ohne die Option ›–a‹ wird nur im Initialisierungsdatenbereich von Objektdateien gesucht. Die wichtigsten weiteren Optionen sind:

–f   (*filename*) Es wird zusätzlich der Dateiname ausgegeben.

–t *radix*   (--**radix**=*radix*) für jede Zeichenkette wird der Abstand (offset) seiner Position ausgegeben. Das Ausgabeformat (*radix*) kann dabei oktal (o), hexadezimal (x) oder dezimal (d) sein.

–**e** *enc*   (--**encoding**=*enc*) Es kann angegeben werden, in welchem Encoding die zu findenden Zeichenketten vorliegen sollen. Damit können auch Zeichenketten in Doppelbyte-Codierungen gefunden werden.

Das nachfolgende Beispiel zeigt auf, welche Terminaltypen und Optionen das Kommando **tabs** kennt:

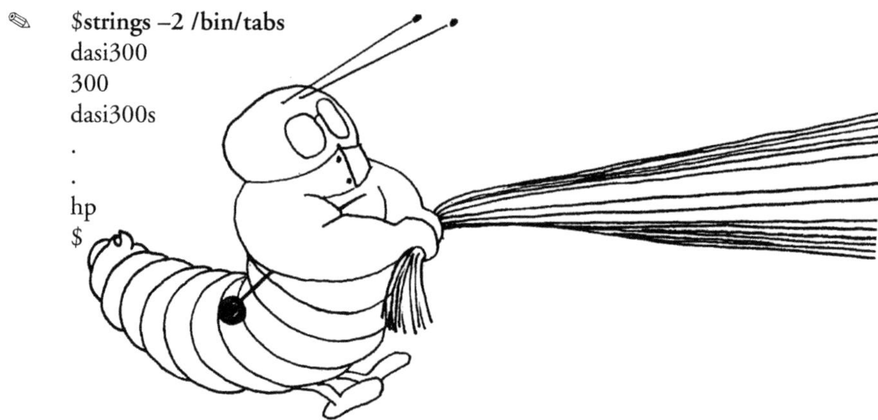

```
$strings –2 /bin/tabs
dasi300
300
dasi300s
.
.
hp
$
```

---

stty [–**a**] [–**g**] [*parameter*]   → set tty characteristics

stty erlaubt es, Charakteristika und Einstellungen des aktuell verwendeten Bildschirmtyps (tty) abzufragen (**stty** ohne Parameter) oder neu zu setzen. Wird **stty** –**a** aufgerufen, so werden die aktuellen Werte aller Parameter ausgegeben.

Mit der Option –**g** erfolgt die Ausgabe in einem Format, das als Eingabe für einen anderen **stty**-Aufruf verwendet werden kann.

Sollen die Parameter für eine andere Leitung als die der aktuellen Dialogstation abgefragt werden, so geschieht das in der Form:

»**stty** ... < **/dev/tty***xx*«

In der schieren Unübersichtlichkeit der stty-Parameter bieten sich als wichtigste Einstellungen – und andere werden selten benötigt – die Kombinationsparameter an, die jeweils eine Reihe von typischen Einstellungen kombinieren. Kombinationsparameter sind:

cbreak	Invertierung des Parameters icanon; entspricht also ›-icanon‹
-cbreak	s.o.; entspricht ›icanon‹.
cooked	gleichbedeutend mit ›-raw‹.
	setzt die Parameter brkint, ignpar, istrip, icrnl, ixon, opost, isig, icanon, eof und eol auf ihre Standardwerte.
-cooked	gleichbedeutend mit ›raw‹
crt	setzt die Parameter echoe, echoctl und echoke.
dec	setzt die Parameter echoe echoctl echoke -ixany intr ^c erase 0177 kill ^u

ek	setzt die Parameter erase und kill auf ihre Standardwerte.
evenp	setzt die Parameter parenb -parodd cs7.
-evenp	Umkehrung des obigen Parametersatzes; setzt die Parameter -parenb cs8.
litout	setzt die Parameter -parenb -istrip -opost cs8.
-litout	setzt die Parameter parenb istrip opost cs7.
nl	setzt die Parameter -icrnl -onlcr.
-nl	setzt die Parameter icrnl -inlcr -igncr onlcr -ocrnl -onlret.
oddp	setzt die Parameter parenb parodd cs7.
-oddp	setzt die Parameter -parenb cs8.
pass8	setzt die Parameter- parenb -istrip cs8.
-pass8	setzt die Parameter parenb istrip cs7.
raw	setzt die Parameter -ignbrk -brkint -ignpar -parmrk -inpck -istrip -inlcr -igncr -icrnl -ixon -ixoff -iuclc -ixany -imaxbel -opost -isig - icanon -xcase min 1 time 0.
-raw	gleichbedeutend mit ›cooked‹
sane	wichtigste Einstellung bei verstellten Werten; sollte immer zuerst versucht werden; setzt die Parameter cread -ignbrk brkint -inlcr -igncr icrnl -ixoff - iuclc -ixany imaxbel opost -olcuc -ocrnl onlcr -onocr -onlret -ofill -ofdel nl0 cr0 tab0 bs0 vt0 ff0 isig icanon iexten echo echoe echok -echonl -noflsh -xcase -tostop -echoprt echoctl echoke; alle Definitionen von Sonderzeichen werden auf ihre Standardwerte zurückgesetzt.

Einzelparameter bei stty

Die folgenden Parameter lassen sich durch **stty** setzen und abfragen. Ein vorangestelltes ›–‹ negiert (wo sinnvoll) jeweils die Funktion:

Leitungsparameter:

clocal	Die Leitung soll ohne Modemsteuerung betrieben werden (–clocal = mit Modemsteuerung).
cread	Der Empfänger der Leitung soll aktiv sein (–cread = nicht aktiv).
crtscts	Das Protokoll soll über RTS/CTS-Steuerung abgewickelt werden.
cstopb	Die Leitung soll mit einem (–cstopb = 2) Stoppbit betrieben werden.
csx	Es sollen Zeichen mit x Datenbit empfangen und gesendet werden. Erlaubt sind: cs5, cs6, cs7, cs8.
evenp	setzt die Kombination ›parenb cs7‹ ein.
hup	wie hupcl
hupcl	Nach dem letzten close soll die Leitung (bei Modem oder Telefonverbindung) unterbrochen werden (–hupcl = nicht unterbrechen).
loblk	Die Ausgabe einer *nicht aktuellen Shell* (siehe hierzu **shl**) soll blo- ckiert werden (–loblk = nicht blockiert).

nnn	Die Leitung soll mit *nnn* Baud betrieben werden.
	Als *nnn* sind erlaubt: 50 75 110 134 150 200 300 600 1 200 1 800 2 400 4 800 9 600 19 200 38 400 54 000.
oddp	setzt die Kombination ›parenb cs7 parodd‹ ein.
parenb	Die Leitung soll mit einer Paritätsprüfung und Generierung arbeiten.
parity	setzt die Kombination ›parenb cs7‹ ein.
parodd	Die Leitung soll mit ungerader Parität arbeiten (–parodd = even parity).

Die verwendete Schnittstelle muss natürlich zu einer entsprechenden Einstellung in der Lage sein!

Die nachfolgenden Angaben steuern die Verarbeitung der Eingabe:

ignbreak	Bei der Eingabe soll <break> ignoriert werden.
brkint	Die Eingabe von <break> soll ein INTR-Signal (<unterbrechung>) auslösen.
ignpar	Paritätsfehler sollen ignoriert werden.
parmrk	Paritätsfehler sollen gemeldet werden.
inpck	Bei der Eingabe soll auf Paritätsfehler geprüft werden.
istrip	Gelesene Zeichen werden auf 7 Bit maskiert.
inlcr	Bei der Eingabe wird <neue zeile> (<lf>) auf <cr> abgebildet.
igncr	<cr> soll ignoriert werden.
icrnl	<cr> wird auf <neue zeile> (*line feed*) abgebildet.
iuclc	Großbuchstaben werden in Kleinbuchstaben konvertiert.
ixon	Die Ausgabe soll mit einer Flusskontrolle nach <dc3> (Strg-S) <dc1> (Strg-Q) arbeiten.
ixany	Nicht nur <dc1> (Strg-Q), sondern jedes beliebige Zeichen soll die Ausgabe fortsetzen.
ixoff	Ist der Eingabepuffer fast voll, so soll das System der Leitung ein <dc3>-Zeichen und bei freiem Speicher ein <dc1> senden.
nl	setzt die Kombination –icrnl –onlcr (–nl → –inlcr –igncr -ocrnl –onlret).

Mit folgenden Parametern lässt sich die **Verarbeitung der Ausgabe** beeinflussen, wobei ein vorangestelltes ›–‹ die Funktion außer Kraft setzt:

opost	Die auszugebenden Zeichen werden vor der Ausgabe betrachtet und soweit notwendig bearbeitet (z. B. <tab>-Zeichen zu <leerzeichen> expandiert).
olcuc	Kleinbuchstaben werden in Großbuchstaben konvertiert.
onlcr	<lf> wird in <cr><lf> expandiert.
oncrnl	<cr> wird in <lf> konvertiert.
onocr	In Spalte 0 wird kein <cr> ausgegeben.
onlret	<lf> bewirkt bei der Dialogstation einen Wagenrücklauf.
ofill	Bei der Ausgabe sollen Füllzeichen als Zeitverzögerung verwendet werden.

ofdel	Es sollen <del>-Zeichen als Füllzeichen verwendet werden (–ofdel = Nullzeichen).
tabs_n_	Tabulatorzeichen sollen unverändert ausgegeben werden (–tabs = tab3 → sollen zu Leerzeichen expandiert werden).
raw	setzt einen Ein- und Ausgabemodus ohne Verarbeitung ein. Dabei gilt für die Ausgabe –opost und bei der Eingabe, dass <lösche zeichen>, <lösche zeile>, <unterbrechung> oder <abbruch>, <umschalten> und <dateiende> nicht bearbeitet werden. Die Umkehrung davon ist –raw oder cooked.
cooked	entspricht –raw.
sane	setzt die Leitung in eine Art Grundzustand. Dies ist nach dem Abbruch eines im _raw mode_ arbeitenden Programms nützlich.

Manche Dialogstationen benötigen zur Verarbeitung einiger Sonderzeichen mehr Zeit als bei normalen Zeichen. Mit **stty** können deshalb Verzögerungen etabliert werden. Eine größere Ziffer bedeutet dabei eine größere Verzögerung. Die Ziffer **0** gibt an, dass keine Verzögerung notwendig ist. Möglich sind

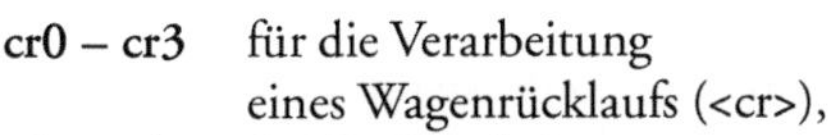

cr0 – cr3	für die Verarbeitung eines Wagenrücklaufs (<cr>),
nl0 – nl	für die Verarbeitung eines Zeilenvorschubs (<lf>),
tab0 – tab3	für die Verarbeitung eines Tabulatorzeichens (<tab>),
ff0 – ff1	für die Verarbeitung eines Seitenvorschubs (<ff>),
bs0 – bs1	für die Verarbeitung eines <back space>-Zeichens (<bs>),
vt0 – vt1	für die Verarbeitung eines <vertikalen tab> (<vt>).

Zeichenbearbeitung:

isig	Die Eingabe soll auf Zeichen mit besonderer Funktion untersucht und die Sonderfunktion ausgeführt werden. Hierzu gehören <unterbrechung>, <abbruch> und <umschalten> (INTR, QUIT, SWTCH).
icanon	Die Sonderfunktionen der Zeichen <lösche zeichen> und <lösche zeile> (ERASE, KILL) sollen bei Eingabe dieser Zeichen ausgeführt werden.
xcase	Es soll eine Buchstabenkonvertierung von Kleinbuchstaben zu Großbuchstaben stattfinden.
echo	Eingabezeichen sollen durch ein Echo beantwortet werden.
echoe	<lösche zeichen> (KILL) soll ein Echo in der Form <backspace><leerzeichen><backspace> erzeugen.
echok	Das <neue zeile>-Zeichen soll auch nach einem <lösche zeile> (KILL) ein Echo erhalten.

lflck	entspricht **echok**.
echonl	Ein Echo soll auf das <neue zeile>-Zeichen (<lf>) erfolgen.
noflsh	Nach einem der Eingaben <unterbrechung>, <abbruch>, <um-schalten> (INTR, QUIT, SWTCH) soll der Eingabepuffer nicht geleert werden.
stwrap	Auf synchronen Anschlüssen sollen Zeilen mit mehr als 79 Zeichen nicht gekürzt werden.
stflush	Bei synchron angeschlossenen Leitungen soll nach jedem Schreiben der Eingabepuffer geleert sein.
stappl	Bei synchroner Leitung soll der *application modus* verwendet werden (–stappl = *line modus*).
lcase	setzt die Kombination **xcase iuclc olcuc**. LCASE hat die gleiche Funktion.
fz *x*	Dies erlaubt die Zuordnung des Zeichens *x* zu der angegebenen Sonderzeichenfunktion. Wird *x* ein ^ vorangestellt, so wird dies als [Ctrl]-[X] interpretiert. Gültige Funktionen sind:
erase	für <lösche zeichen>
kill	für <lösche zeile>
intr	für <unterbrechung>
quit	für <abbruch>
swtch	für <umschalten> bei Verwendung der **shl** zur Aktivierung der **shl**
eof	für <ende der eingabe>
ctab	bei synchronen Leitungen für die **stappl**-Funktion
ek	setzt die Zeichen <lösche zeichen> und < lösche zeile> auf den Initialwert # und @ zurück.
line *n*	Es soll das Leitungsprotokoll *n* (0< n < 127) verwendet werden. Dies ist nur bei Anschlüssen sinnvoll, die mehrere Protokolle unterstützen können.

Das **stty**-Kommando ist – schon allein ob der Zahl der Optionen – ein höchst mächtiges Kommando, dessen Einsatz jedoch mit Vorsicht zu betreiben ist: Zu leicht kann es vorkommen, dass eine Bildschirm mit diesem Kommando in einen Modus versetzt wird, in dem eine Nutzung kaum mehr möglich ist.

✎   stty erase '^H' kill '^X'
→ setzt das Zeichen <bs> (= [Strg]-[H]) als <lösche zeichen>- und [Ctrl]-[X] als <lösche zeile>-Zeichen ein. ^H und ^X mussten hier maskiert werden, da das ^-Zeichen für die Shell die Metafunktion Pipe-Ersatzzeichen hat.

✎   <lf>
stty sane <lf>
→ versetzt die Leitung der aktuellen Dialogstation wieder in einen *Normalmodus*, d.h. Lesen im Zeilenmodus, Erzeugung eines Echos usw. Dies ist zuweilen notwendig nach dem Absturz oder Abbruch eines Programms, damit die Leitung in den *raw mode* versetzt wird.

✎ stty –a < /dev/tty12
→ gibt die gesetzten Werte aller Parameter der Dialogstation *12* aus.

✎ **stty -a**
```
speed 9600 baud;
rows = 24; columns = 80; ypixels = 316; xpixels = 484;
intr = ^c; quit = ^|; erase = ^h; kill = ^u;
eof = ^d; eol = <undef>; eol2 = <undef>; swtch = <undef>;
start = ^q; stop = ^s; susp = ^z; dsusp = ^y;
rprnt = ^r; flush = ^o; werase = ^w; lnext = ^v;
parenb -parodd cs7 -cstopb hupcl cread -clocal -loblk
-crtscts -parext -ignbrk brkint ignpar -parmrk -inpck
istrip -inlcr -igncr icrnl -iuclc ixon ixany -ixoff imaxbel
isig icanon -xcase echo echoe echok -echonl -noflsh
-tostop echoctl -echoprt -echoke -defecho -flusho -pendin
iexten opost -olcuc onlcr -ocrnl -onocr -onlret -ofill -ofdel
```
→ Ausgabe aller aktuellen Werte der Dialogstation; die wichtigsten
Werte sind fett geschrieben (wobei in der jeweiligen Situation nicht un-
bedingt alle Werte sinnvoll sind; hier etwa die Baud-Rate).

✎ stty –echo –ixoff < /dev/ tty12
→ gibt an, dass kein Eingabeecho mehr für die Dialogstation 12 erzeugt
werden soll. Dies kann dann von Vorteil sein, wenn man auf sehr einfache Weise einen anderen Rechner an die Schnittstelle anschließen
möchte. Darüber hinaus soll ein <dc3>-Zeichen auf die Leitung geschickt werden, wenn der Systemeingabepuffer fast voll ist. Bei ausreichendem Platz wird die Eingabe dann später mit <dc1> wieder erlaubt.

✎ stty ixon ixoff < /dev/tty22
→ schaltet für die Leitung *dev/tty22* eine Art Protokoll an, bei dem
durch **ixoff** dem externen Gerät (z.B. dem Sichtgerät) ein <XOFF> geschickt wird, sofern der interne Zeilenpuffer fast voll ist. Es wird
dann erwartet, dass das externe Gerät mit dem Senden weiterer Zeichen wartet, bis der Rechner wieder mit <XON> signalisiert, dass
er weitere Zeichen entgegennehmen kann.

su [*optionen*] [*benutzer-name*] [*argumente*]   → switch username temporarily

su (*switch user*) erlaubt es, vorübergehend unter einer anderen Benutzernummer (Benutzernamen) zu arbeiten. **su** erfragt hierzu das Passwort des neuen Benutzers (soweit dieser eines hat) und ruft eine neue Shell auf, ohne dass hierbei die aktuelle Umgebung (wie z.B. das Standardverzeichnis) geändert wird. **su** startet auch das für den jeweiligen Benutzer in der Datei */etc/passwd* angegebene Initialprogramm (z.B. **/bin/bash**). Nach der Beendigung dieser Shell (durch <eof> oder **exit**) ist der alte Zustand wieder hergestellt. Fehlt die Angabe von *benutzer-name*, so wird die Identität des Super-Users angenommen.
Sind im Aufruf *argumente* enthalten, so werden diese dem aufgerufenen Programm (z.B. der Shell) mitgegeben.
Hat der **su**-Aufruf den Parameter ›–‹, so wird ein **login** durchgeführt und der entsprechende Mechanismus durchlaufen (z.B. Setzen des *Home Directory* und Durchlaufen der Umgebungsdefinition). Neben --**help** und --**version** verarbeitet su als Optionen:

–, –l   (--**login**) führt eine normale login-Prozedur durch, so dass auch die entsprechenden Shell-Initialisierungsdateien durchlaufen werden.

–c *cmd* (--**command**=*cmd*) führt das angegebene Kommando in der neuen Shell aus und kehrt danach sofort wieder zur aktuellen Shell zurück. Dies ist sehr ähnlich zum Kommando **sudo** (siehe Seite 413).

–f   (--**fast**) übergibt die Option –f an die neue Shell. Bei der bash unterdrückt dies die Expansion von Dateinamen, bei der **csh/tcsh** die Ausführung der Initialisierungsdatei *.cshrc*.

–m, –p (--**preserve-environment**) übernimmt für die Dauer der temporären Sitzung die aktuellen Umgebungsvariablen.

–s *sh*   (--**shell**=*sh*) Als neue Shell soll *sh* verwendet werden.

In Shellskripten kann auch **kdesu** mit einer grafischen Box verwendet werden.

✎ $su herrmann   Aufruf mit *herrmann*
      Password: ....   Das Passwort wird erfragt; ohne Echo.
      $
      → in einer neuen Shell wird in die ID des Benutzers *herrmann* gewechselt, ohne allerdings seine Benutzerumgebung zu erhalten.

✎ $ su –
      Password: ... ...
      #
      → in einer neuen Shell wird die ID des Super-Users (*root*) angenommen. Die gesamte Umgebungsdefinition des Benutzers *root* wird durchlaufen und in das Verzeichnis ›/‹ als neues Heimatverzeichnis gewechselt. Dieser Wechsel in die Kennung des Super-Users kann auf bestimmte Bildschirme und bestimmte ursprüngliche Benutzer beschränkt sein.

sudo [*funktion*] [*optionen*] [*benutzer*] *kommando*   → become **su**per user and **do** …

erlaubt dem Aufrufer vorübergehend, die Identität des Super-Users oder des (mit der Option –u) angegebenen Benutzers anzunehmen und darunter das angegebene Kommando auszuführen. Damit dies möglich ist, muss der aufrufende Benutzer dazu in der Datei explizit */etc/sudoers* berechtigt werden. Auf diese Weise kann der Systemverwalter bestimmte Benutzer vordefinierte Aufgaben ausführen lassen, für die man bestimmte Privilegien benötigt (z.B. das des Super-Users), ohne ihm aber das entsprechende Passwort (z.B. das des Super-Users) bekannt machen zu müssen. Beim Aufruf wird er zur Sicherheit nochmals nach seinem eigenen Passwort gefragt. Das Passwort und damit die Benutzung von **sudo** bleibt für einen definierbaren Zeitraum, normalerweise 5 Minuten, gültig, ohne dass sich der Benutzer erneut validieren muss.
Ruft ein Benutzer **sudo** auf, ohne in */etc/sudoers* eingetragen zu sein, wird der Systemverwalter (root) per E-Mail informiert.
Eine Alternative zu **sudo** ist **kdesu**. Dort wird jedoch das Passwort abgefragt.
Mit den folgenden wichtigsten Aufrufparametern wird **sudo** gesteuert:

–l	gibt aus, welche Kommandos der aktuelle Benutzer mit Hilfe des **sudo**-Kommandos ausführen darf
–v	Validierung des aktuellen Benutzers als **sudo**-Benutzer, ohne ein Kommando tatsächlich auszuführen
–k, –K	Der Gültigkeitszeitraum, in dem **sudo** ohne erneute Eingabe eines Passworts genutzt werden kann, wird sofort beendet.
–b	Das per **sudo** aufgerufene Kommando soll im Hintergrund ablaufen.
–p	Textzeile, mit der der Benutzer nach seinem **sudo**-Passwort gefragt wird; nützlich insbesondere in Shellskripten, aus denen heraus **sudo** aufgerufen wird.
–u	Das Kommando soll nicht als root, sondern als der angegebene Benutzer ausgeführt werden.
–s	Es wird eine Shell gestartet, die entweder in der Variablen SHELL oder in der Datei */etc/passwd* angegeben ist.
–H	Mit dem **sudo**-Kommando wird auch in das HOME-Verzeichnis des Zielbenutzers gewechselt und die Variable HOME entsprechend belegt.
–S	Das Passwort für **sudo** soll nicht vom Bildschirm, sondern von der Standardeingabe gelesen werden.
– –	zeigt an, dass die Angabe von Aufrufparametern abgeschlossen ist und alles was nach diesem Zeichen kommt, nicht mehr als Parameter verstanden werden soll.

✎   **sudo** shutdown –h +10 "Das System muss abgeschaltet werden!"
→ ermöglicht es einem normalen Benutzer, der allerdings für dieses Kommando in */etc/sudoers* freigeschaltet sein muss, das Kommando **shutdown** auszuführen. Das System wird mit **shutdown** mit einer Warnzeit von 10 Minuten und der Meldung an alle Benutzer ›*Das System muss abgeschaltet werden!*‹ heruntergefahren.

sum [*optionen*] [*datei(en)*]   → calculate check **sum** of files

berechnet eine Prüfsumme der angegebenen Dateien (oder der Standardeingabe) und gibt diese zusammen mit der Größe der Datei in 1-kB-Blöcken aus.

Als Optionen unterstützt **sum** neben --**help** und --**version**:

–r   Es wird dabei der BSD-Prüfsummenalgorithmus verwendet (Standard).

–s   (--**sysv**) Es wird der unter System V übliche Prüfsummenalgorithmus verwendet, und die Größenangabe erfolgt in 512-Byte-Einheiten.

✎   sum /etc/passwd > passwd.sum
→ berechnet die Prüfsumme der Passwortdatei und schreibt das Ergebnis in die Datei *passwd.sum*.

sync   → **sync**hronize internal and external information

sync sorgt dafür, dass alle im Hauptspeicher gepufferten und zur Ausgabe anstehenden Blöcke der Dateisysteme auf die Externspeicher geschrieben werden. Normalerweise wird **sync** automatisch ca. alle 30 Sekunden durchgeführt. Da Linux mit einem großen E/A-Puffer arbeitet, muss der logische Zustand einer Magnetplatte nicht immer mit dem physikalischen (dem dort wirklich stehenden) übereinstimmen. **sync** sorgt für diese Übereinstimmung und sollte auf jeden Fall vor dem Abschalten des Systems durchgeführt werden. **shutdown** führt automatisch ein **sync** aus.

tac [*optionen*] [*datei*]   → reverse cat

arbeitet die **cat**, gibt die konkatinierten Dateien jedoch in umgekehrter Reihenfolge aus – d.h. die letzte Zeile zuerst.

Als Optionen neben --**help** und --**version** sind vorhanden:

–b   (--**before**) Der Feldtrenner (Trennzeichen) wird vor das zu begrenzende Feld in der Ausgabe geschrieben.

–r   (--**regex**) gestattet, bei der Vorgabe der Trennzeichen reguläre Ausdrücke zu verwenden. Diese müssen in der Regel per "..." geschützt werden.

–s *z*   (--**separator**=*z*) Hierbei wird das Zeichen *z* als Feldtrennzeichen in der Ausgabe verwendet (Standard: Zeilenende).

✎   tac liste1 liste 2 > liste3
→ verkettet *liste1* und *liste2* und schreibt das Ergebnis nach *liste3*. Dort stehen die Zeilen in umgekehrter Reihenfolge (zuerst die aus *liste1*).

tail [*zahl*[*einheiten*]] [*optionen*] [*datei ...*]   → return last part (**tail**) of file

> **tail** kopiert die angegebene Datei (oder von der Standardeingabe) auf die Standardausgabe, wobei nur der *letzte Teil* der Eingabe ausgegeben wird.
>
> Die Ausgabe beginnt ab der Position *zahl*. Bei der Form +*zahl* wird vom Anfang der Datei aus gerechnet; bei der Form −*zahl* oder der Form ohne Vorzeichen wird vom Ende der Datei her gerechnet. Fehlt die Angabe von *zahl*, so wird −10l angenommen. Die Position ergibt sich aus dem Wert der Zahl und den *einheiten*. Hierbei steht für *einheiten*
>
> | | |
> |---|---|
> | c | falls Zeichen (*characters*) gemeint sind, |
> | l | falls Zeilen (*lines*) gemeint sind (Standard), |
> | b | falls Blöcke (zu 512 Bytes) gemeint sind, |
> | k | falls kByte (1024 Byte) gemeint sind, |
> | m | falls MByte gemeint sind. |
>
> Wird mehr als eine Datei angegeben, so schreibt **tail** im Standardfall jeweils eine Zeile mit dem Dateinamen (etwa: ===> *dateiname* < ===) in die Ausgabe vor die eigentliche Ausgabe. Die Option −**q** unterdrückt dies.
>
> Mit der Option −**f** (und wenn die Eingabe keine *Pipe* ist) terminiert **tail** nach der ersten Ausgabe nicht, sondern überprüft in bestimmten Zeitintervallen, ob die Datei inzwischen gewachsen ist und gibt die neu hinzugekommenen Zeilen oder Zeichen aus. Auf diese Weise lässt sich eine Datei bei ihrem Wachstum überwachen. **tail** lässt sich hier auch dann nicht beirren, wenn die originäre Datei umbenannt wird, falls die Option --**follow=descriptor** angegeben ist. **tail** muss bei −**f** explizit durch <unterbrechung> beendet werden.
>
> Über die Optionen (neben --**help**, --**verbose** und --**version**) ist folgende Steuerung möglich:
>
> | | |
> |---|---|
> | −**c** *zahl* | (--**bytes**=*zahl*) gibt die Anzahl der auszugebenden Bytes statt Zeilen vor (als andere Form der Zahlangabe). Für den Wert *zahl* gelten die gleichen Regeln (−, +, *einheit*) wie für *zahl* ganz oben. |
> | −**C** *n* | (--**line-bytes**=*n*) gibt so viele Zeilen aus, wie möglich sind, ohne *n* Bytes zu überschreiten. |
> | −**f** | (--**follow**[=**name**]), (--**follow**=**descriptor**) legt fest, dass der Name (−**f** oder --**follow**=**name**) oder der Inode (--**follow**=**descriptor**) überwacht werden soll. |
> | −**l** *zahl* | (--**lines**=*zahl*) gibt (analog zu −**c**) *zahl* Zeilen aus. |
> | −**n** *zahl* | (--**lines**=*zahl*) gibt (analog zu −**c**) *zahl* Zeilen aus. |
> | --**max-unchanged-stats**=*n* | Wurde −**f** (oder --**follow**=**name**) angegeben, so legt dies fest, dass nach *n* Versuchen (Standard: 5), bei denen die Länge unverändert blieb, nun untersucht wird, ob der Dateiname noch mit dem gleichen Geräte-/Inode-Paar verknüpft ist. |
> | --**pid**=*pid* | beendet **tail**, wenn der Prozess mit der Prozessnummer *pid* beendet wird (im Zusammenspiel mit −**f**). |
> | −**q** | (---**quiet**, --**silent**) unterdrückt die Ausgabe der Kopfzeile mit dem Dateinamen. |

–r	(nur Unix) Hiermit erfolgt die Ausgabe zeilenweise in umgekehrter Reihenfolge. Dies Option ist bei GNU-**tail** nicht vorhanden.
--retry	versucht wiederholt (im Zusammenspiel mit **–f**) die Datei zu öffnen. Im Standardfall wird nach dem ersten Fehlversuch **tail** beendet.
–s *n*	(**--sleep-intercal**=*n*) definiert, dass (im Zusammenspiel mit **–f**) nur alle *n* Sekunden der Update-Status überprüft wird (Standard: 1 s).

✎ tail –200 ted.l > teb.rest
→ kopiert die letzten 200 Zeilen der Datei *ted.l* in die Datei *ted.rest*.

✎ tail +1ck ted.l > teb.start
→ kopiert die ersten 1024 Zeichen der Datei *ted.l* in die Datei *ted.start*.

✎ tail –20c ted.l
→ gibt die letzten 20 Zeichen der Datei *ted.l* aus.

✎ tail –f error.log
→ überwacht die Datei *error.log* und zeigt jeweils an, wenn eine neue Meldung am Ende dieser Datei eingetragen wird.

tar *funktion* [*optionen*] [*datei(en)*]   → tape archiver

tar ist ein Programm zu Erstellung von Sicherungen bzw. Archiven (*tarfiles*) sowie zum Zurückladen aus solchen. In *funktion* muss angegeben werden, wie dies erfolgen soll. Der Parameter *name* gibt an, welche Dateien oder Dateibäume herausgeschrieben oder wieder eingelesen werden sollen. Wird dabei ein Verzeichnis angegeben, so wird der gesamte darin enthaltene Dateibaum übertragen. **tar** arbeitet standardmäßig auf dem in */etc/default/tar* festgelegten Gerät.

Als Funktionscode sind möglich (bei den 1-Zeichen-Funktionen darf das führende ›–‹ weggelassen werden):

–A	(**--catenate**, **--concatenate**) hängt ein zweites (gekapseltes) Archiv an das Ende des vohergehenden Archivs (oder fügt es auf dem Band hinten an).
–c	(**--create**) Ein neues Archiv wird angelegt. Das Sichern beginnt am Bandanfang, anstatt wie sonst hinter der letzten Datei des Bandes.
–d	(**--diff**, **--compare**) vergleicht die im Archiv abgelegten Dateien mit den angegebenen Dateien.

--delete löscht die angegebenen Dateien aus dem Archiv. Dies ist nur bei Archiven in Dateien möglich, nicht bei Bändern oder Streamern.

--r (**--append**) Die genannten Dateien werden am Ende des bereits existierenden Archivs (oder Bands) angehängt.

--t (**--list**) Das Band oder Archiv wird nach den vorgegebenen Namen durchsucht und die gefundenen Namen ausgegeben. Damit wird ein Inhaltsverzeichnis des Archivs erstellt. Ohne Angabe von Namen, wird das gesamte Inhaltsverzeichnis des Archivs ausgegeben.

--u (**--update**) Die genannten Dateien werden nur dann in das Archiv geschrieben (am Ende angehängt), wenn sie entweder noch nicht im Archiv (oder auf dem Band) stehen oder neuer als jene im Archiv sind.

--x (**--extract**, **--get**) Die genannten Dateien sollen aus dem Archiv gelesen werden. Fehlt die Angabe der Dateien, so werden alle Dateien extrahiert.

Für Zusatzfunktionen sind folgende Optionen erlaubt:

n gibt die Laufwerk- bzw. Gerätenummer des Bandes an ($0 \leq n \leq 9999$) an. Die Zuordnung zwischen Laufwerknummer und Gerätename sowie das Standardlaufwerk ist in der Datei */etc/default/tar* festgelegt.

--atime-preserve sorgt dafür, dass beim Extrahieren die früheren Zugriffszeiten erhalten bleiben.

--b *n* (**--blocksize=***n*) gibt die zu verwendende Blockgröße an (in 512 Byte Einheiten, Standard = 20). Beim Einlesen von einem *raw device* wird die Größe automatisch ermittelt.

--checkpoint gibt alle gefundenen Verzeichnisnamen aus.

--C *verz* (**--directory=***verz*) wechselt vor der **tar**-Ausführung in das angegebene Verzeichnis.

--exclude=*datei* entfernt die angegebene Datei aus jeder Dateiliste.

--f *ar* (**--file=***ar*) Das nachfolgende Argument *ar* wird als Name des Gerätes (bzw. des Dateisystems) angesehen, auf das gesichert oder von dem gelesen werden soll. *ar* darf auch eine Komponente auf einem anderen Rechner sein (Form: *rechner:datei*). Ohne diese Option(oder **--O**) wird als Archivgerät jenes angenommen, welches in */et/defaults/tar* festgelegt ist. Wird ›**f** –‹ angegeben, so ist damit die Standardein- oder -ausgabe gemeint. Damit kann aus einer Pipe gelesen oder in eine Pipe geschrieben werden.

--force-local sorgt dafür, dass Dateinamen in der Form *rechner:datei* als lokale Dateien interpretiert werden.

--F *skript*(**--info-script=***skript*, **--new-volume-script=***skript*) wird nur bei **--M** wirksam und führt dann am Ende jeden Archivs/Bands die mit *skript* angegebene Shell-Prozedur aus.

--g (**--listed-incremental**) legt eine inkrementelle Sicherung des neuen GNU-tar-Typs an (oder liest sie).

--G (**--incremental**) legt eine inkrementelle Sicherung im alten GNU-**tar**-Format an (oder liest sie).

–h   (**--dereference**) Symbolische Verweise (*Symbolic Links*) werden behandelt wie normale Dateien, d.h. sie werden aufgelöst und mit in das Archiv übernommen. Normalerweise übersieht **tar** symbolische Verweise.

–i   (**--ignore-zeros**) ignoriert Blöcke der Größe 0 Byte.

--ignore-failed-read   bricht nicht wie üblich **tar** bei nicht lesbaren Dateien ab, sondern überspringt die Datei.

–j   (**--bzip2, --bunzip2**) komprimiert oder dekomprimiert die Dateien im Archiv per **bzip2/bunzip2**.

–k   (**--keep-old-files**) bereits existierende Dateien werden beim Zurückladen nicht (wie sonst üblich) überschrieben.

–K *dat*   (**--starting-file=***dat*) startet die **tar**-Operation ab der Datei *dat*.

–l   (**--one-file-system**) geht beim Archivieren nicht über Dateisystemgrenzen hinaus.

–L *l*   (**--tape-length=***l*) sorgt dafür, dass maximal *l* kByte auf ein Band geschrieben werden.

–m   (**--modification-time**) veranlasst **tar** beim Zurückschreiben, nicht das aktuelle Datum, sondern das Datum der ursprünglichen Dateisicherung als Datum der letzten Dateiänderung einzutragen.

–M   (**--multi-volume**) Es wird ein aus mehreren Bändern/Volumes bestehendes Archiv angelegt oder gelesen.

–n   (**--null**) erwartet, dass Dateinamen, die per **–T** gelesen werden, mit \0 abgeschlossen sind und deaktiviert **–C**.

–N *d*   (**--after-date=***d*) Hiermit werden alle Dateien ignoriert, die älter als das Datum *d* sind.

--o   (**--old-archive**) Es wird das uralte V7-**tar**-Format verwendet.

--old   (**--preserve, --portability**) entspricht **–p** und **–s**.

–O   (**--to-stdout**) gibt die extrahierten Dateien auf *stdout* (Standardausgabe).

–p   (**--preserve-permissions**) liest Dateien mit ihren ursprünglichen Modi und Zugriffsrechten ein.

–P   (**--absolut-path**) Absolute Pfadnamen bleiben erhalten.

--remove-files   löscht die Originaldateien nach der Übernahme in das Archiv.

--rshell=*befehl*   verbindet sich statt mit **rsh** mit dem angegebenen Befehl auf einen entfernten Rechner für einen Zugriff dort.

–R   (**--record-number**) zeigt die *Datensatznummern* der Dateien im Archiv.

–s   (**--same-order, --preserve-order**) sortiert beim Extrahieren die Dateinamen in der Reihenfolge, wie sie im Archiv stehen.

–S   (**--sparse**) behandelt kurze Dateien und Dateien mit vielen leeren Blöcken optimiert.

–t   (**--totals**) gibt die Summe der archivierten Bytes (bei **–c**) aus.

–T *dat*   (**--files-from=***dat*) Hierbei liest **tar** die Namen der zu archivierenden Datei aus der Datei *dat*.

--use-compress-program=*prog*   komprimiert oder dekomprimiert die archivierten Dateien und benutzt dazu das angegebene Komprimierungsprogramm (z.B. **gzip**).

–v   (--**verbose**) Während **tar** normalerweise keine speziellen Meldungen ausgibt, wird mit der –v-Option der Name jeder übertragenen Datei mit zusätzlichen Informationen ausgegeben.

–V *xx*   (--**label**=*xx*) gibt dem Sicherungsvolumeband den Namen (*Label*) *xx*.

–w   (--**interactive**) veranlasst **tar** vor jeder Aktion, den Dateinamen und die Art der Aktion auszugeben und auf eine Benutzerbestätigung zu warten. Die Aktion wird bei Eingabe von **y** ausgeführt.

–W   (--**verify**) prüft das Archiv nach dem Anlegen auf Korrektheit.

–X *xfile* (--**exclude**=*xfile*) In *xfile* sind Dateien angegeben worden, die von den **tar**-Operationen ausgenommen und nicht übertragen werden sollen.

–z   (--**gzip**, --**gunzip**) komprimiert oder dekomprimiert die Dateien bei der Operation mit **gzip/gunzip**.

–Z   (--**compress**, --**uncompress**) komprimiert oder dekomprimiert die Dateien bei der Operation mit **compress/uncompress**.

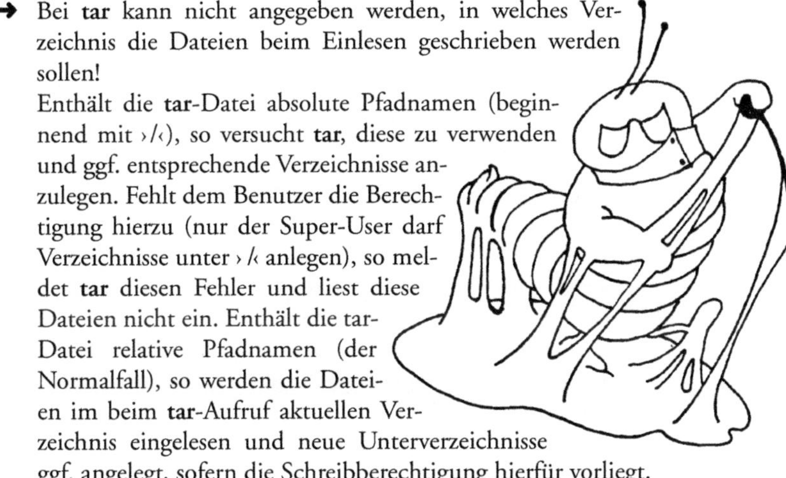

➡ Bei **tar** kann nicht angegeben werden, in welches Verzeichnis die Dateien beim Einlesen geschrieben werden sollen!
Enthält die **tar**-Datei absolute Pfadnamen (beginnend mit ›/‹), so versucht **tar**, diese zu verwenden und ggf. entsprechende Verzeichnisse anzulegen. Fehlt dem Benutzer die Berechtigung hierzu (nur der Super-User darf Verzeichnisse unter › /‹ anlegen), so meldet **tar** diesen Fehler und liest diese Dateien nicht ein. Enthält die tar-Datei relative Pfadnamen (der Normalfall), so werden die Dateien im beim **tar**-Aufruf aktuellen Verzeichnis eingelesen und neue Unterverzeichnisse ggf. angelegt, sofern die Schreibberechtigung hierfür vorliegt.

tar ist nicht auf die Verwendung mit einem externen Datenträger beschränkt, sondern erstellt das Archiv (*tarfile*) auf jedes hinter der Option ›f‹ angegebene Objekt – also auch auf eine Datei. Dies macht man sich zunutze, um mehrere zusammengehörige Dateien (etwa eines Programmsystems) konsistent verwalten zu können.

Häufig werden solche **tar**-Dateien, die mehrere Einzeldateien enthalten, mit komprimiert, um sie platzsparender ablegen oder über Netz verschicken zu können. Eine derart behandelte Datei ist an der Namensgebung *dateiname*.**tar.Z** oder *name*.**tar.gz** erkennbar. Sie kann dann mit der Option –Z oder –z beim Auspacken dekomprimiert werden. **tar** erkennt leider nicht selbstständig, dass es sich um eine komprimierte tar-Datei handelt. Dies ist deshalb immer über eine entsprechende Option anzugeben.

Das Programm **tar** ist eines der am weitesten verbreiteten Datei-Archivierungsprogramme. Mit **tar** beschriebene Datenträger sind über UNIX-/Linux-Implementierungen hinweg kompatibel und können eingelesen werden. **tar**-Implementierungen existieren neben Unix und Linux auch für fast alle anderen populären Rechner- und Betriebssysteme.

Der KDE-Datei-Manager **konqueror** ist in der Lage, **tar**-Archive zu öffnen. Man kann dann einzelne Dateien per *Drag&Drop* damit herausziehen und in einem Ordner ablegen, ohne dafür **tar** aufrufen zu müssen.

Weitere Archivierungsprogramme sind cpio (siehe Seite 239) und die GUI-Varianten **arc** und **karchiv**. Daneben gibt es natürlich für den kommerziellen Einsatz (kostenpflichtige) Backup-Systeme für Linux, etwa von den Firmen Veritas, Legato, CA oder IBM/Tivoli. Für große Installationen sollte man auch diese in Betracht ziehen.

✎ tar –cb 20 /usr
  → schreibt den Dateibaum, der im Verzeichnis */usr* beginnt, mit einem Blockungsfaktor 20 (d.h. in 10-kByte-Blöcken) auf das Standardgerät (definiert in */etc/default/tar*).

✎ tar –xf /dev/mt0
  → liest das Band ein und trägt die Dateien, soweit sie ein neueres Datum als die vorhandenen Dateien gleichen Namens haben, im Arbeitsverzeichnis ein.

✎ tar –cvf – . | rsh sonne dd of=/dev/rmt/0   *oder*
  tar –cvf sonne:/dev/rmt/0
  → packt die Dateien im aktuellen Verzeichnis (dieses ist durch ›.‹ vorgegeben) auf dem lokalen System in ein Archiv, das über eine Pipe an das Kommando **rsh** weitergegeben wird, das auf dem Rechner *sonne* das **dd**-Kommando aufruft, um das Archiv auf das dortige Magnetband zu schreiben. Dieses Magnetband kann auf einem beliebigen System mit **tar** wieder gelesen werden.

✎ tar –tvf new.tar
  → gibt das Inhaltsverzeichnis der **tar**-Datei *new.tar* aus.

✎ tar –xvzf paket1.tar.gz
  → extrahiert Dateien aus einem so genannten *Tarball*. Dies sind Dateien, welche zunächst mit **tar** als Archive erzeugt und danach per **gzip** oder **bzip** komprimiert wurden. Zum Auspacken muss wie in diesem Beispiel gezeigt **gzip/bzip** nicht mehr explizit aufgerufen werden. Dieses *tar-Ball*-Format wird häufig für Softwarepakete verwendet, die vor der Installation noch kompiliert werden müssen.
  Der typische Ablauf sieht dann zumeist wie folgt aus:

```
tar –xvzf paket.tar.gz   entpackt das Paket in ein neues Verzeichnis
cd paket                 Wechsel in das Verzeichnis
./configure              Konfigurationslauf (lokale Anpassungen)
make                     make-Lauf mit Übersetzungen
su ...                   Wechsel in der Super-User-Modus
make install             Installation des übersetzten Pakets.
```

tcsh [*optionen*] [*argumente*] [*datei*] → start (t)csh version of shell

startet die freie und deutlich verbesserte Implementierung der **csh** – die **tcsh**. Sie wird – wenn sie eine interaktive Shell ist – durch **exit** oder **logout** beendet. Ebenso wie die **bash** oder die alte Bourne-Shell (**sh**) ist die **tcsh** in der Lage, Kommandoprozeduren auszuführen. Die Möglichkeiten der Ablaufsteuerung sind hierzu in Kapitel 6.5 beschrieben. Die Optionen der **csh/tcsh** sind:

–b   Alle weiteren Argumente werden nicht mehr als Optionen interpretiert, auch wenn sie ein voranstehendes ›–‹ haben. Diese Option ist erforderlich, damit die csh eine Kommandoprozedur mit einem SUID- oder SGID-Bit bearbeitet.

–c *text*   Die auszuführenden Kommandos sind in *text* enthalten.

–d   Ist die Shell keine Login-Shell, so liest die **tcsh** zu Beginn einen Verzeichnis-Stack aus der Datei *~/.cshdirs* ein und füllt damit diesen Stack.

–e   Tritt ein Fehler auf oder liefert ein Kommando einen von **0** verschiedenen *Exit-Status*, so wird die Shell terminiert.

–f   Die Kommandos in *.rcsh* sollen nicht abgearbeitet werden.

–i   Die Shell ist eine *interaktive Shell*.

–l   Die Shell soll als *Login-Shell* laufen. Dann muss dies die einzige Option sein.

–m   Es wird die Datei *~/tcshc* abgearbeitet, auch wenn diese (z.B. durch ein **sudo** oder **su**) nicht dem effektiven Benutzer gehört.

–n   Die Kommandos sollen zerlegt, jedoch **nicht** ausgeführt werden. Dies erlaubt ein Testen.

–s   Die Kommandosequenz soll von der Standardeingabe gelesen werden.

–t   Es soll nur **eine** Eingabezeile gelesen und ausgeführt werden.

–v   **$verbose** wird definiert. Hierdurch wird das Kommando nach der *History*-Ersetzung angezeigt.

–V   setzt **$verbose** – und zwar bevor *.cshrc* ausgeführt wird. Hierdurch wird das Kommando nach der *History*-Ersetzung angezeigt.

–x   **$echo** wird definiert. Hierdurch wird das expandierte Kommando vor seiner Ausführung angezeigt.

–X   **$echo** wird definiert und zwar vor der Ausführung von *.cshrc*. Hierdurch wird das expandierte Kommando vor seiner Ausführung angezeigt.

Beim Start (bzw. bei der Beendigung) werden folgende Dateien in der angegebenen Reihenfolge abgearbeitet:

~/.cshrc oder *~/.tcshrc*	bei jedem Start
~/.login	bei einer *Login-Shell*
~/.cshdirs	bei einer *Login-tcsh-Shell*
~/.logout	bei der Beendigung einer *Login-Shell*

Eine ausführlichere Beschreibung der **tcsh** ist in Kapitel 6.5 ab Seite 598 zu finden.

tee [–i] [–a] [*datei* ...]   → make a copy from standard input to file

tee bildet eine Art T-Stück, d.h. die
Eingabe (von der Standardeingabe)
wird an die Standardausgabe gegeben
und dabei eine Kopie in die angegebenen
Dateien erstellt.
Dies ist immer dann nützlich, wenn ein
Zwischenergebnis von mehr als einem Programm (Filter) verarbeitet wird oder ein Ergebnis
sowohl in eine Datei geschrieben als auch auf dem
Bildschirm gezeigt werden soll. Die Option –i besagt,
dass Unterbrechungen (*interrupts*) ignoriert werden
sollen. Bei –a wird die Ausgabe an die
genannte Datei angehängt; ohne –a wird
die Datei neu angelegt.

✎   sort –u neu | tee neu.sort
      → sortiert die Datei *neu* zeilenweise. Die sortierte
      Liste wird in die Pipe zu **tee** geschrieben. **tee** gibt die-
      se Liste auf die Dialogstation aus und schreibt sie parallel
      dazu in die Datei *neu.sort*.

✎   tee kopie1 kopie2 < original | pg
      → gibt die Datei *original* (durch die Pipe nach **pg**) seitenweise auf der
      Dialogstation aus und erstellt zugleich zwei Kopien (die Dateien *kopie1*
      und *kopie2*).

telnet [*host* [*port*]]   → interact with remote system

telnet ermöglicht eine zeichenorientierte Terminalsitzung an einem entfernten, über ein TCP/IP-Netz erreichbaren Hostrechner. Es kommuniziert dabei
mit einem auf dem entfernten Rechner laufenden Telnet-Daemon-Prozess
(**telnetd**). **telnet** gestattet dann am entfernten System – sei es in einem lokalen
Netzwerk oder weltweit über Internet – eine Dialogsitzung wie am lokalen System auszuführen.
Normalerweise wird **telnet** mit dem Namen oder der Internetadresse eines entfernten Rechners aufgerufen (z.B.: »telnet zwei«). Das Programm stellt, sofern
dieser Rechner tatsächlich erreichbar und dort ein telnet-Daemon aktiv ist,
eine Verbindung zu diesem Rechner her. Auf dem entfernten Rechner muss ein
Login-Prozess durchlaufen werden, d.h. nach dem **telnet**-Aufruf erfolgt als
erste Aktion des entfernten Rechners die übliche Abfrage nach Benutzerkenn-
nung und Passwort.
Mit einer Reihe von Aufrufoptionen kann das Verhalten von telnet speziellen
Erfordernissen angepasst werden. Die wichtigsten Optionen sind:

–8	Daten werden im 8-Bit-Modus übertragen.
–E	Auch definierte Sonderzeichen werden nicht als solche (Escape-Zeichen) gewertet, sondern einfach übertragen.
–K	Am entfernten System soll kein automatisches Login erfolgen.
–L	Daten werden im 8-Bit-Modus für die Ausgabe übertragen.
–a	telnet meldet sich am Zielrechner automatisch an; als Benutzername wird der Wert der Variablen USER herangezogen.
–c	Die Initialisierungsdatei .telnetrc des Benutzers wird nicht verwendet.
–e *zeichen*	Das telnet-Escapezeichen (normalerweise ›^]‹), mit dem der Modus gewechselt werden kann, wird auf *zeichen* gesetzt. Wird *zeichen* nicht angegeben, so wird die Definition des Escapezeichens gelöscht.
–l *name*	Die Anmeldung am entfernten System wird unter dem Namen *name* vorgenommen. *name* kann der Name eines anderen Benutzers sein, dessen Passwort aber bekannt sein muss.
–n *datei*	Die telnet-Sitzung wird in der Datei *datei* mitprotokolliert.
–r	telnet verhält sich für den Benutzer wie das (ähnliche) Programm rlogin. Das Escapezeichen ist dann ›~‹.

Neben dieser als **Eingabemodus** bezeichneten Einstellung von **telnet** für die transparente Arbeit auf einem entfernten System kennt **telnet** einen **Kommandomodus**, in dem Einstellungen vorgenommen, Verbindungen eröffnet und beendet werden können. In diesem Kommandomodus befindet sich telnet, wenn das Programm ohne Angabe eines Zielrechners aufgerufen wird oder wenn bei bestehender Verbindung das sog. *Escape-Zeichen* (Standard Strg -] – was auf deutschen Tastaturen schwierig einzugeben ist) eingegeben wird.

Zu den wichtigsten Kommandos von **telnet** gehören:

open	Eine Verbindung zu einem angegebenen Rechner wird aufgebaut.
close	Die Verbindung wird abgebaut und telnet beendet.
quit	Die Verbindung wird abgebaut und telnet beendet (wie close).
display	Die aktuellen Einstellungen von set und toggle werden angezeigt.
mode	schaltet zwischen dem Zeilenmodus (*line*) und Zeichenmodus (*character*) um. Dies wird nur ausgeführt, wenn der entfernte Rechner den gewünschten Modus ausführen kann.
status	zeigt die aktuellen Einstellungen von telnet.
z	unterbricht telnet; dies ist nur möglich, wenn das System eine Job-Kontrolle anbietet.
?	zeigt Informationen zu den telnet-Kommandos an.
send	ermöglicht es, Sonderzeichen an den entfernten Rechner zu schicken. Die Definition der Sonderzeichen erfolgt mit dem set-Kommando, wobei auch mehrere der folgenden Sonderzeichen angegeben werden können:

?	gibt die Liste der möglichen Anweisungen zum send-Kommando aus.
escape	schickt das aktuell definierte telnet-Escapezeichen (normalerweise [Strg]-[]]).
synch	synchronisiert sich mit der Gegenseite durch Verwerfen aller anstehenden, aber noch nicht gelesenen Eingaben.
brk	schickt das Break-Zeichen.
ao	(*abort output*) verwirft Ausgaben des entfernten Hosts.
ayt	(*are you there*) überprüft die Verbindung.
ec	(*erase character*) löscht das letzte Eingabezeichen.
el	(*erase line*) löscht die aktuelle Eingabezeile.
ga	(*go ahead*) setzt die Ausgabe fort.
ip	(*interrupt process*) Der Prozess auf dem entfernten System wird durch das IP-Zeichen abgebrochen.
nop	(*no operation*) aktiviert eine *leere Operation.*

set erlaubt die Festlegung von Sonderzeichen, wie sie mit dem Kommando **send** an das entfernte System geschickt werden können. Mit der Belegung **off** kann der entsprechende Wert abgeschaltet werden. Die aktuelle Belegung wird mit dem display-Kommando angezeigt.

Folgende Einstellungen sind beim set-Kommando möglich:

?	zeigt die Liste der set-Kommandos an.
echo *x*	Standard: [Strg]-[E]; definiert das Sonderzeichen, mit dem die lokale Anzeige der Eingaben ein- und ausgeschaltet wird.
escape *x*	Standard: [Strg]-[]]; definiert das Sonderzeichen, um in den Kommandomodus von telnet am entfernten System umzuschalten.
erase *x*	Standard: Löschezeichen des Bildschirms; definiert das Löschzeichen, das über die Sequenz *ec* an das entfernte System geschickt wird.
flushoutput *x*	Standard: [Strg]-[O]. Definiert das Zeichen, mit dem die Ausgabe des entfernten Rechners verworfen werden kann.
interrupt *x*	Standard: Unterbrechungszeichen [Strg]-[C]. Der Prozess auf dem entfernten System wird abgebrochen.
kill *x*	definiert das telnet-kill-Zeichen (Standard: Zeile Löschen [Strg]-[U]). Hiermit kann die aktuelle Eingabezeile verworfen werden.
quit *x*	definiert das telnet-BRK-Zeichen Standard: Unterbrechung [Strg]-[\].

eof *x*	definiert das telnet-<eof>-Zeichen. Standard: Ende der Eingabe `ctrl`-`D`. Dies muss als erstes Zeichen einer Kommandozeile an das andere System geschickt werden.
toggle	Hiermit können bestimmte Schalterstellungen für das Verhalten von telnet umgesetzt werden. Folgende Schalter sind möglich:

?	Anzeige von Informationen zu toggle-Kommandos
autoflush	Standardeinstellung: *true* Ausgabe wird nach ao, intr oder quit angehalten bis vom entfernten System eine Bestätigung kommt.
autosynch	Standardeinstellung: *false* Verwerfen der Ausgabe bis Synchronisation wieder hergestellt ist.
crmod	Standardeinstellung: *false* Umschalten der Abbildung eines <return> auf <return><linefeed>.
localchars	Standardeinstellung: *true* Lokale Verarbeitung der Sonderzeichen flush, interrupt, quit, erase und kill
localflow	Standardeinstellung: *false* lokale Verarbeitung der Sonderzeichen zum Anhalten und Weiterführen der Ausgabe

telnet ist das verbreitetste Standardprogramm zur zeichenorientierten Terminalarbeit auf einem entfernten System. Telnet-Client-Programme stehen für alle verbreiteten Rechnersysteme zur Verfügung. Aus Sicht der Sicherheit ist jedoch der Einsatz von **ssh** (der *Secure Shell*) die wesentlich bessere Lösung.

test *ausdruck*   → **test** *ausdruck*; return 0 if expression *ausdruck* is true
        oder
[*ausdruck*]   → **test** *ausdruck*; return 0 if expression *ausdruck* is true

test wertet die nachfolgenden Parameter als logischen Ausdruck und berechnet ihn. Ist das Ergebnis *wahr*, so liefert **test** als Resultat (*exit status*) den Wert **0**; andernfalls – und dies gilt auch, wenn keine Parameter vorhanden sind – wird ein von 0 verschiedener Wert zurückgegeben.

Das Kommando **test** wird vor allem in Shell-Prozeduren eingesetzt; in Verbindung mit Programmkonstrukten, die eine Verzweigung je nach Zutreffen unterschiedlicher Bedingungen zulassen (**if**, **while**).

Folgende Ausdrücke werden verarbeitet und liefern *wahr* (d. h. 0), falls

Tests auf Dateien:

–a *datei*	die Datei existiert.
–b *datei*	die Datei existiert und ein Gerät vom Typ *block special* ist.
–c *datei*	die Datei existiert und Gerät vom Typ *character special* ist.
–d *datei*	die Datei existiert und ein Verzeichnis ist.
–e *datei*	die Datei existiert (wie **–a**).
–f *datei*	die Datei existiert und eine normale Datei ist.
–g *datei*	die Datei existiert und das *Set-Group-ID-Bit* gesetzt hat.
–G *datei*	die Datei existiert und die gleiche Gruppen-ID besitzt, wie es die effektive GID des aktuell Ausführenden ist.
–h *datei*	die Datei existiert und ein symbolischer Link ist.
–k *datei*	die Datei existiert und das *Sticksit Bit* gesetzt hat.
–L *datei*	die Datei existiert und ein symbolischer Link ist (wie **–h**).
–N *datei*	die Datei existiert und nach der letzten Änderung nicht mehr gelesen (darauf zugegriffen) wurde.
–O *datei*	die Datei existiert und hat die gleiche UID wie es die effektive UID des Aufrufers ist.
–p *datei*	die Datei existiert und eine *named pipe* (Typ *FIFO*) ist.
–r *datei*	die Datei existiert und Leseerlaubnis gegeben ist.
–s *datei*	die Datei existiert und nicht leer ist.
–S *datei*	die Datei existiert und ein *Socket* ist.
–t [*d_des*]	die Datei eine Dialogstation ist. *d_des* gibt die Nummer des Dateideskriptors an.
–u *datei*	die Datei existiert und das *Set-User-ID-Bit* gesetzt hat.
–w *datei*	die Datei existiert und Schreiberlaubnis gegeben ist.
–x *datei*	die Datei existiert und ausführbar ist.

Test mit Zeichenketten *(Strings)***:**

–n *zk*	die Länge der Zeichenkette *zk* ungleich › 0 ‹ ist.
–z *zk*	die Länge der Zeichenkette *zk* › 0 ‹ ist.
zk1 = *zk2*	die Zeichenketten *zk1* und *zk2* gleich sind.
zk1 != *zk2*	die Zeichenketten *zk1* und *zk2* verschieden sind.
zk	*zk* nicht die leere Zeichenkette ist.

n1 **–eq** *n2*   Die Zeichenketten *n1* und *n2* werden als Integerwerte betrachtet und algebraisch verglichen.

An numerischen Vergleichsoperatoren sind möglich:

–lt	für *kleiner* (*less than*)
–le	für ›*kleiner oder gleich* (*less or equal*)
–eq	für *gleich* (*equal*)
–ne	für *nicht gleich* (*not equal*)
–ge	für ›*größer oder gleich* (*greater or equal*)
–gt	für *größer* (*greater than*)

In den oberen Tests können die Standarddateien als */dev/stdin*, */dev/stdout* und */dev/stderr* angegeben werden. Die weiteren Dateideskriptoren per **/dev/fd/***n* für den *n*-ten Deskriptor.

Sind *d1* und *d2* Dateiangaben, so können diese mit folgenden Operatoren verglichen werden und ergeben wahr (0), falls:

d1 **–nt** *d2*   *d1* ein neueres Änderungsdatum als *d2* hat.

d1 **–ot** *d2*   *d1* älter (*older time*) (per Modifikationszeit) als *d2* ist.

d1 **–ef** *d2*   *d1* und *d2* die gleichen Geräte- und Inode-Nummern haben.

Alle oben aufgeführten Ausdrücke können mit den nachfolgenden Operatoren zu neuen Ausdrücken kombiniert werden:

!	Negation des nachfolgenden Ausdrucks
–a	binäre UND-Verknüpfung
–o	binäre ODER-Verknüpfung **–a** hat eine höhere Priorität als **–o**.
(*a*)	Klammerung: Damit wird eine Auswertungsreihenfolge vorgegeben.

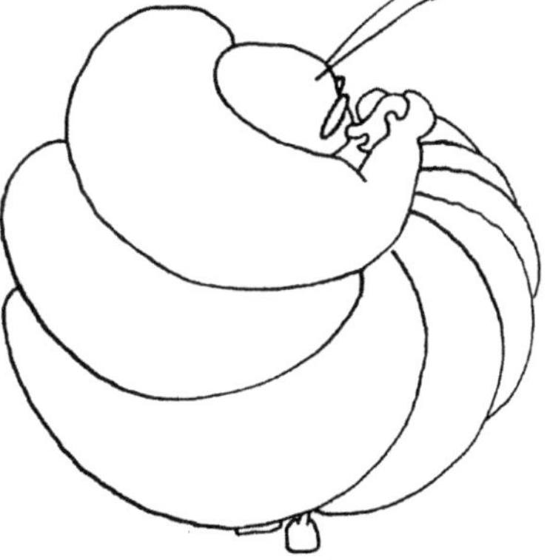

→   Da die Klammern für die Shell bedeutungstragende Zeichen sind, müssen sie durch Fluchtsymbole ›\(… \)‹ maskiert werden. Alle Operatoren und Optionen werden als eigenständige Parameter betrachtet und müssen entsprechend getrennt werden (im Standardfall durch Leerzeichen).

✎   if test $# –eq 0
       then echo "zu wenig Parameter"
fi

→ als Teil einer Kommandoprozedur gibt die Fehlermeldung *zu wenig Parameter* aus, falls die Prozedur ohne einen Parameter aufgerufen wurde.

✎   if test "$1" = "all"
then …

→ führt die dem **then** folgende Kommandofolge nur dann aus, wenn der Parameter 1 ($1) die Zeichenkette *all* als Wert hat. $1 wird hier deshalb mit "..." geklammert, um zu vermeiden, dass in dem Fall, wenn $1 nicht existiert, die **test**-Anweisung einen Fehler meldet, da dann die Anweisung das Aussehen »if test = all« hätte!

✎   if test "$a" = "keine Fehler" –a $b –gt 3
then ...
→ führt die dem **then** folgende Kommandofolge nur dann aus, wenn die Shellvariable *a* den Text *keine Fehler* enthält und die Variable *b* eine Zahl größer als 3 ist.

✎   if [–d "$file"]
        then
                rm –r "$file"
        else
                rm $file
fi
→ untersucht, ob die Datei, deren Namen in der Shellvariablen *file* steht, ein Verzeichnis ist. In diesem Fall wird dieser mit dem Kommando **rm -r** gelöscht, sonst durch **rm**.

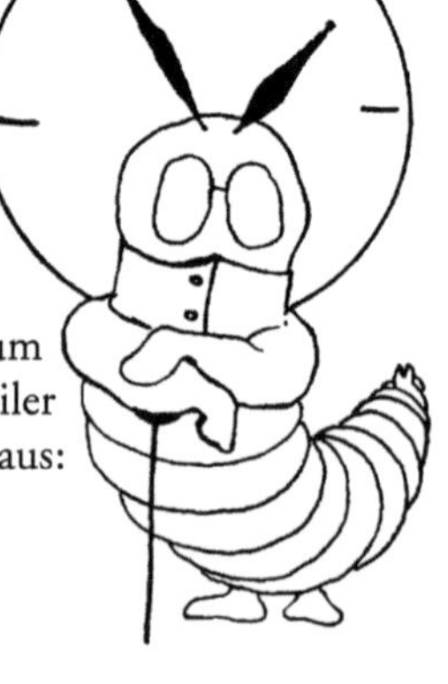

→   Das **test**-Kommando existiert in zwei unterschiedlichen, aber völlig gleichbedeutenden Schreibweisen:

    test *ausdruck*   und   [*ausdruck*]

Beide Versionen können in identischer Funktion verwendet werden. Bei der zweiten Version ist unbedingt darauf zu achten, dass beide eckigen Klammern von Leerzeichen umgeben sind!

---

time [–p] *kommando* [*argumente*]   → print the **time** it takes to execute the command

Das Programm *kommando* wird ausgeführt und danach die dazu benötigte Ausführungszeit mit Gesamtzeit (*real*), Zeit im Benutzermodus (*user*) und die Zeit im Systemmodus (*sys*) jeweils in Sekunden ausgegeben. Die Option ›–p‹ bewirkt eine Ausgabe der Zeit im POSIX-Format (siehe hierzu Seite 864).

✎   time gcc –o text text.c
→ liefert die Zeit zurück, die benötigt wird, um das Programm *text.c* mit dem GNU-C-Compiler zu übersetzen. Das Ergebnis sieht etwa wie folgt aus:

```
real 10.53
user 5.18
sys 2.76
```

top [*optionen*]   → show table of processes

zeigt die Liste der aktiven Prozesse. Die Liste wird in regelmäßigen Intervallen aktualisiert und kann über die Tastatureingabe gesteuert werden.
Per Option sind möglich:

–b	arbeitet im Batch-Modus und nimmt keine Tastatureingabe entgegen.
–c	zeigt in der Ausgabe die Kommandozeile, statt nur die Kommandos der Prozesse.
–d *t*	gibt das Auffrisch-Intervall mit *t* vor.
–i	unterdrückt die Ausgabe von Prozessen im Status *idle*.
–n *x*	die Anzeige wird *x*-mal aktualisiert und **top** dann beendet.
–p *pid*	nur die Prozesse mit der angegebenen Prozessnummer werden angezeigt.
–q	aktualisiert die Anzeige permanent.
–s	(*secure*) schaltet die potenziell gefährlichen Tastaturbefehle aus.
–S	(*Sum*) zeigt die aufgesammelte CPU-Zeit der Prozesse incl. jener der (toten) Kindprozesse.

Die wichtigsten Tastaturbefehle bei der Ausgabensteuerung sind:

<leerz>	die Ausgabe sofort aktualisieren
#	fragt nach, wie viele Prozesse angezeigt werden sollen.
A	(*age*) sortiert die Prozesse nach Alter (neue oben).
c	schaltet zwischen der Anzeige des Kommandonamens und der vollen Befehlszeile bei der Prozessen hin und her.
f	erlaubt Anzeigefelder hinzuzufügen oder wegzunehmen.
? *oder* **h**	liefert eine Kurzbeschreibung der Tastaturbefehle (**help**).
k	bricht einen Prozess ab. top fragt dazu die PID und das Signal ab.
Strg-L	gibt den Bildschirm erneut aus.
M	(*memory*) sortiert die Prozesse nach Speicherverbrauch.
N	(*mumeric*) sortiert die Prozesse nach PID-Nummer.
o	erlaubt die Reihenfolge der angezeigten Felder zu verändern.
q	beendet **top.**
P	sortiert die Prozesse nach CPU-Belastung bzw. Priorität.
r	(*renice*) erlaubt die Priorität eines Prozesses zu ändern.
s	Es wird die Zeit für Update-Intervalle erfragt.
T	sortiert die Prozesse nach verbrauchter Zeit.
W	schreibt die aktuellen Einstellungen nach ˜/.toprc, womit **top** für die nachfolgenden Aufrufe konfiguriert wird.

Ist ein Parameter erforderlich, so wird dieser interaktiv von **top** abgefragt. Eine einfache Variante zur Abfrage der Prozess-Stati ist **ps** (Seite 384), während **pstree** (Seite 389) die Prozessstruktur als Prozessbaum aufzeigt. Eine wirkliche grafische Variante ist unter ›KDE-Systemüberwachung‹ mit **ksysguard** (siehe Seite 657) bzw. unter **gtop** für GNOME vorhanden. Dort kann man sich die aktuell lebenden Prozesse sowohl als Liste als auch als Baum anzeigen lassen und bei Bedarf (und entsprechenden Rechten) auch abbrechen.

touch [*optionen*] [*datum*] *datei* ...   → **touch** the file date

> **touch** setzt das Datum des letzten Zugriffs und der letzten Modifikation der
> Datei(en) auf das aktuelle (oder angegebene) Datum. Hierzu wird das erste
> Zeichen der Datei gelesen und anschließend zurückgeschrieben. Existiert die
> Datei nicht, so wird sie angelegt mit der Größe 0 Byte.
> Die normale Datumsangabe *datum* erfolgt in folgendem Format:

MMTTSSmm [hh[jj]]
(Monat Tag Stunde minute jahrhundert jahr)

Als Optionen werden neben **--help** und **--version** akzeptiert
(Standard: **–am**):

–a   (**--time=atime**) Es wird das
             Datum des letzten Zugriffs
             (*access date*) korrigiert.

–m   (**--time=mtime**) Es wird das
             Datum der letzten Modifi-
             kation korrigiert.

–c   (**--no-create**) Existiert die
             Datei noch nicht, wird sie
             nicht angelegt.

–d *dtext*   (**--date=***dtxt*) interpretiert *dtext* als Zeit-/Datumsangabe und weist
             diese Zeit den angegeben Dateien zu. In dtext können die in **date**
             zulässigen Formate verwendet werden (siehe Seite 246).

–f   wird aus Kompatibilitätsgründen akzeptiert, aber ignoriert.

–r *datei*   (**--reference=***datei*) nimmt statt des aktuellen Datums, jenes von
             datei und überträgt es auf die oben angegebenen Dateien.

–t *zeit*   weist statt der aktuellen Zeit (inkl. Datum) die mit *zeit* angegebene
             Zeitangabe zu.
             zeit muss in folgendem Format sein ([…] = optional):
             [[HH]JJ]MMTTSSmm.ss
             (H=Jahrhunderts-, J=Jahres-, M=Monats-, S=Stunden-, m=Minu-
             ten-, s=Sekunden-Ziffer).

✎   touch 1214000094 *.old
     → alle Dateien im aktuellen Verzeichnis, die auf den Namen *.old* en-
     den, werden auf das Datum 24.05.02, 00:00 Uhr gesetzt.

✎   touch eins zwei drei vier
     → die Dateien *eins zwei drei vier* werden neu und ohne Inhalte angelegt
     (0 Byte Größe; für Test- und Konfigurationszwecke oder als einfacher
     Datumsstempel zum Zeitvergleich gelegentlich erforderlich).

✎   touch -m -r referenz *.txt
     → gibt allen Dateien mit der Endung *.txt* im aktuellen Verzeichnis das
     Modifikationsdatum der Referenzdatei *referenz*.

tput [–T*typ*] *eigenschaft* [*parameter* ...]   → initialize terminal
  oder
tput [–T*typ*] *funktion*   → execute *function* for terminal
  oder
tput –S <<   → execute more than one *function*

stellt bestimmte Fähigkeiten (Eigenschaften) einer Dialogstation auf Shell-Ebene zur Verfügung bzw. erlaubt diese abzufragen.
tput stützt sich dabei auf die *Terminfo*-Beschreibung der Dialogstation. Es wird angenommen, dass die Dialogstation den in $TERM definierten Typ hat. Abweichungen hiervon können durch –T*typ* angegeben werden.
eigenschaft ist die in *Terminfo* benutzte Abkürzung für eine Terminalsteuerung (*capability name*), *parameter* der hierzu gewünschte Parameter bzw. Wert.

Folgende *funktionen* können aktiviert werden:

init   Die in der *Terminfo*-Beschreibung des Terminals definierten Steuersequenzen zur Initialisierung der Dialogstation (**is1**, **is2**, **is3**, **if**, **iprog**) werden (sofern sie definiert sind) an die Dialogstation geschickt und Verzögerungen für spezielle Sequenzen (z.B. beim Löschen des Bildschirms) sowie die korrekte Behandlung von <tab>-Zeichen im Terminaltreiber für die Leitung aktiviert.

longname   Es wird der lange Name für den angegebenen Typ der Dialogstation ausgegeben, sofern eine entsprechende Definition vorhanden ist.

reset   Die in der *Terminfo*-Beschreibung des Terminals definierten Steuersequenzen zum Zurücksetzen (*reset*) der Dialogstation (**rs1**, **rs2**, **rs3**, **rf**) werden an die Dialogstation geschickt. Sind die genannten Steuersequenzen nicht definiert, so wird **is1**, **is2**, **is3**, **iprog** geschickt.

✎   tput clear
→ löscht den Bildschirm der aktuellen Dialogstation – sofern $TERM definiert und eine Beschreibung des entsprechenden Terminaltyps in der *Terminfo*-Beschreibung vorhanden ist. Es wird hier die erste Form des **tput**-Aufrufs benutzt, wobei *clear* die Angabe von *eigenschaft* ist.
Auf vielen UNIX-Systemen gibt es ein Programm namens */usr/bin/clear*, das eigentlich eine einzeilige Kommandoprozedur mit einem Aufruf von »tput clear« ist.

✎   tput –Tvt100 lines
→ gibt die Anzahl von Zeilen pro Bildschirm für eine Dialogstation vom Typ *vt100* aus.

✎   tput cup 0 0
→ setzt für die aktuelle Dialogstation die Schreibmarke (*Cursor*) auf die linke obere Ecke (Zeile 0, Spalte 0).

✎   echo " `tput smso` Achtung: `tput rmso`"
    → gibt auf dem Bildschirm die Zeile »**Achtung**« in fett aus.
    »tput smso« schaltet dabei fett (*bold*) ein und »tput rmso« wie-
    der aus.

✎   tput init
    → initialisiert die aktuelle Dialogstation, d.h.
    gibt die in der *Terminfo*-Beschreibung definier-
    ten Initialisierungssequenzen an die Dialogstation
    aus.

✎   tput –S <<X
    clear
    cup 12 40
    X
    → löscht den Bildschirm und platziert den Cur-
    sor etwa in die Mitte (bei Standardgröße).
    Es werden zwei Anweisungen gleichzeitig ausgeführt,
    die dem **tput**-Kommando über die Konstruktion eines
    here document (Text zwischen <<X und allein stehendem X) zugeführt
    werden.

tr [*optionen*] [*z_1*] [*z_2*]   → translate characters

tr liest von der Standardeingabe und kopiert dies nach einer Zeichentransfor-
mation auf die Standardausgabe. Zeichen der Eingabe, welche in der Zeichenkette *z_1* vorkommen, werden in die entsprechenden Zeichen der Zeichenkette *z_2* transformiert. Ist *z_2* kürzer als *z_1*, wird das letzte Zeichen von *z_2*
so lange eingesetzt, bis die gleiche Länge erreicht wird.
In *z_1* und *z_2* dürfen neben den druckbaren Zeichen (ASCII-Reihenfolge)
Codes und Sonderzeichen in der Schreibweise ›\x‹ auch durch Oktalziffern in
der Form \ooo oder Zeichenklassen in der Schreibweise ›[:*klasse*:]‹ angegeben
werden. Für die Angabe von Zeichen und regulären Ausdrücken gelten die Regeln des **ed**.

→   Bei der Angabe von *z_1* und *z_2* müssen Shell-spezifische Zeichen mas-
    kiert werden! Für die Angabe von Sonderzeichen oder Zeichenklassen in
    z_1, z_2 gilt die in Anhang A.7 auf Seite 868 aufgeführte Schreibweise.

Als Optionen können (auch kombiniert) verarbeitet werden:

–c   (--**complement**) komplementiert die Zeichen von *z_1* bezüglich des
        erweiterten ASCII-Zeichensatzes (oktal \001 bis \377).

–d   (--**delete**) löscht alle in *z_1* vorkommenden Zeichen bei der Transfor-
        mation.

–s   (--**squeeze**) komprimiert alle Folgen von gleichen Zeichen (aus *z_2*)
        zu einem Zeichen bei der Ausgabe.

—t   (--truncate-set1) kürzt zunächst (am Ende) z_1 auf die Länge von y_2.

✎   ls –ls /dev | tr "[a-z]" "[A-Z]" | lp   *oder*
     ls –ls /dev | tr "[:lower:]" "[:upper:]" | lp
     → erstellt ein Inhaltsverzeichnis des Verzeichnisses */dev*. Bevor dies mit
     lp dem **lp**-Printspooler übergeben wird, konvertiert **tr** alle Kleinbuchsta-
     ben in Großbuchstaben.

✎   tr "aeiouAEIOU" "[**]" < xx > ausgabe
     → ersetzt in der Eingabedatei *xx* alle Vokale durch das Zeichen ›*‹ und
     schreibt die Ausgabe in die Datei *ausgabe*.
     Im Ersetzungsausdruck ist dabei der erste ›*‹ durch das Zeichen ›\‹ vor
     der Interpretation geschützt und wird damit in den Text eingesetzt; der
     zweite ›*‹ steht für beliebig häufige Wiederholung (je nach Anzahl der
     Zeichen im Suchausdruck) des vorangehenden Zeichens. Zur korrekten
     Interpretation muss diese Konstruktion in ›[ ]‹ stehen.

true   → return exit value **true** (0)

liefert immer den Exit-Status 0 und tut sonst nichts. Dies wird in Shell-Skripten zuweilen für Schleifen verwendet, die mit einem **break** verlassen werden:
while true ; do … break … done.

tty [–s]   → print the file name of the current terminal

tty liefert den Namen (Zugriffspfad) der aktuellen Dialogstation zurück. Die
Option –s (*silent*) unterdrückt die Ausgabe des Pfadnamens der Dialogstation.
tty liefert so nur einen Exit-Status.
Es wird dann von **tty** nur der Exit-Statuswert 2 erzeugt, falls eine ungültige Option verwendet wurde, 0, falls die Standardeingabe auf einer Dialogstation
liegt, und 1 in allen anderen Fällen.

✎ $tty   Aufruf des tty-Kommandos
     /dev/pts/0   Die aktuelle Dialogstation ist die
                                   virtuelle Station 0.
     $

ul [–i] [–t *terminal*] [*namen*]   → convert to **underline**

ist ein Ausgabefilter und konvertiert die Sequenz <zeichen><backspace><_> in
eine Unterstreichung für das spezifische Terminal. Die Option –i besagt, dass
statt wirklicher Zeichen mit Unterstreichung jeweils _-Zeichen in der nächsten
(sonst freien) Zeile erscheinen sollen. Mit –t kann der Terminaltyp festgelegt
werden – ansonsten wird er der Umgebungsvariablen TERM entnommen.

umask [*maske*]   → set user file creation **mask**
     oder
umask [–p] [–S]   → show current user file creation **mask**

Es wird eine neue *file-creation*-Maske gesetzt.
Beim Anlegen einer neuen Datei wird mittels dieser Maske festgelegt, welche Zugriffsrechte der Besitzer, die Gruppenmitglieder und alle anderen Benutzer zunächst auf diese Datei haben.
Die Zugriffsrechte können später durch ein Programm oder mittels des **chmod**-Kommandos
geändert werden.
maske gibt dabei den Oktalcode der Zugriffsrechte an (siehe hierzu **chown**). Alle in
der Maske auf **1** gesetzten Bits besagen: »*Dieses
Recht soll **nicht erteilt werden***«.
Fehlt die Angabe von *maske*, so wird der aktuell
gesetzte Wert ausgegeben.
Mit der zweiten Form wird die aktuelle Einstellung
angezeigt. ›–p‹ zeigt den Wert als **umask**-Befehl.
Mit ›–S‹ wird der Wert symbolisch satt als Oktal-
wert ausgegeben.
umask ist in der Shell ein eingebautes Kommando.

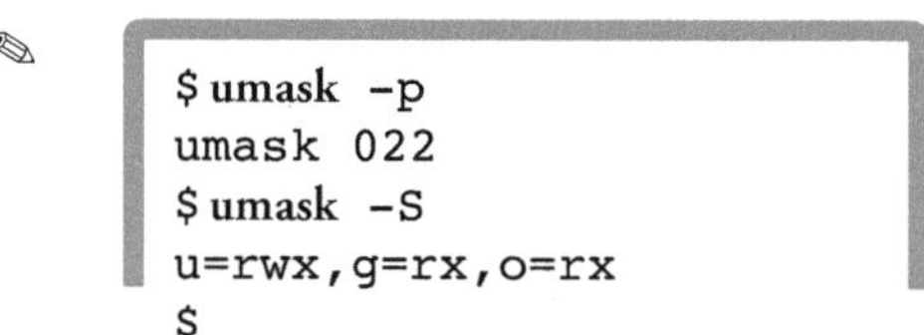

```
$ umask -p
umask 022
$ umask -S
u=rwx,g=rx,o=rx
$
```

→ zeigt (ersten zwei Zeilen) den aktuell eingestellten **umask**-Wert an
(hier 022). Dieser führt dazu, dass beim Anlegen einer neuen Datei die
Rechte 644 d. h. › rw– r–– r––‹ vergeben werden (statt der üblichen 666
bzw. › rw– rw– rw–‹) und damit die Gruppe und alle anderen Benutzer
kein Schreibrecht auf die Datei haben. Die Sequenz in Zeile 3–4 zeigt
die Maske symbolisch und damit anschaulicher.

umask 007

→ setzt die Zugriffsrechte (beim Anlegen neuer Dateien) so, dass Benutzer, die nicht zur Gruppe des Dateibesitzers gehören, keine Rechte
haben, d.h. die Datei weder lesen noch modifizieren noch ausführen
dürfen.

umount [*optionen*] *gerät*   → **unmount** file system at special file
        oder

umount [*optionen*] *verzeichnis*   → **unmount** file system at verzeichnis

Das **umount**-Kommando ermöglicht, ein Dateisystem, welches auf einem zusätzlichen Datenträger oder einer anderen Partition einer Festplatte liegt, aus dem Systemdateibaum zu entfernen (siehe hierzu **umount** im Kapitel 3.2.6). Es stellt somit die Umkehrung des **mount**-Kommandos dar. Der entsprechende **mount**-Eintrag in */etc/mtab* wird danach gelöscht.

Der Parameter *gerät* gibt das Gerät an, auf dem der Datenträger liegt. Zu diesem Zeitpunkt darf kein Benutzer mehr auf dem Datenträger aktiv sein oder sein Arbeitsverzeichnis (aktuelles Verzeichnis) in dem zu entfernenden Dateisystem haben (Fehlermeldung: *device busy*). Die dort noch aktiven Prozesse lassen sich per **fuser** ermitteln. In */etc/fstab* ist festgelegt, wer bestimmte Geräte per **mount** einhängen und damit auch per **umount** aushängen darf. Für kritische Geräte ist dies dem Super-User vorbehalten.

Wurde durch ein **mount**-Kommando in eine nichtleere Datei ein Teildateibaum überdeckt (d.h. ist nicht mehr sichtbar), so wird er durch das entsprechende **umount**-Kommando wieder verfügbar.

Als Optionen werden unterstützt:

–a   alle in */etc/mtab* eingetragenen Dateisysteme/Geräte sollen ausgehängt werden.

–d   War das Gerät ein so genanntes *loop-device*, so wird dieses damit zugleich freigegeben.

–f   das Aushängen wird erzwungen. Dies ist z.B. bei abgebrochenen NFS-Verbindungen sinnvoll.

–l   (*lazy*) Das Gerät wird ausgehängt, Aufräumarbeiten aber erst ausgeführt, wenn keine Aktivitäten mehr laufen.

–n   das Aushängen wird nicht in */etc/mtab* verzeichnet.

–r   sollte **umount** misslingen, wird ein **remount –r** versucht.

–t *dsart* gibt vor, dass das Aushängen nur dann erfolgen soll, wenn ein Dateisystem vom Typ *dsart* eingehängt war. Hier können mehrere Dateisystemarten, durch Kommata getrennt, angegeben werden. Zu den Dateisystemarten siehe die Beschreibung in Kapitel 3.2.4, Seite 135.

–v   entspricht --**verbose**.

    ✎   umount /dev/fd0
         → demontiert das Dateisystem auf dem Gerät */dev/fd0* (dem Floppydisk-Laufwerk 0).

uname [*optionen*] → print **name** of current system

gibt den Namen des aktuellen UNIX-/Linux-Systems, auf dem man arbeitet, zusammen mit weiteren Informationen zum System auf der Standardausgabe aus. Folgende Optionen sind (neben --**help** und --**version**) möglich:

–a	(--**all**) Es werden **alle** Angaben geliefert, die **uname** liefern kann.
–m	(--**machine**) gibt die Hardwarebezeichnung des Rechners aus.
–n	(--**nodname**) gibt den Rechnerknotennamen aus. In Rechnernetzen ist dies der Name des Rechners im Netz.
–p	(--**processor**) gibt den CPU-Typ der Maschine aus.
–r	(--**release**) gibt die Releasebezeichnung des Betriebssystems aus.
–s	(--**sysname**) Ausgabe des Betriebssystemnamens
–v	liefert die Versionsbezeichnung des Betriebssystems.

✎ uname -a
→ volle Ausgabe eines **uname**-Kommandos:
Linux lapyl 2.4.18-4GB #1 Wed Mar 27 13:57:05 UTC 2002 i686 unknown
Diese Ausgabe enthält der Reihe nach:

Wert	Funktion	Einzeloption
Linux	Betriebssystem	**–s**, --**sysname**
lapyl	Rechnername	**–n**, --**nodename**
2.4.18-4GB	Betriebssystemversion	**–r**, --**release**
...	Systemzeit	
Generic	**–v**	*Generic*
i686	Maschinentyp	**–m**, --**machine**
unknown	CPU-/Prozessortyp	**–p**, --**processor**

✎ if test `uname –s` –eq "Linux" ....
→ überprüft in einer Shellprozedur, ob es sich bei dem System um ein Linux-System handelt.

uncompress [*optionen*] *datei* ... → **uncompress** files

dekomprimiert Dateien, welche zuvor mit **compress** komprimiert wurden. Es hat damit die gleiche Funktion wie **unpack** für die mit **pack** – oder **gunzip** für die mit **gzip** komprimierten Dateien. **uncompress** sucht dazu nach einer Datei mit dem Namen *name*.**Z** (oder nur *name*, sofern *name* bereits mit ›.Z‹ endet) und legt das Ergebnis in der Datei *name* (ohne Endung ›.Z‹) ab.
Bei Angabe der Option **–c** wird die dekomprimierte Form der Eingabe auf die Standardausgabe geschrieben, wobei die Eingabedatei nicht modifiziert oder umbenannt wird. **uncompress** gibt die Zahl der Dateien aus, die es **nicht** dekomprimieren konnte. Siehe auch **compress** und **zcat**. Mit Ausnahme von **–b** und **–r** werden die unter **compress** beschriebenen Optionen unterstützt (siehe Seite 236). Unter Linux ist jedoch eher **gzip/gunzip** (siehe Seite 307) oder **bzip2/bunzip2** (siehe Seite 221) verbreitet.

uniq [*optionen*] [*ein_datei* [*aus_datei*]]   → eliminate duplicate lines

untersucht die Eingabe nach aufeinander folgenden identischen Zeilen und entfernt diese bis auf eine (d.h. nur eine solche Zeile wird in die Ausgabe kopiert). Fehlt die Angabe der Eingabedatei *ein_datei* und der Ausgabedatei *aus_datei*, so wirkt **uniq** wie ein Filter.

➥ Zeilen werden nur dann als *identisch* erkannt, wenn sie direkt aufeinander folgen. Dies kann ggf. durch ein vorheriges **sort** erreicht werden.

Folgende Optionen werden (neben --**help** und --**version**) unterstützt:

−**c**   (--**count**) Hierbei wird die Ausgabe wie oben beschrieben erzeugt, vor jeder Zeile steht jedoch die Anzahl der gefundenen Kopien. Die Optionen −**d** und −**u** werden dadurch ungültig.

−**d**   (--**repeated**) Nur die mehrfach vorkommenden Zeilen werden ausgegeben, jedoch jeweils nur **eine** Kopie solcher Zeilen.

−**i**   (--**ignore-case**) Groß-Kleinschreibung wird beim Vergleich ignoriert.

−**s** *n*   (--**skip-chars**=*n*) Die ersten *n* Zeichen werden beim Vergleich übersprungen.

−**u**   (--**unique**) Nur die Zeilen, welche **nicht** mehrfach hintereinander vorkommen, werden ausgegeben.

−**w** *n*   (----**check-chars**=*n*) Es werden nur die ersten *n* Zeichen der Zeilen verglichen.

−*n*   Beim Vergleich der Zeilen werden die ersten *n* Felder und Leerzeichen ignoriert. Mit **Feld** wird hier eine Zeichenkette verstanden, in der kein <leerzeichen> und kein <tab> vorkommt. <leerzeichen> und <tab> gelten als Feldtrennzeichen.

+*m*   Die ersten *m* Zeichen der Zeilen werden beim Vergleich ignoriert. Ist auch −*n* angegeben, so werden zunächst die **n** Felder übersprungen und die nachfolgenden *m* Zeichen ignoriert.

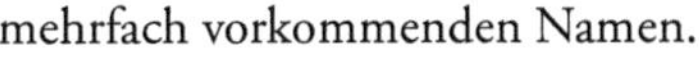

✎   sort namen | comm −d | tee | wc −l
→ sortiert die Zeilen der Datei *namen* in alphabetischer Reihenfolge und gibt mit **comm −d** nur die Namen (Zeilen) aus, die mehrfach vorkommen. Diese Namen werden mit **tee** angezeigt und zugleich an **wc** weitergereicht. **wc** schließlich zählt durch die Option −**l** die Anzahl der mehrfach vorkommenden Namen.

unlink *dateiname*   → **unlink** a link file

> ist die Umkehrung des **link**-Kommandos (oder von **ln**). Es arbeitet
> wie das **rm**-Kommando – in den meisten Systemen jedoch nicht
> auf Verzeichnissen – und ohne die Optionen von
> **rm** und nur mit einer Datei.
> Unter System-V-Systemen kann es nur vom
> Super-User verwendet werden.
> Als Optionen sind nur **--help** und **--version**
> zulässig.

unpack datei ...   → decompress files

> dekomprimiert Dateien, welche zuvor mit **pack** kompri-
> miert wurden. **unpack** sucht dazu nach einer Datei mit dem
> Namen *name.z* (oder nur *name*, sofern *name* bereits mit *.z*
> endet) und legt das Ergebnis in der Datei *name* (ohne En-
> dung *.z*) ab. **unpack** gibt die Zahl der Dateien aus, die es
> **nicht** dekomprimieren konnte. Siehe
> auch **pack** und **pcat**.

> →   weitaus gebräuchlicher als
> **pack** ist unter Linux das Pro-
> gramm **gzip** bzw. **gunzip**
> (siehe Seite 305/Seite 307) zum Dekomprimieren
> von Dateien, zumal diese freien GNU-Programme unter
> zahlreichen Betriebssystemen verfügbar sind und per **pack** komprimier-
> te Dateien dekomprimieren können.

updatedb *[optionen]* *[datei(en)]*   → build or **update db** for command **locate**

Das Programm baut die Datenbank (Datenbasis) für das Programm **locate**
(siehe Seite 326) auf oder aktualisiert diese. Dazu durchsucht es die angegebenen Verzeichnisse (rekursiv) nach Dateien. Bestimmte Verzeichnisse können
per Option ausgeschlossen werden. Erst diese Datenbank erlaubt die gegenüber von **find** sehr viel schnellere Suche durch **locate**. Um die Datenbank aktuell zu halten, sollte man **updatedb** regelmäßig laufen lassen, z. B. als *Cron-
Job*. In einem Rechnernetz macht es Sinn, **updatedb** jeweils lokal auf den
Rechnern für die dort liegenden Dateibäume laufen zu lassen, statt über das
Netz hinweg. Die einzelnen Datenbasen lassen sich dann kombinieren.
Mögliche Optionen neben **--help** und **--version** sind:

--localpaths="*pfad1, pfad2, ...***"** gibt die Wurzel der zu indizierenden lokalen Dateibäume vor. Der Standard ist ›/‹.

--netpaths="*pfad1, pfad2, ...***"** gibt die Pfade von Verzeichnissen im Netz vor, deren Dateibäume in die Indizierung mit aufgenommen werden sollen (Standard: keine). Diese können auch über die Umgebungsvariable NETPATHS vorgegeben werden.

--prunepaths="*pfad1, pfad2, ...***"** gibt die Verzeichnisse an, welche bei der Indizierung ausgeschlossen werden sollen. Diese können auch über die Umgebungsvariable PRUNEPATHS vorgegeben werden. Der Standard ist: */tmp, /usr/tmp, /var/tmp* und */afs*.

--prunefs="*pfad, ...***"** gibt die Dateisysteme an, welche bei der Indizierung ausgeschlossen werden sollen. Diese können auch über die Umgebungsvariable PRUNEFS vorgegeben werden. Der Standard ist */nfs, /NFS* und */proc*.

--outputfile=*db-datei* gibt an, in welcher Datenbasis das Ergebnis abzulegen ist (Standard: */var/lib/locatedb*).

--localuser=*benutzer* gibt vor, unter welchem Benutzer das Durchsuchen zum Aufbau der Datenbasis (per **su**) erfolgen soll. Ohne diese Angabe ist es der aufrufende bzw. der in LOCALUSER definierte Benutzer.

--netuser=*benutzer* gibt vor, unter welchem Benutzer das Durchsuchen von Verzeichnissen im Netz (per **su**) erfolgen soll. Ein Benutzer kann auch in NETUSER vorgegeben werden (Standard: ›—‹).

--old-format erzeugt die Ausgabe in dem vor updatedb Version 4.0 gültigen Format.

> updatedb --outputfile=/home/karl/locatedb --localpath /home/karl/neu
> → erstellt eine Datenbank für **locate** von dem lokalen Verzeichnis neu im HOME-Verzeichnis des Benutzers *karl* (*/home/karl*). Indiziert wird dabei das dort liegende Verzeichnis *neu*. Die Suche nach Dateien mittels **locate** müsste nun per **locate –d /home/karl/locatedb** *xxx* erfolgen.

uptime → show how long the system is **up** and running

gibt an, wie lange das System seit dem letzten Neustart bereits läuft.

users [*datei*] → list all current **users**

gibt eine Liste aller aktuell am System angemeldeten Benutzer aus (jeweils durch Leerzeichen getrennt). Im Standardfall wird diese Information der Datei */etc/utmp* entnommen. Optional kann mit datei eine andere Informationsbasis herangezogen werden.

usleep [*n*]   → **sleep** for *n* mciroseconds

pausiert – in der Regel in einer Shell-Prozedur – für *n* Mikrosekunden. Fehlt *n*, so wird 1 Mikrosekunde angenommen. usleep entspricht damit weitgehend dem **sleep**-Kommando, jedoch mit feinerer Auflösung.

vacation [*optionen*] [*benutzer*]   → mail answering machine

Das Programm **vacation** überwacht den eingehenden **mail**-Verkehr für den aufrufenden Benutzer während dessen Abwesenheit (Urlaub/*vacation*). **vacation** meldet an den Absender der E-Mail zurück, dass der Empfänger zur Zeit nicht erreichbar ist. Die Inhalte der Rückmeldung können angegeben werden. **vacation** speichert die Mail, so dass sie später bearbeitet oder weitergeleitet werden kann. **vacation** benötigt zwei Dateien, die es automatisch erstellt, die aber auch einfach geändert und angepasst werden können:

.forward enthält den Weiterleitungsbefehl für die E-Mail in der Form
benutzer, "|/usr/bin/vacation *benutzer*

.vacation.msg enthält die Abwesenheitsmeldung, also die E-Mail, die auf eintreffende E-Mail hin zurückgesandt wird. Im Standardfall hat die Datei folgenden Inhalt, der aber jederzeit geändert werden kann:

```
$ cat .vacation.msg
Subject: away from my
mail

I will not be reading my
mail for a while.
Your mail concerning
"$SUBJECT"
will be read when I'm back.
```

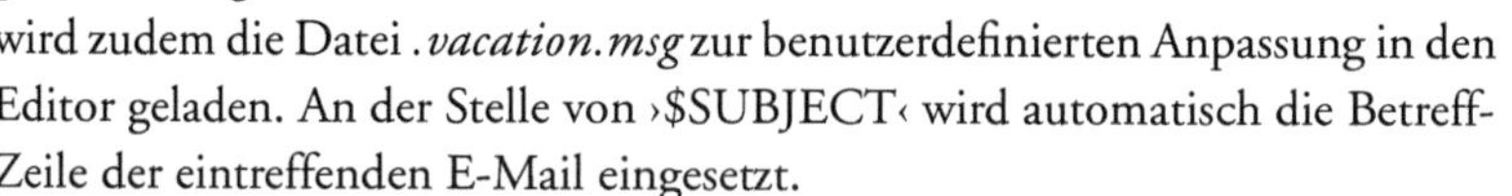

Die genannten Dateien werden angelegt, wenn **vacation** ohne Argumente aufgerufen wird. Dabei wird zudem die Datei *.vacation.msg* zur benutzerdefinierten Anpassung in den Editor geladen. An der Stelle von ›$SUBJECT‹ wird automatisch die Betreff-Zeile der eintreffenden E-Mail eingesetzt.

vacation benötigt als Datenbasis die Hilfsdatei *.vacation.db*, deren Verwaltung jedoch keine Benutzeraktion erfordert.
Im Normalfall wird nur eine Abwesenheitsmeldung pro Woche an einen Absender einkommender Post geschickt. Die Option ›**-t***n*‹ erlaubt mit *n* ein anderes Intervall anzugeben, *n* steht dabei für die Anzahl der Tage.
Die Option **-a** *name* bewirkt, dass auch alle E-Mails, die an die Ersatzadresse (alias) name gehen, automatisch beantwortet werden.

Aktiviert wird vacation durch die Aufrufoption -I, die aber beim Erststart der Anwendung und damit beim Anlegen der Hilfsdateien automatisch gesetzt wird. Möchte man den Mechanismus deaktivieren, so löscht man dazu *.foreward* oder benennt sie um.

vi[m] [*optionen*] *datei* ... → start screen editor **vi/vim**
  oder
view [*optionen*] *datei* ... → start screen editor **vi/vim** in read only mode

startet den **vi** (unter Linux **vim**), und die erste der genannten Dateien wird in den Arbeitspuffer gelesen oder – falls sie noch nicht existiert – ein leerer Editierpuffer bereitgestellt. Mit ›**:n**‹ kommt man in der vim-Sitzung zur nächsten Datei.

Wird **view** oder **gview** statt **vi** angegeben, so befindet sich der Editor in einem Modus, in dem der Benutzer nur lesen und nichts verändern kann.

In einer graphischen (X Window) Umgebung als **gvim** aufgerufen, startet **vim** in einem neuen Fenster, in dem dann die Datei editiert wird.

Als **rvim** aufgerufen arbeitet vim in einem eingeschränkten Modus und kann damit in sicherheitskritischer Umgebung genutzt werden, etwa für Gastbenutzer eines Systems.

Folgende Optionen werden unterstützt:

–t *t_d* erlaubt, eine so genannte *tag*-Datei anzugeben. In ihr stehen Sprungziele in zu editierenden Dateien. Dies ist bei der Software-Entwicklung mit vielen aufeinander abgestimmten Quelldateien hilfreich. Solche *tag*-Dateien können mit dem **ctags**-Kommando erstellt werden.

+*kommando* erlaubt die Ausführung des **ex**-Kommandos, bevor das Editieren beginnt. Mit ›+200‹ z.B. geht der Editor sogleich auf die Zeile 200, mit › +/*such* ‹ wird sofort auf das erste Auftreten des Begriffs ›*such*‹ platziert.

–R (*read only*) die bearbeitete Datei wird nur zum Lesen geöffnet. Es kann wie in **vim** geblättert und gesucht werden. Der **vim**-Aufruf entspricht damit dem von **view**.

Weitere, hier nicht beschriebene Optionen sind –l und –w*n*.

Obwohl sich die Benutzerschnittstelle des vi zumindest dem Neuling als etwas spröde und unzugänglich erweist, ist **vi** und insbesondere sein verbesserter und im Funktionsumfang deutlich erweiterter Nachfolger **vim** neben **emacs** auch heute aufgrund seiner enormen Leistungsfähigkeit und Schnelligkeit der wichtigste und am weitesten verbreitete Editor unter Linux, insbesondere für Programmierer.

Der **vi/vim** und seine verschiedenen Modi sind in Kapitel 5.2 und 5.3 beschrieben (siehe Seite 461). Stärker grafische Versionen von **vim** sind **gvim** (die GNOME-Variante) und **kvim** (die KDE-Variante).

w [*optionen*] [*name*]   → **who** is doing **what**?

Das Kommando **w** bietet eine Kombination der Ausgaben von **who** (welche Benutzer sind angemeldet) und **ps** (welche Prozesse laufen am System und zu welchem Benutzer gehören sie). Zusätzlich gibt **w** Informationen zum System (Zeit seit dem Hochfahren, Systembelastung, Zahl der Benutzer) aus.

Mit den folgenden Optionen kann das Verhalten und die Ausgabe von *w* beeinflusst werden:

-f   (*from field*) schaltet das Feld an oder aus, welches angibt, von welchem System der Benutzer aus angemeldet ist.

-h   (*header*) Spaltenüberschriften werden nicht ausgegeben.

-l   (*long*) Ausgabe in Langformat (Standard)

-s   (*short*) erzeugt das Kurzformat der Ausgabe.

-u   Es werden nur die Systeminformationen ausgegeben. Diese stehen ohne diese Option in der ersten Zeile der **w**-Ausgabe.

-V   Ausgabe der **w**-Version

In vielen Fällen ist die Ausgabe des **w**-Kommandos wesentlich aussagekräftiger als die des **who**-Kommandos. Hier die Ausgabe eines Systems mit zwei Benutzern:

```
9:06pm   up  3:36,  2 users,  load average: 0.00, 0.00, 0.00
USER     TTY     FROM       LOGIN@   IDLE    JCPU    PCPU    WHAT
joerg    pts/0   macy       9:05pm   25.00s  0.04s   0.03s   -bash
jogi     pts/1   macy       9:06pm   0.00s   0.06s   0.01s   w
```

wait [*pid*]   → **wait** until child processes have terminated

wait (bei der **bash** ein *eingebautes* Kommando) wartet auf die Beendigung des im Hintergrund laufenden (mit »kommando … &« gestarteten) Prozesses mit der Prozessnummer *n*.

Fehlt die Angabe von *pid*, so wird auf die Beendigung aller Prozesse gewartet, die von der aktuellen Shell des Benutzers als Hintergrundprozesse gestartet wurden. Abnormale Beendigungen werden ebenfalls gemeldet. Die Prozessnummer, unter der ein Hintergrundprozess läuft, wird von diesem bei seinem Start am Bildschirm ausgegeben oder kann über das Kommando **ps** ermittelt werden.

Statt einer Prozessnummer kann auch eine Jobnummer (in der Form %*n*) angegeben werden.

Ferner steht die Prozessnummer des letzten gestarteten Hintergrundprozesses jeweils in der Shell-Variablen $! zur Verfügung.

wait wird primär in Shell-Prozeduren zur Synchronisation von Prozessen verwendet.

wall [datei] → **write to all** users

Das Kommando **/wall** erlaubt es, Nachrichten an alle Benutzerbildschirme zu schicken, die augenblicklich am System aktiv
sind. Dabei liest **wall** die zu übertragende Nachricht aus
der angegebenen Datei. Fehlt diese, so wird von
der Standardeingabe bis zu einem <eof> gelesen.
wall schickt dies, versehen mit dem Kopf
»Rundsendenachricht ... «, an alle aktiven Benutzer, die ihre Dialogstation nicht ausdrücklich durch das Kommando **mesg n**
schreibgeschützt haben.
Der Super-User kann
auch diesen Schutz
durchbrechen.

wc [optionen] [datei(en)] → **count words**, lines and characters

zählt in den angegebenen Dateien oder in dem von der Standardeingabe gelesenen Text die Anzahl
– der Zeichen (Zeilenende = 1 Zeichen),
– der Worte (durch "..." oder <tab> getrennte Zeichenfolgen),
– der Zeilen.

Ist keine Option angegeben, so werden alle drei
Werte ausgegeben. Ist eine oder sind mehrere Op-
tionen angegeben, so erscheinen nur die durch die
Optionen angeforderten Werte.
Mögliche Optionen sind:

−c   (**--bytes**) Es werden Zeichen (*characters*)
       gezählt.
−l   (**--lines**) zählt die Zeilen.
−L   (**--max-line-length**) zählt die Zeichen der
       längsten Zeile.
−m   (**--chars**) zählt die Zeichen.
−w   (**--words**) zählt die Worte.

✎   who | wc −l
      → zählt die Anzahl der aktuell angemeldeten Benutzer, da **who** für je-
      den von ihnen eine Zeile ausgibt.

whatis [*optionen*] *begriffe*   → **what is** *begriffe?*

entspricht ›**man** –f …‹ und durchsucht die aus den **man**-Dokumenten erstellte **whatis**-Datenbank nach den angegebenen Begriffen/Stichwörtern. In der Regel wird damit nur eine einzeilige Erklärung ausgegeben. Als Optionen sind die unter man beschriebenen Optionen –**r** (--**regex**), –**w** (--**wildcard**), –**m** (--**system**), –**M** (--**manpath**), sowie --**help** und --**version** möglich.

✎   whatis rmdir
→ sucht man den Manual-Kurzeinträgen zum Kommando **rmdir** und liefert etwa:

```
rmdir (1)                  - remove empty directories
rmdir (2)                  - delete a directory
```

whereis [*optionen*] *datei*(en)   → **where is** the programm?

ermittelt zu den angegebenen Kommandonamen, wo das Programm selbst steht (Suche nach $PATH) und wo die Quelle und die Manualdokumente zu finden sind. Als Optionen sind möglich:

–**b**	sucht nur nach Binärprogrammen.
–**B** *verz*	sucht die Binärdateien nur in dem angegebenen Verzeichnis *verz.*
–**f**	beendet bei Verwendung der Optionen –**B**, –**M** oder –**S** die Liste der Suchpfade. Bei diesen Optionen ist –**f** notwendig!
–**m**	sucht nur nach Manualdateien.
–**M** *verz*	sucht nur nach Manualdateien, aber nur im angegebenen Verzeichnis.
–**s**	sucht nur nach Programmquelltexten.
–**S** *verz*	begrenzt die Suche nach den Programmquellen auf das angegebene Verzeichnis *verz.*
–**u**	sucht nach ungewöhnlichen Einträgen, d. h. solchen, bei denen die durch –**b**, –**m**, –**s** angeforderten Komponenten vollständig vorhanden sind.

✎   whereis –m ls
→ sucht nach den Manualdateien des Kommandos **ls** und ergibt etwa folgende Ausgabe:
ls: /usr/share/man/man1/ls.1.gz

✎   whereis –m -u /bin/*
→ sucht nach den Kommandos im Verzeichnis */bin*, für welche es keine Manualseiten gibt.

which [*optionen*] [– –] *befehl* …   → **which** command would be executed by *befehl*?

zeigt an, welcher Befehl (mit vollständigem Pfadnamen) bei Aufruf von *befehl* ausgeführt würde – führt den Befehl selbst aber nicht aus. **which** sucht nach *befehl* in den in $PATH definierten Pfaden. PATH muss definiert sein! Wird kein Pfad ausgegeben, so wurde entweder das Programm nicht gefunden, oder es handelt sich um ein Shell-internes Kommando. **which** sucht zunächst nach Shell-internen Kommandos, Shell-Funktionen und Alias-Definitionen. **which** ist dort nützlich, wo nicht klar ist, welches von mehreren gleichlautenden Programmen beim Aufruf aktiviert wird.

Die Suche erlaubt folgende Optionen neben **--help** und **--version**:

–a	(**--all**) gibt alle Treffer aus (nicht nur den ersten).
–i	(**--read-aliases**) liest Aliase von *stdin* und schreibt die passenden auf *stdout*.
--skip-alias	ignoriert bei der Suche die Shell-internen Funktionen, Kommandos und Alias-Definitionen.
--skip-dot	mit einem Punkt beginnende Verzeichnisse im Suchpfad werden ausgelassen.
--skip-tilde	mit einer Tilde beginnende Verzeichnisse und das Home-Verzeichnis des Benutzers werden ausgelassen.
--show-dot	kommt das aktuelle Verzeichnis in einem Pfad vor, so wird der entsprechende Pfadanteil in der Ausgabe durch den Punkt bzw. ›./‹ ersetzt.
--show-tilde	kommt das HOME-Verzeichnis in einem Pfad vor, so wird der entsprechene Pfadanteil in der Ausgabe durch die Tilde bzw. ›˜/‹ ersetzt.
--tty-only	wird nicht an einem Terminal gearbeitet, werden keine weiteren Optionen berücksichtigt.

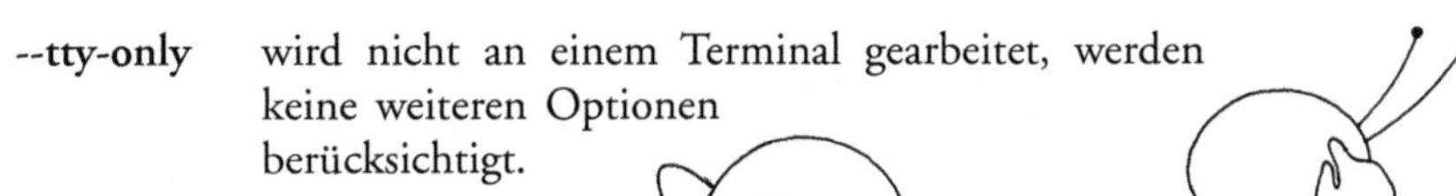

✎   which –a zgrep
→ sucht nach dem Programm **zgrep** und gibt alle in $PATH vorkommenden Versionen aus.

who [*optionen*] [*datei*] → tell me: **who** is online?
    oder

who [am i] → **who am i**, (what is my user-name)?

who ohne Parameter liefert die Namen aller Benutzer, die momentan am System arbeiten. Zu den Benutzern wird der Name, die jeweilige Dialogstation, sowie die Uhrzeit des Sitzungsbeginns ausgegeben. Bei Benutzern, die über Netz angemeldet sind, wird auch der Name des Systems, von dem aus sie angemeldet sind, ausgegeben.

Das Kommando **who am i** liefert diese Angaben nur für den eigenen Arbeitsplatz.

Ist eine Datei angegeben, so werden die aktiven Benutzer anstatt aus der Datei */etc/utmp* aus der vorgegebenen Datei gelesen, die aber im **utmp**-Format aufgebaut sein muss.

Neben --**help** und --**version** kennt **who** folgende Optionen:

–H	(--**heading**) Hierdurch wird die Ausgabe mit einer Überschrift versehen, die für die einzelnen Spalten angibt, was darin aufgeführt ist.
–i	(--**idle**) gibt auch die *Idle-time* (die Zeit seit der letzten Aktion) des Benutzers mit aus (in stunden:minuten).
–l	(--**lookup**) Die Namen der Hostsysteme, von denen aus sich ein Benutzer angemeldet hat, wird versucht über DNS aufzulösen.
–m	wie ›**who am i**‹
–q	(--**count**) gibt nur eine verkürzte Information, bestehend aus den Namen und der Anzahl der momentan angemeldeten Benutzer, aus.
–r	gibt den *Run-Level* des *init*-Prozesses aus. Damit kann z.B. abgefragt werden, ob sich das System im *Single-User-Modus* (*Run-Level* = **s**), *Multi-User-Modus* (*Run-Level* = **2**) oder Netzbetrieb (*Run-Level* = **3**) befindet.
–T	(–**w**, --**mesg**, --**message**, --**writable**) Hierdurch wird zu den Dialogstationen zusätzlich angegeben, ob sie ein Schreiben eines anderen Benutzers zulassen:

    + → Jeder darf schreiben.

    – → Nur der Besitzer und **root** dürfen schreiben.

    ? → ungültige Leitung

✎ who -H
→ ergibt etwa folgende Ausgabe bei zwei aktiven Benutzern (LANG hat hierbei den Wert ›de_DE@euro‹ und erzeugt damit deutschsprachige Titel):

```
BENU      LEIT      LOGIN-ZEIT      VON
joerg     pts/0     Nov 25 17:35    (macy)
jogi      pts/1     Nov 25 20:06    (macy)
```

write *benutzer* [*dialogstation*] → **write** to user at terminal

write ermöglicht es, eine Nachricht an einen bestimmten anderen Benutzer zu schicken. Wie bei **wall** muss dieser aktuell am System arbeiten – die Nachricht wird ihm nicht in einer Datei zugestellt, sondern an den Bildschirm geschrieben.
Da sich Benutzer an mehreren Dialogstationen unter dem gleichen Namen anmelden können, ist es möglich, in solchen Fällen auch die Dialogstation anzugeben.
Im Gegensatz zu **wall** wird bei **write** eine zweiseitige Beziehung aufgebaut, d. h. der angesprochene Partner kann seinerseits Nachrichten zurückschicken. Dieser Dialog läuft so lange, bis der erste Sender ein <dateiende> eingibt oder der Empfänger eine Unterbrechung (<unterbrechung>) erzeugt.
Ein Benutzer kann den Empfang von Nachrichten (d. h. die Schreibberechtigung für seinen Bildschirm) durch **mesg n** unterdrücken bzw. durch **mesg y** erlauben.

✎   write jahn < notiz
→ schickt den Inhalt der Datei *notiz* an den Bildschirm des Benutzers *jahn*. Vor der eigentlichen Nachricht wird eine Zeile mit folgendem Aufbau ausgegeben:
Message form *absender (dialogst.)* ***[Datum und Uhrzeit]***
Ist dieser momentan nicht beim System angemeldet, so geht im Gegensatz zu **mail** die Nachricht verloren; der Absender wird jedoch hiervon informiert.

xargs [*optionen*] [*kommando*] [*kmd_opt*] → build argument list

Das Kommando **xargs** schafft die Möglichkeit, einem Kommando *kommando* Argumente zuzuleiten, die dynamisch auf der gleichen Kommandozeile generiert und über eine Pipe an **xargs** weitergeleitet werden.
xargs steht nahezu immer hinter einer Pipe – vor der Pipe stehen beliebige Kommandos, die als Ausgabe die Argumente produzieren, die **xargs** in die Argumentliste von *kommando* einreiht. In den meisten Fällen sind diese Argumente Dateinamen, die durch Kommandos wie **ls** oder **find** generiert werden.
Mit den folgenden Schaltern und Optionen kann das Verhalten von **xargs** beeinflusst werden:

–0   (--**null**) Die Namen von Dateinamen werden statt durch Leerzeichen oder Tabulatoren (whitespaces) durch ein Byte mit 0 (\0) abgeschlossen. Die Zeichen ›"‹, ’ und \‹ verlieren ihre maskierende Bedeutung. Diese Option kann immer dann hilfreich sein, wenn an xargs Argumente übergeben werden, die Leerzeichen oder Sonderzeichen enthalten und nicht als solche ausgewertet werden sollen.

−e *end*   Wenn die Zeichenkette *end* auftritt, wird die Bearbeitung von Argumenten abgebrochen.

−i *rz*   Argumente werden in die Argumentliste von Kommando eingereiht und dabei {} (Standard) oder *rz* durch jeweils ein Argument ersetzt.

−l*n*   Aufruf von Kommando mit *n* Zeilen von Argumenten.

−n*n*   Aufruf von Kommando mit bis zu *n* Argumenten.

−p   (**--interaktive**) Vor der Ausführung jedes Kommandoaufrufs wird der Benutzer um Bestätigung gefragt.

−s*n*   Die erzeugte Argumentliste für Kommando darf maximal *n* Zeichen lang sein.

−t   (**--verbose**) Jedes Kommando wird vor Ausführung ausgegeben (ohne Rückfrage an den Benutzer).

−x   (**--exit**) Abbruch, wenn die Argumentliste länger als *n* Zeichen (aus der Option ›**−s** *n*‹ lang wird.

Zusätzliche Optionen sind **--help**, **--version** und mit der üblichen Bedeutung.

   ✎   ls * | xargs −iHIER −p mv HIER HIER.old
→ Für jede Datei des aktuellen Directories wird der Benutzer gefragt, ob diese mit der Namensendung *.old* versehen werden sollen und, falls die Antwort *y* (*yes*) lautet, das Umbenennen mit **mv** vorgenommen. Die Option −i sorgt dafür, dass die von **ls** stammenden Dateinamen an die Stelle ›HIER‹ eingetragen werden; die Option −**p** veranlasst die explizite Rückfrage.

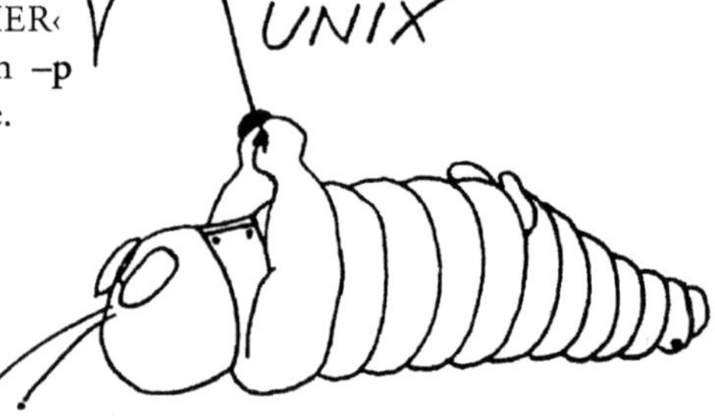

xterm [*optionen*]   → X Window **term**inal emulator

emuliert unter dem X Window System in einem Fenster einen zeichenorientierten (alphanumerischen) Bildschirm. Mittels **xterm** erfolgt die Kommandozeilenbedienung an einem grafischen Bildschirm, d.h. die Arbeit mit der Linux-Shell. Damit dürfte xterm zur wichtigsten und am häufigsten verwendeten X-Window-Applikation werden.

Der Aufruf von **xterm** erfolgt entweder aus einem anderen xterm-Fenster als Hintergrundprozess durch das Kommando ›xterm **&**‹ oder aus einem Menü der grafischen Oberfläche.

yes [*zk*] → print out **yes** or *zk*

> gibt – solange bis es explizit abgebrochen wird – die Zeichenkette z, gefolgt von einem Leerzeichen und <cr> aus. Fehlt *zk*, so wird *yes* ausgegeben. Dies kann in Shell-Prozeduren oder anderen Situationen dazu benutzt werden, um per Pipe eine Standardantwort für ein Programm zu erzeugen, welches auf solche Antworten wartet.

zcat [*optionen*] [*datei(en)*] → **cat** z-compressed files

zcmp [*optionen*] [*datei(en)*] → **compare** z-compressed files

zdiff [*optionen*] [*datei(en)*] → run **diff** on z-compressed files

zegrep [*optionen*] [*datei(en)*] → run **grep** on z-compressed files

zfgrep [*optionen*] [*datei(en)*] → run **fast grep** on z-compressed files

zforce [*optionen*] [*datei(en)*] → rename all z-files to gz.files

zgrep [*optionen*] [*datei(en)*] → run **grep** on z-compressed files

zless [*optionen*] [*datei(en)*] → run **less** on z-compressed files

zmore [*optionen*] [*datei(en)*] → run **more** on z-compressed files

Dieses Spektrum der z-Programme arbeitet wie die entsprechenden Kommandos ohne z (**cat, cmp, diff, egref, fgrep, grep, more, less** und **more**), dekomprimiert aber zuvor die entsprechenden Dateien und gibt den dekomprimierten Inhalt per Pipe an das eigentliche Programm. Als Optionen gelten dann die Optionen des jeweiligen Programms (**cat**, …). Ist die Umgebungsvariable GREP definiert, so bestimmt **zgrep** damit, welches der **grep**-Programme (**grep, egrep, fgrep**) benutzt werden soll. Diese z-Programme sind zumeist Verweise auf die originären Programme mit vorangestelltem ›**gzip -d**‹.

zforce‹ benennt als Dateien mit der Endung .z oder .Z in x.**gz** um.

zcat z.B. liest die mit **compress** oder unter Linux mit **gzip** komprimierten Dateien (mit dem Namen *name.Z* oder *name.***gz**) und schreibt den dekomprimierten Inhalt auf die Standardausgabe.

Die komprimierte Datei bleibt dabei unverändert erhalten. Wurde keine Eingabedatei angegeben, so wird von der Standardeingabe gelesen.

zcat hat die gleiche Funktion wie ›**uncompress –c** *datei*‹ bzw. ›**gzip -u** …‹.

Siehe auch **gzip**, **compress** und **uncompress**.

> ✎ zless –pDMS kapitel1.gz
> → dekomprimiert den Inhalt der Datei *kapitel1.gz* (die Datei selbst bleibt unverändert erhalten) und zeigt ihn mit **less** seitenweise an und zwar ab dem ersten Auftreten des Begriffs *DMS*.

> ✎ zgrep "Dokumenten Management" kapitel1.gz
> → sucht in der komprimierten Datei *kapitel1.gz* nach Zeilen mit ›*Dokumenten Management*‹ und gibt diese auf der Standardausgabe aus. Die ursprüngliche Datei bleibt komprimiert erhalten.

✎   zcat gross.gz | less
    → dekomprimiert den Inhalt der (zuvor mit
    compress/gzip kompaktifizierten) Datei
    gross.gz und gibt diesen Text mit Hilfe von **less**
    auf dem Bildschirm aus.

✎   zcat archiv.tar.gz | tar cvf –
    → dekomprimiert die kompri-
    mierte Tar-Datei *archiv.tar.gz*
    und schreibt die Ausgabe in
    die Pipe zu **tar**, der das nun-
    mehr dekomprimierte Archiv auspackt und in
    seine einzelnen Dateien zerlegt. Durch die Angabe von ›–‹ liest **tar** von
    der Standardeingabe, d.h. in diesem Fall von der Pipe.

znew [*optionen*] [*datei(en)*]   → decompress z-files and compress **new** using gz-format

dekomprimiert die im älteren **.z**-Format komprimierten Dateien (und der Endung **.z** oder **.Z**) und komprimiert sie sogleich in dem neueren und in der Regel kompakteren GNU-zip-Format (und der Endung **.gz**).
Mögliche Optionen sind:

–9	Es wird die beste (und langsamste) Komprimierungsstufe verwendet.
–f	Bereits vorhandene Dateien mit der Endung *name*.**gz** werden hierbei überschrieben.
–t	testet vor dem Löschen der alten Dateien die neu erzeugten Dateien.
–v	verbose-Modus
–K	Ist die alte Datei kleiner als die neue, bleibt (nur) sie erhalten.
–P	führt die Konvertierung über eine Pipe (und ohne Zwischendatei) aus.

✎   znew linuxbuch.tar.Z
    → dekomprimiert die Datei *linuxbuch.tar.Z*
    und komprimiert sie neu nach dem
    gzip-Verfahren. Es entsteht die Datei
    *linuxbuch.tar.***gz**.

5 Editoren und Textwerkzeuge

Linux bietet ein großes Spektrum an Editoren für unterschiedliche Zwecke und Editierumgebungen – sowohl reine Texteditoren, wie man sie zur Bearbeitung von Skripten, ASCII-Dateien oder für Programmquellcode benötigt, als auch Editoren mit einer DTP-Ausrichtung, wie man sie für Briefe und formatierte Dokumente einsetzt. Daneben gibt es mehrere Werkzeuge zur hochwertigen Formatierung von Texten.

Begründet aus der Unix-Linux-History gibt es diese Werkzeuge in zwei Klassen:

▸ Die traditionellen kommandozeilenorientierten Editoren und ergänzenden Werkzeuge: Dieses Kapitel wird sich auf diese fokussieren.

▸ Die Editoren mit einer grafischen Oberfläche: Zu ihnen möchten wir in diesem Kapitel lediglich einen Überblick geben.

In beiden Klassen lassen sich nochmals die Programme unterscheiden:

▸ Programme, die primär zur Bearbeitung einfacher, un- oder nur schwachformatierter Texte dienen – in der Regel Skripten, Konfigurationsdateien oder einfache Textdateien

▸ Programme, welche komplexe Formatierungen und eingebettete Grafiken erlauben – also DTP-Werkzeuge

Kommandozeilen-Werkzeuge

Die klassischen Unix-/Linux-Editoren sind auf die Eingabe auf Kommandozeilenebene oder einer einfachen Bildschirmsteuerung ausgelegt. So lassen sich die primär textorientierten Editoren und ergänzenden Werkzeuge mit moderaten Ressourcen betreiben – sowohl was die Programmgröße, den Speicherbedarf als auch die benötigte Rechnerleistung und die technische Ausstattung angeht. Ein weiterer Vorteil besteht darin, dass sie sich fast alle über Kommandoskripten bedienen lassen und flexibel und doch mächtig mit dem Linux-Pipe-Mechanismus zu komplexeren Verarbeitungsketten zusammensetzen.

Eine Art *Standardeditor* stellt der zeilenorientierte Editor **ed** dar. Sein Vorteil liegt in der Mächtigkeit seiner Such- und Ersetzungsoperationen. Weiterhin kann er auch auf druckenden, auf einfachen Dialogstationen und über ein langsames Netz eingesetzt werden oder von einem Skript gesteuert werden. Sein Nachteil ist die fehlende Rückkoppelung, d. h. der Benutzer sieht nicht ohne weiteres, wo er arbeitet und was seine Eingaben bewirken. Er wird fast nur noch für Editierskripten eingesetzt.

Diese Nachteile vermeidet der bildschirmorientierte Editor **vi** bzw. die unter Linux verbesserte Variante **vim**. Für die normale Erstellung und Korrektur von Textdateien ist

vim deshalb empfehlenswerter. Kennt man andere Bildschirmeditoren, so mag **vim** zunächst ungewohnt und unbequem erscheinen; er ist jedoch durch seine Vielzahl von Befehlen äußerst vielseitig. Neben **vim** gibt es den zeilenorientierten Editor **ex**. **vi(m)** und **ex** sind in Wirklichkeit nur zwei unterschiedliche Modi eines Editors. Es ist daher möglich, von einem Modus in den anderen zu wechseln. Somit stehen auch in **vim** komplexe Such- und Ersetzungsbefehle zur Verfügung. Die Varianten **gvim** und **kvim** sind geringfügig erweiterte Versionen von **vim**, welche jeweils in einem KDE- oder GNOME-Fenster laufen. Sie unterstützen die Verwendung der Maus zum Platzieren des Cursors, bieten aber darüber hinaus wenig Erweiterungen.

Zu den mächtigsten dieser Editoren gehört der **emacs** – wie **vim** von der Oberfläche her ein einfacher Bildschirmeditor, der nicht mit der Maus und Menüs, sondern mit Tastaturkürzel und mächtig zusammensetzbaren Kurzbefehlen gesteuert wird. Durch den internen Lisp-Interpreter lassen sich komplexe Textverarbeitungssequenzen aufbauen. Er ist damit für spezielle Aufgaben sehr viel mächtiger als die Editoren mit einer grafischen Oberfläche. Darüber hinaus besitzt er Erweiterungen, die es erlauben, ihn auch für das Lesen und Schreiben von E-Mails zu verwenden. Die **emacs**-Variante **xemacs** ist eine X-Windows-Version von **emacs** – jedoch ohne wesentliche funktionale Erweiterungen – sieht man einmal von der Unterstützung der Maus und dem Vorhandensein einiger Menüs ab.

Der Streit zwischen den **vi**- und den **emacs**-Anhängern ist fast so alt wie die beiden Editoren. Wir gehören zu den **vi**-Anhängern und haben hier deshalb **vi(m)** beschrieben, insbesondere da er wenig komplex ist und deshalb schneller zu erlernen ist.

Neben **vim** und **emacs** findet man auf den Linux-Systemen zahlreiche weitere Bildschirmeditoren (z. B. **gedit**, **joe**, **kate**,[1] **kedit**, **kwrite**), die oft für Benutzer, welche von Windows her rein grafische Oberflächen gewohnt sind, intuitiver und einfacher als der **vi/vim** oder **emacs** zu bedienen sind.

Neben den bisher genannten Editoren stellt Linux noch den stapelorientierten Editor **sed** zur Verfügung. Dieser ist nicht interaktiv, sondern erhält seine Editier-Anweisungen in der Regel aus einer Kommandodatei. Er operiert nicht auf einer ganzen Datei, sondern jeweils nur auf einer oder wenigen Dateizeilen, die er sequenziell einliest, die Editierkommandos darauf anwendet und dann das Ergebnis auf die Standardausgabe schreibt. Der Vorteil liegt in der Möglichkeit, sehr große Dateien editieren und Modifikationsanweisungen in eine Datei schreiben zu können. Danach ist es dann möglich, mehrere Dateien mit Hilfe von **sed** zu modifizieren (z. B. systematisches Ersetzen von Namen in einer größeren Anzahl von Programmen). Außer den reinen Editoren bietet Linux auch Batch-Formatierer. Hierzu gehören z. B. **nroff**, **(g)troff** oder in vereinfachter Weise mit **fmt** – sowie die Programme um $T_{E}X$. Daneben sind eine Reihe von Prä- und Postprozessoren hierzu sowie weiterverarbeitende Programme vorhanden (siehe hierzu Abschnitt 5.5 ab Seite 498). Der Übergang zwischen dem Batch-Formatieren und dem WYSIWYG-Verfahren ist das Programm **Lyx**.

Daneben gibt es natürlich die DTP-Editoren welche Dokumente im WYSIWYG-Modus erstellen. Sie stammen aus *StarOffice*, *OpenOffice*, *KOffice*, *Gnome-Office* und einigen anderen Paketen. Einen Überblick dazu gibt Kapitel 7.7 ab Seite 704. Auf ihre Beschreibung wird hier verzichtet.

---

1. Zu **kate** siehe die Beschreibung im Kapitel 7.2.4.4 auf Seite 659.

5.1   Der Texteditor ed

Der Texteditor **ed** arbeitet zeilenorientiert. Man setzt ihn deshalb zumeist nur auf rein alphanumerischen Terminals oder in Skripten ein. Die zu modifizierende oder neu zu erstellende Datei wird dazu in einen Arbeitspuffer kopiert. Hierin werden die Änderungen und Einfügungen vorgenommen. Erst mit dem Kommando *write* (**w**) wird der Pufferinhalt auf die angegebene Datei geschrieben. **ed** kennt zwei Modi:

▶ Kommandomodus
▶ Eingabemodus

Im Kommandomodus, der anfänglich eingeschaltet ist, wird die Eingabe als Kommando interpretiert. In der Regel ist nur ein Zeichen je Kommando erlaubt. Eine Ausnahme sind die Anweisungen *print* (**p**) oder *list* (**l**), welche auch anderen Kommandos folgen dürfen. Sie werden dann ohne Zwischenraum dahinter geschrieben. Kommandos bestehen aus einem Buchstaben und den Parametern. Durch eines der folgenden Kommandos geht der **ed** in den Eingabemodus über:

a   für Anfügen (englisch: *append*)
c   für Ersetzen (englisch: *change*) oder
i   für Einfügen (englisch: *insert*)

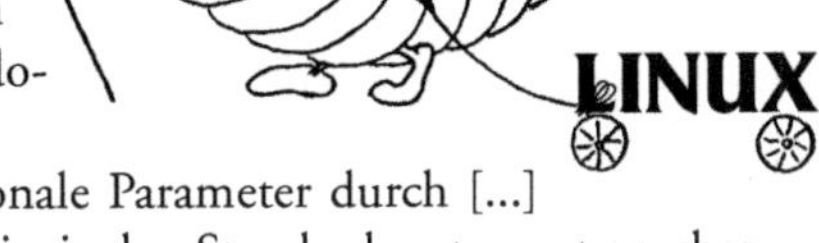

Dieser Modus wird beendet, indem ein Punkt ›.‹ als erstes und einziges Zeichen in einer Zeile eingegeben wird. **ed** befindet sich danach wieder, ohne dies anzuzeigen, im Kommandomodus.

In der folgenden Beschreibung sind optionale Parameter durch [...] gekennzeichnet. Diese können entfallen, soweit sie den Standardwerten entsprechen.

Der Bereich, für den das Kommando gelten soll, oder ein Wiederholungsfaktor (Nummer) wird in der Regel vor das eigentliche Kommando ohne Zwischenraum geschrieben, die anderen Parameter folgen dem Kommando. Die Fehlermeldung des **ed** ist sehr karg und besteht im Standardfall lediglich aus einem einzelnen ›?‹. Es bleibt dem Benutzer überlassen, die Fehlerursache zu finden – der ed-Fokus ist die Verarbeitung von ed-Skripten. Während einer interaktiven Editorsitzung lässt sich eine etwas ausführlichere Fehlermeldung durch das Kommando H (für *Help*) ein- oder wieder abschalten oder durch h (für den letzten Fehler) abfragen.

Außer den Kommandos *read* (**r**), *write* (**w**) und *edit* (**e**), welche als Reaktion die Anzahl der verarbeiteten Zeichen ausgeben, arbeitet der Editor im Standardfall ohne Promptzeichen, so dass der Benutzer selbst wissen muss, in welchem Modus er sich befindet. Durch die Option **–p** *prompt* kann ein explizites Bereitzeichen vorgegeben werden.

red (mit gleicher Syntax und gleichen Kommandos) ist ein eingeschränkter Modus von **ed**. Hierin können keine Shell-Kommandos ausgeführt und nur Dateien im lokalen Verzeichnis editiert werden.

5.1.1   Aufruf des ed

Der Aufruf des **ed** hat folgende allgemeine Syntax:

ed [–] [–**Gs**] [–**p** *prompt*] [*datei*]

Der Parameter *datei* gibt dabei die zu bearbeitende Datei an. Es wird damit ein Kommando **e** *datei* (Editiere die angegebene Datei) simuliert. –**s** veranlasst die Unterdrückung der Ausgabe der verarbeiteten Zeichenzahl bei den Kommandos *write* (**w**), *read* (**r**) und *edit* (**e**). Die Option gewährleistet eine Rückwärtskompatibilität zu älteren Unix-Versionen bei den (später beschriebenen) Kommandos **G, V, f, l, m, t** und ›**!!**‹.

Wird beim Aufruf keine Datei spezifiziert, so meldet sich **ed** nach dem Start nicht! Das fehlende Shell-Promptzeichen zeigt an, dass **ed** aktiv ist. Ein explizites Bereitzeichen kann durch die –**p**-Option vorgegeben werden. **ed** ist nun im *Kommandomodus*. Mit den unterschiedlichen, in der Kommandoliste angegebenen Befehlen, kann nun der Arbeitszeiger verschoben werden. Danach wird in der Regel die neue laufende Zeile ausgegeben. Durch einen der Befehle

a	(*append*)	für *Füge neue Zeilen hinter der laufenden Zeile ein*,
c	(*change*)	für *Ersetze die angegebenen Zeilen durch den neu eingegebenen Text*,
i	(*insert*)	für *Füge vor der laufenden Zeile den neuen Text ein*

geht **ed** in den *Eingabemodus* über. In diesem wird der eingegebene Text fortlaufend an der spezifizierten Stelle eingefügt. Der Eingabemodus wird durch eine Zeile mit einem Punkt zu Beginn beendet. **ed** befindet sich dann wieder im Kommandomodus. Er zeigt dies **nicht** durch ein Promptzeichen an!

5.1.2   Bereichsangaben in Kommandos

ed erlaubt, bei einigen Kommandos einen Bereich anzugeben, in dem das Kommando auszuführen ist. Dies ist in der Regel ein Zeilenbereich. Ein solcher kann eine einzelne Zeilenangabe oder die Angabe eines Zeilenbereiches sein oder ganz entfallen, wobei dann die aktuelle Zeile impliziert wird (Ausnahme beim *write*-Kommando (**w**); dort wird der ganze Puffer impliziert). Die Syntax der Bereichsangabe sieht wie folgt aus:

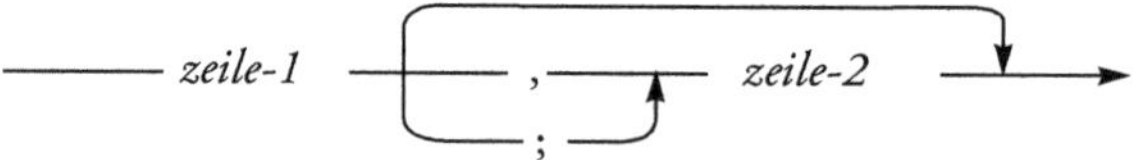

Entfällt die Angabe von *zeile-2*, so wird nur die angegebene Zeile bearbeitet. Die Zeilenangabe selbst hat folgende Syntax:

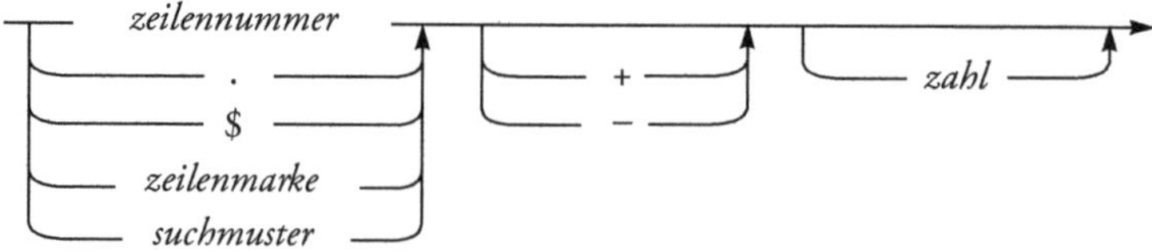

zeilennummer	ist dabei eine Zahl *n* und bedeutet *Die n-te Zeile im Puffer*.
$	steht dabei für *Die letzte Zeile der Datei*.
.	Der Punkt steht dabei für *Die laufende Zeile*.
zeilenmarke	ist ein Kleinbuchstabe mit vorangestelltem ›'‹. Die Marke muss zuvor durch das *mark*-Kommando (**k**) einer Zeile zugewiesen worden sein!

Ein ›+‹ oder ›–‹, gefolgt von einer Zahl, zeigt an, dass der Abstand von der (aktuellen) Zeile gemeint ist.

Ein Suchmuster hat die Form: */muster/* oder *?muster?*
Bei */muster/* wird ab der laufenden Stelle vorwärts nach einer Zeichenkette gesucht, auf die das Muster passt, bei *?muster?* rückwärts zum Pufferanfang hin. Das Muster selbst besteht aus einem regulären Ausdruck, der sich aus *normalen Zeichen* und den beschriebenen Metazeichen zusammensetzt.

=   als Kommando liefert die *aktuelle Zeilennummer* zurück.

1,3	steht für *Die Zeile 1-3*.
10,$	steht für *Die Zeile 10 bis zum Dateiende*.
.-1,.+2	steht für *Die Zeile vor der laufenden, die laufende und die zwei folgenden Zeilen*.
'a,'b	meint *Die Zeilen von der Marke a bis zur Marke b*.
/abc/,/efg/	steht für *Die erste Zeile, in der abc vorkommt, bis zur ersten Zeile, in der efg vorkommt*.
–	steht für *Die Zeile vor der laufenden Zeile*.
1,$	steht für *Von Zeile 1 bis zum Ende*.

5.1.3   Die Metazeichen des ed

Folgende Zeichen sind für **ed** Metazeichen (d. h. Zeichen mit einer speziellen Bedeutung): ., *, [,], ^, $, /, \(, \), \{, \}, &, \.
Ihre Funktion ist nachstehend angegeben. Für eine etwas ausführlichere Behandlung von Metazeichen sei auf Kapitel 3.4 verwiesen.

/…/	schließt das Suchmuster (und bei Ersetzung auch die Ersetzungszeichenkette) ein. Z. B: s/Otto/Hans/ → ersetzt *Otto* durch *Hans*. *Otto* ist das Suchmuster, *Hans* diejenige Zeichenkette, welche die gefundene Zeichenkette ersetzt. */…/* alleine positioniert den Arbeitszeiger auf den Anfang der Zeile, in der das nächste Muster gefunden wird.
//	steht für *Erneutes Suchen des zuletzt definierten Musters*.
?…?	begrenzt ein Suchmuster. Hierbei wird rückwärts gesucht.
??	steht für *Erneutes Suchen rückwärts des zuletzt definierten Suchmusters*.

& im Ersetzungsteil: steht für *Die gefundene Zeichenkette*.
    Z. B.: s/Otto/& Meier/ → ersetzt *Otto* durch *Otto Meier*.

. im Suchmuster: ist ein Metazeichen und steht für *Beliebiges einzelnes Zeichen*.

. im Zeilenbereich: bedeutet *Die laufende Zeile*.

. im Eingabemodus: beendet den Eingabemodus.
›.‹ muss dann das einzige Zeichen der Zeile sein!
Z.B.: /a.c/ → sucht eine Zeichenkette, die aus *a*, einem beliebigen Zeichen und einem *b* besteht; ›.,$p‹ gibt die Zeilen ab der laufenden Zeile bis zum Ende des Puffers aus.

$ als Zeilenangabe: bedeutet: *Ende des Puffers*.

$ als letztes Zeichen eines Suchmusters: steht für *Ende der Zeile*.
Z.B.: 10,$d → löscht alle Zeilen des Puffers ab Zeile 10;
s/$/noch was/ hängt den Text *noch was* ans Zeilenende;
/abc$/ sucht *abc* am Zeilenende.

^ als erstes Zeichen eines Suchmusters: bedeutet *Anfang der Zeile*.

^ als erstes Zeichen einer Mengendefinition: bedeutet *Alle Zeichen außer* ... .
Z.B.: s/^/Nun/ → fügt *Nun* am Anfang der Zeile ein;
/[^0-9]?/ → sucht alle Zeichen, die keine Ziffern sind.

* hinter einem Zeichen des Suchmusters:
bedeutet: *Beliebige Wiederholung des vorhergehenden Zeichens*.
Z.B.: s/␣*/␣/ → ersetzt mehrere Leerzeichen durch ein einziges; vor dem * stehen dabei zwei Leerzeichen!
s/[0-9]*/+/ → ersetzt Zahlen (Ziffernfolgen) durch das Plus-Zeichen.

[...] in einem Suchmuster: definiert eine Zeichenmenge, d.h. *Eines der Zeichen aus* ... .
Z.B.: [0-9] ist ein Muster, das auf jede Ziffer zutrifft;
[0-9] ist äquivalent zu [0123456789];
[0-9]* ist ein Muster, welches auf alle Zahlen zutrifft.

\ vor einem Metazeichen: maskiert das nachfolgende Zeichen. Dieses verliert dabei seine Sonderbedeutung.
Z.B.: /abc*/ meint die Zeichen *abc**.

\(... \) - in einem Suchmuster: klammert einen Teil eines Suchmusters. Mehrere solcher Klammern sind im Suchmuster möglich. Im Ersetzungsteil kann dann mit \n das *n*-te geklammerte Teil (bzw. das gefundene darauf passende Textstück) angegeben (eingesetzt) werden.
Z.B.: s/\(abc\)[1-9]/\1/ ersetzt die Zeichenkette *abc* gefolgt von einer Ziffer durch *abc*.

\{*n*, *m*\}   gibt einen zulässigen Wiederholungsfaktor für das vorangestellte Zeichen an. Es wirkt damit wie ›*‹, allerdings soll das Zeichen minimal *n*-mal und maximal *m*-mal vorkommen. Die Zeichen ›{‹ und ›}‹ sind hier Bestandteile der Syntax!

Unter Suchmuster ist hier der durch /.../ geklammerte Teil beim Suchen einer Zeichenkette gemeint. **Ersetzungsteil** ist dabei der Teil eines Kommandos *Suche und Ersetze* (**s**), in dem angegeben ist, durch was die gesuchte Zeichenkette zu ersetzen ist.

Die allgemeine Syntax dieses Kommandos sieht wie folgt aus:

*[bereich]*s*/suchmuster/ersetzungsteil/*[**g**][**c**]

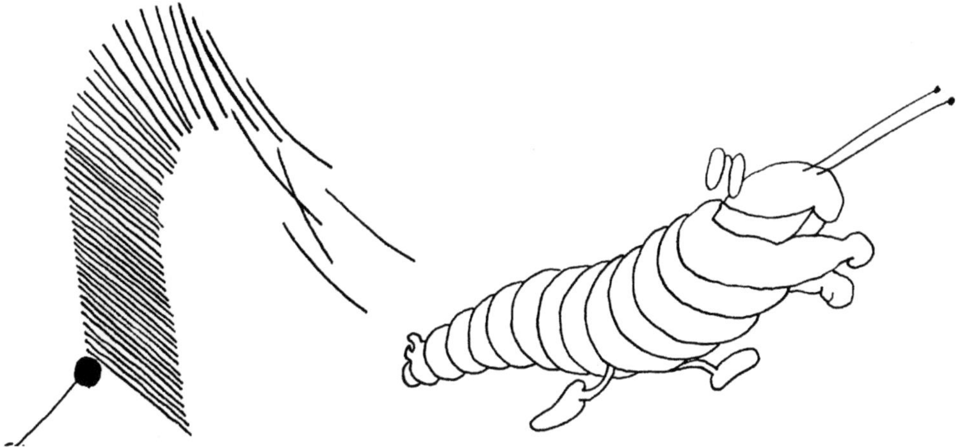

5.1.4 Tabelle der ed-Kommandos

Mnemo.:	Kommando:	Bedeutung:
Linux-Kom,	*!kommando*	führt das Linux-Shell-Kommando aus, ohne dass hierzu **ed** verlassen werden muss.
append	*[zeile]*a	fügt neue Zeilen hinter der laufenden [angegebenen] Zeile ein. Das Einfügen wird durch einen Punkt ›.‹ als erstes und einziges Zeichen einer Zeile beendet. Der Arbeitszeiger steht danach auf der letzten eingefügten Zeile; z. B.: ›$a‹ fügt den nachfolgenden Text am Ende des Puffers ein.
change	*[bereich]*c	ersetzt die Zeilen des Bereichs durch den neu eingegebenen Text. **c** versetzt **ed** in den Einfügemodus, der durch ›.‹ beendet wird. Der Arbeitszeiger steht danach auf der letzten eingefügten Zeile.
delete	*[bereich]*d	löscht die Zeilen in dem Bereich und positioniert den Arbeitszeiger auf die nächste Zeile; z. B.: ›.,+3d‹ löscht die laufende und die nächsten drei Zeilen.

edit datei	**e** *datei*	liest den Inhalt der Datei in den Bearbeitungspuffer. Der alte Inhalt wird dabei gelöscht!
Edit datei	**E** *datei*	arbeitet wie **e**, wobei jedoch die Warnung unterdrückt wird, dass seit der letzten Pufferänderung nicht geschrieben wurde.
file	**f**	**ed** gibt den Namen der aktuellen Datei aus.
global	**g**/*muster*/*kommandos*	führt die Kommandofolge für alle Zeilen aus, die dem angegebenen Suchmuster entsprechen; z. B.: g/abc/p gibt alle Zeilen aus, in denen *abc* vorkommt.
	s/*muster*/*text*/**g**	führt die Substitution für alle passenden Texte einer Zeile aus.
Global	[*bereich*]**G**/*muster*/	ist die interaktive Form des **g**-Kommandos. Der Zeiger wird nacheinander auf die Zeilen gesetzt, auf die das Muster passt. Nun kann ein Kommando eingegeben werden (**nicht: a, c, i, g, G, v, V**). Dieses wird auf die Zeile ausgeführt und die nächste Zeile gesucht. **&** führt das letzte Kommando nochmals aus. <unterbrechung> terminiert **G**.
help	**h**	gibt eine kurze Erklärung zur letzten ?-Warnung.
Help	**H**	schaltet einen Modus ein, in dem statt der Fehlermeldung ›?‹ ein Fehlertext ausgegeben wird.
insert	[*zeile*]**i**	fügt vor der angegebenen Zeile (laufenden Zeile) neuen Text (Zeilen) ein. Bei **i** geht **ed** in den Eingabemodus, der durch ›.‹ beendet wird. Der Arbeitszeiger steht danach auf der letzten eingefügten Zeile.
join	[*bereich*]**j**	macht aus den Zeilen des Bereichs eine Zeile. Fehlt *bereich*, so wird die nachfolgende Zeile an die laufende Zeile angehängt.
mark	[*zeile*]**kx**	markiert die laufende (angegebene) Zeile mit dem Namen ›x‹. ›x‹ muss ein Kleinbuchstabe sein. Die Marke kann später in einer Zeilen- oder Bereichsangabe in der Form ›'x‹ verwendet werden.
list	[*bereich*]**l**	gibt die laufende Zeile (die Zeilen des angegebenen Bereichs) aus. Überlange Zeilen werden dabei in mehreren Zeilen ausgegeben und nicht druckbare Zeichen als zwei Oktalziffern dargestellt.
move	[*bereich*]**m**[*zeile*]	kopiert den Text des Bereichs hinter die laufende Zeile (Zielzeile). Der Text im alten Bereich wird

		gelöscht. Der Arbeitszeiger steht danach auf der letzten Zeile im neuen Bereich.
number	[*bereich*]n	gibt die Zeilen des angegebenen Bereichs mit der vorangestellten Zeilennummer aus. Diese ist **nicht** Teil des Textes! **n** kann auch an die Kommandos **e**, **f**, **r**, **w** angehängt werden.
print	[*bereich*]p	gibt die laufende Zeile (den angegebenen Bereich) auf der Dialogstation aus und setzt den Arbeitszeiger auf die letzte ausgegebene Zeile; z. B.: ›1,$p‹ gibt den gesamten Arbeitspuffer auf die Dialogstation aus.
	⟦cr⟧	⟦cr⟧ ist äquivalent zu ›.+1p‹, d. h. positioniert den Arbeitszeiger auf die nächste Zeile und gibt diese auf die Dialogstation aus.
quit	q	beendet die **ed**-Sitzung, ohne den Puffer zu retten! Zuvor wird geprüft, ob seit der letzten Änderung der Puffer auf eine Datei geschrieben wurde. Ist dies nicht der Fall, so wird eine Warnung ausgegeben.
Quit	Q	beendet die **ed**-Sitzung, ohne zu prüfen, ob seit der letzten Änderung der Puffer auf eine Datei geschrieben wurde.
read	[*zeile*]r *datei*	liest den Text der Datei hinter die letzte Zeile des Puffers (angegebene Zeile) in den Arbeitspuffer. Der Arbeitszeiger steht danach auf der letzten gelesenen Zeile.
search	/*muster*/	sucht die nächste Stelle im Puffer, auf die das Textmuster passt und setzt den Arbeitszeiger (.) auf den Anfang dieser Zeile. Wird bis zum Pufferende kein Treffer erzielt, so beginnt **ed** am Pufferanfang erneut zu suchen bis maximal zur laufenden Zeile. Wird auch dann kein Treffer erzielt, so gibt **ed** ›?‹ aus; z. B.: ›/^[0-9]./‹ sucht die nächste Zeile, die mit einer Ziffer beginnt.
	//	sucht das zuletzt definierte Muster erneut.
	?*muster*?	wie /text/; das Suchen erfolgt jedoch rückwärts von der laufenden Zeile zum Pufferanfang hin und von dort aus vom Pufferende bis zur laufenden Zeile.
	??	sucht das zuletzt definierte Suchmuster erneut, aber rückwärts.

substitute [*bereich*]s/*m1*/*text*/   ersetzt den Text, auf den das Textmuster *m1* zutrifft, durch den Text *text*. Nur die erste passende
Zeichenkette der Zeile wird ersetzt. Sollen alle ersetzt werden, so ist [*bereich*]s/*m1*/*text*/ zu schreiben.
›s‹ sucht ab der aktuellen Stelle bis zum Pufferen-
de. Ist ein Bereich angegeben, so wird nur darin
gesucht;
z. B.: ›s/fallsch/falsch/g‹ ersetzt alle vorkommenden *fallsch* einer Zeile durch *falsch*.

transfer   [*bereich*]t[*zeile*]   kopiert die laufende Zeile (die Zeilen des angegebenen Bereichs) zur Zielstelle. Der alte Bereich
wird nicht gelöscht;
z. B.: ›1,3t$‹ kopiert die ersten drei Zeilen des Puf-
fers an das Ende des Puffers.

undo   u   macht die letzte Änderung in der laufenden Zeile
rückgängig.

v/*muster*/*kommandos*   **v** ist die Negation des **g** (global). Die nachfolgenden Kommandos werden nur in den Zeilen ausge-
führt, auf die das Suchmuster **nicht** zutrifft.

[*bereich*]V/*muster*/   **V** ist die Negation des **G**-Befehls.

write   [*bereich*]w [*datei*]   schreibt den ganzen (oder nur den angegebenen)
Pufferinhalt auf die aktuelle (angegebene) Datei.
Mit **wq** wird ed danach beendet.

Write   [*bereich*]W *datei*   schreibt den ganzen (oder nur den angegebenen)
Pufferinhalt an das Ende der angegebenen Datei.

x   **x** bewirkt eine Chiffrierung des Textes beim Kommando *write* (**w**) und eine Dechiffrierung bei *read*
(**r**) und *edit* (**e**). Zu **x** muss eine Zeichenkette angegeben werden, die zur Chiffrierung verwendet
wird. **x** ohne Zeichenkette schaltet die Chiffrierung ab.

!*kommando*   Das angegebene Kommando wird ausgeführt.
Dazu wird vorübergehend der **ed** verlassen.

kommentar   **#** startet einen Kommentar, der bis zum nächsten
Zeilenende (nl) reicht.

5.2   Der Bildschirmeditor vim

Der Unix-Editor **vi** und die unter Linux verbreitetere Variante **vim** sind Bildschirmeditoren – aber nur bedingt mit grafischer Oberfläche. Die nachfolgende Beschreibung ist keine vollständige Dokumentation der Möglichkeiten von **vim**, sondern zeigt nur die meistbenutzten Kommandos und Funktionen. Die mit (*vi*) markierten Befehle sind nur im (Unix) **vi** vorhanden, die mit (*vim*) gekennzeichneten nur im **vim**. Soweit nicht explizit anders angegeben, werden in der vorliegenden Beschreibung **vi** und **vim** synonym verwendet.

Kennt man andere Bildschirmeditoren, so mag **vi** und **vim** anfänglich ungewohnt und kompliziert erscheinen. Dies liegt zum einen daran, dass er eine ungewöhnlich große Anzahl von Befehlen kennt und zum anderen, dass auf einigen Dialogstationen die Pfeiltasten mit **vim** nicht genutzt werden können. Die Pfeil-(Cursor-)Tasten vieler Dialogstationen sind mit **vim** deshalb nicht verwendbar, da sie eine mit dem ⎋-Zeichen beginnende Steuersequenz an den Rechner schicken, ⎋ jedoch für den **vi** eine sehr zentrale Sonderfunktion besitzt: *Beende Eingabe- oder Ersetzungsmodus* bzw. *Breche unvollständiges Kommando ab*. Arbeitet man jedoch häufig mit dem Rechner, so lohnt der erhöhte Lernaufwand für den **vim**.

vim ist ein Editor, der sowohl mit intelligenten und schnellen Bildschirmen arbeiten kann als auch in der Lage ist, seine Ausgabe auf Geräte mit langsamer Übertragungsrate und wenige Steuersequenzen anzupassen. Um die Möglichkeiten und Steuersequenzen einer Dialogstation zu ermitteln, verwendet **vi** den Typus der Dialogstation, der in der Shellvariablen $TERM steht, und entnimmt dann die eigentliche Beschreibung der Datei */etc/termcap* oder Datei */usr/src/terminfo/x/t_typ* falls der *Terminfo*-Mechanismus verwendet wird (*t_typ* ist der Terminaltyp, *x* das erste Zeichen des Typnamens).

vim (wie auch **ex**) ist in der Lage, in zwei Arbeitsmodi zu arbeiten:

▸   dem **vi**-Modus
▸   dem **ex**-Modus

Im **vi**-Modus (**vi** steht für *visual*) wird bildschirmorientiert gearbeitet, d. h. der Bildschirm zeigt einen Ausschnitt der bearbeiteten Datei, und Änderungen werden bei schnellen (und *intelligenten*) Sichtgeräten sofort, bei langsamen, einfachen Sichtgeräten verzögert angezeigt. Die verzögerte Anzeige erfolgt dann, wenn für die sofortige Korrektur am Bildschirm zu viele Daten übertragen werden müssten oder die Übertragung so lange dauern würde, dass dieser Vorgang das Editieren behindern würde.

Im **ex**-Modus arbeitet der Editor ausgesprochen zeilenorientiert. Der **ex**-Modus stellt eine Obermenge der **ed**-Kommandos zur Verfügung. Seine Beschreibung im Abschnitt 5.3 ist deshalb kurz gehalten und beschränkt sich im Wesentlichen auf die Unterschiede zu **ed**.

Es ist möglich, vom **vi**-Modus (durch das Kommando **Q**) in den **ex**-Modus und von dort (durch das Kommando **vi**) in den **vi**-Modus zurück zu wechseln. Soll nur ein **ex**-Kommando ausgeführt werden (dies ist z. B. zum Schreiben des Arbeitspuffers in eine Datei notwendig), so kann dies im **vi**-Modus geschehen, indem dem **ex**-Kommando ein ›:‹ vorangestellt wird (siehe auch Abbildung 5.1 auf Seite 465).

vim und **ex** arbeiten nicht auf der angegebenen Datei selbst, sondern in einem Puffer, in dem eine Kopie der zu bearbeitenden Datei steht. Erst durch die Schreibkommandos wie **:w** und **ZZ** werden die im Puffer (auf der Kopie) vorgenommenen Änderungen auf die eigentliche Datei übertragen.

vim lässt sich per **rvim** *(restricted vim)* in einem eingeschränkten Modus aktivieren, in dem analog zu **red** keine Shell-Kommandos und kein Suspendieren des Editors möglich sind – als **view** im reinen Betrachtungsmodus, in dem keine Textänderungen ausgeführt werden oder als **gvim** oder **gview** in einem eigenen neuen Fenster mit eigener grafischer Oberfläche.

Eine recht übersichtliche, komplette Beschreibung der **vim**-Syntax und Kommandos liefert [VIM-Guide].

5.2.1   Aufruf des vim

Die Syntax zum Aufruf des **vi** oder **vim** lautet:

> **vim** [**–t** *begriff*] [**–r** *r_datei*] [**–x**] [**–R**] [**–c** *kommando*] [*datei ...*]

vim wird damit gestartet und die erste der genannten Dateien wird in den Arbeitspuffer gelesen. Diese kann nun modifiziert werden. Mit der Kommandosequenz

> **:w** `cr`
> **:n** `cr`

werden die durchgeführten Änderungen auf die jeweilige Datei geschrieben und die nächste der angegebenen Dateien bearbeitet. Beendet wird der Editor durch

> **ZZ**

wobei der Editorpuffer vor der Beendigung auf die angegebene Datei geschrieben wird.

> **:q** `cr`

beendet den Editor ohne ein vorhergehendes nochmaliges Schreiben.

Mit der Option **–t** *begriff* entfällt die Angabe einer zu editierenden Datei, da automatisch die Datei editiert wird, in welcher der angegebene Begriff vorkommt. Der Arbeitszeiger wird zugleich auf den Begriff platziert. Hierzu muss eine so genannte *Tag-Datei* existieren, in der die zu suchenden Begriffe stehen, zusammen mit der Datei, in der sie vorkommen. Dies ist z. B. bei Fehlermeldungen eines Übersetzers praktisch. Solche Tag-Dateien können mit dem **ctags**-Kommando erstellt werden.

Die Option **–r** *r_datei* *(recover)* bewirkt, dass nach einem System- oder Editorabsturz das Editieren der angegebenen Datei wieder aufgesetzt wird, wobei in der Regel nur die letzten Änderungen verloren sind.

Durch die Option **–x** erfolgt eine Chiffrierung/Dechiffrierung der bearbeiteten Daten (auch die Pufferinhalte werden chiffriert). Der Benutzer wird dabei interaktiv nach einem Schlüssel gefragt. Für diesen erscheint bei der Eingabe kein Echo.

Durch die Option **–R** *(read only)* wird die Datei nur zum Lesen geöffnet und kann nicht modifiziert zurückgeschrieben werden (Alternative: Aufruf von **rvim** oder **view**).

Die Option **+c** *kommando* erlaubt die Ausführung des **ex**-Kommandos, bevor das Editieren beginnt. Mit ›+200‹ z. B. geht der Editor sogleich auf die Zeile 200.

Existiert die beim Aufruf angegebene Datei noch nicht, so wird sie angelegt. Da **vi** nicht auf der Datei selbst, sondern in einem temporären Puffer arbeitet, kann man, sofern man noch kein **w** (*write*) ausgeführt hat (und die *auto-write*-Option nicht gesetzt ist), die **vi**-Sitzung auch mit **:q!** ⌐cr¬ abbrechen, ohne dass die inzwischen vorgenommenen Änderungen auf die Datei übertragen werden. Fehlt beim **vi**-Aufruf der Dateiname, so wird wie üblich zunächst auf dem Puffer gearbeitet. Vor der Beendigung des Editors, muss in diesem Fall dann jedoch die Zieldatei, etwa durch die Anweisung **:f** *name* angegeben werden, oder man schreibt die Arbeitsdatei durch **:w** *name* in die Datei *name*.

5.2.2 Aufteilung des Bildschirms

Im **vi**-Modus wird auf dem Bildschirm ein Ausschnitt der gerade bearbeiteten Datei dargestellt. Die Größe des Ausschnitts ist von der Dialogstation abhängig, deren Eigenschaften dem entsprechenden *Termcap*- oder *terminfo*-Eintrag entnommen werden. Hierzu muss die Shell-Variable TERM definiert und als global erklärt sein!

Die letzte Zeile des Bildschirms dient der Ausgabe von Meldungen sowie der Eingabe im **ex**-Modus (nur für ein Kommando durch Eingabe von ›:‹ oder permanent nach der Eingabe des **Q**-Kommandos). Auch bei dem Suchbefehl (›/‹ oder ›?‹) wird das Suchmuster hier eingegeben.

Der auf dem Bildschirm dargestellte Ausschnitt zeigt die Umgebung der aktuellen Arbeitsposition. Diese selbst wird genauer durch den Zeiger (Cursor) markiert. An dieser Stelle (bzw. von dieser Stelle an) können Änderungen wie das Einfügen neuen Textes, das Löschen oder das Überschreiben von Text vorgenommen werden. Aus diesem Grund stellt der **vim** eine Vielzahl komfortabler Kommandos zur schnellen Änderung des Arbeitszeigers zur Verfügung.

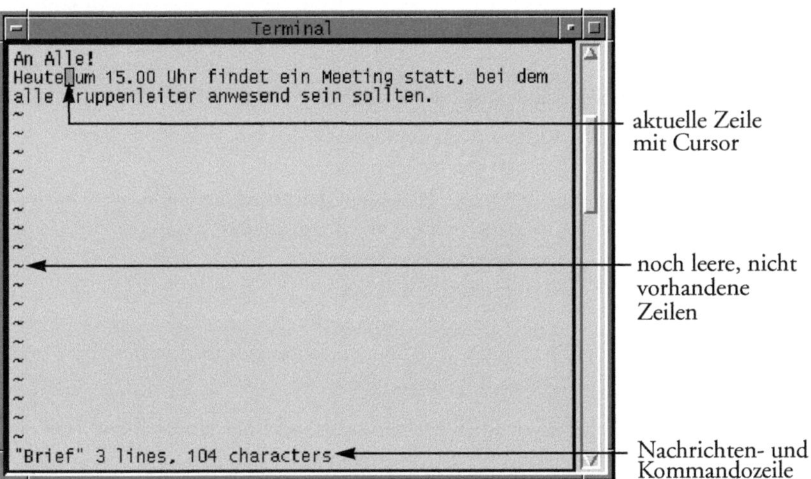

Bei verzögerter Darstellung von Änderungen werden gelöschte Zeilen nicht sofort entfernt, sondern durch ein ›@‹ in der ersten Spalte als gelöscht markiert. Zeilen hinter dem Dateiende werden auf dem Bildschirm durch ein ›~‹-Zeichen gekennzeichnet.

Wird im Kommandomodus ›?‹ oder ›/‹ eingegeben (für *Suche vorwärts* bzw. *Suche rückwärts*), so springt der Cursor in die letzte Bildschirmzeile, wo das Suchmuster dann eingegeben werden kann. In dieser Zeile erscheinen auch eventuelle Fehlermeldungen des Editors. Das gleiche geschieht bei Eingabe von ›:‹ im Kommandomodus. Hierbei erwartet **vi** ein **ex**-Kommando, führt dies aus und kehrt dann sogleich in den **vi**-Modus zurück.

Hat man durch das Kommando **Q** den Editor in den **ex**-Modus versetzt, so erfolgt die Kommandoeingabe (mit einem Echo des Kommandotextes) ebenfalls in der letzten Bildschirmzeile.

5.2.3 Kommando-, Eingabe- und Ersetzungsmodus

Der **vi** kann sich (im **vi**-Modus) in einem von drei Zuständen befinden:

▶ Kommandomodus
▶ Eingabe in der Statuszeile
▶ Eingabe- oder Ersetzungsmodus

Nach dem Starten geht der Editor zunächst in den Kommandomodus. Dort nimmt er Kommandos entgegen, führt sie aus und ist danach bereit, das nächste Kommando entgegenzunehmen. Beim **vim** (bzw. im **vi**-Modus) bestehen die meisten Kommandos aus einem Tastenanschlag, und das Kommando wird dann ausgeführt, ohne dass es durch eine besondere Taste abgeschlossen werden muss. **ex** (bzw. der **ex**-Modus) hingegen verlangt die Eingabe von `cr` zum Abschluss des Kommandos. Ist ein Kommando nicht erlaubt, so wird bei einfachen Fehlern die Glocke der Dialogstation ertönen, bei schwereren Fehlern wird in der letzten Zeile des Bildschirms eine Fehlermeldung ausgegeben. Im **vi**-Modus wird der Kommandotext **nicht** durch ein Echo auf der Dialogstation angezeigt, sondern erst bei vollständiger Eingabe des Kommandos durch dessen Ausführung (Wirkung). Durch eines der Kommandos

i	(*insert*)	Einfügen vor dem Zeiger,
I	(*Insert*)	Einfügen am Zeilenanfang,
a	(*append*)	Einfügen nach dem Zeiger,
A	(*Append*)	Einfügen am Zeilenende,
o	(*open*)	Einfügen von Text nach der aktuellen Zeile,
O	(*Open*)	Einfügen von Text vor der aktuellen Zeile,
R	(*replace*)	Überschreiben des Textes,
c	(*change*)	Ersetzen eines Objektes,
C	(*Change*)	Ersetzen des Rests der Zeile,
s	(*substitute*)	Ersetzen des Zeichens durch den eingegebenen Text und
S	(*Substitute*)	Ersetzen der ganzen Zeile

geht **vi** in den Eingabemodus über. Im Eingabemodus wird der eingegebene Text eingefügt bzw. beim Ersetzen (**R**, **c** und **C**) überschrieben. Der Eingabemodus wird durch

[Esc] beendet, und der Editor befindet sich danach wieder im Kommandomodus. Das Kommando **c** bedarf noch der Angabe des Objektes (siehe Seite 466 ›Objekte‹), das ersetzt werden soll. Im Eingabemodus können Korrekturen des eingegebenen Textes durch folgende Tasten vorgenommen werden:

<lösche zeichen>	Lösche das letzte Zeichen.
<lösche zeile>	Lösche die ganze eingegebene Zeile.
[Strg]-[W]	Lösche das letzte eingegebene Wort.
[Strg]-[H]	Bewege den Zeiger eine Position nach links.
[backspace]	Bewege den Zeiger eine Position nach links.

Daneben haben im Eingabemodus folgende Tasten Sonderfunktionen:

[Strg]-[V]	Das nachfolgende Zeichen ist ein nicht druckbares Zeichen oder ein Zeichen mit Sonderfunktion, soll aber nicht als solches interpretiert werden (z. B. [Esc] im Eingabemodus).
[Strg]-[D]	Tabulatorzeichen rückwärts
[Strg]-[@]	Der zuletzt eingesetzte Text wird eingefügt.
[Esc]	beendet den Eingabemodus.

➡ Im Eingabemodus dürfen (auf vielen Dialogstationen) die Cursortasten nicht benutzt werden!

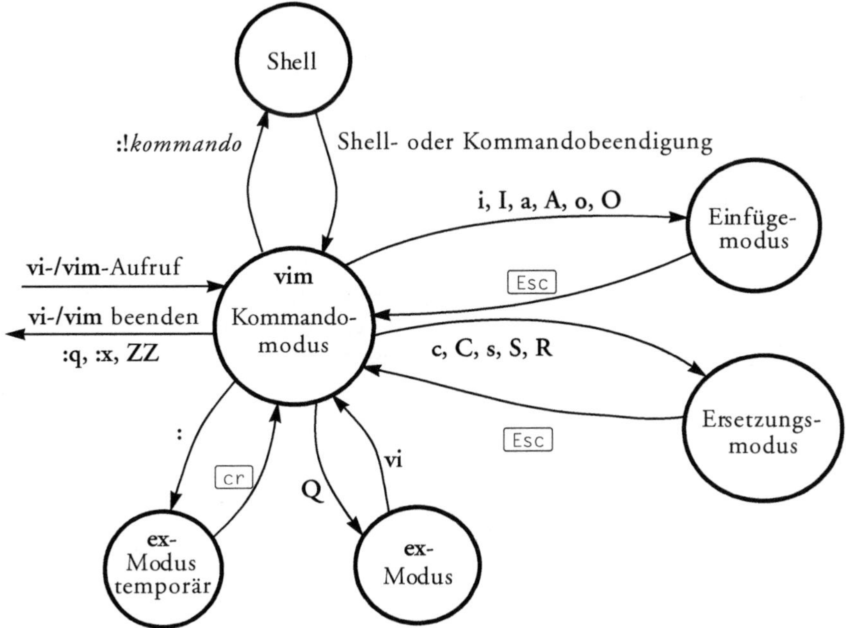

Abb. 5.1: Die Zustandsübergänge des vi/vim

vi geht in den dritten Modus (Eingabe in der Statuszeile), wenn eines der Kommandos eingegeben wird:

:   Gehe für die Dauer eines Kommandos in den **ex**-Modus.
/   Suche vorwärts.
?   Suche rückwärts.

Der Zeiger des **vi** springt dabei in die unterste Zeile des Bildschirms und nimmt dort das Kommando (Suchmuster) entgegen. Dabei können Korrekturen wie im Eingabemodus vorgenommen werden. Das Kommando selbst wird durch ⌷cr⌷ abgeschlossen.

Tasten mit Sonderfunktionen

Eine Reihe von Tasten haben beim Arbeiten mit **vi** Sonderfunktionen. Dies sind:

⌷Esc⌷   Die Taste ⌷Esc⌷ (oder ›·‹) übernimmt mehrere Funktionen:
              – Sie beendet den Eingabemodus.
              – Sie bricht noch nicht fertig geschriebene Kommandos ab.
              Wird sie mehrmals betätigt oder im normalen Kommandomodus benutzt, so ertönt die Glocke der Dialogstation, ohne dass etwas geändert wird.

⌷cr⌷   schließt mit ›:‹, ›/‹ oder ›?‹ beginnende Kommandosequenzen sowie alle Kommandos im **ex**-Modus ab oder veranlasst im Eingabemodus den Editor, eine neue Zeile zu beginnen. Als Kommando wird durch ⌷cr⌷ der Arbeitszeiger um eine Zeile nach unten bewegt.

⌷del⌷   ⌷del⌷ (⌷←⌷ oder ⌷unterbrechen⌷) veranlasst den Editor, seine gerade laufende Aktion abzubrechen. Es handelt sich dabei um eine Art Gewaltaktion, die nicht unbedacht verwendet werden sollte.

↑ ↓ ← →   Die Pfeiltasten werden im Kommandomodus zur Verschiebung des Arbeitszeigers in der angezeigten Richtung verwendet. Im Eingabemodus dürfen sie nicht benutzt werden (die ⌷Esc⌷-Sequenz der Tasten auf den meisten Dialogstationen würde in diesem Fall den Eingabemodus beenden). Man sollte sich jedoch angewöhnen, im **vi** ganz ohne die Pfeiltasten (Cursortasten) zu arbeiten und statt dessen die Zeichen **k** für ↑, **j** für ↓, die Leertaste oder l für → und <bs> oder **h** an Stelle von ← zu verwenden.

5.2.4   Positionieren des Arbeitszeigers

Ein Vorzug des **vi** resultiert aus den zahlreichen und komfortablen Möglichkeiten, den Arbeitszeiger und damit die Bearbeitungsposition zu verschieben. Es gibt dabei drei Arten der Verschiebung:

▶   Bewegung des Arbeitszeigers in festen Bildschirmeinheiten wie Zeichen, Zeile, eine halbe Ausschnittsgröße oder um eine ganze Ausschnittsgröße (Seite)

- ▸ Bewegung des Arbeitszeigers in Objekten wie Wort, Satz, Absatz und Abschnitt
- ▸ Bewegung des Arbeitszeigers durch Suchen mit einem Textmuster

Objekte

Die Begriffe *Wort, Satz, Absatz* und *Abschnitt* sind dabei standardmäßig wie folgt definiert:[1]

Wort Folge von Buchstaben und Ziffern ohne Zwischenraum. Wird bei den Wortoperationen der Kleinbuchstabe verwendet (z. B. **dw** für *Lösche Wort*, oder **cw** für *Ersetze Wort*), so wird ein Sonderzeichen (z. B.: ›.‹, ›,‹, ›!‹) als eigenes Wort interpretiert. Bei Verwendung von Großbuchstaben (z. B. **dW**) wird nur dann gelöscht, wenn es freistehend ist, d. h. wenn vor und nach dem Wort Trennzeichen (␣, tab, nl) stehen.

Satz Folge von Worten, die durch ›.‹, ›!‹ oder ›?‹ terminiert wird. Diesem Zeichen müssen entweder eine neue Zeile oder zwei Leerzeichen folgen.

Absatz Ein Absatz beginnt nach jeder Leerzeile oder nach einer Sequenz, die den Absatz einleitet. Diese Zeichenfolgen sind in **paragraphs** definierbar (durch das **set**-Kommando). Standardmäßig werden folgende Sequenzen als Beginn eines Absatzes erkannt, sofern sie am Anfang einer Zeile stehen (**–ms** und **–mm**-Makropakete): .IP, .LP, .PP, .QP, .P, .LI.

Abschnitt Ein Abschnitt beginnt mit einer in **sections** definierten Zeichensequenz oder einer Zeile mit einem FF -Zeichen (*form feed*) als erstes Zeichen der Zeile. Der Standardwert in *sections* ist: .NH, .SH, .H, .HU. Absatzgrenzen sind auch stets Zeilen- und Abschnittsgrenzen.

Die Einheiten *Zeichen, Wort, Zeile, Satz, Absatz* und *Abschnitt* werden als unterschiedliche Objekte betrachtet.

Die nachfolgenden Kommandos erwarten nach dem Kommandobuchstaben eine Angabe der Objektart, die sie bearbeiten sollen:

c Ersetze das Objekt durch den Text der Eingabe bis zum Esc.
d Lösche Objekt.
y Sichere Objekt.
> Schiebe nach rechts.
< Schiebe nach links.

Als Objekt kann dann z. B. angegeben werden:

---

1. Die Definition von **Satz, Absatz** und **Abschnitt** kann durch eine **:set**-Anweisung geändert werden (siehe Abschnitt 5.2.8).

⎵ (Leertaste)	für	*Einzelnes Zeichen*
w	für	*Wort ohne Sonderzeichen*
W	für	*Wort inklusive Sonderzeichen*
b	für	*Vorhergehendes Wort ohne Sonderzeichen*
B	für	*Vorhergehendes Wort mit Sonderzeichen*
G	für	*Bis zum Ende des Puffers*
^	für	*Bis zum Anfang der Zeile*
\$	für	*Bis zum Ende der Zeile*
(	für	*Bis zum Anfang des Satzes*
)	für	*Bis zum Ende des Satzes*
{	für	*Bis zum Anfang des Absatzes*
}	für	*Bis zum Ende des Absatzes*
]]	für	*Bis zum Anfang des Abschnitts*
[[	für	*Bis zum Ende des Abschnitts*

Steht der Arbeitszeiger innerhalb eines Objektes, so ist damit *Von der aktuellen Position bis zum Ende des Objektes* oder *Bis zum Anfang des Objektes* gemeint. **cc**, **dd**, **yy**, **<<** und **>>** arbeiten dabei jeweils auf der ganzen Zeile.

Beispiele

c3wnichts Esc	ersetzt die drei folgenden Worte durch *nichts*.
3c 1234 Esc	ersetzt die nächsten drei Zeichen durch den Text › 1234 ‹.
c\$. Esc	ersetzt den Text bis zum Ende der Zeile durch einen Punkt.
y6 ⎵	sichert die nächsten sechs Zeichen im temporären Puffer.
:.,\$d	löscht die Zeilen von der aktuellen Zeile bis zum Pufferende.
d^	löscht den Text von der aktuellen Position bis zum Zeilenanfang.
3d) *oder* **d3)**	löscht ab der aktuellen Zeile drei Sätze (nicht Bildschirmzeilen!).
3dw	löscht ab der aktuellen Position die nächsten drei Worte.

Positionierungsbefehle

In der nachfolgenden Beschreibung werden folgende Abkürzungen verwendet:

|Z|	bewegt den Zeiger nur innerhalb einer Zeile.
|S|	bewegt den Zeiger nur innerhalb des aktuellen Ausschnitts (Seite).
|n|	kann mit einem Wiederholungsfaktor versehen werden.
|+n|	Eine davorstehende Zahl gibt eine Distanz an.

Zeichenweise

→ oder l	eine Position nach rechts |+n|, |Z|
⎵	(Leerzeichen) eine Position nach rechts |+n|, |Z|
← oder h	eine Position nach links |+n|, |Z|
<bs>	eine Position nach links |+n|, |Z|
Strg + H	eine Position nach links |+n|, |Z|
n|	gehe zur Spalte n |Z|

f*x*	positioniert auf das nächste Zeichen *x* |+n|, |Z|.
F*x*	positioniert auf das nächste Zeichen *x* nach links |+n|, |Z|.
t*x*	positioniert auf das Zeichen vor den nächsten *x* |+n|, |Z|.
T*x*	positioniert auf das Zeichen vor den nächsten *x* rückwärts |+n|, |Z|.
;	wiederholt das letzte **f**-, **F**-, **t**- oder **T**-Kommando |Z|.
,	wiederholt das letzte **f**-, **F**-, **t**- oder **T**-Kommando aber in umgekehrter Richtung |Z|.

Wortweise:

w	zum nächsten Wort oder Sonderzeichen |n|
W	zum nächsten Wort |n|
b	zum vorhergehenden Wort oder Sonderzeichen |n|
B	zum vorhergehenden Wort |n|
e	zum Ende des aktuellen (oder nächsten) Wortes oder Sonderzeichens |n|
E	zum Ende des aktuellen (oder nächsten) Wortes |n|

Zeilenweise:

^	zum Anfang der Zeile (erstes sichtbares Zeichen)
0	zum Anfang der Zeile (erstes Zeichen)
$	zum Ende der Zeile |n|
↑ oder k	eine Zeile nach oben (gleiche Spalte) |n|
Strg + P	eine Zeile nach oben (gleiche Spalte) |n|
–	eine Zeile nach oben zum ersten sichtbaren Zeichen |n|
Strg + M	eine Zeile nach unten zum ersten sichtbaren Zeichen |n|
cr	eine Zeile nach unten zum ersten sichtbaren Zeichen |n|
↓ oder j	eine Zeile nach unten, gleiche Spalte |n|
Strg + N	eine Zeile nach unten, gleiche Position |n|
+	eine Zeile nach unten zum ersten sichtbaren Zeichen
Strg + Y	Verschiebe Ausschnitt eine Zeile nach oben.
Strg + E	Verschiebe Ausschnitt eine Zeile nach unten.

Größere Bereiche:

H	(*home*) zum Anfang des Bildschirms |+n|, |S|
M	zur Mitte des Bildschirms |+n|, |S|
L	(*last*) zur letzten Zeile des Bildschirms| +n| |S|
Strg + U	(*up*) Ausschnitt um elf Zeilen (½ Seite) nach oben schieben |n|
Strg + D	(*down*) Ausschnitt um elf Zeilen (½ Seite) weiterschieben |n|
Strg + B	(*back*) eine Seite zurück |n|
Strg + F	(*forward*) eine Seite vorwärts |n|
)	nächster Satz |n|
(	vorhergehender Satz |n|
}	nächster Absatz (Paragraphen) |n|

{	vorhergehender Absatz (Paragraphen) |n|
]]	nächster Abschnitt |n|
[[	vorhergehender Abschnitt |n|
nG	(*go*) Positioniere auf Zeile n (›0G‹ positioniert an das Ende des Puffers).
G	Positioniere auf die letzte Position im Arbeitspuffer.
%	Steht der Zeiger auf einem [-, (- oder {-Zeichen, so wird die entsprechende schließende Klammer gesucht; steht er auf],) oder }, so wird rückwärts nach der öffnenden Klammer gesucht.

5.2.5 Suchen

vi kennt zwei Arten von Suchbefehlen:

▸ Das Suchen eines einzelnen Zeichens innerhalb einer Zeile
▸ Das Suchen mit einem Textmuster. Dies ist nicht auf die Zeile beschränkt.

In beiden Fällen wird von der aktuellen Position aus entweder vorwärts oder rückwärts gesucht. Ein Wiederholungsbefehl steht jeweils zur Verfügung.

Suche in der laufenden Zeile

Zur Suche nach einem einzelnen Zeichen innerhalb der Zeile bietet **vi** folgende Kommandos an:

fx	Suche das Zeichen x in der Zeile vorwärts |n|, |Z|.
Fx	Suche das Zeichen x in der Zeile rückwärts |n|, |Z|.
tx	Suche das Zeichen x in der Zeile vorwärts und positioniere den Zeiger vor das Zeichen |n|, |Z|.
Tx	Suche das Zeichen x rückwärts in der Zeile und positioniere den Zeiger dahinter |n|, |Z|.
;	Wiederhole den letzten Suchbefehl (f, F, t, T).
,	(Komma) Wiederhole den letzten Suchbefehl (f, F, t, T), jedoch in umgekehrter Richtung.

Suchen mit einem Textmuster

Soll das Suchen nicht auf die aktuelle Zeile beschränkt oder das Suchmuster komplexer als ein Zeichen sein, so können folgende Suchbefehle verwendet werden:

/muster	Suche nach dem Muster vorwärts |n|.
?muster	Suche nach dem Muster rückwärts |n|.
n	Wiederhole letztes Suchen |n|.

N	Wiederhole letztes Suchen in umgekehrter Richtung |n|.
%	Suche nach einer korrespondierenden (…), {…} oder […] Klammer.

Der Zeiger steht dabei nach dem Suchen am Anfang des gefundenen Textes. Wurde ein auf das Suchmuster passender Text nicht gefunden, so bleibt der Zeiger auf der Ausgangsposition stehen.

Beim Suchen darf das Suchmuster ein regulärer Ausdruck (siehe auch die Beschreibung des **ed** und Kapitel 3.4) sein. Das Suchmuster wird dabei aus folgenden Teilen aufgebaut:

c	Das Zeichen *c* steht für sich selbst.
.	(Punkt) steht für *Jedes beliebige einzelne Zeichen*.
[…]	steht für *Jedes der in den Klammern angegebenen Zeichen*.
[^…]	steht für *Keines der in den Klammern angegebenen Zeichen*.
[a–e]	steht für *Jedes der Zeichen im (ASCII-) Bereich a bis e*.
*	steht für *Beliebige Wiederholung des voranstehenden Musters*.
^	(vor dem Suchmuster) steht für *Am Anfang der Zeile*.
$	(hinter dem Suchmuster) steht für *Am Ende der Zeile*.
\(…\)	klammert ein Teilmuster. Das n-te so gebildete Teilmuster kann im Ersetzungsmuster mit ›\n‹ angegeben werden.
\<	(vor dem Suchmuster) steht für *Am Anfang eines Wortes*.
>\	(hinter dem Suchmuster) steht für *Am Ende eines Wortes*.
\	Das Fluchtsymbol maskiert das nachfolgende Zeichen mit Sonderfunktion. Dieses verliert hierdurch seine Metafunktion.

Folgende Optionen beeinflussen den Suchvorgang:

:se ic	Beim Suchen soll zwischen Groß- und Kleinbuchstaben unterschieden werden.
:se noic	Beim Suchen soll **nicht** zwischen Groß- und Kleinbuchstaben unterschieden werden.
:se mag	Das Suchmuster darf ein regulärer Ausdruck sein. Die Zeichen ›.‹, ›*‹ und ›[…]‹ haben dabei Metafunktionen.
:se nomagic	Im Suchmuster haben die Metazeichen (außer ›\‹) keine Sonderfunktion mehr. Die Sonderfunktion der Zeichen ›.‹, ›*‹ und ›[‹ kann durch ein vorangestelltes ›\‹ erreicht werden.
:se ws	Beim Suchen soll vom Ende des Arbeitspuffers zum Anfang weitergegangen werden (*wrap search*) und umgekehrt.
:se nows	Beim Suchen wird am Ende (Suchen vorwärts) oder am Anfang des Puffers (Suchen rückwärts) angehalten.

Suchen und Ersetzen

Sollen mehrere gleiche Textteile gesucht und ersetzt werden, so ist es praktischer, dies im **ex**-Modus mit Hilfe des Ersetzungskommandos **s** durchzuführen. So ersetzt z. B. die Sequenz:

    :s/Maier/Mayer/

die erste Zeichenkette *Maier* der Zeile durch *Mayer*,

    :s/Maier/Mayer/g

alle in der Zeile vorkommenden *Maier* durch *Mayer* und

    :1,$s/Maier/Mayer/g

alle vorkommenden *Maier* durch *Mayer* im ganzen Puffer. Mit ›:‹ ist man dabei temporär in den **ex**-Modus gegangen. Soll vor der Ersetzung auch noch jeweils der Text gezeigt und angefragt werden, ob er wirklich zu ersetzen ist, so müsste die Eingabe für das obige Beispiel wie folgt aussehen: **:1,$s/Maier/Mayer/gc**.

Suchen mit einer Tag-Datei

Zuweilen möchte man in einer oder mehreren Dateien nach einer Liste von Begriffen oder Positionen suchen – z. B. nach den Zeilen, in denen der Compiler Fehler gefunden hat. In **vi** und **ex** kann dies mit Hilfe des **Tag**-Mechanismus geschehen. Dazu muss zunächst eine so genannte *Tag-Datei* erstellt werden. In ihr steht jeweils in einer Zeile

- der Begriff, nach dem gesucht werden soll,
- die Datei, in welcher der Begriff vorkommt,
- ein Muster oder eine Zeilenangabe, mit der gesucht bzw. der Arbeitszeiger positioniert wird.

Diese Angaben sind jeweils durch ein Tabulatorzeichen getrennt. Die Begriffe müssen alphabetisch sortiert sein. Für C, C++ und andere Programme erstellt das Programm **ctags** eine solche Datei, wobei die Funktionen/Prozeduren in den Dateien als Suchbegriffe eingetragen werden. **ctags** legt diese Datei unter dem Namen *tags* im aktuellen Verzeichnis an. Wird **vi** oder **ex** mit der Option **–t** *begriff* gestartet, so sucht der Editor in der Datei *tags* nach dem Begriff, öffnet die in *tags* dazu angegebene Datei und positioniert den Arbeitszeiger auf die entsprechende Zeile. Mit

    :tag *begriff*

kann dann nach dem nächsten Begriff gesucht werden.

Die Anweisung

    :set tag=*datei* ...

erlaubt eine Folge von Dateinamen anzugeben, die als *Tag-Dateien* durchsucht werden sollen (Standard: *tags/usr/lib/tags*).

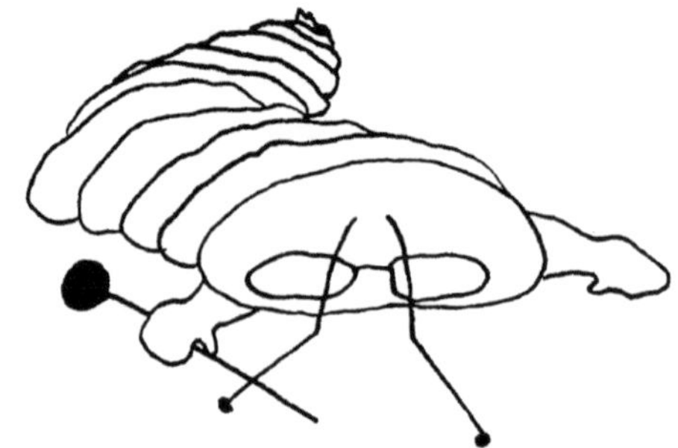

5.2.6 Puffer und Marken

Puffer

vim besitzt neben dem generellen Puffer, in dem die Kopie der zu bearbeitenden Datei gehalten und modifiziert wird, eine Reihe weiterer Puffer, in die der Benutzer Textteile sichern und aus denen er diese Texte wieder in den Arbeitspuffer zurückkopieren kann. Es existiert dabei ein unbenannter (temporärer) Puffer, sowie die Puffer mit den Namen *a* bis *z*. Wird beim Sichern oder Kopieren kein Puffername angegeben, so ist der temporäre Puffer gemeint. Ein Puffer wird durch ›"*x*‹ bezeichnet (das "-Zeichen ist hier Teil der Syntax), wobei hier *x* für den Namen des Puffers steht. Das Sichern eines Textobjektes erfolgt mit dem Kommando **y** (**Y** kopiert die ganze Zeile), das Kopieren aus dem Puffer in den Arbeitsbereich mit dem Kommando **p** (vor dem Zeiger) oder **P** (hinter den Zeiger).

Das Kommando

    "ayW

sichert z. B. das Wort, auf dem der Zeiger steht in den Puffer *a*. Das Kommando

    "bP

z.B. kopiert den Inhalt des Puffers *b* vor den Zeiger, oder, falls es sich um eine ganze oder mehrere Zeilen handelt, oberhalb der aktuellen Zeile.

Soll Text im Arbeitsbereich kopiert werden, so wird er zunächst in einen Puffer geschrieben und der Arbeitszeiger wird auf die Zielposition gesetzt. Danach wird der Text aus dem Puffer an die neue Position kopiert.

Beim Verschieben von Text wird er an der alten Stelle gelöscht (mit dem Kommando **d**), der Zeiger neu positioniert und der Text dann aus dem temporären Puffer an die neue Stelle kopiert. Beim Löschen kann auch ein Puffer explizit angegeben werden. Die Löschoperation hat damit die allgemeine Syntax:

    [puffer][n]**d**[objekt]

([...] kennzeichnet hier optionale Teile) Der Befehl **"c20dd** löscht zum Beispiel 20 Zeilen und sichert diese dabei in den Puffer mit dem Namen *c*. Wird beim Löschen der Puffer nicht explizit angegeben, so wird der gelöschte Text in vom **vi** verwaltete Puffer kopiert. Diese können vom Benutzer später wieder explizit angesprochen werden. Es stehen in den Puffern **"1** bis **"9** jeweils die neun zuletzt gelöschten Bereiche. In **"1** steht dabei das zuletzt Gelöschte, in **"2** das davor Gelöschte u.s.w. Mit dem **p**- oder **P**-Kommando kann es entsprechend wieder abgerufen werden.

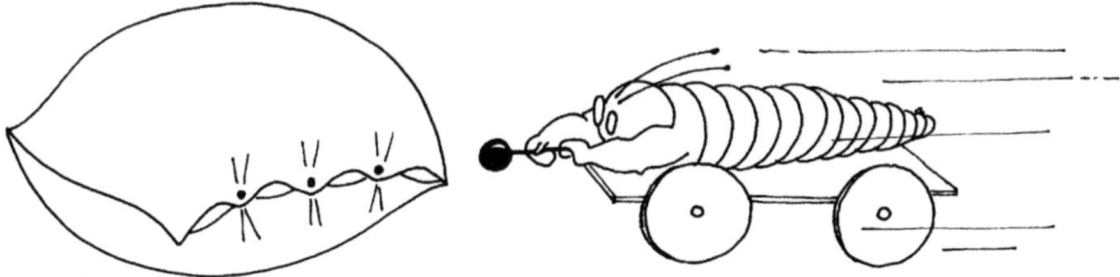

Marken

vi erlaubt, im Text Marken (Merkpositionen) zu setzen. Dies geschieht durch

> mx

wobei *x* ein Zeichen im Bereich ›a–z‹ ist. Will man zu dieser Marke zurückkehren, so
ist dies möglich mit:

> 'x

Diese Marken können nun auch in anderen Befehlen (wie z.B. *Löschen, Sichern, Kopieren, Verschieben*) benutzt werden. Zum Beispiel:

> d'e

löscht den Text von der aktuellen Position bis zur Marke *e*;

> :'a,'ed

löscht den Text zwischen den Marken *a* und *e*.

5.2.7   Kommandotabelle des vi und vim

Die nachfolgende Liste enthält die **vi**-Kommandos, soweit sie nicht zum reinen Positionieren oder Suchen dienen:

Kommando:	Bedeutung:
a	Gehe in den Eingabemodus und füge Text hinter dem Zeiger ein.
A	Gehe in den Eingabemodus und füge Text am Ende der Zeile an.
c*<objekt>*	Ersetze das angegebene Objekt durch die Eingabe.
C	Ersetze den Rest der aktuellen Zeile durch die Eingabe.
d*<objekt>*	Lösche das angegebene Objekt. "*x*d legt das gelöschte Objekt dabei im Puffer *x* ab.
D	Lösche den Rest der Zeile (= d$).
[Strg] + [G]	**vi** gibt den aktuellen Dateinamen, die aktuelle Zeilennummer und die Anzahl der Zeilen der Datei aus.
i	Gehe in den Eingabemodus und füge den Text vor dem Zeiger ein.
I	Gehe in den Eingabemodus und füge den Text am Anfang der Zeile ein (entspricht ›^i‹).
J	Hänge die nachfolgende Zeile an die aktuelle Zeile an. |n|
[Strg] + [L]	Der Bildschirm wird erneut ausgegeben. Dies ist nützlich, wenn fremde Meldungen auf dem Schirm erschienen sind.
mx	Markiere die aktuelle Position mit der Marke *x* (a–z). Mit 'x kann man dann an diese Position zurückkehren.
o	(*vi*) Gehe in den Eingabemodus und füge den Text nach der aktuellen Zeile ein.
O	(*vi*) Gehe in den Eingabemodus und füge den Text vor der aktuellen Zeile ein.
p	Füge den zuletzt gelöschten Text nach dem Zeiger ein.

	"*i*p fügt die *i*-te letzte Löschung ein ($1 \leq i \leq 9$).
	"*a*p fügt den Text aus dem Puffer *a* ($a \leq$ ax) ein.
	Das Kommando **xp** vertauscht zwei Buchstaben.
P	Füge den zuletzt gelöschten Text vor (oder über) dem Zeiger ein (ansonsten wie **p**).
Q	Überführe den **vi** in den **ex**-Modus.
[Strg] + [L]	Gebe den Bildschirm erneut aus, wobei gelöschte Zeilen nicht mehr gezeigt werden.
rx	Ersetze das Zeichen unter dem Zeiger durch das Zeichen *x*. |n|
R	**vi** geht in den Ersetzungsmodus. Hierbei wird der Text auf dem Bildschirm durch die neue Eingabe überschrieben.
s	Ersetze das Zeichen unter dem Zeiger durch den nachfolgenden Text.
S	Ersetze die ganze Zeile (entspricht **cc**).
u	Hebe die letzte Änderung im aktuellen Puffer auf. Während **vi** nur die letzte Änderung rückgängig machen kann, gestattet **vim** mehrere Stufen zurückzugehen.
U	Hebe die letzten Änderungen der aktuellen Zeile wieder auf.
x	Lösche das Zeichen unter dem Zeiger. |Z|, |n|
X	Lösche das Zeichen vor dem Zeiger. |Z|, |n|
y*<objekt>*	Sichere das angegebene Objekt in einen temporären Puffer (oder mit "*xyobjekt* in den Puffer *x*).
Y	Kopiere die Zeile in den temporären (oder angegebenen Puffer) Puffer.
z*<pos>*	Gebe den Bildschirm erneut aus, wobei der Zeiger auf der angegebenen Position steht. Hierbei sind möglich:

        [cr]   am Anfang des Ausschnitts

        .   in der Mitte des Ausschnitts

        -       am Ende des Ausschnitts

        \|+n\| Eine nachfolgende Zahl gibt die Ausschnittsgröße an, die von nun an gelten soll.

ZZ	Schreibe die Datei aus (soweit notwendig) und beende **vi**.
.	(Punkt) Wiederhole das letzte Änderungskommando (praktisch beim Löschen).
<*<objekt>*	Schiebe das Objekt um acht Positionen nach links.
>*<objekt>*	Schiebe das Objekt um acht Positionen nach rechts.

Neben diesen reinen **vi**-Kommandos werden einige **ex**-Kommandos zum Arbeiten benötigt. Diese werden jeweils durch [cr] abgeschlossen. In den darin verwendeten Dateinamen und Kommandos sind die Metazeichen der Shell erlaubt. Das Zeichen ›%‹ ist ein zusätzliches Metazeichen und wird vom Editor durch den Namen der aktuellen Datei ersetzt. Zu den häufig benutzten **ex**-Kommandos gehören:

:**w** [*datei*]	Die Änderungen werden in die bearbeitete Datei zurückgeschrieben. Es kann optional eine neue Datei angegeben werden. Hat man den Namen einer Datei angegeben, die bereits existiert, so wird sie nur dann überschrieben, wenn man :**w** ! ... angibt.
:**w** ! *datei*	Die Arbeitsdatei bzw. der Arbeitspuffer wird in die angegebene Datei geschrieben; dies geschieht auch dann, wenn bereits eine Datei mit dem

	angegebenen Namen existiert.
:a,e w *datei*	Die Zeilen im Bereich a bis e werden in die genannte Datei geschrieben.
:wq	Wie ›**:w**‹, der Editor wird jedoch danach terminiert.
:x	Wie ›**:wq**‹, es wird jedoch nur geschrieben, wenn wirklich Änderungen vorgenommen wurden.
:e *datei*	Die angegebene Datei soll editiert werden.
:e# *datei*	Die alternative Datei soll editiert werden. Dies erlaubt, einfach beim Editieren zwischen zwei zu wechseln.
:r *datei*	Der Inhalt der angegebenen Datei wird eingelesen.
:r! *kommando*	Die Ausgabe des Linux-Kommandos wird eingelesen.
:a,e s/*alt*/*neu*	Im Bereich a bis e wird der erste vorkommende Text *alt* einer Zeile durch den Text *neu* ersetzt. Wird ›a,e‹ weggelassen, so wird nur in der aktuellen Zeile ersetzt.
:a,e s/*alt*/*neu*/**g**	Im Bereich *a* bis *e* wird jeder Text *alt* durch *neu* ersetzt.
:a,e s/*alt*/*neu*/**g**	Im Bereich *a* bis *e* wird jeder Text *alt* durch *neu* ersetzt. Dabei wird der gefundene Text gezeigt und gefragt, ob wirklich ersetzt werden soll. Bei *y* als Anwort wird ersetzt.
:so *datei*	Die nachfolgenden Kommandos sollen aus der angegebenen Datei gelesen werden.
:ta *begriff*	Der Arbeitszeiger wird auf die Position von *begriff* gesetzt. Dies kann auch in einer anderen Datei sein. Damit dies möglich ist, muss eine *Tag-Datei* existieren. Siehe hierzu Abschnitt 5.2.5 unter *Suchen mit einer Tag-Datei*.
:q!	Der Editor wird beendet, ohne dass die durchgeführten Änderungen zurückgeschrieben (gesichert) werden.
:n	Die nächste (im Aufruf des **vi**) angegebene Datei wird editiert.
:!*kommando*	Das angegebene Linux-Kommando wird ausgeführt. Danach wird der Benutzer aufgefordert, ein ⌈cr⌋ einzugeben, um im Editor weiterzuarbeiten oder ein weiteres Kommando mit ›:kommando‹ anzugeben.
:!!	Das zuletzt ausgeführte Linux-Kommando wird nochmals (mit den gleichen Parametern) aufgerufen.
:!sh	startet aus dem Editor heraus die Shell. In dieser kann dann bis zur Eingabe von <dateiende> gearbeitet werden.
:sh	startet aus dem Editor heraus eine neue Shell (entsprechend $SHELL). In dieser kann dann bis zur Eingabe von <dateiende> gearbeitet werden.

5.2.8   vi(m)-interne Optionen

vim kennt eine Reihe interner Optionen, die seine Arbeitsweise beeinflussen. Diese Optionen können entweder extern durch das Shellkommando

> *option* = *wert* ; **export** *option*

oder intern durch die Sequenz   :set *option* = *wert*

gesetzt werden. Dabei ist es möglich, in einem Kommando mehrere Optionen zu setzen (der **set**-Befehl kann mit **se** abgekürzt werden). Die einfachste Art ist die Vorbesetzung der Variablen EXINIT, in der die gewünschten Optionen (außerhalb des Editors) gesetzt werden können. Also z.B.:

> EXINIT="set ai aw nows"
> export EXINIT

Der Wert einer Option kann mit dem Kommando   :set <option>?
abgefragt werden. Das nachfolgende Kommando zeigt den Wert aller Optionen an:
:set all

Die häufig benutzten Optionen sind:

Name:	Standard:	Funktion:
autoindent	**noai**	Es wird automatisch eingerückt.
autowrite	**noaw**	Nach den Kommandos ›:n ‹, ›ta ‹, ›^^‹ und ›!‹ wird der Puffer automatisch auf die bearbeitete Datei geschrieben.
ignorecase	**noic**	Beim Suchen soll kein Unterschied zwischen Groß- und Kleinbuchstaben gemacht werden.
list	**nolist**	⌜tab⌟ wird als ›^I‹ und ⌜nl⌟ als ›$‹ dargestellt.
magic	**nomagic**	Die Zeichen ›. ‹, ›[‹ und ›*‹ haben in Suchbefehlen eine Sonderfunktion.
number	**nonu**	Die Zeilen werden mit vorangestellten Zeilennummern dargestellt.
redraw	**nore**	simuliert auf einer einfachen Dialogstation eine *intelligente* Dialogstation.
shiftwidth	**8**	gibt die Distanz beim Schieben durch die Kommandos ›<‹ (links) und ›>‹ (rechts) an.
showmatch	**nosm**	Es werden die öffnenden Klammern bei der Eingabe von ›}‹ und ›)‹ angezeigt.
showmode	**noshowmode**	Es wird der aktuelle Arbeitsmodus angezeigt.
slowopen		Beim Eingabemodus soll die Korrektur des Bildschirms verzögert werden (dies ist im Standardfall

		abhängig von der Übertragungsrate der Dialogsta-tion).
tags	**tags=**	**tags /usr/lib/tags** gibt an, welche Dateien als Tag-Dateien beim Aufruf von **:ta** *begriff* nach dem angegebenen Begriff durchsucht werden sollen.
term	**dumb**	Typus der Dialogstation wie er in $TERM definiert ist.
wrapmargin	**wm=0**	*n* Zeichen vor dem Zeilenende soll automatisch an einer Wortgrenze getrennt und eine neue Zeile begonnen werden (vorteilhaft beim Editieren von **nroff**-Texten).
wrapscan	**ws=0**	Beim Suchen soll (ws ≠ 0 → nicht) über das Ende bzw. den Anfang des Puffers hinaus (jeweils am anderen Ende) weitergesucht werden.

5.2.9   Makros, Abkürzungen und Ersetzungen

vi kennt einen parameterlosen Makromechanismus. Dabei wird der Text eines Puffers als Kommandosequenz interpretiert und entsprechend ausgeführt. Der Aufruf erfolgt durch:

    @x

wobei *x* der Name des Puffers ist. Die Sequenz bekommt man am einfachsten in den Puffer, indem man den Text im Arbeitspuffer als Zeile(n) einfügt und diese dann durch ein entsprechendes Löschen in den Puffer sichert. Also etwa durch:

    "xdd

Die für viele Kommandos notwendigen Steuerzeichen gibt man durch ein jeweils vorangestelltes [Strg]+[V] ein.

Ersetzungen

Neben den oben beschriebenen Makroaufrufen, erlaubt **vi** die Verwendung von *Ersetzungen*, sowie die Einführung von *Abkürzungen*. Eine *Ersetzung* wird wie folgt definiert:

> :**map** kürzel text `cr`

Hiernach wird bei Eingabe des Kürzels der angegebene Text an Stelle des Kürzels eingesetzt, so als sei er an der Dialogstation getippt worden. *kürzel* darf nicht länger als 10 Zeichen sein (falls es länger als ein Zeichen oder eine Funktionstaste ist, sollte die Option **notimeout** gesetzt sein). *text* darf nicht länger als 100 Zeichen sein! Hat man keine Funktionstasten, so kann man imaginäre einführen. Sie werden dann unter ›#n‹ angesprochen. *n* ist dabei ein Buchstabe oder eine Ziffer. Die Sequenz

> :**map** <Strg+v><Strg+a> :w<Strg+v>`cr` `cr`

bewirkt, dass bei der Eingabe von `Strg`+`A` das Kommando :w`cr` ausgeführt (und damit der Text auf die bearbeitete Datei geschrieben) wird. Die beiden `Strg`+`V` sind hier notwendig, um die nachfolgenden Steuerzeichen `Strg`+`A` und `cr` eingeben zu können, da sie sonst vom **vi** ausgefiltert würden. Durch die Anweisung

> :**map** #0 :s/Unix/Linux/<Strg+v>`cr` `cr`

wird der Pseudofunktionstaste #0 das angegebene Ersetzungskommando zugeordnet. Das Kommando kann nun im Kommandomodus durch Eingabe von

> #0

aufgerufen werden. Ein abschließendes `cr` ist dabei nicht notwendig.
Die Ersetzung kann durch das Kommando

> :**unmap** *kürzel*

wieder aufgehoben werden. Lautet das Kommando ›**map!** ... ‹, so ist diese Ersetzung nicht im Kommandomodus, sondern (wie die nachfolgend erklärte Abkürzung auch) im Eingabe- oder Ersetzungsmodus wirksam, muss jedoch nicht wie die Abkürzung frei stehen.

Abkürzungen

Die *Abkürzung* ist ein der Ersetzung sehr ähnlicher Mechanismus. Der Unterschied liegt darin, dass die Abkürzung nur innerhalb des Eingabe- oder Ersetzungsmodus sowie bei der Eingabe in der Statuszeile wirksam wird. Eine Abkürzung kann durch das Kommando

> :**ab** *kürzel text*

eingeführt und durch

> :**una** *kürzel*

wieder aufgehoben werden. Um ein Kürzel von einer
gleichlautenden Eingabesequenz unterscheiden zu
können, muss bei der Eingabe das Kürzel frei stehen
(d. h. es darf kein Buchstabe oder keine Ziffer direkt
davor oder danach eingegeben werden).

Das nachfolgende Kommando definiert ›LX‹ als
Kürzel für den Text *Linux*:

> :ab Lx Linux⟨cr⟩

Im Eingabemodus wird nun die Sequenz ›Lx‹ zu
›Linux‹ expandiert und eingesetzt, während ›UU3‹
nicht ersetzt würde.

5.2.10   Bereichsangaben im vim und ex

Werden Kommandos im **ex**-Modus oder in der **ex**-Syntax (durch Eingabe von ›:‹) aufgerufen, so gilt für die Zeilen- und Bereichsangabe die bereits unter Abschnitt 5.1.2 beschriebene Syntax. Der **vim** und **ex** kennen zusätzlich bei der Bereichsangabe das Zeichen ›%‹. Dieses steht für *den ganzen Puffer* bzw. *im ganzen Puffer*.

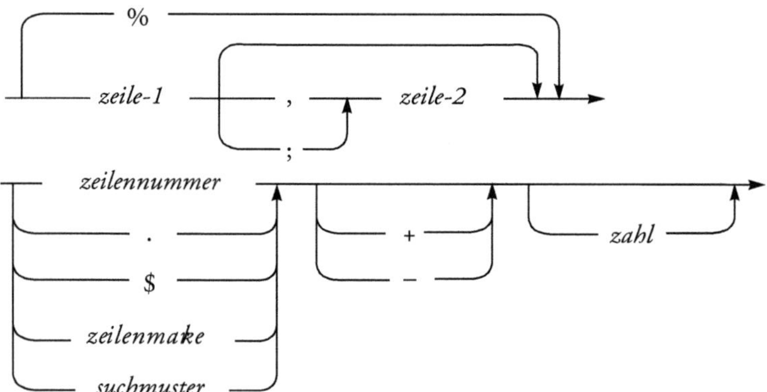

5.2.11   Unterschiede zwischen dem vi und vim

vi ist der traditionelle Unix-Editor. **vim** ist eine spätere, offene Entwicklung mit einer
Reihe von Verbesserungen. So gibt es den **vim** nicht nur auf praktisch allen Unix- und
Linux-Systemen, sondern ebenso für Mac OS 8/9.x und Mac OS X, für Windows, OS/
2, IBM OS/390, VMS und einige weitere Systeme.

Von den zahlreichen Erweiterungen sollen hier nur einige aufgeführt werden. Weitere Details sind unter der **vim**-Hilfefunktion zu finden (**:help vi_diff**) sowie auf der
vim-Homepage.[1]

Im Gegensatz zu **vi**, bei dem mit **u** und **U** genau nur die letzte Änderung im Puffer rückgängig gemacht werden kann, hat **vim** mehrere Undo-Level (im Standardfall 1 000). Für eine Kompatibilität mit **vi** lässt sich der Level jedoch per **set undolevel =1** auf 1 zurücksetzen. ⌈Strg⌉-⇧⌈R⌉ führt den Benutzer in den Änderungsschritten wieder vorwärts.

Im Standardfall wird **vim** im **vi**-Kompatibilitätsmodus gestartet und ahmt dabei auch einige **vi**-Problem nach. Mit **set nocompatible** (oder der Aufrufoption -N) lässt sich dies unterdrücken.

vim mit entsprechenden Optionen übersetzt und verhält sich unter grafischen Oberflächen stärker grafisch orientiert und unterstützt Rollbalkenfunktionen und selbst definierbare Menüs. Diese Version gibt es für X11, Windows-32 und den Macintosh. Aber auch in der Standardversion können die Pfeiltasten selbst im Editiermodus benutzt werden, um innerhalb der Datei zu navigieren.

vim erlaubt es, den Bildschirm in mehrere Fenster aufzuteilen und darin unterschiedliche Puffer(-ausschnitte) des gleichen oder unterschiedlicher Puffer anzuzeigen. Hierfür wurde eine ganze Reihe neuer Kommandos eingeführt, die hier aber nicht weiter beschrieben sind.

vim unterstützt die Bearbeitung von Unicode-Dateien (im Mehrbyte-Code, z.B. UTF-8). Dies setzt entsprechende Unicode-Zeichensätze für die Bildschirmanzeige voraus.

Das Hilfesystem lässt sich auf die lokale Sprache umsetzen und erzeugt dann z.B. deutschsprachige Meldungen. **vimtutor** liefert eine Einführung.

Ähnlich wie emacs unterstützt vim die Bearbeitung von Programmquelltexten, z.B. indem es Syntaxkonstruktionen visuell markiert oder von C-Anweisung zu C-Anweisung springt. Dafür benutzt es sprachabhängige Plug-Ins (Skripten in definierten Verzeichnissen). Sie erlauben die syntaxsensitive Bearbeitung für unterschiedliche Programmiersprachen.

Daneben kennt vim eine Kommandohistorie und erlaubt diese ähnlich wie die **bash** abzurufen und Kommandos modifiziert erneut aufzurufen.

Für Initialisierungsdateien beim Start von **vim** sei auf die Erklärung beim Start von **ex** auf Seite 482 verwiesen.

---

1. Unter www.vim.org. Her findet man auch die jeweils neuesten Versionen (auch in Quelle).

5.3   Der Editor ex

ex ist ein zeilenorientierter Editor bzw. der zeilenorientierte Modus von **vi** bzw. **vim**. Er stellt von der Kommandomenge und den Such- und Ersetzungsmöglichkeiten weitgehend eine Obermenge des **ed** dar. Daneben ist er in der Lage, in den **vi**-Modus umzuschalten, so dass dann im bildschirmorientierten Modus gearbeitet werden kann. Aus den genannten Gründen ist die Beschreibung des **ex** hier recht kurz gehalten und beschränkt sich auf eine tabellarische Aufzählung der Kommandos. Es empfiehlt sich, die Beschreibungen des **ed** und **vi/vim** zu lesen, um die **ex**-Beschreibung verstehen zu können.

5.3.1   Der Aufruf des ex

Der einfache Aufruf des **ex** lautet:

>   **ex** *datei*

Hiermit wird die angegebene Datei bearbeitet. Ist sie noch nicht vorhanden, so wird sie neu angelegt. Existiert sie bereits, so wird ihr Inhalt, wie bei **ed** und **vi/vim** auch, in den Arbeitspuffer gelesen.

Die erweiterte Aufrufsyntax lautet:

>   **ex** [–s] [–v] [–t *tag*] [–r *r_datei*] [–L] [–R] [–c *kommando*] [–l] [–x] [*datei …*]

Die Option –s unterdrückt alle interaktiven Antworten des Editors und wird in der Regel verwendet, wenn man **ex** nicht interaktiv, sondern die Editierkommandos aus einer Kommandodatei (englisch: *script file*) liest. Durch die Option –v geht **ex** sogleich in den **vi**-Modus.

Die Option –t entspricht einem *tag*-Kommando zu Beginn einer **ex**-Sitzung. *tag* ist dabei der erste Begriff, nach dem gesucht werden soll.

Ist der Editor bei einer vorhergehenden Sitzung abgebrochen (oder kam es zu einem Systemabsturz), so kann man sich mit Hilfe von –L alle vorhandenen Sicherungsdateien anzeigen lassen und mit –r den größten Teil der durchgeführten Modifikationen aus der Sicherungsdatei *r_datei* zurückgewinnen.

Die Option –R gibt an, dass die Datei nur gelesen werden soll (*read only*). Modifikationen sind dann nicht möglich. Mit –c *kommando* führt **ex** das Kommando sofort aus. Die Option –l schaltet den LISP-Modus ein. In ihm wird entsprechend der LISP-Syntax eingerückt und gesucht.

>   → Mit –x kann wie beim **ed** auch eine Chiffrierung und Dechiffrierung des editierten Textes vorgenommen werden.

Beim Start sucht **ex** (ebenso wie **vim**) verschiedene Initialisierungsdateien im Verzeichnis */usr/share/vim*. Es übernimmt dort z. B. aus der Datei *vimrc* Initialisierungsoptionen und führt die dort stehenden Kommandos aus. Solche einführenden Kommandos (z. B. **map**-Funktionen) lassen auch per Option –u *idatei* beim Aufruf explizit mitgeben und werden dann vor jenen der Initialisierungsdateien *vimrc* ausgeführt. Persönliche Einstellungen lassen sich in der Datei *$HOME/.exrc* setzen.

ex wird durch eines der Kommandos *exit* oder *quit* beendet.

ex kennt wie **ed** und **vi/vim** zwei Arbeitsmodi:

▸ den Kommandomodus, angezeigt durch das Promptzeichen ›:‹. Dieser Modus ist zu Beginn gültig.

▸ den Eingabemodus. Durch eines der Kommandos **append**, **insert** oder **change** geht **ex** in den Eingabemodus über. Dieser wird wie bei **ed** durch die Eingabe eines Punktes als erstes und einziges Zeichen einer Zeile beendet.

Daneben erlaubt **ex**, durch das Kommando **visual** in den **vi**-Modus zu wechseln. Für die dort zur Verfügung stehenden Kommandos sei auf die **vi**-Beschreibung verwiesen. Das open-Kommando versetzt **ex** in einen vierten Modus – den Open-Modus. In diesem Modus wird im Gegensatz zum **visual**-Modus, der mit dem ganzen Bildschirm operiert, nur jeweils eine Zeile gezeigt, ist sonst aber dem **visual**-Modus gleich. Beide Modi werden durch **v** verlassen.

5.3.2 Die Kommandos des ex

Im Gegensatz zu **ed**, bei welchem Kommandos in der Regel aus nur einem Buchstaben bestehen, kann man bei **vim** sowohl den abgekürzten als auch den vollen Kommandonamen (sowie alles was dazwischen liegt) angeben. So ist zum Löschen von Zeilen z. B. sowohl **d** als auch **de**, **del**, **dele**, **delet** und **delete** erlaubt. Der Kommandoaufbau einer **ex**-Anweisung entspricht weitgehend dem Aufbau der **ed**-Kommandos:

[*bereich*]*kommando*[*ziel* oder *wiederholungsfaktor*] [*zusatz*]

wobei nicht alle gezeigten Elemente in allen Kommandos erlaubt sind. Die geschweiften Klammern zeigen auch optionale Teile an. Für *bereich* gilt die bei **ed** und **vim** (siehe Abschnitt 5.1.2 und 5.2.10) beschriebene Syntax. *ziel* gibt entweder die Zeile an, in die etwas geschrieben werden soll oder ist ein Wiederholungsfaktor wie z. B. beim Kommando **delete**, bei dem die dem Kommando folgende Nummer angibt, wieviele Zeilen gelöscht werden sollen. *zusatz* erlaubt, eine modifizierte oder erweiterte Ausführung des Kommandos vorzugeben. In der nachfolgenden Beschreibung wird *zusatz* mit *zs* abgekürzt. Die meist verwendeten Zusatzangaben sind:

#	Der Zeile wird ihre Zeilennummer vorangestellt.
p	Dies steht für **print** und sorgt dafür, dass die aktuelle Zeile nach Ausführung des Kommandos ausgegeben wird.
l	(kleines L) Wie **p**, jedoch wird hier die Ausgabe im Format des list-Kommandos durchgeführt.

ex erlaubt es, mehrere Kommandos syntaktisch durch ›|‹ getrennt in einer Zeile anzugeben.

Kurzbeschreibung der ex-Kommandos

Kommando:	Syntax:	Funktion:
abbreviate	**ab** *wort text*	führt eine neue Abkürzung ein. Wird im Eingabemodus *wort* als eigenständiges Wort eingegeben, so wird es von **ex** durch *text* ersetzt. Dies ist nur im **visual**- und **open**-Modus wirksam.
append	[*zeile*]**a**	versetzt **ex** in den Eingabemodus. Der Text wird hinter der angegebenen (aktuellen) Zeile eingefügt.
arguments	**ar**	gibt die Argumentenliste des **ex**-Aufrufs aus. Darin steht z. B. der Name der aktuell bearbeiteten Datei. Dieser wird durch [...] markiert.
change	[*bereich*]**c**[*n*]	ersetzt die Zeilen des angegebenen Bereichs (die aktuelle Zeile) und die nächsten *n* durch den nachfolgend eingegebenen Text. **ex** geht dabei in den Eingabemodus über.
copy	[*bereich*]**coadr**[*zs*]	kopiert die Zeilen des angegebenen Bereichs an die neue Adresse.
delete	{*ber.*}**d**{n} {*puf*} {*zs*}	löscht die angegebenen Zeilen aus dem Puffer. Die erste nicht gelöschte Zeile wird die neue Arbeitsposition. Gibt man einen Puffernamen an, so wird der gelöschte Text dorthin gerettet. Bei **D** wird er an den Inhalt des genannten Puffers angehängt.
edit	**e** *datei*	Die genannte Datei wird editiert. Wurde der Puffer seit dem letzten Sichern (**write**) modifiziert, so wird eine Warnung ausgegeben und das Kommando nicht ausgeführt.
file	**f**	gibt den Namen der Datei aus, die gerade bearbeitet wird.
global	{*ber.*}**g**/*muster*/*kom*	Die Kommandoliste *kom* wird auf alle Zeilen des angegebenen Bereichs (des ganzen Puffers) ausgeführt, in denen das Suchmuster vorkommt.
	{*bereich*}**g!**/*muster*/*kom*	Wie **global**, jedoch werden die Kommandos nur auf die Zeilen ausgeführt, auf die das Muster **nicht** passt.
insert	[*zeile*]**i**	**ex** geht in den Eingabemodus. Der nachfolgend eingegebene Text wird vor der angegebenen Zeile (der aktuellen Zeile) eingefügt. Der Eingabemodus wird durch eine Zeile, die nur aus einem Punkt am Anfang der Zeile besteht, beendet.

join	[*zeile*]j[*n*][*zs*]	konkatiniert die Zeilen des angegebenen Bereichs zu einer Zeile.
mark	[*zeile*]k*x*	setzt die Marke *x* auf die angegebene (aktuelle) Zeile. Die Marke kann dann mit '*x* angesprochen werden.
list	[*bereich*]l[*n*][*zs*]	gibt die Zeilen des angegebenen Bereichs (die aktuelle Zeile) aus.
map	**map** *ma text*	**map** definiert einen Makro *ma*. Im **visual**-Modus wird dann bei der Eingabe von *ma* durch *text* ersetzt. *ma* muss ein einzelnes Zeichen oder #*n* (n = 1–9) sein.
mark	[*zeile*]**ma** *x*	setzt die Marke *x* auf die angegebene (aktuelle) Zeile. Dies wirkt wie der Befehl **k**.
move	[*bereich*]m*zeile*	kopiert die Zeilen des angegebenen Bereichs (die aktuelle Zeile) an die Zieladresse *adr*. Die alten Zeilen werden gelöscht. Die erste Zeile im neuen Bereich wird zur aktuellen Position.
next	**n**	Es wird die nächste Datei der Kommandoliste des Aufrufs von **ex** oder **vim** editiert.
number	[*bereich*]**nu**[*n*][*zs*]	gibt die angegebenen Zeilen zusammen mit ihren Zeilennummern aus. Die letzte Zeile wird zur aktuellen Position.
	[*bereich*]#[n][zs]	wie **n**umber
open	[*zeile*]**o**[*zs*]	**ex** geht in den **open**-Modus über.
preserve	**pre**	rettet den aktuellen Pufferinhalt in derselben Art wie das geschieht, falls das System zusammenbricht. Dies ist eine Notaktion!
print	[*bereich*]**p**[*n*]	gibt die Zeilen des angegebenen Bereichs aus. Nichtdruckbare Zeichen werden dabei durch ihre Kontrollzeichensymbole in der Form › ^x ‹ ausgegeben.
put	[*zeile*]**pu**[*puffer*]	fügt die zuletzt gelöschten oder mit **yank** gesicherten Zeilen an der angegebenen Stelle (aktuelle Position) ein.
quit	**q**	terminiert **ex**, ohne den Text zu sichern. Wurde seit der letzten Modifikation kein **write** ausgeführt, so gibt **ex** eine Warnung aus. Man kann in diesem Fall mit **q!** den Editor verlassen.
read	[*zeile*]**r** [*datei*]	liest den Inhalt der angegebenen Datei und setzt diesen hinter die angegebene Zeile (die aktuelle

Zeile). Fehlt *datei*, so wird der Name der aktuell bearbeiteten Datei angenommen. Steht für *adr* ›0‹, so ist damit der Anfang des Puffers gemeint.

[*zeile*]**read** !*kom*   führt *kom* als Shellkommando aus und fügt die Ausgabe des Kommandos hinter der angegebenen (aktuellen) Zeile ein. Es muss ein Leerzeichen zwischen **read** und ! stehen!

recover   rec *datei*   erlaubt das Wiederaufsetzen einer Editiersitzung nach einem Abbruch des Editors oder des Systems. *datei* ist dabei der Name der Datei, welche beim Abbruch bearbeitet wurde.

rewind   **rew**   Die Argumentenliste des Editoraufrufs wird zurückgesetzt und die erste Datei der Liste erneut editiert.

substitute   {*bereich*}s/*must*/*ers*/{*option*}{*n*}{*zs*}

In dem angegebenen Bereich wird jeweils der erste Text, auf den das Suchmuster *must* passt, durch das Ersetzungsmuster *ers* ersetzt. Wird für *op* **g** angegeben, so werden alle passenden Textstücke der Zeilen ersetzt. Ist in *option* **c** vorhanden, so wird vor der Ersetzung abgefragt, ob wirklich ersetzt werden soll. Bei **y** als Antwort wird die Ersetzung durchgeführt.

{*bereich*}s{*option*}{*n*}{*zs*}   Fehlt beim *substitute*-Kommando sowohl das Such- als auch das Ersetzungsmuster, so werden diejenigen des letzten substitute-Kommandos verwendet. Das Kommando › &‹ ist äquivalent dazu.

set   **se** [*parameter*]   erlaubt das Setzen und Abfragen der Editoroptionen. Ohne *parameter* werden die Werte aller Optionen ausgegeben. Gibt man hinter einer Option ein ›?‹ an, so wird deren Wert ausgegeben. Will man eine Option neu setzen, so schreibt man:
set option=wert.
Die wichtigsten Optionen sind im Abschnitt 5.3.3 beschrieben.

shell   **sh**   Der Editor geht in den Shell-Modus. Nach dem Terminieren der Shell durch <dateiende> wird die Editorsitzung an der gleichen Stelle fortgesetzt.

source   **so** *datei*   Editierkommandos werden aus der angegebenen Datei gelesen.

transfer	[*bereich*]t[*zeile*][*zs*]	wie **copy**
tag	**ta** [tag]	Die aktuelle Position wird auf die in der *tag*-Datei angegebene Position des Begriffs *tag* gesetzt. Eine solche Tag-Datei kann mit Hilfe des Programms **ctags** erstellt werden.
unabbrev.	**una** *wort*	hebt die Definition der mit **abbreviate** eingeführten Abkürzung auf.
undo	**u**	hebt die Änderungen des letzten Editierkommandos wieder auf. Bei **global**-Kommandos wird nur das letzte Kommando rückgängig gemacht. Die Kommandos **write** und **edit** können nicht wiederaufgehoben werden.
unmap	**unm** *makro*	hebt die mit **map** vorgenommene Definition des Makros *makro* wieder auf.
	[*bereich*]v/*muster*/*kom*	wirkt wie **global**, führt die mit *kom* angegebenen Kommandos jedoch nur auf jene Zeilen aus, auf die *muster* nicht zutrifft. Es entspricht damit **g!**.
version	**ve**	gibt die Versionsnummer des Editors aus.
visual	[*zeile*]**vi** [*zs*]	überführt **ex** in den **vi**-Modus und platziert die Arbeitsposition an die angegebene Stelle *adr*.
visual	**visual** *datei*	entspricht dem **edit**-Kommando.
write	[*bereich*]**w** [*datei*]	Die Zeilen des angegebenen Bereichs (der ganze Puffer) werden in die genannte (die aktuelle) Datei geschrieben.
	[*bereich*]**w>>** [*datei*]	Wie **write**, es wird der Text jedoch am Ende der Datei angehängt.
	[*bereich*]**w!** [*datei*]	Wie **write**; es wird jedoch die Prüfung unterlassen, ob die Datei bereits existiert.
	wq	wie **write** mit nachfolgendem **quit**
	wq!	wie **w!** mit nachfolgendem **quit**
exit	**x** *datei*	terminiert den Editor. Wurden seit dem letzten Sichern Modifikationen vorgenommen, so werden diese zuvor auf die Datei geschrieben.
yank	[*bereich*]**y**[*puffer*][*n*]	Die Zeilen des angegebenen Bereichs (die aktuelle Zeile) werden in den angegebenen Puffer (den Standardpuffer) gesichert. Er kann später von dort durch **put** gelesen werden.
z	**z**[*n*]	Es werden die nächsten *n* Zeilen ausgegeben.

!kommando   *kommando* wird der Shell als Kommando überge-
                       ben. In *kommando* wird das Zeichen ›!‹ durch den
                       Text des letzten Kommandoaufrufs ersetzt und ›%‹
                       durch den Namen der bearbeiteten Datei.

[bereich] ! *kommando*   Die Zeilen des angegebenen Bereichs werden an
                       das angegebene Kommando als Eingabe (Standard-
                       eingabe) übergeben. Die Ausgabe des Kommandos
                       kommando ersetzt den Text des Bereichs. Damit
                       lassen sich Texttransformationen durchführen. So
                       sortiert › 1,$! sort‹ z.B. die Zeilen des Puffers al-
                       phabetisch.

[zeile]=   gibt die Zeilennummer der angegebenen Zeile aus.

[bereich]< *[n]* *[zs]*   Die Zeilen des angegebenen Bereichs werden nach
                       links geschoben. Der Wert der Option **shiftwidth**
                       gibt die Verschiebungsbreite an.

[bereich]> *[n]* *[zs]*   Die Zeilen des angegebenen Bereichs werden nach
                       rechts (>) geschoben. Der Wert der Option
                       shiftwidth gibt die Verschiebungsbreite an.

[Strg]+[D]   verschiebt die Arbeitsposition um eine halbe Bild-
                       schirmgröße.

[bereich]& *[op]* *[n]* *[zs]*   wiederholt das letzte **substitute**-Kommando.

[cr]   setzt den Arbeitszeiger um eine Zeile weiter.

—   setzt den Arbeitszeiger um eine Zeile zurück.

adr   setzt den Arbeitszeiger auf die angegebene Adresse.

'*x*   setzt den Arbeitszeiger auf die Position der Marke *x*.
                       Die Position muss zuvor mit dem **ma**-Befehl in *x*
                       abgespeichert worden sein.

bereich[*zs*]   gibt die Zeilen des angegebenen Bereichs aus.

/muster/   sucht ausgehend von der aktuellen Zeile nach ei-
                       nem Text, der auf das Suchmuster passt. Wird ein
                       solcher Text gefunden, so wird der Arbeitszeiger auf
                       die entsprechende Zeile gesetzt und diese ausgege-
                       ben.

?muster?   Wie /.../, es wird jedoch rückwärts gesucht.

Im Suchmuster werden die Zeichen ›. * [] ^ $ \(\) \< \>‹ als Metazeichen betrachtet,
im Ersetzungsmuster haben die Zeichen ›\n & ~‹ die in Abschnitt 3.4 beschriebenen
Bedeutungen. Erlaubt ein Kommando die Angabe eines Dateinamens, so sind darin die
Metazeichen der Shell zulässig. Das Zeichen ›%‹ ist ein zusätzliches Metazeichen und
wird vom Editor durch den Namen der aktuellen Datei ersetzt.

5.3.3   Das Setzen von ex-Optionen

Die Arbeitsweise des **ex** als auch des **vi/vim** lässt sich
durch eine Reihe von Optionen steuern. Sie wer-
den wie bei vim durch **set** *option=wert* setzen oder
durch **set** *option?* abfragen. Nachfolgend sind nur
die häufiger benutzten Optionen aufgeführt. Ein
der Option vorangestelltes **no** negiert die Option.

Name:	Standard:	Funktion:
autoindent	**noai**	Bei den Kommandos zum Anfü-gen und Einfügen bearbeitet **ed** die Zeilen und rückt den neu-en Text entsprechend der vorhergehenden Zeilen ein. Wird bei der Eingabe am Zeilenanfang eingerückt, so werden auch alle nachfolgenden Zeilen eingerückt. Strg+D erlaubt, zum Zeilenanfang zu-rückzugehen.
autoprint	**ap**	Nach Modifikationen wie Löschen (**d**), Konkatinieren (**j**) und Verschieben (**m**) wird der neue Text automa-tisch gezeigt.
errorbells	**noeb**	Beim Auftreten eines Fehlers soll die Glocke ertönen.
ignorecase	**noic**	Beim Suchen sollen Groß- und Kleinbuchstaben als gleich behandelt werden.
magic	**magic**	Die Zeichen ›.‹, [...] und *‹ sind Metazeichen. Bei **noma** haben nur ›^‹ und ›$‹ Metafunktion. Die Meta-funktion eines Zeichens kann beim **noma**-Modus durch die Voranstellung des ›\‹ erreicht werden.
number	**nonumber**	Bei der Ausgabe wird vor der Zeile jeweils ihre Num-mer angegeben. Bei der Eingabe wird die neue Zeile durch Ausgabe der Zeilennummer angefordert.
paragraphs	**par=**	**IPLPPPQPP LIpplppipnpbbp** gibt an, durch welche Zeichenfolgen der Absatz (eng-lisch: *paragraph*) definiert ist.
prompt	**prompt**	Der Kommandomodus soll durch die Ausgabe des Promptzeichens ›:‹ angezeigt werden.
redraw	**noredraw**	Bei Änderungen sollen diese sogleich auf der Dia-logstation angezeigt werden. Dies bedingt eine erhöh-

		te Ausgabe und sollte deshalb nur auf schnellen Sichtgeräten verwendet werden.
sections	**sect=**	**NHSHH HUuhsh+c** definiert, durch welche Zeichenfolge in **nroff-/troff-**Anweisungen ein Abschnitt (englisch: *section*) begrenzt ist.
shiftwidth	**sw=8**	gibt an, um wieviel Positionen durch ›>‹ und ›<‹ geschoben wird.
tags	**tags=**	*tags /usr/lib/tags* gibt an, welche Dateien als Tag-Dateien beim Aufruf von **:ta** *begriff* nach dem angegebenen Begriff durchsucht werden sollen.
terse	**noterse**	Es werden nur kurze Fehlermeldungen ausgegeben.
wrapscan	**ws**	Beim Suchen soll, wenn das Ende des Puffers erreicht ist, die Suche am Anfang fortgesetzt werden und umgekehrt. Bei **nows** wird am Ende bzw. Anfang des Puffers das Suchen beendet.
wrapmargin	**wm=0**	Im Eingabemodus wird das Wort automatisch in die nächste Zeile gesetzt, wenn es sich um *n* Zeichen über den Bildschirmrand erstrecken würde. Bei ›wm=0‹ ist dies abgeschaltet.

5.4 Der Stream-Editor sed

Das Programm **sed** ist ein Editor, der im Gegensatz zu **vi** und **ex** nicht interaktiv, sondern in einem *Stream-* bzw. *Batch-Modus* betrieben wird. Dies bedeutet, dass die auszuführenden Editier-Anweisungen entweder aus einer Datei gelesen werden oder Teil der Kommandozeile sind. Die typische Anwendung des **sed** liegt dort, wo die gleichen systematischen Änderungen entweder auf viele Dateien oder wiederholt durchgeführt werden. Da bei entsprechendem Aufruf der **sed** wie ein Filter arbeitet (d. h. von der Standardeingabe liest und das Ergebnis auf die Standardausgabe schreibt), können kleine Shellprozeduren mit dem **sed** wie Transformationsfunktionen für Datenkonvertierungen eingesetzt werden.

Alternativen – teilweise deutlich mächtiger als **sed** – sind ausgebaute Skriptsprachen wie **Perl** oder **tcl**, beide ebenfalls unter Linux (und vielen anderen Betriebssystemen) verfügbar.

5.4.1 Der Aufruf des sed

Der Aufruf des **sed** kann auf zwei Arten erfolgen, abhängig davon, ob die Anweisungen an den **sed** Teil der Kommandozeile sind oder sich in einer eigenen Datei befinden:

sed [–n] [–e] *skript* [*datei* ...]

   oder

sed [–n] –f *skript_datei* [datei ...]

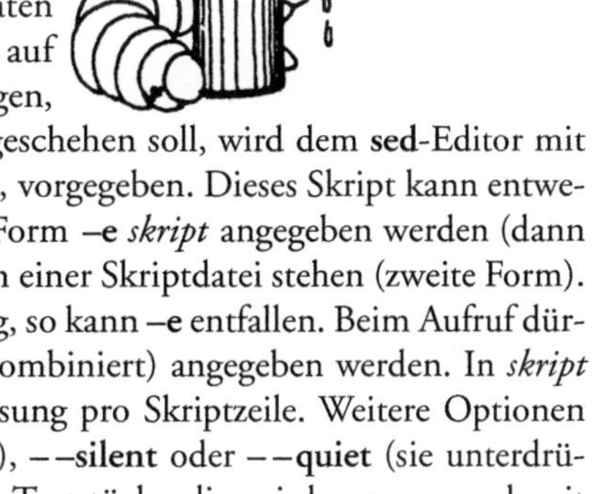

Der **sed** bearbeitet die angegebenen Dateien oder
– falls keine Datei angegeben wurde – die Daten
der Standardeingabe und schreibt das Ergebnis auf
die Standardausgabe. Die Editier-Anweisungen,
d. h. die Angabe, was mit den Eingabedaten geschehen soll, wird dem **sed**-Editor mit einem Art Programm, auch *sed-Skript* genannt, vorgegeben. Dieses Skript kann entweder beim Aufruf des **sed** als Parameter in der Form *–e skript* angegeben werden (dann ist es in der Regel mit '...' geklammert) oder in einer Skriptdatei stehen (zweite Form). Ist die Funktion des Parameters *skript* eindeutig, so kann *–e* entfallen. Beim Aufruf dürfen mehrere Skripts durch *–e* und *–f* (auch kombiniert) angegeben werden. In *skript* oder *skript_datei* steht jeweils eine **sed**-Anweisung pro Skriptzeile. Weitere Optionen sind *–V* (welches die aktuelle Version ausgibt), *--silent* oder *--quiet* (sie unterdrücken die automatisch Ausgabe des bearbeiteten Textstücks; dies wird nun nur noch mit dem **p**-Kommando ausgegeben) sowie *--help*. Dies liefert eine kurze Kommandozeilenbeschreibung und terminiert **sed** danach.

Die Abarbeitung geschieht in der Art, dass **sed** die erste Zeile der Eingabe in den Eingabepuffer liest, prüft, welche Anweisungen des Skripts auf dieser Zeile ausgeführt werden sollen, diese Anweisungen nacheinander ausführt und das Ergebnis auf die Standardausgabe schreibt. Danach liest **sed** die nächste Zeile und wiederholt den Vorgang. Das automatische Schreiben der bearbeiteten Eingabe kann durch die Option **-n** unterdrückt werden. In diesem Fall wird nur noch das auf die Ausgabe geschrieben, was mittels der Druckanweisung *print* oder **w***rite* explizit ausgegeben wird. Darüber hinaus können Texte in einem temporären Puffer zwischengespeichert und aus diesem später in die Ausgabe kopiert werden. Dieser Puffer wird beim **sed** als *Haltepuffer* (englisch: *hold buffer*) bezeichnet. Bei allen **sed**-Bearbeitungen wird die Eingabedatei selbst nicht verändert.

5.4.2 Die Anweisungen des sed

Die Anweisungen an den **sed** im Parameter *skript* oder in *skript_datei* haben folgendes Format:

> *[adresse [, adresse]] funktion [argumente]*

Die geschweiften Klammern zeigen hier optionale Teile an. Hierbei ist *funktion* der Befehl bzw. die Aktion, die ausgeführt werden soll; *adresse* gibt die Zeilen an, für die dies geschehen soll. Die Zählung beginnt bei 1. Sind zwei Adressen angegeben, so wird damit ein Bereich (von, bis) vorgegeben, in denen die Funktion ausgeführt werden soll, wobei die erste und die letzte Zeile miteinbezogen werden. Fehlen beide Adressen, so ist dies mit *in allen Zeilen* gleichzusetzen. *adresse* kann entweder eine Dezimalzahl *n* sein und meint dann *die Zeile n,* (die Zeilennummer wird über alle Eingabedateien hinweg weitergezählt), das Dollarzeichen ›$‹ und meint dann *die letzte Eingabezeile,* oder ein Textmuster in der Form */text/* und bedeutet dann *von der ersten Zeile der Eingabe, auf die das Textmuster passt.*

Während bei **ed**, **vi**, **ex** sich ein Textmuster jedoch nur über eine Zeile erstrecken kann, erlaubt **sed** ein Textmuster anzugeben, in dem auch ein Zeilenvorschub in der Form \n vorkommt! Im Textmuster sind folgende Metazeichen erlaubt:

Funktion	Metazeichen	Anmerkung
Beliebiges Zeichen	.	nicht ⌐n⌐
Beliebige Zeichenkette	.*	auch die leere
Beliebige Wiederholung	*	auch keine
Zeichen aus …	[…]	in aphabet. Reihenfolge
Kein Zeichen aus	[^…]	
Am Zeilenanfang	^	
Am Zeilenende	$	
Gruppierung	\(…\)	
Maskierung des Metazeichens	\	\\ steht für \ selbst.

/^$/   steht z. B. für eine Leerzeile.
/^[0-9][0-9]*/ steht z. B. für eine Ziffernfolge am Zeilenanfang.

Im Ersetzungsmuster gelten im **sed** folgende Metazeichen:

Funktion im Ersetzungsmuster	Metazeichen
n-ter Teilausdruck	\n
gefundene Zeichenkette	&

Möchte man *funktion* auf alle Zeilen ausführen, auf die das Muster bzw. der Zeilenbereich **nicht** passt, so wird dies durch ein !-Zeichen vor der Funktion erreicht (z. B. ›/^[0-9]/ !d‹ löscht alle Zeilen, die **nicht** mit einer Ziffer beginnen).

Folgende **sed**-Kommandos stehen für **sed**-Skripten zur Verfügung:

Syntax:	Funktion:
a\ *text*	(*append*) Der nachfolgende Text wird in die Ausgabe nach der aktuellen Zeile geschrieben und erst danach werden weitere Eingaben verarbeitet. Der einzufügende Text beginnt im Skript erst auf der nächsten Zeile und endet mit einer Zeile, die nicht mit ›\‹ aufhört.
b *marke*	(*branch*) Es wird zu der Marke (in der Form: ›:*marke*‹) des Skripts gesprungen und dort die Abarbeitung des Skripts fortgesetzt. Fehlt die Angabe der Marke, so wird an das Ende des Skripts gesprungen.
c\ *text*	wird durch den neuen Text *text* ersetzt. Der Ersetzungstext beginnt in der folgenden Zeile. Erstreckt er sich über mehrere Zeilen, so wird mit einem ›\‹ am Ende der Zeile eine Fortsetzung angezeigt.
d	(*delete*) Der Text des angegebenen Bereichs wird gelöscht und die nächste Eingabezeile gelesen.
D	(*Delete*) Der erste Teil des angegebenen Bereichs bis zum ersten Zeilenende wird gelöscht.
g	Der Text des angegebenen Bereichs (des Eingabepuffers) wird durch den Inhalt des Haltepuffers ersetzt.
G	Der Inhalt des Haltepuffers wird am Ende des vorgegebenen Bereichs angefügt.
h	(*hold*) Der Inhalt des Haltepuffers wird durch den Text des Bereichs ersetzt. Der alte Inhalt des Haltepuffers geht verloren.
H	(*Hold*) Der Text des gewählten Bereichs wird ans Ende des Haltepuffers angehängt.

i\
text   (*insert*) Der Text wird vor der Ausgabe der angegebenen Zeile in die
                Ausgabe geschrieben. Der Text beginnt in der nächsten Zeile und endet
                mit einer Zeile ohne ein ›\‹ am Ende.

l   (*list*) Der Text des angegebenen Bereichs wird auf die Ausgabe geschrie-
                ben, wobei nicht druckbare Zeichen als 2- oder 3-Zeichen-ASCII-Zei-
                chen in der Form ›\ooo‹ ausgegeben und überlange Zeilen in mehrere
                einzelne Zeilen unterteilt werden.

n   (*next*) Der Text des Bereichs wird ohne eine Änderung in die Ausgabe
                kopiert und es wird die nächste Eingabezeile gelesen.

N   (*Next*) Die nächste Zeile der Eingabe wird an den Eingabepuffer ange-
                hängt (die Eingabezeile wird um eins weitergezählt).

p   (*print*) Der Text des Bereichs bzw. des Eingabepuffers wird auf die Aus-
                gabe geschrieben.

P   (*print*) Der erste Teil des Bereichs bzw. des Eingabepuffers bis zum ers-
                ten Zeilenende wird auf die Ausgabe geschrieben.

q   (*quit*) Es wird die aktuelle Zeile aus-
                gegeben, zum Ende des Skripts ge-
                sprungen und die Bearbeitung
                des **sed** beendet.

r *datei*   (*read*) Die angegebene
                Datei wird gelesen und ihr
                Inhalt ohne eine weitere
                Bearbeitung auf die Ausga-
                be kopiert. Erst danach
                wird die nächste Eingabe
                gelesen und verarbeitet.
                Zwischen **r** und dem Da-
                teinamen muss genau ein
                Leerzeichen stehen!

s/*muster*/*text*/*modus*
                (*substitute*) In dem angege-
                benen Bereich sollten
                Textstücke, auf die das
                Textmuster *muster* (regulärer Aus-
                druck) passt, durch *text* ersetzt werden. Die Klammerung von
                muster und *text* braucht nicht durch das Zeichen ›\‹ zu erfolgen, sondern
                kann auch durch jedes andere Zeichen geschehen.

                Z.B.:   s#LINUX#Linux#g   → ersetzt alle *LINUX* durch Linux.
                modus gibt dabei an, wie dies geschehen soll. *modus* darf folgende Werte
                haben:

n	Es wird nur das *n*-te passende Textstück ersetzt ($1 \leq n \leq 512$).
g	(*global*) Es wird nicht nur das erste, sondern **alle** passenden (sich nicht überlappenden) Textstücke des Eingabepuffers werden ersetzt.
p	(*print*) Sofern eine Ersetzung stattfindet, wird der Text des Bereichs (der neue Text) ausgedruckt. Dies wird man in der Regel nur dann verwenden, wenn durch die Option **–n** beim Aufruf des **sed** die automatische Ausgabe auf die Standardausgabe unterdrückt wird.
w *datei*	(*write*) Sofern eine Ersetzung stattgefunden hat, wird der Text des Bereichs ans Ende der angegebenen Datei geschrieben.[1] Zwischen **w** und dem Dateinamen muss genau ein Leerzeichen stehen!

Fehlt die Angabe von *modus*, so wird nur das erste passende Textstück des Eingabepuffers ersetzt. Es dürfen mehrere der aufgeführten Modusangaben vorkommen, wobei dann **g** an erster Stelle stehen muss!

t *marke*

(*test*) Wurde in der aktuellen Zeile eine Ersetzung vorgenommen, so wird wie bei **b** zur angegebenen Marke gesprungen. Fehlt *marke*, so wird zum Ende des Skripts gesprungen.

w *datei*

(*write*) Der Text des Bereichs wird ans Ende der angegebene Datei geschrieben[1]. Zwischen **w** und dem Dateinamen muss genau ein Leerzeichen stehen!

x

(*exchange*) Der Text im Eingabepuffer wird mit dem Text im Haltepuffer vertauscht.

y/*t1*/*t2*/

Es werden in dem Text des Bereichs alle Zeichen, die in der Zeichenfolge *t1* vorkommen, durch die entsprechenden Zeichen der Zeichenfolge *t2* ersetzt. *t1* und *t2* müssen gleich lang und dürfen keine regulären Ausdrücke sein!

! *funktion*

Die angegebene Funktion wird auf jene Zeilen ausgeführt, auf die der angegebene Bereich **nicht** zutrifft.

: *marke*

definiert eine Sprungmarke für die Funktion **b** und **t**.

=

Die aktuelle Zeilennummer wird als eigene Zeile auf die Ausgabe geschrieben.

---

1. Alle in einem **w**-Kommando vorkommenden Dateien werden vor der Verarbeitung der ersten Eingabedatei angelegt. Es dürfen maximal neun Dateien sein!

{...}   klammert eine Gruppe von Funktionen. Die einzelnen Funktionen wer-
               den jeweils syntaktisch durch ⟦nl⟧ getrennt. Alle diese Funktionen wer-
               den für den angegebenen Bereich ausgeführt.

text   Diese Zeile wird als Kommentarzeile betrachtet. # muss das erste Zeichen
               der Zeile sein!

5.4.3   Beispiele zum sed

Beispiel 1:   sed '/^[⟦tab⟧]$/d' alt > neu
               → bearbeitet die Datei *alt* und schreibt das Ergebnis nach *neu*. Es
               werden alle Leerzeilen (Zeilen ohne ein Zeichen oder nur mit Leer-
               und/oder Tabulatorzeichen) in der Eingabe gelöscht.

Beispiel 2:   sed ' y/abcdefghijklmnopqrstuvwxyz/ABCDEFGHIJKLMN\
               OPQRSTUVWXYZ/'
               → arbeitet als Filter und ersetzt alle Kleinbuchstaben des Eingabetextes
               durch Großbuchstaben. Da das y-Kommando keine regulären Ausdrü-
               cke erlaubt, ist eine Kurzschreibweise in der Form ›y/[a-z]/[A-Z]/‹
               nicht möglich!

Beispiel 3:   sed −n −e "1,20 w" \   −e "30,40 w"
               → gibt nur die Zeilen 1 bis 20 und 30 bis 40 an die Ausgabe weiter.
               Die Ausgabe der nicht explizit zutreffenden Zeilen wird durch die Op-
               tion −n unterdrückt. Wie man sieht, dürfen mehrere Skript-Teile beim
               Aufruf des **sed** angegeben werden.

Beispiel 4:   sed −f shells /etc/passwd
               → gibt zu den einzelnen in der Passwortdatei */etc/passwd* definierten
               Benutzern deren Login-Shell oder Login-Programm aus. Die
               eigentlichen sed-Anweisungen stehen dabei in der Skript-Datei *shells*,
               die dann wie folgt aussehen sollte:

s/^\(..*\):.*:.*:.*:.*:.*:\(.*$\)/Benutzer \1 verwendet: \2 /g

In der Passwortdatei sind die einzelnen Felder syntaktisch durch ›:‹
getrennt. Die erste Angabe bzw. das erste Feld gibt dort den Login-
Benutzernamen an. Dieser beginnt am Anfang der Zeile, besteht aus
einer Folge von Zeichen und wird durch den Doppelpunkt
abgeschlossen. Dies wird durch ›^\(..*\):‹ vorgegeben, wobei der
eigentliche Name der erste zu merkende Teilausdruck ist. In der
Passwortdatei folgen fünf weitere Felder, die nicht interessieren. Das
sechste Feld ergibt den zweiten zu suchenden Ausdruck (wieder mit
›\(.*\)‹ geklammert. Ausgegeben wird schließlich der Text ›Benutzer‹
gefolgt vom ersten Ausdruck, ›benutzt:‹ gefolgt vom zweiten gesuchten
Ausdruck (korrekter: Der Zeileninhalt wird durch diesen Text ersetzt
und ausgegeben).
Einfacher geht dies jedoch mit Hilfe des später beschriebenen **awk**.

Beispiel 5:

```
sed ' 1.\            | Zeile 1
.so /usr/lib/umlaute  | Zeile 2
s|\([aou]\)'|\\*:\1|g | Zeile 3
s|\([AO]\^)'|\\*;\1|g | Zeile 4
s|U'|\\*@U|g s|s'|\\(ss|g | Zeile 5
' $*                  | Zeile 6
```

→   Schreibt man Texte für den **nroff** oder **troff**, so ist die bei Verwendung der **ms**-Makros die Angabe von ***:a** für das Zeichen ›ä‹ recht umständlich. Die nachfolgende Shellprozedur **umlaut** erlaubt eine Schreibweise in der Form a', o', u', A', O', U' und s' für die deutschen Umlaute und das ›ß‹. Sie setzt als Filterfunktion diese Schreibweise in die notwendigen **troff**-Makros um. Zugleich wird an den Anfang der Ausgabe die Zeile

.so /usr/lib/macros/umlaute

gesetzt. Diese sorgt dafür, dass die Datei */usr/lib/macros/umlaute* vom Formatierer vor dem nachfolgenden Text eingelesen wird. Es sei hier angenommen, dass in */usr/lib/macros/umlaute* die Definitionen der Umlaute stehen. In Zeile 4 wird mit \\([aou]\\)' nach a', o' oder u' gesucht und durch ›*:‹, gefolgt vom ersten (mit \\(...\\) geklammerten) Teilausdruck, also a, o oder u ersetzt. (›\‹ wird durch ›\\‹ angegeben)

5.5   Textverarbeitung unter Linux

Die Textverarbeitungsszenarien im Alltag sind vielfältig. Dies reicht von einfachen und schnellen Notizen über Briefe und kurze Berichte bis hin zu umfangreichen Büchern mit komplexer Strukturierung, Bilder, Tabellen, Formeln und automatisch erstellten Verzeichnissen. Ebenso breit ist das Spektrum an Formaten, die zu verarbeiten oder zu erstellen sind. Dies reicht von einfachem ASCII-Text oder unformatierten Texten in UTF-8-Kodierung über HTML, XML, PostScript oder PDF als Ausgabe. Auch die typografischen Ansprüche können recht unterschiedlich sein von unformatiertem Text bis hin zu anspruchsvoll gesetzten Dokumenten und Formaten. All dies lässt sich nicht mit einem Werkzeug erschlagen. Deshalb bietet Linux eine Vielzahl von Lösungen. Lediglich die kommerziellen High-End-Produkte wie Adobe InDesign, PageMaker, FrameMaker oder QuarkXPress der Firma Quark fehlen bisher leider unter Linux.

Die prinzipiellen Linux-Möglichkeiten und insbesondere die Filter-/Pipe-Techniken erlauben dabei, die Werkzeuge für die eigenen Aufgaben zu kombinieren. So kann man z.B. aus unterschiedlichen Zwischenformaten mit Konvertern wie **a2ps** oder **mpage** PostScript, PDF oder ein spezielles Druckerformat erzeugen und mit den vorhandenen Viewern z.B. das bei T_EX/L^AT_EX übliche DVI-Format per **xdvi** oder **kdvi** anzeigen bzw. betrachten oder per **dvips** in PostScript oder PDF konvertieren. Insbesondere das GhostScript-Programm **gs** arbeitet hier als Basiswerkzeug für zahlreiche Konvertierungen – darunter auch Fax- und verschiedene andere Image-Formate.[1]

Wie bereits zu Anfang des Kapitels erwähnt gibt es für komplex formatierte Dokumente zwei Arten von Textwerkzeugen:

▸ **Batch-Formatierer**
Hier wird der Text zunächst erstellt und mit eingestreuten Auszeichnungen versehen. In einem zweiten Schritt wird der Text formatiert und danach für die Bildschirmdarstellung oder die Druckausgabe aufbereitet. Dies bedingt in der Regel mehr Iterationen als die nachfolgenden WYSIWIG-Editoren,[2] produziert aber teilweise typografisch bessere Ergebnisse. Auch ist hier der Ressourcenbedarf beim Editieren wesentlich geringer.
Zu dieser Klasse gehören unter Linux **troff/groff** mit ihren ergänzenden Werkzeugen sowie T_EX und L^AT_EX.

▸ WYSIWYG-**Editoren**[2]
Hier erstellt man die Formatierung direkt bei der Eingabe über entsprechende Tastenkombinationen und Menüwahlen. Zu dieser Klasse gehören praktisch alle Editoren aus den Office-Suites (s. Seite 706) wie etwa **kword**, **abiword** oder **OpenWrite**. Zu den kommerziellen (lizenzpflichtigen) Produkten gehören hier der Editor aus StarOffice von Sun, TextMaker der Firma SoftMaker oder die unter der Windows-Emulation laufenden Pakete Microsoft-**Word** oder **WordPerfect** der Firma Corel.

---

1. Zu **gs** siehe die Beschreibung auf Seite 300. Die Programme **gv**, **ggv** oder **kghostview** sind nichts anderes als grafische Frontends zu **gs**.
2. WYSIWYG steht für *What You See Is What You Get* und bedeutet, dass die Darstellung im Editor (weitgehend) der Druckausgabe oder Bildschirmanzeige entspricht.

Einen Übergang zwischen den beiden Welten stellt **lyx** oder **klyx** dar, welche es erlauben, LaTeX-Dokumente fast im WYSIWIG-Modus zu erstellen, Auch die HTML-Werkzeuge **bluefish** und **quanta** gehören in diese Zwischenklasse. Bei ihnen wechselt man explizit zwischen Editier- und Anzeigemodus.

All diese Werkzeuge ausreichend detailliert zu beschreiben, würde den Rahmen des Buches sprengen. Wir beschränken uns hier deshalb auf einen Überblick und greifen dabei detaillierter die Batch-Formatierer **(g)roff** und TeX/ LaTeX heraus.

Dabei muss man sehen, dass beide zunehmend an Bedeutung verlieren – **troff/groff** noch schneller als TeX, da TeX nicht nur auf Unix/Linux sondern auf zahlreichen Plattformen verfügbar ist und eine große Anhängergemeinde besitzt, insbesondere im Bereich der mathematischen Veröffentlichungen und Dokumentationen. Während es zu **troff** wenig Bücher gibt, findet man zu TeX ein respektables Repertoire an Literatur, darunter auch das gute Buch von Karsten Günther (siehe [Günther]).

Ursache des Rückgangs sind natürlich die ständig besser werdenden WYSIWYG-Editoren und deren Verfügbarkeit auf einer Vielzahl von Plattformen. Auch der Umstand, dass immer mehr DTP-*Laien* mehr oder weniger explizit DTP betreiben, trägt dazu bei. Diese haben aber nicht die Zeit und Geduld, um sich mit den aufwändigeren Verfahren von Auszeichnungen und anderen Satzregeln auseinander zu setzen. Das typografische Ergebnis zeigt dies zuweilen in abschreckender Form – unabhängig vom eingesetzten System.

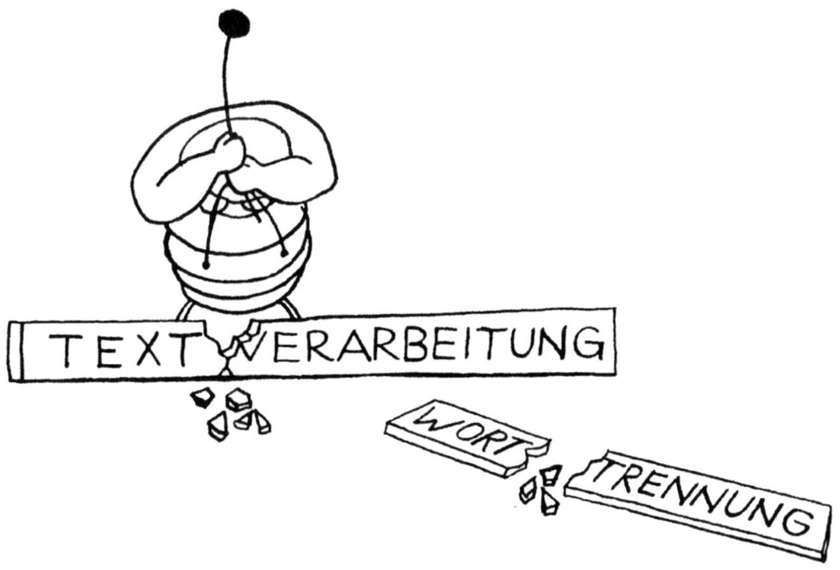

5.5.1   Die Werkzeuge um groff

Das erste Typesetting-Paket auf Unix war **troff** für Fotosatzsysteme und der einfachere **nroff** für *normale* Drucker. Mit **nroff** wurden insbesondere die ganzen **man**-Seiten erstellt und formatiert – die Manualseiten für das **man**-Kommando. **troff** wurde als Teil des GNU-Projektes nachimplementiert und verbessert und ist so auch unter Linux vorhanden – in Form von **groff** (GNU-**roff**). *roff* steht dabei für *run offline fast formatter*, also einem Batch-Formatierer. War **troff** noch stark auf spezielle Fotosatzmaschinen ausgerichtet und ließ sich nur mit Aufwand für andere Ausgabegeräte wie etwa Bildschirm oder Laserdrucker umbiegen, so benutzt **groff** ein geräteunabhängiges Zwischenformat. **nroff** ist unter Linux nur noch ein Emulationsmodus in **groff**.

Man muss bei **troff/groff** von einem *System* sprechen, da es sich aus zahlreichen Programmen und anderen Komponenten zusammensetzt. Hierzu gehören z.B. Makrosätze, Schriften (Fonts) sowie verschiedene Prä- und Postprozessoren und Konvertierer. Wie bereits erwähnt, wird hier der Text zunächst mit einem beliebigen (auch einfachen) Texteditor erstellt und mit so genannten *Auszeichnungen* versehen, welche – sehr ähnlich zu HTML – angeben, wie der nachfolgende bzw. geklammerte Text zu formatieren ist. Danach durchlaufen diese Eingabedaten spezielle Präprozessoren, welche z.B. die Tabellenanweisungen in eine Tabellenformatierung umsetzen oder Formelanweisungen eine Formelformatierung. Schließlich erfolgt der eigentliche Formatierlauf. In ihm werden zunächst die Makros aufgelöst und schließlich erfolgt die eigentliche Formatierung. Das Ergebnis ist beim GNU-**troff** eine Datei (oder ein Datenstrom) in einem geräteunabhängigen Format. Zur Anzeige oder zum Ausdruck wird diese Zwischendatei dann in das gewünschte Zielformat konvertiert. Dieses Zielformat kann z.B. das von $\text{T}_{\text{E}}\text{X}$ stammende DVI-Format[1] oder PostScript sein. Beide Formate lassen sich über entsprechende Viewer anzeigen – PostScript z.B. per **gv** oder **kghostview** und DVI per **kdvi** oder **xdvi** – ausdrucken (die Aufbereitung übernimmt dann der Print-Spooler) oder z.B. nach **PDF** konvertieren.

Die wichtigsten Eigenschaften von **troff/groff** sind:

▸ Formatierprogramm zur Ausgabe auf Sichtgeräte, Drucker und Belichter. Er bietet folgende Möglichkeiten:
   - führt vollautomatisch Zeilen- und Seitenumbruch durch
   - Zeilen- und Seitenlänge sind spezifizierbar
   - automatische Silbentrennung
     (Trennstellen und Ausnahmeliste können angegeben werden)
   - automatische Ausgabe von Seitenüberschriften, Seitennummerierung, Fußnoten, Fußzeilen
   - erlaubt Definition und Verwendung von Text- und Zahlenvariablen
   - besitzt einen mächtigen Makromechanismus
   - erlaubt bedingte Formatanweisungen, Ausgabe von Meldungen und Einlesen von Text
   - verschiedene Schriftgrößen, Schrifttypen, Sonderzeichen und Symbole
   - flexible Schriftpositionierung und Graphiken
   - unterstützt die automatische Erzeugung von verschiedenen Verzeichnissen

---

1. DVI steht für *Device Independant Format*.

Da die Eingabesyntax der Formatierer nicht sehr komfortabel ist, existiert eine Reihe von Makropaketen, die die Angabe spezieller Formatierwünsche erleichtert:

man Das **man**-Makropaket wird zur Formatierung der Kommandobeschreibungen (*manual pages*) verwendet.

ms Das **ms**-Makropaket ist für die Erstellung technischer oder wissenschaftlicher Berichte ausgelegt.

mm ist ein Makropaket ähnlich dem **ms**-Paket, verwendet jedoch einen anderen Seitenaufbau und besitzt weitere Makros.

me ist ein Makro-Paket zur Formatierung von wissenschaftlichen Papieren und technischen Berichten. Es stammt aus dem Berkeley-Linux-System.

Man findet diese Makropakte unter */usr/share/groff/.../tmac/*.[1] Sie haben die Endung *.tmac* oder als Namensanfang *tmac* (also z. B. *mm.tmac* für das mm-Makropaket). Die Makro-Pakete vereinfachen zwar die Formatierangaben, können jedoch immer noch recht komplex sein. Viele der Makros und Vorverarbeitungen verwenden dabei eine Klammerstruktur (z. B. **.TS** ... **.TE** bei Tabellen).

Bei komplexen Formatierungen, wie dem Aufbau von Tabellen oder dem Setzen mathematischer Formeln, reichen die Möglichkeiten eines Makropaketes nicht aus, um diese Aufgabe komfortabel zu lösen. Hier finden Präprozessoren Verwendung. Diese bearbeiten den zu formatierenden Text vor dem Formatierlauf und übersetzen die für sie bestimmten Anweisungen in **groff**-Befehle.

Als Präprozessoren kennt das **groff**-System:

soelim liest die Eingabedatei und ersetzt alle *.so datei*-Zeilen durch den Inhalt der angegebenen Datei. Die entspricht in tewa dem ›.include‹ in der C.

tbl Dieses Programm erlaubt in einfacher Weise das Setzen von Tabellen.

eqn erlaubt das Setzen mathematischer Formeln in einer Beschreibungssprache, die dem englischen Sprachgebrauch bei mathematischen Formeln und Symbolen entspricht. **eqn** wandelt diese in **troff**-Anweisungen um.

pic Dieser Präprozessor erlaubt die Erstellung von Grafiken. Die dabei verwendeten Elemente sind Linien, Pfeile, Kreise, Kreisbögen, Rechtecke und Text.

grap erzeugt Grafiken in Form von X-Y-Diagrammen und Balkendiagrammen. Die Ausgabe des **grap** muss noch von **pic** weiterbearbeitet werden, bevor die erzeugten Zeichenanweisungen dem **groff** übergeben werden.

---

1. ›/.../‹ steht hier für weitere Pfadkomponenten. Dies ist zumeist eine Versionsnummer.

grn   ist der Präprozessor für Gremlin-Bilddateien. Nur das **ms**-Makropaket unterstützt bisher diese Art von Bildbeschreibungen.

Bei allen Formatierern, Makropaketen und Präprozessoren steht der zu formatierende Text zusammen mit den Formatieranweisungen in einer Datei. Die jeweiligen Präprozessoren, sowie der Makroprozessor von **troff** filtern die für sie bestimmten Anweisungen heraus, expandieren und konvertieren die zugehörigen Daten und reichen den so expandierten und umgeformten Text an den eigentlichen Formatierer (oder den nächsten Präprozessor) weiter. **troff** schließlich formatiert den Text im letzten Lauf und erzeugt dabei ein geräteunabhängiges Ausgabeformat.

Die zur Formatierung erstellten Texte können, bevor sie die Formatierer durchlaufen haben, mit einer Reihe von Programmen weiterverarbeitet werden, z.B. zur Suche von Schreibfehlern. Zu diesen Programmen gehören:

diction   Das Programm **diction** durchsucht einen Text auf schlechten Satzbau (nur für englischsprachige Texte).

lookbib   durchsucht Dateien nach Zeilen, die mit vorgegebenen Texten beginnen und gibt diese Zeilen aus. Die Eingabedateien müssen bereits sortiert vorliegen. Dies wird zuweilen verwendet, um eine einfache Datenbank mit Literaturangaben zu realisieren.

ptx   Es erstellt aus der Eingabe (in der Regel ein Inhaltsverzeichnis) einen permutierten Index. Auf diese Weise entsteht eine Art Stichwortverzeichnis.

refer   durchsucht das Eingabedokument nach Literaturreferenzen und ersetzt diese Stichworte durch die vollständige Literaturangabe. Diese wird einer Datenbasis (eine speziell formatierte Datei) entnommen.

Postprozessoren konvertieren das Resultat der Formatierer für die Ausgabe auf bestimmte, im Formatierer nicht vorgesehene Geräte. Solche Postprozessoren für **troff** sind z.B. **grops** zur Erzeugung von PostScript, **grodvi** zur Ausgabe von DVI-Dateien, **grotty** für eine Textausgabe, **grolj4** für das Druckerformat der HP-Laserjet-4-Drucker sowie **grohtml** für eine Ausgabe in HTML.

Die nachfolgend aufgeführten Programme sind nicht speziell auf die Bearbeitung von Dokumenttexten ausgelegt, können jedoch hierzu auch nützlich sein.

awk   ist ein Interpretierer für eine Sprache zur Textmusterverarbeitung. Hiermit lassen sich relativ einfach aus einer Textdatei (Datendatei) Tabellen oder Reporte erstellen.

comm   vergleicht zwei sortierte Dateien und zeigt dreispaltig die Unterschiede auf: Zeilen die nur in Datei-1 sind, Zeilen die nur in Datei-2 sind, und Zeilen, die in beiden Dateien vorhanden sind. Jede der drei Spalten kann unterdrückt werden.

cmp   vergleicht zwei Dateien und liefert im Exit-Status das Ergebnis (0 = identisch; 1 = verschieden). Daneben gibt es bei Unterschieden die Zeichenund Zeilenzahl an, an dem der Unterschied auftritt.

diff ermittelt den Unterschied zweier Dateien und kann als Ausgabe eine Kommandodatei für **ed** erstellen, welche aus *Datei-1* die *Datei-2* erstellt.

grep Die Programme **grep**, **fgrep** und **egrep** erlauben, Dateien sehr schnell auf bestimmte Textmuster zu untersuchen und die entsprechenden Zeilen auszugeben.

join mischt zwei Dateien zu einer neuen Datei, wobei Schlüsselfelder die Reihenfolge bestimmen. Die beiden Eingabedateien müssen lexikografisch sortiert sein (bzw. ihre Schlüsselfelder). Zeilen mit gleichen Schlüsseln werden dabei konkatiniert.

nl Dieser Filter nummeriert die Zeilen seiner Eingabe.

pr erlaubt eine einfache Formatierung in mehrere Textspalten und kann die Ausgabe mit Seitenköpfen und optional Zeilennummierung versehen.

sort sortiert die Zeilen einer Datei oder mischt die Zeilen mehrerer Dateien lexikografisch. Es können dabei Schlüsselfelder in den zu sortierenden Zeilen angegeben werden, nach denen sortiert wird.

tr liest von der Standardeingabe und kopiert den Text auf die Standardausgabe. Hierbei werden vorgegebene Zeichen oder Zeichenbereiche in andere Zeichen umgesetzt (z.B. alle Klein- in Großbuchstaben).

uniq entfernt aus der sortierten Eingabe alle mehrfach vorhandenen Zeilen.

Der Formatierer groff

Die Eingabe der Formatierer besteht aus dem zu formatierenden Text, in den Steuer- bzw. Formatieranweisungen eingestreut sind. Diese Anweisungen beeinflussen die Arbeitsweise des Formatierers und erscheinen in der Ausgabe selbst nicht. Vor dem eigentlich zu formatierenden Text können (durch die Angabe der Option **–m***x* beim Aufruf des Formatierers) Dateien eingelesen werden, welche in der Regel Makrodefinitionen enthalten. Mit solchen Makrodefinitionen kann der Befehlsvorrat des Formatierers erweitert oder überdeckt werden.

groff ist nur eine Hülle (*Wrapper*) um die Formatiermodule und startet nach den Präprozessoren in der Regel **troff** und die eventuell erforderlichen Postprozessoren zur Konvertierung der **troff**-Ausgabe auf das Zielgerät, welche über die Option ›–T‹ oder in der Umgebungsvariablen GROFF_TYPESETTER angegeben ist.

Die Auszeichnungsanweisungen für die **troff**-Eingabe sind unter **man troff** zu finden, die der Präprozessoren unter den jeweiligen anderen **man**-Einträgen. Die Beschreibungen zu den Makropaketen findet man unter **man 7 groff_***xx*, wobei *xx* für den Namen des Makropakets steht.

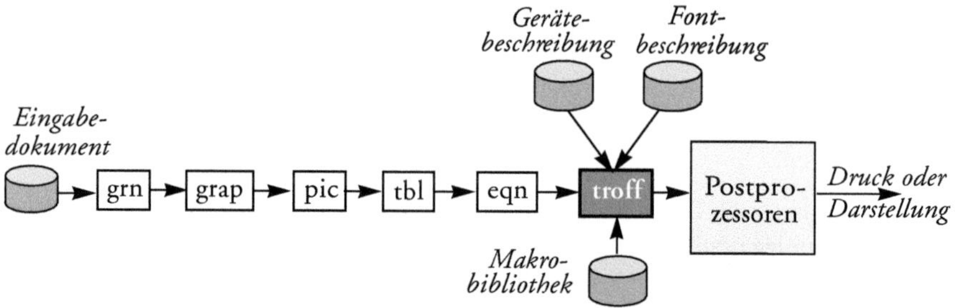

Abb. 5.2: Verarbeitungsschritte beim Formatieren mit groff

Die Aufrufstruktur der verschiedenen Präprozessoren zeigt Abbildung 5.2, wobei in der Regel **groff** über die entsprechenden Optionen deren Aufruf übernimmt. Der Aufruf von **groff** hat die allgemeine Syntax

groff [*optionen*] [*dateien*] → run GNU-**roff** formatter

> **groff/troff** formatieren den Text der angegebenen Dateien. Ist keine Datei oder nur ›—‹ angegeben, so liest er den zu formatierenden Eingabetext von der Standardeingabe. Zu den häufig benutzten Optionen gehören:
>
> | | |
> |---|---|
> | –h | gibt eine kurze (Help-) Beschreibung aus. |
> | –e | aktiviert den Präprozessor **eqn** zur Verarbeitung von Formeln. |
> | –t | aktiviert den Präprozessor **tbl** zur Verarbeitung von Tabellen. |
> | –g | aktiviert den Präprozessor **grn** zur Verarbeitung von Gremlin-Bildern. |
> | –G | aktiviert den Präprozessor **grap** zur Verarbeitung von Bildern. |
> | –p | aktiviert den Präprozessor **pic** zur Verarbeitung von **pic**-Bildern. |
> | –s | aktiviert den Präprozessor **soelim** zur Verarbeitung von .**soelim**-Anweisungen. |
> | –R | führt eine Verarbeitung mit **refer** durch. |
> | –z | unterdrückt die **troff**-Ausgabe, so dass lediglich Fehlermeldungen ausgegeben werden. |
> | –z | unterdrückt den Lauf von Postprozessoren. |
> | –P*arg* | reicht den Parameter *arg* an den Postprozessor durch. |
> | –L*arg* | reicht den Parameter *arg* an den Print-Spooler weiter. Mehrere Optionen werden mit mehreren L-Optionen übergeben. |
> | –T*gerät* | erzeugt Ausgabe für das angegebene Gerät. Fehlt diese Option und ist die Umgebungsvariable GROFF_TYPESETTER nicht gesetzt, so wird als Standardwert **ps** (PostScript) angenommen. |
> | –X | aktiviert statt eines Postprozessors den Viewer **gxditview**. |
>
> Die mit –d, –F, –m, –M, –n, –o, –d, –r, –w, –W beginnenden Optionen werden an den eigentlichen Formatierer troff weitergereicht. Beim Formatieren werden von **groff** noch folgende Umgebungsvariablen ausgewertet:
>
> GROFF_COMMAND_PREFIX: Hat dies den Wert **X**, so werden statt **troff** der Formatierer **xtroff** und die entsprechende Version bzw. Optionen von **tbl**, **pic**, **eqn**, **grn**, **refer** und **soelim** aufgerufen.

GROFF_TMAC_PATH ist eine Liste von Verzeichnissen (jeweils getrennt durch Kommata). In ihnen wird zusätzlich nach den Makrodateien gesucht.

GROFF_FONT_PATH ist eine Liste von Verzeichnissen (jeweils getrennt durch Kommata). In ihnen wird zusätzlich nach Font-Dateien entsprechend dem Zielausgabegerät gesucht.

GROFF_TMPDIR gibt an, in welchem Verzeichnis temporäre Dateien abgelegt werden sollen.

GROFF_TYPESETTER gibt an, für welches Gerät die Ausgabe zu formatieren ist.

Der Aufruf des eigentlichen Formatierers **troff** sieht wie folgt aus. Er wird zumeist aus **groff** aufgerufen und erhält über **groff** seine Parameter durchgereicht.

troff [*optionen*] [*dateien*]

Fehlt die Angabe der Eingabedatei, so wird von der Standardeingabe gelesen. Die wichtigsten Optionen neben **–v** (für Ausgabe der Version) sind:

–a	versucht den formatierten Text durch eine ASCII-Formatierung anzunähern.
–C	aktiviert den Kompatibilitätsmodus zum (alten) Unix-**troff**.
–d*name*=*wert*	weist der **troff**-Variablen *name* den angegebenen Wert zu.
–E	unterdrückt die **troff**-Fehlermeldungen.
–F*verz*	gibt mit *verz* das Verzeichnis an, in dem die Geräte- und die Font-Beschreibungen gesucht werden.
–i	liest nach Abarbeitung aller angegebenen Eingabedateien noch von der Standardeingabe.
–m*name*	Die Datei *name*.**tmac** mit Makros soll vor der Eingabedatei eingelesen werden. (z. B. **troff –ms** ... lädt das **ms**-Makropaket aus der Datei *tmac.ms*). Wird diese Datei nicht gefunden, wird nach **tmac.***name* gesucht.
–M*verz*	gibt an, dass in dem Verzeichnis *verz* (vor allen anderen Verzeichnissen) nach den Makrodateien gesucht werden soll.
–n*x*	Die erste Seite soll die Seitennummer *x* bekommen.
–o*liste*	Es sollen nur die Seiten in *liste* ausgegeben werden. Einzelne Seitennummern in *liste* werden durch Kommata getrennt. *n-m* gibt einen Bereich von Seite *n* bis Seite *m* an. Ein vorangestelltes *–n* steht für *von der ersten Seite bis Seite* **n**, ein abschließendes *n–* steht für *von Seite n bis zum Ende* (z. B. **troff –o**1–10,15,17,30–).
–r*a*=*x*	Das **troff**-interne Register *a* soll den Wert *x* erhalten.
–T*gerät*	Die Ausgabe soll für das Ausgabegerät von Typ *gerät* erzeugt werden (Standard: **ps**). **troff** erwartet dabei zu jedem unterstützten Gerät eine Beschreibung unter **/usr/share/groff/**...**/font/dev***name***/DESC**,[1] sowie die Beschreibung der Fonts im Verzeichnis **/usr/share/groff/**...**/ font/dev***name***/***fontname*.

---

1. ›/.../‹ steht hier für weitere Pfadkomponenten. Dies ist zumeist eine Versionsnummer.

–z   unterdrückt die Erzeugung der Ausgabe. Dies wird oft benutzt, wenn man nur die Fehlermeldungen sehen möchte.

An Shellvariablen wertet **troff** die bereits unter **groff** beschriebenen Variablen GROFF_TMAC_PATH, GROFF_TYPESETTER und GROFF_FONT_PATH aus.

✎   groff –mms –o10–20,30– –Tdvi bericht > bericht.dvi
→ formatiert den Inhalt der Datei *bericht*. Es wird Ausgabe im DVI-Format erzeugt, wobei nur die Seiten 10 bis 20 und 30 bis zum Ende ausgegeben werden. Zur Formatierung wird der **ms**-Makrosatz verwendet.

✎   groff –t –e –n10 –mme –Tps kapitel_1 | lp
→ formatiert den Inhalt der Datei *kapitel_1* mit Hilfe des **groff/troff**. Dabei werden die Präprozessoren **tbl** und **eqn** verwendet. Die erste Seite erhält die Seitennummer 10. Es wird das Makropaket **me** verwendet (die Datei */usr/lib/tmac/tmac.e*) und Ausgabe als PostScript erzeugt und per **lp** (oder alternativ **lpr**) auf den Drucker ausgegeben.

✎   groff –tep –mman –Tlatin1 troff.dok | less
→ formatiert den Text der Datei *troff.dok*. Da Teile des Textes unter Verwendung von Tabellen erstellt sind, muss **tbl** als Präprozessor laufen. Hier wird zusätzlich der Präprozessor **eqn** für mathematische Formeln und **pic** für eingebettete **pic**-Bildbeschreibungen aufgerufen. Die Formatierung erfolgt unter Verwendung der **man**-Makros. Das Ergebnis wird über die Pipe an das Programm **less** weitergegeben und von diesem seitenweise auf dem Bildschirm angezeigt. Als Ausgabegerät wird dabei *latin1* angegeben – also eine erweiterte ASCII-Text-Formatierung/Kodierung.

✎   groff –t –mms –Thtml ergebnis > ergebnis.html
→ formatiert den Text der Datei *ergebnis*. Da Teile des Textes unter Verwendung von Tabellen erstellt sind, muss **tbl** als Präprozessor laufen. Die Formatierung erfolgt unter Verwendung der **ms**-Makros. Es wird HTML als Zielformat erzeugt. Das Ergebnis wird in *ergebnis.html* abgelegt.

5.5.2   Formatieren mit LateX und Lyx

T$_E$X wurde von dem Informatik-Professor Donald E. Knuth entwickelt, da er mit den
Satzmöglichkeiten auf dem Computer damals nicht zufrieden war. Als Perfektionist
entwickelte er nicht nur das eigentliche Satzsystem – in einer sehr portablen Art –, sondern gleich noch ein System zur Erstellung von skalierbaren Fonts. Dies ist das Meta-
font-System. Inzwischen ist die Weiterentwicklung an eine treue T$_E$X-Fan-Gemeinde
übergegangen und T$_E$X ist auf fast allen gängigen Rechnerplattformen verfügbar.

Das Prinzip der Dokumentenformatierung mit T$_E$X und L^{A}T$_E$X entspricht weitgehend dem von **groff/troff**. Der Eingabetext für die Formatierung ist der eigentliche Text
mit entsprechenden Auszeichnungen. Auch hier verwendet man in der Regel kein reines T$_E$X sondern Makros für die Auszeichnung. L^{A}T$_E$X ist ein solcher Makrosatz, der
über spezielle Einstellungen zu Beginn (man wählt hier eine *Dokumentenklasse* aus)
noch weitere Anpassungen erlaubt. Daneben gibt es wie unter **troff** eine Reihe weiterer
Makrosätze, darüber z.B. ams T$_E$X, wobei L^{A}T$_E$X insbesondere für wissenschaftliche
Zwecke die größere Verbreitung gefunden hat.

Der Formatierlauf erzeugt das Ergebnis in einem geräteunabhängigen Format –
dem DVI-Format. Auch hier werden beim Formatieren die Daten der benutzten Fonts
berücksichtigt. Die T$_E$X-Implementierung bringt eine Reihe der Standard-T$_E$X-Fonts
bereits mit.

Entsprechende Viewer (**xdvi** oder **kdvi**) können dieses Format direkt anzeigen. **kdvi**
kann zusätzlich daraus über die Druckfunktion auch PostScript erzeugen. Eine Reihe
von Konvertern erlaubt DVI in andere Zielformate zu übersetzen. So erzeugt **dvips** aus
DVI PostScript, **dvipdf** erzeugt PDF (ohne den Umweg über PostScript) und **dvifax** erzeugt ein Fax-Image (im G3-Fax-Format). Der Konverter **grodvi** konvertiert das Ausgabeformat von **groff/troff** nach DVI und wird von **groff** automatisch aufgerufen, falls
man **–Tdvi** als Zielgerät angibt. **latex2html** oder **tex4ht** erzeugen aus einer DVI-Einga-
be HTML.

Die Erstellung von L^{A}T$_E$X-Dokumenten wird
durch **lyx** oder **klyx** wesentlich vereinfacht, da diese
Programme ein WYSIWYG-ähnliches Editieren von
L^{A}T$_E$X erlauben. **lyx** erlaubt dabei, das Dokument sogleich
zu drucken oder in verschiedenen Formaten zu
exportieren, darunter DVI, L^{A}T$_E$X, PDF
und PostScript. Importieren lassen sich z.B.
neben L^{A}T$_E$X und ASCII auch MS-Word-
Dateien. Der WYSIWYG-Stil ist jedoch
noch ein ganzes Stück von dem entfernt –
d.h. weniger intuitiv zu bedienen – als
man es von anderen WYSIWYG-Editoren wie
Word oder OpenWriter her gewohnt ist, was aber
nicht heißt, dass man nach einer Eingewöhnungszeit da-
mit weniger produktiv ist. Die etwas attraktivere Oberfläche der beiden Pakete besitzt
klyx. Einen kompakten Überblick zur Nutzung von L^{A}T$_E$X unter Linux gibt Michael
Kofler (unter vielen anderen Linux-Themen in seinem Linux-Buch [Kofler]. Eine weitere Quelle ist [LaTeX] sowie [Günther].

5.5.3   Text-/Formatkonvertierer und Viewer

Eine häufig vorkommende Aufgabe bei der Textverarbeitung sind Formatkonvertierungen, da ein Format nicht alle Anforderungen abdecken kann oder da man bestimmte Formate zur Weiterverarbeitung erhält. Linux bietet dafür ein erstaunlich breites Spektrum an. Zumeist hat man gleich mehrere Programme für eine Aufgabe zur Auswahl. Wir möchten hier deshalb nur einen Überblick geben.

Von einer Codierung zur anderen und von Plattform zu Plattform

recode ist ein Programm, welches zahlreiche Codierungen beherrscht und Textdateien von einem Code in einen anderen Code umsetzen kann (z.B. ISO-8896/1 bzw. Latin1 nach UTF-8). Da bei Textdaten neben der reinen Codierung auch noch plattformspezifische Eigenheiten eine Rolle spielen – ob eine *neue Zeile* lediglich mit <nl> oder mit <cr><lf> codiert wird –, kann man bei der Code-Wandlung zusätzlich die Plattformen mit angeben.

Von ASCII nach PostScript oder PDF

Für diese Art der Konvertierung gibt es eine ganze Reihe von Programmen. Hierzu gehören z.B. **a2ps** (s. Seite 209), **enscript** oder **mpage** (s. Seite 369). Alle sind in der Lage, dabei mehrere (virtuelle) Seiten auf eine Ausgabeseite zu platzieren. Zumeist sind zusätzlich einfache Formatierungen wie etwa in mehrere Spalten (pro virtueller) Seite möglich. Einige Print-Spooler-Systeme haben darüber hinaus eigene PostScript-Konvertierungen, wobei fast alle in der einen oder anderen Form auf GhostScript (**gs**) aufsetzen. PostScript und PDF können dann wieder Ausgangsbasis für eine Bildschirmdarstellung sein. Hierfür stehen z.B. **gv**, **kghostview**, **ggv**, **xpdf** oder **gsview** zur Verfügung, wobei sich alle dazu auf GhostScript bzw. **gs** abstützen. Wo zuweilen auch Konvertierungen und Säuberungen innerhalb einer PostScript-Datei notwendig sind, kann unter Umständen die *PostScript-Utilities* helfen (siehe Seite 390).

Von PostScript in Raster- und Druckerformate

Dies ist typischerweise die Domäne des GhostScript-Werkzeugs **gs** (s. Seite 300). Es bietet ein großes Repertoire an Möglichkeiten und entsprechend viele Optionen. Dabei werden nicht nur verschiedene Druckerformate unterstützt, sondern ebenso mehrere Image-Formate und z.B. EPS, was sich wiederum einfach in Dokumente einbetten lässt.

DVI anzeigen und konvertieren

DVI ist das geräteunabhängige Ausgabeformat von T$_{\rm E}$X. Die Programme **kdvi** und **xdvi** können hierfür als Viewer genutzt werden. Das Programm **dvips** erlaubt die Konvertierung von DVI nach PostScript, **dvipdf** nach PDF und **dvi2fax** in das Fax-G3-Rasterformat. Der Konverter **grodvi** erzeugt aus der GNU-**troff**-Ausgabe DVI. Das Programm **lyx** wiederum kann L#T$_{\rm E}$X-, ASCII- und MS-Word-Dateien importieren und als DVI exportieren.

5.6   Der Reportgenerator awk/gawk

Das Programm **awk**[1] bietet eine Reihe von Funktionen, die denen eines Batch-Editors wie des **sed** sehr ähnlich sind. Während jedoch der **sed** stärker zeilenorientiert ist, zerlegt **awk** die Zeilen noch automatisch in Zeichenketten bzw. *Felder*, wie sie beim **awk** genannt werden. Er stellt dabei eine Sprache zur Verfügung, welche es erlaubt, Textdateien zu bearbeiten, nach darin vorkommenden Textstücken und Feldern zu suchen, diese zu modifizieren, mit ihnen zu rechnen (soweit es sich um Zahlen handelt) und neu formatiert auszugeben. Auf Grund dieser Möglichkeiten wird der **awk** auch als *Reportgenerator* bezeichnet. Unter Linux wird statt des klassischen Unix-**awk**s der POSIX-1003.2-konforme **gawk** (aus dem GNU-Projekt) eingesetzt. In der nachfolgenden Beschreibung werden die Beriffe **awk** und **gawk** synonym verwendet.

5.6.1   Aufruf des awk/gawk

Der Aufruf des **gawk** erfolgt mit:

gawk [*optionen*] [*parameter*] [*awk_skript*] [*datei* ...]

   oder

gawk [*optionen*] [*parameter*] –f *awk_skript* [*datei* ...]

Das Programm **gawk** bearbeitet die Eingabedatei, bzw. falls keine Datei (oder –) angegeben wurde, die Standardeingabe. Die Bearbeitungsschritte werden in Form eines Programms (auch *awk-Skript* genannt) angegeben.

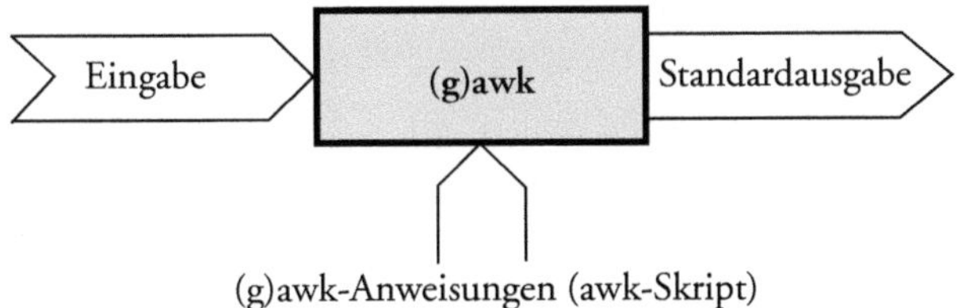

Abb. 5.3: Datenfluss beim awk/gawk

Dieses Programm kann auf zwei Arten vorgegeben werden:
– entweder wird es als Parameter *awk_skript* beim Aufruf des **awk** spezifiziert und ist dann in der Regel mit '...' geklammert, oder
– es steht in einer Datei und wird dann mit –f *awk_skript* angegeben. *parameter* sind Namen von **awk**-internen Variablen und deren Werte in der Form *variable=wert*.

Die Optionen können entweder im POSIX-Stil (in der Form –W *option*) oder im GNU-Stil (in der Form –– *Option Wert*) angegeben werden. Der kompakten Darstel-

---

1. Seinen Namen hat das Programm nach seinen Entwicklern Aho, Weinberger und Kernighan.

lung wegen wird hier nur die kürze POSIX-Variante beschrieben. Die Optionen und Parameter können sich entweder an **gawk** selbst wenden, Teil des **(g)awk**-Skripts werden oder **awk**-Werte setzen.

Die meistbenutzten Optionen von **gawk** sind:

–Fz	Das Zeichen *z* wird als Feldtrennzeichen vorgegeben.
–v *var=wert*	Der Variablen *var* wird der angegebene Wert (vor der Ausführung des Programms) zugewiesen.
–f *skript*	Das awk-skript soll aus der angegebenen Datei gelesen werden. Diese Option darf mehrfach vorkommen. Die Skript-Inhalte werden dabei wie eine verkettete Datei behandelt.
–W traditional	Hiermit benimmt sich **gawk** wie der Standard-Unix-**awk**.
–W help	liefert eine kurze Beschreibung des Programms und beendet **gawk**.
–W posix	deaktiviert die GNU-Erweiterungen. **gawk** arbeitet damit im reinen POSIX-kompatiblen Modus.
––	beendet den Optionsteil. Nachfolgende Parameter werden direkt an das **gawk** Programm weitergereicht.

5.6.2   Das awk-Programm/-Skript

Ein *gawk*-Programm (**awk**-Skript) besteht aus drei Teilen:

▶ Initialisierung
▶ eigentliche Verarbeitung
▶ Abschluss

Initialisierung und Abschluss sind dabei optional, d.h. sie müssen nicht vorhanden sein. Ein vollständiges **awk**-Skript hat damit folgenden Aufbau:

```
BEGIN       { start_aktionen }   # optionale Initialisierungsphase
kriterium_1 { aktion_1 }
kriterium_2 { aktion_2 }
    ⋮
END         { ende_aktionen }    # optionale Abschlussphase
```

Die mit *start_aktionen* spezifizierten Aktionen werden ausgeführt, bevor die erste Zeile der ersten Eingabedatei eingelesen wird. Hierin werden in der Regel Initialisierungen vorgenommen. Die Aktionen in *ende_aktionen* werden nach der Abarbeitung **aller** Eingabezeilen durchgeführt und erlauben damit, Endergebnisse oder Abschlussarbeiten durchzuführen. Diese Abschlussphase wird – soweit vorhanden – auch dann aktiviert, wenn das Programm vor der Abarbeitung aller Eingaben durch die **exit**-Anweisung beendet wird. Ein **awk**-Skript darf auch nur aus einer Abschlussphase (oder einer Anfangsphase) bestehen.

Die Elemente des **awk**-Skripts haben folgenden allgemeinen Aufbau, wobei die geschweiften Klammern hier Teil der Syntax sind:

kriterium { *aktion* }

Zusätzlich sind Funktionsdefinitionen in folgender Form möglich:

function *f-name* (*parameterliste*) { *aktion* }

Die Abarbeitung der oben aufgeführten Zeile *kriterium* { *aktion* } erfolgt nun so, dass **awk** eine Zeile der Eingabe liest und prüft, ob *kriterium_1* erfüllt ist. In diesem Fall werden die nachfolgend angegebenen Aktionen (*aktion*) ausgeführt. Danach wird untersucht, ob das Kriterium des nächsten **awk**-Elementes im akw-Skript zutrifft.

Erst wenn alle Elemente des **awk**-Skripts in diesem Sinne durchlaufen sind, wird die nächste Eingabezeile gelesen und dieser Vorgang wiederholt. Fehlt in einem **awk**-Element das Kriterium, so werden die Aktionen dieses Elementes auf **alle** Eingabezeilen angewandt; fehlt die Aktionskomponente, so schreibt **awk** die Zeile unverändert auf die Standardausgabe.

Das Kriterium kann sein:

▸ ein regulärer Ausdruck (Umfang von **egrep**) in der Form: */textmuster/*
▸ ein Auswahlbereich in der Form: */textmuster1/, /textmuster2/*
▸ ein relationaler Ausdruck (z. B. */muster1/* < */muster2/*)
▸ eine logische UND-Verknüpfung in der Form: *muster1* && *muster2*
▸ eine logische ODER-Verknüpfung in der Form: *muster1* || *muster2*
▸ eine Falls-Form in der Form: *muster1* ? *muster2* : *muster*
   (Ist *muster1* wahr, so wird *muster2* zum Vergleich herangezogen, sonst *muster3*)
▸ eine Mustergruppierung in der Form: (*muster*)
▸ eine Negation in der Form: ! *muster*
▸ ein Bereichsmuster in der Form: *muster1* , *muster2*
   (alle Zeilen, in denen *muster1* vorkommt, bis zu den Zeilen, in denen *muster2* vorkommt)
▸ eine Verknüpfung der obigen Möglichkeiten

Im einfachsten Fall ist *kriterium* ein Textmuster in der Form */muster/*.

✎ **gawk** ' **/Linux/** ' **info**
   → gibt alle Zeilen der Datei *info* aus, in denen *Linux* vorkommt.

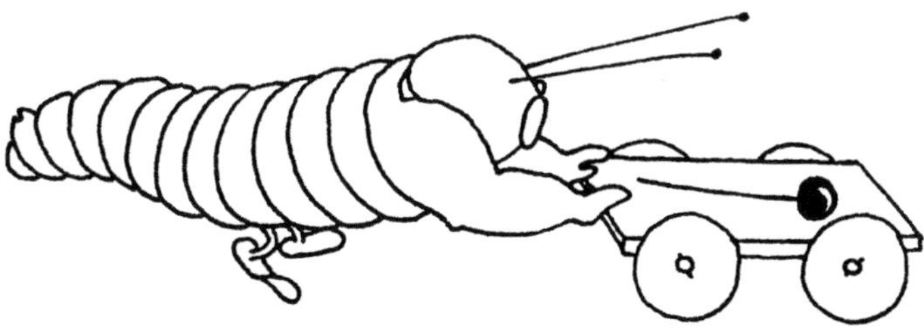

In *muster* können folgende Metazeichen verwendet werden (siehe auch Kapitel 3.4.2):

Funktion	Metazeichen	Anmerkung
beliebiges Zeichen (genau 1 Zeichen)	.	nicht \n (neue Zeile)
beliebige Zeichenkette	.*	auch leere Zeichenkette
beliebige Wiederholung	*	auch keine Wiederholung
keine oder eine Wiederholung	?	
eine oder mehrere Wiederholungen	+	
mindestens *n* bis maximal *m* Wiederholungen	$\{n,m\}$	*n* oder *m* können fehlen.
eines der Zeichen aus …	[...]	in alphab. Reihenfolge
keines der Zeichen aus	[^...]	in alphab. Reihenfolge
am Satzanfang	^*muster*	
am Satzende	*muster*$	z.B. /^$/ $\rightarrow$ Leerzeile
a oder *b*	*a*|*b*	*a*, *b* reguläre Ausdrücke
Gruppierung	\(...\)	
maskiere nachfolgendes Metazeichen	\	›\\‹ schützt einen ›\‹.

Werden zwei Muster in der Form */muster_1/,/muster_2/* angegeben, so bedeutet dies *Alle Zeilen, beginnend mit der, in welcher zum ersten Mal muster_1 vorkommt, bis zu jener (und inklusive dieser), in der danach muster_2 vorkommt*.

✎ **gawk ' /Anfang/, /Ende/ ' info**
→ sucht in der Eingabe (die Datei *info*) nach der ersten Zeile, welche das Textstück *Anfang* enthält. Diese und alle folgenden Zeilen werden ausgegeben, bis zu einer Zeile, in welcher der Text *Ende* gefunden wird. Die Zeile mit *Ende* wird noch ausgegeben. Nun wird die Eingabe wieder nach einer Zeile mit *Anfang* durchsucht usw. Wird das Ende-Muster nicht gefunden, so werden alle Zeilen bis zum Dateiende der Eingabe bearbeitet.

✎ **gawk ' /^[0-9]+/ { print $1 } ' info**
→ sucht in der Datei *info* nach Zeilen, die mit einer Ziffernfolge beginnen und gibt diese Ziffernfolge aus.

✎ **gawk ' /^[0-9]+\|#/ ' nummer**
→ gibt alle Zeilen der Datei *nummer* aus, die entweder mit einer Ziffer oder dem Zeichen # beginnen.

Beim Einlesen einer Zeile (oder genauer eines Satzes, englisch: *record*) wird die Eingabe in Felder zerteilt und die Elemente den **awk**-Variablen $1, $2, usw. zugewiesen. Die Variable $0 enthält die ganze Zeile.

Die Unterteilung der Eingabe in Felder geschieht durch Feldtrennzeichen, die in der
awk-Variablen **FS** festgelegt sind. Die Standardwerte hierfür sind das <leerzeichen> und
das <tabulatorzeichen> (sogenannter *whitespace*). Das Feldtrennzeichen kann entweder
durch die Option −F*z* beim Aufruf von **gawk** oder innerhalb des **awk**-Skripts durch die
Anweisung FS="*z*" umdefiniert werden, womit dann das Zeichen *z* zum Feldtrennzeichen wird.

Es darf statt dem einzelnen Zeichen *z* auch eine Zeichenkette oder ein regulärer Ausdruck *re* angegeben werden. In diesem Fall gelten dann alle Zeichen der Zeichenkette
bzw. des Ausdrucks als Feldtrennzeichen.

✎   **gawk -F:** ' { print "Benutzer: " $1 " Login-Katalog: " $6 } ' /etc/passwd
    → gibt jeweils das erste und sechste Feld jeder Zeile der Datei */etc/passwd*
    mit den vorangestellten Textstücken ›Benutzer:‹ und ›Loginkatalog:‹ aus.
    Das Feldtrennzeichen ist dabei der Doppelpunkt. Die Ausgabe für eine Ein-
    gabezeile sieht dann etwa wie folgt aus:
    »Benutzer: karl Login-Katalog: /home/studenten/karl«

Statt eines Textmusters kann das Element *kriterium* des **awk**-Programms auch einen re-
lationalen Ausdruck enthalten. In diesem Fall werden die im Aktionsteil aufgeführten
Anweisungen nur dann ausgeführt, wenn die Relation erfüllt ist bzw. der Ausdruck den
Wert *wahr* liefert.

✎   **gawk** ' length > 50 { print } ' info
    → Hiermit werden nur die Zeilen der Datei *info* ausgegeben, die länger als
    50 Zeichen sind.

5.6.3 awk-Sprachelemente

Wie die meisten anderen Programmiersprachen, kennt **gawk** Konstanten, Variablen,
Ausdrücke und Anweisungen. Es sind auch vom Programmierer (Skript) definierte
Funktionen möglich. Bei den Konstanten und Variablen wird der Wert anhängig von
der Verwendung als Zeichenkette oder als numerischer Wert interpretiert.

awk-Konstanten

Numerische Konstanten sind entweder ganze Zahlen (z. B. 127) oder Gleitpunktzah-
len, wobei folgende Formen erlaubt sind: 1.2, .3, 23E2, 3.4E-3, 34E.4, 12E15 oder 12.3E-2.
Diesen darf jeweils ein ›+‹ oder ein ›−‹ vorangestellt sein.

Textkonstanten werden durch "..." geklammert; ›""‹ stellt dabei die leere Zeichenkette
dar. Soll das Zeichen ›"‹ selbst im Text vorkommen, so verwendet man dazu ›\"‹. Die Sequenz ›\n‹ steht für <*neue zeile*>, ›\t‹ für <*tabulator*> und ›\\‹ für das Zeichen ›\‹ selbst.

awk-Variablen

Variablen haben einen Bezeichner (Namen), der mit einem Buchstaben beginnt. Ohne
dass man die Variablen explizit definiert, werden sie bei der ersten Verwendung im **awk-**

Skript oder durch ihre Definition beim Aufruf von **gawk** (in der Form *variable=wert*) angelegt. Der initiale Wert einer **awk**-Variablen ist die leere Zeichenkette. Der Wert kann sowohl eine Zeichenkette (*String*) sein, als auch ein numerischer Wert (auch Floatingpoint-Wert). Es sind auch Felder bei Variablen möglich, wobei dann, wie in C, das Feldelement mit *variable[index]* angegeben wird. Im Gegensatz zu C, darf beim **awk** der Index jedoch nicht nur ein numerischer Ausdruck sein, sondern er darf auch aus einer Zeichenkette bestehen, womit man einen *Namen* als Index verwenden kann.

Neben den vom Benutzer vorgegebenen Variablen und den Record- bzw. Feld-Variablen $0, $1, ... $*n*, kennt der **awk** bereits eine Reihe von Variablen mit fester Bedeutung. Diese werden jedoch im Gegensatz zur Shell **nicht** mit vorangestelltem $ benutzt!

ARGC
: gibt die Anzahl der Argumente der Kommandozeile an.

ARGIND
: gibt die Position (*n*-ter-Parameter) der aktuell bearbeitetenden Eingabedatei innerhalb von **ARGV** an.

ARGV
: ist ein Feld, dessen Elemente die Argumente der Kommandozeile enthalten.

CONVFMT
: legt das Konvertierungsformat für Zahlen fest (Standard: "%.6g").

ENVIRONMENT
: ist ein Feld mit allen Umgebungsvariablen. Die einzelnen Positionen/Variablen werden darin über ihren Namen als Index angesprochen (also z.B. ENVIRONMENT["PATH"] enthält den Wert der Shell-Variablen $PATH).

ERRNO
: tritt bei der Verarbeitung bei **getline** oder **close** ein Fehler auf, so enthält diese Variable die Fehlermeldung als Text.

FILEDWIDTH
: Kann eine Liste von Feldgrößen enthalten. Die Elemente sind durch Leer- oder Tabulatorzeichen *(white spaces)* getrennt. Ist diese Variable besetzt, so bearbeitet gawk die Eingabezeilen als Elemente fester Breite statt sie entsprechend **FS** (variabel) in Felder zu zerlegen.

FILENAME
: ist der Name der aktuellen Eingabedatei.

FNR
: gibt die Nummer der Zeile (des Satzes) der aktuellen Eingabedatei an.

FS
: (*input field separator*) gibt das oder die Trennzeichen für Felder der Eingabe an. Die Standardwerte sind Leerzeichen und Tabulatorzeichen. Mit **FS=**"*z*" wird ›z‹ zum neuen Trennzeichen zwischen Feldern. Die Anweisung **FS=**" " hat dabei insofern eine Sonderstellung, als damit wieder *white spaces* zu Feldtrennzeichen werden.
  awk gestattet auch durch die Option **−F***z* beim Aufruf durch die **−FS** mit dem Zeichen ›z‹ als Trennzeichen vorzubesetzen. Mit **−F***t* wird das Tabulatorzeichen zum Feldtrennzeichen bei Eingabefeldern.
  Folgende Beispiele sind äquivalent und geben jeweils alle Benutzer ohne ein Passwort aus:

```
awk       −F:        'length($2)==0   { print $1 } ' /etc/passwd
FS=":"    awk        'length($2)==0   { print $1 } ' /etc/passwd
awk       'BEGIN     { FS = ":" }
          length($2)==0                { print $1 } ' /etc/passwd
```

NF   gibt an, wieviele (jeweils durch das Trennzeichen **FS** unterteilte) Felder in der Eingabezeile vorhanden waren. **NF** enthält das letzte Feld des aktuellen Satzes (*records*).

IGNORECASE   steuert die Berücksichtigung von Groß-/Kleinschreibung bei allen Mustervergleichen und Zeichenkettenoperationen. Ist der Wert $\neq 0$, so ignorieren die Operationen die Groß-/Kleinschreibung. Damit würde das Muster "Li" auf ›Li‹, ›LI‹, ›lI‹ und ›li‹ passen.

NR   enthält die Nummer der aktuellen Zeile (bzw. des aktuellen Satzes) der Eingabe,
z. B.: NR=10, NR=20 {print $0} $\rightarrow$ gibt die Zeilen 10 bis 20 aus.

OFMT   (*output format*) definiert das Standardformat von Zahlenwerten in der Ausgabe an (Standard: **%.6g**).

OFS   (*output field separator*) definiert, welche Trennzeichen jeweils zwischen zwei Feldern in der Ausgabe stehen sollen. Der Standardwert ist das <leerzeichen>.

ORS   (*output record separator*) gibt an, mit welchem Zeichen ein Satz (englisch: *record*) in der Ausgabe abgeschlossen sein soll. Der Standardwert hierfür ist <neue zeile>. Ein Satz ist damit bei der Ausgabe äquivalent mit einer Zeile.

PROCINFO   ist ein Feld, welches Informationen über den aktuell laufenden **gawk**-Prozess enthält. Hierzu gehören z. B.:

    pid   Prozessnummer
    gid   Gruppenummer aus getgig(2)
    ppid   Prozessnummer des Vaterprozesses (PPID)
    uid   Die User-Id (UID) des aktuellen Benutzers

RLENGTH   enthält die Länge der Zeichenkette, die durch den regulären Ausdruck des **match**-Operators erfasst wurde.

RS   (*input record separator*) definiert, welche Zeichen in der Eingabe als Satztrennzeichen betrachtet werden sollen (Standard: <neue zeile>).

RSTART   enthält die Startposition der Zeichenkette, die durch den regulären Ausdruck des **match**-Operators erfasst wurde.

RT   (*record terminator*) **gawk** gibt der Variable als Wert den Eingabetext, der auf den regulären Ausdruck von **RS** passt.

SUBSEP   enthält das Trennzeichen, mit dem innerhalb des **gawk** die einzelnen Einträge eines Feldes getrennt sind (Standard: ›\034‹).

TEXTDOMAIN   gibt die Text-Domains des laufenden gawk-Programms an. Damit können lokale Übersetzungen der Programmtexte gefunden werden.

awk-Ausdrücke

Das Programm awk kennt drei Arten von Ausdrücken:

▶ **Numerische Ausdrücke** (in der Art: $(y + 3) * z$)
In numerischen Ausdrücken dürfen die Operatoren +, −, *, /, % (für Modulo), (...)
zur Gruppierung sowie numerische Funktionen vorkommen.

▶ **Textausdrücke** (in der Art: "7 KG" "und 10 Gramm")
In Textausdrücken wird der Operator <leerzeichen> als Zeichen für eine Text-
konkatination verwendet.

▶ **Logische Ausdrücke** (in der Art: $a < b$)
Hierin sind möglich:
  − die Vergleichsoperatoren <, <=, ==, !=, >=, >>
  − die logischen Verknüpfungen:

&&	für UND, d.h. beide Operanden müssen *wahr* sein,
||	für ODER, d.h. einer der beiden Operanden muss *wahr* sein,
!	für die Negation

  − sowie die Operatoren,

~	für *ist enthalten in* und
!~	für *ist nicht enthalten in*

Ein Ausdruck wird abhängig von seinen Elementen als ein
numerischer Ausdruck oder als Operation mit Zeichenketten (*strings*) betrachtet. Will man erreichen, dass ein Ausdruck als numerischer Ausdruck interpretiert wird, so
kann man dies durch ›+ 0‹ im Ausdruck erzielen. Soll der
Ausdruck als Textausdruck interpretiert werden, so kann
man dies durch eine Konkatination mit der leeren Zeichenkette "" erreichen. In einem numerischen Ausdruck
hat ein Text, der nicht als Zahl interpretiert werden kann,
den Wert 0.

5.6.4   awk-Aktionen

Eine Aktion (*aktion*) in der Syntax

> *kriterium*   { *aktion* }

kann aus keiner, einer oder mehreren Anweisungen bestehen. Die Anweisungen haben
eine Syntax ähnlich der von C. Eine Anweisung wird durch ein Semikolon ›;‹, durch
eine <neue zeile> oder durch eine schließende Klammer ›}‹ beendet. Eine Aktion kann
auch eine Zuweisung in der folgenden Form sein:

> *variable = ausdruck*

Hierbei wird der Ausdruck ausgewertet und das Ergebnis der Variablen zugewiesen.
Neben dem Zuweisungsoperator ›=‹ sind auch folgende Operatoren erlaubt:

Form:	entspricht:
variable += *ausdruck*	*variable* = *variable* + *ausdruck*
variable −= *ausdruck*	*variable* = *variable* − *ausdruck*
variable *= *ausdruck*	*variable* = *variable* * *ausdruck*
variable /= *ausdruck*	*variable* = *variable* / *ausdruck*
variable % *ausdruck*	*variable* = *variable* modulo *ausdruck*
variable++	*variable* = *variable* + 1
++*variable*	*variable* = *variable* + 1
variable−−	*variable* = *variable* − 1
−−*variable*	*variable* = *variable* − 1

In den Aktionsteilen sind neben Zuweisungen folgende Anweisungen möglich:

if (*bedingung*) *anweisung_1* [**else** *anweisung_2*]
> Ist die Bedingung erfüllt, so wird *anweisung_1* ausgeführt; ist sie nicht erfüllt, so wird sie übersprungen und – sofern die **else**-Komponente vorhanden ist – *anweisung_2* ausgeführt.

while (*bedingung*) *anweisung*
> Die Bedingung wird ausgewertet, und falls sie erfüllt ist, die angegebene Anweisung ausgeführt. Dieser Vorgang wird so lange wiederholt, bis die Bedingung nicht mehr erfüllt ist.

for (*ausdruck_1* ; *bedingung* ; *ausdruck_2*) *anweisung*
> *ausdruck_1* wird ausgewertet. Danach wird die angegebene Bedingung überprüft. Ist sie erfüllt, so wird die Anweisung ausgeführt, danach *ausdruck_2* ausgewertet. Dies wird so lange wiederholt, bis die Bedingung nicht mehr erfüllt ist.

for (*variable* **in** *feld*) *anweisung*
> Die Variable nimmt nacheinander die Werte der einzelnen Feldelemente an. Hierdurch wird *anweisung* so oft durchlaufen, wie *feld* Elemente besitzt. In *anweisung* sollte die Variable nicht verändert und dem Feld keine neuen Elemente zugewiesen werden! Die Reihenfolge, in denen die Feldelemente angeliefert werden, ist nicht definiert und kann sich von Durchlauf zu Durchlauf ändern!

break
> Die **break**-Anweisung beendet die Abarbeitung einer **for**- oder **while**-Schleife. Die Abarbeitung wird hinter der Schleife fortgesetzt.

continue
> Es wird an das Ende einer **for**- oder **while**-Schleife gesprungen und erneut überprüft, ob die Schleifenbedingung noch zutrifft.

print [*ausdrucks_liste*] [*umlenkung*]
printf *format* [, *ausdrucks_liste*] [*umlenkung*]

Die Ausdrücke der Liste werden ausgewertet und ausgegeben. Zwischen
den einzelnen Elementen der Liste dürfen beliebig viele Trennzeichen stehen. In der Ausgabe erscheinen die Ausdrücke ohne Zwischenraum.

In der Formatangabe *format* bei **printf** und bei **sprintf** werden dabei folgende Zeichen erkannt und verarbeitet:

%c	ein ASCII-Zeichen
%d	Dezimalzahl
%e	Exponentialdarstellung
%f	Gleitpunktzahl
%g	kürzeste Form (aus %e oder %f)
%o	Oktaldarstellung
%s	Zeichenkette
%u	vozeichenlose (*unsigned*) Dezimalzahl (integer)
%x	Hexadezimaldarstellung
%%	das Zeichen ›%‹

Zwischen dem Zeichen ›%‹ und dem eigentlichen Formatzeichen können
folgende zusätzliche Angaben stehen:

—	Die Darstellung soll innerhalb der angegebenen Feldbreite linksbündig erfolgen.
breite	Die Ausgabe soll in Feldbreite *breite* erfolgen.
.anzahl	Die Ausgabe soll mit *anzahl* Zeichen einer Zeichenkette oder mit *anzahl* Nachkommastellen einer Gleitpunktzahl erfolgen.

Eine Umlenkung der Ausgabe kann folgende Formen haben:

> *datei*	Die Ausgabe wird in die angegebene Datei geschrieben.
>> *datei*	Die Ausgabe wird am Ende der angegebenen Datei angefügt.
| *programm*	Die Ausgabe wird über eine Pipe dem angegebenen Programm übergeben. Die Form ist dann: **print** ... | "*programm parameter* ..."

{ *anweisung* ... **}**   Sollen dort, wo die obige Syntax nur eine Anweisung vor-
schreibt, mehrere Anweisungen erfolgen, so müssen diese Anweisungen wie
bei C durch {...} geklammert werden.

variable = *ausdruck*   Der angegebene Ausdruck wird ausgewertet und das Ergebnis
der Variablen zugewiesen.

next   Die noch verbleibenden Kriterien des **awk**-Skripts werden übersprungen;
d.h. es wird nicht weiter untersucht, ob noch mehr Programmelemente auf
die Zeile passen, sondern die nächste Eingabezeile wird gelesen und verarbeitet.

exit [*ausdruck*]   Durch diese Anweisung wird der Rest der Eingabedatei übersprungen, – soweit vorhanden – der **END**-Teil des **awk**-Programms ausgeführt und danach **awk** beendet. Sind noch weitere nicht bearbeitete Eingabedateien vorhanden, so werden diese ignoriert. Der Exit-Status erhält den Wert *ausdruck*.

return [*ausdruck*]   Rücksprung aus einer **awk**-Funktion mit dem Ergebniswert *ausdruck*

*kommentar*   Das Zeichen ›#‹ leitet einen Kommentar ein. Dieser erstreckt sich bis zum Ende der Zeile. Stehen mehrere Anweisungen in einer Zeile, so werden sie syntaktisch durch ein Semikolon ›;‹ getrennt; ansonsten durch <neue zeile>.

5.6.5   Die Funktionen des (g)awk

Neben den bereits aufgezählten Programmkonstrukten besitzt **awk** eine Reihe von internen numerischen- und Zeichenketten-Funktionen:

Numerische Funktionen:

atan2(x) liefert Arcus Tangens von x.
cos(x) liefert Cosinus von x.
exp(x)   ist die Exponentialfunktion und **exp**(a) liefert e^a.
int(x) liefert den ganzzahligen Anteil eines numerischen Werts.
log(x) entspricht dem Logarithmus naturalis.
rand(x) liefert eine Zufallszahl $0 \leq i \leq 1$.
sin(x) liefert Sinus von x.
sqrt(x) entspricht der Wurzel des Wertes.
srand(x) initialisiert die Zufallsfolge für **rand** mit x. Fehlt x, so wird ein Wert aus der Systemzeit berechnet.
length(*ausdruck)*
length   liefert die Länge einer Zeichenkette in Bytes zurück. In der Form ohne Parameter liefert die Funktion die Länge der aktuellen Zeile (*records*).

Z.B.   awk '

```
        BEGIN            { N = 0  }
        length == 0      { N++    }
        END              { print N }
     ' inhalt
```

→ liefert die Anzahl der Leerzeilen der Datei *inhalt*.

Funktionen zur Bit-Bearbeitung:

Für die Bit-Operationen werden die Werte zunächst nach *unsigned long* konvertiert, dann wird die Operation ausgeführt und das Ergebnis wieder in eine Gleitpunktzahl (doppelt genau) zurück gewandelt.

and(*w1*, *w2*)   *w1* und *w2* werden auf Bit-Ebene mit UND verknüpft.

compl(*w1*)   liefert das Komplement auf Bit-Ebene von *w1*.

lshift(*w1*, *n*)   verschiebt *w1* um *n* Bits nach links.

or(*w1*, *w2*)   verknüpft *w1* und *w2* Bit-weise per ODER.

rshift(*w1*, *n*)   verschiebt *w1* um *n* Bits nach rechts.

xor(*w1*, *w2*)   verknüpft *w1* und *w2* Bit-weise per EXKLUSIVEODER.

Funktionen auf Zeichenketten:

asort(*a*, *z*)   liefert die Anzahl von Elementen im Quell-Array *a*. Dabei wird der Inhalt von *a* nach den **gawk**-Regeln sortiert. Ist der optionale Teil ›d‹ vorhanden, so wird der Inhalt von ›a‹ erst nach ›d‹ kopiert und erst dann sortiert.

gensub(*ra*, *neu*, *m*, *text*)   Die Zeichenkette *text* wird nach dem Textausdruck *ra* (regulärer Ausdruck) durchsucht und alle passenden Textstücke durch *neu* ersetzt. Fehlt der Parameter *text*, so wird die Funktion auf $0 angewendet. *m* gibt einen Modus an. Beginnt die Zeichenkette *m* mit **g** oder **G** (für *global*), so werden alle auf *ra* passenden Vorkommen ersetzt. Ansonsten wird *m* als Zahl betrachtet, die angibt, dass das *m-te* Vorkommen von *ra* zu ersetzen ist.

gsub(*ra*, *neu*, *text*)   Die Zeichenkette *text* wird nach dem Textausdruck *ra* (regulärer Ausdruck) durchsucht und alle passenden Textstücke durch *neu* ersetzt. Fehlt der Parameter *text*, so wird die Funktion auf $0 angewendet.

index(*t1*, *t2*)   sucht im Text *t1* nach dem Text *t2* und liefert die Anfangsposition (oder 0) zurück. *t1* und *t2* dürfen Textausdrücke sein.

match(*t*, *ra*)   Die Zeichenkette *t* wird nach dem Textmuster (regulärer Ausdruck) *ra* durchsucht und die Position des ersten Zeichens zurückgegeben. Wird keine passende Teilkette gefunden, so wird **0** als Funktionswert geliefert. Als Nebeneffekt wird die Variable **RSTART** auf die Anfangsposition der gefundenen Teilkette gesetzt. **RLENGTH** erhält als Wert die Länge der passenden Teilkette.

split(*ausdruck*, *bezeichner*, *trennzeichen*)
split(*ausdruck*, *bezeichner*)
   Der Textausdruck wird entwickelt und entsprechend *trennzeichen* (bzw. bei der zweiten Form entsprechend **FS**) in Feldelemente zerlegt.

Diese werden in dem Feld *bezeichner* abgelegt, d.h. das erste Element in *bezeichner*[1], das zweite in *bezeichner*[2] usw. **split** selbst liefert als Funktionswert die Anzahl der gefundenen Elemente.

sprintf(*format, ausdruck,…***)**
formatiert den Ausdruck (oder die Ausdrücke) entsprechend den Angaben in *format* und liefert das Ergebnis als Zeichenkette zurück. Für *format* gelten die Konventionen von der C-Funktion **printf** .

strtonum(*zk***)**   liefert den numerischen Wert der Zeichenkette *zk* zurück. Beginnt *zk* mit **0** (die Ziffer 0), so wird *zk* als Oktalzahl interpretiert, bei einer **0x** als Hexadezimahlzahl.

sub(*ra, neu, t***)**   Die Zeichenkette *t* wird nach dem Textausdruck *ra* (regulärer Ausdruck) durchsucht und das erste passende Textstück durch *neu* ersetzt. Fehlt der Parameter *t*, so wird die Funktion auf **$0** angewendet.

substr(*zk, m, n***)**
substr(*zk, m***)**   liefert einen *n* Zeichen langen Text aus der Zeichenkette *zk*. Der Text wird aus *zk* beginnend mit dem *m*-ten Zeichen herausgeschnitten. Die Zählung beginnt bei 1. Fehlt die Angabe von *n* (zweite Form), so wird die Zeichenkette aus *zk*, beginnend bei Position *m* bis zum Ende der Zeichenkette zurückgegeben.

tolower(*zk* **)**   liefert eine Kopie der Zeichenkette *zk* zurück, wobei alle Großbuchstaben in Kleinbuchstaben konvertiert sind.

toupper(*zk* **)**   liefert eine Kopie der Zeichenkette *zk* zurück, wobei alle Kleinbuchstaben in Großbuchstaben konvertiert sind.

Funktionen auf Zeichenketten:

Da **(g)awk** häufig zur Auswertung von Logging-Dateien des Systems benutzt wird, bietet es eine Reihe von Funktionen auf Zeitangaben:

mktime(*datum* **)**   setzt die mit *datum* angegebene Zeit in ein Format, wie sie von **systime( )** zurückgeliefert wird (also in Sekunden seit dem 1.1.1970 00:00 Uhr). Der Eingabewerte *datum* sollte folgendes Format haben: ›JJJJ MM TT SS mm ss‹ (Jahr, Monat, Tag, Stunde, Minute, Sekunde).

strftime(*format, zeitstempel***)** liefert als Ergebnis das Datum aus *zeitstempel* in dem von *format* vorgegebenen Format zurück. Fehlt der Parameter *zeitstempel*, so wird die aktuelle Uhrzeit (und Datum) verwendet. *zeitstempel* sollte das von **systime( )** gelieferte Format haben. Fehlt der Parameter *format*, so wird das Format von **date(1)** verwendet. Für *format* gelten die Konventionen der C-Funktion **strftime( )**.

systime( )   liefert die aktuelle Zeit als Sekundenwert seit dem 1.1.1970 00:00 Uhr.

Ein-/Ausgabefunktionen und generelle Funktionen:

close(*datei*)   schließt die angegebene Datei oder die Pipe.

flussh(*datei*)   leert alle Verarbeitungspuffer der angegebenen Ausgabedatei. Fehlt der Parameter *datei*, so wird der Puffer der Standardausgabe geleert.

getline < *datei*
getline *variable*
getline *variable* < *datei*
kommando | **getline**
getline   Es wird die nächste Eingabe gelesen, zerteilt und steht in $0 bis $NF zur Verfügung. **getline** liefert als Funktionswert 0 zurück, falls ohne Fehler die Eingabe gelesen werden konnte, 1, falls das Ende der Eingabe (*<eof>*) erreicht wurde und -1, falls ein Fehler auftrat.

Ist eine Datei angegeben, so wird statt aus der aktuellen Eingabedatei aus dieser Datei gelesen. Folgt **getline** eine Variablen, so wird der nächste Eingabesatz statt in $0 in der Variablen abgelegt.

Bei der Form *kommando* | **getline** wird das angegebene Unix-Kommando aufgerufen und seine Ausgabe in **getline** umgesteuert. Jeder nachfolgende Aufruf von **getline** liefert nun nacheinander die nächste Ausgabezeile des Kommandos als Eingabe.

next   beendet die Verarbeitung der aktuellen Eingabezeile. Die nächste Zeile wird gelesen und wie gehabt verarbeitet.

nextfile   beendet die Verarbeitung der aktuelle Eingabedatei. Die Bearbeitung wird mit der nächsten Eingabedatei fortgesetzt, FILENAME und ARGIND aktualisiert und FNR auf ı zurückgesetzt.

system (*kmd*) Das angegebene Linux-Kommando *kmd* wird ausgeführt und sein Exit-Status als Funktionsergebnis zurückgeliefert.

5.6.6   Benutzerdefinierte Funktionen in gawk

Zusätzliche, nur für das Skript geltende Funktionen können im awk wie folgt definiert werden:

function *f-name*(*parameterliste*) { *aktion* }

Funktionen können sowohl in Textmustern als auch in Aktionslisten vorkommen und ausgeführt werden. Beim Aufruf werden einzelne Parameter als Wert und Felder per Referenz übergeben. Zwischen dem Funktionsnamen und der folgenden Klammer ›(‹ dürfen keine Leerzeichen stehen! Lokale Variablen, die nur innerhalb der Funktion gelten, können – etwas ungewöhnlich – als weitere Parameter in der Parameterliste deklariert werden. Sie werden beim Eintritt in die Funktion auf 0 bzw. die leere Zeichenkette gesetzt. Funktionen dürfen andere Funktionen aufrufen und rekursiv sein. Per **return**-Anweisung können Ergebniswerte zurückgegeben werden. Ohne diesen Aufruf ist der Return-Wert *undefiniert*. Der Aufruf undefinierter Funktionen führt zum Abbruch.

5.6.7   Übergabe von Argumenten an (g)awk

Bei älteren **awk**-Versionen kann die Übergabe von Parametern aus der Kommandozeile an das **awk**-Skript nur über einen Trick erfolgen und zwar durch eine entsprechende Shell-Klammerung:

✍ **awk** ' BEGIN {laenge = ' $1 ' } .... '
→ nutzt den Umstand, dass das erste $1 nicht innerhalb einer "..."- oder '...'-Klammerung steht, der awk-Programmtext also sozusagen unterbrochen wird. Deshalb wird er von der Shell durch den entsprechenden Shell-Parameter substituiert und steht damit im **awk**-Skript als Wert zur Verfügung.

✍ **awk** "length > $1 {print ...}" info ....
→ nutzt den Umstand, dass die Shell in der "..."-Klammerung noch die $-Parameter ersetzt und dieser Wert deshalb im awk-Skript verwendet werden kann. Dies ist jedoch aus Gründen der Übersichtlichkeit nur bei relativ einfachen Skripts möglich.

Eine bessere Art ist die Übergabe durch eine entsprechende Kommandozeile. Das Beispiel sieht dann wie folgt aus:

✍ **awk** laenge=30 ' length > laenge { print ... } '
→ In **gawk**- steht in der Variablen ARGC die Anzahl der Parameter beim **awk**-Aufruf zur Verfügung, und im Variablenfeld ARGV stehen in der Reihenfolge des Aufrufs die einzelnen Parameter des Aufrufs. Das oben angegebene Beispiel kann hier dann wie folgt gelöst werden:

awk .... 'BEGIN { laenge = ARGV[1] } ... '

5.6.8   Die Fehlermeldungen des (g)awk

Bevor **(g)awk** mit der eigentlichen Skriptabarbeitung beginnt, wird die Syntax des Skript-Programms überprüft. Leider sind bei Fehlern im Skript die vom **awk** ausgegebenen Fehlermeldungen nur sehr knapp – insbesondere die älterer awk-Versionen – und geben in der Regel wenig Aufschluss über den eigentlichen Fehler.

Neuere **awk**-Versionen (dazu gehört auch der **gawk**) sind ausführlicher in seinen Fehlermeldungen geworden und weisen jetzt relativ zuverlässig mit ›>>> ... <<<‹ auf die Fehlerstelle hin. Dies geschieht in der Form:

```
gawk: syntax error at source line 3
    context is
        pintf ("%s, >>>  %s\n", <<<
gawk: illegal statement at source line 3
```

(Der Fehler liegt hier allerdings in dem vergessenen ›r‹ in ›**printf**‹.)

5.6.9   Beispiele zum (g)awk

Beispiel 1:

In der Datei *summe* stehe folgendes **gawk**-Programm:

```
BEGIN        { TOTAL=0 }
             { POS=0 ;  SUM=0     # Initialisierung fuer jede Zeile
                 split ($0, WERT)
                 while  (POS <= NF) {
                         SUM += WERT[POS]
                         POS++
                 }
                 print "Summe von Zeile " NR ": " SUM
                 TOTAL += SUM
             }
END          { print "Summe aller Zeilen: " TOTAL }
```

Das Programm errechnet die Summe der Werte jeweils einer Zeile. Hierzu wird die
Zeile ($0) zunächst in ihre Bestandteile zerlegt und in dem Feld WERT abgelegt. Da-
nach werden die NF einzelner Werte in SUM addiert und schließlich mit **print** ausgegeben. Die Addition der Werte der einzelnen Zeilen erfolgt in TOTAL. Bei den Elementen der **print**-Anweisungen sind hier die Wortabstände durch entsprechende
Leerzeichen in den Textkonstanten eingesetzt.

Nachfolgend zeige das linke Kästchen den Inhalt der Datei *werte*, das rechte Kästchen die Ausgabe des **awk**. Dann ergibt sich:

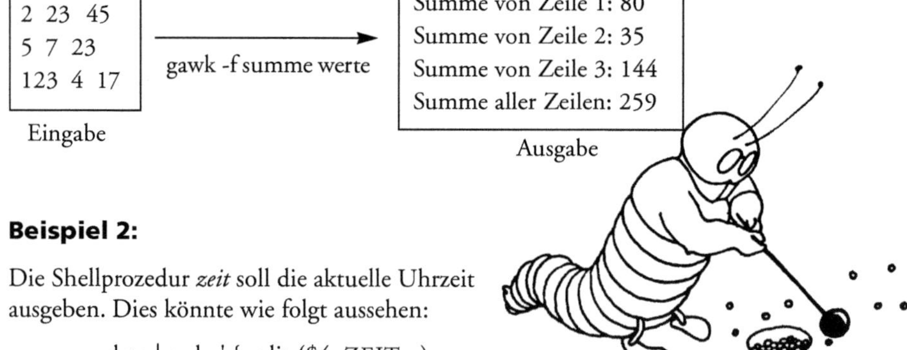

Beispiel 2:

Die Shellprozedur *zeit* soll die aktuelle Uhrzeit
ausgeben. Dies könnte wie folgt aussehen:

```
date | awk ' { split ($4, ZEIT, :)
               print ZEIT[1] "Uhr " ZEIT[2] "und " ZEIT[3] " Sekunden"} '
```

date liefert dabei als Ausgabe etwa: TUE Mar 22 19:25:12 MET 2002
awk liest dies. Im vierten Feld steht die Zeitangabe (19:25:12). Mit **split** wird dies unter
Verwendung des Feldtrennzeichens ›:‹ zerlegt und im Feld ZEIT die einzelnen Komponenten abgelegt. **print** erzeugt nun die eigentliche Ausgabe, die bei dem obigen Datum
dann wie folgt aussieht: 19 Uhr 25 und 12 Sekunden.
(Mit einer formatierten Ausgabe aus **date** ginge das natürlich auch einfacher!)

Beispiel 3:

Die nachfolgende Shell-Prozedur liest die Eingabedateien oder von der Standardeingabe und gibt die Zeilen mit vorangestellten Zeilennummern wieder aus. Ist eine Zeile länger als eine über die Option −1 *n* vorgebbare Länge, so wird sie in mehrere Zeilen zerteilt und jede Zeile, die eine Fortsetzungszeile hat, wird am Ende durch ›\‹ markiert. Die Fortsetzungszeilen erhalten dabei das Kürzel a, b, ... hinter der eigentlichen Zeilennummer.

```
 1   : # Prozedur zur Ausgabe mit maximaler Zeilenlaenge
 2   LAENGE=80
 3   if [ "$1" = "−l" ]
 4           then
 5                   LAENGE=$2 ; shift ; shift
 6   fi
 7   awk "
 8   BEGIN { laenge = "$LAENGE ' } # Uebergabe der Zeilenlaenge
 9   length <= laenge  {       printf "%4d : %s\n", NR, $0 }
10   length > laenge   { line = $0 ; follow = 97
11                       printf "%4d : %s", NR, substr(line, 1, laenge-1)
12                       line = substr(line, laenge)
13                       while (length(line) > 0)
14                       { printf "\\\n"
15                         printf "%4d%c: %s", NR, follow, substr(line, 1, laenge-1)
16                         line = substr(line, laenge)
17                         follow++
18                       }
19                     printf "\n" }
20   } ' $*
```

Die Zeilen 1 bis 6 sind eine Shellprozedur. Die maximale Textlänge wird im Standardfall mit 80 Zeichen angenommen. In Zeile 3 wird geprüft, ob beim Aufruf die Option −l angegeben wurde und in diesem Fall wird der nachfolgende Parameter als Zeilenlänge in LAENGE abgespeichert. Die Übergabe der Länge geschieht mit dem auf Seite 523 beschriebenen Verfahren ("..."*parameter*'...' Klammerung).

Ist die Eingabezeile länger als *laenge*, so werden die Anweisungen in Zeile 10 bis 19 durchlaufen. Die Textvariable *line* hält den noch auszugebenden Anteil der Zeile. Die Hilfsvariable *follow* wird hier auf 97 gesetzt, was der Codierung des ASCII-Zeichens a entspricht. In Zeile 11 erfolgt eine formatierte Ausgabe, wobei nur *laenge*-1-Zeichen der Zeile ausgegeben werden und die Zeile noch nicht durch <neue zeile> abgeschlossen ist. Die **while**-Schleife (Zeile 14 bis 18) wird nun solange ausgeführt, bis die Länge der Restzeile ≤ 0 ist. Gibt es eine Fortsetzungszeile, so wird (Zeile 14) der vorangegangenen Zeile ein ›\‹ und *<neue zeile>* angehängt. In Zeile 15 wird im Format mit %c die Variable *follow* als ASCII-Zeichencode ausgegeben und erzeugt damit die Anhänge a, b, ... an die Zeilennummern. Das Fortzählen von *follow* erfolgt in Zeile 17.

Beispiel 4:

Zuweilen möchte man mehrere Dateien zu einer einzigen Datei zusammenfassen (z. B.
um sie geschlossen über ein Netz zu übertragen) und später wieder in einzelne Dateien
zerlegen. In der Gesamtdatei werde der Anfang einer Einzeldatei durch eine Zeile mit
@@@dateiname gekennzeichnet.

Die erste Prozedur **verkette** konkatiniert die ihr übergebenen Dateien in der beschriebenen Art und schreibt das Ergebnis auf die Standardausgabe.

```
awk '
NR == 1     {          print "@@@" FILENAME
                       file = FILENAME
                       print $0 }
            {
                       if ( file != FILENAME )
                           { print "@@@" FILENAME
                             file = FILENAME }
                       print $0
            }
' $*
```

Bei **verkette** wird bei der ersten Zeile zunächst @@@, gefolgt vom aktuellen Dateinamen zur Markierung des Dateikopfes, ausgegeben, der aktuelle Dateiname der Variablen *file* zugewiesen und die eigentliche erste Zeile der ersten Datei hinausgeschrieben.
Bei allen weiteren Eingabezeilen wird geprüft, ob inzwischen eine neue Datei die Eingabe liefert (*file != FILENAME*). Ist dies der Fall, so wird entsprechend die Markierung
des Dateianfangs in der Ausgabe mit @@@dateiname vorgenommen. In beiden Fällen
wird danach die eigentliche Eingabezeile ausgegeben.

Die zweite Prozedur **zerteile** zerlegt diese
Datei wieder in die einzelnen Dateien.

```
awk '
BEGIN       { file = "/dev/null" }
/^@@@/      { file = substr($0,4)
              printf ("") > file
              getline
            }
            { print $0 >> file }
' $*
```

Bei **zerteile** wird vor der Bearbeitung der
Eingabe *file* auf */dev/null* gesetzt, so dass eventuell vorhandener Kommentar am Anfang
der Eingabedatei nach */dev/null* geschrieben und damit weggeworfen wird. Ist eine
Zeile gefunden, die mit @@@ beginnt, so wird mittels **substr** daraus der Dateiname herausgeschnitten (dieser beginnt beim vierten Zeichen der Eingabezeile) und *file* zugewiesen. Danach schreibt man die leere Zeichenkette (ohne Zeilenvorschub) in die neue
Datei und löscht damit eine eventuell bereits vorhandene Datei gleichen Namens. Alle
weiteren Eingaben bis zum nächsten @@@) werden nun an diese Datei angehängt.

MIX
Papier aus verantwortungsvollen Quellen
Paper from responsible sources
FSC® C105338

If you have any concerns about our products,
you can contact us on
ProductSafety@springernature.com

In case Publisher is established outside the EU,
the EU authorized representative is:
Springer Nature Customer Service Center GmbH
Europaplatz 3, 69115 Heidelberg, Germany

Printed by Libri Plureos GmbH
in Hamburg, Germany